2024 SEGUNDA EDIÇÃO

FRANCHISING
ASPECTOS JURÍDICOS

1

SIDNEI **AMENDOEIRA JR.**
FERNANDO TARDIOLI LÚCIO DE **LIMA**
MELITHA NOVOA **PRADO**
COORDENADORES

Adolfo Braga Neto · Albérico Machado Mascarenhas
Alexandre David Santos · Ana Cristina Von Jess · Andrea Oricchio
Beatriz Gomes Sampaio · Bruno Lucius · Cândida Ribeiro Caffé · Carlos Eduardo Mattos
César Marcos Klouri · Daniel Alcântara Nastri Cerveira · Daniel Mariz Gudiño
Edna Maria dos Anjos · Eric Vitor Neves Macedo
Fernando Forte Janeiro Fachini Cinquini · Fernando Tardioli Lúcio de Lima
Flávia Amaral · Francisco Marchini Forjaz · Gabriel Di Blasi
Gregory Terry Ubillús · Luciana Morse · Luiz Felizardo Barroso
Luiz Henrique do Amaral · Marcelo Dornellas de Souza
Marco Antonio Correia de Araújo · Marianna Fux · Marina Nascimbem Bechtejew Richter
Maurício Alves de Lima · Mauricio Gianatacio Borges da Costa · Melitha Novoa Prado
Natan Baril · Renata Oliveira · Renata Pin · Renato Tardioli Lúcio de Lima
Sandra Brandão · Sidnei Amendoeira Jr. · Simony Braga · Tânia Maria Zanin
Thais Mayumi Kurita · Thiago Rodovalho

Dados Internacionais de Catalogação na Publicação (CIP) de acordo com ISBD

F816

    Franchising: aspectos jurídicos / coordenado por Sidnei Amendoeira Jr., Melitha Novoa Prado, Fernando Tardioli Lúcio de Lima. - 2. ed. - Indaiatuba, SP : Editora Foco, 2024.

    752 p. ; 17cm x 24cm. – (v.1)

    Inclui bibliografia e índice.

    ISBN: 978-65-6120-014-1

    1. Direito. 2. Direito empresarial. 3. Franchising. I. Amendoeira Jr., Sidnei. II. Prado, Melitha Novoa. III. Lima, Fernando Tardioli Lúcio de. IV. Título.

2024-75   CDD 346.07   CDU 347.7

Elaborado por Odilio Hilario Moreira Junior - CRB-8/9949

Índices para Catálogo Sistemático:

    1. Direito empresarial 346.07

    2. Direito empresarial 347.7

SEGUNDA EDIÇÃO

FRANCHISING
ASPECTOS JURÍDICOS

1

SIDNEI **AMENDOEIRA JR.**
FERNANDO TARDIOLI LÚCIO DE **LIMA**
MELITHA NOVOA **PRADO**
COORDENADORES

Adolfo Braga Neto · Albérico Machado Mascarenhas
Alexandre David Santos · Ana Cristina Von Jess · Andrea Oricchio
Beatriz Gomes Sampaio · Bruno Lucius · Cândida Ribeiro Caffé · Carlos Eduardo Mattos
César Marcos Klouri · Daniel Alcântara Nastri Cerveira · Daniel Mariz Gudiño
Edna Maria dos Anjos · Eric Vitor Neves Macedo
Fernando Forte Janeiro Fachini Cinquini · Fernando Tardioli Lúcio de Lima
Flávia Amaral · Francisco Marchini Forjaz · Gabriel Di Blasi
Gregory Terry Ubillús · Luciana Morse · Luiz Felizardo Barroso
Luiz Henrique do Amaral · Marcelo Dornellas de Souza
Marco Antonio Correia de Araújo · Marianna Fux · Marina Nascimbem Bechtejew Richter
Maurício Alves de Lima · Mauricio Gianatacio Borges da Costa · Melitha Novoa Prado
Natan Baril · Renata Oliveira · Renata Pin · Renato Tardioli Lúcio de Lima
Sandra Brandão · Sidnei Amendoeira Jr. · Simony Braga · Tânia Maria Zanin
Thais Mayumi Kurita · Thiago Rodovalho

2024 © Editora Foco

Coordenadores: Sidnei Amendoeira Jr., Fernando Tardioli e Melitha Novoa Prado
Autores: Adolfo Braga Neto, Albérico Machado Mascarenhas, Alexandre David Santos, Ana Cristina Von Jess, Andrea Oricchio, Beatriz Gomes Sampaio, Bruno Lucius, Cândida Ribeiro Caffé, Carlos Eduardo Mattos, César Marcos Klouri, Daniel Alcântara Nastri Cerveira, Daniel Mariz Gudiño, Edna Maria dos Anjos, Eric Vitor Neves Macedo, Fernando Forte Janeiro Fachini Cinquini, Fernando Tardioli Lúcio de Lima, Flávia Amaral, Francisco Marchini Forjaz, Gabriel Di Blasi, Gregory Terry Ubillús, Luciana Morse, Luiz Felizardo Barroso, Luiz Henrique do Amaral, Marcelo Dornellas de Souza, Marco Antonio Correia de Araújo, Marianna Fux, Marina Nascimbem Bechtejew Richter, Maurício Alves de Lima, Mauricio Gianatacio Borges da Costa, Melitha Novoa Prado, Natan Baril, Renata Oliveira, Renata Pin, Renato Tardioli Lúcio de Lima, Sandra Brandão, Sidnei Amendoeira Jr., Simony Braga, Tânia Maria Zanin, Thais Mayumi Kurita e Thiago Rodovalho
Diretor Acadêmico: Leonardo Pereira
Editor: Roberta Densa
Assistente Editorial: Paula Morishita
Revisora Sênior: Georgia Renata Dias
Capa Criação: Leonardo Hermano
Diagramação: Ladislau Lima e Aparecida Lima
Impressão miolo e capa: DOCUPRINT

DIREITOS AUTORAIS: É proibida a reprodução parcial ou total desta publicação, por qualquer forma ou meio, sem a prévia autorização da Editora FOCO, com exceção do teor das questões de concursos públicos que, por serem atos oficiais, não são protegidas como Direitos Autorais, na forma do Artigo 8º, IV, da Lei 9.610/1998. Referida vedação se estende às características gráficas da obra e sua editoração. A punição para a violação dos Direitos Autorais é crime previsto no Artigo 184 do Código Penal e as sanções civis às violações dos Direitos Autorais estão previstas nos Artigos 101 a 110 da Lei 9.610/1998. Os comentários das questões são de responsabilidade dos autores.

NOTAS DA EDITORA:

Atualizações e erratas: A presente obra é vendida como está, atualizada até a data do seu fechamento, informação que consta na página II do livro. Havendo a publicação de legislação de suma relevância, a editora, de forma discricionária, se empenhará em disponibilizar atualização futura.

Erratas: A Editora se compromete a disponibilizar no site www.editorafoco.com.br, na seção Atualizações, eventuais erratas por razões de erros técnicos ou de conteúdo. Solicitamos, outrossim, que o leitor faça a gentileza de colaborar com a perfeição da obra, comunicando eventual erro encontrado por meio de mensagem para contato@editorafoco.com.br. O acesso será disponibilizado durante a vigência da edição da obra.

Impresso no Brasil (2.2024) – Data de Fechamento (2.2024)

2024
Todos os direitos reservados à
Editora Foco Jurídico Ltda.
Rua Antonio Brunetti, 593 – Jd. Morada do Sol
CEP 13348-533 – Indaiatuba – SP

E-mail: contato@editorafoco.com.br
www.editorafoco.com.br

PREFÁCIO

A economia é viva: desde sempre, o ser humano busca a prosperidade – individual e social – de maneira criativa. Motivado pelas demandas, encontra soluções; inquietado pelas necessidades, abre novos caminhos para empreender. No ritmo do desenvolvimento da coletividade, surgem modelos antes inimagináveis.

Também assim, sucede com o direito, ao qual cabe a função de promover o bem comum, ao mesmo tempo em que deve se adequar ao presente e, quando possível, antever os passos futuros. Direito e economia são os pilares da organização de qualquer país e, como não poderia deixar de ser, estão em permanente interlocução.

Exemplo disso é o modelo de *franchising* empresarial: nascido da prática, não pode prescindir da roupagem jurídica, a permitir adequado e seguro funcionamento. O contrato de franquia, vínculo negocial objeto desta vultosa obra, tornou-se fonte de esperança para todos os envolvidos: empreendedores e investidores podem principiar atividade empresarial com riscos diminuídos pelo anterior respaldo do franqueador no mercado de consumo, que, por sua vez, galga espaços em ritmo acelerado pela parceria.

Não à toa, milhares de redes de franquias são responsáveis, na economia brasileira, pela movimentação anual de bilhões de reais. A formatação, universalizada, veio para ficar, razão pela qual havia certa desproporção entre a realidade econômica e o aparato jurídico. Tal lacuna foi suprida pela Lei nº 13.966/2019, vocacionada a garantir tratamento normativo contemporâneo, direto e com sede de completude ao mencionado negócio jurídico.

É sabido, porém, que a lei não dá resposta a todas as indagações – nem poderia ou deveria fazê-lo. Seria impossível porque a sociedade evolui mais rapidamente que o andamento litúrgico da produção legislativa; seria indesejável, porque caberá aos tribunais, ao conhecer litígios concretos, garantir contornos últimos, atentos ao pragmatismo e ao consequencialismo.

O pragmatismo jurídico pode ser entendido como a disposição de basear as decisões públicas em fatos e consequências, não em conceitualismos e generalizações. Dessa forma, aplicam-se os elementos centrais do pragmatismo: o contextualismo, por meio do qual se valoriza a experiência prática (social, política, histórica, econômica e cultural) na investigação filosófica, e o consequencialismo, o qual volta os olhos para o futuro, por meio de uma antecipação prognóstica dos efeitos das decisões presentes.

Essa visão foi bem recepcionada pelo artigo 20 da Lei de Introdução às Normas do Direito Brasileiro: a partir de uma análise sistêmica e empiricamente informada do cenário em torno do caso judicial, o juiz precisa se atentar para as possíveis consequências de seus pronunciamentos, proferidos à luz do contexto de restrições em que está inserido. O objetivo é centrar o olhar do magistrado na realidade prática em que as decisões judiciais estão inseridas, como a escassez dos recursos, os impactos econômicos gerados, e a capacidade institucional e *expertise* técnica para solucionar o litígio.

Para além dos critérios científicos especializados, deverá a jurisprudência beber na fonte da academia. Entre a edição da lei e a formação de um padrão de decisão judicial, cumprirá a doutrina papel central.

É nesse particular que surge a presente obra coletiva, cujo notório objetivo é compendiar entendimentos e propor soluções para as questões ditadas pelo cotidiano. Se está diante de um guia prático e absolutamente técnico do contrato de franquia.

Os vinte capítulos da obra abordam os principais conceitos jurídicos e as importantes alterações trazidas pela novel legislação, em uma leitura transversal com o direito comparado e as disposições gerais dos contratos civis. Trata-se de volume que, visão holística, traz luz sobre a interpretação a ser dada à normativa.

A grande virtude deste livro é sua inteireza. Busca-se abordar todos os pontos relevantes, desde noções conceituais e classificações até as mais práticas, como treinamento e abastecimento das franquias e a definição dos parâmetros para a sublocação, percorrendo *in totum* o itinerário da temática, desde as tratativas pré-contratuais até os meios de resolução de conflitos eventualmente surgidos do vínculo.

Em acréscimo, é agradável perceber como os autores aliam os conhecimentos teóricos com sua experiência profissional. Além disso, escrevem de forma didática, simples e objetiva, o que permite e instiga a leitura por estudiosos de áreas não jurídicas, mas igualmente interessados na temática.

A profundidade desta obra e sua importância, enquanto marco literário sobre o contrato de franquia, asseguram que a finalidade de contribuir para a sistematização da matéria foi atingida.

Certo de que será uma experiência enriquecedora, desejo aos leitores uma proveitosa leitura!

Brasília, 16 de novembro de 2020.

Ministro Luiz Fux

Ministro e Presidente do Supremo Tribunal Federal. Ex-Presidente do Tribunal Superior Eleitoral. Professor Livre-Docente em Processo Civil da Faculdade de Direito da Universidade do Estado do Rio de Janeiro (UERJ). Doutor em Direito Processual Civil pela Universidade do Estado do Rio de Janeiro (UERJ). Membro da Academia Brasileira de Letras Jurídicas. Membro da Academia Brasileira de Filosofia.

SOBRE OS AUTORES

ADOLFO BRAGA NETO

Mediador, Advogado graduado pela USP, Mestre pela PUC-SP, Presidente do Conselho de Administração do IMAB – Instituto de Mediação e Arbitragem do Brasil, das Comissões de Ética do CONIMA – Conselho Nacional das Instituições de Mediação e Arbitragem e do IBPC – Instituto Brasileiro de Práticas Colaborativas. Assessor do Ministério Público do Estado de São Paulo junto ao NUIPA – Núcleo de Incentivo às Práticas Autocompositivas.

ALBÉRICO MACHADO MASCARENHAS

Sócio-Diretor da A2M Consultoria, consultor há 18 anos, economista pela UFBA, especialista em Finanças Públicas e Administração Financeira, Secretário da Fazenda do Estado da Bahia de 1998 a 2005, Coordenador do CONFAZ de 2002 a 2005, foi Secretário da Indústria, Comércio e Mineração da Bahia, Presidente do Conselho Gestor do Programa de Parcerias Público-Privadas da Bahia (PPP), Presidente do Conselho de Administração da Desenbahia, Presidente do Banco de Desenvolvimento do Estado da Bahia – Desenbanco, Secretário da Casa Civil da Prefeitura de Salvador e Superintendente do Hospital Aliança.

ALEXANDRE DAVID SANTOS

Mestre em Direito Empresarial pela FGV DIREITO SP. Com experiência de mais de 25 anos, é reconhecido no Brasil como um dos advogados especialistas mais respeitáveis na área de franchising e direito empresarial. Autor das obras Aplicabilidade e Limites das Cláusulas de Não Concorrência nos Contratos de Franquia, Editora Almedina, 2019, Comentários à Nova Lei de Franquia – Lei 13.966/2019, Editora Almedina, 2020, Comentários à Nova Lei de Franquia Com Jurisprudência Atualizada – Lei 13.966/2019, Editora Almedina, 2023. Sócio-fundador do escritório Alexandre David Advogados. Vivência Internacional – 2003/2004 – EUA – Atens/Columbus/Ohio – Ohio University – MBA Internacional – FGV..

ANA CRISTINA VON JESS

Advogada especializada em Direito Empresarial, com ênfase em sistemas de franquia. Ex-Diretora Jurídica e atual Coordenadora da Comissão de Ética e ESG da Associação Brasileira de *Franchising* – Rio de Janeiro, Conselheira de *Franchising* da Associação Comercial do Rio de Janeiro e sócia do escritório Von Jess & Advogados.

ANDREA ORICCHIO

Advogada formada pela Pontifícia Universidade Católica de São Paulo e sócia do escritório de consultoria jurídica na área empresarial e de varejo que leva seu nome. Atua há mais de 30 anos assessorando empresas nacionais e estrangeiras na estrutura jurídica para a expansão de seus negócios. Tem uma dedicação particular a elaboração e negociação de contratos, e nas estruturas que envolvem redes de negócio como franquias, licenciamentos, representações, parcerias comerciais e societárias em geral, no varejo físico, online e digital. Participa ativamente desse cenário com palestras e entrevistas. Atualmente, além do escritório, é membro do Conselho Estratégico de várias empresas, membro da Comissão de Ética e da Comissão de Estudos Jurídicos da Associação Brasileira de Franchising (ABF), professora convidada da cadeira de Direito Comercial da Faculdade de Direito da Universidade de São Paulo (USP) e é árbitra em disputas envolvendo franqueadores e franqueados.

BEATRIZ GOMES SAMPAIO

Advogada. Bacharel em Direito pela UERJ e Especialista em Direito dos Contratos pela PUC-Rio. Experiência na representação de sociedades empresárias de pequeno, médio e grande portes. Atuação Consultiva e em contratos, com inserção nas áreas de Direito Empresarial e Direito Digital.

BRUNO LUCIUS

Pós-graduado em Gestão de Negócios com ênfase em franquias pela FIA – Fundação Instituto de Administração (FIA Business School). Pós-graduando em Direito Digital, Inovação e Ética nos Negócios (FIA). Advogado. Gerente Jurídico da Associação Brasileira de *Franchising*. Professor no Curso de Gestão de Negócios com ênfase em franquias na FIA – Fundação Instituto de Administração (FIA Business School).

CÂNDIDA RIBEIRO CAFFÉ

Sócia do escritório Dannemann Siemsen, com mais de 24 anos de experiência em franquia, propriedade intelectual, segredos de negócio e proteção de informações confidenciais. É graduada em Direito pela Faculdade Nacional de Direito da Universidade Federal do Rio de janeiro (UFRJ), pós-graduada em Direito de Propriedade Intelectual pela Pontifícia Universidade Católica (PUC-Rio) e com cursos de especialização em Direito Societário e Mercado de Capitais, bem como em Direito Tributário, pela Fundação Getulio Vargas/RJ. É ex-presidente e atual conselheira da LES Brasil (Licensing Executive Society), ex-diretora jurídica da Associação Brasileira de Franchising – Seccional RJ e coordenadora da comissão de transferência de tecnologia da ABPI desde 2012. Professora titular da pós-graduação de Propriedade Intelectual da PUC-Rio para "Modalidades Contratuais da Propriedade Intelectual, desde 2023. Autora de diversos artigos publicados em revistas especializadas e jornais. Tem seu trabalho anualmente reconhecido em publicações como "Chambers & Partners", "Legal 500", "Análise Advocacia", "Who's Who – Franchising", "Análise 500" e "Análise Mulher", entre outras, onde figura entre os advogados mais admirados na área de propriedade intelectual e *franchising* no Brasil. Fluente em inglês e espanhol.

CARLOS EDUARDO MATTOS

Graduado em Direito pela PUC RIO. Experiência de 22 anos no segmento empresarial e de *franchising*. Diretor Jurídico da BFFC do Brasil Comércio e Participações Ltda. (Holding das Empresas Franqueadoras das Marcas Bob's e Yoggi e das Marcas Franqueadas KFC e Pizza Hut) desde 2008, tendo atuado também como Gestor de áreas jurídicas das empresas Ampla Energia e Serviços S.A. (atual Enel Brasil), Ambev e Shell Brasil S.A. Membro da Comissão de Estudos Jurídicos da ABF – Associação Brasileira de *Franchising*, da Comissão Jurídica do IFB – Instituto Food Service Brasil, Membro do Conselho do SindRio e Membro da ANR – Associação Nacional de Restaurantes.

CÉSAR MARCOS KLOURI

Advogado Civilista, Professor Emérito das Faculdades Metropolitanas Unidas; Palestrante; Conselheiro Estadual da OAB/SP Nas Gestões (2012/2018); Membro Efetivo do Instituto dos Advogados de São Paulo – IASP; Da Academia Brasileira de Direito Processual Civil; Da Comissão de Direito Médico do Conselho Federal de Medicina – CFM; Presidiu as Comissões de Direito Civil, de *Franchising* da OAB/SP E integrou várias outras; Coordenador de diversos eventos, Congressos, Seminários e autor de textos jurídicos.

DANIEL ALCÂNTARA NASTRI CERVEIRA

Sócio fundador do escritório Cerveira, Bloch, Goettems, Hansen & Longo Advogados Associados. Advogado formado pelas Faculdades Metropolitanas Unidas (FMU) no ano de 2001. Pós-Graduado em Direito Econômico pela Fundação Getúlio Vargas de São Paulo e Pós-Graduado em Direito Empresarial pela Universidade Presbiteriana Mackenzie. Autor: "Shopping Centers - Limites na liberdade de contratar", São Paulo, 2011, Editora Saraiva; "Franchising", São Paulo, 2021, Editora Thomson Reuters Revista dos Tribunais, prefácio do Ministro Luiz Fux, na qualidade de colaborador; e "Franchising – Temas Jurídicos", São Paulo, 2011, Editora Lamonica, na qualidade de colaborador; e de diversos artigos publicados. Atuou como Professor de Pós-Graduação em Direito Imobiliário do Instituto de Direito da PUC/RJ, dos cursos MBA em Gestão de Franquias e Negócios do Varejo da FIA – Fundação de Instituto de Administração e de Pós-Graduação em Direito Empresarial pela Universidade Presbiteriana Mackenzie. Integrante da Comissão de Expansão e Pontos Comerciais da ABF - Associação Brasileira de Franchising. Consultor jurídico do Sindilojas-SP.

DANIEL MARIZ GUDIÑO

Pós-graduado em Direito Tributário (FGV). Professor convidado em diversos cursos de pós-graduação *lato sensu* (Ibmec, FGV, PUC-Rio, Mackenzie Rio, Trevisan Escola de Negócios, Curso PJT – Curso Avançado de Jurisprudência Tributária). Membro-fundador do GDT – Grupo de Debates Tributários. Ex-diretor jurídico da ABF-Rio. Ex- membro da Comissão de Estudos Jurídicos da ABF. Sócio-cofundador do Longo Gudiño Advogados. Advogado.

EDNA MARIA DOS ANJOS

Pós-Graduada em Direito Constitucional – Uma Visão Tributária pela Pontifica Universidade Católica de São Paulo. Com especialização em Contratos pela Fundação Getulio Vargas. Advogada em São Paulo atuante em Direito Empresarial e Franchising há mais de 20 anos. Palestrante sobre *Franchising*, Direito Empresarial e Varejo.

ERIC VITOR NEVES MACEDO

Especialista em Direito Empresarial pela PUC/SP – COGEAE. MBA em Gestão de Redes de Franquias pela FIA – Fundação Instituto de Administração/SP. Atuação no segmento de *franchising* desde 2002. Gerente Jurídico da Fundação Richard H. Fisk. Advogado.

FERNANDO FORTE JANEIRO

Advogado Pós-Graduado em Direito pela Pontifícia Universidade Católica de São Paulo – PUC-SP. Consultor jurídico nas áreas de Franquias, Contratos e Societário.

FERNANDO TARDIOLI LÚCIO DE LIMA

Advogado, sócio fundador da Tardioli Lima Sociedade de Advogados. Conselheiro da Associação Brasileira de Franchising (ABF). Atuou como Diretor Jurídico do World Franchise Council (WFC), da Federación Ibero Americana de Franquicias (FIAF) e da Associação Brasileira de Franchising (ABF). Foi Diretor Jurídico, Presidente da Comissão de Ética e Disciplina e Conselheiro da Associação Brasileira dos Criadores de Cavalos da Raça Mangalarga (ABCCRM). Advogado Mais Admirado segundo o Ranking Análise Advocacia nos anos de 2017, 2018, 2019 e 2022. Palestrante, conferencista e articulista sobre franchising, recuperação de crédito e agronegócio.

FLÁVIA AMARAL

Flávia Amaral é sócia do escritório Trench Rossi Watanabe, formada em Direito pela Universidade Federal do Rio de Janeiro, pós-graduada em Direito Processual Civil pela Faculdade Cândido Mendes Centro e com especialização em Direito Societário e Mercado de Capitais pela Fundação Getulio Vargas. Atua nas áreas de propriedade intelectual, franquia, proteção de dados, cibersegurança e novas tecnologias. É atualmente coordenadora do núcleo de Propriedade Industrial e *Fashion Law* da Câmara Ítalo-Brasileira de Comércio, membro da Comissão de Moda da OAB/RJ e membro da comissão jurídica da ABF.

FRANCISCO MARCHINI FORJAZ

Sócio do escritório MMFA *Law* – Melchior, Micheletti, Forjaz e Amendoeira Advogados, onde atua há 18 anos em direito empresarial e suporte judicial, arbitral e consultivo a redes de varejo e franchising. É mestre em Direitos Difusos e Coletivos, com ênfase em Direito do Consumidor e Especialista em Direito das Relações de Consumo, ambos pela Pontifícia Universidade Católica de São Paulo (PUC-SP). Graduado em Direito pela Universidade Presbiteriana Mackenzie.

GABRIEL DI BLASI

Advogado, engenheiro industrial, e sócio-fundador da Di Blasi, Parente & Advogados Associados. Membro do Comitê Jurídico da ABF (Associação Brasileira de Franchising), Presidente da ABAPI (Associação Brasileira dos Agentes da Propriedade Industrial) e associado fundador do IrelGov (Instituto de Relações Governamentais). Membro do Grupo de Inovação da Fundação Don Cabral, do Comitê de *Enforcement* da INTA, e do Comitê de *design* da AIPPI.

GREGORY TERRY UBILLÚS

Bacharel em Direito pela FGV Direito SP e Mestrando em Direito Processual Civil pela Universidade de São Paulo. Coordenador dos Grupos de Estudos de Processo Civil e Arbitragem Comercial da FGV Direito SP. Advogado Sênior da prática de Contencioso e Arbitragem em Manassero Advogados.

LUCIANA MORSE

Advogada especializada em direito empresarial com foco em franchising, atuante há mais de 30 anos. Sócia fundadora do escritório Morse Advogados Associados. Foi Vice-presidente Jurídica da Associação Brasileira de Franchising. Palestrante e instrutora em cursos e programas de treinamento na área jurídica. Árbitra em procedimentos relacionados ao *franchising* e outros canais de distribuição.

LUIZ FELIZARDO BARROSO

O Professor Pós-Doutor LUIZ FELIZARDO BARROSO é advogado, graduado em 1957, tendo integrado os quadros funcionais do Banco do Brasil, na carreira de advogado *in house*, por mais de trinta anos, até 1985, quando se aposentou. Tem expertise no contencioso cível, comercial e bancário. Falência e concordata (hoje Recuperação judicial e extra); e em Franquia Empresarial, Pública e Social. Árbitro e Conselheiro Empresarial pela Fundação Dom Cabral. Lecionou Direito Comercial na Faculdade de Direito da UFRJ, como funcionário público federal, por trinta anos, até o ano 2.000, quando se jubilou. É doutor em Ciências Jurídicas e Sociais com a tese FRANQUIA PÚBLICO-SOCIAL (A Franquia Cidadã do Ente Público), premiada com a láurea de Destaque Acadêmico Franchising pela ABF, em 1.966; pós-doutor em Docência e Investigação, com o trabalho intitulado FRANQUICIAS SIN FRONTERAS COMO ELEMENTO POSITIVO DE UNA POLITICA COMUNITARIA; ambos os títulos obtidos no exterior. É Presidente da Comissão de Franquias Público-privadas do Instituto dos Advogados Brasileiros (IAB); foi Presidente do Conselho Empresarial de Franchising da Associação Comercial do Rio de Janeiro (ACRJ); foi Presidente, por mais de dez anos, do Conselho Fiscal da Seccional do Rio de Janeiro da Associação Brasileira de Franchising (da qual foi um de seus fundadores), tendo sido igualmente seu Diretor Jurídico, por vários mandatos. Vice-Presidente para o Franchising do Centro Brasileiro Mediação e Arbitragem (CBMA); Diretor Vogal para o Franchising do Instituto Brasileiro dos Executivos em Finanças (IBEF). É diplomado pela Escola Superior de Guerra, em seu curso de Altos Estudos de Política e Estratégia, realizado em 1.970, tendo sido eleito, nas penúltimas eleições, Vice-Presidente do Conselho Superior da Associação de seus Diplomados (ADESG), da qual foi Diretor de seu Departamento Jurídico por várias legislaturas. Possui a Medalha do Pacificador, por seus elevados serviços prestados ao Exército Brasileiro; do qual, a propósito, é Oficial R2 de Infantaria. É titular da Advocacia Felizardo Barroso & Associados e Presidente da Cobrart Gestão de Ativos e Participações (ambas as firmas de sua copropriedade). Autor de seis obras sobre Franchising, bem como de sua Biografia (vide seu WEBSIDE Professor Felizardo). É integrante do HALL da FAMA do Franchising; láurea esta que lhe foi concedida pela ABF, em 2017.

LUIZ HENRIQUE DO AMARAL

Advogado graduado em 1985 e Agente de Propriedade Industrial, especializado em Propriedade Intelectual (marcas, patentes e direitos autorais), Direito Societário e *Franchising*, licenciamento, concorrência desleal, Direito da Informática, transferência de tecnologia, direito de defesa do consumidor, litígios nas esferas judiciais e administrativas nas áreas relacionadas acima. Recebeu em 2017 a Comenda do Mérito Judicial pelo Tribunal de Justiça do Rio de Janeiro pela contribuição ao aprimoramento do Poder Judiciário e à Comunidade Jurídica e em 2015 recebeu o título de Comendador da Ordem do Poder Judiciário concedido pelo Tribunal Regional do Trabalho – 2ª Região. Sócio, membro do Conselho de Administração e Coordenador do Comite Executivo do Escritório de Advocacia Dannemann Siemsen Advogados e da sociedade de propriedade intelectual Dannemann, Siemsen, Bigler & Ipanema Moreira; Presidente da AIPPI (Associação Internacional para a Proteção da Propriedade Intelectual) de 2020 a 2022 e membro do Bureau desde 2013; Presidente da Associação Brasileira de Propriedade Intelectual (ABPI) de 2010 a 2013 e Membro Permanente do Conselho de Administração da ABPI; Membro da diretoria e do Conselho da Associação Brasileira de Franchising (ABF) por várias décadas; Secretário Geral do Conselho Mundial de *Franchising* (World Franchising Council – WFC) de 2009 a 2011; Membro e conselheiro de PI do Conselho de

Informações sobre Biotecnologia (CIB); Orientador em Direito Societário no Instituto Endeavor; Membro do conselho de administração da LES Brasil (Associação Brasileira de Executivos de Licenciamento); Ex-membro do Conselho de Administração da Associação Internacional de Marcas (INTA).

MARCELO DORNELLAS DE SOUZA

Advogado formado pela Universidade Presbiteriana Mackenzie. Curso de Extensão em Direito Imobiliário na AASP. Pós-Graduado em Direito Contratual na Pontifícia Universidade Católica de São Paulo (PUC-SP). É autor da obra: *Shopping Centers* – Limites na liberdade de contratar, São Paulo, 2011, Editora Saraiva e colaborador da obra Franchising Temas Jurídicos, São Paulo, 2011, Editora Lamonica, além de diversos artigos publicados em jornais e revistas.

MARCO ANTONIO CORREIA DE ARAÚJO

Sócio Diretor da A2M Consultoria, consultor há 15 anos, Bacharel em Administração de Empresas pela Universidade Católica do Salvador – UCSAL, pós-graduado em Gestão Tributária pela UNIFACS, trabalhou por 15 anos como Auditor Fiscal da SEFAZ/BA, Assessor Especial do Gabinete do Secretário da Fazenda da Bahia de 2003 a 2008, Coordenador do Simples Nacional no âmbito do CONFAZ de 2007 a 2008, Gerente de Planejamento da Fiscalização da SEFAZ/BA de 1996 a 2002 e Consultor Sênior da Arthur Andersen S/C de 1991 a 1994.

MARIANNA FUX

Graduada em Direito pela Faculdade de Direito da Universidade Cândido Mendes – UCAM, Sócia do Escritório de Advocacia Sérgio Bermudes – SBADV – entre março/2003 e março/2016 e, desde 08.03.2016, Desembargadora do Tribunal de Justiça do Estado do Rio de Janeiro.

MARINA NASCIMBEM BECHTEJEW RICHTER

Advogada. Bacharel em direito pela Universidade Presbiteriana Mackenzie (2004), com especialização em Direito Societário, junto à Fundação Getulio Vargas – FGV/SP (2007). Especializada em Direito dos Contratos pelo INSPER-SP (2011). Sócia-Fundadora do Nascimbem Bechtejew Sociedade de Advogados (nbadv.com.br). Autora do livro "A Relação de Franquia no Mundo Empresarial e as Tendências da Jurisprudência Brasileira", Almedina, 2015. Membro do Comitê de Admissão da Associação Brasileira do Franchising desde meados de maio de 2021.

MAURÍCIO ALVES DE LIMA

Doutor em Direito Civil (2022) e Mestre em Direito Civil (2010) pela Pontifícia Universidade Católica de São Paulo – PUC/SP. Especialista em Direito Tributário pelo Instituto Brasileiro de Estudos Tributários – IBET/SP e pelo Instituto Brasileiro de Direito Tributário/Entidade complementar à Universidade de São Paulo – USP (2002). Especialista em Relações Internacionais – Mercosul pela Pontifícia Universidade Católica de Goiás – PUC/GO (1999). Extensão em Falências e Recuperação Judicial pela FGV/RJ (2011). Extensão em Contabilidade e Finanças pela FGV/EAESP (2001). Graduado em Direito pela Universidade Católica de Goiás – PUC/GO (1998). Associado ao Instituto Brasileiro de Direito Contratual. Membro da Academia Goiana de Direito – ACAD. Foi Conselheiro Seccional da OAB/GO (triênios 2016/2018 e 2019/2021). Foi Presidente da Comissão de Orçamento e Contas da OAB/GO (triênios 2016/2018 e 2019/2021). Foi Professor da Universidade Federal de Goiás e da Universidade Paulista. Autor e coautor de obras jurídicas e artigos científicos. Advogado (Skaf e Lima Advogados) e parecerista. *Instagram:* mauricio.lima75

MAURICIO GIANATACIO BORGES DA COSTA

Especialista em Direito Empresarial pela Faculdade Getulio Vargas – GVLAW. Sócio do escritório Morse Advogados Associados, atuando há mais de 20 (vinte) anos nas áreas cível e comercial, com ênfase na assessoria preventiva e contenciosa de empresas que atuam com base no sistema de *franchising*. É membro da Ordem dos Advogados do Brasil e da Associação Brasileira de Franchising, onde atualmente coordena os trabalhos da Comissão de Estudos Jurídicos. Atua há mais de 10 anos como árbitro em procedimentos relacionados ao sistema de *franchising*.

MELITHA NOVOA PRADO

Sócia-fundadora da Novoa Prado e Kurita Advogados (1989). Formou-se em Direito pela Pontifícia Universidade Católica (PUC), em 1985. Possui MBA em Gestão em Varejo para Franquias pela FIA – Fundação Instituto de Administração, além de ter especialização em consultoria jurídica preventiva, no âmbito empresarial, particularmente nas áreas de varejo e *franchising*. Pelo IMAB -Instituto de Mediação e Arbitragem do Brasil, e pela GVlaw, especializou-se em Negociação, Mediação e Arbitragem. Instrutora oficial da Associação Brasileira de *Franchising* – ABF, palestrante e educadora em diversas organizações, com o intuito de capacitar e desenvolver profissionais e advogados, nas áreas de varejo e franchising. É diretora jurídica do Instituto Alisius e Mentora voluntária da Associação Obras do Berço. Autora das obras sobre Franchising; "*Franchising* na Alegria e na Tristeza", "*Franchising* na Real" e "Franchising Consciente".

NATAN BARIL

Sócio do escritório Baril Advogados Associados; escritório altamente especializado em *Franchising* e Propriedade Intelectual. Advogado especializado em questões de Propriedade Intelectual, Franchising e Direito Empresarial. Indicado desde 2010 como um dos "Advogados Mais Admirados do País" na área de Propriedade Intelectual e direito empresarial. Indicado desde 2016 pelo anuário internacional Who's Who Legal, como referência mundial na especialidade *Franchising*. Atual Diretor Internacional da Associação Brasileira de *Franchising* (ABF) e Conselheiro Institucional da Federação Ibero-americano de Franquias. Sócio do Macaronis Surf Resort Co.

RENATA OLIVEIRA

Bacharel em Direito pela Universidade Cruzeiro do Sul; Pós-Graduada em Direito Empresarial pelo Instituto Internacional de Ciências Sociais; Especialista em Direito Societário pela Fundação Getulio Vargas; Especialista em Privacidade e Proteção de Dados Pessoais pelo Data Privacy Brasil; Advogada militante na área de Propriedade Intelectual, Franchising e Proteção de Dados há 15 anos; Sócia fundadora do escritório Brandão & Oliveira Advogados; Membro da Ordem dos Advogados do Brasil (OAB) e da Associação Brasileira da Propriedade Intelectual (ABPI).

RENATA PIN

Sócia-fundadora do escritório ARP – Advocacia Ribeiro Pin. Experiência de 20 anos na área de direito empresarial com ênfase no mercado de franquia, na qual presta consultoria jurídica. Especialista na implantação de programas da Lei Geral de Proteção de Dados. Foi indicada pela Revista Análise nas edições de 2021 e 2022 como uma das advogadas mais admiradas em duas áreas de atuação: Empresarial e Arbitral. Coautora da Obra *Franchising* ABF Volume I, autora de diversos artigos para revistas e sites especializados. Presidente da Comissão de Admissão de novos Associados da ABF e membro da Comissão de Assuntos jurídicos dessa mesma Associação.

RENATO TARDIOLI

Advogado, sócio de Tardioli Lima Sociedade de Advogados. Especialista em Direito Empresarial, foi Diretor Jurídico da Associação Brasileira dos Criadores de Cavalos da Raça Mangalarga (ABCCRM). Apontado entre os advogados mais admirados do País no ano de 2018 e 2022 pela publicação Análise Advocacia 500. Articulista sobre franchising, direito tributário e planejamento patrimonial.

SANDRA BRANDÃO

Advogada. Sócia-fundadora da Brandão e Oliveira Advogados. Mais de 30 anos de experiência na área de Direito Empresarial, incluindo consultoria e contratos de diversas naturezas, com especial ênfase nas áreas de Propriedade Intelectual, franchising e societário. Pós-graduada em Gestão Empresarial pela Escola Trevisan para Dirigentes de Empresas e Especialista em Direito Contratual pelo Centro de Extensão Universitária (atual IICS, Instituto Internacional de Ciências Sociais). Concluiu Empretec – Sebrae em 2019. Pós-graduada em Transformação de Conflitos e Estudos de Paz pelo Instituto Paz e Mente, em parceria com a Cátedra de

Paz da UNESCO, pela Universidade de Innsbruck, Áustria e Instituto Santa Bárbara na Califórnia. Certificada no curso básico de Contratos Conscientes®. Formação em Capitalismo Consciente Nível 1 pelo ICCB.

SIDNEI AMENDOEIRA JR.

Sócio do escritório MMA *Law* – Melchior, Micheletti e Amendoeira Advogados. Formado pela Faculdade de Direito da USP-SP em 1996, onde fez mestrado (2002) e doutorado (2006) em direito processo civil. É professor de direito processual civil dos cursos de graduação e pós-graduação na Escola de Direito de São Paulo da FGV e GVLAW; além de ser palestrante nas mais diversas instituições de ensino. Atua, ainda, como professor na área de contratos, com ênfase em franquias junto ao Complexo Educacional Damásio de Jesus e EPD – Escola Paulista de Direito. Publicou as seguintes obras: Poderes do Juiz e Tutela Jurisdicional; Fungibilidade de Meios e Processo de Conhecimento; Manual de Direito Processual Civil, volume 1 (2ª edição) e volume 2. Autor de diversos artigos em livros e revistas especializadas. Membro do Comitê de Processo Civil da Ordem dos Advogados do Brasil – Seccional SP. Diretor Jurídico da ABF – Associação Brasileira de *Franchising*. Conselheiro do CEAPRO – Centro de Estudos Avançados em Processo.

SIMONY BRAGA

Sócia do escritório DA FONTE, ADVOGADOS. Especialista em Direito do Trabalho pela Universidade de Castilla-La Mancha (UCLM), na Espanha, e pela Escola Superior da Magistratura Trabalhista (ESMATRA-PE). Vice coordenadora da Comissão de Compliance da OAB Pernambuco. Membro Consultora da Comissão Nacional de Direito Sindical do Conselho Federal da OAB Nacional. Membro da Comissão de ESG da Associação Brasileira de Franquias - ABF. Professora Universitária de Direito Processual do Trabalho. Palestrante e autora de trabalhos jurídicos com ênfase em Direito e Processo do Trabalho.

TÂNIA MARIA ZANIN

Sócia-Fundadora do Zanin Advogados, graduada em Língua e Literatura Inglesa – Bacharelado e Licenciatura Plena pela Pontifícia Universidade Católica de São Paulo (PUC-SP e em Direito pelo Centro Universitário das Faculdades Metropolitanas Unidas (FMU). Pós-graduada em Direito Contratual pela Escola Paulista de Direito (EPD). Atuação em processos de Arbitragem e Mediação, com certificação em Educação Continuada em Arbitragem pela Fundação Getulio Vargas (FGV – GVlaw) e em Capacitação em Mediação e Arbitragem pelo Instituto de Mediação e Arbitragem do Brasil (IMAB). Especialista em Direito Empresarial com foco no segmento de Franchising, atuando há mais de 33 anos nesse mercado, com expertise nas áreas Jurídica, de Gestão e Treinamento de Redes. Participante como Autora do livro "Franchising" do ano de 2021, com organização da Associação Brasileira de Franchising e em parceria com a Editora Thomson Reuters – Revista dos Tribunais. Palestrante e Mentora da Associação Brasileira de Franchising (ABF) em diversos temas e frentes de conhecimento.

THAIS MAYUMI KURITA MONEGAGLIA

Sócia titular da Novoa Prado e Kurita Advogados. Formou-se em Direito pela Universidade Presbiteriana Mackenzie, em 2001. Pós-graduação em Direito Comercial pela mesma instituição. Especialista em consultoria jurídica preventiva, no âmbito empresarial, particularmente nas áreas de varejo e *franchising*. Participa como membro efetivo da Comissão de Estudos Jurídicos da Associação Brasileira de *Franchising* (ABF). Instrutora Credenciada da ABF – Associação Brasileira de *Franchising*. Também ocupa atualmente o Cargo de diretora jurídica da ONG Deixe Viver, entidade de Proteção da vida animal. Voluntária GOYN – Juventudes Potentes.

THIAGO RODOVALHO

Professor Titular da PUC-Campinas (Graduação e Mestrado). Membro do Corpo Docente Permanente do Programa de Pós-Graduação Stricto Sensu em Direito (PPGD). Doutor e Mestre em Direito Civil pela Pontifícia Universidade Católica de São Paulo – PUC/SP, com estágio pós-doutoral no *Max-Planck-Institut für ausländisches und internationales Privatrecht*.

SUMÁRIO

PREFÁCIO

Ministro Luiz Fux V

SOBRE OS AUTORES VII

PARTE I
CONCEITO DE FRANQUIA E SUAS ESPÉCIES

CONCEITO DE FRANQUIA E SEUS ELEMENTOS DISTINTIVOS
Melitha Novoa Prado 3

FRANQUIA E OUTROS CANAIS DE DISTRIBUIÇÃO
Luciana Morse 15

TIPOS DE FRANQUIA
Andrea Oricchio 23

A *MASTER* FRANQUIA E A FRANQUIA DE DESENVOLVIMENTO DE ÁREA
Luiz Henrique do Amaral 37

FRANQUIAS PÚBLICA E SOCIAL
Sandra Brandão 49

PARTE II
DIREITOS DE PROPRIEDADE INTELECTUAL (ELEMENTOS DISTINTIVOS)

OS DIREITOS DA PROPRIEDADE INTELECTUAL NO *FRANCHISING*
Gabriel Di Blasi 63

PARTE III
CIRCULAR DE OFERTA DE FRANQUIA

A CIRCULAR DE OFERTA DE FRANQUIA – CONCEITO
Luiz Felizardo Barroso 97

CIRCULAR DE OFERTA DE FRANQUIA: ELEMENTOS OBRIGATÓRIOS
Renata Pin 121

CONSEQUÊNCIAS DO DESCUMPRIMENTO DAS OBRIGAÇÕES LEGAIS
Renata Pin 139

PARTE IV
PRÉ-CONTRATO DE FRANQUIA

PRÉ-CONTRATO DE FRANQUIA
Bruno Lucius e Edna dos Anjos 153

PARTE V
CONTRATO DE FRANQUIA

O CONTRATO DE FRANQUIA
Sidnei Amendoeira Jr. 159

O CONTRATO DE FRANQUIA COMO SENDO UM CONTRATO EMPRESARIAL E COMPLEXO
Thiago Rodovalho 181

PARTE VI
TAXAS DO SISTEMA

REMUNERAÇÃO
Tânia Maria Zanin 199

PARTE VII
FUNDO DE MARKETING

CONSIDERAÇÕES GERAIS ACERCA DA CONTRIBUIÇÃO AO FUNDO DE MARKETING
Carlos Eduardo Mattos e Beatriz Gomes Sampaio 211

PARTE VIII
TREINAMENTO E SUPORTE

TREINAMENTO INICIAL
Eric Vitor Neves Macedo 227

MANUAIS DE FRANQUIA
Eric Vitor Neves Macedo 243

TREINAMENTO CONTÍNUO
Eric Vitor Neves Macedo 255

SUPORTE DO FRANQUEADOR AO FRANQUEADO
Thais Mayumi Kurita.. 267

PARTE IX
ABASTECIMENTO DA FRANQUIA

PROCESSO DE HOMOLOGAÇÃO DE FORNECEDORES
Renato Tardioli Lúcio de Lima e Fernando Forte Janeiro Fachini Cinquini 283

PARTE X
POLÍTICA COMERCIAL, CRÉDITO E GARANTIAS

DEFINIÇÃO DE POLÍTICA COMERCIAL
Renato Tardioli Lúcio de Lima e Fernando Forte Janeiro Fachini Cinquini 293

CRÉDITO E GARANTIAS
Fernando Tardioli Lúcio de Lima.. 297

PARTE XI
EXTINÇÃO CONTRATUAL E SUAS CONSEQUÊNCIAS

RESCISÃO CONTRATUAL E SUAS CONSEQUÊNCIAS – PRINCIPAIS MOTIVOS PARA A RESCISÃO, MULTAS E PENALIDADES, PREFERÊNCIA E OPÇÃO DE COMPRA
Mauricio Gianatacio Borges da Costa.. 323

PARTE XII
OBRIGAÇÕES PÓS-CONTRATUAIS

OBRIGAÇÕES PÓS-CONTRATUAIS, CONFIDENCIALIDADE E NÃO CONCORRÊNCIA NOS CONTRATOS DE FRANQUIA
Alexandre David Santos 343

PARTE XIII
RESPONSABILIDADE DO FRANQUEADOR

A AUSÊNCIA DE RESPONSABILIZAÇÃO DO FRANQUEADOR POR OBRIGAÇÕES TRABALHISTAS CONTRAÍDAS PELA EMPRESA FRANQUEADA: A IMPLEMENTAÇÃO DE BOAS PRÁTICAS E A MITIGAÇÃO DE RISCOS
Simony Braga 387

RESPONSABILIDADE DO FRANQUEADOR
Natan Baril 399

RESPONSABILIDADE DA FRANQUEADORA SOB A ÓTICA DO CÓDIGO DE DEFESA DO CONSUMIDOR
Francisco Marchini Forjaz 415

RESPONSABILIDADE DO FRANQUEADOR
Marianna Fux 435

PARTE XIV
MEIOS DE COMUNICAÇÃO E DE PROVA NOS CONTRATOS DE FRANQUIA

MEIOS DE COMUNICAÇÃO E DE PROVA NOS CONTRATOS DE FRANQUIA – O USO DAS MÍDIAS SOCIAIS, EXTRANET E DEMAIS FORMAS DE COMUNICAÇÃO
Flávia Amaral 447

PRODUÇÃO ANTECIPADA DE PROVA E ATA NOTARIAL
César Marcos Klouri 475

PARTE XV
CONSELHO DE FRANQUEADOS

CONSELHO DE FRANQUEADOS – CONCEITO E FINALIDADE, FORMA DE COMPOSIÇÃO, ELEIÇÃO DOS CONSELHEIROS E ESTATUTO
Renata Oliveira 497

PARTE XVI
TRANSFERÊNCIA DE UNIDADE E SUCESSÃO EMPRESARIAL

TRESPASSE E FORMAS DE TRANSFERÊNCIA
Ana Cristina Von Jess 509

SUCESSÃO EMPRESARIAL
Ana Cristina Von Jess 527

PARTE XVII
INTERNACIONALIZAÇÃO DE FRANQUIA

INTERNACIONALIZAÇÃO DE FRANQUIA

Cândida Ribeiro Caffé 537

PARTE XVIII
LOCAÇÃO EM *FRANCHISING*

CONTRATO DE LOCAÇÃO NO *FRANCHISING*

Daniel Alcântara Nastri Cerveira 555

SUBLOCAÇÃO PARA FINS COMERCIAIS

Marcelo Dornellas de Souza 579

LOCAÇÃO EM *FRANCHISING* – AÇÕES LOCATÍCIAS – RENOVATÓRIA

Marina Nascimbem Bechtejew Richter 593

PARTE XIX
PRINCIPAIS POLÊMICAS TRIBUTÁRIAS EM *FRANCHISING*

TRIBUTÁRIO

Daniel Mariz Gudiño 617

ASPECTOS POLÊMICOS DA TRIBUTAÇÃO EM *FRANCHISING* – *ROYALTIES* NA BASE DE CÁLCULO DO ICMS

Albérico Machado Mascarenhas e Marco Antonio Correia de Araújo 635

PARTE XX
SOLUÇÃO DE CONFLITOS

A MEDIAÇÃO NO *FRANCHISING*

Adolfo Braga Neto 669

ARBITRAGEM NA RELAÇÃO DE FRANQUIA

Maurício Alves de Lima 693

AS CONVENÇÕES PROCESSUAIS E OS CONTRATOS DE FRANQUIA

Gregory Terry Ubillús e Sidnei Amendoeira Jr. 709

PARTE I
CONCEITO DE FRANQUIA E SUAS ESPÉCIES

1
CONCEITO DE FRANQUIA E SEUS ELEMENTOS DISTINTIVOS

Melitha Novoa Prado

Sumário: Introdução – 1. Conceito de franquia – 2. Elementos da franquia; 2.1. Autorização de uso de marca e outros objetos de propriedade intelectual; 2.2. Direito de produção ou distribuição exclusiva ou semiexclusiva de produtos e/ou serviços; 2.3. Direito de uso de métodos e sistemas de implantação e administração de negócio ou sistema operacional desenvolvido ou detido pelo franqueador *(know-how)*; 2.4. Remuneração direta ou indireta; 2.5. Ausência de relação de consumo e vínculo empregatício em relação ao franqueado e aos seus empregados – 3. Conclusão – Referências bibliográficas.

INTRODUÇÃO

Com cerca de 3 mil redes de franquia atuantes no mercado brasileiro em 2022, o setor de franchising foi responsável por uma receita total de R$ 211 bilhões e crescimento de 13,2% em relação ao ano anterior, de acordo com dados da ABF – Associação Brasileira de Franchising. O setor também gerou 1,58 milhão de vagas de empregos, diretos – o que corresponde a nove empregos por franquia, em média.

Para 2023, as perspectivas também são positivas: a entidade prevê crescimento entre 9,5% e 12% de faturamento, incremento de 4% no número de redes; 10% em novas unidades franqueadas e mais 10% em empregos gerados.

Esses dados confirmam a importância cada vez maior do setor de *franchising* para a nossa economia, apesar de se tratar de um instituto relativamente recente.

De fato, apesar de muitos especialistas atribuírem a origem do *franchising* no Brasil a Arthur de Almeida Sampaio, que em 1910 cedeu o uso do signo "Calçados Stella" para os seus representantes comerciais para a identificação dos seus estabelecimentos,[1] foi somente com o crescimento industrial da década de 1970 e o surgimento de uma classe média ávida para consumir produtos e serviços dos mais diversos que teve início o processo de expansão de Shoppings Centers[2] e, associado a esse processo, o surgimento das primeiras redes de franquia, entre as quais, o Boticário, a Água de Cheiro e a Mister Pizza.

O crescimento das redes de franquia foi bastante lento durante a década de 1980, o que pode ser explicado tanto por fatores econômicos, com a inflação chegando a superar

---

1. BARROSO, Luiz Felizardo. *Franchising e Direito*. São Paulo: Editora Atlas. 1997. p. 32.
2. SILVA, Américo Luiz M. *Contratos comerciais*. Vol. II. Rio de Janeiro: Editora Forense. 2004. p. 347.

80% ao mês, quanto pela incipiência do setor, que só passou a se organizar com a criação da Associação Brasileira de Franchising, em julho de 1987.

Com a chegada dos anos 1990 e o advento de políticas para a abertura econômica e a estabilidade da nossa moeda, a organização do setor de *franchising* foi, sem dúvida, decisiva para a promulgação da antiga Lei de Franchising, Lei nº 8.955/94, a qual deve ser reconhecida por ter alcançado a compreensão exata do espírito de parceria presente na franquia, o que sabiamente foi mantido pela nova Lei de Franquia (Lei nº 13.966, de 26 de dezembro de 2019).

Naquela ocasião, foi reconhecido que se evitou o

"excesso de intervencionismos nas relações entre franqueado e franqueador, impedindo, desta forma, a presença de cláusulas obrigatórias que, com o objetivo de proteger determinado contratante, acabaria por tornar a presente lei um empecilho ao relacionamento franqueador-franqueado".[3]

E mais, que, para atingir essa parceria, o foco da lei seria dar *"condições ao franqueado de conhecer, na íntegra, o negócio ao qual pretende aderir, assegurando-lhe o acesso a informações de forma a que possa decidir quanto à realização ou não de contrato de franquia"*.[4]

Muitos juristas chegaram a criticar a antiga Lei de Franchising pelo uso do termo "franquia" na língua inglesa, mas, sobre o tema, Adalberto Simão Filho justifica a utilização da palavra estrangeira da seguinte forma:

"Tal posição é tomada na medida em que o significado da palavra atribuída à franquia na língua portuguesa não condiz com a extensão significativa da palavra franchising em inglês, muito mais abrangente e distante do sentido prático jurídico implícito no idioma pátrio.

A postura adotada não significa qualquer aberração ao sistema jurídico ou linguístico, pois existe em nosso país uma gama de institutos jurídicos 'advindos' do estrangeiro que adentram nossa realidade prática com a mesma denominação que tinham em seus países de origem. A título de exemplo, são lembrados o (sic) seguintes: leasing back, factoring, under writting, insider trading, warrant *entre outros.*

O termo, em língua inglesa, parece o mais adequado, mormente quando se torna de amplo conhecimento público, em função da divulgação do sistema no Brasil pela mídia escrita e televisiva, fato que contribui para sua rápida assimilação."[5]

Porém, a questão linguística foi superada pela nova Lei de Franquia, a qual optou pelo uso da expressão "franquia" na língua portuguesa.

Da mesma forma que a lei anterior, verificou-se que a lei atual privilegiou a obrigação de divulgação de informações, conhecida como *disclosure*, e a aplicação dos princípios gerais dos contratos às relações de franquia, com destaque à autonomia da vontade, princípio do consensualismo e vinculação das partes.

---

3. In: BRASIL. Projeto de Lei nº 318, de 1991. Diário do Congresso Nacional, abril de 1991. p. 3234. Disponível em: http://imagem.camara.gov.br/Imagem/d/pdf/DCD09ABR1991.pdf#page=60.
4. In: BRASIL. Projeto de Lei nº 318, de 1991. Diário do Congresso Nacional, abril de 1991. p. 3234. Disponível em: http://imagem.camara.gov.br/Imagem/d/pdf/DCD09ABR1991.pdf#page=60.
5. SIMÃO FILHO, Adalberto. *Franchising: aspectos jurídicos e contratuais*. São Paulo: Atlas, 2ª ed. 1997. p. 20.

Tal decisão pelo legislador parece-nos ainda mais acertada, por não ter tido a pretensão de engessar esse contrato e, assim, permitir a sua aplicação nos mais variados negócios.

Outro importante acerto da nova lei é que o legislador alterou o conceito do sistema de franquia, pois o *"know-how"*, outrora previsto como opcional, é hoje um elemento reconhecido como indispensável para a caracterização da franquia e, sem dúvida, constitui o principal diferencial da franquia em relação a outros modelos de negócio, conforme se pretende demonstrar no presente capítulo.

Trata-se de uma mudança provocada pela própria evolução e pelo amadurecimento do setor de franquia no país, com o surgimento e desenvolvimento de franqueadores cada vez mais profissionais, com maior conhecimento das regras e da realidade do sistema e aptos a expandir a sua marca por meio de uma rede mais sólida e comprometida.

1. CONCEITO DE FRANQUIA

Uma das primeiras definições de franquia foi apresentada pelo catedrático Orlando Gomes e remonta do início da década de 1990, portanto, antes mesmo da criação do projeto de lei que deu origem à antiga Lei de Franchising. Para o doutrinador, a franquia consiste na:

> *"operação pela qual um empresário concede a outro o direito de usar a marca de um produto seu com assistência técnica para a sua comercialização, recebendo, em troca, determinada remuneração."*[6]

Note-se que, já à época, acertadamente o autor enfatizou a assistência técnica para a comercialização de produtos como elemento obrigatório na franquia.

Na mesma linha de entendimento, a Professora Maria Helena Diniz, ao conceituar a franquia, citou a assistência técnica conferida pelo franqueador ao franqueado como característica desse instituto, vejamos:

> *"Franquia ou franchising é o contrato pelo qual uma das partes (franqueador ou franchisor) concede, por certo tempo, à outra (franqueado ou franchisee) o direito de comercializar com exclusividade, em determinada área geográfica, serviços, nome comercial, título de estabelecimento, marca de indústria ou produto que lhe pertence, com assistência técnica permanente, recebendo em troca, certa remuneração."*[7]

Fran Martins também confere destaque à prestação de assistência técnica obrigatória por parte do franqueador ao franqueado, mas, ao definir a franquia, enfoca outros elementos característicos do contrato de franquia, notadamente, a subordinação e assistência relacionada à publicidade:

---

6. GOMES, Orlando. *Contratos*. Rio de Janeiro: Forense, 1990. 12ª edição. p. 528-529.
7. DINIZ, Maria Helena. *Tratado Teórico e Prático dos Contratos*. Vol. IV. São Paulo: Editora Saraiva. 1996, 2ª edição. p. 43.

> "(...) podemos conceituar esta como o contrato que liga uma pessoa a uma empresa, para que esta, mediante condições especiais, conceda a primeira o direito de comercializar marcas ou produtos de sua propriedade sem que, contudo, a esses estejam ligadas por vínculo de subordinação. O franqueado, além dos produtos que vai comercializar, receberá do franqueador permanente assistência técnica e comercial, inclusive no que se refere à publicidade dos produtos."[8]

Definição semelhante foi adotada pelo Professor Fabio Ulhoa Coelho, segundo o qual:

> "O contrato de franquia (franchising) resulta da conjugação de dois outros contratos empresariais. De um lado, a licença de uso de marca e, de outro, a prestação de serviços de organização empresarial. (...) Normalmente, os serviços de organização empresarial se desdobram em três contratos: o management, relacionado com os sistemas de controle de estoque, de custos, e treinamento de pessoal: o engineering, pertinente à organização do espaço (layout) do estabelecimento do franqueado; e o marketing, cujo conteúdo diz respeito às técnicas de colocação do produto ou serviço junto ao consumidor, incluindo a publicidade."[9]

Na opinião de Fábio Konder Comparato, a assistência técnica, juntamente com a licença de marca, constitui elemento essencial na franquia:

> "Na franquia, o essencial é a licença de utilização de marca e a prestação de serviços de organização e métodos de venda pelo franqueador ao franqueado.
>
> (...)
>
> Esse elemento de prestação de serviços do franqueador ao franqueado é claramente distinto da simples licença de utilização de marca ou outro sinal distintivo. Ele comporta, na verdade, três aspectos vulgarmente caracterizados pelas expressões engineering, management e marketing. O franqueador, antes de mais nada, pode planejar a própria montagem material do negócio do franqueado (local e instalações). Ademais, ele costuma fornecer também ao franqueado um esquema completo de organização empresarial, desde o organograma de pessoal até a própria contabilidade e a política de estoques, com apoio em sistemas computacionais, como, por exemplo, um sistema integrado de estoques e compras. Acessoriamente, o franqueador porá à disposição do seu co-contratante o acesso ao seu equipamento de processamento de dados e um financiamento para a aquisição ou a reforma de suas instalações. Finalmente, quanto ao marketing, informações e instruções precisas serão dadas para o desenvolvimento das vendas ou da prestação dos serviços do franqueado ao público. O franqueado poderá, assim, usufruir de uma experiência acumulada do franqueador, no mercado em questão, quanto aos sistemas de vendas e serviços (sucesso ou insucesso de promoções especiais, vendas a crédito ou descontos, por exemplo). Gozará, ademais, dos efeitos de uma publicidade largamente montada em torno da marca ou sinais de propaganda, cuja utilização lhe foi concedida."[10]

A assistência técnica, desde a montagem do negócio até a publicidade, é também elemento obrigatório destacado por Carlos Alberto Bittar. No entanto, para esse mesmo autor, a franquia caracteriza-se pela possibilidade de controle sobre a atividade do franqueado pelo franqueador, em razão das obrigações assumidas pelo segundo perante o primeiro:

---

8. MARTINS, Fran. *Contratos e obrigações comerciais*. Rio de Janeiro: Editora Forense. 1998. p. 486 e ss.
9. COELHO, Fabio Ulhoa. Considerações sobre a lei de franquia. *In* Revista ABPI nº 16, maio/junho 1995. p. 15.
10. COMPARATO, Fábio Konder. *In* Revista de Direito Mercantil: Franquia e Concessão de venda no Brasil: da consagração ao repúdio. 1975. p. 53-54.

"O franchise é, portanto, contrato que importa na concessão a outrem de uso de direito intelectual, para inserção em produtos comercializáveis, com ou sem autorização para fabricação, acompanhada da técnica correspondente. Desse modo, abrange o contrato de serviços de assistência na montagem do negócio; na administração correspondente, no marketing e na publicidade. Reveste-se de caráter complexo, distanciando-se dos demais contratos associativos, inclusive o de licensing, ou de licença simples para uso de marca, que a tanto se restringe. No franchise, ao revés, há um mix [sic] de obrigações assumidas pelo franchisor, que lhe confere, assim, controle sobre a atividade do franchise, em cujo resultado econômico participa, sob regime de fiscalização própria."[11]

E, de fato, deve existir na relação entre franqueador e franqueado uma subordinação com o objetivo de assegurar a identidade e o padrão da rede. Tal subordinação, no entanto, não deve ser confundida com a perda de autonomia jurídica e administrativa do franqueado, já que o franqueado é empresário independente e pode tomar as suas próprias decisões quando não contrárias aos processos preestabelecidos pelo franqueador para garantir a manutenção desse padrão.

O dever de cumprimento absoluto de regras e normas pelo franqueado é constatado por Jorge Pereira Andrade como uma característica da franquia, conforme se observa da sua definição de franquia:

"Franquia é o conceito pelo qual uma empresa industrial, comercial ou de serviços, detentora de uma atividade mercadológica vitoriosa, com marca notória ou nome comercial idem (franqueadora), permite a uma pessoa física ou jurídica (franqueada), por tempo e área geográfica exclusivos e determinados, seu uso, para venda ou fabricação de seus produtos e/ou serviços mediante uma taxa inicial e porcentagem mensal sobre o movimento de vendas, oferecendo por isso todo seu know-how administrativo, de marketing e publicidade, exigindo em contra-partida um absoluto atendimento a suas regras e normas, permitindo ou não a subfranquia."[12]

Os conceitos e as definições citadas demonstram que parte significativa da doutrina já considerava a assistência técnica como elemento obrigatório da franquia, muito embora a antiga Lei n. 8955/94 a considerasse um elemento eventual, conforme o artigo 2º a seguir transcrito:

Art. 2º: "Franquia empresarial é o sistema pelo qual um franqueador cede ao franqueado o direito de uso de marca ou patente, associado ao direito de distribuição exclusiva ou semi-exclusiva de produtos ou serviços e, eventualmente, também, ao direito de uso de tecnologia de implantação e administração de negócio ou sistema operacional desenvolvidos ou detidos pelo franqueador, mediante remuneração direta ou indireta, sem que, no entanto, fique caracterizado vínculo empregatício."

Tal conceito, porém, foi superado pelo legislador que, atento à evolução do Sistema de Franquia no Brasil, privilegiou a seguinte definição conforme o artigo 1º da Lei nº 13.966, de 26 de dezembro de 2019:

Art. 1º: "Esta Lei disciplina o sistema de franquia empresarial, pelo qual um franqueador autoriza por meio de contrato um franqueado a usar marcas e outros objetos de propriedade intelectual, sempre associados ao direito de produção ou distribuição exclusiva ou não exclusiva de produtos ou serviços e

---

11. BITTAR, Carlos Alberto. *Contratos comerciais*. 4ª ed. Rio de Janeiro. Forense Universitária. 2005. p. 211.
12. ANDRADE, Jorge Pereira. *Contratos de Franquia e Leasing*. São Paulo: Editora Atlas. 3ª edição. 1998. p. 20-21.

também ao direito de uso de métodos e sistemas de implantação e administração de negócio ou sistema operacional desenvolvido ou detido pelo franqueador, *mediante remuneração direta ou indireta,* sem caracterizar relação de consumo ou vínculo empregatício em relação ao franqueado ou a seus empregados, ainda que durante o período de treinamento." (grifos nossos)

Portanto, os elementos essenciais de uma franquia, de acordo com o legislador, passaram a ser: a autorização de uso de marca e outros objetos de propriedade intelectual, o direito de produção ou distribuição exclusiva ou não exclusiva de produtos ou serviços; o direito de uso de métodos e sistemas de implantação e administração de negócio ou sistema operacional desenvolvido ou detido pelo franqueador; a remuneração direta ou indireta; e a ausência de relação de consumo e vínculo empregatício em relação ao franqueado e aos seus empregados.

2. ELEMENTOS DA FRANQUIA

2.1. Autorização de uso de marca e outros objetos de propriedade intelectual

O legislador, mais uma vez, acertou ao substituir o verbo "ceder" pela expressão "autorização de uso", haja vista que o termo anterior possibilitava a interpretação de que haveria uma transferência definitiva e a sub-rogação nos direitos do cedente.[13]

Isso porque o uso da marca ocorre de forma temporária e perdurará apenas enquanto vigorar o contrato de franquia. Assim, ao decidir franquear o seu negócio, o franqueador deverá estar ciente de que os franqueados farão jus ao direito de usar as suas marcas para a identificação do negócio franqueado.

A marca constitui, possivelmente, o principal elemento de uma rede de franquia, pois conforme bem ponderado por Luiz Felizardo Barroso,

> *"A marca não é, pois, só a identidade pessoal de uma empresa ou empreendimento. Ela é o próprio rosto do empresário, enquanto atua profissionalmente, distinto de sua face ou de sua identidade pessoal, como pessoa natural. O valor de uma marca não é propriamente o que o produto coloca nela, mas o que o consumidor dela retira. Não é sem razão que a função básica de uma marca é a de fazer com que a decisão de compra por parte do consumidor seja a mais fácil e satisfatória para si."*[14]

De acordo com o artigo 122 da Lei nº 9.279/1996, as marcas são definidas como "os sinais distintivos visualmente perceptíveis, não compreendidos nas proibições legais".

Vale lembrar que, em virtude do sistema atributivo de direito adotado pelo Brasil, a propriedade e o uso exclusivo de uma marca só são adquiridos com o seu registro pelo titular, nos termos do artigo 129 da Lei nº 9.279/1996:

> Art. 129. *"A propriedade da marca adquire-se pelo registro validamente expedido, conforme as disposições desta Lei, sendo assegurado ao titular seu uso exclusivo em todo o território nacional, observado quanto às marcas coletivas e de certificação o disposto nos arts. 147 e 148."*

---

13. Conforme De Plácido e Silva: *"Na cessão, o cessionário se sub-roga em todos os direitos do cedente, quando crédito ou direito, ou assume os seus deveres e obrigações, quando cessão passiva, ficando assim, num ou noutro caso, como sucessor do antigo credor ou devedor".* In: De Plácido e Silva. *Vocabulário Jurídico.* Rio de Janeiro, Forense, 1993. 2V. p. 418-419.
14. BARROSO, Luiz Felizardo. *A importância do adequado registro das marcas para franqueadores e franqueados* in Revista da ABPI nº 16 – maio/junho, 1995. p. 47.

Portanto, o franqueador deve adotar as providências para o efetivo depósito e registro da marca perante o Instituto Nacional de Propriedade Industrial – INPI, autarquia responsável pelo registro de marcas e patentes no país, o que não significa, todavia, que o franqueador está impedido de iniciar o licenciamento de uso da marca sem o respectivo registro, uma vez que o artigo 130 do mesmo diploma legal permite tal licenciamento ao depositante de marca, vejamos:

> Art. 130. *"Ao titular da marca ou ao depositante é ainda assegurado o direito de:*
> *I – ceder seu registro ou pedido de registro;*
> *II – licenciar seu uso;*
> *III – zelar pela sua integridade material ou reputação."*

Nesse sentido, os nossos Tribunais inclusive já reconheceram, desde que previamente informado na Circular de Oferta de Franquia e Contrato de Franquia, a possibilidade de alteração da marca em caso de indeferimento ulterior da marca pelo INPI, conforme decisões a seguir:

> *"Direito Civil. Apelação Cível. Contrato de Franquia. Marca e Patente. Royalties. Registro da marca indeferido. Alteração. Possibilidade. Previsão contratual. Investimento. Modalidades. Valores de referência. Estimativa. Previsão Contratual. Exercício da atividade mercantil. Previsão Contratual. Exercício da atividade mercantil por mais de dois anos. Adimplemento da obrigação. Sentença mantida. Recurso desprovido"* (3ª Turma Cível do TJ/DF, Processo 0704971-62.2017.8.07.0020 DF. Relator Des. Alvaro Ciarlini. Julgado em 04/11/2018, publicado em 14/11/2018).
>
> *"Franquia. Ação anulatória de contrato de franquia, com pedido alternativo de resolução da avença com perdas e danos. Indeferimento do registro da marca que não implica, automaticamente, na impossibilidade da execução do contrato. Observância do princípio da continuidade dos contratos. Decreto de inexistência do negócio afastado"* (2ª Câmara Reservada de Direito Empresarial do TJ/SP. Apelação nº 9000110-56.2008.8.26.0100. Relator Des. Araldo Telles. Julgado em 15/08/2016, publicado em 17/08/2016).

Além das marcas, o legislador ampliou o escopo da licença para outros objetos de propriedade intelectual, portanto, abrangendo todos os bens protegidos pela Lei de Propriedade Industrial, Lei de Direitos Autorais, Lei de Proteção da Propriedade Intelectual de Software, entre outros, inclusive aqueles que vierem a ser criados.

Com efeito, invariavelmente, os Sistemas de Franquia atuais consistem na concessão de direito de acesso e uso a um conjunto de bens imateriais detidos pelo franqueador, incluindo projeto arquitetônico, desenhos, fotos, imagens, *slogans*, sistemas, aplicativos e outros elementos que são passíveis de proteção, independentemente de registros perante órgãos, e merecem ser igualmente assegurados pelo contrato de franquia.

2.2. Direito de produção ou distribuição exclusiva ou semiexclusiva de produtos e/ou serviços

A autorização para o uso de marca ou outros objetos de propriedade intelectual deve vir associada ao direito de produção ou distribuição exclusiva ou semiexclusiva de produtos e/ou serviços, de acordo com a própria definição da Lei.

A atribuição desse direito em associação às marcas pressupõe a prévia avaliação e estruturação de uma estratégia de canais de produção ou distribuição, conforme o caso, e de expansão da rede, que identificam os critérios demarcadores da atuação dos franqueados, quanto ao território – exclusivo ou preferencial –, ou quanto à possibilidade de os franqueados alterarem o "mix" de produtos e serviços oferecidos em sua operação franqueada.

2.3. Direito de uso de métodos e sistemas de implantação e administração de negócio ou sistema operacional desenvolvido ou detido pelo franqueador *(know-how)*

Nesse ponto, há que se esclarecer que os métodos e sistemas de implantação e administração são comumente confundidos como o *know-how* detido pelo franqueador e, muitas vezes, usados como sinônimos, mas não necessariamente o são.

Com efeito, o franqueador pode desenvolver ou adquirir métodos de implantação e operação de unidades, sem que, no entanto, esses métodos constituam o seu *know-how*, tanto é assim que a Lei de Franquia faz a distinção entre essa assistência e o *know how*, ao dispor, mais adiante, no inciso XV do artigo 2º, que a Circular de Oferta de Franquia deve informar a *"situação do franqueado, após a expiração do contrato de franquia, em relação a: a) know how da tecnologia de produto, de processo ou de gestão, informações confidenciais e segredos de indústria, comércio, finanças e negócios a que venha a ter acesso em função da franquia"*.

Segundo o ensinamento de Denis Borges Barbosa, o *know how* pode ser

"(...) simplesmente a conformação da empresa para a produção; e é perfeitamente possível que permaneça despercebido até que, por exemplo, seja necessário estabelecer uma nova unidade industrial ou atender um contrato de transmissão de conhecimentos técnicos. É o momento em que a empresa, como personagem de Le bourgeois gentilhomme, *percebe que é detentora de um* know how.

Por esta razão, o contrato de know how *tem muito mais importância do que a licença de patentes. Ao transferir o* know how, *o seu detentor cria uma capacidade de produção industrial nova, mas também uma relação de concessão, em que o fornecedor é o senhor da capacidade produtiva ou competitiva (...).*

Com isso, se enfatizam dois aspectos essenciais do know how *e de sua contratação. O valor do* know how *está, principalmente, em sua inacessibilidade: sua valoração leva em conta a oportunidade comercial que resulta do acesso a ele. Em segundo lugar, o* know how *não é fórmula cabalística, mas modelo de produção;* **a execução do contrato de know how implica reprodução, conforme certos limites, de uma estrutura de produção específica, existente na empresa ofertante/locadora e copiada pela empresa receptora/locatária."**[15] (grifei)

Dessa forma, considerando que o *know how* do franqueador consiste justamente na reprodução do seu negócio de sucesso pelos franqueados da sua rede, justifica-se que, muitas vezes, os métodos de implantação e administração componham o *know-how* do franqueador e ambas as expressões sejam tratadas como sinônimos, o que também possivelmente foi a intenção do legislador.

---

15. BARBOSA, Denis Borges. *Op. cit.* p. 635-636.

Com efeito, as redes de franquia modernas atraem candidatos interessados justamente pelo diferencial de não exigir experiência anterior no segmento e se propor a "ensinar como fazer", já que a marca, ainda que reconhecida pelo público consumidor, associada ao direito de produção ou distribuição de produtos e serviços raramente são suficientes para que o candidato opere satisfatoriamente o negócio, com exceção daqueles que já detinham algum conhecimento anterior no mesmo segmento.

Portanto, não é por acaso que a doutrina classificava a tecnologia de implantação e administração como elemento necessário para a caracterização de uma franquia, pois, do contrário, o negócio entabulado passaria a aproximar-se demasiadamente do contrato de licença de marca.

Por outro lado, o contrato de franquia também possui distinções em relação ao contrato de *know-how*, conforme explica José Cretella Neto:

> "Embora a transferência de know-how seja elemento essencial do contrato de franchising, um contrato de know-how não obriga o adquirente a utilizá-lo, enquanto no contrato de franchising o emprego do know-how transmitido é obrigatório. (...) Uma das mais importantes obrigações do franqueador, considerada fator decisivo para o sucesso da operação, é a contínua assistência assegurada aos franqueados.
>
> Essa assistência não se dá somente no plano operativo da unidade, mas também na organização das compras, no relacionamento com fornecedores e bancos, na estratégia de marketing, nos sistemas de contabilidade gerencial e demais aspectos do negócio.
>
> Assim, embora a assistência técnica seja fundamental no contrato de franquia, difere de um mero contrato de assistência técnica, pois inexiste, neste último, a articulação essencial do sistema de rede, desenvolvida em torno de uma marca e das características visuais desenvolvidas pelo franqueador."[16]

Nesse sentido, a jurisprudência pátria já adotava o entendimento quanto à obrigatoriedade de transferência de *know-how*, de acordo com a ementa a seguir transcrita:

> "Ação de rescisão contratual e indenização por perdas e danos – Contrato de franquia para (...) – Alegada falta de assessoria por parte da franqueadora – Provas que favorecem a versão do autor – Ré que não produziu adequada prova da efetiva transferência de know-how, treinamento e qualificação, na forma contratada – Ônus que lhe competia (CPC, art. 373, II) – Devolução proporcional dos valores pagos pelo autor a título de taxa de filiação e royalties – Sentença mantida – Recurso desprovido" (Apelação nº 4012601-65.2013.8.26.0114. 2ª Câmara Reservada de Direito Empresarial do TJ/SP. Relator Des. Mauricio Pessoa, julgado em 30/07/2018) [grifos nossos].

Por tais razões, parece-nos acertado que a concessão do direito ao uso de métodos de implantação e administração pelo franqueado passou a ser obrigatória e essencial, de acordo com a nova legislação, para a caracterização de um sistema de franquia.

2.4. Remuneração direta ou indireta

A remuneração do franqueador é elemento obrigatório previsto na Lei de Franchising, a qual permite a remuneração direta, sendo as mais usuais a Taxa Inicial de

---

16. CRETELLA NETO, José. *Manual jurídico do franchising*. São Paulo: Editora Atlas, 2003. p. 78/79 e 83/84.

Franquia e as Taxas Periódicas (*Royalties*), e a remuneração indireta, a exemplo de taxas embutidas no preço de produtos e serviços ou, ainda, nos modelos de franquias nos quais o franqueado não recebe pagamentos diretos do consumidor final.

2.5. Ausência de relação de consumo e vínculo empregatício em relação ao franqueado e aos seus empregados

Por fim, a atual definição legal também cuidou de afastar a existência de relação de consumo e de vínculo empregatício entre o franqueador e o franqueado, assim como o franqueador e os empregados do franqueado.

Apesar de ser bastante evidente pela própria natureza da relação de franquia, em que o franqueado é empresário e possui autonomia em relação ao franqueador, eram cada vez mais comuns ações questionando a aplicação do Código de Defesa do Consumidor ou da Consolidação das Leis do Trabalho nas relações de franquia.

A preocupação do legislador em incluir tais elementos como características da franquia conferirá maior segurança jurídica aos contratos entre franqueadores e franqueados.

Portanto, a necessidade de cumprimento de regras ditadas pelo franqueador, o que poderia ser equivocadamente confundido como a subordinação presente nas relações de trabalho, não desvirtuará a real natureza das relações de franquia, pois nelas a subordinação existente entre o franqueador e o franqueado serve para assegurar tão somente o cumprimento de padrões e a qualidade dos produtos e serviços oferecidos pelo franqueado.

3. CONCLUSÃO

A definição de franquia e os seus elementos distintivos estabelecidos pelo legislador na década 1990, apesar de terem cumprido um importante papel à época, demonstravam-se em descompasso com a doutrina e jurisprudência modernas, sobretudo, pela ausência de obrigatoriedade de concessão de uso de métodos de implantação e operação de negócios pelo franqueador.

Dessa forma, o novo conceito de sistema de franquia aprovado pelo Congresso e sancionado na forma da Lei nº 13.966, de 26 de dezembro de 2019, representou um importante avanço, pois a nova redação deve reduzir, como principal consequência, o encorajamento à incursão de franqueadores inexperientes e, muitas vezes, incapacitados para assumir as responsabilidades inerentes à função e ao papel de um franqueador, quais sejam, experiência, transparência, acolhimento e suporte.

Importante ainda ressaltar que, frente à Nova Economia, a franquia é protagonista, não apenas quanto a sua natureza jurídica, mas também quanto aos pressupostos que caracterizam uma verdadeira relação de parceria.

Palavras como transparência, colaboração, interdependência, comprometimento, união, tecnologia, comunicação interativa, rentabilidade, premiação, globalização, impacto social, disruptura, criatividade, gestão de pessoas e inovação, entre outras, que tanto têm sido utilizadas atualmente pela mídia impressa e digital, compõem, originariamente, a própria definição do Franquia.

Os sistemas de franquia, por natureza, são orgânicos e funcionais. A prática e interatividade entre o franqueador e seus franqueados proporcionam um aprendizado contínuo, com acertos, erros e superações, que, quando bem administrados, criam um ambiente saudável e colaborativo, que desenvolve ainda mais a criatividade e a inspiração, trazendo sustentabilidade e lucro para a rede franqueada.

Portanto, nada mais atual que a franquia para a prática da economia compartilhada, da união por interesses comuns e divisão de lucros. É isso hoje que aclama o mundo e é nesse ambiente que a franquia pode se desenvolver e expandir ainda mais, como um instituto que se adequa aos novos tempos, que é livre para aderir a novas tecnologias, que se renova a cada instante e que, principalmente, distribui riqueza e gera empregos.

REFERÊNCIAS BIBLIOGRÁFICAS

ANDRADE, Jorge Pereira. *Contratos de Franquia e Leasing*. São Paulo: Editora Atlas. 3ª edição. 1998.

BARBOSA, Denis Borges. *Uma introdução à propriedade intelectual*. Rio de Janeiro: Editora Lumen Juris. 2ª edição. 2010.

BARROSO, Luiz Felizardo. *A importância do adequado registro das marcas para franqueadores e franqueados in* Revista da ABPI nº 16 – maio/junho, 1995.

BARROSO, Luiz Felizardo. *Franchising e direito*. São Paulo: Editora Atlas. 1997.

BITTAR, Carlos Alberto. *Contratos comerciais*. 4ª ed. Rio de Janeiro. Forense Universitária. 2005.

COELHO, Fabio Ulhoa. Considerações sobre a lei de franquia. *In* Revista ABPI n. 16, maio/junho 1995.

COMPARATO, Fábio Konder. *In* Revista de Direito Mercantil: Franquia e Concessão de venda no Brasil: da consagração ao repúdio. 1975.

CRETELLA NETO, José. *Manual jurídico do franchising*. São Paulo: Editora Atlas, 2003.

DINIZ, Maria Helena. *Tratado Teórico e Prático dos Contratos*. Vol. IV. São Paulo: Editora Saraiva. 1996, 2ª edição.

GOMES, Orlando. *Contratos*. Rio de Janeiro: Forense, 1990. 12ª edição.

MARTINS, Fran. *Contratos e obrigações comerciais*. Rio de Janeiro: Editora Forense. 1998.

SIMÃO FILHO, Adalberto. *Franchising: aspectos jurídicos e contratuais*. São Paulo: Atlas, 2ª ed. 1997.

SILVA, Américo Luiz M. *Contratos comerciais*. Vol. II. Rio de Janeiro: Editora Forense. 2004.

SILVA, De Plácido. *Vocabulário Jurídico*. Rio de Janeiro, Forense, 1993. 2V.

2
FRANQUIA E OUTROS CANAIS DE DISTRIBUIÇÃO

Luciana Morse

Sumário: Introdução – 1. Contratos *da* distribuição; 1.1. Contrato de distribuição: venda direta; *1.1.1. Estrutura de vendas multinível ou* marketing *de rede;* 1.2. Contrato de distribuição: venda indireta; 1.3. Contratos de representação comercial e de franquia – 2. Licenciamento e franquia – 3. *Omnichannel* e multicanalidade – Referências bibliográficas.

INTRODUÇÃO

Canais de distribuição são os caminhos escolhidos por uma empresa para fazer seus produtos ou serviços chegarem ao público-alvo a tempo e na hora (de nada adianta o bom produto, a bom preço, que não chegue ao consumidor final).[1] Uma mesma empresa pode adotar, ao mesmo tempo, mais de um canal de distribuição para atingir tal intento. Aliás, a integração de canais de distribuição é tendência que se consolida a cada dia no mercado (*omni channel*), como veremos adiante.

A franquia é um bem-sucedido canal de distribuição, adotado largamente entre nós ao longo dos últimos 30 anos.

Várias empresas de sucesso, por uma razão ou outra, não querem ou não estão prontas para tornarem-se franqueadoras. Isso não significa, entretanto, que não possam servir-se de outras estratégias de distribuição, bem estruturadas, embasadas em contratos, para crescer: licenciamento (*licensing*), *joint ventures* (parcerias estratégicas), rede de distribuidores atacadistas ou varejistas (lojas multimarca, p. ex.), agentes de vendas (representantes comerciais), *marketing* multinível, usualmente adotadas como opção ao *franchising* ou mesmo como preparação para ele.

Todos os advogados que atuam no *franchising* já se depararam com a clássica pergunta formulada por um cliente: "*no meu caso, dá pra fazer um licenciamento ao invés de franquia?*", que vem sempre acompanhada da explicação: "*me falaram que era mais simples...*"; ou então: "*posso manter o meu canal de venda via lojas multimarcas e ao mesmo tempo implantar uma rede de lojas exclusivas, franqueadas?*".

Passemos às respostas.

---

1. "*Il ne suffit pas de produire, il faut encore vendre*" – Virassamy in *Les contrats de dependence*. Paris: Librairie générale de droit et de jurisprudence, 1986. pg. 45.

1. CONTRATOS *DA* DISTRIBUIÇÃO

O contrato de distribuição (ou de concessão comercial) e o contrato de franquia pertencem à categoria de contratos ***da*** distribuição (categoria econômica e não jurídica), assim como os de representação comercial e de comissão mercantil,[2] segundo Fabio Bortolotti[3] e outros juristas. Ou seja, o contrato de franquia não é um contrato de distribuição, como veremos adiante, mas trata da distribuição em seu bojo e, como tal, integra o grupo de contratos ***da*** distribuição. Segundo Jorge Lobo, esses contratos têm um ponto em comum: visam *"expandir a rede de distribuição de produtos e serviços em diferentes zonas geográficas com reduzidos custos, a fim de propiciar ao industrial, ao comerciante e ao prestador de serviços maior participação no mercado e maior rentabilidade".*[4]

1.1. Contrato de distribuição: venda direta

A distribuição feita pela própria empresa fabricante é chamada de venda direta. As funções inerentes à comercialização dos produtos, prestação dos serviços ou entrega de tecnologia estão a cargo do produtor/desenvolvedor ou de pessoas a ele subordinadas (empregados e outras empresas do mesmo grupo econômico). Trata-se de relação bipolar (fabricante/adquirente), normalmente regida por um contrato de fornecimento ou por um contrato de distribuição.

1.1.1. Estrutura de vendas multinível ou marketing de rede

De origem norte-americana, esse canal de distribuição chamado comumente de *marketing* multinível ou *marketing* de rede é um exemplo de venda direta que já é amplamente adotado no Brasil,[5] que ocupa a sexta posição no *ranking* mundial de venda direta, atrás apenas do Japão, Alemanha, Coreia do Sul, China e Estados Unidos.

As empresas que adotam o *marketing* multinível (Herbalife, Cacau Show, Tupperware, Amway, Natura, entre outras), recrutam revendedores (ou "consultores independentes", como no caso da Herbalife Nutrition) que compram os produtos e os revendem, bem como prospectam outros consultores para fazer parte de suas equipes de vendas; o revendedor é usualmente remunerado ou bonificado com um percentual sobre as vendas dos membros de sua equipe.

Esse modelo de distribuição também pode conviver com o de franquias nas quais são comercializados os mesmos produtos, só que em lojas físicas.

---

2. "Comissão mercantil é o vínculo contratual em que um empresário (comissário) se obriga a realizar negócios mercantis por conta de outro (comitente), mas em nome próprio, assumindo, portanto, perante terceiros, responsabilidade pessoal pelos atos praticados". [https://ambitojuridico.com.br/edicoes/revista-152/o-contrato-de-comissao-empresarial/.] Acesso em 19.11.2020. Exemplo: agentes de viagens.
3. *Concessione di Vendita (contrato di) Novíssimo Digesto Italiano,* Appendice, vol. 2, p. 222.
4. LOBO, Jorge. *Contrato de Franchising.* Forense: São Paulo, 2003. p. 32.
5. Entendo que esse modelo de distribuição é impropriamente classificado como de "venda direta", quando os revendedores compram e revendem os produtos e não são ligados à empresa fornecedora (não são funcionários e tampouco integram mesmo grupo econômico).

Não há ainda legislação específica que regule o *marketing* multinível,[6] mas os que defendem sua criação pretendem não só deixar claro ao mercado no que consiste tal canal, mas também coibir e criminalizar a criação de pirâmides financeiras.

1.2. Contrato de distribuição: venda indireta

Já na venda indireta, a relação é triangular ou tripolar, pois, além do fabricante e do adquirente, uma nova personagem passa a atuar: o distribuidor, o intermediário (fabricante/distribuidor/adquirente). Usualmente, o contrato firmado entre o fabricante e o distribuidor é justamente um contrato de distribuição, que é um tipo de acordo vertical, assim como a franquia. Ambos – distribuição e franquia – têm praticamente a mesma função econômica, que é o incremento do escoamento de bens e serviços. A franquia sempre abrange a distribuição, mas o inverso não é verdadeiro.

São muitas as variáveis geralmente consideradas pelo empresário para escolher entre a venda direta e a indireta, entre a distribuição e a franquia, tais como: recursos disponíveis (a venda direta requer maior investimento do que a indireta); natureza do bem que vai distribuir (bem de consumo ou industrial); margem de lucro do produto (a baixa margem não permite a atuação de um distribuidor como intermediário); situação do produto em relação a seu ciclo de vida (diz Sergio Roberto Dias: "*um produto, em seu estágio de introdução e crescimento de vendas, poderá merecer uma distribuição direta, optando-se pela indireta num estágio em que a demanda seja grande e crescente a tal ponto que justifique*"[7]); grau de controle que pretende ter sobre o distribuidor (a franquia, obviamente, pressupõe um grau muito maior de controle e de padronização).

Nas palavras de Paula A. Forgioni: "*A alternativa (a da venda indireta) pode ser especialmente vantajosa em se tratando de empresas que não conhecem as particularidades do mercado em que atuarão, como ocorre nos casos de contratos internacionais de distribuição. Com a adoção do sistema de vendas indiretas, os investimentos a serem efetuados pelo empresário diminuem, na medida em que grande parte das despesas com a distribuição será assumida pelos integrantes da rede*".[8]

Entretanto, o que é relevante aqui é entender que a distribuição de produtos regida por um contrato de distribuição (que implica várias compras e vendas habituais) é um canal alternativo à franquia ou mesmo concomitantemente adotado. Pode ocorrer, por exemplo, que um determinado fabricante de revestimentos cerâmicos distribua seus produtos por meio de grandes varejistas de material de construção e, em paralelo, opte por implantar rede de lojas franqueadas, identificadas por sua marca, nas quais sejam revendidos os mesmos produtos, além de outros de linhas exclusivas, com atendimento

---

6. O Projeto de Lei do Senado PLS 413/2018, em tramitação, regulamenta as atividades de *marketing* multinível no Brasil e cria a obrigatoriedade de registro das pessoas físicas que queiram atuar como empreendedores/ revendedores como microempreendedores individuais (MEI).
7. DIAS, Sérgio Roberto. *Estratégia e canais de distribuição*. p. 42.
8. FORGIONI, Paula A. *Contrato de Distribuição*. Editora Revista dos Tribunais, São Paulo, 2005. p. 45.

diferenciado e especializado (serviço agregado). Esse mesmo fabricante pode ainda adotar a venda direta desses produtos ao consumidor final, via *e-commerce ou* equipe interna de vendedores, o que seria um terceiro canal de distribuição, complementar aos demais.

1.3. Contratos de Representação Comercial e de Franquia

A representação comercial pressupõe a intermediação da venda de produtos ou serviços pelo representante. Ou seja: ele nada vende; apenas agencia a venda, aproxima o vendedor do comprador e é remunerado mediante recebimento de uma comissão, geralmente um percentual sobre o valor do negócio agenciado. A função econômica desse tipo de contrato também é a de propiciar maior capilaridade e abrangência à distribuição de bens e serviços.

Ao contrário do contrato de distribuição, que é atípico (não tipificado em lei)[9] e misto (contém elementos de vários outros contratos), o contrato de representação comercial é regulado por lei específica, a Lei Federal nº 4.886 de 1965, bem como pelo Código Civil (artigo 710[10] e seguintes).

Trata-se de canal de distribuição de produtos e serviços alternativo à franquia, mas também complementar; podem conviver harmonicamente representantes e franqueados, desde que as regras de atuação de cada canal sejam bem claras, evitando conflitos que poderiam facilmente ser evitados, com um contrato bem redigido que estipule limites de atuação territorial, política de preços, estratégias de divulgação dos serviços ou produtos em questão.

Atualmente, muitas franqueadoras vêm formatando seus negócios de modo a comissionar seu franqueado, como se representante comercial fosse, ao invés de permitir que ele receba diretamente o preço pago pelo serviço ou produto que distribui ao mercado. Nos contratos desse tipo de franquia, a franqueadora estipula a regra básica de que o franqueado prospecta o cliente, efetua a venda do serviço ou produto, mas ela, franqueadora, é que vai faturar diretamente para o cliente final e depois comissionar o franqueado pela venda feita, sem que isto desnature a contratação, que não é de representação comercial, e sim de franquia. Em verdade, é necessário aprofundar esse raciocínio: não se pode concluir, de forma simplista, que o contrato de franquia estaria desnaturado ao prever que o franqueado atue como agente, recebendo comissões, ao invés de receber o provento integral da venda de determinados serviços ou produtos. É nítido o caráter unitário da contratação e a vontade das partes de não fazer dois contratos distintos, mas apenas um: de franquia.

Trata-se de modelo jurídico-econômico desenvolvido para mitigar os impactos da elevada tributação (ou bitributação!) incidente sobre algumas operações de compra e

---

9. A atipicidade do contrato de distribuição foi parcialmente quebrada pela Lei Ferrari – Lei Federal 6.729/79 – que, entretanto, trata apenas da "*distribuição de veículos automotores, de via terrestre*".
10. Art. 710. Pelo contrato de agência, uma pessoa assume, em caráter não eventual e sem vínculos de dependência, a obrigação de promover, à conta de outra, mediante retribuição, a realização de certos negócios, em zona determinada, caracterizando-se a distribuição quando o agente tiver à sua disposição a coisa a ser negociada.

venda e que contempla todos os demais elementos que caracterizam a franquia: transferência de *know-how* (com treinamento, suporte de campo etc.), autorização de uso da marca e *trade dress*, com a utilização de ferramentas de gestão e de *marketing*. Em regra, esses franqueadores também cobram *royalties* de seus franqueados, como remuneração pelo direito de receber o conjunto de direitos imateriais acima listados.

Da mesma forma que o contrato de franquia não é contrato de distribuição, mas contém em seu bojo regras que normatizam a distribuição de determinado serviço ou produto, ele pode englobar também a representação comercial, sem propriamente sê-lo. Todos esses contratos – de distribuição, representação comercial (agência) e franquia, como vimos, são espécies do gênero "contratos *da* distribuição". Entretanto, o contrato de franquia vai além dos dois primeiros e pode, sim, contê-los – ou um ou o outro, em seu bojo, emergindo aqui sua natureza de verdadeiro contrato misto.[11]

2. LICENCIAMENTO E FRANQUIA

O licenciamento é um contrato pelo qual o licenciante outorga ao licenciado direitos de uso e exploração comercial de um determinado bem de propriedade intelectual, sem transferir sua titularidade.

A rigor, qualquer bem ou direito protegível pode ser objeto de licenciamento[12] – marcas, personagens e personalidades (licença de uso de imagem, de voz), eventos (festivais de música), tecnologia, sistemas para computadores (*softwares*).

É assim que *softwares* são licenciados, em regra, a título oneroso, por contratos de licença. Os desenvolvedores desses *softwares* têm por clientes, com frequência, grandes redes de franquia que os adotam como ferramentas obrigatórias em seu dia a dia.

Exemplos clássicos de contratos de licenciamento são os firmados entre Walt Disney Productions ou Hanna Barbera com fabricantes dos mais diversos produtos mundo afora, pelos quais é autorizada a aposição de suas marcas e personagens sobre calçados, roupas, toalhas, cadernos etc., para ampla distribuição no mercado. Os licenciadores são, em regra, remunerados por *royalties* apurados sobre a receita de venda dos produtos auferida pelos licenciados, havendo, com frequência, estipulação de *royalties* mínimos. É igualmente previsto em contrato a realização de auditorias das instalações fabris e documentos contábeis e fiscais dos licenciados.

---

11. Os contratos mistos são os que reúnem, em seu corpo, dois ou mais contratos típicos ou atípicos. Nos contratos mistos, as partes podem juntar, num único contrato, elementos de vários contratos típicos ou atípicos.
 "De acordo com a melhor doutrina, o que caracteriza o contrato misto é a coexistência de obrigações pertinentes a tipos diferentes de contratos, enlaçados pelo caráter unitário da operação econômica, cujo resultado elas asseguram" (STF, Segunda Turma, RE 78.051/SP, Relator Min. Thompson Flores, j. 27.08.1974, DJ 17.10.1974, p. 406).
12. Andrew Sherman explica: "Licensing is a contractual method of developing and exploiting intellectual property by transferring rights of use to third parties without the transfer of ownership" (SHERMAN, Andrew. Franchising. Franchising & Licencising: Two powerful ways to grow your business in any economy. Amacon. 4th Edition, 2011. p. 301).

Os contratos de licenciamento preveem certas condições que limitam a distribuição dos produtos licenciados; podem conter restrições em relação **(a)** ao perfil do distribuidor/revendedor, uma vez que o licenciante pode querer dirigir seu produto a um público-alvo específico; **(b)** ao território de atuação do licenciado, impedindo-o de comercializar os produtos fora dele; **(c)** à matéria prima utilizada na fabricação dos produtos; **(d)** aos preços praticados e **(e)** ao tipo de mão de obra utilizada na produção (em regra, proibindo a utilização de mão de obra infantil, p. ex.). Contudo, ao contrário do que ocorre na relação entre franqueado e franqueador, os contratos de licenciamento não se preocupam em regular, acompanhar ou até mesmo intervir na gestão da empresa licenciada.

Entretanto, quando falamos em licenciar um modelo de negócio, que engloba uso de determinada marca, de certo *trade dress*[13] e de *know-how* específico, estamos falando de uma franquia. A Lei Federal nº 8.955, de 1994, a chamada "Lei da Franquia", criou efetivamente o conceito de franquia empresarial, que não pode ser impropriamente chamada de licenciamento. A recente Lei Federal nº 13.966, de 2019, que substituiu a revogada Lei Federal 8.955/94 a partir de 26 de março de 2020, reforça em seu artigo 1º os contornos jurídicos da franquia.[14]

Portanto, quando alguns empresários são aconselhados a optar pelo licenciamento "ao invés" da franquia, como se ambos fossem formas de replicação de modelo de negócio, estão sendo induzidos a erro.

O licenciamento de um modelo de negócio, em nosso país, chama-se franquia empresarial.

3. *OMNICHANNEL* E MULTICANALIDADE

Omnichannel é a estratégia de oferecer a mesma experiência de compra ao consumidor em qualquer um dos canais de interação com a empresa, seja *on-line* ou *off-line*. Vai além, portanto, da multicanalidade, que é a disponibilidade de vários canais de comunicação com a mesma empresa.

Sabemos que o desejo do consumidor tem que ser obedecido. Ele compra onde bem entender e do jeito que preferir: loja física, loja virtual, via catálogo, por telefone...e não pode haver ruídos em sua comunicação com a empresa! Muitas vezes, o consumidor entra no *site* de determinada loja para saber o preço de uma televisão, por exemplo, mas não compra; dias depois, vai a uma loja física do varejista (própria ou franqueada) para

---

13. Conjunto de elementos que caracterizam e distinguem um determinado negócio frente ao Mercado.
14. Art. 1º *Esta Lei disciplina o sistema de franquia empresarial, pelo qual um franqueador autoriza por meio de contrato um franqueado* a usar marcas e outros objetos de propriedade intelectual, sempre *associados ao direito de produção ou distribuição exclusiva ou não exclusiva de produtos ou serviços e também ao direito de uso de métodos e sistemas de implantação e administração de negócio ou sistema operacional desenvolvido ou detido pelo franqueador, mediante remuneração direta ou indireta*, sem caracterizar relação de consumo ou vínculo empregatício em relação ao franqueado ou a seus empregados, ainda que durante o período de treinamento – grifos nossos *(Lei Federal 13.966/19)*.

certificar-se de que a imagem da TV é realmente boa, mas ainda não compra; vai para casa para certificar-se de que sua mulher também quer comprar a TV e para medir a parede onde pretende instalá-la. Finalmente, decide comprar. Para agilizar, liga no telefone que consta do *site* e conclui a compra. Opta por retirar o produto na loja mais próxima de seu trabalho, pois não quer pagar frete ou está com pressa, pois vai viajar e quer levar a TV nova. Esse processo todo leva dias e seria completamente inviável poucos anos atrás. A tecnologia permite que tudo isso aconteça, e a flexibilidade, comunicação eficiente e sinergia entre os canais tornou-se mandatória. Quem não consegue atuar de forma eficiente em todos os canais disponíveis desagrada seu consumidor e vende menos.

Nesse cenário atual, todos os contratos precisam ser revistos e reestruturados, sob pena de não refletirem a realidade e se tornarem verdadeiras armadilhas para as partes, que ainda se pautam por modelos antigos, que não consideram a *omnicanalidade*.

O franqueado precisa estar ciente de que uma determinada jornada de compra do cliente pode iniciar-se em sua loja, mas terminar em venda direta, feita pelo fabricante. E pode ocorrer o contrário: o cliente começou pelo *site* do fabricante e concluiu a compra na loja franqueada. É impossível controlar a jornada do consumidor, mas é possível deixar claro em contrato que a loja franqueada é obrigada a ser um ponto de retirada de mercadorias, por exemplo. Que não pode recusar-se a tal, sobretudo porque aquela ida do cliente a sua loja pode resultar em outras compras. Pode haver também estipulação contratual no sentido de o franqueado ser comissionado por vendas feitas a clientes que têm endereço em sua área de atuação (ele atua hibridamente como revendedor e representante). Ou seja, os contratos de franquia têm que ser reavaliados e atualizados, de forma a refletir a evolução dos canais de distribuição e a necessária interação entre eles.

REFERÊNCIAS BIBLIOGRÁFICAS

COELHO, Fabio Ulhoa. *Curso de direito comercial*. São Paulo: Saraiva, 13ª ed. 2012. vol. 3.

COMPARATO, Fábio Konder. *Direito empresarial. Estudos e pareceres*. São Paulo: Saraiva, 1990.

DIAS, Sérgio Roberto. *Estratégia e canais de distribuição*. Editora Atlas, 1993.

DINIZ, Maria Helena. *Curso de direito civil brasileiro. Volume 3*: teoria das obrigações contratuais e extracontratuais.

FORGIONI, Paula A. *Contrato de distribuição*. Editora Revista dos Tribunais, São Paulo, 2005.

SHERMAN, Andrew. *Franchising. Franchising & Licensing*: Two powerful ways to grow your business in any economy. Amacon. 4th Edition, 2011.

JORGE JÚNIOR, Alberto Gosson. *Direito dos contratos*. São Paulo: Editora Saraiva, 2013.

3
TIPOS DE FRANQUIA

Andrea Oricchio

Sumário: Introdução – 1. Geração de franquias; 1.1. Franquias de primeira geração; 1.2. Franquias de segunda geração; 1.3. Franquias de terceira geração; 1.4. Franquias de quarta geração; 1.5. Franquia de quinta geração; 1.6. Franquias de sexta geração; 1.7. Franquias de sétima geração – 2. Pela remuneração recebida pelo franqueador; 2.1. Franquia de distribuição; 2.2. Franquia mista; 2.3. Franquia pura; 2.4. Franquia de conversão – 3. Quanto à ocupação; 3.1. Unitária; 3.2. Múltiplas; 3.3. Regional; 3.4. *Master* franquia; 3.5. Franquia de desenvolvimento de área – 4. Classificação pela atividade da franquia; 4.1. Comercial; 4.2. De serviços; 4.3. Franquia comissionada; 4.4. Franquia industrial; 4.5. Franquia pública; 4.6. Franquia social; 4.7. Franquia combinada – 5. Modelo de franquias; 5.1. Loja física; 5.2. Quiosque; 5.3. *"Shop-in-shop"* ou *"store-in-store"*; 5.4. *Home based*; 5.5. *Food truck*; 5.6. Microfranquia; 5.7. Franquia de venda direta; 5.8. Franquia virtual ou digital; 5.9. Franquia de entregas (*delivery*); 5.10. Franquias de *vending machines* – Referências bibliográficas.

INTRODUÇÃO

Mesmo com uma definição clara Esob a ótica legal[1], doutrinária[2] e jurisprudencial,[3] e ainda assim bastante abrangente, o *franchising* merece ser objeto de algumas classificações.

Durante muitos anos, buscamos entender como o sistema poderia ser classificado, como uma forma de poder aplicá-lo com maior eficiência em segmentos que pudessem

---

1. Lei 13.966 de 26.12.2019, Art. 1º. "Esta Lei disciplina o sistema de franquia empresarial, pelo qual um franqueador autoriza por meio de contrato um franqueado a usar marcas e outros objetos de propriedade intelectual, sempre associados ao direito de produção ou distribuição exclusiva ou não exclusiva de produtos ou serviços e também ao direito de uso de métodos e sistemas de implantação e administração de negócio ou sistema operacional desenvolvido ou detido pelo franqueador, mediante remuneração direta ou indireta, sem caracterizar relação de consumo ou vínculo empregatício em relação ao franqueado ou a seus empregados, ainda que durante o período de treinamento."
2. Adalberto Simão Filho in "Franchising": "[...] franchising é um sistema que visa à distribuição de produtos, mercadorias ou serviços em zona previamente delimitada, por meio de cláusula de exclusividade, materializado por contrato (s) mercantil(is) celebrado(s) por comerciantes autônomos e independentes, imbuídos de espírito de colaboração estrita e recíproca, pelo qual, mediante recebimento de preço inicial apenas e/ou prestações mensais pagas pelo franqueado, o franqueador lhe cederá, autorizará ou licenciará para uso comercial propriedade incorpórea constituída de marcas, insígnias, título de estabelecimento, *know-how*, métodos de trabalho, patentes, fórmulas, prestando-lhe assistência técnica permanente no comercio específico".
Fran Martins in Contratos e Obrigações Comerciais, 14 ed. Rio de Janeiro: Forense, 1990. p. 578: é "o contrato que liga uma pessoa a uma empresa para que esta mediante condições especiais, concede à primeira o direito de comercializar marcas ou produtos de sua propriedade sem que, contudo, a essas estejam ligadas por vínculo de subordinação".
3. Apelação Cível 0736344 – 71.2017.8.07.0001 – DF publicado em 31.07.2019
Agravo de Instrumento – 2120765 – 68.2020.8.26.0000 – SP publicado em 14.07.2020
Apelação Cível 70058099748 RS publicado em 29.08.2016.

fazer uso das ferramentas do *franchising* para sua expansão. Deixaremos de usar subclassificações para discursarmos sobre a evolução da própria classificação. Isso porque a estruturação de uma operação de *franchising* vem mudando bastante ao longo da última década, mas foram exatamente os últimos dois anos que causaram um maior impacto nos modelos de franquias oferecidos no mercado brasileiro.

1. GERAÇÃO DE FRANQUIAS

Foi a primeira grande classificação dos modelos de franquia, baseada na própria evolução do sistema, no grau de desenvolvimento e amadurecimento e nível de exigência tanto do franqueado como do seu franqueador. Naturalmente, portanto, essa classificação é acrescentada de novas gerações, à medida que a experiência tanto do franqueador quanto dos franqueados evolui no sistema.

1.1. Franquias de primeira geração

Trata-se da definição mais primária do conceito de franquia, que no momento da idealização do modelo de negócio, engloba somente marca e produto. Nessa geração, o franqueador apenas licencia o uso da sua marca para que o franqueado distribua um produto ou serviço e praticamente não há transferência de conhecimento nem suporte, ou, se o há, é limitado a orientações quanto ao uso da marca e à comercialização dos produtos/serviços. Em regra, não há qualquer exclusividade de atuação territorial, o que significa que o mesmo produto ou serviço poderá ser encontrado em outros locais, mesmo próximo ao franqueado. A concessão de uma franquia de primeira geração trata de um modelo mais aprimorado e evoluído de um sistema de distribuição (que foca no produto) ou de mero licenciamento de marca (cujo foco é a marca).

1.2. Franquias de segunda geração

São consideradas franquias de segunda geração aquelas que, além do uso da marca e da comercialização dos produtos/serviços, garantem ao franqueado alguma exclusividade territorial para sua atuação, diminuindo o atrito com outros pontos de venda dos produtos/serviços do franqueador. Em várias redes, o franqueador inclusive cobra por essa exclusividade, seja na taxa inicial de franquia ou nos *royalties*, ou até mesmo um valor embutido no preço de venda dos produtos ao franqueado. Isso significa, também, que o franqueado é obrigado a adquirir determinados produtos/serviços somente do franqueador ou fornecedor homologado daquela rede. Por conta dessa evolução, já conseguimos identificar nas franquias de segunda geração um suporte mais efetivo do franqueador aos seus franqueados.

1.3. Franquias de terceira geração

As franquias de terceira geração são mais conhecidas como "franquias de negócio formatado". O modelo de negócio do franqueador está mais claro e com mais elementos, resultado de sua própria evolução; seus processos internos estão testados e muitos foram corrigidos e acertados. Sua identidade visual externa e interna está mais determinada. A operação da unidade passa a ser padronizada para uso por toda a rede de unidades próprias e franquias, para que possa ser mais bem identificada pelos franqueados e pelos consumidores, permitindo o mesmo nível de qualidade e uniformidade na oferta, no atendimento, na comercialização dos produtos e prestação dos serviços pela rede. Todo esse conhecimento, conhecido também como "*know-how*" ("saber-fazer") do franqueador, passa a ser transmitido aos franqueados da rede por meio de treinamentos e manuais. Essa geração de franquia também permite – e exige – um suporte maior ainda e mais eficiente por parte do franqueador. Ferramentas de gestão e métricas de desempenho começam a ser utilizadas pelos franqueadores. É o tipo de modelo de franquia que tem maior número de adeptos entre os empreendedores que escolhem o sistema de *franchising* para a expansão de seus negócios.

1.4. Franquias de quarta geração

E no processo de evolução do *franchising* surge a franquia de quarta geração, identificada por uma maior quantidade de serviços de consultoria, apoio e assistência oferecidos pelo franqueador e prestados aos franqueados da rede, e pelo compartilhamento com a rede de ações bem sucedidas dos franqueados, motivo pelo qual essa geração é conhecida como "franquias de aprendizado contínuo". Além desse compartilhamento recíproco, o amadurecimento do franqueador e do franqueado nesse estágio é bem evidente. Toda a experiência, o conhecimento e o *know-how* do franqueador continuam sendo transmitidos aos franqueados da rede, mas, agora, não com o objetivo maior de padronização e controle, mas objetivando a conscientização e motivando a rede a espontaneamente dividir as experiências dos franqueados com o franqueador, de modo a permitir que toda boa prática possa ser padronizada e utilizada por toda a rede, possibilitando que todos os franqueados e a própria franqueadora se beneficiem da experiência de um franqueado. De fato, nessa geração de franquia, os franqueados participam mais ativamente da evolução do conceito de negócio do franqueador, permitindo uma maior interação entre o franqueador e os franqueados. As franquias de quarta geração têm transparência imperiosa na relação entre franqueador e franqueados, e é criada a figura dos Conselhos Consultivos, em seus mais variados formatos – Conselho de Franqueados, Conselho da Franquia e grupos de trabalho conjunto nos quais franqueador e franqueados discutem temas de interesse comum. Assim, acelera-se a solução de problemas, o desenvolvimento de competências necessárias ao mercado competitivo em que atuam, o nível de profissionalismo na rede aumenta, riscos são reduzidos, colaborando, ainda, para o fortalecimento da marca da rede.

1.5. Franquia de quinta geração

Dando sequência ao amadurecimento do franqueador, as franquias de quinta geração são caracterizadas pelas ferramentas de gestão e operação adotadas pelo franqueador na busca de melhorar o seu próprio desempenho e de toda a rede e dar sustentabilidade ao seu projeto de gestão de uma rede. São aquelas que possuem o maior grau de relacionamento entre o franqueador e sua rede de franqueados, e, assim, evoluem juntamente com a própria demanda do mercado consumidor. Dada a sua maturidade, várias redes dessa geração já possuem a garantia de recompra pelo franqueador, ou seja, o franqueador se obriga a recomprar a unidade franqueada em determinadas situações e sob condições predefinidas no Contrato de Franquia assinado pelo franqueado. Para isso, e como regra desse tipo de franquia, o franqueador é o titular do imóvel ou ponto comercial, como proprietário ou locatário.

1.6. Franquias de sexta geração

São chamadas de sexta geração ou "franquia social" as franquias com todas as características das franquias de gerações anteriores, mas que buscam, na sua essência, o atendimento à sua responsabilidade social e seu desenvolvimento sustentável. Nessa geração, são criadas parcerias com entidades do terceiro setor e desenvolvidos projetos sociais e ambientais, com o engajamento de toda a rede franqueada para o atendimento de interesses coletivos.

1.7. Franquias de sétima geração

A atual geração da maturação do *franchising*, considerada como franquia de sétima geração, é representada por aquelas redes nas quais franqueador e franqueados trocam constantemente experiências e conhecimentos, compartilhando entre si essas informações, permitindo a evolução de todos, franqueador e franqueados, no mesmo patamar e velocidade. É o *"learning network"*, a cultura do compartilhamento chegando também ao *franchising* brasileiro, buscando atingir a excelência no seu objetivo comercial e, mais ainda, como empresas com propósito, responsabilidade social e empatia com o coletivo.

2. PELA REMUNERAÇÃO RECEBIDA PELO FRANQUEADOR

As franquias também são classificadas conforme a maneira de remunerar o franqueador. Nessa classificação, as franquias podem ser classificadas conforme as definições a seguir.

2.1. Franquia de distribuição

As franquias de distribuição são as mais básicas, normalmente da primeira geração de franquias, e se baseiam apenas na marca e no produto/serviço da franqueadora. Por sua imaturidade ou pela própria característica de seu formato, geralmente não há qualquer cobrança para entrar (taxa inicial) ou se manter (*royalties*) no sistema. A remuneração do franqueador se dá simplesmente pelo lucro na venda (distribuição) dos produtos aos franqueados, que então os revendem aos consumidores finais, ou pela indicação do franqueado a um fornecedor homologado.

2.2. Franquia mista

Dentro da evolução do sistema de franquia, também a forma de remuneração foi aprimorada e, assim, no modelo de franquia mista, o franqueador recebe sua remuneração não só pela venda de produtos/serviços aos franqueados (lucro sobre produto/serviço ou pela indicação de fornecedor homologado), mas também pela cobrança, aos franqueados, das taxas para participação na sua rede – taxa inicial de franquia, *royalties* e outras taxas determinadas no Contrato de Franquia.

2.3. Franquia pura

No modelo de franquia pura, o franqueador é remunerado pelas taxas do sistema de franquia que divulga na sua Circular de Oferta de Franquia e estabelece no respectivo Contrato de Franquia. De uma forma geral e não obrigatoriamente, são elas: taxa inicial de franquia, remuneração periódica pela permanência e acesso aos benefícios da rede (*royalties*) e taxa de publicidade ou *marketing*, em benefício da marca, *branding* e *marketing* da rede, produtos ou serviços. Nesse formato, o franqueador não obtém qualquer pagamento ou remuneração sobre o fornecimento de produtos ou serviços aos franqueados da rede.

2.4. Franquia de conversão

Reconhecemos que a marca e o *know-how* da franqueadora são os grandes alicerces do modelo de *franchising*. Em vários casos, o tamanho da rede da franqueadora permite melhores negociações com os fornecedores, e isso compõe também a base de sucesso da rede. Quanto maior a rede, maior seu poder de compra de produtos, menor será o custo de compra, maior será o ganho na venda. Isso acaba por atrair empresários que já atuam em um determinado segmento de mercado e querem se beneficiar da marca, do *marketing*, do poder do ganho de escala e de toda a experiência e *know-how* de operação e gestão da franqueadora, convertendo sua operação em uma franquia da rede da franqueadora. Com essa conversão, o empresário – agora franqueado – busca melhoria na sua operação e na lucratividade do seu negócio, que continua sendo um negócio próprio e de titularidade do empresário, mas agora operando sob as regras e os padrões de um sistema de *franchising*.

3. QUANTO À OCUPAÇÃO

Outra forma de classificar as franquias diz respeito aos limites de atuação territorial.

3.1. Unitária

As franquias unitárias representam as operações individuais, ou seja, cada ponto de venda operado por um franqueado autorizado pelo franqueador. A franquia unitária é concedida a um único ponto de venda, em um único local ou região, independentemente de o franqueado ter exclusividade ou não no território. É fato que o franqueado, com o modelo de franquia unitária, pode operar somente uma única unidade naquele local. É possível que um mesmo franqueado opere mais do que uma unidade, mas é justamente essa expansão de unidades por um mesmo franqueado que faz com que o sistema evolua para outras classificações, como veremos a seguir.

3.2. Múltiplas

As franquias múltiplas, por sua vez, são caracterizadas pelo grande número de franquias unitárias de uma mesma marca, operadas por um mesmo franqueado. Para cada franquia, há um determinado território, mas o franqueador concede ao franqueado o direito de operar múltiplas unidades.

3.3. Regional

A franquia regional se identifica com a concessão de uma determinada região feita pelo franqueador a um franqueado, para a abertura de mais de uma unidade franqueada nesse território. O franqueado tem, portanto, exclusividade de atuação nessa região, podendo abrir um número já predeterminado de franquias, ou tantas unidades franqueadas quantas o franqueador permitir. Por um lado, o franqueador já garante, em um único contrato e com um único franqueado, a exploração de uma determinada região, sem a necessidade de localizar, selecionar e treinar outros franqueados naquele território. Por seu turno, o franqueado tem a tranquilidade de investir na marca e na abertura de novas unidades, operar várias unidades próximas, evitando o canibalismo ou a concorrência com outros franqueados, aproveitando, assim, essa exclusividade de atuação.

3.4. *Master* franquia

Entende-se por *master* franquia a concessão outorgada, por um franqueado, a um franqueado ou grupo de sócios para que ele não só opere unidades franqueadas (o que também não é obrigatório), mas que também atue como uma subfranqueadora da franqueadora original, em uma determinada região e/ou sob determinadas condições. Deixaremos de nos alongar nessa definição, cujas características serão abordadas em outro capítulo deste livro.

3.5. Franquia de desenvolvimento de área

Igualmente como uma *master* franquia, a franquia de desenvolvimento de área se identifica pelo direito concedido a um determinado franqueado – que também se torna uma obrigação do franqueado desenvolvedor – de explorar, com diversas franquias, uma determinada área, por si apenas, sem poder conceder qualquer subfranquia a terceiros para essa obrigação. Da mesma forma, deixamos de detalhar esse tipo de franquia, que será mais detalhadamente descrito em outro capítulo deste livro.

4. CLASSIFICAÇÃO PELA ATIVIDADE DA FRANQUIA

As franquias também podem ser qualificadas quanto à natureza de sua atividade, como veremos a seguir.

4.1. Comercial

As franquias comerciais traduzem um dos modelos mais comuns do sistema de *franchising*. São franquias que buscam expandir o fornecimento de produtos de consumo – sejam eles fornecidos pelo próprio franqueador ou por fornecedor por ele indicado, por meio de parceiros franqueados que comercializarão esses produtos ao consumidor final. Trata-se efetivamente de um canal de distribuição ou revenda de produtos pela rede de franquias, e os respectivos franqueados terão foco especificamente no canal da venda do produto.

4.2. De serviços

Seguindo o pioneirismo das franquias comerciais, as franquias de serviços também adotam o conceito de serem franquias para a comercialização dos serviços da franqueadora pela rede de franqueados. No caso de serviços, naturalmente, o *know-how* da franqueadora não está no fabricante/fornecedor nem no produto em si, mas, sim, no conhecimento e na experiência da franqueadora na prestação de determinado serviço. E esse é o objetivo da franquia de serviço: transmitir mais do que o *know-how* da operação e gestão do ponto de venda, mas todo o conhecimento e a experiência da fundadora na prestação de um determinado serviço. Várias franquias de serviços (escolas de idiomas, hotéis, limpeza, lavanderias, clínicas de estética) aproveitam o canal dos franqueados para também comercializar produtos correlatos com os serviços prestados – material didático, produtos de limpeza, insumos para lavagem e condicionamento de cabelo, produtos de pele, necessários à prestação de serviços.

4.3. Franquia comissionada

Durante muitos anos, a franquia comissionada foi objeto de análise microscópica, por trazer um modelo inovador, e por que não dizer, mais atualizado do *franchising*. Isso porque por meio de uma franquia comissionada, além das práticas tradicionais do sistema de franquia, o franqueador, além de receber de seus franqueados a remuneração do sistema de franquia, também – e é aí a inovação – remunera o franqueado pelos produtos comercializados ou serviços prestados pelo franqueado ao cliente final. De uma forma geral, essa remuneração paga pelo franqueador aos franqueados é um percentual estabelecido com base no volume ou valor das vendas alavancadas pelo franqueado.

Importante não confundir o franqueado comissionado com um representante comercial, sujeito à definição legal e legislação específica.[4] O franqueado comissionado até

---

4. Lei nº 4.886, de 9 de Dezembro de 1965 e alterações posteriores, conhecida como Lei dos Representantes Comerciais.

pode ser um representante comercial, mas não necessariamente o é. Quando a atividade principal e primordial do parceiro é a intermediação de pedidos de compra dos produtos ou serviços da franqueadora, esse parceiro franqueado – apesar da sua nomenclatura de "franqueado" – é, na essência da sua atividade econômica, um verdadeiro representante comercial que atua sob o sistema de franquia. Mas, muitas vezes, a sua atividade principal não é intermediar vendas, mas, sim, desbravar e/ou alavancar uma região que sequer tem clientes ainda. Sua atividade é o desenvolvimento de novos mercados para a franqueadora, a promoção local da marca e dos produtos/serviços, o atendimento pré e –principalmente – pós-venda e, nesses casos, sua atividade não se confunde com a de representação comercial, mesmo que receba um valor percentual (que muitas vezes é chamado de comissão) pelos novos clientes ou pelas novas compras que gera.

Trata-se de fato de uma franquia que atua tendo por base o produto ou serviço do franqueador, mas conta com a geração de clientela e das vendas pela *expertise* local do franqueado, e é por isso que o franqueado recebe uma parte da remuneração do franqueador.

4.4. Franquia industrial

A franquia industrial se traduz no direito concedido por um fabricante a outro fabricante de uso de sua marca, como também de todos os processos, patentes, conhecimentos e *know-how* industriais que detém sobre a fabricação de determinado produto ou insumo, permitindo ao franqueado acesso não só à tecnologia e aos processos da fabricação, como também à assistência técnica dos produtos e à consultoria comercial da franqueadora. Com essa franquia, o franqueador permite seu crescimento fabril em outras áreas, permitindo uma maior penetração de seu produto por meio de plantas franqueadas, reduzindo em muito seu investimento nos custos de logística de entrega, permitindo que assim ele dê foco e capitalize seus recursos no desenvolvimento de tecnologias para a indústria e seu produto.

4.5. Franquia pública

A franquia pública é um conceito, por si só, inovador. Nele, a administração pública – empresas públicas, sociedades de economia mista e entidades controladas direta ou indiretamente pela União, estados, Distrito Federal e município – poderia adotar o sistema de franquia para ampliar sua atuação por meio da iniciativa privada, em uma verdadeira parceria público-privada. Essa possibilidade já é aplicada em outros países do Leste Europeu – ainda carece de clareza no texto da Lei nº. 13.966/19, que dispõe sobre o sistema de franquia empresarial, por conta do veto presidencial a uma das disposições que tratava do assunto, o artigo 6º. Naturalmente, o instituto da franquia pública deverá ser harmonizado e tratado dentro do ordenamento jurídico brasileiro como um todo, em particular, mas não somente, a Lei das Estatais nº. 13.303/16.

4.6. Franquia social

Com a própria expansão da aplicação do sistema de *franchising* em diversos segmentos, o chamado terceiro setor – de atividades sociais – também resolveu adotar as ferramentas e técnicas do *franchising* para a ampliação de sua atuação em outras regiões.

Uma associação sem fins lucrativos que tem como objetivo um projeto social, e que já tem uma marca conhecida que promove impacto social, pode expandir sua atuação autorizando outras entidades a usar sua marca, seus conhecimentos e suas técnicas, por meio da concessão de uma franquia, que, no caso, tem essa classificação de franquia social. Uma das grandes vantagens de aplicação do modelo de franquias em organizações sociais é a experiência na captação de recursos que o projeto ou as atividades da franqueadora trazem.

De uma forma geral, as receitas das associações sem fins lucrativos vêm da contribuição de seus associados, doações ou patrocínios. Muitas associações prestam serviços ou vendem produtos para aumentar essa arrecadação. Pela sua essência, na franquia social tanto franqueadora como seus franqueados não tem objetivo de lucro. Todas as receitas obtidas são revertidas integralmente em benefício dos projetos e das atividades da unidade, além do custeamento das despesas necessárias ao funcionamento da associação.

Por essa oportunidade de usar a sistemática de operação de uma franqueadora, o sistema de franquia normalmente prevê o pagamento de uma retribuição à franqueadora, como já vimos em outros Capítulos. No caso de uma franquia social, não é diferente, e essa cobrança pode ocorrer para dar sustentabilidade à capacitação e ao constante suporte que a franqueadora dá, mas nem sempre isso acontece.

Uma franqueadora comercial tradicional, cujo negócio visa ao lucro, mas que tem responsabilidade e impacto social como premissas de sua atuação, não é uma franquia social, mas, sim, uma franquia socialmente responsável.

4.7. Franquia combinada

A franquia combinada trata, na verdade, da exploração conjunta de mais de uma franquia, no mesmo local, pelo mesmo franqueado, que se aproveita de um mesmo espaço para implantar a operação de dois ou mais negócios sinérgicos. Para isso, naturalmente, o franqueado precisa da autorização de cada franqueadora para que todas as franquias possam operar dentro de um mesmo ponto de venda ou espaço, para que não haja conflito de interesse entre os vários negócios, ainda que não sejam concorrentes. Essa complementariedade que existe na franquia combinada alavanca as vendas dos franqueados nas várias franquias que explora simultaneamente e permite o rateio entre elas de várias despesas que, individualmente, estariam sendo arcadas por cada uma delas, como a locação, ou vantagens competitivas com fornecedores, na aquisição de insumos comuns aos vários negócios (copos e guardanapos, por exemplo).

5. MODELO DE FRANQUIAS

Ao levarmos em consideração o modelo ou o tamanho físico de uma unidade, as franquias podem ser identificadas de diversas maneiras, a seguir descritas.

5.1. Loja física

De uma forma geral, os modelos franqueados são desenhados para ocupação de uma loja comercial, um espaço fechado e delimitado que pode ser um imóvel de rua ou um espaço dentro de um centro comercial ou shopping center. É um modelo já tradicional de franquia e ocupa certamente a preferência de vários franqueados, pois a ocupação de seu negócio em uma loja física, de uma forma geral, replica o negócio que o franqueador já testou, dá destaque à marca do franqueador e maior visualidade ao seu *mix* de produtos. Nesse modelo, cada loja comporta uma única franquia, não sendo permitido que outra marca opere no mesmo local. O modelo de franquia de loja não se confunde com uma loja conceito, que traduz toda a experiência que a marca quer transmitir ao seu público, o *mix* completo de produtos e tendências do conceito de negócio da franqueada.

5.2. Quiosque

O quiosque é um modelo de franquia criado pela franqueadora em uma estrutura móvel, de tamanho menor do que uma franquia de loja, que coubesse em um determinado espaço que não fosse uma loja física. Normalmente, o quiosque é instalado em corredores de centros comerciais ou shopping centers, em hospitais, universidades, edifícios comerciais ou locais que não tenham como foco as compras em si, mas a comodidade do consumidor, e espaços temporários, como feiras e eventos. Ele foi desenvolvido pela franqueadora para ocupar uma oportunidade de negócio na qual o franqueado pode operar a franquia que deseja, mas sem os custos de ocupação de uma loja tradicional, e com custos de investimento inicial muito menores, além de estoques reduzidos e manutenção muito menor. Além disso, o quiosque tem a vantagem da mobilidade, podendo ser transferido ou reutilizado em outros locais, à conveniência do franqueador e do franqueado. Por suas características de mobilidade, temporariedade e custos menores, o modelo quiosque também apresenta prazos menores, tanto de locação como do próprio contrato de franquia, exigência de transferência do local de operação, a critério do locador. Apesar disso, em várias redes, é o modelo de negócio que mais funciona e que permite a expansão da rede de maneira muito mais rápida.

5.3. *"Shop-in-Shop"* ou *"Store-in-Store"*

As chamadas SIS (*"Shop-in-Shop"* ou *"Store-in-Store"*, em português literal "loja dentro de loja") são as franquias que se instalam dentro de uma loja física, nos mais variados conceitos de franquia. A loja física não precisa ser necessariamente uma franquia, mas deve autorizar a instalação de lojas franqueadas menores dentro do seu espaço físico, como os cafés dentro de livrarias, ou franquias de cosméticos ou acessórios dentro de lojas de vestuário. Nem sempre os dois negócios são operados pela mesma pessoa e por isso deve haver uma enorme sinergia e interesse mútuo na operação de duas marcas no mesmo espaço, seja pelo mesmo operador ou por operadores diferentes. Várias marcas em um mesmo espaço certamente aumentam o trânsito de consumidores e permitem uma maior divulgação da franquia, que fica em segundo plano na franquia SIS.

5.4. *Home Based*

O modelo de franquia *home based* ou "instalado em casa", em português, traduz o modelo de negócio em que o franqueado pode operar dentro de sua própria casa ou escritório, sem a necessidade de um ponto comercial específico ou externo para isso. Nos dias de hoje, atendendo à mobilidade urbana e ao interesse de vários franqueados em conciliar as obrigações de uma franquia com outros interesses pessoais ou profissionais, a franquia *home based* passou a ser um dos modelos de maior interesse na busca por franquias, e, pelas suas características, o modelo de franquia mais barato, se comparado a outros da mesma marca – não há custo de ocupação ou luvas,[5] nem montagem ou instalação ou, se houver, é muito pequeno, assim como são as despesas de manutenção. Isso torna as franquias *home based* também mais competitivas se comparadas aos custos de seus concorrentes que não operam sob esse formato.

5.5. *Food Truck*

O *food truck* é um modelo de negócio adotado basicamente pelo setor de alimentação, que trouxe a mobilidade dos veículos motorizados para criar demanda e atender novos mercados, a um custo muito atrativo. A ideia teve início com aqueles porta-malas de carros adaptados à comercialização de pequenos sanduíches, bolos e bebidas e que hoje, mais adaptados ainda e com uma marca que o identifica e seu produto, atendem até pratos mais sofisticados elaborados diretamente por *chefs* de cozinha no próprio veículo, estende-se a área de prestação de serviços, alcançando ofertas, como atendimento odontológico feito por profissionais e especialistas, em distâncias às quais eles chegavam com muita dificuldade e escassez de recursos. São investimentos de menor porte do que uma franquia de loja física, ainda que os valores para sua instalação variem em função do tipo e tamanho do veículo – atualmente os *food trucks* são instalados em bicicletas, carrinhos de mão, carrocinhas, carros de vários modelos e até caminhões e ônibus – e do tipo de produto e serviço a serem oferecidos: de alimentação a serviços, venda de livros e cosméticos, e quaisquer tipos de negócios cujos produtos, serviços ou conceitos possam ser replicados dentro desse tipo de espaço. Pelas suas características, é um modelo de franquia que se presta a ser instalado em espaços públicos, incluindo parques e ruas que o permitam, mas também pode ser destinado a locais privados, de acesso público, como estacionamentos ou áreas de uso comum de centros comerciais, shopping centers ou condomínios comerciais, hospitais, universidades e outros locais de grande acesso público, ou eventos particulares. Essa

---

5. Luvas, na locação comercial, é o nome dado à quantia cobrada pelo locador do locatário, além do valor do aluguel e das taxas locatícias, a título de reserva do imóvel ou preferência dele em relação a outros imóveis comerciais localizados em áreas muito valorizadas, por conta da sua grande procura. Essa e outras questões imobiliárias e locatícias serão abordadas em outro capítulo deste livro.

flexibilidade é bastante vantajosa para o retorno do investimento e da lucratividade da operação. Justamente por força dessa mobilidade motora, a fiscalização dessas operações, principalmente quando envolvem alimentação, ficava à margem e sem qualquer padronização da operação e da qualidade do produto e do atendimento. Vários municípios – incluindo São Paulo e Rio de Janeiro, entre outros – já possuem legislação regulando a atividade desenvolvida em *food trucks*, impondo algumas normas já obedecidas por ambulantes e pelos comerciantes de alimentos e bebidas, criando regras específicas para o segmento – obrigatoriedade de termos de permissão pública e obediência às legislações impostas pelos órgãos de vigilância sanitária. Essa fiscalização naturalmente limita mais a mobilidade, mas garante efeito à padronização de atendimento, qualidade e credibilidade do modelo.

5.6. Microfranquia

Não há um conceito já definido por lei ou pelo mercado do que é considerada uma minifranquia. Seja pelo tamanho menor, baixo investimento, baixo custo ou pelo faturamento mais baixo, ainda é um conceito em definição, pois é comparativo. Atualmente, podemos tentar classificar as minifranquias como negócios franqueados cujos investimentos iniciais totais sejam inferiores a R$ 100.000,00 (cem mil reais), e/ou modelos *home-based*, ou, ainda, modelos que tenham um valor menor de R$ 10.000,00 como Taxa Inicial de Franquia. Como toda classificação, essa categoria pode ser revista em função da evolução do próprio sistema de *franchising* no Brasil. De qualquer modo, as regras, os direitos e as obrigações de uma microfranquia são os mesmos de uma franquia de tamanho e/ou faturamento mais convencional, mas, de fato, há várias diferenças importantes no investimento, na capacitação, no *mix* de produtos/serviços oferecidos, no custo de ocupação e na manutenção da franquia. São justamente essas características que incentivam pequenos empreendedores a terem seu próprio negócio, mesmo que dentro de um menor porte, com marca e produtos/serviços conhecidos e de qualidade reconhecidas pelo público consumidor e mercado em geral, valorizando o pequeno investimento feito.

5.7. Franquia de venda direta

O sistema de franquia nasceu como um canal de venda direta, uma forma de vender mais produtos e serviços diretamente ao cliente final. O canal de venda direta, conhecido pelo contato pessoal do vendedor com o cliente, seja em um ponto de venda, por meio de catálogos, seja em domicílio, com agenda marcada ou na batida porta a porta, tem uma penetração muito eficaz e em longo prazo junto ao consumidor. Existe um setor específico de vendas diretas que, nos últimos anos, decidiu adotar o modelo de concessão de franquias para a expansão de seus negócios. Novamente, é a junção de dois canais de venda – venda direta e franquia – dentro de um novo conceito de negócio: a franquia de venda direta, pela qual a franqueadora, titular da marca e do produto, desenvolve ferramentas, sistemas e padronização de operação, compras, vendas e atendimento, criando um novo conceito de negócio, mais abrangente do que era uma vendedora porta a porta ou a simples disponibilidade de um catálogo do canal de venda direta. Há todo um procedimento de bastidores que integra a operação, desde a divulgação do produto ou serviços, até o pós-venda do cliente final, garantindo a excelência da marca, do produto/ serviço e do atendimento do franqueado, ampliando a experiência e a oportunidade de venda/compra dos produtos/serviços da franqueadora e sofisticando o conceito do negócio do franqueado, integrando os canais de venda da marca.

5.8. Franquia virtual ou digital

Como todo negócio, o espaço digital também atingiu o sistema de *franchising* brasileiro, pela sua inovação e, mais ainda, pela amplitude de suas possibilidades. Como mais um negócio da marca, foi criada a possibilidade de expansão por meio de unidades virtuais ou digitais, que não são físicas, mas que existem enquanto unidades de negócio reais. As franquias virtuais funcionam exatamente como uma unidade de loja física – assinam contrato de franquia, precisam de um endereço (digital), e, na maior parte dos casos, recebem treinamento e manuais e pagam as taxas do sistema de franquia. Na grande maioria das vezes, trata-se de uma franquia de *marketing* digital (e não de venda de produtos e serviços em si), por meio da qual o franqueado recebe treinamento e suporte do franqueador, de modo a adotar determinadas ações e estratégias para localizar e captar clientes para a venda do produto ou serviço do franqueador, atuando como verdadeira agência de *marketing* digital. Pode também ser um negócio que opera 100% digitalmente, como uma plataforma de negócios, e o franqueado é um ponto de venda virtual, que de fato comercializa produtos ou presta serviços diretamente ao cliente final. É um negócio no qual o franqueado pode atuar *home based*, identificando-se com a marca do franqueador e operando com todo o suporte do franqueador, com um custo bem mais baixo do que uma franquia física.

5.9. Franquia de entregas (*delivery*)

Um negócio de entregas de produtos é um negócio como outro qualquer e, portanto, franquear esse conceito está dentro das possibilidades de expansão que a *franchising* alcança. Portanto, nada mais natural que um negócio que se baseia unicamente na entrega ao cliente final de produtos já acabados e prontos para o consumo possa ser feito por parceiros franqueados que somente se interessem pela logística da distribuição dos referidos produtos. Há negócios que, por sua vez, incluem o *delivery* de seus produtos como parte de um modelo de franquia de loja ou quiosque, assim garantindo um melhor atendimento aos clientes que preferem esse tipo de atendimento. Atualmente, as franquias de *delivery per se* e as franquias que incluem o *delivery* em suas operações encontraram um novo concorrente: os aplicativos de *delivery*. Entender a concorrência é fundamental em qualquer negócio, mais ainda em uma realidade na qual o atendimento ao cliente final passou a ser um negócio em si, como no caso dos aplicativos.

5.10. Franquias de *vending machines*

Muitas vezes em formato de minifranquia, as máquinas de entrega de alimentos e/ou objetos, como máquina de café expresso, chocolates, biscoito, latas de refrigerantes, guarda-chuvas, brinquedos e outros de forma automática e com uma operação simples, começam a expandir suas operações por meio do sistema de *franchising*.

REFERÊNCIAS BIBLIOGRÁFICAS

Página eletrônica da Associação Brasileira de Franchising – Portal do Franchising:
https://www.portaldofranchising.com.br.
Página eletrônica do SEBRAE:
http://www.sebrae.com.br.
Página eletrônica do Portal Top Franquias:
https://www.portaltopfranquias.com.br.
Página eletrônica do Franchising Group:
https://www.franchisinggroup.com.br.
Página eletrônica Administradores:
http://www.administradores.com.br.
Página eletrônica Empreendedores Web:
http://www.empreendedoresweb.com.br.
Página eletrônica da Empreendedores On-line:
https://www.empreendedoronline.net.br.
Página eletrônica Eu sou Empreendedor:
https://eusouempreendedor.com.
Página eletrônica da Central do Franqueado:
https://centraldofranqueado.com.br.
Página eletrônica Sua Franquia:
https://www.suafranquia.com.
Página eletrônica da Escola de E-commerce:
https://www.escoladeecommerce.com.

Adalberto Simão Filho – *"Franchising"*
SIMÃO FILHO, Aldalberto. "*Franchising* – Aspectos Jurídicos e Contratuais". São Paulo: Atlas, 1993.

Luiz Felizardo Barroso – *"Conveniência e franchising"*
FELIZARDO BARROSO, Luiz. "*Conveniência e franchising*. São Paulo: Lumen Juris, 2005.

Prof. Sebastião José Roque – *"Do Contrato de Franquia Empresarial"*
ROQUE, Sebastião Roque. "*Do Contrato de Franquia Empresarial*". São Paulo: Ícone, 2012. (1ª edição).
Vivian Lara dos Santos Silva

Paulo Furquin de Azevedo – *"Teoria e Prática do Franchising"*
SANTOS SILVA, Vivian Lara e FURQUIN DE AZEVEDO, Paulo. "*Teoria e Prática do Franchising*: Estratégia e Organização de Redes de Franquias". São Paulo: Atlas, 2012.

4
A *MASTER* FRANQUIA E A FRANQUIA DE DESENVOLVIMENTO DE ÁREA

Luiz Henrique do Amaral

Sumário: 1. Introdução – 2. A *master* franquia – 3. Franquia de desenvolvimento de área – 4. Distinção entre *master* franquia e desenvolvimento de área – 5. O contrato de *master* franquia; 5.1. Direitos concedidos; 5.2. Condições essenciais da *master* franquia; 5.3. Taxa inicial de *master* franquia; 5.4. *Royalties*; 5.5. Seleção do subfranqueado e do ponto comercial; 5.6. Publicidade e *marketing*; 5.7. Território; 5.8. Marcas e direitos autorais; 5.9. Suporte pela franqueadora; 5.10. Cronograma de desenvolvimento; 5.11. Rescisão ou término contratual; 5.12. Contratos de subfranquia – 6. Contrato de desenvolvimento de área; 6.1. Direitos concedidos; 6.2. Território e pontos comerciais; 6.3. Obrigações do franqueado; 6.4. Remuneração; 6.5. Contratos de franquia unitária; 6.6. Rescisão ou término – 7. Contratos internacionais de *master* franquia..

1. INTRODUÇÃO

A *master* franquia e a franquia de desenvolvimento de área são modalidades que resultaram do aprimoramento do sistema de franquias e da necessidade de maior cobertura territorial para comercialização e suporte às unidades franqueadas longe do franqueador original.

Essas modalidades se tornam necessárias à medida que o mercado de franquias se expande e as redes passam a necessitar operar cobrindo maior distância territorial. Usualmente essas modalidades contratuais permitem que o franqueador titular da marca conte com operadores do sistema para suporte local em regiões mais distantes, tanto para expansão como para funcionamento das unidades. A Lei nº 13.966, de 26 de dezembro de 2019, que disciplina o sistema de franquia empresarial, compreende também essas modalidades contratuais, na medida em que a definição do contrato de franquia encontra-se de tal forma ampla que acaba por açambarcar tais acordos. Nesse sentido, tanto o franqueador, ofertando *master* franquias, como os *master* franqueados, oferecendo a concessão de franquias unitárias, devem observar e fazer cumprir as regras legais.

2. A *MASTER* FRANQUIA

O contrato de *master* franquia é um tipo de acordo no qual o franqueador detentor da marca e do sistema concede ao *master* franqueado o direito de subfranquear ou sublicenciar a operação para unidades franqueadas dentro de um determinado território. Em regra, o *master* franqueado age como se fosse o próprio franqueador, concedendo contratos de franquias unitárias para a instalação de um ou mais estabelecimentos da rede, numa determinada área geográfica.

O direito de subfranquear importa na prerrogativa do *master* franqueado de autorizar franqueados unitários para a abertura e operação de unidades da rede. Importa também na obrigação do master franqueado de controlar a operação de tais subfranquias, cobrando *royalties* e fornecendo serviços e/ou produtos e agindo assim como o próprio franqueador durante um determinado período, dentro de uma área específica.

Nesse sentido, há três participantes principais nesse tipo de estrutura de operação: o franqueador que detém as marcas, o *know-how* e os produtos ou serviços para operação das unidades; o *master* franqueado que vai desenvolver a expansão da rede por meio da seleção e concessão de franquias unitárias; e os franqueados unitários, que são os que operam e gerenciam os pontos de venda.

Assim, a *master* franquia consiste em um contrato em que, de um lado, o *master* franqueador, titular da marca, do *know-how* operacional e dos direitos de propriedade industrial sobre a operação de um negócio, concede, de outro lado, a um *master* franqueado ou subfranqueador, o direito temporário e precário de sublicenciar tais direitos, num determinado território, a subfranqueados, que têm – esses sim – o direito de explorar tais direitos na operação de uma unidade franqueada. Essas unidades subfranqueadas podem pertencer ao próprio *master* franqueado, ou ser operadas por subfranqueados independentes.

O *master* franqueado, assim, fica incumbido de prestar ao subfranqueado todos os serviços e a assistência que permitam ao subfranqueado absorver os conhecimentos necessários para instalar e operar a unidade subfranqueada, usando as marcas e os padrões da rede. Essa modalidade contratual é assim utilizada para a entrada, de uma empresa franqueadora, em novos mercados, distantes ou em outro país.

O *master* franqueado atuará, portanto, como um verdadeiro franqueador, posicionando-se entre o franqueador original e os subfranqueados locais.

A franquia desdobra-se, geralmente, em um contrato principal de *master* franquia entre o franqueador e o *master franqueado* e contratos de franquia unitária entre o *master* franqueado e seus subfranqueados. Quando o *master* franqueado detém também o direito de desenvolver unidades próprias, com cronograma de abertura e podendo gerenciar e operar diretamente as unidades, estamos diante de uma franquia de desenvolvimento de área.

3. FRANQUIA DE DESENVOLVIMENTO DE ÁREA

Nessa modalidade, o franqueado desenvolvedor recebe do franqueador o direito de operar diretamente a unidade ou estabelecimento da rede. É comum nesses contratos que o franqueado desenvolvedor possa também, depois de alcançadas determinadas metas, deter o direito de subfranquear outras unidades a terceiros, num verdadeiro contrato híbrido que combina as duas modalidades: tanto *master* franquia como desenvolvimento de unidades próprias da rede.

Esse tipo de acordo de franquia é muitas vezes bem adequado para o desenvolvimento internacional. Devido às distâncias e diferentes culturas, o *master* franqueado conhece melhor o mercado do país de destino e consegue absorver o *know-how* da marca e viabilizar o plano de expansão local ou regional, pois sabe o funcionamento de negócios no território designado. Nessa hipótese, o franqueador, embora detenha menor controle sobre o sistema, beneficia-se da capacidade do *master* franqueado de se adaptar para fornecer todo o suporte local para as unidades franqueadas no país ou região em questão.

Embora tanto a *master* franquia como o desenvolvimento de área se ocupem da expansão de várias unidades num determinado território, o mecanismo de crescimento, o cronograma e as responsabilidades são diferentes.

4. DISTINÇÃO ENTRE *MASTER* FRANQUIA E DESENVOLVIMENTO DE ÁREA

Enquanto na *master* franquia, o *master* franqueado atua como um subfranqueador no território designado, assumindo assim todas as mesmas responsabilidades que o franqueador teria para com todos os franqueados unitários, a franquia de desenvolvimento impõe ao franqueado desenvolvedor a obrigação de atuar como um operador direto dos estabelecimentos ou das unidades instaladas por ele na área.

Em outras palavras, o *master* franqueado desenvolve o território por meio da concessão de subfranquias, sendo obrigado a fornecer o mesmo apoio que o franqueador forneceria. Ou seja, ele tem de prestar assistência para a operação da unidade de franqueada, com apoio à seleção do ponto, à construção, ao treinamento, à abertura de loja, ao *marketing* e treinamento.

No acordo de desenvolvimento de área, ocorre outra opção de expansão. O próprio franqueador desenvolvedor tem de abrir diretamente várias unidades. Não há propriamente um direito à subfranquia, pois deve ele próprio abrir e operar diretamente o número de unidades de acordo com um cronograma de aberturas predeterminado no contrato.

5. O CONTRATO DE *MASTER* FRANQUIA

5.1. Direitos concedidos

O objetivo comum, tanto da franquia *master* como do desenvolvimento de área, é expandir o sistema de franquia em um território geográfico específico e tornar possível a assistência da rede mesmo com a distância do franqueador originário. A concessão do direito de uso temporário da marca e a licença para a utilização de quaisquer outros direitos de propriedade intelectual e *know-how* são sempre presentes nessas modalidades contratuais.

Porém, com o contrato de *master* franquia, ao *master* franqueado é conferido o direito de autorizar terceiros a instalar e operar unidades franqueadas no território, em conformidade com o contrato de franquia unitária, e gerenciar a rede no território designado no contrato, usualmente com exclusividade.

Normalmente, as unidades só poderão ser inauguradas após a aprovação de cada ponto comercial pela franqueadora, mas o *master* franqueado tem a obrigação de selecionar o potencial franqueado e aprovar o ponto e a instalação de unidades, de acordo com o padrão visual. O contrato de franquia unitária pode ser assinado pelo *master* franqueado ou apenas diretamente pelo franqueador.

O contrato de *master* franquia não outorga automaticamente direitos para o *master* franqueado utilizar as marcas franqueadas diretamente na operação das unidades; o direito de uso de marca autorizado é para que o *master* franqueado as use na divulgação e publicidade de oportunidades de franquias. No entanto, o *master* franqueado detém o direito de sublicenciar os direitos de uso da marca na operação pelos franqueados unitários.

Seguindo a orientação do franqueador, o *master* franqueado deve assegurar que a formatação arquitetônica interna e externa e todo o padrão visual e apresentação das marcas determinadas pela rede sejam respeitadas.

A concessão da *master* franquia normalmente será a título oneroso e por um período certo, podendo ser eventualmente prorrogado de comum acordo entre as partes, desde que as obrigações estejam sendo cumpridas pelo *master* franqueado.

5.2. Condições essenciais da *master* franquia

As condições essenciais quanto à formatação comercial dependem do tipo de negócio: se se trata de prestação de serviços ou fornecimento de produtos, se há manipulação ou produção de produtos na unidade, ou se os produtos são manufaturados pelo franqueador ou se as compras são de fornecedores. Enfim, independentemente de pontos essenciais de formatação comercial, existem aspectos jurídicos que são relevantes.

O *master* franqueado deve assegurar que seus subfranqueados executem o projeto de instalação, obedecendo ao padrão visual, ao adequado uso das marcas, sem quaisquer modificações no projeto arquitetônico da rede, incluindo *mix* de produtos, *displays*, vitrines, *lay-out*, disposição dos móveis e utensílios etc. Os subfranqueados devem obedecer aos horários de funcionamento, oferecer treinamento a equipe e seguir os procedimentos do sistema. Cabe ao *master* franqueado supervisionar e zelar pelo respeito às regras.

O *master* franqueado deve assinar os contratos de subfranquia e administrar sua execução e cumprimento, mantendo todos os registros contábeis completos e detalhados de todos os seus movimentos da rede.

Cumpre ao *master* franqueado, ainda, assegurar que as marcas franqueadas e aqueles sinais distintivos da rede sejam usados adequadamente, sempre nos limites do contrato. Além disso, deve controlar para que mercadorias autorizadas estejam disponíveis na rede, com estoque mínimo dos insumos necessários para a comercialização do *mix* completo de produtos.

A supervisão da rede importa em visitas às unidades e na manutenção de controle do plano de negócios e das metas de aberturas preconizadas no contrato.

5.3. Taxa inicial de *master* franquia

Em consideração ao direito de oferecer franquias no território, o franqueador requer que o *master* franqueado pague um valor como taxa inicial de *master* franquia, valor esse que leva em consideração a exclusividade territorial, o direito de uso da marca e do oferecimento e execução de subfranquias, tendo em conta a extensão da área e o potencial de desenvolvimento da rede nessa área específica. Além disso, para renovação do contrato, é exigido o pagamento de uma taxa fixa de renovação.

O contrato usualmente já prevê quanto o *master* franqueado deverá cobrar para a concessão das subfranquias, algumas vezes, a franqueadora repassando um percentual de todo e qualquer valor recebido.

5.4. *Royalties*

Mesmo que o *master* franqueado atue no território como se fosse a própria franqueadora, ela continuará a ter de prestar assessoria continuada e ainda a assegurar a concessão do uso das marcas. Nesse cenário, a franqueadora fará jus a uma remuneração mensal continuada, denominada *royalties*, sobre um percentual do faturamento do *master* franqueado e que pode incluir um valor decorrente da comercialização de produtos.

As unidades subfranqueadas do *master* franqueado no território, por sua vez, pagam a ele igualmente um percentual de *royalties* mensal. Em alguns casos, há ainda o repasse de uma parcela dos *royalties* da unidade diretamente à franqueadora.

5.5. Seleção do subfranqueado e do ponto comercial

A escolha de um novo subfranqueado é obrigação e responsabilidade do *master* franqueado, cabendo à franqueadora apenas rever o perfil e anuir com a seleção. A rigor, as obrigações contratuais assumidas pelo *master* franqueado para com os subfranqueados não se transmitem à franqueadora.

Da mesma forma, a procura e a escolha do ponto são de responsabilidade exclusiva do subfranqueado ou *master* franqueado, sendo apenas aprovado o ponto comercial pela franqueadora. Desse modo, em caso de questões relativas à possível adequação do ponto selecionado, cabe ao *master* franqueado a responsabilidade pela seleção em face da franqueadora.

5.6. Publicidade e *marketing*

A franqueadora desenvolve a publicidade e o *marketing* institucional da rede que devem ser seguidos pelo *master* franqueado e pelos seus subfranqueados. Ocorre que essa atividade local deve ser desenvolvida e arcada pela rede no território do *master* franqueado. O *master* franqueado normalmente contribui com um valor mínimo mensal para propaganda local e divulgação das marcas no território.

Os subfranqueados são responsáveis pela publicidade e pelo *marketing* em suas unidades, devendo destinar um percentual do seu faturamento para propaganda local.

De toda forma, como já se dá em contratos unitários de franquia, a publicidade, a propaganda e o *marketing* nacional da rede são realizados pela franqueadora a partir da contribuição de um percentual do faturamento das unidades. Os valores recolhidos de subfranqueados a esse título são repassados à franqueadora e se destinam a ações de divulgação institucional das marcas, tais como propaganda, assessoria de imprensa, patrocínios, desenvolvimento de estratégias de *marketing* e promoções.

5.7. Território

O território de exploração da *master* franquia deve ser delimitado no contrato de *master* franquia. A franqueadora garante a exclusividade total ou parcial do território ao *master* franqueado, quanto aos direitos de *master* franquia, pelo período de duração do contrato, desde que o *master* franqueado esteja em dia com suas obrigações contratuais, principalmente, sem que constitua limitação, com as metas de abertura e operação da rede e desde que ele esteja em dia com as suas obrigações pecuniárias franqueadoras e os fornecedores autorizados.

Caso o *master* franqueado viole, a qualquer tempo durante a vigência do contrato, qualquer das suas obrigações contratuais, a franqueadora geralmente opta por cessar automaticamente a exclusividade territorial.

Alguns franqueadores preferem estabelecer que, em caso de qualquer descumprimento e independentemente da rescisão do contrato, o *master* franqueado perca a exclusividade, de modo que a franqueadores possa passar a conceder franquias no território diretamente ou via outros *master* franqueados.

A correta definição do território é essencial para o sucesso do projeto, pois o dimensionamento adequado permite maximizar a expansão do território e viabilizar financeiramente a operação.

5.8. Marcas e direitos autorais

Os direitos autorais referentes aos documentos e manuais, assim como de quaisquer outros materiais literários e científicos que vierem a ser transmitidos aos franqueados, são e permanecem de titularidade da franqueadora, nos termos da Lei no 9.610, de 19.02.98 (Lei de Direito Autoral). Tais materiais são entregues aos *master* franqueados e subfranqueados em regime de comodato, ficando seu uso e sua exploração limitados aos fins determinados no contrato para operação da rede.

As marcas e os sinais distintivos da operação são de propriedade da franqueadora e seu uso não confere ao *master* franqueado quaisquer direitos de cotitularidade e nem pleitos de comunhão de fundo de comércio. Resulta da exploração, nos termos do contrato, apenas uma licença temporária e precária, de modo que toda utilização se reverte em favor da franqueadora. As marcas licenciadas podem ainda ser alteradas, de tempos em tempos, pela franqueadora, de acordo com as necessidades da rede, a seu critério exclusivo.

O *master* franqueado e seus subfranqueados deverão utilizar as marcas sempre na forma e visual que a franqueadora indicar. Nem o *master* franqueado nem seus subfranqueados poderão registrar marcas ou nomes contendo as marcas.

5.9. Suporte pela franqueadora

Diferentemente da assistência prestada à unidade franqueada, a franqueadora, no contrato de *master* franquia, não limita seu suporte a serviços pré-inaugurais da unidade, tais como aprovação do ponto e do projeto das instalações da unidade ou programa de treinamento de equipe da loja antes ou após a inauguração.

O auxílio ao *master* franqueado é de natureza distinta e visa a capacitá-lo para exercer a função de subfranqueador, cabendo sua habilitação para agir como se fosse o franqueador da marca. O *master* franqueado terá de ser capaz de realizar a seleção de franqueados, aprovar o ponto da instalação da unidade e prestar assessoria e orientação para a obra e instalação da unidade. Cabe à franqueadora se assegurar de que o master franqueado está apto a realizar consultoria periódica para garantir a padronização da rede e dar todo o apoio aos subfranqueados na operação das unidades.

5.10. Cronograma de desenvolvimento

Os contratos de *master* franquia geralmente contêm um detalhado cronograma de desenvolvimento no qual está listado o número de unidades de franquia a ser aberto no território designado em determinado prazo, assim como expectativas de faturamento. É do interesse de todas as partes abordar esse assunto de forma realista, a fim de manter um mínimo de conflitos potenciais. O acordo deve fornecer soluções para a situação em que não são obtidos desenvolvimentos mínimos realistas (por exemplo, limitar o âmbito da exclusividade concedida para a cessação do acordo ou autorizar períodos de cura). De todo modo, esse é elemento essencial do contrato e sua ausência pode resultar em graves perdas para as partes.

5.11. Rescisão ou término contratual

Além das disposições usuais de rescisão dos contratos de franquia, a *master* franquia traz peculiaridades próprias. O contrato se encerra automaticamente no seu termo (a menos que as condições para uma renovação, se acordadas, sejam cumpridas) ou há ainda a possibilidade de término por rescisão por qualquer uma das partes. O término por vencimento do prazo, a rescisão antecipada por violação ou rescisão automática em caso de falência, insolvência etc., todas geralmente incluídas no contrato, acabam por gerar uma consequência direta sobre a rede de subfranquias.

Na medida em que o *master* franqueado administra a rede de subfranquias e concede diretamente os contratos de subfranquia, o encerramento da relação de *master* franquia joga a rede num vácuo operacional e contratual. Torna-se assim fundamental que o contrato estabeleça as consequências da rescisão diante dos subfranqueados.

As mais das vezes, a franqueadora preconiza no contrato que nessa hipótese ela passa a assumir as obrigações diretamente com a rede, em substituição ao *master* franqueado, subsumindo-se em todos os direitos e obrigações dos contratos de subfranquia, passando a gerir a rede diretamente ou por intermédio de novo *master* franqueado. Para que a sucessão possa ocorrer adequadamente, deve haver previsão contratual tanto no contrato de *master* como nos contratos de subfranquia. Naqueles sistemas em que os contratos de subfranquia já são firmados diretamente pela franqueadora, não há risco de solução de continuidade das relações de subfranquia.

Essa forma de contratação, no entanto, não vem sendo considerada a mais conveniente pelas franqueadoras, dado o fato de que a relação direta com a rede traz responsabilidades diretas da franqueadora na eventualidade de falhas imputáveis ao *master* franqueado.

5.12. Contratos de subfranquia

Além das condições usuais dos contratos de franquia unitários, a franqueadora deve assegurar que o *master* franqueado adote na sua rede de subfranquias sempre os contratos padrão de subfranquias convergentes com a formatação legal da franquia *master*, considerando que há certas diferenças e tipicidades que devem ser observadas na subfranquia, tais como regras de sucessão e transferência em caso de rescisão, limitação de responsabilidade da franqueadora pela administração da rede, entre outras.

6. CONTRATO DE DESENVOLVIMENTO DE ÁREA

6.1. Direitos concedidos

Como já tratado anteriormente, o contrato de desenvolvimento assemelha-se, em muitos aspectos, ao de *master* franquia, mas distancia-se dele em outros pontos relevantes. Num típico contrato de desenvolvimento de área, o franqueado não recebe o direito de subfranquear o sistema e as marcas, mas recebe apenas o direito de operar diretamente, ou sob seu controle, certo número de unidades numa determinada área especificada.

Pelo presente contrato, o franqueado se compromete a desenvolver a rede no território, sendo fixadas as metas para a abertura de unidades, que, uma vez atingidas, garantirão o direito de manter a exclusividade. Ainda assim, as unidades só podem ser inauguradas mediante a assinatura de contrato de franquia unitária, conforme modelo preestabelecido, e após a aprovação de cada ponto comercial. O franqueado geralmente somente iniciará a instalação das unidades após a aprovação da franqueadora.

6.2. Território e pontos comerciais

Assim como na *master* franquia, a escolha do ponto comercial para a instalação é de exclusiva responsabilidade do franqueado.

A exclusividade no território pelo período de duração desse contrato depende de o franqueado estar em dia com suas obrigações contratuais, principalmente, com as metas e as suas obrigações pecuniárias.

Em caso de violação do contrato, a qualquer tempo durante a vigência, cessa a exclusividade territorial e o franqueado passará a ter apenas o direito de preferência para a abertura de novas unidades.

Como a exclusividade impõe à franqueadora risco de expansão caso a franqueadora conceda um território extenso para um número limitado de unidades na meta, é prudente prever que caso a franqueadora decida aumentar o número de lojas no curso do contrato e o franqueado se recuse a aumentar as metas, a franqueadora passa a ter o direito de abrir diretamente ou mediante outro franqueado.

6.3. Obrigações do franqueado

Nessa modalidade contratual, além das obrigações usuais de todos os contratos de franquia, o franqueado se obriga a cumprir fielmente as metas e a assinar o modelo do contrato de franquia, mantendo as unidades em constante funcionamento, respeitando os padrões. Costuma-se prever a elaboração de um plano de negócios para o desenvolvimento das unidades revisto anualmente visando a maximizar a expansão de novas unidades.

6.4. Remuneração

Ao contrário da franquia *master*, em que há uma taxa inicial pela concessão do território, o mais usual na franquia de desenvolvimento é prever pagamentos de taxas de franquia pela abertura de cada unidade. Como retribuição pelos direitos concedidos, o franqueado se compromete com aberturas em determinadas datas e as taxas ficam assim devidas.

Além e independentemente disso, o franqueado, em contrapartida pelo uso contínuo da marca, pela orientação e pelos treinamentos contínuos recebidos, pela pesquisa e pelo desenvolvimento constante de produtos, pelo acesso ao *know-how* e pelo uso do sistema, deverá pagar *royalty* mensal dentro do âmbito do contrato de franquia unitária para cada unidade.

6.5. Contratos de franquia unitária

Apesar de o contrato padrão de franquia unitária prever todos os detalhes operacionais da unidade, recomenda-se que o contrato de desenvolvimento de área também reproduza os termos e as condições de instalação e operação de cada unidade. Existem dois motivos para isso. Primeiro, em nenhuma hipótese o desenvolvedor poderá se escusar de suas obrigações operacionais, sob o manto de que tais detalhes estavam apenas no contrato unitário e eventuais descumprimentos não justificam a rescisão por culpa do contrato principal de desenvolvimento. Segundo, para a eventual abertura de unidades sem respeito à obrigação de contratos unitários, os seus termos não podem ser evitados, eis que presentes desde logo no contrato principal.

6.6. Rescisão ou término

Muitos franqueadores não favorecem esse tipo de contratação, pois ela confere muito poder negocial ao franqueado desenvolvedor, na medida em que controla diretamente muitas unidades numa região, e no momento da rescisão ou término, o franqueado tem a rede sob seu controle, enfraquecendo a posição do franqueador. Exatamente por esse risco, o contrato acaba adotando um detalhado plano de transição com o término da exclusividade territorial e manutenção dos contratos unitários. Disso decorre que o franqueador passa a ter a prerrogativa de desenvolver novas unidades diretamente ou mediante novo franqueado. Contudo, nessa hipótese, o franqueador passa a controlar a rede mediante a assunção dos direitos e das obrigações dos contratos unitários.

Há ainda a possibilidade de previsão de que a franqueadora terá a opção de rescindir, a seu exclusivo critério, os contratos unitários. Embora essa previsão seja de difícil implementação caso as unidades estejam em dia com suas obrigações, fortalece-se a posição da franqueadora.

7. CONTRATOS INTERNACIONAIS DE *MASTER* FRANQUIA

Esses contratos são os mais usuais em transações internacionais de franquia, pois dadas as distâncias territoriais e culturais, torna-se mais fácil ao franqueador identificar no país um único parceiro que conheça o mercado e assuma uma responsabilidade mais direta em administrar todo um território, que muitas vezes cobre o país inteiro ou mesmo regiões ou continentes.

Por esse motivo, a Lei de Propriedade Industrial (Lei nº 9.279, de 14 de maio de 1996), em seu artigo 211, determinou que os contratos de franquia sejam averbados junto ao Instituto Nacional da Propriedade Industrial – INPI, para determinados fins. A averbação dos contratos de franquias de marcas internacionais que desejem se instalar no Brasil é especialmente importante para permitir a remessa de pagamentos e *royalties* ao exterior, para fins de dedução fiscal pelo franqueado em seu imposto de renda, como despesas operacionais dedutíveis, e para produção de efeitos em relação a terceiros, protegendo, assim, o território exclusivo do franqueado.

O INPI, por sua vez, estabeleceu o procedimento administrativo de averbação de licenças e cessões de direitos de propriedade industrial e de registro de contratos de transferência de tecnologia e de franquia, por meio da Instrução Normativa nº 70, de abril de 2017. Assim, o INPI averbará os contratos de licença, de sublicença e de cessão de direitos de propriedade industrial e registrará os contratos de transferência de tecnologia e de franquia empresarial regidos pela Lei nº 13.966, de 26 de dezembro de 2019.

O pedido de averbação ou de registro será apresentado ao INPI, por qualquer das partes contratantes, instruída com os seguintes documentos, de acordo com art. 4º da IN 70/2017:

I – formulário de pedido de averbação ou de registro;

II – comprovante do recolhimento da retribuição devida, com a respectiva Guia de Recolhimento da União (GRU);

III – procuração, observado o disposto nos artigos 216 e 217 da Lei nº 9.279, de 1996;

IV – contrato, fatura, ou instrumento representativo do ato, observando-se as formalidades de atos praticados no exterior, quando aplicável;

V – tradução para o idioma português, quando redigido em idioma estrangeiro;

VI – formulários Ficha Cadastro da Pessoa Jurídica ou Física contratantes;

VII – Estatuto, contrato social ou ato constitutivo da pessoa jurídica e última alteração sobre objeto social consolidada e representação legal da pessoa jurídica da empresa cessionária, franqueada ou licenciada, domiciliada ou residente no Brasil;

VIII – outros documentos, a critério da parte interessada, pertinentes ao negócio jurídico.

Em caso de sublicenciamento ou subfranquia de direito de propriedade industrial, o requerente apresentará o contrato ou outro documento contendo a autorização formal do titular da marca. Para os contratos de franquia, o requerente apresentará a Circular de Oferta de Franquia ou uma declaração de recebimento da Circular de Oferta de Franquia, nos termos do art. 2º da Lei nº 13.966, de 26 de dezembro de 2019. Em caso de subfranqueamento, o requerente apresentará o contrato ou outro documento contendo a autorização formal do franqueador para subfranqueamento.

O pedido de averbação ou de registro conterá as especificações do contrato e dos valores, moeda e forma de pagamento. O requerente da averbação ou registro, em regra, será o franqueado e ficará responsável pela validade e licitude do contrato.

No caso de averbação de contratos de franquia, a marca deve ser objeto de pedido de registro concedido ou depositado no INPI. O contrato a ser averbado pelo INPI indicará o número de cada pedido ou título concedido pelo INPI, patente ou registro, e respectivo prazo de vigência.

A decisão proferida pelo INPI relativa ao requerimento de averbação ou registro, conforme art. 8º da IN 70 pode ser:

I – deferimento e emissão do certificado de averbação ou de registro;

II – formulação de exigência;

III – indeferimento fundamentado; ou

IV – arquivamento.

O prazo para decisão é de até 30 (trinta) dias, contado a partir da data de publicação da notificação do requerimento na Revista da Propriedade Industrial, observado o disposto no art. 211 da Lei nº 9.279, de 1996.

O prazo para o cumprimento de exigência é de até 60 (sessenta) dias, a contar da data de sua publicação na Revista da Propriedade Industrial, observado o disposto no art. 224 da Lei nº 9.279, de 1996, sob pena de arquivamento do requerimento.

Deve constar no contrato a identificação das partes do contrato e de seus representantes legais, nome ou denominação e os endereços completos, com logradouro, cidade, unidade da federação e o país. O INPI observará os seguintes aspectos em relação ao domicílio ou residência das partes:

I – a pessoa domiciliada no exterior deverá constituir e manter procurador devidamente qualificado e domiciliado no país, com poderes para representá-la administrativa e judicialmente, inclusive para receber citações;

II – nos contratos envolvendo propriedade industrial a referência será a título concedido ou pedido de direito depositado no INPI.

O prazo do contrato de licença de direitos de propriedade industrial não poderá ultrapassar a vigência desses direitos no Brasil.

O cancelamento da averbação ou do registro está sujeito à apresentação de distrato ou instrumento representativo do ato assinado pelas partes contratantes, por meio de petição a ser juntada ao respectivo processo.

O Certificado de Averbação ou de Registro conterá, entre outros, o valor declarado no contrato, a forma de pagamento declarada no contrato, o prazo de vigência declarado no contrato, o prazo de vigência dos direitos de propriedade industrial concedidos pelo INPI, a data do protocolo do pedido de averbação ou de registro e a nota informativa com o seguinte conteúdo: "O INPI não examinou o contrato à luz da legislação fiscal, tributária e de remessa de capital para o exterior".

A averbação ou o registro do contrato de franquia junto ao INPI é ato jurídico necessário para pagamento de taxas de franquia ou *royalties* a franqueadores domiciliados no exterior.

5
FRANQUIAS PÚBLICA E SOCIAL

Sandra Brandão

Sumário: Introdução – 1. Conceito; 1.1. Contextualização no que se refere às melhores práticas e legislação vigente; 1.2. Franquia pública; 1.3. Franquia social – 2. Sinergia dos setores; 2.1. Visão contratual e legal – franquia pública; 2.2. Visão contratual e legal – franquia social – 3. Exemplos; 3.1. Franquia pública; 3.2. Franquia social – 4. Conclusão – Referências.

INTRODUÇÃO

Com o propósito de tratar do tema em questão, destacamos do Sistema de Franquias o poder de expansão de um negócio de forma sistematizada e arriscaríamos ainda dizer, na nova economia, de maneira colaborativa, proporcionando interessante escala e estrutura.

A nosso ver, é justamente essa essência que interessa às Franquias Públicas e às Franquias Sociais, como trataremos de expor abaixo.

1. CONCEITO

1.1. Contextualização no que se refere às melhores práticas e legislação vigente

A Lei 13.966/19, conhecida por Lei de Franquia, define em seu artigo 1º a Franquia Empresarial como o sistema pelo qual "um franqueador autoriza por meio de contrato um franqueado a usar marcas e outros objetos de propriedade intelectual, sempre associados ao direito de produção ou distribuição exclusiva ou não exclusiva de produtos ou serviços e também ao direito de uso de métodos e sistemas de implantação e administração de negócio ou sistema operacional desenvolvido ou detido pelo franqueador, mediante remuneração direta ou indireta...".

A Franquia, assim, segundo a lei, é um sistema cuja principal característica é a licença de uso de marca e outros objetos de propriedade intelectual, associada a um modelo de negócio[1] que deve ser seguido por todas as unidades franqueadas no que respeita sua implantação e administração, seja sob o aspecto de padrão visual, seja de gestão.

---

1. Conforme texto legal "...métodos e sistemas de implantação e administração de negócio ou sistema operacional desenvolvido ou detido pelo franqueador..."

Martin Mendelsohn em sua obra "A Essência do Franchising", pag. 8, pontua de forma clara que "Em todas as franquias, há uma marca comum (de um produto ou de um serviço) e o formato comum é a natureza idêntica do negócio conduzido por todos os franqueados, independentemente do lugar onde estejam".

Diante desse caráter de negócio sistematizado, modelos empresariais de sucesso, que elegem o *franchising* como sua estratégia de expansão, muito antes de iniciar a assinatura de contratos de franquia com seus franqueados, passam por uma formatação prévia ou, em outras palavras, uma organização metodológica do formato de instalação e operação de seu negócio. Assim, tornam possível transformar o *Know-How* da Franqueadora em um "pacote" cujo uso é, através de um Contrato de Franquia, licenciado pelo Franqueador aos Franqueados juntamente com a(s) marcas(s) identificadoras daquele modelo.

O *Know-How* organizado metodologicamente permite, bem assim, a elaboração de manuais e outros formatos de instruções a serem seguidos pelos Franqueados, assim como o suporte da Franqueadora através de treinamentos, consultoria de campo e outros. Ademais, permite reunir as informações que devem ser passadas aos candidatos, futuros potenciais franqueados, nos termos do artigo 2º da Lei de Franquia.

Com efeito, tanto a Lei de Franquia atual, em seu artigo 2º, como a revogada Lei n. 8.955/94, em seu artigo 3º, tratam do relevante documento legal denominado Circular de Oferta de Franquia (COF).

Tal documento, mais bem estudado em capítulo específico deste livro, deve ter em seu conteúdo, por imposição e listagem taxativa da lei, uma série de informações relevantes sobre o Franqueador e o Sistema de Franquia relacionado, e deve ser entregue ao candidato antes que ele tenha assinado qualquer compromisso ou pago qualquer valor. Dessa forma, a Lei de Franquia garante ao candidato melhor capacidade de decisão antes de comprometer-se como franqueado, pois passa a estar munido de dados relevantes, tais como a estimativa de investimento inicial, minuta-padrão do contrato a ser assinado, condições relacionadas ao território, consequências pós-contratuais, lista de franqueados e de ex-franqueados que se desligaram da rede nos últimos 24 (vinte e quatro) meses, o que é oferecido a título de suporte pela Franqueadora, informações sobre pendências judiciais que tenham conexão com o negócio de franquia, balanços e demonstrações financeiras da Franqueadora dos últimos dois exercícios, remuneração e outros valores a serem pagos pelo franqueado, sua dedicação necessária ao negócio etc.

O Contrato de Franquia, de seu turno, a ser assinado no mínimo 10 (dez) dias após a entrega da COF, se as partes confirmarem interesse, tem sido redigido de acordo com as práticas de mercado e é regulado pela legislação comum aos contratos de natureza civil, inclusive aqueles atinentes à propriedade intelectual (marcas, patentes, Direito Autoral etc.[2]), sem perder as diretrizes dos temas abordados pela Lei de Franquia, especialmente em seu artigo 2º.

---

2. I.e., Lei da Propriedade Industrial (Lei n. 9.279/96), Lei dos Direitos Autorais (Lei n. 9.610/98), entre outras.

Isso posto, adentramos no tema das Franquias de natureza Pública e Social, esclarecendo que tais nomenclaturas nada mais são do que a indicação de que se está a falar do uso do sistema de franquia pela Administração Pública, no primeiro caso, ou por instituições, em regra sem objetivo econômico[3], que tenham por propósito uma causa social ou ambiental, no segundo caso.

A já citada anterior Lei de Franquia, de n. 8.955/94, nada dispunha a respeito, ao menos nominalmente, das Franquias Públicas ou Franquia Social. Já a atual, em vigor desde março de 2020, fez por bem, em seu art. 1º, § 2º, expressamente dispor que "A franquia pode ser adotada por empresa privada, empresa estatal ou entidade sem fins lucrativos, independentemente do segmento em que desenvolva as atividades".

A nosso ver, no entanto, se compostas das mesmas características da Franquia Empresarial, isto é, um sistema identificado por uma marca e outros objetos de propriedade intelectual, bem como metodologia sistematizada em modelo de negócio licenciado a terceiros, mesmo sob a égide da revogada Lei de Franquia não há porque se afastar a aplicabilidade desta norma legal às Franquias Públicas ou Franquia Social, especialmente porque seu principal objetivo é oferecer ao candidato, futuro potencial franqueado, informações necessárias para avaliação do negócio e a devida proteção para a hipótese de descumprimento pelo Franqueador.

Além do requisito atinente à COF, previsto na Lei de Franquia, há que se ter em mente que os Contratos de Franquia realizados e firmados pelas redes de Franquia, de forma consolidada no mercado nacional, normalmente têm cláusulas bastante típicas e essenciais ao sistema, as quais entendemos aplicáveis também para as Franquias Públicas ou Social. Tal se diz, pois essas disposições contratuais são ligadas à proteção da identidade visual da rede, que compõe unidades próprias e franqueadas, ao padrão operacional relacionado à sistematização do *Franchising* e respeito ao *Know-How* da Franqueadora, além do resguardo do valor econômico do negócio franqueado.

1.2. Franquia Pública

Embora a lei em vigor mencione a expressão "empresa estatal", a Franquia Pública é a expressão que vem denominando o uso do Sistema de Franquia por órgãos da Administração Pública (administração direta, autarquias, fundações, empresas públicas e sociedades de economia mista controladas pela União).

Através da Franquia Pública, o ente do Poder Público delegará a uma empresa privada (franqueada) a execução de um serviço, conservando a sua titularidade no que concerne ao *modus operandi*, bem como correspondente disponibilidade. A empresa privada desenvolverá a atividade por sua conta, responsabilidade e risco. Agregue-se a tais características também o direito do Ente Público de fiscalizar a atividade da empresa privada e dispor unilateralmente as condições do correspondente contrato.

---

3. Também cabível para o setor 2,5 da economia.

Vale notar que as características anteriormente citadas são similares, senão idênticas, ao instituto da Concessão. Assim, arriscamos dizer que a Franquia Pública é uma espécie do gênero concessão, tendo aquela por característica marcante a importância da marca para identificar o serviço, cujo uso é licenciado através do mesmo contrato, como no caso mais notório dos Correios.

O maior destaque no que respeita às consequências jurídicas quando se fala em Franquia Pública está no fato de que a contratação do franqueado deve se dar através de licitação, nos termos da legislação administrativa aplicável para a concessão daquele tipo de serviço ou relacionada ao órgão concedente.

Nesse caso, além dos requisitos legais próprios à concessão de serviço público, sob a seara do Direito Administrativo, o procedimento, especialmente o da licitação ou pré-qualificação, deve atender à Lei de Franquia em vigor, isto é, fornecendo aos interessados as informações exigidas pelo já citado artigo 2º da Lei de Franquias (a COF).

No caso de licitação ou pré-qualificação, a COF deve ser divulgada logo no início do processo de seleção e conter também informação sobre o local, o dia e a hora para recebimento da documentação proposta, bem como para início da abertura dos envelopes, nos termos do inciso XXIII e § 1º do art. 2º da Lei de Franquia.

Relevante ainda lembrar, no que respeita ao Contrato Padrão de Franquia, que as condições expostas, além de seguirem, nesse caso por ser recomendável, as cláusulas comuns ao sistema de franquia[4], deverão considerar aquelas de ordem legal e atinentes ao Direito Administrativo, por exemplo, as hipóteses legalmente permitidas para a extinção de um contrato de concessão de serviço público.

1.3. Franquia Social

Por Franquia Social tem-se entendido a utilização do sistema de expansão e gestão de negócio típico do *Franchising* em atividades de fim social e/ou ambiental.

Até muito pouco tempo, a expressão Franquia Social também estava ligada às Associações sem fins econômicos, fossem essas conhecidas como ONG ou tivessem títulos como de OSCIP. Era esperado de uma Franquia Social que seu objetivo não fosse econômico ou, em outras palavras, não abarcasse a realização de lucro financeiro que pudesse ser distribuído entre seus sócios.

A própria lei de franquia utiliza a expressão "entidade sem fins lucrativos".

No entanto, atualmente, com a consolidação internacional do que se está denominando setor 2,5 (dois e meio), caracterizado por ser uma forma de atividade desenvolvida entre o segundo (fins econômicos) e o terceiro setores (sem fins econômicos), não temos

---

4. Por exemplo: Cláusula de Não Concorrência, disposições correlatas ao caráter *intuitu personae* do contrato em relação à pessoa do operador (pessoa física) selecionado etc.

dúvida de que a Franquia Social poderá englobar negócios cujas atividades são sociais e/ou ambientais com a lucratividade de forma inclusiva.

2. SINERGIA DOS SETORES

A questão mais relevante em relação ao tema está em se ponderar porque a Administração Pública ou as instituições do 3º setor (ou 2,5) buscariam no Sistema de Franquia seu formato de expansão.

O *Franchising*, como a nosso ver bem sintetizado na obra Gestão Estratégica do *Franchising*[5], é uma excelente ferramenta de expansão para empresas que pretendem acessar o mercado de maneira estruturada e efetiva. O Franqueador, através do *Franchising*, pode ver seu negócio se multiplicar no território nacional ou internacional, em várias outras unidades, utilizando-se de recursos de terceiros, tanto de caráter financeiro quanto operacional, garantindo a identidade perante o público consumidor através da organização sistematizada de procedimentos a serem respeitados pelos Franqueados.

É justamente essa essência, como já mencionamos, que aproxima as Franquias Públicas e as Franquias Sociais do *Franchising*.

Ponderemos sobre a Franquia Social. A experiência, inclusive compartilhada por Marcelo Cherto, *CEO* do Grupo Cherto e um expoente do setor, em entrevista que fizemos para reunir dados sobre o tema, mostra que mesmo as mais puras e "desapegadas" intenções de expansão, que sequer tinham a pretensão de proteger seus ativos intelectuais ligados ao *know-how*, expostos e compartilhados com quem quisesse reproduzir a iniciativa, normalmente resultavam em novas unidades de negócio sem o mesmo sucesso, justamente pela falta de sistematização, precedida de uma formatação, essa com o propósito específico de ensinar novos parceiros.

Quanto ao Setor Público, acreditamos que o instituto da concessao, como mencionado, ao ter agregado, em alguns casos, a sistematização de operação e identidade através de marca, terminou por enquadrar-se na essência do *Franchising*.

2.1. Visão Contratual e Legal – Franquia Pública

No que respeita à natureza do relacionamento de franquia, a Franquia Pública, assim como na Franquia Empresarial, não tem tipicidade em relação ao conteúdo do Contrato de Franquia. Em outras palavras, o Contrato de Franquia não precisa seguir cláusulas típicas por obrigação legal, mas essas são recomendáveis para a proteção do patrimônio intelectual e imaterial do Franqueador, que vão desde a marca, *Know-How*, até sua imagem perante o mercado. Estamos falando sobre cláusulas relacionadas a não concorrência do franqueado durante a vigência do contrato, assim como por determinado período após seu término ou rescisão, sigilo das informações operacionais

---

5. RIBEIRO, Adir. *Gestão Estratégica do Franchising. Como Construir Redes de Franquias de Sucesso*. São Paulo: DVS editora, 2011. Pg. 9.

e estratégicas do negócio, vinculação *intuitu personae* de um operador, entre outras que deixaremos de aprofundar por já serem tema de outros capítulos deste livro.

No entanto, não se pode perder de vista que o Contrato, assim como o procedimento administrativo formal que se estabelece de forma prévia às contratações (i.e., licitação ou pré-qualificação), são de natureza administrativa, ou seja, sujeitos às regras do Direito Público e à Legislação relativa à concessão pública daquele tipo de serviço ou ente público.

Da mesma forma, os princípios do Direito Administrativo devem ser observados nos Contratos de Franquia Pública, pelo que prevalece, por exemplo, o princípio da Legalidade (artigo 37 da Constituição Federal brasileira) sobre o da autonomia da vontade.

Por isso mesmo, aliás, que não pode o Poder Público dispensar a licitação para operar a expansão de seu sistema de franquia. Agregue-se a isso, uma vez mais, que nesse caso, em obediência ao artigo 2º da Lei de Franquias, o edital de licitação que tiver por interesse novos franqueados deverá conter as informações exigidas no citado artigo de lei.

Voltando ao Contrato de Franquia Pública, como já expusemos anteriormente, por ser uma modalidade de Concessão Pública deve atender à Lei n. 8.987/95 (Lei de Concessões). Merece especial destaque o artigo 23 da Lei citada, que enumera suas cláusulas essenciais. Vale chamar a atenção para o fato de que algumas são comuns aos contratos de franquia empresarial, mas no caso da Franquia Pública não tem seu estabelecimento vinculado à autonomia da vontade das partes, mas à obrigatoriedade legal. Chama-nos a atenção, por exemplo, o caso da estipulação do preço dos serviços que, em regra, não tem fixação por parte do Franqueador na franquia empresarial, que pode fazê-lo, mas não está obrigado. Nas franquias públicas, a fixação do preço do serviço para o usuário e sua forma de revisão são obrigações legais (artigo 9º da Lei n. 8.987/95).

Outro destaque está nas formas de extinção da concessão, previstas no artigo 35 da mesma lei, que prevê hipóteses não familiarizadas à franquia empresarial, como da encampação (artigo 37), que autoriza a retomada do serviço pelo poder concedente, durante a vigência do contrato, por motivo de interesse público, mediante lei autorizativa e após prévio pagamento de indenização dos investimentos não amortizados do franqueado.

Seria ilícito, por exemplo, prever no Contrato de Franquia a possibilidade do Franqueado, via notificação, considerar esse instrumento rescindido por inadimplemento contratual do Franqueador. Nos termos do artigo 39 da Lei de Concessões, não só tal procedimento depende de uma medida judicial específica para esse fim como o Franqueado fica impedido de interromper os correspondentes serviços até decisão judicial transitada em julgado.

Não esgotando todas as especificidades legais, para não tornar este estudo por demais delongado na esfera do Direito Público, que não é nosso propósito, finalizamos com outra condição contratual obrigatória nos Contratos de Franquia Pública, não comum nos contratos de franquia empresarial (podem existir, mas de aplicação complexa e até questionável), que são os bens reversíveis, os quais, listados no instrumento contratual, retornam ao Poder Concedente (Franqueador) com a extinção do Contrato de Franquia (artigo 35, § 1º, c/c artigo 23, X).

2.2. Visão Contratual e Legal – Franquia Social

No que tange à Franquia Social, vale destacar que não há imposição do formato societário, tributário ou estrutural para que possa o 3º (ou 2,5) setor se valer da contratação de terceiros, via Contratos de Franquia, para expandir um negócio social pré-formatado. Em outras palavras, não há qualquer exigência legal de que se trate de uma Associação sem Fins Econômicos ou que tenha que deter títulos, como de OSCIP. Isso, porque essas questões estão ligadas a escolhas relacionadas ao planejamento tributário, de governança ou estratégias da Franqueadora, não ao Sistema de *Franchising*.

Dentro da seara dos modelos sem fins lucrativos (i.e., sem partilha de lucros), são comuns as Franqueadoras no formato de Associação ou Fundação.

Se o Franqueador do negócio social tem por característica ser multipessoal, isto é, tem sua governança através de um conjunto de pessoas, em princípio o caminho da Associação parece ser o mais adequado. Essa escolha pode se dar, bem assim, por questão de planejamento tributário, na medida em que as associações sem fins econômicos gozam de algumas isenções.

Se o negócio social nasceu em razão de um patrimônio destinado a servir a tal propósito, encontramos o caminho da Fundação[6].

Dentro do tema, encontramos também as nomenclaturas ONG ou OSC que, vale dizer, não configuram uma natureza jurídica, como a Associação ou a Fundação, mas mera denominação.

São assim chamadas – ONG (Organização Não Governamental) ou OSC (Organizações da Sociedade Civil) – as instituições (genericamente assim podemos chamar uma associação ou fundação) que desempenham atividades complementares às do Poder Público, com a missão de atender necessidades sociais, tais como saúde, educação, cultura, esporte, proteção aos animais ou meio ambiente etc.

Quando as ONGs ou OSCs, no exercício de atividades de natureza pública, como as anteriormente citadas, preencherem determinados requisitos, podem aproveitar de benefícios tributários específicos e de recursos públicos. Nessa seara merece destaque a Lei n. 13.019/14 que estabelece o regime jurídico das parcerias entre a administração pública e as organizações da sociedade civil, incluídas as entidades privadas sem fins lucrativos e as sociedades cooperativas.

No que tange à OSCIP (Organização da Sociedade Civil de Interesse Público), trata-se de uma qualificação outorgada pelo Ministério da Justiça às Associações ou Fundações que atendam aos requisitos da Lei Federal n. 9.790/99 e do Decreto Federal n. 3.100/99.

---

6. Código Civil: Associações (artigos 53 ao 60); Fundações (artigos 62 ao 69).

Na mesma linha, de ser uma qualificação, existem também as OS (Organização Social), prevista em Lei Federal (n. 9.637/98), mas que também pode ter regulamentações dos estados e municípios. Essas qualificações têm por finalidade outorgar o direito de fazer parcerias e convênios com todos os níveis de governo e órgãos públicos, além de permitir que doações realizadas por empresas possam ser descontadas do imposto de renda.

De comum, todos os casos supra, seja diante de sua natureza jurídica, qualificação ou simples denominação, tem a finalidade não lucrativa. No mais, é preciso estudar cada caso no que respeita seus correspondentes regimes ou isenções tributárias, captação de recursos públicos e demais questões de interesse estratégico.

Por oportuno, voltamos a lembrar que, caso o Franqueador opte por se posicionar como uma sociedade empresária, com fins lucrativos, tendo por missão um bem maior social ou ambiental, recaindo no que vemos chamar de setor 2,5, não perderá seu *status* de Franquia Social.

A Franquia Social deve seguir bem assim os dispositivos da Lei de Franquias, entregando o Franqueador aos interessados em se tornar franqueados uma Circular de Oferta de Franquia com todas as informações determinadas pelo artigo 2º.

Entendemos relevante chamar a atenção para o fato de que a Lei de Franquia não determina que se informe na COF a estimativa de faturamento médio ou a rentabilidade de uma unidade franqueada, assim como quaisquer informações relacionadas ao resultado do negócio franqueado. As informações de ordem financeira que, por lei, devem constar do citado instrumento, se resumem à estimativa do investimento inicial e valores a serem pagos pelo franqueado a título de remuneração de franquia, contribuição para o *marketing* institucional e outros, como aluguel de equipamentos, seguro etc. Em nossa visão, o sentido desse cenário é manter o equilíbrio da relação franqueador e franqueado dentro dos princípios de parceria e não subordinação. Em outras palavras, o Franqueador presta as informações, mas não dá garantia ou faz promessas quanto à rentabilidade do negócio, sendo, pois, do candidato, futuro franqueado, o papel de fazer suas pesquisas, cálculos, consultas e estudos, no seu papel de verdadeiro empresário.

No caso da Franquia Social, entendemos que a circunstância acima citada merece uma análise e um comportamento mais atento do Franqueador. Tal se diz por que a Unidade Franqueada pode ou não ter por objetivo a lucratividade. Entendemos que esta questão deveria estar colocada de forma clara na COF. Da mesma forma, a fonte de receita ou o formato de sustentabilidade do negócio franqueado também deve ser colocado de forma clara na COF, ainda que estipulando o sistema atual, com abertura para modificações no curso do contrato de franquia para melhor atender ao desenvolvimento do negócio. Dizemos isso porque o candidato deve estar ciente que a sustentabilidade do negócio dele pode depender de doações, de parcerias público privadas etc. Mesmo porque, além das despesas operacionais do negócio, há ainda a remuneração (*Royalties*) a ser paga ao Franqueador.

Em relação ao Contrato de Franquia no caso de Franquia Social, embora também não haja obrigação legal de seguir quaisquer tipicidades, a nosso ver é coerente observar-se o equilíbrio entre a proteção do patrimônio intelectual e imaterial da Franqueadora e o propósito do sistema. Em outras palavras, flexibilização da cláusula de não concorrência, por exemplo, pode ocorrer.

Importante destacar que esse último comentário não tem qualquer amparo legal, sendo mais uma recomendação lógica da experiência apurada neste estudo.

A Franquia Social deve ser vista pelos operadores do Direito com muito respeito. Trata-se de uma oportunidade maravilhosa de disseminar de forma organizada e sustentável modelos de negócio que possam contribuir para a melhoria de nossa sociedade, tão carente nas áreas de educação, saúde e segurança, tão premente de soluções para a sustentabilidade de nosso meio ambiente, despreparada para se desenlaçar da pobreza e do desequilíbrio social e até mesmo para abraçar a disseminação de nossa cultura em forma artística. Trata-se da oportunidade de unir a experiência de um lado com empresas ou pessoas cheias de propósito de outro, reunindo braços e inteligência em uma dança perfeita.

A Franquia Social, serve, bem assim, para atender empresas interessadas em publicar ou melhorar seu Balanço Social, seja para medir seus projetos nessa seara, seja porque o balanço tornou-se um instrumento de valorização das organizações. Essas empresas podem se tornar franqueadas de uma Franquia Social, agregando aos seus negócios um novo "produto pronto" (negócio franqueado), com a grande vantagem de já contar com mão de obra e recursos financeiros.

Recomenda-se para aqueles Franqueadores que têm por perfil de franqueado empresas com a característica anteriormente mencionada, que observem a Resolução do Conselho Federal de Contabilidade (CFC) n. 1.003/2004 (*DOU* 06.09.2004), que aprova normas brasileiras de contabilidade de natureza Social e Ambiental. Em outras palavras, estabelece os procedimentos do chamado Balanço Social, que traz as informações de natureza social e ambiental, com o objetivo de demonstrar à sociedade a participação e a responsabilidade social de determinada empresa.

Interessante observar, ainda, que o sistema de Franquia não é o único cabível para a expansão de um negócio social. Para caracterizar-se como franquia, há que se falar em licença de uso de uma marca atrelado a um modelo de negócio sistematizado em sua implantação e operação. Para elucidar, podemos pensar em um sistema em que se licencie, por exemplo, uma metodologia de ensino ligada à inclusão de pessoas portadoras de determinada deficiência a uma escola preexistente, sem atrelar um sistema de instalação e de gestão empresarial da escola em si. Nesse caso, tratar-se-ia de Contrato de Licenciamento de metodologia de ensino e marca e não de um Contrato de Franquia.

3. EXEMPLOS

Destacando que a finalidade é de elucidar o presente estudo, sem a pretensão de listar a título de qualificação ou classificação, passamos a comentar alguns exemplos relacionados ao nosso tema.

3.1. Franquia Pública

No que tange à Franquia Pública, como já citado, o maior exemplo que se tem são os Correios. Trata-se de modelo de negócio desenhado, tanto que as unidades franqueadas prestam serviços distintos e não gozam de certos benefícios das chamadas "Agências Oficiais" ou "Agências Próprias".

As Agências Próprias são órgãos oficiais do governo federal, regidos por uma série de leis que norteiam suas atividades. As Agências Franqueadas, que é o que interessa ao presente estudo, diferenciam-se por contar com assinatura de um Contrato de Franquia, regulador da relação entre o Franqueador, ente público, e Franqueado, ente do setor privado.

3.2. Franquia Social

A ONG Gerando Falcões faz sua expansão através de unidades próprias, assim como "através de outras Ongs" (fonte: http://gerandofalcoes.com/) o que, a nosso ver, representa o uso do sistema de franquia para expansão, já que se está diante da licença do uso de uma marca e de um conceito de negócio sistematizado.

Outro exemplo é a Ong Recode, que desde 2001 faz a expansão de seu negócio social, voltado à formação de jovens brasileiros em situação de vulnerabilidade social através do uso da informática (fonte: http://recode.org.br).

A Formare (http://formare.org.br/), da Fundação Iochpe, é outro interessante exemplo.

Vale pesquisar em notícias jornalísticas e outras sobre a expansão do setor de Franquia Social, para deliciar-se com muitos exemplos inspiradores.

4. CONCLUSÃO

Mesmo sob a égide da anterior Lei de Franquia (n. 8.955/94), nominadamente voltada à Franquia Empresarial, as Franquias Públicas e Social encontram amparo em seus dispositivos, na medida em que há que se garantir ao interessado em se tornar um franqueado de quaisquer um desses setores a mesma proteção de receber informações relevantes antes da tomada de decisão (COF, artigo 3º da Lei citada).

A atual Lei de Franquia, em vigor desde março de 2020, fez por bem englobar nominalmente a Franquia Pública e a Franquia Social, em seu artigo 1º § 2º.

A aplicação da Lei de Franquia não desconfigura qualquer natureza concorrente do negócio franqueado, como o Direito Administrativo para as Franquias Públicas ou a legislação pertinente ao 3º setor para as Franquias Sociais.

O Contrato de Franquia, em ambos os casos, no que respeita ao relacionamento de franquia, não está obrigado a seguir tipicidades legais, na medida em que a Lei de Franquia regula tão somente a fase que antecede essa relação (entrega da COF), mas é recomendável que o Franqueador estude e avalie, de forma estratégica, a aplicabilidade dos usos e costumes do Setor da Franquia Empresarial na elaboração de seus instrumentos jurídicos, especialmente no que respeita às disposições que podem melhor garantir a proteção da imagem da marca, padrão e sistematização do negócio, assim como do *Know-How* cujo uso é licenciado.

REFERÊNCIAS

BARROSO, Luiz Felizardo. *Franquia Público-Social (A Franquia Cidadã dos Entes Públicos)*. Rio de Janeiro: Lumen Juris, 2008.

CHERTO, Marcelo; CAMPORA, Fernando; GARCIA, Filomena; RIBEIRO, Adir; IMPERATORE, Luís Gustavo. *Franchising. Uma Estratégia para a Expansão de Negócios*. São Paulo: Premier Máxima, 2006.

MENDELSOHN, Martin. *A Essência do Franchising*. Trad. Por Francisco Ferreira Martins e Leila di Natali. São Paulo: Difusão de Educação e Cultura, 1994.

PARENTE, Juracy. *Responsabilidade Social no Varejo. Conceitos, Estratégias e Casos no Brasil*. São Paulo: Editora Saraiva, 2004.

REDECKER, Ana Cláudia. *Franquia Empresarial*. São Paulo: Memória Jurídica Editora, 2002.

RIBEIRO, Adir; GALHARDO, Maurício; MARCHI, Leonardo; IMPERATORE, Luis Gustavo. *Gestão Estratégica do Franchising Como Construir Redes de Franquias de Sucesso*. São Paulo: DSV Editora, 2011.

SIMÃO FILHO, Adalberto. *Franchising: aspectos jurídicos e contratuais*. 4ª ed. São Paulo: Atlas, 2000.

Parte II
DIREITOS DE PROPRIEDADE INTELECTUAL
(ELEMENTOS DISTINTIVOS)

6
OS DIREITOS DA PROPRIEDADE INTELECTUAL NO *FRANCHISING*

Gabriel Di Blasi

Sumário: 1. Introdução; 1.1. A proteção dos ativos intangíveis e sua relação com as franquias; 1.2. Definindo o direito da propriedade intelectual e o direito da concorrência – 2. Sinais distintivos; 2.1. Marcas; 2.1.1. Introdução; 2.1.2. Do prazo de proteção e dos direitos do titular; 2.1.3. O protocolo de Madrid; 2.1.4. A licença de uso de marca – Ium; 2.2. Trade dress; 2.2.1. Conceito e proteção jurídica; 2.2.2. Trade dress nos tribunais – 3. Patentes; 3.1. Conceitos; 3.2. Do procedimento administrativo e do prazo de proteção; 3.3. Dos direitos do titular e das infrações; 3.4. Da licença de exploração de patente – Iep – 4. Desenhos industriais; 4.1. Conceito; 4.2. Procedimento administrativo e prazo de proteção; 4.3. Inovações tecnológicas e sua interferência no desenho industrial – 5. Segredos de negócio; 5.1. Conceito e proteção; 5.2. Transferência de *know-how*: entendimento do INPI e as melhores práticas; 5.3. Segredos de negócio de franquias em tribunais – 6. Conclusão – Referências bibliográficas.

1. INTRODUÇÃO

1.1. A proteção dos ativos intangíveis e sua relação com as franquias

O sistema de franquias possibilita que um agente, denominado franqueador, licencie importantes ativos intangíveis de seu negócio para um terceiro, denominado franqueado, de modo a expandir o negócio do franqueador por meio de investimento externo. Esse terceiro passa a operar um estabelecimento que, aos olhos do consumidor comum, interessado em adquirir o produto ou serviço ofertado, não difere dos demais estabelecimentos pertencentes ao franqueador ou a outros franqueados.

Os franqueados são responsáveis por administrar aquela unidade franqueada, agindo como legítimos donos do negócio, inclusive atuando a partir de um CNPJ próprio, contratando e capacitando o próprio pessoal, assumindo o risco do negócio e não havendo qualquer relação de consumo entre as partes

Dada essa separação entre franqueador e franqueados, que ideologicamente só pode ser vista quando analisamos os bastidores, o lado jurídico do negócio, faz-se necessário analisar aquilo que passa ao consumidor o sentimento de unidade, de negócio único: o licenciamento de ativos intangíveis. O franqueador, por meio do contrato de franquia, transmite aos franqueados o direito de explorar os aspectos técnicos e comerciais daquele negócio que o tornam único perante o mercado consumidor: os signos distintivos, os segredos industriais e comerciais, denominados segredos de negócio, desenhos industriais, *trade dress*, e até mesmo, eventualmente, patentes e cultivares.

Essa ligação é o próprio cerne do contrato de franquia, o que está disposto na própria conceituação desse negócio conforme a lei brasileira. O artigo 1º da Lei nº 13.966/2019 ("Lei de Franquias") assim define uma franquia empresarial:

> Art. 1º Esta Lei disciplina o sistema de franquia empresarial, pelo qual um **franqueador autoriza por meio de contrato um franqueado a usar marcas e outros objetos de propriedade intelectual**, sempre associados ao direito de produção ou distribuição exclusiva ou não exclusiva de produtos ou serviços e também ao **direito de uso de métodos e sistemas de implantação e administração de negócio ou sistema operacional desenvolvido ou detido pelo franqueador**, mediante remuneração direta ou indireta, sem caracterizar relação de consumo ou vínculo empregatício em relação ao franqueado ou a seus empregados, ainda que durante o período de treinamento. (grifos adicionados)

Fica claro desde a concepção legal do sistema de franquias que é impossível separá-la da Propriedade Intelectual, que lida diretamente com a proteção de ativos intangíveis como direito autoral e a propriedade industrial, como marcas, desenhos industriais, cultivares, patentes e segredos empresariais. Dessa maneira, é preciso que franqueadores tenham uma visão holística do negócio, de modo que compreender a proteção da propriedade intelectual é essencial para o sucesso do empreendimento[1].

Assim, este capítulo tratará dessa relação umbilical, detalhando os ativos relacionados à propriedade industrial, que possuem mais importância dentro do universo de um contrato de franquia – marcas, desenhos industriais, patentes, segredos de negócio (ou *know-how*) e o *trade dress*.

Antes de adentrar no tema, contudo, cabe uma brevíssima síntese daquilo que se entende como Propriedade Intelectual e o direito da concorrência, intimamente conexo com o tema.

1.2. Definindo o direito da propriedade intelectual e o direito da concorrência

A propriedade intelectual é o conjunto de bens intangíveis oriundos da criação humana voltadas para os aspectos artísticos e para o setor industrial ou produtivo, que possuem valor agregado. Em síntese, é por meio da proteção desses bens que o titular obtém o proveito econômico, de forma temporária, dos bens intangíveis da propriedade intelectual[2].

Desse modo, a propriedade intelectual dá ao seu titular aqueles direitos que são concedidos às propriedades de maneira geral no Código Civil brasileiro – usar, gozar, fruir e dispor. Da mesma forma como um imóvel, as marcas, as patentes, os desenhos industriais, o *know-how* e outros bens intelectuais registráveis ou não, obedecidos alguns critérios de registrabilidade, podem ser "vendidos" (o contrato de cessão), "alugados" (contrato de

---

1. BETO FILHO: A propriedade intelectual no mundo da *franchising*. In: IDS – Instituto Dannemann Siemsen de Estudos Jurídicos e Técnicos. Propriedade Intelectual: Plataforma para o desenvolvimento. Rio de Janeiro: Renovar. 2009. p. 50.
2. ASCENSÃO, José de Oliveira. Direito Civil: teoria geral, vol. 1: introdução. As pessoas. Os Bens. 3ª ed. São Paulo: Saraiva, 2010. p. 286-287.

licença) ou a título gratuito (comodato) ou tão simplesmente utilizados excluindo o uso de terceiros não autorizados – da mesma maneira como se não toleraria um terceiro dentro de uma propriedade privada sem a permissão do proprietário do imóvel.

O Direito de gozar desse tipo de propriedade está inserido no rol de cláusulas pétreas da Constituição Federal, mais especificamente no artigo 5º, XXIX[3]. A Propriedade Intelectual, contudo, não se limita ao subscrito nesse artigo de lei. Explica-se: a República Federativa do Brasil rege-se a partir do princípio basilar da livre concorrência (além de outros), de acordo com o artigo 1º da Constituição Federal. A concorrência, cabe apontar, é altamente desejável em sociedade, devendo ao Estado tão somente impor limitações para a manutenção de padrões lícitos.

Assim, a propriedade intelectual se torna um fator importante e indissociável da concorrência, de modo que o Estado almeja e realiza sua intervenção na ordem econômica a fim de que os entes privados tenham para si direitos e garantias quando atuam em busca de clientela. Essa intervenção estatal pode se dar por via positiva, ao conferir a particulares direitos de propriedade intelectual registráveis como marcas, patentes, cultivares, nome de domínio e desenhos industriais, ou por via negativa, quando o Estado impede terceiros, sem autorização, de utilizar ou tomar proveito de outros ativos intangíveis que não são passíveis de registro, como no caso de segredos de negócio e *trade dress*.

Portanto, todos os ativos da propriedade intelectual obedecem a um objeto maior, o da concorrência. Não por coincidência, um dos Tratados Internacionais mais importantes sobre Propriedade Industrial, a Convenção União de Paris de 1883, ratificada pelo Brasil, dispõe que o seu objetivo é a proteção da propriedade intelectual e a repressão à concorrência desleal. Nessa linha, segue também o Acordo Sobre os Aspectos dos Direitos de Propriedade Intelectual Relacionado ao Comércio (ADPIC), ou, em inglês, *Trade Related Aspects of Intellectual Property Rights (TRIPS)*, que foi incorporado ao direito interno brasileiro por meio do Decreto Legislativo nº 30/94, promulgado pelo Decreto Presidencial nº 1.355/94. Nesse sentido, não poderia ser diferente, a Lei de Propriedade Industrial no Brasil ("LPI"), nº 9.279/96, que prevê, em seu artigo 2º, V, a repressão à concorrência desleal.

À vista disso, tratar da propriedade intelectual, mais especificamente da propriedade industrial, em franquias significa olhar tanto para ativos intangíveis registráveis quanto não registráveis, tendo como plano de fundo a repressão à concorrência desleal. É com base na concorrência que se funda a proteção dos direitos não registráveis, e até mesmo os bens intangíveis registrados, cujo uso não autorizado, além de uma violação de propriedade em si, viola a concorrência leal e lícita.

---

3. Art. 5º Todos são iguais perante a lei, sem distinção de qualquer natureza, garantindo-se aos brasileiros e aos estrangeiros residentes no País a inviolabilidade do direito à vida, à liberdade, à igualdade, à segurança e à propriedade, nos termos seguintes: (...) XXIX – a lei assegurará aos autores de inventos industriais privilégio temporário para sua utilização, bem como proteção às criações industriais, à propriedade das marcas, aos nomes de empresas e a outros signos distintivos, tendo em vista o interesse social e o desenvolvimento tecnológico e econômico do País; (...).

Cada ativo intangível (registrável ou não) possui características únicas e, caso usado e transmitido corretamente e tomando-se as devidas precauções, pode agregar um valor à franquia que a possibilite um salto de qualidade e valor financeiro exponencial, além de um distanciamento de seus concorrentes, no mercado tão competitivo como o da franquia.

Analisaremos os ativos mais importantes nesse cenário. Não se deve cometer o erro, contudo, de considerar cada um desses objetos de forma isolada. A propriedade intelectual deve ser compreendida como um todo, para que o franqueador possa extrair dela o maior valor agregado possível – dessa forma, por exemplo, proteger devidamente a marca de uma empresa, mas descuidar da proteção de um segredo de negócio ou de um *layout* do estabelecimento, pode levar a empresa a ter perdas econômicas consideráveis.

Outro ponto que é necessário desmitificar é que "propriedade intelectual só funciona para grandes franquias". Esse erro, da mesma maneira, causa a ruína de diversas empresas. O ativo intangível é um dos maiores bens do franqueador, esteja ele focado em uma microfranquia ou em uma franquia de perspectivas globais, de modo que não é aconselhável, do ponto de vista jurídico e mesmo empresarial, investir em uma franquia na qual não tenha sido bem mapeado todo o seu conjunto de ativos de propriedade intelectual. Uma das medidas necessárias a se fazer, quando há interesse de investir em uma franquia, é a verificação dos seus ativos intangíveis de propriedade intelectual, pois qualquer irregularidade no que tange à proteção de tais ativos poderá afetar os resultados do negócio como um todo.

Dessa forma, recomenda-se tomar as devidas precauções a seguir para qualquer franqueador, franqueado ou potencial empresário do ramo, independentemente do tamanho ou do escopo de seu negócio.

2. SINAIS DISTINTIVOS

O primeiro conjunto de elementos intangíveis que merece atenção, dentro do escopo da propriedade intelectual, em especial no campo das franquias, é o conjunto dos sinais distintivos.

Como o próprio nome indica, são signos que focam em distinguir aquele negócio de outros. O signo distintivo é uma forma de identificação comunicada ao público. Em suma, é a forma como a empresa se identifica e diferencia do mercado em relação aos seus concorrentes.

São exemplos de sinais distintivos o nome empresarial, a marca, o *trade dress*, entre outros. Falaremos no presente capítulo destes dois últimos.

2.1. Marcas

2.1.1. Introdução

A marca, de acordo com a própria definição da LPI em seu artigo 122, é o sinal distintivo visualmente perceptível cujo registro não esteja proibido legalmente.

Com efeito, a marca permite uma distinção dos produtos e serviços, quando comparados a outros do mesmo ramo de atividades ou afins. Serve como uma efetiva ponte entre a empresa e o consumidor, orientando-o no momento de obtenção ou avaliação de um produto ou serviço.[4]

É importante destacar que, para que uma marca seja passível de registro, é preciso que ela possua distintividade – ou seja, deve ser capaz de se diferenciar de outros produtos e serviços afins para não causar confusão no consumidor. Essa distintividade pode ser inerente, quando aquela marca por si já é distintiva (o que acontece, muitas vezes, com signos que possuem nomes "originalmente criados"), ou adquirida, em um processo gradual em que, muito embora inicialmente uma marca não fosse distintiva, ela adquire essa característica ao longo do tempo, e aquele nome ganha um novo significado – o *secondary meaning*.

Esse fenômeno ocorre quando empresas realizam diversas ações que se verificam no mercado, de forma a atrelar sua marca, inicialmente fraca, ao produto ou ao serviço que esta visa identificar – e, desse modo, cria-se um vínculo entre o produto e a marca, agora dotada de distintividade.[5] Como exemplo pode-se citar a marca Maizena[6], cujo produto é o amido de milho; além de associar o nome ao produto, sua embalagem, com um *design* extremamente conhecido pelos consumidores, também produz esse efeito.

Ademais, há outros requisitos marcários, quais sejam: veracidade, licitude e novidade. Quanto ao primeiro, faz-se necessário que a marca *per si* não venha a confundir o consumidor. Será lícita a marca que não estiver em contradição com as proibições legais. Já a novidade é o requisito que determina que o pedido de marca deve se referir a um signo distintivo diferente daqueles já apropriados (registrados) por terceiros, sendo esta uma novidade relativa, e não absoluta.

É importante destacar que, essencialmente, há múltiplas naturezas marcárias. A LPI divide as marcas nas seguintes categorias: marcas de produtos e serviços; marcas de certificação e marcas coletivas, muito embora todas estas sejam importantes no mercado, de forma que cada uma exerça um papel importante na economia, o presente capítulo visa tratar especificamente do tema da propriedade intelectual em franquias. Assim, apresentaremos um enfoque no primeiro tipo – marcas de produtos e serviços – em que franquias se sustentam.

Marcas de produto e serviço possuem diferentes tipos passíveis de proteção no Brasil. Como dito, a definição de marca traz o requisito de esta ser "visualmente perceptível". Isso significa que os sinais não perceptíveis pelo sentido da visão não são registráveis no Brasil, apesar de diversos países protegerem outros tipos de marcas (as denominadas "marcas não tradicionais", como as marcas sonoras e as marcas olfativas). Em solo

---

4. MENDES, Paulo Parente Marques – Capítulo VIII. DI BLASI, Gabriel – A Propriedade Industrial. 3ª edição. Rio de Janeiro: Forense, 2005.
5. MÓSCA, Fernanda. *Secondary meaning*: toda regra tem exceção. Disponível em <https://diblasiparente.com.br/artigo/secondary-meaning-toda-regra-tem-excecao/>. Acesso em 22 de fev. 2019.
6. MAIZENA, Marca registrada pela empresa americana Conopco, Inc. Titular da marca.

nacional, apenas são passíveis de registro os seguintes tipos de marcas: nominativas, figurativas, mistas (que é a união das marcas figurativas e nominativas em um signo distintivo), tridimensionais, que é "o sinal constituído pela forma plástica distintiva em si, capaz de individualizar os produtos ou serviços a que se aplica"[7] e de posição, definidas como aquelas "pela aplicação de um sinal em uma posição singular e específica de um determinado suporte"[8], originando um conjunto distintivo único.

O registro de uma marca obedece a três princípios essenciais: da territorialidade, da especialidade e do sistema atributivo (também conhecido pelo nome em inglês *first to file*).

De modo a ter para si os direitos garantidos pela proteção marcária no Brasil, o titular precisa primeiramente realizar o depósito do pedido junto ao Instituto Nacional da Propriedade Industrial (INPI) – esse é o princípio do sistema atributivo. A propriedade da marca só se adquire caso o titular a requeira primeiramente no INPI.

Contudo, uma das exceções mais comuns a esse princípio é aquela expressa no artigo 129, parágrafo 1º, da LPI[9], do usuário anterior de boa-fé. Segundo o citado artigo, terá precedência no registro o usuário que, há pelo menos seis meses antes da data de depósito, utilizava marca idêntica ou semelhante para identificar um produto ou serviço idêntico ou semelhante. Essa exceção vem prever aproveitadores que, por má-fé, realizam o pedido de registro da marca para prejudicar empresários que, inadvertidamente, não procuraram proteger seu ativo intangível da marca.

O pedido de registro de uma marca deve conter uma especificação do produto ou do serviço correspondente àquela atividade que o requerente pretende identificá-la com a respectiva marca. Essa especificação obedece a uma classificação internacional adotada pelo INPI, a Classificação de Nice. Ao obter registro para suas marcas, o franqueador adquire, para estas, proteção no Brasil naquele escopo coberto pelas classificações sob as quais foram registradas as marcas.

Assim, supondo que um franqueador do ramo alimentício registre a marca de seu estabelecimento, o fará, possivelmente, na classe[10] 43 ("Serviços de fornecimento de comida e bebida; acomodações temporárias."). Outros estabelecimentos não autorizados não poderão explorar serviços semelhantes ou afins utilizando como marca aquela nomenclatura ou alguma similar apenas no ramo de alimentos. Um franqueador (ou outro empresário) do ramo de serviços de beleza, todavia, poderia requisitar o registro de uma marca semelhante, pois, em princípio, não haveria conflito entre os serviços –

---

7. INPI – Instituto Nacional da Propriedade Industrial. Manual de Marcas – o que é marca. Disponível em <http://manualdemarcas.inpi.gov.br/projects/manual/wiki/02_O_que_%C3%A9_marca>. Acesso em 22 de fev. 2019.
8. INPI – Instituto Nacional da Propriedade Industrial. Manual de Marcas – o que é marca. Disponível em <http://manualdemarcas.inpi.gov.br/projects/manual/wiki/02_O_que_%C3%A9_marca>. Acesso em 26 de jun. 2023.
9. Há outras duas exceções, quais sejam: da marca notoriamente conhecida, do artigo 126 da LPI, e do registro de má-fé, do artigo 124, XXIII, também da LPI.
10. Para fins de registro, as marcas são categorizadas em classes, de acordo com os produtos e serviços que visam identificar. O INPI adota a Classificação Internacional de Nice, que é igualmente utilizada em diversos países.

na prática, o consumidor não se confundiria; portanto, não afetaria os ambientes de concorrência de cada parte.

Contudo, não podemos deixar de comentar o uso de marcas similares ou idênticas por empresas distintas em mercados afins. Essa prática ocorre, a título de exemplo, quando uma empresa "A" registra uma marca na classe 25, para distinguir a fabricação de produtos do vestuário em geral, por exemplo, enquanto uma empresa "B" tenta registrar a mesma marca na classe 35, de comércio de roupas em geral. Fica claro que há uma afinidade mercadológica entre as atividades anteriores, e a empresa "A", que registrou primeiro a marca, poderá impedir a empresa "B" de registrar essa mesma marca na classe de comércio de roupas. Casos como esse acontecem diversas vezes no dia a dia dos profissionais especializados em Propriedade Intelectual e são frutos de descuidos no momento do depósito de uma marca. Para evitar que isso aconteça, recomenda-se sempre realizar uma busca de anterioridade para averiguar se há pedidos de registro ou registros já concedidos de marcas idênticas ou semelhantes àquela que se deseja registrar naquela classe ou em classes afins.

Há, entretanto, uma exceção ao princípio da especialidade – trata-se da marca de alto renome. Esse fato ocorre quando uma marca atinge notoriedade tamanha que haveria possibilidade de indevida associação por parte do consumidor mesmo em produtos que essa marca inicialmente não atuaria, ultrapassando assim os limites de qualquer classificação. Ao perceber tal notoriedade, o titular pode requisitar, administrativamente, no INPI, o reconhecimento de marca de alto renome, em um processo administrativo de alta complexidade que deve comprovar um reconhecimento em todo o território nacional. Atualmente, o INPI reconhece algumas marcas com esse *status*[11], entre elas WhatsApp, Coca-Cola, Facebook e Viagra[12].

2.1.2. Do prazo de proteção e dos direitos do titular

A partir daí, seguindo todo o trâmite administrativo estipulado pela LPI, o franqueador eventualmente terá sua marca deferida e concedida pelo INPI – assumindo que não houve qualquer violação legal, em relação a qualquer semelhança com marcas cujos pedidos de registro depositados ou registros concedidos anteriormente, possam identificar produtos ou serviços idênticos ou afins. O registro da marca vigora por um período de 10 anos a partir da data de concessão pelo INPI, prorrogável indefinidamente por igual período. Assim, com a manutenção adequada do registro e seu uso contínuo, uma marca pode ser secular, sendo conhecida por diferentes gerações de consumidores.

Com o registro, o titular tem o direito de ceder sua marca, licenciá-la, bem como zelar por sua integridade e reputação. Deverá o titular de uma marca ficar atento ao

---

11. Todas as marcas reconhecidas como de "alto renome" pelo INPI podem ser encontradas em <http://www.inpi.gov.br/menu-servicos/marcas/marcas-de-alto-renome> Acesso em 04 de fev. 2020.
12. Respectivamente, Processos Administrativos nº 003469263, 003082776 e 818998067. A lista completa pode ser acessada em <http://www.inpi.gov.br/menu-servicos/marcas/arquivos/inpi-marcas_-marcas-de-alto-renome-em-vigencia_-12-02-2019_padrao.pdf>. Acesso em 24 de fev. 2019.

mercado, sendo certo que poderá se opor formalmente junto ao INPI a qualquer pedido de registro de marca que se assemelhe à sua para identificar produto ou serviço idêntico, semelhante ou afim. Esse procedimento é essencial para manter uma marca viva no mercado e impedir que o consumidor incorra em potencial confusão quando se compararem os produtos do titular da marca e seu concorrente.

A confusão do consumidor é, em essência, aquilo que deve ser evitado. A confusão marcária representa o exato oposto daquilo que a proteção desse ativo intangível representa: a possibilidade de distinguir duas marcas de um mesmo segmento ou segmentos afins no mercado, livre de erro. Dessa forma, induzir o consumidor em confusão é o ponto principal praticamente na totalidade dos casos de disputas relacionados a marcas.

2.1.3. *O Protocolo de Madrid*

Após 16 anos em tramitação no Congresso Nacional, em outubro de 2019 entrou em vigor, no Brasil, o Protocolo de Madrid – que objetiva a simplificação dos procedimentos e a redução dos custos de um Pedido Internacional de registro de marca dentro dos 120 países signatários. Ainda, o Protocolo tem o propósito de facilitar a internacionalização de marcas brasileiras e estimular que empresas estrangeiras empreendam no país com mais segurança jurídica no que concerne ao ativo intangível da marca.

Visando atingir o objetivo da aceleração no trâmite de registro da marca e seguindo o determinado pelo Protocolo, o prazo de análise do pedido será de até 18 meses.

Para se adaptar à nova realidade e à maior demanda, o INPI vem, há algum tempo, ajustando o período de análise de pedidos de registro e, também, seu sistema de tecnologia da informação. Ademais, entre as mudanças ocorridas com a adesão ao Protocolo, pode-se destacar: (i) a possibilidade de requerer pedido de registro multiclasses (ii) a possibilidade de divisão de registros e pedidos de registro em casos de sobrestamento, quando, no pedido de registro multiclasses, apenas uma restar sobrestada ou indeferida pelo INPI. Dessa forma, e mediante petição do requerente, a análise das demais classes poderá prosseguir enquanto se aguarda a decisão final sobre aquela que foi sobrestada; e (iii) a possibilidade de cotitularidade, que permitirá que uma marca seja levada a registro em nome de dois ou mais titulares simultaneamente, aumentando a segurança jurídica para os detentores de direitos.

Os pedidos originados no Brasil são processados diretamente pelo INPI e, posteriormente, enviados à Organização Mundial de Propriedade Intelectual (OMPI), ou, em inglês, *World Intellectual Property Organization (WIPO)*. Em suma, o Pedido Internacional será recebido pelo INPI, que o certificará e remeterá à OMPI. Por sua vez, a Organização Mundial realizará o exame formal, emitindo a Inscrição Internacional e enviará ao(s) Escritório(s) responsável(eis) para exame substantivo ou concessão tácita sem exame.

Importante ressaltar que a análise do Pedido Internacional será feita de forma independente por cada Escritório específico, podendo, por exemplo, o mesmo pedido ser deferido em um país e indeferido em outro. Assim como no Brasil, os países participantes do Protocolo têm entre 12 e 18 meses para decidir sobre um pedido de registro; caso contrário, o registro será automaticamente concedido.

Os custos referentes a um Pedido Internacional poderão variar segundo as taxas específicas de cada país selecionado pelo depositante, entretanto, além dos pagamentos realizados diretamente à OMPI, deverá ser paga Guia de Retribuição da União ao INPI[13].

Desse modo, caso seja de interesse do franqueador ser titular de um registro de marca em outros países também signatários do protocolo, ele poderá realizar um único Pedido Internacional indicando os países de interesse. No entanto, é importante a análise individual de cada caso, para poder avaliar os prazos e custos específicos, assim como verificar qual a melhor alternativa: realizar o pedido por meio do Protocolo de Madrid ou diretamente no(s) país(es) de interesse.

2.1.4. A Licença de Uso de Marca – LUM

Ao realizar o depósito da marca, já é possível realizar e averbar um contrato de Licença de Uso de Marca (LUM). Para ser averbado no INPI, esse contrato deve, obrigatoriamente, indicar o número do pedido de registro ou da marca registrada no INPI, as condições relacionadas à exclusividade ou não da licença e se existe permissão para sublicenciar a marca[14].

Em contratos de franquia, já está contida, expressamente, uma licença para exploração da marca, nos moldes previamente autorizados e permitidos pelo franqueador, que, por sua vez, é o próprio titular da marca, ou empresa autorizada pelo titular da marca para firmar contratos de franquia que envolvam a referida marca.

Um contrato de franquia, justamente por sua peculiaridade, já contém cláusulas expressas de licença de uso de marca, passada do franqueador titular desse ativo aos seus franqueados. Quando se trata de um máster franqueado – o tipo de franqueado que é usualmente encarregado de distribuir aquela franquia para diferentes subfranqueados em um país ou região –, é preciso conter em contrato a permissão de sublicenciar a marca.

Feita essa breve exposição, passemos então a analisar outro signo distintivo: o *trade dress*.

2.2. Trade dress

2.2.1. Conceito e proteção jurídica

O *trade dress* é um dos direitos de propriedade intelectual que, apesar de não ser registrável, já é amplamente aceito nos tribunais brasileiros como parte integral da imagem ou identidade de uma empresa – sendo, assim, um efetivo ativo intangível.

---

13. Todos os valores podem ser encontrados em <https://www.gov.br/inpi/pt-br/servicos/custos-e-pagamento>.
14. INPI – Instituto Nacional da Propriedade Industrial. Tipos de Contratos. Disponível em <http://www.inpi.gov.br/menu-servicos/transferencia/tipos-de-contratos>. Acesso em 22 de fev. 2019.

Há diversos autores que buscam conceituar o *trade dress*. Ficamos, contudo, com a simplicidade e a síntese alcançadas pela INTA – International Trademark Association, segundo a qual o *trade dress* é "uma imagem comercial geral de um produto ou serviço, que indica ou identifica a fonte de um produto ou serviço e o diferencia de terceiros"[15].

Trata-se de um direito essencial a uma franquia. Cabe ao franqueador definir a imagem de identificação de seu negócio e estabelecimento, bem como a forma pela qual aquele ambiente envolve o consumidor. Diversos aspectos colaboram para uma experiência imersiva e única: a arquitetura local, a disposição dos objetos, a escolha e a disposição de cores e padrões, algum odor ou som característico, entre outros vários elementos possíveis.

É importante salientar que o padrão, para ser característico de um ambiente, deve ser sempre observado em todos os ambientes e em todas as localidades da franquia. Estabelecimentos de todas as franquias devem ser similares, ao mesmo tempo que quiosques ou ambientes com o espaço mais restrito também devem acompanhar um padrão definido que remeta à imagem do negócio, ou seja, ao *trade dress* do franqueador. O ideal, contudo, é um formato singular, único, que possa ser observado em todos os espaços em que a franquia está presente. Se esta se caracteriza por ambientes cobertos pela arte do grafite, por exemplo, esse elemento (identidade visual), preferencialmente, deve estar presente em todos os ambientes, para que se contribua com a caracterização marcante de um *trade dress*. Como a padronização é uma condição essencial da franquia, um dos meios de se obter essa uniformização é através do *trade dress*.

Ao analisar os aspectos do *trade dress*, é de extrema importância levar em consideração o fator temporal. Afinal, a disposição de determinados elementos, como o exterior de um produto, ou do interior de um estabelecimento comercial, deve ser analisada ao longo do tempo, para que seja comprovada uma associação do consumidor entre a determinada característica e o produto ou o serviço[16].

Certamente, determinado padrão é melhor identificado ao longo do tempo. Afinal, a identidade visual, estética ou olfativa e mesmo outros elementos que incorporam o espaço de um negócio são construídos e observados ao longo de um período. A precisão ideal de que período seria esse só poderia ser feita mediante estudo empírico, mas é certo que um espaço muito curto de tempo não é o ideal para dizer que uma franquia já possui um *trade dress* incorporado e definido.

Vale a pena ressaltar também a função a que o *trade dress* se destina. Esse importante ativo funciona como uma forma de comunicação comercial, essencialmente construindo uma relação próxima e agradável com o consumidor a ponto de ele "se sentir em casa" em qualquer ambiente daquela franquia.

---

15. INTA – International Trademark Association. Trade Dress. Disponível em <https://www.inta.org/Advocacy/Pages/TradeDress.aspx>. Acesso em 22 de fev. 2019. Tradução Livre.
16. CAMELIER DA SILVA, Alberto Luís. Concorrência desleal: atos de confusão. São Paulo: Saraiva. 2013. p. 148-149.

A proteção jurídica do *trade dress* é realizada por meio à repressão à concorrência desleal, já brevemente explicada no início do presente capítulo. O artigo 195, III, da LPI determina que comete crime ou o ato ilícito da concorrência desleal aquele que "emprega meio fraudulento, para desviar, em proveito próprio ou alheio, clientela de outrem".

A falta de requisitos objetivos e preventivos, contudo, dificulta a real percepção de quando há efetivo ato de concorrência desleal. Essa proteção é efetivada por meio de uma comparação entre original e possível fraude, além de um potencial desvio de clientela.[17]

2.2.2. Trade dress nos tribunais

Talvez pela necessidade de constância em diferentes ambientes, a franquia é um dos campos em que o *trade dress* está mais presente. A essência da franquia é fazer com que os franqueados passem a administrar o negócio utilizando os bens intangíveis e elementos fornecidos pelo franqueador, essencialmente dando ao consumidor uma impressão real de que os serviços ou produtos provêm da mesma fonte e, portanto, possuem a mesma qualidade encontrada em outras unidades.

Essa expansão depende da manutenção das características daquela franquia. Dessa forma, manter o padrão visual e outros elementos clássicos do ambiente dão à franquia o toque necessário para prosperar.

Não por acaso, um dos *leading cases* mais famosos de *trade dress* no Brasil é um caso de franquia, envolvendo a marca Mr. Cat e a marca Mr. Foot, em Goiânia. Na sentença, o competente magistrado registrou:

> [...] os estabelecimentos se confundem pela característica da decoração feita com mobiliário em madeira, saquinhos em algodão ou malha, com logotipo impresso e expostas no interior das lojas, prateleiras em arquibancadas, balcões abertos, caixas recuados ao fundo das lojas e as portas de acesso em estilo boutique, com passagem individual para clientes.[18]

Diversos outros julgados, alguns no Superior Tribunal de Justiça (STJ), amparam a existência e a validade da proteção do *trade dress* no ordenamento jurídico brasileiro. Em julgado de 2017, o Ministro Marco Aurélio Bellizze emitiu relatório e voto em um processo que envolvia questões dessa natureza e vaticinou:

> A aparência extrínseca identificadora de determinado bem ou serviço não confere direitos absolutos a seu titular sobre o respectivo conjunto-imagem, sendo necessária a definição de determinados requisitos a serem observados para garantia da proteção jurídica, como os que dizem respeito à funcionalidade, à distintividade e à possibilidade de confusão ou associação indevida.[19]

---

17. ANTONIAZI, Lucas Bernardo. *Trade dress*: uma tentativa de análise objetiva da sua distintividade. Revista da Escola da Magistratura Regional Federal 2ª Região. Volume 25. Nº 1. nov. 2016-abril 2017. p. 185.
18. BRASIL. Processo nº 1101/97, 4ª Vara Cível da Comarca de Goiânia/GO.
19. BRASIL. Superior Tribunal de Justiça – STJ. Recurso Especial nº 1353451. Acórdão relatado pelo exmo. Sr. Ministro MARCO AURÉLIO BELLIZZE.

Assim, a fim de verificar se uma franquia possui ou não *trade dress* definido, é preciso atentar para os seguintes aspectos.

a) **Distintividade:** já mencionamos anteriormente. É preciso que o conjunto imagem, com a possibilidade de incluir aromas e sons, crie um ambiente suficientemente distintivo, capaz de individualizar aquela franquia dos demais concorrentes.

b) **Funcionalidade:** esta diz respeito à função que as características que compõem o conjunto imagem devem exercer. Efetivamente, é preciso que não exista uma função essencial daquela característica para que o produto ou serviço seja daquela forma – caso contrário, não faz parte de características com vistas de atrair a clientela, mas tão somente permitir o funcionamento em perfeito estado do objeto ou serviço. A melhor explicação de tal fenômeno é dada em outro julgado pela Ministra Nancy Andrighi: "quando as características gráfico-visuais estejam dispostas de determinada forma por exigências inerentes à técnica ou à funcionalidade precípua do produto ou serviço, não se lhe confere proteção jurídica".[20]

c) **Confusão Indevida** ou associação indevida: é justamente o elemento que fundamenta a concorrência desleal – ao atrair indevidamente ou induzir a erro clientes de determinado estabelecimento que pensam estar adentrando na empresa do concorrente, pratica-se concorrência desleal.

Vistos os signos distintivos da marca e do *trade dress*, passemos para outro importante ativo intangível por vezes presente em franquias: as patentes.

3. PATENTES

3.1. Conceitos

As patentes são reconhecidas como verdadeiros motores da inovação. Embora não seja tão comum haver franquias que baseiam seus modelos de negócio em patentes, a existência destas certamente irá conferir à franquia maior grau de exclusividade e de proteção sobre os produtos ou serviços fornecidos e, para isso, esse direito deve ser abarcado em um contrato de franquia, mediante licenças de exploração de patente.

Por meio desse complexo ativo, o Estado outorga ao titular o direito de explorar, de forma exclusiva, o objeto da patente por um período em todo o território nacional. Há duas naturezas de patentes: de invenção (PI) e de modelos de utilidade (MU).

A patente de invenção é uma concepção definida por características técnicas, que originam um resultado novo e inventivo, capaz de solucionar um problema existente. Já o modelo de utilidade é uma modificação ou um aprimoramento conferido a um objeto de uso prático conhecido, conferindo-o uma nova forma e resultado funcional prático melhor quando comparado com o objeto correspondente do estado da técnica[21].

Com relação aos requisitos legais, embora ambas as naturezas de patentes necessitem dos requisitos de novidade e aplicação industrial, a patente de invenção necessita

---
20. BRASIL. Superior Tribunal de Justiça – STJ. Recurso Especial nº 1.677.787 – SC. Voto da Excelentíssima Sra. Ministra Nancy Andrighi. p. 11.
21. DI BLASI, Gabriel. Aspectos Jurídicos da Propriedade Intelectual no *Franchising*. p. 41. In: ABF-Rio. Aspectos Jurídicos do *Franchising*: as bases legais para o sucesso de uma franquia. Rio de Janeiro: ABF-Rio, 2016.

possuir atividade inventiva, enquanto o modelo de utilidade precisa de um requisito mais simples, o ato inventivo. É preciso explicar cada um desses requisitos.

Em se tratando de patentes, a novidade é um dos requisitos essenciais para seu deferimento, sendo examinado em caráter absoluto. Isso significa que cabe ao depositante, antes de requerer a patente, aferir o estado da técnica relativo àquela invenção. Da mesma forma, cabe ao INPI proceder o exame de novidade do objeto do pedido de patente quando for examinar esse pedido. Uma invenção ou um modelo de utilidade é novo quando o seu objeto não se encontra no estado da técnica. O estado da técnica é definido como sendo tudo aquilo que foi tornado acessível ao público, em todos os recantos do mundo anteriormente à data de depósito do pedido de patente, em relação à respectiva invenção ou ao modelo de utilidade.[22] Faz-se necessário observar que qualquer meio de divulgação de uma tecnologia, oral ou escrita, em qualquer meio, é considerado parte do estado da técnica. Há, contudo, três exceções garantidas por lei: o período de graça, a prioridade unionista, e a prioridade interna.

O período de graça, constante no artigo 12 da LPI, garante que não fará parte do estado da técnica o invento do próprio inventor se divulgado até 12 meses antes da data de depósito do pedido de patente. O inventor poderá reivindicar esse direito ao realizar o depósito do pedido de patente quando a mencionada divulgação ocorrer (1) pelo próprio inventor; (2) pelo INPI por meio de publicação oficial de depósito de pedido de patente realizado sem o consentimento do inventor; ou mesmo (3) por terceiros, quando o divulgador comprovadamente obtiver as informações direta ou indiretamente do inventor. Todavia, caso o inventor tenha interesse em requerer a proteção em outros países, deve-se verificar se o instrumento do período de graça é previsto também nos países a serem escolhidos. Caso contrário, o uso do período de graça, ou seja, a divulgação da invenção anterior à data de depósito do pedido de patente no Brasil, poderá ser considerado anterioridade impeditiva no país que não tenha essa previsão em sua legislação.

A segunda exceção, da prioridade unionista, está prevista no artigo 4º da Convenção da União de Paris (CUP), tratado internacional a respeito de direitos de propriedade industrial ratificado pelo Brasil, e assegurada também na própria LPI, em seu artigo 16. A prioridade unionista garante que o titular, ao realizar o primeiro depósito do pedido de patente em um dos 177 países signatários desse tratado, poderá realizar depósitos posteriores desse mesmo evento nos países signatários da CUP dentro de 12 meses – formando, assim, o que se denomina de "família de patentes".

Já a prioridade interna, constante no artigo 17 da LPI, possui o período de um ano. Essa exceção ao princípio da novidade absoluta ocorre por conta do próprio procedimento formal do INPI. Quando há um pedido depositado originalmente no Brasil, porém não publicado, deterá prioridade o pedido posterior no Brasil sobre a mesma matéria, quando esse depósito for feito pelo mesmo requerente ou por sucessores. Trata-se,

---

22. DI BLASI, Gabriel. A Propriedade Industrial. 3ª edição. Rio de Janeiro: Forense, 2005.

portanto, de uma forma de garantir que o titular possa "retomar" seu procedimento administrativo, mediante outro pedido.

Retomando a análise dos requisitos legais para a obtenção de patentes, chegamos ao requisito da Aplicação Industrial. Segundo a definição do artigo 15 da LPI, esse requisito estará presente quando os inventos ou modelos de utilidade, pelos quais se requer direito de exclusividade, puderem ser produzidos em escala ou utilizados em qualquer setor produtivo. Em outras palavras, tanto a invenção quanto o modelo de utilidade precisam ser passíveis de reprodução na exata maneira em que foram requeridos.

Por fim, resta-nos caracterizar o requisito que diferencia invenções e modelos de utilidade. Como já dito, uma invenção, para ser patenteável, precisa ser dotada de atividade inventiva, entendida como aquele invento que, para um técnico no assunto, não é uma decorrência óbvia da matéria que já se encontra no estado da técnica. Já um modelo de utilidade, para obter sua proteção como tal no INPI, precisa ser dotado de ato inventivo, que, similarmente, significa que aquele item não é algo comum ou vulgar do estado da técnica, porém possui um grau de inventividade menor, se comparado com o necessário para se obter uma patente de invenção.

Cumpre mencionar que esses requisitos, de atividade inventiva e ato inventivo, são requisitos subjetivos e aqueles mais questionados pelo INPI e por terceiros, em casos de nulidades administrativas e judiciais que envolvem patentes. Assim, por precaução, é sempre recomendável solicitar o auxílio de um profissional especializado nessa área para redigir o pedido de patente de modo a ressaltar a existência de verdadeira atividade inventiva, no caso de invenção, ou do ato inventivo, no caso de modelo de utilidade.

Não é comum que franquias sejam detentoras de patentes ou pedidos de patente, seja uma invenção, seja um modelo de utilidade. Essa opção, contudo, não deve ser descartada. Investir em tecnologia é uma forma de produção de inovação que, por sua vez, pode vir a aumentar a qualidade dos produtos, agregando valor aos mesmos, e, assim, aumentar quantidade de clientes.

Alguns cuidados devem ser observados para o caso de franqueadores que desejam investir na área de pesquisas de patentes e, eventualmente, depositá-las.

O primeiro cuidado é com relação ao depósito dos pedidos de patente. Devido ao princípio da territorialidade, a exclusividade do uso só será permitida ao titular que depositou aquele pedido de patente naquele país. Se, por exemplo, um franqueador depositar um pedido de patente no Brasil, mas não depositar nos EUA ou depositar nos EUA fora do prazo de prioridade, que são 12 meses a contar da data de depósito do pedido brasileiro, o uso do objeto naquele país passa a ser livre de exploração para qualquer interessado. Dessa maneira, é preciso aliar o desejo por inovação a um estudo de viabilidade de expansão da rede de franquias, de modo que os pedidos de patente sejam feitos nos países em que o franqueador realmente atua ou vislumbra atuar.

O segundo é com relação aos contratos entre franqueador e franqueados. No caso de o franqueador ser titular de uma patente ou requerente de um pedido de patente, cujo objeto dessa patente faz parte do pacote a ser licenciado ao franqueado, é essencial que existam cláusulas prevendo a licença de exploração de patentes entre franqueador e franqueado, no contrato de franquia a ser firmado. Dessa forma, além de os franqueadores garantirem a mesma experiência aos clientes, em relação à tecnologia protegida, haverá mais segurança jurídica, por conta do direito de patente, para casos de violação do contrato de franquia.

3.2. Do procedimento administrativo e do prazo de proteção

A fim de se obter um direito exclusivo a partir de uma patente, é necessário formular um pedido junto ao INPI. O pedido de patente possui os seguintes itens: requerimento, relatório descritivo, reivindicações, desenhos e resumo, além do comprovante de pagamento de taxas.

O escopo do pedido de patente deve estar claramente descrito e definido, e a proteção será conferida com base naquilo que está contido nas reivindicações e fundamentado no relatório descritivo. A construção bem redigida de um pedido de patente impede, uma vez concedida a respectiva patente, que terceiros possam copiar a invenção sem infringi-la, ou que o pedido de patente não englobe de fato todo o conteúdo inovador realmente existente da invenção ou que englobe mais do que foi inventado.

Diferentemente do procedimento do depósito de marcas, o procedimento de análise de um pedido de patente é razoavelmente complexo. Em resumo, o conteúdo do pedido é mantido em sigilo por 18 meses, e, após sua publicação, qualquer interessado poderá submeter documentos na forma de subsídios ao exame, podendo o depositante até mesmo efetuar alterações em seu pedido, anteriormente à data de requerer o exame do respectivo pedido ao INPI, respeitado o escopo da matéria inicialmente requerida. Segundo a LPI, o depositante ou qualquer interessado terá 36 meses a partir da data de depósito do pedido para requerer que o INPI realize o exame técnico do pedido, em que os examinadores da Autarquia emitirão parecer técnico relativo à patenteabilidade do pedido, deferindo ou indeferindo este, ou a emissão de exigências técnicas para adequação do pedido.

Para tornar o procedimento do pedido de patente mais célere, o INPI possui diversos programas de aceleração do exame de pedidos de patentes, em razão do depositante, situação ou tecnologia, conforme se verifica[23]:

- **Em razão do depositante**: quando o depositante do respectivo pedido é microempresa ou empresa de pequeno porte; tiver mais de 60 anos; for portador de doença física ou mental; for portadora de doença grave; for Instituições Científicas, Tecnológicas e de Inovação; e for *startups*;
- **Em razão da situação**: processos cuja concessão é condição para obter recursos financeiros; processo cujo objeto é reproduzido por terceiros sem a autorização; processos cujo terceiros estão

---

23. Disponível em <https://www.gov.br/inpi/pt-br/servicos/patentes/tramite-prioritario/modalidades-de-tramite-prioritario-de-patentes>. Acesso em 25 de jun. de 2023.

sendo acusados de contrafação; processos que há usuários anteriores da tecnologia; processos de tecnologia resultante de financiamento público; e processos de tecnologia disponível no mercado;

• Em razão da tecnologia: processos que pleiteiam a proteção de tecnologia verde; processos cujo objeto é produto para tratamento de doenças específicas; e processos cujo objeto é produto para tratamento do Covid-19,

Ainda, há diversos programas de aceleração de exame de pedido de patente com países, formulados por meio de acordos entre o INPI e outros escritórios oficiais de propriedade industrial ao redor do mundo. Esses acordos se denominam de *Patent Prosecution Highway – PPH*, que funcionam figurativamente como uma via de aceleração de exame de pedidos de patente. Atualmente, o Brasil possui acordos de *PPH* com os seguintes países/regiões: Áustria, Coreia do Sul, Espanha, EUA, Europa, França, Japão, Portugal, Reino Unido, Singapura, Suécia, China, Dinamarca e com o bloco de países denominado PROSUL, formado por Argentina, Brasil, Chile, Colômbia, Costa Rica, El Salvador, Equador, Nicarágua, Panamá, Paraguai, Peru, República Dominicana e Uruguai[24].

O prazo de proteção de uma patente depende de alguns fatores, a começar pelo tipo de patente. De acordo com o artigo 40 da LPI, o direito de exclusividade à patente de invenção vigorará por 20 anos e, de modelos de utilidade, por 15 anos. Diferentemente das marcas, cuja proteção é contada a partir da data de concessão, para ambos os tipos de patente sua proteção é contada a partir de seu depósito, não havendo a possibilidade de renovação por períodos subsequentes.

Relevante mencionar que o supramencionado artigo foi alvo da Ação Direta de Constitucionalidade ADI nº 5529/DF, ajuizada pela Procuradoria Geral da República (PGR), no qual se pleiteava a decretação de inconstitucionalidade do seu parágrafo único, que estabelecia que o prazo de vigência de uma patente não seria inferior a 10 anos para patentes de invenção e 7 anos para modelo de utilidade, a contar da sua concessão, basicamente nos casos cuja demora na análise do pedido de patente realizada pelo INPI fosse além de 10 anos[25].

Em suma, a PGR afirmava que o referido parágrafo feria princípios constitucionais, com ênfase à obrigação de temporariedade da proteção patentária. Em 06/05/2021, o Plenário do STF decidiu pela inconstitucionalidade do referido parágrafo único, revogando-o.

Outro ponto polêmico da referida decisão foi a modulação dos seus efeitos temporais, vez que, em decisão apertada, restou julgado que, de modo geral, à decisão alcançaria efeito *ex nunc*, com exceção das patentes que fossem objeto de ação judicial propostas até 07/04/2021 e todas as patentes de processos e produtos farmacêuticos e dispositivos médicos, para as quais a decisão alcançou efeito *ex tunc*. Em outras palavras, todas as patentes que foram concedidas com base no parágrafo único do artigo 40 e não estão relacionadas nas mencionadas ressalvas não foram afetadas e mantiveram

---

24. Mais detalhes sobre o programa PPH podem ser encontrados em <https://www.gov.br/inpi/pt-br/servicos/patentes/pph/acordos-pph-assinados-pelo-inpi>. Acesso em 31 de mai. 2023.
25. https://diblasiparente.com.br/stf-decide-adi-5529-que-afetara-as-patentes-ja-concedidas/

o prazo de vigência de 10 anos a contar da respectiva concessão. As patentes que foram ressalvadas na decisão foram afetadas com a perda de imediato do prazo de vigência de 10 anos a contar da respectiva concessão e passaram a ter sua vigência 20 anos a partir da data de deposito das respectivas patentes. Isso gerou a perda do prazo de proteção de milhares de patentes na área da saúde cujas tecnologias caíram em domínio público de um dia para outro.[26]

Esse tratamento discriminatório entre setores tecnológicos provocou um cenário de insegurança jurídica não somente para todos aqueles titulares dessas patentes, mas também para as empresas concorrentes e a sociedade. Essa foi uma das polêmicas causadas por esta decisão, pois a Ementa 5.5529/DF reside no desacordo com o que dispõe o TRIPS, o qual o Brasil é signatário, cujo artigo 27.1 proíbe quaisquer discriminações em relação ao setor tecnológico ao qual a invenção faça parte.

Por fim, não menos importante nesse tema, cumpre mencionar que, a partir do terceiro ano após o depósito do pedido de patente, o depositante deverá efetuar o pagamento de anuidades até o fim do prazo de vigência da patente, sob pena de arquivamento do pedido ou extinção da patente.

3.3. Dos direitos do titular e das infrações

Ao titular da patente é concedido o direito de "impedir terceiro, sem o seu consentimento, de produzir, usar, colocar à venda, vender ou importar" produto objeto da patente ou processo ou produto obtido diretamente por processo patenteado, de acordo com o artigo 42 da LPI.

Há, contudo, no artigo imediatamente posterior, uma série de situações nas quais não há aplicação desses direitos, entre as quais, por exemplo, ato praticado por terceiro não autorizado sem caráter comercial, de modo que não acarrete prejuízo econômico ao titular da patente.

No caso de infração de uma patente, o ato deve ser examinado sob os direitos conferidos pela patente, mais especificamente em relação ao quadro reivindicatório concedido na patente, sendo interpretado com base no respectivo relatório descritivo. Ou seja, uma análise técnica comparativa realizada entre o objeto contrafeito e o quadro reivindicatório da patente. Há, basicamente, três tipos de infrações de patentes: literal, por contribuição ou por equivalência.

A infração literal, que é a mais difícil de se verificar na prática, ocorre quando o infrator está produzindo o produto ou realizando o processo exatamente da forma como está descrito no conteúdo de pelo menos uma reivindicação independente da referida patente.

Há infração por equivalência, entretanto, quando o ato ilícito, embora não atinja as reivindicações literalmente, substitui aqueles elementos por outros equivalentes, es-

---

26. https://www.jusbrasil.com.br/jurisprudencia/stf/1273342619

sencialmente produzindo os mesmos efeitos técnicos alcançados para obter o produto ou processo patenteado também em pelo menos uma reivindicação independente da referida patente.

Por fim, há a infração por contribuição, prevista no artigo 185 da LPI. Ela ocorre quando há fornecimento do componente de produto patenteado ou equipamento para realizar processo patenteado, viabilizando, efetivamente, a infração.

Cumpre destacar que apenas a concessão da patente confere os direitos aqui comentados, não sendo permitido que se indique um processo ou produto patenteado, caso este de fato não tenha ocorrido ainda. De acordo com o artigo 195, XIII, é considerado crime afirmar possuir pedido de patente ou patente sem tê-lo, uma vez que isso gera, no consumidor, uma falsa expectativa de obtenção de um produto de última geração.

3.4. Da Licença de Exploração de Patente – LEP

O franqueador titular de uma patente ou de um pedido de patente poderá, caso seja imprescindível para o funcionamento da franquia, celebrar contrato de Licença de Exploração de Patente (LEP), que necessariamente precisará ser averbado no INPI para produzir efeitos em relação a terceiros, como dispõe o artigo 62 da LPI[27]. Para tanto, é obrigatório constar, no contrato, o título da patente, cláusula a respeito de existência de exclusividade, bem como se existe a possibilidade de sublicenciamento da patente em questão.[28]

A Lei de Franquia, em seu artigo 2º, inciso XIV[29], determina a obrigação do franqueador de indicar, na Circular de Oferta de Franquia (COF), a situação atual da patente, se houver, (inserida no rol de outros direitos de propriedade intelectual), bem como a autorização desta por meio de contrato celebrado entre as partes.

Aliás, vale observar também a razão da menção expressa aos registros de cultivares no inciso XIV do artigo 2º.

> XIV – informações sobre a situação da marca franqueada e outros direitos de propriedade intelectual relacionados à franquia, cujo uso será autorizado em contrato pelo franqueador, incluindo a caracterização completa, com o número do registro ou do pedido protocolizado, com a classe e subclasse, nos órgãos competentes, e, no caso de cultivares, informações sobre a situação perante o Serviço Nacional de Proteção de Cultivares (SNPC);

---

27. Art. 62. O contrato de licença deverá ser averbado no INPI para que produza efeitos em relação a terceiros.
28. INPI – Instituto Nacional da Propriedade Industrial. Tipos de Contratos. Disponível em <http://www.inpi.gov.br/menu-servicos/transferencia/tipos-de-contratos>. Acesso em 06 de fev. de 2020.
29. Art. 2º Para a implantação da franquia, o franqueador deverá fornecer ao interessado Circular de Oferta de Franquia, escrita em língua portuguesa, de forma objetiva e acessível, contendo obrigatoriamente:
(...)
XIV – informações sobre a situação da marca franqueada e outros direitos de propriedade intelectual relacionados à franquia, cujo uso será autorizado em contrato pelo franqueador, incluindo a caracterização completa, com o número do registro ou do pedido protocolizado, com a classe e subclasse, nos órgãos competentes, e, no caso de cultivares, informações sobre a situação perante o Serviço Nacional de Proteção de Cultivares (SNPC);
(...).

Considerando as franquias, cujas atividades tratam da produção de alimentos geneticamente melhorados, como, por exemplo, as carnes vegetais, que são oriundas de uma composição melhorada geneticamente do trigo, do amido, da soja, entre outros componentes, tais melhoramentos são protegidos pelo registro de cultivares no Serviço Nacional de Proteção de Cultivares – SNPC e por essa razão esse tipo de propriedade intelectual foi incluído também no rol das obrigatoriedades da Circular de Oferta e Franquia (COF). [30]

4. DESENHOS INDUSTRIAIS

4.1. Conceito

De acordo com o art. 95 da LPI[31], o desenho industrial, também conhecido por *design* – em inglês –, é definido, na LPI, como "forma plástica ornamental de um objeto ou o conjunto ornamental de linhas e cores que possa ser aplicado a um produto, proporcionando resultado visual novo e original na sua configuração externa e que possa servir de tipo de fabricação industrial".

Não se confundindo com uma patente, que possui um resultado técnico inovador na função do objeto, nem mesmo com uma mera expressão artística, os desenhos industriais são parte integrante e muitas vezes são indispensáveis para diversas franquias. No dia a dia dessa indústria, encontramos desenhos protegidos em assentos com formato exclusivo de determinada franquia, embalagens ou luminárias, ou até mesmo em alimentos com um formato específico para uma rede de franquias.

É requisito fundamental do desenho industrial seu aspecto ornamental: muda-se a aparência ordinária conhecida de um objeto. Além disso, o desenho industrial deve ter uma configuração externa nova, não sendo passíveis de proteção as formas não visíveis a olho nu. Assim, é possível proteger um *design* visto ao abrirmos um painel – ou seja, a princípio escondido, porém facilmente revelado –, enquanto não é passível de proteção uma forma original que fica na parte interna de um aparelho – justamente por não ser visível em nenhum momento do uso regular do objeto.

Chegamos, então, nos requisitos legais para a proteção do desenho industrial. Como foi possível perceber no primeiro parágrafo deste subtópico, o desenho industrial possui três requisitos essenciais: novidade, originalidade e produção industrial, isto é, produção em escala.

É considerado novo todo desenho industrial que não esteja compreendido no estado da técnica – ou seja, conforme já mencionado no tópico de patentes. A lei garante, contudo, um prazo para que seja realizado o depósito do desenho em caso de divulgação.

---

30. Lei nº 9.456, de 25 de abril de 1997.
31. Art. 95. Considera-se desenho industrial a forma plástica ornamental de um objeto ou o conjunto ornamental de linhas e cores que possa ser aplicado a um produto, proporcionando resultado visual novo e original na sua configuração externa e que possa servir de tipo de fabricação industrial.

Esse prazo "extra", de 180 dias, é exatamente o período de graça comentado no tópico de patentes. Da mesma forma, existe a exceção da prioridade unionista, que, no caso de desenhos industriais, são 6 meses.

O segundo requisito, de originalidade, diz respeito à configuração visual do objeto submetido a registro, que deve ter uma aparência singular, ou seja, distinta de outras já encontradas no mercado. Nas palavras do Manual de Desenho Industrial do INPI, "é necessário que haja um passo criativo que justifique o direito ao registro da forma".[32]

Por fim, há ainda o requisito de fabricação industrial. Este tornou-se algo facilitado atualmente, em vista do avanço dos meios de reprodução, como físico e virtual; de todo modo, o objeto cujo registro se pleiteia precisa ser passível de reprodução na exata maneira em que ele foi depositado.

4.2. Procedimento administrativo e prazo de proteção

O procedimento administrativo de proteção do desenho industrial, ao contrário do procedimento para a obtenção de uma patente ou mesmo de uma marca, é altamente simplificado. Ele está completamente descrito no Manual de Desenho Industrial do INPI, Resolução INPI/PR nº 232/2019[33], cuja primeira edição entrou em vigor em março de 2019.

Isso porque, a despeito da necessidade dos requisitos legais necessários, explicados anteriormente, não há uma análise substantiva ou de mérito do desenho a ser protegido. O INPI conduz tão somente um exame de preenchimento dos requisitos formais de depósito, incluindo: dados de protocolo, dados do requerente, título do pedido, análise de prioridade unionista, reivindicação e desenhos e/ou fotografias do pedido.

Uma análise dos requisitos legais de novidade e originalidade somente é feita após a concessão do registro de desenho industrial, quando solicitada pelo próprio titular. Tal exame é essencial, pois garante uma segurança de cumprimento dos requisitos de registro desse ativo. Dessa forma, em juízo, não é comum medida judicial antecipatória, por exemplo, de busca e apreensão de desenhos industriais contrafeitos, sem uma apresentação da avaliação positiva do INPI quanto aos requisitos de novidade e originalidade do desenho industrial.

Não obstante, além do exame formal propriamente dito, o INPI realiza um exame técnico. Reforçamos, contudo, que não se trata de uma análise dos requisitos legais, ou seja, um exame substantivo.

---

32. INPI. Manual de Desenho Industrial Resolução INPI/PR nº 232/2019. Disponível em <http://manualdedi.inpi.gov.br/projects/manual-de-desenho-industrial/wiki/05_Exame_t%C3%A9cnico#51-An%C3%A1lise-do-documento-de-prioridade-unionista>. Acesso em 12 de abril de 2019.
33. INPI. Manual de Desenho Industrial Resolução INPI/PR nº 232/2019. Disponível em <http://manualdedi.inpi.gov.br/projects/manual-de-desenho-industrial/wiki/05_Exame_t%C3%A9cnico#51-An%C3%A1lise-do-documento-de-prioridade-unionista>. Acesso em 12 de abril de 2019.

Nessa etapa, ocorrem, entre outras, as seguintes análises: análise de cabimento da prioridade unionista; análise de desenhos possivelmente não registráveis; análise de variações configurativas; e a análise dos desenhos e representações.

O exame do cabimento da prioridade unionista vem causando muita controvérsia entre os profissionais da área e os examinadores do INPI. Apoiado por uma opinião legal da Procuradoria-Geral da União Especializada[34], o INPI entende que deve comparar as representações ou figuras constantes entre o pedido original estrangeiro e as representações ou figuras constantes no pedido brasileiro – e qualquer diferença nas representações deve ser corrigida, sob pena da perda do importante direito de prioridade.

Diversas entidades, tanto nacionais quanto internacionais, a INTA, como já mencionada, a ABPI (Associação Brasileira de Propriedade Intelectual) e a ABAPI (Associação Brasileira de Agentes da Propriedade Industrial), já se manifestaram sobre o assunto. No entender de todas essas organizações, tal exigência parte de uma interpretação por demais restritiva e até mesmo inadequada da também já citada CUP, em que, no artigo 4, itens F e H, se menciona a garantia da diferença mínima em pedidos de prioridade apenas para patentes. Diversas jurisdições e blocos, entre os quais União Europeia, Canadá, Austrália e Coreia do Sul, entendem que tal garantia deve ser estendida a desenhos industriais. Embora sem mencionar os itens da CUP referenciados, há duas resoluções da FICPI (*International Federation of Intellectual Property Attorneys*) que vão ao encontro do entendimento das referidas Associações[35].

Quanto à análise de desenhos potencialmente não registráveis, esta parte da análise diz respeito ao artigo 100 da LPI, que proíbe o registro de desenhos industriais em dois aspectos: (1) contra morais e bons costumes, ou (2) quando o desenho industrial se referir a uma forma necessária comum ou vulgar de um objeto, como um simples adaptador de tomadas sem inovação em sua forma, ou, ainda, aquela determinada por características funcionais, como no caso de um formato de uma antena de captação de sinais de satélite.

Para entender a análise das variações configurativas, é preciso entender que um único desenho industrial pode compreender uma pluralidade de variações que se destinem ao mesmo propósito e guardem entre si a mesma característica ornamental preponderante. Assim, de modo a garantir uniformidade, muito embora o depósito tenha que se referir a um único objeto, a LPI, em seu artigo 104, permite proteção de até 20 variações desse objeto em um único depósito de desenho industrial. É o caso da proteção de um sofá e duas poltronas, um jogo de talheres ou uma cadeira com e sem apoios para os braços.

---

34. Parecer-0044-2016-AGU-PGF-PFE-INPI-COOPI-DJT-1.0.
35. FICPI, Resolution of The Executive Committee. "Assessing priority of Design applications". Disponível em <https://ficpi.org/_/uploads/gonzo/EXCO-IT19-RES-002-GB.pdf>. Acesso em 06 de fevereiro de 2020; FICPI, Resolution of The Executive Committee "Virtual Designs". Disponível em <https://ficpi.org/_/uploads/gonzo/EXCO-IT19-RES-003-GB.pdf>. Acesso em 06 de fevereiro de 2020.

O INPI exige que os desenhos e as fotografias que integram o pedido de registro do desenho industrial representem o desenho de maneira clara e suficiente, por meio de uma vista em perspectiva e nas vistas ortogonais necessárias (anterior, posterior, laterais, superior e inferior). Vistas simétricas, contudo, podem ser omitidas, mas estas constituem uma exceção permitida pelo Manual de Desenho Industrial do INPI[36].

Por fim, importante mencionar que em 2023, o Brasil aderiu ao Sistema de Haia, administrado pela OMPI, cujo objetivo, assim como outros tratados internacionais para matérias de propriedade intelectual, é facilitar e agilizar o processo para requerimentos e obtenção de Desenhos Industriais entre países signatários. A adesão entrará em vigor em 1º de agosto de 2023.

Assim, os titulares de desenhos industriais terão a possibilidade de proteger seus registros em outros 96 países também signatários do tratado, através de um único pedido, podendo registrar até 100 desenhos, desde que todos os países sejam pertencentes à mesma Classificação de Locarno. Os depósitos serão feitos através de uma plataforma online, reduzindo custos e simplificando a tramitação[37].

Segundo informações divulgadas pelo INPI, em breve será publicada a 2ª edição do Manual de Desenho Industrial, incluindo modificações nas exigências e processos, em conformidade com o que preza o Sistema de Haia.

4.3. Inovações tecnológicas e sua interferência no desenho industrial

Desenhos industriais já são regularmente comuns em franquias, sendo, inclusive, frequentes na composição de diversos *trade dresses* renomados no ramo. Todavia, novas tecnologias também têm se colocado como excelentes maneiras de franquias atraírem um novo público, cada vez mais ávido por novidades.

O que tem sido muito usado, por exemplo, é a utilização dos *designs* virtuais, mediante realidades aumentadas, quando há projeção virtual de alguma forma no mundo real, ou mesmo realidades virtuais, quando o usuário é imerso em um mundo virtual inteiro. Como exemplo podemos citar o ambiente metaverso, cujo termo indica um tipo de mundo virtual que tenta replicar/simular a realidade através de dispositivos digitais.[38]

Seja como for, a utilização dessas tecnologias tem exigido que os países repensem a proteção das novas criações de desenhos industriais. Muitos países, como o Brasil, exigem que o desenho seja aplicado em um produto, quer dizer, em ambientes ou objetos reais. Essa não é mais a realidade encontrada no mundo dos negócios, uma vez que já

---

36. INPI. Manual de Desenho Industrial Resolução INPI/PR nº 232/2019. Disponível em <http://manualdedi.inpi.gov.br/projects/manual-de-desenho-industrial/wiki/05_Exame_t%C3%A9cnico#51-An%C3%A1lise-do-documento-de-prioridade-unionista>. Acesso em 12 de abril de 2019.
37. DE SOUZA, Marcelo Oliveira e DE PAULA, Diana Marcondes. Adesão do Brasil ao Acordo de Haia: o que muda? Disponível em https://br.lexlatin.com/opiniao/adesao-do-brasil-ao-acordo-de-haia-o-que-muda Acesso em 26 de jun. de 2023.
38. https://pt.wikipedia.org/wiki/Metaverso

existem tecnologias razoavelmente acessíveis para que essa produção se dê tão somente no ambiente virtual.

Nesse sentido, pode-se ter uma criação de uma camisa ou um sapato que é utilizado somente em um ambiente virtual, ou seja, não é aplicado em um produto tangível, mas poderá ser protegido e impedir que terceiros o copie para ser aplicado em um produto real, por exemplo, uma camisa ou um sapato.

Diversas organizações internacionais se posicionam nessa direção de ressignificação do desenho industrial – entre elas, a FICPI. Essas inovações são também fomentadas pelos maiores escritórios oficiais de propriedade intelectual do mundo, conhecido como o grupo IP-5 (*Intellectual Property five*), o qual, em sua conferência anual ID-5 (*Industrial Design five*) de 2019, adotou um parecer conjunto reforçando o dever de ir em busca do crescimento da proteção do *design* em um novo ambiente tecnológico[39].

5. SEGREDOS DE NEGÓCIO

5.1. Conceito e proteção

Se a patente talvez não seja o ativo intangível de maior expressão dentro do universo de franquias, o mesmo não pode ser dito sobre o segredo de negócio. Esse ativo muitas vezes é o sustentáculo de diversos sistemas de franquia.

Primeiramente, para fins conceituais, é preciso esclarecer que há duas grandes espécies, os segredos industriais e os segredos comerciais. Ambas estão incluídas no gênero "segredo de empresa", também denominado "segredo de negócio".[40]

Igualmente, dois verbetes anglófonos são amplamente utilizados tanto na literatura especializada brasileira quanto no mercado. Os segredos de negócio (portanto, o gênero, conforme visto anteriormente) assumem, ocasionalmente, a nomenclatura *trade secret*. Há aqueles também que se utilizam da expressão "*know-how*", ou "saber fazer", para designar determinado conhecimento. É preciso esclarecer, contudo, que esta última expressão nem sempre é utilizada corretamente. O *know-how* é uma espécie de *trade secret*, mas nem todos os segredos de negócio se limitam a saber fazer.

Dessa forma, para evitar qualquer confusão para nosso leitor, utilizaremos tão somente as expressões genéricas segredos de negócio e *trade secret*.

Ao criar um negócio, o empresário desenvolve e emprega diversos meios, técnicas e conhecimentos para que seu empreendimento prospere. Ser franqueado significa "pegar emprestado" toda a produção desse conhecimento, uma vez que o conceito já está testado e aprovado no mercado. Isso significa muitas vezes ter acesso a informações e

---

39. ID-5. Joint Statement. 2019 Annual Meeting. 2019. Disponível em <http://id-five.org/wp-content/uploads/2019/12/2019ID5JointStatement_final.pdf>. Acesso em 06 de fev. de 2020.
40. FEKETE, Elisabeth Kasznar. "Segredo de Empresa" – enciclopédia jurídica da PUCSP. Disponível em <https://enciclopediajuridica.pucsp.br/verbete/248/edicao-1/segredo-de-empresa>. Acesso em 19 de mar. 2019.

conhecimentos considerados confidenciais, com valor agregado e que aquele franqueador detém para conquistar sua clientela.

Contudo, há que se compreender que se trata de um bem não proprietário, o que quer dizer que a obtenção por meios lícitos de um segredo de negócio não é vedada legalmente. Pela própria natureza concorrencial dos segredos de negócio, o registro do dele junto a qualquer órgão tornaria possível a utilização do segredo pelas concorrentes, o que efetivamente acabaria com a vantagem comercial[41].

Para compreender adequadamente o segredo de negócio, é preciso trazer seus requisitos do Acordo Sobre os Aspectos dos Direitos de Propriedade Intelectual Relacionado ao Comércio (ADPIC) ou *Trade Related Aspects of Intellectual Property Rights (TRIPS)*. Esse acordo internacional, ratificado pelo Brasil, solidifica internacionalmente as bases da propriedade intelectual e, em seu artigo 39, determina o direito à proteção de informações não proprietárias, desde que estejam presentes três requisitos essenciais: ser um segredo; ter um valor comercial por ser um segredo; e ser objeto de cautelas adequadas por parte de seu detentor para que a informação continue a ser um segredo.

Não há, em essência, no citado tratado, uma limitação daquilo que pode ou não ser considerado um segredo de negócio. Há tão somente esses três requisitos supramencionados.

Tampouco se verifica limitação legal no Brasil para aquilo que pode ser considerado um segredo de negócio. Não há qualquer definição legal nos diplomas legais brasileiros desse conceito. No entanto, o que poderia parecer como uma limitação jurídica é, na realidade, um potencial positivo dos segredos de negócio.

Essencialmente, caso alguma informação ou técnica obedeça aos três requisitos do *TRIPS*, é possível determinar se uma informação é ou não um segredo de negócio. Faremos uma revisitação deles para explicitar seu conteúdo.

Primeiramente, o conteúdo deve ser um segredo. Isso significa dizer, basicamente, que não deve ser notoriamente conhecido ou fácil de ser descoberto ou revelado por qualquer pessoa que se aventure a realizar aquela experiência. Assim, questões claramente aparentes, como orientar os profissionais da franquia a utilizarem determinada forma de tratamento ou determinado uniforme que caracteriza a franquia, apesar de agregarem valor ao negócio, não constituem efetivamente um segredo. Entretanto, se a forma de tratamento empregar técnicas desenvolvidas pelo franqueador, as quais o franqueado não conseguirá se capacitar por conta própria e o respectivo resultado irá diferenciá-lo do mercado, esse tratamento poderá ser considerado *know-how*.

O segundo requisito, contudo, impõe uma condição ao primeiro. Não basta ser segredo, deve possuir valor comercial justamente por sê-lo. Afinal, um segredo que não agrega valor ao negócio não pode sequer ser considerado um ativo e, portanto, não deve ser protegido pelas normas referentes ao direito da propriedade intelectual.

---

41. BARBOSA, Denis Borges. Tratado da Propriedade Intelectual – Tomo I. 2ª edição. Editora Lumen Juris: Rio de Janeiro, 2017. p. 125.

Por fim, há o último requisito, e talvez o mais importante para analisarmos no presente capítulo. Deve o detentor do segredo adotar as medidas cabíveis para que aquilo que se deseja proteger mantenha-se secreto. Há duas maneiras de um franqueador manter algo dessa forma em relação ao franqueado: entregando o produto pronto para o franqueado e, assim, não passando o segredo, ou, antes de passar o segredo, fazer o franqueado assinar um bem redigido contrato de confidencialidade, combinado com medidas razoáveis de controle de informação. Não raro, são utilizadas ambas as técnicas combinadas.

Diversas maneiras podem ser adotadas para prevenir que informações sensíveis ou confidenciais não sejam inadvertidamente passadas pelos franqueadores para terceiros. Entre alguns exemplos, podemos citar a utilização de códigos baseados em cores para indicar o nível de confidencialidade de determinada informação; ou a utilização de arquivos criptografados acessíveis apenas a partir de senhas disponibilizadas somente àqueles que devem ter acesso aos segredos.

Seja qual for o procedimento adotado, o franqueador deve deixar claro ao franqueado qual é o nível da segurança daquela informação e que informação especificamente é considerada confidencial. Tudo isso deve estar no manual da franquia e/ou na Circular de Oferta de Franquia e reforçado em materiais de treinamento de forma a ter total prevenção de que o segredo de negócio não será indevidamente repassado.

Suponha-se, por exemplo, que determinado franqueador tenha como segredo de seu negócio alimentício certo molho. Com objetivo de manter essa informação para si, envia-o separadamente aos seus franqueados em frascos, para que eles simplesmente o apliquem à receita. Entretanto, para atingir o ponto ideal, instrui seus franqueados a aplicar o molho à massa apenas em determinada temperatura e dosagens e quantidades especificadas pelo franqueador, o que causará os resultados desejados para se produzir e alcançar o sabor original, testado e aprovado ao longo dos anos pela clientela.

Nesse exemplo, há três segredos essenciais: o molho, a temperatura da mistura entre o molho e a massa e a quantidade e a dosagem a serem misturadas à massa. Todos os requisitos estão presentes individualmente em cada um desses segredos, sendo certo que os franqueados devem ser claramente instruídos e legalmente obrigados a não repassar as informações obtidas a terceiros.

A indeterminação do que pode ser considerado segredo de negócio possibilita com que o exemplo anterior possa ser aplicado, guardadas as devidas proporções, a qualquer modelo de negócio e ferramentas de segredo: preparo de bebidas, técnicas de ensino, métodos terapêuticos, métodos de limpeza, preparo de produtos fitossanitários, entre uma infinidade de outros exemplos.

Independentemente da forma escolhida pelo franqueador para manter suas informações secretas devidamente protegidas, fato é que os franqueados devem estar aptos a prestar o mesmo serviço do franqueador com a mesma qualidade. Isso quer dizer que toda a operação dos franqueados deve, idealmente, ser uma cópia fiel das unidades ou dos estabelecimentos administrados pelo franqueador, ao menos aos olhos do consumidor.

Por conta disso, algumas informações que são ou poderiam ser consideradas segredos de negócio devem ser repassadas aos franqueados por meio de manuais e treinamentos específicos – motivo pelo qual, novamente, se reforça a necessidade de procedimentos jurídicos, por exemplo, um acordo de confidencialidade, de comodato, que assegure devidamente todos os segredos de negócio, mesmo após o fim da relação de franquia entre as partes.

Por essa razão, visando à proteção tanto do franqueador quanto do franqueado no que tange a esse *know-how* adquirido, deve constar, obrigatoriamente, na Circular de Oferta de Franquia, segundo a Lei 13.966/19 (Lei de Franquia), artigo 2º, inciso XV, alínea "a" a:

> (...)
> XV – situação do franqueado, após a expiração do contrato de franquia, em relação a:
> a) *know-how* da tecnologia de produto, de processo ou de gestão, informações confidenciais e segredos de indústria, comércio, finanças e negócios a que venha a ter acesso em função da franquia;
> (...).

Da mesma forma, os franqueados devem ser instruídos a tomarem o mesmo nível de precaução com o segredo de negócio. Haverá potencial violação caso um franqueado, instruído a não passar determinadas informações a seus empregados, fazê-lo. O mesmo pode ocorrer caso os empregados do franqueado, por sua vez, não assinem os devidos acordos de confidencialidade.

É preciso lembrar que a violação do segredo de negócio, como um ato de concorrência desleal, é crime, de acordo com o artigo 195, XI e XII, da LPI, senão vejamos:

> Art. 195. Comete crime de concorrência desleal quem:
> (...)
> XI – divulga, explora ou utiliza-se, sem autorização, de conhecimentos, informações ou dados confidenciais, utilizáveis na indústria, comércio ou prestação de serviços, excluídos aqueles que sejam de conhecimento público ou que sejam evidentes para um técnico no assunto, a que teve acesso mediante relação contratual ou empregatícia, mesmo após o término do contrato;
> XII – divulga, explora ou utiliza-se, sem autorização, de conhecimentos ou informações a que se refere o inciso anterior, obtidos por meios ilícitos ou a que teve acesso mediante fraude; ou
> (...)
> Pena – detenção, de 3 (três) meses a 1 (um) ano, ou multa.
> § 1º Inclui-se nas hipóteses a que se referem os incisos XI e XII o empregador, sócio ou administrador da empresa, que incorrer nas tipificações estabelecidas nos mencionados dispositivos.

Assim, enquanto a violação civil mostra uma infração contratual, a prática de atos de concorrência desleal é considerada um crime, punível com detenção de 3 meses a um ano ou multa.

Entre os incisos mencionados, chamamos atenção para o fato de que não há um elemento finalístico essencial para a prática desses crimes. Em outras palavras, para que esteja caracterizado o crime de concorrência desleal por violação de segredo de negócio, é preciso apenas "divulgar, explorar ou utilizar" dados confidenciais, sem a necessidade de se comprovar intuito de lucro ou qualquer outra finalidade, basta praticar os atos dos tipos penais.

É importante mencionar, igualmente, que a cumulação dos incisos mencionados possibilita que concorram para o crime de concorrência desleal tanto um ex-franqueado que divulga segredo de negócio de um ex-franqueador quanto um terceiro que contrata o ex-franqueado com o intuito de obter o segredo de negócio de seu concorrente.

5.2. Transferência de *know-how*: entendimento do INPI e as melhores práticas

Os contratos de franquia, que, por determinação legal, são sempre escritos, devem conter cláusulas que deem ao franqueador a segurança necessária para repassar seu segredo sem que, com um eventual fim de contrato, o ex-franqueado não passe a explorar aquela tecnologia de maneira indevida, efetivamente realizando um aproveitamento parasitário do negócio que aprendeu a administrar.

Uma das cláusulas que cumpre esse papel com mais eficácia é a denominada cláusula de barreira ou cláusula de vedação de concorrência. Sobre esse tema, remetemos a uma obra anteriormente escrita por um dos autores:

> Já através da cláusula de vedação à concorrência, ou *no compete*, o detentor do segredo impede que seus franqueados entrem no mercado do mesmo segmento durante um determinado período após o término do contrato. Dessa forma, as informações, adquiridas pelo franqueado através de treinamentos e a própria atuação profissional, não serão utilizadas em concorrência à franquia durante um determinado período naquele território pré-estabelecido no respectivo contrato – o que caracterizaria má-fé e clara presença de concorrência desleal, caso essa cláusula seja desobedecida.[42]

Por essa razão, é de obrigação do franqueador dispor, na Circular de Oferta de Franquia, como deverá se portar o franqueado após o fim do contrato de franquia, no que tange à *"implantação de atividade concorrente à da franquia"*, conforme determina o artigo 2º, inciso XV, alínea "b", da Lei nº 13.966/19 (Lei de Franquia).

Não raro, essa cláusula também costuma estender tal obrigação de não fazer a parentes diretos e familiares próximos do franqueador, para evitar um aproveitamento indireto dos ativos de segredo de negócio da franquia, situação em que os familiares seriam considerados "laranjas" do ex-franqueado, real operador do negócio. Essa situação, contudo, necessita de uma análise casuística, uma vez que o contrato de franquia, a princípio, não pode impor uma obrigação a terceiros não contratantes.

O contrato de franquia, assim, ganha um escopo amplo ao analisarmos o segredo de negócio. Uma vez que se trata de uma informação não proprietária de alto valor agregado,

---

42. DI BLASI, Gabriel. Aspectos de Propriedade Intelectual no *Franchising*. p. 57. In ABF-Rio. Aspectos Jurídicos do *Franchising*: as bases legais para o sucesso de uma franquia. Rio de Janeiro: ABF-Rio, 2016.

é preciso municiar o contrato com cláusulas redigidas de acordo com as necessidades do negócio, de modo a impedir a divulgação do segredo de negócio e evitar judicialização em uma relação contratual que deveria ser harmônica e mutuamente benéfica.

Em dezembro de 2022 o INPI publicou ata da reunião da sua diretoria, no qual foram aprovadas diversas mudanças no intuito de simplificar os serviços de registro e averbação de contratos de tecnologia no INPI, tais como a eliminação da necessidade de rubrica das partes em todas as páginas dos contratos, a não obrigatoriedade de notarização e apostila de assinaturas estrangeiras e aceitação de licenciamento de tecnologia não patenteada.

Essas medidas visam a averbação dos contratos de forma mais célere e menos custosa para as partes envolvidas, que estão em consonância com as práticas internacionais. Em que pese a devida divulgação, essa simplificação ainda não foi colocada em prática pela Autarquia, mas já demonstra um caminho a ser seguido, sem prazo estipulado.

A promulgação da Lei nº 14.596/23[43], que converteu a Medida Provisória nº 1.152/22, tem o objetivo de alinhar algumas práticas tributárias brasileiras às práticas internacionais da OCDE, na medida em que dispõe sobre regras de preço de transferência relativas ao Imposto sobre a Renda das Pessoas Jurídicas (IRPJ) e à Contribuição Social sobre o Lucro Líquido (CSLL).

Em suma, a nova Lei dispõe sobre as diretrizes para a base de cálculo do IRPJ e da CSLL das pessoas jurídicas domiciliadas no Brasil, que realizam transações controladas com partes relacionadas no exterior, inclusive para as operações envolvendo intangíveis, tal como ocorre na execução de contratos de transferência de tecnologia e de franquias internacionais, por exemplo.

Como principal ponto da nova Lei, podemos destacar a adoção do princípio *arm´s length*, ou seja, os termos e as condições de uma transação controlada serão estabelecidos de acordo com aqueles que seriam estabelecidos entre partes não relacionadas em transações comparáveis.

De modo amplo, pode-se entender que as partes não são relacionadas quando uma parte não sofre qualquer influência, exercida direta ou indiretamente pela outra parte, na transação comercial.

A nova Lei vem complementar a Lei nº 14.286/2021, que atualizou as normas cambiais, as regras de capital estrangeiro no Brasil e de capital brasileiro no exterior, a partir de 30/12/2022, que encerrou os limites de remessa de royalties entre empresas do mesmo grupo.

Os efeitos da Lei nº 14.596/23 só abrangem contribuintes que fizerem a opção pela sua aplicação ainda em 2023. Quanto aos demais, as novas regras valerão a partir de 2024.

---

43. http://www.planalto.gov.br/ccivil_03/_Ato2023-2026/2023/Lei/L14596.htm#:~:text=Art.,Par%C3%A1grafo%20%C3%BAnico.

5.3. Segredos de negócio de franquias em tribunais

Como já visto, a transferência do segredo de negócio é parte essencial no sistema de franquia. Afinal, é a transmissão de como realizar a operação do franqueador para franqueados que garante a identidade do negócio, de forma que os consumidores finais daquele produto ou serviço não percebam qualquer diferença entre os operadores do modelo de negócio.

Contudo, devemos salientar que não há previsão legal garantindo medidas preventivas de proteção desse ativo. Assim, como uma forma de garantia do *trade secret*, são adotadas medidas contratuais: os contratos entre um franqueador e seus franqueados idealmente devem conter cláusulas específicas. Mencionamos anteriormente tanto a cláusula de confidencialidade quanto a cláusula de barreira.

O Superior Tribunal de Justiça, por diversas vezes, já se pronunciou a respeito da legalidade de cláusulas de não concorrência. A correlação entre segredos de negócio e essa cláusula fica clara na leitura do Recurso Especial nº 818.799 – SP (2006/0010714-6)[44], relatado pelo ministro Castro Filho. Como se verá, também é possível verificar a proteção ao *trade dress*, que já mencionamos, no mesmo caso.

No caso em tela, muito resumidamente, o Bob's Indústria e Comércio S.A. havia ajuizado ação contra um de seus ex-franqueados pelo descumprimento da cláusula de barreira, abrindo uma loja de alimentos tipo *fast-food* em uma localidade que o contrato não permitia.

Conforme relata o excelentíssimo Ministro, não poderia o ex-franqueado se engajar, no período de 18 meses após a rescisão contratual, "em qualquer negócio de restaurante que seja similar ao restaurante operado pelo franqueado, dentro de um raio de 20 (vinte) km do local deste restaurante". Essa é, claramente, uma cláusula de barreira.

Mais à frente no julgado, o ministro explicita a então cláusula 20.3 do contrato de franquia da rede Bob's, que protege tanto os segredos de negócio quanto o *trade dress* da rede de alimentos, vejamos em detalhe:

> Definição e proteção do segredo de negócio: "Ocorrendo o término ou expiração do prazo de Franquia, o Franqueado imediatamente devolverá ao Franqueador os manuais comerciais a ele fornecidos, junto com todo o material relativo a instruções de operação ou práticas do negócio; cessará o uso do Sistema BOB'S; (...)."
>
> Proteção do *trade-dress*: "(...) e dessa data em diante, o Franqueado obriga-se a não comercializar sob qualquer forma que possa dar ao público a impressão de que ele seja ainda, de alguma maneira, afiliado ao sistema BOB'S."

O julgado no STJ terminou por declarar procedente o dano moral à rede de franquias por conta de descumprimento contratual.

---

44. BRASIL. Superior Tribunal de Justiça. Recurso Especial nº 818.799-SP. Relator Ministro Castro Filho. Disponível em <https://ww2.stj.jus.br/processo/revista/documento/mediado/?componente=ATC&sequencial=2835399&num_registro=200600107146&data=20070910&tipo=51&formato=PDF>. Acesso em 19 de mar. 2019.

Assim, podemos compreender que há severas sanções por descumprimento contratual no universo de franquias que são diretamente relacionadas aos segredos de negócio. Além de sanções contratuais, há possibilidade de violação direta à LPI, uma vez que, conforme mencionado, há previsão de crime de concorrência desleal.

Como exemplo, tem-se a Apelação Criminal nº 1.478.408-8[45], de Curitiba, na 6ª Vara Criminal, caso que, segundo relata o próprio desembargador, diz respeito a um prestador de serviços que, "em violação aos seus deveres profissionais, com abuso de confiança, ciente da ilicitude de sua conduta, apropriou-se das mais diversas informações sigilosas e documentos da empresa-vítima (...) [dentre as quais] listas de clientes, listas de fornecedores, preços de matérias-primas, quantidades exatas de matéria, relação de pessoas responsáveis por clientes e fornecedores, contratos, propostas comerciais, fotografias digitais de matérias, projetos, desenhos e etc.". Posteriormente, esse prestador de serviços teria se aliado a um ex-empregado dessa mesma empresa, impedido de trabalhar no ramo por força de dever contratual (o qual denominamos anteriormente "cláusula de não concorrência"), e teriam aberto, em conjunto, uma empresa concorrente, praticando, assim, concorrência desleal.

No caso em questão, em virtude da redução penal, a apelação declarou mantida a pena fixada na sentença de substituição da pena restritiva de liberdade por uma restritiva de direitos.

Assim, percebemos que a utilização de segredos de negócio é de especial interesse para franqueadores para que estes mantenham seus franqueados em um padrão de negócio confiável. É preciso, contudo, ter controle sobre a forma como esses segredos são repassados, de maneira a garantir segurança jurídica para a rede de franquia.

6. CONCLUSÃO

Como foi observado, vários ativos de propriedade intelectual são partes integrantes do contrato de franquia. Em uma relação tão simbiótica entre o *franchising* e os ativos intangíveis, proprietários ou não, é impossível que uma franquia exista sem que o franqueador detenha algum bem intangível. Assim, torna-se necessário que o Franqueador atente e priorize a existência desses bens em sua rede de franquia, garantindo segurança jurídica aos seus franqueados e a continuidade ao seu negócio.

Assim, os franqueadores devem analisar e conhecer melhor seu negócio, estruturando-o da melhor forma possível para aproveitar as potencialidades de seus ativos intangíveis, que possuem valores agregados muitas vezes maiores do que as próprias propriedades tangíveis da sua franquia. Por outro lado, cabe aos franqueados, antes de entrar em uma franquia, avaliar se os direitos de propriedade intelectual estão bem resguardados, pois a falta ou deficiência de proteção da propriedade intelectual da franquia ocasionará consequências prejudiciais não só para o franqueador, mas principalmente para o franqueado, que ficará vulnerável perante seus concorrentes.

---

45. Brasil. Estado do Paraná. Apelação Crime nº 1.478.408-8, de CURITIBA – 6ª VARA CRIMINAL. Apelantes: Agisa Containers LTDA; Mauri Mendes e Ricardo Felix Oleinik. Relator: des. Fernando Wolff Bodziak. Julgado em 31 de janeiro de 2019.

REFERÊNCIAS BIBLIOGRÁFICAS

AMARAL, Heitor Estanislau do. O ilícito concorrencial da imitação de fachadas e das vitrinas e os fundamentos de sua repressão. In PIMENTA, Eduardo Salles (coord.). *Propriedade Intelectual*: estudos em homenagem ao Ministro Carlos Fernando Mathias de Souza. São Paulo: Letras Jurídicas. 2009.

ANTONIAZI, Lucas Bernardo. *Trade dress*: uma tentativa de análise objetiva da sua distintividade. Revista da Escola da Magistratura Regional Federal 2ª Região. Volume 25. Nº 1. nov. 2016 – abril 2017.

ASCENSÃO, José de Oliveira. *Direito Civil*: teoria geral, vol. 1: introdução. As pessoas. Os Bens. 3ª ed. São Paulo: Saraiva, 2010.

BARBOSA, Denis Borges. *Tratado da Propriedade Intelectual* – Tomo I. 2ª ed. Editora Lumen Juris: Rio de Janeiro, 2017.

BETO FILHO. A propriedade intelectual no mundo do *franchising*. In: IDS – Instituto Dannemann Siemsen de Estudos Jurídicos e Técnicos. Propriedade Intelectual: Plataforma para o desenvolvimento. Rio de Janeiro: Renovar. 2009.

BRASIL. Tribunal de Justiça de Goiânia – Goiás. Processo nº 1101/97, 4ª Vara Cível da Comarca de Goiânia/GO.

BRASIL. Estado do Paraná. Apelação Crime nº 1.478.408-8, de CURITIBA – 6ª VARA CRIMINAL. Apelantes: Agisa Containers LTDA; Mauri Mendes e Ricardo Felix Oleinik. Relator: des. Fernando Wolff Bodziak. Julgado em 31 de janeiro de 2019.

BRASIL. Superior Tribunal de Justiça – STJ. Recurso Especial nº 1353451. Acórdão relatado pelo exmo. Sr. Ministro MARCO AURÉLIO BELLIZZE.

BRASIL. Superior Tribunal de Justiça – STJ. Recurso Especial nº 1.677.787 – SC. Voto da Excelentíssima Sra. Ministra Nancy Andrighi.

CABRAL, Filipe Fonteles; MAZZOLA, Marcelo. O *teste 360º de confusão de marcas*. Disponível em <https://www.portalintelectual.com.br/o-teste-360-de-confusao-de-marcas/>. Acesso em 22 de fev. 2019.

CAMELIER DA SILVA, Alberto Luís. *Concorrência desleal*: atos de confusão. São Paulo: Saraiva. 2013.

DI BLASI, Gabriel. Aspectos Jurídicos da Propriedade Intelectual no *Franchising*. p. 41. In: ABF-Rio. *Aspectos Jurídicos do Franchising*: as bases legais para o sucesso de uma franquia. Rio de Janeiro: ABF-Rio, 2016.

DI BLASI, Gabriel. *A Propriedade Industrial*. 3ª ed. Rio de Janeiro: Forense, 2005.

DI BLASI, PARENTE & ASSOCIADOS - STF decide ADI 5529, que afetará as patentes já concedidas. Disponível em https://diblasiparente.com.br/stf-decide-adi-5529-que-afetara-as-patentes-ja-concedidas/ Acesso em 03 jul. 2023.

DISTRITO FEDERAL. Superior Tribunal Federal. Ação Direta de Inconstitucionalidade 5529.

FEKETE, Elisabeth Kasznar. "Segredo de Empresa" – enciclopédia jurídica da PUCSP. Disponível em <https://enciclopediajuridica.pucsp.br/verbete/248/edicao-1/segredo-de-empresa>. Acesso em 19 de mar. 2019.

FICPI, Resolution of The Executive Committee. "Assessing priority of Design applications". Disponível em <https://ficpi.org/_/uploads/gonzo/EXCO-IT19-RES-002-GB.pdf>. Acesso em 06 de fev. de 2020.

FICPI, Resolution of The Executive Committee "Virtual Designs". Disponível em <https://ficpi.org/_/uploads/gonzo/EXCO-IT19-RES-003-GB.pdf>. Acesso em 06 de fev. de 2020.

ID-5. Industrial Design Five 2019 Annual Meeting. 2019.

IDS – Instituto Dannemann Siemsen de Estudos Jurídicos e Técnicos. Comentários à lei da propriedade industrial. 3ª edição revista e ampliada. Rio de Janeiro: Renovar. 2013.

INPI – Instituto Nacional da Propriedade Industrial. Manual de Marcas. Disponível em <http://manualdemarcas.inpi.gov.br/projects/manual/wiki/02_O_que_%C3%A9_marca>. Acesso em 22 de fev. 2019.

INPI – Instituto Nacional da Propriedade Industrial. Manual de Desenho Industrial. Disponível em <http://manualdedi.inpi.gov.br/projects/manual-de-desenho-industrial/wiki/Manual_de_Desenhos_Industriais>. Acesso em 12 de abr. 2019.

INPI – Instituto Nacional da Propriedade Industrial. Tipos de Contratos. Disponível em <http://www.inpi.gov.br/menu-servicos/transferencia/tipos-de-contratos>. Acesso em 22 de fev. 2019.

INTA – International Trademark Association. Trade Dress. Disponível em <https://www.inta.org/Advocacy/Pages/TradeDress.aspx>. Acesso em 22 de fev. 2019.

MÓSCA, Fernanda. *Secondary meaning*: toda regra tem exceção. Disponível em <https://diblasiparente.com.br/artigo/secondary-meaning-toda-regra-tem-excecao/>. Acesso em 22 de fev. 2019.

PLANALTO - http://www.planalto.gov.br/ccivil_03/_Ato2023-2026/2023/Lei/L14596.htm#:~:text=Art.,Par%C3%A1grafo%20%C3%BAnico.

Parte III
CIRCULAR DE OFERTA DE FRANQUIA

7
A CIRCULAR DE OFERTA DE FRANQUIA – CONCEITO

Luiz Felizardo Barroso

Sumário: Introdução – 1. A franquia precisaria de uma lei para regulá-la?; 1.1 Projeto de lei nº 1526/89 do deputado Ziza Valadares/PSDB – MG; 1.2 Projeto de lei nº 167/90 do senador Francisco Rollemberg, reeditado sob o nº 265/91; 1.3 Projeto de lei nº 381/91 (no senado nº 02/92) – 2. O dever de informar – o princípio do *disclosure (full and fair disclosure)* – jogando "limpo" com o investidor.; 2.1 O *disclosure* no mundo; 2.2 Antecedentes brasileiros do *disclosure*; 2.2.1 O *disclosure e o mercado de capitais*; 2.2.2 O *disclosure e o Banco Central do Brasil*; 2.2.3 *Lei das sociedades anônimas*; 2.2.4 *Lei criadora da comissão de valores mobiliários*; 2.2.5 *O prospecto*; 2.2.6 *Teoria do prospecto*; 2.2.7 *Prós e contras na adoção da figura do prospecto e do* disclosure *no mercado de capitais* – 3. Circular de oferta de franquia (COF) – 4. Futuro franqueado x franqueador – relacionamento – 5. Elaboração da COF – *caput* do art. 2º da lei nº 13.966, de 26/12/2019; 5.1 Reza o *caput* do art. 2º da lei nº 13.966, de 26/12/2019: "para a implantação da franquia, o franqueador deverá fornecer ao interessado circular de oferta de franquia, escrita em língua portuguesa, de forma objetiva e acessível, contendo obrigatoriamente".; 5.2 O código de autor-regulamentação do *franchising*; 5.2.1 A ética aplicada ao *franchising* – 6. Franquia pública; 6.1 A P.P.P. da pequena e média empresa – instrumento de privatização das empresas estatais, sem que o ente público perca seu controle – 7. A franquia precisa de uma lei?; 7.1 Direito substantivo x desenvolvimento econômico; 7.2 Fator de atingimento do bem comum; 7.3 Objetivo socioeconômico e o equilíbrio de forças – Referências bibliográficas.

INTRODUÇÃO

Não se pode, nem se deve admitir a análise de um determinado diploma legal, dissociada da realidade dos fatos políticos e socioeconômicos, os quais estão por detrás de toda norma legal e que determinaram sua elaboração.

Este é o caso, pois, da Lei nº 13.966, de 26/12/2.019 (Lei do *franchising*) e, em particular, de seu principal conteúdo, ou seja, da Circular de Oferta de Franquia (COF), por ela consagrada.

Neste sentido, se pudermos resumir, em poucas palavras, a necessidade da elaboração da Circular de Oferta de Franquia (instrumento do *disclosure*) e a obrigatoriedade de sua entrega às pessoas interessadas em negociar com um franqueador, diríamos que a proteção das poupanças públicas (entendidas estas como o somatório da poupança de particulares) foi determinante para a sua criação.

E mais, o pequeno e médio investidor em *franchising* carece sempre de uma maior proteção, garantida pela Circular de Oferta de Franquia, já que será, ele próprio, o administrador da aplicação de seus recursos financeiros, tornando esta sua mera opção de investimento em uma verdadeira opção de vida.

PANORAMA SÓCIO-ECONÔMICO EMPRESARIAL DO FRANCHISING BRASILEIRO Em palestra intitulada "Os desafios do Franchising em 2.023", proferida em 22/11/22, (nos auditórios de sua Seccional do Rio de Janeiro), o presidente da Associação Brasileira de Franchising Nacional e CEO do Grupo Trigo, (empresário brasileiro de escol, com excelentes qualidades de liderança, Sr. Antônio Moreira Leite), iniciou sua apresentação revelando os resultados do mercado de Franchising para o ano de 2022. São eles positivos e demonstram crescimento de 12%, com projeção de um cenário em ampliação para 2023; com esse crescimento também representando dois dígitos. Dados esses obtidos a poder de uma pesquisa de desempenho do Setor de Franchising, realizada entre os dias 3 de outubro e 4 de novembro de 2022. Foram obtidas, então, 316 respostas em um universo de 2.977 redes. A variação no 3º trimestre de 2022 representou um acréscimo de 1.539 operações de Franchising no país, totalizando 179.356 operações. No 3º trimestre de 2022, o número de postos de trabalho no setor totalizou aproximadamente 1,58 milhões de empregos diretos. O palestrante fez, ainda, um comparativo de faturamento do 3º trimestre de 2019, 2020, 2021, 2022, sendo que o 3º trimestre de 2022 apresentou crescimento de 18,7%, em cima do 3º trimestre de 2021. Apresentou, também, o palestrante o faturamento do 3º trimestre de 2022 separado por segmentos. Hotelaria e Turismo revelaram maior crescimento em comparação com o mesmo período de 2021, seguido de Food Service e Saúde, Beleza e Bem-Estar. Já Moda e Casa e Construção apresentaram os menores índices, e, quanto aos Serviços Automotivos, mostraram estes uma certa retração. Mapeou, outrossim o palestrante a abertura e o fechamento de unidades do 3º trimestre de 2022 e os comparou com os resultados do mesmo período obtidos em 2021. Os resultados mostram claramente que o modelo de negócios em redes, conhecido por Business Format Franchising, saiu fortalecido do período pandêmico, tendo provado que efetivamente ele se reinventa, frente a situações inusitadas, como aconteceu com a pandemia. Dentro do cenário de Franchising para 2023, a perspectiva é positiva não somente para o franqueado, como também para os bancos e investidores. O Franchising é visto, hoje, afinal, pelos bancos e investidores como setor da economia de menor risco, comparado com outros tipos de investimentos independentes e o de maior e melhor dinâmica em sua contratação. Outrora, por total ignorância, os banqueiros pediam, sempre, o aval do franqueador. Abordou, ainda, o palestrante o crescimento do Franchising fora do eixo RJ/SP; apresentando alguns resultados, separados por segmentos de atuação, os quais revelaram que os números conferidos foram superiores, quando confrontados com RJ e SP. Citou, ainda, algumas questões de logísticas e o que deve ser considerado para abrir uma unidade franqueada nessas localidades, reforçando, porém, a proposta de considerar possíveis novos investimentos. Pautou, outrossim, a programação da ABF e o compromisso assumido com as ações do próximo ano com a agenda ESG, bancos e legislação, planejamento e HUB de inovação para associados, e um Franchising consciente. Finalizando sua palestra, compartilhou, o Palestrante, com o auditório, "case" de sucesso do Grupo Trigo (que preside), alcançado com algumas medidas e estratégias adotadas, como, por exemplo, a forma de se comunicar com o cliente, a propósito do surgimento do Marketplace e das plataformas digitais e de comunicação, principalmente com os feedbacks e gerenciamento de crise.

1. A FRANQUIA PRECISARIA DE UMA LEI PARA REGULÁ-LA?

Para responder a esta indagação, precisamos, preliminarmente, saber: qual o universo socioeconômico legal e mesmo legislativo, no qual está inserido, hoje, o *Franchising* brasileiro?

Esta é, pois, uma análise que se impõe para uma perfeita, tanto quanto possível, contextualização, colocando-se tudo no radar de uma análise econômica do direito.

Senão, vejamos:

Desde 2919, o Brasil já era o quarto país do mundo em redes franqueadoras. Nosso setor registrou um crescimento de 6,1% no 3º trimestre de 2019, na comparação com o ano anterior. Seu faturamento passou de R$ 44,479 bilhões para R$ 47.203 bilhões de reais, nos próximos 12 meses. Quanto aos postos de trabalho, gerados diretamente por nosso setor, houve uma alta de 4% no período, passando de 1.286 para 1.343 milhões de pessoas empregadas; um dado este de muita expressão, quando se sabe do elevado número de pessoas ainda desempregadas em nosso país, atualmente.

Embora estes números sejam auspiciosamente atraentes (principalmente os atuais) – e, talvez por isto mesmo –, haverá sempre uma demanda reprimida em virtude, inclusive, de uma falta de postos de trabalho, bem como em razão dos números, sempre crescentes e positivos, observados no *franchising*.

Acrescente-se a todos esses atributos o oferecimento de um modelo de negócio para todos os perfis empreendedores; como, por exemplo, as micro franquias, os *food trucks* e os contêineres, bem como para todos os "paladares" e atividades, as mais diversas, como: o esporte, saúde, beleza e lazer; hotelaria e turismo; veículos, comunicação, informática e eletrônicos; alimentação, acessórios pessoais e calçados; negócios e serviços, entre outros varejos.

Tal espectro apresenta dois lados na preferência do público investidor: um positivo e um outro negativo. Do lado positivo, pelo despertar de enormes e boas oportunidades de negócios que surgem, destacando-se dos demais por suas qualidades peculiares, por isso que só presentes na franquia empresarial (*franchising*). Do lado negativo, porém, haverá sempre o inconveniente no sentido de que qualquer coisa que seja oferecida venha a ser adquirida, por razões não condizentes com uma boa e refletida escolha, quando se sabe que o *franchising* requer do investidor/operador (franqueado) o máximo de dedicação e zelo na administração de seu investimento, atuando, sempre, aliás, de acordo com os mais elementares preceitos da ética nos negócios.

É óbvio que padrões técnicos e éticos de conduta nos negócios podem e devem ser sempre exigidos de quaisquer pessoas; só que, enquanto essas pessoas não adquirirem a condição de franqueador ou de franqueado, por exemplo, não pertencendo a nenhuma entidade de classe, é evidente que você não poderá recomendar e/ou, muito menos, exigir a observância do respectivo Código de Autorregulamentação (CAR), no caso o de *franchising*, por parte de quem não seja franqueador ou franqueado.

Por outro lado, quanto maior a crise econômica, mais candidatos à franquia aparecem, por causa da escassez de empregos com carteira assinada, sendo a franquia uma alternativa e uma oportunidade sólida e única de se desempenhar até o papel de patrão simplesmente e não mais o de empregado, dependendo da posição que se venha ocupar, quer seja a de franqueador, quer seja a de franqueado.

Em clima de euforia, geralmente, a escolha de uma franquia não se faz conscientemente (avaliando-se a idoneidade e a capacidade do franqueador mediante informações fidedignas), mas pelo charme da franquia, ou para obtenção de lucro fácil (doce ilusão).

Enquanto outrora, na doutrina e mesmo nos meios empresariais, prosseguia a discussão no sentido de se saber, efetivamente, se a Franquia Empresarial precisaria de uma lei específica para regular seu funcionamento, alguns projetos de lei, neste sentido, foram sendo apresentados; senão, vejamos:

1.1 Projeto de Lei nº 1526/89 do Deputado Ziza Valadares/PSDB – MG

Com parecer favorável da Comissão Constituição e Justiça e Redação pela sua constitucionalidade, juridicidade e técnica legislativa, foi o projeto em causa, todavia, afinal, rejeitado pela Comissão de Economia, Indústria e Comércio que aprovou, por unanimidade, voto do relator, Deputado Luiz Roberto Ponte; tendo sido suas razões determinantes da rejeição, as seguintes: enxergava na franquia um constante litígio entre franqueador e franqueado, contrariando o espírito do *franchising*, que preconiza: entendimento, equilíbrio e parceria. Ademais, partia o projeto em causa de premissas falsas, como: abuso constante por parte do franqueador, mediante a caracterização pejorativa do contrato, como leonino.

Apresentava o projeto em tela, afinal, o Contrato de Franquia como peça garantidora do lucro ao franqueado, seja na industrialização, comercialização ou na prestação de serviços (caso o preço do serviço ou produto fosse determinado pelo franqueador).

1.2 Projeto de Lei nº 167/90 do Senador Francisco Rollemberg, reeditado sob o nº 265/91

Tal projeto não trazia nenhuma contribuição relevante ao sistema de Franquia Empresarial, pois não conseguiu sensibilizar os principais atores do sistema de franquia, os quais não moveram uma palha sequer, nem contra, nem a favor ao andamento do projeto, sendo o mesmo, afinal, arquivado por falta de um interesse generalizado.

1.3 Projeto de Lei nº 381/91 (no Senado nº 02/92)

Obteve este projeto parecer favorável da Comissão de Constituição e Justiça e Redação por ser equilibrado e por apresentar uma estrutura enxuta.

Nas demais Comissões, recebeu emendas, muitas das quais por gestão da Associação Brasileira de *Franchising* (ABF) junto aos respectivos relatores e ao próprio autor do projeto (quem, aliás, não as acatou "in totum").

O Senado, porém, aprovou o projeto sem as emendas propostas, a mais importante das quais era a que dava novo tratamento ao fundo de comércio.

Projeto de Lei da Câmara dos Deputados nº 219/2.015, deu origem à atual Lei de Franchising; Lei nº 13.966, de 26 de dezembro de 2019.

2. O DEVER DE INFORMAR – O PRINCÍPIO DO *DISCLOSURE (FULL AND FAIR DISCLOSURE)* – JOGANDO "LIMPO" COM O INVESTIDOR

Mas, que figura jurídica é esta [disclosure] consagrada no direito anglo-saxão, embora a palavra seja de origem latina? Qual, afinal, é seu significado?

R.: Seria o de abrir; descerrar; expor à vista; sair do invólucro; tornar público; tornar conhecido; revelar-se? Sim, efetivamente; figurando, ademais, o *disclosure* como fiel escudeiro na preservação de um outro princípio, qual seja, o da transparência, o do dever de informar.

2.1 O *disclosure* no mundo

Esta figura, a do *disclosure*, foi inserida no direito positivo norte-americano pelo *U.S.A. Securities Act*, de 1933, com o objetivo primacial de proteger o acionista em potencial, aquele sem ingerência na sociedade e sem acesso direto às informações sobre os principais dados empresariais. Serviu ela também para detectar e, eventualmente, punir o *Insider Trading*.[1]

A França também contempla o *disclosure* no seu direito positivo, relativo ao mercado de capitais. O Japão, *idem*, em seu Código Comercial, bem como no seu *Securities Exchange Act*. Já a Alemanha adota o *disclosure* em sua Comissão de Registro.

No Canadá, na província de Alberta, a Circular de Oferta de Franquia possuía as mesmas características da norte-americana, com a exigência de seu depósito na Comissão de Valores Mobiliários Canadense. Depósito este, hoje, aliás, abolido.

Quanto ao Brasil, quando a cláusula do *disclosure* foi inserida no direito positivo relativo à Franquia Empresarial, a figura do *disclosure* já existia no mercado de capitais brasileiro, contemplada nos seguintes diplomas legais:

2.2 Antecedentes Brasileiros do *Disclosure*

2.2.1 O Disclosure e o Mercado de Capitais

Segundo Barroso[2] (2002, p. 51-52), nossa Lei nº 4.728, de 14/07/65 (Lei do Mercado de Capitais), por motivos conhecidos, foi considerada esclarecedora e por pouco não sofreu

---

1. É o administrador, ou mesmo qualquer pessoa, que tenha acesso às informações a respeito dos negócios empresariais, que ao público investidor normalmente não são dadas a conhecer, no tempo oportuno e que lhe permitem igualmente tirar partido dessa informação.
2. BARROSO, Luiz Felizardo. Franchising & Direito. p. 51-52.

alteração de base. Desde seu advento, contudo, obrigava a revelação dos dados reais sobre a exata situação econômico-financeira das empresas que quisessem se lançar no mercado, nos arts. 19, 20 e 21, por meio do respectivo registro, cuja obrigatoriedade criara.

No que tange precisamente ao art. 20, nº II, ele suspende informações dolosas ou substancialmente imprecisas que possam vir a ser prestadas.

2.2.2 O disclosure e o Banco Central do Brasil

Mais tarde, as Resoluções nº 88, 124 e 7, e a Circular nº 179 do Banco Central do Brasil, também faziam referências expressas ou veladas ao *disclosure*. Aqui no Brasil, certamente por influência salutar, diga-se de passagem, dos Estados Unidos da América do Norte, consagrou-se, desde cedo, o princípio de que o controle a ser exercido pelo órgão encarregado da fiscalização deveria concentrar-se sobre um processo de amplas informações a serem prestadas ao público interessado.

Apesar de tudo, algumas imprecações foram feitas sobre este processo, acoimado de meramente contemplativo, eis que o Banco Central, único órgão fiscalizador à época, em verdade, não fiscalizava a não ser as instituições financeiras, limitando-se a guardar e a colocar à disposição do público os dados que lhe eram enviados pelas empresas comerciais e industriais.

2.2.3 Lei das Sociedades Anônimas

Quanto à Lei das Sociedades Anônimas, então, nem se fale, pois ela é recheada de demonstrações no sentido de prestigiar a figura do *disclosure*. Por exemplo: o art. 134, § 4º, o qual determina a republicação dos demonstrativos financeiros se aprovados com modificação; o art. 157 estatui que o administrador, ao assumir o cargo, tem por obrigação declarar o nº de ações que possua, eis que ele se enquadra na figura do *Insider trading*, vide Lei nº 12.838, de 2013; o art. 177 impõe a padronização da escrituração; o art. 255 regula a alienação de ações e a oferta pública aos minoritários; já o art. 272 rege os grupos de sociedades, bem como a publicação da respectiva convenção.

2.2.4 Lei criadora da Comissão de Valores Mobiliários

Já a lei que criou a Comissão de Valores Mobiliários (CVM), em seu art. 4º, nº VI, o qual assegura acesso às informações privilegiadas relativas ao âmago das empresas. Já o inc. III, do § 1º, prevê a divulgação de informações para prevenir e corrigir situações anormais.

2.2.5 O prospecto

Quanto ao prospecto, instrumento do *disclosure*, diríamos que ele é primo-irmão da Circular de Oferta de Franquia e tem como conteúdo a imposição da divulgação do nome dos dirigentes das empresas e das suas coligadas, assim como o estado geral dos negócios, mencionando a natureza da mão de obra que utiliza; a capacidade para atingir a demanda do mercado; os problemas ligados às fontes de matéria-prima, bem como uma análise do mercado, para a absorção do lançamento de seus valores mobiliários.

Tudo isto, a nosso ver, bem a propósito, deveria constar, s.m.j., obrigatoriamente, também da Circular de Oferta de Franquia, em prol de uma maior assistência aos futuros franqueados.

2.2.6 Teoria do Prospecto

Não confundir o Prospecto da lei do Mercado de Capitais com seu homônimo prospecto, detectado pelos economistas ganhadores do Prêmio Nobel de 2002, Kahneman e Tversky, os quais, estudando as ciências comportamentais em economia, chegaram à conclusão de que cada pessoa possui uma tolerância diferente diante da perda, chegando a afirmar que "a dor da perda é mais forte que a alegria do ganho".

2.2.7 Prós e contras na adoção da figura do prospecto e do disclosure no Mercado de Capitais

Como, a nosso juízo, o princípio do *disclosure* possui os maiores atributos, ainda que com pretensos defeitos, vários juristas e atores do Mercado de Capitais manifestaram-se a favor da existência do Prospecto, como instrumento do *disclosure*, por se constituir, este, quando mais não fosse, um fator de autodisciplina, com ênfase nas contribuições sociais, alertando, ademais, o Prospecto para a possível existência de práticas discriminatórias, quanto ao emprego; ao salário e à agressão ao meio ambiente.

A filosofia que determinou a instituição do Prospecto partiu do princípio de que o investidor bem-informado estará sempre bem mais protegido (*vide Securities Act* de 1933).

Nada obstante, suas enormes vantagens, quando da criação do Prospecto, apareceram alguns poucos argumentos contra, levantados pelos mais céticos, resumindo-se no seguinte: dirigir-se-ia, o Prospecto, apenas aos profissionais; às instituições financeiras e aos investidores institucionais, haja vista o número de investidores individuais ser inexpressivo àquela época.

Em sendo assim, só nos restaria, em prol das virtudes do Prospecto, dizer que tudo o que afirmamos a respeito do Prospecto aplicar-se-ia, perfeitamente, à Circular de Oferta de Franquia, objeto de análise deste trabalho.

3. CIRCULAR DE OFERTA DE FRANQUIA (COF)

Segundo Adalberto Simão Filho:

"Em 21 de outubro de 1979, foi editado, pela Federal Trade Commission norte-americana, a regra FTC 436, o "Disclosure Requirements and Prohibitions Concerning Franchising and Business Opportunities Ventures" visando especialmente a proteção do franqueador a conceder ao franqueado o máximo de informações a respeito do negócio proposto, sob todos os ângulos, em um prospecto (nossa Circular de Oferta)". (SIMÃO FILHO, 1993, p. 52 *apud* LAMY[3], 2002, p. 11).

Ademais, o *disclosure*, quer no Prospecto, quer na Circular de Oferta de Franquia, não deixa de ser um mecanismo de controle, por ser um instrumento eficaz de transparência.

A introdução da Circular de Oferta de Franquia em nosso ordenamento jurídico, valendo-se do princípio do *disclosure*, teve, então, como objetivo, assim como seu primo-irmão, o Prospecto, a proteção das poupanças advindas do público investidor, entendidas estas como sendo o somatório das poupanças privadas de diversos indivíduos, ansiosos por bem aplicar as que lhe dissessem respeito, em particular, no mercado de capitais e, mais precisamente, agora, no mercado de franquias.

Há quem afirme, inclusive, que os poupadores, que aplicam suas reservas financeiras no mercado de franquias, mereceriam até uma maior e melhor proteção do que os que investem no mercado de capitais, de um modo geral, protegidos pelas informações contidas no Prospecto.

É que, geralmente, o aplicador de suas poupanças em franquia, o faz comprometendo quase todas as suas disponibilidades financeiras, na qualidade de um futuro franqueado, advindas de preciosas fontes, como economias realizadas ao longo de sua existência; ou do recebimento de seu Fundo de Garantia do Tempo de Serviço, quando ex 0empregado.

E aquela opção de investimento passa a ser, então, uma verdadeira opção de vida, já que ele será o próprio administrador da aplicação de suas poupanças, o que não ocorre, porém, necessariamente, com o aplicador (investidor) no Mercado de Capitais.

4. FUTURO FRANQUEADO X FRANQUEADOR – RELACIONAMENTO

Seja como for, a lei brasileira que rege a Franquia Empresarial não estabelece regramentos para serem observados na convivência entre franqueador e seus franqueados; o que é feito pelo Contrato de Franquia.

O que a lei brasileira da Franquia Empresarial faz é regular o estabelecimento dos primeiros contatos entre o franqueador e seus futuros franqueados, pela Circular de Oferta de Franquia, prima-irmã do Prospecto, como o dissemos linhas atrás, impondo àquele que deseje ser franqueador o dever de divulgar, com a absoluta clareza e sinceridade, amplamente seus dados empresariais, para que jamais um candidato à franquia de determinada marca, quando insatisfeito durante suas atividades empreendedoras como franqueado, possa, em face de seu franqueador dizer: "Ah! Eu não sabia."

A menção à estrutura societária do franqueador, na Circular de Oferta de Franquia, é um outro dado importante a ser considerado, pois obriga as empresas a identificarem quem são as pessoas físicas beneficiárias finais dos lucros gerados, entre outros, pelos *royalties* pagos pelos franqueados.

---

3. LAMY, Marcelo. *Franquia Pública*. p. 11.

Isto traz maior transparência e faz, inclusive, com que os donos possam ser cobrados pelos atos, porventura deletérios, praticados à frente de suas empresas, mesmo sem a instalação do incidente da despersonalização da pessoa jurídica.

Modernamente, de um modo geral, aliás, principalmente em *franchising*, não se admite, ética e, moralmente falando, aquela hipótese de um detentor do controle acionário da empresa franqueadora ser um fundo de investimento, por exemplo, com sede em qualquer paraíso fiscal. Realidade com a qual, infelizmente, temos tido que conviver na atualidade, pela existência da figura do franqueador, proprietário de muitas marcas, geralmente representado por fundos de investimentos, qual seja, a de um franqueador difuso; doutrinária e teoricamente de impossível concepção e aceitação.

5. ELABORAÇÃO DA COF – *CAPUT* DO ART. 2º DA LEI Nº 13.966, DE 26/12/2019

5.1 Reza o *caput* do art. 2º da Lei nº 13.966, de 26/12/2019: "para a implantação da franquia, o franqueador deverá fornecer ao interessado circular de oferta de franquia, escrita em língua portuguesa, de forma objetiva e acessível, contendo obrigatoriamente"

Comentários:

Não basta, todavia, que as informações prestadas sejam claras e corretas; "elas devem ter a amplitude e a qualidade suficientes para que possam subsidiar uma tomada correta de decisão por parte do futuro franqueado".

Ao analisar o processo[4] nº 105.2037-85.2017.8.26.0100, o juiz Alexandre Bucci, da 10ª Vara Empresarial de São Paulo, ressaltou mais que a "conclusão pericial indicava que as informações fornecidas à franqueada, para subsidiar a decisão de investimento foram transmitidas de maneira clara e correta, porém, com qualidade e amplitude insuficientes para que pudessem subsidiar a correta tomada de decisão".

E, inclusive, "a franqueadora não deu importância ao fracasso da franqueada anterior (continua a sentença), não fornecendo informações suficientes que, se prestadas, poderiam viabilizar que delas fossem extraídas lições aprendidas para que os mesmos erros não fossem novamente cometidos".

Embora ainda caiba recurso, esta sentença, calcada em sólida conclusão pericial, funciona como um alerta no sentido de deixar a desejar, muitas vezes, o cumprimento das responsabilidades do franqueador, que, esquecido da lição de Saint-Exupéry: "Tu te tornas eternamente responsável por aquilo que cativas", não presta todo o apoio devido ao franqueado, a começar por uma Circular de Oferta de Franquia sem a amplitude e a qualidade suficientes para evitar a derrocada do franqueado.

---

4. Processo no qual a 5àSec foi condenada a pagar indenização à franqueada TMI Tratamento Têxtil por não haver prestado informações com qualidade e amplitude suficientes.

Histórico resumido do negócio franqueado (inc. I, art. 2º)

A COF deve estampar o histórico resumido dos negócios da franqueadora, bem como das empresas coligadas e/ou marcas que adotem. Inciso II, do art. 2º: qualificação completa do franqueador.

Comentários:

Devem ser adicionados sua razão social, sua forma legal, seu endereço, assim como o local principal de seus negócios.

A marca fantasia, a logomarca comercial, nome comercial ou similar sob o qual o Franqueador conduz ou pretende conduzir seus negócios na praça onde o franqueado em potencial operará sua unidade franqueada. (Inciso III do art. 2º) Balanços de Demonstrações Financeiras

Comentários:

Os balanços financeiros deverão ser auditados, ou, então, ao menos verificados por uma entidade independente, inclusive balancetes e demonstrações de resultados dos dois últimos anos (deveriam ser dos três últimos anos), imediatamente anteriores.

(Inciso IV do art. 2º) Indicação das ações judiciais

Comentários:

Devem ser mencionados quaisquer processos de natureza criminal (menos delitos de trânsito), cível ou juízo arbitral, envolvendo as franquias ou outras atividades desempenhadas pelo franqueador; acusações de fraude ou de má-fé por atos ou práticas similares por parte do franqueador ou de suas afiliadas envolvidas no negócio de franquia, pelo período mínimo de 5 anos, imediatamente anteriores.

(Inciso V do art. 2º)

Descrição detalhada da franquia, descrição geral do negócio, bem como descrição das atividades que serão desempenhadas pelo franqueado.

Comentários:

Como a COF será anualmente elaborada, aquelas descrições das atividades serão atualizadas ano a ano, dentro de cada exercício, sem, porém, uma atualização mais amiúde, a qual criaria incômodos evidentes.

A falta de uma atualização periódica anual, todavia, poderia criar dificuldades de ordem prática, frustrando os objetivos da lei.

(Inciso VI do art. 2º) Perfil do franqueado ideal (art. 3º, V)

Comentários:

Nossa Lei de Franquia Empresarial (*Franchising*) é a única no mundo que adota o PERFIL DO FRANQUEADO IDEAL, aquele cujas características o franqueador espera que os candidatos à sua marca preencham.

O perfil do franqueado ideal deverá conter experiência anterior (em caso positivo), nível de escolaridade, outras características – várias obrigatórias, algumas preferenciais, tais como:

a) obrigatórias: residir no território a ser explorado pelo negócio que irá capitanear.

b) preferenciais: idade (faixa etária).

Várias franquias (poucas) exigem, em razão da natureza do negócio a ser abraçado pelo franqueado, que ele seja diplomado em um curso acadêmico em nível superior, por exemplo, na atividade que irá desempenhar.

(Inciso VII do art. 2º) requisitos quanto ao envolvimento direto do franqueado na operação e na administração do negócio

Comentários:

Tempo integral e dedicação exclusiva ao negócio por parte do franqueado está na raiz do sucesso do *franchising* por isso que, sempre que exigido, deverá ser encarado como um fator altamente positivo.

Como a franquia, por parte do franqueado, é uma atividade quase artesanal, tais requisitos nem precisariam ser exigidos, pois são da essência do *franchising,*

(Inciso VIII do art. 2º) Especificações quanto ao: letras "a", "b" e "c"

Comentários.

O franqueado neófito é sempre carente de tudo que se possa imaginar, sendo altamente conveniente para o próprio franqueador proporcionar aos seus franqueados o maior número de dados disponíveis, possíveis e imagináveis.

Será, portanto, muito bem-vinda uma estimativa total dos investimentos iniciais a serem feitos pelos franqueados. A possibilidade de obtenção de financiamento direto ou por intermédio de instituições financeiras, será também muito bem-recebida. Esta menção não é obrigatória, mas, certamente, será muito apreciada.

(Inciso IX do art. 2º) Informações claras quanto às taxas periódicas e outros valores

Comentários:

Uma das marcas mais importantes do *Franchising* é o regime de parceria em que ele se desenvolve, sendo a principal característica da parceria a transparência no relacionamento diuturno entre franqueador e franqueados.

(Inciso X do art. 2º) Relação completa de todos os franqueados, sub franqueados ou sub franqueadores da rede

Comentários:

O franqueador deve apresentar uma relação completa dos integrantes de sua rede, de modo a facilitar a pesquisa do candidato à sua franquia.

O franqueador deverá apresentar ainda relação completa dos franqueados que se desligaram da rede, nos passados vinte e quatro meses, com nome completo; endereço físico e digital; telefone fixo e celular.

Com a relação dos franqueados que se desligaram da rede em suas mãos, o candidato à franquia poderá saber quais os motivos que desencadearam o respectivo desligamento, informação de suma importância para que o futuro franqueado saiba em que universo lhe interessará, ou não, estar futuramente inserido.

(Inciso XI do art. 2º) Letras "a", "b" e "c". Política de atuação territorial

Comentários:

Especificar se é garantida exclusividade ou preferência sobre determinado território, caso positivo, em que condições: se há uma planta delimitando o território; se os *shopping centers* entram ou não no território, ou funcionam como uma espécie de embaixada, ou seja, um território neutro ou pertencente a outro franqueado, ou ao próprio franqueador. Possibilidade de o franqueado realizar vendas ou prestar serviços fora do território, que lhe foi destinado, bem como se pode realizar exportações.

Com o surgimento do *e-commerce* e do *marketplace*, a noção de território passou a ficar muito fluída.

A Circular de Oferta de Franquia terá que esclarecer como o franqueador lidará com as vendas *on-line*.

Fazer com que as respectivas entregas sejam realizadas nas lojas dos franqueados, próximas aos domicílios do consumidor poderá ser uma boa solução.

Nada impede e já há um caso de um franqueado, cuja unidade passou a ser apenas um showroom das mercadorias vendidas pelo franqueador, através da internet (*e-commerce*).

(Inciso XII do art. 2º) Informações claras e detalhadas quanto à obrigação do franqueado de adquirir quaisquer bens

Comentários:

As informações prestadas devem ser claras e detalhadas, quanto aos insumos, serviços e bens necessários à implantação, operação e administração da franquia.

Entre os fornecedores de bens e serviços, além daqueles que venham a fornecer matéria-prima, o franqueador deve dizer, por exemplo, se o arquiteto, que promoverá o andamento da obra da unidade franqueada, será de sua escolha, ou não.

(Inciso XIII do art. 2º) Indicação do que é oferecido ao franqueado pelo franqueador e em quais condições, no que refere a:...

Comentários:

A escolha do ponto é de crucial importância, não devendo ser feita pelo franqueado sem a assistência do franqueador.

Testemunho:

Tivemos em nossa prática profissional o caso de um franqueado que, depois de dois anos de operação, queixava-se de que seu franqueador nunca ter visitado sua unidade, nem ao menos no dia de sua inauguração, ou na época da escolha do ponto, oportunidade em que poderia ter opinado sobre a viabilidade de um dado ponto, no caso o seu, considerado muito grande pelo seu franqueador, porém, só depois de escolhido e adotado pelo seu franqueado.

(Inciso XIV do art. 2º) Informações sobre a situação da Marca Franqueada

Comentários:

Informar a situação perante o Instituto Nacional da Propriedade Industrial (INPI) da marca ou marcas, ou patentes, cujo uso será autorizado pelo franqueador, bem como de outros direitos de propriedade intelectual, se existentes.

O INPI tem levado dois anos, ou mais, para registrar uma marca. Nestes casos, informar que ela se acha depositada e que não houve impugnações, se é que efetivamente não tenha havido, fornecendo o número do protocolo do pedido de registro.

O INPI é uma lástima, envergonha nosso país há muitos anos. Além de nos desmoralizar, ainda atravanca nosso processo de desenvolvimento, na era da revolução tecnológica e da transferência de dados e, daqui a pouco, pela internet quântica. E nós, brasileiros, com o nosso INPI se arrastando burocrática e analogicamente. Vamos ver se agora, com o emprego da Inteligência Artificial (como com a utilização do Chat GPT) se, uma vez, adotada pela Poder Público, s coisa irá melhorar.

(Inciso XV do art. 2º) Situação do franqueado, posteriormente à expiração do Contrato de Franquia, em relação a: a) know-how; b) implantação de atividade concorrente

Comentários:

Situação do franqueado depois de expirar o termo do Contrato de Franquia em respeito ao know-how, em seus mais amplos aspectos; ao segredo de indústria (a que tenha tido acesso em função da franquia); bem como à implantação de atividade concorrente da atividade do franqueador.

A COF deve esclarecer quais as restrições em relação ao uso de quais conhecimentos adquiridos prevalecerão, depois da expiração do contrato.

Geralmente, é estipulado um prazo, posterior ao do contrato, durante o qual o franqueado é impedido de usar os conhecimentos adquiridos por meio da franquia, ou mesmo exercer atividades tidas como concorrentes com as do franqueador.

Quanto a este prazo, a experiência, inclusive a internacional, tem demonstrado que não deve ser superior a dois anos. Mais de dois anos têm sido anulado pela justiça de outros países, como abusivo.

No Brasil, a jurisprudência firmou-se, também, em dois anos

(Inciso XVI do art. 2º) Modelo do Contrato Padrão, inclusive dos respectivos anexos

Comentários:

É de todo desaconselhável que o franqueador, ao entregar sua Circular de Oferta de Franquia, juntamente com o modelo de seu Contrato Padrão, entre seus anexos, inclua seu Manual de Operações; Administrativo e de RH.

Tais documentos, por conterem o segredo do negócio que está sendo franqueado, deve, quando muito, ser apenas exibido, sem permitir maior exame; a não ser depois da assinatura do Contrato de Franquia, quando poderá ser efetivamente entregue ao candidato em questão, que já poderá ser considerado, juridicamente, um membro da respectiva rede; um novo franqueado, portanto, em toda a acepção da palavra.

(Inciso XVII do art. 2º) Indicação da existência ou não de regras de transferência ou sucessão; caso positivo, quais são elas?

Comentários:

Os herdeiros legais, por força da sucessão operada com o falecimento do franqueado, como os novos proprietários da unidade franqueada, podem pretender apresentarem-se como os novos operadores de sua unidade.

O franqueador pode não se opor, e, geralmente o faz; se, porém, o fizer, deverá ter colocado em seu contrato de franquia que o sucessor do franqueado poderá vir até a administrar sua unidade franqueada, desde que seja previamente treinado.

(Inciso XVIII do art. 2º) Indicação das situações em que são aplicadas penalidades: multas ou indenizações e dos respectivos valores, estabelecidos no contrato de franquia

Comentários:

O franqueado que não revitalizar as instalações de sua unidade franqueada, findo o contrato de franquia, poderá ser penalizado com sua não renovação.

Poderá, igualmente, sofrer uma multa, caso, depois de instado a revitalizar sua unidade, não a levar a efeito, dentro do prazo que lhe foi, contratualmente, assinado.

(Inciso XIX do art. 2º) Informações sobre a existência de cotas mínimas de compras

Comentários:

Andou muito bem a nova lei. As disposições deste artigo procuram evitar impasses criados pelo franqueado que acha que sempre poderá comprar, em melhores condições de terceiros, os insumos necessários à sua operação.

(Inciso XX do art. 2º) Indicação de existência de Conselho ou Associação de Franqueados

Comentários:

A experiência nacional e a internacional aconselham que uma franquia com mais de 30 franqueados possa e deva, por uma iniciativa do Franqueador, montar seu Conselho de Franqueados.

É que uma franquia de certo porte não deve se iludir e pensar que seu franqueador vai conseguir geri-la sozinho. Mais cedo ou mais tarde, ele terá que concordar com uma gestão compartilhada; e, o instrumento respectivo ideal é o Conselho de Franqueados, preferencialmente, a nosso ver, a um Órgão Associativo, como uma Associação de Franqueados.

Uma vez a entidade representativa dos franqueados (seu Conselho de Franqueados) funcionando, deverá o franqueador incentivar a criação de um Código de Ética, e de uma Comissão de Ética (constituída por Franqueados membros do Conselho, ou não) com a nobre incumbência, entre outras, de julgar seus pares, premiando-os pelo seu bom desempenho e/ou os punindo, quando for o caso.

E o contrato de franquia deverá registrar não só a existência destas entidades representativas dos franqueados, como também sua alçada e seus poderes de representação (por exemplo, a gerência do Fundo de Publicidade e Propaganda).

(Inciso XXI do art. 2º) Indicação das regras de limitação da concorrência

Comentários:

Com o avanço do *E-Commerce*; como se procederá com respeito às vendas *on-line*, deverá estar mencionado no Contrato de Franquia, pois será fatal a concorrência do próprio Franqueador com os integrantes de sua rede.

Para minimizar possíveis contratempos, algumas redes, que recorrem às vendas *on-line*, indicam aos seus compradores que retirem suas mercadorias, deste modo adquiridas, nas lojas dos franqueados mais próximas de seus domicílios; com isso estimulando o trânsito nas respectivas lojas.

(Inciso XXII do art. 2º) Especificação precisa do prazo contratual e das condições de renovação, se houver

Comentários.

O candidato a uma franquia deve ficar atento às condições de renovação do Contrato respectivo, pois, dentre elas, poderá constar, como condição *sine qua non* para a sua renovação, que o Franqueado arque com o pagamento de nova taxa de adesão ao sistema, ou que, se for o caso, revitalize as instalações de sua unidade.

(Inciso XXIII do art. 2º) Local, dia e hora para recebimento da documentação proposta – § 1º e § 2º

Comentários:

Este inciso e seus §§ tratam da entrega da Circular de Oferta de Franquia, bem como das consequências de sua não entrega, estatuindo, ademais, um ritual diferenciado para o caso de o Franqueador ser um ente Público.

Este mesmo ritual, aliás, já é observado na Lei da Franquia Postal, a qual fez da Empresa Brasileira de Correios e Telégrafos uma Franqueadora e da quase totalidade de suas agências serem administradas por franqueados.

Remanescendo este inciso, inobstante o veto ao artigo 6º, podemos concluir que, embora haja uma circunstância inopinada, causada pelo citado veto, a Franquia Pública, veio, afinal, conquistar uma permissão legal, ainda que, na doutrina, esta possibilidade já existisse e fosse abertamente defendida.

Tanto isso é verdade que podemos registrar duas obras, tratando especificamente do assunto: FRANQUIA PÚBLICA do Prof. Marcelo Lamy e FRANQUIA PÚBLICO-SOCIAL (A Franquia Cidadã do Ente Público) Tese de Doutoramento em Ciências Jurídicas e Sociais, defendida e aprovada, e, mais adiante, premiada pela Associação Brasileira de *Franchising* com a láurea DESTAQUE ACADÊMICO, em 2006.

Art. 3º Nos casos em que o franqueador subloque ao franqueado o ponto comercial onde se acha instalada a franquia (...)

Comentários:

Este artigo foi fruto de uma situação esdrúxula, verificada toda vez que o franqueado, titular apenas da locação do imóvel onde se achava instalada sua unidade franqueada, via-se no direito exclusivo de propor a ação renovatória de seu contrato de sublocação.

A controvérsia foi sanada com a edição da nova lei, eis que tanto o sublocador (locatário) como o sublocatário poderão fazê-lo.

PARÁGRAFO ÚNICO – Uma outra situação, igualmente esdrúxula, foi criada no seio da franquia da rede McDonald's, pelo fato de a Franqueadora cobrar, juntamente com o valor do aluguel, uma importância maior, a título de ressarcimento pelas despesas com benfeitorias realizadas no imóvel locado ou sublocado ao seu franqueado.

O impasse criado com a excessiva onerosidade que feria de morte o equilíbrio econômico-financeiro da relação com o franqueado, na vigência do contrato de franquia, foi parar no Senado da República e na barra dos tribunais, azedando, de vez, as boas relações que sempre existiram entre a franqueadora e seus franqueados, a ponto de ter sido criada uma nova Associação, a Associação dos Franqueados Independentes, McDonald's.

Hoje, com a edição da nova lei, o assunto está apaziguado, mesmo porque, se houver cobranças extraordinárias, isto deverá estar previsto no contrato, razão da existência deste artigo e seus parágrafos.

Art. 4º Aplica-se ao franqueador que omitir (...)

Comentários:

As mesmas penas previstas no § 2º do artigo 2º, serão aplicadas ao franqueador que omitir ou veicular informações falsas.

Art. 5º Estende aos sub franqueadores e sub franqueados as mesmas disposições desta lei, no que se referem ao franqueador e ao franqueado

Comentários:

Texto autoexplicativo.

Art. 6º (Vetado)

Comentários:

Previa este artigo a possibilidade de o ente público usufruir das vantagens da Franquia Empresarial, por meio da nova figura da Franquia Pública; por sinal, não tão nova assim, haja vista para a Franquia Postal (da Empresa Brasileira dos Correios e Telégrafos), há muito existente e funcionando com absoluto sucesso.

Nas suas razões de veto, o Exmo. Sr. Presidente da República alega não terem sido observadas as disposições constantes da Lei das Estatais, sem, todavia, mencionar quais.

Considerando que os artigos, os quais dispõem sobre como deverá funcionar a Franquia Pública, permaneceram no texto, sem nenhum veto, em nosso modesto entender, a Franquia Pública foi, afinal, consagrada em um texto legal completamente pertinente.

Como os vetos foram mantidos nas instâncias pelas quais andou o projeto após sua promulgação, não podemos prever o que pensarão nossos doutrinadores a respeito de uma possível insegurança jurídica, que, com os vetos manidos, agora sim, é bem capaz de ter sido criada, já que o artigo mãe foi vetado, mas seus "filhotes" não, teremos que aguardar os acontecimentos.

Art. 7º Os contratos de franquia obedecerão às seguintes condições: I, II, §§ 1º, 2º e 3º

Comentários:

Trata este artigo, essencialmente, da internacionalização do *franchising* dispondo a respeito da natureza jurídica do contrato de franquia (se nacional ou internacional); nada mal em um mundo cada vez mais globalizado.

Aliás, a vocação natural do *franchising* é a sua internacionalização, eis que não há limites para o número de unidades de uma rede de franquias, (vide BARROSO, Luiz Felizardo, Franquia sem Fronteiras, Ed. Letras e Versos, Rio de Janeiro, 2.020)

Art. 7º § 1º – Recorrer ao Juízo arbitral, ou não, sempre foi uma faculdade das partes, independentemente de existir um comando legal.

Todavia, em existindo este comando (§ 1º do art. 7º), servirá, ele, para motivar as partes a não recorrerem ao Judiciário, pois este recurso, em matéria de negócios, infelizmente, só traz prejuízos para ambas as partes.

Art. 8º Dispõe este artigo sobre a obrigatoriedade da observância da Lei da Propriedade Intelectual.

Art. 9º Dispõe este artigo sobre a revogação, in totum *da lei anterior.*

Art. 10 Dispõe este artigo sobre a vigência da lei, 90 dias após sua publicação oficial.

5.2 O Código de Autorregulamentação do *franchising*

5.2.1 A ética aplicada ao franchising

Em franquia, como o regime é o da parceria, o que conta é a transparência nas relações, com estrita observância da ética dos negócios. Mas, mesmo guardando-se absoluta transparência, as boas relações entre franqueador e franqueado não ocorrem espontaneamente, derivam, isto sim, de um esforço permanente e consciente de ambas as partes, no sentido de trabalharem no desenvolvimento destas mesmas boas relações. Tanto é assim, que o franqueador deve fazer com que o franqueado se considere um membro da família constituída pela rede de sua marca.

O franqueador deve criar um clima em que o franqueado sinta que está sendo incentivado a desenvolver o seu negócio, no qual aplicará seus fundos e suas habilidades empresariais, exercendo, na maioria das vezes, até uma nova opção de vida.

Assim, nada em *franchising* poderá ser feito às escondidas. Por mais que o franqueador encontre uma saída que não o comprometa juridicamente, como agir na qualidade de mandatário por ordem e conta de seu mandante, por exemplo, os princípios éticos, que exigem do franqueador um comportamento transparente na relação, terão que ser observados. Sua não observância irá torná-lo vulnerável a uma condenação por seus pares, o que é pior, até, do que uma condenação judicial.

O candidato a franqueador, ou mesmo a sub franqueador, vale dizer Máster Franqueado (especialmente se é uma grande empresa), não consegue, muitas vezes, aceitar bem os aspectos conceituais envolvidos no *franchising* e aos controles éticos aos quais ficará inexoravelmente sujeito.

Qualquer que venha a ser o contrato a ser firmado, porém, os fundamentos do *franchising* não mudam e não podem ser negociados por maior que seja o choque cultural que isso possa causar no futuro.

Quanto ao Código de Autorregulamentação do *Franchising*, editado pela Associação Brasileira de *Franchising*, traz, ele, em seu bojo, a obrigatoriedade de o franqueador fazer o *disclosure* de sua taxa de ingresso em seu sistema (item 3), corroborando o fundamento alcançado pela lei vigente.

6. FRANQUIA PÚBLICA

6.1 A P.P.P. da Pequena e Média Empresa – Instrumento de Privatização das Empresas Estatais, sem que o ente público perca seu controle

(Projeto de Lei nº 219, de 2015 (nº 4.386/2012 na Casa de origem), do qual originou-se a nova Lei nº 13.966, de 26/12/19, para ter vigência em 90 dias de sua publicação oficial.)

Tramitou no Senado Federal o Projeto de Lei da Câmara dos Deputados, nº 219, de 2015, dispondo sobre o Sistema de Franquia Empresarial (*Franchising*), revogando a

Lei nº 8.955/94 e tomando outras providências, entre as quais destacamos a introdução, de modo amplo, em nosso universo legal, da figura da Franquia Pública.

É que já existe, como acentuamos anteriormente, de modo pontual, a Franquia Postal, regulada pela Lei nº 11.668/2008, beneficiando a Empresa Brasileira de Correios e Telégrafos que pôde, assim, privatizar sua operação, junto ao consumidor, terceirizando seus serviços de coleta de cartas e encomendas, sem que tenha perdido o controle acionário de sua atividade-fim.

É bem verdade que se chegou a falar da privatização da franqueadora, (embora a sua privatização por meio do *franchising* já tenha se dado amplamente) mas os motivos eram outros, tratando-se de um endividamento exacerbado, a ponto de inviabilizar seu funcionamento como empresa pública. Tendo melhorado a situação financeira dos Correios, não se falou mais em sua privatização, mesmo no governo Bolsonaro. Agora, com a assunção do poder federal pela esquerda (que tudo quer estatizar, por motivos óbvios) é que não se falará mais nisso tão cedo.

Projeto de Lei 219/2015: a Franquia Pública estava prevista no art. 8º, §§ de 1º a 3º, *in verbis*:

> Art. 8º As empresas públicas, as sociedades de economia mista e entidades controladas direta ou indiretamente pela União, Estados, Distrito Federal e Municípios poderão adotar a Franquia, observado o disposto nessa Lei e na Lei 8.666, de 21 de junho de 1993, no que couber ao procedimento licitatório.
>
> § 1º A adoção do Sistema de Franquia pelas entidades citadas no *caput* deverá ser precedida de oferta pública, mediante a publicação, pelo menos anualmente, em um jornal diário de grande circulação no Estado, onde será oferecida a franquia.
>
> § 2º A Circular de Oferta de Franquia, adotada pelas entidades mencionadas no *caput*, deverá indicar, além dos requisitos previstos no art. 3º desta lei, os critérios objetivos de seleção do franqueado, definidos pelo franqueador.
>
> § 3º Os critérios objetivos de seleção do franqueado, citados no § 2º, sempre deverão ser publicados juntamente à oferta pública de franquia, de que trata o § 1º.

No momento em que a Administração Pública, ou qualquer Ente Público, quiser atuar como franqueador deverá levar em consideração que alguns cânones do Direito Público terão que ser observados, embora apareçam mesclados com os princípios e pressupostos do Direito Privado, mais precisamente, do Instituto Jurídico da Franquia Empresarial, como o definiu o Professor Marcelo Lamy[5] em sua magistral obra intitulada Franquia Pública, *in verbis*:

> Franquia Pública é uma relação jurídica efetivada por um contrato escrito em que a Administração Pública (franqueador) cede temporariamente o uso de uma imagem empresarial (marca, título de estabelecimento, insígnias, etc.), transfere um conjunto de conhecimentos empresariais (know-how) e verifica a sua efetiva utilização (assistência técnica e comercial), para que a outra (franqueado), escolhida em processo licitatório entre todos os integrantes de uma rede de empresas que exploram a mesma atividade, mediante a remuneração estipulada. (LAMY, 2002, p. 173.)

---

5. LAMY, Marcelo. *Franquia Pública*. p. 173.

A FRANQUIA PÚBLICA não deixa de ser uma Parceria Público-Privada (P.P.P.) disposta a operar sem, contudo, a exigência de uma contrapartida financeira por parte do Poder Público, contrariamente ao que prevê a legislação das Parcerias Público-Privadas, originárias, destinadas às grandes empresas.

A franquia pública pode ser um relevante instrumento de incentivo à expansão da economia formal, de geração de novas oportunidades de emprego, trabalho e renda para a população. Tal como as parcerias público-privadas, que o governo federal tenta implantar, a franquia pública também livrará a Administração Central da alocação de recursos próprios, sempre escassos, e da contratação de mão de obra, em geral, complicada, na implementação e operação de atividades que podem ser perfeitamente desempenhadas pela iniciativa privada.

A franquia pública está, pois, para a pequena e média empresa, assim como as parcerias público-privadas estão para as grandes. A franquia pública apresenta-se para o Estado muito mais interessante e convincente do que a concessão ou a permissão – com as quais, aliás, não se confunde, por pertencerem àqueles a regimes jurídicos distintos –, porque só a franquia permite, debaixo de um sistema de parceria e cooperação recíproca entre o franqueador e o franqueado, que aquele tenha maior controle e fiscalização sobre este, quanto ao fornecimento ao consumidor de seus produtos e serviços.

O rito complexo e a morosidade dos processos de licitação não combinam com a esperada agilidade e a versatilidade da ação empresarial. Não é sem razão que o próprio Estado, quando lhe convém, apresenta-se com roupagem de empresa privada, agindo por intermédio das empresas estatais, das quais mantém o controle acionário, ou de economia mista, em cujo capital detém a maioria.

"Graças ao *franchising*, o Estado pode pensar em 'privatizar' suas atividades sem perda do controle e sem correr o risco de formação de cartéis".

A escolha de franqueados, baseada na análise das aptidões dos interessados, não é inaplicável às fórmulas de seleção de contratados, previstas na atual legislação sobre licitações, pois são baseadas na análise de propostas, sejam elas econômicas ou técnicas. Na franquia, as propostas são feitas ao revés, pelo franqueador A, B ou C, sendo, então, escolhidas por um candidato à franquia, que, depois de se habilitar, submeter-se-á ao processo de seleção. Para implantar as franquias públicas é preciso, portanto, um processo próprio de seleção de franqueados, aliás, previsto no Projeto de Lei que tramitou no Congresso Nacional (Projeto de Lei 129/2015) e, agora, na própria lei que lhe deu origem, Lei nº 13.966, de 26/12/19.

A propósito, este mesmo critério de prospecção e contratação de franqueados já é observado pela Empresa Brasileira de Correios e Telégrafos em seu Sistema de Franquia Pública, previsto em lei.

A franquia pública e a franquia privada vão conviver lado a lado; a segunda proporcionando à primeira um arejamento nos negócios do Estado. graças ao *franchising*, o Estado poderá pensar em "privatizar" suas atividades, sem perda do controle e sem se sujeitar à formação posterior de cartéis nacionais ou à dependência ao capital estrangeiro. Poderá o Estado "privatizar" apenas o contato direto com o cidadão, o consumidor, o pagador de impostos, tarefa por natureza atomizada, só desempenhada satisfatoriamente pelo microempresário privado, no caso, o franqueado.

Que venha, pois, a franquia pública, para o bem do Estado e de toda a Nação Brasileira.

7. A FRANQUIA PRECISARIA DE UMA LEI?

Retornando à indagação inicialmente formulada, então, afinal, a Franquia Empresarial precisaria mesmo de uma lei regulando-a?

7.1 Direito Substantivo X Desenvolvimento Econômico

A resposta é positiva, pois, como é sabido, o desenvolvimento econômico de um povo mede-se pelo número e pelo grau de sofisticação dos Institutos Jurídicos postos a seu serviço.

7.2 Fator de atingimento do bem comum

Ademais, quando as relações entre particulares, ou determinados fatos econômicos se sofisticam a um tal ponto, passam a interessar à coletividade e ao próprio sistema como um todo, tornando-se urgente que sejam normatizadas, porque passam a constituir fator de atingimento do bem comum.

O mercado é uma instituição fundamental para a sobrevivência de qualquer regime democrático. Todavia, a capacidade de atender satisfatoriamente ao consumidor e elevar o nível da concorrência nem sempre partem das empresas espontaneamente.

A experiência tem demonstrado que as razões de conveniência, próprias da livre concorrência, podem ser predatórias, prejudicando sensivelmente o consumidor.

Ademais, a competição nem sempre é feita dentro das regras que preservam o crescimento da economia nacional de um confronto devastador, sobretudo quando os empresários, estimulados pela formação de blocos de nações, desenvolvem, hoje, estratégias mundiais, inclusive no Mercado de Franquia.

7.3 Objetivo socioeconômico e o equilíbrio de forças

O objetivo socioeconômico, no caso da franquia empresarial, é representado pelo estabelecimento do equilíbrio de forças entre o franqueador, geralmente, uma empresa média ou grande, e o franqueado em potencial, na maioria das vezes, pessoa física, microempreendedor individual ou pequena empresa.

E uma das características da lei que introduziu em nosso ordenamento jurídico, a obrigatoriedade da entrega da Circular de Oferta de Franquia do franqueador aos seus franqueados em potencial, que atenda, perfeitamente, aos objetivos socioeconômicos alvitrados, os quais devem ser preservados, a poder da existência de uma norma legal, isto porque "a espada sem a balança é a força bruta, e a balança sem a espada é a impotência do direito" (Rudolf von Ihering).

Para obrigar quem ainda esteja fora de um determinado sistema, só mediante uma lei, cujo desconhecimento não pode ser por ninguém alegado. Não se trata, pois, de impor uma camisa de força, mas de induzir a uma ação segundo um princípio salutar, aliás já consagrado em nosso direito positivo: o magistral *disclosure*, com função relevante, inclusive eminentemente profilática, se pudermos assim nos expressar.

O futuro, infelizmente, não se pode prever. Todavia, se pode, perfeitamente, construí-lo. E, como asseverou Mário Quintana "o passado não conhece seu lugar, pois sempre quer estar presente".

Só que o mundo mudou e continua em um processo vertiginoso de mudanças, acelerado com o emprego da Inteligência Artificial e, em breve, com a Internet quântica, sem falarmos na tolquenisação dos imóveis, por exemplo, já uma realidade entre nós.

Assim é que o novel franqueador, antes de lançar sua marca no mercado e prospectar franqueados, tendo elaborado sua Circular de Oferta de Franquia, é preciso que ele entenda que a administração de sua rede terá que ser tão compartilhada quanto possível, com seus futuros franqueados, os quais, por estarem na linha de frente, cumprem um papel relevante, com acesso direto à demanda dos produtos, no fornecimento dos quais o franqueador, aliás, terá que se adaptar, transformando-se em uma grande plataforma de serviços, tecnologias e novas formas de ganhos para a rede.

Uma advertência final a todo franqueador, para que ele compreenda bem seu papel em face de seus franqueados:

"Quem não serve ao consumidor final, deve servir àquele que o serve"
Professor Pós Doutor Luiz Felizardo Barroso
Integrante do *Hall* da Fama do *Franchising*

REFERÊNCIAS BIBLIOGRÁFICAS

BARROSO, Luiz Felizardo. A importância de um código de ética. *Revista da EMERJ: Escola de Magistratura do Estado do Rio de Janeiro*, nº 9, vol. 3, Rio de Janeiro: EMERJ, 2000.

BARROSO, Luiz Felizardo. *Franchising e Direito*. 2ª ed. Rio de Janeiro: Lumen Juris, 2002. cap. 3º, p. 51-52.

BARROSO, Luiz Felizardo. *Franchising: Modificações à lei vigente – estratégia e gestão*. Rio de Janeiro: Fundo de Cultura, 2003.

BARROSO, Luiz Felizardo. *Conveniência & Franchising: o canal do varejo contemporâneo – franquia dos postos de serviços*. Rio de Janeiro: Lumen Juris, 2005.

BARROSO, Luiz Felizardo. Conveniência & Franchising Rio de Janeiro: Lumen Juris, 2005.

BARROSO, Luiz Felizardo. *Franquia Público-Social: a franquia cidadã do ente público*. Rio de Janeiro: Lumen Juris, 2008.

BARROSO, Luiz Felizardo et al. *Franchising: aprenda com os especialistas*. 2ª ed. Romualdo Ayres (Coord.). Rio de Janeiro: Ediouro, 2013.

BARROSO, Luiz Felizardo. Mediação e arbitragem no franchising. *Aspectos jurídicos do franchising: as bases legais para o sucesso de uma franquia*. Ana Cristina von Jess (coord.). Rio de Janeiro: Ediouro, 2016.

BARROSO, Luiz Felizardo. Franquia sem fronteiras. Rio de Janeiro: Gráfica Editora Letras e Versos. 2020.

BARROSO, Luiz felizardo. Ao Correr da Pena. Rio de Janeiro Gráfica Editora Letras e Versos, 2021.

BARROSO, Luiz Felizardo. Arbitragem no Franchising. Rio de Janeiro Revista Arbitragem, Revista dos Tribunais, 2023.

LAMY, Marcelo. *Franquia Pública*. São Paulo: Juarez de Oliveira, 2002. cap. 6, p. 173.

SIMÃO FILHO, Adalberto. *Franchising: aspectos jurídicos e contratuais*. São Paulo: Atlas, 1993. p. 52, apud LAMY, Marcelo. Franquia Pública. São Paulo: Juarez de Oliveira, 2002.

8
CIRCULAR DE OFERTA DE FRANQUIA: ELEMENTOS OBRIGATÓRIOS

Renata Pin

INTRODUÇÃO

O artigo 2º da Lei de Franquia (13.966/19, que revogou a Lei 8.955/94) estabelece a obrigatoriedade do franqueador de fornecer aos interessados em ingressar no sistema de franquia um documento, em linguagem clara e acessível, que a lei denomina Circular de Oferta de Franquia– a COF.

A própria lei estabelece quais são as informações obrigatórias a serem inseridas na Circular de Oferta de Franquia para que o candidato tenha condições de avaliar o negócio ofertado, decidindo pelo ingresso, ou não, na rede de franquias apresentada na COF.

Embora a COF, por si só, não gere um vínculo efetivo entre as partes, ao menos se comparado com o contrato em si, é de suma importância que ela seja o mais completa possível, pois, como veremos mais adiante, é esse o documento que inicialmente apresentará ao candidato a uma franquia as obrigações e os direitos de ambas as partes.

Inicialmente, vale registrar, nos dizeres de Marcelo Cherto,[1] a definição da Circular de Oferta de Franquia e sua importância para qualquer rede de franquia:

> *"A COF é um documento (...) que deve ser entregue pelo franqueador ao candidato à aquisição de uma franquia sua com a antecedência mínima de dez dias (corridos da data em que for celebrado o contrato de franquia, firmado qualquer outro documento ou efetuado, pelo candidato, qualquer pagamento relativo à aquisição da franquia).*
>
> *Este documento precisa conter umas tantas informações a respeito da organização franqueadora, da situação legal de sua marca ou marcas, da própria franquia, da situação financeira da empresa, dos investimentos que o franqueado deverá fazer, dos pagamentos que deverá efetuar, e assim por diante.*
>
> *Se as informações contidas na Circular de Oferta forem insuficientes, ou estiverem em desacordo com a verdade, o franqueador estará sujeito não apenas às penalidades impostas pela própria Lei nº 8.955 (anulação do contrato e obrigação de ressarcir o franqueado por todos os gastos e investimentos que tenha efetuado com relação à aquisição, implantação, operação e gestão da franquia, devidamente acrescidos de correção monetária e juros) como também poderá ser considerado infrator do artigo 422 do novo Código Civil. E seus dirigentes ainda poderão estar sujeitos a eventuais medidas de natureza criminal.*
>
> *Infelizmente, muitos candidatos a franqueados não se dão ao trabalho de ler a Circular de Oferta de Franquia... a não ser quando já é tarde demais.*
>
> *Não cometa essa irresponsabilidade. Por mais 'maçante' que possa ser a COF que lhe venha a ser entregue por qualquer empresa franqueadora, leia-a. Estude-a a fundo."*

---

1. CHERTO, Marcelo, presidente do Grupo Cherto. Dicas práticas para quem pensa em investir numa franquia, p. 26. Disponível em: https://issuu.com/cherto/docs/investir_franquia.

Tal definição deixa claro que a entrega da Circular é de fato uma obrigação da Franqueadora, mas a sua leitura, compreensão e avaliação são de suma importância e– por que não dizer– uma obrigação do franqueado que pretende investir seu dinheiro de forma responsável.

Neste capítulo apresentaremos detalhadamente os elementos indispensáveis a serem observados, tanto pela franqueadora, para a validade e legalidade da Circular de Oferta de Franquia, como pelos candidatos, que atentos às informações fornecidas, terão melhores condições de avaliar o negócio no qual desejam ingressar.

I. *"Histórico resumido do negócio franqueado"* e

II. *"Qualificação completa do franqueador e das empresas a que esteja ligado, identificando-as com os respectivos números de inscrição no Cadastro Nacional da Pessoa Jurídica (CNPJ)."*

Mais do que a apresentação do negócio franqueado, a COF é o documento em que a franqueadora apresenta sua história, a origem da marca, do produto ou serviço que disponibiliza, bem como sua estrutura societária.

Em alguns casos, a empresa franqueadora não é a detentora dos direitos relativos à marca franqueada ou a titular dos direitos relativos à patente de produtos, técnicas de prestação de serviços ou outros elementos essenciais da franquia, sendo obrigatória, nesses casos, a inclusão da razão social, nome fantasia e endereços de todas as empresas que de alguma forma se relacionem com a franquia ofertada na COF.

Diferentemente da lei anterior, a partir de 2019 é obrigatória a menção ao número do CNPJ das empresas relacionadas na COF, possibilitando ao candidato realizar pesquisas sobre a regularidade das empresas que de alguma forma farão parte do dia a dia da franquia.

III. *"Balanços e demonstrações financeiras da empresa franqueadora, relativos aos 2 (dois) últimos exercícios."*

A exigência constante do inciso III da Lei visa garantir ao franqueado a possibilidade de acesso rápido e fácil à situação financeira da franqueadora.

Mesmo as empresas dispensadas da elaboração de balanço patrimonial anual nos termos da legislação tributária estarão obrigadas a elaborar e efetivamente inserir na COF as demonstrações financeiras dos dois últimos exercícios, não sendo suficiente a mera menção à disponibilização de tais informações financeiras para consulta do franqueado.

Ao contrário do inciso II, este inciso não menciona a extensão da obrigação de apresentação do balanço e demonstrações financeiras às demais empresas relacionadas ao sistema de franquia ou que fazem parte do grupo da franqueadora.

É bastante comum que empresas já consolidadas no mercado, ao iniciarem a implantação de um sistema de franquia, constituam uma nova empresa, a franqueadora, para gerir a rede. Nesses casos, até que a empresa franqueadora tenha dois anos de existência, é aconselhável que essa ressalva seja inserida na COF– de que a franqueadora não tem dois anos, portanto, não terá dois balanços, anexando na COF apenas o balanço de constituição da empresa franqueadora, até que a empresa tenha ao menos 12 meses de existência para que possa cumprir a exigência desse inciso III da Lei de Franquia.

IV. *"Indicação das ações judiciais relativas à franquia que questionem o sistema ou que possam comprometer a operação da franquia no País, nas quais sejam parte o franqueador, as empresas controladoras, o subfranqueador e os titulares de marcas e demais direitos de propriedade intelectual."*

A obrigação de indicação de ações judiciais constante do inciso IV é bastante específica e deixa claro que somente é obrigatório o apontamento de ações que efetivamente questionem o sistema de franquia ofertado na COF não sendo, portanto, obrigatória a menção a toda e qualquer ação da qual a franqueadora ou as empresas a ela relacionadas façam parte.

Devem ser apontadas na COF as ações que discutam a titularidade; a validade ou o registro da marca franqueada; a patente ou a titularidade dos direitos sobre os produtos e serviços disponibilizados na Franquia; e ações que, em função do tema discutido ou do montante envolvido, possam levar a franqueadora e as empresas a ela relacionadas à falência ou ao impedimento do exercício de suas atividades, colocando em risco a continuidade dos negócios dos franqueados da rede.

A redação da Lei 8.955/94 falava em *"pendências judiciais"*, expressão que foi substituída por *"ações judiciais"* o que, infelizmente, ao menos em nosso entendimento, não esgota a discussão a respeito da obrigatoriedade, ou não, do apontamento de procedimentos arbitrais. Assim, permanece válido debater se essa obrigação incluiria a menção a procedimentos arbitrais (cuja regulamentação no Brasil é posterior à lei de franquia). Em nosso entendimento, mais relevante do que o foro em que a discussão acontece é o objeto discutido na ação e a possibilidade de uma decisão desfavorável afetar os negócios da franqueadora, os franqueados e a rede como um todo.

Nesse sentido, e tendo em vista o objetivo da lei de franquias, que é dar transparência e informações claras, precisas e completas sobre a franqueadora e o seu sistema de franquia, é adequado que seja mencionada na COF a existência de procedimentos arbitrais em curso ou decisões proferidas que possam, de alguma maneira, impedir ou prejudicar a rede e o sistema de franquias da franqueadora.

V. *"Descrição detalhada da franquia e descrição geral do negócio e das atividades que serão desempenhadas pelo franqueado."*

Mais do que uma obrigação legal, essa é a oportunidade de a franqueadora apresentar, de forma a encantar e atrair franqueados para a sua rede, todos os detalhes sobre o negócio ofertado. Qual é o produto ou serviço objeto dessa rede? Qual é o diferencial desenvolvido pela franqueadora que torna a franquia interessante a franqueados e consumidores? Quais serão, em suma, as atividades desenvolvidas no dia a dia da operação da franquia pelo franqueado?

Além disso, nesse inciso, juntamente com os VI e VII, o legislador determina que a franqueadora apresente de forma transparente as características pessoais e dedicação específica do franqueado para a operação do negócio ofertado. Quanto maior o detalhamento a respeito de tais características, maiores as chances de a franqueadora atrair para sua rede franqueados que se identifiquem com a marca, o negócio e as atividades que serão desempenhadas, aumentando as chances de sucesso da rede e das operações franqueadas.

VI. *"Perfil do franqueado ideal no que se refere a experiência anterior, escolaridade e outras características que deve ter, obrigatória ou preferencialmente."*

Em complemento ao item anterior, a lei exige que a franqueadora deixe claras as características que o franqueado deverá ter para administrar com qualidade o negócio ofertado na COF.

Como titular da marca e desenvolvedora do *know-how*, a franqueadora tem conhecimento de quais habilidades, características e perfis são necessários para que o franqueado alcance o sucesso na operação do negócio atrelado à marca, de maneira que é essencial que o franqueado faça uma análise honesta dessas características e de forma bastante objetiva identifique se possui ou não aqueles requisitos descritos na COF.

Por sua vez, a franqueadora deverá ser criteriosa na definição de tais requisitos, inserindo na COF todas as características essenciais de seus franqueados, ainda que com isso dificulte seu processo de captação de franqueados e expansão da rede. Requisitos e características não mencionados não poderão ser exigidos posteriormente pela franqueadora, nem utilizados para justificar o insucesso do franqueado na operação do negócio.

VII. *"Requisitos quanto ao envolvimento direto do franqueado na operação e na administração do negócio."*

É extremamente importante que a COF indique, de maneira clara e objetiva, a necessidade, ou não, de dedicação exclusiva do franqueado ao negócio, possibilitando ao candidato avaliar se possui ou não a disponibilidade exigida pela franqueadora e pelo negócio, para obtenção dos resultados esperados.

Não é incomum que os interessados em instalar e operar um negócio franqueado tenham a ideia ou a intenção de permanecer realizando as atividades que já desempenham, mantendo o negócio franqueado como uma segunda atividade.

Embora de fato existam redes cuja participação do franqueado seja dispensável, ou não exigida em período integral, na grande maioria dos negócios é exatamente a participação direta e efetiva do franqueado que define o sucesso ou insucesso da operação, o que torna absolutamente relevante a transparência e veracidade das informações inseridas na COF com relação à dedicação do franqueado à operação de sua unidade franqueada.

VIII. *"Especificações quanto ao: (a) total estimado do investimento inicial necessário à aquisição, à implantação e à entrada em operação da franquia; (b) valor da taxa inicial de filiação ou taxa de franquia; e (c) valor estimado das instalações, dos equipamentos e do estoque inicial e suas condições de pagamento."*

É obrigação legal, e não uma faculdade da franqueadora, a menção expressa e detalhada na COF, da estimativa do total de dinheiro que o franqueado deverá investir para a instalação da unidade franqueada.

À exceção dos valores de taxa inicial de filiação ou taxa de franquia, cuja proposta constante da COF deverá ser efetivada sem qualquer variação, os valores de investimento inicial em implantação, equipamentos, instalações, estoques, entre outros, são estimativas, baseadas na experiência da franqueadora na instalação de unidades próprias ou de outros franqueados.

É dever da franqueada descrever detalhadamente não só os valores como o local, tamanho e condições para a formação daqueles valores e estimativas, mencionando, por exemplo, o tamanho/capacidade de atendimento da unidade, cidade ou região de instalação, ano/período em que tais cálculos foram realizados, qual o período coberto por aquele estoque inicial estimado, entre outros aspectos que possibilitem ao franqueado a aplicação de tais estimativas à realidade da unidade que pretende implantar.

Assim, se, por um lado, é obrigação da franqueadora buscar a maior assertividade possível com relação a esses valores de investimentos, por outro, é imperativo que o franqueado realize seus próprios estudos e pesquisas a fim de estimar com maior detalhamento quais diferenças entre a estimativa apresentada e a realidade do franqueado poderão impactar no total do investimento necessário.

Em outras palavras, nos casos em que a franqueadora cumpra adequadamente com seu dever de transparência e detalhamento em relação à estimativa de investimentos e localização de tal estimativa no tempo e espaço, não poderá o franqueado responsabilizar a franqueadora quando eventualmente o investimento em sua própria unidade supere a estimativa apresentada.

IX. "Informações claras quanto a taxas periódicas e outros valores a serem pagos pelo franqueado ao franqueador ou a terceiros por este indicados, detalhando as respectivas bases de cálculo e o que elas remuneram ou o fim a que se destinam, indicando, especificamente, o seguinte:"

Além dos investimentos iniciais estimados, é dever da franqueadora informar detalhadamente todos os valores devidos à franqueadora e seus fornecedores durante a vigência do Contrato. Note-se que não estão inclusos os gastos ordinários, inerentes e relativos a qualquer negócio ou atividade empresarial, mas somente aqueles específicos e devidos em razão do uso da marca e do *know-how* da franqueadora na operação daquele negócio específico.

Por possuírem questões relevantes, trataremos de cada um dos itens desse inciso de forma individual e detalhada.

(a) remuneração periódica pelo uso do sistema, da marca, de outros objetos de propriedade intelectual do franqueador ou sobre quais este detém direitos ou, ainda, pelos serviços prestados pelo franqueador ao franqueado;

Embora a palavra "*royalty*" possa ser empregada para diversas finalidades, cada uma com significado diferente, adotaremos neste livro a definição da Lei de Franquia para definir *royalties* como a remuneração periódica paga pelo franqueado à franqueadora pela utilização do sistema, da marca e do *know-how* de propriedade da franqueadora.

Podemos comparar os *royalties* do sistema de franquia com a mensalidade paga pelo sócio de um clube. A partir do momento em que se torna sócio, a pessoa está obrigada a pagar a mensalidade do clube independentemente da utilização efetiva de suas dependências e serviços. Ainda que a piscina seja fechada por causa do inverno, ou as quadras poliesportivas estejam em manutenção e sem condições de uso, o sócio não poderá deixar de pagar a mensalidade, sob pena de perder o título e o direito de frequentar o clube.

A mesma situação aplica-se aos *royalties* pagos pelo franqueado à franqueadora, já que inexiste a obrigação de qualquer contraprestação por parte da franqueadora pelo recebimento dos *royalties* de seus franqueados.

Embora a redação do item (a) desse inciso IX possa suscitar dúvidas quanto à obrigação da franqueadora de oferecer uma contrapartida aos franqueados em função do pagamento de *royalties*, a prática do mercado e a própria jurisprudência afastam tal entendimento.

> *1 – Se as mercadorias foram entregues no estabelecimento no período em que o fornecedor, realizando "intervenção", geria o negócio, mas não prestou contas de sua gestão, indevido o pagamento, eis que o fornecimento se fez no interesse desse. 2 – Mesmo no período em que o fornecedor estava à frente do negócio, devido, na forma do contrato, o pagamento pela utilização comercial de marca. 3 – Contas de período de gestão do fornecedor devem ser exigidas em ação de prestação de contas. 4 – Provida em parte a apelação da autora. Não provida a apelação da ré.*
>
> *Não provou a ré, contudo, que pagou os royalties. E a exceção non adimpleti contractus que fez – alegação de que a autora deixou de lhe prestar assistência técnica e de publicidade – não restou provada, ônus que lhe cabia (CPC, Art. 333, II).* **Além do mais, tratando-se de contrato de franquia, que envolve marca e uso dessa, royalties são devidos pela utilização comercial da marca – no caso, "girafas", que ocorreu até dezembro de 1997, fato não impugnado na contestação.** *(grifo nosso) E mesmo no momento de intervenção da autora na administração da ré, os royalties, de 4% (quatro por cento) sobre o valor bruto do faturamento da ré, devem ser pagos, posto que utilizada a marca na comercialização dos produtos.*[2]
>
> *"E, neste sentido, para um contrato de cinco anos, nem um ano decorreu até o ajuizamento da ação. Ademais, os royalties pagos se mantiveram com as rés, a reforçar acertada a condenação à devolução do valor inicial. Depois, agora considerando o adesivo, estes valores realmente se devem reter com as rés porque, conforme documentos de fls. 169/170 e prova oral colhida, alguma assistência se prestou ao autor, inclusive com deslocamento da ré para Atibaia. Do mesmo modo, o negócio de confeitaria se desenvolveu, mesmo que por pouco tempo, mas o que era da expertise da ré, não do autor, que havia acabado de rescindir contrato de trabalho."*[3]

Evidentemente que terão maiores chances de prosperar e atrairão melhores investidores as franqueadoras que ofereçam suporte integral a seus franqueados, mediante

---

2. TJ, AC 1998.01.1.020789-7/DF, Relator: Jair Soares, Segunda Turma Cível, DJU 09.08.2000. p. 12.
3. TJ-SP Apelação Cível, Processo nº 1006154-55.2016.8.26.0099, Voto nº 19.110, Relator Claudio Godoy.

ferramentas e pessoas que acompanhem as operações e auxiliem no direcionamento e melhoria na operação dos franqueados da rede.

Dessa forma, caberá à franqueadora mencionar expressamente na COF quais são as atividades e as ferramentas de suporte disponibilizadas a seus franqueados, sem, contudo, atrelar tais ferramentas ao pagamento dos *royalties*, que serão devidos ainda que nenhuma contrapartida seja oferecida ao franqueado.

(b) aluguel de equipamentos ou ponto comercial;

Existindo a obrigação de aluguel de equipamentos diretamente da franqueadora ou de fornecedores por essa homologados, bem como nos casos em que a franqueadora é a proprietária ou titular dos direitos relativos ao ponto comercial que será explorado pelo franqueado, essas informações, e inclusive os valores, periodicidade e reajuste desses valores deverão ser expressos na Circular de Oferta de Franquia.

Por sua vez, os investimentos em aluguel de imóvel, reforma e adaptação desse para a implantação das atividades franqueadas, quando não devidos diretamente à franqueadora, deverão ser mencionados na estimativa de investimento inicial, mencionada no inciso VIII da lei de franquia.

(c) taxa de publicidade ou semelhante;

Por sua complexidade, essa obrigação ganhou um capítulo específico neste livro, razão pela qual atemo-nos à menção de que é obrigatório que a franqueadora mencione na COF sobre a cobrança de uma Taxa de Propaganda ou a existência de um fundo de publicidade ou semelhante, sua forma e base de cobrança, obrigatoriedade ou não de prestação de contas por parte da franqueadora, obrigatoriedade ou não de investimento local por parte do Franqueado em *marketing*, bem como outros temas relevantes.

(d) "seguro mínimo";

A franqueadora deverá mencionar na COF a obrigatoriedade de contratação de um seguro para cobertura dos itens que guarnecem a unidade franqueada, estabelecendo as exigências mínimas para essa contratação em termos de valores, abrangência da cobertura, entre outros aspectos. Optando pela contratação de uma apólice coletiva, essa informação, assim como os valores de prêmio e peculiaridades da apólice, deverá igualmente ser detalhada na Circular de Oferta de Franquia.

A Lei 8.955/94, revogada pela lei de franquia atual, trazia ainda um item (e) que obrigava a franqueadora a indicar também "*outros valores devidos ao franqueador ou a terceiros que a ele sejam ligados*".

Não obstante a exclusão desse item, não é demais salientar que o objetivo principal da Circular de Oferta de Franquia é a transparência, inclusive e talvez especialmente, no que diz respeito aos aspectos financeiros a serem considerados pelo franqueado. Assim, e tendo em vista que é a franqueadora que possui todo o conhecimento sobre o negócio, seu modo de operação e as necessidades operacionais e financeiras relativas à franquia, é a franqueadora que está obrigada a identificar e informar ao candidato, de forma transparente, direta e completa, todos os custos inerentes ao negócio, em especial aqueles que não são comuns a qualquer outro negócio.

Como evidentemente é impossível para o Legislador prever todas as possibilidades de investimento obrigatórias em sistemas de franquia, entendemos ser obrigação da franqueadora conhecê-los e informá-los.

X. *"Relação completa de todos os franqueados, subfranqueados e subfranqueadores da rede e, também, dos que se desligaram nos últimos 24 (vinte e quatro) meses, com os respectivos nomes, endereços e telefones"*

Como já mencionado em outros capítulos deste livro, o sistema de franquia de uma marca, produto ou serviço visa replicar, de maneira uniforme, o conceito de um negócio desenvolvido pela franqueadora, pelos parceiros – franqueados – que aquela seleciona, treina e orienta para a operação da unidade franqueada.

Para a avaliação da viabilidade e possibilidade de sucesso do conceito de titularidade da franqueadora, bem como para que o candidato tenha certeza quanto à sua capacidade e afinidade com o modelo de negócio proposto, é importantíssimo que o candidato converse com outros franqueados e obtenha informações sobre a franqueadora, o suporte por ela oferecido, a adequação das informações relativas a investimento, à participação e a todos os outros detalhes expostos pela franqueadora na COF.

É por essa razão que a Lei 13.966/19 determina que a franqueadora disponibilize aos candidatos a relação completa de franqueados da rede e aqueles que nos últimos dois anos deixaram de ser franqueados, sendo considerado descumprimento dessa obrigação a falta de dados suficientes para que o candidato contate os franqueados e ex-franqueados daquela rede.

XI. *"Informações relativas à política de atuação territorial, devendo ser especificado: a) se é garantida ao franqueado a exclusividade ou a preferência sobre determinado território de atuação e, neste caso, sob que condições; (b) se há possibilidade de o franqueado realizar vendas ou prestar serviços fora de seu território ou realizar exportações; (c) se há e quais são as regras de concorrência territorial entre unidades próprias e franqueadas."*

Nos termos da lei, a franqueadora não está obrigada a conceder qualquer direito de exclusividade ou preferência sobre uma determinada área ou região onde esteja instalada a unidade do franqueado, estando, no entanto, obrigada a expressamente mencionar a inexistência de tais direitos na Circular de Oferta de Franquia.

A concessão de direito de exclusividade de atuação em determinada região, por outro lado, obriga a franqueadora a estabelecer em que condições esse direito é concedido e se há possibilidade de perda do direito por descumprimento das cláusulas do contrato por parte do franqueado. As mesmas premissas aplicam-se ao direito de preferência.

A concessão de exclusividade ou preferência de exploração no território definido no Contrato não se confunde necessariamente com o direito de atuar em determinada área.

A nova lei inovou em relação à lei anterior inserindo o item (c), que obriga a franqueadora a informar se há, e quais são, as políticas de concorrência entre unidades da própria rede. Em regra, franqueadoras que possuem direitos de exclusividade ou preferência bem definidos não terão definidas regras de concorrência, porque não haverá concorrência.

Especificamente nos casos de redes que não prevejam essa exclusividade territorial, passa a ser obrigatório indicar, na própria COF, como são atendidos os clientes quando há mais de uma unidade com capacidade de atendê-lo, incluindo regras de propaganda, *marketing* ativo, comissionamento (quando for o caso), entre outras específicas para o negócio e o tipo de produto ou serviço disponibilizado na rede.

XII. "Informações claras e detalhadas quanto à obrigação do franqueado de adquirir quaisquer bens, serviços ou insumos necessários à implantação, operação ou administração de sua franquia, apenas de fornecedores indicados e aprovados pelo franqueador, incluindo relação completa desses fornecedores."

Não basta que a franqueadora identifique e quantifique os investimentos iniciais e as taxas periódicas a que estará sujeito o franqueado. É obrigatório também que ela informe claramente se o arquiteto e a empresa de construção contratados para desenvolvimento do projeto, os móveis, objetos e itens que compõem a identidade visual, os estoques, equipamentos, materiais de embalagem e publicidade, *softwares* e sistema de gestão, bem como qualquer outro item que obrigatoriamente deva ser usado na instalação e operação da unidade franqueada, poderão ser adquiridos de quaisquer fornecedores ou exclusivamente daqueles indicados pela franqueadora.

Existindo a obrigação de aquisição exclusivamente dos fornecedores homologados, é dever da franqueadora fornecer desde logo a relação de tais empresas.

Deverão fazer parte da relação de fornecedores homologados, obrigatórios ou não, a empresa franqueadora, ou as empresas que façam parte de seu grupo econômico e que atuem na qualidade de prestadores de serviços ou comercializem os produtos descritos na COF.

A inexistência da relação de fornecedores descrita nesse inciso leva à presunção de que todo e qualquer item a ser adquirido para a instalação e operação da unidade franqueada poderá ser adquirido de quaisquer fornecedores.

XIII. "Indicação do que é oferecido ao franqueado pelo franqueador e em quais condições, no que se refere a: (a) suporte; (b) supervisão de rede; (c) serviços; (d) incorporação de inovações tecnológicas às franquias; (e) treinamento do franqueado e de seus funcionários, especificando duração, conteúdo e custos; (f) manuais de franquia; (g) auxílio na análise e escolha do ponto onde será instalada a franquia; e (h) leiaute e padrões arquitetônicos das instalações do franqueado, incluindo arranjo físico de equipamentos e instrumentos, memorial descritivo, composição e croqui."

Conforme já mencionado neste capítulo, a franqueadora não é obrigada a realizar nenhuma tarefa, nem prestar qualquer serviço ao franqueado, estando, no entanto, vinculada e obrigada a assessorar e prestar os serviços que descrever na COF, conforme determina esse inciso da Lei de Franquia.

Esse inciso, portanto, possui duas finalidades primordiais, quais sejam, obrigar a franqueadora a efetivar, no dia a dia da operação da unidade franqueada, os compromissos assumidos na Circular de Oferta de Franquia e, ainda, informar ao franqueado o que ele poderá esperar, ou não deve esperar da franqueadora em termos de suporte e acompanhamento do dia a dia da operação de sua unidade franqueada.

Em nosso entendimento, ainda que as obrigações assumidas pela franqueadora na Circular de Oferta de Franquia não sejam efetivamente descritas como obrigações no contrato de franquia firmado entre a franqueadora e o franqueado, o seu descumprimento poderá acarretar a rescisão do contrato por parte do franqueado, haja vista o caráter vinculante da oferta constante da COF.

Em relação à lei anterior, a inovação desse inciso está na obrigatoriedade de informação sobre a duração, o conteúdo e os custos envolvidos no treinamento inicial oferecido ao franqueado. Essa é uma boa oportunidade de a franqueadora deixar bastante claro qual é o *know-how* que está transferindo ao franqueado, tornando menos subjetiva a discussão futura a esse respeito, se necessário for.

XIV. *"Informações sobre a situação da marca franqueada e outros direitos de propriedade intelectual relacionados à franquia, cujo uso será autorizado em contrato pelo franqueador, incluindo a caracterização completa, com o número do registro ou do pedido protocolizado, com a classe e subclasse, nos órgãos competentes e, no caso de cultivares, informações sobre a situação perante o Serviço Nacional de Proteção de Cultivares (SNPC)."*

Conforme já mencionado em capítulo anterior deste livro, faz parte de qualquer rede de franquia a concessão ao franqueado, dos direitos de utilização da marca distintiva daquela rede de franquias. Referida marca pode ser de titularidade da própria franqueadora ou de outras empresas que outorgam à franqueadora, por meio dos documentos pertinentes, os direitos de uso, exploração e concessão de direito de uso a terceiros pelo sistema de franquias.

Cabe à franqueadora indicar na Circular de Oferta de Franquia, portanto, não só a marca que será sustentada pela rede franqueada, mas, também, comprovar que é sua titular ou que possui autorização para conceder o direito de uso a terceiros franqueados.

O inciso XIV da Lei de Franquia não determina que a marca esteja efetivamente registrada junto ao INPI, mas garante ao franqueado a informação completa, precisa e atualizada sobre a situação da marca, possibilitando a esse avaliar os riscos inerentes à utilização daquela marca na operação do negócio ofertado na COF.

A inexistência, portanto, da concessão dos direitos definitivos de utilização da marca pelo INPI não impede a franqueadora de comercializar franquias e utilizar a marca ainda não registrada, sendo imprescindível que haja, ao menos, o depósito da Marca junto ao INPI –.

Não é demais destacar que há decisões favoráveis à franqueadora que sequer realizou o depósito da marca, pois, naquele caso concreto, a falta de registro não causou qualquer dano ao franqueado.[4]

Evidentemente que a recomendação mais assertiva e segura é a de que a franqueadora proteja sua marca, evitando turbação ou prejuízos a si e aos seus franqueados, mas, acima de tudo, é essencial que haja transparência por parte da franqueadora na divulgação de tais informações quando, por qualquer razão, a marca não esteja ainda registrada ou sequer depositada, possibilitando ao franqueado ingressar na rede ciente de que há o risco de substituição ou perda da marca durante o período de vigência de seu contrato.

"Situação do franqueado, após a expiração do contrato de franquia, em relação a: (a) know how da tecnologia de produto, de processo ou de gestão, informações confidenciais e segredos de indústria, comércio, finanças e negócios a que venha a ter acesso em função da franquia; e (b) implantação de atividade concorrente à da franquia."

Em regra, os contratos de franquia possuem cláusulas relativas ao sigilo das informações obtidas pelo franqueado por meio do sistema de franquia, bem como a obrigação de que, após o término ou rescisão do contrato, por qualquer razão que seja, estará o franqueado proibido de exercer atividades idênticas ou semelhantes àquelas desenvolvidas enquanto um franqueado da rede, obrigação de não concorrência.

Tais obrigações devem estar mencionadas não só no contrato de franquia como também na circular de oferta de franquia, possibilitando ao franqueado ter ciência, mesmo antes do ingresso na rede, de que não poderá utilizar-se dos conhecimentos que adquiriu da franqueadora para operar outros negócios, semelhantes, durante a vigência e após o término de seu contrato.

Como mais bem elucidado no capítulo específico sobre a matéria, o objetivo de tais restrições é conter a disseminação do *know-how* da franqueadora e impedir que franqueados utilizem-se dos conhecimentos obtidos para concorrer com a franqueadora.

Em relação à lei anterior, o inciso (b) teve sua redação modificada para deixar claro que a proibição de atividade concorrencial é com relação à atividade da franquia e não a todos os negócios eventualmente administrados pela franqueadora.

A proibição da concorrência por parte do franqueado após a rescisão ou término do contrato de franquia é tema controverso, comportando diversas discussões e interpretações, em especial porque a lei de franquia propriamente dita não estabelece de forma objetiva que o franqueado está proibido de exercer atividade semelhante ou

---

4. Depois, quanto à ausência de registro de marca, destaca Waldírio Bulgarelli que o *franchising* prescinde da marca em sentido técnico, apoiando-se também em título de estabelecimento ou nome comercial, como no presente caso (Contratos Mercantis, 3ª ed., São Paulo: Atlas, 1984, p. 491). "Ademais, igualmente aqui não consta que a circunstância tenha trazido para o autor qualquer concreto prejuízo, em termos de responsabilidade ou de óbice ao desenvolvimento do negócio" – Apelação Cível nº 1006154-55.2016.8.26.0099, Rel. Des. Cláudio Godoy, 2ª Câmara Reservada de Direito Empresarial, j. 03.04.2019.

idêntica, apenas obrigando a franqueadora a detalhar a existência de tal proibição e em que termos ela deve ocorrer.

Da mesma forma, inexiste um padrão ou formato definido e totalmente adequado para a determinação dessa obrigação pela franqueadora, sendo certo que, a depender da forma da cláusula, sua abrangência, prazo e uma série de outros detalhes, será possível aplicá-la ou não ao caso concreto.

Um dos casos mais emblemáticos da história do *franchising* com relação à concorrência entre franqueador e franqueado foi o caso da Wizard x Wisdon, no qual, após diversos anos de disputa judicial e funcionamento da rede concorrente, formada por antigos franqueados Wizard, o Tribunal de Justiça do Paraná decidiu pelo encerramento das atividades de aproximadamente 200 escolas Wisdon, decisão confirmada no STJ. Nesse sentido, a decisão paranaense[5]:

> *A prática da concorrência é salutar, sendo considerada como verdadeiro princípio geral da atividade econômica, conforme previsão inserta no artigo 170, inciso IV, da Constituição Federal, in verbis:*
>
> *(...)*
>
> *Entretanto, não se pode permitir, em favor desta livre concorrência, a utilização de meios desleais, em prejuízo daqueles que exercem sua atividade licitamente.*
>
> *Desta forma, com a finalidade de limitar este direito ante os princípios da boa-fé, da lealdade e da moralidade, a legislação, a doutrina e a jurisprudência fixaram alguns parâmetros que norteiam a caracterização da concorrência desleal.*
>
> *(...)*
>
> *Sendo assim, deve ser buscada a natureza do ato para se desvendar se se trata de concorrência desleal.* ***In casu, deve ser analisada não apenas a violação do direito autoral, mas, sim, todas as particularidades fáticas existentes e que, em seu conjunto, demonstram claramente a existência da concorrência desleal (grifos nossos).***
>
> *A classificação destes atos varia conforme o entendimento de cada autor, podendo-se destacar as três principais modalidades que **caracterizam a concorrência desleal, a saber: 1) atos que criam confusão; 2) desvios de clientela; 3) atos contrários à moralidade.***
>
> *(...)*
>
> *Em que pese os embargados não terem realizado um contrato de franquia propriamente dito, a "concessão de uso de método de ensino, material didático e outros ajustes" (fl. 29), celebrado em 8 de março de 1990, entre Sônia de Castro Deus, Yara Regina Marques e a Wizard, beneficiou os recorridos, uma vez que, ao ingressarem na sociedade Sônia Vídeo – Cursos de Línguas e Produções de Fitas Educativas, em 1991, (empresa cujas sócias eram as primeiras concessionárias e cujo nome de fantasia passou a ser The Wizard of Conversation, após a obtenção da concessão – alteração contratual de 9.3.90/fl.35), continuaram a receber o material didático produzido pela embargante (alterações contratuais – fls. 34 e 42).*
>
> *Conforme afirmado pelo embargado Alexandre de Oliveira Pradera em audiência, os recorridos tiveram acesso, até pelo menos 12 de agosto de 1993, ao material didático da Wizard, o que lhes facilitou a realização do plágio.*
>
> *(...)*

---

5. TJ-PR, EI 0090201-4/02/PR, Relator: Antonio Lopes de Noronha, III Grupo de Câmaras Cíveis, j. 06.02.2003, DJ 25.02.2003.

Além disso, os recorridos admitiram, mesmo negando a existência do contrato de franquia, que criaram uma nova empresa "Wisdom Franchising Ltda" no mesmo local onde havia filial da embargante

(...)

Todos estes fatos servem para demonstrar que, a par da discussão acerca da existência ou não de um contrato de franquia entre as partes, pode ser caracterizada a concorrência desleal, pois os embargados se beneficiaram do fácil acesso que tinham ao material didático da Wizard, bem como de seu bom nome, para o fim de criar uma outra empresa com características muito semelhantes. Até instalaram a sede da Wisdom no mesmo local em que havia um estabelecimento da Wizard, de responsabilidade dos recorridos (fl. 70-verso e contrato social – fl. 55), antes mesmo da rescisão do contrato, cuja minuta foi enviada ao embargante, via fax, em 25 de agosto de 1993 (fl. 70).

Os atos praticados pelos embargados são contrários à moralidade e tendentes a confundir os consumidores, uma vez que se aproveitaram da estrutura da Wizard e da facilidade com que tinham acesso ao respectivo material didático, faltando com a boa-fé que deve nortear todas as práticas comerciais e não apenas aquelas em que tal princípio vem descrito documentalmente.

Ressalte-se que, mesmo que se considere que os embargados não fossem franqueados da Wizard, o aproveitamento da estrutura desta escola acabou por lhes facilitar a entrada no mercado com atividade própria, valendo-se de atos que acabaram por ferir os direitos autorais da embargante. Resta, portanto, desconfigurada a boa-fé dos recorridos.

Resumindo: os embargados, admitem que tiveram acesso ao material didático da Wizard e, ante as inúmeras coincidências verificadas em laudo pericial, impossível não se concluir que tenha havido a prática de atos que se desviaram da moralidade, tendentes à caracterização da concorrência desleal.

(...).

XVI. "Modelo do contrato-padrão e, se for o caso, também do pré-contrato padrão de franquia adotado pelo franqueador, com texto completo, inclusive dos respectivos anexos, condições e prazo de validade.

Esse inciso define a obrigação da franqueadora de inserir na COF os modelos de contrato e pré-contrato (quando existir) da franquia, a fim de possibilitar ao franqueado conhecer, integralmente, o teor dos documentos que deverá assinar caso opte pelo ingresso da rede ofertada.

Como a própria lei menciona, trata-se de documento padrão que, portanto, poderá ser alterado de acordo com a conveniência das partes e em razão das negociações que livremente poderão estabelecer para a formalização da parceria pretendida. A possibilidade de alteração do teor dos documentos, no entanto, não desobriga a franqueadora de apresentar seus modelos padrão.

Relevante esclarecer que o pré-contrato, nos exatos termos desse inciso, não é documento obrigatório a todas as redes de franquia. Em regra, esse documento só é utilizado quando o franqueado não possui, no momento do pagamento da taxa de franquia, as condições prévias necessárias à assinatura do documento definitivo, exemplificadamente, a pessoa jurídica que será responsável pela representação legal do negócio ou o ponto comercial onde será instalada a unidade.

Nessas situações, a franqueadora poderá propor a assinatura de um pré-contrato no qual estarão estabelecidos os prazos e as condições a serem cumpridas pelo franqueado para que então seja possível a assinatura do contrato de franquia propriamente dito.

Não é raro que, por razões diversas, a franqueadora e o franqueado deixem de assinar o contrato de franquia e sigam na relação sem qualquer documento formal além da COF. Daí a importância ainda maior de que os modelos de pré contrato e contrato sejam disponibilizados na COFR, já que serão esses modelos que, em última análise, serão utilizados para regrar a relação, ainda que não efetivamente assinados.

> FRANQUIA. Pré-contrato Vigência por três meses Expiração do prazo contratual. Contrato de franquia não assinado Permanência do franqueado na exploração do estabelecimento empresarial. Aplicação das regras do pré-contrato de franquia e da Circular de Oferta de Franquia (COF). Descumprimento das obrigações pré-contratuais assumidas pela ré-reconvinte. Prova oral de que funcionários da ré foram treinados pela franqueadora. Prova documental de que pré-franqueada prestou serviços inadequados ao cliente por insuficiência de funcionários. Legítima ingerência da franqueadora no contrato de prestação de serviços ajustado com terceiro com o objetivo claro de evitar a maculação da marca Proclean Apelação da ré improvida.
>
> (...)
>
> Em 4 de outubro de 2010 os recorrentes assinaram pré-contrato de franquia, vigente por três meses. Expirado o prazo, a ré continuou explorando o estabelecimento empresarial, mas afirma que abandonou o negócio, presumindo-se que o tenha feito depois de receber a notificação extrajudicial encaminhada pela autora no mês de janeiro de 2012 (fl. 26-28). Apócrifo o contrato de franquia, aplicam-se as cláusulas pactuadas no pré-contrato e as existentes da Circular de Oferta de Franquia.[6]

Todos os incisos comentados daqui por diante, foram inseridos pela nova Lei 13.966/2019

XVII. *"Indicação da existência ou não de regras de transferência ou sucessão e, caso positivo, quais são elas;"*

Em verdade, na grande maioria dos contratos de franquia já existia uma previsão específica sobre a sucessão e transferência das franquias a terceiros, sendo a partir de agora obrigatório que tais regras estejam disponibilizadas na circular de oferta.

A franqueadora deverá informar ao franqueado, portanto, o que acontece em caso de sua morte ou impossibilidade de continuidade de operar a franquia por qualquer razão que seja, dando ênfase à possibilidade, ou não, de que seus sucessores assumam a operação da franquia em seu lugar e, sendo possível, em que condições isso deverá ocorrer.

As regras estabelecidas no contrato com relação à sucessão não poderão ser contrárias às regras gerais de direitos civis relativas à sucessão, no entanto, o procedimento indicado pela franqueadora deverá ser respeitado integralmente, sob pena de desfazimento do negócio. Não é demais lembrar, como já mencionado em outros capítulos deste livro, que o contrato de franquia é personalíssimo, ou seja, a franqueadora não

---

6. (Apelação nº 0007502-64.2012.8.26.0003, TJSP, 2ª Câmara Reservada de Direito Empresarial do Tribunal de Justiça de São Paulo, Rel Des. Ricardo Negrão, j. 17.03.2014).

está obrigada a aceitar ou manter como franqueado uma pessoa que não tenha sido aprovada, treinada e esteja capacitada a realizar essa atividade.

A transferência de que trata o inciso XVII é aquela realizada por vontade do próprio franqueado, na grande maioria das vezes, quando ele não possui mais interesse na administração e operação da unidade franqueada.

Nesses casos, seguindo as determinações da franqueadora e principalmente os procedimentos definidos na COF e no contrato, o franqueado poderá vender a unidade franqueada a um terceiro.

Quanto mais claras e objetivas forem as regras para essa transferência, menores serão os problemas enfrentados por todos os envolvidos para a transferência da unidade franqueada. É altamente recomendado que a franqueadora não participe ativamente das negociações e do processo de venda, porém aprove, treine e acompanhe o novo candidato que, em breve, será seu franqueado.

XVIII. *"Indicação das situações em que são aplicadas penalidades, multas ou indenizações e dos respectivos valores, estabelecidos no contrato de franquia;"*

Evidentemente que todo contrato gera obrigações e, por consequência, penalidades em caso de descumprimento. Não é diferente nos contratos de franquia e, com o advento da nova lei, passou a ser obrigatório que constem da COF as penalidades aplicáveis a cada tipo de infração, da mesma forma que estiverem estabelecidas no contrato.

O descumprimento das determinações contratuais que estiverem sujeitas a penalidades específicas, sejam financeiras ou mesmo de cunho operacional/administrativo, como suspensão de fornecimento, possibilidade de protesto, suspensão de prestação de serviços ou utilização de sistemas deverão estar descritas em detalhes não só nos contratos como também na Circular de Oferta de Franquia.

XIX. *"Informações sobre a existência de cotas mínimas de compra pelo franqueado junto ao franqueador, ou a terceiros por este designados, e sobre a possibilidade e as condições para a recusa dos produtos ou serviços exigidos pelo franqueador;"*

Esse inciso XIX complementa e detalha o inciso XII relativamente à obrigatoriedade de aquisição de produtos ou serviços de fornecedores específicos ou da própria franqueadora.

Em verdade, o que se pretende é conferir ainda mais transparência ao candidato a uma franquia, deixando-se claro, desde a oferta, quais serão suas obrigações de compra e, consequentemente, o volume de capital de giro necessário para o dia a dia da operação do negócio.

Seja a franqueadora a fornecedora exclusiva de produtos, seja nos casos em que haja múltiplos fornecedores, a COF deverá abranger o maior número de detalhes quanto às políticas de compras e estoque, que deverão ser complementadas com as informações constantes dos manuais ou outros comunicados periodicamente encaminhados pela franqueadora.

Com a nova lei, a COF, que já era um documento que trazia uma quantidade grande de informações confidenciais e essenciais sobre o negócio, agora deve ser ainda mais completo.

XX. Indicação de existência de conselho ou associação de franqueados, com as atribuições, os poderes e os mecanismos de representação perante o franqueador, e detalhamento das competências para gestão e fiscalização da aplicação dos recursos dos fundos existentes;"

O objetivo deste capítulo é exclusivamente apontar as obrigações impostas ao franqueador no que diz respeito à entrega da COF e seu conteúdo; por essa razão, não trataremos de prós, contras ou condições para que um franqueador estabeleça ou não um conselho de franqueados. O que nos cabe é frisar que, nos termos da nova lei, a franqueadora que possuir, ou pretender criar e estabelecer um conselho de franqueados, deverá deixar claro na COF a existência e regras relativas a tal conselho, inclusive divulgando seu estatuto, a fim de conferir ao candidato o conhecimento necessário acerca do órgão– deliberativo ou consultivo– existente dentro da rede.

XXI. "Indicação das regras de limitação à concorrência entre o franqueador e os franqueados, e entre os franqueados, durante a vigência do contrato de franquia, e detalhamento da abrangência territorial, do prazo de vigência da restrição e das penalidades em caso de descumprimento;"

Uma repetição– um tanto mais detalhada– das obrigações já impostas pelos incisos XI e XV (b) que em verdade demonstra a relevância e necessidade de esclarecimentos objetivos sobre a existência ou não de políticas territoriais e, em caso de inexistência, quais são as regras a serem observadas em caso de concorrência entre franqueados, entre franqueados e franqueadora, seja durante ou depois do término do contrato de franquia.

Definições bem alinhadas na COF, em especial com relação à concorrência durante e após o término do contrato, poderão garantir mais efetividade à franqueadora na hora de discutir seus direitos em ações anticoncorrenciais ou de virada de bandeira, como já mencionado anteriormente.

XXII. "Especificação precisa do prazo contratual e das condições de renovação, se houver;"

Embora o inciso XVI deste Artigo 2º já determine a obrigatoriedade de que o modelo de contrato seja anexo à COF, a partir da nova lei o prazo do contrato, e suas condições de renovação, indispensáveis a todos os contratos de franquia, devem estar também mencionados expressamente no texto da COF.

Nenhuma das partes estará obrigada a renovar o contrato após o término do prazo inicialmente contratado e as condições para essa renovação, ou não, deverão igualmente ser mencionadas na COF, assim como fazerem parte das cláusulas contratuais.

XXIII. Local, dia e hora para recebimento da documentação proposta, bem como para início da abertura dos envelopes, quando se tratar de órgão ou entidade pública;"

A franquia pública será tratada em capítulo separado desse instrumento.

Quanto ao local e à hora de recebimento, a lei regulamenta a obrigação de elaboração de um recibo, ou semelhante, que não só garantirá à franqueadora a prova do cumprimento da obrigação legal como possibilitará ao franqueado o registro adequado da data em que recebeu a documentação e o prazo que terá para analisá-la antes da assinatura do contrato ou pagamento de qualquer taxa à franqueadora.

O cumprimento dessa obrigação confere, portanto, maior segurança a ambas as partes.

9
CONSEQUÊNCIAS DO DESCUMPRIMENTO DAS OBRIGAÇÕES LEGAIS

Renata Pin

O parágrafo 1º do artigo 2º da Lei 13.966/19 determina que a Circular de Oferta de Franquia (COF) deve ser entregue pela franqueadora a todo e qualquer candidato a ingressar no sistema de franquia ofertado.

Cabe ao franqueador não só a entrega da COF completa, contendo todas as informações determinadas pelo artigo 2º da lei de franquia como também respeitar o prazo mínimo de 10 (dez) dias entre a entrega da COF e a assinatura pelo candidato de qualquer documento, ou pagamento de qualquer valor.

Como mencionamos no capítulo anterior, a circular de oferta é o documento que dará ao candidato as informações mínimas necessárias para que ele possa optar pelo ingresso, ou não, na rede franqueada. É também a oportunidade de o candidato familiarizar-se com as expectativas da franqueadora com relação a ele e à unidade franqueada, qual será o valor a ser investido e as taxas periódicas a pagar, quais atividades o franqueado deverá desempenhar na administração de seu negócio, de que forma a franqueadora auxiliará no desempenho de tais atividades e quais são as consequências do término ou rescisão do contrato.

A franqueadora, da mesma forma, beneficia-se da entrega da COF e do fornecimento dos detalhes sobre sua franquia, primeiro porque dessa forma garante a compreensão do candidato quanto ao negócio ofertado, suas particularidades, de maneira que se aquele candidato de fato ingressar no sistema, possivelmente o fará consciente de todos os direitos e obrigações que terá em relação ao negócio que escolheu.

Além disso, é na COF que a franqueadora traça o perfil adequado de seus franqueados, possibilitando assim que candidatos que não preencham tais requisitos básicos desistam do negócio antes de ingressar na rede, evitando prejuízos financeiros de ambas as partes.

É por essa razão que a lei determina um prazo mínimo para a análise da circular de oferta de franquia por parte do candidato, obrigando a franqueadora a aguardar que o candidato tenha estudado o material que lhe foi entregue, realizado contatos com os franqueados e ex-franqueados da rede, feito seu próprio plano de negócio, tudo isso antes de assumir qualquer compromisso junto à franqueadora.

As consequências pelo não cumprimento das obrigações do § 1º do artigo 2º, quais sejam, a entrega da COF completa, com todas as informações necessárias e a concessão do prazo para que o candidato analise as informações e tome sua decisão, estão definidas no § 2º do mesmo artigo 2º, que estabelece:

> "(...) § 2º. Na hipótese de não cumprimento do disposto no § 1º, o franqueado poderá arguir anulabilidade ou nulidade, conforme o caso, e exigir devolução de todas e quaisquer quantias já pagas ao franqueador, ou a terceiros por este indicados, a título de filiação ou de royalties, corrigidas monetariamente."

Nos termos do artigo 4º da lei, a mesma pena será aplicada à franqueadora que omitir informações exigidas pela lei ou veicular informações falsas na circular de oferta de franquia.

Antes de tudo, é relevante mencionar a inovação trazida pela possibilidade de arguição da nulidade do contrato de franquia, já que a Lei 8.955/94 falava apenas da possibilidade de anulação. Note-se que ao contrário da anulação, em que é possível sanar o vício, a nulidade de um ato ou contrato não comporta correção. A nova lei, portanto, torna possível atribuir maior gravidade à falta de entrega da COF ou à divulgação de informações falsas.

Ocorre que, tendo em vista a falta de clareza da lei quanto às situações em que se aplicará um ou outro instituto, bem como pelo pouco tempo de entrada em vigor, é bastante prematura qualquer tentativa de definir com certeza quando caberá a arguição de nulidade e quando caberá a anulação. Daremos maior ênfase, portanto, à possibilidade de anulação dos contratos.

Apesar da clareza das disposições legais, não é incomum que empresas franqueadoras deixem de fornecer a circular de oferta de franquia a seus candidatos, ou que entreguem documentos incompletos, sem as informações minimamente necessárias e obrigatórias para a tomada de decisão por parte do candidato. Mais comum ainda é a falta de concessão do prazo que deve ser outorgado ao candidato para a análise do conteúdo da COF, sendo corriqueiras as situações em que a franqueadora pressiona o franqueado, sob a alegação de que o território pretendido é bastante disputado, ou que haverá aumento das taxas e alterações das condições contratuais vigentes naquele momento, fazendo com que ele assine contratos ou efetue o pagamento da taxa inicial de franquia na data em que recebe a COF, ou antes de completados os 10 dias a partir dessa entrega.

É em função da importância do cumprimento da lei quanto à entrega da COF que a penalidade prevista na lei de franquia é tão gravosa para a franqueadora, prevendo não só a possibilidade de anulação do contrato como também a devolução de todo e qualquer valor que tenha sido pago pelo franqueado durante o período em que a relação foi mantida, incluindo a taxa de franquia e os *royalties* pagos pelo franqueado à franqueadora, além de outros valores que tenham sido pagos a fornecedores de produtos e serviços– os terceiros descritos no parágrafo único supra citado.

É evidente que a lei especial de franquia faz parte de um ordenamento jurídico maior, ensejando a interpretação de suas normas e seus princípios em conjunto com as demais leis existentes, em especial as regras fixadas pelo Código Civil.

Assim, a falha da franqueadora no cumprimento da obrigação de entrega da COF, ou a sua entrega de forma incompleta, ou o desrespeito ao prazo estabelecido legalmente pode ser considerado como a figura do *erro*, um dos defeitos do negócio jurídico descritos nos artigos 138 e seguintes do Código Civil.

E de fato, determina o artigo 138 do Código Civil que *"São anuláveis os negócios jurídicos, quando as declarações de vontade emanarem de erro substancial que poderia ser percebido por pessoa de diligência normal, em face das circunstâncias do negócio"*.

A esse respeito, esclarece a autora Maria Helena Diniz:[1]

"Defeitos do negócio jurídico. Todo negócio jurídico é um ato de vontade. Por essa razão, para que negócio jurídico seja perfeitamente formado, é necessário que essa vontade tenha sido manifestada de forma livre, consciente e idônea pelo agente que deseja o negócio jurídico. Havendo alguma circunstância que prejudique ou impeça que a manifestação de vontade ocorra normalmente, o negócio jurídico será viciado e poderá ser anulado. A essas falhas de vontade, o Código Civil denomina defeitos do negócio jurídico. Os defeitos do negócio jurídico costumam ser classificados em vícios de consentimento (erro, dolo, coação, estado de perito, lesão) e vícios sociais (fraude contra credores). (...) Presentes tais defeitos, o negócio jurídico existe e é válido até que algum interessado, desde que dentro dos prazos decadenciais estipulados (CC art. 178 e 179) peça e obtenha sua anulação por sentença judicial (CC, art. 177)."

"Erro ou ignorância. Erro é a falsa e errônea percepção da realidade. Ignorância, por sua vez, é o completo desconhecimento da realidade. De todo modo, apesar da diferença entre esses dois conceitos, ambos foram equiparados pelo legislador para caracterização dos vícios da vontade. O erro permite a anulação do negócio jurídico na medida e que influência a formação e da vontade do agente que, se tivesse noção exata da realidade não manifestaria sua vontade, ou a manifestaria de modo diverso."

Já vimos que, nos termos da lei de franquia, a entrega da COF tem o condão de informar e garantir ao candidato conhecimento amplo sobre o negócio no qual pretende investir seu trabalho e dinheiro, possibilitando ao candidato acesso às circunstâncias do negócio. Sua ausência, *mutatis mutandis*, significa deixar de apresentar as informações necessárias e de interesse do negócio, induzindo o franqueado a tomar uma decisão negocial sem ter acesso a todos os elementos essenciais de sua natureza.

Nesse sentido, bastará que o franqueado alegue e comprove minimamente que se tivesse tomado conhecimento das informações reais da Franqueadora - que não foram fornecidas inicialmente – não teria fechado negócio com a franqueadora, para que obtenha o direito de anular o Contrato de Franquia, bem como de receber de volta os valores que pagou durante o seu período de vigência, nos exatos termos da Lei de Franquia e do Código Civil.

"O legislador ao prescrever a possibilidade de anulabilidade do contrato, já estava prevendo a possibilidade de possível ilegalidade ou descumprimento do contrato por parte do franqueador, o que neste caso também permite a rescisão ou resilição contratual.

O contrato de franquia extingue-se pelos seguintes motivos:

---

1. DINIZ, Maria Helena, Código Civil anotado, 16ª Edição, Saraiva, 2012, p. 198.

a) Em razão do decurso do prazo convencionado, quando se tratar de contrato com cláusula de prazo determinado.

b) Em razão de distrato, isto é, pelo acordo de vontade entre as partes contratantes estabelecendo sua extinção.

c) Por justa causa, alegada por uma das partes contratantes.

d) Por vontade unilateral, sem justa causa, quando o contrato assim o permitir. e) Em virtude de declaração judicial de anulabilidade como ocorre no caso de não demonstração de entrega da COF e de constatação de falsidade nas declarações nela contidas, conforme dispõe o parágrafo único do art. 4º e o art. 7º da LFE.

Do cotejo dos documentos contidos nos autos e das provas produzidas, não é possível concluir por outra direção, como querem as apelantes, senão aquela adotada na r. sentença.

*Além das irregularidades apontadas pela r. sentença na formalização do contrato de franquia, é **incontroverso o descumprimento da Lei nº 8.955/94, mais especificamente no tocante ao artigo 4º, parágrafo único.***

Desse modo, não tendo a franqueadora entregue a Circular de Oferta de Franquia no prazo estipulado na Lei, contados da data da assinatura do contrato ou do pagamento da taxa pelo franqueado, incorreu na hipótese do parágrafo único do artigo 4º da Lei de Franquia, gerando o direito do franqueado de anular o contrato e exigir a devolução dos valores pagos.

> **Nem se cogita da alegação de convalidação tácita, na medida em que a Circular de Oferta de Franquia não foi entregue, e a atividade se deu por curto espaço de tempo, o que afasta a alegação da apelante de que 'a simples ausência da Circular de Oferta de Franquia não enseja a anulação do contrato de franquia.'** (fl. 375). (grifo nosso)

A alegação das apelantes de que não é possível o pedido de anulação do contrato e sim a sua rescisão não vinga. O pedido de anulação do contrato é plenamente possível, porque a própria Lei de Franquia prevê essa hipótese no artigo 4º, parágrafo único.

Portanto, tendo a r. sentença reconhecido a anulação do contrato de franquia, e nos termos da legislação regulamentadora (Lei nº 8.955/94), não há que se falar em efeito ex nunc, já que o efeito da declaração de nulidade do contrato se aplica desde o início do processo que lhe deu origem, isto é, a decisão possui caráter retroativo (ex tunc), tal como sentenciado."[2]

Ocorre que também faz parte do ordenamento jurídico a possibilidade de correção do erro no negócio jurídico, desde que observadas as regras do próprio Código.

Os arts. 172, 173 e 174 do Código Civil estabelecem que o negócio jurídico anulável pode ser confirmado pelas partes, de forma expressa, salvo quando o negócio tiver sido cumprido pela parte prejudicada e que esteja ciente do vício do negócio.

---

2. TJ-SP, Apelação Cível nº 1022009-37.2017.8.26.0100, Voto 36.446, Desemb. Ricardo Negrão, j. 08.04.2019.

Nesse sentido, o artigo 172 do Código Civil, combinado com o artigo 174, assim estabelece: *"172. O negócio anulável pode ser confirmado pelas partes, salvo direito de terceiro"*, *"174. É escusada a confirmação expressa, quando o negócio já foi cumprido em parte pelo devedor, ciente do vício que o inquinava".*

A respeito do artigo 174, esclarece o Desembargador Federal Luis Paulo Cotrim:[3]

"Confirmação tácita do negócio anulável. Não é só pela confirmação expressa que se pode ratificar um negócio jurídico anulável. Admite a lei que isso seja feito de forma tácita pelo devedor que teria interesse em pleitear a anulação do negócio jurídico. Para tanto, basta que o devedor, após inequivocamente estar ciente do vício que inquinava o negócio jurídico o tenha cumprido ainda que parcialmente. Todavia, mesmo a confirmação tácita apenas pode ser feita por aquele que tenha plena capacidade negocial para praticar o ato de confirmação."

Como mencionamos anteriormente, é dever legal da franqueadora a divulgação de dados e informações relativas ao seu negócio, sendo também um dever do franqueado, pelo bem de seu próprio negócio e sua preservação patrimonial, portanto independentemente de uma previsão legal, que antes de ingressar em qualquer negócio, inclusive no sistema de franquia, ele busque informar-se sobre todos os detalhes do negócio no qual pretende ingressar.

É, portanto, esperado que o candidato, antes de firmar qualquer compromisso com o franqueador, estude, pesquise e entenda quais são os aspectos mais relevantes do negócio no qual pretende ingressar e que tome conhecimento da lei e das obrigações que devem ser cumpridas pela franqueadora.

Ao deixar de adotar esses cuidados, o franqueado que não recebe a COF, a recebe incompleta e mesmo assim assina o Contrato de Franquia, se equipararia ao devedor descrito no art. 174 do Código Civil, ou seja, teria dado início ao negócio mesmo ciente da existência do vício e poderia perder o direito de arguir a nulidade ou anulação do Contrato.

Diz-se, portanto, que o franqueado que segue cumprindo o contrato, operando o negócio e permanece na franquia após receber a COF ou ter acesso a informações que deveriam ter sido recebidas anteriormente, não poderá mais invocar o parágrafo segundo do artigo 2º da Lei de Franquia para requerer a anulação de seu contrato.

A maioria da jurisprudência entende dessa forma, valendo colacionar mais de uma decisão nesse mesmo sentido:

Neste ponto, cumpre transcrever o seguinte trecho de acórdão relatado pelo insigne Desembargador Pereira Calças, para melhor elucidar a questão posto nos autos:

"O caput e o parágrafo único do art. 4º da Lei de Franquias devem ser interpretados com vistas à realidade da negociação. A circular e seu conteúdo obrigatório são uma garantia importante ao franqueado, que, sem dúvida, deve ser observada pelo franqueador. **Todavia, a anulação do contrato depende da**

---

3. GUIMARÃES, Luis Paulo Cotrim. Desembargador Federal pelo Tribunal Regional Federal da 3ª Região (SP e MS) e professor titular de Direito Civil da Graduação, Mestrado e Doutorado da Fadisp.

demonstração de prejuízo em razão da eventual omissão a esse respeito. Não é por outro motivo que a lei fala em 'anulabilidade', e não, 'nulidade', demonstrando que a circular não é requisito substancial para a formação do contrato de franquia. *Anote-se ainda que o prazo fixado pela lei para a entrega da circular é de dez dias antes da assinatura do contrato ou pré-contrato de franquia ou ainda do pagamento de qualquer tipo de taxa pelo franqueado e, em caso de anulação, garante-se a devolução da taxa de filiação e royalties. Por força do princípio da boa-fé objetiva, inteiramente aplicável ao caso, isso faz pressupor que o pedido de anulação deve ser formalizado pelo franqueado em prazo razoável, sob pena de perder esse direito, até porque o que dá ensejo ao pleito anulatório é a falta de informação relevante em relação à execução do contrato, não se justificando que, após certo temp xecução (sic), este, inopinadamente, requeira a anulação."* (grifos não originais).

Desta feita, em análise perfunctória, ainda que não tenha havido a prévia entrega da COF, não é possível aferir qualquer prejuízo advindo do descumprimento do prazo legal.

Ademais, insta salientar que tal discussão somente foi trazida à tona após 11 meses da celebração da avença, que ocorreu em meados de Janeiro do ano de 2018.

Do mesmo modo, os recorrentes acostaram aos autos cópia do contrato de franquia empresarial firmado com a agravada (fls. 22/26), em estrita observância aos requisitos impostos pelo artigo 3º da Lei de Franquia.

(...)

Em princípio, portanto, o que se verifica é o descontentamento com os resultados do negócio, mas não se pode imputá-los, desde logo, à parte contrária, de sorte que o pedido liminar, que consiste em determinar que a agravada se abstenha de efetuar a cobrança da última parcela da taxa de franquia, bem como dos royalties, resta inviável, diante da necessidade de contraprestação pelo uso da marca.

6. Neste sentido, colaciono arestos das Câmaras Reservadas de Direito Empresarial:

Ação de nulidade contratual, cumulada com pedidos de índole indenizatória, ajuizada por franqueadas contra franqueadora. Pedido de tutela provisória para afastar exigibilidade de "royalties", taxa de publicidade e, ainda, para descaracterizar seu estabelecimento, não mais utilizando a marca da franqueadora. Decisão de indeferimento. Agravo de instrumento. Alegação de não disponibilização de circular de oferta de franquia que pode vir a ser considerada, no curso do processo, menos relevante, por ter havido convalidação tácita do negócio, decorrente da exploração da franquia, pelas autoras, por longo lapso temporal. O risco é intrínseco à atividade empresarial. Inexistência de garantia de sucesso, sendo insuficiente a mera existência de prejuízo das franqueadas para anulação do contrato de franquia. Alegação de que a franqueadora não seria titular da marca em tela. Prova via, de que adquiriu sua titularidade de terceiro, tornando-se desde logo sua proprietária, nos termos do art. 211 da Lei de Propriedade Industrial. Manutenção da decisão agravada.

Agravo de instrumento. Ação de nulidade e resolução contratual de franquia, cumulada com pedido indenizatório. Antecipação de tutela. Vícios alegados na circular de oferta que dependem de comprovação do efetivo prejuízo. Necessidade de aferição das questões atinentes ao comércio e know-how da agravada, tanto mais se pretende a agravante continuar exercendo a atividade. Matéria ventilada que, com a observância do contraditório, *se pode melhor aquilatar. Ressalva então da reapreciação da questão. Decisão mantida. Recurso desprovido.*

Franquia. Justiça gratuita. Tutela de urgência. Ação declaratória de nulidade contratual c.c. indenização por danos morais e materiais. Decisão que indefere a gratuidade da justiça à agravante, bem como o pedido de tutela de urgência para determinar que a agravada cesse a cobrança de royalties. Irresignação. Preliminar de ilegitimidade passiva rejeitada. Legitimidade ad causam que deve ser aferida abstratamente a partir dos fatos narrados na petição inicial. Deferimento da gratuidade da justiça. Agravante que demonstrou não possuir patrimônio significativo, tampouco rendimentos expressivos. Mera contratação de advogado particular que não elide a presunção iuris tantum de hipossuficiência garantida à pessoa natural. Indeferimento, todavia, da tutela de urgência. Não preenchimento dos requisitos do art. 300 do CPC/2015. Inexistência de prova inequívoca de descumprimento dos deveres primários da franqueadora. Alegação de nulidade do negócio por irregularidades na circular de oferta de franquia. Fato que, por si só, não invalida o negócio jurídico e não autoriza a rescisão do contrato. Contrato mantido entre as partes há mais de 3 (três) anos. Ausência de risco de dano grave, de difícil ou impossível reparação. Fatos controvertidos e que exigem análise em cognição exauriente. Precedentes. Decisão reformada, em parte. Agravo parcialmente provido.

"O documento de fls. 76 indica que a Circular de Oferta de Franquia foi entregue em 14 de novembro de 2013, mesma data da assinatura do contrato, o que corrobora com as alegações das apelantes de descumprimento do prazo estipulado pela Lei de franquia.

Entretanto, pela **mera intempestividade na entrega da COF não há como concluir pela rescisão do contrato por culpa do franqueador**. Observa-se que as atividades da franqueada recorrente iniciaram em 2013 e as dificuldades financeiras começaram a ocorrer somente em 2015, conforme se extrai da correspondência eletrônica entre as partes (fl. 239-244) iniciando em janeiro e com encerramento das atividades da unidade São Luís em 18 de julho de 2015 (fl. 243).

Incontroverso que a circular de oferta de franquia (COF) foi entregue fora do prazo legal, todavia, isso não altera o resultado dado à lide em primeiro grau, **porque as franqueadas desde o início poderiam ter exercido o direito legal de não assinar ou de rescindir o contrato, mas optaram por exercer a atividade empresarial desde 2013 até 2015**, termo em que se verificaram suas dificuldades no prosseguimento da atividade empresarial. **Ao longo desse período nada reclamaram no tocante à entrega tardia da COF, vindo suscitar a nulidade somente quando em curso ação de rescisão contratual.**

Ressalte-se que toda atividade empresarial envolve risco e obter lucro abaixo do esperado, por si só, não é justificativa bastante imputar culpa da franqueadora e a rescisão do contrato.

Não há qualquer indício de coação na celebração do contrato, aliás, essa questão sequer foi suscitada nos autos, de maneira que a validade do contrato é inquestionável.

Consigne-se que o contrato de franquia, "atende tanto aos interesses do franqueador, que consegue expandir seus negócios e divulgar sua marca sem necessitar investir na construção de novos pontos de negócios, quanto aos interesses do franqueado, o qual se aproveita da 'fama' do franqueador e de sua experiência administrativa e empresarial" (RAMOS, André Luiz Santa Cruz; Direito Empresarial Esquematizado, Rio de Janeiro, Forense; São Paulo: Método, 2010, p. 461).

O legislador não regulamentou os contratos de franquia, mas redigiu diploma garantindo transparência nessa relação (Lei n. 8.955/94), exigindo que o franqueador entregue ao franqueado a "circular de oferta de franquia", na qual se reúnem "as informações, dados, elementos e documentos capazes de apresentar aos interessados da franquia um completo quadro da situação em que se encontra a rede e a exata extensão das obrigações que serão assumidas pelas partes, caso vingue o contrato" (COELHO, Fábio Ulhôa; Curso de Direito Comercial, vol. 1: Direito de Empresa; 16ª ed.; São Paulo; Saraiva; 2012; p. 188).[4]

Não se quer com tais jurisprudências dizer que a franqueadora não deve obedecer a lei ou valer-se da possibilidade de convalidação do negócio para ocultar do franqueado as informações relevantes sobre o negócio, ou deixar de entregar-lhe a COF.

A verdade é que a boa franqueadora jamais deixará de cumprir as obrigações que a lei lhe impõe, porque é ciente de que tal cumprimento beneficia os candidatos, a própria franqueadora e o sistema como um todo. Como já dito anteriormente, a COF dá também à franqueadora a oportunidade de dizer exatamente o que espera do candidato e futuro franqueado, o que é de suma importância para obter a mínima garantia de que o franqueado terá de fato sinergia com o negócio ofertado.

No entanto, não podemos deixar de considerar que, nos termos da própria lei brasileira, o negócio jurídico de assinatura de um contrato de franquia que tenha sido realizado com vício resultante de erro derivado da falta de entrega da COF, ou sua entrega fora do prazo ou de forma incompleta, poderá ser confirmado pelas partes em algumas situações específicas.

A primeira delas seria nas situações em que, mesmo extemporaneamente, o franqueador faz chegar a conhecimento do franqueado todas as informações que deviam ter sido entregues, nos termos da lei, e não foram, antes da assinatura do contrato e/ou pagamento de qualquer valor pelo franqueado à franqueadora; e o então franqueado, ciente de todas elas, permanece no negócio, dando continuidade à operação da unidade franqueada e honrando o contrato firmado.

Nesses casos, não poderá o franqueado no futuro mudar de ideia com relação ao negócio e, alegando a falta de recebimento das informações que legalmente lhe eram garantidas, requerer a anulação do contrato por descumprimento dos artigos 2º e 4º da lei de franquia.

Entendemos, ainda, que há situações em que mesmo que a franqueadora jamais forneça as informações obrigatórias ao franqueado, permanecendo este atuando como franqueado e honrando o contrato durante um longo período, não terá mais o direito de reclamar a anulabilidade do contrato pela ausência de tais informações, exceto se

---

4. TJ-SP, Apelação nº 1105781-63.2015.8.26.0100-Voto nº 35.833. Relator Ricardo Negrão, j. 06.02.2019.

comprovar que elas, se conhecidas no devido tempo, poderiam ter modificado a sua decisão de ingressar na rede.

Assim, a constatação de que conhecer uma determinada informação faria com que o franqueado deixasse de ingressar na rede a que se filiou tempos atrás, ou, da mesma forma, comprovando o franqueado que a falta ou falseamento de informações na COF, a partir de dado momento, passou a gerar prejuízo ao franqueado, será ser suficiente para requerimento de tal anulação.

Nessa toada, se, por um lado, não é aceitável que a franqueadora deixe de cumprir suas obrigações legais de informar ao franqueado tudo que ele precisa saber a respeito do negócio, por outro, não é razoável que, após anos de atuação no sistema e utilizando todos os conhecimentos que lhe foram transmitidos pela franqueadora, o franqueado opte por exigir a anulação do contrato invocando um erro cometido pela franqueadora quando do início da relação contratual.

Como vimos, é certo que o tema não está totalmente pacificado, nem entre juristas e estudiosos do tema, nem nos tribunais, sendo possível encontrar decisões em todos os sentidos, tanto determinando a anulação quanto reconhecendo que o erro material não foi tão grave a ponto de invalidar toda a relação jurídica. Tamanha divergência, inclusive jurisprudencial, advém da complexidade da relação entre franqueadora e franqueados e necessidade de análise pormenorizada de cada caso concreto para que se possa definir, com justiça, de que lado está o direito em cada situação.

Tomemos alguns exemplos de decisões:

"Assim que, quanto à nulidade do contrato de franquia celebrado e decorrente de fornecimento irregular de circular de oferta de franquia, ademais jamais antes havido qualquer reclamo a respeito, mais de três anos passados de exploração do negócio, nunca obviada ou concretamente prejudicada a atividade pelos defeitos alegados e que não podem servir de amparo a real arrependimento quanto à contratação."

"CONTRATO DE FRANQUIA Ausência de apresentação da circular de oferta que trata o art. 3º da Lei nº 8.955/94 Alegação que deveria ter sido apresentada antes do início das atividades Fato, aliás, que não foi obstáculo ao implemento do negócio – Insucesso do negócio da autora que não pode ser atribuído à alegada omissão da entrega da circular Não demonstração, ademais, de descumprimento contratual pela franqueadora Recurso improvido. [...] No mérito, a pretensão da autora vem fundada, principalmente, na falta de apresentação, pela ré, da circular de que trata o art. 3º da Lei nº 8.955/94, fato que a teria impedido de mensurar os riscos do negócio, principalmente ante a alegação de ser leiga no ramo de lavagem de automóveis. Não resta dúvida que a circular de oferta é uma importante garantia ao franqueado e, sem sombra de dúvida, deve ser observada pelo franqueador. Todavia, a reclamação acerca da alegada falta de apresentação da 'circular de oferta' deveria ter sido apresentada antes do início das atividades, principalmente porque, em contratos dessa natureza, há presunção de que a partes estão em igualdades de condições para celebrar o negócio, ainda considerando-se que os pactos sejam redigidos com cláusulas padronizadas. Por outro lado, mesmo considerando a ausência da apresentação da 'circular de oferta', forçoso reconhecer que tal fato não foi obstáculo ao implemento do negócio, isto é, pôde a autora estabelecer-se como franqueada estabelecer-se como franqueada e exercer integralmente seu comércio (negócio), e o insucesso na empreita da autora não pode ser atribuído à omissão alegada[5]."

---

5. AC 0002285-35.2012.8.26.0037. TJSP. 2ª Câmara Reservada de Direito Empresarial. Des. Rel. Lígia Araújo Bisogni. j. 16/10/2012.

Tome-se, por exemplo, a falta de entrega dos balanços relativos aos dois últimos anos, que deve constar na COF, nos termos do inciso III do artigo 2º. Imaginemos uma situação na qual a franqueadora não tenha cumprido essa obrigação e após 4 anos de vigência do contrato, tendo o negócio franqueado prosperado até então, busque o franqueado a anulação do contrato em razão da ausência dos balanços.

Imagine-se, ainda, que a situação financeira da franqueadora é estável, não há execuções ou dívidas e que nada relacionado à sua saúde ou informações financeiras tenha de fato afetado a operação e o dia a dia da atividade daquele franqueado.

Parece lógico que a falta desse balanço, que, sim, é uma irregularidade nos termos da lei de franquia, não trouxe nenhum prejuízo, tampouco teria a sua apresentação no tempo adequado feito com que o franqueado mudasse de ideia e deixasse de firmar o compromisso de franquia com a franqueadora, inexistindo, portanto, razão para a anulação do contrato e devolução dos valores pagos pelo franqueado ao longo do tempo em que gozou do *know-how* e de todas as benesses de fazer parte daquela determinada rede.

Em outro exemplo, imaginemos que a franqueadora, embora tenha informado na circular de oferta de franquia que oferecia treinamento a seus novos franqueados, tenha deixado de fazê-lo, autorizando que o franqueado inaugurasse e administrasse a franquia por 3 anos sem que tivesse tido o treinamento inicial descrito na COF.

Ao longo de todos os anos de operação, porém, o franqueado nada questiona, aprende na prática as atividades necessárias para a operação do negócio e prospera, até que, ao ser acionado judicialmente pela franqueadora por descumprimentos contratuais graves, invoca seu direito de anulação do contrato baseado na informação falsa apresentada pela franqueadora na COF.

Ora, não só o franqueado atuou de forma adequada por diversos anos, como estava ciente de que teria direito a um treinamento inicial, sem jamais tê-lo questionado ou reclamado a sua realização, de maneira que é inaceitável que agora, valendo-se de tal situação, busque anular o contrato e receber de volta valores que pagou à franqueadora e a terceiros, mormente quando tal reclamação só surgiu em contraposição à ação ingressada pela franqueadora em razão das falhas cometidas por dito franqueado.

Em sentido contrário, imagine-se que a franqueadora não possui registro da marca que licencia a seus franqueados e que tal informação não conste na COF. Após 4 anos de funcionamento da franquia, o franqueado é surpreendido com a decisão judicial de suspensão do uso da marca que, por qualquer razão, tenha sofrido oposição por parte de empresa concorrente. Diante da perda da marca e dos prejuízos advindos dessa decisão, evidente que o franqueado poderá reclamar a falta de clareza da Circular quanto à situação da marca, bem como requerer a anulação do contrato, por culpa da franqueadora, já que a ausência da informação levou, sim, o franqueado a ingressar em uma rede cuja segurança de perpetuidade inexistia.

Inúmeros seriam os exemplos de situações nas quais a falha na entrega da COF ou mesmo a divulgação de informações falsas não tem o condão de anular um contrato e sujeitar a franqueadora à devolução de valores pagos ao longo de toda uma relação jurídica e contratual válida e eficaz para ambas as partes.

Tal constatação, no entanto, não invalida nem afasta a importância da transparência e da concessão de informações precisas, verdadeiras e relevantes ao franqueado. É evidente que a boa franqueadora adotará todas as medidas para que a circular de oferta de franquia que fornece a seus candidatos contenha todas as informações exigidas por lei e ainda outras que, no entendimento da franqueadora, sejam relevantes para que aquele franqueado tenha interesse em ingressar na rede e obtenha sucesso com suas atividades.

Não obstante, não se pode deixar que as falhas cometidas pela franqueadora no início de sua relação contratual sejam capazes de anular todas as atividades que posteriormente foram realizadas, os acertos de parte a parte e o sucesso do negócio, mormente quando as irregularidades do passado não causam prejuízos efetivos ao franqueado e o fato de não conhecê-las não colocou e não coloca em risco a saúde financeira e administrativa do negócio entabulado pelo franqueado.

Assim como todas as demais leis do nosso ordenamento jurídico, a lei de franquia não deve ser interpretada sem levar em consideração todo o conjunto de normas que regulam as atividades empresariais no Brasil, estando a relação de franquia sujeita aos mesmos princípios de boa-fé e probidade, cabendo ao Poder Judiciário analisar cada caso concreto, a fim de não gerar insegurança jurídica anulando contratos que, em função de todo o contexto, não apresentam vício grave.

Da mesma forma, não se pode afastar a responsabilidade do franqueado que, na qualidade de candidato a ingressar em um negócio e investir seu dinheiro para associar-se a uma franqueadora, deve, sim, realizar as pesquisas necessárias, entender do sistema, procurar auxílio de profissionais adequados como advogados e consultores, tudo com a finalidade de resguardar-se e obter o maior número possível de informações a respeito do negócio no qual pretende ingressar.

De mais a mais, a Lei 13.966/19 não pode ser interpretada isoladamente, devendo ser considerada em todo e qualquer conflito entre franqueador e franqueado que se baseie na ausência da COF ou falta de informações obrigatórias no documento entregue pela franqueadora. Deve-se observar, ainda, o princípio da boa-fé objetiva, que deve orientar as relações jurídicas entre empresários – "Os contratantes são obrigados a guardar, assim na conclusão do contrato, como em sua execução, os princípios de probidade e boa-fé." (art. 422 do Código Civil).

Parte IV
PRÉ-CONTRATO DE FRANQUIA

10
PRÉ-CONTRATO DE FRANQUIA

Bruno Lucius

Edna dos Anjos

Sumário: Introdução – 1. Conceito; 1.1. Natureza jurídica; 1.2. Consequências jurídicas – Referências bibliográficas.

INTRODUÇÃO

Antes de ser firmada a relação contratual entre franqueador e franqueado, existe uma série de obrigações e atos a serem praticados. Tais questões podem ser tratadas por instrumento próprio, o chamado pré-contrato de franquia.

1. CONCEITO

O sistema de *franchising* é procurado por milhares de pessoas que buscam empreender em um novo negócio, sem experiência prévia, muitas vezes se utilizando de recursos angariados ao longo da vida, e que, por vezes, não buscam, a fundo, entender o negócio em que pretendem ingressar.

Como uma relação negocial complexa, a relação de franquia enseja um período prévio de adaptação para as partes (franqueador e futuro franqueado) ao sistema em questão.

Por essa razão, alguns franqueadores em processo de expansão optam pela celebração de um contrato prévio contendo as primeiras regras estipuladas após a aceitação da Circular de Oferta de Franquias (COF) pelo potencial franqueado. Esse instrumento é comumente conhecido como **Pre-Franchise** ou Pré-Contrato.

O pré-contrato de franquia pode ser conceituado como *"o instrumento prévio, com duração limitada firmado entre o franqueador e o futuro franqueado e que contém a previsão de direitos e obrigações antes da assinatura do contrato de franquia"*.

Esse instrumento permitirá ao franqueador aferir a capacidade e o perfil do franqueado que ingressará em sua rede de franquias e, por outro lado, permitirá que o franqueado avalie mais precisamente os aspectos práticos do negócio que está adquirindo.

O *Pre-Franchise* agrega maior segurança jurídica às partes, já que o franqueado terá maior ciência das etapas a serem seguidas, contendo previsões como o prazo para o futuro franqueado constituir a empresa franqueada, o prazo para instalação da unidade, o suporte que será recebido pelo franqueado, o auxílio na escolha do ponto, quais os requisitos para a escolha do imóvel, como ele deverá ser montado, as obras a serem realizadas e o cronograma de implementação para cada etapa do processo de inauguração. Já o franqueador estará amparado por cláusulas que lhe assegurem o ressarcimento de prejuízos em decorrência de eventual desistência pelo candidato a franqueado.

Embora toda a oferta esteja contida na Circular de Oferta de Franquia (COF), o franqueado pode não ser capaz de compreender todos os passos até a entrada em operação de seu negócio, o que pode trazer consequências danosas e até mesmo a desistência do negócio ou a judicialização de medidas indenizatórias de perdas e danos.

A assinatura de um pré-contrato de franquia indica claramente que as partes superaram a etapa da negociação, ingressando na fase de concretização do negócio, em que serão efetivados os primeiros investimentos pelo potencial franqueado, já aprovado pela franqueadora em seu processo de seleção.

Assim, as partes estão vinculadas às suas condições, com suas expectativas alinhadas, com vistas a garantir a realização do negócio principal, ou seja, o estabelecimento da relação de franquia.

Como dito anteriormente, todos os ajustes prévios firmados entre as partes serão descritos e será definido o caminho para a concretização do negócio, garantindo ao candidato à franqueado uma espécie de **"reserva de franquia ou direito preferencial"**[1] para a instalação de franquia de determinada marca em determinado território.

A partir da assinatura do pré-contrato, é vedado ao franqueador comercializar uma nova franquia no território assinalado ao candidato à franqueado, sob pena de violar o pré-contrato e responder por perdas e danos advindos do inadimplemento.

Como garantias ao franqueador, é usual, no momento da assinatura do pré-contrato, que o candidato efetue um depósito não restituível de um percentual da taxa de franquia ou, ainda, existe a possibilidade de fixação de uma multa equivalente ao valor da taxa de franquia a ser cobrada em caso de desistência do candidato no prosseguimento do negócio.

1.1. Natureza jurídica

Todo contrato é um Acordo de vontades que deve ser pautado tanto pela função social do contrato (artigo 421 do CC) quanto pelos princípios da probidade e da boa-fé (artigo 422 do CC).

Todavia, esse Acordo de vontades nem sempre acontece de forma imediata, necessitando do cumprimento de etapas prévias antes que possa ocorrer a formalização final.

Apesar de existir uma vontade concreta em realizar o negócio de compra de uma franquia, mesmo com consenso entre as partes, o momento não pode ser ade-

---

1. Vieira da Silveira, Claudio, Franchising – Guia Prático, Capítulo V, página 112.

quado, pois, por exemplo, o potencial franqueado pode ainda não ter constituído a empresa franqueada ou pende ainda a obtenção de alvará de funcionamento do futuro negócio.

O *Pre-Franchise* é um contrato preliminar, que objetiva a celebração/efetivação de um contrato de franquia empresarial. Por meio dele, as partes se obrigam a concluir um contrato futuro. Segundo Carlos Roberto Gonçalves, *"a peculiaridade de tal instrumento jurídico é justamente esta: as partes já definiram os termos essenciais da operação econômica que tencionam realizar, mas não querem passar de imediato a atuá-la juridicamente, não querem concluir, desde já o contrato produtor dos efeitos jurídicos econômicos próprios da operação; preferem remeter a produção de tais efeitos para um momento subsequente, mas, ao mesmo tempo, desejam ter a Certeza de que estes efeitos se produzirão no tempo oportuno".*

O *Pre-Franchise* deve atender aos mesmos requisitos de validade previstos no artigo 104 do Código Civil, isto é, demanda que o agente seja capaz, que o objeto seja lícito, possível, determinado ou determinável e que a forma seja prescrita ou não defesa em lei.

Como todo contrato preliminar, o *Pre-Franchising* é disciplinado pelo Código Civil (artigos 462 a 466), que exige que contenha todos os requisitos do contrato definitivo, como ora se vê:

> "Art. 462. O contrato preliminar, exceto quanto à forma, deve conter todos os requisitos essenciais ao contrato a ser celebrado."

Importante mencionar que não há forma predeterminada para sua validade, entretanto o *Pre-Franchise* precisa conter todos os pontos previstos na Circular de Oferta de Franquia.

1.2. Consequências jurídicas

A lei de franquias não obriga a assinatura de um pré-contrato de franquia, porém sua existência divide a relação entre as partes em duas fases: uma pré-contratual, que abrange todas as etapas a serem seguidas antes da inauguração do negócio, e outra contratual, que regulará todo o relacionamento após a inauguração do negócio.

Contudo, cabe ressaltar que o franqueador, optando pela assinatura de um pré-contrato, deverá elaborá-lo refletindo cada etapa dessa fase de modo claro e objetivo, além de pontuar as consequências de seu descumprimento.

O descumprimento de qualquer cláusula do pré-contrato poderá gerar consequências para ambas as partes, desde o pagamento de multa rescisória, ou mesmo perdas e danos, até a manutenção de uma relação indesejada.

O primeiro efeito decorrente da assinatura do pré-contrato é a obrigação da assinatura do contrato de franquia, o que gera expectativa para as partes acerca da conclusão do negócio, e a quebra de tais expectativas responsabilizará a parte que inadimpliu o *Pre-Franchise*.

Considerando, por exemplo, que o franqueado firme um pré-contrato de franquia contendo obrigação de participar e ser aprovado em treinamento administrado pela franqueadora, durante o treinamento terá acesso a todo o *know-how* da franqueadora e, caso seja reprovado no mencionado treinamento, além de estar sujeito a uma multa por resolução contratual, deverá se obrigar à confidencialidade de toda a informação repassada nesse período.

O desrespeito à clausula de confidencialidade terá como consequência imediata aplicação de multa, sem prejuízo de perdas e danos.

Conforme dito anteriormente, a assinatura do *Pre-Franchise* garante ao candidato à franqueado uma espécie de **reserva de franquia ou direito preferencial** para a instalação de franquia de determinada marca em determinado território, e a violação dessa garantia pelo franqueador, ou a desistência do negócio pelo franqueado, acarretará, como consequência jurídica, a indenização por perdas e danos.

Segundo lição de Orlando Gomes, *"se há recusa no cumprimento, o inadimplente é condenado ao pagamento da competente indenização dos danos oriundos de sua recusa, sendo que essa solução é inevitável nos contratos que tem como conteúdo um contrato intuitu personae".*

Conclui-se que o pré-contrato vincula as partes, obrigando os contraentes a cumprirem o que foi acordado, mantendo a boa-fé, ao longo de toda a relação contratual. Além disso, a promessa existente no pré-contrato de franquia tem valor jurídico incontestável e, uma vez descumprida, gera, para a parte inocente, o direito de ser indenizada.

REFERÊNCIAS BIBLIOGRÁFICAS

GOMES, Orlando. *Contratos*. 26ª ed. Rio de Janeiro: Forense, 2008.

GONÇALVES, Carlos Roberto. *Direito Civil Brasileiro, Contratos e Atos Unilaterais*. 15ª ed. São Paulo: Saraiva, 2017.

NADER, Paulo. *Curso de Direito Civil, v. 3*: Contratos. 8ª ed. Rio de Janeiro: Forense, 2016.

VIEIRA DA SILVEIRA, Claudio. *Franchising – Guia Prático*. 2ª ed. Curitiba: Juruá Editora, 2006.

Parte V
CONTRATO DE FRANQUIA

11
O CONTRATO DE FRANQUIA

Sidnei Amendoeira Jr.

> **Sumário:** I. Premissas – II. Conceito – III. Tipicidade do contrato de franquia – IV. Relação de consumo e hipossuficiência do Franqueado? – V. Contratos de franquia: contratos de adesão? – VI. Prestação de serviços em contratos de franquia? – VII. Classificação dos contratos de franquia – VIII. Contrato de franquia, interpretação e alterações unilaterais.

I. PREMISSAS

Contratos são negócios jurídicos, bilaterais ou plurilaterais, que regulam os interesses das partes envolvidas, fazendo que essas partes tenham que, dali em diante, conduzir-se de modo a cumprir as premissas que estabeleceram e os objetivos que regularam[1].

Através dos contratos, as partes, portanto, adquirem, modificam ou extinguem relações jurídicas[2], tanto patrimoniais como de direito pessoal[3].

E é exatamente isso o que ocorre também com os contratos de franquia.

As partes envolvidas, em particular, a Franqueadora e o Franqueado, por meio do contrato de franquia, estabelecem um negócio jurídico que irá, dali e ao longo de toda a relação jurídica, regular seus interesses e condutas, visando à instituição da relação de franquia, e regulamentando, em particular, a criação e a montagem da unidade

---

1. Para ORLANDO GOMES, "contrato é, assim, o negócio jurídico bilateral, ou plurilateral, que sujeita as partes à observância de conduta idônea à satisfação dos interesses que regularam". Conclui ainda que "contrato é uma espécie de negócio jurídico que se distingue, na formação, por exigir a presença de pelo menos, de duas partes. Contrato é, portanto, negócio jurídico bilateral, ou plurilateral" (Contratos. Rio de Janeiro: Forense, 2007, p. 10). Para CARLOS ROBERTO GONÇALVES, "contrato é o negócio jurídico resultante de um mútuo consenso, de um encontro de duas vontades". (Direito Civil Brasileiro. Volume III. Contratos e Atos unilaterais. 14. ed. São Paulo: Saraiva, 2017).
2. Para MARIA HELENA DINIZ, "contrato é o acordo de duas ou mais vontades, na conformidade da ordem jurídica, destinado a estabelecer uma regulamentação de interesses entre as partes, com o escopo de adquirir, modificar ou extinguir relações jurídicas de natureza patrimonial" (Curso de direito civil brasileiro. vol. 3. São Paulo: Saraiva, 2008. p. 30). CLÓVIS BEVILÁQUA, por sua vez, entende por contrato "o acordo de vontade de duas ou mais pessoas com a finalidade de adquirir, resguardar, modificar ou extinguir direito" (Código civil anotado. Vol. 4. Rio de Janeiro: Francisco Alves, 1916. p. 245). Também Para CAIO MÁRIO DA SILVA PEREIRA, "contrato é um acordo de vontades, na conformidade da lei, e com a finalidade de adquirir, resguardar, transferir, conservar, modificar ou extinguir direitos." (Instituições de Direito Civil. Volume III. Contratos. Rio de Janeiro: Forense, 2014).
3. Para ARNALDO RIZZARDO, no que nos interessa, o conceito de contrato envolve a ideia de que "são contratos todos os negócios jurídicos bilaterais de direito privado. Compreende tanto os negócios jurídicos de direito patrimonial, como a compra e venda, o arrendamento etc., quanto aqueles cujo objeto seja uma questão de direito pessoal, como o matrimônio, a adoção e os contratos sucessórios." (Contratos. 17. ed. Rio de Janeiro: Forense, 2018).

franqueada, sua operação e também as regras que um dia, irão, eventualmente, cuidar de sua extinção.

Pois bem, diferentemente do que ocorre em outros países da América Latina, o Brasil possui uma lei específica de franquias. No último dia 26/12/2019 foi aprovada a nova Lei de Franquia nº 13.966/2019 (Lei de Franquia) que substituiu a Lei outrora em vigor, nº 8.955/94 e que define o *franchising*, em seu artigo 1º, como o **sistema** *"pelo qual um franqueador autoriza por meio de contrato um franqueado a usar marcas e outros objetos de propriedade intelectual, sempre associados ao direito de produção ou distribuição exclusiva ou não exclusiva de produtos ou serviços e também ao direito de uso de métodos e sistemas de implantação e administração de negócio ou sistema operacional desenvolvido ou detido pelo franqueador, mediante remuneração direta ou indireta, sem caracterizar relação de consumo ou vínculo empregatício em relação ao franqueado ou a seus empregados, ainda que durante o período de treinamento"*[4].

O que a Lei faz, portanto, é conceituar o modelo ou sistema de franquia no Brasil, não necessariamente o contrato de franquia, mas ao fazê-lo, estabelece seus elementos básicos, quais sejam, licença de uso de marca, distribuição de produtos e/ou serviços e, de forma eventual, a transmissão de *know-how* com vistas a permitir a reprodução do conceito padrão e a expansão do negócio franqueado.

Franquia é, acima de tudo, a possibilidade de replicar um modelo escalável de negócio em diversas situações, pautando-se, sobretudo, na padronização.

Não é por outro motivo que a transmissão de *know-how* é um de seus elementos mais importantes, ainda que, como dito acima, a lei não estabeleça como se dá e qual a extensão desta transmissão de *know-how*, ou seja, o suporte do Franqueador, apesar de necessário, deverá ter seus contornos definidos no próprio contrato de Franquia. Diante da abertura legal, é o contrato de franquia, firmado pelas partes, que irá estabelecer como se dará, qual sua extensão e com qual periodicidade e forma ocorrerá o suporte pela Franqueadora ao franqueado, ao longo dessa relação jurídica.

Entendemos, porém, ser a transmissão de *know-how*, não só inicial, como continuada, algo desejável, já que é justamente isso que permite que o padrão de cada sistema de franquia seja estabelecido.

O jurista FÁBIO KONDER COMPARATO caracterizou, de forma absolutamente acertada, o *know how*, como um trinômio, qual seja, *engineering, management* e *marketing*. O franqueador, portanto, planeja a montagem do negócio franqueado e o formata de modo que possa ser reproduzido em cada unidade franqueada dali em diante (*engineering*). Em seguida, fornece um esquema mínimo de organização empresarial e

---

4. A Argentina, regula o *franchising* por meio do seu Código Civil, estabelecendo premissas similares às nossas em seu artigo 1.512, confira-se: "*Concepto. Hay franquicia comercial cuando una parte, denominada franquiciante, otorga a otra, llamada franquiciado, el derecho a utilizar un sistema probado, destinado a comercializar determinados bienes o servicios bajo el nombre comercial, emblema o la marca del franquiciante, quien provee un conjunto de conocimientos técnicos y la prestación continua de asistencia técnica o comercial, contra una prestación directa o indirecta del franquiciado*".

todas as informações necessárias ao desenvolvimento do negócio (*management*) e, por fim, deve criar uma política comercial e de vendas que permita a comercialização dos produtos e serviços ao mercado consumidor (*marketing*)[5].

Em contrapartida aos direitos que concede ao Franqueado, a Franqueadora irá receber uma remuneração que pode ser direta (como a Taxa Inicial de Franquia, royalties etc.) e/ou indireta (comissões e rebate, por exemplo, de fornecedores homologados do Sistema de Franquia).

Importantíssimo o destaque que a lei dá ao fato que o contrato de franquia se dá entre empresários autônomos, não se caracterizando, ali, qualquer tipo de relação trabalhista[6].

Talvez a lei tenha sido tímida, uma vez que essa autonomia tem como consequência não só a inexistência de relação laboral entre Franqueadora e franqueado, mas também, de responsabilidade das partes, uma com relação às obrigações e débitos da outra, sendo sujeitos absolutamente distintos[7].

O que não consta da lei, ao menos de forma expressa, mas é fundamental entender é que o contrato de franquia pressupõe uma estreita colaboração entre as partes envolvidas[8].

Assim, o *franchising* é um dos precursores, num mundo que, hoje em dia, valoriza muito a economia colaborativa e extensa troca de informações entre as pessoas nele envolvidas. Desde que foi criado, o sistema de franquias sempre levantou e carregou esta bandeira[9].

---

5. FÁBIO KONDER COMPARATO, "*Franquia e Concessão de Venda no Brasil: da consagração ao repúdio?*". Ensaios e Pareceres de Direito Empresarial. Rio de Janeiro: Forense, 1978, v. I, p. 372. A mesma linha é seguida por DENIS BORGES BARBOSA que coloca como características mais marcante do franchising a padronização do aviamento, ou seja, a ideia de que a franquia não é mera licença de uso de marca ou de patentes mas um método de fazer negócios que permite a multiplicação da rede (Uma introdução à propriedade intelectual, 2ª. edição, Lumen Juris, Rio de Janeiro, 2003, p. 1058-1059).
6. Neste sentido, vide a opinião de FRAN MARTINS, segundo quem o contrato de franquia "liga uma pessoa a uma empresa, para que esta, mediante condições especiais, conceda à primeira o direito de comercializar marcas ou produtos de sua propriedade sem que, contudo, a esses estejam ligadas por vínculo de subordinação" (Fran. Contratos e obrigações comerciais. 14ª ed., Rio de Janeiro: Forense, 1997).
7. A lei argentina é bem mais expressa neste sentido, confira-se o disposto no art. 1.520 do Código Civil daquele País: "*Responsabilidad. Las partes del contrato son independientes, y no existe relación laboral entre ellas. En consecuencia: a) el franquiciante no responde por las obligaciones del franquiciado, excepto disposición legal expresa en contrario; b) los dependientes del franquiciado no tienen relación jurídica laboral con el franquiciante, sin perjuicio de la aplicación de las normas sobre fraude laboral; c) el franquiciante no responde ante el franquiciado por la rentabilidad del sistema otorgado en franquicia.*"
8. "*A colaboração reside no fato de estarem, franqueado e franqueador, associados, na CONSECUÇÃO DE UM FIM COMUM, com divisão de resultados. Ao contrário da comutatividade que existe entre as prestações devidas por cada uma das partes nos tradicionais contratos de troca, **nos contratos de cooperação associativa, pela união das prestações dos contratantes, é que se alcança o resultado ou fim econômico visado por todos***" (ADRIANA MANDIM THEODORO DE MELLO, *Franquia Empresarial: responsabilidade civil na extinção do contrato*, Ed. Forense, Rio de Janeiro, 2.001, p. 88-90-176).
   Também para Silvio de Salvo Venosa, trata-se de "um contrato de cooperação entre empresas independentes em busca de resultados operacionais..." (Direito civil: contratos em espécie. 13ªed. São Paulo: Atlas, 2013, Coleção direito civil; v. 3, p. 583).
9. Aliás, muito interessante, neste sentido, pondo em destaque justamente as ideias de independência e colaboração, a definição de franquia que consta do Código de Deontologia Europeu de Franchising: "*sistema de comercialização de produtos e/ou serviços e/ou tecnologias, baseado numa estreita e contínua colaboração entre*

II. CONCEITO

Existem diversos conceitos doutrinários acerca do contrato de franquia.

Para MARIA HELENA DINIZ, *"Franquia ou franchising é o contrato pelo qual uma das partes (franqueador ou franchisor) concede, por certo tempo (determinado ou indeterminado), à outra (franqueado ou franchisee) o direito de comercializar com exclusividade, em determinada área geográfica, serviços, nome comercial, título de estabelecimento, marca de indústria ou produto que lhe pertence, com assistência técnica permanente, recebendo, em troca, certa remuneração. Resulta da conjugação da licença de uso de marca com a prestação de serviço empresarial"*[10].

Linha similar, segue CARLOS ROBERTO GONÇALVES, para quem, se trata de *"um contrato pelo qual um comerciante detentor de uma marca ou produto (franqueador) concede, mediante remuneração, o seu uso a outra pessoa (franqueado) e lhe presta serviços de organização empresarial"*[11].

Já JOSÉ CRETELLA NETO[12], após um minucioso estudo de direito estrangeiro, conclui que contrato de franquia é *"o contrato de natureza mercantil, firmado entre franqueador e franqueado, que tem por objeto a cessão temporária e onerosa de um conjunto de direitos materiais e intelectuais, de propriedade exclusiva do franqueador, para o franqueado, que se obriga à comercialização de produtos e/ou serviços, consoante um sistema próprio e único de rede de marketing e distribuição, estabelecido conforme as determinações e padrões do franqueador, remunerando-o, de forma única ou periódica, pela cessão dos referidos direitos e/ou pela transferência do know-how técnico, comercial e operacional, e também pela assistência técnica e mercadológica que prestará, pelo período do contrato"*.

Tais definições não se diferenciam muito daquela proposta por JORGE PEREIRA ANDRADE[13], para quem *"Franquia é o conceito pelo qual uma empresa industrial, comercial ou de serviços, detentora de uma atividade mercadológica vitoriosa, com marca notória ou nome comercial idem (franqueadora), permite a uma pessoa física ou jurídica (franqueada), por tempo e área geográfica exclusivos e determinados, seu uso, para venda ou fabricação de seus produtos e/ou serviços mediante uma taxa inicial e porcentagem mensal sobre o movimento de vendas, oferecendo por isso todo seu 'know-how' administrativo, de marketing e publicidade, exigindo em contra-partida um absoluto atendimento a suas regras e normas, permitindo ou não a subfranquia"*.

---

empresas jurídica e financeiramente distintas e independentes, o Franchisador e os Franchisados, através do qual o Franchisador concede aos seus Franchisados, o direito, e impõe a obrigação, de explorar uma empresa de acordo como seu conceito" (Franchising – coletânea de legislação, Áreas Editora, Lisboa, maio de 2004, organizado por CAVALEIRO MACHADO e FILIPE LEITÃO DE SOUSA, p. 484).

10. Tratado Teórico e prático dos contratos, vol. 4.7ª ed. São Paulo: Saraiva, 2013. p. 71 e 72.
11. Direito Civil Brasileiro, volume 3: contratos e atos unilaterais. 9ª ed. São Paulo: Saraiva, 2012.
12. in Manual Jurídico do *Franchising*, p. 26, 1ª edição, Atlas, 2003.
13. *In* Contratos de franquia e leasing: novos rumos para atualização dos contratos de leasing, p. 20, 4ª edição, São Paulo, Atlas, 2000.

Por fim, para ANA CLÁUDIA REDECKER, *"é uma forma de colaboração comercial entre empreendedores independentes regulada por um contrato, no qual uma parte – franqueador – concede a uma ou mais pessoas físicas ou jurídicas – franqueados – o direito de utilizar da própria razão social e/ou da própria marca, e eventualmente, de outros sinais distintivos, para a venda de produtos ou prestação de serviços, sobre a base de um conceito previamente desenvolvido e consolidado no mercado, com assistência técnica para sua comercialização, sem vínculo de subordinação, valendo-se do recíproco interesse, recebendo em troca uma taxa inicial e porcentagem mensal sobre o movimento de vendas, o franqueador controla a utilização da marca e dos sinais distintivos utilizados pelo franqueado com o fim de garantir uma prestação uniforme ao público e uma qualidade constante dos produtos e/ou serviços oferecidos"*[14].

De nossa parte, com base nas premissas levantadas no item anterior e na doutrina, podemos conceituar Franquia ou *Franchising* como o contrato de **colaboração** empresarial através do qual a Franqueadora concederá a um **terceiro, independente e autônomo**, qual seja, ao franqueado, o direito de:

(i) utilizar sua **marca** em caráter não exclusivo;

(ii) **distribuir produtos e/ou serviços**, sob um formato operacional e mercadológico previamente definido, geralmente em território pré-determinado; e

(iii) receber o ***know how*** necessário para viabilizar a instalação e a administração deste negócio peculiarmente formatado, segundo os parâmetros definidos pela Franqueadora.

Algumas questões decorrem daqui e são de vital importância para o bom entendimento do tema:

(i) O contrato de franquia **é** um contrato típico?

(ii) Pode o franqueado, ainda que juridicamente independente, ser considerado como hipossuficiente e/ou dependente da Franqueadora?

(iii) Ao contrato de franquia se aplicariam as regras do Código de Defesa do Consumidor?

(iv) O contrato de franquia envolve prestação de serviços pela Franqueadora ao Franqueado?

São essas, entre outras, as questões que nos dispomos a debater nos limites que este artigo permite.

III. TIPICIDADE DO CONTRATO DE FRANQUIA

Para CAIO MÁRIO DA SILVA PEREIRA, *"diz-se que um contrato é típico (ou nominado) quando as suas regras disciplinares são deduzidas de maneira precisa nos Códigos ou nas leis"*[15], na mesma linha do que preconiza FRAN MARTINS, ou seja, são "contratos para os quais há regras jurídicas próprias e denominação estipulada em

---

14. Franquia Empresarial, Ed. Memória Jurídica, São Paulo, 2002, p. 37.
15. Instituições de Direito Civil. Vol: III. 10ª ed. Rio de Janeiro: Forense, 1997. p. 34.

lei"[16]. Assim, contratos atípicos, em contrapartida, seriam aqueles "que não se acham especificamente regulados"[17].

Como se percebe, apesar de complexo (por envolver elementos comuns aos contratos de licença de marca, cessão de tecnologia e distribuição), o contrato de franquia, é hoje considerado por boa parte da doutrina como um contrato típico por possuir regramento legal específico. Essa seria sua grande vantagem: a tipicidade, o regramento legal constante e específico e a orientação jurisprudencial já firmada nos Tribunais sobre o tema.

Assim, a Segunda Turma do Superior Tribunal de Justiça, no julgamento do REsp nº 403.799-MG, Relatado pelo Ministro Franciulli Netto, DJ de 26/04/06, ao analisar a natureza do contrato de franquia para verificar se incide ou não o ISS sobre os *royalties* pagos pelo franqueado ou franqueador, fixou entendimento no sentido de que o mesmo não se confunde com nenhum outro contrato porque possui delineamentos próprios que lhe concedem autonomia. Neste mesmo acórdão, como em outros que a ele se seguiram, reconheceu-se que o contrato de franquia é híbrido, mas que isso não induz que possa ser configurado como a fusão de vários contratos específicos ou subdivido conforme a conveniência – cada atividade do franqueador integra um todo coeso. Confira-se:

> *"Por ser um contrato autônomo e complexo, não há falar tão-somente na cessão de marca ou da prestação de serviços, de forma isolada. Ocorre, em verdade, um conjunto de atividades abarcadas pelo contrato de franquia, sem que se possa conceber a preponderância de uma atividade em detrimento de outra. Permitir a primazia da cessão de marca em face da prestação de serviço, data maxima venia, significa transformar o contrato de franquia em contrato de locação. Seguindo esse raciocínio, conceder preeminência à prestação de serviços em face da cessão de marca importa em transfigurar o contrato de franquia em contrato de prestação de serviços".*

Neste sentido, inclusive, MARÇAL JUSTEN FILHO (ISS e as atividades de franchising in Revista de Direito Tributário n. 64, Malheiros, p. 250), afirmando, textualmente, que a complexidade do contrato de franquia impede vê-lo como coligação de outros contratos, mas como um contrato diverso e único, restando impedida "a dissociação da avença em uma pluralidade de subcontratos".

Segundo FABIO MILMAN[18], ADALBERTO SIMÃO[19] e MARCELO CAMA PROENÇA FERNANDES[20], o contrato de franquia é típico, pois dispõe sobre o elemento mais importante da relação franqueadora/franqueado, que é o *disclosure* (revelação de informações) através da Circular de Oferta de Franquia. Além disso, encontra previsão

---

16. *Contratos e Obrigações Comerciais*. 14ª ed. Rio de Janeiro: Forense, 1996.
17. GOMES, Orlando. *Contratos*. 18ª ed. Rio de Janeiro: Forense, 1999. p. 81.
18. MILMAN, Fábio. *Franchising, Lei n.º 8.955, de 15 de dezembro de 1994*. Porto Alegre: Livraria do Advogado, 1996.
19. O *"franchising"*, em sua natureza jurídica, é *"contrato típico, misto, bilateral, de prestações recíprocas e sucessivas com o fim de se possibilitar a distribuição, industrialização ou comercialização de produtos, mercadorias ou prestação de serviços, nos moldes e forma previstos em contrato de adesão"*. (Adalberto Simão Filho, *"Franchising"*, São Paulo, 3ª ed., Atlas, 1998, págs. 36/42).
20. FERNANDES, Marcelo Cama Proença. *O Contrato de Franquia Empresarial*. São Paulo: Memória Jurídica, 2003. p. 39.

legal própria e a Lei em pauta ainda define o contrato e elenca certas formalidades para sua celebração.

Por outro lado, para Ana Cláudia Redecker seria "a franquia empresarial um contrato atípico, mas nominado, eis que a Lei 8.955/94 lhe deu um 'nomen juris', mas não definiu os direitos e deveres dos contratantes"[21]. Nesta mesma linha, Lina Fernandes, para quem o contrato de franquia permanece atípico, eis que a Lei 8.955/94 limita-se a tratar quase que somente da Circular de Oferta de Franquia[22] e Fábio Ulhoa Coelho[23].

Esta também é a nossa opinião, já que, efetivamente a Lei de Franquias, não obriga a Franqueadora a estabelecer determinadas cláusulas ou veta tantas outras como o fazem outras normas legais como a locação ou a representação comercial. A Lei de Franquias estabelece quais são os elementos que devem ser abordados na Circular de Oferta de forma neutra, sem definir qual o rumo a Franqueadora deve tomar. Assim, por exemplo, a Lei estabelece que a Franqueadora deve informar se o franqueado terá ou não um território e se ele será ou não exclusivo. Como se vê, a Lei não estabelece que todo contrato de franquia possua territórios exclusivos, muito pelo contrário. Assim, é absolutamente válida a cláusula contratual que estabeleça, em determinado contrato de franquia, que o franqueado não tenha território, tenha um território preferencial ou tenha território exclusivo.

IV. RELAÇÃO DE CONSUMO E HIPOSSUFICIÊNCIA DO FRANQUEADO?

Em nosso sentir, a relação contratual que se estabelece entre a Franqueadora e os franqueados, em um contrato de franquia, não é, e nem pode ser equiparada a uma relação de consumo, pois o franqueado em momento algum é o destinatário final dos produtos e serviços fornecidos pela Franqueadora. E isso, como visto acima, consta expressamente do artigo primeiro da nova lei de franquias, o que não aconteceu na lei anterior.

O franqueado atua como parte desta cadeia, distribuindo tais produtos e serviços ao mercado consumidor final.

Assim sendo, o franqueado não pode ser equipado ao consumidor já que ele não é o "destinatário final" descrito nos termos do art. 2º do CDC. Ora, em se adotando o conceito de destinatário final como aquele que retira o bem do mercado, encerrando o circuito produtivo, o franqueado certamente não é essa pessoa.

Ainda que, por interpretação extensiva, pense-se que o franqueado se utiliza da franquia para seu trabalho profissional, não se pode afirmar que o franqueado seja o destinatário final da franquia.

---

21. REDECKER, Ana Cláudia. *Franquia Empresarial*. São Paulo: Memória Jurídica, 2002. p. 42.
22. FERNANDES, Lina. *Do Contrato de Franquia*. Belo Horizonte: Del Rey, 2000. p. 56.
23. "A Lei 8.955/94 encerra apenas normas que não regulamentam propriamente o conteúdo de determinada relação jurídico-contratual, mas apenas impõe o dever de transparência na relação" (COELHO, Fábio Ulhoa. Considerações sobre a lei de franquia. Revista da Associação Brasileira de Propriedade Industrial 16/15-21, maio/jun./1995. p. 15).

Ora, o objeto do contrato de franquia é exatamente criar meios para a passagem dos produtos e serviços da franquia para o mercado de consumo, utilizando-se a franqueadora, para tanto, de sua rede de franqueados.

Este sempre foi, inclusive, o entendimento do E. STJ acerca do tema[24]. O Ministro Carlos Alberto Menezes Direito, em precedente sobre o tema, já explicitava que não há fragilidade na relação de franquia, uma vez que *"se sabe que o franqueador tem obrigações definidas na lei para a concessão da franquia, com indicação precisa das obrigações que assume e que o franqueado deve assumir"*. Acrescentava, ainda, que *"o franqueado dispõe, por expresso comando legal, da Circular de Oferta de Franquia, a ser oferecida em linguagem clara e acessível, indicando, dentre outras condições, o total do investimento inicial, o valor estimado das instalações, equipamentos e do estoque inicial e suas condições de pagamento, informações sobre os pagamentos ao franqueador ou a terceiros, a remuneração pelo uso do sistema, da marca ou troca de serviços efetivamente prestados pelo franqueador ao franqueado, aluguel de equipamento ou ponto comercial, além do modelo de contrato-padrão, com texto completo."*.

E que não se diga que há subordinação entre as partes, dependência ou hipossuficiência de uma parte frente à outra.

Ora, a observância das regras determinadas pela franqueadora decorre de dois pontos específicos: (i) é a franqueadora quem detém o *know how* e (ii) é ela quem detém a marca e deve protegê-la. Daí o desequilíbrio que existe, sim, neste tipo de contrato, mas que não é, necessariamente, indício de subordinação ou de hipossuficiência do franqueado[25].

COMPARATO, acerca do contrato de *franchising*, já destacava a sua multiplicidade, decorrente do sucesso desenvolvido pelo negócio, o que fez com que a franquia se tornasse uma opção de excelentes retornos ao investidor, e não pelo caráter financeiro, mas sim pela segurança na implantação do negócio, que não depende de experiências e resultados, mas sim de pequenos ajustes ao modelo preestabelecido[26].

---

24. *"Contrato de fiança. Relação entre o franqueador e franqueado. Lei nº 8.955/94. Código de Defesa do Consumidor. Fiança. Exoneração.*
    1. A relação entre o franqueador e o franqueado não está subordinada ao Código de Defesa do Consumidor.
    2. Afastando o acórdão a existência de moratória com base na realidade dos autos e em cláusula contratual, não há espaço para acolher a exoneração da fiança, a teor das Súmulas nºs 5 e 7 da Corte, ademais da falta de prequestionamento dos dispositivos indicados no especial.
    3. Recurso especial não conhecido.
    (REsp 687.322/RJ, Rel. Ministro CARLOS ALBERTO MENEZES DIREITO, TERCEIRA TURMA, julgado em 21.09.2006, DJ 09.10.2006 p. 287)"
25. Em sentido diametralmente oposto ao quanto aqui defendido, a posição de FREDERICO DE ANDRADE GABRICH, Contrato de Franquia e Direito de Informação, p. 31-33, defendendo a aplicação do CDC aos contratos de franquia pela suposta hipossuficiência das franqueadas frente a franqueadora.
26. *"Esse elemento de prestação de serviços do franqueador ao franqueado é claramente distinto da simples licença de utilização de marca ou outro sinal distintivo. Ele comporta, na verdade, três aspectos vulgarmente caracterizados pelas expressões engineering, management e marketing. O franqueador, antes de mais nada, pode planejar a própria montagem material do negócio do franqueado (locais e instalações). Ademais, ele costuma fornecer também ao franqueado um esquema completo de organização empresarial, desde o organograma de pessoal até*

Em primeiro lugar porque se trata de um negócio, de um investimento, da busca na montagem de uma empresa que atue perante o mercado consumidor. Não há qualquer imposição por parte da Franqueadora. Ao contrário, existem diversas franquias à disposição no mercado na mesma faixa de valor de investimento e segmento de mercado, cabendo, portanto, ao candidato a franqueado, entre todas as existentes, aquele que julga como sendo a melhor e mais adequada.

Escolha há. Uma escolha feita por um empresário que tem recursos para investir e contratar, inclusive, consultores e advogados para auxiliá-lo nesta empreitada, não podendo ser equiparado a um hipossuficiente. No máximo, diante da padronização dos contratos de franquias, pode se falar em contratos padronizados ou por adesão, jamais em contratos de adesão[27].

A consequência inexorável disso reside no fato que a Franqueadora não pode ou não deve responder pelo insucesso de uma unidade franqueada. A Franqueadora não

---

a própria contabilidade e a política de estoques, com apoio em sistemas computacionais, como por exemplo um sistema integrado de estoques e compras. Acessoriamente, o franqueador porá a disposição do seu co-contratante o acesso ao seu equipamento de processamento de dados e um financiamento para a aquisição ou a reforma de suas instalações. Finalmente, quanto ao marketing, informações e instruções precisas serão dadas para o desenvolvimento das vendas ou da prestação dos serviços do franqueado ao público. O franqueado poderá, assim, usufruir de uma experiência acumulada do franqueador, no mercado em questão, quanto aos sistemas de vendas e serviços (sucesso ou insucesso de promoções especiais, vendas a crédito ou descontos, por exemplo). Gozará, ademais, dos efeitos de uma publicidade largamente montada em torno da marca ou sinais de propaganda, cuja utilização lhe foi concedida" (As Cláusulas de Não-Concorrência nos "Shopping Centers", in RDM n.º 97, pp. 27 e 28).

27. Neste sentido: "**Assim sendo, enquadra-se a franquia na categoria dos contratos por adesão**. O candidato a franqueado pode dispensar o contrato ou mesmo celebrá-lo com pessoas diversas. Inexiste uma necessidade a ser satisfeita, que o faz aderir obrigatoriamente, a determinado contrato. Entretanto, optando pela celebração do contrato de franquia, o candidato a franqueado há de aderir a vontade do franqueador, o que caracteriza o contrato por adesão. Especificamente com relação à franquia, entendemos que somente da aceitação integral, pelo franqueado, das cláusulas contratualmente impostas pelo franqueador, que detém o know-how, pode advir o sucesso da rede, interesse maior dos contratantes." (Fernandes, Lina Márcia Chaves. Do contrato de Franquia. Belo Horizonte, Del Rey, 2000, pág. 61 e 62). Também é esse o entendimento da jurisprudência:

*"Agravo de Instrumento. Cautelar inominada. Exceção de Incompetência. **Contrato de franquia**. Eleição de foro. Cláusula válida. Decisão resumida rejeitando o incidente. **Não se caracteriza a avença como contrato de adesão**. A disposição não é leonina e não existe vício em sua estipulação. Decisão agravada sucinta mas valida e regular. Pronunciamento correto. Recurso desprovido".* (DES. MARCUS FAVER – Julgamento: 19/09/2000 – QUINTA CÂMARA CÍVEL **2000.002.07444** – AGRAVO DE INSTRUMENTO TJ RJ)

*"Quinta Turma Cível, AGI – Agravo de Instrumento 2001 00 2 005083-3, STAR CLEAN LTDA E MARIA AUXILIADORA DA COSTA NETTO ESTRELLA, 5 À SEC DO BRASIL COMERCIAL LTDA. AGRAVO DE INSTRUMENTO Ementa – EXCEÇÃO DE INCOMPETÊNCIA – **CONTRATOS DE FRANQUIA** – PESSOA JURÍDICA. 1 – **O foro de eleição há que prevalecer quando os contratos envolvem pessoas jurídicas e inexiste qualquer vício de vontade**. 2 – Recurso conhecido e improvido. Unânime.*

Voto – Dos elementos constantes dos autos, verifica-se que foram celebrados contratos de franquia e subfranquia, envolvendo as partes. Em todos, foi eleito o foro da cidade de São Paulo, para dirimir quaisquer dúvidas ou controvérsias oriundas dos referidos contratos.

O ponto nodal, tendo em vista os termos da inicial, consiste em saber se os contratos de franquia se assimilam aos contratos de adesão e se o foro de eleição deve prevalecer ou não.

Em primeiro lugar, cabe destacar que os contratos envolvem pessoas jurídicas. Nestas circunstâncias, NÃO SE APLICAM AO PRESENTE CASO O CÓDIGO DE DEFESA DO CONSUMIDOR. EM SEGUNDO, PRESUME-SE QUE AS PARTES TENHAM LIVREMENTE ACEITADO AS CLÁUSULAS CONTRATUAIS. ASSIM, HÁ QUE PREVALECER O FORO DE ELEIÇÃO, desde que inexistente qualquer vício de vontade, sequer apontado."

é avalista, fiadora, corresponsável pela unidade franqueada. Ela não é a gestora da unidade franqueada, apenas e tão-somente da marca e da definição do mix de produtos e serviços. Agora, é claro que, no caso de uma franquia não formatada ou formatada de forma totalmente inadequada, a Franqueadora pode e deve ser responsabilizada pelo eventual insucesso da Franquia[28].

---

28. *"CONTRATO DE FRANQUIA. AÇÃO DE RESCISÃO CONTRATUAL, CUMULADA COM PERDAS E DANOS. Ausência de prova dos prejuízos sofridos por ato da franqueadora, sendo descabida a indenização pleiteada. O contrato de franquia é um contrato de risco e, no caso concreto, inexistiu comprovação acerca da justa causa para a rescisão. Sentença de improcedência mantida. Apelação desprovida."* (Apelação Cível Nº 70007889579, Quinta Câmara Cível, Tribunal de Justiça do RS, Relator: Umberto Guaspari Sudbrack, Julgado em 01/04/2004)

"Como já exposto neste trabalho, a franquia não suprime a autonomia da pessoa jurídica da empresa, que se propõe a funcionar em prol da divulgação e distribuição dos bens ou serviços de outra, fazendo estampar em seu estabelecimento e em tudo o que comercializa a marca que à franqueadora pertence. Mas é evidente que a relação entre estas se faz marcar pelo signo da dependência econômica, de tal forma que o objeto de mercancia da franqueada e toda sua atividade empresarial se mantém no pressuposto da permanência e da regular execução do contrato de franquia empresarial. Todo o esforço do franqueado, durante a execução contratual, concentrou-se em uma política comercial voltada para uma linha de produtos da marca do franqueador, e sua identidade, conseqüentemente, não se revelou aos olhos do consumidor, restando superada pela uniformidade imposta pela imagem coletiva da rede de franquia. De tal sorte, o trabalho expedido resultou na valorização do fundo de comércio do franqueador. Constata-se, pois, que, na maior parte das vezes, o encerramento da relação exitosa da franquia representa um peso econômico elevado para o franqueado, cujos interesses prejudicados são claros e transparentes. Ao fim da relação, é natural que se sinta o franqueado desfalcado de um patrimônio que, à vista da ideologia da sociedade capitalista, baseada na propriedade privada, parecia-lhe pertencer, já que foi, em princípio, por ele edificado. (...) POR OUTRO LADO, A EVENTUALIDADE DE NÃO OBTER O FRANQUEADO RESULTADOS POSITIVOS NO CURSO DA EXECUÇÃO DO CONTRATO, NO QUE SE REFERE AO INVESTIMENTO INICIAL ACORDADO ENTRE AS PARTES, NÃO LHE CONFERE O DIREITO A INDENIZAÇÃO. Ora, não se pode olvidar a álea que envolve a atividade de distribuição. Conferir-se tal amplitude ao abuso de direito equivaleria a transferir, pura e simplesmente, todo o risco peculiar do comércio para o patrimônio do franqueador e suprimir-lhe os benefícios legítimos que o sistema de franquia lhe proporciona. É em razão justamente da redução de seus custos e riscos que ele se propõe a transferir a terceiros o seu Know How, e parte dos proveitos que a comercialização de seus produtos e a utilização de sua marca são capazes de oferecer. Franqueado e franqueador são, ambos, profissionais do comércio que conservam a autonomia jurídica e administrativa e que correm os riscos próprios da atividade que desenvolvem". (ADRIANA MANDIM THEODORO DE MELLO, Franquia Empresarial: responsabilidade civil na extinção do contrato, Ed. Forense, Rio de Janeiro, 2.001, p. 88-90-176).

Neste sentido:

"1. Art. 2º da Lei nº 8.955/94. É a franquia um pacto eminentemente empresarial, negócio de risco (...) 5. Observe-se que cabe à franqueadora o cumprimento das as exigências legais – Lei nº 8.955/94 –, não lhe sendo imputável, todavia, qualquer responsabilidade pelo sucesso do negócio da franqueada. (...) 8. Inocorrentes abusividades no contrato firmado entre as partes, nem na conduta da ré durante a sua execução. O fato de tratar-se de pacto de adesão, por si só, não significa que uma das partes esteja de má-fé, de modo predeterminado, ou que haja vantagem excessiva de um contratante sobre o outro. E, não é demais destacar, o contrato de franquia é pacto empresarial e não de consumo. Descabido, pois, afirmar-se que a requerida descumpriu o contrato, ou que este seja, de algum modo, em razão de suas estipulações, nulo. (Apelação Cível Nº 70020761300, Nona Câmara Cível, Tribunal de Justiça do RS, Relator: Iris Helena Medeiros Nogueira, Julgado em 03/10/2007).

"FRANCHISING". <u>FRANQUIA NÃO FORMATADA. FALTA DE ESTRUTURA PARA MANUTENÇÃO DOS NEGÓCIOS. RESPONSABILIDADE DA EMPRESA FRANQUEADORA PELOS PREJUÍZOS DISSO ADVINDOS AOS FRANQUEADOS</u>. RECONVENÇÃO. AS VENDAS EFETIVAMENTE REALIZADAS DEVEM SER REMUNERADAS AO FRANQUEADOR, COMPENSANDO-SE OS VALORES. A FRANQUIA EXIGE PARA QUE SE DESENVOLVA O NEGÓCIO A CONTENTO A ESTRUTURA BÁSICA NECESSÁRIA. PROVADA A INEXISTÊNCIA DESSA ESTRUTURA, E A FRANQUEADORA RESPONSÁVEL PELOS PREJUÍZOS DECORRENTES. AS VENDAS EFETIVAMENTE REALIZADAS, POREM, DEVEM SER REMUNERADAS A FRANQUEADORA. AÇÃO E RECONVENÇÃO JULGADAS PROCEDENTES, EM PARTE. RECURSO IMPROVIDO. SENTENÇA MANTIDA, POR SEUS FUNDAMENTOS. (Apelação Cível Nº 596040527, Sexta Câmara Cível, Tribunal de Justiça do RS, Relator: Jorge Alcibíades Perrone de Oliveira, Julgado em 24/09/1996).

V. CONTRATOS DE FRANQUIA: CONTRATOS DE ADESÃO?

O contrato de franquia não é um contrato de adesão. Isso porque a Franqueada, como empresária que é, poderia ter optado por um sem-número de alternativas no mercado. Neste sentido, ensina ORLANDO GOMES:

> *"O que caracteriza o contrato de adesão propriamente dito é a circunstância de que aquele a quem é proposto não pode deixar de contratar, porque tem necessidade de satisfazer a um interesse que, por outro modo, não pode ser atendido. Assim, quem precisa viajar, utilizando determinado meio de transporte há de submeter-se às condições estipuladas pela empresa transportadora, pois não lhe resta outra possibilidade de realizar o intento. A alternativa é contratar ou deixar de viajar, mas se a viagem é necessária, está constrangido, por essa necessidade, a aderir às cláusulas fixadas por aquele que pode conduzi-lo."* (Contratos. Rio de Janeiro, Forense, 2002, pág. 119, 120).

Nesta mesma vertente, LINA FERNANDES[29] acrescenta:

> *"Assim sendo, enquadra-se a franquia na categoria dos contratos POR adesão. O candidato a franqueado pode dispensar o contrato ou mesmo celebrá-lo com pessoas diversas.*
>
> *Inexiste uma necessidade a ser satisfeita, que o faz aderir obrigatoriamente, a determinado contrato. Entretanto, optando pela celebração do contrato de franquia, o candidato a franqueado há de aderir a vontade do franqueador, o que caracteriza o contrato POR adesão.*
>
> *Especificamente com relação à franquia, entendemos que somente da aceitação integral, pelo franqueado, das cláusulas contratualmente impostas pelo franqueador, que detém o know-how, pode advir o sucesso da rede, interesse maior dos contratantes".*

Já havia na doutrina quem defendesse, de forma minoritária, a posição contrária. Assim, por exemplo, MARCELO C. P. FERNANDES afirmava que "o contrato de fran-

---

Indenização. Rito comum ordinário. "Franchising". 1. Violação contratual que se acha evidenciada pela prova dos autos e com suporte na prova técnica, autorizando a indenização perseguida em danos emergentes. Exegese do art. 1092, parágrafo único do C.C. 2. **Procedimentos diversos, como: ausência de preservação da territorialidade, não atendimento a exclusividade, realização de venda porta-a-porta, contratação de cadeia de lojas "Sloper", equívocos sucessivos em campanhas publicitárias e hipóteses conexas, que ultimaram por se reconhecer a violação e o direito indenizatório das Autoras. 3. Violação as normas que regulam o contrato de "franchising". 4. Deslealdade caracterizada, quando altera o sistema de comercialização (venda porta-a-porta e negociação dos produtos com grande cadeia de lojas. 5. Reconhecimento dos danos emergentes, na forma da prova técnica. 6. Em sede de lucros cessantes, forçoso e' reconhecer que, mesmo no contrato de franchising, não se podendo prever o lucro nos negócios, vez que insertos na mera expectativa do risco contratual, não qualquer motivação legal e/ou fática para se lhe deferir.** 7. Não acolhimento da indenização por lucros cessantes. (Apelação nº 2002.001.22477, Des. Reinaldo P. Alberto Filho, Julgado em 11/02/2003, 4ª Câmara Cível do Tribunal de Justiça do Rio de Janeiro).
RECURSO – AGRAVO RETIDO – Fala testemunha sem relevância para o desande da causa – Improvimento. RESCISÃO CONTRATUAL – Cumulação com pleito indenizatório – Prorrogação tácita do ajuste – Direito de cada um dos contratantes de denunciá-lo – **Irrelevância da falta de entrega dos manuais técnicos e da circular de oferta de franquia, no caso dos autos, sem implicar violação do art. 4º, parágrafo único, da Lei 8.955/94, ante a expressa declaração da autora de estar familiarizada com as oportunidades e riscos do negócio.** Incomprovação dos gastos com mudança do estabelecimento em que exercido – Permanência no mesmo ramo, cujos desgastes inerentes não se podem tomar como danos morais – Indevidas, pois, as indenizações reclamadas – Causa julgada pelo mérito à luz da legislação pertinente – Ausência de violação ao art. 5º, II e XXXV, da CF -Recurso improvido. (Apelação 1.040.728-6, Des. Thiers Fernandes Lobo, julgado em 08/05/07, 22ª Câmara de Direito Privado do Tribunal de Justiça de são Paulo).

29. *Do contrato de Franquia*. Belo Horizonte, Del Rey, 2000, pags. 61 e 62.

quia empresarial possui cláusulas rígidas, predeterminadas e uniformes, porquanto são anteriormente produzidas, não estão sujeitas a mutações e estão presentes em série, nos diversos contratos celebrados por uma das partes e os aderentes. Ademais, se o franqueado está interessado na marca por seu conhecido sucesso e eficiência comercial, estão não terá escolha senão aceitar as condições impostas por esta empresa ou terá que procurar uma outra oportunidade. Por último, em um contrato de franchising, as cláusulas contratuais são todas produzidas e apresentadas pela franqueador, podendo o franqueado aceitá-las ou rejeitá-las em bloco, sendo que sua manifestação volitiva restringe-se a aceitação ou não"[30].

Para nós, o fato do contrato ser padronizado ou tipo, decorre de uma obrigação legal, qual seja, o fato da Lei de franquia determinar que, antes da contratação seja entregue uma cópia da Circular de Oferta de Franquia, sendo que um de seus anexos é justamente a minuta padrão do contrato de franquia.

Ora, o fato da Lei exigir a apresentação prévia aos candidatos a franqueado, da minuta padrão do contrato de franquia, não quer dizer que estes não possam negociar seu conteúdo, condições comerciais e cláusulas junto às Franqueadoras. Afirmar, pura e simplesmente, que contrato de franquia são imutáveis e unilateralmente impostos é desconhecer a realidade do mercado de franquia.

Cada vez mais, os franqueados estão mais preparados, informados e acompanhados de excelentes profissionais (advogados e consultores) que os auxiliam a negociar cláusulas e condições chave do contrato de franquia.

Além disso, é muito comum, principalmente em franquias de pequeno e médio porte, com vistas à expansão da marca, que muitas das cláusulas contratuais sejam negociadas sim. Por fim, mesmo em franquias maduras, isso também ocorre, ainda que em menor medida.

Mas um fenômeno recente é importante para demonstrar que o argumento não pode ser lançado de forma tão simplista e sem uma análise profunda do segmento: os chamados multifranqueados. Um mesmo operador pode ser franqueado de diversas marcas ou possui diversas unidades franqueadas de uma mesma marca. Nesta condição, sua possibilidade negocial aumenta, e muito, com relação ao contrato padrão da franquia e muitas redes, pequenas, médias ou grandes, buscando atrair esses grandes *players* do mercado, tem feito concessões expressivas em seus contratos de franquia.

Diante isso, a questão parecia pacificada no sentido de que não haveria verdadeira adesividade com relação aos contratos de franquia, mas mera existência de contrato tipo ou padronização, até que acórdão oriundo do E. STJ colocou a questão em xeque.

"*Assim, com fundamento na doutrina e nos julgamentos deste STJ,* **o contrato de franquia é inegavelmente um contrato de adesão.**

---

30. O contrato de franquia empresarial, Memória Jurídica Editora, 2003, p. 48.

> *Quanto à diferenciação apresentada pela recorrida segundo a qual contratos "por adesão" são distintos de contratos "de adesão", entendo que essa sutileza sintática é incapaz de representar alguma diferença semântica relevante, pois o Direito não trata de forma distinta essas duas supostas categorias."* (REsp 1602076/SP, Rel. Min. NANCY ANDRIGHI, 3ª TURMA, julgado em 15.09.2016).

Trata-se de precedente isolado, em que a relatora do caso, a Ministra Fátima Nancy Andrigh, usou como fundamento para sua conclusão, trecho da doutrina da Adalberto Simão sobre o tema em que se afirma, de maneira absolutamente simplista, em nosso sentir, que o *franchising* é o contrato que permite a distribuição, industrialização ou comercialização de produtos e/ou a prestação de serviços *"nos moldes e formas previstos em contrato de adesão"*[31].

Ademais, ela descartar a efetividade da distinção entre contratos por e de adesão, acima referida, com base na doutrina de Nelson Nery Jr. que não se aplica ao caso por um motivo simples e que o próprio trecho transcrito pela Ministra no acórdão em comento revela. Quando o jurista diz que o contrato de adesão não encerra novo tipo contratual, mas somente uma técnica de formação que pode ser aplicada a qualquer tipo contratual, o faz, apenas e após afirmar que o Código de Defesa do Consumidor, fundiu as duas situações – contrato por e de adesão – em um única categoria[32]. Ora, em nosso sentir, o jurista fez tal afirmação levando em conta o campo de atuação do CDC e os contratos a ele submetidos, e não a qualquer tipo contratual não submetido às regras do CDC, como é o caso do contrato de franquia. Aliás, a própria Ministra reconhece, no mesmo acórdão, que as regras do CDC são inaplicáveis ao caso. Assim, nos parece imprópria a tentativa da Ministra de, então, pura e simplesmente afirmar que o contrato de franquia é inegavelmente de adesão porque não se pode "limitar os contratos de adesão apenas às relações de consumo"[33]. Certamente, não se pode, mas também não se pode pautar em critério exclusivo e inerente às relações de consumo para tentar impor a mesma

---

31. Adalberto Simão Filho, Franchising, São Paulo, 3ª ed., Atlas, 1998, p. 42.
32. "A doutrina faz distinção entre os contratos de adesão e os contratos por adesão. Aqueles seriam forma de contratar na qual o aderente não pode rejeitar as cláusulas uniformes estabelecidas de antemão, o que se dá, geralmente, com as estipulações unilaterais do Poder Público (v.g., cláusulas gerais para o fornecimento de energia elétrica). Seriam contratos por adesão aqueles fundados em cláusulas também estabelecidas unilateralmente pelo estipulante, mas que não seriam irrecusáveis pelo aderente: aceita-as, em bloco, ou não as aceita. O Código de Defesa do Consumidor fundiu essas duas situações, estabelecendo um conceito único de contrato de adesão. Assim, tanto as estipulações unilaterais do Poder Público ("aprovadas pela autoridade competente", art. 54, caput, CDC) como as cláusulas redigidas prévia e unilateralmente por uma das partes estão incluídas no conceito geral de contrato de adesão. (...) **O contrato de adesão não encerra novo tipo contratual ou categoria autônoma de contrato, mas somente técnica de formação do contrato, que pode ser aplicada a qualquer categoria ou tipo contratual, sempre que seja buscada a rapidez na conclusão do negócio, exigência das economias de escala**. (Ada Pellegrini Grinover et al., Código Brasileiro de Defesa do Consumidor –comentado pelos autores do anteprojeto. Rio de Janeiro: Forense, 2004, p. 622-623).
33. Confira-se o trecho do acórdão:
    "Como visto na lição de NELSON NERY JUNIOR acima, o contrato de adesão é apenas uma técnica para a formação de contratos, quando exigências de economias de escala e de uniformização do produto ou serviço se impõem a determinado segmento econômico, mas não é tipo ou categoria autônoma de contrato. Não podemos, assim, limitar os contratos de adesão apenas às relações de consumo, pois, como visto acima, é pacífico na jurisprudência deste Superior Tribunal de Justiça que os contratos de franquia não consubstanciam relações de consumo, mas utilizam essa técnica para a formação dos contratos."

lógica a relações entre empresários autônomos, como é o caso das relações de franquia. Veja que mais uma vez, ao citar o jurista Nelson Nery, a Ministra Nancy afirma que os contratos de adesão foram criados por exigências de economia de escala visando a venda de produtos e serviços, o que certamente não é o caso dos contratos de franquia, que não tem tal finalidade.

A consequência, caso o entendimento deste precedente seja adotado, é que, sendo considerados como contratos de adesão, os contratos de franquia deverão ser interpretados em favor do aderente, sendo nulas as cláusulas consideradas abusivas (arts. 423 e 424, CC). Assim, no caso de um contrato de franquia, as cláusulas contratuais deverão ser interpretadas em favor dos franqueados em caso de dúvida, omissão ou inconsistência.

Não é esta, porém, a nossa opinião, como esclarecemos acima. Havendo dúvida em um contrato de franquias, como em qualquer contrato empresarial, deve ser apurada a real intenção das partes, quando da contratação, de modo a interpretá-la desta forma.

VI. PRESTAÇÃO DE SERVIÇOS EM CONTRATOS DE FRANQUIA?

Havendo cessão de direitos de uso de marca, *know-how*, ou nome nos contratos de franquia, **é** necessário que o franqueador busque por algum meio garantir-se quanto **à** manutenção de seu bom nome no mercado.

Por essa razão, no contrato de franquia, o franqueador realiza algumas atividades junto ao franqueado, não com o objetivo de lucrar com isso, mas sim, de garantir que o nome duramente construído no mercado terá o mesmo padrão de qualidade que tem quando o próprio franqueador o utiliza na atividade comercial.

Essas atividades do Franqueador, Exa., não são serviços!

Esta **é** justamente a atividade desenvolvida pelo Franqueador a fim de garantir que o Franqueado não irá usar indevidamente sua marca e seu sistema junto ao mercado consumidor. **É** mecanismo de conservação do próprio Franqueador e não prestação de serviços ao Franqueado. Essas atividades permitem verificar se a transferência de *know how* inicialmente realizada com o treinamento do franqueado está sendo por este observada e, ainda, intermitentemente continuar a transferir esse *know how* ao franqueado, coibindo seus excessos.

A transmissão inicial e continuada de *know how* ao franqueado pelo franqueador **é** da essência do contrato de franquia e visa a manutenção da integridade da marca e dos serviços ou produtos que são sob a sua **égide** comercializados. Assim:

> *"Dentre as cláusulas essenciais cita-se a que regula a utilização, transferência ou cessão do know-how e da marca pelo franqueador ao franqueado. Salienta-se esta cláusula porque a marca e o know-how detidos pelo franqueador correspondem ao resultado de um longo e preciso trabalho, verificado e formatado, que permitem a sua validade técnica e comercial e que colocam o franqueado no mercado com uma vantagem notável em relação aos comerciantes independentes."*[34]

---

34. ANA CLÁUDIA REDECKER in op. cit., p. 51.

O fato, de que alguns elementos do contrato de franquia possam vir, em tese, a se consubstanciar em prestação de serviços, isso, por si só, não é capaz de transformar a natureza jurídica do contrato de franquia em um contrato de prestação de serviços, cujo objeto e conjunto de elementos é menos amplo, pois a franquia envolve a cessão de vários direitos do franqueador ao franqueado e, principalmente, a transferência de tecnologia.

O E. Tribunal de Justiça deste Estado tem posição absolutamente consolidada sobre o tema, uma vez que o Plenário deste Tribunal, em 19 de maio de 2010, julgou o incidente de inconstitucionalidade n° 994.06.045400-3 e declarou a inconstitucionalidade da Lei Complementar n° 116/2003, item 17.08 da Lista de Serviços (Des. Eros Piceli – Relator).

Por outro lado, em 28/05/2009, o Ministro Marco Aurélio Mello, também ao relatar um recurso de agravo de instrumento (AI n° 651255-RJ), conheceu e deu provimento ao recurso de agravo em questão, determinando sua conversão em Recurso Extraordinário (601.711) para que a questão pudesse, então, ser finalmente apreciada pelo mérito e julgada.

Em 12 de agosto de 2.008, o Ministro Luiz Fux, do E. STJ se posicionou contra a cobrança do ISS na atividade de franquia. Entendeu, porém, que a questão seria de **índole** constitucional, ou seja, que o sistema de franchising não entraria no rol da Lei do Imposto em questão e determinou que seria imprescindível a análise e posterior manifestação do STF[35]. As palavras do Ministro, ao proferir tal decisão, afirmam tratar-se de ofensa direta à CF e, portanto, apreciável pelo STF e, ademais, apesar de não definitivas ou vinculantes deixam no ar a possibilidade de que o tributo seja considerado indevido. Assim:

> "O tema discutido está a exigir o crivo do Supremo. Cumpre a este a guarda maior da Constituição Federal e o tributo cobrado pelo Município tem previsão nesta **última**. A própria nomenclatura direciona a haver, sempre e sempre, a prestação de serviços. Ora, de início, não se observa, na franquia, esse fenômeno levando em conta, até mesmo, a definição legal. Consoante o artigo 2° da Lei n° 8.955, de 15 de dezembro de 1994, o que ocorre é a cessão de direito de uso de marca ou patente associado ao direito de distribuição exclusiva ou semiexclusiva de produtos ou serviços e, eventualmente, também ao direito de uso de tecnologia, de implantação e administração de negócio ou sistema operacional desenvolvidos ou detidos pelo franqueador, mediante remuneração direta ou indireta, sem que, no entanto, fique caracterizado vínculo empregatício. Em um primeiro exame, surge que, na franquia, não há a prestação de serviços."

---

35. 13. Destarte, revela-se inarredável que a operação de franquia não constitui prestação de serviço (obrigação de fazer), escapando, portanto, da esfera da tributação do ISS pelos municípios.
14. A afirmação de constitucionalidade da inserção da franquia como serviço e a proposição recursal no sentido de que aquela incide em inequívoca inconstitucionalidade do Subitem 17.08, da relação anexa à Lei Complementar 116/2003, conjura a incompetência imediata do STJ para a análise de recurso que contenha essa antinomia como essência em face da repartição constitucional que fixa os lindes entre esta E. Corte e a Corte Suprema.
15. Deveras, a mesma competência foi exercida pela Corte Suprema na análise prejudicial dos conceitos de faturamento e administradores e autônomos para os fins de aferir hipóteses de incidência, mercê de a discussão travar-se em torno da legislação infraconstitucional que contemplava esses conceitos, reproduzindo os que constavam do texto maior.
20. Agravo regimental desprovido.
(AgRg no REsp 953.840/RJ, Rel. Ministro LUIZ FUX, PRIMEIRA TURMA, julgado em 20/08/2009, DJe 14/09/2009).

No entanto, em sentido contrário, a questão foi recentemente apreciada pelo STF em caráter repetitivo, através do RE 603.136, Rel. Min. Gilmar Mendes, fixando a seguinte tese para o Tema de Repercussão Geral nº 300: *"É constitucional a incidência de Imposto sobre Serviços de Qualquer Natureza (ISS) sobre contratos de franquia (franchising) (itens 10.04 e 17.08 da lista de serviços prevista no Anexo da Lei Complementar 116/2003)."*

O relator reconheceu que os contratos de franquia possuem caráter híbrido, envolvendo prestações de diversas naturezas, como a obrigação de dar, caracterizada pela cessão do uso de marca (atividade fim) e obrigações de fazer, como os treinamentos e suporte (atividade meio), não podendo distingui-las, caracterizando-se como serviço e autorizando a cobrança do ISS sobre os royalties recebidos por meio de contratos de franquia, uma vez que tal contrato seria "**uma unidade, um plexo de obrigações contrapostas que inclui diferentes atividades**".

Discordamos frontalmente da premissa adotada pelo relator no voto condutor, uma vez que, segundo entendemos, o art. 156, inciso III da CF/88 e o artigo 110 do CTN não permitem alterar a natureza dos institutos jurídicos de modo que os contratos de franquia, sendo um complexo de obrigações único e tendo a cessão de uso de marca e *know how* como fonte prevalente (obrigações de dar que são), ainda que existam eventuais serviços acessórios (obrigações de fazer) estes seriam meros meios para a realização do negócio em caráter finalístico.

Para nós, portanto, as atividades de fazer que existem nos contratos de franquia não são serviços, mas formas da franqueadora controlar o padrão de sua rede franqueada e porque atividades de fazer enquanto mera atividade meio e não fim não se prestaria a caracterização da atividade como serviço.

Mas o tema será mais bem tratado no capítulo deste livro que discute justamente os tributos incidentes sobre contratos de franquia.

VII. CLASSIFICAÇÃO DOS CONTRATOS DE FRANQUIA

Existem várias espécies de contrato de franquia. Apesar de absolutamente descrente quanto a perfeição ou exaustão de qualquer classificação, não resistimos à tentação de tentar sistematizar as várias espécies de contratos de franquia apesar do enorme risco de ser incompleto[36].

Assim, em primeiro lugar, **quanto ao seu objeto,** os contratos de franquia dividem-se em: **(i) franquias de produtos ou de distribuição:** a Franqueadora (ou um terceiro por ela contratado) produzem os produtos que serão recebidos pelos franqueados e revendidos ao mercado consumidor; **(ii) franquias de produção ou industrial:** a Franqueadora cede aos seus franqueados o *know how* para a produção dos produtos

---

36. Sobre o tema confira-se: JORGE LOBO, Contrato de Franchising, 3ª edição, Forense, Rio de Janeiro, 2003, p. 32-37; LINA FERNANDES, op. cit., p. 98-109; ANA CLÁUDIA REDECKER, op. cit., p. 58-66; e DENIS BORGES BARBOSA, op. cit., p. 1075-1076.

que serão comercializados pelos próprios franqueados ou por terceiros (franqueados ou não); e **(iii) franquias de serviço:** o Franqueador transfere aos seus franqueados o *know how* para que estes possam prestar serviços diretamente ao consumidor final. Pode-se falar, ainda, em **franquia mista,** envolvendo geralmente produtos e serviços.

Com relação ao formato, as franquias podem ser: (i) tradicionais: mera cessão de licença de uso de marca não exclusiva, associada ao direito de comercializar produtos e serviços associados a esta marca que compõe um mix pré-determinado; ou **(ii) de negócio formatado (*business format franchising*):** as chamadas franquias de terceira geração[37], ou seja, além da cessão da licença de uso de marca e do direito de distribuição de produtos e serviços, o Franqueador cede ao Franqueado todo o *know how* necessário para a abertura, implementação e operação do negócio franqueado, permitindo sua operação diária, constante estruturação e supervisão de campo, remota ou local, para análise e fiscalização de todos os aspectos operacionais do negócio, permitindo, inclusive, sua padronização.

Quanto à abrangência, podemos pensar em master franqueados; desenvolvedores de área e corners. Em uma master franquia, a Franqueadora, detentora da marca e *know how*, cede seus direitos a um terceiro (o master franqueado ou subfranqueador) permitindo-lhe sublicenciar esses direitos aos subfranqueados que irão operar diretamente junto ao mercado. Assim, parte das funções, direitos e obrigações da Franqueadora serão exercidas pelo Master Franqueado em um determinado território que pode ser um País ou um estado. Geralmente, franquias estrangeiras operam no Brasil através de Master franqueados que funcionam como Subfranqueadores aqui no Brasil. Sua maior característica reside no poder de recrutar/captar franqueados no território, treiná-los e prestar serviços locais ou fornecer-lhes produtos ou, ainda, homologar fornecedores locais para tanto.

Já os desenvolvedores de área devem ser caracterizados por um terceiro que irá explorar um território, desenvolvendo todo o seu potencial econômico. Aqui, de modo geral, o desenvolvedor de área irá explorar diretamente o negócio em seu território não se valendo de terceiros franqueados. Para alguns, porém, o desenvolvedor de área também pode ser aquele que exerce, em determinado território, obrigações que seriam da Franqueadora, como a captação e treinamento de franqueados locais, prestando-lhes alguns serviços ou fornecendo alguns produtos, diferindo do master franqueado apenas e na medida em que não teria o direito de subfranquear o sistema de franquia naquele território, ou seja, a contratação seria diretamente com a franqueadora.

Por fim, a franquia de canto, miniunidade ou *corner franchising* é a possibilidade de comercializar produtos e serviços de um sistema de franquia em lojas maiores ou até em espaços abertos dentro de shopping center comerciais. São exercidas geralmente por

---

37. MARCELO CHERTO já chega a falar em franquias de quarta geração ou em *Partnership Franchising*, em que o franqueado terá uma maior liberdade e irá cooperar muito mais no negócio franqueado contribuindo para a criação e manutenção da atualidade do negócio como um todo, é a ideia de rede inteligente (*Franchising. Revolução no Marketing*. São Paulo: McGraw Hill, 1988).

meio de carrinhos ou quiosques, mas podem ser encontradas como um ponto de venda de determinado marca e produto dentro de uma loja maior.

Quanto ao tipo de concessão, podemos ter franquias: exclusivas e não exclusivas (caso o franqueado tenha ou não um território de atuação exclusiva); por conversão ou em estado puro (se o franqueado antes operava uma loja do segmento e a converteu em uma franquia de outra marca ou se iniciou sua operação realizando todo o investimento e treinamento dados pelo franqueador) e associativas (em que a franqueadora tem uma participação no capital social do franqueado e vice-versa).

VIII. CONTRATO DE FRANQUIA, INTERPRETAÇÃO E ALTERAÇÕES UNILATERAIS

Contratos em sua feição clássica – como criados no início do século passado na França e na Alemanha – eram vistos como ente dissociado das condições das partes e da sociedade, o contrato era neutro, até porque a autonomia das partes era absoluta e não concorria com outros princípios[38].

E, por conta disso, decorrem os princípios da força obrigatória do contrato, ou seja, ele é obrigatório para aqueles que o celebram; e da consensualidade – o contrato nasce do consenso entre as partes, temperado por muito tempo apenas pela forma exigida em lei.

Ademais, a liberdade de contratar sempre teve três aspectos: a liberdade de escolher ou não contratar, de escolher com quem contratar e de estabelecer o conteúdo do contrato. E sempre encontrou seu limite na ordem pública e nos bons costumes.

No entanto, com o passar do tempo, o contrato passou a ter uma feição mais social, integrado a valores econômicos, sociais e morais, não podendo mais ser visto apenas pelo prisma da autonomia e individualidade.

No dizer de CRISTIANO CHAVES DE FARIA e NELSON ROSENVALD verifica-se atualmente o fenômeno da "materialização" dos contratos, onde o intérprete tem que identificar os contratantes envolvidos e suas relações. Deste modo "o contrato não é um ato isolado, mas uma relação inserida em processos econômicos-sociais de relacionamento entre categorias de sujeitos" e por isso mesmo "esta interação entre o direito privado e a liberdade" não mais existe ou faz sentido no Estado Democrático de Direito[39].

E justamente por isso, o art. 421 do CC, com a redação dada pela recente Lei da Liberdade Econômica (Lei 13.874/2019) estipula que a liberdade de contratar será exercida nos limites da função social do contrato. E isso significa que a liberdade de

---

38. Segundo **Orlando Gomes**, "o princípio da força obrigatória consubstancia-se na regra de que o contrato é lei entre as partes. Celebrado que seja, com a observância de todos os pressupostos e requisitos necessários à sua validade, deve ser executado pelas partes como se suas cláusulas fossem preceitos legais imperativos". (Direito das Obrigações, 2000, p. 36). Para **Caio Mário da Silva Pereira**, "o princípio da força obrigatória do contrato significa, em essência, a irreversibilidade da palavra empenhada." (*Instituições de Direito Civil*. 11. ed. Rio de Janeiro: Forense, 2003, v. III, p. 14-15).
39. Curso de Direito Civil – Contratos, volume 4, Ed. JusPodivm, 2012, p. 43 e 45.

contratar não foi extinta, ela ainda existe, mas encontra seus limites no interesse social que deve prevalecer.

E, também por isso, o art. 422 do mesmo CC estabelece que as partes, ao contratarem e executarem os contratos, deverão agir com boa-fé objetiva[40] que cria um padrão de conduta com deveres positivos (dever de cooperar, cuidado, segurança, correção, informação, sigilo, prestar contas) e negativos (abstenção de prejudicar)[41].

Ademais, o artigo 187 do CC é muito claro ao estabelecer que *"comete ato ilícito o titular de um direito que, ao exercê-lo, excede manifestamente os limites impostos pelo seu fim econômico ou social, pela boa-fé ou pelos bons costumes."*

Sendo assim, é possível afirmar que no direito brasileiro não mais vigora de forma absoluta a ideia de *pacta sunt servanda*, no sentido de que o contrato deve ser cumprido, independentemente das circunstâncias, e passa a incidir a cláusula *rebus sic stantibus* que permite a alteração do contrato em determinadas circunstâncias mais extremadas. Assim, a chamada teoria da imprevisão[42] permite que os contratos possam ser revistos ou extintos havendo (i) imprevisibilidade; (ii) excepcionalidade e (iii) desequilíbrio das prestações[43].

E uma das consequências disto está no art. 478 do CC[44], que permite a resolução de um contrato por onerosidade excessiva superveniente, ou seja, não sendo possível readaptar o contrato à nova realidade nos termos do art. 317 do CC[45] e/ou dos arts. 479

---

40. **Roberto Senise Lisboa** afirma que a "boa-fé objetiva fundamenta, destarte, uma série de deveres ou obrigações acessórias ou laterais de contratação, que advém do simples fato jurídico de se concluir um negócio [...]" (Manual de Direito Civil, vol 3: contratos. 7ª ed. São Paulo: Saraiva, 2013, p. 102). Ademais, o autor afirma que "a boa-fé objetiva é aferida mediante a análise do cumprimento, ou não, dos deveres decorrentes das obrigações principais assumidas pelos contratantes." (in op. cit., p. 101). **Flávio Tartuce**, apoiado em Judith Martins-Costa e Clóvis do Couto e Silva, exemplifica deveres anexos como: a) cuidado, respeito, informar, agir conforme confiança, lealdade, probidade, colaboração, cooperação (Direito Civil, v.3, Teoria geral dos contratos e contratos em espécie, 8. ed., São Paulo: Método, 2013).
41. **Ana Cláudia Redecker**, afirma que, ao acolher a relação obrigacional como uma ordem de cooperação, o dever de lealdade recíproco é devido pelas partes dos contratos de franquia, nos seguintes aspectos: (i) o franqueado acatando e cumprindo rigorosamente especificações, procedimentos, recomendações transmitidas pelo franqueador, relativas à operação do negócio, sejam elas referentes a produtos ou serviços fornecidos ou prestados a clientes, ou à gerência administrativa da empresa; e (ii) o franqueador assegurando ao franqueado a transmissão permanente do *Know-how*, bem como prestando total assistência, orientações e treinamentos, cursos e todas as demais informações necessárias a continuidade do negócio franqueado.
42. Para **Roberto Senise Lisboa**, a referida teoria "constitui uma exceção aos princípios da intangibilidade e da inalterabilidade do negócio jurídico, buscando a conservação da avença mediante a busca do equilíbrio contratual originário." (LISBOA, Roberto Senise. Manual de Direito Civil, vol 3: contratos. 7ª ed. São Paulo: Saraiva, 2013. p. 127).
43. CRISTIANO CHAVES DE FARIA e NELSON ROSENVALD, in op. cit., p. 239.
44. Art. 478. Nos contratos de execução continuada ou diferida, se a prestação de uma das partes se tornar excessivamente onerosa, com extrema vantagem para a outra, em virtude de acontecimentos extraordinários e imprevisíveis, poderá o devedor pedir a resolução do contrato. Os efeitos da sentença que a decretar retroagirão à data da citação.
45. Art. 317. Quando, por motivos imprevisíveis, sobrevier desproporção manifesta entre o valor da prestação devida e o do momento de sua execução, poderá o juiz corrigi-lo, a pedido da parte, de modo que assegure, quanto possível, o valor real da prestação.

e 480 do mesmo CC[46] será possível extingui-lo diante de tal onerosidade se presentes os seguintes requisitos[47]:

(i) o contrato ser de execução continuada ou diferida – como ocorre nos contratos de franquia;

(ii) existência de um acontecimento extraordinário e superveniente;

(iii) que este acontecimento seja imprevisível; e

(iv) que este acontecimento gere uma desproporção[48], tornando a prestação do devedor excessivamente onerosa e, ao mesmo tempo, gere um ganho exagerado do credor.

Ademais, há que se levar em conta o dirigismo contratual que ganhou força e que pode ser observado quando o Estado impõe: (i) a contratação (exemplos art. 39 do CDC e renovatória de locação comercial); (ii) cláusulas coercitivas (como nos contratos de trabalho); ou (iii) permite ao juiz rever o contrato e modificar e impor suas condições (especialmente no caso art. 6º, V do CDC), nos contratos de consumo ou com base na cláusula geral de vedação do enriquecimento sem causa do art. 884, CC para os contratos civis, quando, então, levará o juiz em consideração a ideia de equidade/moderação e proteção dos contratantes vulneráveis[49]. Nenhum destes é o caso dos contratos de franquia.

Do exposto fica claro que a alteração contratual, neste tipo de cenário, teria que decorrer de algo absolutamente excepcional e não derivada de algo corriqueiro e que seja da natureza do negócio. Desta forma, qualquer alteração imposta unilateralmente pela Franqueadora ou exigida pelos franqueados daquela, não seria admitida sob o manto da teoria da imprevisão em nossa opinião.

Fora disso, portanto, qualquer alteração unilateral feita por uma das partes, sem a participação ou controle da outra ou até a mera previsão de uma cláusula contratual que permita qualquer das partes fazê-lo, poderá ser considerada potestativa e, portanto, considerada ilícita, bem como anulado negócio que daí resultar (tudo nos termos dos arts. 122 e 123, II do CC).

Tal conduta, em tese, também poderia caracterizar a prática de ato ilícito previsto pelo art. 187 do CC que assim dispõe: *"Também comete ato ilícito o titular de um direito*

---

46. Art. 479. A resolução poderá ser evitada, oferecendo-se o réu a modificar equitativamente as condições do contrato.
    Art. 480. Se no contrato as obrigações couberem a apenas uma das partes, poderá ela pleitear que a sua prestação seja reduzida, ou alterado o modo de executá-la, a fim de evitar a onerosidade excessiva.
47. CAIO MÁRIO DA SILVA PEREIRA, Instituições de Direito Civil, volume III, contratos, 13ª. edição, Ed. Gen-Forense, p. 141.
48. A que CARLOS ROBERTO GONÇALVES denominada de nexo causal entre o evento imprevisível e a desproporção (Direito civil, v. 3, Contratos e Atos unilaterais, Saraiva, 9ª edição, 2012, p. 199).
49. PAULO LOBO, Direito Civil – Contratos, Saraiva, p. 193-194.
    Ademais, importante lembrar aqui que a mera propositura de ações revisionais de contatos não suspende ou impede a execução dos contratos – neste sentido a Súmula 380, STJ.
    Nesta mesma linha, a opinião de ARNOLDO WALD para quem "à lei e ao juiz cabe a função de garantir os direitos individuais dentro dos limites em que podem ser exercidos no interesse superior da sociedade. E a teoria da imprevisão realiza a superior conciliação do interesse individual e da necessidade social, da justiça e da segurança, que são as finalidades precípuas do direito" (Obrigações e Contratos, Saraiva, 17ª. Edição, 2006, p. 289).

que, ao exercê-lo, excede manifestamente os limites impostos pelo seu fim econômico e social, pela boa-fé e pelos bons costumes."

Ora, há cláusula puramente potestativa quando os efeitos de um contrato ficam ao puro e livre arbítrio de uma das partes. Segundo CARLOS ROBERTO GONÇALVES[50] cláusulas potestativas "são as que decorrem da vontade de uma das partes, dividindo-se em puramente potestativas e simplesmente potestativas. Somente as primeiras são consideradas ilícitas pelo artigo 122 do Código Civil, que as inclui entre as condições defesas por sujeitarem todo o efeito do ato 'a puro arbítrio de uma das partes', sem a influência de qualquer fator externo", ferindo-se os princípios basilares dos contratos[51] Nesta mesma linha ROBERTO SENISE LISBOA[52] e a orientação do E. STJ:

> "O conteúdo puramente potestativo do contrato impôs a uma das partes condição, apenas e tão-somente, de mero espectador, em permanente expectativa, enquanto dava ao outro parceiro, irrestritos poderes para decidir como bem lhe aprouvesse. Disposições como essa agridem o bom senso e, por isso, não encontram guarida em nosso direito positivo. Entre elas está a chamada cláusula potestativa. É estipulação sem valor, porque submete a realização do ato ao inteiro arbítrio de uma das partes."
> (STJ – 3ª Turma, REsp 291.631-SP, Rel. Min. Castro Filho, v.u. j. 4.10.2001, DJU 15.4.2002)

Esse tipo de alteração unilateral – e ainda com várias restrições – somente é de se admitir no caso dos Contratos Administrativos, uma vez que os artigos 58, I e 65, I, "a" e "b" da Lei 8.666/93 dão à Administração algumas prerrogativas que os particulares não possuem no âmbito de suas relações jurídicas (as chamadas cláusulas exorbitantes ou de privilégio).

Esta também a opinião de LINA MÁRCIA CHAVES FERNANDES[53] ao lecionar que, tanto nos contratos em geral, como também especificamente no contrato de franquia, devem ser observados os princípios da obrigatoriedade "*Pacta sunt servanda*" e da "Irretratabilidade", ou seja, nenhuma modificação poderia ser feita, ficando inclusive, impossibilitada a revisão do conteúdo das cláusulas pelo Poder Judiciário, estando este legalmente autorizado apenas a declarar sua nulidade ou a resolução do contrato no caso das cláusulas serem abusivas e/ou desproporcionais, desde que os contratos sejam regidos pelo Código de Defesa do Consumidor, o que não é o caso do Contrato de Franquia ou, ainda, também como visto no capitulo VI supra, em caso de aplicação da teoria da imprevisão, o que não é o caso em geral[54].

---

50. *Direito Civil – Parte Geral*, vol. 1 – Editora Saraiva – 2005 – pág. 120.21.
51. Neste mesmo sentido, confira-se: *"Referida cláusula puramente potestativa, fere, de forma efetiva, os princípios da boa-fé objetiva e do equilíbrio contratual. Assim, há necessidade de uma busca do equilíbrio dos contratos, não podendo ser toleradas cláusulas de natureza puramente potestativas"* (Cláusula potestativa gera desequilíbrio contratual, Roberto MacCraken in Conjur, 16/5/2014).
52. Manual de Direito Civil – Contratos e Declarações Unilaterais: Teoria Geral e Espécies", vol. I, 3ª edição, Editora Revista dos Tribunais, São Paulo, 2004, pág. 498/499.
53. Fernandes, Lina Márcia Chaves. Do Contrato de Franquia, Belo Horizonte, Editora Del Rey, 2000, p. 40.
54. Também no sentido da não aceitação unilateral, confira-se outro importante precedente sobre o tema: *"FRANQUIA. DESCUMPRIMENTO CONTRATUAL PELA FRANQUEADORA. UNIDADE FRANQUEADA QUE NÃO FOI INSTALADA POR CULPA DA RÉ UM ANO APÓS A ASSINATURA DO CONTRATO. ALTERAÇÃO DO TERRITÓRIO DA FRANQUIA QUE NÃO FOI ACEITA PELA AUTORA. AUSÊNCIA DE DISPOSIÇÃO SOBRE ACEITAÇÃO DE ALTERAÇÃO DO TERRITÓRIO DA FRANQUIA.* (TJ-SP 10273386420158260564 SP 1027338-64.2015.8.26.0564, Relator: Carlos Alberto Garbi, Data de Julgamento: 13/11/2017, 2ª Câmara Reservada de Direito Empresarial, Data de Publicação: 16/11/2017).

Assim, e eis um ponto muito importante, não só as partes, mas também o Poder Judiciário não pode pura e simplesmente rever os contratos firmados.

Neste sentido, a já citada Lei da Liberdade Econômica também alterou o Código Civil para estabelecer, no parágrafo único do art. 421 que "nas relações contratuais privadas, prevalecerão o princípio da intervenção mínima e a excepcionalidade da revisão contratual" e, mais do que isso, nos termos do novel art. 421-A que os contratos civis e empresariais, como é o caso do contrato de franquia, serão presumidos como "paritários e simétricos até a presença de elementos concretos que justifiquem o afastamento dessa presunção".

Ademais, a lei dá às partes a possibilidade de estabelecer parâmetros objetivos para a interpretação das cláusulas contratuais, bem como os pressupostos para sua revisão ou resolução. Essa revisão "somente ocorrerá de maneira excepcional e limitada" e devem, ainda, ser respeitada e observada "a alocação de riscos definida pelas partes".

Para nós, como os contratos de franquia não são contratos de adesão, não se aplica, na sua interpretação, o disposto no artigo 423, que determina que apenas e tão-somente nos casos de contrato de adesão, havendo cláusulas ambíguas ou contraditórias, deve ser adotada a interpretação mais favorável ao aderente. Ora, em primeiro lugar, mesmo que o artigo se aplicasse, isso somente poderia ocorrer SE a cláusula for ambígua ou contraditória. Ademais, isso teria que ser compatibilizado com a nova redação dos artigos 421 e 421-A, ou seja, em choque com a presunção de paridade de simetria dos contratos empresariais e da possibilidade das partes estabelecerem a forma de sua interpretação. Os contratos de franquia devem ser, portanto, interpretados para melhor se adequar ao que as partes efetivamente quiseram estabelecer e sempre levando em consideração que o intuito principal do contrato de franquia é permitir a implementação do padrão do Sistema, estabelecido pela Franqueadora, a todas as unidades do Sistema.

12
O CONTRATO DE FRANQUIA COMO SENDO UM CONTRATO EMPRESARIAL E COMPLEXO

Thiago Rodovalho

Sumário: 1. Introdução – 2. A inaplicabilidade do Código de Defesa do Consumidor ao Contrato de Franquia – 3. O contrato de franquia como relação jurídica complexa e de duração continuada – 4. Conclusão – 5. Referências bibliográficas.

1. INTRODUÇÃO

Os contratos[1] de franquia, por essência, encerram relações jurídicas comerciais de natureza complexa e de duração continuada.

São, por essência, "*contratos empresariais*", o que inclusive restou *enfatizado* na nova Lei de Franquias de 26 de dezembro de 2019 (Lei n.º 13.966/19), que assim dispõe:

"*Dispõe sobre o sistema de franquia empresarial e revoga a Lei nº 8.955, de 15 de dezembro de 1994 (Lei de Franquia)*

Art. 1º Esta Lei disciplina o sistema de franquia empresarial, pelo qual um franqueador autoriza por meio de contrato um franqueado a usar marcas e outros objetos de propriedade intelectual, sempre associados ao direito de produção ou distribuição exclusiva ou não exclusiva de produtos ou serviços e também ao direito de uso de métodos e sistemas de implantação e administração de negócio ou sistema operacional desenvolvido ou detido pelo franqueador, mediante remuneração direta ou indireta, sem caracterizar relação de consumo ou vínculo empregatício em relação ao franqueado ou a seus empregados, ainda que durante o período de treinamento" (destacamos).

Assim, a multifacetária análise e compreensão das prestações e contraprestações envolvidas na convivência contratual entre as partes, além de investimentos que ordinariamente são feitos em mútuo interesse (*marketing*, expansão da rede de franqueados etc.), demandam um estudo mais acurado, detido e dedicado.

Nesse contexto, neste breve estudo, pretendemos tecer algumas notas que nos parecem importantes na análise dessa relação jurídica obrigacional.

---

1. Já abordamos parte do tema em Ana Cláudia Pastore, Francisco José Cahali e Thiago Rodovalho. *O uso de ADRs nas disputas de franquia*, in Revista Brasileira de Arbitragem, vol. Especial, 2014, pp. 156/170.

2. A INAPLICABILIDADE DO CÓDIGO DE DEFESA DO CONSUMIDOR AO CONTRATO DE FRANQUIA

Uma premissa equivocada, mas que é frequentemente aceita como verdadeira, é a de que o contrato de adesão e o contrato de consumo se equivaleriam.[2] É dizer, que todo contrato de adesão é um contrato de consumo e que todo contrato de consumo é um contrato de adesão.[3]

Nenhuma dessas assertivas é verdadeira,[4] ainda que seja verdadeiro afirmar-se que a maioria dos contratos de adesão envolve relações consumeristas,[5] e que a maioria dos contratos de consumo é celebrada mediante contratos de adesão.[6] Trata-se de visão estreita e reducionista do fenômeno dos contratos de adesão, que não são exclusivos dos contratos de consumo, indo para além dos consumidores, ainda que esses sejam, de fato, seu destinatário principal.[7]

Nesse contexto, há expressivo número de contratos de adesão que são cotidianamente celebrados entre empresas, sem caracterizar relação de consumo,[8] como igualmente

---

2. Nesse sentido, cfr. Enunciado n.º 171 aprovado, em 2002, na III Jornada de Direito Civil promovida pelo Centro de Estudos Jurídicos do Conselho da Justiça Federal, sob a coordenação científica do Ministro Ruy Rosado de Aguiar Júnior: "*Enunciado 171 – Art. 423: O contrato de adesão, mencionado nos arts. 423 e 424 do novo Código Civil, não se confunde com o contrato de consumo*". Cfr., ainda, Nelson Rosenvald. *Dos contratos em geral*, in Cezar Peluso (Coord.). *Código civil comentado*, Barueri: Manole, 2007, coments. CC 423, p. 317: "*Há um equívoco em supor que os contratos de adesão sejam específicos das relações de consumo. Apesar de o Código de Defesa do Consumidor, por excelência, constituir-se em sede de tais contratos, nada impede que de relações privadas, envolvendo dois empresários ou dois particulares, nasçam contratos de adesão, sem que em um dos pólos exista a figura do consumidor*".
3. V., por exemplo, a preocupação externada por Carlos Alberto Bittar, falando *exclusivamente* em *consumidor*: Carlos Alberto Bittar. *Apresentação*, in Carlos Alberto Bittar (Org.). *Os contratos de adesão e o controle de cláusulas abusivas*, São Paulo: Saraiva, 1991, p. V: "*A temática dos contratos de adesão vem, de há muito, preocupando a doutrina na formulação de princípios que possam resguardar os consumidores nas relações de aquisição de bens ou de fruição de serviços para, como destinatários finais, satisfazer os interesses pessoais e familiares*". Cfr., ainda, Carlos Alberto Bittar. *A fenomenologia contratual nos dias presentes*, in Carlos Alberto Bittar (Org.). *Os contratos de adesão e o controle de cláusulas abusivas*, São Paulo: Saraiva, 1991, pp. 15/21.
4. V. António Pinto Monteiro. *Contratos de adesão: o regime jurídico das cláusulas contratuais gerais instituído pelo Decreto-lei n.º 446/85, de 25 de outubro*, in Revista da Ordem dos Advogados – ROA, ano 46, Lisboa, 1986, p. 734.
5. Cristiano de Sousa Zanetti. *Direito contratual contemporâneo – a liberdade contratual e sua fragmentação*, São Paulo: Método, 2008, p. 227.
6. Nelson Nery Junior. *Da proteção contratual*, in Ada Pellegrini Grinover et alii. *Código brasileiro de defesa do consumidor comentado pelos autores do anteprojeto*, vol. I, 10.ª ed., Rio de Janeiro: Forense, 2011, pp. 513 e 535.
7. Diogo L. Machado de Melo. *Cláusulas contratuais gerais*, São Paulo: Saraiva, 2008, p. 102; e Paulo Luiz Netto Lôbo. *Condições gerais dos contratos e cláusulas abusivas*, São Paulo: Saraiva, 1991, p. 64.
8. Cristiano de Sousa Zanetti. *Direito contratual contemporâneo – a liberdade contratual e sua fragmentação*, São Paulo: Método, 2008, pp. 228/229: "*Dentre os contratos por adesão que não disciplinam relações de consumo, a hipótese mais comum, todavia, é a do negócio concluído entre sociedades empresárias. Não são nada raros, por exemplo, os casos em que uma sociedade empresária aceita em bloco as cláusulas predispostas para contrair empréstimo destinado ao desenvolvimento de sua atividade profissional ou para adquirir bens a serem incorporados em sua produção ou revendidos no mercado de consumo. Por comodidade expositiva, tais contratos serão qualificados como civis, em contraposição aos negócios jurídicos submetidos ao regime do Código de Defesa do Consumidor [...] No campo do direito privado estranho às relações de consumo, são muito comuns os contratos por adesão de franquia; locação de imóveis; prestação de serviços; transporte; fornecimento de mercadorias; financiamento bancário; arrendamento mercantil; aquisição, suporte e manutenção de software; todos quotidianamente concluídos entre sociedades empresárias*". (sic)

há expressivo número de contratos de consumo celebrados pela via negociada (*gré a gré*) ou mesmo oralmente.[9]

São circunstâncias que provam a necessidade de se aferir o caso concreto para se saber se está ou não diante de uma relação consumerista,[10] especialmente porque os "efeitos jurídicos" que decorrem do fato de ser ou não uma relação consumerista são distintos entre si, sendo naturalmente mais protetiva a incidência do CDC, posto ser essa, precisamente, sua razão de ser.[11]

Essa distinção entre "contratos de adesão de consumo" e "contratos de adesão não consumeristas" (estes denominados de contratos de adesão "genéricos") foi didaticamente feita pelo Superior Tribunal de Justiça, em acórdão da relatoria da Ministra Nancy Andrighi.[12]

Demais disso, para incidir a norma protetiva do Código de Defesa do Consumidor, pouco importa tratar-se ou não de contrato de adesão, bastando que se trate efetivamente de uma relação de consumo e que haja abusividade.[13]

---

9. Nelson Nery Junior. *Da proteção contratual*, in Ada Pellegrini Grinover *et alii*. *Código brasileiro de defesa do consumidor comentado pelos autores do anteprojeto*, vol. I, 10.ª ed., Rio de Janeiro: Forense, 2011, p. 513: "*Quanto à técnica formal de contratação, os contratos abrangidos pela categoria negocial das relações de consumo são de variada ordem, como os 'contratos de comum acordo' (de gré à gré), ditos também contratos individuais, e os contratos de adesão. Relativamente ao objeto, desde que presentes os elementos da relação de consumo, referidos supra, qualquer contrato pode ser considerado relação de consumo, seja ele típico ou atípico*".
10. Carl Schmitt. *Teología Política*, in *Teólogo de la política*, México: Fondo de Cultura Económica, 2001, p. 21: "*o normal não prova nada, a exceção prova tudo; ela não só confirma a regra, mas a própria regra só vive da exceção*".
11. A *ratio essendi* do CDC é a proteção da *parte mais fraca* nessa relação jurídica, qual seja, o "consumidor", de modo que sua *vulnerabilidade* (CDC 4.º I) é pedra de toque para a incidência do CDC. Nesse sentido, Claudia Lima Marques. *Contratos no código de defesa do consumidor – o novo regime das relações contratuais*, 5.ª ed., São Paulo: Revista dos Tribunais, 2005, p. 335. V., ainda, José Geraldo Brito Filomeno. *Disposições gerais*, in Ada Pellegrini Grinover *et alii*. *Código brasileiro de defesa do consumidor comentado pelos autores do anteprojeto*, vol. I, 10.ª ed., Rio de Janeiro: Forense, 2011, pp. 26/27: "*O traço marcante da conceituação de 'consumidor', no nosso entender, está na perspectiva que se deve adotar, ou seja, no sentido de se o considerar como* vulnerável [...] *Discordamos de Othon Sidou, quando também considera as pessoas jurídicas como tal para fins de proteção efetiva nos moldes atrás preconizados, ao menos no que tange à sua literal 'proteção' ou 'defesa' jurídica. E isto pela simples constatação de que dispõem as pessoas jurídicas de força suficiente para sua defesa, enquanto que o consumidor, ou, ainda, a coletividade de consumidores, ficam inteiramente desprotegidos e imobilizados pelos altos custos e morosidade crônica da justiça comum*" (sic); e Thierry Bourgoignie. *O Conceito jurídico de consumidor*, in Antonio V. Herman Benjamin (dir.). *Revista do Consumidor*, n.º 2, São Paulo: Revista dos Tribunais, p. 31: "*Partindo-se da presunção de que o profissional não é um consumidor, deve ser deixada ao profissional a faculdade de tomar esta qualidade, desde que ele preencha duas condições, que se acumulam: de uma parte, a ausência de similitude entre o bem e o serviço que são objeto do ato para o qual o profissional reclama sua qualidade de consumidor, e os bens ou serviços que são objeto de sua especialidade comercial ou profissional; de outra parte, a pequena dimensão de sua empresa revela uma presumível fraqueza no mercado*".
12. STJ, 3.ª T., REsp 1.169.841-RJ, rel. Min. Nancy Andrighi, v.u., j. 6.11.2012, DJ 14.11.2012.
13. Nelson Nery Junior. *Da proteção contratual*, in Ada Pellegrini Grinover *et alii*. *Código brasileiro de defesa do consumidor comentado pelos autores do anteprojeto*, vol. I, 10.ª ed., Rio de Janeiro: Forense, 2011, p. 535: "*O fato de as cláusulas abusivas serem mais frequentes nos contratos de adesão não significa que a proteção do consumidor deva dar-se somente nessa forma de conclusão de contrato. Havendo cláusula considerada abusiva pelo CDC, é irrelevante tratar-se de contrato de adesão ou 'contrato de comum acordo' (de gré à gré): é suficiente que seja relação jurídica de consumo para que o negócio jurídico receba proteção contra as cláusulas abusivas*".

Logo, é absolutamente imprescindível a aferição, no caso concreto, se se está ou não diante de uma relação consumerista.[14]

Isto porque, o CDC não é uma panaceia jurídica,[15] não tendo significado a revogação ou derrogação dos diplomas legais que regiam e que continuam a reger as relações privadas (contratos empresariais), de sorte que ele não tem por finalidade regular contratos civis e comerciais pactuados entre empresários.[16] Ao revés, a finalidade do CDC é apenas e tão somente a regulação das relações de consumo propriamente ditas.[17]

Nesse contexto, somente se estará verdadeiramente diante de uma relação de consumo se, além do fornecedor (CDC 3.º), também se fizer presente nessa relação a figura do consumidor,[18] que, a teor do CDC 2.º, é todo aquele que adquire ou utiliza produto ou serviço como "destinatário final", que apresenta pouca dificuldade para se identificar quando se trata de pessoa física.

Contudo, essa *quaestio iuris* ganha especial contorno quando se trata de "pessoa jurídica", tema que ainda é envolto em certa nebulosidade,[19] e que tem demandado cada vez mais a atenção da doutrina,[20] a fim de evitar uma má aplicação do CDC, que distorça

---

14. Antonio Herman de Vasconcellos e Benjamina. *O Código Brasileiro de Proteção ao Consumidor*, in *Revista do Direito do Consumidor*, v. 7.º, São Paulo: Revista dos Tribunais, jul. 93, p. 269: "*um dos pontos mais complexos (e básicos) de qualquer legislação de proteção do consumidor é a definição do sujeito especialmente protegido, ou seja, quem é, para fins de aplicação da lei, considerado consumidor*. Não há uma definição jurídica universal de consumidor".
15. José Geraldo Brito Filomeno. *Disposições gerais*, in Ada Pellegrini Grinover *et alii*. *Código brasileiro de defesa do consumidor comentado pelos autores do anteprojeto*, vol. I, 10.ª ed., Rio de Janeiro: Forense, 2011, p. 10: "É mister que se diga, entretanto, que o Código Brasileiro de Defesa do Consumidor não é uma panaceia *para todos os males que o afligem*".
16. Paula A. Forgioni. *Teoria geral dos contratos empresariais*, São Paulo: Revista dos Tribunais, 2009, p. 18: "*A compreensão e expansão do direito do consumidor mostraram-nos que existe uma classe de contratos diversa, em que apenas um dos polos é orientado pela lógica empresarial do lucro. Esse fato, como é logo de se perceber, imprime diferenças profundas entre os negócios com o público e aqueles entre comerciantes*".
17. Nesse sentido, José Reinaldo de Lima Lopes. *Responsabilidade civil do fabricante e a defesa do consumidor*, São Paulo: Saraiva, 1992, pp. 78/79: "*Uma pessoa pode ser considerada consumidora em relação à outra; mas tal condição depende de dois elementos que não foram adequadamente explicitados pelo Código* [de Defesa do Consumidor]. *Em primeiro lugar, o fato de que os bens adquiridos devem ser bens de consumo e não bens de capital. Em segundo lugar, que haja entre fornecedor e consumidor um desequilíbrio que favoreça o primeiro* [...] *O Código de Defesa do Consumidor não veio para revogar o Código Comercial ou o Código Civil no que diz respeito a relações jurídicas entre partes iguais, do ponto de vista econômico. Uma grande empresa oligopolista não pode valer-se do Código de Defesa do Consumidor da mesma forma que um microempresário*"; e Fábio Ulhoa Coelho. *O empresário e os direitos do consumidor*, São Paulo: Saraiva, 1994, p. 127: "*A subsunção à tutela contratual da legislação consumerista independe da forma específica do contrato. A compra e venda, a locação, o depósito, o mandato, o seguro, o transporte, a alienação fiduciária em garantia etc. podem revestir-se de natureza civil, comercial ou de consumo. Não existem, em outros termos, tipos específicos de negócios que sempre se caracterizam como contrato de consumo. Dependerá tal caracterização, como se notou, da qualidade dos sujeitos contratantes*" (destacamos).
18. Saber quem é essa *figura do consumidor* é sempre tema de suma importância. A esse respeito, v. Lucia Ancona Lopez de Magalhães Dias. *Publicidade e direito*, São Paulo: Revista dos Tribunais, 2010, pp. 111/120.
19. José Manoel de Arruda Alvim Netto *et alii*. *Código do consumidor comentado*, 2.ª ed., São Paulo: Revista dos Tribunais, 1995, pp. 17/18.
20. Fernando de Gravato Morais. *Prefácio*, in Fernando Baptista de Oliveira. *O conceito de consumidor – perspectivas nacional e comunitária*, Coimbra: Almedina, 2009, p. 7: "*O texto que agora se publica tem a singularidade de abordar um tema que tem sido suscitado com alguma frequência no nosso país e a nível comunitário: o conceito de consumidor*"; e Fernando Baptista de Oliveira. *O conceito de consumidor – perspectivas nacional e comunitária*,

sua *ratio essendi*, cujo verdadeiro *animus* é o de conferir especial proteção à parte mais frágil (= consumidor) da relação jurídica,[21] desequilibrando relações eminentemente empresariais, ao se imiscuir indevidamente nas relações entre iguais (relações civis, comerciais e empresariais).

Assim, deve-se, sempre, evitar a deturpação do espírito protetivo do CDC, para fins e relações que não se subsomem ao seu campo de aplicação (relações de consumo),[22] como se "revogasse" as normas relativas às relações empresariais.

Deste modo, não se pode presumir que a pessoa jurídica seja sempre consumidora, devendo ser demonstrado *in concreto* que ela "conjuga" os critérios do CDC 2.º e 4.º I,[23]

Coimbra: Almedina, 2009, pp. 9, 25 e 51: "*Só, porém, com o aparecimento da sociedade de consumo surgiram normas destinadas a proteger especificamente o consumidor enquanto tal, e não apenas como parte de um determinado contrato. A avalanche de legislação no âmbito da protecção de consumidor tornou cada vez mais imperiosa a necessidade de definir, com a maior precisão e consenso possíveis, esse 'consumidor' a que tais normativos se dirigem* [...] *Saber quem é, afinal, esse 'consumidor', merecedor de protecção especial, constitui a preocupação deste trabalho* [...] *É, sem dúvida, a grande questão que agita o Direito do consumo. Verdadeira pedra angular – para não dizer calcanhar de Aquiles –, esta é, sem dúvida, a grande questão que no domínio dos direitos dos consumidores está – e não pode deixar de estar – sempre presente, pois não se pode fazer uso da (cada vez mais diversa) legislação atinente à protecção dos direitos dos consumidores – não esquecendo que este direito do consumo cobre ou disciplina áreas cada vez mais amplas e diversificadas do mercado e da vida social – sem saber, afinal, quem devem ser os seus destinatários. Não há dúvida que uma das questões que mais problemas tem acarretado no direito do consumo é, precisamente, a atinente à correcta aplicação desse complexo de normas, pois pressupõe uma correcta definição ou delimitação da noção de consumidor*". (sic)

21. Fernando Baptista de Oliveira. *O conceito de consumidor – perspectivas nacional e comunitária*, Coimbra: Almedina, 2009, pp. 91 e 100; e Newton De Lucca. *Direito do Consumidor – teoria geral da relação jurídica de consumo*, 2.ª ed., São Paulo: Quartier Latin, 2008, p. 69.

22. Claudia Lima Marques. *Contratos no código de defesa do consumidor – o novo regime das relações contratuais*, 5.ª ed., São Paulo: Revista dos Tribunais, 2005, pp. 346/347: "*Nos primeiros 10 anos do CDC, grande número de empresas tentou ver reconhecido no Judiciário seu status de 'consumidoras' – destinatárias finais fáticas, pois o sistema do CDC demonstrou ser um setor de excelência e eficiência do direito civil brasileiro, em que as soluções de mérito e de justiça contratual realmente se realizam. Apoiadas por advogados atualizados, as empresas tornaram-se litigantes comuns a recorrer ao sistema do CDC para resolver seus problemas contratuais intercomerciais, deturpando, assim, o espírito protetivo do CDC e colocando em perigo a proteção do verdadeiro consumidor stricto sensu* [...] *Observando os princípios positivados no CDC, parece-me hoje que uma interpretação maximalista estaria realmente em desacordo com o espírito excepcional da tutela e do fim visado pelo Código* [...] *Se nossa opinião continua sendo no sentido da não caracterização ab initio dos profissionais como consumidores stricto sensu, podemos verificar que a posição adotada pela jurisprudência brasileira foi de extrema originalidade, como vimos. O perigo antes mencionado não ocorreu. Ao contrário, o STJ, em especial, desenvolveu interessante teoria de meio, que passo a examinar: o finalismo aprofundado ou interpretação finalista aprofundada. Desde a entrada em vigor do CC/2002, parece-me crescer uma tendência nova na jurisprudência, concentrada na noção de consumidor final imediato (Endverbraucher) e de vulnerabilidade (art. 4.º, I), que poderíamos denominar finalismo aprofundado. Observando-se o conjunto de decisões de 2003, 2004 e 2005, parece-me que o STJ apresenta-se efetivamente mais 'finalista' e executando uma interpretação no campo de aplicação e das normas do CDC de forma mais subjetiva quanto ao consumidor, porém mais finalista e objetiva quanto à atividade ou ao papel do agente na sociedade de consumo. É uma interpretação finalista mais aprofundada e madura, que deve ser saudada*" (sic). Em sentido contrário, Antonio Carlos Morato. *Pessoa jurídica consumidora*, São Paulo: Revista dos Tribunais, 2009, que, embora consigne que a "*vulnerabilidade é um traço universal do consumidor e, com sua inexistência, não poderíamos admitir a relação de consumo*" (p. 103), *presume* a vulnerabilidade da pessoa jurídica, maximizando a aplicação do CDC às relações comerciais.

23. Art. 2° *Consumidor é toda pessoa física ou jurídica que adquire ou utiliza produto ou serviço como destinatário final.*

Art. 4° *A Política Nacional das Relações de Consumo tem por objetivo o atendimento das necessidades dos consumidores, o respeito à sua dignidade, saúde e segurança, a proteção de seus interesses econômicos, a melhoria da*

é dizer, ser ela a destinatária final do bem ou serviço (CDC 2.º) – esgotando-o (= função de consumir), ou seja, sem inseri-lo, com intuito de lucro, ainda que indiretamente, em sua cadeia produtiva –,[24-25] "e" quando ela estiver em posição de fragilidade (debilidade contratual) que justifique a incidência dessa norma de caráter eminentemente protetivo (CDC 4.º I),[26] sendo "ônus" da pessoa jurídica a comprovação do preenchimento desses dois requisitos legais para aproveitamento da especial proteção conferida pelo CDC.[27]

---

sua qualidade de vida, bem como a transparência e harmonia das relações de consumo, atendidos os seguintes princípios: I – reconhecimento da vulnerabilidade do consumidor no mercado de consumo. (...)

24. V. Rachel Sztajn. *Teoria jurídica da empresa – atividade empresarial e mercados*, São Paulo: Atlas, 2004, p. 168: "*Negócios celebrados ao longo da cadeia produtiva (ou cadeia econômica) que ficam fora da relação de consumo são conhecidos como contratos de empresa, técnica de organização de atividades típicas de empresa*".

25. Nesse sentido, cfr. recente acórdão do TJRS, 12.ª Câm. Cív., Ap. Cív. 70057022709, rel. Des. Guinther Spode, v.u., j. 8.5.2014:
    "*APELAÇÃO CÍVEL. DIREITO PRIVADO NÃO ESPECIFICADO. AÇÃO DECLARATÓRIA DE INEXISTÊNCIA DE DÍVIDA CUMULADA COM PEDIDO DE CANCELAMENTO DE PROTESTO E INDENIZAÇÃO POR DANO MORAL POR ABALO DE CRÉDITO. INSCRIÇÃO NO CADASTRO RESTRITIVO DE CRÉDITO. DUPLICATA MERCANTIL. ALEGAÇÃO DE NÃO RECEBIMENTO DAS MERCADORIAS. NÃO RECONHECIMENTO DA ASSINATURA DE QUEM RECEBEU OS PRODUTOS. INEXISTÊNCIA DE COMPROVAÇÃO DE QUE A FIRMA LANÇADA NO RECIBO NÃO PERTENCE A PREPOSTO, FUNCIONÁRIO OU FAMILIAR. INVERSÃO DO ÔNUS DA PROVA AFASTADA. INAPLICABILIDADE DAS REGRAS PROTETIVAS DO CÓDIGO DE DEFESA DO CONSUMIDOR. PARTE AUTORA COMERCIANTE NÃO PODENDO SER EQUIPARADA AO CONSUMIDOR FINAL. SENTENÇA DE IMPROCEDÊNCIA MANTIDA.*
    O comerciante varejista que adquire produtos para revendê-los aos consumidores, verdadeiros destinatários finais, é intermediário na cadeia produtiva e não pode se valer das regras protetivas do Código de Defesa do Consumidor para obter o benefício da inversão do ônus da prova previsto no art. 6º, VIII, estando submetido às disposições do CPC, especificamente a do artigo 333, inciso II.
    Estando a duplicata mercantil levada ao protesto lastreada na nota fiscal de venda e no comprovante da entrega das mercadorias, o ônus da prova é da parte que alega que a assinatura aposta no recibo não pertence a preposto, funcionário ou familiar seu".

26. Nesse sentido, Gabriel A. Stiglitz e Rubén S. Stiglitz. *La defesa del consumidor en Argentina*, in Claudia Lima Marques (coord.). *Estudos sobre a proteção do consumidor no Brasil e no MERCOSUL*, Porto Alegre: Livraria do Advogado, 1994, § 3.3.2.3 (Exclusión del consumidor-empresario), p. 144: "*Lo que significa que quedan excluídos del concepto el consumidor industrial o revendedor, ya que se hallan en el mercado en un nivel similar, o próximo, al del fabricante, y compiten entre si. En cambio, el consumidor que requiere protección es aquel que carece de intenciones que apunten a que el bien o el servicio continúen su vida económica en actividades de fabricación, producción, distribución o prestación*"; Claudia Lima Marques. *Contratos no código de defesa do consumidor – o novo regime das relações contratuais*, 5.ª ed., São Paulo: Revista dos Tribunais, 2005, Cap. 2, 1.1, p. 304: Consumidor é aquele "*que adquire (utiliza) um produto para uso próprio e de sua família, consumidor seria o não profissional, pois o fim do CDC é tutelar de maneira especial um grupo da sociedade que é mais vulnerável. Consideram que restringindo o campo de aplicação do CDC àqueles que necessitam de proteção, ficará assegurado um nível mais alto de proteção para estes, pois a jurisprudência será construída em casos, onde o consumidor era realmente a parte mais fraca da relação de consumo, e não sobre casos em que profissionais-consumidores reclamam mais benesses do que o Direito Comercial já lhes concede*"; e Thierry Bourgoignie. *O Conceito jurídico de consumidor*, in Revista do Consumidor (dir. Antonio V. Herman Benjamin), n.º 2, São Paulo: Revista dos Tribunais, p. 31: "*A extensão da qualidade de consumidor ao profissional não se justifica a não ser para que se encontrem reproduzidas, a troca de mercado na qual toma parte o profissional, as condições específicas que envolvem o exercício da função de consumir*". V., ainda, Claudia Lima Marques, Antonio Herman de Vasconcellos e Benjamin e Bruno Miragem. *Comentários ao código de defesa do consumidor – arts. 1.º a 74 (Aspectos materiais)*, São Paulo: Revista dos Tribunais, 2003, pp. 71/74; e Fernando Baptista de Oliveira. *O conceito de consumidor – perspectivas nacional e comunitária*, Coimbra: Almedina, 2009, pp. 22, 65, 70 e 79.

27. Fábio Ulhoa Coelho. *O empresário e os direitos do consumidor*, São Paulo: Saraiva, 1994, pp. 131/132: "*Mas, segundo qual critério seria lícito aplicar-se o Código de Defesa do Consumidor a contratos civis e comerciais? (...) Nas relações interempresariais, portanto, a prova da vulnerabilidade cabe ao empresário que aderiu aos termos*

Vale lembrar que a atividade empresária é caracterizada por conter uma teia de contratos, com as mais diversas finalidades, mas interligados entre si, por comporem um *fim único*: viabilizar o próprio exercício da atividade empresária e a obtenção do lucro.[28]

Esse é o entendimento que tem prevalecido no Superior Tribunal de Justiça sobre a matéria.[29] Aliás, o mesmo STJ já afastou a aplicação do CDC – norma protetiva – a relação jurídica que envolvia pessoas jurídicas de grande porte, quando verificado o expressivo porte financeiro ou econômico da pessoa tida por consumidora ("hipersuficiência") ou, ainda, do contrato celebrado entre elas ou, por fim, de outra circunstância capaz de afastar a vulnerabilidade econômica, jurídica ou técnica.[30]

Em nosso sentir, agiram corretamente nos precedentes supracitados, com respeito às relações entabuladas entre iguais.

Não se podem transformar negócios empresariais em relações de consumo, desequilibrando a relação existente entre as partes ao se aplicar equivocadamente uma norma cujo espírito é protetivo e cujo verdadeiro *animus* é o de conferir especial proteção à parte mais frágil (= consumidor).[31]

Assim, temos que o CDC não deve governar ou se aplicar às relações tipicamente comerciais, como é o caso do contrato de franquia, não obstante a pessoa jurídica possa, em situações específicas, ser *consumidora* (CDC art. 2º), mas essa extensão das normas

---

contratuais gerais propostos pela outra parte. (...) Recai sobre o empresário que invocar essa aplicação analógica [a do CDC], contudo, a demonstração de seu pressuposto fático, isto é, de sua vulnerabilidade no momento da celebração do contrato".

28. Kleber Luiz Zanchim. *Contratos empresariais*, São Paulo: Quartier Latin, 2012, p. 64.
29. STJ, 3.ª T., REsp 476428-SC, rel. Min. Nancy Andrighi, v.u., j. 19.4.2005, DJ 9.5.2005:
"*Direito do Consumidor. Recurso especial. Conceito de consumidor. Critério subjetivo ou finalista. Mitigação. Pessoa Jurídica. Excepcionalidade. Vulnerabilidade. Constatação na hipótese dos autos. Prática abusiva. Oferta inadequada. Característica, quantidade e composição do produto. Equiparação (art. 29). Decadência. Inexistência. Relação jurídica sob a premissa de tratos sucessivos. Renovação do compromisso. Vício oculto. – A relação jurídica qualificada por ser "de consumo" não se caracteriza pela presença de pessoa física ou jurídica em seus pólos, mas pela presença de uma parte vulnerável de um lado (consumidor), e de um fornecedor, de outro. – Mesmo nas relações entre pessoas jurídicas, se da análise da hipótese concreta decorrer inegável vulnerabilidade entre a pessoa-jurídica consumidora e a fornecedora, deve-se aplicar o CDC na busca do equilíbrio entre as partes. Ao consagrar o critério finalista para interpretação do conceito de consumidor, a jurisprudência deste STJ também reconhece a necessidade de, em situações específicas, abrandar o rigor do critério subjetivo do conceito de consumidor, para admitir a aplicabilidade do CDC nas relações entre fornecedores e consumidores-empresários em que fique evidenciada a relação de consumo. – São equiparáveis a consumidor todas as pessoas, determináveis ou não, expostas às práticas comerciais abusivas. – Não se conhece de matéria levantada em sede de embargos de declaração, fora dos limites da lide (inovação recursal). Recurso especial não conhecido".*
Nesse mesmo sentido, v. também: STJ, 2.ª Seç., CComp 92519-SP, rel. Min. Fernando Gonçalves, v.u., j. 16.2.2009, DJ 4.3.2009; e STJ, REsp 860080-RJ, rel. Min. Sidnei Beneti, decisão monocrática publicada em 10.6.2010.
30. STJ, 4.ª T., REsp 661.145-ES, rel. Min. Jorge Scartezzini, v.u., j. 22.2.2005, DJ 28.3.2005: "*Ainda nesse contexto, cumpre lembrar que o STJ já houve por bem afastar a incidência do CDC, p. ex., se verificado o expressivo porte financeiro ou econômico: da pessoa tida por consumidora (hipersuficiência); do contrato celebrado entre as partes; ou de outra circunstância capaz de afastar, em tese, a vulnerabilidade econômica, jurídica ou técnica*".
31. Paula A. Forgioni. *Teoria geral dos contratos empresariais*, São Paulo: Revista dos Tribunais, 2009, p. 34: "*De outra parte, se o vínculo estabelece-se em torno ou em decorrência da atividade empresarial de ambas as partes, premidas pela busca do lucro, não se deve subsumi-lo à lógica consumerista, sob pena de comprometimento do bom fluxo de relações econômicas*".

especialmente protetivas do CDC à pessoa jurídica somente ocorre em hipóteses excepcionais, quando a pessoa jurídica seja a *destinatária final* do bem ou serviço, *sem inseri-lo, ainda que indiretamente, em sua cadeia produtiva*.[32]

Deste modo, ainda que indiretamente, tratando-se de *investimento*, inserindo-se *dentro* de sua cadeia produtiva, afasta-se, portanto, que se possa falar em relação de consumo.[33]

No caso especificamente do contrato de franquia, muitas vezes, centra-se o olhar *apenas* nas obrigações, *naturais* e *essenciais*, a esse tipo de contrato (que serão tratadas com mais vagar no próximo tópico), o que pode conduzir a equívocos, pois dá a *"falsa"* impressão de que, *respeitando essas obrigações*, o Franqueado obterá *necessariamente* seu sucesso empresarial, como se empresário verdadeiramente não fosse.

Entretanto, conquanto a Franquia tenha justamente como uma das vantagens para o franqueado a *diminuição do risco*,[34] ela *não o elimina*, pois a *"franquia não deixa de ser um negócio empresarial"*.

É dizer, ainda que se aproveitando (de forma lícita, *i.e.*, remunerando por isso) o modelo de negócio da Franqueadora (= transferência de *know-how*),[35] e, deste modo, reduzindo seu risco empresarial (pois tem à sua disposição a marca, um negócio já testado, treinamento, suporte etc.), o Franqueado *não* o elimina, nem perde a Franquia a condição e natureza de atividade empresária, com os riscos que lhe são inerentes.[36-37],

---

32. Cfr. Thiago Rodovalho. *Cláusula arbitral nos contratos de adesão*, São Paulo: Almedina, 2016, pp. 64/75 e 81 *et seq.*
33. V., ainda, STJ, Conflito de Competência n. 41.056, rel. Min. Aldir Passarinho Junior: "*Processo civil. Conflito de competência. Contrato. Foro de eleição. Relação de consumo. Contratação de serviço de crédito por sociedade empresária. Destinação final caracterizada – Aquele que exerce empresa assume a condição de consumidor dos bens e serviços que adquire ou utiliza como destinatário final, isto é, quando o bem ou serviço, ainda que venha a compor o estabelecimento empresarial, não integre diretamente – por meio de transformação, montagem, beneficiamento ou revenda – o produto ou serviço que venha a ser ofertado a terceiros – O empresário ou sociedade empresária que tenha por atividade precípua a distribuição, no atacado ou no varejo, de medicamentos, deve ser considerado destinatário final do serviço de pagamento por meio de cartão de crédito, porquanto esta atividade não integra, diretamente, o produto objeto de sua empresa*". No mesmo sentido, cfr. também STJ, REsp n. 541.867.
34. M. Amoroso, G. Bonani, F. Colombi e A Frignani. *Il franchising*, 2.ª ed., Roma: Buffetti, 1988, p. 82.
35. V. M. Amoroso, G. Bonani, F. Colombi e A Frignani. *Il franchising*, 2.ª ed., Roma: Buffetti, 1988, pp. 36/38. Justamente por isso, a transferência de *know-how* (via treinamento adequado e posterior suporte técnico) consubstancia-se no *dever principal* do franqueador (V. Frederico de Andrade Gabrich. *Contrato de franquia e direito de informação*, Rio de Janeiro: Forense, 2002, p. 20; L. Miguel Pestana de Vasconcelos. *O contrato de franquia (franchising)*. 2. ed. Coimbra: Almedina, 2010. p. 27; e Ana Cláudia Pastore, Francisco José Cahali e Thiago Rodovalho. *O uso de ADRs nas disputas de franquia*, in Revista Brasileira de Arbitragem, vol. Especial, 2014, p. 166).
36. A esse respeito, cfr. Ana Cláudia Pastore, Francisco José Cahali e Thiago Rodovalho. *O uso de ADRs nas disputas de franquia*, in Revista Brasileira de Arbitragem, vol. Especial, 2014, pp. 160/168.
37. Nesse sentido, v. a definição de franquia da Federação Europeia de Franchising: "*Franchising is a system of marketing goods and/or services and/or technology, which is based upon a close and ongoing collaboration between legally and financially separate and independent undertakings, the Franchisor and its individual Franchisees, whereby the Franchisor grants its individual Franchisee the right, and imposes the obligation, to conduct a business in accordance with the Franchisor's concept*" (art. 1.º do The European Code of Ethics for Franchising). Em sentido próximo, L. Miguel Pestana de Vasconcelos. *O contrato de franquia (franchising)*. 2. ed. Coimbra: Almedina, 2010. p. 27.

ou seja, o Contrato de Franquia não subtrai ao Franqueado a condição de *empresário*, visto que o *sucesso do negócio* depende, portanto, de um "concerto de cumprimento de obrigações de ambos os lados", bem como da própria atuação empresarial do Franqueado.

O Franqueado é, assim, um *"investidor"*, um *"empresário"*, e *não* um consumidor.[38] E, como sói acontecer em todo e qualquer investimento ou negócio empresarial, assume riscos.[39]

Sendo assim, a Franquia, como todo e qualquer negócio empresarial, ainda que com alguma mitigação de riscos, sofre com suas intempéries, tais como a fase inicial do negócio, as eventuais sazonalidades, as dificuldades em tempos de crise etc. Justamente por isso, o Franqueado não é (ou não deve ser) alguém que celebra um contrato de franquia, mas que não precisa se dedicar ao negócio; ao revés, deve se dedicar a ele como todo e qualquer empresário se dedica ao seu negócio empresarial, e essa dedicação será fundamental para o seu êxito, bem como tomará, ao longo de seu negócio, "*decisões empresariais*", comuns a empreendedores, que erram e acertam na natural evolução de seu negócio.[40]

Nesse contexto, como já tivemos oportunidade de defender, *com o perdão do truísmo*, "empresários devem ser tratados como empresários".[41]

3. O CONTRATO DE FRANQUIA COMO RELAÇÃO JURÍDICA COMPLEXA E DE DURAÇÃO CONTINUADA

Como sói acontecer, a ideia do *contrato de franquia* ou *contrato de franchising* surgiu como *solução de mercado* (mundo dos fatos), somente depois vindo a ser apreendido e disciplinado pelo direito. Nasceu das "necessidades da prática dos negócios".[42] Sem adentrar aqui na discussão acadêmica sobre de suas origens históricas,[43] tem-se que o *contrato de franquia*, tal como o conhecemos hoje, surgiu nos EUA, nos séculos XIX e XX, inicialmente com a empresa *Singer Sewing Machine Company* (1850), e depois com a *General Motors*, a *Coca-Cola* e a *Texaco*, vindo a experimentar forte crescimento no

---

38. Deixaremos de abordar, aqui, um problema especial (e crescente) concernente às chamadas *microfranquias*.
39. A esse respeito, v. Thiago Rodovalho. *Cláusula arbitral nos contratos de adesão*, São Paulo: Almedina, 2016, pp. 81 *et seq*.
40. A esse respeito, Fabio Ulhôa Coelho disserta sobre a inexorável *seleção natural* feita pelo mercado: "*algumas empresas, porque são tecnologicamente atrasadas, descapitalizadas ou possuem organização administrativa precária devem mesmo ser encerradas. Para o bem da economia como um todo, os recursos – materiais financeiros e humanos – empregados nessa atividade devem ser realocados para que tenham otimizada a capacidade de produzir riqueza. Assim, a recuperação da empresa não deve ser visto como um valor a ser buscado a qualquer custo. Pelo contrário, as más empresas devem falir para que as boas não se prejudiquem*" (*sic*) (Fábio Ulhôa Coelho. *Curso de Direito Comercial*, vol. 3 (Direito da Empresa), 12.a ed., São Paulo: Saraiva, 2011, pp. 251/252).
41. Thiago Rodovalho. *Cláusula arbitral nos contratos de adesão*, São Paulo: Almedina, 2016, pp. 81/91.
42. L. Miguel Pestana de Vasconcelos. *O contrato de franquia (Franchising)*, 2.ª ed., Coimbra: Almedina, 2010, p. 23.
43. A esse respeito, v., por exemplo, Ana Cláudia Redecker. *Franquia empresarial*, São Paulo: Memória Jurídica, 2002, pp. 26/32; Lina Fernandes. *Do contrato de franquia*, Belo Horizonte: Del Rey, 2000, pp. 43/49; Marcelo Cama Proença Fernandes. *O contrato de franquia empresarial*, São Paulo: Memória Jurídica, 2003, pp. 21/25; Jorge Pereira Andrade. *Contratos de franquia e leasing*, 4.ª ed., São Paulo: Atlas, 2000, p. 14.

pós-2.ª Guerra Mundial, especialmente, nessa época, com empresas de *fast food*, como *McDonald's*.

Desde então, o setor de franquias espraiou-se para os mais diversos tipos de negócio [serviços (hotelaria, consertos, escolas de idiomas, *pet shops*, *v.g.*), indústria e distribuição comercial (roupas, supermercados etc.)] e para praticamente todos os países de economia aberta (economias de livre mercado), crescendo de forma avassaladora, passando a representar parcela importante de investimentos, geração de receitas e empregos e do PIB, a tal ponto de haver quem sustente ter havido um *franchising boom*, existindo indícios de que o mercado passou a padecer de um perigoso "*contágio mundial de franchising*".[44]

Contudo, conquanto a franquia não seja uma panaceia e como todo e qualquer negócio tenha seus riscos envolvidos, e a despeito do crescimento exponencial que há muitas décadas experimenta o setor de franquias, como bem pontua Miguel Maria da Cunha:

> "*a expansão e diversificação do* franchising *tornou-se imparável, abrangendo múltiplos sectores de actividade comercial e industrial. E continua a crescer, não se podendo falar, de forma alguma, de saturação. Pelo contrário. Esta figura é ainda considerada como estando ainda em expansão (a 'onda do futuro'), o que, pelo menos no que respeita ao continente europeu, é pouco menos do que indesmentível*".[45]

Os números da última década do *franchising* no Brasil revelam isso e falam por si sós, desvelando o sucesso do *franchising* no Brasil.[46]

E o setor de franquias experimenta esse sucesso, pois representa uma interessantíssima solução de mercado para o problema que passou a assolar as empresas depois da Revolução Industrial, especialmente ao longo do século XX, que não era mais o problema da *capacidade de produzir*, e, sim, de *distribuir* e *escoar* essa produção, é dizer, *vender*.[47] Com a *franquia*, possibilitou-se à empresa com forte capacidade produtiva expandir consideravelmente seu mercado consumidor, atingindo regiões onde não se fazia presente, sem precisar, para tanto, realizar investimentos próprios. Demais disso, viabilizou, também, um crescimento mais orgânico e administrável das empresas, que não precisam empregar diretamente (= investimentos próprios), na abertura de filiais, centenas ou milhares de pessoas em cidades, estados e muitas vezes países diversos, com disciplinas legais diferentes entre si, fazendo-o por intermédio de seus franqueados. Há, assim, com as franquias, uma diluição dos investimentos e riscos. Além disso, a expansão por meio de franquia ainda permite ao titular da marca e do saber-fazer (*know-how*)

---

44. Carlos Eduardo Ferraz Pinto. *O direito à indemnização de clientela no contrato de franquia*, Coimbra: Coimbra Editora, 2010, pp. 19 e 92.
45. Miguel Maria Tavares Festas Gorjão-Henriques da Cunha. *Da restrição da concorrência na comunidade europeia: a franquia de distribuição*, Coimbra: Almedina, 1998, pp. 228/229.
46. Números, dados e estatísticas disponibilizados pela Associação Brasileira de Franchising – ABF, em seu sítio eletrônico: http://www.portaldofranchising.com.br/, acessado em 30.4.2014.
47. Miguel Maria Tavares Festas Gorjão-Henriques da Cunha. *Da restrição da concorrência na comunidade europeia: a franquia de distribuição*, Coimbra: Almedina, 1998, pp. 217/218.

controlar, tanto quanto possível, a circulação e a venda de seus produtos e/ou serviços ao consumidor final, preservando a qualidade e o bom nome da marca.[48]

De outro turno, esse sistema também traz vantagens ao franqueado, que se aproveita de uma marca já conhecida e de um modelo de negócio já bem-sucedido – mediante um investimento geralmente menor do que faria para desenvolver uma marca própria –, recebendo o saber-fazer (*know-how*) do titular, bem como sendo assistido por ele ao longo de toda relação contratual. Justamente por isso, as franquias permitem o acesso ao mundo empresarial de quem tem recursos não tão volumosos a ponto de desenvolver uma marca por si só e de quem muitas vezes não possui grande experiência no ramo.

Deste modo, bem trabalhada, a franquia – apesar, repita-se, de não ser uma panaceia e conter riscos como qualquer atividade empresarial – é uma relação de *ganha-ganha* (*win-win*), em que as duas partes se beneficiam mutuamente do sucesso do negócio.

Além disso, como bem lembra Miguel de Vasconcelos, o próprio mercado consumidor se beneficia do sucesso das franquias, pois elas permitem um incremento da concorrência, ao viabilizar a expansão de pequenas e médias empresas que, muitas vezes, não teriam capital próprio suficiente para concorrer com as grandes empresas.[49]

Nesse contexto, o franqueado paga para *entrar* na rede (*entry fee* ou *initial fee*), adquirindo a propriedade dos produtos (quando franquia de distribuição) e os riscos de sua comercialização, pagando ainda valores periódicos (*royalties*), podendo, com isso, usufruir da marca e sinais distintivos da rede franqueadora e de seu saber-fazer (*know-how*), além de receber assistência do titular.[50] Já para o franqueador, permite a expansão de seu negócio e o incremento de seus lucros, com a evitação dos "riscos próprios do gigantismo empresarial", e sem aporte de recursos próprios – cujo desbravamento de mercado ficará a cargo do franqueado –, permitindo, ainda, o controle e a direção da produção, distribuição e comercialização de seus produtos e uso de sua marca.[51]

Deste modo, dessa relação, exsurgem deveres essenciais para ambas as partes, que podemos elencar resumidamente, com apoio em Carlos Pinto, da seguinte forma:[52]

> (i) Franqueador: a cessão do uso da marca e/ou sinais distintivos de seu comércio; a transmissão do saber-fazer (*know-how*), bem como dos melhoramentos que forem surgindo no curso da relação contratual; e o dever de prestar assistência técnica no âmbito de sua atividade.

---

48. L. Miguel Pestana de Vasconcelos. *O contrato de franquia (Franchising)*, 2.ª ed., Coimbra: Almedina, 2010, p. 13.
49. L. Miguel Pestana de Vasconcelos. *O contrato de franquia (Franchising)*, 2.ª ed., Coimbra: Almedina, 2010, pp. 16/17.
50. Carlos Eduardo Ferraz Pinto. *O direito à indemnização de clientela no contrato de franquia*, Coimbra: Coimbra Editora, 2010, p. 92: "O contrato de franquia tem como subjacente um negócio já experimentado e assistido pelo franquiador, reduzindo sobremaneira o risco do franquiado associado à actual agressiva economia de mercado extremamente especializada e exigente". (sic)
51. Carlos Eduardo Ferraz Pinto. *O direito à indemnização de clientela no contrato de franquia*, Coimbra: Coimbra Editora, 2010, p. 99; e Miguel Maria Tavares Festas Gorjão-Henriques da Cunha. *Da restrição da concorrência na comunidade europeia: a franquia de distribuição*, Coimbra: Almedina, 1998, p. 296.
52. Carlos Eduardo Ferraz Pinto. *O direito à indemnização de clientela no contrato de franquia*, Coimbra: Coimbra Editora, 2010, p. 100/101.

(ii) Franqueado: a utilização no exercício de seu comércio da marca e/ou sinais distintivos do franqueador; pagamento das verbas devidas ao franqueador (*entry fee* ou *initial fee* e *royalties*, v.g.); obrigação de se submeter ao controle e ingerência do franqueador; e obrigação de segredo sobre o saber-fazer transmitido, quer no curso da relação contratual, quer depois do seu término.

A esse respeito, apesar da independência econômica, jurídica e de gestão do franqueado, impõe-se chamar atenção para o dever de se submeter ao controle e ingerência do franqueador. Como corretamente pontua Miguel de Vasconcelos, essa submissão ao controle e ingerência, mais do que direito do franqueador, é seu dever. Isto porque, cada franqueado se apresenta ao mercado consumidor final como se fosse a própria empresa, valendo-se de sua marca e de seus sinais distintivos, de tal sorte que a má atuação de um franqueado oportunista pode vir a prejudicar não só o titular da marca, mas também os demais franqueados.[53]

A própria ideia e essência do *contrato de franquia* pressupõem uma "*uniformização das formas da instalação licenciada, designadas, projetadas e escritas pelo franqueador (unidade visual da rede)*",[54] ou seja, há uma necessidade (obrigatória) de observância de

"*uma coleção de produtos ou serviços, oferecidos de maneira original e específica, explorada obrigatória e totalmente segundo as técnicas comerciais uniformes previamente utilizadas e constantemente ajustadas*",[55] havendo, assim, um "*esforço de padronização que caracteriza a franquia. É do interesse de ambas as partes que o produto ou serviço final seja exatamente igual nos estabelecimentos do franqueador dos subfranqueadores e franqueados, a fim de que encontrem irrestrita aceitação de parte do público consumidor. E que a aparência dos locais onde a atividade é exercida, do pessoal servidor e do gerenciamento do negócio sejam predispostos pelo franqueador, a fim de assegurar a identidade de coisas, apresentação das pessoas e métodos de operação. Visando à consecução desse desiderato, o proponente oferecerá taxativamente a lista dos fornecedores junto aos quais o franqueado deverá adquirir bens, serviços ou insumos*" (destacamos).[56]

É dizer: há uma necessidade de *plena identidade* na rede de franqueados, não se podendo admitir, em regra, que cada franqueado tenha autonomia para escolher fornecedores ou promover alterações que possam desnaturar a própria razão de ser do contrato de franquia.

Nesse sentido, Miguel de Vasconcelos pontua que:

"É, pois, natural que o franqueador se reserve o direito de controlar a *actividade da sua contraparte, de forma a assegurar o cumprimento por parte desta de todas as suas obrigações, garantindo desta maneira a qualidade dos seus produtos, bem como – aspecto fulcral – a sua* boa imagem empresarial".[57]

---

53. L. Miguel Pestana de Vasconcelos. *O contrato de franquia (Franchising)*, 2.ª ed., Coimbra: Almedina, 2010, pp. 43/44.
54. Luiz Edmundo Appel Bojunga. *Natureza jurídica do contrato de "franchising"*, in Revista dos Tribunais, v. 653, mar./1990, p. 56.
55. Nelson Abrão. *A lei da franquia empresarial (n. 8.955, de 15.12.1994)*, in Revista dos Tribunais, v. 722, dez./1995, p. 26.
56. Nelson Abrão. *A lei da franquia empresarial (n. 8.955, de 15.12.1994)*, in Revista dos Tribunais, v. 722, dez./1995, p. 33.
57. L. Miguel Pestana de Vasconcelos. *O contrato de franquia (Franchising)*, 2.ª ed., Coimbra: Almedina, 2010, p. 43.

Em igual sentir, Miguel Maria da Cunha, para quem:

"*o franqueado opera por sua conta e risco, fazendo para isso os investimentos necessários, mas utilizando o nome comercial e a marca do franqueador, segundo técnicas de propriedade do franqueador e controladas por este. Este sistema pressupõe, complementarmente, não apenas a autorização de usar a generalidade dos sinais distintivos do franqueador e os conhecimentos necessários à preservação da identidade do negócio e ao seu sucesso, como também o acompanhamento, orientação e controlo permanente da actividade do franqueado*".[58]

Coíbe-se, como sói acontecer com todo e qualquer direito, apenas o *abuso no exercício desse direito de controle da atividade do franqueado* (CC 187).[59]

Demais disso, com essas especificidades, o contrato de franquia, para além de uma *relação jurídica complexa*, se traduz, ainda, a toda evidência, num contrato de *execução diferida* ou de *longa duração*,[60] é dizer, que se protrai no tempo, sofrendo, por isso, forte influência das alterações que circunstâncias originais podem experimentar ao longo desse tempo de vida do contrato, razão pela qual essa relação contratual deve ser vista como *processo*, em sua totalidade, como um sistema de processos encadeados para viabilizar a consecução das finalidades pretendidas, o que faz nascerem para as partes outras obrigações [obrigações laterais] diversas da prestação principal.[61]

Nesse contexto, se toda *relação obrigacional* é uma *relação jurídica de cooperação*,[62] no contrato de franquia, esse aspecto, ante suas especificidades, se acentua, sendo decisivo na análise do comportamento das partes com vistas ao cumprimento das obrigações acordadas entre elas. Trata-se, portanto, de uma relação contratual de *cooperação* ou de *colaboração*.[63] É, nas precisas palavras de Miguel Maria da Cunha, "*uma relação de colaboração contínua, de associação entre empresas*", na qual "*as partes coligam-se, numa relação multifacetada*" em que são ao mesmo tempo "*independentes, dependentes e interdependentes*" entre si.[64]

Enfim, o contrato de franquia se caracteriza, em suma, por ser uma relação jurídica *complexa*, de *execução diferida* ou de *longa duração*, de colaboração e de interdependência entre as partes.

---

58. Miguel Maria Tavares Festas Gorjão-Henriques da Cunha. *Da restrição da concorrência na comunidade europeia: a franquia de distribuição*, Coimbra: Almedina, 1998, pp. 274/275.
59. Thiago Rodovalho. *Abuso de direito e direitos subjetivos*, São Paulo: Revista dos Tribunais, 2011, pp. 38/51, e 171 *et seq.*
60. Sebastião José Roque. *Do contrato de franquia empresarial*, São Paulo: Ícone, 2012, p. 17.
61. A esse respeito, cfr. Thiago Rodovalho. *Obrigações e meios*, in Revista de Direito Bancário e do Mercado de Capitais (coord. José Horácio Halfeld Rezende Ribeiro), n. 62, São Paulo: Revista dos Tribunais/IASP, out./dez de 2013, pp. 177/187.
62. Emilio Betti. *Teoría general de las obligaciones*, t. I, trad. de José Luis de Los Mozos, Madrid: Revista de Derecho Privado, 1969, pp. 2 *et seq.*; Judith Martins-Costa. *Comentários ao novo código civil – do inadimplemento das obrigações (arts. 389 a 420)*, v. V, t. II, Coord. Sálvio de Figueiredo Teixeira, Rio de Janeiro: Forense, 2003, pp. 20/30; e Thiago Rodovalho. *Algumas considerações sobre o perfil atual do direito das obrigações*, in 'Revista de Direito Privado', n. 37, São Paulo: Revista dos Tribunais, jan./mar. 2009, p. 261.
63. Sebastião José Roque. *Do contrato de franquia empresarial*, São Paulo: Ícone, 2012, p. 21.
64. Miguel Maria Tavares Festas Gorjão-Henriques da Cunha. *Da restrição da concorrência na comunidade europeia: a franquia de distribuição*, Coimbra: Almedina, 1998, pp. 304/305.

4. CONCLUSÃO

Neste breve ensaio, por evidente, não se pretendeu examinar todos os matizes possíveis do contrato de franquia, tema assaz complexo, mas apenas apresentar e submeter às críticas algumas reflexões sobre pontos que nos pareceram mais polêmicos.

5. REFERÊNCIAS BIBLIOGRÁFICAS

ABRÃO, Nelson. *A lei da franquia empresarial (n. 8.955, de 15.12.1994)*, in Revista dos Tribunais, v. 722, dez./1995.

ANDRADE, Jorge Pereira. *Contratos de franquia e leasing*, 4.ª ed., São Paulo: Atlas, 2000.

ARRUDA ALVIM NETTO, José Manoel de *et alii*. *Código do consumidor comentado*, 2.ª ed., São Paulo: Revista dos Tribunais, 1995.

BARROCAS, Manuel Pereira. *Manual de Arbitragem*, 2.ª ed., Coimbra: Almedina, 2013.

BENJAMIN, Antonio Herman de Vasconcellos e. *O Código Brasileiro de Proteção ao Consumidor*, in Revista do Direito do Consumidor, v. 7.º, São Paulo: Revista dos Tribunais, jul. 93.

BETTI, Emilio. *Teoría general de las obligaciones*, t. I, trad. de José Luis de Los Mozos, Madrid: Revista de Derecho Privado, 1969.

BITTAR, Carlos Alberto (Org.). *Os contratos de adesão e o controle de cláusulas abusivas*, São Paulo: Saraiva, 1991.

BOJUNGA, Luiz Edmundo Appel. *Natureza jurídica do contrato de "franchising"*, in Revista dos Tribunais, v. 653, mar./1990.

BOURGOIGNIE, Thierry. *O Conceito jurídico de consumidor*, in Antonio Herman de Vasconcellos e Benjamin (dir.). *Revista do Consumidor*, n.º 2, São Paulo: Revista dos Tribunais.

CAHALI, Cláudia Elisabete Schwerz. *O Gerenciamento de Processos Judiciais em busca da efetividade da prestação jurisdicional*, Brasília: Gazeta Jurídica, 2013.

CAHALI, Francisco José. *Curso de Arbitragem*, 3.ª ed., São Paulo: Revista dos Tribunais, 2013.

_____; e Rodovalho, Thiago. *Mediação nos cursos de Direito estimulará mudança*, in Revista Consultor Jurídico, publicado em 12.12.2013, disponível em http://www.conjur.com.br/2013-dez-12/mediacao--cursos-direito-estimulara-mudanca-cultura-litigio.

_____; e Rodovalho, Thiago. *A arbitragem no novo CPC – primeiras impressões*, in Alexandre Freire *et alii* (orgs.). *Novas tendências do processo civil – estudos sobre o projeto do novo código de processo civil*, v. 2, Salvador: JusPodivm, 2014.

CUNHA, Miguel Maria Tavares Festas Gorjão-Henriques da. *Da restrição da concorrência na comunidade europeia: a franquia de distribuição*, Coimbra: Almedina, 1998.

DE LUCCA, Newton. *Direito do Consumidor – teoria geral da relação jurídica de consumo*, 2.ª ed., São Paulo: Quartier Latin, 2008.

DIAS, Lucia Ancona Lopez de Magalhães. *Publicidade e direito*, São Paulo: Revista dos Tribunais, 2010.

FERNANDES, Lina. *Do contrato de franquia*, Belo Horizonte: Del Rey, 2000.

FERNANDES, Marcelo Cama Proença. *O contrato de franquia empresarial*, São Paulo: Memória Jurídica, 2003.

FORGIONI, Paula A. *Teoria geral dos contratos empresariais*, São Paulo: Revista dos Tribunais, 2009.

GABRICH, Frederico de Andrade. *Contrato de franquia e direito de informação*, Rio de Janeiro: Forense, 2002.

GRINOVER, Ada Pellegrini *et alii*. *Código brasileiro de defesa do consumidor comentado pelos autores do anteprojeto*, vol. I, 10.ª ed., Rio de Janeiro: Forense, 2011.

LIMA LOPES, José Reinaldo de. *Responsabilidade civil do fabricante e a defesa do consumidor*, São Paulo: Saraiva, 1992.

LIMA MARQUES, Claudia. *Contratos no código de defesa do consumidor – o novo regime das relações contratuais*, 5.ª ed., São Paulo: Revista dos Tribunais, 2005.

_____; Antonio Herman de Vasconcellos e Benjamin e Bruno Miragem. *Comentários ao código de defesa do consumidor – arts. 1.º a 74 (Aspectos materiais)*, São Paulo: Revista dos Tribunais, 2003.

LÔBO, Paulo Luiz Netto. *Condições gerais dos contratos e cláusulas abusivas*, São Paulo: Saraiva, 1991.

MARTINS-COSTA, Judith. *Comentários ao novo código civil – do inadimplemento das obrigações (arts. 389 a 420)*, v. V, t. II, Coord. Sálvio de Figueiredo Teixeira, Rio de Janeiro: Forense, 2003.

MELO, Diogo L. Machado de. *Cláusulas contratuais gerais*, São Paulo: Saraiva, 2008.

MORATO, Antonio Carlos. *Pessoa jurídica consumidora*, São Paulo: Revista dos Tribunais, 2009.

OLIVEIRA, Fernando Baptista de. *O conceito de consumidor – perspectivas nacional e comunitária*, Coimbra: Almedina, 2009.

PASTORE, Ana Cláudia. *Arbitragem 'mais barata' chega a MPEs e Franquias*, in Jornal Brasil Econômico, Caderno Brasil, p. 12, em 2.1.2013.

_____; Cahali, Francisco José; e Rodovalho, Thiago. *O uso de ADRs nas disputas de franquia*, in Revista Brasileira de Arbitragem, vol. Especial, 2014.

PINTO, Carlos Eduardo Ferraz. *O direito à indemnização de clientela no contrato de franquia*, Coimbra: Coimbra Editora, 2010.

PINTO MONTEIRO, António. *Contratos de adesão: o regime jurídico das cláusulas contratuais gerais instituído pelo decreto-lei n.º 446/85, de 25 de outubro*, in Revista da Ordem dos Advogados – ROA, ano 46, Lisboa, 1986.

REDECKER, Ana Cláudia. *Franquia empresarial*, São Paulo: Memória Jurídica, 2002.

RODOVALHO, Thiago. *Cláusula arbitral nos contratos de adesão*, São Paulo: Almedina, 2016.

_____. *Abuso de direito e direitos subjetivos*, São Paulo: Revista dos Tribunais, 2011.

_____. *Obrigações e meios*, in Revista de Direito Bancário e do Mercado de Capitais (coord. José Horácio Halfeld Rezende Ribeiro), n. 62, São Paulo: Revista dos Tribunais/IASP, out./dez. de 2013.

ROQUE, Sebastião José. *Do contrato de franquia empresarial*, São Paulo: Ícone, 2012.

ROSENVALD, Nelson. *Dos contratos em geral*, in Cezar Peluso (Coord.). *Código civil comentado*, Barueri: Manole, 2007.

SCHMITT, Carl. *Teología Política*, in *Teólogo de la política*, México: Fondo de Cultura Económica, 2001.

STIGLITZ, Gabriel A.; e Rubén S. Stiglitz. *La defesa del consumidor en Argentina*, in Claudia Lima Marques (coord.). *Estudos sobre a proteção do consumidor no Brasil e no MERCOSUL*, Porto Alegre: Livraria do Advogado, 1994.

SZTAJN, Rachel. *Teoria jurídica da empresa – atividade empresarial e mercados*, São Paulo: Atlas, 2004.

ULHOA COELHO, Fábio. *O empresário e os direitos do consumidor*, São Paulo: Saraiva, 1994.

_____. *Curso de Direito Comercial*, vol. 3 (Direito da Empresa), 12.ª ed., São Paulo: Saraiva, 2011.

VASCONCELOS, L. Miguel Pestana de. *O contrato de franquia (Franchising)*, 2.ª ed., Coimbra: Almedina, 2010.

ZANCHIM, Kleber Luiz. *Contratos empresariais*, São Paulo: Quartier Latin, 2012.

ZANETTI, Cristiano de Sousa. *Direito contratual contemporâneo – a liberdade contratual e sua fragmentação*, São Paulo: Método, 2008.

Parte VI
TAXAS DO SISTEMA

13
REMUNERAÇÃO

Tânia Maria Zanin

Sumário: Introdução – 1. Taxa inicial de franquia – 2. Taxas periódicas de franquia – 3. Taxa de transferência – 4. Taxa de renovação.

INTRODUÇÃO

Quando as partes firmam um Contrato, estão se obrigando de forma mútua, ou seja, assumem obrigações e têm seus direitos claramente dispostos em um documento que irá balizar essa relação jurídica. Quando tratamos de Contrato de Franquia não é diferente; contudo, esse modelo de negócio que representa uma grande evolução comercial, vez que permite um terceiro utilizar uma Marca consolidada, um modelo de negócio já testado e formatado, que certamente minimiza riscos, traz particularidades que assumem características essenciais para perenidade desse negócio. Na vigência dessa relação, Franqueadora e Franqueados devem se beneficiar desta parceria: de montagem de um negócio estruturado, divulgação de uma Marca, atendimento de clientes e especialmente proveitos financeiros, afinal, ter sucesso e lucro são objetivos primários de qualquer negócio.

Dessa maneira, cláusulas contratuais claras, bem definidas e com sanções diretas, em caso de descumprimentos ou consequências em razão de determinadas atitudes, são imprescindíveis.

Considerando, especificamente, a contratação sob o Sistema de Franquia, a transparência é um pilar mais que necessário, é absolutamente vital para uma harmoniosa convivência e para que litígios sejam evitados, pois nessas situações certamente as partes irão experimentar prejuízos que não versam apenas sobre valores perdidos, mas haverá desgaste pessoal, emocional e o mais gravoso de todos, desgaste de um negócio e de uma Marca, que pode também trazer reflexos para outros empresários que atuam sob o mesmo Sistema.

Outra consideração de extremada relevância diz respeito à postura profissional que deve permear as ações tanto da Franqueadora quanto, e especialmente, do Promissário Franqueado: no caso deste segundo, escolhendo um negócio que tenha identificação, pois não basta ser consumidor de determinada Marca para participar de uma Rede de Franquias, é preciso, também, acreditar na operação e entender profundamente as condições dessa contratação.

O início de uma avaliação profissional e responsável começa com uma leitura e análise criteriosa da **Circular de Oferta de Franquia (COF)**, bem como de todos os documentos que compõem esse Instrumento, especialmente as Minutas do Pré-Contrato e Contrato de Franquia. Assim, todas as condições contratuais poderão ser avaliadas, vez que traduzem fielmente os direitos e as obrigações das partes.

E por último, mas não menos importante, a liberdade contratual será exercida nos limites da função social do contrato. O normativo cuida de dois princípios que regem os contratos: o princípio da liberdade contratual ou princípio da autonomia da vontade de um lado; e o princípio da função social do contrato, de outro. Nosso foco diz respeito a primeira parte do dispositivo, art. 421, do CC, vez que, se tratando de *Franchising*, a contratação conta com mais um gatilho de segurança, que é o conhecimento prévio de todas as particularidades que balizarão essa relação, dispostas em um documento intitulado **Circular de Oferta de Franquia**.

Neste capítulo trataremos especificamente das Taxas: Inicial, Periódicas, de Transferência e Renovação. Nenhuma delas deverá ser informada no decorrer da relação de franquia ou tampouco quando houver uma situação específica, como a transferência da Franquia ou a renovação do contrato, mas inicialmente e de forma expressa nos instrumentos jurídicos, antes da decisão do candidato em se tornar um franqueado da Rede.

1. TAXA INICIAL DE FRANQUIA

O art. 2º da Lei 13.966/19 estabelece em seu inciso VIII, alínea *b*:

Art. 2º Para a implantação da franquia, o franqueador deverá fornecer ao interessado Circular de Oferta de Franquia, escrita em língua portuguesa, de forma objetiva e acessível, contendo obrigatoriamente:
[...]
VIII – especificações quanto ao:
[...]
b) valor da taxa inicial de filiação ou taxa de franquia;

Pela simples leitura do fixado em lei, fica claro que a informação quanto ao primeiro pagamento que o Franqueado faz para a Franqueadora deve estar expressa na Circular de Oferta de Franquia, obviamente também disposto em Pré-Contrato ou no Contrato de Franquia, sendo que esse pagamento será sempre feito na assinatura de um desses instrumentos.

Não são todas as Franqueadoras que oferecem Pré-Contrato de Franquia, uma vez que a lei não traz esse documento como obrigatório. Contudo, é importante que aquelas que optarem por não ter esse documento, tenham em seu Contrato de Franquia um capítulo que verse sobre as condições pré-operacionais, com todas as particularidades dessa fase da contratação, inclusive sob a condição do pagamento da Taxa Inicial de Franquia, e as consequências do desfazimento dessa relação antes da inauguração da Franquia, ou seja, causas e efeitos de uma rescisão antecipada.

Devemos lembrar que estamos diante de uma Lei nova, que revogou a Lei de Franquia, nº 8.955/94, que usava a expressão taxa inicial de filiação, mantida nesta, contudo, a expressão mais usada pelas Franqueadoras e que reflete a característica dessa cobrança, que é a "Taxa **Inicial** de Filiação". Ainda destacamos a importância da palavra **Inicial**, vez que os *Royalties,* que abordaremos mais adiante, trata-se também de uma taxa de franquia, entretanto, de obrigação usualmente mensal.

O pagamento dessa Taxa está vinculado à autorização para o regular ingresso em uma Rede de Franquias, direito de uso da Marca, acesso ao *know-how* de operação do negócio franqueado, assessoria na escolha do ponto comercial, treinamento inicial do Franqueado e sua primeira equipe, orientação quanto à constituição da Empresa Franqueada, recebimento de Manuais, orientação quanto ao Marketing Inaugural, entre outras informações e/ou assessorias.

Cada Franqueadora tem liberdade de definir a abrangência da Taxa Inicial de Franquia, pois a lei não determina quais obrigações contratuais estão contempladas por esse pagamento, mas essas devem estar claramente definidas nos Instrumentos Jurídicos, possibilitando que o Franqueado tenha percepção exata da contrapartida que receberá.

O conteúdo quanto ao pagamento da Taxa Inicial de Franquia não deve ser claro e objetivo apenas em relação à abrangência das obrigações por parte da Franqueadora, mas também no concernente à devolução dessa Taxa se houver o rompimento da relação da parceria antes do início da inauguração. O rompimento da relação de Franquia antes que a Unidade de Negócio inicie sua operação é absolutamente possível. Por exemplo, na fase de treinamento, as partes podem chegar à conclusão de que aquele não é o negócio para o Franqueado, ou, apesar de todos os cuidados tomados na seleção, aquele não é o Franqueado ideal para operar a Franquia e representar a Marca.

Dessa maneira, em razão das considerações supracitadas e como já mencionado, apesar da lei não tratar de hipóteses de rescisão antecipada, recomenda-se condições expressas por rompimento da contratação na fase de implantação e em que circunstâncias haverá a devolução de valor pago a esse título, a devolução de parte desse valor ou se nenhuma restituição será devida.

Além do princípio da transparência que deve permear as relações de Franquia, as condições do rompimento antecipado do Contrato de Franquia devem ser expressas, pois a cláusula de arrependimento e suas consequências só poderão ser suscitada se constar formalmente no instrumento jurídico.

No que concerne ao *quantum* a ser cobrado a título de Taxa Inicial de Franquia, as Franqueadoras devem levar em consideração as taxas praticadas no mercado, a notoriedade da Marca, a qualidade dos serviços prestados ou produtos comercializados, a extensão de prestações de serviços oferecidas nessa fase pré-operacional, além da viabilidade desse valor em relação ao alvo pretendido como Franqueado ideal, além da estratégia de expansão delineada. Nessa perspectiva, deve considerar que uma expansão "mal desenhada" e conseguida sem pesar parâmetros razoáveis pode ser um grande risco para a Rede.

FRANQUIA – Contrato preliminar – Ação de restituição de taxa inicial de franquia – Prescrição da pretensão dos autores – Inocorrência – Matéria preliminar rejeitada, por maioria de votos – Parcial procedência do pedido inicial – Inadimplemento dos autores e adimplemento da ré – Ciência, por parte dos autores, quando da contratação, acerca da cláusula contratual que vedava, expressamente, a devolução da quantia paga, em caso de não celebração do contrato de franquia – Ausência de controvérsia quanto ao acesso dos demandantes ao know-how da franqueadora e a informações privilegiadas, ao direito à utilização de sua marca e à assistência a eles disponibilizada – Perda da oportunidade de a franqueadora celebrar outros negócios – Cláusula penal devida – Valor da cláusula penal que se revela manifestamente excessivo, "ex vi" do art. 413 do Código Civil – Redução, de forma equitativa, pelo juiz, à luz das circunstâncias do caso concreto e do que rezam os princípios da razoabilidade e proporcionalidade – Ajuste das verbas sucumbenciais – Recurso parcialmente provido. (TJSP; Apelação Cível 1123850-80.2014.8.26.0100; Relator (a): Caio Marcelo Mendes de Oliveira; Órgão Julgador: 2ª Câmara Reservada de Direito Empresarial; Foro Regional VIII – Tatuapé – 2ª Vara Cível; Data do Julgamento: 14/12/2016; Data de Registro: 16/12/2016).

CONTRATO – Franquia – Taxa inicial – Contraprestação que remunera treinamento inicial e know how transmitidos no início do contrato – Treinamento inicial e recebimento do Manual de Operações não negados pelo franqueado – Rescisão contratual declarada, por culpa da franqueadora – Improcedência do pedido de restituição – Apelação provida para este fim Dispositivo: deram provimento. (TJSP; Apelação Cível 0002491-13.2014.8.26.0576; Relator (a): Ricardo Negrão; Órgão Julgador: 2ª Câmara Reservada de Direito Empresarial; Foro de São José do Rio Preto – 7ª Vara Cível; Data do Julgamento: 10/04/2017; Data de Registro: 11/04/2017).

SENTENÇA – Julgamento extra petita – Rescisão contratual – Pedido de devolução de taxa de franquia – Decurso de um ano antes da ruptura da parceria entre a franqueadora e o Instituto Embelleze – Aplicação da Cláusula 8ª do pré-contrato de franquia – Legitimidade – Inexistência de ressalva quanto à culpa de uma e outra parte pelo descumprimento das obrigações pré-contratuais para implantação da franquia – Hipótese em que embora autores narrem a ruptura da parceria, se ressentiram quanto à falta de suporte técnico e financeiro, o que teria causado a não implantação da unidade franqueada – Fundamentos jurídicos mais amplos do que os fatos narrados, abarcando o descumprimento das obrigações pré-contratuais da franqueadora – Julgamento extra petita inocorrente – Exigibilidade do reembolso da taxa de franquia – Apelação improvida Dispositivo: negam provimento. (TJSP; Apelação Cível 0076480-51.2012.8.26.0114; Relator (a): Ricardo Negrão; Órgão Julgador: 2ª Câmara Reservada de Direito Empresarial; Foro de Campinas – 2ª. Vara Cível; Data do Julgamento: 11/04/2016; Data de Registro: 12/04/2016).

APELAÇÃO. FRANQUIA. AÇÃO DE RESTITUIÇÃO DE VALORES C.C DECLARATÓRIA DE RESCISÃO CONTRATUAL. Sentença de procedência. Rescisão fundada na cláusula 9.2 "e" do contrato entabulado entre as partes. Hipótese verificada justifica a devolução de 50% da Taxa de Franquia ao promissário – franqueador. Celebração do contrato de aluguel não afasta a incidência da referida cláusula, dado que o imóvel não contava com os requisitos necessários para instalação e operação da unidade franqueada. Manutenção da observância da cláusula de não concorrência nos moldes estipulados. RECURSO PARCIALMENTE PROVIDO. (TJSP; Apelação Cível 1022719-57.2017.8.26.0100; Relator (a): AZUMA NISHI; Órgão Julgador: 1ª Câmara Reservada de Direito Empresarial; Foro Central Cível – 20ª Vara Cível; Data do Julgamento: 21/03/2019; Data de Registro: 21/03/2019.

2. TAXAS PERIÓDICAS DE FRANQUIA

Como já abordado anteriormente, todas as condições da contratação serão sabidas de forma antecipada, pois estarão expostas na Circular de Oferta de Franquia, que será entregue ao candidato antes da sua tomada de decisão, permitindo uma avaliação criteriosa e cuidadosa do Sistema que pretende integrar, portanto benefício legal, vez que a obrigatoriedade dessa entrega está disposta na Lei 13.966/19.

A referida Lei traz igualmente no seu texto a obrigação de informação quanto à cobrança de taxas periódicas ou outros valores devidos pelo Franqueado à Franqueadora ou a terceiros, conforme disposto no art. 2º, inciso IX, que estabelece:

Art. 2º [...]

*IX – **informações claras quanto a taxas periódicas** e outros valores a serem pagos pelo franqueado ao franqueador ou a terceiros por este indicados, **detalhando as respectivas bases de cálculo** e o que elas remuneram ou o fim a que se destinam, indicando, especificamente, o seguinte: (Grifo nosso)*

a) remuneração periódica pelo uso do sistema, da marca, de outros objetos de propriedade intelectual do franqueador ou sobre os quais este detém direitos ou, ainda, pelos serviços prestados pelo franqueador ao franqueado;

b) aluguel de equipamentos ou ponto comercial;

c) taxa de publicidade ou semelhante;

d) seguro mínimo;

É muito comum quando falamos em Taxas Periódicas de Franquia, remeter apenas aos *Royalties*, mas é possível observar que podem existir outras taxas que são pagas pelos Franqueados dentro de certa periodicidade que devem constar na Circular de Oferta de Franquia, inclusive se essa obrigação for devida para terceiros, vejamos: "[...] *taxas periódicas e outros valores a serem pagos pelo franqueado ao franqueador ou **a terceiros por este indicados***". (Grifo nosso)

Dessa maneira, qualquer outra taxa, além dos *Royalties*, na relação de franquia pode ser cobrada desde que previamente estipulada. Lembrando que essa relação jurídica é de direito privado, sendo válido[1] o que foi firmado entre as partes, desde que tais cobranças não sejam ilegais.

O *Franchising* tem como característica principal a transferência de *know-how*, a autorização para uso continuado da Marca e do sistema de franquias de uma Franqueadora. Para tanto, os Franqueados devem remunerar essa Franqueadora, que por sua vez utiliza esses recebimentos para manutenção de sua equipe, investimentos em atualizações, inovações, desenvolvimento de novos serviços, produtos, treinamentos, consultorias e outras providências que mantêm a Rede no mercado de forma competitiva. Além das utilizações citadas, o recebimento dos *Royalties* representa a própria remuneração da Franqueadora, sendo inclusive essa a natureza jurídica desse pagamento.

A Lei não determina a forma de cobrança ou a base de cálculo para quaisquer taxas cobradas, apenas determina, *in verbis*: "[...] *detalhando as respectivas bases de cálculo e o que elas remuneram ou o fim a que se destinam, indicando [...]*".

O pagamento dos *Royalties* pode ser mensal ou não, dependendo da estrutura do negócio da Franqueadora e da condição que esse é feito. Seguem alguns exemplos*:

(i) um percentual sobre o faturamento bruto mensal da operação da franquia;

---

1. **Pacta sunt servanda** (do Latim "Acordos devem ser mantidos"), que significa que os pactos assumidos devem ser respeitados ou mesmo os contratos assinados devem ser cumpridos.

(ii) uma cobrança híbrida: um percentual sobre o faturamento bruto mensal da operação da franquia ou um valor mínimo estabelecido em reais, prevalecendo sempre o que for maior;

(iii) um valor fixo estabelecido em reais;

(iv) um valor fixo por determinado período e depois aumentado;

(iii) um percentual sobre o valor de compra de produtos. Nesse caso não precisa ser necessariamente mensal, mas sempre que ocorrer compra dos produtos da Franqueadora, de Empresas Coligadas ou de Fornecedores Homologados.

OBS.: O rol supracitado é meramente exemplificativo.

Quanto às demais taxas periódicas, ainda que devidas a terceiros, é possível, desde que previamente estipulado o valor que deverá ser pago (pelo menos o inicial), e deve constar na COF e no Contrato de Franquia. Contudo, por vezes, a dinâmica de cobrança de reajustes e demais regramentos podem estar em documentos apartados.

O pagamento de "Taxa de Manutenção de Uso de Sistema de Gestão", usualmente devida ao Fornecedor Homologado do *Software* de Gestão, é um exemplo clássico: terceiro que recebe mensalmente do Franqueado. Normalmente as demais condições dessa contratação estão em um Contrato que versa sobre essa prestação de serviço. **E assim acontece com outros valores, que sempre que devidos de forma habitual/regular, independentemente da periodicidade e a quem esses são devidos, devem constar dos instrumentos jurídicos.**

Em suma, a Lei não determina a obrigatoriedade da adoção de uma forma de cobrança, tampouco define a base de cálculo para essas taxas, mas apenas impõe que sejam informados ao Promissário Franqueado quais valores serão devidos, em que tempo e como serão calculados. Destarte, não existe uma forma única de cobrança de taxas mensais ou periódicas, mas cada Sistema de Franquias, de acordo com suas particularidades, tem sua estrutura de cobrança/remuneração.

Importante pontuar que deve estar claro nos instrumentos jurídicos quando a cobrança dos *Royalties* será em valor fixo, sua forma e o tempo de correção. Também deve ter previsão expressa quanto às consequências do não pagamento das Taxas Periódicas nas datas avençadas: correção monetária e demais sanções pelo inadimplemento continuado (multa e juros moratórios).

> Art. 2º [...] XVIII – indicação das situações em que são aplicadas penalidades, multas ou indenizações e dos respectivos valores, estabelecidos no contrato de franquia.

Observação importante: existe outra Taxa Periódica que não está sendo tratada neste capítulo, vez que tem sede própria em outro, e diz respeito à Taxa de Publicidade/Marketing, cuja **natureza jurídica** é **de contribuição**, diferente daquelas abordadas neste capítulo, que cuja natureza é de **remuneração**.

A Lei considera ainda a possibilidade de o Franqueado arguir anulabilidade ou nulidade do contrato, conforme o caso, e exigir a devolução de valores pagos à Franqueadora (Inicial e/ou *Royalties*) e/ou a terceiros indicados por esta, nas seguintes hipóteses:

(i) não for respeitado o prazo mínimo de 10 (dez) dias para entrega da Circular de Oferta de Franquia ao Promissário Franqueado antes da assinatura de qualquer documento (Pré-Contrato ou Contrato) ou do pagamento de qualquer valor;

(ii) se a Franqueadora omitir informações exigidas por lei ou veicular informações falsas na sua Circular de Oferta de Franquia.

Art. 2º [...]

§ 1º A Circular de Oferta de Franquia deverá ser entregue ao candidato a franqueado, no mínimo, 10 (dez) dias antes da assinatura do contrato ou pré-contrato de franquia ou, ainda, do pagamento de qualquer tipo de taxa pelo franqueado ao franqueador ou a empresa ou a pessoa ligada a este, salvo no caso de licitação ou pré-qualificação promovida por órgão ou entidade pública, caso em que a Circular de Oferta de Franquia será divulgada logo no início do processo de seleção.

§ 2º Na hipótese de não cumprimento do disposto no § 1º, o franqueado **poderá arguir anulabilidade ou nulidade, conforme o caso***, e exigir a* **devolução** *de todas e quaisquer quantias* **já pagas ao franqueador, ou a terceiros** *por este indicados, a título de filiação ou de* **royalties***, corrigidas monetariamente.* (Grifo Nosso)

Art. 4º Aplica-se ao franqueador que **omitir informações** *exigidas por lei ou* **veicular informações falsas** *na Circular de Oferta de Franquia a sanção prevista no § 2º do art. 2º desta Lei, sem prejuízo das sanções penais cabíveis.* (Grifo Nosso)

Nos casos elencados acima, além da devolução legalmente prevista, existe a possibilidade de correção e demais providências judiciais cabíveis, inclusive na esfera penal.

3. TAXA DE TRANSFERÊNCIA

Antes de falar de Taxa de Transferência é necessário tecer alguns breves comentários sobre repasse da franquia, vez que esse tema será tratado com maior abrangência em outro capítulo desta obra. Contudo, é em situações de repasse/transferência da Franquia que é possível a cobrança dessa Taxa.

Existem vários motivos que levam um Franqueado a decidir pelo repasse de sua Franquia, e neste capítulo nosso foco não é tratar das razões, mas deixar claro que é preciso clareza absoluta em transações dessa natureza, especialmente no tocante às Taxas que devem ser pagas pela parte Vendedora e/ou Compradora. Igualmente importante que um processo de repasse seja bem conduzido, pois trata-se de um trâmite comum no Sistema de Franquia.

Quando um empresário decide encerrar as atividades de sua empresa com marca própria, o nível de interesse de terceiros não é tão significativo, especialmente pela insegurança jurídica e comercial dessa transação. Quando o repasse de um negócio envolve uma Marca consagrada ou em expansão, essa negociação é muito mais valorizada, uma vez que o terceiro reconhece que irá operar um negócio com respaldo, orientação e o prestígio de uma Franqueadora, que tem interesse em zelar pelos negócios que levam sua Marca. E é assim, nesse contexto, que se entende que a Franqueadora *faz jus* a um valor por essa transação, usualmente fixado em um percentual sobre o total transacionado e devido pelo Franqueado que está deixando a Rede. Contudo, não há qualquer impeditivo para que a cobrança desta Taxa seja estabelecida a partir de outro critério.

O repasse/transferência da Franquia pode ocorrer de duas maneiras: na primeira hipótese, o interessado pode adquirir as cotas sociais da Empresa Franqueada e, na segunda, apenas o Fundo de Comércio, que compreende as instalações da Franquia, obrigando-se a abrir uma nova Empresa que será a Franqueada dessa nova relação comercial. Independentemente da condição dessa transação, a Franqueadora pode fazer a cobrança da Taxa de Transferência, uma vez que efetivamente haverá uma mudança societária ou a alteração da Pessoa Jurídica que irá figurar como Empresa Franqueada.

A nova Lei de Franquia (nº 13.966/19) não obriga que os instrumentos jurídicos tenham regras de transferência, tampouco dispõe de forma detalhada sobre repasse / transferência da Franquia, mas determina a indicação da existência ou não de tais regras.

> Art. 2º [...]
> XVII – indicação da existência ou não de regras de transferência ou sucessão e, caso positivo, quais são elas;

Importante não confundir Taxa de Transferência, que diz respeito a um valor devido, normalmente pela parte Vendedora, à Franqueadora, como já mencionado acima, com a obrigatoriedade da parte Compradora (futuro Franqueado da Rede) de pagar a Taxa Inicial de Franquia. Nesse sentido, importante pontuar que apesar da previsão contratual, diante de uma situação concreta, a Franqueadora terá prerrogativa de isentar tais Taxas, se entender necessário, cabível e/ou derradeiro para concretização de um repasse.

Os Contratos de Franquia normalmente impedem a transferência/repasse do negócio sem anuência da Franqueadora, vez que a parte compradora, ou seja, o novo Franqueado, deve passar pelo processo de seleção de franqueados, garantindo, assim, a homogeneidade da Rede no tocante ao perfil dos seus parceiros, pois um processo seletivo bem desenhado é determinante para uma parceria perene e saudável, e, por outro lado, o balizamento transparente acerca dessas transferências evitará situações litigiosas com aqueles que querem deixar a Rede.

Finalizando, a cobrança de uma Taxa não impede que a Franqueadora exija o pagamento da outra, basta apenas a previsão. Se na mais remota possibilidade a Franqueadora for omissa quanto a essas condições, na ocasião do repasse, situações de conflitos certamente vão ocorrer, prejudicando a negociação, trazendo danos para todas as partes. Não deve haver qualquer constrangimento e desconforto em tratar com objetividade esse tema, vez que a transparência na contratação é condição *sine qua non* nesse modelo de negócio.

4. TAXA DE RENOVAÇÃO

A Lei de Franquia vigente (13.966/2019) exige, *in verbis*:

> Art. 2º [...]
> XXII – especificação precisa do prazo contratual e das condições de renovação, se houver;

Vamos lembrar uma questão bastante sensível e significativa na relação de Franquia: a contratação é usualmente por prazo determinado, e, assim, finalizado esse prazo, as partes deverão tomar a decisão quanto à continuidade ou não do relacionamento comercial. Contudo, importante frisar que, caso o Franqueado decida por não renovar seu Contrato, deverá atender condições que foram previamente estabelecidas e aceitas, a exemplo da condição de sigilo, confidencialidade e especialmente a não concorrência, tema bastante controvertido e abordado nesta obra.

Outra consideração importante: o Contrato de Franquia é um documento que baliza a relação firmada entre a Franqueadora e o Franqueado, e assim estabelece uma série de obrigações e condições da contratação, inclusive as que tratam dos trâmites acerca da renovação do Contrato.

Em suma, não se discute esse tema por ocasião da renovação, mas antes da formalização do relacionamento, quanto: a critérios para essa decisão, a obrigações que devem ser atendidas nesse processo, por exemplo, o pagamento da Taxa de Renovação, à adaptação da Unidade de Negócio ao novo padrão arquitetônico, à realização de treinamento de atualização, à assinatura de novo Contrato de Franquia, inclusive com novas cláusulas, condições e até mesmo novos valores de *Royalties,* Taxa de Publicidade e demais valores.

As Franqueadoras devem ter um controle dos prazos de renovação dos Contratos e certamente durante todo o período de vigência devem acompanhar o desempenho da Franquia. É exatamente no momento da renovação que avalia o histórico da Franquia e considera se vale a pena ou não manter a parceria, ou seja, as Franqueadoras têm mesmo a prerrogativa de decidir quem fica ou quem deve deixar a sua Rede.

Contudo, esse direito não é unilateral, vez que as partes têm direitos iguais, sendo possível que o Franqueado não tenha interesse na continuidade da parceria e, nesses casos, o não interesse pode estar associado à rentabilidade do negócio, à falta da percepção da contrapartida, à atualização do modelo de negócio, deixando esse pouco competitivo perante o concorrente, entre outras razões.

O relacionamento entre Franqueadora e Franqueado é um dos pilares dessa contratação, assim, a falta de qualidade e harmonia nesse relacionamento pode ser o motivo para a não renovação do Contrato de Franquia, mesmo que a Franquia seja rentável, pois as atitudes de um Franqueado, seu comportamento e especialmente sua convivência com a Franqueadora e seus pares pode ser mais relevante que a desempenho da Franquia. Lembrando uma fala cotidiana *"uma laranja podre pode estragar as demais frutas de uma fruteira"* e, assim, pode ocorrer em uma Rede, colocando-a em estado de fragilidade com consequências bastante gravosas.

Importante pontuar que a Lei não define as regras acerca do processo de renovação, tampouco veda ou autoriza a cobrança da Taxa. Por essa razão, recomenda-se mais uma vez que as Franqueadoras tratem com transparência, objetividade e assertividade as condições da renovação.

Quanto ao valor da Taxa de Renovação, esse pode ser estabelecido considerando um percentual da Taxa Inicial de Franquia, vigente à época da renovação, um percentual do valor da primeira Taxa Inicial paga, ou qualquer outro critério que a Franqueadora considere viável e justo. Também deve ser definido como esse valor será quitado, o que usualmente ocorre quando da assinatura do Contrato de Franquia que irá amparar o novo período da contratação.

As Franqueadoras, quando da elaboração dos seus Instrumentos Jurídicos e definição de suas estratégias, devem considerar o tempo para essa renovação, pois não poderão mudar as "regras do jogo", alegando que seu processo para formalizar nova contratação está defasado ou qualquer outra justificativa que o valha. O Franqueado, por sua vez, não poderá alegar não estar preparado para essa renovação, pois antes mesmo de ingressar na Rede tinha conhecimento e ciência das condições para sua permanência.

Como considerações finais, vamos colocar em uma linha do tempo o processo de renovação: após a tomada de decisão de ambas as partes, o Franqueado recebe uma nova Circular de Oferta com todos os documentos exigidos em lei, inclusive a minuta do novo Contrato de Franquia que será assinado, observado o decurso do prazo legal para assinatura do novo Contrato de Franquia, pagamento da Taxa de Renovação e demais providências definidas no contrato anterior.

As relações de Franquias são longas, sendo que o prazo médio em nosso país é de 05 (cinco) anos. Assim é recomendável que a Franqueadora mantenha seus instrumentos jurídicos atualizados, estando preparada para o processo de renovação.

A Rede passa por constantes processos de *updating*, pois sua evolução é vital para a permanência no mercado de forma competitiva; e o mesmo deve ocorrer com seu Contrato de Franquia, célula viva que igualmente deve evoluir e principalmente atender às condições atualizadas de proteção dos direitos dos contratantes, independentemente de serem Franqueadora ou Franqueados.

Parte VII
FUNDO DE *MARKETING*

14
CONSIDERAÇÕES GERAIS ACERCA DA CONTRIBUIÇÃO AO FUNDO DE *MARKETING*

Carlos Eduardo Mattos
Beatriz Gomes Sampaio

> **Sumário:** I. Possibilidade de negativação junto aos cadastros restritivos de crédito – II. Exigências relativas ao protesto de títulos – III. A aplicação dos conceitos através da via extrajudicial e judicial e as preocupações do segmento; III.1. A via extrajudicial; III.2. A via judicial.

O Fundo de *Marketing*, tal como definido nos contratos de franquia celebrados pelas Empresas Franqueadoras em geral, consiste na reunião de recursos dos franqueados, que pode estar em poder de uma associação ou diretamente sob a gestão da franqueadora, que serão por esta empregados para incrementar os resultados da Rede Franqueada, por meio da realização de gastos em publicidade, promoção de vendas, entre outros esforços na área de *marketing*.

Cumpre esclarecer que *o recebimento dessas verbas não promove acréscimo ao patrimônio da Franqueadora, pois tais montantes (i) não constituem contraprestação a uma atividade por si desempenhada, e (ii) não ingressam com perspectiva de permanência no seu patrimônio, mas no intuito de serem repassadas às agências especializadas que produzirão a publicidade contratada no interesse de todas as empresas participantes".* Isso deve ser *refletido no tratamento contábil conferido às contribuições ao fundo, já que tais valores não transitam pelo resultado da Franqueadora, sendo, os valores gerados pelo faturamento do Fundo, e as despesas por ele custeadas, registrados em uma conta passiva específica.*

A gestão do FUNDO DE *MARKETING*, embora não encontre forma típica própria na legislação, em muito se assemelha àquela que o Código Civil atribui ao síndico, a quem incumbe, na administração do condomínio, por um lado, zelar pela prestação dos serviços que interessem aos condôminos e prestar contas anualmente e quando exigidas, mas, também, deles cobrar as suas contribuições, impor e cobrar as multas devidas (Código Civil: artigo 1.348, incisos V, VII e VIII). Também se aproxima de um mandato sem representação, administração ou gestão.

Avançando na analogia, pode-se indicar também a exigência feita pelo artigo 1.011 do Código Civil ao administrador de que tenha, na administração das sociedades, *"o cuidado e a diligência que todo homem ativo e probo costuma empregar na administração de seus próprios negócios".* Esse dever de diligência impõe também adotar as medidas necessárias para garantir a perpetuidade do negócio e, trazendo-o à hipótese sob análise, pode ser estendido à obrigatoriedade de o gestor exigir, de todos os participantes do FUNDO DE MARKETING que dele se beneficiem, que a ele contribuam, na exata medida com que se comprometeram contratualmente.

Diante desse cenário, estando certo que o FUNDO DE *MARKETING* (a) é gerido exclusivamente pela franqueadora, por expressa autorização dos franqueados, lançada nos contratos de franquia, e que (b) a captação dos recursos que serão utilizados para a consecução de suas finalidades se opera via aportes compulsórios que devem ser realizados pelos participantes da Rede Franqueada, está em linha com o dever de diligência da franqueadora também a obrigatoriedade de exigir dos franqueados adimplência com relação às contribuições para o fundo, no interesse de toda a Rede.

Vale notar que esse direito/dever de exigir o pagamento da taxa de *marketing* mostra-se até **mais rígido do que em relação aos** *royalties*, porquanto não se trata de exigir quantias que serão de sua propriedade, e que são, portanto, direito disponível (podem ser objeto de desconto, remissão etc.), mas de recursos indisponíveis de uma comunidade de interesses geridos pela franqueadora.

É importante destacar que esse modelo de gestão do FUNDO DE MARKETING, em que a Franqueadora detém a exclusiva gestão por expressa autorização dos franqueados, é amplamente aceito pela jurisprudência, já tendo o Tribunal de Justiça do Estado do Rio de Janeiro se manifestado pela sua validade, ao apreciar o recurso de apelação nº 0007683-10.2005.8.19.00021, no seguinte sentido:

> "[...] Pretensão da franqueada obter informação a respeito do gerenciamento de fundo de "marketing" e promoção da ré. [...] ao que se vê dos autos, o que cabia à recorrida, de acordo com o contrato celebrado, era a apresentação através de demonstrativo anual dos valores por ela recolhidos, sendo tal demonstrativo disponibilizado à franqueada quando solicitado. **O contrato em testilha assegura à ré, ora apelada, livre administração dos recursos recebidos pelos pagamentos dos franqueados, bem como escolha livre dos programas a serem realizados, sem qualquer ingerência da franqueada** [...]." (grifos postos)

Ademais, a compulsoriedade da contribuição ao FUNDO DE MARKETING se atesta pelo fato de a inadimplência com relação a essa rubrica ensejar a rescisão do contrato de franquia, o que se confirma, exemplificativamente, na ementa abaixo de um recente julgado[1]:

> "[...] Ação de cobrança cumulada com obrigação de não fazer para a Ré se abster de usar a marca da Autora, objeto de contrato de franquia ajustado entre as partes, e pagar a 'Taxa Mensal de Royalties' e o 'Fundo de Marketing'. [...] As partes celebraram contrato de franquia pelo qual **a Ré recebeu autorização para explorar a marca da Autora mediante contraprestações, entre elas o pagamento de** *royalties* **e contribuições para o fundo de marketing**. Por constituir fato impeditivo do direito alegado na inicial, competia à Ré provar o pagamento dos encargos contratuais, mas não se desincumbiu do ônus.

---

1. TJRJ. Apelação nº 0262306-28.2014.8.19.0001. Rel. Des. Henrique Carlos de Andrade Figueira. Julgado em 25/04/2017, pela 5ª Câmara Cível.

Ao contrário, reconhece a condição de devedora inadimplente [...]. **Rescindido de pleno direito o negócio jurídico em vista do descumprimento das obrigações contratuais pela Ré, cabível a cobrança** da taxa de franquia e **da contribuição para o fundo de marketing pela Autora**. Assentado o inadimplemento da Ré, esta responde pela multa compensatória definida no contrato. Recurso desprovido." (grifos postos).

Do voto-condutor desse julgado, destaca-se[2]:

> "**O inadimplemento das obrigações contratuais pela Apelante sem motivo hábil** ficou amplamente provado até porque o reconheceu como antes referido, **de modo a viabilizar a cobrança da Apelada** nos moldes estabelecidos na sentença, tanto com relação à taxa de franquia, **como com respeito ao fundo de *marketing*.**
>
> Portanto, devida a multa compensatória, **além de autorizada a rescisão do negócio jurídico por culpa da Apelante** na forma das cláusulas 18.1, 'h', e 18.2 do Contrato de Franquia (fl. 67, pasta 54)." (grifos postos).

É certo, portanto, que a franqueadora/gestora é autorizada a cobrar dos franqueados inadimplentes em relação ao FUNDO DE MARKETING o pagamento dos valores em atraso, podendo impor-lhes multa e, até mesmo, rescindir o contrato de franquia.

A questão que se coloca, então, é saber se essa compulsoriedade da contribuição ao FUNDO DE MARKETING é capaz de autorizar à Franqueadora, gestora do fundo, a realização de protesto em cartório e a "negativação" desses franqueados inadimplentes nos órgãos de cadastro de proteção ao crédito, tendo em vista os requisitos específicos exigidos em cada hipótese.

I. POSSIBILIDADE DE NEGATIVAÇÃO JUNTO AOS CADASTROS RESTRITIVOS DE CRÉDITO

Iniciando-se a análise pela possibilidade de a Franqueadora "negativar" os franqueados inadimplentes em relação à contribuição ao FUNDO DE MARKETING, destacamos que tal procedimento se opera por meio dos "cadastros de inadimplentes", que consistem em bancos de dados geridos por entidades de direito privado, cuja função é conferir maior segurança às relações comerciais e financeiras, no interesse das câmaras de comércio, do sistema bancário e dos demais participantes desses mercados.

Assim, as formas de funcionamento desses cadastros, embora sejam reguladas por previsões legais esparsas, observam também os estatutos e os regulamentos de cada entidade, cabendo aqui destacar o "Regulamento Operacional Nacional dos SPCs, instituído pela Confederação Nacional de Dirigentes Lojistas para orientar os serviços de proteção ao crédito que operam sob a marca SPC; o artigo 11 do referido Regulamento dispõe que:

---

2. Trecho do voto-condutor. TJRJ. Apelação nº 0181737-35.2017.8.19.0001. Rel. Des. Antonio Carlos Dos Santos Bitencourt. Julgado em 29/08/2018, pela 27ª Câmara Cível.

"Art. 11. Para uniformização dos procedimentos, **considera-se inadimplemento** para fim de registro no SPC, o atraso no pagamento decorrente de operações mercantis, financeiras, prestação de serviços públicos e privados, além de **quaisquer outras operações legais, comprováveis através de instrumentos próprios.**" (grifos postos).

Como visto acima, a contribuição ao FUNDO DE *MARKETING* é devida com base no contrato de franquia e nas informações prestadas pelos próprios franqueados. Portanto, ao que nos parece, a negativação de eventual dívida com relação a essa obrigação está autorizada pela parte final do referido dispositivo, dentro do conceito geral de "*outras operações legais, comprováveis através de instrumentos próprios*".

Vale ainda verificar o que dispõem os artigos 17 e 20, do Regulamento, os quais estabelecem que: (a) não serão fornecidas informações sobre o débito registrado depois de ultrapassados 05 (cinco) anos da data do seu vencimento e (b) o registro de débito em atraso deverá ser comunicado previamente e por escrito ao devedor.

Tais disposições refletem entendimentos sumulados do STJ, contidos, respectivamente, nas suas Súmulas n.ºs 323[3] e 359[4]. Estas têm fundamento legal em dispositivos do Código de Defesa do Consumidor (artigos 42 e 43), diploma não aplicável às relações obrigacionais oriundas de contratos de franquia, estabelecidas entre franqueador e franqueado, mas cuja observância é de todo indicada para se evitar eventual conclusão por analogia no sentido de a negativação ter sido indevida, o que geraria a condenação da Franqueadora ao pagamento de danos morais ao franqueado negativado.

As considerações com relação aos SPC's aplicam-se ao SERASA, entidade que mantém igualmente cadastro de inadimplentes e se distingue dos SPCs basicamente por sua origem, que remonta à parceria promovida entre a Associação de Bancos do Estado de São Paulo – ASSOBESP e a Federação Brasileira das Associações de Bancos – FEBRABAN, operando em sistema muito similar aos SPCs.

Nesse particular, é importante destacar julgado do STJ que concluiu que "nos casos de protesto indevido de título ou inscrição irregular em cadastros de inadimplentes, o dano moral se configura *in re ipsa*, isto é, prescinde de prova, ainda que a prejudicada seja pessoa jurídica".[5]

As empresas mantenedoras de cadastro de proteção ao crédito compartilham em mínimo grau responsabilidade nesse particular; essas entidades "possuem, tão somente, natureza de banco de dados cadastrais, não tendo a obrigação de averiguar se a dívida é legítima, nem se o endereço está correto ou desatualizado, bastando que confirmem se o nome da pessoa coincide com o CPF indicado e, nos termos do art. 43, § 2º, do CDC,

---

3. Súm. 323/STJ: A inscrição do nome do devedor pode ser mantida nos serviços de proteção ao crédito até o prazo máximo de 5 (cinco) anos, independentemente da prescrição da execução.
4. Súm. 359/STJ: Cabe ao órgão mantenedor do Cadastro de Proteção ao Crédito a notificação do devedor antes de proceder à inscrição.
5. STJ, REsp 1059663/MS, Rel. Ministra NANCY ANDRIGHI, TERCEIRA TURMA, julgado em 02/12/2008, *DJe* 17/12/2008.

enviar a notificação ao endereço indicado pelo credor para que se exima de qualquer responsabilidade".

Feitas essas considerações, passa-se à análise em relação ao segundo ponto objeto da consulta, quanto à possibilidade de realização do protesto de títulos na hipótese aqui aventada.

II. EXIGÊNCIAS RELATIVAS AO PROTESTO DE TÍTULOS

O protesto consiste em uma via mais "estreita" que a dos cadastros de inadimplentes, uma vez que goza de previsão legal mais restrita. Nos termos da legislação de regência, o protesto consiste no *"ato formal e solene pelo qual se prova a inadimplência e o descumprimento de obrigação originada em títulos e outros documentos de dívida"* (artigo 1º, da Lei nº 9.492/97).

A expressão *"outros documentos de dívida"*, que encerra a redação do indigitado dispositivo, dá margem a uma extensa gama de interpretações possíveis para se estabelecer quais títulos estariam autorizados a serem levados a protesto.

Diante desse cenário, a Segunda Seção do Superior Tribunal de Justiça, no julgamento do Recurso Especial nº 1.340.236/SP, consolidou o entendimento de que *"a legislação de regência estabelece que o documento hábil a protesto extrajudicial é aquele que caracteriza prova escrita de obrigação pecuniária líquida, certa e exigível"*.[6]

Nessa mesma linha, à guisa de exemplo, o Provimento nº 58/89, da Corregedoria-Geral da Justiça de São Paulo, que estabelece normas de serviço para Cartórios Extrajudiciais, que:

> "Art. 22. Além dos considerados títulos executivos, também são protestáveis outros **documentos de dívida dotados de certeza, liquidez e exigibilidade**, atributos a serem valorados pelo Tabelião, com particular atenção, no momento da qualificação notarial. (Alterado pelo Provimento CG Nº 27/2013)." (grifos postos).

Resta, então, verificar a presença dos requisitos da "certeza", "liquidez" e "exigibilidade" no título que ampara a cobrança da contribuição ao FUNDO DE *MARKETING*.

Note-se que se formou inicialmente o entendimento de que notas de débito não são suscetíveis a protesto; contudo, tal posição derivou da consideração de que, em regra, esse tipo de documento é emitido de forma unilateral pelo credor, não gozando, portanto, do requisito da certeza.

Entretanto, na hipótese das contribuições ao FUNDO DE *MARKETING*, o instrumento que dá suporte à obrigação de pagar é o próprio contrato de franquia, documento firmado pelos sujeitos da obrigação e assinado por duas testemunhas. Essa obrigação é

---

6. STJ, REsp 1340236/SP, Rel. Ministro LUIS FELIPE SALOMÃO, SEGUNDA SEÇÃO, julgado em 14/10/2015, DJe 26/10/2015.

completada a partir da informação prestada pelo próprio franqueado, que fornece a base para cálculo da contribuição sobre a qual é aplicado o percentual fixado no contrato.

Destaque-se que a exigência de certeza, liquidez e exigibilidade do título são as mesmas daquelas conducentes à verificação quanto à exequibilidade do título, pelo que se abordarão em conjunto as exigências para protesto dos contratos de franquia e seu amoldamento à condição de título executivo.

O artigo 784, inciso III, do CPC, arrola como título executivo extrajudicial "*o documento particular assinado pelo devedor e por 2 (duas) testemunhas*". Muita divergência tem surgido quanto à forma e à efetiva eficácia da exigência da assinatura por testemunhas, cabendo aqui transcrever a doutrina de Fredie Didier Jr. a respeito:

> "O ponto mais sensível, que inclusive não foi objeto de preocupação pelo legislador, diz respeito à formalização da assinatura pelas testemunhas e, em última instância, se as restrições que eventualmente pairam sobre elas em juízo gerariam reflexos para a constituição do título extrajudicial. [...] A *rule's purpose* da regra, a nosso juízo, está atrelada à possibilidade de as testemunhas, eventualmente, serem arroladas como testemunhas para a confirmação da constituição do título. Como observado, embora o legislador tenha perdido oportunidade de se pronunciar a respeito, é intuitivo que o testemunho indicado seja de quem presenciou o ato, não de quem dele tomou conhecimento por terceiro."[7]

A testemunha servirá para provar que aquele negócio jurídico foi celebrado entre as partes, de acordo com a vontade delas, sem ameaças e constrangimentos, e que teve a sua presença, tendo grande relevância quando uma das partes alega que não firmou o negócio ou quando da necessidade de compelir ao cumprimento do negócio de forma judicial.

Apesar de o contrato já poder ser exigível entre as partes sem testemunhas, a grande diferença entre um contrato com testemunhas e um contrato sem testemunhas está na forma em que ele poderá ter o seu cumprimento exigido judicialmente.

Quando o contrato não possuir testemunhas que o assistiram e assinaram em conjunto, ele não terá força de Título Executivo Extrajudicial, sendo um mero documento comprobatório daquela relação pactuada entre as partes.

Desse contrato sem testemunhas, em conjunto com outros documentos que possam comprovar aquela relação contratual, será possível ajuizar uma ação de conhecimento (Ação Monitória), que irá reconhecer o direito daquele contrato e, caso o Juiz não tenha dúvidas quanto àquele documento, será expedido mandado (de pagamento, de entrega de coisa ou de obrigação de fazer ou de não fazer) para que seja cumprido pelo devedor, cabendo discussão sobre a ação que suspenderá o cumprimento da obrigação pelo devedor até o seu julgamento.

Por outro lado, caso o contrato tenha sido assistido e assinado por testemunhas, ele terá força de Título Executivo Extrajudicial, podendo ter o seu cumprimento exigido judicialmente através de uma célere Ação de Execução, sem a necessidade de outras

---

7. DIDIER JR., Fredie (coord.); MACÊDO, Lucas Buril de; PEIXOTO, Ravi; FREIRE, Alexandre (orgs.). Novo CPC doutrina selecionada. vol. 5: execução. Salvador: JusPodivm, 2016. p. 477 e 478.

provas e de discussão sobre a existência da relação das partes, que desencadeou em uma discussão judicial, bastando o contrato devidamente assinado pelas partes e assistido por duas testemunhas (artigo 784, III, do CPC) e uma simples prova de que cumpriu com a sua obrigação no contrato.

Em recentíssimo julgado, o Tribunal de Justiça do Estado do Rio de Janeiro asseverou que "*a assinatura de testemunhas é um requisito extrínseco à substância do ato, com o objetivo de aferir a existência e a validade do negócio jurídico, o E. STJ tem mitigado o rigor técnico do art. 784, III, CPC/2015*, admitindo a validade do Contrato de Confissão de Dívida como Título Executivo, mesmo sem a assinatura de duas testemunhas, mas sob a condição de haver, nos autos, outros elementos de prova acerca da veracidade do contrato entabulado entre as partes (trecho do voto da Des. Rel. Marcia Ferreira Alvarenga, proferido na Apelação nº 0131102-16.2018.8.19.0001, julgada pela 17ª Câmara Cível do TJRJ, publicada em 14/12/2018, no qual faz referência à jurisprudência do STJ contida, inclusive, no REsp 1495920/DF, da relatoria do Ministro Paulo de Tarso Sanseverino, da 03ª Turma, publicado em 07/06/2018).

Essa jurisprudência, no entanto, está ainda restrita à realidade muito específica dos contratos eletrônicos, não sendo recomendável, no âmbito dos contratos de franquias ainda em papel, prescindir da assinatura das testemunhas.

A certeza refletida nos contratos de franquia já mereceu precedente do Tribunal de Justiça do Estado de São Paulo – TJSP, como no caso abaixo:

> "Embargos à execução – Improcedência – Contrato de franquia – Cerceamento de defesa, face ao julgamento antecipado da lide, não configurado – Contrato livremente pactuado entre as partes com a assinatura de ambos os contratantes – Título executivo extrajudicial apto a embasar a execução – Ausência, outrossim, de impugnação específica e fundamentada quanto a existência do contrato, nem quanto a autenticidade deste documento, não há que se falar em inexigibilidade do título de crédito (contrato de franquia), posto que ausente, também, vício de consentimento e coação quando da assunção da responsabilidade da dívida – Excesso de execução também não demonstrado – Sentença mantida – Recurso improvido."[8]

Isso observado, cabe então verificar a presença do requisito da exigibilidade. Tal requisito é preenchido a partir do momento em que ultrapassada a data do vencimento da respectiva cobrança, não estando pendente nenhuma obrigação por parte do franqueador com relação ao franqueado; a exigibilidade se reflete na constatação de que a obrigação já deve ser cumprida, seja pelo fato de já se encontrar vencida, seja por não mais se submeter a nenhuma condição ou termo.

Quanto ao vencimento, os contratos de franquia empresarial costumam ser firmados por tempo determinado. O período de vigência estabelecido no acordo pode variar conforme a natureza do negócio, podendo ser fixado em alguns meses, ou vários anos. De maneira geral, os contratos de franquia são bastante claros em indicar a data,

---

8. TJSP. Apelação nº 1095847-13.2017.8.26.0100. Relator Thiago de Siqueira; Órgão Julgador: 14ª Câmara de Direito Privado. Foro Central Cível – 5ª Vara Cível. Julgado em 30/11/2018.

o percentual sob o faturamento da franquia e a forma de pagamento da contribuição mensal à franqueadora a título de contribuição ao fundo de *marketing* da Rede.

Observe-se ainda que a obrigação assumida pela franqueadora em relação ao FUNDO DE MARKETING é de gestão dos recursos na elaboração de ações de *marketing* em benefício de toda a rede, e não parece ser razoável que eventual arguição de violação das obrigações típicas do franqueador seja apta a descaracterizar a exigibilidade do título.

Tal ocorre, exemplificativamente, como no caso abaixo, apreciado pelo Tribunal de Justiça do Estado de São Paulo – TJSP, quando há obrigações mútuas assumidas em contrato, cujo cumprimento demande uma análise mais detida por parte do Juiz:

> "[...] Na hipótese, contudo, apesar do contrato bilateral firmado entre as partes, asseveraram os embargantes que o embargado descumpriu as obrigações assumidas, sobretudo no tocante à preferência de abertura de nova escola no município em que estava instalado (cláusula 3º), além da indefinição a respeito de garantias e renovação do contrato em face das propostas enviadas ao departamento financeiro do exequente. Salientaram, ademais, que ficaram por dois anos sem avaliação e benefícios assegurados ao franqueado, ficando sem orientação ou prestação de serviços prometidos pelo credor, detalhes estes que não foram impugnados neste feito pelo credor, parte que confessou a interrupção dos serviços que prestava em razão dos débitos apurados ou das pendências financeiras contabilizadas.
>
> Por óbvio, assim, que a análise do todo alegado pelas partes se afigura condicional e depende não só da interpretação das várias cláusulas da avença celebrada, mas também da verificação de fato externo ou de circunstâncias alheias ao documento, o que afasta em definitivo a força executiva do título extrajudicial de fls. 28 e seguintes – mormente pela falta de liquidez e exigibilidade. [...]."[9]

Resta, por último, saber se o título a ser protestado preenche também a necessária "liquidez".

Como consta no "*Manual de emissão de Contas a Receber, Royalty e Marketing*" da Rede Bob's, a nós encaminhado, os valores faturados de *royalties* e contribuição ao FUNDO DE MARKETING são calculados "*sobre a soma de todas as vendas do mês realizadas pelo franqueado*", as quais "*são imputadas pelo franqueado no Portal do Franqueado*"; ou seja, "*este lançamento é feito pelo franqueado. O Contas a Receber não efetua lançamento de vendas no Portal do Franqueado*".

O fato de o próprio franqueado fornecer os valores que servirão como base para a obrigação de pagar a contribuição ao fundo, cujo percentual aplicável encontra-se previsto expressamente no contrato firmado pelas partes, reforça a liquidez do título.

Isso porque a liquidez está associada à extensão e à determinação do objeto da prestação, que devem figurar de forma clara. Quanto a esse aspecto, há jurisprudência pacífica do STJ no sentido de que a liquidez se verifica também "*quando* [para a apuração do crédito] *é necessária a simples realização de cálculos aritméticos*" (STJ, AgInt nos EDcl nos EmbExeMS 7.993/DF, j. 12/09/2018).

---

9. Trecho do voto-condutor. TJSP. Apelação nº 1014772-21.2017.8.26.0562. Relator: Salles Vieira. Órgão Julgador: 24ª Câmara de Direito Privado. Foro de Santos – 1ª Vara Cível. Julgado em 19/12/2018.

Destacam-se os seguintes precedentes do STJ:

"RECURSO ESPECIAL. LOCAÇÃO. POSTO DE SERVIÇO. CONTRATO COM PREVISÃO DE VALOR MÍNIMO MENSAL. A QUALIFICAÇÃO JURÍDICA DE FATOS INCONTROVERSOS NOS AUTOS NÃO ESBARRA NA VEDAÇÃO IMPOSTA PELAS SÚMULAS 05 E 07/STJ. *QUANTUM DEBEATUR* APURÁVEL MEDIANTE OPERAÇÃO ARITMÉTICA. RECONHECIMENTO DA LIQUIDEZ DO TÍTULO EXECUTIVO. RECURSO PROVIDO.

[...] 2. Inconteste, no feito em apreço, que a Empresa-Executada não adquiriu produtos da Exequente no período de inadimplência, bem como que no contrato de locação há expressa previsão de que o aluguel corresponderia a um valor fixo mínimo, na hipótese de ser inviável o seu cálculo a partir de percentual das transações comerciais efetivadas entre as partes.

3. Assim, considerando os critérios convencionados, revela-se que **a apuração do valor mínimo do aluguel depende de simples operação aritmética, o que afasta a suposta iliquidez do título, confirmando a qualidade executiva do contrato**. Precedentes. 4. Recurso especial provido." (grifos postos) (REsp 967544/BA; Relator(a): Ministro ARNALDO ESTEVES LIMA; 5ª TURMA; Data do Julgamento: 13/10/2009).

"[...] 2. **A liquidez e certeza dos títulos executivos**, representados por contratos de mútuo financeiro, são requisitos que não envolvem o lastro dos recursos repassados pela instituição financeira, mas **atributos do próprio contrato, aferível por meio das cláusulas nele inseridas**. Não há iliquidez quando os valores podem ser determináveis por meros cálculos aritméticos. Assim, **se do título extraem-se todos os elementos, faltando apenas definir a quantidade, não se pode dizer que ele é ilíquido**. [...]

5. Recurso especial não-conhecido." (grifos postos) (REsp 1059913/SP; Relator(a): Ministro JOÃO OTÁVIO DE NORONHA; 4ª Turma; Data do Julgamento: 25/11/2008).

Sobre a aplicação desse conceito de "simples cálculos aritméticos" à realidade dos contratos de franquia, cabe destacar o resultado do julgamento do Agravo de Instrumento nº 2052759-77.2018.8.26.0000, pelo TJSP, bem explicitado no seguinte trecho do voto do Relator:

"[...] O contrato de franquia, em sua cláusula 10.2, estabelece que constitui obrigação dos franqueados o pagamento da taxa mensal de franquia, que corresponde a 6% do total de vendas brutas realizadas no mês.

Como o valor da taxa de franquia é calculado com base no relatório de vendas, documento que deve ser apresentado mensalmente pelos próprios franqueados, não se constata a falta de liquidez do título que se pretende executar.

[...] nota-se que **a liquidação do título depende de mera elaboração de cálculo aritmético** (6% sobre o total de vendas brutas realizadas no mês), **razão pela qual não há que se falar em falta de liquidez**.

O contrato de franquia firmado demonstra a existência de obrigações recíprocas entre as partes, o vencimento dos prazos para pagamento dos *royalties* e a notificação extrajudicial comprovam a sua exigibilidade e, por fim, a liquidação dependerá de mera operação aritmética.

Verifica-se que o título executivo que embasa a presente execução estabelece uma obrigação certa quanto a sua existência, exigível e líquida. Portanto, preenchidos os requisitos para a propositura da demanda executória, a ação deve prosseguir regularmente na via executiva."

Para melhor compreensão do tema, reproduz-se abaixo trecho de voto proferido em precedente também do TJSP em que se concluiu pela ausência de liquidez no título, diante da necessidade de comprovação de volumes de compras realizadas e do início da operação da unidade franqueada, elementos extrínsecos ao contrato de franquia cuja demonstração demandaria processo de conhecimento. Veja-se:

> "[...] Com efeito, nos termos da cláusula quinta: 'A partir do início das operações da Unidade Franqueada, a Franqueada deverá pagar a título de 'Royaltes' os valores nas formas e condições a seguir discriminadas. I. No caso de distribuição de PRODUTOS HOMOLOGADOS fornecidos pela empresa Sucos Del Valle do Brasil LTDA., a FRANQUEADA se compromete a pagar à FRANQUEADORA 'Royalties' equivalentes a 30% (trinta por cento) do valor de cada pedido de compra efetuado pelo FRANQUEADO'. E a cláusula seguinte complementa dispondo que 'a partir do início das operações da Unidade Franqueada a FRANQUEADA compromete-se a pagar à FRANQUEADORA 1% (um por cento) do valor de cada pedido de compra efetuado, a título de TAXA DE PROPAGANDA'"[10].

Em outras palavras, o título que conferiria respaldo à pretensão executória não contém, em seu bojo, todos os elementos indispensáveis à perfeita apuração do valor que seria devido a título de *royalties*, tampouco de taxa de propaganda, exigível apenas a partir do início das operações da unidade franqueada, circunstância que desqualifica, à vista dos fundamentos retro expostos, a liquidez da obrigação nele consagrada, inviabilizando, por via de consequência, a opção pela via da execução.

Tal realidade, no entanto, se diferencia do que ocorre em diversos outros sistemas de Franquia. Assim, uma vez que o título consubstanciado no contrato de franquia, completado pelas informações prestadas pelos franqueados e respectiva cobrança vencida, preenche os requisitos da certeza, liquidez e exigibilidade, é plenamente possível proceder ao protesto das cobranças em atraso relativas à contribuição ao FUNDO DE *MARKETING*.

Desta feita, conclui-se ser viável a negativação e o protesto dos débitos em atraso com relação à contribuição ao FUNDO DE *MARKETING*, ato que emana naturalmente da função de gestão que a FRANQUEADORA exerce com relação ao fundo, estando em linha com os deveres inerentes a tal atribuição em face da comunidade de franqueados.

III. A APLICAÇÃO DOS CONCEITOS ATRAVÉS DA VIA EXTRAJUDICIAL E JUDICIAL E AS PREOCUPAÇÕES DO SEGMENTO

Em nível empresarial, a situação da inserção de Franqueados inadimplentes com as Contribuições para o Fundo de Marketing ainda se mostra tormentosa no segmento porque, se por um lado, a medida se mostra como uma ferramenta eficaz e célere para a recuperação das dívidas, por outro poderá se tornar um fator comprometedor para o desenvolvimento eficaz e regular do próprio negócio franqueado.

III.1. A via extrajudicial

De uma maneira geral, a decisão de inserir o nome de devedores no SPC, na SERASA e em outros, é algo muito sério e deve ser feito com cautela. Tal providência, no

---
10. Trecho do voto do Relator. TJSP. Apelação nº 1012464-41.2014.8.26.0554. Relator Gil Coelho. Órgão Julgador: 11ª Câmara de Direito Privado. Foro de Santo André – 6ª Vara Cível. Julgado em 12/04/2018.

âmbito extrajudicial, poderá ser utilizada em desfavor dos Franqueados inadimplentes se houver previsão expressa nesse sentido nos Contratos de Franquia.

Ainda assim, as Franqueadoras devem adotar a providência inicial de notificar premonitoriamente o Franqueado devedor antes da abertura dos cadastros restritivos, de forma eficaz e em tempo hábil, para que esse possa exercer seu direito de defesa, inclusive, a tempo de corrigir ou impedir a inclusão do seu nome nos cadastros restritivos de crédito.

Isso porque, como já exposto, as consequências decorrentes de tais providências por parte dos Franqueadores poderão criar embaraços mais sérios aos Franqueados, especialmente junto aos bancos, fornecedores e, ainda, para o próprio desenvolvimento regular do negócio franqueado.

III.2. A via judicial

No contexto judicial, independentemente de disposição expressa contida no Contrato de Franquia e diversamente do que ocorria na vigência do Código de Processo Civil de 1973, que nada dispunha a respeito, o novo Código de Processo Civil (NCPC), em vigor desde 18 de março de 2016, prevê expressamente a possibilidade de o magistrado determinar, a requerimento da parte, a inclusão do executado em cadastros de inadimplentes, nos termos do que dispõe o art. 782, § 3º.

A inclusão do nome do Franqueado devedor é possível tanto na execução de título extrajudicial como no cumprimento de sentença, mas não cabe nos casos de execução provisória, embora, infelizmente, tenha o legislador olvidado que a execução provisória, em regra, processa-se como definitiva, o que já tem levado a doutrina a reconhecer a possibilidade de análise extensiva quanto ao cabimento.

O Código não é preciso quanto ao momento para a efetivação da inscrição – se cabível ao ser deferida a citação (execução) ou intimação (cumprimento de sentença), ou após o decurso do prazo de cumprimento voluntário, 03 ou 15 dias, conforme o caso – o que exige interpretação harmônica com outros dispositivos do Código.

Nas disposições gerais do cumprimento de sentença está prevista, ainda, a possibilidade de protesto da sentença.

A medida é salutar, posto que tende a inibir a inadimplência venal que usa do trâmite judicial para procrastinar a satisfação da obrigação. Mas é relevante destacar que a inclusão é faculdade do juiz (em vista do uso da forma verbal pode) e não pode ser determinada de ofício.

Como meio coercitivo para o cumprimento da obrigação, em relação a títulos judiciais ou extrajudiciais, o juiz pode determinar a inscrição do nome do executado em cadastro de inadimplentes. Em caso de pagamento, garantia da dívida ou extinção da execução, a inscrição deve ser cancelada. A técnica pode ser cumulada com outras medidas de cunho coercitivo, a exemplo do registro da execução (art. 828).

A medida prevista no novo Código é um meio coercitivo a mais a constranger o devedor ao cumprimento da obrigação, visando dar maior efetividade ao processo de execução.

Na visão de Marcelo Abelha Rodrigues, a medida de incluir o nome do executado no cadastro de inadimplentes é excelente e faz parte de um arsenal de medidas que visam imprimir efetividade à execução, evitando ser ela um ótimo esconderijo para o executado.

Ressalva o autor, contudo, que a previsão da inscrição do devedor em cadastro de inadimplentes além de estar inserida em local inapropriado, deveria estar em sintonia com a previsão do protesto da decisão judicial com força executiva transitada em julgado (art. 517 do CPC/2015), pois se em relação aos títulos judiciais o protesto (e em decorrência dele a inscrição do devedor em cadastros de inadimplentes) só acontece após expirado o prazo do art. 523 do CPC/2015 sem o adimplemento do executado, então, pensamos, a possibilidade de inscrever o devedor em cadastro de inadimplentes deveria também só ser possível após decorrido o prazo fixado pelo juiz para o adimplemento da obrigação contida no título extrajudicial (art. 827, § 1.º, do CPC/2015).

Duas considerações são fundamentais quanto ao tema.

Primeiramente, para que haja a inscrição, o STJ vinha entendendo ser dever do órgão mantenedor do cadastro de proteção ao crédito notificar o devedor antes de proceder à inscrição. Nesse sentido é o enunciado da Súmula 359 daquele tribunal: "Cabe ao órgão mantenedor do Cadastro de Proteção ao Crédito a notificação do devedor antes de proceder à inscrição" (2.ª Seção, j. 13.08.2008, *DJe* 08.09.2008). Contudo, caso tenha havido a intimação do devedor no próprio processo judicial, previamente à inscrição no cadastro, deve ser reconhecida a desnecessidade da comunicação prévia pelo órgão mantenedor do cadastro, dada sua redundância.

Em segundo lugar, efetuado o pagamento, a garantia do juízo ou se verificando a extinção da execução, muito embora exequente ou executado possam postular ao juízo a determinação de cancelamento da inscrição do executado no cadastro, é dever do primeiro assim proceder, também na linha do que vinha entendendo o STJ (AgRg no Ag 1.373.920/SP, rel. Min. Luis Felipe Salomão, 4.ª T., j. 22.05.2012, *DJe* 28.05.2012). Requerida a determinação de exclusão ao juiz, este deverá de imediato comunicar ao órgão respectivo para que assim proceda. A indenização por comprovados danos sofridos pelo executado inscrito em cadastro de devedores por período superior ao devido poderá ser buscada pelo executado junto ao exequente.

Pode-se citar, ainda, outros doutrinadores que abraçam a tese de possibilidade de inscrição do nome do executado em cadastros de inadimplentes como meio coercitivo, tendente a compelir o devedor a cumprir a obrigação e dar efetividade à execução: Humberto Theodoro Júnior, Cristiano Imhof e Bertha Steckert Rezende, André de Luizi Correia e Daniel Amorim Assumpção Neves.

A inclusão do nome da parte executada nos cadastros de inadimplentes encontra sustentáculo, ainda, no art. 139, IV, do NCPC, que dispõe que "o juiz dirigirá o processo conforme as disposições deste Código, incumbindo-lhe [...] determinar todas as medidas indutivas, coercitivas, mandamentais ou sub-rogatórias necessárias para assegurar o cumprimento de ordem judicial, inclusive nas ações que tenham por objeto prestação pecuniária", dispositivo que demonstra a preocupação do Código com a efetividade da decisão judicial. Ele chega a ser expresso nesse sentido, o que se extrai da própria Constituição, ou seja, de que as partes têm direito à resolução integral do mérito em prazo razoável, incluindo, por óbvio, a atividade ou tutela satisfativa (art. 4.º).

Acerca da possibilidade de inclusão do nome da parte devedora em cadastro de proteção ao crédito como meio coercitivo para o cumprimento da obrigação, o Tribunal de Justiça gaúcho, desde a entrada em vigor do novo CPC, assim tem decidido:

> AGRAVO DE INSTRUMENTO. FAMÍLIA. CUMPRIMENTO DE SENTENÇA. HONORÁRIOS ADVOCATÍCIOS. LEGITIMIDADE CONCORRENTE. INCLUSÃO DO NOME DO EXECUTADO NOS CADASTROS DE INADIMPLENTES. ART. 782, § 3º, DO NCPC. FACULDADE DO JUIZ DA EXECUÇÃO. CABIMENTO DEPOIS DE EFETIVADA A CITAÇÃO E DECORRIDO O PRAZO PARA PAGAMENTO VOLUNTÁRIO. CASO CONCRETO. 1. A parte possui legitimidade concorrente para recorrer da decisão que fixa os honorários sucumbenciais, a despeito de referida verba constituir direito autônomo do advogado. 2. O executado deixou transcorrer o prazo para pagamento, mostrando-se viável o deferimento da pretensão de inclusão do nome do devedor nos cadastros de inadimplentes. RECURSO PROVIDO. (Agravo de Instrumento nº 70072210693, Sétima Câmara Cível, Tribunal de Justiça do RS, Relator: Liselena Schifino Robles Ribeiro, Julgado em 12/12/2016).
>
> AGRAVO DE INSTRUMENTO. DIREITO PRIVADO NÃO ESPECIFICADO. EXECUÇÃO DE TÍTULO EXTRAJUDICIAL. INCLUSÃO DO NOME DO EXECUTADO NOS CADASTROS DE INADIMPLENTES. ART. 782, § 3º, DO NCPC. FACULDADE DO JUIZ DA EXECUÇÃO. CABIMENTO DEPOIS DE EFETIVADA A CITAÇÃO E DECORRIDO O PRAZO PARA PAGAMENTO VOLUNTÁRIO. CASO CONCRETO. Citado, o executado deixou transcorrer o prazo para pagamento, mostrando-se viável o deferimento da pretensão de inclusão do nome do devedor nos cadastros de inadimplentes. AGRAVO DE INSTRUMENTO PROVIDO. (Agravo de Instrumento nº 70071746341, Décima Quinta Câmara Cível, Tribunal de Justiça do RS, Relator: Ana Beatriz Iser, Julgado em 23/11/2016).
>
> AGRAVO DE INSTRUMENTO. DIREITO PRIVADO NÃO ESPECIFICADO. AÇÃO DE EXECUÇÃO DE TÍTULO EXTRAJUDICIAL. PRELIMINAR CONTRA-RECURSAL. AGRAVO DE INSTRUMENTO. CABIMENTO. O agravo de instrumento é admissível quando se ajusta às hipóteses previstas no art. 1.015 do CPC/15. – Circunstância dos autos em que a decisão é passível de agravo de instrumento, pois proferida em processo de execução nos termos do parágrafo único do art. 1015 do CPC/15 e se impõe rejeitar a preliminar contra-recursal. PRELIMINAR RECURSAL. DECISÃO. FUNDAMENTAÇÃO. NULIDADE. INOCORRÊNCIA. Não é nula por ausência de fundamentação, julgamento em tese ou negativa da prestação jurisdicional a decisão que atendendo ao princípio da persuasão racional enfrenta e decide com razões lógico-jurídicas a questão posta em juízo. A necessidade de fundamentação é prevista no inc. IX do art. 93 da CF e no art. 489 do CPC/15; e o princípio que orienta a formação do convencimento se deduz do art. 371 do CPC/15. – Circunstância dos autos em que a decisão não incorre em nulidade. ATO EXECUTIVO. INCLUSÃO EM CADASTROS DE INADIMPLENTES. ART. 782 DO CPC/15. A inclusão do nome do executado em cadastros de inadimplentes a requerimento do exeqüente é medida coercitiva aplicável à execução de títulos extrajudiciais e à execução definitiva de títulos judiciais, nos termos do art. 782 do CPC/15. A medida ajusta-se ao Convênio SERASA-JUD e pode ser efetivada pela internet ou por via impressa. – Circunstância dos autos em que o pleito foi indeferido por falta de previsão legal; e se impunha deferir com base no art. §3º e §5º do art. 782 do CPC/15, mas para efetivar-se após o decurso do prazo de pagamento voluntário. RECURSO PARCIALMENTE PROVIDO.

(Agravo de Instrumento n° 70070025986, Décima Oitava Câmara Cível, Tribunal de Justiça do RS, Relator: João Moreno Pomar, Julgado em 25/08/2016)

AGRAVO DE INSTRUMENTO. DIREITO PRIVADO NÃO ESPECIFICADO. EXECUÇÃO DE TÍTULO EXTRAJUDICIAL. MÉTODO COERCITIVO. INCLUSÃO DO NOME DO EXECUTADO JUNTO AOS CADASTROS DE INADIMPLENTES. ART. 782, § 3°, DO CPC/15. CABIMENTO. MATÉRIA DE FATO. CASO CONCRETO. Viável a inclusão do executado junto aos cadastros de inadimplentes, quando outras tentativas resultam frustradas, porquanto se trata de mecanismo de coerção apto à obtenção do pagamento. Inteligência do art. 782, § 3°, do CPC/15. AGRAVO DE INSTRUMENTO PROVIDO. (Agravo de Instrumento n° 70069404192, Décima Quinta Câmara Cível, Tribunal de Justiça do RS, Relator: Adriana da Silva Ribeiro, Julgado em 13/07/2016)

AGRAVO DE INSTRUMENTO. EXECUÇÃO DE ALIMENTOS. PEDIDO DE INCLUSÃO DO NOME DO ALIMENTANTE/EXECUTADO NOS CADASTROS DE INADIMPLENTES. Com a vigência do novo Código de Processo Civil (art. 782) viável a inclusão do devedor de alimentos no cadastro de inadimplentes. Mecanismo que visa agilizar o pagamento, quando outras tentativas resultam frustradas. AGRAVO PROVIDO. UNÂNIME. (Agravo de Instrumento n° 70067917815, Oitava Câmara Cível, Tribunal de Justiça do RS, Relator: Ivan Leomar Bruxel, Julgado em 02/06/2016).

Logo, a medida ora tratada – possibilidade de inclusão do nome da parte devedora em cadastro de proteção ao crédito – vem ao encontro da tão almejada efetividade processual e do princípio da satisfação do credor, de modo que, verificado pelo magistrado que as demais medidas não alcançaram o êxito almejado, não coagindo o devedor ao cumprimento da obrigação, a inscrição não apenas pode (conforme previsão do art. 782, § 3°, do NCPC) como deve deferir a medida. Afinal, sopesando os direitos fundamentais postos em jogo – de um lado o direito fundamental do credor à tutela executiva e de outro os direitos de personalidade do devedor (porque é evidente que tal medida não recai sobre o seu patrimônio, mas, sim, ainda que de modo reflexo, sobre sua própria pessoa, e ter o nome "sujo" afeta a integridade moral que é, indubitavelmente, um direito de personalidade, associado à pessoa e não ao patrimônio, conforme doutrina e jurisprudência do Superior Tribunal de Justiça) – aquele deve prevalecer.

Em apertada síntese, pode-se dizer que a medida abordada – inclusão do nome da parte devedora em cadastros de proteção ao crédito – vem ao encontro da tão almejada efetividade processual e do princípio da satisfação do credor, de modo que, verificado pelo magistrado que as demais medidas não alcançaram o êxito almejado, não coagindo o devedor ao cumprimento da obrigação, não apenas pode como deve deferir a medida, seja em execução de título extrajudicial, seja judicial, permanecendo a discussão quanto à possibilidade de utilização do meio nas execuções provisórias.

Quanto à colidência entre os direitos fundamentais do credor à tutela executiva e os direitos de personalidade do devedor, que são afetados pela negativação de seu nome, cabe ao aplicador do direito ponderar as normas conflitantes, verificando qual delas possui maior peso no caso concreto, o que, se conclui, conduz ao acolhimento da pretensão do titular do direito estampado no título executivo.

Parte VIII
TREINAMENTO E SUPORTE

15
TREINAMENTO INICIAL

Eric Vitor Neves Macedo

Sumário: Introdução – 1. Natureza jurídica do contrato de franquia e o dever de transparência – 2. Obrigatoriedade do treinamento inicial – 3. Modalidades e a comprovação de fornecimento – 4. Abrangência do treinamento – 5. Responsabilidade – Referências bibliográficas.

INTRODUÇÃO

Constitui essência do contrato de *franchising* a transferência do modelo de negócio do franqueador ao franqueado, por meio de uso da marca, pela padronização do estabelecimento e cessão do *know-how*, sendo complementada pelo suporte e fornecimento de produtos e serviços.

O treinamento inicial, além de elemento necessário ao pleno desenvolvimento do negócio, por transmitir a cultura da marca, métodos e procedimentos, insere-se entre as formas de transferência do *know-how*.

Sendo obrigação essencial do franqueador, é importante estabelecer como deve ser delineado o fornecimento do treinamento inicial ao franqueado, especificamente, na Circular de Oferta de Franquia, no pré-contrato e no contrato de franquia; assim como se a entrega será necessariamente presencial e como o franqueador comprova o fornecimento.

Existe questionamento quanto à obrigatoriedade do fornecimento de treinamento do serviço a ser efetivamente prestado ao consumidor, cabendo ao franqueado prévio conhecimento do ramo de atividade em que atuará, incumbindo ao franqueador apenas treinar métodos e procedimentos específicos (*know-how*).

Nesse sentido, há que se indagar se tal entendimento colocaria em xeque o sistema de *franchising*, o qual tem, na padronização e transferência de *know-how*, pilares para a expansão de negócios, sem exigir formação específica ou experiência na franquia a que se pretende aderir.

Busca-se, ainda, estabelecer as consequências da falha ou do descumprimento da obrigação de fornecer treinamento inicial e como a questão tem sido tratada pela jurisprudência.

1. NATUREZA JURÍDICA DO CONTRATO DE FRANQUIA E O DEVER DE TRANSPARÊNCIA

A franquia empresarial é negócio jurídico complexo, por meio do qual um empresário (franqueador), detentor de determinada marca e de método de exploração de atividade econômica (*know-how*), licencia o uso dessa marca e autoriza a utilização de seu método de negócio, prestando ainda serviços de organização empresarial, de modo não exclusivo a outro empresário (franqueado), que deles se utilizará na exploração de atividade econômica, remunerando o primeiro através de *royalties* pela licença da marca e pela prestação dos serviços de organização empresarial.

O negócio entabulado entre as partes tem como pressuposto ser o franqueador titular de marca de sucesso, de grande aceitação e conceito perante o mercado, que deverá estar acompanhada de modelo de exploração de atividade econômica organizada e padronizada, de modo a conferir-lhe não a garantia, mas grande chance de sucesso quando adotada como modelo por outros empresários.

A Lei nº 13.966/2019, que entrou em vigor em 27/03/2020, revogando totalmente a anterior Lei nº 8.955/94, conceitua a franquia empresarial em seu art. 1º:

> "Art. 1º Esta Lei disciplina o sistema de franquia empresarial, pelo qual um franqueador autoriza por meio de contrato um franqueado a usar marcas e outros objetos de propriedade intelectual, sempre associados ao direito de produção ou distribuição exclusiva ou não exclusiva de produtos ou serviços e também ao direito de uso de métodos e sistemas de implantação e administração de negócio ou sistema operacional desenvolvido ou detido pelo franqueador, mediante remuneração direta ou indireta, sem caracterizar relação de consumo ou vínculo empregatício em relação ao franqueado ou a seus empregados, ainda que durante o período de treinamento."

Doutrinariamente, a franquia empresarial é conceituada por Orlando Gomes como "a operação pela qual um empresário concede a outro o direito de usar a marca de um produto seu com assistência técnica para a comercialização, recebendo, em troca, determinada remuneração".[1]

Ainda que o conceito não seja plenamente abrangente, haja vista excluir os serviços como objeto do contrato, sintetiza a essência do instituto, qual seja, o licenciamento de marca associado ao modo de explorar a atividade, juntamente com a prestação de serviços de assessoria organizacional, mediante remuneração.

Citando outros doutrinadores, Marcelo Lamy[2] afirma a existência de três elementos como essenciais para a franquia na visão da doutrina: cessão de uso de uma marca (produto, serviço ou nome de estabelecimento), que chama de cessão de uma "imagem empresarial"; transmissão de um saber fazer negocial; e pagamento pela cessão e transmissão.

Alguns autores acrescentam, nesses elementos, a prestação de serviços de organização empresarial pelo franqueador ao franqueado, como Jorge Lobo, que assim define *franchising*:

> "contrato de cessão temporária de uso de marca para fabricação ou venda de produtos ou serviços que o franqueador faz ao franqueado, com ou sem exclusividade em determinada zona geográfica, mediante remuneração, que pode consistir numa taxa inicial de ingresso, num percentual sobre o

---

1. GOMES, Orlando. *Contratos*. 1981, p. 568.
2. LAMY, Marcelo. *Franquia Pública*. Ed. Juarez de Oliveira, 2002. p. 21.

faturamento ou de ambos, com a garantia de assistência técnica, podendo, ainda, abranger, conforme o tipo de atividade, a elaboração de um projeto para construção e reforma das instalações do estabelecimento, mobiliário, cores, maquinaria etc. (*engineering*), o treinamento do pessoal do franqueado e montagem da organização contábil e administrativa (*management*) e o estudo do mercado em potencial, publicidade, vendas promocionais e lançamento de produto (*marketing*)."[3]

Ainda que extensa a definição, essa consegue abranger a complexidade em que o negócio jurídico é desenvolvido, com a agregação, em um só contrato, de diversos tipos de relação jurídica entre as partes.

Variadas são as posições quanto à natureza jurídica do contrato de franquia, que vão desde classificá-lo como contrato de trabalho, passando pela cooperação entre empresas, concessão comercial, licença comercial, distribuição e adesão, até como contrato atípico, que parece ser, a nosso ver, a melhor classificação, ante a ausência de definição legal sobre o contrato.

Fábio Ulhoa Coelho tem o contrato como atípico, vez que a Lei não define os direitos e deveres das partes, apenas obrigando o franqueador a expor ao interessado, anteriormente à conclusão do negócio, algumas informações essenciais.[4]

Discordando dessa classificação, Jorge Lobo define o contrato de franquia como típico, consensual, bilateral, oneroso, comutativo, formal, *intuitu personae* e de trato sucessivo, caracterizando-se, ainda, pela autonomia entre franqueador e franqueado e pelo espírito de cooperação entre ambos.[5]

A legislação pátria, ao tratar da franquia empresarial, limitou-se a conceituá-la e estabelecer dever de publicidade do franqueador perante o candidato a franqueado, com a apresentação da circular de oferta de franquia antes da formalização do contrato.

Trata-se a legislação de franquia brasileira de diploma legal do gênero *disclousure statute*, previsto no direito norte-americano, relativo a normas que não regulamentam propriamente o conteúdo da relação jurídico-contratual, mas que impõem dever de transparência na relação.[6]

Portanto, a Lei não regulamentou especificamente os direitos e os deveres das partes durante a execução do contrato de franquia, contudo, estabelece ao franqueador a obrigação principal para a validade do contrato, consubstanciada no dever de apresentar a Circular de Oferta de Franquia – COF – ao candidato, em um prazo mínimo de 10 dias antes da assinatura do contrato, sob pena de sua anulabilidade.

A COF é documento produzido pelo franqueador, no qual deve constar o perfil do franqueador, perfil do franqueado ideal, direitos e obrigações das partes.

---

3. LOBO, Jorge. *Contrato de franchising*. Forense, 2003. p. 32.
4. COELHO, Fábio Ulhoa, *Curso de direito comercial*. Saraiva, 2003. p. 126.
5. Op. cit. p. 37.
6. EPSTEIN, David G & NICKLES, Steve H. *Consumer law*. 2ª ed. 4ª tir. St. Paul, Minn. 1976. p. 28/34 e 275/289 *apud* COELHO, Fábio Ulhoa, *Curso de direito comercial*. v. 1., p. 126.

Entre os requisitos listados acima, concluímos que a COF deve ser o mais fiel e abrangente possível no tocante à descrição do negócio objeto do contrato de franquia, de modo a esclarecer ao interessado quais são as reais e efetivas condições, tanto da atividade empresarial que pretende exercer por meio da franquia quanto as próprias condições do contrato de franquia.

Cabe, então, destacar o intuito da Lei em dar publicidade ao negócio quando estabeleceu ao franqueador a obrigação de fornecer esse documento ao interessado.

Isso, porque a legislação tem como escopo, além da transparência, dar condições para que o interessado possa optar de forma consciente em relação à formalização do contrato de franquia e o seu ingresso no ramo de atividade que lhe é oferecido, de modo que esse tenha prévio conhecimento dos riscos que está assumindo.

Essa disposição legal acaba sendo um contraponto à ausência de maior regulamentação da Lei no tocante ao contrato de franquia, no qual vale entre as partes aquilo que fora estipulado no instrumento.

Ao que parece, tentou o legislador dar transparência e publicidade ao negócio, de modo a tornar a escolha, por este ou aquele franqueador, uma decisão segura e consciente do interessado.

2. OBRIGATORIEDADE DO TREINAMENTO INICIAL

O art. 2º da Lei 13.966/2019 lista as informações que devem estar contidas na COF, especificando, no inciso XIII, alínea "e", do citado artigo, a obrigação de indicar o que é efetivamente oferecido pelo franqueador no que se refere ao treinamento do franqueado, especificando duração, conteúdo e custos, além do treinamento oferecido aos funcionários do franqueado:

"Art. 2º Para a implantação da franquia, o franqueador deverá fornecer ao interessado Circular de Oferta de Franquia, escrita em língua portuguesa, de forma objetiva e acessível, contendo obrigatoriamente:

I – histórico resumido do negócio franqueado;

II – qualificação completa do franqueador e das empresas a que esteja ligado, identificando-as com os respectivos números de inscrição no Cadastro Nacional da Pessoa Jurídica (CNPJ);

III – balanços e demonstrações financeiras da empresa franqueadora, relativos aos 2 (dois) últimos exercícios;

IV – indicação das ações judiciais relativas à franquia que questionem o sistema ou que possam comprometer a operação da franquia no País, nas quais sejam parte o franqueador, as empresas controladoras, o subfranqueador e os titulares de marcas e demais direitos de propriedade intelectual;

V – descrição detalhada da franquia e descrição geral do negócio e das atividades que serão desempenhadas pelo franqueado;

VI – perfil do franqueado ideal no que se refere a experiência anterior, escolaridade e outras características que deve ter, obrigatória ou preferencialmente;

VII – requisitos quanto ao envolvimento direto do franqueado na operação e na administração do negócio;

VIII – especificações quanto ao:

a) total estimado do investimento inicial necessário à aquisição, à implantação e à entrada em operação da franquia;

b) valor da taxa inicial de filiação ou taxa de franquia;

c) valor estimado das instalações, dos equipamentos e do estoque inicial e suas condições de pagamento;

IX – informações claras quanto a taxas periódicas e outros valores a serem pagos pelo franqueado ao franqueador ou a terceiros por este indicados, detalhando as respectivas bases de cálculo e o que elas remuneram ou o fim a que se destinam, indicando, especificamente, o seguinte:

a) remuneração periódica pelo uso do sistema, da marca, de outros objetos de propriedade intelectual do franqueador ou sobre os quais este detém direitos ou, ainda, pelos serviços prestados pelo franqueador ao franqueado;

b) aluguel de equipamentos ou ponto comercial;

c) taxa de publicidade ou semelhante;

d) seguro mínimo;

X – relação completa de todos os franqueados, subfranqueados ou subfranqueadores da rede e, também, dos que se desligaram nos últimos 24 (vinte quatro) meses, com os respectivos nomes, endereços e telefones;

XI – informações relativas à política de atuação territorial, devendo ser especificado:

a) se é garantida ao franqueado a exclusividade ou a preferência sobre determinado território de atuação e, neste caso, sob que condições;

b) se há possibilidade de o franqueado realizar vendas ou prestar serviços fora de seu território ou realizar exportações;

c) se há e quais são as regras de concorrência territorial entre unidades próprias e franqueadas;

XII – informações claras e detalhadas quanto à obrigação do franqueado de adquirir quaisquer bens, serviços ou insumos necessários à implantação, operação ou administração de sua franquia apenas de fornecedores indicados e aprovados pelo franqueador, incluindo relação completa desses fornecedores;

XIII – indicação do que é oferecido ao franqueado pelo franqueador e em quais condições, no que se refere a:

a) suporte;

b) supervisão de rede;

c) serviços;

d) incorporação de inovações tecnológicas às franquias;

e) treinamento do franqueado e de seus funcionários, especificando duração, conteúdo e custos;

f) manuais de franquia;

g) auxílio na análise e na escolha do ponto onde será instalada a franquia; e

h) leiaute e padrões arquitetônicos das instalações do franqueado, incluindo arranjo físico de equipamentos e instrumentos, memorial descritivo, composição e croqui;

XIV – informações sobre a situação da marca franqueada e outros direitos de propriedade intelectual relacionados à franquia, cujo uso será autorizado em contrato pelo franqueador, incluindo a caracterização completa, com o número do registro ou do pedido protocolizado, com a classe e subclasse, nos órgãos competentes, e, no caso de cultivares, informações sobre a situação perante o Serviço Nacional de Proteção de Cultivares (SNPC);

XV – situação do franqueado, após a expiração do contrato de franquia, em relação a:

a) *know-how* da tecnologia de produto, de processo ou de gestão, informações confidenciais e segredos de indústria, comércio, finanças e negócios a que venha a ter acesso em função da franquia;

b) implantação de atividade concorrente à da franquia;

XVI – modelo do contrato-padrão e, se for o caso, também do pré-contrato-padrão de franquia adotado pelo franqueador, com texto completo, inclusive dos respectivos anexos, condições e prazos de validade;

XVII – indicação da existência ou não de regras de transferência ou sucessão e, caso positivo, quais são elas;

XVIII – indicação das situações em que são aplicadas penalidades, multas ou indenizações e dos respectivos valores, estabelecidos no contrato de franquia;

XIX – informações sobre a existência de cotas mínimas de compra pelo franqueado junto ao franqueador, ou a terceiros por este designados, e sobre a possibilidade e as condições para a recusa dos produtos ou serviços exigidos pelo franqueador;

XX – indicação de existência de conselho ou associação de franqueados, com as atribuições, os poderes e os mecanismos de representação perante o franqueador, e detalhamento das competências para gestão e fiscalização da aplicação dos recursos de fundos existentes;

XXI – indicação das regras de limitação à concorrência entre o franqueador e os franqueados, e entre os franqueados, durante a vigência do contrato de franquia, e detalhamento da abrangência territorial, do prazo de vigência da restrição e das penalidades em caso de descumprimento;

XXII – especificação precisa do prazo contratual e das condições de renovação, se houver;

XXIII – local, dia e hora para recebimento da documentação proposta, bem como para início da abertura dos envelopes, quando se tratar de órgão ou entidade pública.

§ 1º A Circular de Oferta de Franquia deverá ser entregue ao candidato a franqueado, no mínimo, 10 (dez) dias antes da assinatura do contrato ou pré-contrato de franquia ou, ainda, do pagamento de qualquer tipo de taxa pelo franqueado ao franqueador ou a empresa ou a pessoa ligada a este, salvo no caso de licitação ou pré-qualificação promovida por órgão ou entidade pública, caso em que a Circular de Oferta de Franquia será divulgada logo no início do processo de seleção.

§ 2º Na hipótese de não cumprimento do disposto no § 1º, o franqueado poderá arguir anulabilidade ou nulidade, conforme o caso, e exigir a devolução de todas e quaisquer quantias já pagas ao franqueador, ou a terceiros por este indicados, a título de filiação ou de royalties, corrigidas monetariamente." (grifos nossos).

Como já dito no título anterior, sendo franquia um contrato atípico, a legislação não lhe estabelece forma, tampouco direitos e obrigações além do dever de plena publicidade dos termos do ajuste que são oferecidos ao franqueado, tal como se observa do art. 2º suprarreproduzido.

Por tal razão, especificamente quanto ao treinamento inicial, não há determinação legal direta sobre sua obrigatoriedade e forma de oferecimento, sendo a COF e o contrato de franquia os instrumentos que balizarão a questão.

Ao tratar do tema, Fábio Ulhoa Coelho explana sobre a complexidade do contrato:

"A franquia consiste, pois, na conjugação de dois contratos: o de licenciamento de uso de marca e o de organização empresarial.

[...]

Os serviços de organização empresarial que o franqueador presta ao franqueado são, geralmente, os decorrentes de três contratos, que podem ser tratados autonomamente. Primeiramente, o contrato de *engineering*, pelo qual o franquiador define, projeta ou executa o *layout* do estabelecimento do franquiado. Em segundo lugar, o *management,* relativo ao treinamento dos funcionários do franquiado e à estruturação da administração do negócio. Por fim, o *marketing*, pertinente às técnicas de colocação dos produtos ou serviços junto aos seus consumidores, envolvendo estudos de mercado, publicidade, vendas promocionais, lançamentos de novos produtos ou serviços etc."[7]

Sendo da natureza do contrato a prestação de serviços de organização empresarial pelo franquiador, consubstanciado no *management,* é evidente a necessidade do fornecimento de treinamento inicial ao franqueado, pois será esse um dos vetores, juntamente com os manuais de franquia, de entrega do conhecimento necessário ao franqueado para a operação de sua unidade.

Nesse sentido é o artigo de Ana Vecchi, veiculado no *site* da ABF – Associação Brasileira de Franchising[8]:

"Os Programas de Treinamento trazem vida aos manuais! E às pessoas: colaboradores, gestores, empresários e instrutores.

Fazer com que novos franqueados, assim como os mais antigos, usem as informações contidas nos manuais, só é possível através de treinamentos – excelentes – presenciais, virtuais, com dinâmicas, simulações mesclando sempre conceitos, exemplos e prática, com avaliação ao final de cada módulo.

Essa é uma das fórmulas de sucesso. Mas, como nem tudo é assim tão fácil, é preciso organizar os treinamentos para que atinjam seus objetivos e, acima de tudo, acreditar nos benefícios que eles trazem à rede e, por consequência, à Franqueadora.

(...)

4. Exigir presença desde o primeiro treinamento: Nasce, nessa atitude, o respeito e a disciplina aos treinamentos que ensinarão àqueles que nunca tiveram um negócio antes, a serem empresários. Antes de treinar franqueados, operacionalmente, há de conscientizá-los que se tornaram empresários e a faculdade para isso é o treinamento da Franqueadora, sendo que o investimento já foi feito: compraram a franquia. Treinamento inicial deve abranger gestão e operação.

Postergar o treinamento de gestão pode significar que, em algum momento, a Franqueadora tenha que ensinar os franqueados a fazer contas, planilhas, compras, gerir estoque, gerenciar pessoas, até que venha a pergunta: "porque não me ensinaram tudo isso antes?" Por isso que a conta de expansão X implantação de franquia + treinamento = resultados projetados. Se há um tempo para que franqueados estejam mais maduros para assimilar que são empresários e precisam aprender a gerir um negócio, o treinamento pode ser dividido em módulos com prazo máximo de 90 dias".

Na mesma direção indica o Sebrae, entidade referência no tema empreendedorismo[9]:

"O treinamento inicial apresenta ao franqueado o padrão estabelecido pela franquia. Através dele o franqueador transmitirá os valores e a cultura da empresa, apresentará a operação de forma detalhada,

---

7. COELHO, Fábio Ulhoa, *Manual de direito comercial.* Saraiva, 2003 p. 443.
8. VECCHI, Ana. A Importância dos Programas de Treinamento nas Redes de Franquia. Artigo. Portal do Franchising. Disponível em <https://www.portaldofranchising.com.br/artigos-sobre-franchising/a-importancia-dos-programas-de-treinamento-nas-redes-de-franquia/>. Acesso em 12/02/2019.
9. Sebrae Nacional. Treinamentos São Essenciais para Manter a Qualidade da Franquia. Disponível em: <http://www.sebrae.com.br/sites/PortalSebrae/artigos/treinamentos-sao-essenciais-para-manter-a-qualidade-da-franquia,4bdb39407feb3410VgnVCM1000003b74010aRCRD>. Acesso em 12/02/2019.

com todas as rotinas e procedimentos utilizados no negócio e capacitará o empresário e sua equipe para a operação da franquia no seu dia a dia".

A doutrina igualmente se posiciona sobre o tema, como citado por Batista Salgado Giglioti[10]:

> "Os mecanismos usuais de transferência de conhecimento tácito nas franquias se dão pelas reuniões face a face, seminários, visitas e treinamentos, enquanto que o conhecimento explícito é comunicado através de manuais, cartas, bancos de dados e *e-mails* (WINDSPERGER *et al.*, 2007)".

Por meio do treinamento o franqueado terá acesso à cultura da marca, à vivência do dia a dia da operação, aos aspectos práticos de procedimentos descritos nos manuais e por vezes os detalhes do negócio que podem não estar no manual, mas que podem representar o sucesso daquela unidade.

Tal como em qualquer processo de aprendizagem humano, o compartilhamento direto de informações entre o franqueador com o franqueado e a sua equipe é essencial para transmitir a *expertise* do franqueador.

Tais argumentos consolidam o treinamento inicial como elemento essencial ao desenvolvimento do negócio, devendo constar no contrato de franquia a obrigação do franqueador em oferecê-lo, ao mesmo tempo que deve constar o dever do franqueado em dele participar.

E assim se faz necessário para garantir que o contrato atinja a finalidade a que se destina, resguardando o princípio da função social do contrato, previsto no art. 421 do Código Civil, que determina:

> "Art. 421. A liberdade contratual será exercida nos limites da função social do contrato".

Segundo esse princípio, mais que a liberdade de contratar das partes, o ajuste firmado por elas deverá respeitar os interesses de toda a coletividade, aqui entendido como a vedação de cláusulas abusivas, iníquas, que sejam lesivas às partes contratantes, mesmo em se tratando de empresários.

O preceito é complementado pelos princípios de probidade e boa-fé objetiva, estipulados no art. 422 do Código Civil, nos termos:

> "Art. 422. Os contratantes são obrigados a guardar, assim na conclusão do contrato, como em sua execução, os princípios de probidade e boa-fé."

Sobre o tema, ensina Arnaldo Rizzardo:

---

10. WINDSPERGER, Josef. **The Organization of Knowledge in Franchising Firms**. DRUID Summer Conference, Copenhagen/Elsinore 6-8 June 2002 *apud* GIGLIOTI, Batista Salgado. **Transferência de Conhecimento nas Franquias Brasileiras**. Fundação Getulio Vargas. Dissertação de Mestrado. São Paulo, março de 2010, p. 25. Disponível em: <https://bibliotecadigital.fgv.br/dspace/bitstream/handle/10438/4712/61080100004.pdf?sequence=1&isAllowed=y> Acesso em 11/02/2019.

"A probidade envolve a justiça, o equilíbrio, a comutatividade das prestações, enquanto a boa-fé exige a transparência e clareza de cláusulas.

[...]

A função integrativa da boa-fé, tendo por fonte o art. 422 do Código Civil brasileiro, permite a identificação concreta, em face de peculiaridades próprias de cada vontade das partes. Ao lado dos deveres primários da prestação, surgem deveres laterais ou acessórios de conduta. Enquanto os deveres secundários vinculam-se ao correto cumprimento dos deveres principais (*v.g.* dever de conservação da coisa até a tradição), os deveres acessórios ligam-se diretamente ao correto processamento da relação obrigacional (*v.g.* deveres de cooperação, de informação, de sigilo, de cuidado)."[11]

O contrato tem que ser proveitoso para ambas as partes, às quais incumbe, além das obrigações claramente previstas no ajuste, cooperar para o seu perfeito cumprimento, devendo o instrumento respeitar a finalidade estabelecida, conforme tem decidido a jurisprudência:

"Ação de rescisão de contrato de franquia ajuizada por franqueadora contra franqueados que, extrajudicialmente, enviaram-lhe notificação 'denunciando' a avença. Sentença de improcedência da ação, julgada parcialmente procedente a reconvenção, reconhecendo que a ruptura do vínculo contratual se deu por culpa exclusiva da franqueadora e condenando-a ao pagamento de multa acordada. Apelação da autora.

Centralidade do licenciamento de marca (Método de emagrecimento Priscila Palazzo) no contrato de franquia celebrado, sobretudo diante de seu segmento mercadológico (clínicas de estética).

Reconhecimento dessa centralidade em dispositivo contratual e, ademais, nas próprias razões recursais. A cláusula de exclusividade do uso da marca 'num setor geográfico definido, em relação aos concorrentes', a garantir o 'monopólio da atividade', é fundamental em franquias (WALDÍRIO BULGARELLI).

Depoimento pessoal da fundadora da franquia que confirma que, poucos meses depois da contratação e após substancial investimento das rés no modelo de negócio então empregado, passou a oferecer para outras clínicas a opção de simples licenciamento de marca, menos custosa. Em suas palavras, 'há cinco meses licenciando', havia 'mais de 80 licenciadas, pessoas que, a grande maioria, fizeram o curso do método Priscila Palazzo'.

Primeiras consequências da mudança de estratégia comercial da autora perceptíveis já na prova documental produzida, na medida em que clínica estética situada na mesma cidade em que estabelecidas as rés, não franqueada, passou a usar o método discutido, concorrendo com aqueles que contrataram a franquia, mas com investimento inicial menor.

Como em todas as relações negociais, também na de 'franchising', o proceder das partes há de se guiar pelos princípios da função social do contrato e da boa-fé objetiva. Não se pautou a franqueadora, no caso concreto, por tais parâmetros fundamentais do direito pátrio (Código Civil, arts. 421 e 422).

Imperativo, desse modo, o acolhimento do pleito das rés, de ruptura do vínculo contratual, reconhecida a culpa exclusiva da autora, considerando-se que, em atitude incompatível com a lógica das franquias, diminuiu a competitividade de seus franqueados.

Manutenção da sentença recorrida, nos termos do art. 252 do RITJSP. Apelação a que se nega provimento.

(TJSP, Ap. nº 1115014-50.2016.8.26.0100; 1ª Câm. Reservada Direito Empresarial; rel. Des. César Ciampolini; j. 12/09/2018) (grifo nosso).

---

11. RIZZARDO, Arnaldo. *Contratos*, Ed. Forense, 17ª ed., 2018. p. 32.

Conclui-se que o treinamento inicial é fundamental para o desenvolvimento da franquia contratada, sendo de obrigatório oferecimento pelo franqueador e de participação do franqueado, devendo constar na COF e no contrato de franquia, pois do recebimento de tal conhecimento decorrerá a capacidade do franqueado ao cumprimento de diversos direitos e deveres estabelecidos no instrumento contratual, uma vez que o sucesso ou o insucesso do negócio está atrelado, entre outros fatores igualmente importantes, ao recebimento de treinamento inicial.

3. MODALIDADES E A COMPROVAÇÃO DE FORNECIMENTO

Conforme determina o art. 2º da Lei 13.966/2019, a COF deve estabelecer o treinamento do franqueado, especificando sua duração, conteúdo e custos, aplicando-se o mesmo quanto ao treinamento dos funcionários do franqueado, de maneira que o então candidato a franqueado possa tomar pleno conhecimento das obrigações pelas partes quanto ao tema: a do franqueador em oferecer o treinamento e do franqueado em dele participar, nas condições previstas na referida circular.

Da mesma forma, e de maneira mais detalhada, deverá o contrato de franquia prever os tipos de treinamentos oferecidos (administração/gestão do negócio, atendimento ao cliente etc.), em quais condições (presencial, na sede da franqueadora, na unidade, remoto) e demais estipulações pertinentes.

Diversos são os tipos de treinamentos oferecidos pelo franqueador, a depender da franquia contratada. Usualmente, são oferecidos treinamentos em administração, gestão do negócio, atendimento ao cliente, financeiro, jurídico, sendo acompanhados dos treinamentos específicos do seguimento de negócio, tais como alimentação, estética, idiomas, entre outros.

O treinamento inicial, tal como determinado na COF e no contrato de franquia, pode ser oferecido tanto na modalidade presencial quanto remotamente, desde que seja possível comprovar o seu recebimento pelo franqueado.

Isso, porque, tratando-se o treinamento de obrigação contratual e forma de entrega do *know-how*, deve o franqueador ter consigo a prova de seu fornecimento, visando demonstrar o cumprimento do ajuste.

O treinamento presencial realizar-se-á nos moldes estabelecidos no contrato de franquia, no tocante ao local, ao tempo de duração e à responsabilidade pelos custos, devendo o franqueador registrar com precisão tanto o oferecimento como o comparecimento do franqueado e sua equipe quando for o caso.

Tratando-se de treinamento remoto, esse será cabível nos tipos de negócio em que não seja obrigatório o comparecimento pessoal do franqueado, como nos casos de franquias de alimentação, em que o franqueado precisa efetivar o manuseio dos alimentos e produtos, não sendo possível tal aprendizado remotamente.

Portanto, desde que o tipo de negócio permita, o treinamento remoto poderá ser efetivado por meio de qualquer ferramenta de transmissão ou mesmo on-line disponibilizada no mercado, tal como EAD, Skype, Zoom ou outra forma existente.

Deve o franqueador assegurar-se do efetivo acesso do franqueado ao conteúdo, seja por meio de senhas e *logs*, seja pelo acompanhamento do franqueador, que deverá registrar o fornecimento do treinamento se utilizando dos arquivos de acesso (senhas, *logs*) e por meio da via de comunicação eleita contratualmente (*e-mail*, carta etc.).

Essa comprovação se mostra fundamental como prova em eventual litígio entre as partes e como forma de possibilitar ao franqueador realizar a cobrança de resultados e desempenho de seu franqueado.

> "Ação de resolução de conflito de contrato de franquia comercial c.c indenização por lucros cessantes, danos materiais e morais c.c. tutela antecipada – Contrato de franquia para ensino complementar educacional – Alegada falta de assessoria por parte da franqueadora – Provas que favorecem a versão da autora – Ré que não produziu adequada prova da efetiva transferência de *know-how*, treinamento e qualificação, na forma contratada – Ônus que lhe competia (CPC, art. 373, II) – Danos morais indenizáveis – Existência – Não aplicação da multa contratual prevista por resolução contratual – Exercício das atividades, pela autora, até o vencimento do contrato – Sentença mantida – Recursos desprovidos".
> (TJSP, Ap. nº 1035444-70.2016.8.26.0114; 2ª Câm. Reservada Direito Empresarial; rel. Des. Maurício Pessoa; j. 10/12/2018).

O registro pode se dar por meio de lista de presença ou outro documento hábil, firmado pelo franqueado, a comprovar seu comparecimento e, por consequência, o cumprimento do requisito contratual pelo franqueador.

4. ABRANGÊNCIA DO TREINAMENTO

A questão que se levanta é se o treinamento inicial deve ser abrangente a ponto de ensinar ao franqueado o conhecimento mais básico do negócio, ou seja, o treinamento dos serviços a serem diretamente prestados ao consumidor.

Em recente julgamento, o Tribunal de Justiça de São Paulo entendeu que não é obrigação do franqueador treinar o franqueado na prática dos serviços oferecidos pela franquia ao consumidor, devendo apenas fornecer o *know-how*, conforme se verifica do julgado:

> "NULIDADE DA SENTENÇA CERCEAMENTO DE DEFESA – Prova oral – Inexistência de violação à ampla defesa – Fragilidade dos argumentos deduzidos – Suficiência das provas documentais trazidas aos autos – Nulidade que reclama a supressão da prova indispensável, útil, que no caso não ocorreu, para configurar o cerceamento de defesa – Inocorrência Preliminar rejeitada.
> FRANQUIA – Anulação de contrato – Alegação de recebimento da COF fora do prazo legal e de que há nela omissões e irregularidades – Improcedência – Teses aventadas antes de um ano da assinatura do contrato – Conhecimento prévio dos termos contratuais ao ler a Circular de Oferta de Franquia, anuindo a seus termos – Observância ao princípio da boa-fé objetiva – Inexistência de hipossuficiência em contratos assinados entre empresários – **SUPORTE TÉCNICO E OPERACIONAL – Alegação de prestação deficiente do suporte técnico, operacional e financeiro – Improcedência – Obrigatoriedade da franqueadora transmitir o *know-how*, o que não inclui treinamento dos serviços a serem prestados – Prova documental de que foi prestado suporte *on-line* e respondidas dúvidas por correspondência eletrônica – Obrigação cumprida pela franqueadora antes e depois do início das atividades – Inadimplemento contratual da franqueadora inocorrente –**

AVIAMENTO – Aviamento que não advém somente do estabelecimento ou do local onde situado, mas também do exercício da própria empresa – Insuficiência da assistência técnica e operacional do franqueador, bem como a marca da franquia e o ponto comercial, por si, para atingir o objetivo social – Inadmissível atribuir insucesso empresarial ao suporte técnico e financeiro oferecido pela franqueadora – Rescisão contratual improcedente – Declaratória improcedente e reconvenção procedente em parte – Sucumbência recíproca, porém não idênticas, equacionados os montantes devidos pelas parte – Apelação da autora não provida e (*sic*)

Dispositivo: negaram provimento ao recurso das autoras e deram parcial provimento ao recurso da ré reconvinte.

(Ap. nº 1013615-46.2014.8.26.0100; 2ª Câm. Reservada Direito Empresarial; rel. Des. Ricardo Negrão; j. 13/12/2017) (grifo nosso).

No corpo do v. acórdão, cujo trecho se reproduz, o i. Relator estabelece a obrigatoriedade da "entrega" do *know-how* desenvolvido pela franqueadora, não abrangendo a prestação de serviços em si, pois seria presumível que o franqueado seja capaz de fazê-lo, devendo ser afeto ao ramo de negócio. Veja-se:

> "Ora, ao contratar a franquia deveriam as recorrentes fazer uma autocrítica, questionando seriamente se a empreendedora se enquadrava no perfil descrito pela franqueadora. Esse ônus, ao contrário do que afirma, não era da franqueadora.
>
> O empreendedor tem capacidade civil e, portanto, podia optar pela contratação ou pela não contratação.
>
> Em que pese o reconhecimento judicial de que os franqueadores dispõem de grande capacidade de persuasão, certo é que não coagem os candidatos a franqueados a contratarem seu *know how*. Estes dispõem de livre escolha.
>
> Ao contratarem a franqueadora estão pagando pelo *know how* desenvolvido por ela, o que não engloba o treinamento da prática do serviço a ser oferecido pelo consumidor, exceto em operações específicas, por exemplo, como o tipo de fritadeira a ser utilizada ou a montagem adequada de uma batata assada.
>
> **Assim, presume-se que o franqueado de uma escola de idiomas seja capaz de lecioná-lo ou ao menos contratar profissionais aptos a fazê-lo. A mesma lógica aplica-se à franquia ora discutida: a franqueada deveria conhecer o ramo de serviços de reparos e manutenção, reformas prediais, residenciais e comerciais e industriais ou ser capaz de contratar profissionais capazes de realizarem os serviços oferecidos pela franquia.**
>
> A franqueadora está obrigada a oferecer treinamento quanto à utilização de seu *software*, atendimento ao público, controle de receitas e despesas e ações de *marketing*, mas não a ensinar o franqueado a desenvolver os serviços a serem prestados ao consumidor.
>
> E não há nenhuma reclamação das apelantes quanto ao que se obrigou a recorrida.
>
> E em que pesem as reclamações das recorrentes, por correspondência eletrônica, os problemas estão relacionados à publicidade dos serviços prestados pela franquia e não da atividade meio da franquia". (grifo nosso).

Contudo, mesmo sendo desejável que o franqueado seja afeto ao ramo que pretende se estabelecer por meio da franquia, esse não é um requisito legal, tampouco é corrente no segmento de *franchising* exigir-se tal conhecimento, pois se estaria limitando o crescimento do sistema e, na verdade, inviabilizando-o.

Ao se seguir a lógica estabelecida na r. decisão, entender-se-ia que somente tintureiros poderiam se tornar franqueados de uma rede de lavanderias, o que não se mostra razoável.

Isso, porque é da natureza do sistema o atingimento de padronização tamanha que torne possível ao franqueado exercer atividade diversa da sua formação ou mesmo da sua experiência profissional, podendo contratar profissionais especializados para a supervisão ou operação, caso o tipo de negócio assim necessite, como nos casos de franquias odontológicas.

Nesse cenário, não pode haver presunção de que o franqueado escolheu o ramo de negócio do qual tinha conhecimento, devendo essa questão ser objeto de prova específica, qual seja, o que foi estabelecido na COF e eventualmente no contrato de franquia sobre o perfil do franqueado adequado.

Assim, caso o franqueador estabeleça a necessidade de prévio conhecimento do franqueado sobre o negócio, a atividade a ser exercida, a COF deve ser clara e específica nesse aspecto, sob pena de responsabilizar-se o franqueador em fornecer ao franqueado todo treinamento, *know-how* e suporte necessário para que esse consiga desempenhar todas as atividades necessárias para o pleno funcionamento da franquia contratada, inclusive a prestação dos serviços diretamente direcionados ao consumidor.

5. RESPONSABILIDADE

Conforme se delineou nos tópicos anteriores, há evidente obrigação do franqueador em fornecer treinamento inicial ao franqueado, por se tratar de forma essencial de transmissão do *know-how*, constituindo, juntamente com os manuais de franquia, suporte operacional e padronização, os elementos necessários para o pleno desenvolvimento de suas atividades.

Nesse cenário, a falha no fornecimento de treinamento pelo franqueador pode acarretar responsabilidade desse pelo insucesso do franqueado, pois há evidente descumprimento contratual, conforme tem sido amplamente decidido pelos tribunais:

"APELAÇÃO. FRANQUIA EMPRESARIAL. Contrato de outorga de máster franquia. Ação de rescisão contratual c.c. reparação de danos. Pretensão inicial de rescisão do contrato, por descumprimento do dever de fornecimento de treinamento e assessoria, pela franqueadora. Sentença que reconheceu que a rescisão se deu por culpa de ambas as partes, determinando a devolução de todos os valores pagos pelo autor, mas afastando a pretensão de recebimento de penalidade contratual e lucros cessantes. Sentença de procedência parcial. Inconformismo da ré.

Descabimento. Elementos presentes nos autos que indicam que houve, realmente, falha na prestação de deveres de assessoramento e treinamento, assumidos em contrato. Precedentes deste Tribunal envolvendo a mesma franqueadora. Ausência de inconformismo por parte do autor. Sentença confirmada. Sucumbência recíproca.

NEGADO PROVIMENTO AO RECURSO."

(TJSP, Ap. nº 1055537-33.2015.8.26.0100; 3ª Câm. Direito Privado; rel. Des. Viviani Nicolau; j. 02/08/2018).

No corpo do julgado apura-se o seguinte:

"As obrigações da franqueadora, por outro lado, são previstas na cláusula 14ª do contrato (fls. 71/72), e consistem em: 'Cláusula 14ª: Constituem obrigações da FRANQUEADORA: 1. Fornecer, periodicamente, ao MASTER, versões atualizadas dos seguintes documentos: Circular de Oferta de Franquia, Pré-Contrato de franquia, Contrato de Franquia Empresarial e manuais das franquias a serem entregues aos franqueados, bem como de material promocional pronto ou para impressão local; 2. Fornecer, periodicamente, ao MASTER, lista atualizada dos preços de referência para os diversos materiais, serviços e produtos comercializados nas Franquias. 3. Oferecer treinamento inicial ao MASTER. 4. Criar e manter canais de comunicação interna nas redes da FRANQUEADORA, visando a atualização permanente de informações e a troca constante de ideias, elogios, críticas e sugestões. 5. Manter os Manuais das Franquias atualizados. 6. Oferecer apoio gerencial ao MASTER. 7. Orientar ao MASTER no que concerne às atividades de marketing. 8. Promover reuniões periódicas, presenciais e/ou em forma de áudio-conferência, com os MASTERS da rede, visando a troca de experiências e informações. 9. Manter o Sistema de Franchising sempre atualizado, levando ao conhecimento do(a) MASTER as inovações introduzidas nele, tais como campanhas de marketing, e novos serviços e produtos, encarregando-se, sempre que possível, de testá-las antes de serem adotadas pela rede. 10. Realizar divulgações e investimentos para atrair investidores. 11. Divulgar a terceiros interessados inclusive através de seu site o endereço e telefone de contato do MASTER. 12. Disponibilizar ao MASTER o sistema de gestão da FRANQUEADORA' (fls. 71/72). Conforme bem entendeu o Magistrado sentenciante, os documentos presentes nos autos indicam que a franqueadora não cumpriu suas obrigações contratuais, deixando de fornecer ao autor treinamento adequado para o início de suas atividades. **Os documentos juntados aos autos demonstram que o autor por diversas vezes procurou a ré, alegando a ausência de suporte da franqueadora para o desenvolvimento de suas atividades** (fls. 111, 114, 116, 119, 132). O documento de fls. 134, por sua vez, indica que o autor marcou reunião com preposto da ré, no município de Uberaba, e se dirigiu ao local combinado, sem ter sido atendido. O documento de fls. 136, por sua vez, indica que o referido preposto já não mais trabalhava para a ré, bem como que seus demais funcionários não tinham conhecimento das atividades em andamento e que envolviam o autor, o que demonstra, efetivamente, desorganização dentro da empresa. **Desta forma, os elementos presentes nos autos são suficientes para demonstrar que muito embora a apelante tenha disponibilizado ao autor, materiais acerca da franquia, via "internet", esta efetivamente, deixou de fornecer o treinamento e o assessoramento que faziam parte de suas obrigações, assumidas no contrato de franquia.**

[...]

Desta forma, ficou suficientemente demonstrado nos autos o descumprimento de obrigações contratualmente assumidas, pela ré, sendo de rigor o desprovimento do recurso" (grifos nossos).

Destaca-se o voto do julgado citado no item 3 supra, quanto à necessidade de comprovação da assessoria prestada ao franqueado e as implicações de seu não fornecimento[12]:

"Na lição de Carlos D. A. Braga, *'A rigor, para que efetivamente se beneficie da fama do franqueador e obtenha retorno rápido de seus investimentos, o franqueado deveria ter acesso a um sinal distintivo, a uma marca, que lhe permitisse atingir o mercado, valendo-se do seu poder atrativo para angariar clientela e recuperar o investimento feito. Essa lógica é elementar na franquia. [...]* **Também essencial é a prestação de serviços de assistência ao franqueado, com a transmissão dos conhecimentos ligados ao**

---

12. TJSP, Ap. nº 1035444-70.2016.8.26.0114; 2ª Câm. Reservada Direito Empresarial; rel. Des. Maurício Pessoa; j. 10/12/2018).

negócio desenvolvido pelo franqueador.' ('Tratado de Direito Comercial', org. Fábio Ulhoa Coelho, 2015, vol. 6, p. 173 destaque não existente no original).

É nisso que a controvérsia se desenvolve.

Em que pesem as alegações da ré, as provas produzidas nos autos favorecem a tese da autora acerca do descumprimento das disposições contratuais atinentes a assessoramento geral por parte da franqueadora, notadamente quanto à transmissão de *know how***, atraso na entrega de materiais, existência de erros crassos nestes e assessoramento técnico na forma contratada.**

Ao contrário do alegado, da documentação encartada se verifica que, em várias oportunidades, a autora procurou a ré em busca de soluções para o atraso na entrega dos materiais didáticos (fls. 157/158), tendo, inclusive informado à franqueadora que '*os pais perderam a paciência, pois já estou há um mês sem material didático*'. As testemunhas da autora afirmaram que o atraso na entrega se estendeu por três meses e a testemunha da ré confirmou a existência do atraso, só não sabendo informar ao certo o período.

Houve também a devida comprovação da existência de erros crassos no material didático fornecido (fls. 144/149), que, ainda que tenham sido corrigidos nas tiragens seguintes e através de 'erratas' publicadas no portal eletrônico, são inescusáveis e geram danos morais indenizáveis, morimente pela natureza da franquia (escola de ensino complementar).

Não restou comprovada, ainda, a realização de congressos, treinamentos e do devido assessoramento à franqueada, de forma geral.

Desta forma, é evidente a violação contratual por parte da ré, que, ademais, não produziu qualquer prova no sentido de infirmar as alegações da autora, ônus que lhe competia, nos termos do artigo 373, II, do Código de Processo Civil". (grifo nosso)

No mesmo sentido, são os julgados abaixo:

"Ação de rescisão contratual c/c indenização por danos materiais e morais Demonstração da efetiva falta de suporte e assessoria por parte da franqueadora Infração contratual comprovada Indenização por danos materiais Descabimento Danos morais Ausência de constrangimento, ofensa à honra e/ou exposição dos autores a situação vexatória ou humilhante 'Pirâmide financeira' Anulação do contrato em sentença Manutenção

Indenização por danos materiais e morais Impossibilidade Sucumbência recíproca mantida Recursos desprovidos.

(TJSP, Apelação nº 1127967-80.2015.8.26.0100, 2ª Câmara Reservada de Direito Empresarial, Rel. Des. MAURÍCIO PESSOA, data do julgamento: 25/06/2018)".

"RESCISÃO CONTRATUAL Contrato de franquia Alegação de descumprimento contratual por deficiência na assessoria Sentença de improcedência Deficiência comprovada Descumprimento contratual reconhecido Reconvenção Multa contratual Culpa da franqueadora Multa contratual (R$ 10.000,00) Recurso da autora provido em parte Recurso da franqueadora provido em parte Recurso da SMZTO improvido. Dispositivo: deram parcial provimento aos recursos da franqueada e da franqueadora e negaram provimento ao recurso da segunda apelante (Smzto & Sek Participações em Negócios Ltda.)" (TJSP, Apelação nº 1043142-72.2016.8.26.0100, 2ª Câmara Reservada de Direito Empresarial, Re. Des. RICARDO NEGRÃO, data do julgamento: 12/03/2018).

Nesse cenário, deve o franqueador fornecer treinamento inicial de maneira efetiva, de modo que o franqueado dele participe, na modalidade presencial ou a distância, se assim permitir o tipo de negócio a ser desenvolvido.

O treinamento deve ser compatível com o que foi ofertado na COF e estabelecido no contrato de franquia, possuindo elementos adequados ao negócio para que o franqueado dele extraia o melhor resultado.

Deve-se ainda garantir que o franqueado tenha pleno acesso ao seu conteúdo, por meio de manuais impressos ou eletrônicos, sempre com a comprovação do fornecimento, através de lista de presença, recibo de entrega, *e-mails*, senhas e *logs* de acesso, quando disponibilizado por meio eletrônico.

Portanto, o descumprimento de tais providências pode justificar a rescisão motivada do contrato de franquia e a atribuição de responsabilidade ao franqueador pelo insucesso do franqueado, podendo responder por indenização equivalente ao investimento realizado, multa contratual, lucros cessantes e eventualmente dano moral.

REFERÊNCIAS BIBLIOGRÁFICAS

COELHO, Fábio Ulhoa, *Curso de direito comercial*. São Paulo: Saraiva. 2003. p. 126.

COELHO, Fábio Ulhoa, *Manual de direito comercial*. São Paulo: Saraiva. 2003. p. 443.

GIGLIOTI, Batista Salgado. **Transferência de Conhecimento nas Franquias Brasileiras**. Fundação Getulio Vargas. Dissertação de Mestrado. São Paulo, março de 2010, p. 25. Disponível em <https://biblioteca-digital.fgv.br/dspace/bitstream/handle/10438/4712/61080100004.pdf?sequence=1&isAllowed=y> Acesso em 11/02/2019.

GOMES, Orlando. *Contratos*. 8. ed. Rio de Janeiro: Forense, 1981, p. 568.

LAMY, Marcelo. *Franquia Pública*. São Paulo: Ed. Juarez de Oliveira, 2002. p. 21.

LOBO, Jorge. *Contrato de franchising*. Rio de Janeiro: Forense, 2003. p. 32.

SEBRAE Nacional. *Treinamentos São Essenciais para Mantes a Qualidade da Franquia*. Disponível em: <http://www.sebrae.com.br/sites/PortalSebrae/artigos/treinamentos-sao-essenciais-para-manter-a--qualidade-da-franquia,4bdb39407feb3410VgnVCM1000003b74010aRCRD>. Acesso em 12/02/2019.

VECCHI, Ana. A Importância dos Programas de Treinamento nas Redes de Franquia. Artigo. *Portal do Franchising*. Disponível em: <https://www.portaldofranchising.com.br/artigos-sobre-franchising/a--importancia-dos-programas-de-treinamento-nas-redes-de-franquia/>. Acesso em 12/02/2019.

16
MANUAIS DE FRANQUIA

Eric Vitor Neves Macedo

> **Sumário:** Introdução – 1. Obrigatoriedade do fornecimento de manuais e a vinculação das partes – 2. Tipos de manuais de franquia, forma e comprovação de sua entrega – 3. Proteção contratual dos manuais – 4. Responsabilidade – Referências bibliográficas.

INTRODUÇÃO

Conforme aduzido no título anterior, o contrato de *franchising* se caracteriza pela transferência do modelo de negócio do franqueador para o franqueado, por meio do uso da marca, padronização do estabelecimento e transmissão do *know-how*, complementado pelo suporte e fornecimento de produtos e serviços.

Tais elementos característicos são levados ao franqueado através dos manuais de franquia, que devem conter de maneira clara e detalhada as informações necessárias à implantação, à operação, à gestão, às vendas, entre outras atividades da unidade fraqueada, concretizando tais manuais o meio de transmissão do *know-how*.

Por sua própria natureza, ao estabelecerem parâmetros, procedimentos, padronização etc., os manuais acabam por integrar o contrato de franquia, sendo suas disposições complementares ao referido contrato e seus termos (dos manuais) vinculam as partes.

A entrega de manuais completos e adequados é obrigação elementar do franqueador, devendo ser especificado na Circular de Oferta de Franquia, no pré-contrato e no contrato de franquia quais manuais serão fornecidos, por meio físico ou digital, incumbindo ao franqueador guardar consigo a comprovação da entrega.

Devem ser atualizados sempre que alterados procedimentos, métodos, padronização e quaisquer elementos do negócio; e devidamente enviados aos franqueados, como forma de plena transmissão de informações.

Constituindo os manuais de franquia segredo de negócio, sua posse pelo franqueado é precária, devendo o franqueador cercar-se de garantias contratuais para sua devolução quando finda a relação entre as partes.

Busca-se estabelecer as consequências da falha ou do descumprimento das referidas obrigações e como a questão tem sido tratada pela jurisprudência.

1. OBRIGATORIEDADE DO FORNECIMENTO DE MANUAIS E A VINCULAÇÃO DAS PARTES

O art. 2º da Lei 13.966/2019 lista as informações que devem estar contidas na COF, especificando, no inciso XIII, alínea "f", do citado artigo, a obrigação de indicar o que é efetivamente oferecido pelo franqueador no tocante aos manuais de franquia:

"Art. 2º Para a implantação da franquia, o franqueador deverá fornecer ao interessado Circular de Oferta de Franquia, escrita em língua portuguesa, de forma objetiva e acessível, contendo obrigatoriamente:

(...)

XIII – indicação do que é oferecido ao franqueado pelo franqueador e em quais condições, no que se refere a:

a) suporte;

b) supervisão de rede;

c) serviços;

d) incorporação de inovações tecnológicas às franquias;

e) treinamento do franqueado e de seus funcionários, especificando duração, conteúdo e custos;

f) manuais de franquia;

g) auxílio na análise e na escolha do ponto onde será instalada a franquia; e

h) leiaute e padrões arquitetônicos das instalações do franqueado, incluindo arranjo físico de equipamentos e instrumentos, memorial descritivo, composição e croqui;

[...]."

(grifos nossos)

Tal como aduzido ao tratarmos do tema treinamento inicial, ante a atipicidade do contrato de franquia, a legislação não lhe estabelece forma, tampouco direitos e obrigações além do dever de plena publicidade dos termos do ajuste que são oferecidos ao franqueado, tal como se observa do art. 2º suprarreproduzido.

Desse modo, não há determinação legal direta sobre a obrigatoriedade e a forma de seu fornecimento pelo franqueador, devendo a COF e o contrato de franquia tratar do tema.

Conforme dito no referido título, consistindo o contrato de franquia "[...] na conjugação de dois contratos: o de licenciamento de uso de marca e o de organização empresarial"[1], é evidente a obrigação do fornecimento de manuais de franquia ao franqueado, pois é a forma essencial e primária de entrega do conhecimento necessário àquele para a operação de sua unidade.

Nesse sentido é o artigo de Viviane Almada, veiculado no *site* da ABF – Associação Brasileira de *Franchising*[2]:

---

1. COELHO, Fábio Ulhoa, *Manual de direito comercial*. Saraiva. 2003. p. 443.
2. ALMADA, Viviane. A Importância dos Manuais nas Redes de Franquia (Parte 01). Artigo. Portal do Franchising. Disponível em <https://www.portaldofranchising.com.br/artigos-sobre-franchising/a-importancia-dos-manuais-nas-redes-de-franquia-parte-01/>. Acesso em 13/02/2019.

"Os manuais de franquia são documentos que descrevem todos os processos internos da franquia, ou melhor, é a forma documental que o franqueador tem de transmitir o know-how aos seus franqueados. Cada franqueado, ao ingressar na rede, deverá receber treinamentos técnicos especializados e entender o funcionamento da unidade franqueada, suas regras e padrões da rede.

Para tanto, a forma com que o franqueado será treinado e seguirá todos os processos padronizados da rede, se dá através dos Manuais da Franquia. Nestes documentos é que devem constar a descrição dos processos criados e exercidos pelo franqueador, como uma forma de manter o padrão de operação de todas as suas unidades franqueadas. Acredito que a padronização é um dos pilares do Franchising, e por isso deve ser informada ao franqueado através da descrição dos processos nos Manuais da Franquia.

Os Manuais de Franquia devem ser descritos de forma clara e objetiva, conduzindo os franqueados a realizar consultas com facilidade, esclarecer dúvidas e manter o padrão do negócio. Servirá ainda, como uma forma de orientação para o dia-a-dia do franqueado e/ou de sua equipe, bem como uma ferramenta prática para treinamento dos funcionários."

Na mesma direção indica o Sebrae[3]:

"Ao se falar em franquia, fala-se em *know-how* e na necessidade de sua descrição clara e transmissão para todos os franqueados.

Essas informações são registradas em diversos manuais que orientam a operação e gestão da franquia e são utilizadas nos treinamentos da equipe da franqueadora, do franqueado e de seus funcionários.

Existe uma grande variedade de manuais que podem ser elaborados. E a escolha sobre o número e o nível de detalhamento deles dependerá do porte da franquia e do modelo de negócio que está sendo formatado. Todas as franquias terão, agrupadas em um ou distribuídas em vários manuais, orientações para a gestão, normas, procedimentos, marketing e vendas e outras atividades da franquia.

Por se constituírem em importante ferramenta para o dia a dia da operação e por definirem os procedimentos padronizados da franquia, os manuais devem ser frequentemente atualizados. Para isso os franqueadores podem se valer de mídias eletrônicas, que facilitam as inclusões e alterações dos seus conteúdos.

E, quanto mais fácil sua consulta, maiores as chances de se manter o cumprimento aos padrões estabelecidos.

Durante a formatação da franquia, o franqueador será o principal responsável pela elaboração dos manuais, uma vez que ele detém todas as informações sobre a empresa e conhece os processos-chave da operação."

A doutrina igualmente se posiciona sobre o tema, como citado por Adir Ribeiro, Leonardo Marchi, Luis G. Imperatore e Maurício Galhardo[4]:

"Os processos e manuais da Franquia são a materialização do *know-how* que a Franqueadora adquiriu ao longo dos anos, seja por meio da operação de unidades próprias, ou através da gestão das unidades franqueadas que ajudou a implantar.

---

3. SEBRAE Nacional. *Treinamentos São Essenciais para Mantes a Qualidade da Franquia*. Disponível em: <http://www.sebrae.com.br/sites/PortalSebrae/artigos/a-importancia-dos-manuais-para-as-redes-de-franquias,356d-f925817b3410VgnVCM2000003c74010aRCRD#documenta%C3%A7%C3%A3o>. Acesso em 13/02/2019.
4. RIBEIRO, Adir. MARCHI, Leonardo, IMPERATORE, Luis Gustavo. GALHARDO, Maurício. **Gestão Estratégica do Franchising: Como construir Redes de Franquia de Sucesso**. DVS Editora. 2013. p. 92. Disponível em https://play.google.com/books/reader?id=BWiwDQAAQBAJ&hl=pt_BR&pg=GBS.PT21. Acesso em 14.02.2019.

É por meio dos processos e manuais que os Franqueados da rede terão acesso a forma de se operar a Franquia, a fim de aumentar significativamente as chances de obter sucesso com o empreendimento. Os processos e manuais também são uma rica fonte de informação para a construção de Programas de capacitação de Franqueados e respectivas equipes. Assim, a unidade estará apta a entregar uma experiência de consumo positiva para os clientes, de acordo com os padrões que levaram a marca a ter sucesso no mercado."

Portanto, os manuais de franquia constituem elemento indispensável para a transmissão de *know-how* e o sucesso da franquia, ante a natureza do sistema de *franchising* como meio de distribuição de produtos ou serviços, de forma padronizada.

Assim, deve constar no contrato a obrigação do franqueador em oferecê-lo, ao mesmo tempo que se deve estabelecer o dever do franqueado em seguir as instruções contidas nos manuais.

Com isso, garante-se o perfeito cumprimento contratual, resguardando-se os princípios da função social do contrato e da boa-fé objetiva, previstos respectivamente no art. 421 e art. 422 do Código Civil, pois o contrato deve respeitar a finalidade estabelecida entre as partes.

Tais obrigações das partes devem constar na COF e no contrato de franquia, pois a capacidade do franqueado em operar seu negócio e assim cumprir os diversos direitos e deveres ajustados no instrumento contratual e, consequentemente, o sucesso ou o insucesso do negócio está atrelado ao recebimento, pelo franqueado, do *know-how* do franqueador.

Sendo os portadores do *know-how* do franqueador, além de determinar padrões, métodos, procedimentos etc., os manuais trazem em seu bojo os direitos e as obrigações das partes, de modo que tais documentos integram o pré-contrato e o contrato de franquia para todos os fins legais, vez que seus termos são complementares e efetivam o estipulado em tais instrumentos.

Nesse sentido, os manuais devem guardar perfeita correspondência com a padronização, os métodos e os procedimentos a serem adotados pelo franqueado, para que se possa exigir desse seu fiel cumprimento.

2. TIPOS DE MANUAIS DE FRANQUIA, FORMA E COMPROVAÇÃO DE SUA ENTREGA

Nos termos do art. 2º da Lei 13.966/2019, a COF deve especificar o que é efetivamente oferecido quanto aos manuais de franquia, para que o então candidato a franqueado possa tomar pleno conhecimento das obrigações das partes: a do franqueador em fornecer os manuais necessários ao desenvolvimento do negócio e a do franqueado em seguir as orientações previstas em tais documentos.

O contrato de franquia deverá prever de maneira mais detalhada os tipos de manuais oferecidos e a forma: impressa, mídia eletrônica, *intranet*, *extranet* etc.

Esses devem ser os adequados ao negócio, destacando-se os manuais essenciais: implantação, operacional e de gestão, conforme listado por Adir Ribeiro, Leonardo Marchi, Luis G. Imperatore e Maurício Galhardo[5]:

"**Manuais das unidades Franqueadas:**

Implantação da Unidade

• Histórico da Marca

Visão, Missão e Valores (DNA da empresa)

• Planejamento da Implantação

• Contratação de Escritório de Contabilidade

• Busca por Ponto Comercial

Características Ideais de Ponto

Ferramentas para Análise de Ponto

Cuidados com o Contrato de Locação

• Montagem da Unidade

Projeto Arquitetônico

Mobiliário

Estoque Inicial de Produtos

Identidade Visual

• Equipe

Contratação de Pessoas

Capacitação Inicial

• Inauguração

Planejamento

Evento

Pós-evento

Operação da Unidade

• Compra de Produtos

Análise das Curvas de Demanda de Produtos e Insumos (ABC)

Sugestão de Compras de Produtos (estoque mínimo e máximo)

• Gestão de Estoque

Previsão de Vendas

Recebimento e Conferência

Armazenamento no Estoque

Reposição da área de Vendas

Controle dos Indicadores de Estoque (giro e Cobertura)

Como fazer o inventário

---

5. RIBEIRO, Adir. MARCHI, Leonardo, IMPERATORE, Luis Gustavo. GALHARDO, Maurício. **Op. Cit.**, p. 109/113. Disponível em <https://play.google.com/books/reader?id=BWiwDQAAQBAJ&hl=pt_BR&pg=GBS.PT21>. Acesso em 17.03.2019.

- Inventário Físico
- Periodicidade do inventário
- Atendimento e Vendas

Preparação Diária da Equipe de Vendas
Como Atender os Clientes (técnica de vendas utilizada)
Registro das Vendas no Sistema (caixa)
Formas de Pagamento Aceitas
Troca de Produtos

Gestão da Unidade

- Gestão Financeira

Qual é o Papel da Gestão Financeira
Gestão Financeira x Contabilidade
Capital de Giro
Contas a Receber e Contas a Pagar
Fluxo de Caixa
Gestão Econômica
Demonstrativo de Resultados
Indicadores do Negócio

- Lucratividade
- Rentabilidade
- *Payback*
- Gestão do Marketing Local

Campanhas e Divulgações
Planejamento Local de Marketing
Marketing Direto
Mídias Sociais
Visual *Merchandising*
Som Ambiente e Aromatização
Exposição de Produtos
Processo para Realização de Marketing Local

- Gestão de Pessoas

Administração de Pessoal
Recrutamento e Seleção de Pessoas
Admissão
Capacitação do Novo Funcionário
Controle de Horas Trabalhadas
Remunerações

  – Remuneração mensal
  – Salário-Família
  – 13º Salário

– Fundo de Garantia do Tempo de Serviço (FGTS)
Benefícios
Desligamentos
Gestão de Pessoas
Avaliação de Desempenho
Feedback Formal
Estratégias Motivacionais
Disposições Gerais da CLT (Consolidação das Leis Trabalhistas)."

Dependendo da atividade desenvolvida, podem ainda existir os manuais técnicos, voltados para especificidades do negócio, como manual pedagógico para escolas de idiomas.

Como dito acima, os manuais podem ser entregues de forma impressa, mídia eletrônica, *intranet*, *extranet* ou outro meio tecnológico que registre e transmita o conhecimento, desde que seja possível comprovar o seu recebimento pelo franqueado.

Isso se faz necessário ante a obrigação de seu fornecimento e por se tratar de forma de entrega do *know-how*, devendo o franqueador ter consigo prova de sua entrega para demonstrar o pleno cumprimento contratual.

A comprovação pode se dar por mero recibo de entrega no caso de manuais impressos, por mídia eletrônica (*pen-drive*, *CD*, *DVD*) ou por meio de senhas e *logs* de acesso, no caso de manuais disponibilizados em *intranet*, *extranet* ou *site* do franqueador.

Tem-se que os manuais de franquia precisam ser atualizados de acordo com as alterações de padronização, procedimentos, métodos e demais condições do negócio, enviando-se as alterações aos franqueados.

Nesse sentido, com a tecnologia atualmente disponível, o meio eletrônico é mais eficaz tanto para a entrega e atualização dos manuais como para fazer cessar o acesso do franqueado ao fim do contrato, devendo o franqueador utilizar-se de ferramentas tecnológicas capazes de reduzir o risco de divulgação indevida de seu conteúdo e mesmo de obtenção de cópia não autorizada.

3. **PROTEÇÃO CONTRATUAL DOS MANUAIS**

Como demonstrado anteriormente, os manuais de franquia contêm o segredo de negócio, pois neles constam as informações da marca, processos, procedimentos e demais informações que, em conjunto, constituem o *know-how* do franqueador.

Diante disso, os manuais devem receber especial proteção contratual, de modo que o franqueado tenha acesso a tais informações apenas após assinatura do pré-contrato ou do contrato de franquia, para que exista o necessário lastro obrigacional entre as partes.

Deve-se estabelecer que os manuais sejam recebidos em comodato, com a expressa obrigação do franqueado pela guarda, conservação, não divulgação de seus termos a terceiros e, principalmente, a obrigação de devolver tais documentos quando findo o contrato, nos termos do que dispõe o art. 579 e seguintes do Código Civil:

> "Art. 579. O comodato é o empréstimo gratuito de coisas não fungíveis. Perfaz-se com a tradição do objeto.
>
> Art. 580. Os tutores, curadores e em geral todos os administradores de bens alheios não poderão dar em comodato, sem autorização especial, os bens confiados à sua guarda.
>
> Art. 581. Se o comodato não tiver prazo convencional, presumir-se-lhe-á o necessário para o uso concedido; não podendo o comodante, salvo necessidade imprevista e urgente, reconhecida pelo juiz, suspender o uso e gozo da coisa emprestada, antes de findo o prazo convencional, ou o que se determine pelo uso outorgado.
>
> Art. 582. O comodatário é obrigado a conservar, como se sua própria fora, a coisa emprestada, não podendo usá-la senão de acordo com o contrato ou a natureza dela, sob pena de responder por perdas e danos. O comodatário constituído em mora, além de por ela responder, pagará, até restituí-la, o aluguel da coisa que for arbitrado pelo comodante.
>
> Art. 583. Se, correndo risco o objeto do comodato juntamente com outros do comodatário, antepuser este a salvação dos seus abandonando o do comodante, responderá pelo dano ocorrido, ainda que se possa atribuir a caso fortuito, ou força maior.
>
> Art. 584. O comodatário não poderá jamais recobrar do comodante as despesas feitas com o uso e gozo da coisa emprestada.
>
> Art. 585. Se duas ou mais pessoas forem simultaneamente comodatárias de uma coisa, ficarão solidariamente responsáveis para com o comodante."

A não devolução dos manuais pode constituir obrigação de entrega de coisa, exequível, nos termos do art. 498 do Código de Processo Civil, devendo o pré-contrato e o contrato de franquia estipular especificamente a obrigação, prevendo a multa diária (*astreintes*) pelo descumprimento, conforme disposto no art. 537 do referido *codex*:

> "Art. 498. Na ação que tenha por objeto a entrega de coisa, o juiz, ao conceder a tutela específica, fixará o prazo para o cumprimento da obrigação.
>
> [...]
>
> Art. 537. A multa independe de requerimento da parte e poderá ser aplicada na fase de conhecimento, em tutela provisória ou na sentença, ou na fase de execução, desde que seja suficiente e compatível com a obrigação e que se determine prazo razoável para cumprimento do preceito.
>
> § 1º O juiz poderá, de ofício ou a requerimento, modificar o valor ou a periodicidade da multa vincenda ou excluí-la, caso verifique que:
>
> I – se tornou insuficiente ou excessiva;
>
> II – o obrigado demonstrou cumprimento parcial superveniente da obrigação ou justa causa para o descumprimento.
>
> § 2º O valor da multa será devido ao exequente.
>
> § 3º A decisão que fixa a multa é passível de cumprimento provisório, devendo ser depositada em juízo, permitido o levantamento do valor após o trânsito em julgado da sentença favorável à parte.
>
> § 4º A multa será devida desde o dia em que se configurar o descumprimento da decisão e incidirá enquanto não for cumprida a decisão que a tiver cominado.
>
> § 5º O disposto neste artigo aplica-se, no que couber, ao cumprimento de sentença que reconheça deveres de fazer e de não fazer de natureza não obrigacional."

Portanto, o pré-contrato e o contrato de franquia devem ser claros e específicos ao tratar da entrega dos manuais de franquia, entabulando tratar-se de comodato, estipulando a obrigação de sua devolução quando findo o contrato ou em caso de rescisão, com a respectiva multa diária pelo descumprimento da obrigação, como forma de compelir o franqueado a fazê-lo.

Há ainda a necessidade de se estabelecer cláusula de obrigação de sigilo do franqueado, quando finda a relação contratual, sobre todas as informações recebidas consideradas segredo de negócio, inclusive aquelas oriundas dos manuais de franquia, conforme será tratado adiante no capítulo atinente às obrigações pós-contratuais.

Será essa a proteção contratual aplicável no caso de manuais entregues por meio exclusivamente eletrônico, sem quaisquer suportes físicos tais como *pen-drives, CD* ou *DVD,* pois nessa situação o franqueador poderá fazer cessar o acesso do franqueado ao conteúdo eletrônico e o dever contratual de sigilo o obrigará a não divulgar tais informações.

4. RESPONSABILIDADE

Conforme se delineou nos tópicos anteriores, há evidente obrigação do franqueador em fornecer manuais de franquia ao franqueado, por se tratar de forma essencial de transmissão do *know-how*, constituindo, juntamente com treinamentos, suporte operacional e padronização, os elementos necessários para o pleno desenvolvimento de suas atividades.

É fundamental que o franqueador possua prova de entrega dos manuais, para possibilitar ao franqueador a cobrança de resultados e desempenho de seu franqueado, demonstrando o pleno cumprimento contratual, elemento necessário em demandas decorrentes de insucesso de franqueado, como se verifica do julgado:

"Franquia. Ação de rescisão contratual c/c pedido de indenização e cominação de obrigações pós-contratuais. Sentença que contém todos os requisitos essenciais legais e cerceamento de defesa que não se vislumbra ocorrido. Pedido de anulação que não colhe. Deslinde que, no mérito, se mantém. Prestação de serviço de armazenamento em nuvem, digitalização e indexação de documentos. Sistema de gerenciamento eletrônico. Dever de guarda do documento físico equivalente sempre realçado pela franqueadora, conforme as regras de do CONARQ. Deveres contratuais de fornecimento e atualização de manual suficientemente cumpridos. Interesse mercadológico no produto e possibilidade de funcionamento da loja que se reputam mantidos, a despeito da necessidade de preservação do documento físico, cujo descarte fica a critério do cliente. Deveres anexos a boa-fé objetiva e de *duty to mitigate the loss* não observados pelo franqueado que, fundado em injustificada exceção de contrato não cumprido que não prospera, deixou de adimplir os *royalties* e taxas acessórias e encerrou abruptamente as atividades, além de nunca ter dado funcionamento à segunda unidade como fora convencionado. Descumprimento contratual recíproco, de resto, e considerado na origem que se mantém. Prejuízos financeiros alegados nunca demonstrados, não comportando indenização. Sentença mantida. Recurso desprovido".

(TJSP, Ap. nº 1005222-63.2016.8.26.0068 e 1011482-93.2015.8.26.0068 (julgamento conjunto); 2ª Câm. Reservada Direito Empresarial; rel. Des. Cláudio Godoy; j. 30/08/2018)

Verifica-se no corpo do julgado a necessidade de fornecimento de manuais de franquia bastantes para a operação do negócio e a sua comprovação de entrega, demonstrando a transferência de *know-how*:

"E, também em razão disso, de plano não se cogita de transferência superficial ou insatisfatória de *know how*, quanto menos a sua ausência, haja vista que, em sua maior parte, os inúmeros documentos juntados traduzem cópia integral dos manuais disponibilizados ao franqueado para a extensa e detalhada descrição do objeto e dos fins da franquia e a orientação de instalação e organização espacial da unidade, bem assim sobre os requisitos técnicos dos computadores e equipamentos de trabalho utilizados, constando ainda sugestão de técnicas de controle e otimização da produção. Infere-se ainda a regular disponibilização de tabela de preços e planilha de projeção de lucros com o negócio, em atendimento ao item 9.1.16 do contrato de franquia.

Impende, ainda neste ponto, destacar que o contrato de franquia alude ao conceito de manual como o *'conjunto de informações escritas, existentes ou que serão ainda desenvolvidas, na forma de manuais ou mesmo circulares, apostilas de treinamento, e-mails de orientação e semelhantes; que têm como objetivo organizar o negócio e transferir know-how para o franqueado'* (v. item 1.1.6, p. 398). Daí que por manual se pode entender todo instrumento ou mecanismo que perfectibilize de algum modo a instrução do franqueado sobre a operacionalização do negócio, suas estratégias de marketing e comercialização, bem como a utilização dos *softwares* tidos como meios de desenvolvimento da atividade.

Assim, seria de extremo rigorismo formal a conclusão pelo descumprimento de tal obrigação pela franqueadora apenas em virtude da diferença terminológica, quando cediço que diversos dos vídeos disponibilizados cumprem justamente esse papel, inclusive de maneira muito mais efetiva e dinâmica que documentos impressos que reproduzam a forma de uso 'passo a passo' do produto.

E, a propósito, não consta qualquer cláusula impondo à franqueadora o fornecimento de manual para o consumidor final. E nem poderia ser diferente. Afinal, o relacionamento direto se dá com o franqueado e a sua orientação é viabilizada pelo material gráfico de publicidade, sendo vedada a transferência de *know-how* para terceiros porquanto a cuidar de óbvio segredo negocial, inerente à implementação e crescimento da marca, por seu diferencial, em mercado relevante.

Com relação à individualização dos manuais, vê-se que foram fornecidos roteiros para os *softwares* e módulos 'Guardião NF-e' (p. 474/481 e p. 1.331/1.333), 'iDocs Scan' (p. 768/833), 'iDocs Content Server' (p. 727/767), GED (p. 1100 e seguintes), e aqueles implementados já ao longo da relação, Gestão Financeira (p. 1.152/1.157), MAP (p. 1.966 e seguintes), OnMed (p. 2.044 e seguintes), dentre outros, ausente, de resto, prova de que inexistente o produto divulgado ou de que não tenha sido repassado ao franqueado. Portanto, tem-se de reconhecer a mora, neste ponto, com relação aos produtos 'iDocs Import' e 'iDocs Signer', como o fez a sentença.

No que toca à atualização dos manuais, ao que se entende, já não seria de se crer inviabilizada a atividade tão somente em virtude de o manual se referir a *layout* desatualizado para o sistema, quando as funcionalidades parecem essencialmente mantidas, assim sem prejuízo ao entendimento e à utilização do produto. A propósito, a cláusula que refere a obrigação de manter atualizado o material deve ser interpretada com razoabilidade, sendo ponderável que os livros físicos não acompanhem na mesma velocidade os sistemas eletrônicos que, por sua natureza, são com muito maior facilidade aprimorados. De todo modo, a documentação juntada indica que a franqueadora não se manteve inerte neste ponto e se desincumbiu da obrigação de solucionar a questão, ao longo da própria relação entre as partes, pelo menos com relação a parte dos *softwares*; compare-se, com relação ao iDocs, por exemplo, as plataformas de fls. 689, 733 e 1.202."

Somam-se ao julgado acima, aqueles colacionados no verbete anterior (Treinamento Inicial), cuja razão de decidir reside na necessidade da transferência de *know-how*, por meio dos manuais, treinamentos etc., e a comprovação de entrega, elementos que, uma vez cumpridos pelo franqueador, o isentarão de responsabilidade pelo insucesso do franqueado.

Deve o franqueador fornecer os manuais de franquia completos e de maneira efetiva, garantindo seu recebimento pelo franqueado, por meio físico ou eletrônico. Por completos entendem-se os manuais compatíveis com o que foi ofertado na COF e estabelecido no pré-contrato e no contrato de franquia, contendo elementos adequados ao negócio para que o franqueado dele extraia o melhor resultado.

A garantia de que o franqueado teve acesso ao seu conteúdo, tanto de manuais impressos como de eletrônicos, se dá pela comprovação do fornecimento, por meio de recibo de entrega, *e-mails*, senhas e *logs* de acesso, quando disponibilizado por meio eletrônico.

O descumprimento desses mandamentos pode ensejar a rescisão motivada do contrato de franquia, com a responsabilização do franqueador pelo insucesso do franqueado, podendo aquele responder por indenização equivalente ao investimento realizado, multa contratual, lucros cessantes e eventualmente dano moral.

REFERÊNCIAS BIBLIOGRÁFICAS

ALMADA, Viviane. A Importância dos Manuais nas Redes de Franquia (Parte 01). Artigo. *Portal do Franchising*. Disponível em <https://www.portaldofranchising.com.br/artigos-sobre-franchising/a-importancia-dos-manuais-nas-redes-de-franquia-parte-01/>. Acesso em 13/02/2019.

COELHO, Fábio Ulhoa, *Manual de direito comercial*. São Paulo: Saraiva. 2003 p. 443.

RIBEIRO, Adir. MARCHI, Leonardo. IMPERATORE, Luis Gustavo. GALHARDO, Maurício. *Gestão Estratégica do Franchising*: Como construir Redes de Franquia de Sucesso. DVS Editora. 2013. p. 92. Disponível em <https://play.google.com/books/reader?id=BWiwDQAAQBAJ&hl=pt_BR&pg=GBS.PT21>. Acesso em 14/02/2019.

SEBRAE Nacional. *Treinamentos São Essenciais para Mantes a Qualidade da Franquia*. Disponível em: <http://www.sebrae.com.br/sites/PortalSebrae/artigos/treinamentos-sao-essenciais-para-manter-a-qualidade-da-franquia,4bdb39407feb3410VgnVCM1000003b74010aRCRD>. Acesso em 12/02/2019.

17
TREINAMENTO CONTÍNUO

Eric Vitor Neves Macedo

Sumário: Introdução – 1. Fornecimento de suporte e a vinculação das partes – 2. Forma, periodicidade dos treinamentos e comprovação de fornecimento – 3. Responsabilidade – Referências.

INTRODUÇÃO

Como já fora dito nos títulos anteriores, o contrato de *franchising* se caracteriza pela transferência do modelo de negócio do franqueador para o franqueado, pela cessão de uso da marca, padronização do estabelecimento e transmissão do *know-how*, juntamente com o oferecimento de suporte, produtos e serviços.

O *know-how* é passado ao franqueado num primeiro momento pelo treinamento inicial e a entrega dos manuais, havendo sua continuidade por meio do suporte ao franqueado, que contempla consultorias de campo e os treinamentos periódicos, contínuos, como ocorre em convenções anuais, além daqueles que devem ser atualizados e oferecidos ao franqueado sempre que alterados procedimentos, métodos, padronização e quaisquer elementos do negócio.

Tratando-se o treinamento contínuo de obrigação do franqueador, deve ser determinado na Circular de Oferta de Franquia, no pré-contrato e no contrato de franquia, como se dará este fornecimento em termos de custos, condições e periodicidade.

Pretende-se determinar as consequências da falha ou descumprimento das referidas obrigações e como a questão tem sido tratada pela jurisprudência.

1. FORNECIMENTO DE SUPORTE E A VINCULAÇÃO DAS PARTES

Estão contidas no art. 2º da Lei 13.966/2019 as informações que devem ser veiculadas na COF, sobre o suporte ao franqueado, especificando-se, no inciso XIII, letra "e", do referido artigo, a obrigação de indicar o que é efetivamente oferecido pelo franqueador no que se refere ao treinamento do franqueado, especificando duração, conteúdo e custos, além do treinamento oferecido aos funcionários do franqueado:

"Art. 2º Para a implantação da franquia, o franqueador deverá fornecer ao interessado Circular de Oferta de Franquia, escrita em língua portuguesa, de forma objetiva e acessível, contendo obrigatoriamente: (...)

XIII – indicação do que é oferecido ao franqueado pelo franqueador e em quais condições, no que se refere a:

a) suporte;

b) supervisão de rede;

c) serviços;

d) incorporação de inovações tecnológicas às franquias;

e) treinamento do franqueado e de seus funcionários, especificando duração, conteúdo e custos;

f) manuais de franquia;

g) auxílio na análise e na escolha do ponto onde será instalada a franquia; e

h) leiaute e padrões arquitetônicos das instalações do franqueado, incluindo arranjo físico de equipamentos e instrumentos, memorial descritivo, composição e croqui;

(...)"

(grifo nosso)

No título Treinamento Inicial, tratou-se também de treinamento, especificamente aquele necessário quando do ingresso do franqueado na rede, cujo escopo se diferencia do treinamento ora debatido, que possui maior característica de suporte ao franqueado, tendo em vista atualizar conhecimentos, corrigir problemas e implementar novos procedimentos que venham a ser criados no curso da relação contratual.

Conforme já dissemos, ante a atipicidade do contrato de franquia, a legislação não lhe estabelece forma, direitos e obrigações, restringindo-se a determinar o dever de plena publicidade dos termos que são oferecidos ao franqueado, tal como se observa do art. 2º supralistado.

Sendo assim, inexiste determinação legal direta sobre a obrigatoriedade e o modo de oferecimento de treinamento continuado como forma de suporte, sendo a COF e o contrato de franquia os instrumentos a estabelecer esta questão.

Ao tratar do tema, Fábio Ulhoa Coelho[1] explana sobre a complexidade do contrato:

"A franquia consiste, pois, na conjugação de dois contratos: o de licenciamento de uso de marca e o de organização empresarial.

(...)

Os serviços de organização empresarial que o franquiador presta ao franquiado são, geralmente, os decorrentes de três contratos, que podem ser tratados autonomamente. Primeiramente, o contrato de *engineering*, pelo qual o franquiador define, projeta ou executa o *layout* do estabelecimento do franqueado. Em segundo lugar, o *management,* relativo ao treinamento dos funcionários do franquiado e à estruturação da administração do negócio. Por fim, o *marketing*, pertinente às técnicas de colocação dos produtos ou serviços junto aos seus consumidores, envolvendo estudos de mercado, publicidade, vendas promocionais, lançamentos de novos produtos ou serviços, etc.". (*sic*)

Sendo da natureza do contrato a prestação de serviços de organização empresarial pelo franqueador, consubstanciado no *management,* é evidente a necessidade do fornecimento de treinamento o longo de toda relação contratual, como suporte à operação do franqueado.

---

1. COELHO, Fábio Ulhoa, *Manual de direito comercial*. Saraiva. 2003, p. 443.

Nesse sentido, é a doutrina, como citado por Batista Salgado Gigliotti[2]:

"Os mecanismos usuais de transferência de conhecimento tácito nas franquias se dão pelas reuniões face a face, seminários, visitas e treinamentos, enquanto que o conhecimento explícito é comunicado através de manuais, cartas, bancos de dados e emails (WINDSPERGER *et al.*, 2007)". (*sic*)

Alguns autores abordam a questão como capacitação do franqueado, especificamente a reciclagem de conhecimentos necessária ao longo do desenvolvimento do negócio, como destacado por Adir Ribeiro, Leonardo Marchi, Luis G. Imperatore e Maurício Galhardo[3]:

"Capacitação de reciclagem de conhecimentos

A capacitação de reciclagem de conhecimentos é importante para os Franqueados e suas respectivas equipes, para reforçar a forma correta de se realizar as atividades do dia a dia da unidade. Os principais fatores que levam à necessidade de uma reciclagem são os seguintes:

• Lançamento de novos produtos;

• Desempenho ou resultado abaixo das expectativas;

• Incidência de erros e reclamações;

• Atividades realizadas fora do padrão determinado pela Franqueadora;

• Alterações no processo de realização de *marketing* local;

• Implantação de um novo *software* de gestão;

• Outras situações pontuais.

Além dos pontos anteriormente citados, é importante ressaltar que essa capacitação mantém a Franqueadora em contato mais frequente com a sua rede, impactando positivamente no relacionamento entre Franqueadora e Franqueados."

Portanto, para o devido desenvolvimento do negócio, é necessário o suporte, por meio de contínuo treinamento, devendo constar no pré-contrato e no contrato de franquia a obrigação de seu fornecimento pelo franqueador.

Pela mesma razão, deve constar nos instrumentos contratuais a obrigação do franqueado em participar dos treinamentos, dos cursos, das convenções e de qualquer outra forma escolhida pelo franqueador para a transmissão de conhecimento, pois o sucesso ou insucesso do negócio está atrelado à manutenção dos padrões da franquia e o recebimento pelo franqueado do devido suporte.

Com isso, se garante o perfeito cumprimento do ajuste, resguardando-se os princípios da função social do contrato e de boa-fé objetiva, previstos respectivamente no

---

2. WINDSPERGER, Josef. **The Organization of Knowledge in Franchising Firms**. DRUID Summer Conference, Copenhagen/Elsinore 6-8 June 2002 *apud* GIGLIOTI, Batista Salgado. **Transferência de Conhecimento nas Franquias Brasileiras**. Fundação Getulio Vargas. Dissertação de Mestrado. São Paulo, março de 2010, p. 25. Disponível em: https://bibliotecadigital.fgv.br/dspace/bitstream/handle/10438/4712/61080100004.pdf?sequence=1&isAllowed=y. Acesso em 11/02/2019.
3. RIBEIRO, Adir; MARCHI, Leonardo; IMPERATORE, Luis Gustavo; GALHARDO, Maurício. **Gestão Estratégica do Franchising: Como construir Redes de Franquia de Sucesso**. DVS Editora. 2013. p. 186/189. Disponível em https://play.google.com/books/reader?id=BWiwDQAAQBAJ&hl=pt_BR&pg=GBS.PT21. Acesso em 20.03.2019.

art. 421 e no art. 422 do Código Civil, pois o contrato deve respeitar a finalidade estabelecida entre as partes.

Conclui-se que o oferecimento de treinamento de forma contínua no curso da relação negocial é necessário para o desenvolvimento da franquia contratada, sendo de obrigatório oferecimento pelo franqueador e de participação do franqueado, devendo constar na COF, no pré-contrato e no contrato de franquia, pois, do recebimento de tal conhecimento, decorrerá a capacidade do franqueado ao cumprimento de diversos direitos e deveres estabelecidos no instrumento contratual, sendo fundamental para o sucesso do negócio.

2. FORMA, PERIODICIDADE DOS TREINAMENTOS E COMPROVAÇÃO DE FORNECIMENTO

A Circular de Oferta de Franquia deve determinar o treinamento oferecido ao franqueado, nos termos do que determina o art. 2º da Lei 13.966/2019, especificando sua duração, seu conteúdo e seus custos, aplicando-se o mesmo quanto ao treinamento dos funcionários do franqueado, de maneira que o então candidato possa tomar pleno conhecimento das obrigações pelas partes quanto ao tema: a do franqueador em oferecer o treinamento e do franqueado em dele participar, nas condições previstas na referida circular.

De maneira mais acurada, deverá o contrato de franquia prever os tipos de treinamentos de suporte oferecidos (administração/gestão do negócio, atendimento ao cliente etc.), em quais condições (presencial, na sede da franqueadora, na unidade, remoto) e demais estipulações pertinentes.

As convenções regionais e nacionais podem ser enquadradas como espécies de treinamento, pois nelas comumente são oferecidas palestras e exposição de conteúdo aos franqueados.

Algumas redes possuem universidade corporativa assim descrita por Adir Ribeiro, Leonardo Marchi, Luis G. Imperatore e Maurício Galhardo[4]:

> "A Universidade Corporativa consiste na criação de uma série de cursos com o objetivo de desenvolver as competências que são importantes para a empresa de forma sequencial e organizada, podendo ou não ter força de curso superior, alavancando assim o capital humano da empresa.
>
> (...)
>
> Ao fazer um processo sistemático de analisar as competências necessárias para as diversas funções, seja da Franqueadora ou das Franquias, e desenvolver uma grade de cursos que atendam a essas necessidades e colocá-los à disposição da rede, aplicando esses cursos e aferindo os resultados

---

4. RIBEIRO, Adir; MARCHI, Leonardo; IMPERATORE, Luis Gustavo; GALHARDO, Maurício. **Gestão Estratégica do Franchising: Como construir Redes de Franquia de Sucesso**. DVS Editora. 2013. p. 192/194. Disponível em https://play.google.com/books/reader?id=BWiwDQAAQBAJ&hl=pt_BR&pg=GBS.PT21. Acesso em 20.03.2019.

(qualitativos e quantitativos) gerados, podemos dizer que a rede possui efetivamente uma Universidade Corporativa.

Os cursos de uma Universidade Corporativa são programas, mas consistentemente ligados à estratégia do negócio. Com isso, a rede de Franquias evita que se cometa o erro de pensar na capacitação de forma espasmódica, somente quando uma necessidade pontual se apresenta, mas sim pensar nesse assunto de forma estratégica e antecipada".

Tratando-se de forma de suporte e transferência de conhecimento do negócio, a participação em convenções e em cursos oferecidos na universidade corporativa pode e deve ser incluído no contrato como obrigatório ao franqueado e aos seus funcionários.

Tal como foi dito em relação ao treinamento inicial, o treinamento continuado pode ser oferecido tanto na modalidade presencial como na remota, desde que atinja a finalidade de transmissão de conhecimento.

Sendo o treinamento contínuo obrigação contratual, como suporte e forma de entrega do *know-how*, deve o franqueador ter consigo prova de seu fornecimento para demonstrar o cumprimento do ajuste.

O treinamento presencial e remoto, a participação em convenções, palestras e cursos em universidade corporativa serão realizados conforme estabelecido no contrato de franquia, no tocante a local, tempo de duração, responsabilidade pelos custos, devendo o franqueador registrar com precisão tanto o oferecimento como o comparecimento do franqueado e sua equipe quando for o caso.

Tratando-se de treinamento remoto, este será cabível nos tipos de negócio em que não seja obrigatório o comparecimento pessoal do franqueado, como no caso de treinamento específico em que o franqueado precise efetivar o manuseio de alimentos ou em treinamento que seja necessário manuseio de produtos, não sendo possível tal aprendizado remotamente.

Assim, o treinamento remoto poderá ser efetivado por meio de qualquer ferramenta de transmissão ou mesmo *on-line* disponibilizada no mercado, tal como EAD, Skype, Zoom etc.

Quanto à periodicidade, após a realização do treinamento inicial os demais treinamentos devem ser oferecidos anualmente nas convenções regionais ou nacional, em temas diversos, tendo em vista aprimorar gestão, atendimento e vendas.

Além disso, devem igualmente ocorrer, em lançamento de produtos e serviços, alterações substanciais de procedimentos ou estratégia de vendas e situações semelhantes. Poderá haver treinamento direcionado a determinadas unidades que estejam com baixo desempenho ou com problemas operacionais.

Deve o franqueador certificar-se do acesso do franqueado ao conteúdo, pela utilização de senhas e *logs* e o efetivo acompanhamento do franqueador, que deverá registrar o fornecimento do treinamento por meio do arquivamento das informações de acesso (senhas, *logs*) e pela via de comunicação eleita contratualmente (*e-mail*, carta etc.).

3. RESPONSABILIDADE

Conforme se delineou nos tópicos anteriores, há evidente obrigação do franqueador em fornecer suporte em treinamento continuado ao franqueado como elemento necessário para o pleno desenvolvimento de suas atividades.

A falha no fornecimento de treinamento pelo franqueador pode acarretar responsabilidade pelo insucesso do franqueado, pois há evidente descumprimento contratual, conforme tem sido amplamente decidido pelos tribunais:

> "Franquia. Demanda de resolução contratual ajuizada pela franqueada e sua administradora. Ré revel. Demanda julgada procedente em parte, com acolhimento do pedido resolutório por inadimplemento da franqueadora. Impossibilidade de arguição por essa última, somente em apelação, de convenção de arbitragem. Inteligência do art. 301, § 4º, do CPC/73. Falta de entrega pela ré de manuais operacionais, omissão na prestação de treinamento e suporte para a unidade franqueada, além de problemas na distribuição de produtos. Alegações de fato presumidas verdadeiras em razão da revelia e além disso reforçadas por prova documental. Indenização por danos materiais que deve se limitar ao investimento feito pelas autoras para a celebração do contrato e a vinculação à rede de franquias, não abrangendo as despesas operacionais tidas para o funcionamento da loja, sob pena de enriquecimento sem causa. Sentença de parcial procedência mantida nessa parte, afastada a pretensão indenizatória adicional das autoras. Reforma do julgado apenas para incluir verba relativa a produtos pagos pelas autoras e não entregues pela distribuidora da rede de franquia. Ausência, na espécie, de dano moral indenizável. Mera frustração com o negócio jurídico celebrado. Matéria eminentemente patrimonial. Denegação da reparação a esse título igualmente confirmada. Modificação por fim da distribuição dos encargos sucumbenciais, por não se justificar a compensação de honorários advocatícios em sendo a ré revel. Apelo das autoras parcialmente provido. Recurso da ré desprovido".
> (TJSP, Ap. nº 0023128-26.2012.8.26.0003; 2ª Câm. Reservada de Dir. Empresarial; rel. Des. Fabio Tabosa; j. 27/02/2019).

De outra sorte, a comprovação de fornecimento de suporte e treinamento afasta qualquer imputação de responsabilidade do franqueador pelo insucesso, como se verifica:

> "Franquia – Ação de Rescisão Contratual – Ajuizamento pelos franqueados – Reconvenção da franqueadora buscando o cumprimento de obrigações pecuniárias – Improcedência da ação e procedência em parte da reconvenção – Inconformismo dos autores – Não acolhimento – Conjunto probatório que não confirma a versão de que houve descumprimento contratual (falta de treinamento e suporte) pela franqueadora – Ausência de respaldo à imputação de responsabilidade da ré pelo insucesso do negócio – Sentença mantida – Recurso desprovido".
> (TJSP, Ap. nº 1011690-83.2017.8.26.0011; 2ª Câm. Reservada de Dir. Empresarial; rel. Des. Grava Brazil; j. 04/02/2019; disp. 14/02/2019)

Importante destacar o voto do i. relator que, ao analisar as provas apresentadas pela franqueadora, entendeu demonstrada a transferência de *know-how* pela entrega de manual e treinamento, além do suporte oferecido pelo próprio treinamento:

> "A rescisão foi pedida com fundamento na imputação de descumprimento, pela franqueadora, da obrigação de prestar assistência à franqueada.
> À apelante, autora da ação, incumbia o ônus de demonstrar os fatos alegados.

No entanto, diversamente da argumentação trazida, os documentos que juntou aos autos não foram ignorados e sim analisados dentro do conjunto probatório.

Sob o enfoque da prova documental, o único fato demonstrado pelos apelantes que é digno de nota é a demora para o atendimento da solicitação de consultor realizada em 27.01.2017, que, conforme apontado no documento de fls. 80, foi atendida apenas em 01.03.2017.

Tal fato isolado, no entanto, não é suficiente a imputar à franqueadora a responsabilidade pelo insucesso do negócio, nem tampouco descumprimento contratual capaz de gerar as consequências pretendidas pelo apelante.

De resto, atenta-se para o fato de que o próprio contrato prevê a possibilidade de treinamento inicial *on line* (cláusula 10.1, "e").

A apelada comprovou, ainda, a entrega de manual de implantação e manual de gestão (fls. 323/373), bem como a efetiva ocorrência de treinamento técnico, de 12 a 17 de setembro de 2016 (fls. 379), motivo pelo qual não merece crédito a alegação de que não houve treinamento.

Tanto houve que a unidade funcionou pelo período de um ano.

Há, também, registros de suporte e contatos pelo sistema informatizado empregado para operacionalização da franquia (fls. 410/415), bem como relatórios mensais elaborados pela empresa nos três primeiros meses de operação da franquia (fls. 468/545).

Conquanto o depoimento pessoal do sócio da apelante tenha se voltado a repetir a alegação de que não houve transferência de *know how* e suporte, tais afirmações não se confirmam na prova documental.

Assim é que o insucesso do negócio, no plano financeiro, não pode ser imputado a qualquer mora contratual da franqueadora.

Por tal motivo, é irrelevante a quantia investida no negócio, lembrando-se que a unidade funcionou normalmente durante um ano.

Não sendo imputável à conduta da apelada o rompimento do contrato, inviável o acolhimento da pretensão da apelante". (*sic*)

No julgado a seguir, se demonstra o oferecimento de suporte e treinamento pela franqueadora, eximindo-a de responsabilidade pelo insucesso do franqueado:

"FRANQUIA. AÇÃO DE ANULAÇÃO DE CONTRATO C.C. INDENIZAÇÃO. Alegada justa causa para o rompimento do contrato. Suposta omissão da franqueadora na condução do negócio. Ausência de conduta omissa da franqueadora. Prova documental indicativa de que aos autores foram oferecidos cursos e suporte da franqueadora, com a disponibilização de recursos para auxílio no desenvolvimento do negócio. A partir das orientações prestadas pela franqueadora, cabia aos franqueados promover o incremento de seu negócio e buscar o próprio aprimoramento na gestão da empresa para alcançar a lucratividade, com vistas à superação dos riscos inerentes ao mercado empresarial. Dever do empresário – e não da franqueadora – de considerar as diferentes variáveis ao celebrar o contrato de franquia, sendo imprescindível seu conhecimento pessoal no ramo empresarial que será explorado, o que não parece ter sido o caso dos autos. Inexistência de afronta às disposições da Lei nº 8.955/94. RECURSO DESPROVIDO".

(Ap. nº 1011616-63.2016.8.26.0011; 2ª Câm. Reservada de Dir. Empresarial; rel. Des. Alexandre Marcondes; j. 29/11/2018)

Restam sedimentados no acórdão a comprovação do suporte e o treinamento como elemento para pleno cumprimento contratual:

"Os autores insistem na anulação da sentença em razão do cerceamento de defesa. Pretendiam produzir prova a respeito do inadimplemento contratual da ré que, entretanto, na contestação apresentada, trouxe inúmeros documentos (fls. 269/779) que comprovam a assistência prestada aos autores **antes** e **durante** a exploração do empreendimento, documentos que, por sinal, não foram adequadamente impugnados pelos autores em réplica, na qual se vê apenas a reiteração dos argumentos antes apresentados na petição inicial (fls. 742/779). Neste cenário, as provas requeridas pelos autores não teriam o condão de contrariar o sólido acervo probatório formado pela ré, o que levou ao julgamento antecipado da lide.

(...)

E, no caso em exame, tampouco se vê conduta omissa da franqueadora. Os documentos apresentados indicam que aos autores foi oferecido atendimento próximo na implantação da franquia, com detalhamento das providências necessárias análise do ponto comercial, aquisição de insumos, treinamento de funcionários, bem como durante a exploração do negócio, com indicação de intervenções que poderiam ser tomadas para a superação dos entraves constatados (fls. 431/738).

A partir das orientações prestadas pela franqueadora, cabia aos autores promover o incremento do negócio e buscar o próprio aprimoramento na gestão da empresa para alcançar a lucratividade, com vistas à superação dos riscos inerentes ao mercado empresarial. Daí porque deve o empresário e não a franqueadora considerar as diferentes variáveis ao celebrar o ajuste de franquia, do que denota ser imprescindível seu conhecimento pessoal no ramo empresarial que será explorado, o que não parece ter sido o caso dos autos". (*sic*)

Nessa direção é o trecho extraído de acórdão que reformou sentença condenatória para eximir de responsabilidade o franqueador que comprovou devidamente o suporte prestado, registrando por *e-mail* os contatos havidos com o franqueado:

"Porém, e seja como for, no mérito o apelo comporta provimento, respeitada a convicção do MM. Juízo *a quo*.

Com efeito, o que se nota nos autos é que todas as alegações dos autores acerca da falta de suporte pela ré foram devidamente infirmadas pelos documentos por esta juntados.

Em primeiro lugar, há e-mail de outubro de 2014, juntado pelos autores, enviado pelo setor de suporte da ré ao setor de marketing, em razão de problemas dos franqueados com a emissão de Demonstrações do Resultado do Exercício (DRE), por estarem comercializando produtos da franquia sem a emissão de nota fiscal (fls. 41). Mas, mesmo assim, a ré demonstrou haver corrigido, em mais de uma ocasião, os problemas enfrentados pelos autores com a emissão das DREs, enviando-lhes versões ajustadas ao menos em 05 de novembro de 2014 (fls. 177) e 05 de agosto de 2015 (fls. 182).

Em segundo lugar, mostra-se infundada a reclamação dos autores em e-mail datado de 26 de agosto de 2015 acerca da falta de suporte adequado da ré quanto ao fechamento de negócio com um cliente importante e quanto à substituição do sistema "objetiva" por um sistema de gestão (fls. 46). Não se esclareceu de que negócio ou cliente se tratava e, já no dia 31 de agosto de 2015, a ré enviou aos autores e-mail autorizando-os a se utilizarem de outro sistema de gestão (fls. 184).

Ademais, as informações acerca de produtos específicos pedidas pelos autores em diversos e-mails datados de 18, 28 e 30 de setembro (fls. 47/50) foram todas prontamente fornecidas pela ré no mesmo dia em que pedidas (fls. 204, 206 e 208/209). Particularmente quanto ao pedido informação acerca do caráter biodegradável dos produtos comercializados pela franquia, a ré juntou inclusive laudo técnico atestando a conformidade com a resolução da ANVISA, que define os requisitos para a qualificação de um produto como biodegradável (fls. 195/202).

No tocante ao pedido de parcelamento do fornecimento de produtos, vê-se que a ré deu resposta objetiva, mas precisa aos autores (fls. 42).

Depois, também devidamente comprovada a aquisição de passagens aéreas para a visita do representante da ré Jeferson Moreno a Brasília, a fim de ajudar os autores nos períodos de 02 a 06 de dezembro de 2014 (fls. 262), e de 02 a 12 de março de 2015 (fls. 269/271 e 283), o que se deduz também dos diversos comprovantes de despesas referentes ao período juntados aos autos (fls. 237/288). Houve inclusive e-mail da ré em 07 de dezembro de 2015 relatando a ocorrência de auditoria local, com instruções para o reerguimento da unidade franqueada (fls. 53).

Ainda quanto às visitas presenciais, diante de sua alegada insuficiência, assim para os autores, a ré os notificou em 08 de dezembro de 2015 para comparecimento em sua sede a fim de, já que não se satisfaziam antes, obter maiores esclarecimentos desejados (fls. 55/56).

A circunstância de os autores não terem condições financeiras para se deslocar até a sede (fls. 54) não basta para a configuração de descumprimento contratual pela ré, pois se tratou de medida tomada já após os inúmeros contatos mantidos, assim nos termos das cláusulas 7ª e 8ª do contrato de franquia, transcritas abaixo no que importa:

Cláusula 7ª: *"A FRANQUEADORA fará periodicamente visitas na região e estabelecimento comercial do franqueado para avaliação de sua atuação."* (...) *"Todas as instruções de trabalho, procedimentos e treinamentos serão documentados a cada visita dos profissionais ATL, inclusive correções que se façam necessárias para o bom êxito dos negócios."* (fls. 17).

Cláusula 8ª: *"Treinar o Franqueado e seus funcionários dentro do cronograma de treinamento Anexo I, parte integrante a este contrato. Fornecer Know How."* (...) *"Compete à franqueadora dar assistência comercial, de acordo com o presente CONTRATO e seu Anexo I dentro do expediente normal de trabalho, sendo vedado horário extraordinário para os profissionais, durante a estadia dos mesmos na sede dos Franqueados. À FRANQUEADORA compete a orientação e treinamento interno e externo sobre produtos, processos, rotina comercial e administrativa e demonstração da aplicação dos mesmos, conforme previsto nos procedimentos"* (fls. 18).

Por último, não colhe a alegação dos autores acerca da ausência de competitividade de seus produtos no mercado. A ré lhes enviou, no dia 28 de agosto de 2015, e-mail com tabela de produtos e preços indicando a competividade discutida, bem como relatando a relutância dos autores em arcar com os custos da visita de especialista (fls. 189/190). E, a propósito, a ré inclusive chegou a se oferecer para assumir parte dos custos da visita de seus profissionais que seria feita à unidade dos autores em maio de 2015 (fls. 178), a despeito do disposto no contrato de franquia (fls. 19, fim da cláusula 8ª).

Enfim, o quadro que se põe a exame indica muito mais o insucesso comercial dos autores que, malsucedido o negócio, tentam repassar a responsabilidade à franqueadora.

Aliás, bem nessa senda, isto é, sobre a tentativa de se responsabilizarem franqueadores por conta dos maus resultados de seus franqueados, calham as ponderações externadas, em precedente da 1ª Câmara, pelo I. Des. Fortes Barbosa: *"De fato, o insucesso do negócio não pode ser imputado à requerida, sendo inerente ao empreendedorismo, no que se insere a abertura de uma franquia, o risco do negócio, não cabendo, pura e simplesmente, imputar ao franqueador a culpa por eventual insucesso do negócio, salientando-se, inclusive, o momento de crise econômica profunda enfrentado por nosso país. O contrato de franquia envolve risco assumido pelo franqueado, não sendo essencial a esse tipo de contrato a ingerência da franqueadora no dia-a-dia da franqueada. Esse auxílio da franqueadora, entretanto, mesmo tendo por objetivo maximizar o desempenho do franqueado, repete-se, não garante o sucesso do empreendimento, que depende de outros fatores, como as demandas de mercado, a concorrência e a gestão do negócio pelo próprio franqueado. O retorno financeiro, nos contratos de franquia, por outro lado, como é de conhecimento público, não é imediato, sendo, ao contrário, demasiadamente lento."* (**Apelação n. 1001017-88.2016.8.26.0068, 1ª Câmara Reservada de Direito Empresarial, Rel. Des. Fortes Barbosa, j. 04/10/2017**).

Nesse ponto, é sintomático que os e-mails e reclamações dos autores se tenham iniciado apenas em 26 de agosto de 2015, culminando com a mensagem do dia 07 de dezembro de 2015 (fls. 51), logo após a mencionada visita do representante Jeferson Moreno e logo antes da distribuição deste feito em 05 de fevereiro de 2016 (fls. 02), porém muito depois da celebração do contrato de franquia, datado de 22 de maio de 2014 (fls. 27). Aliás, mais não fosse e, de todo modo, não caberia devolução integral da taxa de franquia dado o tempo de sua exploração".[5] (*sic*)

---

5. Ap. nº 0001635-56.2017.8.26.0281; 2ª Câm. Reservada de Dir. Empresarial; rel. Des. Cláudio Godoy; j. 11/07/2018.

De outro lado, havendo a verificação do descumprimento contratual do franqueador quanto ao oferecimento do devido suporte, treinamentos periódicos, há sua plena responsabilização (franqueador), como se abstrai do voto ora transcrito:

> "Ora, havendo prova robusta e confirmada a r. sentença que reconheceu existir culpa exclusivamente do franqueado que "violou suas obrigações contratuais, expressas na cláusula 12ª do contrato firmado, dentre as quais: promover treinamentos periódicos visando a reciclagem para a revisão de procedimentos operacionais (inciso VII); orientar o franqueado na resolução de problemas localizados e específicos do negócio franqueado, sempre que assim de fizer necessário (inciso IX); prestar supervisão de rede ao franqueado, que também compreende consultoria e suporte periódico após a inauguração da unidade franqueada (inciso XI); prestar orientação pedagógica aos instrutores do franqueado (inciso XXI); realizar seminários e fóruns de debate a respeito de assuntos operacionais (inciso XXV) e disponibilizar acesso ao sistema de gestão escolar (inciso XXVI)", evidente que a mesma sanção por "grave violação contratual" deve operar a desfavor do franqueado, independentemente de cláusula correspondente a favor do franqueados, sob pena de violação da cumutatividade dos contratos bilaterais".[6] (sic)

Nesse cenário, deve o franqueador fornecer suporte por meio de treinamentos periódicos, exigindo contratualmente a efetiva participação do franqueado, na modalidade presencial ou a distância, se assim permitir o tipo de negócio a ser desenvolvido.

O treinamento deve ser compatível com o que foi ofertado na COF e estabelecido no contrato de franquia, possuindo elementos adequados ao negócio para que o franqueado dele extraia o melhor resultado.

A participação do franqueado em convenções deve ser obrigatório, pois em tais ocasiões há a transferência de conhecimento, considerando-se como treinamento e suporte.

Há ainda redes que possuem universidade corporativa, cujos cursos demandam a participação obrigatória do franqueado, por estarem contextualizados como forma de treinamento.

Deve-se ainda garantir que o franqueado tenha pleno acesso ao seu conteúdo, por meio de manuais impressos ou eletrônicos, sempre com a comprovação do fornecimento, mediante lista de presença, recibo de entrega, *e-mails*, senhas e *logs* de acesso, quando disponibilizado por meio eletrônico.

O descumprimento de tais providências pode justificar a rescisão motivada do contrato de franquia e a atribuição de responsabilidade ao franqueador pelo insucesso do franqueado, possibilitando a responsabilização por indenização equivalente ao investimento realizado, multa contratual, lucros cessantes e eventualmente dano moral.

---

6. Ap. nº 0009262-66.2012.8.26.0191; 2ª Câm. Reservada de Dir. Empresarial; rel. Des. Ricardo Negrão; j. 10/09/2018.

REFERÊNCIAS

COELHO, Fabio Ulhoa, *Manual de direito comercial*. Saraiva. 2003. p. 443.

WINDSPERGER, Josef. *The Organization of Knowledge in Franchising Firms*. DRUID Summer Conference, Copenhagen/Elsinore 6-8 June 2002 *apud* GIGLIOTI, Batista Salgado. *Transferência de Conhecimento nas Franquias Brasileiras*. Fundação Getulio Vargas. Dissertação de Mestrado. São Paulo, março de 2010, p. 25. Disponível em <https://bibliotecadigital.fgv.br/dspace/bitstream/handle/10438/4712/61080100004.pdf?sequence=1&isAllowed=y> Acesso em 11/02/2019.

RIBEIRO, Adir. MARCHI, Leonardo, IMPERATORE, Luis Gustavo. GALHARDO, Maurício. *Gestão Estratégica do Franchising*: Como construir Redes de Franquia de Sucesso. DVS Editora. 2013. p. 186/189 e p. 192/194. Disponível em <https://play.google.com/books/reader?id=BWiwDQAAQBAJ&hl=pt_BR&pg=GBS.PT21>. Acesso em 20.03.2019.

18
SUPORTE DO FRANQUEADOR AO FRANQUEADO

Thais Mayumi Kurita

Sumário: Introdução – 1. Suporte ao franqueado; 1.1. Um breve histórico legislativo; 1.2. O que informa a doutrina sobre o tema; 1.3. Conceito de suporte; 1.3.1. *Lato sensu*; 1.3.2. *Stricto sensu*; 1.4. Formas de suporte; 1.4.1. Quanto à forma; 1.4.1.1. Quanto à forma de sua materialização; 1.4.2. Ferramentas mais comuns de suporte; 1.4.3. Diferenças entre auditoria e consultoria; 1.5. Suporte em relação ao *marketing* – 2. A prática socioeconômica *versus* a Lei – 3. Suporte e ingerência – 4. Conclusão – Referências bibliográficas.

INTRODUÇÃO

O presente capítulo busca trazer à luz alguns conceitos por vezes negligenciados pelos operadores do Direito, ocasionando equívocos não apenas na fase de formatação do modelo de negócio – que envolve também a fase de elaboração dos instrumentos legais – mas também a toda cadeia social impactada sob qualquer forma pelo instituto da franquia empresarial.

Além dos conceitos, buscaremos, sem a intenção de esgotar o tema, indicar quais são as ferramentas mais atualizadas e como o Direito vem se amoldando às mesmas, já que inevitáveis para a manutenção do instituto que, esse sim, evolui com o tempo e com as novas tecnologias.

Impossível fechar os olhos para a evolução das formas de se fazer negócios; aplicativos, sistemas de *software* e até robôs, excedendo em eficiência e velocidade, possibilitando – ou até mesmo forçando – o empresário a se ocupar mais de outras tarefas. O custo de aquisição de clientes se altera bruscamente e a competição vai além de disputar clientes na ponta final, mas inclui trazer novos franqueados para dentro do sistema.

Nesse contexto atual, importante dar crédito à Lei de Franquias que, mesmo depois da sua alteração, cumpre seu papel de maneira silenciosa, discreta, na medida em que não enrijeceu as estruturas contratuais utilizadas, possibilitando, dessa forma, que cada marca evoluísse e criasse seus próprios mecanismos de crescimento, proteção e eficiência. Ou não. Quem não observou esse movimento, ficou para trás ou simplesmente desapareceu.

E, diante desse quadro, surge, porque absolutamente necessário, um fenômeno onde as boas práticas tornam-se cartilhas a serem reproduzidas, se um desejar alcançar o mesmo sucesso que outra marca, mais experiente, mais consolidada, alcançou. O processo de reprodução faz parte dos sistemas de franquia e é por esse motivo que se torna tão atrativo em momentos de pós-guerra, pós-crise, como ocorreu de forma mais recente em 2008.

As várias camadas de fatos: crise econômica, crises políticas, incertezas, complexidade do sistema tributário, trabalhista, previdenciário, somada a uma cultura paternalista, onde há o efetivo costume de compartilhar com terceiros a empreitada rumo ao sucesso, cria uma horda de desempregados e também de pessoas interessadas em deixar o risco desse desemprego no passado; para esses, empreender é o passo mais próximo para atingir o sonho da almejada estabilidade.

A indústria do *franchising* recebe essas pessoas de braços abertos, porém, é preciso dizer: a baixa qualificação é um problema. Necessário criar, cada vez mais e mais, mecanismos e meios de assegurar que seu negócio reproduzido se mova de maneira cada vez mais independente de si e do próprio operador.

Por essas e outras razões é que as ferramentas de suporte estão cada vez mais arraigadas nos sistemas de franquia modernos.

Inobstante não seja legalmente obrigatória, mesmo com a nova lei de franquias, a oferta de suporte por parte do franqueador passa a ser uma realidade inafastável, tornando-se praticamente um dos atributos que define o que é o *franchising*, como se sempre tivesse estado lá.

No entanto, não nos deixemos enganar: essa definição não é fruto da lei; é fruto da construção social, lugar onde se acredita que a franquia pressupõe que o franqueador tem o dever de prover toda a ajuda e todo o suporte possivelmente imaginável, diminuindo as chances de insucesso do parceiro, um lugar perigoso, onde o esperado muitas vezes não foi o prometido.

E, muito embora acreditemos que o suporte seja extremamente necessário para manutenção dos sistemas de franquia, porque implica, sob diversos aspectos, na perpetuação do negócio, por outro lado, acreditamos na liberdade do franqueador em simplesmente não o fazer. As consequências, na prática, não são boas para o franqueador que desejar seguir esse caminho, já que, entre outras, enfrentará os desafios decorrentes de uma descentralização nas formas de gestão da ponta, cada um fazendo da melhor forma que conhece; claro que, com isso, provavelmente não terá muito sucesso em manter a rede em expansão.

Todavia, de novo, que seja uma escolha, baseada no princípio do livre mercado, e que sejam postas às claras as escolhas para ambas as partes – franqueado e franqueador – porque vizinha dessa liberdade está a obrigação de informar o parceiro e, acima disso tudo, acima da escolha até, está a boa-fé.

1. SUPORTE AO FRANQUEADO

1.1. Um breve histórico legislativo

A Lei de Franquias em vigor no Brasil, 13.966, de 26 de dezembro de 2019, revogou a Lei 8.955, de 15 de dezembro de 1994. Com a nova redação, passa a se definir o que vem a ser uma franquia empresarial nos seguintes termos:

Art. 1º Esta Lei disciplina o sistema de franquia empresarial, pelo qual um franqueador autoriza por meio de contrato um franqueado a usar marcas e outros objetos de propriedade intelectual, **sempre associados** ao direito de produção ou distribuição exclusiva ou não exclusiva de produtos ou serviços **e também ao direito de uso de métodos e sistemas de implantação e administração de negócio ou sistema operacional desenvolvido ou detido pelo franqueador**, mediante remuneração direta ou indireta, sem caracterizar relação de consumo ou vínculo empregatício em relação ao franqueado ou a seus empregados, ainda que durante o período de treinamento. (grifos nossos)

Pela Lei, a franquia empresarial contém em si, de maneira indissociável, os seguintes institutos: licença de uso de marca (primordialmente); direito de fabricação e/ou distribuição de produtos ou serviços; e transferência de *know-how*. Mas isso nem sempre foi assim.

A lei anterior, 8.955, de 15 de dezembro de 1994, dizia diferente, vez que trazia na definição o que vinha a ser uma franquia empresarial, o termo eventualmente. Vejamos:

Art. 2º Franquia empresarial é o sistema pelo qual um franqueador cede ao franqueado o direito de uso de marca ou patente, associado ao direito de distribuição exclusiva ou semi-exclusiva de produtos ou serviços e, ***eventualmente***, também ao direito de uso de tecnologia de implantação e administração de negócio ou sistema operacional desenvolvidos ou detidos pelo franqueador, e mediante remuneração direta ou indireta, sem que, no entanto, fique caracterizado vínculo empregatício. (grifamos).

Veja-se que o legislador pátrio de então adotou o termo eventualmente, revelando a possibilidade variável e, portanto, não obrigatória do franqueador em oferecer o direito ao uso de tecnologia de implantação e operação de negócio. Essa noção vinha reforçada logo na sequência, no artigo 3º:

Art. 3º Sempre que o franqueador tiver interesse na implantação de sistema de franquia empresarial, deverá fornecer ao interessado em tornar-se franqueado uma circular de oferta de franquia, por escrito e em linguagem clara e acessível, contendo obrigatoriamente as seguintes informações:

(...) omissis

XII – **indicação do que é efetivamente oferecido ao franqueado** pelo franqueador, no que se refere a:

a) supervisão de rede;

b) serviços de orientação e outros prestados ao franqueado;

c) treinamento do franqueado, especificando duração, conteúdo e custos;

d) treinamento dos funcionários do franqueado;

e) manuais de franquia;

f) auxílio na análise e escolha do ponto onde será instalada a franquia; e

g) layout e padrões arquitetônicos nas instalações do franqueado; (grifamos)

Ora, o que se exprime no artigo supramencionado é que aquele que tiver interesse em se tornar franqueador deve declarar aquilo que oferece, oportunizando-lhe, numa interpretação teleológica, o direito reverso de nada oferecer.

Vale aqui trazer o contexto dentro do qual a primeira Lei de Franquias foi concebida: já se praticava, no Brasil, o modelo estrangeiro, importado dos Estados Unidos, ao menos em seu conceito primitivo; assim, muitos negócios se multiplicavam nacionalmente sem qualquer regramento a respeito. O texto legal, como ferramenta de correção social, procurou contemplar todas as gerações de franquia existentes à época no Brasil daquele momento, que eram muito mais concessões de uso de uma marca associado ao direito de distribuição de produtos do que efetivamente um modelo complexo de empresa e sua gestão. O espírito do legislador[1], à época, foi o de trazer mais transparência ao negócio, tendente a evitar engodos, muito comuns naquele período e, ao fazê-lo, abarcou para si praticamente todos os estabelecimentos que orbitassem em torno de uma marca, independentemente de prestarem ou não, assistência ao seu franqueado.

Confirma essa visão, nos idos de 1990, Roberto Cintra Leite[2], o qual descreve qual seria a evolução do *franchising* no Brasil, revelando qual era a prática da época, apenas alguns anos antes da promulgação da atual Lei de Franquias:

> "O conceito do *Traditional Franchising* tenderá a evoluir dentro de alguns anos até atingir o estágio de Sistema de Franquia Formatada, uma vez que aquele tipo de franquia, também chamado de *Product and Trade Mark Franchising* – Franquia de Produto e Marca Registrada –, não engloba serviços ou suporte adicional nem a formatação de técnicas e métodos de comercialização. Nessa modalidade, o franqueador cede sua marca para o franqueado simplesmente revender os produtos fornecidos a um preço mais alto, que é o seu lucro."

As práticas que proporcionaram a existência da doutrina relativa ao instituto, que em sua maioria incluem a transferência de *know-how* e a oferta de assistência operacional pelo franqueador, sempre representaram o maior atrativo do sistema para os candidatos. Recorde-se que este foi um dos fatores de expansão do sistema no período do pós-guerra norte-americano.

Com o avanço das práticas sociais, a Lei de Franquias em vigor, 13.966, de 26 de dezembro de 2019, passa a definir a franquia empresarial de maneira diversa, trazendo então a obrigação do franqueador em ceder ao seu franqueado tecnologias e métodos, o famigerado *know-how*, como elemento essencial do instituto, deixando de ser, portanto, facultativo[3].

Inobstante tal alteração – talvez num contrassenso –, a nova Lei também não obrigou o franqueador a prestar suporte ao seu franqueado, mas apenas o obriga a informar na Circular de Oferta de Franquia se haverá suporte e, caso positivo, quais serão. Veja-se o artigo 2º que cuidou desse assunto e que não sofreu alterações significativas:

---

1. REALE, Miguel. Lições Preliminares de Direito. Saraiva. 25ª Ed. p. 273 "*Fim da lei é sempre um valor, cuja preservação ou atualização o legislador teve em vista garantir, armando-o de sanções, assim como também pode ser fim da lei impedir que ocorra um desvalor. Ora, os valores não se explicam segundo nexos de causalidade, mas só podem ser objeto de um processo compreensivo que se realiza através do confronto das partes com o todo e vice-versa, iluminando-se e esclarecendo-se reciprocamente, como é próprio do estudo de qualquer estrutura social. Nada mais errôneo do que, tão logo promulgada uma lei, pinçarmos um de seus artigos para aplicá-lo isoladamente, sem nos darmos conta de seu papel ou função no contexto do diploma legislativo. Seria tão precipitado e ingênuo como dissertarmos sobre uma lei, sem estudo de seus preceitos, baseando-nos apenas em sua ementa...*"
2. LEITE, Roberto Cintra. Franchising na criação de novos negócios. São Paulo. Atlas, 1990. p. 31.
3. Aqui é oportuno destacar que, muito embora a definição traga a transferência de know how como um de seus elementos intrínsecos, deixou de fora a assistência técnica, aspecto importante para os fins do presente estudo.

Art. 2º Para a implantação da franquia, o franqueador deverá fornecer ao interessado Circular de Oferta de Franquia, escrita em língua portuguesa, de forma objetiva e acessível, contendo obrigatoriamente:

(...)

XIII – indicação do que é oferecido ao franqueado pelo franqueador e em quais condições, no que se refere a:

a) suporte;

b) supervisão de rede;

c) serviços;

d) incorporação de inovações tecnológicas às franquias;

e) treinamento do franqueado e de seus funcionários, especificando duração, conteúdo e custos;

f) manuais de franquia;

g) auxílio na análise e na escolha do ponto onde será instalada a franquia; e

h) leiaute e padrões arquitetônicos das instalações do franqueado, incluindo arranjo físico de equipamentos e instrumentos, memorial descritivo, composição e croqui;

(...)

E é exatamente aqui onde residem o equívoco e o efeito – muitas vezes, perverso – de tal equívoco: não há, conforme visto, obrigação legal de se oferecer suporte ao franqueado, e as penas advindas desse fato não podem ser impostas por lei, mas apenas e exclusivamente pelo contrato de franquia firmado.

1.2. O que informa a doutrina sobre o tema

O equívoco a respeito da obrigação de oferecer suporte é perpetuado pelo descompasso entre a interpretação da lei e a doutrina tradicional[4], da qual modestamente ousamos discordar.

Fábio Ulhoa Coelho, para quem o contrato de franquia é atípico[5], entende que é intrínseco do instituto o suporte do franqueador:

> A Lei n. 8.955, de 1994, embora discipline determinados aspectos da franquia, não a tornou modalidade de contrato típico. Ao contrário, as relações entre franqueador e franqueado continuam regendo-se exclusivamente pelas cláusulas contratualmente pactuadas. O que o legislador estabeleceu, com esse diploma, foi a regra de absoluta transparência nas negociações que antecedem a adesão do franqueado à franquia. Nos termos da disciplina legal, o franqueador deve fornecer aos interessados uma Circular de Oferta de Franquia que, em linguagem clara e acessível, preste as informações essenciais da operação (art. 3º). Sob pena de anulabilidade do contrato, a Circular deve ser entregue aos interessados com antecedência mínima de dez dias e não pode conter informações falsas (arts. 4º e 7º).

---

4. Muito embora as informações coletadas façam referência à lei anterior, podemos entender que o posicionamento não se alterará, em vista da Lei 13.966/2019 não ter se mudado em relação às estruturas contratuais utilizadas pelo instituto da franquia empresarial, tendo o mantido atípico e, mormente, porque não se alterou o artigo 3º da Lei 8.955/94 (atual artigo 2º da nova Lei).

5. COELHO, Fábio Ulhoa. Manual de direito comercial: direito de empresa. 23. ed. – São Paulo: Saraiva, 2011. 1. Direito comercial I. Título. p. 488.

A confusão reside justamente no quanto se espera da franquia, ignorando-se o que descreve a Lei[6]:

> "A franquia consiste, pois, na conjugação de dois contratos: o de licenciamento de uso de marca e o de organização empresarial. Normalmente, o franqueado dispõe de recursos e deseja constituir uma empresa comercial ou de prestação de serviços. Contudo, não tem os conhecimentos técnicos e de administração e economia geralmente necessários ao sucesso do empreendimento nem os pretende ter. Do outro lado, há o franqueador, titular de uma marca já conhecida dos consumidores, que deseja ampliar a oferta do seu produto ou serviço, mas sem as despesas e riscos inerentes à implantação de filiais. Pela franquia, o franqueado adquire do franqueador os serviços de organização empresarial e mantém com os seus recursos, mas com estrita observância das diretrizes estabelecidas por este último (...)."

Ora, se atípico o contrato, significa que a Lei não teve o papel de dar contornos claros a respeito do que obrigatoriamente deve constar ou deixar de constar. Assim, se a Lei faculta a prestação de assistência, dizer que o contrato de franquia resulta da conjugação de outros dois contratos passa a ideia equivocada de que o franqueador tem a obrigação de prestar suporte.

Já para José Cretella Neto, a Lei de Franquias tornou o contrato de franquia *típico* e *nominado*, discordando parcialmente, portanto, da posição de Fábio Ulhoa Coelho, citando-o[7]:

> "É a posição de Fábio Ulhoa COELHO, expressa em "considerações sobre a Lei de Franquia", Revista da ABPI – Associação Brasileira da Propriedade Intelectual, Rio de Janeiro, (16): 15-21, maio/jun. de 1995, com a qual não concordamos, já que a Lei nº 8.955-94 dá, efetivamente, tratamento específico à essa forma contratual, enquadrando-se, portanto, na definição de Álvaro Vilaça de AZEVEDO. Sydney SANCHES faz a seguinte diferenciação: a) se o contrato tem um nomen iuris no ordenamento jurídico e, apesar disso, nele não encontra uma regulamentação específica, será nominado, mas atípico; b) inversamente, se o contrato tem uma certa regulamentação no ordenamento, que, todavia, não lhe atribui um nomen, diz-se, então, que é típico, mas inominado ("Os Contratos Atípicos de Direito Privado", Revista de Direito Público, nº 86, PP. 237-241). Se aceita a diferenciação, permanece a classificação do contrato de *franchising* como típico e nominado".

O ponto comum entre o posicionamento de ambos repousa no fato de que entendem que a assistência técnica contínua é obrigatória; entendimento seguido por Carlos Alberto Bittar[8]:

> "O *franchise* é, portanto, contrato que importa na concessão a outrem de uso de direito intelectual, para inserção em produtos comercializáveis com ou sem autorização para fabricação, acompanhada da técnica correspondente. Desse modo, abrange o contrato de ***serviços de assistência na montagem do negócio***; na administração correspondente, no marketing e na publicidade. Reveste-se de caráter complexo, distanciando-se dos demais contratos associativos, inclusive o de *licensing*, ou de licença simples para uso de marca, que a tanto se restringe. No *franchise*, ao revés, há um mix de obrigações assumidas pelo *franchisor*, que lhe confere, assim, controle sobre a atividade do *franchisee*, em cujo resultado econômico participa, sob regime de fiscalização própria." (grifamos)

---

6. Op. cit., p. 486.
7. CRETELLA NETO, José. Do contrato internacional de Franchising. Rio de Janeiro: Forense, 2002. p. 39.
8. BITTAR, Carlos Alberto. Contratos comerciais. Rio de Janeiro: Forense Universitária, 2005, p. 211.

Assim, em meio a tantos outros exemplos aqui omitidos, pois há quem defenda a atipicidade e há quem defenda o contrário, justificamos nossa ousadia: (i) a Lei, conforme demonstrado, não obrigou o franqueador a oferecer assistência ao franqueado; e (ii) a Lei tampouco tipificou o contrato de franquia, obrigando-se a isso ou àquilo.

Ora, o espírito do legislador à época, era o de trazer transparência ao instituto, mas sem enrijecer suas bases, pois isso foi deixado a cargo das partes contratantes, conforme explicitamente se encontra na justificação do Projeto de Lei[9] do então Deputado Magalhães Teixeira, do qual o trecho se transcreve a seguir:

> "No Atual estágio de desenvolvimento do *"franchising"* em nosso país, não nos parece possível adotar legislação com finalidade diversa da que ora apresentamos. **Evitamos o excesso de intervencionismo nas relações entre franqueado e franqueador, impedindo, desta forma, a presença de cláusulas obrigatórias que, com o objetivo de proteger determinado contratante, acabaria por tornar a presente lei um empecilho** ao relacionamento franqueador-franqueado." (grifamos)

Esse posicionamento não foi alterado com o advento da Lei 13.966/2019, que manteve o contrato de franquia atípico, de maneira que se afastou de temas relativos à estrutura e ao conteúdo dos contratos.

Diante de tais conclusões, há de se ter uma derradeira, que reflete igualmente no mundo físico, pois gera impactos determinantes na forma de se fazer negócios por meio do instituto da franquia empresarial, mormente quando analisada sob um enfoque míope: ao juiz, não é dado criar obrigações onde a Lei não deixa lacunas.

Citando Zitelmann, o professor Miguel Reale[10] afirma que:

> "ficou provada a existência de lacunas na legislação, mas também ficou reconhecido que o Direito, entendido como ordenamento, jamais pode ter lacunas. Como conciliar, pois, essas duas afirmações que são dois aforismos do Direito, em nossos dias? Nosso legislador já tomou conhecimento, em 1942, desse problema, quando mandou recorrer ao costume, à analogia e aos princípios gerais do Direito, havendo lacunas na lei, e ao proclamar, logo a seguir, que o juiz não pode deixar de sentenciar mesmo em face de lacunas ou obscuridade no texto legal."

O Brasil recepciona e adota a tese de Zitelmann, de que as leis não são em si perfeitas e que, vez ou outra, lacunas existirão. Por essa razão, permitiu ao intérprete da Lei o socorro à analogia, aos costumes e aos princípios gerais de direito[11], impedindo que o juiz deixe de sentenciar sob o argumento da inexistência de regramento para o caso que lhe é submetido à apreciação.

Ao adotar esse método de interpretação sistemática, o legislador especificou que somente em caso de omissão da Lei é que se poderia fazer uso de outras fontes de Direito,

---

9. Projeto de Lei nº. 318, de 1991, de autoria do Deputado Magalhães Teixeira.
10. REALE, Miguel. Lições Preliminares de Direito. Saraiva. 25ª ed., p. 270.
11. Lei de Introdução às Normas do Direito Brasileiro. Decreto-Lei nº 4.657, de 4 de setembro de 1942. Em seu artigo 4º, autoriza o juiz a decidir o caso mediante o uso de outras fontes de Direito, exclusivamente na hipótese de omissão da Lei. *Art. 4º Quando a lei for omissa, o juiz decidirá o caso de acordo com a analogia, os costumes e os princípios gerais de direito.*

conforme mencionado. E não poderia ser diferente, já que o Direito Civil Brasileiro, com profundas raízes no Direito Romano, adota o *civil law* como base de sua edificação.

Assim, não restam dúvidas de que cabe às partes contratantes – e somente a elas – estipular aquilo que desejam contratar, observados, evidentemente, os princípios gerais de direito e a formação do contrato em si.

Note que não é aqui uma apologia à ausência de suporte, mas apenas a defesa de que aquilo que foi contratado deve prevalecer sobre interpretações indevidamente extensivas.

1.3. Conceito de suporte

1.3.1. Lato sensu

Suporte ao franqueado pode ser entendido como todo e qualquer apoio prestado pelo franqueador, desde a organização do negócio até a sua efetiva operação. Em outras palavras, é o apoio que o franqueador oferecerá para que o franqueado opere seu negócio, de maneira tal que faça com que se consiga reproduzir o mesmo negócio, com provável sucesso.

O suporte ao franqueado, ao longo do tempo, vem sofrendo modificações decorrentes da necessidade em tornar as unidades franqueadas cada vez mais saudáveis. É um pouco do que nos ensina o livro "Gestão Estratégica do Franchising"[12]:

> "No sistema de Franchising, em que temos a Franqueadora como responsável por criar os padrões operacionais, e a unidade franqueada por executar esses padrões, torna-se de suma importância a figura do Consultor de Campo, que é o indivíduo ligado à Franqueadora que tem a função de visitar as unidades franqueadas.
>
> Essa figura é tradicional no segmento de Franchising, quase todas as redes de Franquias têm sua equipe de consultores de campo. Historicamente, a principal finalidade dessa função era visitar as unidades franqueadas para verificar se, além dos padrões de identidade visual, todos os processos operacionais formatados pela franqueadora estavam sendo respeitados pelas unidades franqueadas. Como efeito dessa abordagem, muitas redes acabaram formando equipes de campo com um caráter mais punitivo do que colaborativo, uma vez que as unidades enxergavam o consultor como um verdadeiro fiscal.
>
> (...) Atualmente, as redes de Franquias mais inovadoras já evoluíram para uma visão diferente, em que a principal finalidade da Consultoria de Campo & Negócios é ajudar as unidades franqueadas a obterem melhores resultados sistematicamente, o que é feito por meio de capacitação, diagnóstico de melhorias operacionais, conscientização da importância da padronização, entre outras atividades."

1.3.2. Stricto sensu

O conceito de suporte, em sentido estrito, é aquele mencionado no artigo 2º da Lei de Franquias; é a assistência técnica, assessoria ou consultoria e tantos outros nomes atribuídos pelo franqueador. Não há, por assim dizer, uma definição estática do que vem a ser suporte e em qual medida ela é necessária.

---

12. RIBEIRO, Adir et al. Gestão Estratégica do Franchising: como construir redes de franquias de sucesso. 2 ed. rev. e ampl. São Paulo. DVS Editora, 2013. p. 185.

Pode-se dizer, dessa feita, que suporte é todo e qualquer apoio prestado pelo franqueador ao seu franqueado, em todos os aspectos relacionados ao negócio franqueado, desde o momento de sua implantação até o de sua efetiva operação.

Relevante destacar que, com o avanço tecnológico, o suporte remoto tem sido especialmente útil nas redes de franquia, e, em muitas delas, é a forma adotada como regra. Basta entender que o franqueador deve calcular o quanto despenderia com visitas *in loco*, em face da sua receita de *royalties*. As chamadas franquias digitais possuem essa característica muito bem equacionada.

De igual relevância, é lembrar que não há regras aplicáveis e tampouco um modelo ideal de suporte, menos ainda quanto à sua frequência, cabendo a cada franqueador entender o que melhor se amolde às necessidades do negócio.

1.4. Formas de suporte

1.4.1. Quanto à forma

Com o avanço da tecnologia, seria inadmissível deixar de fora ferramentas de comunicação a distância. Aliás, já era de se considerar que o apoio via telefônica configurava algum tipo de suporte – e ainda o é.

Assim, o suporte pode ser tanto presencial quanto remoto. Bem provável que aquele é provocado, na maioria das vezes, pelo franqueador, enquanto essa última modalidade, pelo franqueado.

1.4.1.1. Quanto à forma de sua materialização

O suporte pode ser materializado por, exemplificativamente, visitas, contatos periódicos, incorporação de novas tecnologias, treinamentos (reciclagens), manuais, padrão arquitetônico, conforme descrição do artigo 2º como visto anteriormente.

Podem estar reduzidos e compilados em manuais ou guias, estes também, na atualidade e cada vez mais, disponibilizados por sistema informático; mas ainda há os que são entregues em versão impressa.

1.4.2. Ferramentas mais comuns de suporte

a) reciclagens;

b) manuais e guias;

c) visitas de consultoria;

d) auditorias;

e) consumidor oculto;

f) encontros de franqueados.

1.4.3. Diferenças entre auditoria e consultoria

Primeiramente, é importante estabelecer que tanto uma quanto outra são ferramentas de suporte ao franqueado, ainda que a auditoria por vezes pareça fiscalizatória apenas.

Muitos são os que confundem e acreditam estar prestando consultoria quando estão apenas a auditar ou, ainda, designam uma única pessoa, num único momento, para realizar ambas as tarefas que, conforme veremos a seguir, por razões práticas, são prejudicadas entre si.

A auditoria é ferramenta que verifica conformidades e não conformidades, seguindo um roteiro que muitos conhecem por *checklist*, cujo resultado é um relatório que aponta simplesmente se há algo fora do padrão (a não conformidade). Esse relatório deve servir para que o franqueado aborde as questões levantadas e as corrija, sem muitas discussões a respeito, mormente porque são situações identificadas mediante descrição do que se vê, em comparação ao que consta do roteiro. A visita de auditoria é normalmente realizada sem prévio aviso.

Diferentemente da auditoria, a consultoria deve ser previamente agendada, uma vez que o acompanhamento por parte do franqueado é essencial para o bom resultado dos trabalhos. A consultoria pode ser presencial ou remota e deve contar com ampla discussão dos assuntos relacionados ao negócio.

A consultoria de negócios também gera documentos, não necessariamente relatórios descritivos, mas planos de ação, em que são identificadas oportunidades de melhoria, correções de curso, prazos para implementação e quem deve executá-lo.

1.5. Suporte em relação ao *marketing*

O *marketing*[13] nas redes de franquia é normalmente cooperado, de forma que todos contribuem financeiramente para o custeio de publicidades e propagandas em torno da marca e de seus produtos.

À margem da natureza jurídica da contribuição, fato é que a união de esforços voltados para essa área em particular auxilia na consolidação do negócio e o expõe a patamares desejados como bem comum (da rede a que faz referência, evidentemente).

Ocorre que, para se chegar ao ponto no qual o bem comum é **efetivamente** comum aos envolvidos, há um emaranhado de relações pessoais e cargas de experiência individuais que precisam ser alinhados e capitaneados por um ente, seja ele um ente

---

13. Aqui não utilizamos o termo *marketing* em sua acepção técnica, mas, sim, de forma genérica e corriqueira. Segundo Phillip Kotler – o pai do *marketing* moderno – *o marketing envolve a identificação e a satisfação das necessidades humanas e sociais. Uma das mais sucintas e melhores definições de marketing é a de "suprir necessidades gerando lucro". (...) Eis uma definição social que atende aos nossos propósitos: marketing é um processo social pelo qual indivíduos e grupos obtêm o que necessitam e desejam por meio da criação, da oferta e da livre troca de produtos de valor entre si.* (KOTLER, Philip Administração de marketing/Philip Kotler, Kevin Lane Keller; tradução Sônia Midori Yamamoto. 14. ed. São Paulo: Pearson Education do Brasil, 2012. p. 4.)

coletivo, seja ele apenas o franqueador. Há um dizer atual, que exprime um pouco desse emaranhado: "de médico, marqueteiro e louco, todos têm um pouco."

A razão de alinhar os entendimentos é comunicar-se de forma uníssona com o público consumidor da marca e é natural que o processo seja capitaneado, então, por apenas um ente, conforme dito em linhas anteriores. Por exemplo, as campanhas promocionais anuais, os dizeres da campanha, a pessoa-propaganda, tudo isso é externado sob as mais diversas formas e deve ser adotada, em coro, pela rede de franquias. E tudo isso é, também, forma de suporte necessária para perpetuação da marca perante o público consumidor, sem o que, não há fixação e perde-se o bônus de pertencer a uma rede.

2. A PRÁTICA SOCIOECONÔMICA *VERSUS* A LEI

> "Os seres particulares inteligentes podem ter leis que eles próprios elaboraram; mas possuem também leis que não elaboraram. Antes de existirem seres inteligentes, eles eram possíveis; possuíam, portanto, relações possíveis e consequentemente, leis possíveis. Antes da existência das leis elaboradas, havia relações de justiça possíveis. Dizer que não há nada de justo ou de injusto além daquilo que as leis positivas ordenam ou proíbem, é dizer que antes de se traçar o círculo todos os raios não são iguais." (Montesquieu [14]) (*sic*)

Não se pode ignorar que a legislação não evolui no mesmo ritmo que evoluem os negócios, na vida social. Assim, também não se pode ignorar que, muito embora a lei de franquias não obrigue o franqueador a prestar assistência ao franqueado, é sabido que nossos tribunais entendem que essa é uma figura indissociável do que seria uma franquia empresarial. Também o mercado faz reverência à essa necessidade, de maneira que franqueadores que não oferecem suporte à rede acabam sendo naturalmente varridos por seus concorrentes.

É de se supor, portanto, que franqueadores que desejam perpetuar seus negócios, expandindo-os de maneira sustentável, inevitavelmente, devem cuidar para que seus parceiros de negócio prosperem, e a forma de garantir a prosperidade, ao máximo possível é prestando o suporte necessário pelas melhores práticas disponíveis.

Tratar o franqueado como um real parceiro, importando-se com o que se lhe entrega, é crucial e não pode ser relegado a segundo plano, pois se o franqueado não for bem-sucedido, o franqueador também não será[15].

---

14. MONTESQUIEU, Charles de Secondat, Baron de, 1689-1755. O espírito das leis; apresentação Renato Janine Ribeiro, tradução Cristina Murachco – São Paulo: Martins Fontes, 1996 (Paidéia), Livro I. p. 12.
15. BOROIAN, Donald. Patrick. The Franchise Advantage. Ed. Prism Creative Group. 1994. p. 203. "*If you have real ambition to launch a successful franchise program, one of the first things you might do is to go out and have a plaque made. Hang it in your Office to remind you:" The franchisee is king." Please don´t read this as being too much of a tongue-in-cheek suggestion, because the hard, cold fact of the matter is that if the franchisees are not successful, the franchisor won´t be either.*"

3. SUPORTE E INGERÊNCIA

Uma das características mais prementes do instituto da franquia empresarial é a interdependência entre as partes contratantes, mantendo-se a autonomia de gestão uma em relação à outra. Tanto assim que, do desavisado excesso de comandos, pode se dar lugar a uma distorção do instituto, podendo culminar em conflitos sob a alegação de ingerência.

> TRT-18 – RECURSO ORDINÁRIO TRABALHISTA RO 00100403120155180053 GO 0010040-31.2015.5.18.0053 (TRT-18)
>
> Data de publicação: 16/11/2015
>
> Ementa: FRANQUIA. INGERÊNCIA TOTAL NA ATIVIDADE EXERCIDA PELA FRANQUEADA. RESPONSABILIDADE SOLIDÁRIA. A franquia é o contrato por meio do qual a empresa franqueadora, que detém uma marca ou produto, resolve ceder a outro empresário franqueado a licença para utilizar a referida marca ou produto, mediante uma remuneração. Pode-se estabelecer, ainda, que o franqueador preste assistência ao franqueado (da abertura ao funcionamento do negócio) e que haja uma área de exclusividade de atuação do franqueado, sem contudo, existir qualquer vínculo de subordinação entre franqueador e franqueado, que exerce suas atividades de forma autônoma. Esta autonomia, portanto, pressupõe a inexistência de hierarquia entre franqueada e franqueadora. Entretanto, no caso, restou demonstrada forte ingerência da 2ª Reclamada nos serviços executados pela empresa franqueada, 1ª Reclamada. Assim, considerando que houve o desvirtuamento do contrato de franquia, correta a sentença ao declarar a responsabilidade solidária das Reclamadas. (TRT18, RO – 0010040-31.2015.5.18.0053, Rel. ELVECIO MOURA DOS SANTOS, 3ª TURMA, 16/11/2015.)

Assim, a clareza acerca do papel de cada um, dentro da relação de franquia, tende a eliminar situações daninhas. Exemplo de situação que não deveria ocorrer em sistemas de relação de autonomia, como é a franquia, é o estabelecimento de metas para os franqueados, atreladas a penalidades em caso de não serem atingidas.

> RESPONSABILIDADE. CONTRATO DE FRANQUIA. PROVA DE INGERÊNCIA DA FRANQUEADORA SOBRE A EMPRESA FRANQUEADA.
>
> Evidenciada a forte ingerência da empresa franqueadora sobre a empresa franqueada, caracterizada pelo amplo controle por parte da tomadora sobre a organização administrativa e financeira da 1ª ré, com poderes para estipular metas de vendas e cobrar das equipes os resultados esperados, fica demonstrada a utilização do contrato cível como simulacro para disfarçar a intermediação fraudulenta de mão-de-obra, descaracterizando-se o ajuste formal entabulado entre as partes para dar lugar à responsabilização da franqueadora pelo pagamento dos créditos trabalhistas inadimplidos, nos termos do artigo 9º da CLT c/c Súmula 331 do TST. (RO 0162600032013517005, Publicação 13/10/2015. DESEMBARGADORA WANDA LÚCIA COSTA LEITE FRANÇA DECUZZI.)
>
> CONTRATO DE FRANQUIA. RESPONSABILIDADE DO FRANQUEADOR. A inexistência de responsabilidade do franqueador pelos créditos trabalhistas dos empregados da franqueada não é automática em face do contrato de franquia, sendo dependente da forma que franqueado e franqueador, dentro da liberdade de contratar própria dos negócios jurídicos de natureza comercial, resolveram adotar para a cessão do direito de exploração da marca, produto, serviço ou rotina criada pelo franqueador. Ficando estabelecido que, por força do contrato de franquia, a franqueadora interferirá sobre o funcionamento da franqueada como sociedade empresarial, de maneira tal a retirar-lhe substancialmente a autonomia na gestão de seu próprio negócio, há que reconhecer a sua responsabilidade solidária pelos créditos dos empregados da franqueada, na forma do artigo 2º, § 2º, da CLT, independentemente de prévia

declaração de invalidade ou ineficácia do contrato de franquia. (RO 0000003-64.2011.5.04.0411, DESEMBARGADOR RICARDO HOFMEISTER DE ALMEIDA MARTINS COSTA Órgão Julgador: 11ª Turma Recorrente: ROSELAINE SILVA JARDIM – Adv. Dilceu Antônio Zatt. Recorrido: RIBAS E BENDER LTDA. – Adv. Jorge Sant'Anna Bopp. Recorrido: SAN MARINO VEÍCULOS LTDA. – Adv. Jaqueline Magenis da Silva. Origem: Vara do Trabalho de Viamão Prolator da Sentença: JUÍZA ELISABETE SANTOS MARQUES).

Assim, a clareza acerca do papel de cada um, é fator determinante para que se saiba antecipadamente quais são os limites de atuação e o início das obrigações, rumo a um destino comum, que é a prosperidade e perpetuação do negócio franqueado.

4. CONCLUSÃO

Muito embora a Lei não obrigue o franqueador a prestar suporte para ofertar franquias, fato inarredável reside naquilo que se espera do próprio instituto. Parece-nos que o suporte está de tal forma arraigado ao instituto da franquia, quase que se equivalendo a uma lei moral, a tal ponto que parece uma ousadia formatar um sistema de franquia sem idealizar uma estrutura de suporte ao franqueado.

Essa visão, talvez míope, porque efetivamente o contrato de franquia se manteve atípico, conforme restou aqui comprovado, construiu um contrato socialmente típico, onde não é o que está escrito, e sim o que dele se espera, que acaba por prevalecer.

Defendemos a ideia de que deve prevalecer aquilo que foi contratado, mas acreditamos que não há uma real escolha se não houver a transparência exercitada ao seu limite, porque se um franqueador deseja não prestar suporte, em contramedida, tem o dever de informar ao parceiro, na Circular de Oferta de Franquia, que assim será o contrato, para que a liberdade cubra ambas as pontas da relação.

No entanto, tudo isso, de nada vale, absolutamente nada, se as partes não entenderem qual é o seu papel em relação ao outro e em relação ao negócio. O suporte é ferramenta, e quem deve usá-lo é o franqueado. O franqueador, se optar por fornecer assistência, que elas sejam exatamente técnicas, baseadas nas melhores práticas de mercado, facilitando ao máximo a aplicação pelo franqueado ao seu negócio, com o compromisso de realizar uma boa gestão. Lembremos que a gestão da franquia é de responsabilidade única do franqueado, não cabendo ao franqueador qualquer dever neste sentido. No *Franchising*, como na vida, delegar o sucesso pessoal a um terceiro é o caminho mais rápido para o próprio fracasso.

REFERÊNCIAS BIBLIOGRÁFICAS

BITTAR, Carlos Alberto. *Contratos comerciais*, Rio de Janeiro: Forense Universitária, 2005.

BOROIAN, Donald Patrick. *The Franchise Advantage*. Ed. Prism Creative Group, 1994.

COELHO, Fábio Ulhoa. *Curso de Direito Comercial*, vol. 1, 11ª ed., Ed. Saraiva, 2007.

COELHO, Fábio Ulhoa. *Curso de direito civil*, vol. 3: Contratos. 5. ed. São Paulo: Saraiva, 2012.

COELHO, Fábio Ulhoa, *Manual de direito comercial*. Saraiva. p. 443.

CRETELLA NETO, José. *Do contrato internacional de Franchising*. Rio de Janeiro: Forense, 2002.

KOTLER, Philip. *Administração de marketing*/Philip Kotler, Kevin Lane Keller; tradução Sônia Midori Yamamoto. 14. ed. São Paulo: Pearson Education do Brasil, 2012.

LEITE, Roberto Cintra. *Franchising na criação de novos negócios*. São Paulo. Atlas, 1990.

REALE, Miguel. Lições Preliminares de Direito. Saraiva. 25ª ed.

RIBEIRO, Adir. MARCHI, Leonardo, IMPERATORE, Luis Gustavo. GALHARDO, Maurício. Gestão Estratégica do Franchising: Como construir Redes de Franquia de Sucesso. DVS Editora. 2013. p. 186/189 e p. 192/194. Disponível em https://play.google.com/books/reader?id=BWiwDQAAQBAJ&hl=pt_BR&pg=GBS.PT21. Acesso em 20.03.2019.

RIBEIRO, Adir et al. *Gestão Estratégica do Franchising*: como construir redes de franquias de sucesso. 2. ed. rev. e ampl. São Paulo. DVS Editora, 2013. p. 185.

WINDSPERGER, Josef. The Organization of Knowledge in Franchising Firms. DRUID Summer Conference, Copenhagen/Elsinore 6-8 June 2002 *apud* GIGLIOTTI, Batista Salgado. Transferência de Conhecimento nas Franquias Brasileiras. Fundação Getulio Vargas. Dissertação de Mestrado. São Paulo, março de 2010, p. 25. Disponível em https://bibliotecadigital.fgv.br/dspace/bitstream/handle/10438/4712/61080100004.pdf?sequence=1&isAllowed=y. Acesso em 11/02/2019.

Parte IX
ABASTECIMENTO DA FRANQUIA

19
PROCESSO DE HOMOLOGAÇÃO DE FORNECEDORES

Renato Tardioli Lúcio de Lima

Fernando Forte Janeiro Fachini Cinquini

Sumário: 1. Rebate – 2. Responsabilidade do franqueador pelo fornecimento – 3. Compra mínima.

O processo de homologação de fornecedores pelo franqueador deve ser levado em conta como um dos principais pontos para franquear um negócio ou para a manutenção de redes de franquias já em operação. Isso porque o papel do fornecedor homologado é de fundamental importância ao desenvolvimento das atividades das redes, na medida em que cabe a este a responsabilidade pelo fornecimento de insumos, produtos ou serviços a cada uma das unidades franqueadas que deverão atender satisfatoriamente ao consumidor final que, atraído por "aquela marca", tem a expectativa por determinada experiência de consumo.

Preliminarmente à fase de fornecimento de produtos ou prestação de serviços que utilizam produtos/insumos fornecidos pelos fornecedores homologados para atendimento ao cliente final, importante darmos destaque para os fornecedores homologados responsáveis pela estruturação física da unidade franqueada. Aqueles que serão responsáveis pela construção, pela decoração, pela fachada, pelo fornecimento de equipamentos e pelos demais itens necessários para a implementação física do negócio franqueado.

Tem-se por homologação de fornecedor o processo de análise qualitativa, que se destina à certificação pelo franqueador de que determinada empresa está apta a fornecer, dentro de critérios preestabelecidos e no prazo devido, os insumos, produtos ou serviços necessários ao desenvolvimento das atividades das unidades franqueadas, tudo com objetivo de manutenção do padrão operacional.

Entre as principais características que devem ser consideradas para a escolha do fornecedor homologado, elencamos:

a. Atendimento

b. Condições especiais de preço e pagamento

c. Garantia de qualidade do produto ou serviço

d. Confiança

e. Logística

Todo este processo de aprovação de fornecedores homologados deve ser rigoroso na medida que pode, inclusive, refletir na responsabilidade do franqueador perante o seu franqueado.

Neste sentido, por exemplo, o Superior Tribunal de Justiça[1] e o Tribunal de Justiça do Estado de São Paulo[2], respectivamente, já reconheceram a rescisão de Contrato de Franquia por culpa do franqueador ante problemas com o fornecedor homologado. Vejamos:

> STJ:
>
> II – A restrição contratual quanto à aquisição de produtos dos fornecedores homologados (fls. 94), sendo certo que a [empresa X] é a única homologada para a aquisição dos equipamentos necessários ao funcionamento da lavanderia.
>
> **Destarte, se a apelante não dá a opção de compra e venda do maquinário para o franqueado, deve responder pelo descumprimento de sua empresa homologada.** (grifos nossos)
>
> Cerceamento de Direito. Prova documental que dispensava oitiva de testemunha, que, ademais, revelar-se-ia inócua. Mácula não reconhecida. Franquia. **Falta de assistência da franqueadora, de entrega de produto e serviço pelo fornecedor homologado.** Prova documental nesse sentido. **Rescisão contratual procedente por exclusiva responsabilidade da franqueadora.** Restituição dos valores desembolsados pelo autor de forma integral, com correção e juros. Dano Moral. Justa expectativa do franqueado que se frustrou por exclusiva responsabilidade da ré. Valor arbitrado em vinte mil reais. Recurso provido. (grifos nossos)

Não há dúvidas quanto à importância de um rigoroso e exigente processo de homologação de fornecedores pelo franqueador, bem como o seu devido tratamento na Circular de Oferta de Franquia conforme exigência legal que será tratada a seguir.

A figura do fornecedor homologado, graças à sua importância no desenvolvimento regular do negócio franqueado, foi contemplada, quando da edição da Lei de Franquia (Lei nº 13.966/2019), como uma exigência legal (inciso XII, artigo 2º, Lei de Franquia[3]); a Circular de Oferta de Franquia deve trazer, <u>obrigatoriamente</u>, a relação completa com as informações necessárias ao candidato/franqueado sobre os fornecedores homologados.

A relação dos fornecedores homologados inserida na Circular de Oferta de Franquia deverá conter, pelo menos:

a) Razão Social

b) CNPJ

---

1. Agravo de Instrumento 1213418 SP – Relator Ministro Raul Araújo – Data da Publicação 01/10/2013.
2. Apelação 1047075-17.2015.8.26.0576 – Relator: Araldo Telles – Data do julgamento: 21/05/2019 – Data de publicação: 21/05/2019.
3. *Art. 2º Para a implantação da franquia, o franqueador deverá fornecer ao interessado Circular de Oferta de Franquia, escrita em língua portuguesa, de forma objetiva e acessível, contendo obrigatoriamente:*
   (...)
   XII – informações claras e detalhadas quanto à obrigação do franqueado de adquirir quaisquer bens, serviços ou insumos necessários à implantação, operação ou administração de sua franquia apenas de fornecedores indicados e aprovados pelo franqueador, incluindo relação completa desses fornecedores; (...)

c) Nome Fantasia

d) Insumo, Produto ou Serviço fornecidos

Além disso, o franqueador deverá prover informações claras e detalhadas quanto à obrigatoriedade ou não do franqueado em adquirir bens, serviços ou insumos necessários à implantação, operação ou administração de sua unidade franqueada, apenas de fornecedores indicados já aprovados pelo franqueador.

O franqueador que não incluir as informações tratadas anteriormente na sua Circular de Oferta de Franquia, além de não estar atendendo aos termos da legislação que regula o setor de franquias, poderá ter o seu processo de associação à ABF negado.

O franqueador deve, tanto na Circular de Oferta de Franquia como em seus treinamentos iniciais, transmitir ao franqueado a importância e eficiência da contratação com fornecedores homologados para o sucesso do seu negócio. Isso porque a definição de fornecedores homologados é uma forma de mitigar os riscos do negócio e evitar transtornos e surpresas.

Por outro lado, o franqueado que deixar de contratar com os fornecedores homologados poderá ser penalizado conforme as regras previstas no Contrato de Franquia e até ter sua relação com o franqueador rescindida por justo motivo.

A não aquisição de produtos ou contratação de serviços e o inadimplemento financeiro com o fornecedor homologado podem ser tipificados no Contrato de Franquia como infrações passíveis de penalização pelo franqueador.

Vale mencionar que, em razão da regionalidade atinente aos negócios, não há qualquer impedimento de um franqueador homologar diversos fornecedores de um mesmo setor para atender a sua rede de franquias com a excelência que se requer, pois, como já dissemos alhures, o objetivo que se almeja é a manutenção do padrão operacional. Portanto, com o fortalecimento e expansão das redes, pode haver a atuação conjunta com franqueados locais, responsáveis pela localização de prováveis fornecedores homologados que atendam às especificações determinadas pelo franqueador.

As regras atinentes à contratação com os fornecedores homologados devem ser claras (normalmente, disponíveis nos manuais entregues pelo franqueador) e todo o cálculo com relação a frete e demais custos que impactam no negócio franqueado ante a sua localização devem ser considerados pelo franqueado na análise econômico-financeira quando do interesse no ingresso na rede de franquia.

Importante ressaltar que não há liberdade do franqueado para escolha de outros fornecedores, salvo raríssimas exceções autorizadas expressamente pelo franqueador.

1. REBATE

A prática do rebate (abatimento, desconto, que retorna ao franqueador em decorrência dos pagamentos feitos pela rede franqueada) no setor de franquias, por ser tema controvertido, constantemente é objeto de discussões, dividindo opiniões quanto ao seu cabimento e sobretudo benefícios diretos e indiretos às redes e aos franqueados.

Não cabe a nós aqui defender ou criticar tal prática comercial sob pena de iniciarmos a análise desrespeitando o Princípio Constitucional da Livre-Iniciativa:

> Art. 1° A República Federativa do Brasil, formada pela união indissolúvel dos Estados e Municípios e do Distrito Federal, constitui-se em Estado Democrático de Direito e tem como fundamentos:
> (...)
> IV – os valores sociais do trabalho e da livre iniciativa; (...)

O Princípio Constitucional da Livre-Iniciativa é um dos fundamentos da ordem econômica e atribui à iniciativa privada liberdade na produção ou circulação de bens ou serviços, desde que observada a estrita legalidade dos negócios.

É um assunto muitas vezes polêmico se considerarmos que os franqueadores têm por essência suas receitas concentradas basicamente na cobrança de Taxa Inicial de Franquia, *Royalties* e até mesmo fornecimento de produtos. Porém, o rebate é prática no mundo das franquias onde o franqueador, em benefício de sua rede, estabelece parceria com determinado fornecedor, chancelando-o como fornecedor homologado.

Essa parceria se dá considerando que, no sistema de franquias, as negociações são realizadas em grande escala e, com isso, há interesse dos fornecedores em se tornarem homologados para atendimento da respectiva rede. Podemos aqui trazer dois benefícios que fazem com que determinado fornecedor queira se tornar homologado de uma rede de franquias, quais sejam: grande volume de compra dos franqueados e a redução dos riscos de crédito.

Não há impedimento legal para esta prática, tratando-se apenas de práticas comerciais do *franchising*.

Elencamos a seguir algumas práticas do *franchising* com relação ao rebate:

a. O rebate é convertido em benefício da própria rede por meio de descontos nas compras de insumos ou produtos, por exemplo;

b. O rebate é considerado como uma receita adicional do franqueador ante o benefício econômico que este provém ao fornecedor;

c. O rebate é convertido em descontos para as compras realizadas por unidades próprias da rede.

Não podemos aqui deixar de mencionar que muitos franqueados acabam por entender que o rebate reflete negativamente no seu resultado financeiro, considerando que há um "custo adicional" pago ao fornecedor e este deverá repassar ao franqueador.

O tema acaba por levar os franqueados à seguinte reflexão: o valor do rebate é acrescido no custo da mercadoria por mim adquirida?

Como reflexo desse pensamento que não há fundamento, dadas as razões antes elencadas, os franqueados acabam por realizar as suas compras com fornecedores não homologados, incorrendo assim em inúmeras infrações contratuais que poderão, inclusive, resultar na rescisão do Contrato de Franquia mediante aplicação das multas previstas.

Importante ter em mente que a não utilização dos fornecedores homologados possui inúmeros reflexos negativos ao negócio franqueado que ao longo de muitos anos foi desenvolvido e testado com sucesso. Entre eles, podemos mencionar a queda de qualidade dos produtos e o aumento das reclamações de clientes que, invariavelmente, ocasionam dificuldades diversas e aumento de custos operacionais ao franqueado.

2. RESPONSABILIDADE DO FRANQUEADOR PELO FORNECIMENTO

A responsabilidade do franqueador pelo fornecimento à sua rede franqueada pode ser objeto de discussão, porém, no nosso entendimento, a atribuição ou não da responsabilidade deve ser analisada objetivamente, pois existem praxes comerciais diversas adotadas em redes de franquias, que podem ou não ensejar a responsabilidade pelo desabastecimento, podendo dividi-las em dois cenários principais.

O primeiro deles é a responsabilidade do franqueador quando o abastecimento da rede é realizado de maneira exclusiva por centro de compras e distribuição próprios, ou também por empresa(s) do seu grupo – lembrando que esta foi uma das inovações trazidas pela Nova Lei de Franquia que estabelece a obrigatoriedade de constar esta informação na Circular de Oferta de Franquia, nos termos do inciso II do artigo 2º[4].

Já o segundo cenário se apresenta na circunstância em que o franqueador designa fornecedor(es) com capacidade e qualidade previamente aferidas e chanceladas, referendando-os como fornecedores homologados, porém, sem qualquer vínculo direto empresarial ou societário, cuja relação se restringe ao âmbito comercial.

Tratando do primeiro cenário, em que há ligação direta do franqueador para fins de abastecimento da sua rede, a atribuição de responsabilidade por atrasos ou falhas no fornecimento, exceto em situações excepcionais, é provável, ainda que tais atividades sejam exploradas por empresas distintas, ligadas, contudo, pelo vínculo entre seus sócios.

Já no que tange ao segundo cenário em que o abastecimento é realizado por fornecedor(es) homologado(s) pelo franqueador, as chances de eventual atribuição de responsabilidade ao franqueador são remotas, desde que este demonstre proatividade em solucionar problemas que possam causar o desabastecimento da sua rede, pois, neste caso, será de seu próprio interesse que a solução seja imediata e sua resolução na prática é mais uma demonstração do *know-how* transferido à rede franqueada.

Apesar de já citado neste livro, importante trazermos decisão específica do Tribunal de Justiça do Estado de São Paulo[5] neste sentido. Vejamos:

---

4. Art. 2º *Para a implantação da franquia, o franqueador deverá fornecer ao interessado Circular de Oferta de Franquia, escrita em língua portuguesa, de forma objetiva e acessível, contendo obrigatoriamente:*
(...)
II – qualificação completa do franqueador **e das empresas a que esteja ligado**, *identificando-as com os respectivos números de inscrição no Cadastro Nacional da Pessoa Jurídica (CNPJ);* (...)
5. Apelação 1047075-17.2015.8.26.0576 – Relator: Araldo Telles – Data do julgamento: 21/05/2019 – Data de publicação: 21/05/2019.

*Cerceamento de Direito. Prova documental que dispensava oitiva de testemunha, que, ademais, revelar-se-ia inócua. Mácula não reconhecida. Franquia. **Falta de assistência da franqueadora, de entrega de produto e serviço pelo fornecedor homologado**. Prova documental nesse sentido. **Rescisão contratual procedente por exclusiva responsabilidade da franqueadora**. Restituição dos valores desembolsados pelo autor de forma integral, com correção e juros. Dano Moral. Justa expectativa do franqueado que se frustrou por exclusiva responsabilidade da ré. Valor arbitrado em vinte mil reais. Recurso provido.* (grifos nossos)

Assim, o franqueador responderá pelo fornecimento realizado por empresas pertencentes ao seu grupo econômico ou quando este for gestor de centro de compras e distribuição de insumos destinados à rede. Responderá também quando se omitir e não adotar providências efetivas e em prazo razoável juntos aos fornecedores por ele homologados.

É comum, na prática, nos depararmos com situações em que a atividade da unidade franqueada é prejudicada em razão de desabastecimento causado pela inadimplência do franqueado junto ao franqueador ou aos fornecedores homologados. Entendimento confirmado pelo Tribunal de Justiça do Estado de São Paulo[6] no que diz respeito à interrupção do fornecimento tanto pelo franqueador como pelo fornecedor homologado quando se tratar de franqueado inadimplente.

*APELAÇÃO. AÇÃO DE OBRIGAÇÃO DE FAZER E NÃO FAZER C/C DE COBRANÇA DE MULTA. Preliminar de cerceamento de defesa ante o julgamento antecipado da lide. Inocorrência. Caso em que a prova dos autos era suficiente para a elucidação dos fatos controvertidos. Existência de confissão quanto ao pagamento de parcelas pactuadas no instrumento particular de confissão de dívidas. **Interrupção do fornecimento de mercadorias pela franqueadora que configura exercício regular de direito**. Exceptio non adimpleti contractus. Inteligência do artigo 476 do Código Civil. Extinção de fiança. Descabimento. Legalidade da renúncia ao benefício de ordem. Inaplicabilidade do Código de Defesa do Consumidor aos contratos empresariais. RECURSO DESPROVIDO.*

(...)

*No caso, não se verifica inadimplemento contratual praticado pela franqueadora, antes, **pois, foram os franqueados que desde 2014 deixaram de efetuar o pagamento de débitos decorrentes da compra de mercadorias,** conforme corroboram os instrumentos de confissão de dívida acostados às fls. 90/156.*

(...)

*Dessa feita, tem-se que **a exceptio non adimpleti contractus, prevista em artigo 476 do Código Civil, opera em favor da franqueadora e não dos apelantes, pois aquela agiu em seu exercício regular de direito ao interromper o fornecimento de mercadorias aos franqueados**, não havendo que se falar em violação aos princípios da razoabilidade e proporcionalidade, ao passo que as apelantes não apresentaram justificativa convincente para sua mora, na medida em que o insucesso empresarial não pode ser imputado à franqueadora. (...)* (grifos nossos)

Embora estar em dia com seus pagamentos se trate de uma pedra fundamental na relação de franquia, não há que se falar em responsabilidade do franqueador por desabastecimento causado pela negativa de fornecimento ao franqueado inadimplente, pois, além de violar obrigações constantes no contrato, o sujeita à aplicação de penalidades e até à rescisão por justa causa.

---

6. Apelação nº 1101477-16.2018.8.26.0100 – Relator: Azuma Nishi – Data do julgamento: 24/06/2020 – Data de publicação: 24/06/2020.

3. COMPRA MÍNIMA

A compra mínima consiste na prática que determina ao franqueado o dever de adquirir insumos ou produtos do franqueador ou de fornecedores homologados com frequência predeterminada no Contrato de Franquia e em estrita observância à liberdade de contratar das partes envolvidas, nos moldes do Código Civil Brasileiro[7].

Não há impedimento legal sobre o estabelecimento de compra mínima na relação de franquia, porém, deve ser levado em conta a responsabilidade que o franqueador tem em ver o seu franqueado prosperar, de modo que tal prática não se torne um fardo aos membros de sua rede, especialmente em tempos de crise econômica. Veja, não se trata de uma obrigação de sucesso e retorno do franqueador para com o franqueado, mas sim de questão de bom-senso nas obrigações que lhes são impostas.

Nesse cenário, há uma grande influência do seguimento de atuação da franquia, pois, em se tratando de moda, tal prática é habitual e necessária, na medida em que o franqueado deve cumprir as diretrizes quanto ao momento em que suas vitrines e estoques devem ser atualizados com novos produtos da estação/coleção, o que seguramente redundará em queda da *performance* da unidade que não acompanhar o mercado e, consequentemente, perderá vendas, sendo tal imposição uma das diversas formas de transmissão de *know-how*.

Muito se discute sobre práticas de recompra do estoque ou desconto na compra de novos produtos calculados com base no estoque existente. Por se tratar de questões ligadas ao modelo de negócio, não cabe a nós aqui ponderá-las, mas, sem dúvida, algumas devem ser consideradas pelos candidatos no momento da análise da Circular de Oferta de Franquia.

Inclusive, como uma das inovações trazidas pela Lei de Franquia de 2019, se tornou obrigatória a previsão na Circular de Oferta de Franquia da existência e condições das compras mínimas, garantindo assim maior previsibilidade e transparência na relação de franquia a ser travada entre as partes.

Vejamos o quanto prevê o inciso XIX do artigo 2º:

Art. 2º Para a implantação da franquia, o franqueador deverá fornecer ao interessado Circular de Oferta de Franquia, escrita em língua portuguesa, de forma objetiva e acessível, contendo obrigatoriamente:

(...)

XIX – informações sobre a existência de cotas mínimas de compra pelo franqueado junto ao franqueador, ou a terceiros por este designados, e sobre a possibilidade e as condições para a recusa dos produtos ou serviços exigidos pelo franqueador; (...)

Portanto, quando da análise da Circular de Oferta de Franquia, o futuro franqueado estará ciente da existência ou não de compra mínima, reduzindo a possibilidade de discussão sobre o tema diante da faculdade inerente à decisão de entrada ou não naquela rede de franquias.

---

7. *Art. 421. A liberdade contratual será exercida nos limites da função social do contrato.*

Adentrando ao tema, diferentemente do que podemos falar dos setores de prestação de serviços ou alimentício, onde os produtos para o atendimento ao cliente ou cardápio já são definidos pelo franqueador (excluindo-se eventuais acréscimos e exclusões que não correspondem a um grande volume), não se faz necessário a exigência de compra mínima até que o estoque do insumo ou produto atinja determinado nível.

Pelo lado do franqueador, a maioria das redes que exija compra mínima, inclui os seus *royalties* no preço do insumo ou produto e esta é a contrapartida para a manutenção do franqueador como empresa. Neste caso, não há cobrança de *royalties* com base no faturamento mensal do franqueado.

Vale trazer para reflexão quais são as consequências do estabelecimento da compra mínima por determinado franqueador se pensarmos em criar uma obrigatoriedade ao franqueado que resulta na queda das vantagens da parceria firmada com fornecedor homologado? Isso porque o franqueado se torna uma "máquina de compras" de insumos e produtos do franqueador ou do fornecedor homologado, com um único pensamento: desovar o seu estoque.

Esta situação pode gerar problemas à rede que acaba por perder a chance de incrementar e expandir a sua marca de forma saudável e sustentável, bem como de efetuar as comprar de insumos e produtos pelos melhores preços e condições do mercado.

Parte X
POLÍTICA COMERCIAL, CRÉDITO E GARANTIAS

20
DEFINIÇÃO DE POLÍTICA COMERCIAL

Renato Tardioli Lúcio de Lima

Fernando Forte Janeiro Fachini Cinquini

No *franchising*, as premissas para a operação do negócio são definidas pelo franqueador e a política comercial é uma das mais importantes. As exigências rigorosas de comercialização e formatação da franquia quanto à definição da política comercial são inerentes ao Contrato de Franquia, pelo fato de o franqueador objetivar a manutenção da qualidade do sistema, impedindo que sua marca seja exposta de qualquer forma, sob pena de lhe ocasionar sérios prejuízos.

Assim, a política comercial deve ser definida pelo franqueador para estabelecer o modelo de negócio que será franqueado. Temos diversas variantes com relação à qualidade dos produtos ou serviços oferecidos, porém, a política comercial deve ter como base os seus concorrentes para a viabilidade do negócio franqueado e a cadeia de abastecimento.

A política comercial não possui um padrão específico a ser seguido pelo franqueador; com isso, a definição do preço final dos produtos é realizada com base em variáveis que envolvem toda a cadeia de abastecimento.

Uma política comercial deve levar em consideração a manutenção do bom desempenho econômico da rede definindo os preços de acordo com o seu mercado.

Vale lembrar que a política comercial pode ser elaborada mediante preços sugeridos (mínimo e máximo) ou preços tabelados pelo franqueador, visto que o preço tabelado deve ser estritamente respeitado pelo franqueado na sua unidade, o que não ocorre quando o preço é sugerido, pois este último traz uma certa flexibilidade ao franqueado para estabelecer o seu preço final, obviamente, dentro do mínimo e máximo estabelecido pelo franqueador.

A Lei de Franquia não estabelece qualquer regra para fins de definição da política comercial, ou seja, quando isso ocorre é com base nas definições constantes tanto na Circular de Oferta de Franquia quanto no Contrato de Franquia firmado entre o franqueador e o franqueado.

Sobre o tema, o Sistema Brasileiro de Defesa da Concorrência em julgado proferido e publicado pelo CADE no caso Kibon[1], anterior a 2013, foi trazido o entendimento

---

1. Processo Administrativo nº 148/1992.

pela licitude da definição da política comercial, pois a ilicitude da conduta requeria a imposição de um sistema de coação que obrigasse o revendedor a praticar determinado preço estipulado pelo fornecedor. A partir daí, apenas a sugestão de preços, sem monitoramento e controles por parte dos fornecedores foi entendida como lícita. Além disso, o CADE entendeu que a sugestão do preço de revenda seria benéfica do ponto de vista da concorrência entre a Kibon e outras marcas, o que superaria qualquer preocupação com a concorrência entre seus próprios revendedores, um dos efeitos da fixação de preço de revenda por parte do fornecedor.

Analisando as decisões recentes sobre fixação de preços, mais especificamente a decisão que condenou a empresa SKF do Brasil por fixação de preço de revenda[2], houve a mudança do entendimento do Órgão para reputar como um ato ilícito concorrencial. Porém, o entendimento ainda não é majoritário, considerando que há poucos casos julgados neste sentido e, nos casos anteriores, a decisão foi pela legalidade quando ficou comprovado que a fixação não era impositiva, mas sim sugestiva (sem monitoramento e controles).

Especificamente com relação ao *franchising*, o ilícito somente seria caracterizado se o franqueador fixasse preços vantajosos para algum dos franqueados em detrimento da rede como um todo, bem como pela perda da liberdade contratual, perigo de bloqueio da oferta e eliminação da concorrência via preços, deixando de lado a livre-concorrência pela imposição do franqueador. Lembrando que a definição de certas condições comerciais pelo franqueador não podem ser tipificadas como ilícitas ou anticoncorrenciais, por ser da própria situação peculiar e da essência do Contrato de Franquia, manter a homogeneidade dos preços da sua rede.

Passo seguinte, posteriormente à definição da política comercial pelo franqueador, esta deverá ser respeitada pelo franqueado (assinado o Contrato de Franquia) para manutenção da uniformidade da rede em que participa.

Eventuais questões sazonais que justifiquem alteração na política comercial devem estar no radar do franqueador para o devido tratamento, sendo tanto uma oportunidade de alavancar a unidade franqueada como também uma forma de mitigar prejuízos.

Considerando os diversos modelos de franquias existentes quando se trata de política comercial, trazemos aqui alguns exemplos para conhecimento:

Na hipótese em que o próprio franqueador é o fabricante do produto vendido pela sua rede ou possui participação societária em empresa para este fim, a precificação é administrada pela marca bem como a divulgação destes para os seus franqueados.

Em uma outra hipótese, a definição da política comercial quando se trata de fornecedores homologados pelo franqueador, em consequência da venda de um *mix* de produtos pela sua rede, o preço final pode ou não ser definido pelo franqueador.

---

2. Processo Administrativo nº 08012.001271/2001-44.

Por fim, podemos considerar a hipótese em que a rede de determinada franquia é abastecida por diversos fornecedores homologados. A partir daí, algumas práticas são recomendadas para os franqueadores em matéria de definição da política comercial. Entre elas, mencionamos a instituição pelo franqueador de uma central de compras com vistas à negociação e/ou de uma central de distribuição à rede franqueada.

A central de negociação possui como principal atividade a utilização da representatividade da marca e extensão da rede de franquia para negociação de preços de venda de produtos com a consequente definição da política comercial a ser praticada.

Já com relação à central de distribuição, o franqueador adquire os produtos (normalmente, importados) e revende aos seus franqueados. Ressaltamos aqui que tributariamente esta conduta pode tornar a política comercial impraticável ante o quanto existente no mercado concorrente, porém, esta é uma análise financeira a ser realizada pelo franqueador antes da sua definição.

21
CRÉDITO E GARANTIAS

Fernando Tardioli Lúcio de Lima

Sumário: 1. Premissas – 2. Conceito de garantia e a sua finalidade – 3. Modalidades de garantia; A) Garantias pessoais; A.1. Fiança; A.2. Aval; B) Garantias reais; B.1. Hipoteca; B.2. Penhor; B.3. Propriedade Fiduciária; B.3.i. Alienação fiduciária; B.3.ii. Cessão fiduciária – 4. Conclusão.

1. PREMISSAS

A concessão de crédito a terceiros remonta à Idade Média, onde a cobrança de juros nessas operações era tida como contrária às leis da própria igreja. Dando origem ao conceito de usura, que, na acepção da palavra, significa o uso abusivo do crédito e se consubstanciava, não raras as vezes, na cobrança de juros extorsivos.

O fato é que todo aquele que concede crédito a um terceiro passa a conviver com o risco de não receber de volta aquilo que emprestou e com o iminente risco da inadimplência.

No mundo contemporâneo, inúmeras ferramentas foram desenvolvidas para buscar mitigar os riscos do inadimplemento. Não é por acaso que a análise de crédito se tornou etapa obrigatória e que antecede a concessão do crédito propriamente dito.

A fim de avaliar o grau de risco inerente a uma determinada operação e, consequentemente, realizar a calibragem da taxa de juros que remunerará o capital disponibilizado, todos aqueles que concedem crédito, sejam eles instituições financeiras ou não, lançam mão, ou deveriam lançar, da análise de crédito.

Esse processo deve ser estruturado e levar em consideração uma série de informações relativas ao tomador do crédito, seja ele alguém que busca recursos, ou simplesmente a aquisição de insumos para pagamento a prazo, empregando-os na sua atividade empresarial.

Dessa forma, quando trazida ao universo das franquias, a análise de crédito não só pode, como deve ser realizada ao longo das diferentes etapas da relação franqueador-franqueado.

Preliminarmente, deve ser realizada a análise da capacidade financeira do candidato que pretende ingressar em um determinado sistema de franquias, de modo a verificar se ele reúne as condições mínimas necessárias para pagar a taxa inicial de franquia, realizar as obras necessárias no ponto comercial, suportar o seu aluguel durante tal período, adquirir os equipamentos e utensílios necessários ao início das operações, comprar o estoque que será comercializado, injetar o capital de giro necessário até que se chegue ao ponto de equilíbrio, entre outros investimentos que a inauguração de uma unidade franqueada pode demandar.

Além disso, é fundamental questioná-lo acerca da origem dos recursos que pretende empregar para fazer frente a esses investimentos, comprovando a sua disponibilidade, bem como se pretende valer-se de financiamento bancário para fazer concorrência a tal montante.

No entanto, é durante a vigência do contrato de franquia que a análise de crédito toma importância ainda maior, pois é justamente nessa oportunidade que o franqueado recebe crédito da franqueadora para aquisição de insumos naquelas redes cujo modelo de negócio envolve o fornecimento de produtos pela franqueadora ao franqueado e/ou por fornecedores homologados e também deve arcar com o pagamento de *royalties*, contribuições ao fundo de propaganda, entre outros valores previstos em contrato.

Portanto, é fundamental que o franqueador busque informações periódicas a fim de responder questões tais como: meu franqueado tem condições de me pagar? Quais são as atuais condições financeiras do meu franqueado? Quais são os limites de crédito que serão disponibilizados a ele? Com que taxas? E quais serão os respectivos prazos de pagamento?

O maior equívoco que a prática mostra relativamente a essas análises de crédito, é a negligência do franqueador em manter tais informações atualizadas, frequentemente, contentando-se com aquela primeira análise de crédito realizada com o ainda candidato a ingressar no sistema de franquias.

Dessa forma, é fundamental que a análise de crédito seja realizada e refeita periodicamente, por meio da solicitação de informações atualizadas a respeito do franqueado, as quais, somadas aos indicadores de desempenho do franqueado, darão ao franqueador a segurança necessária para a tomada das melhores decisões de crédito.

Uma vez concedido o crédito, é imprescindível que esse esteja corretamente documentado, sob pena de se frustrar a possibilidade de cobrança futura ou de essa se tornar muito mais longa do que o necessário.

Assim, a formalização de cada venda e/ou de toda e qualquer cobrança emitida contra o franqueado é essencial, seja decorrente do fornecimento de produtos ou insumos, seja em razão da cobrança de *royalties*.

Feito isso, é preciso conscientizar todos aqueles que atuam no mercado de franquia e desempenham papel fundamental para a sua perenidade, quanto à importância da contratação de garantias nessas operações.

Afinal, a prática tem mostrado insistentemente, por exemplo, que o conforto psicológico de muitos franqueadores que acreditam estar seguros quanto ao recebimento de seus créditos, porque contam com garantia consistente em fiança oferecida pela pessoa física de seus franqueados, pode se converter em grande frustração ou pesadelo.

Defende-se aqui a necessidade de difundir no setor a utilização de garantias efetivas nessas operações, já que, muito embora, conforme será tratado mais adiante, a fiança seja um meio idôneo de prestação de garantia pelo franqueado ao seu franqueador e/ou aos fornecedores, quando o negócio já não demonstra mais a mesma capacidade de geração de caixa para fazer frente às suas obrigações, a pessoa física do franqueado também se mostra combalida e, muitas vezes, sem qualquer condição de se valer de outras fontes de renda.

Nesse sentido, há que se indagar qual é a efetividade para um franqueador que não consegue receber de seu franqueado o que lhe é devido e quem tem como única garantia, justamente, a fiança prestada pela pessoa física do sócio da empresa franqueada.

Isso sem falar na necessidade de se preservar a saúde financeira da própria franqueadora e, por conseguinte, de toda a rede de franquias. Parece evidente que o sucesso de qualquer franqueadora depende, entre outros fatores, da conservação de seu fluxo de caixa e de sua liquidez, de modo a tornar o negócio perene, o que é alcançado, também, por meio da eficiência e do acerto de suas decisões quando o assunto é concessão de crédito.

É intuitivo que aqueles franqueadores que pecam na concessão de crédito, serão castigados pela inadimplência e, acima de tudo, pelos efeitos deletérios dessa, com a consequente perda de competitividade perante os seus concorrentes que adotam políticas capazes de melhor preservar a liquidez de suas contas, seus resultados e, finalmente, seu EBTIDA[1].

Nunca é demais lembrar que, em qualquer operação societária que envolva a compra e venda de participação em uma empresa franqueadora, seus cotistas ou acionistas serão remunerados justamente a partir da definição de um múltiplo do EBTIDA.

O assunto toma ainda mais relevância quando consideramos o apetite demonstrado por investidores institucionais e fundos de investimento que, ao menos nas duas últimas décadas ostentam um considerável histórico de aquisições no setor.

Portanto, quanto melhor for a política de crédito do franqueador, bem como as garantias existentes em seus contratos de franquia, maior será o múltiplo[2] oferecido pelo mercado e, por conseguinte, seu *Company Valuation*[3].

Dessa maneira, o que está se defendendo aqui é a necessidade de um amadurecimento do setor, a fim de que os contratos e as próprias operações estejam lastreados em garantias efetivas. Havendo necessidade de execução, que essas se mostrem idôneas para satisfazer os respectivos créditos que estão a garantir.

Nessa esteira, há uma gama de modalidades de garantia, amplamente utilizada por instituições financeiras e empresas que operam além do mercado de franquia, cuja utilização não só pode, como deve ser difundida no setor de *franchising*.

---

1. Lucro antes de juros, impostos, depreciação e amortização. Em inglês: *Earnings before interests, taxes, depreciation e amortization*.
2. Os múltiplos se apresentam como indicadores financeiros e operacionais que serão utilizados para se chegar ao valor de uma empresa.
3. Jargão utilizado para definir a avaliação de um negócio. Em inglês: Avaliação de Empresas.

2. CONCEITO DE GARANTIA E A SUA FINALIDADE

A garantia nada mais é do que uma forma de se atribuir segurança ao credor de que a obrigação contratada pelo devedor poderá ser cumprida, mesmo na hipótese de resistência desse.

A segurança em questão se dá sob diversas óticas, mas dois aspectos em particular interessam ao presente trabalho, especialmente diante das premissas já fixadas no tópico anterior.

O primeiro deles reside na possibilidade de credor e devedor, geralmente, por força de acordo mútuo, deixarem desde o momento da concessão do crédito, determinada parcela do patrimônio do devedor reservada para o cumprimento forçado da obrigação, caso essa não seja liquidada no seu respectivo vencimento. Também a possibilidade de trazerem um terceiro estranho à relação principal, de modo que esse figure como garantidor do cumprimento da obrigação principal.

O segundo aspecto que merece atenção diz respeito à prestação da garantia como forma de baratear o acesso ao crédito, partindo-se da premissa de que ao credor é possível oferecer melhores condições para disponibilização do crédito, quanto melhor forem as garantias que lhe são apresentadas.

Em resumo, a prestação de garantia é um meio não só de assegurar o cumprimento da obrigação, mas também de baratear o acesso ao crédito.

Aqui, vale lembrar a máxima cunhada pelo ex-Ministro Guilherme Afif Domingos[4] de que: *"No Brasil muitas vezes é preciso dar ouro para receber prata"*.

Em uma clara crítica à dificuldade de acesso ao crédito, o ex-Ministro, defensor histórico dos micro e pequenos empreendedores, criticava o rigor excessivo de alguns credores que exigiam, na visão do palestrante, garantias de maior peso econômico do que o próprio crédito pretendido.

O fato é que as garantias são parte fundamental para a abertura de crédito e devem ser manejadas, exigidas e utilizadas respeitando-se cada uma de suas particularidades e sempre a condição das partes contratantes.

Tudo isso, sob pena de o grau de complexidade de determinadas modalidades, seus custos de implementação e a própria dificuldade de obtê-las, inviabilizarem a contratação.

No entanto, é possível utilizá-las de maneira criteriosa e conscienciosa, de modo a dar a segurança necessária a quem conceder o crédito e a possibilidade de prestá-la por parte daqueles que buscam tomá-lo.

Nesse sentido, há uma gama de modalidades de garantia e, no que serve ao propósito desse trabalho, podemos dividi-las em dois grandes grupos: as garantias pessoais (também denominadas fidejussórias) e as garantias reais.

---

4. Em plenária realizada durante a convenção promovida pela Associação Brasileira de *Franchising* (ABF), na Ilha de Comandatuba, em outubro de 2016.

Abordaremos aqui também a alienação fiduciária e suas derivações. Muito embora o autor não desconheça o tratamento dado a essa pelo Código Civil, que a considera como modalidade de propriedade e não de direito real de garantia, à propriedade fiduciária, claramente direcionada a garantir o cumprimento de uma obrigação, aplicam-se muitos dos dispositivos que tratam das disposições gerais inerentes ao penhor, à hipoteca e à anticrese[5].

3. MODALIDADES DE GARANTIA

A) GARANTIAS PESSOAIS

As garantias pessoais ou fidejussórias são aquelas prestadas por terceiros estranhos à relação obrigacional garantida, que assumem a posição de garantidores prontos a responder em caso de inadimplemento do devedor principal e que se vinculam ao cumprimento da obrigação originária em função de sua condição pessoal e não por meio da indicação ou entrega de algum bem ou direito que integre o seu acervo patrimonial.

As garantias fidejussórias se encontram representadas pela fiança e pelo aval, conforme se verá a seguir.

A.1. Fiança

Pelo contrato de fiança, uma pessoa garante satisfazer ao credor uma obrigação assumida pelo devedor, caso este não a cumpra[6].

Usualmente gratuita, a fiança também pode ser onerosa, ou seja, o fiador pode cobrar para prestar a garantia em favor do devedor da obrigação. Trata-se, portanto, de verdadeira remuneração do fiador para assunção do risco tomado em favor do afiançado, como se vê rotineiramente nas fianças bancárias e em outras modalidades de fiança locatícia.

Nos termos do artigo 819 do Código Civil[7], a fiança deverá sempre ser prestada por escrito e interpretada restritivamente.

Além disso, é fundamental que o credor tome todas as cautelas necessárias quando da prestação da fiança pelo terceiro garantidor, na medida em que, por força do disposto no artigo 1.647 do Código Civil[8], nenhum dos cônjuges pode prestar fiança sem autorização do outro, a não ser que sejam casados sob o regime de separação de bens.

---

5. **Francisco Eduardo Loureiro** lembra que "Graças, porém, à afetação do instituto, nitidamente voltado a garantir o adimplemento de uma obrigação, diversos dos dispositivos estudados a seguir se estendem à propriedade fiduciária." (Código Civil Comentado, Coordenador Cezar Peluso, 3ª ed., Barueri: 2009, p. 1462.)
6. Código Civil. Art. 818.
7. Art. 819. A fiança dar-se-á por escrito, e não admite interpretação extensiva.
8. Art. 1.647. Ressalvado o disposto no art. 1.648, nenhum dos cônjuges pode, sem autorização do outro, exceto no regime da separação absoluta:
   I – alienar ou gravar de ônus real os bens imóveis;

Desse modo, é fundamental que se exija o comparecimento de ambos os cônjuges no momento da formalização da fiança, sob pena de invalidação total dessa e consequente perda da garantia.

Trata-se, por isso, de verdadeira hipótese de exigência de outorga uxória, visto que a fiança que se ressentir da observância de tal requisito será fulminada de acordo com a posição pacífica do Superior Tribunal de Justiça acerca do tema[9], que se encontra no verbete da Súmula 332 daquela corte: *"A fiança prestada sem autorização de um dos cônjuges implica a ineficácia total da garantia"*.

Nota-se, dessa forma, que qualquer cochilo do credor ao exigir, no momento da formalização da fiança, a presença do cônjuge do fiador levará à inexorável ineficácia total da garantia.

Outro aspecto de extrema importância, mas que é relegado por credores desatentos é a desejável renúncia[10] do fiador ao benefício de ordem[11], o que possibilitará ao credor, quando da execução do crédito inadimplido, voltar seus esforços de recuperação de crédito imediatamente contra os fiadores, sem que tenha que aguardar e esgotar as tentativas de receber primeiro do devedor original para que, somente depois de frustradas tais investidas, possa buscar bens do fiador para satisfazer seu crédito.

Por fim, destaca-se que a fiança pode ser prestada no próprio contrato garantido, como se vê usualmente nas fianças locatícias, mas também por ser conferida em instrumento em apartado que fixe o objeto da garantia, os limites da obrigação do fiador[12], seu prazo e demais condições.

II – pleitear, como autor ou réu, acerca desses bens ou direitos;
III – prestar fiança ou aval;
IV – fazer doação, não sendo remuneratória, de bens comuns, ou dos que possam integrar futura meação.
Parágrafo único. São válidas as doações nupciais feitas aos filhos quando casarem ou estabelecerem economia separada.

9. AGRAVO INTERNO NO AGRAVO EM RECURSO ESPECIAL. LOCAÇÃO DE IMÓVEL. NEGATIVA DE PRESTAÇÃO JURISDICIONAL. NÃO CORRÊNCIA. FIANÇA. GARANTIA PRESTADA SEM A OUTORGA UXÓRIA. INEFICÁCIA TOTAL. SÚMULA N. 332/STJ. RECURSO NÃO PROVIDO. 1. Não se viabiliza o recurso especial pela indicada violação do artigo 1022 do Código de Processo Civil de 2015. Isso porque, embora rejeitados os embargos de declaração, a matéria em exame foi devidamente enfrentada pelo Tribunal de origem, que emitiu pronunciamento de forma fundamentada, ainda que em sentido contrário à pretensão da parte recorrente. 2. "A fiança prestada sem autorização de um dos cônjuges implica a ineficácia total da garantia" (Súmula n. 332/STJ). 3. Agravo interno não provido.
AgInt no AGRAVO EM RECURSO ESPECIAL Nº 1.252.047 – SP (2018/0036913-7) – RELATOR: MINISTRO LUIS FELIPE SALOMÃO, Quarta Turma, j. 17.05.2018.
10. Art. 828. Não aproveita este benefício ao fiador:
I – se ele o renunciou expressamente;
II – se se obrigou como principal pagador, ou devedor solidário;
III – se o devedor for insolvente, ou falido.
11. Trata-se do direito assegurado ao fiador de exigir que primeiro sejam excutidos os bens do devedor principal e, somente depois da frustração dessas tentativas ele tenha o seu patrimônio alcançado.
12. AGRAVO INTERNO NO RECURSO ESPECIAL. DIREITO CIVIL E PROCESSUAL CIVIL. EMBARGOS À EXECUÇÃO. CONTRATO DE FIANÇA. ALEGADA NULIDADE DO INSTRUMENTO CONTRATUAL. AUSÊNCIA DA RUBRICA DOS FIADORES NA PRIMEIRA FOLHA DO CONTRATO. DETERMINAÇÃO DO VALOR DA FIANÇA. ANÁLISE DO CONTEXTO FÁTICO PROBATÓRIO. INSINDICABILIDADE.

Trata-se, sem dúvida, de uma importante modalidade de garantia, amplamente difundida no mercado. No setor de *franchising*, não é diferente, mas esse tipo de garantia deve ser objeto de maior atenção e, especialmente, de profunda análise crítica por parte de franqueadores, quando utilizada para garantia de obrigações tomadas por franqueados.

Isso porque é fundamental que se tenha em mente não só a importância da capacidade de pagamento do fiador. O que, evidentemente, dependerá da comprovação da existência de seu acervo patrimonial, mas especialmente da mitigação dos riscos, a fim de evitar que se concentre na mesma pessoa a figura do sócio da empresa franqueada e do próprio fiador.

Do contrário, haverá excessiva e desnecessária exposição por parte do franqueador, ao concentrar todo o seu risco de crédito na figura central do franqueado, assim vulgarmente denominada a pessoa física do sócio da empresa franqueada.

A.2. Aval

Por meio do aval, um terceiro obriga-se a honrar a obrigação expressa em um determinado título de crédito, caso o seu emitente ou sacado deixe de fazê-lo no prazo respectivo.

Trata-se de modalidade de garantia pessoal e está intrinsecamente relacionada à existência de um título de crédito.

Portanto, essa modalidade de garantia extrai o seu fundamento de validade quando formalizada pelo terceiro no próprio corpo de um título de crédito, seja no seu verso, seja em seu anverso.

O aval encontra seu regramento nos artigos 897 e seguintes do Código Civil[13].

NEGATIVA DE PRESTAÇÃO JURISDICIONAL. INOCORRÊNCIA. 1. Discussão acerca da nulidade de contrato de fiança em face da inexistência de rubrica pelos co-devedores na primeira folha, sendo alegada a substituição da página em que estariam as informações mais relevantes acerca da avença, em que pese a segunda folha estivesse devidamente assinada.

2. Violação ao art. 535 do CPC/73. Inocorrência de negativa de prestação jurisdicional no acórdão que enfrenta as questões necessárias para a solução da controvérsia, não se revelando omissão a ausência de referência a cada um dos dispositivos indicados pelas partes em favor de suas teses. Não se admite, ainda, alegação genérica de afronta ao art. 535 do CPC.

3. Higidez do contrato de fiança. Reconhecimento pelo acórdão recorrido de haver nos autos elementos probatórios suficientes permitindo extrair o vínculo entre a garantia pessoal e os negócios jurídicos de compra e venda de materiais escolares objeto da ação de cobrança.

4. Inocorrência de interpretação extensiva da fiança, mas exame das cláusulas do contrato e das provas produzidas para concluir que a fiança fora ofertada sobre determinado valor.

5. Possibilidade de os próprios fiadores, por não haver dúvida de que o contrato de fiança fora celebrado, evidenciarem que o valor entendido como afiançado pela Corte de origem seria diverso, omitindo-se, no entanto, de juntar a sua cópia do acordo ou de indicar qual seria eventualmente o valor correto.

6. AGRAVO INTERNO DESPROVIDO.

AgInt no REsp 1714395/SP. AGRAVO INTERNO NO RECURSO ESPECIAL 2015/0283665. Ministro PAULO DE TARSO SANSEVERINO, Terceira Turma, j. 12.11.2018.

13. Art. 897. O pagamento de título de crédito, que contenha obrigação de pagar soma determinada, pode ser garantido por aval.

No entanto, há diversas disposições esparsas acerca dessa modalidade de garantia que poderão ser encontradas na legislação especial[14], aplicando-se supletivamente o disposto no Código Civil[15].

Nesse particular, no direito brasileiro, há enorme profusão de títulos de crédito, tais como as duplicatas, notas promissórias, cheques, letras de câmbio, cédulas de crédito, entre outras.

No dia a dia do varejo, verifica-se com muito mais frequência a emissão de duplicatas, de notas promissórias e de cheques, muito embora esses últimos percam relevância diariamente, em função da difusão do cartão de crédito e de outros meios de pagamento eletrônico.

De igual forma, não se pode fechar os olhos para a realidade dos títulos de crédito emitidos em ambiente virtual, uma vez que tal possibilidade se encontra prevista na legislação em vigor[16].

É possível, ainda, que se admita a execução desses títulos[17], uma vez que os boletos bancários vinculados ao respectivo título emitido em ambiente virtual, uma vez acompanhado do instrumento de protesto e dos comprovantes de recebimento dos produtos e/ou dos serviços, podem mitigar a falta de apresentação do título físico.

Do mesmo modo, não se desconhece as discussões acerca da possibilidade de endosso desses títulos em ambiente eletrônico.

Todavia, o foco do presente trabalho reside nas diferentes possibilidades de garantia e aqui, especificamente, debruça-se sobre o aval. Assim, embora encontrem respaldo

---

Parágrafo único. É vedado o aval parcial.

Art. 898. O aval deve ser dado no verso ou no anverso do próprio título.

§ 1º Para a validade do aval, dado no anverso do título, é suficiente a simples assinatura do avalista.

§ 2º Considera-se não escrito o aval cancelado.

Art. 899. O avalista equipara-se àquele cujo nome indicar; na falta de indicação, ao emitente ou devedor final.

§ 1º Pagando o título, tem o avalista ação de regresso contra o seu avalizado e demais coobrigados anteriores.

§ 2º Subsiste a responsabilidade do avalista, ainda que nula a obrigação daquele a quem se equipara, a menos que a nulidade decorra de vício de forma.

Art. 900. O aval posterior ao vencimento produz os mesmos efeitos do anteriormente dado.

14. A letra de câmbio e a nota promissória são disciplinadas pela Lei Uniforme de Genebra (LUG), ao passo que o cheque e a duplicata se encontram regulados pela Lei n.º 7.357/85 e Lei n.º 5.474/68, respectivamente.

15. Art. 903. Salvo disposição diversa em lei especial, regem-se os títulos de crédito pelo disposto neste Código.

16. Código Civil. Artigo 889, § 3º.

17. "EXECUÇÃO DE TÍTULO EXTRAJUDICIAL. DUPLICATA VIRTUAL. PROTESTO POR INDICAÇÃO. BOLETO BANCÁRIO ACOMPANHADO DO COMPROVANTE DE RECEBIMENTO DAS MERCADORIAS. DESNECESSIDADE DE EXIBIÇÃO JUDICIAL DO TÍTULO DE CRÉDITO ORIGINAL.

1. As duplicatas virtuais – emitidas e recebidas por meio magnético ou de gravação eletrônica – podem ser protestadas por mera indicação, de modo que a exibição do título não é imprescindível para o ajuizamento da execução judicial. Lei 9.492/97.

2. Os boletos de cobrança bancária vinculados ao título virtual, devidamente acompanhados dos instrumentos de protesto por indicação e dos comprovantes de entrega da mercadoria ou da prestação dos serviços, suprem a ausência física do título cambiário eletrônico e constituem, em princípio, títulos executivos extrajudiciais.

3. Recurso especial a que se nega provimento." (Recurso Especial n.º 1.024.691-PR, 3ª Turma, Ministra Nancy Andrighi. j. 22.03.2011).

legal, a tomada dessa garantia ainda se revela distante da dinâmica da grande maioria da realidade do varejo. Por isso, recomenda-se que aqueles que tenham optado por tomar a garantia por meio do aval o façam por meio físico, com a assinatura do avalista exarada convencionalmente no corpo do próprio título que estampa a obrigação garantida.

Não são raras as confusões havidas entre o aval e a fiança, pois, muito embora sejam modalidades de garantia pessoal, ou seja, que se dá em razão da pessoa do garantidor e não da individualização de um determinado bem ou direito, trata-se de institutos bastante distintos e com disciplina própria.

Não é incomum nos depararmos com contratos que trazem no seu bojo a figura do avalista, desvinculado de qualquer título de crédito. Trata-se em verdade de erro grosseiro, que denota enorme falta de técnica jurídica na escolha e no manejo da garantia pretendida.

Além disso, equívocos dessa natureza podem levar à perda da garantia, em função do vício existente no momento da sua formalização.

Na mesma esteira do que se viu por ocasião da fiança, há que se buscar a outorga uxória do cônjuge do avalista, sob pena de insubsistência integral dessa[18]. Exceção feita ao casamento contraído sob o regime de separação de bens.

Desse modo, trazer o aval como reforço das garantias utilizadas no dia a dia das operações de franquia é uma alternativa bastante simples, que não demanda custos para a sua constituição e que pode trazer maior conforto na concessão de crédito por parte de franqueadores às suas respectivas redes de franquia. Especialmente, se aquele que vier a figurar como avalista for um terceiro estranho ao contrato de franquia e aos garantidores que ali figuram.

Para isso, é fundamental que se tenha um processo estruturado para emissão e formalização das operações de modo a incorporar, na política comercial e também de crédito das franqueadoras, a documentação necessária, não só para a instituição do aval – que como se viu, deve estar vinculado a um título de crédito – como interessante modalidade de garantia a ser implementada, mas também como forma de estar de posse da documentação hábil e com a higidez necessária para justificar o ajuizamento das medidas necessárias à recuperação do crédito.

---

18. 1. AGRAVO INTERNO NO AGRAVO EM RECURSO ESPECIAL. DIREITO CIVIL. EXECUÇÃO DE TÍTULO EXTRAJUDICIAL. AVAL SEM OUTORGA UXÓRIA. INVALIDADE. DECISÃO MANTIDA. AGRAVO INTERNO NÃO PROVIDO. 1. "O aval prestado sem a devida outorga uxória não possui validade. Sua anulação não tem como consequência preservar somente a meação, mas torna insubsistente toda a garantia. Precedentes." (EDcl no REsp 1472896/SP, Rel. Ministra MARIA ISABEL GALLOTTI, QUARTA TURMA, julgado em 06/08/2015, DJe 13/08/2015).
2. Agravo interno não provido.
AgInt no AREsp 928412/PR. AGRAVO INTERNO NO AGRAVO EM RECURSO ESPECIAL 2016/0143921-7. Ministro LUIS FELIPE SALOMÃO (1140), Quarta Turma, j. 18.10.2016.

B) GARANTIAS REAIS

Os direitos reais de garantia são aqueles que estabelecem vínculo direto entre determinado bem que, obviamente, integra o patrimônio do devedor ou mesmo de terceiro que se disponha a garantir com parcela determinada de seu patrimônio obrigação assumida por outra pessoa, seja ela física, seja ela jurídica.

FÁBIO ULHOA COELHO[19] ensina que:

> "**As garantias reais classificam-se em duas categorias: direitos reais de garantia e direitos reais em garantia**. (...) **os direitos reais de garantia são o penhor, a hipoteca e a anticrese; os direitos reais em garantia, por sua vez, são a alienação fiduciária em garantia e a cessão fiduciária de direitos creditórios**. Os direitos reais de garantia procuram assegurar o cumprimento da obrigação mediante a instituição de um direito real titulado pelo credor sobre bem da propriedade do devedor. (...) A seu turno, **nos direitos reais em garantia, o cumprimento da obrigação é garantido pela transferência do bem onerado à propriedade do credor. O sujeito ativo da obrigação garantida passa a titular da propriedade resolúvel do bem**" (grifos nossos).

Assim, os direitos reais de garantia asseguram ao credor titular da obrigação o direito de expropriar o bem previamente individualizado, respeitado o devido processo legal, de modo a buscar a satisfação da obrigação inadimplida.

Depois da realização dos leilões, uma vez vendido o bem dado em garantia, os recursos obtidos com a venda serão entregues preferencialmente ao credor[20], até o limite de seu crédito.

Deve-se destacar ainda a natureza acessória da garantia real, na medida em que essa extrai o seu fundamento de validade e existência de outra relação jurídica, que gera a obrigação e cujo cumprimento desta visa assegurar.

Portanto, há completa relação de dependência da garantia diante da relação cujo cumprimento se presta a assegurar. O que faz com que, na hipótese de cumprimento da obrigação principal assegurada, a relação obrigacional de garantia seja automática e imediatamente extinta.

Seguindo a disposição contida no artigo 1.420 do Código Civil[21], somente aquele autorizado a alienar o próprio bem poderá dá-lo em garantia. Da mesma forma, o bem detido em condomínio não pode ser dado em garantia na sua inteireza sem que todos os condôminos o façam, porém, é possível que cada um deles dê em garantia a respectiva fração de sua propriedade[22].

---

19. COELHO, Fábio Ulhoa. Comentário à Lei de Falências e de recuperação de empresas. 9. ed. – São Paulo: Saraiva, 2013, p. 186/187.
20. MARIA HELENA DINIZ, Código Civil Anotado. 12ª edição, São Paulo: Ed. Saraiva, 2006, p. 1.136.
21. Art. 1.420. Só aquele que pode alienar poderá empenhar, hipotecar ou dar em anticrese; só os bens que se podem alienar poderão ser dados em penhor, anticrese ou hipoteca.
22. Art. 1.420. (...) § 2º. A coisa comum a dois ou mais proprietários não pode ser dada em garantia real, na sua totalidade, sem o consentimento de todos; mas cada um pode individualmente dar em garantia real a parte que tiver.

B.1. Hipoteca

Disciplinada nos artigos 1.473 e seguintes do Código Civil, a hipoteca é modalidade de garantia real que recai sobre bem imóvel, admitindo-se excepcionalmente a sua constituição sobre embarcações e aeronaves. O crédito garantido por hipoteca torna seu titular credor hipotecário.

Deve ser obrigatoriamente constituída por meio de escritura pública, salvo na hipótese de se tratar de hipoteca cedular. Qualquer que seja a sua natureza, a hipoteca deve ser levada a registro junto ao respectivo cartório da situação do bem objeto da garantia[23].

Tal exigência encontra seu fundamento de validade também no artigo 167 da Lei de Registros Públicos[24].

Esclarece-se, ainda, que a Lei de Registros Públicos dispõe que as hipotecas serão sempre registradas no Registro de Imóveis. Senão, vejamos:

"Art. 167 – No Registro de Imóveis, além da matrícula, serão feitos:

I – o registro:

(...)

2) das hipotecas legais, judiciais e convencionais;

(...)"

Isso porque é o registro no cartório competente, além de estabelecer a ordem de preferência entre os credores, já que um mesmo imóvel pode ser hipotecado diversas vezes, respeitando-se a anterioridade quando da distribuição do produto de eventual expropriação.

Da mesma forma, o registro da hipoteca também garante a publicidade ao ato *erga omnes*, possibilitando ao credor do direito opô-la a terceiros, reavendo a coisa das mãos de qualquer pessoa que injustamente a possua ou detenha.

Segundo os ensinamentos de Caio Mário[25], "*Enquanto não inscrita, a hipoteca não passa de crédito pessoal, porque subsistente apenas* inter partes. **Depois de inscrita, vale erga omnes**: *direito real*".

A hipoteca convencional não se confunde com a hipoteca legal (*vide* artigo 1.489 do Código Civil) ou com a hipoteca judiciária, que tem sua previsão no artigo

---

23. Art. 1.492. As hipotecas serão registradas no cartório do lugar do imóvel, ou no de cada um deles, se o título se referir a mais de um.
    Parágrafo único. Compete aos interessados, exibido o título, requerer o registro da hipoteca.
    Art. 1.493. Os registros e averbações seguirão a ordem em que forem requeridas, verificando-se ela pela da sua numeração sucessiva no protocolo.
    Parágrafo único. O número de ordem determina a prioridade, e esta a preferência entre as hipotecas.
24. Lei n.º 6.015/73.
25. Instituições de Direito Civil, vol. IV, editora Forense, 8ª edição, p. 264.

495 do Código de Processo Civil[26] e se apresenta como efeito decorrente da sentença condenatória[27].

Sua finalidade é de garantir ao credor a efetividade do direito reconhecido judicialmente[28], como forma de preparação para a futura execução forçada:

> "O instituto tem como finalidade garantir, ao vencedor da demanda, a efetividade da execução a ser instaurada contra o perdedor. Age diretamente sobre os imóveis do devedor, destacando-os para que, oportunamente, sobre eles recaia realização da execução forçada, independentemente de onde quer que eles se encontrem."

A hipoteca judiciária[29] revela-se, portanto, como efeito secundário[30] da prolação da sentença que condena o vencido ao pagamento de dinheiro ou coisa, a fim de que o vencedor possa obter a satisfação jurisdicional, na fase de cumprimento ou execução, impedindo, de outro lado, a dilapidação do patrimônio pelo devedor.

Trata-se, portanto, de instrumento preventivo de salvaguarda aos interesses do credor, posto à sua disposição, diante de uma sentença condenatória não transitada em julgado e ainda que pendente de recurso com efeito suspensivo.

Portanto, não resta dúvida quanto à natureza convencional da hipoteca e à natureza impositiva da hipoteca judiciária, que se constitui mesmo sem a anuência do devedor.

Embora de aplicação amplamente difundida nas relações empresariais, no mercado de franquias, se vê a utilização dessa modalidade de garantia de maneira tímida e insipiente. O que se lamenta, já que a hipoteca é uma ferramenta capaz de se adequar perfeitamente às características do setor, especialmente em sentido amplo.

Afinal, não é preciso constituir uma hipoteca para cada operação, venda ou crédito realizado entre franqueador e seus franqueados, já que é possível também a constituição de hipoteca para garantir a abertura de um crédito até um determinado limite de valor,

---

26. "Art. 495. A decisão que condenar o réu ao pagamento de prestação consistente em dinheiro e a que determinar a conversão de prestação de fazer, de não fazer ou de dar coisa em prestação pecuniária valerão como título constitutivo de hipoteca judiciária.
    § 1º A decisão produz a hipoteca judiciária:
    I – embora a condenação seja genérica;
    II – ainda que o credor possa promover o cumprimento provisório da sentença ou esteja pendente arresto sobre bem do devedor;
    III – mesmo que impugnada por recurso dotado de efeito suspensivo."
27. Admitindo-se a sua constituição como decorrência também da sentença declaratória, em determinadas circunstâncias.
28. MARCATO, Antonio Carlos; Código de Processo Civil Interpretado, 2004, p. 1434 e ss.
29. Segundo PONTES DE MIRANDA, para sua realização, basta o preenchimento dos requisitos previstos no artigo 466 do Código de Processo Civil [atualmente, artigo 495 do Código de Processo Civil de 2015]: "Haja ou não periculum in mora, a hipoteca judiciária pode ser pedida e deve ser concedida, uma vez satisfeitos os pressupostos do art. 466 do Código de Processo Civil".
30. "A hipoteca judiciária constitui um efeito secundário da sentença condenatória e não obsta a sua efetivação a pendência de julgamento de apelação recebida em ambos os efeitos." (REsp 715451/SP, Rel. Ministra NANCY ANDRIGHI, TERCEIRA TURMA, julgado em 06/04/2006, DJ 02/05/2006, p. 310).

com condições previamente estabelecidas e até o prazo de validade livremente pactuado entre as partes.

B.2. Penhor

O penhor é modalidade de garantia real constituída sobre bens móveis. O credor titular dessa garantia denomina-se de credor pignoratício.

Seu conceito legal está delineado no artigo 1.431[31] do Código Civil e se constitui por meio da transferência da posse ao credor de coisa móvel, a fim de garantir o cumprimento de uma obrigação, muito embora existam exceções a essa regra em suas diversas modalidades, tais como no penhor de veículos, industrial e mercantil.

O registro do penhor pode ser realizado por qualquer dos contratantes junto ao Cartório de Títulos e Documentos[32].

Conquanto tratar-se de uma importante modalidade de garantia real, a sua utilização no setor de franquias revela-se de menor aplicação, dadas as suas particularidades e dificuldades de implementação.

De qualquer forma, vale distinguir aqui o penhor, instituto de direito civil, por meio do qual o proprietário de bem móvel o empenha ao credor da penhora. Já que essa consiste no ato do magistrado que, em processo de execução ou em fase de cumprimento de sentença, determina a constrição de bens do devedor, a fim de satisfazer o crédito devido pelo executado.

Portanto, quem confere bens móveis em garantia por meio do penhor empenha tais bens, ao passo que o juiz, para garantia da execução, penhora bens do devedor.

B.3. Propriedade Fiduciária

Introduzida no direito brasileiro em 1965, pela Lei n.º 4.728, a alienação fiduciária em garantia passou por um notável processo evolutivo até chegar ao seu formato atual.

MARCO AURÉLIO BEZERRA DE MELO[33]aponta a evolução legislativa pela qual passou o instituto:

> "A alienação fiduciária se restringia aos bens móveis infungíveis (art. 1.361, caput, CCB), sendo sustentável com lógica o entendimento pelo qual somente podia ser celebrado quando instituição financeira figurasse como credora e o objetivo da constituição da garantia fosse a aquisição de um bem. Posteriormente, o entendimento da doutrina e jurisprudência foi se modificando e, **hodiernamente, é possível alienação fiduciária em garantia sobre bens imóveis (Lei nº 9.514/97), móveis fungíveis (art. 66-B, Lei**

---

31. Art. 1.431. Constitui-se o penhor pela transferência efetiva da posse que, em garantia do débito ao credor ou a quem o represente, faz o devedor, ou alguém por ele, de uma coisa móvel, suscetível de alienação.
    Parágrafo único. No penhor rural, industrial, mercantil e de veículos, as coisas empenhadas continuam em poder do devedor, que as deve guardar e conservar.
32. Código Civil. Art. 1.432. O instrumento do penhor deverá ser levado a registro, por qualquer dos contratantes; o do penhor comum será registrado no Cartório de Títulos e Documentos.
33. *Direito das coisas*. Rio de Janeiro: Lumen Juris, 2ª ed., 2008, p. 471.

nº 4.728/65), com a instituição financeira figurando como credora (art. 8º-A do Dec.-lei nº 911/69) e também sem ela (arts. 1.361 e segs., CCB), não havendo sequer necessidade da existência de negócio jurídico subjacente de compra e venda de bens de consumo, fato que realça a natureza do instituto como direito real de garantia, a teor do Verbete Sumular nº 28 do Superior Tribunal de Justiça: *o contrato de alienação fiduciária em garantia pode ter por objeto bem que já integrava o patrimônio do devedor*" (grifos nossos).

O coroamento desse amadurecimento legislativo se deu com o Código Civil de 2002 que, em seu artigo 1.361[34], instituiu a propriedade fiduciária, fazendo surgir a posse direta atribuída ao devedor e a posse indireta de titularidade do credor.[35]

O instituto aplica-se tanto para bens móveis e direitos (Decreto-Lei n.º 911/69, Código Civil, artigos 1.361 e seguintes) como para imóveis (Lei n.º 9.514/97).

O negócio jurídico fiduciário é aquele que se constitui pela participação do fiduciante, que atua como transmitente da propriedade resolúvel de determinado bem ou da titularidade de um certo direito a um terceiro, denominado fiduciário.

Em resumo, o devedor é o fiduciante e o credor o fiduciário, e esses ajustam que, uma vez cumprida a obrigação garantida fiduciariamente, a propriedade do bem será restituída (por isso, é chamada de resolúvel) ao tomador do crédito que, por sua vez, nunca deixou de ostentar a posse direta do bem dado em garantia.

A alienação fiduciária pode ser constituída por instrumento público ou particular e deve necessariamente ser levada à registro[36].

Entre as suas vantagens, tem-se a facilidade do processo de expropriação do bem dado em garantia, que pode ser realizada extrajudicialmente e, portanto, sem a necessidade de uma ação judicial, evitando-se, assim, os custos, despesas processuais e o longo trâmite processual.

---

34. Art. 1.361. Considera-se fiduciária a propriedade resolúvel de coisa móvel infungível que o devedor, com o escopo de garantia, transfere ao credor.
    § 1º Constitui-se a propriedade fiduciária com o registro do contrato, celebrado por instrumento público ou particular, que lhe serve de título, no Registro de Títulos e Documentos do domicílio do devedor, ou, em se tratando de veículos, na repartição competente para o licenciamento, fazendo-se a anotação no certificado de registro.
    § 2º Com a constituição da propriedade fiduciária, dá-se o desdobramento da posse, tornando-se o devedor possuidor direto da coisa.
    § 3º A propriedade superveniente, adquirida pelo devedor, torna eficaz, desde o arquivamento, a transferência da propriedade fiduciária.
35. EDUARDO SALOMÃO NETO, Direito Bancário, Atlas, São Paulo: 2007, p. 472.
36. "4. Há entendimento absolutamente pacificado e sumulado desta Câmara Reservada à Falência e Recuperação Judicial no sentido da natureza constitutiva do registro junto ao RTD ou ao Departamento de Trânsito da propriedade fiduciária, nos termos do art. 1.361 do novo Código Civil. Diz a Súmula no. 60 da Câmara Reservada: "A propriedade fiduciária constitui-se com o registro do instrumento no registro de títulos e documentos do domicílio do devedor". **Disso decorre que a garantia real da propriedade fiduciária somente nasce no exato momento do registro**. Antes, existe singelo direito de crédito, sem garantia real e nem propriedade resolúvel transferida ao credor fiduciário. O art. 1.361, par. 1º. do atual Código Civil explicita onde e como devem ser feitos os registros, dividindo as coisas móveis em duas categorias: veículos e outras coisas. Para as coisas móveis em geral, o registro deve ser feito no Oficial do Registro de Títulos e Documentos do domicílio do devedor. (STJ, REsp n. 770.315/AL, rel. Min. Francisco Peçanha Martins, j. 04.04.2006; STJ, REsp n. 278.993/SP, rel. Min. Laurita Vaz, j. 15.10.2002)" (fls. 232/233)." (TJSP – Embargos de Declaração nº 0161126-45.2012.8.26.0000/50001). (grifos nossos).

Isso não significa que o credor titular da garantia fiduciária esteja desobrigado de observar à risca todo o procedimento extrajudicial para a venda do bem dado em garantia, conforme se verá mais adiante. Assegurando-se a este, inclusive, a possibilidade de purgar a mora, evitando o leilão, e de receber eventuais valores que sobejarem o crédito do fiduciário.

Uma vez constituída a garantia fiduciária em favor do credor, o bem se torna impenhorável, não podendo, portanto, vir a ser alcançado por terceiros que, por exemplo, pretendam avançar sobre ele de modo a penhorá-lo[37], a fim de assegurar o recebimento de outras obrigações, que não aquela expressamente garantida.

Nesse sentido, se firmou a jurisprudência do Superior Tribunal de Justiça[38], que há muito vem garantindo a eficácia dessa modalidade de garantia, inclusive naquelas

---

37. PROCESSUAL CIVIL. AGRAVO INTERNO EM AGRAVO EM RECURSO ESPECIAL. CUMPRIMENTO DE SENTENÇA. TAXAS CONDOMINIAIS. ALIENAÇÃO FIDUCIÁRIA EM GARANTIA. DIREITOS DO DEVEDOR FIDUCIANTE. PENHORA DO IMÓVEL DEVEDOR. IMPOSSIBILIDADE. 1. Cumprimento de sentença. 2. A técnica diferenciada de julgamento, prevista no artigo 942, caput, § 3º, inciso III, do CPC, só será exigível nas hipóteses em que o Agravo de Instrumento julgue antecipadamente o mérito da demanda, o que permite a interpretação de que tal dispositivo se dirige às ações de conhecimento, não se aplicando, assim, ao processo de execução, como na hipótese dos autos, haja vista tratar-se de cumprimento de sentença. 3. <u>Não se admite a penhora do bem alienado fiduciariamente em execução promovida por terceiros contra o devedor fiduciante</u>, visto que o patrimônio pertence ao credor fiduciário, permitindo-se, contudo, a constrição dos direitos decorrentes do contrato de alienação fiduciária. Precedentes.
4. Agravo interno desprovido. (AgInt no AREsp 1654813/SP. AGRAVO INTERNO NO AGRAVO EM RECURSO ESPECIAL 2020/0019450-7. Rel. Ministra NANCY ANDRIGHI, Terceira Turma, j. 29.06.2020).
38. DIREITO CIVIL E PROCESSUAL CIVIL. AGRAVO INTERNO NO AGRAVO INTERNO NO RECURSO ESPECIAL. ALIENAÇÃO FIDUCIÁRIA DE IMÓVEL. BEM DE FAMÍLIA. POSSIBILIDADE. ACÓRDÃO RECORRIDO EM CONSONÂNCIA COM JURISPRUDÊNCIA DESTA CORTE. SÚMULA N. 83 DO STJ. AUSÊNCIA DE IMPUGNAÇÃO A FUNDAMENTO DA DECISÃO AGRAVADA. SÚMULA N. 182 DO STJ. MULTA DO ART. 1.021, § 4º, do CPC/2015. NÃO INCIDÊNCIA. DECISÃO MANTIDA.
1. De acordo com a jurisprudência do STJ, "a regra de impenhorabilidade aplica-se às situações de uso regular do direito. O abuso do direito de propriedade, a fraude e a má-fé do proprietário devem ser reprimidos, tornando ineficaz a norma protetiva, que não pode tolerar e premiar a atuação do agente em desconformidade com o ordenamento jurídico. 5. A propriedade fiduciária consiste na transmissão condicional daquele direito, convencionada entre o alienante (fiduciante), que transmite a propriedade, e o adquirente (fiduciário), que dará ao bem a destinação específica, quando implementada na condição ou para o fim de determinado termo. 6. Vencida e não paga, no todo em parte, a dívida e constituído em mora o fiduciante, consolidar-se-á a propriedade do imóvel em nome do fiduciário, consequência ulterior, prevista, inclusive, na legislação de regência. 7. Sendo a alienante pessoa dotada de capacidade civil, que livremente optou por dar seu único imóvel, residencial, em garantia a um contrato de mútuo favorecedor de pessoa diversa, empresa jurídica da qual é única sócia, não se admite a proteção irrestrita do bem de família se esse amparo significar o alijamento da garantia após o inadimplemento do débito, contrariando a ética e a boa-fé, indispensáveis em todas as relações negociais" (REsp n. 1.559.348/DF, Relator Ministro LUIS FELIPE SALOMÃO, QUARTA TURMA, julgado em 18/6/2019, DJe 5/8/2019). A mesma situação é verificada nos autos.
2. Inadmissível o recurso especial quando o entendimento adotado pelo Tribunal de origem coincide com a jurisprudência do STJ (Súmula n. 83/STJ).
3. Conforme orienta a jurisprudência das Turmas que compõem a Segunda Seção do STJ, "a aplicação da multa prevista no § 4º do art. 1.021 do CPC/2015 não é automática, não se tratando de mera decorrência lógica do não provimento do agravo interno em votação unânime. A condenação do agravante ao pagamento da aludida multa, a ser analisada em cada caso concreto, em decisão fundamentada, pressupõe que o agravo interno mostre-se manifestamente inadmissível ou que sua improcedência seja de tal forma evidente que a simples interposição do recurso possa ser tida, de plano, como abusiva ou protelatória, o que, contudo, não ocorreu na hipótese

situações em que o devedor constituiu a alienação fiduciária sobre o imóvel que lhe serve de moradia.

Isso porque a proteção assegurada pela Lei n. 8.009/90[39], ao chamado bem de família, ou seja, o imóvel residencial de propriedade do devedor que serve de abrigo para ele e sua família, já foi relativizada pelo Superior Tribunal de Justiça, naquelas circunstâncias em que o próprio devedor, de forma consciente e, obviamente, voluntária, decide oferecê-lo em garantia do cumprimento de uma obrigação.

Entre tantas vantagens trazidas pela alienação fiduciária ao credor, há uma em particular que não pode deixar de ser notada, especialmente nessa última década, pautada por uma verdadeira enxurrada de recuperações judiciais[40].

---

examinada" (AgInt nos EREsp n. 1.120.356/RS, Relator Ministro MARCO AURÉLIO BELLIZZE, SEGUNDA SEÇÃO, julgado em 24/8/2016, DJe 29/8/2016).

4. É inviável o agravo previsto no art. 1.021 do CPC/2015 que deixa de atacar especificamente os fundamentos da decisão agravada (Súmula n. 182/STJ).

5. Agravo interno a que se nega provimento. AgInt no AgInt no REsp 1753850/PR. AGRAVO INTERNO NO AGRAVO INTERNO NO RECURSO ESPECIAL 2018/0175207-0. Ministro ANTONIO CARLOS FERREIRA (1146). T4 – QUARTA TURMA, j. 22.06.2020.

39. Art. 1º O imóvel residencial próprio do casal, ou da entidade familiar, é impenhorável e não responderá por qualquer tipo de dívida civil, comercial, fiscal, previdenciária ou de outra natureza, contraída pelos cônjuges ou pelos pais ou filhos que sejam seus proprietários e nele residam, salvo nas hipóteses previstas nesta lei.

Parágrafo único. A impenhorabilidade compreende o imóvel sobre o qual se assentam a construção, as plantações, as benfeitorias de qualquer natureza e todos os equipamentos, inclusive os de uso profissional, ou móveis que guarneçam a casa, desde que quitados.

(...)

Art. 5º Para os efeitos de impenhorabilidade, de que trata esta lei, considera-se residência um único imóvel utilizado pelo casal ou pela entidade familiar para moradia permanente.

Parágrafo único. Na hipótese de o casal, ou entidade familiar, ser possuidor de vários imóveis utilizados como residência, a impenhorabilidade recairá sobre o de menor valor, salvo se outro tiver sido registrado, para esse fim, no Registro de Imóveis e na forma do art. 70 do Código Civil.

40. Lei n.º 11.101/2005.

Art. 47. A recuperação judicial tem por objetivo viabilizar a superação da situação de crise econômico-financeira do devedor, a fim de permitir a manutenção da fonte produtora, do emprego dos trabalhadores e dos interesses dos credores, promovendo, assim, a preservação da empresa, sua função social e o estímulo à atividade econômica.

Art. 48. Poderá requerer recuperação judicial o devedor que, no momento do pedido, exerça regularmente suas atividades há mais de 2 (dois) anos e que atenda aos seguintes requisitos, cumulativamente:

I – não ser falido e, se o foi, estejam declaradas extintas, por sentença transitada em julgado, as responsabilidades daí decorrentes;

II – não ter, há menos de 5 (cinco) anos, obtido concessão de recuperação judicial;

III – não ter, há menos de 5 (cinco) anos, obtido concessão de recuperação judicial com base no plano especial de que trata a Seção V deste Capítulo;

IV – não ter sido condenado ou não ter, como administrador ou sócio controlador, pessoa condenada por qualquer dos crimes previstos nesta Lei.

§ 1º A recuperação judicial também poderá ser requerida pelo cônjuge sobrevivente, herdeiros do devedor, inventariante ou sócio remanescente.

§ 2º Tratando-se de exercício de atividade rural por pessoa jurídica, admite-se a comprovação do prazo estabelecido no caput deste artigo por meio da Declaração de Informações Econômico-fiscais da Pessoa Jurídica - DIPJ que tenha sido entregue tempestivamente.

Isso porque os créditos garantidos por alienação fiduciária, em razão do disposto no artigo 49, § 3º, da Lei especial, não se sujeitam aos efeitos da recuperação judicial.

No entanto, o mesmo Superior Tribunal de Justiça que foi elogiado linhas atrás, agora é merecedor de crítica em função da posição excessivamente protecionista dos devedores.

Afinal, não se pode admitir que créditos mesmo não sujeitos à recuperação judicial, tenham a sua possibilidade de cobrança e execução tolhidas por força de declarações absolutamente vagas e genéricas que se consubstanciam diariamente por meio de decisões judiciais confirmadas por aquela Corte, quanto à essencialidade de bens de devedores[41].

Explica-se: embora a lei tenha expressamente optado por não sujeitar os créditos garantidos por alienação fiduciária às mazelas do processo recuperacional, entre as quais destacamos: deságios vexatórios, longos períodos de carência para início do pagamento aos credores, pagamentos que se estendem durante décadas e a incidência de taxas de juros e fatores de correção pífios, a Corte tem feito com que credores convivam com constantes prorrogações do *stay period*[42].

Art. 49. Estão sujeitos à recuperação judicial todos os créditos existentes na data do pedido, ainda que não vencidos.

§ 1º Os credores do devedor em recuperação judicial conservam seus direitos e privilégios contra os coobrigados, fiadores e obrigados de regresso.

§ 2º As obrigações anteriores à recuperação judicial observarão as condições originalmente contratadas ou definidas em lei, inclusive no que diz respeito aos encargos, salvo se de modo diverso ficar estabelecido no plano de recuperação judicial.

§ 3º Tratando-se de credor titular da posição de proprietário fiduciário de bens móveis ou imóveis, de arrendador mercantil, de proprietário ou promitente vendedor de imóvel cujos respectivos contratos contenham cláusula de irrevogabilidade ou irretratabilidade, inclusive em incorporações imobiliárias, ou de proprietário em contrato de venda com reserva de domínio, seu crédito não se submeterá aos efeitos da recuperação judicial e prevalecerão os direitos de propriedade sobre a coisa e as condições contratuais, observada a legislação respectiva, não se permitindo, <u>contudo, durante o prazo de suspensão a que se refere o § 4º do art. 6º desta Lei, a venda ou a retirada do estabelecimento do devedor dos bens de capital essenciais a sua atividade empresarial.</u> (grifos nossos)

§ 4º Não se sujeitará aos efeitos da recuperação judicial a importância a que se refere o inciso II do art. 86 desta Lei.

§ 5º Tratando-se de crédito garantido por penhor sobre títulos de crédito, direitos creditórios, aplicações financeiras ou valores mobiliários, poderão ser substituídas ou renovadas as garantias liquidadas ou vencidas durante a recuperação judicial e, enquanto não renovadas ou substituídas, o valor eventualmente recebido em pagamento das garantias permanecerá em conta vinculada durante o período de suspensão de que trata o § 4º do art. 6º desta Lei.

41. Deve ser excetuada a regra que prevê que o credor titular da posição de proprietário fiduciário de bem imóvel (Lei Federal n. 9.514/97) não se submete aos efeitos da recuperação judicial, consoante disciplina o art. 49, § 3º, da Lei 11.101/2005, quando o imóvel alienado fiduciariamente é aquele em que situada a própria planta industrial da sociedade empresária sob recuperação judicial, mostrando-se indispensável à preservação da atividade econômica da devedora, sob pena de obstrução da empresa e dos empregos ali gerados. Precedentes. O prazo de suspensão das ações e execuções poderá ser ampliado para garantir a preservação da empresa e a manutenção dos bens de capital essenciais à atividade na posse da recuperanda. Precedentes. AgInt no AGRAVO EM RECURSO ESPECIAL Nº 1.087.323 – SP. Relator Ministro Antonio Carlos Ferreira, Quarta Turma, j. 23.03.2020.

42. Trata-se do período de cento e oitenta dias contado do deferimento do processamento da Recuperação Judicial, definido no artigo 6º, § 4º da Lei n.º 11.101/2005, durante o qual ficam suspensas as execuções movidas contra o devedor.

É preciso que se assegure efetividade plena às garantias constituídas de acordo com a lei, evitando-se a benevolência jurisprudencial com devedores, a qual se dá reiteradamente às custas dos credores, sob pena de o ativismo judicial levar a uma redução drástica do crédito, a ponto de dizimá-lo, como ocorreu nos anos 1990 com o mercado de *leasing*, por força de um sem-número de decisões judiciais que determinavam a revisão de contratos atrelados à variação cambial, o que fez com que operar em tal mercado se tornasse desinteressante para os financiadores que simplesmente optaram por se retirar em razão da falta de segurança jurídica e do absoluto desrespeito aos contratos.

B.3.i. Alienação fiduciária

O pagamento da dívida leva à extinção da propriedade fiduciária. Por essa razão, afirma-se que a propriedade fiduciária é resolúvel, já que se resolve com a satisfação do crédito. Nascendo para o credor, agora satisfeito, a obrigação de fornecer ao fiduciante adimplente com todas as suas obrigações, o respectivo termo de quitação, o qual deverá ser levado a registro, a fim de que se proceda ao cancelamento da alienação fiduciária que recaia sobre o bem, de modo a torná-lo livre desse gravame[43].

Já na hipótese de inadimplência do fiduciante, ocorrerá a consolidação da propriedade fiduciária em favor do credor, fazendo com que essa deixe de ser resolúvel e se torne plena.

Para isso, o legislador estabeleceu procedimentos distintos em se tratando de alienação fiduciária que recai sobre imóveis ou sobre bens móveis, como veículos, máquinas e equipamentos.

Art. 6º A decretação da falência ou o deferimento do processamento da recuperação judicial suspende o curso da prescrição e de todas as ações e execuções em face do devedor, inclusive aquelas dos credores particulares do sócio solidário.

§ 1º Terá prosseguimento no juízo no qual estiver se processando a ação que demandar quantia ilíquida.

§ 2º É permitido pleitear, perante o administrador judicial, habilitação, exclusão ou modificação de créditos derivados da relação de trabalho, mas as ações de natureza trabalhista, inclusive as impugnações a que se refere o art. 8º desta Lei, serão processadas perante a justiça especializada até a apuração do respectivo crédito, que será inscrito no quadro-geral de credores pelo valor determinado em sentença.

§ 3º O juiz competente para as ações referidas nos §§ 1º e 2º deste artigo poderá determinar a reserva da importância que estimar devida na recuperação judicial ou na falência, e, uma vez reconhecido líquido o direito, será o crédito incluído na classe própria.

§ 4º <u>Na recuperação judicial, a suspensão de que trata o caput deste artigo em hipótese nenhuma excederá o prazo improrrogável de 180 (cento e oitenta) dias contado do deferimento do processamento da recuperação, restabelecendo-se, após o decurso do prazo, o direito dos credores de iniciar ou continuar suas ações e execuções, independentemente de pronunciamento judicial.</u> (grifos nossos).

43. Lei n.º 9.514/97. Art. 25. Com o pagamento da dívida e seus encargos, resolve-se, nos termos deste artigo, a propriedade fiduciária do imóvel.

§ 1º No prazo de trinta dias, a contar da data de liquidação da dívida, o fiduciário fornecerá o respectivo termo de quitação ao fiduciante, sob pena de multa em favor deste, equivalente a meio por cento ao mês, ou fração, sobre o valor do contrato.

(...)

Em se tratando de alienação fiduciária sobre bens imóveis, o credor deverá observar o seguinte procedimento, estabelecido na Lei n.º 9.514/97:

(i) Providenciar a notificação do devedor, por meio do Cartório de Registro de Imóveis onde está registrado o bem objeto da garantia fiduciária, para que o devedor, no prazo de 15 dias, pague todo o saldo devedor e seus respectivos acréscimos, tais como multa, juros, demais encargos decorrentes da mora, custas e emolumentos cartorários[44];

(ii) Caso o devedor atenda a notificação para que liquide todas as suas obrigações, está purgada a mora e convalescido o contrato[45];

(iii) Caso o devedor, embora regularmente notificado, não efetue o pagamento de todos os valores devidos, caberá ao Oficial do Cartório de Registro de Imóveis, certificar tal fato na matrícula do imóvel e providenciar a transferência da propriedade plena ao credor. Ocorrendo, portanto, a consolidação da propriedade fiduciária em favor do credor[46], a quem compete providenciar, para a efetivação do ato, o pagamento das custas e emolumentos, bem como o recolhimento do Imposto de Transmissão de Bens Imóveis (ITBI);

---

44. Lei n.º 9.514/97. Art. 26. Vencida e não paga, no todo ou em parte, a dívida e constituído em mora o fiduciante, consolidar-se-á, nos termos deste artigo, a propriedade do imóvel em nome do fiduciário.

    § 1º Para os fins do disposto neste artigo, o fiduciante, ou seu representante legal ou procurador regularmente constituído, será intimado, a requerimento do fiduciário, pelo oficial do competente Registro de Imóveis, a satisfazer, no prazo de quinze dias, a prestação vencida e as que se vencerem até a data do pagamento, os juros convencionais, as penalidades e os demais encargos contratuais, os encargos legais, inclusive tributos, as contribuições condominiais imputáveis ao imóvel, além das despesas de cobrança e de intimação.

    § 2º O contrato definirá o prazo de carência após o qual será expedida a intimação.

    § 3º A intimação far-se-á pessoalmente ao fiduciante, ou ao seu representante legal ou ao procurador regularmente constituído, podendo ser promovida, por solicitação do oficial do Registro de Imóveis, por oficial de Registro de Títulos e Documentos da comarca da situação do imóvel ou do domicílio de quem deva recebê-la, ou pelo correio, com aviso de recebimento.

    § 3º-A. Quando, por duas vezes, o oficial de registro de imóveis ou de registro de títulos e documentos ou o serventuário por eles credenciado houver procurado o intimando em seu domicílio ou residência sem o encontrar, deverá, havendo suspeita motivada de ocultação, intimar qualquer pessoa da família ou, em sua falta, qualquer vizinho de que, no dia útil imediato, retornará ao imóvel, a fim de efetuar a intimação, na hora que designar, aplicando-se subsidiariamente o disposto nos arts. 252, 253 e 254 da Lei nº 13.105, de 16 de março de 2015 (Código de Processo Civil).

    § 3º-B. Nos condomínios edilícios ou outras espécies de conjuntos imobiliários com controle de acesso, a intimação de que trata o § 3º-A poderá ser feita ao funcionário da portaria responsável pelo recebimento de correspondência.

    § 4º Quando o fiduciante, ou seu cessionário, ou seu representante legal ou procurador encontrar-se em local ignorado, incerto ou inacessível, o fato será certificado pelo serventuário encarregado da diligência e informado ao oficial de Registro de Imóveis, que, à vista da certidão, promoverá a intimação por edital publicado durante 3 (três) dias, pelo menos, em um dos jornais de maior circulação local ou noutro de comarca de fácil acesso, se no local não houver imprensa diária, contado o prazo para purgação da mora da data da última publicação do edital.

    (...)

45. Lei n.º 9.514/97. Art. 25. (...) § 5º Purgada a mora no Registro de Imóveis, convalescerá o contrato de alienação fiduciária.

46. Lei n.º 9.514/97. Art. 26. Vencida e não paga, no todo ou em parte, a dívida e constituído em mora o fiduciante, consolidar-se-á, nos termos deste artigo, a propriedade do imóvel em nome do fiduciário.

    (...)

(iv) Ao credor não é permitido permanecer com o imóvel em sua propriedade, devendo, por isso, realizar os respectivos leilões extrajudiciais, no prazo de 30 dias, para a venda do bem cuja propriedade se consolidou em seu favor[47];

(v) No primeiro leilão, a arrematação somente poderá ocorrer por valor igual ou superior àquele estipulado em contrato, visto que, não havendo licitantes, em até 15 dias, será realizado o segundo leilão, onde o lance mínimo será o valor da dívida acrescido dos respectivos encargos e despesas[48];

(vi) Uma vez arrematado o imóvel, o leiloeiro lavrará o respectivo auto de arrematação, assegurando-se ao arrematante a imissão liminar na posse do imóvel, no prazo de 60 dias, nos termos do artigo 30 da Lei n.º 9.514/97[49];

(vii) Caso a arrematação se dê por valor superior à dívida, acrescida de todos os encargos, o credor entregará ao devedor a quantia excedente[50];

(viii) Na hipótese de não ocorrer a arrematação, em razão da inexistência de lance igual ou superior ao valor da dívida, considerar-se-á extinta a dívida[51], permanecendo o bem, obviamente, no patrimônio do credor;

(ix) A Lei n.º 13.465/2017, incluiu na Lei n.º 9.514/97 o artigo 37-A, por meio do qual conferiu-se ao credor a possibilidade de cobrança de taxa de ocupação de 1% ao mês, a ser calculada com base no valor pela qual se deu a consolidação da propriedade. A referida taxa é exigível do devedor relativamente ao período compreendido entre a data da consolidação da propriedade e a respectiva imissão desse na posse do imóvel[52].

---

47. O Código Civil, em seu artigo 1.365, *caput*, veda expressamente o pacto comissório: "Art. 1.365. É nula a cláusula que autoriza o proprietário fiduciário a ficar com a coisa alienada em garantia, se a dívida não for paga no vencimento."
48. Lei n.º 9.514/97. Art. 27. Uma vez consolidada a propriedade em seu nome, o fiduciário, no prazo de trinta dias, contados da data do registro de que trata o § 7º do artigo anterior, promoverá público leilão para a alienação do imóvel.
    § 1º Se no primeiro leilão público o maior lance oferecido for inferior ao valor do imóvel, estipulado na forma do inciso VI e do parágrafo único do art. 24 desta Lei, será realizado o segundo leilão nos quinze dias seguintes.
    § 2º No segundo leilão, será aceito o maior lance oferecido, desde que igual ou superior ao valor da dívida, das despesas, dos prêmios de seguro, dos encargos legais, inclusive tributos, e das contribuições condominiais.
    (...)
49. Lei n.º 9.514/97. Art. 30. É assegurada ao fiduciário, seu cessionário ou sucessores, inclusive o adquirente do imóvel por força do público leilão de que tratam os §§ 1º e 2º do art. 27, a reintegração na posse do imóvel, que será concedida liminarmente, para desocupação em sessenta dias, desde que comprovada, na forma do disposto no art. 26, a consolidação da propriedade em seu nome.
    (...)
50. Lei n.º 9.514/97. Artigo 27. (...) § 4º Nos cinco dias que se seguirem à venda do imóvel no leilão, o credor entregará ao devedor a importância que sobejar, considerando-se nela compreendido o valor da indenização de benfeitorias, depois de deduzidos os valores da dívida e das despesas e encargos de que tratam os §§ 2º e 3º, fato esse que importará em recíproca quitação, não se aplicando o disposto na parte final do art. 516 do Código Civil.
51. Lei n.º 9.514/97. Artigo 27. (...) § 5º Se, no segundo leilão, o maior lance oferecido não for igual ou superior ao valor referido no § 2º, considerar-se-á extinta a dívida e exonerado o credor da obrigação de que trata o § 4º.
52. A Lei n.º 13.465/2017 incluiu na Lei n.º 9.514/97 o artigo 37-A, por meio do qual conferiu-se ao credor a possibilidade de cobrança de taxa de ocupação de 1% ao mês, calculado com base no valor pela qual se deu a consolidação da propriedade.
    Art. 37-A. O devedor fiduciante pagará ao credor fiduciário, ou a quem vier a sucedê-lo, a título de taxa de ocupação do imóvel, por mês ou fração, valor correspondente a 1% (um por cento) do valor a que se refere o inciso VI ou o parágrafo único do art. 24 desta Lei, computado e exigível desde a data da consolidação da propriedade fiduciária no patrimônio do credor fiduciante até a data em que este, ou seus sucessores, vier a ser imitido na posse do imóvel.

Por seu turno, a alienação fiduciária de veículos, máquinas e equipamentos deverá observar a disciplina legal dos artigos 1.361 e seguintes do Código Civil e do Decreto-Lei 911/69, embora siga procedimento bastante semelhante daquele visto anteriormente e aplicável aos bens imóveis, guarda particularidades que merecem ser destacadas:

(i) A notificação do devedor, a fim de constituí-lo em mora, é essencial, nos termos da Súmula 72 do Superior Tribunal de Justiça[53];

(ii) Ao credor, é possível requerer judicialmente a busca e apreensão do bem objeto da garantia;

(iii) O vencimento de parcela não paga leva, a critério do credor, à imediata exigibilidade de todo o saldo devedor, que se vence antecipadamente[54];

(iv) Caso o produto da alienação do bem não seja suficiente para quitar todo o saldo devedor e seus acréscimos, o credor poderá prosseguir para buscar o recebimento do saldo devedor.

Sem sombra de dúvidas, trata-se de uma modalidade de garantia absolutamente difundida nas operações de crédito e pronta para ser amplamente utilizada no mercado de franquias, em todas as suas possíveis variações, ou seja, por meio da constituição da garantia fiduciária de imóveis e/ou de máquinas e equipamentos pertencentes ao franqueado e que guarneçam a própria unidade desse.

B.3.ii. Cessão fiduciária

Conforme **RENATO BURANELLO**: "A cessão fiduciária é a definição que se dá à garantia fiduciária quando o objeto da garantia é um direito ou um título de crédito"[55].

De acordo com a doutrina de **CRISTIANO CHAVES DE FARIAS** e **NELSON ROSENVALD**, a finalidade da propriedade fiduciária é servir de garantia[56]:

> "O objetivo da propriedade fiduciária é garantir uma obrigação assumida pelo alienante, em prol do adquirente. O credor fiduciário converte-se automaticamente em proprietário, tendo no valor do bem dado em garantia o eventual numerário para satisfazer-se na hipótese de inadimplemento do débito pelo devedor fiduciante".

A disciplina jurídica da cessão fiduciária se encontra nos artigos 18 a 20 da Lei n.º 9.514/97 e no Código Civil, nos artigos 1.421, 1.425, 1.426, 1.435 e 1.436, por força do disposto no artigo 66-B, §§ 4º e 5º, da Lei n.º 4.728/65.

Parágrafo único. O disposto no caput deste artigo aplica-se às operações do Programa Minha Casa, Minha Vida, instituído pela Lei nº 11.977, de 7 de julho de 2009, com recursos advindos da integralização de cotas no Fundo de Arrendamento Residencial (FAR).

53. Súmula 72 do STJ: A comprovação da mora é imprescindível à busca e apreensão do bem alienado fiduciariamente.
54. Decreto-Lei n.º 911/69. Artigo 2º. (...) § 3º. A mora e o inadimplemento de obrigações contratuais garantidas por alienação fiduciária, ou a ocorrência legal ou convencional de algum dos casos de antecipação de vencimento da dívida facultarão ao credor considerar, de pleno direito, vencidas todas as obrigações contratuais, independentemente de aviso ou notificação judicial ou extrajudicial.
55. RENATO BURANELLO. Manual do Direito do Agronegócio. São Paulo: Ed. Saraiva, 1ª ed, 2013, p. 166.
56. FARIAS, Cristiano Chaves de; ROSENVALD, Nelson. *Direitos reais*. Rio de Janeiro: Lumen Juris, 5ª ed., 2008, p. 359.

Desse modo, a posse do bem ou direito objeto da cessão fiduciária é transferida ao credor.

Nesta modalidade de garantia, a cobrança do crédito fica a cargo do próprio credor, a quem compete cientificar os devedores daqueles recebíveis acerca da ocorrência da cessão e da necessidade de que o pagamento seja realizado diretamente ao titular da garantia e não mais ao fiduciante.

Atente-se ao fato de que o credor titular da cessão fiduciária está obrigado a entregar ao cedente-fiduciante eventuais valores que sobejarem o seu crédito, depois de satisfeito esse.

Durante muito tempo, debateu-se na doutrina e na jurisprudência a possibilidade de contratá-la fora do sistema financeiro. No entanto, não há que se impor tamanha restrição ao instituto, que pode ser contratado indistintamente por pessoas físicas ou jurídicas mesmo que não integrem sociedades financeiras[57].

É bem verdade que ainda existe acirrado debate nos tribunais quanto à possibilidade de se contratar a cessão fiduciária de recebíveis futuros e não individualizados[58].

No entanto, pela sua própria natureza de créditos a performar, nos soam absolutamente desarrazoadas as críticas que se possam fazer nesse sentido. Afinal, é elementar que se os recebíveis são futuros, a sua individualização torna-se impossível no momento da contratação, por exemplo, em se tratando de cessão fiduciária de recebíveis de cartão de crédito.

Isso porque, além de se mostrar como uma importante ferramenta para obtenção de crédito na atividade varejista, é da própria natureza dos recebíveis que esses estejam atrelados a negócios futuros, bastando, por isso, que esses sejam identificados no respectivo instrumento de cessão, com as indicações mínimas a dar segurança ao negócio jurídico entabulado.

De igual modo, se verifica, na alienação fiduciária, a cessão fiduciária deve ser levada a registro, como condição de validade da garantia.

---

57. "Como destacado, o Tribunal de origem decidiu a questão de acordo com a jurisprudência do STJ de que "a lei não exige que o contrato de alienação fiduciária de imóvel se vincule ao financiamento do próprio bem, de modo que é legítima a sua formalização como garantia de toda e qualquer obrigação pecuniária" (AgInt no REsp n. 1.630.139/MT, Relator Ministro RICARDO VILLAS BÔAS CUEVA, TERCEIRA TURMA, julgado em 4/5/2017, DJe 18/5/2017), o que foi observado pela Corte local (e-STJ fls. 299/300)." (Agravo em Recurso Especial n.º 1.470.388-SP. Relator Ministro Antonio Carlos Ferreira, Quarta Turma, j. 30.03.2020).
58. Agravo de Instrumento. Recuperação Judicial. Pretensão de impedir desconto de recebíveis de cartão de crédito por instituição financeira. Créditos decorrentes de vendas realizadas após o ajuizamento da recuperação judicial. Não se pode aceitar a liquidação do empréstimo sem a individualização dos créditos sem que representem valores especificados. Créditos a consolidar oriundos de transações eletrônicas feitas por clientes da recuperanda, que não existiam na data da recuperação. Impossibilidade de a instituição bancária credora fiduciária realizar retenções de quantias referentes a pagamentos em nome da recuperanda mediante utilização de cartões de débito ou crédito. Recurso provido. (Agravo de Instrumento n.º 2155873.03.2016.8.26.0000. TJ/SP. 1ª Câmara Reservada de Direito Empresarial. Relator Desembargador Hamid Bdine).

Tem-se aqui uma interessante possibilidade de garantia a ser explorada no setor de *franchising*, especialmente se levarmos em conta a grande gama de operação realizada diariamente com cartões de crédito, por exemplo, na medida em que a cessão desses recebíveis revela-se muito mais interessante do que o adiantamento de tais créditos (antecipação de recebíveis), o qual consome a margem de lucro do franqueado e pode lançá-lo em uma crise de liquidez.

Aqui, ao revés, a possibilidade de se contratar a cessão fiduciária de recebíveis de cartões de crédito do franqueado, como forma de garantia ao franqueador, mostra-se não onerosa e, ao mesmo tempo, capaz de atender a mesma necessidade de quando se realiza a antecipação do recebimento desses mesmos créditos, mas sem os seus efeitos deletérios, já que aqui estamos tão somente diante de uma garantia e sem qualquer custo financeiro para a sua implementação.

4. CONCLUSÃO

Como se viu, diversas são as formas de garantia que podem ser utilizadas no dia a dia da relação empresarial entre franqueadores e franqueados.

Para cada situação, existe uma modalidade de garantia que melhor se adequará aos interesses das partes contratantes, levando em consideração a existência de maior ou menor patrimônio por parte do garantidor, mas também as formalidades para a sua constituição e os respectivos custos.

Em resumo, com criatividade e disciplina, é possível implementar operações garantidas em toda e qualquer rede de franquias, de modo a assegurar a satisfação de seus recebíveis em caso de inadimplência, a preservação de seu caixa, a competitividade perante os concorrentes que bem se utilizam da concessão de crédito garantido e, por conseguinte, a perenidade do negócio, sem perder de vista que a adoção de um sistema de garantias mais eficiente se revela não só como uma forma de reduzir riscos na concessão de crédito, mas, especialmente, como alternativa para barateá-lo, a ponto de gerar maior rentabilidade ao próprio franqueado e a toda a cadeia.

PARTE XI
EXTINÇÃO CONTRATUAL E SUAS CONSEQUÊNCIAS

22
RESCISÃO CONTRATUAL E SUAS CONSEQUÊNCIAS – PRINCIPAIS MOTIVOS PARA A RESCISÃO, MULTAS E PENALIDADES, PREFERÊNCIA E OPÇÃO DE COMPRA

Mauricio Gianatacio Borges da Costa

Sumário: Introdução – 1. As formas de extinção do contrato de *franchising* – 2. Cláusula resolutiva expressa – 3. Principais causas de denúncia motivada do contrato de franquia; 3.1. Principais causas de rescisão contratual motivada pela franqueadora; 3.2. Principais causas de rescisão contratual motivada pelo franqueado – 4. Principais consequências da rescisão contratual; 4.1. Encerramento da operação da unidade, descaracterização do ponto comercial onde estiver instalada a franquia e proibição de o franqueado continuar utilizando a marca e o *know how* cedido pela franqueadora; 4.2. Destino de eventual estoque remanescente de produtos; 4.3. Obrigação de não concorrência; 4.4. Multa contratual devida em razão da rescisão antecipada da contratação; 4.5. Direito de preferência e opção de compra – Referências bibliográficas.

INTRODUÇÃO

O contrato de franquia pode ser classificado como um contrato autônomo, híbrido, consensual, bilateral, oneroso e de execução continuada. É consensual, tendo em vista que se forma através da manifestação de vontade dos contratantes, gerando obrigações e proveito econômico para ambas as partes, daí decorrendo a sua bilateralidade e onerosidade. Constitui-se, ainda, em um contrato de execução continuada, pelo fato de as prestações não serem cumpridas pelas partes em um só momento.

Podemos classificar o contrato de franquia como um **contrato empresarial de colaboração**[1], pelo qual as partes obrigam-se a contribuir para o sucesso da atividade na forma da lei e do contrato. Além de ser um contrato de colaboração, podemos ainda classificá-lo como um contrato relacional[2], em razão de sua longa duração e de haver uma certa interdependência entre os contratantes, franqueador e franqueado.

Adalberto Simão Filho[3] define *franchising* como sendo:

"um sistema que visa à distribuição de produtos, mercadorias ou serviços em zona previamente delimitada, por meio de cláusula de exclusividade, materializado por contrato(s) mercantil(is) celebrado(s) por comerciantes autônomos e independentes, imbuídos de espírito de colaboração estrita

---
1. Coelho, Fabio Ulhoa. Curso de Direito Comercial – Vol. 3 – Saraiva – São Paulo, 13ª Ed. 2012. pág. 112.
2. Forgioni, Paula A. RT – São Paulo, 2005. pág. 71.
3. SIMÃO FILHO, Adalberto. Franchising – aspectos jurídicos e contratuais. 3 ed. São Paulo: Atlas, 1998. pág. 35.

e recíproca, pelo qual, mediante recebimento de preço inicial apenas e/ou prestações mensais pagas pelo franqueado, o franqueador lhe cederá, autorizará ou licenciará para uso comercial propriedade incorpórea constituída de marcas, insígnias, título de estabelecimento, Know-how, métodos de trabalho, patentes, fórmulas, prestando-lhe assistência técnica permanente no comércio específico."

O princípio da boa-fé objetiva, traduzido em lei no Código Civil de 2002, conforme previsto em seu artigo 422, deve ser observado pelas partes em todos os tipos contratuais. Entretanto, a importância de sua observação pelas partes é ainda maior nos contratos de colaboração e de execução continuada, como no caso do contrato de franchising.

É inegável que franqueado e franqueadora são partes autônomas e independentes, mas por outro lado, são interdependentes. Sim, pois a franqueadora depende da atuação do franqueado para o sucesso e perenidade do negócio, ao mesmo tempo que o franqueado depende da atuação da franqueadora para obter sucesso em seu empreendimento.

Essas definições são importantes para a análise da rescisão do contrato de franquia por justa causa, conforme abordaremos mais adiante.

1. AS FORMAS DE EXTINÇÃO DO CONTRATO DE *FRANCHISING*

O contrato de franchising pode extinguir-se em razão (i) de sua não renovação pelas partes, ao término do prazo de vigência, (ii) de mútuo acordo entre franqueador e franqueado, (iii) da denúncia imotivada por uma das partes ou (iv) de sua denúncia por justa causa.

No primeiro caso, decorrido o prazo de vigência previsto no contrato e não sendo ele renovado pelas partes, o contrato se extingue. Da mesma forma, se na vigência da contratação as partes resolverem, por mútuo acordo, encerrar a contratação, o contrato de franquia terá seu fim mediante a assinatura de um distrato ajustando as condições do encerramento contratual.

Essas formas de extinção do contrato não geram maiores dúvidas nos operadores do direito e por isso não as abordaremos com maior profundidade.

O contrato de franchising pode resolver-se em razão da denúncia imotivada por uma das partes. Na prática, na grande maioria dos casos em que isso ocorre é o franqueado quem opta por encerrar antecipadamente o vínculo contratual. E em boa parte desses casos, a decisão do franqueado é tomada em razão do baixo desempenho financeiro do negócio.

A franquia, assim como qualquer empreendimento comercial, é negócio que envolve risco. Sim, pois a operação de qualquer negócio pode ter o resultado almejado pelo empresário, que é o lucro, ou apresentar resultado negativo, deficitário, causando prejuízos que devem ser absorvidos pelo empreendedor, neste caso o franqueado.

E esse risco deve ser, e de fato é assumido pelo franqueado, conforme jurisprudência pátria bastante consolidada. Nesse sentido, vale destaque trecho de decisão proferida pela 1ª Câmara de Direito Empresarial do Tribunal de Justiça de São Paulo[4]:

---

4. TJSP. Apelação 1017155-27.2017.8.26.0576. Relator: Des. Azuma Nishi. Julgado em 03/10/2018.

"No caso dos autos, inexiste prova de que houve vício de consentimento na celebração do contrato de franquia, tampouco suposta garantia de retorno ou promessa de lucros.

O que consta na troca de e-mails é mera estimativa que, por óbvio, não vincula as partes na medida em que dependem de inúmeras circunstâncias alheias às vontades dos contraentes. Não há no contrato firmado entre as partes qualquer compromisso ou promessa quanto ao retorno de investimento, lucratividade ou faturamento, tendo em vista a existência de risco inerente a qualquer atividade empresarial. Conquanto a apresentação antecipada da Circular de Oferta de Franquia tenha por objetivo permitir ao interessado a análise de todas as nuanças do negócio, bem como a mitigação de certos riscos inerentes a todo negócio, o sucesso do empreendimento vincula-se também à atuação do franqueado, que assume à condução do negócio perante um ambiente de competitividade de mercado. Dessa forma, em razão das disposições contratuais, bem como pela própria natureza do negócio, o sucesso e gastos inerentes à atividade empresarial é de total responsabilidade do franqueado que, repisa-se, teve amplo acesso a todas as informações necessárias à formalização do contrato de franquia, nos moldes previstos no artigo 3º da Lei 8.955/94."

Firmado o contrato por prazo determinado, ambas as partes têm a obrigação de executá-lo pelo prazo ajustado. Caso uma das partes resolva rescindi-lo sem justo motivo, deverá arcar com as consequências daí advindas, que serão abordadas mais adiante.

Importante destacar, que a decisão de encerramento prematuro da contratação deve ser comunicada à outra parte, por escrito, para pôr termo ao contrato. Esse termo é importante para delimitar as obrigações financeiras previstas no contrato de franquia (v. g. o pagamento de *royalties* pelo franqueado) e também os prazos de eventuais obrigações pós-contratuais nele estipuladas, como a vigência da cláusula de não concorrência.

Por fim, o contrato de franchising pode ser rescindido por justa causa, motivada pela franqueadora ou pelo franqueado. A questão que se coloca aqui é a seguinte: todo inadimplemento contratual pode motivar a rescisão do contrato por justa causa?

Entendemos que não.

Por ser a franquia um **contrato relacional, de colaboração e de execução continuada**, para ser rescindido unilateralmente, a parte que busca a rescisão deve demonstrar que a outra cometeu infração(ções) grave(s) o suficiente para justificar essa drástica medida.

Sim, pois como é um contrato de execução continuada e que envolve **relacionamento frequente** entre as partes, é certo que tanto a franqueadora como o franqueado estão sujeitos a cometer pequenas falhas que, se consideradas isoladamente poderiam, à primeira vista, implicar em inadimplemento de obrigações contratuais. Exemplificando: pode a franqueadora ao longo da contratação atrasar por algumas vezes a entrega de produtos ou deixar de realizar treinamentos ou reuniões com os franqueados nos prazos ajustados. Como também, do outro lado, pode o franqueado, por exemplo, atrasar alguns dias o pagamento de royalties pactuados, quitando-os logo em seguida; pode, ainda, cometer pequenas falhas operacionais ou deixar de comparecer a treinamento agendado pela franqueadora.

Assim, para que a parte rescinda a contratação por justa causa, deve demonstrar que a contraparte inadimpliu obrigação fundamental do contrato ou que vem inadimplindo-o de forma reiterada, prejudicando a regular operação do negócio franqueado. Ressalte-se que a franqueadora não deve tolerar o inadimplemento contumaz do franqueado, que pode colocar em risco a marca e a reputação da rede e, de outro lado, de certa forma desprestigiar os franqueados que cumprem adequadamente suas obrigações.

Exemplificando, consideremos que a franqueadora de uma determinada rede de lojas de vestuário, que também é a fornecedora exclusiva de produtos para sua rede, responsável pelo abastecimento de seus franqueados, tenha um problema momentâneo e não consiga atender integralmente os pedidos de mercadorias feitos pelos seus franqueados. Se essa falha ocorrer de forma pontual, não configurará justo motivo para a rescisão contratual. Isto porque, em uma contratação de execução continuada, que perdura por anos, é plenamente compreensível que ocorram contratempos ou pequenos inadimplementos contratuais.

Mas se essa mesma falha de abastecimento de produtos passar a ser constante, de modo a inviabilizar a operação do negócio pelo franqueado ou retirar-lhe a competitividade no mercado, aí sim estaremos diante de um motivo para o franqueado rescindir justificadamente a contratação.

Do outro lado, consideremos um franqueado de determinada rede de restaurantes *fast food*, que comece a apresentar falhas operacionais, por exemplo, em visita de supervisão o preposto da franqueadora constatar que os funcionários que trabalham na unidade não estão utilizando o uniforme padrão da rede e que sua cozinha necessita de reparos para atender aos padrões da franquia. Nesse caso, sendo o problema pontual, caberá à franqueadora notificar seu franqueado a respeito das falhas contratuais e conceder-lhe prazo para que tome as ações necessárias, realizando os reparos e cuidando para que os funcionários utilizem o uniforme da rede, cumprindo adequadamente as obrigações contratuais.

No entanto, se o franqueado recusar-se a sanar as falhas, tornando-se contumaz no inadimplemento contratual, colocando em risco o funcionamento adequado do restaurante, poderá a franqueadora exercer seu direito de rescindir a contratação por justa causa.

Nesses casos de falhas contratuais isoladas, aplica-se a teoria do adimplemento substancial, consagrado na doutrina e jurisprudência, que recomenda a manutenção do contrato em caso de a parte faltosa haver praticado inadimplemento mínimo que não justifica a resolução do contrato. Importante destacar que fica preservado o direito de a parte prejudicada buscar em juízo o cumprimento da obrigação contratual inadimplida.

Nesse sentido, valem destaque os seguintes trechos da decisão proferida pela 3ª Turma do Superior Tribunal de Justiça, relatada pelo Ministro Paulo de Tarso Sanseverino, que analisa detalhadamente a teoria do adimplemento substancial[5]:

---

5. STJ. Recurso Especial nº 1.200.105-AM, Ministro Paulo de Tarso Sanseverino, Terceira Turma, Julgado em 19/06/2012.

"O adimplemento substancial, conforme lição de Clóvis Couto e Silva, "constitui um adimplemento tão próximo ao resultado final, que, tendo-se em vista a conduta das partes, exclui-se o direito de resolução, permitindo-se tão somente o pedido de indenização e/ou adimplemento, de vez que a primeira pretensão viria a ferir o princípio da boa-fé (objetiva)" (O Princípio da Boa-Fé no Direito Brasileiro e Português in Estudos de Direito Civil Brasileiro e Português. São Paulo: Editora Revista dos Tribunais, 1980, p. 56).

(...)

No Direito brasileiro, ainda na vigência do Código Civil de 1916, a doutrina e a jurisprudência passaram a desenvolver o instituto a partir de uma interpretação sistemática das regras do parágrafo único do art. 1092 (resolução dos contratos) e do art. 955 (mora) à luz do princípio da boa-fé objetiva.

A partir da vigência do Código Civil de 2002, o reconhecimento do adimplemento substancial em nosso sistema jurídico foi facilitado.

Como o instituto tem sua matriz na boa-fé objetiva, esse princípio encontra-se atualmente positivado Código Civil de 2002, especialmente nos enunciados de seus artigos 422 e 187.

(...)

Uma das expressões do princípio da boa-fé objetiva na sua função de controle é a teoria do adimplemento substancial, que pode ser aplicada quando o adimplemento da obrigação pelo devedor é tão próximo do resultado final, que a resolução do contrato mostrar-se-ia uma demasia.

Atualmente, o fundamento para aplicação da teoria do adimplemento substancial no Direito brasileiro é a cláusula geral do art. 187 do Código Civil de 2002, que permite a limitação do exercício de um direito subjetivo pelo seu titular quando se colocar em confronto com o princípio da boa-fé objetiva.

Ocorrendo o inadimplemento da obrigação pelo devedor, pode o credor optar por exigir seu cumprimento coercitivo ou pedir a resolução do contrato (art. 475 do CC).

Entretanto, tendo ocorrido um adimplemento parcial da dívida muito próximo do resultado final, e daí a expressão "adimplemento substancial", limita-se esse direito do credor, pois a resolução direta do contrato mostrar-se-ia um exagero, uma iniquidade.

Naturalmente, fica preservado o direito de crédito, limitando-se apenas a forma como pode ser exigido pelo credor, que não pode escolher diretamente o modo mais gravoso para o devedor, que é a resolução do contrato."

Em decisão envolvendo a rescisão de contrato de franquia, a 2ª Câmara Reservada de Direito Empresarial do Tribunal de Justiça de São Paulo entendeu que a ocorrência de problemas isolados no fornecimento de mercadorias pela franqueadora não é suficiente para configurar a culpa da franqueadora pela rescisão contratual:

"(...) Sentença que declarou a culpa exclusiva da franqueadora pela rescisão do contrato, em razão do fornecimento de produtos de baixa qualidade e informações inconsistentes nas suas embalagens. Conjunto probatório que revela a ocorrência de problemas isolados, insuficientes a configurar a culpa da franqueadora. Ausência de comprovação, ademais, de descumprimentos contratuais por parte da franqueadora. Circunstâncias que evidenciam que a autora perdeu o interesse na continuidade do contrato de franquia em razão da sua insatisfação com o retorno financeiro do negócio, sem que a franqueadora tenha contribuído de forma decisiva para essa desistência com suas ações ou omissões. (...)."[6]

---

6. TJSP. Apelação 1007444-71.2017.8.26.0099. Relator: Des. Mauricio Pessoa. Julgado em 27/01/2020.

2. CLÁUSULA RESOLUTIVA EXPRESSA

Há no direito brasileiro duas modalidades de condição resolutiva dos contratos, a tácita e a expressa. Conforme expressamente previsto no artigo 474 do Código Civil, "*a cláusula resolutiva expressa opera de pleno direito; a tácita depende de interpelação judicial*".

Segundo Maria Helena Diniz[7]:

"Pelo novo Código Civil, arts. 475 e 476, a condição, ou melhor, cláusula resolutiva tácita está subentendida em todos os contratos bilaterais ou sinalagmáticos, para o caso em que um dos contraentes não cumpra sua obrigação, autorizando, então, o lesado pela inexecução a pedir rescisão contratual, se não preferir exigir o cumprimento, e indenização das perdas e danos. Há presunção legal de que os contratantes inseriram, tacitamente, cláusulas dispondo que o lesado pelo inadimplemento pode requerer, se lhe aprouver, a rescisão do ajuste com perdas e danos. Isto porque, nesses contratos, a prestação de uma das partes tem por causa a contraprestação que lhe foi prometida; daí haver prejuízo com o não-cumprimento da obrigação de uma delas. Todavia, o pronunciamento da rescisão da avença deverá ser judicial (CC, art. 474, in fine); portanto, o contrato não se rescindirá de pleno direito. Assim sendo, a condição resolutiva tácita, alegada pelo lesado deverá ser apurada judicialmente, de modo que o magistrado só decretará a rescisão do contrato se provado o inadimplemento do devedor. Com o pronunciamento do rompimento do liame obrigacional, o faltoso deverá reparar todos os prejuízos que causou, compreendendo-se neles o dano emergente e o lucro cessante.

Apesar de todo contrato sinalagmático conter implicitamente cláusula resolutiva, nada obsta que os contratantes a ajustem expressamente, para reforçar o efeito da condição, de tal forma que a inexecução da prestação por qualquer um deles importe na rescisão do contrato, de pleno direito, sujeitando o faltoso às perdas e danos, sem necessidade de interpelação judicial (CC, arts. 474, 1ª parte, 127 e 128). Uma vez convencionada condição resolutiva expressa, o contrato rescindir-se-á automaticamente, fundando-se no princípio da obrigatoriedade dos contratos, justificando-se quando o devedor estiver em mora."

Nos contratos de franquia é comum que as partes prevejam cláusula resolutiva expressa. Havendo cláusula que estabeleça a rescisão do contrato em razão do não cumprimento de obrigações nele previstas, verificando-se a ocorrência do inadimplemento, pode a parte prejudicada considerar rescindida a contratação, sem a necessidade de prévia interpelação judicial da parte faltosa.

Já nos contratos em que não há cláusula resolutiva expressa, o contratante que verificar o inadimplemento da outra parte deverá ingressar com medida judicial ou procedimento arbitral, conforme o caso, visando seja reconhecido que o inadimplemento contratual praticado pela contraparte justifica a rescisão contratual.

Entendemos que a melhor alternativa para os contratos de franquia é de fato estabelecer-se a cláusula resolutiva expressa. Entretanto, em razão das características do contrato, melhor ajustar-se que, em regra geral, a parte que se sentir prejudicada pelo inadimplemento da outra, notifique-a concedendo prazo para que volte a adimplir a obrigação, sob pena de não o fazendo dar causa à rescisão contratual. Nesse caso, a

---

7. DINIZ, Maria Helena. Curso de direito civil brasileiro. Volume 3: teoria das obrigações contratuais e extracontratuais. p. 157/158.

exceção será a rescisão imediata, prevista para o inadimplemento de obrigações cuja gravidade é tamanha que, mesmo que sanada pela parte faltosa, inviabiliza a manutenção do contrato, inclusive por quebra da necessária confiança que deve haver entre as partes.

Apenas a título exemplificativo, destaco abaixo minuta de cláusula de rescisão prevista em contratos de franquia, nos termos anteriormente mencionados:

> "Na hipótese de ficar constatada violação de qualquer das cláusulas deste contrato, a parte inocente deverá notificar a outra, para que, no prazo de 5 (cinco) dias a contar do recebimento da notificação, cesse a prática violadora, sob pena de imediata rescisão do presente instrumento. Não sanada a prática violadora até a data aprazada, a parte que preferir dar por rescindida a contratação deverá enviar à outra nova notificação fixando o termo final do contrato como sendo o 5º dia útil subsequente ao seu recebimento.
>
> A reincidência total ou parcial (mesma infração cometida pela mesma parte ou outra infração cometida pela mesma parte) dentro do prazo de 6 (seis) meses, facultará à parte inocente o direito de rescindir o contrato sem dar oportunidade à parte inadimplente para sanar a prática violadora no prazo prescrito no caput desta cláusula. Neste caso a parte inocente notificará a parte inadimplente fixando o termo final do contrato como sendo o 5º dia útil subsequente ao seu recebimento
>
> São motivos de rescisão imediata deste contrato, sem a necessidade de concessão de prazo para que a parte sane a falha:
>
> **a.** a infração pelo franqueado da obrigação de não concorrência prevista na cláusula __;
>
> **b.** a comercialização na unidade franqueada de produtos alheios ao mix definido pela franqueadora."

3. PRINCIPAIS CAUSAS DE DENÚNCIA MOTIVADA DO CONTRATO DE FRANQUIA

Em razão de sua complexidade, o contrato de franquia estabelece uma série de obrigações tanto para a franqueadora como para o franqueado.

A franqueadora deve ceder ao franqueado o direito de uso da marca e do *know how* de operação da franquia, prestar-lhe treinamento, assistência e suporte técnico; assegurar-lhe, por si ou por terceiros que venha a indicar, o fornecimento dos produtos ou serviços necessários à consecução dos objetivos do contrato; respeitar o direito de exclusividade ou preferência territorial do franqueado que porventura tenha se comprometido no contrato etc.

Por sua vez, o franqueado deve observar rigorosamente os padrões de operação da franquia ditados pela franqueadora, comercializar unicamente os produtos e serviços que compõem o *mix* definido pela franqueadora, que devem ser adquiridos dos fornecedores por ela indicados; zelar pelo bom uso da marca, abstendo-se de utilizá-la fora dos padrões e limites definidos pela franqueadora; pagar à franqueadora as taxas previstas no contrato, tais como os royalties e a contribuição para fundo de publicidade existente na rede; adimplir as obrigações financeiras devidas aos fornecedores indicados pela franqueadora; observar rigorosamente as obrigações de sigilo e de não concorrência previstos no contrato, tanto no período de vigência contratual como após sua rescisão etc.

Sendo um contrato complexo e que gera uma série de obrigações para ambas as partes, o contrato de franquia é passível de rescisão motivada pelo inadimplemento de diversas obrigações de parte a parte. Contudo, na prática, vemos que boa parte das rescisões dos contratos de franquia ocorre pela infração de determinadas obrigações assumidas pela franqueadora ou pelo franqueado.

3.1. Principais causas de rescisão contratual motivada pela franqueadora

Usualmente, a franqueadora dá causa à rescisão do contrato em razão da falta de prestação do suporte a que se obrigou frente ao franqueado, infração de exclusividade de atuação concedida ao franqueado no contrato de franquia e falhas reiteradas no abastecimento de produtos ou serviços à rede de franqueados.

Na relação de *franchising* é fundamental que a franqueadora preste ao franqueado o suporte operacional a que se obrigou contratualmente, suporte este que pode se dar através da realização de treinamentos, presenciais ou via remota; consistente troca de informações entre a franqueadora e seus franqueados; visitas dos colaboradores da franqueadora à unidade franqueada, realização de convenções de franqueados etc. O inadimplemento dessa importante obrigação assumida pela franqueadora frente a seu franqueado, de forma reiterada, é uma das constantes causas de ações movidas pelos franqueados visando a rescisão contratual.

Por outro lado, é fundamental que na Circular de Oferta de Franquia a franqueadora esclareça se concede ou não ao franqueado o direito de atuação exclusiva ou preferencial em determinado território (art. 2º, inciso XI, da Lei 13.966/2019). Havendo a concessão do direito de exclusividade ou de preferência de atuação ao franqueado em determinado território, deve ele ser objeto de cláusula inserta no respectivo contrato de franquia. É bastante usual no mercado de varejo, em que o franqueado implanta uma loja, que a franqueadora conceda-lhe o direito de atuação exclusiva em território demarcado no contrato de franquia, o que significa que nesse território a franqueadora não implantará outras unidades da rede. Em se tratando de loja implantada em shopping center ou galeria comercial, é comum que esse território restrinja-se ao próprio shopping ou galeria; em se tratando de loja de rua, o território é delimitado caso a caso, em razão do local onde a loja será implantada, através da demarcação, em mapa (ou mero texto descritivo) anexo ao contrato, de uma região de exclusividade, seja ela a cidade, bairro ou parte dele.

Em muitos casos não é assegurado direito de exclusividade, mas sim de preferência ao franqueado para implantação de novas unidades no território delimitado no contrato, preferência esta a ser exercida nos moldes previstos no contrato de franquia.

Há uma razão lógica para o estabelecimento dessa garantia ao franqueado: proteger o negócio franqueado da concorrência exercida por outra unidade da rede instalada em local muito próximo.

A franqueadora que pactua com seu franqueado o direito de exclusividade ou preferência em determinado território, deve cumpri-lo nos moldes previstos no contrato, sob pena de incorrer em grave inadimplemento contratual e dar azo à rescisão contratual.

Outra importantíssima obrigação da franqueadora é assegurar ao franqueado, por si ou por terceiros que venha a indicar, o fornecimento dos produtos e serviços necessários à consecução dos objetivos da franquia. Por exemplo, em se tratando a franquia de uma rede de lojas de vestuário feminino, é fundamental que a franqueadora lhe assegure o fornecimento das peças de vestuário a serem comercializadas na franquia. Sem o adequado fornecimento de mercadorias, a unidade franqueada poderá ficar desabastecida e, no limite, ser obrigada a encerrar atividades em razão da falta de produtos para vender.

Como outro exemplo, tomemos como base uma rede de escolas de ensino de idiomas em que o franqueador forneça a seus franqueados o material didático a ser entregue aos alunos para o acompanhamento dos cursos. O sistemático desabastecimento de material didático, neste caso, pode acarretar graves prejuízos não apenas aos franqueados como também aos alunos.

O descumprimento pela franqueadora da obrigação de abastecer seus franqueados dos produtos e serviços necessários a regular operação do negócio franqueado é uma das constantes causas de ações propostas pelos franqueados buscando a rescisão do contrato por justa causa.

3.2. Principais causas de rescisão contratual motivada pelo franqueado

É comum que o franqueado dê causa à rescisão contratual em razão do inadimplemento das obrigações financeiras assumidas frente à franqueadora e/ou os fornecedores por ela homologados, da não observância dos padrões de operação da franquia determinados pela franqueadora e da infração da obrigação de não concorrência.

O inadimplemento financeiro do franqueado é talvez a principal causa de rescisão dos contratos de franquia. Esse inadimplemento não é apenas dos valores devidos à franqueadora, tais como o não pagamento de royalties e contribuição ao fundo de publicidade da rede, mas também proveniente do não pagamento dos fornecedores da rede. Em grande parte dos casos, quando o franqueado entra em um ciclo de inadimplemento financeiro grave, deixa de pagar não apenas os valores devidos à franqueadora, mas também aqueles relativos aos produtos e serviços que adquire dos fornecedores por ela homologados.

Vale aqui destacar, que o não pagamento aos fornecedores da rede é descumprimento grave do franqueado, que pode inclusive afetar de forma direta a franqueadora e os demais franqueados da rede. Sim, pois mesmo sendo o franqueado empresário autônomo e único responsável pelas obrigações pecuniárias que assume na condução de seu negócio, é inegável que os fornecedores da rede negociam com a franqueadora condições de preço e de forma de pagamento diferenciadas para a rede, levando em conta não apenas os ganhos do fornecimento em escala, mas também a pontualidade e certeza do recebimento dos respectivos valores. Ao inadimplir os pagamentos devidos a esses fornecedores, o franqueado afeta de forma negativa essa relação entre franqueadora, rede de franqueados e fornecedor.

Outra causa usual de rescisão do contrato é o descumprimento pelo franqueado dos padrões ditados pela franqueadora para operação da franquia. A importância de o franqueado seguir os padrões de operação da franquia é essencial, não apenas para o sucesso do empreendimento como também para que a rede seja percebida pelo público consumidor como um negócio único, uniforme, proporcionando ao consumidor a mesma experiência ao ser atendido em unidades localizadas em qualquer região do país.

Quando o franqueado não segue esses padrões de operação, de forma reiterada, coloca em risco o seu negócio e também a reputação da marca e da própria franqueadora, podendo afetar de forma negativa toda a rede de franqueados.

Por exemplo, citemos o mercado de alimentação. O franqueado de uma rede de restaurantes deve seguir estritamente os padrões de operação da franquia estabelecidos pela franqueadora. Tais padrões envolvem desde a uniformização dos funcionários, forma de abordagem e atendimento ao consumidor e cardápio a ser utilizado na unidade, até a forma de armazenamento dos alimentos e preparação das refeições servidas aos consumidores.

O descumprimento desses padrões, em casos graves, como a não observância das regras de armazenamento, preparação e conservação dos alimentos, pode implicar não apenas em inadimplemento das obrigações contratuais assumidas pelo franqueado, como também em infração às normas de vigilância sanitária, sujeitando-o ao pagamento de multa ou até mesmo à lacração do estabelecimento comercial pelos órgãos de vigilância sanitária.

Por fim, é causa recorrente de rescisão do contrato de franquia a infração pelo franqueado das obrigações de não concorrência durante a vigência contratual.

Na grande maioria dos contratos de franquia existe previsão expressa de que o franqueado não poderá implantar e operar negócio que seja concorrente ao da franquia em questão, tanto durante o período de vigência da contratação como por determinado período após o seu término ou rescisão. Essa importante obrigação contratual, que é tratada em capítulo específico deste livro, visa preservar o *know how* detido pela franqueadora e cedido ao franqueado para operação da franquia, impedindo-o de utilizar esse conjunto de informações que recebeu para a operação de negócio concorrente.

Se o franqueado implantar um negócio concorrente ao da franquia durante a vigência da contratação, praticará gravíssima infração contratual e ensejará a rescisão de seu contrato por justa causa. Entendemos que essa infração, por sua gravidade e também por importar em grave quebra de confiança entre as partes, deve ser prevista no contrato de franquia como causa imediata de rescisão contratual, sem que seja facultado ao franqueado remediá-la para evitar a rescisão.

Analisadas as formas possíveis de rescisão do contrato de franquia e as causas que mais a motivam, passamos agora a tratar das consequências da rescisão contratual.

4. PRINCIPAIS CONSEQUÊNCIAS DA RESCISÃO CONTRATUAL

O término ou rescisão do contrato de franquia põe fim à relação contratual até então mantida entre as partes, e acarreta uma série de consequências e obrigações, principalmente para o franqueado.

Conforme anteriormente explanado, é fundamental que as partes documentem a data em que se operou a rescisão contratual, tenha ela ocorrido ou não por mútuo consentimento, pois esta data é o marco inicial para o cumprimento das obrigações pós-contratuais previstas no contrato.

A seguir detalharemos as principais consequências da rescisão do contrato de franquia.

4.1. Encerramento da operação da unidade, descaracterização do ponto comercial onde estiver instalada a franquia e proibição de o franqueado continuar utilizando a marca e o *know how* cedido pela franqueadora

Ocorrendo a rescisão contratual, por qualquer motivo, o franqueado deve deixar de utilizar a marca e o *know how* cedidos pelo franqueador e devolver os materiais que tenham sido a ele entregues em razão da contratação, como os manuais da franquia.

A obrigação de abstenção de uso de marca é ampla, devendo o franqueado deixar de utilizá-la inclusive em redes sociais e páginas de internet que porventura tenha associado à marca ou ao negócio franqueado.

Caso a unidade franqueada seja fechada, deverá o franqueado, ainda, efetuar a descaracterização do imóvel, dele retirando toda e qualquer comunicação visual que associe o ponto comercial à franquia, tais como *banners*, letreiros, fotografias e mobiliários que tenham sido desenvolvidos exclusivamente para operação do negócio franqueado, que compõem o *trade dress* da rede. Tais obrigações não necessitarão ser cumpridas no caso de a franqueadora exercer direito de preferência ou opção de compra da unidade, conforme detalharemos a seguir, ou mesmo no caso de o franqueado, com a concordância da franqueadora, repassar a franquia a terceiros por ela previamente aprovados.

Caso a rescisão ocorra por mútuo consentimento, é recomendável que as partes ajustem prazo razoável para que o franqueado cumpra de forma adequada tais obrigações. No caso de a rescisão operar-se por justa causa, ainda que atribuída ao franqueador, as obrigações tratadas neste subitem deverão ser cumpridas pelo franqueado de forma imediata.

4.2. Destino de eventual estoque remanescente de produtos

É importante prever no contrato de franquia o destino que deverá ser dado ao estoque de produtos que o franqueado tenha quando da rescisão contratual. Em se tratando de franquia que envolve a distribuição de produtos, é de se esperar que, quando da rescisão contratual, o franqueado tenha um estoque remanescente de produtos que, com o encerramento da operação do negócio, não poderá mais ser vendido ao consumidor. Sim, pois com a rescisão deverá o franqueado encerrar a operação da franquia.

Na quase totalidade dos contratos de redes de franquia de distribuição de produtos, consta a obrigação de o franqueado cessar imediatamente a venda das mercadorias, obrigação esta que deve ser cumprida.

Também é usual nesses contratos previsão de que o franqueado deverá revender o estoque remanescente de produtos à franqueadora ou a quem ela indicar pelo seu preço de custo de aquisição e, em alguns casos, com depreciação. A depreciação se justifica na medida em que os produtos vão se tornando obsoletos ao longo do tempo. Por exemplo, em se tratando de rede de comércio de vestuário, as peças de coleções passadas não têm o mesmo valor daquelas da coleção atual e, por isso, devem ser precificadas com depreciação.

A importância de se prever a destinação do estoque remanescente não se aplica apenas nos casos em que o franqueado opera uma franquia de venda de produtos, mas também a outros mercados. Por exemplo, nas franquias de ensino de idiomas ou de cursos profissionalizantes, nicho bastante relevante no mercado de franchising, é comum que o franqueado tenha um estoque regulador de material didático. Com a rescisão do contrato de franquia, eventual estoque não poderá mais ser utilizado pelo franqueado, que deverá dar a ele o destino previsto no contrato de franquia.

Em linhas gerais, caso a franqueadora queira ter controle do que será feito com o estoque remanescente de produtos, a melhor opção é prever a possibilidade de adquiri-lo do franqueado no término ou rescisão do contrato de franquia, nos termos ali previstos. Caso não o faça, corre o risco de perder controle da destinação destes produtos que, não raro, são colocados à venda em sites na internet.

4.3. Obrigação de não concorrência

Com a celebração do contrato de *franchising*, a franqueadora transmite ao franqueado todo o *know-how* de operação do negócio franqueado. Assim, por exemplo, se o negócio franqueado for um restaurante *fast food* de comida oriental, receberá o franqueado todas as informações sobre a preparação dos pratos constantes do cardápio da rede, relação de fornecedores dos insumos utilizados em sua preparação, técnicas de atendimento ao cliente, instruções quanto à veiculação de publicidade e realização de ações promocionais, treinamento para operar o software de gestão do negócio etc.

O recebimento de todas essas informações, aliado ao direito de utilização da marca concebida e desenvolvida pela franqueadora, são sem dúvida os grandes diferenciais para a tomada de decisão do empresário que adquire uma franquia.

Portanto, há de se concluir que o maior patrimônio da franqueadora é o seu *know-how*, seus segredos de negócio que são transmitidos aos franqueados da rede para que operem as franquias como se fossem verdadeiros "clones", de forma a manter a identidade da rede perante o consumidor.

Justamente para preservar esse *know-how*, a maioria dos contratos de franquia estabelece que o franqueado não poderá continuar atuando no mesmo ramo de negócio da franquia por determinado período após o encerramento do contrato de *franchising*. Sim, pois não seria justo que o franqueado, após receber todo o *know-how* de operação do negócio, simplesmente se desligasse da franquia e passasse a fazer concorrência direta à franqueadora e aos demais franqueados da rede.

Sendo assim, em caso de término ou rescisão do contrato de franquia, deverá o franqueado cumprir rigorosamente as obrigações de não concorrência que tiver assumido.

Vale aqui destacar, que o Poder Judiciário tem constantemente reafirmado a validade da cláusula de não concorrência prevista nos contratos de franquia, compelindo os franqueados a cumpri-la, sob pena de incorrer no pagamento não apenas de multa específica eventualmente prevista no contrato de franquia, mas também de astreintes fixadas pelo magistrado em caso de descumprimento da ordem judicial. Nesse sentido, vale destacar a seguinte decisão proferida pelo Tribunal de Justiça de São Paulo:

> "Franquia do setor odontológico. Contrato finalizado. Licenciado continua no mesmo local, explorando a mesma atividade, apesar de cláusula expressa de não concorrência regional por dois anos. Justificativa de que a reserva de mercado foi estabelecida para local diverso, o que fere a lógica e o bom senso empresarial. A franqueadora não cometeu ilícito para que se rompesse dever contratual continuado. Ordem de abstenção mantida nos termos da tutela antecipada concedida pelo Tribunal, com astreintes de quantia significativa visando persuadir para cumprimento voluntário. Os valores são mantidos, inclusive a reduzida cifra da cláusula penal compensatória (art. 413, do CC). Não provimento dos recursos."[8]

Não há dúvidas de que a obrigação de não concorrência deve ser cumprida pelo franqueado nos casos de término ou rescisão do contrato por culpa do próprio franqueado. No entanto, há divergência jurisprudencial a respeito da validade de imposição desta obrigação restritiva ao franqueado no caso de a própria franqueadora ter dado justa causa à rescisão contratual. Nesse sentido, destacamos as seguintes decisões do Tribunal de Justiça de São Paulo, tendo na primeira delas o colegiado entendido que a obrigação de não concorrência é oponível em qualquer caso de rescisão da contratação e a segunda comungando entendimento de que a franqueadora que descumpre a contratação e dá causa à rescisão não pode impor ao franqueado o cumprimento da obrigação de não continuar atuando no mesmo ramo da franquia.

> "**Ementa: Franquia. Anulação do contrato**. Agravo de instrumento contra a decisão que indeferiu a tutela de urgência requerida. Alegado descumprimento contratual pela franqueadora. Pretensão do agravante ao deferimento da tutela para encerramento das atividades da franquia, com autorização para constituição de empresa concorrente. Pedido de suspensão do pagamento de royalties. As provas até o momento produzidas não autorizam afirmar que houve descumprimento contratual pela franqueadora. Falta de probabilidade do direito alegado. **Ainda que estivesse caracterizada a culpa da franqueadora, com o consequente rompimento do ajuste não poderia ser admitida a**

---

8. TJSP. Apelação nº 0016326-46.2011.8.26.0003. 1ª Câmara Reservada de Direito Empresarial. Relator: Des. Enio Zuliani. Julgado em 16/08/2017.

instalação de empresa concorrente pelo agravante. Validade da cláusula de não concorrência. Decisão agravada mantida. Agravo desprovido."[9]

"Via de conseqüência, a substituição dos letreiros e luminosos da ré por outra marca, a "_____" (fls. 223/224), após ter a mesma dado azo à rescisão do contrato, com justa causa, não implica violação à cláusula 27ª do contrato, de limitação de concorrência pelo prazo de 3 (três) anos após a rescisão da avença, instituída, evidentemente, em favor da parte inocente, não podendo beneficiar aquela que deu causa à rescisão com justa causa.

As cláusulas de não concorrência, após a rescisão do contrato, evidentemente, somente podem ser invocadas pela parte inocente, aquela que não deu causa à rescisão da avença, não se aplicando ao caso vertente, no qual foi atribuída responsabilidade exclusiva da ré pelo não cumprimento do contrato de franquia."[10]

4.4. Multa contratual devida em razão da rescisão antecipada da contratação

Em grande parte dos contratos de franquia há previsão de pagamento de multa contratual pela parte que der causa à rescisão ou rescindi-lo antes do término de seu prazo de vigência.

Ocorrendo a rescisão do contrato de franquia em razão do decurso de seu prazo de vigência, e tendo as partes cumprido todas as obrigações nele assumidas, nenhuma delas estará obrigada ao pagamento de multa rescisória. Entretanto, a parte que der causa à rescisão do contrato de *franchising* antes de seu término de vigência, deve pagar à parte inocente a respectiva multa estabelecida no contrato.

A previsão de multa rescisória nos contratos de *franchising* se justifica não apenas pelo caráter punitivo à parte que inadimplir as obrigações contratuais, mas também para propiciar à parte inocente a reparação, mesmo que parcial, das perdas financeiras que sofrerá em razão do abrupto encerramento contratual. Ocorrendo a rescisão por culpa do franqueado, a franqueadora perderá a receita prevista em decorrência da operação da franquia até o final do prazo previsto em contrato, seja ela decorrente do recebimento de royalties e/ou venda de produtos ou serviços ao franqueado. Caso a franqueadora motive a rescisão, o franqueado perderá as receitas que poderia auferir ao longo do prazo remanescente da contratação.

Nada obstante, podem as partes também prever no contrato de franchising que a multa contratual não impedirá que a parte inocente busque em juízo a reparação das perdas e danos que comprovadamente superarem o valor da multa contratual.

O valor da multa devida em razão da rescisão antecipada da contratação varia caso a caso, de acordo com o estabelecido em contrato. Aconselha-se que esse valor seja certo e determinado, o que facilita sua cobrança em juízo.

---

9. TJSP. Agravo de Instrumento 2185326-43.2016.8.26.0000. Relator: Des. Alexandre Marcondes. 2ª Câmara Reservada de Direito Empresarial. Julgado em 27/03/2018.
10. TJSP. Apelação nº 9059071-77.2000.8.26.0000. Relator: Des. Fernandes Lobo. 22ª Câmara de Direito Privado. Julgado em 28/08/2007.

Há contratos de franquia que preveem que a multa deverá ser apurada com base em parâmetros nele fixados. Por exemplo, um múltiplo do valor da taxa inicial de franquia cobrada pela franqueadora para novos franqueados à época da rescisão ou então um múltiplo do valor médio de royalties pagos pelo franqueado durante a contratação ou determinado período (v.g. a média dos 12 meses que antecederem a rescisão). A fixação do valor da multa com base nesses parâmetros é plenamente válida, mas em alguns casos pode dificultar sua apuração e comprovação do valor em juízo.

Importante aqui abordar a necessidade de o valor da multa ser compatível com o porte da contratação firmada entre as partes, para que não seja considerada excessiva. Por exemplo, em se tratando a franquia de negócio que exige um investimento do franqueado da ordem de R$ 100.000,00 (cem mil reais) para sua implantação, uma multa de R$ 500.000,00 (quinhentos mil reais) em razão da rescisão da contratação, muito provavelmente será considerada excessiva.

Sim, pois o artigo 413 do Código Civil estabelece que:

"A penalidade deve ser reduzida equitativamente pelo juiz se a obrigação principal tiver sido cumprida em parte, ou se o montante da penalidade for manifestamente excessivo, tendo-se em vista a natureza e a finalidade do negócio."

Assim, sendo manifestamente excessivo o valor da multa contratual, deve o julgador reduzi-la ao patamar que se adeque à natureza e finalidade do negócio.

De fato, grande parte dos julgadores, seja no poder judiciário ou nas câmaras de arbitragem, tem reduzido o valor das multas decorrentes da rescisão contratual, seja pelo fato de se mostrarem excessivas no caso concreto ou em razão de a parte faltosa haver cumprido parcialmente a obrigação principal. A exemplo:

"Ação de rescisão contratual cumulada com cobrança – Contrato de franquia para venda de produtos alimentícios (pizzas) – Multa – Redução – Possibilidade – Multa contratual excessiva (dez vezes o valor da taxa de franquia prevista no contrato) – Diminuição para o equivalente ao valor da taxa inicial de franquia – Desistência do recurso por parte dos réus – Homologação – Sentença mantida – Recurso da autora desprovido, prejudicado o dos réus."[11]

4.5. Direito de preferência e opção de compra

Nos contratos de *franchising* é usual estabelecer-se que, caso o franqueado decida vender os ativos da unidade franqueada, durante o prazo de vigência contratual ou quando de seu término ou rescisão, a franqueadora terá o **direito de preferência** na aquisição. Entenda-se por ativos da unidade os direitos sobre o ponto comercial, instalações, equipamentos, mobiliário e estoque, este último tratado no subitem 4.2 supracitado.

O **direito de preferência** apenas poderá ser exercido pela franqueadora caso o franqueado tenha a intenção de alienar a terceiros os ativos da unidade. Assim, caso ao

---

11. TJSP. Apelação nº 1033124-21.2018.8.26.0100. 2ª Câmara Reservada de Direito Empresarial. Relator: Des Mauricio Pessoa. Julgado em 17/12/2018.

final do contrato o franqueado não pretenda alienar os ativos da unidade, resolvendo estabelecer no mesmo imóvel um outro negócio, não poderá a franqueadora exigir-lhe a venda dos referidos ativos. Ressalve-se aqui, que a utilização dos ativos pelo franqueado deverá ser feita em observância às obrigações pós contratuais previstas no contrato, como a de descaracterizar o ponto comercial, deixando de utilizar o *trade dress* da rede; e a de não concorrência.

De outro lado, é também possível ajustar-se no contrato de franquia uma **opção de compra** dos ativos da unidade franqueada, a ser exercida pela franqueadora. Neste caso, diferentemente do direito de preferência, estabelecida a **opção de compra** em favor da franqueadora, o franqueado estará obrigado a vender-lhe os referidos ativos, independentemente de sua intenção de aliená-los ou de continuar utilizando-os para outra finalidade.

Referidas cláusulas contratuais devem ser redigidas no contrato de *franchising* da forma mais completa possível, de forma a estabelecer prazos e condições para o exercício do **direito de preferência** ou da **opção de compra** pela franqueadora. Recomenda-se que em ambos os casos seja estipulado o prazo para que a franqueadora manifeste ou não seu interesse na aquisição e a forma de apuração do valor dos ativos objeto da alienação.

O prazo para que a franqueadora exerça o **direito de preferência** terá início a partir da data em que ela tiver ciência da decisão do franqueado de alienar os ativos da unidade ou do recebimento pelo franqueado de proposta de terceiro. Usualmente estabelece-se a obrigatoriedade de o franqueado notificar a franqueadora manifestando a intenção de venda e/ou comunicando o recebimento de proposta de terceiros para aquisição dos ativos. Tal prazo deve ser suficiente para que a franqueadora analise a proposta e tome sua decisão; de outro lado, não pode ser excessivo, para não prejudicar a possibilidade de o franqueado concretizar a venda a terceiros caso a franqueadora não exerça o direito de preferência.

Nesse sentido, em regra o prazo razoável para que a franqueadora exerça o direito de preferência na aquisição é de até 30 dias contados do recebimento da notificação do franqueado comunicando a intenção de venda ou o recebimento de proposta de aquisição formulada por terceiros. Evidentemente, tal prazo poderá ser superior em razão da complexidade do negócio franqueado, por exemplo em caso que envolva uma franquia de indústria.

Quando se tratar de opção de compra, o prazo para que a franqueadora exerça tal direito deverá igualmente estar estabelecido em contrato. Há inclusive a possibilidade de estabelecer-se em contrato que a opção de compra poderá ser exercida pela franqueadora a qualquer momento durante a contratação.

Agora passemos a tratar da questão mais espinhosa envolvendo direito de preferência e opção de compra: o preço pelo qual a franqueadora poderá adquirir os ativos da unidade. Esse preço pode em tese ser fixado no contrato de franquia, em valor absoluto. Entretanto, sendo o *franchising* um contrato de longa duração, o preço fixado na data de assinatura pode se mostrar excessivo ou muito baixo quando do exercício do direito pela franqueadora, o que usualmente ocorre com o curso do tempo de contratação.

Por isso, é comum que as partes estabeleçam em contrato que o **direito de preferência** será exercido pela franqueadora nas mesmas condições propostas por terceiros interessados na aquisição e a **opção de compra** pelo valor de mercado a ser aferido pelas partes à época da venda. No primeiro caso, recomenda-se estabelecer no contrato a obrigatoriedade de o franqueado apresentar à franqueadora a proposta formulada pelo terceiro interessado, contendo seus dados e as condições de preço e forma de pagamento propostas. No segundo caso, importante que as partes pactuem como será aferido o valor de mercado dos ativos a serem alienados, por exemplo, através de avaliação a ser contratada pelas partes ou simplesmente adotando-se o valor de sua aquisição pelo franqueado e computada a depreciação do ativo em percentual ajustado no contrato.

O direito de preferência e a opção de compra são mecanismos importantes para assegurar à franqueadora a manutenção de suas unidades franqueadas em caso de término ou rescisão dos contratos de franquia, principalmente daquelas que sejam de estratégica importância para a rede. Sim, pois o encerramento da operação de unidades franqueadas estabelecidas em pontos comerciais relevantes (v.g. em pontos comerciais situados nos maiores shopping centers do país ou em ruas de grande fluxo de consumidores) pode acarretar não apenas prejuízos financeiros à franqueadora, mas também macular a reputação da marca, visto que os consumidores podem associar o fechamento das lojas à perda de relevância da rede e enfraquecimento do negócio.

Assim, deverá o franqueado assegurar à franqueadora o direito de exercer a preferência na aquisição dos ativos ou sua opção de compra, na hipótese de haver previsão contratual nesse sentido. Se não o fizer, estará o franqueado sujeito a indenizar a franqueadora pelas perdas e danos que incorrer em razão da supressão de seus direitos.

REFERÊNCIAS BIBLIOGRÁFICAS

COELHO, Fabio Ulhoa. *Curso de Direito Comercial*. Vol. 3. Saraiva – São Paulo, 13ª Ed. 2012.

DINIZ, Maria Helena. *Curso de direito civil brasileiro*. Volume 3: teoria das obrigações contratuais e extracontratuais.

FORGIONI, Paula A. RT – São Paulo, 2005.

GOMES, Orlando. *Contratos*. 11 ed. Rio de janeiro: Forense, 1998.

MARTINS, Fran. *Contratos e obrigações comerciais*: incluindo os contratos de representação comercial, seguro, arrendamento mercantil (leasing), faturização (factoring), franquia (franchising), know-how e cartões de crédito. Rio de Janeiro: Forense, 1999.

SIMÃO FILHO, Adalberto. *Franchising* – aspectos jurídicos e contratuais. 3 ed. São Paulo: Atlas, 1998.

Parte XII
OBRIGAÇÕES PÓS-CONTRATUAIS

23
OBRIGAÇÕES PÓS-CONTRATUAIS, CONFIDENCIALIDADE E NÃO CONCORRÊNCIA NOS CONTRATOS DE FRANQUIA

Alexandre David Santos

Sumário: Introdução – 1. Obrigações pós-contratuais, confidencialidade e não concorrência nos contratos de franquia; 1.1. Preâmbulo; 1.2. Problema geral do tema; 1.3. Procedimentos metodológicos do tema; 1.4. Justificativa – 2. Referencial teórico; 2.1. Breves considerações; 2.2. Definição de *franchising*; 2.3. Contrato de franquia; 2.4. Cláusula de não concorrência e concorrência desleal; 2.4.1. A atividade essencial, uniprofissional e o prévio domínio do *know-how*; 2.4.2. Descumprimento contratual do franqueador e as obrigações pós-contratuais; 2.4.3. Responsabilidade de parentes e sócios: característica *intuitu personae*; 2.4.4. Dependência econômica – 3. Posição da jurisprudência brasileira e a não concorrência no direito norte-americano; 3.1. Jurisprudência brasileira; 3.1.1. Supremo Tribunal Federal (STF); 3.1.2. Superior Tribunal de Justiça (STJ); 3.2. Cláusula de não concorrência no direito norte-americano – 4. Análise da amostra selecionada e conclusão; 4.1. Cláusula de não concorrência em contratos de franquia; 4.2. Conclusão – Referências bibliográficas.

INTRODUÇÃO

Este capítulo aborda, em apertada síntese, alguns questionamentos da tese de mestrado[1] do autor **"Aplicabilidade e limites das cláusulas de não concorrência em contratos de franquia"** apresentada perante a banca de examinadores da escola de direito da FGV/SP em 2016 e do livro de mesmo nome, publicado em 2019 pela Editora Almedina – Coleção FGV Direito SP.

Esta obra tem como tema as obrigações pós-contratuais, o dever de confidencialidade e, sobretudo, a cláusula de não concorrência na relação entre franqueador e franqueado. Nosso questionamento sobre o tema se refere à possibilidade do impedimento da utilização do *know-how*, protegido pelo dever de confidencialidade, e da atividade desenvolvida pelo ex-franqueado, seja durante a vigência contratual ou ao término da relação contratual. Tendo isso em vista, traçamos os seguintes objetivos para nosso estudo: explorar as obrigações de confidencialidade e cláusulas de não concorrência para revelar como estão sendo utilizadas e aplicadas pelos principais franqueadores no Brasil; identificar seus limites; analisar a jurisprudência acerca do tema e propor soluções práticas. Tais estudos se justificam, pois poderão contribuir com respostas e soluções aos operadores do sistema de *franchising*. Para o desenvolvimento do tema,

---

1. Disponível na íntegra em: https://bibliotecadigital.fgv.br/dspace/bitstream/handle/10438/17511/DISSERTACAO%20FINAL%20REVISADA%20BANCA%2021-11-2016%20%284%29.pdf?sequence=1&isAllowed=y. Acesso em 14/08/2023.

apresentamos inicialmente breves considerações sobre a origem e o desenvolvimento do setor de franquias no Brasil. Tal levantamento nos dá a noção exata do contexto em que o tema está inserido, sobretudo no âmbito jurídico. Na sequência, trataremos das definições de *franchising* sob o ponto de vista técnico, empresarial e legal.

Questão fundamental para compreensão e interpretação do tema é a análise das características do contrato de franquia. Nesse ponto, o estudo se direciona apenas para os elementos nucleares do contrato de franquia, capazes de gerar efeitos práticos cujos resultados nos interessam. Há, portanto, uma delimitação de análise para evitar digressões desnecessárias.

Já o núcleo do capítulo se constitui da análise dos seguintes aspectos: histórico, jurisprudencial, doutrinário, legal e comercial das obrigações de confidencialidade e cláusulas de não concorrência, perpassando pela livre concorrência.

No aspecto histórico, a referência é o caso da Cia de Tecidos Juta, defendido por Rui Barbosa; a abordagem jurisprudencial nos revela a recente decisão do Supremo Tribunal de Justiça (STJ) sobre o julgamento das cláusulas de raio, que mantêm afinidades e identidade de fundamentos com as cláusulas de não concorrência, mas que não se confundem; já os dispositivos legais, normas constitucionais e a orientação doutrinária balizam o estudo; no aspecto comercial, destacamos caso Wizard x Wisdom, considerado o *leading case* do setor de *franchising*.

Ainda como temas centrais, abordamos questões sobre a atividade essencial, uniprofissional, prévio domínio do *know-how*, descumprimento contratual do franqueador e responsabilidade de parentes e sócios sob a ótica da característica *intuitu personae* do contrato de franquia, responsáveis pela nossa construção do que chamamos de *requisitos estratégicos*, conforme definição estabelecida para este capítulo.

A atividade essencial será analisada sob o ponto de vista legal para fins de regulamentar o direito de greve; a atividade uniprofissional desafia a confrontação de princípios constitucionais da livre-iniciativa, liberdade profissional e livre concorrência, levando em consideração a teoria da ponderação proposta por Robert Alexy; o prévio domínio do *know-how* justifica a adoção de uma postura diferenciada do franqueador; o descumprimento contratual de sua parte, diante da potestatividade que lhe é inerente, suas consequências, posicionamento contrário e jurisprudência também contribuem para a fundamentação da nossa *proposta de modulação* da cláusula de não concorrência ao caso concreto, conforme definição estabelecida para este capítulo.

Ante o inegável sucesso do setor e da maturidade da *franchising* brasileira, atualmente há fértil material na jurisprudência brasileira sobre o nosso tema, o que nos dá o norte para a formulação da proposição prática, como forma de contribuir efetivamente para os operadores do sistema de *franchising*. Todavia, questões importantes acerca do tema ainda não foram exploradas pelo Poder Judiciário, que poderiam corroborar nossas proposições.

O estudo do direito comparado da cláusula de não concorrência no direito norte-americano – *non-compete clause* (NCC) ou *covenant not to compete* (CNC) – é uma significativa referência para que tenhamos em nosso radar as lições aprendidas. Destaque para o caso julgado pelo Tribunal de Nebraska, ao liberar o ex-franqueado para competir no mesmo território com o franqueador após a vigência contratual, em razão do reconhecimento de abusividade por parte do franqueador.

1. OBRIGAÇÕES PÓS-CONTRATUAIS, CONFIDENCIALIDADE E NÃO CONCORRÊNCIA NOS CONTRATOS DE FRANQUIA

1.1. Preâmbulo

A fim de conferir clareza e auxiliar na exata interpretação que pretendemos atingir para a perfeita compreensão dos termos utilizados nesta obra, serão especialmente definidos como:

Requisitos essenciais: são os elementos de limitação temporal, territorial e do objeto que atribuem plena aplicação da cláusula de não concorrência.

Requisitos estratégicos: são os elementos contidos na cláusula de não concorrência relativos à atividade essencial, uniprofissional, prévio domínio do *know-how*, descumprimento contratual do franqueador e responsabilidade de parentes e sócios.

Requisito de eficiência: é a previsão de multa contratual caso o franqueado descumpra o estabelecido na cláusula de não concorrência.

Modulação: é a elaboração específica da cláusula de não concorrência observando-se o caso concreto previamente conhecido pelo franqueador. É a adaptação às circunstâncias. Exemplo: o prévio domínio do *know-how* pelo franqueado é fato conhecido do franqueador. Por tal motivo, deverá contemplar esta situação específica do franqueado para compor como requisito estratégico da cláusula de não concorrência.

Relativização: é não admitir ou tomar como completo. Ao analisar o contrato objeto do litígio, o juiz deverá verificar a aplicabilidade das cláusulas questionadas na ação e decidir a lide sob os enfoques legais, entre eles, mas não se limitando, se a liberdade contratual foi exercida em razão e nos limites da função social do contrato, se houve abuso de poder, observar o cumprimento de princípios, como o da boa-fé. Significa que o juiz poderá interpretar em sentido diverso do que está expresso no texto da cláusula, resultando na insegurança jurídica.

1.2. Problema geral do tema

O problema geral do tema é a aplicabilidade e os limites das cláusulas de não concorrência diante da dificuldade na plena aplicação, gerando insegurança não só aos franqueadores, mas também aos ex-franqueados que, muitas vezes, se veem impedidos de prosseguir com suas atividades, mesmo diante do inadimplemento contratual do franqueador ou de situações cujas cláusulas de não concorrência não foram devidamente ajustadas para os casos concretos e específicos, revelando-se, portanto, abusivas.

A questão também suscita dúvida sobre quando e de que modo é possível penalizar o ex-franqueado, seus sócios e parentes em decorrência de cláusulas de não concorrência estabelecidas em contratos cuja característica principal é *intuitu personae* – ou seja, a pessoa física do franqueado.

O estudo das obrigações pós-contratuais e das cláusulas de não concorrência observa a finalidade de propor soluções com o balizamento doutrinário, jurisprudencial e prático se justifica, sobretudo diante da necessidade de cláusulas bem moduladas e elaboradas à luz da legalidade e especificidades do caso concreto.

Neste tema, abordamos elementos dogmáticos e práticos, visando contribuir com o sistema de *franchising*. Além disso, o seu desenvolvimento, à luz de questões práticas, mostra-se pertinente para a correta aplicação de cláusulas de não concorrência.

As questões que nos colocamos diante do tema são:

A cláusula de não concorrência pode ser aplicada quando a atividade empresarial for considerada essencial, uniprofissional? Pode ainda ser aplicada quando ex-franqueado já atuava no segmento, antes de ser franqueado e, portanto, já possuía o domínio do *know-how*? Caso negativo, quais as consequências e desdobramentos jurídicos?

Como questões subsidiárias, definimos:

É possível a aplicação da cláusula de não concorrência por descumprimento contratual do franqueador?

É possível responsabilizar parentes e sócios do franqueado, aplicando-lhes a cláusula de não concorrência em contrato de franquia cuja característica é *intuitu personae*?
Afinal, quais os limites das cláusulas de não concorrência, de acordo com o estabelecido no inciso XV, alíneas "a" e "b", do artigo 2º da Lei nº 13.966/2019[2] e o resultado do estudo realizado?

1.3. Procedimentos metodológicos do tema

Nesta obra apresentamos uma revisão bibliográfica, contemplando, entre outras obras, as pertencentes à literatura dos EUA – escolhemos analisar a literatura desse país em razão do seu pioneirismo em *franchising* e também pelo fato de ele representar hoje o segundo maior mercado de *franchising* do mundo,[3] além de representar a incontestável consolidação do setor –, artigos científicos, livros específicos, decisões administrativas, jurisprudência dos principais tribunais do país e contratos de franquia de dez franqueadores.

O objeto da tese foi composto com contratos de dez franqueadores do país, obtidos na Associação Brasileira de *Franchising*. Analisamos um contrato de cada segmento, o

---

2. Art. 2º. (...) XV – situação do franqueado, após a expiração do contrato de franquia, em relação a: a) *know-how* da tecnologia de produto, de processo ou de gestão, informações confidenciais e segredos de indústria, comércio, finanças e negócios a que venha a ter acesso em função da franquia; b) implantação de atividade concorrente à da franquia".
3. No topo da lista está a China, com mais de 4.000 marcas; os Estados Unidos subiram do quarto para o segundo lugar, com mais de 3.828 marcas, seguido da Coreia do Sul, com mais de 3.691 redes. Disponível em: <http://g1.globo.com/economia/pme/noticia/2015/02/setor-de-franquias-cresce-77-em-2014-no-pais-diz-associacao.html>. Acesso em: 04 fev. 2020.

que representa cinquenta por cento do número de segmentos de franquias, composto de vinte segmentos principais – alguns segmentos contemplam subsegmentos.

Para preservação de interesses e respeito aos direitos de terceiros, não revelaremos a identidade das empresas franqueadoras. No entanto, haverá identificação dos segmentos relacionados às cláusulas analisadas. Também serão adotadas a identificação e a utilização de casos julgados e/ou casos reais como exemplos e fundamentação do tema.

Com base na conclusão do capítulo, são propostas soluções práticas para reforçar a legitimidade dos contratos e assegurar o cumprimento das cláusulas de não concorrência.

1.4. Justificativa

A elaboração de cláusulas de não concorrência menos vulneráveis à relativização pelo julgador promoverá estabilidade entre as partes com mais segurança jurídica.

Uma das principais causas de conflitos entre franqueador e ex-franqueado é a tentativa de aplicação da cláusula de não concorrência, pois muitos contratos adotam cláusulas-padrão, passíveis de relativização por serem abusivas. Acredita-se que uma cláusula redigida sob a égide da boa-fé, da função social do contrato e adequadamente modulada pode minimizar ou até mesmo resolver conflitos.

A cláusula de não concorrência está prevista praticamente em quase todos os contratos de franquia e, pela experiência do autor, com mais de vinte e cinco anos atuando no setor de *franchising* como *head* jurídico de grandes empresas – uma com mais de mil unidades franqueadas e outra com cerca de quinhentas unidades – pode ser considerada uma das principais causas de conflitos entre franqueadores e ex-franqueados, inclusive é objeto de inúmeras demandas judiciais, como veremos na jurisprudência relacionada. Surge, então, a relevância aplicativa do tema enquanto objeto do capítulo.

De acordo com o levantamento da Associação Brasileira de Franquias (ABF),[4] o sistema de *franchising* registrou um faturamento de R$ 218 bilhões em 2022. Operam no Brasil mais de 3.097 redes de franquia, responsáveis por aproximadamente 1.589.000 postos de trabalho diretos e mais de 184.000 unidades.

O *franchising* possui muitas características interessantes, mas a elaboração e a aplicação equivocada de uma cláusula de não concorrência podem prejudicar de forma irreversível, de um lado, o investimento e a oportunidade do empreendedor quando, por qualquer razão, decide pela saída da rede franqueada; por outro, o franqueador pela vulnerabilidade jurídica e a ameaça oportunista da prática de concorrência desleal, gerando a desestabilização da rede franqueada.

---

4. Disponível em: https://www.abf.com.br/wp-content/uploads/2023/02/Apresentacao_Coletiva_1302_Diagrama.pdf

2. REFERENCIAL TEÓRICO

2.1. Breves considerações

A maturidade do sistema de *franchising* vai além da criação do primeiro marco legal do setor – Lei 8.955/94 – e agora já contamos com a evolução legal com o novo marco legal, – Lei 13.966/2019. A primeira rede a adotar o licenciamento, como se chamava na época, foi o Yázigi[5], no segmento de idiomas, em 1954. Em seguida, atraídas pelo rápido crescimento, vieram as redes CCAA, Fisk e McDonald's. Assim, paulatinamente, outras redes aderiram ao sistema de franquia diante do tamanho do mercado que poderiam atingir. Portanto, importa ressaltar, que hoje as grandes redes estão consolidadas e ocupam o território brasileiro de forma capilarizada, algumas até se internacionalizaram.

Tal fato implica diretamente o modelo de crescimento das redes hoje em dia. Isso, porque a maioria das redes adota o sistema de exclusividade territorial ou de direito de preferência. Desse modo, o interessado em ingressar no sistema de *franchising* dificilmente encontrará um ponto comercial interessante, considerando o esgotamento territorial que decorre da maturidade da rede, exceto para as novas redes ou redes ainda em desenvolvimento.

A opção dada ao interessado, geralmente, é o repasse da unidade – trespasse – que pode ser traduzido na venda do estabelecimento, com ou sem aquisição da pessoa jurídica. Nesse caso, aplicar-se-á ao ex-franqueado a regra de não concorrência do artigo 1.147 do Código Civil (CC), mas não é exatamente essa regra de não concorrência que nos interessa nesta obra. O principal foco do nosso estudo é o que ocorre quando acaba a relação entre franqueador e franqueado. Todavia, vale lembrar que a cláusula de não concorrência é aplicada também durante a vigência contratual.

O término da relação contratual pode se revelar como no modelo de repasse acima, mas também pode se apresentar pela resilição, resolução ou expiração da vigência do prazo contratual sem o necessário e automático repasse, que só ocorre quando há convergência de interesses, prazos compatíveis e harmonia entre as partes para concretização do negócio.

2.2. Definição de *franchising*

Encontramos a definição legal de franquia empresarial no artigo 1º, *caput* da Lei nº 13.966/2019:

Art. 1º Esta Lei disciplina o sistema de franquia empresarial, pelo qual um franqueador autoriza por meio de contrato um franqueado a usar marcas e outros objetos de propriedade intelectual, sempre associados ao direito de produção ou distribuição

---

5. O primeiro estabelecimento do CCAA surgiu em 1961, mas o modelo de franquia apenas foi adotado oito anos depois. Já o Yázigi adotou a *franchising* no mesmo ano de sua criação, em 1950. Dados disponíveis em: <http://www.ccaa.com.br/sobre-o-ccaa/>; <http://www.yazigi.com.br/sobre-a-marca>; e <http://www.fisk.com.br/sobre/nossa-historia>. Acesso em: 30 jan. 2020.

exclusiva ou não exclusiva de produtos ou serviços e também ao direito de uso de métodos e sistemas de implantação e administração de negócio ou sistema operacional desenvolvido ou detido pelo franqueador, mediante remuneração direta ou indireta, sem caracterizar relação de consumo ou vínculo empregatício em relação ao franqueado ou a seus empregados, ainda que durante o período de treinamento.

(...)

Com apenas dez artigos, a interferência da nova lei no setor está praticamente subordinada aos artigos 2º e 4º, estabelecendo a obrigação do franqueador em fornecer ao candidato a chamada Circular de Oferta de Franquia (COF), cujo rol de informações previstas deve ser cumprido pelo franqueador. Na apresentação da COF, deve-se observar o prazo mínimo de dez dias antes da assinatura de pré-contrato, contrato ou recebimento de qualquer valor, sob pena de nulidade ou anulabilidade e devolução das quantias eventualmente recebidas.

Quanto à cláusula de não concorrência, podemos afirmar que a única previsão do marco legal que se infere está estabelecida no artigo 2º:

Art. 2º. (...)

XV – situação do franqueado, após a expiração do contrato de franquia, em relação a:

a) *know-how* da tecnologia de produto, de processo ou de gestão, informações confidenciais e segredos de indústria, comércio, finanças e negócios a que venha a ter acesso em função da franquia;

b) implantação de atividade concorrente à da franquia; (...)

A ausência de uma forte interferência da lei resulta, ainda, em inúmeras interpretações doutrinárias, especialmente na tentativa de definir franquia empresarial, contrato de franquia, natureza jurídica, elementos, todas sem o esgotamento da matéria.

Para o nosso livro, importa explicar o funcionamento do sistema de franquia formatada (*business format franchise*). Bertoldi (2009, p. 762) denomina de franquia de negócio uniforme formatado, em que o franqueador atribui ao franqueado, além do direito de exploração da marca, formatação pormenorizada do negócio, mediante a transferência de normas operacionais, aplicando-lhe treinamentos, manuais, técnicas específicas, gestão financeira, administrativa, recursos humanos e métodos.

Existe ainda a classificação que divide as atividades desenvolvidas como serviços, produção, distribuição, indústria e mista, essa última quando se combinam mais de duas atividades.

Plá (2001) propõe que o modelo franquia pode ser classificado por gerações, relacionando os níveis de integração.

> A evolução de uma geração para outra demonstra um aumento do nível de profissionalização de uma rede de franquias, o que reduz o risco e aumenta a atratividade para potenciais franqueados (PLÁ, 2001).

Na franquia de quinta geração, com a participação de um Conselho de Franqueados, a proximidade fica mais evidente, pois há maior participação do franqueado na própria gestão da rede e requer que o franqueador compartilhe parte do poder para promover a negociação em processos de tomada de decisão. Uma questão sensível, pois exige maturidade das partes e capacidade de autocomposição para evitar que problemas de relacionamento impeçam a consecução dos objetivos do negócio para a rede como um todo.

2.3. Contrato de franquia

Ao prefaciar a obra *Direito dos negócios aplicado*, de Simão Filho, Engler[6] é contundente ao afirmar que a abordagem puramente dogmática se torna insuficiente para compreender a essência de determinados modelos negociais, já que, para a correta aplicação do direito, devemos combinar o conhecimento da realidade fática, análise econômica, discussão sobre desenhos institucionais e valoração de objetivos de política pública. Na *franchising*, isso não é diferente.

O novo marco legal da *franchising*, a exemplo do anterior, não regulou suficientemente o setor. Igualmente podemos afirmar acerca do contrato de franquia. Antes das citadas leis, as empresas já praticavam a *franchising* sob a denominação de contratos de licença de uso de produtos/serviços e de marca, com obrigações estipuladas para que o licenciado seguisse os padrões e a formatação do negócio. Nesse modelo, ainda que incipiente, já havia previsão de obrigatoriedade de manutenção de *layout*, treinamentos, exclusividade de fornecedores, território etc.

A evolução ocorreu com as necessidades mercantis[7], culminando no marco legal, mas iniciando uma nova fase para o desenvolvimento e aplicação do que hoje conhecemos como contrato de franquia. Grande contribuição é dada até pelas associações de *franchising*, no Brasil, a ABF; a *International Franchise Association*[8] (IFA), nos EUA; a *British Franchise Association*[9] (BFA), na Inglaterra e a *Unidroit*[10], instituição que tem por finalidade uniformizar as relações de direito privado, especialmente quando se trata de contratos internacionais, considerada fonte do direito privado comercial internacional.

No Brasil, a ABF lançou o Código de Conduta e Princípios Éticos[11] justamente para contribuir com a regulação do setor e estabelecer o equilíbrio nas relações entre franqueadores e franqueados, sujeitando os infratores às sanções que podem ser aplicadas pela Comissão de Ética da entidade. Cumpre esclarecer que a ABF não exerce o papel de órgão regulador do sistema de *franchising*, mas é inegável a sua contribuição e importância, como associação, para a *franchising* brasileira.

---

6. Mário Engler é coordenador do Mestrado Profissional da Escola de Direito da FGV, São Paulo.
7. Para Venosa (2009, p. 542), a utilização do sistema foi implantada pelos usos mercantis, para depois ser o negócio recepcionado pela legislação.
8. Disponível em: <http://www.franchise.org/>. Acesso em: 04 fev. 2020.
9. Disponível em: <https://www.thebfa.org/>. Acesso em: 10 dez. 2018.
10. Disponível em: <http://www.unidroit.org/news>. Acesso em: 30 jan. 2020.
11. Disponível em: https://processoassociativo.abf.com.br/Content/Documentos/Codigo-de-Conduta-e-principios-eticos.pdf. Acesso em: 14 ago. 2023.

Nesse sentido, as inovações do Código Civil trouxeram um verdadeiro alento à parte afetada pelo desequilíbrio econômico, que, diga-se, invariavelmente resulta no abuso de poder, especialmente nas relações contratuais.

Ao abrir o Capítulo da Teoria Geral dos Contratos, o Código Civil estabelece fundamental preceito inserido no artigo 421[12], atribuindo às partes verdadeira liberdade de contratar e, ao mesmo tempo, balizando os limites estabelecidos nas normas cogentes, especialmente a finalidade social dessa prerrogativa. Na mesma esteira, o artigo 425[13] revela que o Código inova na forma pela qual as partes contratam e indica claramente a necessidade de observar as normas gerais.

Há de considerar, ainda, o disposto nos artigos 112[14] e 113[15] do referido *Codex* ao inserir no bojo do instituto do negócio jurídico o princípio da boa-fé objetiva, assim como a disposição dos artigos 422[16] e 187[17].

Forgioni (2009), ao se manifestar sobre as inovações do Código Civil de 2002 (função social do contrato, boa-fé objetiva, revisão por onerosidade excessiva etc.), alerta para a "consumerização" do direito empresarial, ao possibilitar que magistrados façam justiça às relações contratuais, à revelia dos princípios da autonomia da vontade e do *pacta sunt servanda*.

O objetivo da lei, em resumo, é de criar ao interessado condições de avaliação prévia do negócio com informações necessárias e prazo suficiente para consultar advogados e especialistas a respeito do negócio objeto da franquia, proporcionando-lhe conhecer os riscos e as vantagens antes de tomar a decisão e efetuar pagamentos.

Inegável, portanto, que a Teoria Geral dos Contratos está fundamentada nos preceitos de equidade, boa-fé, função social e segurança com a finalidade de estabelecer o equilíbrio nas relações contratuais em busca do ideal de justiça. Podemos admitir que o marco legal tem como característica principal o conceito de *franchising* e o dever de publicidade – Circular de Oferta de Franquia – do franqueador perante o candidato, aproximando-se do gênero *disclousure statute* do direito norte-americano em que a norma é imperativa em relação à transparência da relação, mas sem regular o conteúdo contratual (EPSTEIN; NICKLES, 1976, p. 28-34 e 275-289 apud COELHO, 2012. p. 126).

Se o mundo empresarial da *franchising* convive com a falta de plena regulação, e isso, como dito, não é necessariamente ruim, até porque há vantagens e desvantagens

---

12. "Art. 421. A liberdade contratual será exercida nos limites da função social do contrato."
13. "Art. 425. É lícito às partes estipular contratos atípicos, observadas as normas gerais fixadas neste Código."
14. "Art. 112. Nas declarações de vontade se atenderá mais à intenção nelas consubstanciada do que ao sentido literal da linguagem."
15. "Art. 113. Os negócios jurídicos devem ser interpretados conforme a boa-fé e os usos do lugar de sua celebração. (...)"
16. "Art. 422. **Os contratantes são obrigados a guardar, assim na conclusão do contrato, como em sua execução, os princípios de probidade e boa-fé.**"
17. "Art. 187. **Também comete ato ilícito o titular de um direito que, ao exercê-lo, excede manifestamente os limites impostos pelo seu fim econômico ou social, pela boa-fé ou pelos bons costumes.**"

nisso, a doutrina também diverge, entre outros temas, sobre a natureza jurídica do contrato de franquia.

A propósito, interessa analisar a natureza jurídica do contrato de franquia, se típico ou atípico, para aplicação da sua interpretação no enfrentamento das questões trazidas nesta obra, especialmente ao analisarmos as causas de término da relação contratual e a interpretação do contrato.

Temos certo de que a regulação legal é genérica e desencadeia, por consequência, divergências na doutrina acerca da natureza jurídica do contrato de franquia. Apesar de nominado, alguns entendem que o fato de ser regulado por lei seria suficiente para lhe conferir tipicidade.

Na doutrina temos do lado da tipicidade Martins (2010), que já sustentou posicionamento contrário, Roque (1997), Podestá (2008), Amendoeira Júnior (2012), Abrão (1995), Cretella Neto (2003); já pela atipicidade temos Coelho (2012); Diniz (2005) e Fernandes (2000).

Neste capítulo, o autor está pela corrente minoritária por concordar com Pereira[18] (2010) e entender que o fato de a Lei nº 13.966/2019 disciplinar o sistema de franquia não é suficiente para tornar o contrato de franquia em típico. Isso, porque nos contratos em geral, no ensinamento de Barcellos (2009, p. 15) "para ser considerado um contrato típico, é imperioso haver uma regulação legal razoavelmente completa de tal modo que seja possível contratar por referência, sem que as partes tenham de clausular o fundamental do contrato, e que possa servir de padrão, não só na contratação, mas também na integração e na decisão de casos controvertidos". Continuando, "O contrato mantém-se atípico mesmo que a Lei a ele se refira ou limite-se a disciplinar certos aspectos dele, de maneira incompleta". No mesmo sentido entendem Vasconcelos (2009), Rui Pinto Duarte (2000), o jurista italiano Sacco (1966).

São os chamados contratos socialmente típicos, mas legalmente atípicos. A Lei de Franquia não se aprofunda suficientemente para determinar a regulação do contrato de franquia. Dedica-se muito mais às necessidades de informações da Circular de Oferta de Franquia, que não gera vinculação entre as partes, do que ao contrato propriamente dito.

O autor reforça que a busca pela segurança jurídica é a causa dessa tendência de reduzir os contratos aos esquemas dos contratos nominados, o que não parece lícito por ignorar, ou restringir, a importância de todas as características extraordinárias daquele contrato específico. Assim, em vez de uma visão fracionada, deve o intérprete considerar o negócio como um todo, observando as diferenças, pois, se elas não existissem, as partes não teriam renunciado à celebração de um contrato típico.

---

18. Pereira (2007, p. 60 e 61) defende que "a importância prática da classificação não pode ser renegada. Quando os contratantes realizam um ajuste daqueles que são *típicos*, adotam implicitamente as normas legais que compõem a sua dogmática. [...] A celebração de um contrato atípico exige-lhes o cuidado de descerem a minúcias extremas, porque na sua disciplina legal falta a sua regulamentação específica".

Venosa (2014) reitera essa ideia. Para o autor, não deve o intérprete fixar-se em normas predeterminadas. Os contratos atípicos devem ser examinados de acordo com a intenção das partes e os princípios gerais que regem os negócios jurídicos e os contratos em particular. A força de usos e costumes também é muito presente em sua elaboração e interpretação. Assim, as partes também terão liberdade de estabelecer em contrato regras de interpretação para colaborar com o intérprete, conferindo maior segurança jurídica ao negócio e diminuindo a interferência legislativa acima citada.

Devemos registrar, nesse sentido, as recentes alterações do Novo Código de Processo Civil (NCPC), ao permitir o chamado negócio processual antes e durante o curso da demanda judicial.

Em essência, podemos concluir que autonomia da vontade não pode ser adotada com exclusividade e plenitude na interpretação dos contratos. Há de se reconhecer a eficácia normativa dos preceitos de equidade, boa-fé, função social, segurança e ponderá-los como regra de hermenêutica, com a finalidade de estabelecer o equilíbrio nas relações contratuais e na interpretação dos contratos, em busca do ideal de justiça. Por fim, caberá ao juiz aplicar a analogia e os costumes, subsidiariamente.

Nesse sentido, a autonomia da vontade das partes e a ausência de normas específicas que regulem os contratos atípicos ganham importância para a sua interpretação.

Concordamos com Grau e Forgioni (2005, p. 291) que "da análise de nossa doutrina e jurisprudência resulta pacífica a conclusão de que regra bem definida orienta a hermenêutica das cláusulas de não concorrência: *sua interpretação há de ser restritiva*".

O artigo 425 do Código Civil reconhece expressamente a licitude dos contratos atípicos e estabelece, para tanto, que as partes devem observar as normas gerais fixadas no referido *Codex*, o que significa limitação à liberdade de contratar.

Classificação igualmente importante é a bilateralidade do contrato de franquia. Para a maioria da doutrina, com a qual concordamos, é de que o contrato de franquia é bilateral, pois prevê obrigações para ambas as partes[19].

Nesse sentido, aplica-se ao contrato de franquia o princípio da exceção do contrato não cumprido – *exceptio non adimpleti contractus* – prevista no artigo 476 do Código Civil: "nos contratos bilaterais, nenhum dos contratantes, antes de cumprida a sua obrigação, pode exigir o implemento da do outro".

Outro aspecto importante do contrato de franquia diz respeito a sua característica que, no nosso entendimento, não é por adesão, na medida em que o franqueador, apesar de ser o responsável pela organização empresarial, criação e fornecimento de manuais e treinamentos para a transferência de *know-how*, fornece ao candidato a COF com dez dias de antecedência para análises, consultas a advogados, franqueados da rede e estudos

---

19. "Não é pacífica a noção de contrato bilateral. Para alguns, assim deve qualificar-se todo o contrato que produz obrigações para as duas partes, enquanto para outros a sua característica é o sinalagma, isto é, a dependência recíproca das obrigações, razão por que preferem chamá-los contratos sinalagmáticos ou de prestações correlatas." (GOMES, 2008, p. 85).

econômicos/financeiros de viabilidade. Naturalmente, o próprio franqueador transfere as regras do negócio para o contrato de franquia sob o modelo por ele desenhado, estabelecendo condições previamente estipuladas, especialmente em relação ao padrão do franqueador, elemento essencial do sistema de *franchising*. Todavia, não raro se estabelece negociação de taxas de franquia, *royalties*, taxas de renovação e questões particulares.

Nesse sentido, Fernandes (2009) filia-se à corrente contratualista com a qual concordamos. Ele defende que o contrato por adesão ou de adesão é aquele que se aprimora por um mecanismo específico, que pode não se enquadrar nos limites do conceito clássico de contrato, não deixando, porém, de ser de fato um contrato.

Lorenzeti (2004, p. 680) define o contrato por adesão de forma esclarecedora: *"el contrato se celebra por adhesión cuando la redacción de sus cláusulas corresponde a una sola de las partes, mientras que la otra se limita a aceptarlas o rechazarlas, sin poder modificarlas"*.

Assim, para o contrato de franquia, não podemos adotar o artigo 423[20] do Código Civil para interpretá-lo, em razão de não se revestir das características de contrato por adesão. Temos, então, que a ausência de forte regulação do marco legal atrai para a relação contratual entre franqueador e franqueado a aplicação de normas destinadas aos contratos em geral.

2.4. Cláusula de não concorrência e concorrência desleal

A cláusula de não concorrência, *a priori*, parece de simples compreensão. No entanto, uma análise mais detida revela a verdadeira complexidade encontrada para compreendermos uma cláusula que está carregada de implicações obrigacionais e principiológicas; na prática, significa grande impacto financeiro e econômico na vida dos envolvidos.

Constatamos que muitos franqueadores não conferem à cláusula de não concorrência o cuidado necessário para modular os seus efeitos ao caso específico, como veremos na análise de nossa amostra, optando, equivocadamente, pelo padrão igualmente estabelecido para todas as situações, ainda que diferentes entre si, ignorando as particularidades dos casos.

Um dos primeiros casos brasileiros envolvendo o tema da não concorrência muito conhecido no meio jurídico é o da Companhia de Tecidos de Juta[21] em que a defesa,

---

20. "Art. 423. Quando houver no contrato de adesão cláusulas ambíguas ou contraditórias, dever-se-á adotar a interpretação mais favorável ao aderente."
21. Trata-se de um caso julgado pelo Supremo Tribunal Federal no ano de 1914. O comendador Antonio Álvares Penteado, dono da Fábrica Sant' Ana de tecidos de juta, resolveu constituir, em 1908, a Companhia Nacional de Tecidos de Juta (CNTJ), mediante a integralização da própria Fábrica Sant' Ana. Para tanto, foi lavrada uma escritura na qual se arrolavam os bens a serem integralizados. Uma primeira assembleia geral foi realizada, aprovou-se a escritura e foram nomeados os peritos. Estes prepararam o laudo de avaliação dos bens a serem integralizados. O laudo foi aprovado pelos acionistas em uma segunda assembleia geral. Os bens tangíveis, móveis e imóveis, foram avaliados pelo perito em $ 7.500.000 contos de réis. Os peritos avaliaram em $ 3.000.000 a posição conquistada pela CNTJ no mercado, de modo que o capital social totalizou $ 10.500.000 réis. Pouco tempo

promovida por Rui Barbosa, sustentou a tese de que a renúncia ao direito do exercício de determinada atividade teria de ser expressa, o que não ocorrera, revelando-se vencedora no Supremo Tribunal Federal.

A concorrência entre franqueado por meio de outras marcas e franqueador, durante a vigência do contrato de franquia, normalmente também é vedada, mas em cláusula apartada. A propósito, a Lei 13.966/2019 deixou de observar o rigor técnico ao inovar no artigo 2º, inciso XXI[22] trazendo os requisitos da territorialidade, tempo e eficiência (multa), então inovados e recomendados na tese de mestrado da qual decorre este capítulo. Isso, porque tais requisitos só fazem sentido para as obrigações pós-contratuais, na medida em que durante a vigência do contrato é óbvia a proibição de concorrência com a franqueadora, além das demais obrigações e critérios de território, tempo e multa comumente utilizadas nos contratos de franquia. Muito mais razão e pertinência se os referidos requisitos estivessem dispostos como letra "c" do inciso XV, do artigo 2º da Lei 13.966/2019.

O caso que ficou bastante conhecido no setor de *franchising* é o caso Wizard x Wisdom, ambas escolas de idiomas.

No *site* Conjur[23], encontramos o registro do caso. A Wizard Brasil entrou com ação sob o argumento de que ex-franqueados constituíram nova franquia intitulada Wisdom Franchising, cujo material didático utilizado seguia a mesma linha pedagógica e apresentava idêntica estrutura metodológica da Wizard. A 20ª Vara Cível da Comarca de Curitiba (PR) não acolheu o pedido da empresa e o Tribunal de Justiça do Paraná manteve a sentença. A Wizard Brasil interpôs embargos infringentes no Superior Tribunal de Justiça. A decisão reformou a sentença de primeiro grau e condenou os franqueados a se absterem do uso da marca, do uso e da reprodução de livros didáticos, materiais dos professores, materiais de publicidade e propaganda, sob pena de pagamento de multa diária e ressarcimento pelos danos causados, a serem fixados em liquidação.

A 4ª Turma do Superior Tribunal de Justiça, ao julgar o REsp 695.792, por unanimidade, manteve a condenação da Wisdom e proibiu o uso da marca Wizard em sua

---

depois, a CNTJ foi alienada ao Dr. Jorge Street por Antonio Alvares Penteado. Este, logo após, viajou à Europa para adquirir maquinário a ser utilizado para a constituição de uma nova companhia, a Companhia Paulista de Aniagem (CPA), que passou a atuar no mesmo setor da CNTJ, além de ser instalada nas proximidades da CNTJ. Alvares Penteado também enviou correspondências à sua antiga clientela para fazer negócios em nome da CPA. O capital social total da CPA era integralmente detido por herdeiros de Antonio Alvares Pentado. A CNTJ propôs ação contra Alvares Pentado, CPA e os herdeiros de Alvares Pentado, com base no entendimento de que sua alienação também compreendia a alienação da clientela, correspondente aos $ 3.000.000 réis que faziam parte do capital social. Assim, que eventual concorrência à CNTJ por parte da CPA seria uma violação do contrato de venda da CNTJ. A defesa de Alvares Pentado sustenta, por sua vez, que não existe renúncia tácita à liberdade de comércio e a posição conquistada no mercado utilizada pelos peritos para avaliar o capital social da CNTJ não se confunde com a freguesia, mas diz respeito única e tão somente à reputação da empresa. Advogado para Alvares Penteado, seus herdeiros e CPA: Rui Barbosa. Advogado para a CNTJ: J. X. Carvalho de Mendonça. Disponível em: <www.disciplinas.stoa.usp.br/mod/resource/view.php?id=40058>. Acesso em: 30 jun. 2020.

22. Art. 2º. (...) XXI – indicação das regras de limitação à concorrência entre o franqueador e os franqueados, e entre os franqueados, durante a vigência do contrato de franquia, e detalhamento da abrangência territorial, do prazo de vigência da restrição e das penalidades em caso de descumprimento; (...).

23. Disponível em: <http://www.conjur.com.br/2009-out-09/franqueados-wizard-indenizar-wizard-brasil-plagio>. Acesso em: 30 jan. 2020.

rede. No STJ, foram interpostos recursos especiais pelos franqueados e por terceiros prejudicados – Wisdom Idiomas e Consultoria, Wisdom Net Franchising Ltda., Margit Mueller e Iones Ferreira dos Santos, mas desistiram da ação.

Além da Wizard, os principais prejudicados foram as centenas de franqueados e os milhares de alunos inscritos nos cursos da Wisdom, pois a decisão afetou todos os franqueados que tiveram de retirar o nome Wisdom da frente de seus estabelecimentos e recolher todo o material didático. A determinação abrangeu, ainda, todo material publicitário, placas, totens e toda e qualquer forma de divulgação da marca.

O litígio entre as empresas durou dezoito anos. A Wisdom chegou a ter, em todo o país, cerca de 230 unidades franqueadas[24]. A Wizard, criada em São Paulo, nos anos 1980, possuía, em 2012, 1.150 unidades em todo o Brasil e atender cerca de 500 mil alunos anualmente.

O emblemático caso Wizard x Wisdom serviu, e serve até hoje, de exemplo sobre um dilema enfrentado pelos magistrados diante da obrigação de julgar casos que impliquem não só a proibição do uso da marca, material didático e publicitário, mas, e principalmente, o encerramento da atividade e o fechamento da unidade. Isso se deve ao fato de a cláusula de não concorrência, quando legitimada e infringida, desafiar o Poder Judiciário para determinar o encerramento da atividade e o seu fechamento por caracterizar-se, também, concorrência desleal[25], nos termos da Lei nº 9.279, de 14 de maio de 1996.

---

24. Disponível em: <http://www.opovo.com.br/app/opovo/economia/2012/05/31/noticiasjornaleconomia,2849762/justica-acata-acao-da-wizard-e-suspende-marca-wisdom.shtml>. Acesso em: 04 fev. 2020.
25. "Art. 195. Comete crime de concorrência desleal quem: I – publica, por qualquer meio, falsa afirmação, em detrimento de concorrente, com o fim de obter vantagem; II – presta ou divulga, acerca de concorrente, falsa informação, com o fim de obter vantagem; III – emprega meio fraudulento, para desviar, em proveito próprio ou alheio, clientela de outrem; IV – usa expressão ou sinal de propaganda alheios, ou os imita, de modo a criar confusão entre os produtos ou estabelecimentos; V – usa, indevidamente, nome comercial, título de estabelecimento ou insígnia alheios ou vende, expõe ou oferece à venda ou tem em estoque produto com essas referências; VI – substitui, pelo seu próprio nome ou razão social, em produto de outrem, o nome ou razão social deste, sem o seu consentimento; VII – atribui-se, como meio de propaganda, recompensa ou distinção que não obteve; VIII – vende ou expõe ou oferece à venda, em recipiente ou invólucro de outrem, produto adulterado ou falsificado, ou dele se utiliza para negociar com produto da mesma espécie, embora não adulterado ou falsificado, se o fato não constitui crime mais grave; IX – dá ou promete dinheiro ou outra utilidade a empregado de concorrente, para que o empregado, faltando ao dever do emprego, lhe proporcione vantagem; X – recebe dinheiro ou outra utilidade, ou aceita promessa de paga ou recompensa, para, faltando ao dever de empregado, proporcionar vantagem a concorrente do empregador; XI – divulga, explora ou utiliza-se, sem autorização, de conhecimentos, informações ou dados confidenciais, utilizáveis na indústria, comércio ou prestação de serviços, excluídos aqueles que sejam de conhecimento público ou que sejam evidentes para um técnico no assunto, a que teve acesso mediante relação contratual ou empregatícia, mesmo após o término do contrato; XII – divulga, explora ou utiliza-se, sem autorização, de conhecimentos ou informações a que se refere o inciso anterior, obtidos por meios ilícitos ou a que teve acesso mediante fraude; ou XIII – vende, expõe ou oferece à venda produto, declarando ser objeto de patente depositada, ou concedida, ou de desenho industrial registrado, que não o seja, ou menciona-o, em anúncio ou papel comercial, como depositado ou patenteado, ou registrado, sem o ser; XIV – divulga, explora ou utiliza-se, sem autorização, de resultados de testes ou outros dados não divulgados, cuja elaboração envolva esforço considerável e que tenham sido apresentados a entidades governamentais como condição para aprovar a comercialização de produtos. Pena – detenção, de 3 (três) meses a 1 (um) ano, ou multa. § 1º Inclui-se nas hipóteses a que se referem os incisos XI e XII o empregador, sócio ou administrador da empresa, que incorrer nas tipificações estabelecidas nos mencionados dispositivos."

Ainda que o *leading case* Wizard x Wisdom não tenha versado tecnicamente sobre cláusula de não concorrência, o efeito prático é o mesmo, pois a violação do direito implicará crime de concorrência desleal pelo aproveitamento próprio, ou alheio, de clientela de outrem. Urge, portanto, atentar para a importância e conscientização dessas decisões. Aliás, como veremos adiante no capítulo da jurisprudência, está cada vez mais difícil obter decisão judicial – tutela – para o encerramento de atividade e/ou fechamento de unidade franqueada violadora da cláusula de não concorrência, em razão do apelo ao princípio da preservação da empresa, sobretudo em tempos de crise. Todavia, tal medida não teria sido menos gravosa no caso Wizard x Wisdom se, desde o início, houvesse decisão de encerramento do uso do material didático com a manutenção das atividades? Certamente que sim, pois se verificou a franca expansão da rede Wisdom em escala nacional ante a ausência de uma decisão em sentido contrário.

Sugerimos uma reflexão acerca do resultado do embate jurídico e a não concessão da liminar (tutela pretendida), que permitiu a expansão de uma rede concorrente com 230 unidades franqueadas, ou seja, os juízes, temendo prejudicar o franqueado e seus funcionários, não quiseram fechar uma unidade, mas, com o êxito da ação, acabaram por determinar o encerramento de 230 unidades com franqueados e funcionários.

Esse fato nos remete à jurisprudência atual, ao proteger o franqueado e não conceder a tutela de urgência para encerramento das atividades, porque havia irreversibilidade, mas vale dizer que a irreversibilidade na concessão da medida para um (franqueado) pode significar se não concedida a irreversibilidade para o outro (franqueadora) com prejuízos não indenizáveis, como ocorreu no caso Wizard e Wisdom.

Nessa seara, encontramos uma exceção. Ao julgar o Agravo de Instrumento 7.327.909-5, sendo Agravante Oswaldo Alves e Agravada Jani-King Franchising Inc., e interessados Finder's Franchising e Participações e outros, da Comarca de São Paulo, o TJSP negou provimento ao recurso para manter a decisão de primeira instância que deferiu a tutela antecipada para determinar a obrigação de não fazer, ou seja, o encerramento da atividade, ante o reconhecimento inconteste de violação, pelos réus, da cláusula de não concorrência. Reconheceu ainda a inocorrência de afronta ao artigo 170, V da CF, tendo em vista o pacto da cláusula com pleno embasamento no inciso XIV, alíneas "a" e "b", do artigo 3º da antiga e revogada Lei nº 8.955/94.

Dessa forma, a necessidade, mais uma vez, de estabelecer os limites aplicáveis às cláusulas de não concorrência e fazer a sua *modulação* ao caso específico, a fim de atribuir segurança jurídica para as partes, proteção aos consumidores e, consequentemente, o reconhecimento perante o Poder Judiciário e câmaras arbitrais sem relativizações.

Como já vimos, é de fundamental importância para *a validade da cláusula de raio a previsão de limitação temporal, territorial e do objeto* para impedir o exercício de atividade concorrencial. Os *mesmos requisitos também são atribuídos* à *cláusula de não concorrência para sua plena aplicabilidade*, doravante denominaremos como *requisitos essenciais*. Resta-nos analisar em que medida essas limitações são aceitas.

Cumpre esclarecer que, em se tratando de redes novas e/ou ainda em expansão, cuja capilaridade não seja sua característica, a *limitação territorial poderá ser ampliada* para além do território cedido em contrato de franquia, a fim de preservar o *know-how* do franqueador, mas deverão ser observados os princípios gerais do Código Civil.

Dessa forma, o *know-how*, protegido pela obrigação de confidencialidade, pode ser admitido como o conjunto de métodos, sistematização de técnicas de produção ou de prestação de serviços e organização de determinada atividade. Como explica Marcelo Lamy (2002), a transferência do *know-how* abrange o *engeneering, management e marketing*. O *engeneering* está relacionado às questões técnicas de construção ou adaptação do prédio para viabilizar a atividade pretendida. O *management* diz respeito à organização administrativa, contábil e de treinamentos. Já o *marketing* pode ser entendido como as técnicas de comercialização, publicidade, técnicas de venda, lançamento de produtos, promoções e estudo de mercado.

Há, portanto, diferenças entre o *know-how* aqui analisado daquele contrato de *know-how* muito utilizado para transferência de tecnologia apenas e tão somente, pois não há uma estreita relação de direitos e obrigações inerentes ao contrato de franquia. Podemos dizer, então, que o *know-how* possui natureza de propriedade intelectual, revestido de segredo de negócio, cuja característica de bem imaterial também pode ganhar contornos de patente, a depender da necessidade de sua transferência para o processo de produção.

De outro turno, não estará sujeito à patente, nos termos do artigo 10 da Lei nº 9.279/96, o *know-how*, afeito à gestão de negócios, métodos de organização etc., mas estará protegido pelo sistema repressor à concorrência desleal em razão do segredo de negócio, conforme o artigo 195, inciso XI, da mesma Lei. Importante lembrar que o franqueador, além de ter desenvolvido e transferido o *know-how* imprescindível para o desenvolvimento e expansão do negócio, também autoriza o uso de sua marca mediante remuneração. É praxe também a previsão de pagamento de taxa inicial de franquia, quando se tratar de abertura de unidade, taxa de renovação contratual, taxa de publicidade ou fundo de propaganda.

Além disso, é comum a previsão de pagamento de *royalties*. De acordo com a Lei nº 13.966/2019, os *royalties* são definidos como a remuneração periódica pelo uso do sistema, da marca, de outros objetos de propriedade intelectual do franqueador ou sobre os quais este detém direitos ou, ainda, pelos serviços prestados pelo franqueador ao franqueado. Apenas para esclarecer, enquanto as taxas de franquia e de renovação contratual remuneram os investimentos do franqueador para realizar a transferência de *know-how*, os *royalties* também remuneram a autorização pelo uso da marca durante a vigência contratual.

Em contrapartida, os valores recebidos a título de taxa de publicidade ou fundo de propaganda, têm natureza jurídica de recursos de terceiros e não compõem a receita do franqueador para fins tributários. Aliás, não raro os franqueados se organizam por meio de associações de franqueados, normalmente de natureza meramente consultiva, sem poder deliberativo, mas com o propósito de contribuir para as decisões estratégicas de *marketing*, promoções, preços e, sobretudo, fiscalizar a arrecadação e a destinação dos valores recebidos pelo franqueador sob esta rubrica. Prosseguindo, para promover a proteção do franqueador, além da conhecida cláusula de confidencialidade, a cláusula de não concorrência é invariavelmente encontrada nos contratos preliminares e contratos de franquia. Recomenda-se, também, estipular o pagamento de multa contratual caso o franqueado descumpra a cláusula de não concorrência, doravante denominaremos *requisito de eficiência*.

A irreversibilidade da transferência do *know-how* do franqueador para o fraqueado, que se aproveita dos segredos e modelos de um negócio, é a razão de existência da cláusula de não concorrência, pois visa impedir que o franqueado, ao obter este conhecimento, aufira vantagens comerciais oportunistas por meio de concorrência desleal.

Outra finalidade da cláusula de não concorrência, mas quase nunca admitida pelos franqueados, é a proteção da própria rede franqueada, ao impedir que o ex-franqueado concorra de forma desigual e desleal, aproveitando-se do mesmo *know-how* dos franqueados, mas sem o ônus do pagamento de *royalties*, taxas etc. Nesse caso, utilizando-se de bandeira branca – sua própria marca que não é franquia – ou até mesmo praticando a virada de bandeira para rede de franquia concorrente (*player*).

Assim, ao término da relação contratual, seja qual for o motivo, o ex-franqueado estará, em tese, impedido de desenvolver a mesma atividade no mesmo local, que poderá se estender em território delimitado, e por período determinado, devendo descaracterizar a unidade padronizada, devolver os manuais e materiais destinados à transferência do *know-how*, além de manter o dever de guardar sigilo de todas as informações consideradas segredo de negócio.

Miranda (2002) ensina que a concorrência desleal com infração à livre concorrência, sempre resulta na abstenção ou indenização, podendo ser ou não reprimível criminalmente.

Devemos lembrar que a cláusula de não concorrência não poderá estabelecer a proibição indefinida da atividade empresarial pelo ex-franqueado, sob pena de ferir o artigo 5º, inciso XIII, da CF[26]. No entanto, se não houver disposição contratual em sentido contrário, poderá o ex-franqueado alienar o estabelecimento a terceiros independentes para dar continuidade à atividade, desde que descaracterizada a padronização arquitetônica, podendo, inclusive, revestir-se no novo modelo de negócio franqueado.

Nesse sentido, o TJSP, ao julgar a Apelação nº 0040289-37.2012.8.26.0007 – Voto nº 24.377 4/4, sendo partes Multi Brasil Franqueadora e Carmona & Roman Educacio-

---

26. "Art. 5º Todos são iguais perante a lei, sem distinção de qualquer natureza, garantindo-se aos brasileiros e aos estrangeiros residentes no País a inviolabilidade do direito à vida, à liberdade, à igualdade, à segurança e à propriedade, nos termos seguintes:

[...]

XIII - é livre o exercício de qualquer trabalho, ofício ou profissão, atendidas as qualificações profissionais que a lei estabelecer."

nal, entendeu que a alegação da franqueadora não poderia ser acolhida, com base no inadimplemento de duas cláusulas contratuais: uma que impedia a prática da atividade por dois anos e a outra que determinava que o fundo de comércio deveria ser restituído. Não restou configurada a prática de concorrência desleal, pois a franqueadora não comprovou que a apelada mantinha alguma participação na empresa estabelecida no local onde funcionava uma unidade da Microlins e, reconhece que terceiros exploravam a escola denominada Micromix, contra quem já foi proposta ação.

Em contrapartida, para que haja equilíbrio e harmonia entre as obrigações estabelecidas no contrato de franquia e as normas constitucionais, a cláusula de não concorrência deverá ser cuidadosamente *modulada* para impedir o enriquecimento ilícito do ex-franqueado por meio da prática de concorrência desleal.

Nesse sentido, o STF[27] já decidiu que:

> a livre concorrência, como toda liberdade, não é irrestrita; o seu exercício encontra limites nos preceitos legais que a regulam e no direito dos outros concorrentes, pressupondo um exercício leal e honesto do direito próprio, expressivo da propriedade profissional: excedidos estes limites, surge a concorrência desleal.

Estratégia de mercado adotada pelos franqueadores é a constituição de comodato desses materiais e de luminosos, *totens*, painéis, enfim, objetos que se destinem à identificação da marca, para facilitar a rápida retomada ao fim da relação contratual, com o objetivo de dar efetividade à descaracterização da unidade e evitar a confusão por parte dos consumidores.

Outra peculiaridade aos contratos de franquia é a cláusula de território. Há redes cujo território delimitado é definido com exclusividade de exploração pelo franqueado e redes com direito de preferência sem exclusividade. Problemas que normalmente acometem os franqueadores que concedem exclusividade territorial são: i) a limitação de crescimento quando a rede é capilarizada; ii) sobreposição de territórios, ante a dificuldade de delimitações geográficas compatíveis com a demanda; iii) interferência operacional causada pelos serviços de *delivery* em que o franqueado atende clientes de outros territórios.

Outro dispositivo do Código Civil que traz o preceito da função social dos contratos é o artigo 473, parágrafo único[28]. No setor de *franchising*, é conhecido como *payback*, ou seja, o tempo mínimo necessário para obtenção do retorno do capital investido. Assim, caso o prazo do contrato de franquia seja inferior ao prazo do *payback* e se o franqueador optar pela não renovação contratual, ele estará sujeito ao pagamento de indenização e eventuais perdas e danos.

---

27. STF – 2ª Turma – RE 5.232-SP, Rel. Min. Edgard Costa, j. 09/12/1947 – v.u. – *DJ* 11/10/1949, p. 3.262, *RT* 184/914.
28. "Art. 473. A resilição unilateral, nos casos em que a lei expressa ou implicitamente o permita, opera mediante denúncia notificada à outra parte. Parágrafo único. Se, porém, dada a natureza do contrato, uma das partes houver feito investimentos consideráveis para a sua execução, a denúncia unilateral só produzirá efeito depois de transcorrido prazo compatível com a natureza e o vulto dos investimentos."

2.4.1. A atividade essencial, uniprofissional e o prévio domínio do know-how

O nosso ponto de convergência até aqui é de que a racionalidade da cláusula de não concorrência é impedir que o ex-franqueado, ao utilizar o *know-how* adquirido, concorra ou pratique concorrência desleal no mesmo ponto comercial sem bandeira ou com outra bandeira (*player*), nesse último, o mercado denomina como virada de bandeira.

Cumpre esclarecer que a cláusula de não concorrência não impõe o fim da atividade empresarial do ex-franqueado, pois apenas impedirá, por um período determinado, o aproveitamento de clientela, naquele território, relativa ao estabelecimento.

Outrossim, a viabilidade de uma rede de franquia está visceralmente relacionada ao potencial de demanda. Todas as redes de franquia bem-sucedidas estão em grandes centros, cidades grandes, médias e pequenas, mas nessa última raramente encontramos mais de uma ou duas redes de franquias e praticamente nenhuma em cidades muito pequenas.

Significa afirmar que a *atividade essencial* só será de fato importante em locais onde não haja uma gama significativa de concorrentes, pois o intuito legal é no sentido de garantir aos consumidores o acesso àquele serviço ou produto, como de utilidade pública.

> Nesse sentido, temos que a definição legal[29] de *atividades essenciais* foi estabelecida pela lei que dispõe sobre o exercício do direito de greve Lei nº 7.783, de 28 de junho de 1989 com alterações posteriores. O inciso III chama atenção também para redes de franquia, cuja atividade está classificada como essencial, a exemplo das farmácias.

---

29. "Art. 10 São considerados serviços ou atividades essenciais:
    I – tratamento e abastecimento de água; produção e distribuição de energia elétrica, gás e combustíveis;
    II – assistência médica e hospitalar;
    III – distribuição e comercialização de medicamentos e alimentos;
    IV – funerários;
    V – transporte coletivo;
    VI – captação e tratamento de esgoto e lixo;
    VII – telecomunicações;
    VIII – guarda, uso e controle de substâncias radioativas, equipamentos e materiais nucleares;
    IX – processamento de dados ligados a serviços essenciais;
    X – controle de tráfego aéreo;
    X – controle de tráfego aéreo e navegação aérea; e (Redação dada pela Medida Provisória nº 866, de 2018) (Revogada pela Medida Provisória nº 883, de 2019) (Vigência Encerrada)
    X – controle de tráfego aéreo;
    X – controle de tráfego aéreo e navegação aérea; e (Redação dada pela Medida Provisória nº 866, de 2018)
    X – controle de tráfego aéreo e navegação aérea; (Redação dada pela Lei nº 13.903, de 2019)
    XI – compensação bancária.
    XII – atividades médico-periciais relacionadas com o regime geral de previdência social e a assistência social; (Incluído pela Lei nº 13.846, de 2019)
    XIII – atividades médico-periciais relacionadas com a caracterização do impedimento físico, mental, intelectual ou sensorial da pessoa com deficiência, por meio da integração de equipes multiprofissionais e interdisciplinares, para fins de reconhecimento de direitos previstos em lei, em especial na Lei nº 13.146, de 6 de julho de 2015 (Estatuto da Pessoa com Deficiência); e (Incluído pela Lei nº 13.846, de 2019)
    XIV – outras prestações médico-periciais da carreira de Perito Médico Federal indispensáveis ao atendimento das necessidades inadiáveis da comunidade. (Incluído pela Lei nº 13.846, de 2019)

No caso de encerramento de atividade de uma farmácia, onde o mercado local está repleto de concorrentes, a exemplo de grandes centros, não faz sentido alegar violação do direito ao apelo da essencialidade da atividade, pois, nesse exemplo, o acesso aos serviços e/ou produtos estará garantido pela própria competitividade mercantil.

No entanto, ainda que seja difícil admitir tal exemplo, em se tratando de uma farmácia, cujo mercado local só é atendido por essa unidade franqueada, fará sentido trazer o argumento da essencialidade da atividade. Todavia, ainda assim não seria possível admitir como suficiente para anular a cláusula de não concorrência, bastando para tanto o franqueador dar continuidade à atividade, seja por meio de unidade própria, seja de novo franqueado.

Podemos afirmar, então, que a atividade essencial está mais relacionada a fatores extrínsecos, de mercado, e não intrínsecos relacionados à cláusula de não concorrência. Pretender o ex-franqueado anular a cláusula de não concorrência apenas sob o argumento da essencialidade da atividade, em proveito próprio, mas desprezando os verdadeiros destinatários da lei (consumidores) seria o mesmo que pretender o enriquecimento sem causa.

Assim, mesmo diante da interpretação restritiva e mais favorável ao aderente, como já vimos acerca da interpretação do contrato de franquia, a cláusula de não concorrência em *atividade essencial*, a princípio, seria igualmente válida, desde que atendidos os seus requisitos também já analisados.

Do mesmo modo, a atividade *uniprofissional* e o *prévio domínio do know-how* são alguns questionamentos específicos, sensíveis, e demandam cautelosa análise em relação à compatibilidade com a cláusula de não concorrência.

Ressaltamos que a todo direito fundamental corresponde um dever correlato, ou seja, ao mesmo tempo em que se estabelece ao indivíduo uma garantia constitucional, espera-se que seu comportamento seja compatível para que os demais também possam exercê-lo. Para dirimir aparentes conflitos, Alexy (2011) criou a técnica da ponderação como solução de colisões de princípios constitucionais.

Os princípios norteadores do tema são: i) a ordem econômica e a livre-iniciativa prevista no artigo 170, *caput*, parágrafo único, da CF[30]; ii) livre concorrência (art. 170, IV);[31] e iii) a liberdade de atividade profissional (art. 5º, XIII)[32].

XV – atividades portuárias. (Incluído pela Medida Provisória nº 945, de 2020).
XV – atividades portuárias. (Incluído pela Lei nº 14.047, de 2020)

30. "Art. 170. A ordem econômica, fundada na valorização do trabalho humano e na livre iniciativa, tem por fim assegurar a todos existência digna, conforme os ditames da justiça social, observados os seguintes princípios: (...)
Parágrafo único. É assegurado a todos o livre exercício de qualquer atividade econômica, independentemente de autorização de órgãos públicos, salvo nos casos previstos em lei."
31. "Art. 170. (...) IV – livre concorrência."
32. "Art. 5º Todos são iguais perante a lei, sem distinção de qualquer natureza, garantindo-se aos brasileiros e aos estrangeiros residentes no País a inviolabilidade do direito à vida, à liberdade, à igualdade, à segurança e à propriedade, nos termos seguintes:

Temos então que o "juízo de ponderação é construído a partir da própria concretização do entendimento extraído de um determinado princípio, ocasionando, portanto, a densificação da referida norma *in concreto*. A técnica da ponderação consiste em técnica de decisão judicial diante de casos essencialmente difíceis, principalmente em discussões acerca do princípio da proporcionalidade e do conteúdo múltiplo dos direitos fundamentais[33]". Fiedra (2007, p. 99), após registros conceituais que não serão abordados para que possamos conferir mais profundidade ao tema, conclui de modo esclarecedor em sua obra sobre não concorrência:

Ao incidir a obrigação de não concorrência sobre o caso concreto, deve sempre ser observado o princípio da proporcionalidade a fim de que as restrições aos princípios da livre-iniciativa e da livre concorrência sejam na medida exata da proteção ao estabelecimento transferido. A obrigação de não concorrer restringe a liberdade do transmitente do estabelecimento de se associar livremente para exercer uma atividade profissional, de exercer livremente qualquer atividade e de concorrer, também, livremente. Então, ao incidir a regra da não concorrência em um caso concreto, a proibição deve ser na medida suficiente para impedir a disputa pela mesma clientela já conquistada pelo transmitente, eliminando-se, portanto, qualquer excesso.

É necessário colocar na balança os princípios que estão em colisão com os direitos: de um lado, a restrição à livre concorrência e à livre-iniciativa; e de outro, a obrigação de garantia do vendedor (regra da não concorrência). Para manter o equilíbrio dos dois lados da balança, deve-se aplicar o princípio da proporcionalidade, oferecendo, ao caso concreto, a solução ajustadora.

Ora, se, segundo a autora (Fiedra – 2007, p. 99), "a proibição deve ser na medida suficiente para impedir a disputa pela mesma clientela já conquistada pelo transmitente, eliminando-se, portanto, qualquer excesso", podemos também afirmar que a cláusula de não concorrência não impõe o fim da atividade empresarial do ex-franqueado, pois apenas impedirá, por um período determinado, o aproveitamento de clientela relativa ao estabelecimento. Significa defender que o ex-franqueado poderá manter a sua atividade imediatamente após o fim da relação contratual se fora do território delimitado, para não se beneficiar daquela clientela criada pela antiga unidade franqueada.

Também podemos afirmar que o objeto, como um dos *requisitos essenciais* da cláusula de não concorrência, necessita ser igualmente *modulado*, pois ainda que estabeleça o território e defina o prazo de proibição, o excesso ou a falta de estipulação específica para cada situação, como analisamos, poderá acarretar a sua nulidade ou relativização.

Tal situação se verifica porque há inúmeros segmentos que comportam vários mercados – subsegmentos. Por exemplo: uma franquia cuja atividade e público-alvo são

---

[...]
XIII - é livre o exercício de qualquer trabalho, ofício ou profissão, atendidas as qualificações profissionais que a lei estabelecer; [...]".

33. Disponível em: <http://www.ambito-juridico.com.br/site/index.php?n_link=revista_artigos_leitura&artigo_id=10617>. Acesso em: 5 fev. 2020.

sapatos femininos. É evidente que o público masculino e o infantil jamais concorrerão com o segmento de sapatos femininos. Assim, a cláusula de não concorrência, quanto ao seu objeto, não poderá proibir a exploração das atividades relacionadas ao mercado de sapatos masculinos e infantis. Seria extrapolar os limites da boa-fé objetiva, ampliando a restrição a mercados não explorados e de públicos distintos. Essa abusividade poderá relativizar a cláusula de não concorrência e implicar, inclusive, a sua nulidade.

Na mesma seara, podemos afirmar que cláusulas muito genéricas, dando amplo campo de não concorrência, podem inviabilizar sua aplicação – por exemplo, uma que impeça atuar em alimentação sendo que a franquia era de comida italiana e o ex-franqueado quer atuar com comida japonesa agora.

Ainda, podemos afirmar também que o ex-franqueado poderá desenvolver a mesma atividade no mesmo território após o escoamento do prazo previsto na cláusula de não concorrência, daí sim, podendo utilizar as regras de mercado para captar novos clientes e reconquistar a antiga clientela.

A cláusula de não concorrência, portanto, *não ofende a CF e tampouco a legislação infraconstitucional*. Está prevista no artigo 3º, XIV, "a" e "b", do marco legal, entendimento este já manifestado por tribunais de justiça do País e STJ, cuja análise aprofundada se dará em capítulo próprio.

Por outro lado, em se tratando de *atividade uniprofissional* (ex.: dentista) ou *know-how* de conhecimento prévio do ex-franqueado (é comum um empresário de bandeira branca converter o seu negócio em franquia de renome), estamos diante de exceção à regra. Impedir o profissional de desenvolver a sua atividade profissional de formação, bem como o empresário que já conhecia o ramo do negócio, portanto, ambos já dominavam o mesmo *know-how* do franqueador, seria uma abusividade violadora das garantias constitucionais mencionadas.

Nesses casos de *atividade uniprofissional*, solução que parece ser aceitável e condizente com a situação concreta, seria a proibição de manter os elementos identificadores da marca franqueada e equipamentos específicos do franqueador. Descaracterizado o padrão visual, *layout*, e se abstendo de utilizar maquinários, equipamentos e elementos específicos do franqueador, não poderá a cláusula de não concorrência proibir as respectivas atividades.

Como sugerimos, a cláusula de não concorrência deverá ser *modulada caso a caso*. Deverá levar em consideração se a profissão é de fato importante para aquele caso. Explico: poderá haver uma situação em que a pessoa tem a formação profissional, mas não a exerce e contrata outra pessoa que realmente exerça aquela profissão, como sócia operadora, para atender às necessidades do negócio. Por exemplo: uma pessoa tem formação de dentista, mas nunca a exercitou. Certo dia, decide abrir uma franquia de odontologia, mas como está fora do mercado há anos, contrata um profissional para se submeter aos testes e exigências do franqueador. Nesse caso, o franqueado terá como sócio operador da franquia o profissional por ele contratado para atender ao perfil exigido. Pensamos que, nesse exemplo específico, a cláusula de não concorrência poderá ser imposta, desde que na *modulação* sugerida, pois a profissão do franqueado ainda que relacionada à atividade empresarial da franquia seria irrelevante.

Para Coelho (2012, p. 309), "a propósito da restrição material (objeto), deve-se também considerar inválida a cláusula que impeça o contratante pessoa física de exercer a sua profissão". Do contrário, seria estimular o comportamento oportunista dos franqueadores para promover a concorrência autofágica, ao assediar no mercado profissionais e empresários com tais características para eliminá-los com a cláusula de não concorrência após a relação contratual, e esse comportamento não pode ser admitido.

Nesse sentido, começamos a delinear os *requisitos estratégicos,* que correspondem à *modulação* da cláusula de não concorrência para contemplar a atividade essencial, uniprofissional e o prévio domínio do *know-how*.

2.4.2. Descumprimento contratual do franqueador e as obrigações pós-contratuais

O contrato de franquia estabelece inúmeras obrigações. De um lado, estão as regras impostas ao franqueado pelo franqueador, tais como manter o padrão arquitetônico atualizado, efetuar compras de fornecedores homologados, conservar estoque mínimo, efetuar pontualmente pagamentos de taxas e *royalties*, comparecer a reuniões, treinamentos, congressos, enfim, seguir as regras de negócio para dar unidade à rede franqueada. Por outro lado, ainda que em proporção bem menor, há obrigações do franqueador, que são: garantir o prazo contratual mínimo de retorno do investimento (*payback*), garantir o fornecimento à rede, dar treinamentos e atualizar a rede sobre inovações, produtos, serviços, técnicas, manuais, métodos, desenvolver campanhas de marketing etc.

O contrato também tem característica de trato sucessivo ou execução continuada, não se extinguindo com o cumprimento de apenas uma obrigação. A sua extinção poderá ocorrer pelo escoamento do tempo, resilição ou resolução. Via de regra, os contratos de franquia têm prazo de cinco anos, exceto os casos de grandes investimentos (hotelaria) em que o prazo do *payback*[34] pode alcançar de dez a quinze anos, ou mais.

De maneira geral, a extinção do contrato quase sempre traz questões difíceis, envolvendo má-fé, abuso do poder econômico, enriquecimento sem causa ou vantagem excessiva a uma das partes.

Com base nos preceitos da boa-fé e do equilíbrio contratual, conforme abordamos no início desta obra, entendemos que a cláusula de não concorrência poderá ser relativizada se caracterizada a culpa do franqueador na resolução do contrato de franquia.

Vamos imaginar o seguinte exemplo: o franqueador recebe um candidato com alto poder de investimento, mas que estabelece como exigência a abertura de uma ou

---

34. Parágrafo único do artigo 473 do Código Civil: "Se, porém, dada a natureza do contrato, uma das partes houver feito investimentos consideráveis para a sua execução, a denúncia unilateral só produzirá efeito depois de transcorrido prazo compatível com a natureza e o vulto dos investimentos".

várias unidades em territórios já ocupados por franqueados não tão poderosos e até mesmo que apenas "cumprem a cartilha" sem pretensões de crescimento ou de planos ambiciosos. Para atender aos interesses de ambos, bastaria o franqueador simplesmente descumprir o contrato e/ou promover a sua resilição, mas impondo ao ex-franqueado a cláusula de não concorrência.

Haveria neste caso, flagrante abuso do poder econômico e de direito não admitidos pelo nosso atual ordenamento jurídico. Admitir a resilição do contrato de franquia nessa situação, ou em situações similares, antes do término de sua vigência, seria o mesmo que admitir o benefício da própria torpeza. Pior ainda seria a situação se não houvesse transcorrido o prazo do *payback,* ou seja, ainda neste exemplo, o franqueado poderia fazer valer o disposto no parágrafo único, do artigo 473 do Código Civil. Não bastaria o pagamento de multa pelo franqueador, seria direito do franqueado manter a exploração da atividade até o escoamento da vigência contratual. A medida seria puramente potestativa, portanto, nula de pleno direito[35].

Lisboa (2004, p. 498), sobre as cláusulas puramente potestativas, contribui para o nosso argumento:

Condição potestativa é a imposta pelo arbítrio das partes. A condição puramente potestativa decorre da inexistência de interferência de qualquer fator externo e, por isso, não é considerada lícita. Caio Mário entende que a condição puramente potestativa põe ao arbítrio de uma das partes o próprio negócio. Anula o ato. Equipara-se a ela a indeterminação potestativa da prestação, que é nula. Veda-se a condição puramente potestativa, por depender do exclusivo arbítrio das partes, e a condição perplexa, ou seja, aquela, que priva o ato de todo efeito.

Para Miranda (1970, p. 157), a "potestatividade pura estabelece o arbítrio, que é a privação do direito, da relação jurídica; [...] o querer puro, sem limites, repugna ao direito".

Vale mencionar o abuso do direito previsto no artigo 187 do Código Civil que estabelece: "Também comete ato ilícito o titular de um direito que, ao exercê-lo, excede manifestamente os limites impostos pelo seu fim econômico ou social, pela boa-fé ou pelos bons costumes".

Nosso entendimento sobre essa questão coincide com os ensinamentos do professor Wald (2003, p. 193), ao defender que:

são potestativas as condições que dependem da vontade do agente. Distinguem-se, na matéria, as condições puramente potestativas, que ficam ao exclusivo arbítrio de uma das contratantes e privam de todo o efeito o ato jurídico, das demais condições potestativas, em que se exige da parte um certo esforço, ou determinado trabalho. Viciam o ato as primeiras, citando-se como exemplo de condições puramente potestativas as seguintes: se a parte quiser, se pedir, se desejar etc.

---

35. "Art. 122. São lícitas, em geral, todas as condições não contrárias à lei, à ordem pública ou aos bons costumes; entre as condições defesas se incluem as que privarem de todo efeito o negócio jurídico, ou o sujeitarem ao puro arbítrio de uma das partes."

Estamos diante, portanto, de ato ilícito cujo efeito jurídico prático é a sua nulidade, devendo ser retirado do meio em que se insere para inibir a prática violadora do direito e resguardar os interesses protegidos.

Não bastaria, nesse caso, o pagamento de multa e indenização ao franqueado, o ato é nulo de pleno direito e deve-se resgatar o *status quo ante* para assegurar ao franqueado o direito de continuar com a sua atividade até a fluidez completa da vigência contratual. Há, de fato, verdadeira e legítima expectativa do franqueado em desenvolver a atividade pelo menos até o fim da vigência contratual e, geralmente, até da sua renovação.

É comum o perfil de franqueado que faz do negócio a sua vida e de sua família, em que anos se passam e até gerações se alternam para dar continuidade à atividade franqueada, inclusive o tema é objeto de incentivo, orientação e programas desenvolvidos por franqueadores para que haja interesse e capacitação dos sucessores nas operações das franquias.[36]

Ademais, o Código de Conduta e Princípios Éticos da ABF[37] estabelece ao franqueador o dever de "respeitar as boas práticas de concorrência, com firme oposição a: § 1º aliciamento de franqueados, clientes e colaboradores de outros associados; § 2º invasão e canibalização de território". Desse modo, ao conferir como obrigação comportamental o respeito territorial, por si só, compromete a validade da prática do ato do franqueador em detrimento de apenas um ou parte da rede franqueada.

Mendelsohn (1994, p. 169) sustenta que, além das obrigações previstas, o franqueador também se compromete com o aperfeiçoamento da rede, devendo zelar pela proteção e desenvolvimento dela, extravasando os limites da relação jurídica franqueador-franqueado. Para Mendelsohn, há, além da relação franqueador-franqueado, o envolvimento de outras duas partes que "são todos os outros franqueados da rede de franquia e, em segundo lugar, o público consumidor".

Nesse sentido, Saavedra (2005) aponta para a pluralidade dos contratos de franquia em função de sua "objetivação", conforme teoria proposta por Roppo (2009):

---

36. Disponível em: <http://exame.abril.com.br/revista-exame-pme/edicoes/46/noticias/para-quando-chegar-a--hora>. Acesso em: 05 fev. 2020.
37. "Respeito: Art. 6º A Ética se caracteriza pela prevalência dos valores coletivos sobre os individuais e se materializa, entre outros princípios, no respeito, que é reconhecido pela ética da reciprocidade. É um valor que conduz o homem a reconhecer, aceitar, apreciar e valorizar as qualidades do próximo, os seus direitos, deveres e responsabilidades. Por força deste princípio, deve-se:
I – colaborar ativamente na formação de uma cultura de respeito pelo sistema de franchising, por meio da atividade empresarial, pessoal ou profissional com princípios de sustentabilidade;
II – articular parcerias e conduzir negócios em conjunto com stakeholders que também tenham, em suas práticas, princípios norteados por respeito ao meio ambiente, à pessoa e a sociedade;
III – respeitar as boas práticas de concorrência, com firme oposição a:
§ 1º aliciamento de franqueados, clientes e colaboradores de outros associados;
§ 2º invasão e canibalização de território;
IV – assegurar as mesmas oportunidades para todos os envolvidos no sistema de franchising, respeitando cada categoria de associado."

O contrato estipulado entre vários sujeitos não esgota a sua função no constituir e regular relações jurídicas patrimoniais entre eles, mas realiza uma função mais ampla, relevante, ou seja, a função de dar vida diretamente a uma complexa organização de homens e meios, que adquire uma objetividade autônoma em relação ao contrato e às relações contratuais de que emerge, a que, por assim dizer, transcende.

Assim, em que pese a inexistência de relação contratual direta entre franqueados, há interesse comum no cumprimento de obrigações em prol da rede como um todo.

Do mesmo modo, deve ser o comportamento do franqueador em relação à rede franqueada, sua atitude em relação a um franqueado poderá prejudicar os demais franqueados e o público consumidor, respondendo neste caso pela prática de ato ilícito, nos termos dos artigos 186 e 927 do Código Civil.

Ademais, como já vimos, devemos registrar ainda a aplicação do artigo 476 do Código Civil, que prevê a exceção do contrato não cumprido de forma subsidiária. A refutação da aplicabilidade da cláusula de não concorrência, ante a inobservância do fim da vigência contratual é medida fundamental que se impõe, para resguardar não só o franqueado, vítima daquela situação, mas também a estabilidade e a segurança jurídica da própria rede franqueada.

Assim, sugere-se que, para essas situações, a cláusula deverá mais uma vez estar adequadamente *modulada* ao caso específico, *prevendo o impedimento da sua própria aplicabilidade para afastar ilegalidades, ganhando força e reconhecimento pelos julgadores.*

Situação diferente que merece ser esclarecida é quando o franqueador vislumbra a possibilidade de inserir no território já ocupado outra unidade franqueada, franqueando ao franqueado o direito de preferência. Nessa situação, desde que apresentado o estudo de viabilidade – novo fato mercadológico – que justifique a implantação de nova unidade franqueada, deverá o franqueador notificar o franqueado para que, em prazo estabelecido – normalmente trinta dias –, manifeste o seu interesse na abertura da nova unidade.

O silêncio do franqueado poderá ser entendido como falta de interesse e, portanto, liberará o franqueador para implantar, naquele mesmo território, nova unidade, própria ou franqueada, cuja titularidade será outra. Essa regra é aplicável tanto aos contratos de franquia que estabelecem exclusividade territorial como aos que concedem mero direito de preferência.

Concluímos, então, que o descumprimento contratual por parte do franqueador com o objetivo de expulsar imotivadamente o franqueado da rede constitui também um dos *requisitos estratégicos* para a nossa proposta de *modulação*, devendo, nesse caso, estabelecer a suspensão dos efeitos da cláusula de não concorrência.

Registre-se, há entendimento contrário no sentido de desautorizar a aplicação da cláusula de não concorrência apenas, como única hipótese, quando o franqueador falhar na cessão do *know-how* básico para a montagem e instalação do negócio.

2.4.3. Responsabilidade de parentes e sócios: característica intuitu personae

É consenso entre os operadores da *franchising* que o perfil do franqueado é fundamental para o sucesso do negócio. Assim, uma pessoa que não admita trabalhar à noite ou aos fins de semana não terá o perfil desejado para trabalhar em pizzarias e restaurantes, quando o expressivo volume de vendas ocorre nesses períodos. Insistir no negócio à revelia desse perfil certamente acarretará o insucesso do negócio, ou não tardará para ocorrer o seu repasse (trespasse). Em razão disso, nasce uma das principais características da *franchising* e do contrato de franquia: o caráter personalíssimo, ou *intuitu personae*. Disso decorrem as restrições impostas pelo franqueador em relação à cessão do contrato, alterações do contrato social da empresa relativa à composição societária e seu controle.

A questão a ser analisada, portanto, diz respeito à tentativa de substituição de personagens por parte do ex-franqueado para dar continuidade à atividade econômica sem que tenha de se sujeitar à cláusula de não concorrência. Não raro, diante do período de quarentena, imposto pela cláusula de não concorrência, parentes, amigos e até mesmo sócios (que não participaram do contrato de franquia como franqueados ou sócios operadores) são "convidados" a dar continuidade ao negócio, pois, em tese, não poderiam ser atingidos pelos efeitos da cláusula de não concorrência do contrato de franquia. No entanto, entendemos que, respeitados os argumentos contrários, desde que fique provado o intuito de afastar o dispositivo ora em estudo (cláusula de não concorrência), estará caracterizada a *fraude* para violar o direito do franqueador e da rede franqueada.

Nesses termos, foi o entendimento do juiz Alexandre Bucci, da 14ª Vara Cível de São Paulo (Fórum João Mendes), ao condenar uma ex-franqueada da S.O.S. Computadores a pagar multa e a indenizar a empresa pela perda de clientela e lucros cessantes. Segundo o juiz,[38]

> os réus se utilizaram de terceiros, inclusive via sucessão informal e até mesmo constituição de empresa [...] para que pudessem indevidamente dar continuidade às atividades outrora desempenhadas quando da vigência do contrato de franquia, frise-se, valendo-se de todos os elementos da autora S.O.S.

Desse modo, por meio de qualquer pessoa interposta (laranja), sejam elas parentes, amigos, ex-sócios, sócios, funcionários, enfim, quando houver a *intenção de fraudar*, o dispositivo contratual contra a prática de concorrência desleal, deverá haver o rigor das decisões para *reconhecer a violação do direito* e assegurar aos lesados o direito ao pagamento de multa e indenizações.

Relativamente comum o fato de familiares utilizarem o conhecimento adquirido pelo parente como franqueado para dar continuidade ou mesmo abrir "novo" negócio, aproveitando-se do *know-how* do ex-franqueador. Há casos, ainda, em que a própria pessoa que foi franqueada é "contratada" como funcionária ou prestador de serviços dos

---

38. Disponível em: <http://www.conjur.com.br/2011-abr-30/ex-franqueada-indenizar-franqueador-concorrencia-desleal>. Acesso em: 10 nov. 2018.

novos proprietários da unidade. Evidente que tais situações também se caracterizam como meio criativo de fraudar o dispositivo da cláusula de não concorrência, devendo ser igualmente reconhecida a violação do direito como concorrência desleal com todas as suas consequências.

No entanto, a falta de comprovação de fraude leva a entendimentos de validade do ato de alienação do estabelecimento a terceiros, desde que descaracterizada a identidade visual e respeitadas as eventuais restrições impostas no contrato de franquia.

Nesse sentido, o TJSP, ao julgar a Apelação nº 9164371-81.2007.8.26.0000, da Comarca de São Paulo, em que foi apelante Livraria Nobel S/A e apelados Sérgio Baccho, Liliane Maria Marques Baccho, Silvio Marques Neto, Neusa Benedita de Oliveira Marques, Maxsigma Livraria e Papelaria Ltda. e L. M. Baccho & Marques Livraria e Papelaria Ltda; entendeu que:

> não há no conjunto probatório comprovação das alegadas concorrência e infração contratual. Os contratantes não fazem parte do quadro de outra sociedade empresária, e não caracteriza desrespeito à cláusula de não concorrência a manutenção da atividade empresária da ex-franqueada. Ausentes a similitude de fachada e de layout entre os estabelecimentos empresariais, e não havendo coincidência no quadro societário, de rigor, a improcedência dos pedidos formulados na inicial. Agravo retido não conhecido. Apelação não provida.

Estamos, portanto, diante de uma situação em que a prova produzida será determinante para o reconhecimento, ou não, da violação do direito protegido. Não se trata de matéria de direito, uma vez provada a modalidade criativa com o objetivo de fraudar, será reconhecida a prática de concorrência desleal como violação da cláusula de não concorrência.

2.4.4. Dependência econômica

Como já vimos, é consenso a repressão ao abuso da dependência econômica, sobretudo numa relação em que, de modo geral, o franqueador dita as normas do negócio aos seus franqueados. No entanto, Forgioni (2009, p. 35), fazendo um contraponto sobre a teoria geral dos contratos e a repressão ao abuso de dependência econômica empresarial, adverte: "essa proteção deverá se dar em conformidade com as regras e os princípios típicos do direito mercantil e não da lógica consumerista, incompatível com as premissas daquele sistema".

Para a autora (Forgioni – 2009, p. 35), a situação de dependência econômica, ainda na teoria geral dos contratos, ocorre quando *"um dos contratantes está em condições de impor suas condições ao outro, que deve aceitá-las para sobreviver"*[39]. Ainda, importante destacar que *"nada há de ilícito no fato de uma empresa ser economicamente superior a outra, mas o abuso dessa situação é reprimido pela ordem jurídica"*[40].

---

39. GUYON, Yves. p. 971.
40. GUYON, Yves. p. 971.

O cometimento de tal *abuso* deve ser contido lançando mão dos dispositivos gerais do Código Civil para proteger a parte prejudicada em busca do reequilíbrio na relação contratual. A depender do caso, a boa-fé deverá ser elemento de restabelecimento das forças para reconhecer a ilicitude do ato.

A dependência econômica também pode ser analisada sob o ponto de vista concorrencial, mas nos interessa apenas a análise contratual.

Ao definir a situação de dependência econômica, Forgioni (2008, p. 347-348) estabelece importante distinção: "a situação de dependência econômica pode implicar a exploração oportunista da posição de sujeição do parceiro, da predominância econômica, da condição de independência e da indiferença sobre a *contraparte* (e não sobre o mercado)".

O desafio, portanto, é buscar o equilíbrio entre os mecanismos para refrear o abuso e, ao mesmo tempo, garantir a eficiência do sistema de franquia, diante do potencial de desestímulo que decorre do reconhecimento do abuso.

O abuso da dependência econômica também pode se manifestar por meio do instituto da lesão, que na definição de Caio Mario da Silva Pereira, "ocorre a lesão quando o agente, abusando da premente necessidade ou da inexperiência da outra parte, aufere do negócio jurídico um proveito patrimonial desarrazoado ou exageradamente exorbitante da normalidade".

Como consequência do reconhecimento do instituto da lesão, aplica-se a anulação do ato, exceto "se for oferecido suplemento suficiente, ou se a parte favorecida concordar com a redução do proveito", afirma o autor.

Considerando a relação entre franqueador e franqueado, imaginamos tratar-se de partes experientes, empresários empreendedores, independentes e atentos às necessidades e oportunidades de negócios. Nesse contexto, poderíamos admiti-los como inexperientes para fins de aplicação do artigo 157 do Código Civil?

Nos termos do Enunciado 28 da Jornada de Direito Comercial do Conselho da Justiça Federal, a resposta é negativa, a saber: "em razão do profissionalismo com que os empresários devem exercer sua atividade, os contratos empresariais não podem ser anulados pelo vício da lesão fundada na inexperiência".

De qualquer forma, a resposta exige cautela. A relação entre empresários deve, como já vimos, ser pressuposta de equilíbrio e validade nos negócios jurídicos, ainda que haja dependência econômica, não haverá ilicitude se não houver o cometimento de abuso.

Diante dessas considerações, podemos afirmar que o instituto da lesão deve ser aplicado com moderação, a fim de não prejudicar a saúde e a credibilidade do sistema de franquia, responsável pelo crescimento econômico-histórico e reconhecido pelo mercado como um sucesso no modelo de distribuição.

3. POSIÇÃO DA JURISPRUDÊNCIA BRASILEIRA E A NÃO CONCORRÊNCIA NO DIREITO NORTE-AMERICANO

3.1. Jurisprudência brasileira

3.1.1. Supremo Tribunal Federal (STF)

É de longa data (1947) o julgado que norteia até hoje – mesmo com a Constituição de 1988 – inúmeros julgados e entendimentos de doutrinadores. Em que pese a breve abordagem do tema, a Segunda Turma do STF foi certeira ao decidir:

> A livre concorrência, como toda liberdade, não é irrestrita; o seu exercício encontra limites nos preceitos legais que a regulam e nos direitos dos outros concorrentes, pressupondo um exercício leal e honesto do direito próprio, expressivo da propriedade profissional: excedidos estes limites, surge a concorrência desleal, que nenhum preceito define e nem poderia fazê-lo, tal a variedade de atos que podem constituí-los.[41]

Obviamente, o caso julgado não correspondia ao sistema de *franchising*, tampouco à relação franqueador x franqueado, mas a disputa de "freguesia" na fabricação e venda de fogões por dois comerciantes/fabricantes desse produto, em São Paulo.

No caso ora analisado, Sergio Filhos & Cia intentaram contra Afonso Fiaffone & Irmão uma ação ordinária buscando: a) promover as alterações necessárias na fabricação de fogões a impedir, perante a freguesia (atualmente consumidores) a confusão dos referidos produtos com os fogões fabricados pelos requerentes; e b) ressarcir-lhes todos os prejuízos causados, os que sofreram e estavam sofrendo em virtude da tal concorrência desleal.

Em sede de RE, figurou como recorrente Afonso Fiaffone & Irmão e recorrido Sergio Filhos & Cia, conforme trecho do acórdão destacado anteriormente, não conheceram do recurso, mas reconhecida a concorrência desleal, saiu vitorioso o recorrido.

Ainda que o caso seja distante da realidade atual, podemos tirar grande lição do julgado, aplicando *erga omnes* o conceito, ainda que incipiente, da boa-fé objetiva para punir o abuso do direito consubstanciado na concorrência desleal, em que desaguam inúmeros casos de inadimplemento da cláusula de não concorrência.

3.1.2. Superior Tribunal de Justiça (STJ)

Em 2005, houve um julgamento significativo para o sistema de *franchising* no STJ. Trata-se do REsp 159.643-SP (1997/0091850-5) em que não conheceram do recurso por maioria de votos.

O caso do Bob's, Bob's Indústria e Comércio Ltda. x Jack Alimentos Ltda., respectivamente franqueadora e franqueada de seis estabelecimentos situados na cidade de São Paulo, mediante contratos escritos. A franqueada deixou de efetuar o pagamento de

---

41. STF – 2ª Turma – RE 5.232-SP, Rel. Min. Edgard Costa, j. 09/12/1947 – v.u. – *DJ* 11/10/1949, p. 3.262, *RT* 184/914.

taxas contratuais, mas continuou a operar no ramo de lanchonetes, vendendo sanduíches sem marca, conduta expressamente vedada pelos contratos de franquia, cuja cláusula de não concorrência estabelecia a proibição da atividade pelo período de dezoito meses após o término da franquia para não atuar em negócio similar ao explorado, num raio de vinte quilômetros do local em que ficavam os restaurantes, visando, assim, proteger a marca Bob's.

O Bob's pediu, liminarmente, o fechamento imediato, por dezoito meses, dos restaurantes, ou que fossem obrigados a, em um mês, dar aos locais outro *layout*, outra combinação de cores, utilizar outros talonários e a comercializar produtos diferentes, com cominação de pena diária de cem mil cruzeiros por loja, em caso de descumprimento.

O Juiz da 21ª Vara Cível de São Paulo concedeu parcialmente a liminar para que a franqueada encerrasse as atividades similares, sob pena de, em caso de procedência da ação principal, responder pela multa diária. Contra tal decisão, foram interpostos dois agravos de instrumentos e o recurso especial. A discussão no recurso especial cingiu-se sobre a validade da multa – *astreintes* – que, ao final, restou confirmada pela Terceira Turma do STJ.

Ainda que a batalha não tenha permeado a fértil discussão que o caso poderia ensejar a respeito das indagações da cláusula de não concorrência ora formuladas, é certo que restou reconhecida a validade de vedação da mesma atividade por dezoito meses, não sendo abordada a validade da extensão territorial de vinte quilômetros.

No nosso entender, a exploração aprofundada do tema acerca da extensão territorial poderia reconhecer o abuso do direito da franqueadora ao impor um raio demasiadamente grande, suficiente para violar a boa-fé objetiva e o direito à livre concorrência do franqueado, que poderia reabrir seus restaurantes fora do território circunscrito à clientela dos restaurantes, mas jamais em tamanha distância.

Ora, como vimos, a definição do território é *requisito essencial* de aplicabilidade da cláusula de não concorrência, mas a sua previsão de forma exagerada viola os princípios da boa-fé objetiva, da função social do contrato e de todo o sistema normativo que tem por função restabelecer o equilíbrio entre as partes. Nesse caso, perdemos a oportunidade de discutir importante questão para o nosso tema.

Em 2015, outra importante decisão contribui para a consolidação da cláusula de não concorrência foi o REsp 1.203.109-MG (2010/0127767-0), ao apresentar o entendimento de que:

> são válidas as cláusulas de não concorrência, desde que limitadas espacial e temporalmente, porquanto adequadas à proteção da concorrência e dos efeitos danosos decorrentes de potencial desvio de clientela, valores jurídicos reconhecidos constitucionalmente.

Tal entendimento está em consonância com os argumentos sustentadores desta obra. Todavia, podemos perceber que, para o STJ, bastam os limites espacial e temporal, ou a questão não foi suficientemente esgotada. Entendemos de modo diverso, como já afirmamos (2.4.1) definir o *objeto* de forma específica é *requisito essencial* para a plena aplicabilidade da cláusula de não concorrência, *v.g.*, o caso da franquia de sapatos masculinos que não pôde impor proibição de desenvolvimento de atividade similar, mas de públicos distintos como o feminino e o infantil.

A violação ao objeto no caso concreto acarreta igualmente no abuso do direito e fere de morte a cláusula de não concorrência, afinal, contraria o disposto no artigo 422 do Código Civil. Nesse sentido, o Enunciado 25 do CJF: – "o art. 422[42] do Código Civil não inviabiliza a aplicação pelo julgador do princípio da boa-fé nas fases pré-contratual e pós-contratual".

Por fim, vale citar a decisão do STJ, já mencionada no capítulo 2.4 deste capítulo, que reconhece a validade da cláusula de raio em *shopping center*.

3.2. Cláusula de não concorrência no direito norte-americano[43]

Assim como no Brasil, é bastante comum no sistema norte-americano disposições de não concorrência em contratos de franquia, que representam importante aspecto a ser analisado pelos candidatos antes de entrarem para o sistema de *franchising*.

As disposições de não concorrência – *non-compete clause* (NCC) ou *covenant not to compete* (CNC) – vão além da vigência contratual, normalmente de dois a três anos em que o ex-franqueado não poderá se envolver em "negócio competitivo". Os acordos de não concorrência também estabelecem o limite geográfico, geralmente em torno de cinco a vinte e cinco milhas.

Com exceção da Califórnia, a maioria dos estados norte-americanos reconhece como válidas as disposições de não concorrência. O estado da Georgia é um dos mais recentes estados a promulgar legislação (2011), reconhecendo os pactos de não concorrência. Além disso, é comum os estados aderirem ao que chamam de "lápis azul" para evitar abusos das *NCC*, sobretudo em relação à área geográfica e tempo de proibição ou limitação.

O teste do lápis azul[44] é uma adequação judicial que os tribunais usam para decidir sobre a anulação de todo o contrato ou apenas de palavras ofensivas ou abusivas. Quando possível, aplica-se, em seguida, a nulidade apenas das palavras ofensivas para excluí-las simplesmente por correr um lápis azul por meio delas, em vez de mudar, adicionar ou rearranjar palavras.

Atualmente, muitos tribunais abandonaram o teste do "lápis azul" e estão adotando a regra de "razoabilidade", que permite aos órgãos jurisdicionais determinarem, com base em todas as evidências disponíveis, as restrições que seriam razoáveis entre

---

42. "Art. 422. Os contratantes são obrigados a guardar, assim na conclusão do contrato, como em sua execução, os princípios de probidade e boa-fé."
43. Escolhemos analisar o tema frente a *common law* dos EUA por ser o país de origem da *franchising*, em torno da segunda metade do século XIX, bem como por representar consolidado mercado de *franchising*, estando em segundo lugar no mundo, atrás apenas da gigante China.
44. Disponível em: <http://definitions.uslegal.com/b/blue-pencil-test/>. Acesso em: 5 fev. 2020.

as partes. O "teste de razoabilidade" difere do teste do "lápis azul" somente no modo da modificação permitida, de acordo com a intenção no momento da contratação, de modo a avaliar todos os fatores que compõem a razoabilidade naquele contexto (Raimonde v. Van Vlerah, 42 Ohio St. 2d 21, 24-25 – Ohio 1975).

A razoabilidade normalmente é analisada sob três aspectos: atividade (objeto), duração (tempo) e área (território), assim como é aqui no Brasil. Na Georgia, o tempo considerado razoável de proibição ou restrição é de três anos ou menos após a relação contratual. A área geográfica deve ser restrita às áreas em que o franqueador tem negócios. O objeto deve ser limitado a interesses comerciais legítimos que justifiquem a restrição.

Importante destacar, que as NCC podem ser negociadas em circunstâncias apropriadas. A experiência anterior do franqueado no mesmo ramo de atividade pode ser um fator para negociação, *v.g.,* podendo negociar uma redução da área geográfica.

Recentemente, a Suprema Corte do estado de Nebraska proferiu importante decisão que poderá nortear os franqueadores mais ávidos, que em busca de proteção para seus negócios criam as NCC, extrapolando, por vezes, de forma abusiva.

Trata-se do caso Llimitado Opportunity Inc. v. Waadah, 861 NW2d 437 (Neb. 2015), em que a violação de uma *NCC* por parte do ex-franqueado resultou em derrota para o franqueador. Em síntese, o franqueador Llimitado Opportunity Inc. (Jani-King) ficou sabendo que Anthony Waadah, ex-franqueado, aproximadamente dezoito meses após o término da relação contratual – dentro do prazo de dois anos de NCC –, montou empresa de zeladoria e estava angariando clientes da Jani-King em seu antigo território.

O Tribunal de Nebraska adotou dois entendimentos: o primeiro de que, se uma parte da NCC é inexequível, toda a disposição do contrato se torna legalmente inexequível, e o Tribunal não a reescreveu para torná-la exequível; o segundo de que as disposições adotadas pela Jani-King eram exageradamente restritivas. As duas disposições eram: i) o ex--franqueado não pode operar a mesma atividade, ou similar, no território após dois anos; ii) ex-franqueado não pode operar a mesma atividade, ou similar, em qualquer outro território onde uma franquia *Jani-King* opera, por um ano após o fim da relação contratual.

O tribunal entendeu que a segunda restrição não era razoável, e, portanto, abusiva, pelo fato de se tratar de um franqueador que tem forte atuação internacional, de modo que impediria o ex-franqueado de atuar em territórios tão distantes como a Austrália. Desse modo, o ex-franqueado foi de fato legitimado pelo Tribunal a competir com a Jani-king no mesmo território que atuava antes, sem nenhuma sanção ou impedimento.

Significa dizer que, a exemplo do que propomos neste livro, os franqueadores dispostos a criar NCC robustas devem observar as leis locais, o caso concreto e, sobretudo, a correta *modulação* da NCC para evitar o reconhecimento de disposições não razoáveis, que poderão ferir de morte toda a disposição contratual nesse sentido.

Outrossim, encontramos no livro *Problems in Contract Law – Cases and Materials* (Charles L. Knapp, Nathan M. Crystal, Harry G. Prince – 2012, p. 650) referências no sentido de proibição de pactos (*covenants*) de NCC em relação à restrição ou proibição da atividade médica, *per se*, em diversos estados norte-americanos, por infringirem políticas públicas e até códigos de ética médica. Obviamente, tais restrições se aplicam aos contratos de franquia.

No entanto, a maioria dos tribunais, como o Supremo Tribunal do Arizona, recusa invalidar as NCC, *v.g.*, entre dentistas, as NCC não ferem as políticas públicas, razão pela qual devem ser reconhecidas, exceto quando a lei estadual expressamente dispuser em sentido contrário.

Nesse sentido, tanto as leis federais – *Federal Trade Commission* (FTC) – como estaduais regem a relação de franquia, estabelecendo requisitos de divulgação e proibição, como forma de regulamentar o setor. Mello João (2003, p. 89) ressalta que alguns estados norte-americanos contemplam legislação específica quanto à possibilidade das *NCC*, outros adotam os usos e costumes para sua avaliação, competindo ao Poder Judiciário a análise do caso concreto

Cretella Neto (2003, p. 160), citando Petres (1994), contribui com a informação de que quinze estados norte-americanos possuem legislação relacionada à *franchising* para regular a relação, a partir do momento de vigência do contrato de franquia. Outra legislação, conforme o citado autor, regulamenta a oferta e a venda da *franchising*, e se manifesta de duas maneiras: uma legislação federal, aplicável aos cinquenta estados norte-americanos (FTC) e as legislações estaduais baseadas na regulamentação da FTC, já em vigor em dezessete estados norte-americanos, nos moldes da Circular de Oferta de Franquia (COF) existente no Brasil.

O autor ainda informa que a International Franchise Association (IFA) adota o Code of Principles ands Standards of Conduct e a North American Securities Administrators Association (NASAA) e a Uniform Franchise Offering Circular (UFOC), que indicam quais informações devem ser fornecidas aos candidatos a franqueados – a exemplo da nossa Circular de Oferta de Franquia –, que permite a utilização, pela FTC, da UFOC como complemento ao documento básico prescrito em seu texto de lei.

Temos ainda, no âmbito do Direito Internacional, a Organização Intergovernamental Independente (*Unidroit*)[45], com sede em Roma, que tem por finalidade examinar formas de harmonizar e coordenar o Direito Privado Internacional, cujos acordos multilaterais integram cinquenta e seis países, incluindo o Brasil.

A atuação da *Unidroit*, especialmente para a *franchising*, vem resultando em significativos estudos norteadores de lei uniforme, lei modelo, convenção e outros instrumentos[46], o que contribui para contratos mais precisos, conferindo mais segurança jurídica aos contratantes.

---

45. Disponível em: <http://www.unidroit.org/>. Acesso em: 5 fev. 2020.
46. Cretella Neto (2002) cita o exemplo: *Study Group on Franchising* (*Guide to International Franchising, Third Draft*). *Study* LXVIII, doc. nº 14.

4. ANÁLISE DA AMOSTRA SELECIONADA E CONCLUSÃO

4.1. Cláusula de não concorrência em contratos de franquia

Nossa análise centra-se na cláusula de não concorrência dos contratos de franquia fornecidos pela ABF e selecionados especialmente para esta obra.

O estudo das cláusulas dos dez contratos de grandes franqueadoras revelou a conclusão de que todas as cláusulas analisadas, que representam cinquenta por cento dos segmentos atualmente existentes, possuem riscos de relativização, ante as *ausências de requisitos essenciais e/ou estratégicos e/ou de eficiência*.

Esse resultado confirma o problema geral do tema e justifica o desenvolvimento deste capítulo nos exatos aspectos abordados, reforçando favoravelmente a nossa proposição de *modulação* das cláusulas de não concorrência ao caso concreto, consubstanciada nos *requisitos essenciais, estratégicos e de eficiência*.

4.2. Conclusão

O estudo das obrigações pós-contratuais, do dever de confidencialidade e das cláusulas de não concorrência sob os aspectos teórico-doutrinário, jurisprudencial, direito comparado e casuístico contribuiu sobremaneira para identificar suas vulnerabilidades e, ao mesmo tempo, encontrar soluções práticas.

A despeito da maturidade e o franco crescimento do setor, ainda estamos aquém do esperado. A expressiva representatividade econômica da *franchising* requer a adoção de medidas estratégicas no mundo jurídico, em que estão inseridas as relações comerciais que dão sustentação ao sistema.

A ausência de forte interferência do novo marco legal resulta, por um lado, na falta de consenso entre doutrinadores acerca da definição da franquia empresarial, natureza jurídica do contrato de franquia e seus elementos; por outro, garante maior liberdade para os seus operadores.

Destarte, a irreversibilidade da transferência do *know-how* do franqueador para o fraqueado, que se aproveita dos segredos e modelos de um negócio, é a principal razão de existência da cláusula de não concorrência, pois visa impedir que o franqueado, ao obter esse conhecimento, aufira vantagens comerciais oportunistas por meio de concorrência desleal.

Nesse contexto, as cláusulas de não concorrência em contratos de franquia e seus reflexos econômicos, financeiros e emocionais – por interferir diretamente na vida do franqueado – ganham relevância e extrapolam para o mundo real, desaguando, invariavelmente, no Poder Judiciário.

Como vimos, não há uma preocupação preventiva e estratégica por parte dos franqueadores na elaboração das cláusulas de não concorrência analisadas. Elas que seguem um padrão generalizado, sem o delineamento necessário e adequado ao caso concreto. Por vezes, a cláusula de não concorrência sequer está alinhada com o próprio segmento franqueado. Ao que percebemos, há uma banalização no uso exagerado de cláusulas genéricas. Como consequência, as cláusulas são vulneráveis e suscetíveis de relativização.

Surge, então, a necessidade de elaboração de instrumentos jurídicos específicos para o setor, em especial a cláusula de não concorrência *modulada* para atender aos *requisitos essenciais, estratégicos* e *de eficiência*.

Na jurisprudência, a consolidação da validade da cláusula de não concorrência pelo Poder Judiciário se deu em 2015, por ocasião do julgamento do REsp 1.203.109-MG (2010/0127767-0), sob o argumento de que:

> são válidas as cláusulas de não concorrência, desde que limitadas espacial e temporalmente, porquanto adequadas à proteção da concorrência e dos efeitos danosos decorrentes de potencial desvio de clientela, valores jurídicos reconhecidos constitucionalmente.

Verificamos ainda, que a jurisprudência admite a *relativização* da cláusula de não concorrência quando identificado o *abuso do direito*. No entanto, a hipossuficiência ou a vulnerabilidade não se presumem, devem ser comprovadas concretamente. No mesmo sentido, presume-se a paridade na relação franqueador-franqueado, sobretudo diante da nova lei.

No direito comparado, analisamos as disposições de não concorrência – *non-compete clause* (NCC). Atualmente, muitos tribunais norte-americanos estão adotando a regra de "razoabilidade", que permite aos órgãos jurisdicionais determinarem, com base em todas as evidências disponíveis, quais as restrições que seriam razoáveis entre as partes.

O caso julgado pelo Tribunal de Nebraska é de grande importância para o nosso aprendizado, ao liberar o ex-franqueado para competir no mesmo território com o franqueador após a vigência contratual, em razão do reconhecimento de abusividade por parte do franqueador.

A lição que podemos tirar para os franqueadores e empreendedores do nosso país é que quanto mais nos afastamos dos requisitos e/ou quanto maior for a ampliação dos direitos do franqueador, maior a chance de relativização das cláusulas de não concorrência.

A análise dos dez contratos de franquia foi fundamental para revelar o uso indiscriminado de cláusulas de não concorrência genéricas e descompassadas com o caso concreto. Identificamos a falta de preocupação até mesmo em relação aos *requisitos essenciais* – em alguns casos ausentes – elevando os riscos de relativizações. Todos os casos analisados apresentaram fragilidades técnicas.

Para minimizar os riscos e vulnerabilidades, defendemos que os *requisitos essenciais* devam estabelecer *territorialidade* restrita ao limite geográfico estabelecido no contrato de franquia; o *tempo* definido de até cinco anos, eventual ampliação deverá ser justificada e comprovada a necessidade pelo franqueador; e o *objeto* subordinado à atividade específica, desenvolvida na unidade franqueada.

Cumpre esclarecer que, em se tratando de redes novas e/ou ainda em expansão, cuja capilaridade não seja uma característica, a *limitação territorial poderá ser ampliada* para além do território cedido em contrato de franquia, a fim de preservar o *know-how* do franqueador, mas deverão ser observados os princípios gerais do Código Civil.

Como *requisitos estratégicos*, devemos considerar as circunstâncias que envolvem a atividade empresarial essencial, uniprofissional ou quando o ex-franqueado já atuava no segmento antes de ser franqueado, portanto, já possuía o domínio do *know-how*. O descumprimento contratual por parte do franqueador e a continuidade da atividade do ex-franqueado por pessoa interposta (parentes, amigos, ex-sócios, sócios), quando houver a intenção de fraudar o dispositivo contratual contra a prática de concorrência desleal, também são elementos dos requisitos estratégicos.

A previsão de multa contratual pelo descumprimento da cláusula de não concorrência é o elemento do *requisito de eficiência* e deve observar a proporcionalidade e a razoabilidade em relação aos valores envolvidos concretamente, conforme o modelo proposto no capítulo próprio.

Nossa proposição de recomendação prática em face do exposto é a *modulação* como forma de eficiência da cláusula de não concorrência para minimizar o risco de relativização, partindo de situações conhecidas para favorecer a elaboração específica da cláusula de não concorrência ao caso concreto, podendo preestabelecê-las para contemplar os *requisitos essenciais, estratégicos e de eficiência*.

Aos franqueadores, recomendamos que tenham o interesse além da formatação comercial do seu negócio. A formatação jurídica do negócio deve ser adotada para ir além da utilização de instrumentos-padrão. Desenvolver estratégias e, principalmente, planejamento jurídico, a exemplo da nossa proposta para a cláusula de não concorrência, evitará surpresas e preocupações com a rede franqueada e o aumento do passivo, contencioso e instabilidades de toda sorte. Além disso, é inquestionável que uma rede formatada juridicamente agregará maior valor e liquidez ao negócio.

Por fim, em que pese a evolução do novo marco legal, que traz mais segurança jurídica às partes, criticamos a infelicidade da Lei 13.966/2019 ao prever no artigo 2º, inciso XXI[47] os requisitos da territorialidade, tempo e eficiência (multa), requisitos esses inéditos, inovados e recomendados na tese de mestrado da qual decorre este capítulo. Isso porque tais requisitos só fazem sentido para as obrigações pós-contratuais, na medida em que durante a vigência do contrato é óbvia a proibição de concorrência com a franqueadora, além das demais obrigações e critérios de território, tempo e multa comumente utilizadas nos contratos de franquia. Muito mais razão e pertinência que

---

47. XXI – indicação das regras de limitação à concorrência entre o franqueador e os franqueados, e entre os franqueados, durante a vigência do contrato de franquia, e detalhamento da abrangência territorial, do prazo de vigência da restrição e das penalidades em caso de descumprimento; (...).

os referidos requisitos estivessem dispostos como alínea "c" do inciso XV, do artigo 2º da Lei 13.966/2019. Lamentamos o equívoco técnico-legal e a perda da oportunidade de uma adequação legal correta para o tema.

Nesse sentido, propomos a revisão do novo marco legal da *franchising* para prever o expresso reconhecimento da cláusula de não concorrência, estabelecendo como *requisitos essenciais* a territorialidade restrita ao limite geográfico estabelecido no contrato de franquia, o tempo definido de até cinco anos (eventual ampliação deverá ser justificada e comprovada a necessidade pelo franqueador) e o objeto subordinado à atividade específica desenvolvida na unidade franqueada.

REFERÊNCIAS BIBLIOGRÁFICAS

ABRÃO, N. *Da franquia comercial (Franchising)*. São Paulo: Revista dos Tribunais, 1984.

_____. *A lei da franquia empresarial (nº 8.955, de 15/12/1994)*. Revista dos Tribunais. v. 722. São Paulo, dez. 1995.

ALBUQUERQUE, J. B. de. *Prática e jurisprudência dos contratos*. Leme: Jurídica Mizuno, 1997.

ALEXY, R. *Teoria dos direitos fundamentais*. Trad. Virgílio Afonso da Silva. 2. ed. São Paulo: Malheiros, 2011.

AMENDOEIRA JÚNIOR, S. Principais características dos contratos de franchising. In: BRUSCHI, G. G. *et al.* (Org.). *Direito processual empresarial*. Rio de Janeiro: Elsevier, 2012.

AZEVEDO, A. J. *Estudos e pareceres de direito privado*. São Paulo: Saraiva, 2004.

BAGNOLI, V. *Direito econômico*. 5. ed. São Paulo: Atlas, 2011.

BARCELLOS, R. *O contrato de shopping center e os contratos atípicos Interempresariais*. São Paulo: Atlas, 2009.

BERTOLDI, M. M. *Curso avançado de direito comercial*. 5. ed. Revista dos Tribunais, 2009.

BITTAR, C. A. *Direito das obrigações*. 2. ed. Rio de Janeiro: Forense Universitária, 2004.

_____. *Contratos comerciais*. 5. ed. rev. e atual. Rio de Janeiro: Forense Universitária, 2008.

BORGES, R. C. B. Reconstrução do conceito de contrato: do clássico ao atual. In: HIRONAKA, G. M. F. N.; TARTUCE, F. (Coord.). *Direito contratual*: temas atuais. São Paulo: Método, 2007.

BULGARELLI, W. *Contratos mercantis*. 10. ed. São Paulo: Atlas, 1998.

CHARLES, L. K.; NATHAN, M. C.; HARRY, G. p. *Problems in contract law*. Cases and Materials. 7. ed. 2012 – New York: Wolters Kluwer Law & Business.

CHERTO, M. *Franchising*: revolução no marketing. 2. ed. São Paulo: McGraw-Hill, 1988.

CHERTO, M. et al. *Franchising*: uma estratégia para expansão de negócios. São Paulo: Premier Máxima, 2006.

CHOW, D. C. K.; SCHOENBAUM, T. J. *International business transactions. Problems, cases and materials*. 2. ed. 2010 – New York: Wolters Kluwer Law & Business.

COELHO, F. U. *Curso de direito contratual*. 16. ed. São Paulo: Saraiva, 2012.

_____. *Manual de direito comercial*: direito de empresa. 26. ed. São Paulo: Saraiva, 2014.

CRAWFORD, E. S. *The regulation of franchising in the new global economy*. Cheltenham – Reino Unido – Edward Elgar Publishing Limited, 2010.

GRAU, E. R.; FORGIONI, P. A. *O estado, a empresa e o contrato*. São Paulo: Malheiros, 2005, p. 291.

CRETELLA NETO, J. *Manual jurídico do franchising*. São Paulo: Atlas, 2003.

_____. *Do contrato internacional de franchising*. 2. ed. Rio de Janeiro: Forense. 2002.

DINIZ, M. H. *Curso de direito civil brasileiro*. 21. ed. rev. e atual. São Paulo: Saraiva, 2005, v. 3: teoria geral das obrigações contratuais e extracontratuais.

_____. *Tratado teórico e prático dos contratos*. 7. ed. rev. São Paulo: Saraiva, 2013, v. 4.

DUARTE, R. P. *Tipicidade e atipicidade dos contratos*. Coimbra: Almedina, 2000 (Coleção Teses).

FERNANDES, L. *Do contrato de franquia*. Belo Horizonte: Del Rey, 2000.

FERNANDES, W. *Contratos de consumo e atividade econômica*. São Paulo: Saraiva, 2009 (Série GVlaw).

FIEDRA, G. *Obrigação de não concorrência*. São Paulo: Singular, 2007.

FIUZA, C. *Direito civil*. 17. ed. rev. Belo Horizonte: Del Rey, 2014.

FORGIONI, P. A. *Teoria geral dos contratos empresariais*. São Paulo: Revista dos Tribunais, 2009.

_____. *Contrato de distribuição*. 2. ed. São Paulo: Revista dos Tribunais, 2008.

FRIGNANI, A. *Il Franchising*. Torino: Unione Tipografico-Editrice, 1990.

GARCIA, J. *Como adquirir uma franquia*. Rio de Janeiro: Sebrae, 2007.

GIGLIOTTI, B. S. *Transferência de conhecimento nas franquias brasileiras*. Dissertação de Mestrado (Mestrado em Administração de Empresas). Fundação Getulio Vargas, São Paulo, 2010.

GOMES, O. *Contratos*. São Paulo, Forense, 2008.

_____. *Contratos*. 26. ed. Rio de Janeiro: Forense, 2008.

GONÇALVES, C. A. *Direito civil brasileiro*. 6. ed. rev. São Paulo: Saraiva, 2009, v. III: contratos e atos unilaterais.

GRAU, E. R.; FORGIONI, P. *O estado, a empresa e o contrato*. São Paulo: Malheiros, 2005.

GUYENOT, J. *¿Qué es franchising? Concesiones comerciales*. Buenos Aires: Ediciones Jurídicas Europa-América, 1977.

GUYON, Yves, *Droit des Affaires*, Ed. Economica – França, 1992

JOÃO, R. T. M. *Cláusula de não concorrência no contrato de trabalho*. São Paulo: Saraiva, 2003.

_____. *Código de Processo Civil comentado e legislação extravagante*. 11. ed. São Paulo: Revista dos Tribunais, 2010.

JUNQUEIRA, A. A. *Estudos e pareceres de direito privado*. São Paulo. Saraiva. 2004.

KONRAD, M. A.; KONRAD, S. L. N. *Direito civil I. Parte geral: obrigações e contratos*. São Paulo: Saraiva, 2007.

LAMY, M. *Franquia pública*. São Paulo: Juarez de Oliveira, 2002.

LEÃES, L. G. P. B. *Denúncia de contrato de franquia por tempo indeterminado*. São Paulo: Revista dos Tribunais, 1995.

LOBO, J. *Contrato de franchising*. 3. ed. Rio de Janeiro: Forense, 2003.

LORENZETI, R. *Tratado de los contratos*: parte general. Buenos Aires: Rubinzal – Culzoni, 2004.

MAFEI, R. R. Q. **Mo**nografia jurídica passo a passo – projeto, pesquisa, redação e formatação. São Paulo: Método, 2015.

MARTINS, F. *Contratos e obrigações comerciais*. 16. ed. rev. e aum. Rio de Janeiro: Forense, 2010.

MARTINS, S. P. *Direito do trabalho*. 24. ed. São Paulo: Atlas, 2008.

MAURO, P. C. *Guia do franqueador*: como fazer sua empresa crescer com o franchising. 3. ed. São Paulo: Nobel, 1999.

MELLO JOÃO, R. *Cláusula de não concorrência no contrato de trabalho*. São Paulo: Saraiva. 2003.

MENDELSOHN, M. *A essência do franchising*. São Paulo: Difusão de Educação e Cultura, 1994.

MIRANDA, P. *Direito das coisas: propriedade mobiliária (bens incorpóreos)*: propriedade industrial (sinais distintivos). Tratado de direito privado. São Paulo: Bookseller, 2002.

_____. MIRANDA, Pontes de. *Tratado de Direito Privado – Parte geral*; Tomo 5; 3ª edição; Rio de Janeiro: Editora Borsoi, 1970.

_____. *Tratado de Direito Privado – Parte geral*. 3. ed. Rio de Janeiro: Borsoi, 1970, t. 5.

MUÑOZ, F. M. *La franquicia una estrategia de crecimiento empresarial*. Disponível em: <http://www.eafit.edu.co/revistas/revistamba/Documents/revista-mba-dic-2010.pdf>. Acesso em: 10 nov. 2018.

NERY JUNIOR, N. *Código Civil comentado*. 6. ed. São Paulo: Revista dos Tribunais, 2008.

_____; NERY, R. M. A. *Código Civil anotado e legislação extravagante*. 2. ed. rev. São Paulo: Revista dos Tribunais, 2003.

PELUSO, C. et al. *Código Civil comentado*: doutrina e jurisprudência. 2. ed. rev. São Paulo: Manole, 2008.

PEREIRA, C. M. S. *Lesão nos contratos*. Rio de Janeiro: Forense, 1999.

_____. *Instituições de direito civil*. 14. ed. Rio de Janeiro: Forense, 2010.

PLÁ, D. *Tudo sobre franchising*. Rio de Janeiro: Senac Rio, 2001.

PODESTÁ, F. Contrato de franquia (franchising). In: HIRONAKA, G. M. F. N. (Org.). *Direito Civil 3 – Direito dos contratos*. São Paulo: Revista dos Tribunais, 2008.

REDECKER, A. C. *Franquia empresarial*. São Paulo: Memória Jurídica, 2002.

RIZZARDO, A. *Contratos*. 14. ed. Rio de Janeiro: Forense, 2014.

LISBOA, Roberto Senise. *Manual de Direito Civil – Contratos e Declarações Unilaterais*: Teoria Geral e Espécies", vol. I, 3ª edição, Editora Revista dos Tribunais, São Paulo, 2004.

RODRIGUES, S. *Direito civil*. 30. ed. atual. São Paulo: Saraiva, 2004, v. 3.

ROPPO, E. *O contrato*. Coimbra: Almedina, 2009.

ROQUE, S. J. *Direito contratual civil-mercantil*. 2. ed. rev. São Paulo: Ícone, 2003.

ROQUE, S. J. *Dos contratos civis-mercantis em espécie*. São Paulo: Ícone, 1997.

RUBIO, G. A. El derecho de danos frente a una realidad del mundo de los negocios: el contrato de franchising. *Revista de la Facultad. Córdoba*. Facultad de Derecho y Ciencias Sociales, v. 6, n. 1, 1998.

SAAVEDRA, T. *Vulnerabilidade do franqueado no franchising*. Rio de Janeiro: Lumen Juris, 2005.

SACCO, R. Autonomia contrattuale e tipi. *Rivista Trimestrale di Diritto e Procedura Civil*. n. 3/786, 1966.

SALOMÃO FILHO, C. *Direito concorrencial*: as condutas. São Paulo: Malheiros, 2003.

SANTOS, ALEXANDRE DAVID. *Aplicabilidade e limites das cláusulas de não concorrência nos contratos de franquia*. Almedina, 2019 (Coleção FGV Direito SP).

SENISE, R. L. *Manual de direito civil – contratos e declarações unilaterais*: teoria geral e espécies. 3. ed. São Paulo: Revista dos Tribunais, 2004, v. I.

SILVA, A. L. M. *Contratos comerciais*. Rio de Janeiro. Forense, 2004.

SILVA, F. M.; TUSA, G. *Contratos empresariais*. São Paulo: Saraiva. 2011 (Série GVlaw).

VENOSA, SÍLVIO DE SALVO. *Direito Civil – Contratos em espécie,* 9ª ed. São Paulo, Atlas, 2009, p. 542.

SIMÃO FILHO, A. *Direito dos negócios aplicado*. São Paulo: Almedina, 2015, v. 1.

_____. *Franchising. Aspectos jurídicos e contratuais*. 4. ed. rev. São Paulo: Atlas, 2000.

TAKAHASHI, R. W. A. Franchising: um sistema empreendedor de negócio: o caso da Apolar Imóveis. *ANPAD*. Atibaia: ANPAD, 2003.

UNIDROIT – Instituto Internacional para la Unificación de Derecho Privado. *Guía para los acuerdos de franquicia principal internacional*. Disponível em: <http://www.unidroit.org/spanish/guides/1998franchising/franchising-guide-s.pdf>. Acesso em: 10 nov. 2018.

VARELA, J. M. A. *Das obrigações em geral*. 10. ed. Coimbra: Almedina, 2000.

VASCONCELOS, P. P. *Contratos atípicos*. Coimbra: Almedina, 2009.

VENOSA, S. S. *Direito civil*: contratos em espécie. 14. ed. São Paulo: Atlas, 2014, v. 3.

_____. *Direito civil*: teoria geral das obrigações e teoria geral dos contratos. 10. ed. São Paulo: Atlas, 2010.

– WALD, A. *Obrigações e contratos*. 16. ed. rev. São Paulo: Saraiva, 2004.

_____. *Direito civil – Introdução e Parte Geral*. 10. ed. São Paulo: Saraiva, 2003.

Parte XIII
RESPONSABILIDADE DO FRANQUEADOR

24
A AUSÊNCIA DE RESPONSABILIZAÇÃO DO FRANQUEADOR POR OBRIGAÇÕES TRABALHISTAS CONTRAÍDAS PELA EMPRESA FRANQUEADA: A IMPLEMENTAÇÃO DE BOAS PRÁTICAS E A MITIGAÇÃO DE RISCOS

Simony Braga

Sumário: Introdução – 1. A responsabilização do franqueador sob a ótica do Direito do Trabalho; 1.1. Conceitos estruturantes dos sujeitos da relação de emprego; 1.1.1. Subordinação; 1.1.2. Habitualidade; 1.2. A obrigação de transmitir o saber-fazer (*know-how*) não se confunde com ingerência ou subordinação; 1.3. Distinção entre *Franchising* e Terceirização; 1.4. Regras estabelecidas na Circular de Oferta e Franquia (COF) sob a ótica do Direito do Trabalho; 1.5. O princípio da primazia da realidade e sua prevalência no Direito do Trabalho – Referências bibliográficas.

INTRODUÇÃO

Nascido em 1955, nos Estados Unidos da América, o modelo de negócios *franchising* é uma tendência mundial. A consolidação do sistema se deu, sobretudo, em razão da segurança envolvida na operação, visto que a marca franqueada presume madura posição mercadológica e previsibilidade de ganhos, através de um formato estruturado de repasse de *know-how*, desde a sua implantação até a comercialização de produtos ou serviços.

Segundo Arnaldo Rizzardo, através do contrato de franquia desenvolve-se um sistema de distribuição de bens e serviços, pelo qual o titular de um produto, serviço ou método, devidamente caracterizado por marca registrada, concede a outro comerciante, que se liga ao titular por relação contínua, licença e assistência para a expansão do produto no mercado.[1]

Nélson Abrão define *franchising* como contrato pelo qual o titular de uma marca de indústria, comércio ou serviço (franqueador), concede o seu uso a outro empresário (franqueado), posicionando ao nível da distribuição, prestando-lhe assistência no que concerne aos meios e métodos para viabilizar a exploração dessa concessão, mediante o pagamento de uma entrada e um percentual sobre o volume dos negócios realizados ao franqueado.[2]

---

1. RIZZARDO, Arnaldo, 1942- Contratos / Arnaldo Rizzardo. 15. ed. Rio de Janeiro: Forense, 2015. p. 1404.
2. ABRÃO, Nelson. Da Franquia Comercial – Franchising, São Paulo, Editora Revista dos Tribunais, 1984, p. 13.

De acordo com a Lei n.º 13.966, de 26.12.2019, a franquia empresarial é o sistema pelo qual um franqueador autoriza por meio de contrato um franqueado a usar marcas e outros objetos de propriedade intelectual, sempre associados ao direito de produção ou distribuição exclusiva ou não exclusiva de produtos ou serviços e também ao direito de uso de métodos e sistemas de implantação e administração de negócio ou sistema operacional desenvolvido ou detido pelo franqueador, mediante remuneração direta ou indireta, sem caracterizar relação de consumo ou vínculo empregatício em relação ao franqueado ou a seus empregados, ainda que durante o período de treinamento.

No tipo mais usual de operação, denominado *business format franchising*, o franqueador repassa ao franqueado as técnicas que desenvolve para comercializar seus produtos e serviços. O franqueado segue um padrão estabelecido pelo franqueador, em uma relação regida por normas e procedimentos bem delineados, sujeita à supervisão e assistência pelo franqueador.

Nesse contexto, conceituar franqueador e franqueado, ainda em notas introdutórias, mostra-se essencial para a metodologia do presente tema, cujo propósito é analisar a responsabilização do franqueador sob a ótica trabalhista.

Arnaldo Rizzardo conceitua franqueador ou *franchisor* como o titular de uma marca da indústria, comércio ou serviço, que permite a comercialização por outrem. O franqueado é a empresa individual ou coletiva que distribui os produtos e/ou serviços no mercado.[3]

A finalidade do negócio é a comercialização de produtos e/ou serviços, mediante o fornecimento de assistência técnica, financeira, de gestão e publicidade, podendo o franqueador sugerir instalações e equipamentos ao franqueado, de acordo com o formato de negócio já existente.

Essa cessão do direito de exploração da marca a terceiro viabiliza a expansão do negócio, através da implementação uma rede de lojas, e fortalecimento da marca em cenário macro.

Assim, como conceitua Irineu Mariani[4], o franqueado fica sob o manto do franqueador, mas sem perder, em termos legais, a independência ou autonomia.

Feitas essas considerações preliminares, passa-se a analisar a relação de *franchising* sob o aspecto laboral.

1. A RESPONSABILIZAÇÃO DO FRANQUEADOR SOB A ÓTICA DO DIREITO DO TRABALHO

A inovação trazida pela Lei n.º 13.966, sancionada no dia 26 de dezembro de 2019, sana omissão relevante quanto à natureza da relação mantida entre franqueador, franqueado e os empregados deste, pois dispõe em seu artigo 1º que a franquia empresarial

---

3. RIZZARDO, Arnaldo, 1942 – Contratos / Arnaldo Rizzardo. 15. ed. Rio de Janeiro: Forense, 2015. p. 1405.
4. MARIANI, Irineu. Contratos empresariais. Porto Alegre: Livraria do Advogado Editora, 2007, p. 367.

não caracteriza um liame empregatício entre franqueado e franqueador, ou ainda, em relação aos empregados do franqueado, ainda que durante o período de treinamento.

Citado artigo 1º reflete, portanto, o entendimento jurisprudencial dominante nos Tribunais do Trabalho no Brasil e afasta a visão associativa do contrato de franquia.

Em que pese a existência do aludido dispositivo legal, há de ser ressaltar que a ausência de responsabilidade do franqueador é reconhecida na hipótese em que exista uma relação de franquia típica, ou seja, empresas distintas, autônomas e independentes, sobretudo sob a ótica financeira e de gestão, e, sendo o franqueado livre para administrar o negócio e seu quadro funcional, assumindo os riscos da sua operação.

Assim, sob a ótica do Direito do Trabalho, a responsabilidade solidária do franqueador decorreria do desvirtuamento do contrato de franquia e a consequente caracterização de grupo econômico, quando ocorrer ingerência e/ou administração direta do franqueador nos negócios do franqueado, preenchidos os requisitos do art. 2º, § 2º da CLT, que assim dispõe:

> § 2º Sempre que uma ou mais empresas, tendo, embora, cada uma delas, personalidade jurídica própria, estiverem sob a direção, controle ou administração de outra, ou ainda quando, mesmo guardando cada uma sua autonomia, integrem grupo econômico, serão responsáveis solidariamente pelas obrigações decorrentes da relação de emprego. (Redação dada pela Lei nº 13.467, de 2017) (Vigência)

Fundamental, portanto, compreender os elementos caracterizadores de uma típica relação de emprego.

1.1. Conceitos estruturantes dos sujeitos da relação de emprego

Os sujeitos componentes do contrato de trabalho são: empregador e empregado. Ambos estão conceituados nos artigos 2º e 3º da Consolidação das Leis do Trabalho (CLT).

Empregador, sendo a empresa, individual ou coletiva, ou mesmo pessoa física, que, assumindo os riscos da atividade econômica, admite, assalaria e dirige a prestação pessoal de serviço. *Empregado*, toda pessoa física que prestar serviços de natureza não eventual a empregador, sob a dependência deste e mediante salário.

Alice Monteiro de Barros[5] define empregado como a pessoa física que presta serviço de natureza não eventual a empregador mediante salário e subordinação jurídica. Referidos serviços podem ser de natureza técnica, intelectual ou manual, integrantes das mais diversas categoriais profissionais ou diferenciadas.

Os principais elementos caracterizadores de uma típica relação empregatícia são: (i) a pessoalidade, ou seja, um dos sujeitos tem o dever jurídico de prestar serviços em favor de outrem pessoalmente; (ii) o caráter não eventual da prestação de serviços; (iii)

---

5. BARROS, Alice Monteiro de. Curso de Direito do Trabalho. São Paulo: LTr, 2005. p. 237.

a onerosidade, ou seja, a remuneração do trabalho a ser executado pelo empregado; (iv) e, por fim, a subordinação jurídica.

Para os fins pretendidos para este Capítulo, merece conceituação os elementos da *subordinação* e a *habitualidade*.

1.1.1. Subordinação

Na visão de Paul Colin[6], a subordinação é um estado de dependência real, criado pelo direito de o empregador comandar, dirigir, fiscalizar e dar ordens, donde nasce a obrigação correspondente para o empregado de se submeter a tais comandos, mediante contrapartida.

Cumpre esclarecer, que a subordinação existente em uma relação de emprego é essencialmente jurídica, e não econômica ou técnica. Para Arnaldo Sussenkind[7], o art. 3º da CLT, que revela o conceito de empregado, alude à dependência, sem esclarecer se ela é de caráter econômico, social, técnico ou hierárquico. Mas é a esta última, que resulta da subordinação jurídica assumida pelo próprio trabalhador ao ajustar o contrato de trabalho, que se refere a Consolidação. O instrumento jurídico, em virtude do qual um empregador contrata o trabalho alheio, prescinde do estado dependência econômica do trabalhador àquele, para que haja relação de emprego. O empregado poderá inclusive ser economicamente mais forte do que seu empregador, e nem por isso deixará de haver contrato de trabalho subordinado.

A subordinação, portanto, é a submissão funcional, ou seja, o estado em que o trabalhador se submete às diretrizes estabelecidas pelo empregador.

Vale trazer à baila que, nos contratos de franquia, o que se vislumbra – e é indispensável para o sucesso do negócio – é a colaboração recíproca entre franqueador e franqueado, que possuem, igualmente, direitos e deveres para com aquela relação.

1.1.2. Habitualidade

A prestação de serviços com habitualidade, e não de forma ocasional, aliado aos demais elementos previstos no artigo 3º da CLT, é indício caracterizador de uma típica relação de natureza empregatícia. Com efeito, o serviço entregue de maneira habitual se confunde com a rotina da atividade empresarial.

Em sentido contrário, o trabalho eventual é aquele que se desenvolve de forma acidental e não está inserido nas atividades rotineiras da empresa, sendo útil apenas em circunstância momentânea.

Definidos os sujeitos que compõem a relação de natureza empregatícia, e os elementos que a caracterizam, passa-se a transcorrer sobre a responsabilização do franqueador quanto às obrigações trabalhistas contraídas pelo franqueado.

---

6. COLIN, Paul. Apud MORAES FILHO, Evaristo de. Introdução ao Direito do Trabalho. São Paulo: LTr Editora, 1971, p. 222.
7. SUSSEKIND, Curso de Direito do Trabalho, Renovar, 3ª Edição, 2010, p. 237.

1.2. A obrigação de transmitir o saber-fazer (*know-how*) não se confunde com ingerência ou subordinação

Como é cediço, no contrato de franquia, o franqueador, via de regra, oferece suporte técnico e gerencial ao franqueado, notadamente quanto à supervisão da rede de franquias, serviços de orientação e outros prestados ao franqueado, treinamento do franqueado, especificando duração, conteúdo e custos, auxílio na análise e escolha do ponto onde será instalada a franquia, *layout* e padrões arquitetônicos nas instalações do franqueado, pois ao franqueador interessa preservar seu nome e o caráter distintivo de sua marca, que constitui o seu maior ativo e, por conseguinte, patrimônio.

Segundo o doutrinador L. Miguel Pestana de Vasconcelos[8], o franqueador, naquele que é um dos elementos marcantes do contrato, obriga-se a transmitir a outra parte *know-how* que, contribui decisivamente para o caráter diferenciado da prestação de serviços ou venda de produtos desta última, seja um fator de atração de clientela e de melhoramento de posição concorrencial do franqueado.

O repasse do *know-how* é imprescindível na relação de *franchising*. Esse compartilhamento de conhecimento não significa em estabelecer com o franqueado uma relação de subordinação ou ingerência.

Isto porque, o franqueador transmitirá ao franqueado todas as informações necessárias sobre a inteligência mercadológica do negócio, conforme condições estabelecidas no contrato de franquia. O repasse de conhecimento inclui, entre outras tarefas, o fornecimento de informações indispensáveis para utilização, venda, ou revenda de bens ou serviços contratuais.

Neste toar, a transmissão de *know-how* consiste no pacote de informações práticas não patenteadas, resultantes de experiências e *insights* efetuados pelo fornecedor ao longo da consolidação do seu negócio no mercado.

Ainda com base nos ensinamentos de L. Miguel Pestana de Vasconcelos, os contratos celebrados entre franqueador e franqueado se limitam ao fornecimento de licenças de marca e de direito de uso do logotipo do licenciante a que se aliam a algumas assistências e assessorias de conhecimentos de ordem técnica (i.e., treinamentos para o uso de maquinários e sistemas de controle de estoque).

Ocorre que aludido suporte técnico (*e gerencial*) de que trata a Lei de Franquia não se confunde com direção, controle ou administração a que se refere o artigo 2º da Consolidação das Leis do Trabalho, necessários à configuração do grupo econômico e, por conseguinte, incidente de responsabilização solidária do franqueador.

Se o franqueado tem plena autonomia para gerir sua mão de obra, não cabe ao franqueador a prática de intervenções desta natureza na administração do negócio, pelo que se mostra fundamental a delimitação de responsabilidades e obrigações nos instrumentos contratuais.

---

8. VASCONCELOS, Luis Miguel D. P. Pestana. O contrato de franquia (franchising) – 2ª ed. Almedina: 2010. p. 37.

Por certo que o acompanhamento por parte do franqueador, no que atine à preservação do padrão da franquia e do próprio sistema, zelando pela imagem da marca, existirá e faz parte do negócio jurídico. No entanto, qualquer ato que extrapole tal propósito, interferindo na autonomia do franqueado, notadamente na sua condição de empregador, poderá implicar a responsabilização do franqueador por obrigações trabalhistas decorrentes da operação do franqueado.

> CONTRATO DE FRANQUIA. DESCARACTERIZAÇÃO. RESPONSABILIDADE SUBSIDIÁRIA DA EMPRESA FRANQUEADORA. Embora tenha sido celebrado contrato de franquia entre as reclamadas, ficou demonstrado nos autos que a empresa franqueadora intervinha no poder de organização, comando, direção, fiscalização e disciplinar relacionados à atividade empresarial da empresa franqueada e dos empregados desta. Comprovado o uso fraudulento do contrato de franquia para mascarar a terceirização de serviços levada a efeito entre as reclamadas, a hipótese atrai a responsabilização subsidiária da empresa franqueadora pelos créditos devidos ao empregado da empresa franqueada (Súmula 331 do TST). (TRT-3 - RO: 00104001120205030181 MG 0010400-11.2020.5.03.0181, Relator: Lucilde D'Ajuda Lyra de Almeida, Data de Julgamento: 07/12/2020, Sexta Turma, Data de Publicação: 07/12/2020.)

Com base nos fundamentos ora expostos, o principal elemento é a preservação da autonomia do franqueado na gestão do seu quadro funcional, sendo imprescindível manter as empresas autônomas, independentes e distintas. Ou seja, as rotinas empregatícias do franqueado não devem guardar relação com o franqueador.

1.3. Distinção entre *Franchising* e Terceirização

De outro vértice, a relação de *franchising* não se confunde com o instituto de terceirização de serviços.

A modalidade de contratação denominada terceirização consiste no fenômeno pelo qual se dissocia a relação econômica de trabalho da relação justrabalhista que lhe seria correspondente. Isto é, através da terceirização, o sentido jurídico do instituto deixa de estar vinculado aos direitos e princípios trabalhistas os quais formam uma relação trabalhista *strictu sensu*. Por tal fenômeno, insere-se o trabalhador no processo produtivo do tomador de serviços sem que se estendam a este os laços justrabalhistas, que se preservam fixados com uma atividade interveniente.[9]

Como sinalizado em notas introdutórias, o contrato de franquia está regido pela Lei 13.966/19 e a relação comercial estabelecida não enseja responsabilização do franqueador quanto aos créditos trabalhistas dos empregados do franqueado.

Esse é o entendimento do Tribunal Superior do Trabalho, consoante arestos exemplificativos abaixo colacionados:

> CONTRATO DE FRANQUIA. RELAÇÃO MERCANTIL ENTRE AS RECLAMADAS. INEXISTÊNCIA DE TERCEIRIZAÇÃO. I. O entendimento consagrado na Súmula nº 331, IV, desta Corte, diz respeito à hipótese em que há contratação de mão de obra, por meio da intermediação de empresa prestadora, para

---

9. DELGADO, Mauricio Godinho. Curso de direito do trabalho. 13. ed. São Paulo: LTR, 2014.

a realização de determinado serviço à empresa tomadora. Logo, a terceirização e a consequente responsabilidade subsidiária do tomador de serviços, na forma do referido verbete sumular, pressupõe a atomização da cadeia produtiva e das atividades empresariais, com a transferência de tarefas para outra empresa intermediadora e fornecedora de mão de obra. II. Portanto, não há que se falar em terceirização se a hipótese é de contrato de franquia, assim definido como "o sistema pelo qual um franqueador cede ao franqueado o direito de uso de marca ou patente, associado ao direito de distribuição exclusiva ou semi-exclusiva de produtos ou serviços e, eventualmente, também ao direito de uso de tecnologia de implantação e administração de negócio ou sistema operacional desenvolvidos ou detidos pelo franqueador, mediante remuneração direta ou indireta, sem que, no entanto, fique caracterizado vínculo empregatício" (art. 2º da Lei nº 8.955/1994). Isso porque, nesse caso, a franqueadora não é tomadora dos serviços do empregado daquela com quem mantém contrato de franquia, nem o franqueado fornece mão de obra para a empresa franqueadora, mas sim utiliza seus empregados na sua própria atividade econômica. III. O fato de o contrato de franquia firmado pelas Reclamadas obrigar as franqueadas a seguirem rigorosamente todas as instruções de funcionamento das lojas e condições de vendas dos produtos e serviços que forem estabelecidas pela Reclamada Recorrente, ou a exigência de relatórios sobre a venda de produtos e demonstrativos mensais da franqueada, em nada altera a conclusão ora exposta, uma vez que é ínsito da relação mercantil a definição do objeto e das formas de execução do contrato, sem que disso decorra sua transmutação para terceirização. Ao concluir que a hipótese dos autos é de terceirização, com consequente reconhecimento da responsabilidade subsidiária da Reclamada OI S.A., a Corte de origem contrariou, por má aplicação, o entendimento sedimentado na Súmula nº 331, IV, do TST. VI. Recurso de revista de que se conhece e a que se dá provimento. (TST - RR: 13443820195170006, Relator: Alexandre Luiz Ramos, Data de Julgamento: 05/04/2022, 4ª Turma, Data de Publicação: 08/04/2022)

AGRAVO DE INSTRUMENTO EM RECURSO DE REVISTA. INTERPOSIÇÃO SOB A ÉGIDE DA LEI Nº 13.467/2017. RESPONSABILIDADE SOLIDÁRIA OU SUBSIDIÁRIA - CONTRATO DE FRANQUIA - AUSÊNCIA DE FRAUDE OU DESVIRTUAMENTO DO CONTRATO. Conforme a jurisprudência do TST, o contrato de franquia não se confunde com a terceirização de serviços, uma vez que o franqueador não se beneficia dos serviços prestados pelos empregados da empresa franqueada. O contrato de franquia detém natureza civil, e tem por objetivo transferir conhecimentos técnicos e administrativos para fins de abertura de empreendimento comercial, sendo inaplicável, portanto, a responsabilidade subsidiária de que trata Súmula nº 331, IV, do TST à empresa franqueadora. Precedentes. Agravo de instrumento a que se nega provimento. (TST - Ag-AIRR: 010047742201750100047, Relator: Liana Chaib, Data de Julgamento: 19/04/2023, 2ª Turma, Data de Publicação: 28/04/2023)

Desta feita, em se tratando de um contrato de franquia, cujo regramento fica a cargo do Direito Civil, a relação comercial estabelecida entre franqueador e franqueado não se identifica com terceirização de serviços nem com intermediação de serviços. Tal entendimento admite exceção apenas na hipótese de flagrante desvirtuamento do negócio jurídico, hipótese em que o franqueador poderá ser responsabilizado por débitos trabalhistas contraídos pelo franqueado.

1.4. Regras estabelecidas na Circular de Oferta e Franquia (COF) sob a ótica do Direito do Trabalho

Como dito alhures, a franquia empresarial é o sistema pelo qual um franqueador autoriza por meio de contrato um franqueado a usar marcas e outros objetos de propriedade intelectual, sempre associados ao direito de produção ou distribuição exclusiva ou não exclusiva de produtos ou serviços e também ao direito de uso de métodos e sistemas de implantação e administração de negócio ou sistema operacional desenvolvido ou detido pelo franqueador, mediante remuneração direta ou indireta, sem caracterizar relação de consumo ou vínculo empregatício em relação ao franqueado ou a seus empregados, ainda que durante o período de treinamento, segundo dispõe a Lei n.º 13.966, de 26.12.2019.

A Circular de Oferta de Franquia (COF), documento obrigatório entregue ao candidato apto a tornar-se franqueado, indicará regramentos importantes desta relação. A título de exemplo, a COF sinaliza o histórico resumido do negócio franqueado, a qualificação completa do franqueador e das empresas a que esteja ligado; os balanços e demonstrações financeiras da empresa franqueadora, relativos aos 2 (dois) últimos exercícios; a indicação das ações judiciais relativas à franquia que questionem o sistema ou que possam comprometer a operação da franquia no País, nas quais sejam parte o franqueador, as empresas controladoras, o subfranqueador e os titulares de marcas e demais direitos de propriedade intelectual; a descrição detalhada da franquia e descrição geral do negócio e das atividades que serão desempenhadas pelo franqueado; o perfil do franqueado ideal no que se refere a experiência anterior; os requisitos quanto ao envolvimento direto do franqueado na operação e na administração do negócio; e outras informações pertinentes ao negócio jurídico, as quais estão arroladas no artigo 2º, da Lei 13.966/2019.

A COF é a etapa inaugural de exteriorização do interesse sobre a marca, patente, produto/serviço e comercialização.

Oportuno esclarecer, contudo, que o oferecimento de treinamentos ao franqueado – *obrigação contratual prevista, via de regra, na COF* – não configura, por si, ingerência direta na administração do franqueado, quiçá redução de sua autonomia na condição de empregador.

A COF se presta a contemplar condições essenciais e necessária sobre a pretensão do negócio jurídico, um diário de bordo da fase negocial, com o histórico das tratativas, o desenho do modelo societário, o investimento periódico (*royalties*), lucros estimados, obrigações do franqueador e do franqueado etc.

Dessa forma, a COF tem efeito vinculante para as partes e explana todas as informações de funcionamento daquela rede de franquias, todavia, não há qualquer previsão acerca de eventual intervenção nos contratos de Trabalho firmados pelo franqueado.

1.5. O princípio da primazia da realidade e sua prevalência no Direito do Trabalho

Conforme leciona CARNELUTTI, prestigiar a realidade é prestar um tributo à verdade.

Em Direito do Trabalho, um dos princípios vetores é o da Primazia da Realidade, em que a verdade dos fatos se sobrepõe a qualquer formalidade, documento ou pacto convencionado. Aludida prevalência atribui ao contrato de trabalho a denominação *contrato-realidade*.

Nas palavras de Américo Plá Rodriguez[10], o princípio da primazia da realidade significa que, em caso de discordância entre o que ocorre na prática e o que emerge de documentos ou acordos, deve-se dar preferência ao primeiro, ou seja, ao que sucede no terreno dos fatos.

Portanto, as peculiaridades envolvidas no contrato de emprego, ou contrato-realidade, elegem preferencialmente, na hipótese de discordância entre os entes da relação, a situação fática real, ou seja, aquilo que efetivamente ocorre, em detrimento daquilo que está apenas pactuado nos instrumentos formais, sejam as condições estipuladas em Carteira de Trabalho e Previdência Social (CTPS) ou mediante contrato de trabalho específico.

Sobre o princípio da Primazia da Realidade e sua prevalência no Direito do Trabalho, Mauricio Godinho Delgado [11] leciona que:

> No Direito do Trabalho deve-se pesquisar, preferentemente, a prática concreta efetivada ao longo da prestação de serviço, independentemente da vontade eventualmente manifestada pelas partes na respectiva relação jurídica. A prática habitual – na qualidade de uso – altera o contrato pactuado, gerando direitos e obrigações novos às partes contratantes (respeitada a fronteira da inalterabilidade contratual lesiva). Desse modo, o conteúdo do contrato não se circunscreve ao transposto no correspondente instrumento escrito, incorporando amplamente a todos os matizes laçados pelo cotidiano da prestação de serviços, a descaracterização de uma pactuada relação civil de prestação de serviço, desde que no cumprimento do contrato despontem, concretamente, todos os elementos fático-jurídicos da relação de emprego (trabalho por pessoa física, com pessoalidade, não eventualidade, onerosidade e sob subordinação).

Seguindo a Primazia da Realidade, as discussões que envolvem franqueadores e a mão de obra contratada pelo do franqueado serão balizadas pelos fatos que circundam essa relação. Ao franqueado, quem possui plena autonomia para reger a sua força de trabalho, caberá o poder diretivo para conduzir, como melhor lhe convier, as relações trabalhistas.

Nessa senda, cabe ao franqueado adotar os atos típicos de empregador, a exemplo de avaliações de desempenho, estipulação e controle de metas, fiscalização da jornada de trabalho, repasse de atividades, *feedbacks* e desligamentos de profissionais, ou seja, todas aquelas iniciativas e rotinas decorrentes de quem detêm o poder diretivo na condição de empregador da mão de obra.

Isso, porque franqueador e franqueado são entes distintos e, como tal, o franqueado é livre para administrar e controlar seus empregados, assumindo os riscos típicos das relações de trabalho. Agir de forma diversa é atrair para o franqueador as responsabilidades decorrentes da relação de emprego.

O Judiciário Trabalhista prioriza o contexto fático sob a forma. Portanto, uma vez configurada a ausência dos elementos caracterizadores do vínculo empregatício, ou seja,

---

10. PLÁ RODRIGUEZ, Américo. Princípios de Direito do Trabalho. São Paulo: LTr, 2015.
11. GODINHO, Mauricio Delgado. Curso de Direito do Trabalho, 7ª edição, LTR, pág. 300 e 301.

aqueles elencados no artigo 3º da CLT (subordinação, onerosidade, pessoalidade, não eventualidade), restar-se-á afastada a responsabilidade do franqueador por eventual inadimplemento das obrigações de natureza trabalhista por parte do franqueado.

Esse é o fundamento pelo qual franqueadores devem implementar rotinas preventivas em suas operações, sobretudo para mitigar riscos de responsabilização na esfera trabalhista, tendo em mente que a gestão do quadro funcional das franquias compete exclusivamente ao franqueado.

A título exemplificativo, transcreve-se adiante alguns julgados dos Tribunais Regionais do Trabalho, em que a responsabilidade subsidiária do franqueador foi afastada, visto que comprovada a validade do negócio jurídico. A conferir:

> CONTRATO DE FRANQUIA. RESPONSABILIDADE SUBSIDIÁRIA. A relação estabelecida entre franqueado e franqueadora, no sistema de franquias, é estritamente comercial, sob determinadas regras próprias do sistema, na forma prevista no art. 3º da Lei n.º 8.955, de 15/12/94. A franquia autoriza a exploração de determinada marca e produto pelo franqueado, mediante autorização e suporte do franqueador, não acarretando responsabilidade deste em relação às obrigações fiscais, civis e trabalhistas daquele. (TRT-2 10009772020205020316 SP, Relator: MARIA CRISTINA CHRISTIANINI TRENTINI, 6ª Turma - Cadeira 3, Data de Publicação: 05/03/2022)

> CONTRATO DE FRANQUIA. RESPONSABILIDADE SUBSIDIÁRIA. INEXISTÊNCIA. No contrato de franquia, a empresa franqueadora não responde pelos débitos trabalhistas contraídos pela empresa franqueada, sendo que tal relação comercial é regida por lei própria ("caput" do art. 1º da Lei 13.966/2019). Na relação comercial havida entre as reclamadas não existe terceirização, tampouco contratação de mão de obra por interposta pessoa, não se enquadrando nas situações reguladas pela Súmula nº 331 do TST. (TRT-3 - ROT: 00102897720215030056 MG 0010289-77.2021.5.03.0056, Relator: Weber Leite de Magalhaes Pinto Filho, Data de Julgamento: 08/03/2023, Nona Turma, Data de Publicação: 09/03/2023)

> RESPONSABILIDADE SUBSIDIÁRIA DA EMPRESA FRANQUEADORA. INEXISTÊNCIA. caracterização nos autos de labor do reclamante em atenção ao contrato de franquia firmado entre as reclamadas, com amparo na Lei nº 8.955/94, não atrai a responsabilidade subsidiária da franqueadora, porquanto não se trata de contrato de prestação de serviços decorrentes de terceirização, a elidir assim a avençada hipótese de responsabilidade subsidiária, com base na Súmula 331 do c. TST. Recurso improvido. (Processo: ROT-0001243-08.2018.5.06.0017, Redator: Carmen Lucia Vieira do Nascimento, Data de julgamento: 19/08/2021, Terceira Turma, Data da assinatura: 19/08/2021) (TRT-6 - RO: 00012430820185060017, Data de Julgamento: 19/08/2021, Terceira Turma, Data de Publicação: 19/08/2021)

De outro vértice, uma vez configurado o desvirtuamento no contrato de franquia, o Poder Judiciário Trabalhista tende a invalidar o negócio jurídico para reconhecer a responsabilidade solidária do franqueador.

Eis alguns julgados exemplificativos acerca do entendimento ora esposado:

> RECURSO ORDINÁRIO. CONTRATO DE FRANQUIA. FRAUDE. NULIDADE. PRESENÇA DOS REQUISITOS DO VÍNCULO DE EMPREGO. Tratando-se de típico contrato de franquia, o franqueado adquire os direitos de uso da marca do franqueador e empreende negócio próprio, ensejador dos riscos a que se refere o artigo 2º da Consolidação das Leis do Trabalho, observando regras pré-estabelecidas. O controle externo, indireto, que o franqueador exerce sobre o franqueado decorre de obrigações civis e comerciais inerentes ao ajuste firmado, pois cabe ao franqueado zelar pela imagem da marca, orientando a forma como deve ser exposto o produto ao público consumidor, percebendo pagamento de royalties pela empresa franqueada, sem que esse fato caracterize qualquer tipo de ingerência. Demonstrado o desvirtuamento

na celebração do contrato de franquia, já que evidenciada a ingerência direta exercida pela Dreampar nas atividades desenvolvidas pelas supostas franqueadas, bem como presente os demais requisitos da relação de emprego, notadamente a subordinação direta, há que se reconhecer o vínculo de emprego entre as partes. (TRT-1 - ROT: 01001304620205010033, Relator: CARINA RODRIGUES BICALHO, Data de Julgamento: 13/02/2023, Sétima Turma, Data de Publicação: DEJT 2023-02-16)

RELAÇÃO DE EMPREGO X RELAÇÃO DE FRANQUIA. DESVIRTUAMENTO DO CONTRATO DE FRANQUIA. RECONHECIMENTO DO VÍNCULO EMPREGATÍCIO COM A FRANQUEADORA. Um contrato de franquia, regularmente firmado, em princípio não gera vínculo empregatício entre a empresa franqueadora e o proprietário da franqueada, porque o objeto desse contrato é a cessão do direito de uso da marca ou patente, associado ao direito de distribuição exclusiva ou semi-exclusiva de produtos ou serviços e, eventualmente, também ao direito de uso de tecnologia de implantação e de negócio ou sistema operacional, consoante art. 2º da Lei 8.955/94. No entanto, esse conceito legal não impede que um contrato formalizado sob roupagem de franquia seja material e efetivamente executado como um contrato de trabalho, servindo para encobrir a existência de um contrato de trabalho dissimulado. Em tais casos denota-se evidente fraude à legislação trabalhista, como ocorreu na hipótese dos autos, em que a relação era pessoal, continuada e subordinada, com pagamento, pela franqueadora, de uma bolsa e comissões pelas vendas de seguro de vida efetuadas pelo trabalhador. Mantida a sentença no aspecto. (TRT-3 - RO: 00108732220195030184 MG 0010873-22.2019.5.03.0184, Relator: Des. Antonio Gomes de Vasconcelos, Data de Julgamento: 18/02/2022, Decima Primeira Turma, Data de Publicação: 22/02/2022)

Em síntese, conclui-se que uma vez preservada a autonomia do franqueado na condução da sua mão de obra, aliada a comprovação da boa-fé no negócio jurídico celebrado, em sintonia com o que dispõem as normas regentes do Contrato de Franquia Empresarial, e inexistindo qualquer indício de fraude (i.e., *burla da legislação trabalhista*), tem-se afastada a possibilidade de responsabilização do franqueador por eventual inadimplemento de natureza trabalhista cometido pelo franqueado.

REFERÊNCIAS BIBLIOGRÁFICAS

ABRÃO, N. *Da franquia comercial (Franchising)*. São Paulo: Revista dos Tribunais, 1984.

BARROS, Alice Monteiro de. *Curso de Direito do Trabalho*. São Paulo: LTr, 2005.

COLIN, Paul. Apud MORAES FILHO, Evaristo de. *Introdução ao Direito do Trabalho*. São Paulo: LTr Editora, 1971.

DELGADO, Mauricio Godinho. *Curso de Direito do Trabalho*. 13ª edição. São Paulo: LTR, 2014.

GODINHO, Mauricio Delgado. *Curso de Direito do Trabalho*. 7ª edição. São Paulo: LTR, 2005.

PLÁ RODRIGUEZ, Américo. *Princípios de Direito do Trabalho*. São Paulo: LTr, 2015.

RIZZARDO, A. *Contratos*. 14ª edição. Rio de Janeiro: Forense, 2014.

SUSSEKIND, Arnaldo. *Curso de Direito do Trabalho*, 3ª edição. Rio de Janeiro: Renovar, 2010.

VASCONCELOS, L. Miguel D. P. Pestana. *O Contrato de Franquia (franchising)*. 2ª edição, São Paulo: Almedina, 2010.

25
RESPONSABILIDADE DO FRANQUEADOR

Natan Baril

Sumário: 1. A responsabilidade do franqueador na esfera tributária; 1.1. Planejamento tributário; 1.2. A teoria do propósito negocial; 1.3. A interpretação do Conselho Administrativo de Recursos Fiscais "CARF" e as problemáticas envolvendo o planejamento tributário no sistema jurídico brasileiro – Considerações finais – Referências bibliográficas – Índice normativo.

1. A RESPONSABILIDADE DO FRANQUEADOR NA ESFERA TRIBUTÁRIA

O presente estudo possui como objetivo principal tratar da importância da observância da Teoria do Propósito Negocial como elemento legitimador nos planejamentos tributários realizados no Brasil. O fato do país ser conhecido pela incidência da alta taxa tributária sobre seus contribuintes e ainda figurar entre os que mais investem em franquias no mundo, de acordo com os dados da World Franchising Council[1], resta mais que justificado a real necessidade da abordagem jurídica da questão.

Para a fundamentação do presente trabalho, procurou-se observar a legislação Constitucional e infraconstitucional, o Código Tributário Nacional, Código Civil (no que tange especialmente ao aspecto contratual e societário), a nova Lei de Franquias n. 13.966, de 2019 e as decisões emanadas pelo CARF a respeito da problemática apresentada.

O primeiro item dos estudos será destinado ao Planejamento Tributário, seus conceitos e a constante busca dos contribuintes pela redução dos gastos com tributos.

Na sequência, a abordagem do estudo versará sobre a Teoria do Propósito Negocial e os desafios que envolvem o Planejamento Tributário no Sistema jurídico brasileiro e o entendimento do CARF sobre o assunto.

Por fim, as considerações sobre os cuidados que o Franqueador deve ter no momento do planejamento tributário das suas atividades e da sua responsabilidade em face da Rede de Franqueados.

1.1. Planejamento tributário

Os tributos constituem uma obrigação de pagar, criada por lei, que impõem aos indivíduos o dever de ofertar ao Estado parte de seu patrimônio, para fins de manu-

---

1. Franquias crescem e se internacionalizam. Portal Exame, Disponível em: <https://exame.abril.com.br/negocios/franquias-crescem-e-se-internacionalizam/>. Acesso em: 18 de jun. 2019.

tenção e desenvolvimento das áreas que são de interesse da sociedade como um todo, destacando especialmente a saúde, segurança, políticas públicas e educação.

Portanto, é mais do que natural que determinados mecanismos que visem à redução do impacto desses tributos na atividade econômica da empresa sejam buscados, de maneira que é lícito que o contribuinte se organize e planeje a sua estrutura da forma que lhe seja mais conveniente.

Existem basicamente duas formas em que o objetivo da economia de tributos pode ser atingido, de maneira ilícita (denominada evasão fiscal) e, da que será objeto de maior aprofundamento, a lícita, por meio de adequado planejamento tributário, conforme bem ilustra o doutrinador Hermes Marcelo, senão vejamos:

> [...] a elisão, de um lado, tem sua preocupação concentrada no uso de meios legais, ao menos formalmente lícitos, enquanto que na evasão atuam meios ilícitos e fraudulentos. Na fraude, a distorção ocorre no momento da incidência tributária, ou após sua ocorrência, ao passo que na elisão o indivíduo atua sobre a mesma realidade, mas, de alguma forma, impede que ela se realize, transformando ou evitando o fato imponível ou gerador do tributo. Na elisão, em suma, o ato ou negócio é engenhosamente (ou não tanto) revestido pelo agente com outra forma jurídica, alternativa à originalmente pretendida, com resultados econômicos análogos, mas não descrita ou tipificada na lei como pressuposto da incidência do tributo. (HUCK, 1998, p. 11-12).[2]

Considerando que o objeto do estudo é a forma lícita de auferir maior economia de tributos, é importante salientar que existem outras tantas denominações para se referir ao instituto em questão, tais como: elisão fiscal, gestão tributária, planejamento fiscal, engenharia tributária, economia tributária, evasão lícita, dentre outros.

Desta feita, diante da existência de tantas denominações, faz-se necessário definir desde já qual será o conceito adotado no presente trabalho, conforme os ensinamentos de Marco Aurélio Greco:

> Não existe nenhuma obrigação, nem erro de raciocínio, ou heresia científica ao utilizar esta ou aquela palavra para designar determinado fenômeno em exame. Qualquer palavra é boa para designar qualquer coisa desde que haja uma convenção prévia quanto ao que está sendo examinado e à palavra que vamos utilizar. (GRECO, 2011, p. 85).[3]

Nesse sentido, Ivo Cesar Barreto de Carvalho conceitua o planejamento tributário:

> O planejamento tributário é a atividade desenvolvida por pessoa física ou jurídica, pública ou privada, de forma estritamente preventiva e transparente, a fim de alcançar licitamente a economia tributária. (CARVALHO, 2016, p.300).[4]

Ainda, Marins leciona que:

---

2. HUCK, Hermes Marcelo. Evasão e Elisão no Direito Tributário Internacional. *In* ROCHA, Valdir de Oliveira (org.). Planejamento fiscal: Teoria e Prática. São Paulo: Dialética, p. 11-12, 1998.
3. GRECO, Marco Aurélio. Planejamento Tributário. 3. ed. São Paulo: Dialética, p. 85, 2011.
4. CARVALHO, Ivo Cesar Barreto de. "Planejamento Tributário", *in* MACHADO, Hugo de Brito (Coord.). Planejamento Tributário, São Paulo: Malheiros: ICET, p. 300, 2016.

> *Denomina-se planejamento fiscal ou tributário lato senso a análise do conjunto de atividades atuais ou dos projetos de atividades econômico-financeiras do contribuinte (pessoa física ou jurídica), em relação ao seu conjunto de obrigações fiscais com o escopo de organizar suas finanças, seus bens, negócios, rendas e demais atividades com repercussões tributárias, de modo que venha a sofrer o menor ônus fiscal possível. (MARINS, 2002, p. 33).[5]*

Assim, diante da alta carga tributária que incide sobre o patrimônio e renda das pessoas naturais e de direito privado, é lícita a existência de articulação da Pessoa (física ou jurídica) no sentido de buscar, de maneira autorizada e não proibida por lei, a redução do montante do seu patrimônio a ser entregue ao Estado.

Destaca-se aqui, que o objetivo principal do planejamento tributário é, obviamente, atingir a economia fiscal, não sendo o fim de burlar o ordenamento jurídico, mas, sim, planejar os atos jurídicos de maneira a identificar as melhores oportunidades de economia no momento de formatação do negócio, de acordo com o ramo de atividade em questão e em observância aos termos legais, reduzindo assim as possibilidades de autuação pelo fisco.

O planejamento tributário pode ser considerado, de forma resumida, como sendo a articulação do contribuinte, amparada pela legislação vigente, que visa a adequação da estrutura da pessoa com a finalidade de viabilizar a atividade, diante da vontade do Estado de angariar valores aos cofres públicos.

Nos ensinamentos de Heleno Taveira Tôrres, *"o planejamento tributário é expressão que deve servir para designar, tão só, **a técnica de organização preventiva de negócios, visando a uma lícita economia de tributos**"* (TÔRRES, 2003)[6]. [grifo nosso].

Conforme ilustra Marins, existem inúmeras formas de se atingir o fim do planejamento tributário, dentre as quais podemos destacar: escolha do sistema mais conveniente de tributação, seja Lucro Real, Presumido ou SIMPLES, tributação cumulativa ou não cumulativa das contribuições, o uso de reorganização societária, o aproveitamento de incentivos fiscais, dentre tantas outras[7].

A título de exemplo, o Franqueador pode: i) instalar a estrutura da empresa em áreas que sejam de interesse do Estado e que, portanto, ofereçam redução ou até mesmo a eliminação dos tributos incidentes; ii) alterar a prestação de serviços por locação; e iii) se utilizar de holdins patrimoniais para permitir que a pessoa física reduza o impacto da carga tributária, conferindo-lhe retorno de capital por meio de lucros e dividendos, ou seja, sem incidência tributária.

Na esteira do exposto anteriormente, Marins versa ainda que:

> *Integra-se também ao conjunto de medidas relacionadas com o planejamento fiscal a recuperação de possíveis créditos fiscais, escriturais ou em moeda, ou mediante pedidos de repetição ou mesmo compen-*

---

5. MARINS, James. Elisão tributária e sua regulação. São Paulo: Dialética, p. 33. 2002.
6. TÔRRES, Heleno Taveira. Direito tributário e direito privado: autonomia privada, simulação, elusão tributária. São Paulo: Revista dos Tribunais, p. 175, 2003.
7. MARINS, James. Op. cit., p. 33.

sação de tributos pagos a maior ou indevidamente, e até mesmo a administração e a redução do passivo tributário por meio do aproveitamento de remissões, anistias e parcelamento. Também o manejo dos instrumentos processuais, como a discussão judicial ou administrativa de tributos que estejam onerando indevidamente o contribuinte se inclui entre as medidas de planejamento lato sensu. (MARINS, 2002, p. 34).[8]

O momento de estruturação do negócio é o ideal para a tomada de determinadas decisões. Nesse sentido, é recomendável que o Franqueador, titular do sistema de negócios que está sendo formatado, seja submetido a um estudo que analise e avalie o negócio pretendido por completo, considerando que as escolhas feitas no momento de formatação da franquia certamente impactarão tanto na estrutura interna da Franqueadora e de seu grupo econômico, como na Rede de Franqueados.

É muito comum que surjam questionamentos ao longo da relação da franquia que objetivam, principalmente, discutir a viabilidade financeira da expansão das atividades via sistema de franquias, razão pela qual se faz altamente recomendável o exercício do planejamento tributário no momento de implantação do negócio.

Em sendo assim, o critério utilizado para validar determinado planejamento tributário deve ser embasado pela licitude dos atos e negócios jurídicos, voltados à economia tributária, que não representem, ou apresentem um risco reduzido de conflito com as autoridades tributárias em nível municipal, estadual e federal.

Uma vez apresentados os conceitos mais comuns de planejamento tributário na doutrina, a observância de determinados cuidados se faz necessária, de modo que as escolhas do Franqueador e respectivas reestruturações não sejam consideradas como meras "artimanhas" com o fim, mesmo que de maneira camuflada, de sonegação fiscal.

Por esse motivo, um dos elementos essenciais e legitimador para a eficácia do planejamento tributário, qual seja: a existência de substrato econômico, em outras palavras, propósito negocial.

1.2. A teoria do propósito negocial

A Teoria do Propósito Negocial, conhecida também como *"business purpose"*, surgiu no famoso julgamento do caso Gregory x Helvering, em 1935, pela Corte Constitucional Americana, como resposta do Estado Americano em face de um contexto de reestruturações societárias promovidas pela Sra. Gregory, cuja finalidade era, em tese, apenas a economia de tributos.

O objetivo principal da empresária de nome Evelyn Gregory era a alienação de ações de uma empresa sem a incidência dos altos custos tributários na pessoa física. Assim, Gregory decidiu reorganizar societariamente as suas empresas para transferir ações que se encontravam em uma determinada empresa para o seu próprio patrimônio, pessoal, antes de retorná-las ao mercado.

---

8. Ibidem, p. 34.

A fim de melhor ilustrar a abordagem do propósito negocial no caso em comento, Ramon Tomazela Santos relata com detalhes como ocorreu a referida operação e qual foi o entendimento da Suprema Corte Americana diante da estratégia adotada pela empresária, senão vejamos:

> Para atingir esse objetivo, a Sra. Gregory constituiu, em 18 de setembro de 1928, a Averill Corporation (AC), organizada sob as leis de Delaware. Em seguida, a UMC transferiu as 1000 ações que detinha na MSC para essa nova sociedade recém constituída (AC), que, em contrapartida às ações recebidas em aumento de capital, emitiu novas ações subscritadas pela Sra. Gregory. Em 24 de setembro de 1928, a AC foi dissolvida e liquidada, com a consequente entrega de todo seu patrimônio, que era composto pelas ações da MSC, para a Sra. Gregory.
>
> Em seguida, a Sra. Gregory alienou as ações da AC por U$$ 133.333,33, oferecendo à tributação, a título de ganho de capital, o valor de U$$ 76.007,88, correspondente à diferença entre o preço de venda e o custo de aquisição de U$$ 57.325,45.
>
> Ao examinar a operação, **o agente fiscal da Receita Federal dos Estados Unidos, Sr. Guy Helvering, considerou que a reorganização societária realizada pela Sra. Gregory deveria ser desconsiderada, pois seu único objetivo seria evitar o imposto de renda incidente sobre os dividendos que seriam distribuídos pela UMC, em caso de alienação direta das ações da MSC.** Assim, na visão da autoridade fiscal, caso a UMC tivesse realizado diretamente a venda das ações da MSC e, em seguida, distribuído o resultado obtido com essa alienação como dividendos, a Sra. Gregory teria suportado uma carga tributária muito superior ao valor de U$$ 76.007,88 efetivamente recolhido ao Fisco.
>
> Inconformada, a Sra. Gregory decidiu discutir judicialmente a validade da autuação fiscal. Em primeiro grau de jurisdição, o Conselho de Autuações Fiscais (Board of Tax Appeals) proferiu uma decisão favorável a contribuinte, cancelando a exigência fiscal de imposto de renda, com base no argumento a seguir reproduzido:
>
> 'As long as corpotations are recognized before the law as if the they were creatures of substance, there is nothing to distinguish [the newy-formed Corporation] from immumerable others, whether they be divised to achieve a temporary tax reduction or some others legitimate end. Congress has not left to the commissioner to say [...] that the corporate form may be ignored in some cases and reorgnized in others. [...] A statute so meticulously drafted must be interpreted as a liberal expression. Of the taxing police, and leaves only the small interstices for judicial consideration.'
>
> Vê-se que, para cancelar a autuação fiscal, a decisão parte do pressuposto que as pessoas jurídicas são criaturas criadas pela ordem jurídica, **de modo que não razão para distinguir uma sociedade recém-constituída das demais, ainda que o único propósito seja a obtenção de redução de tributos ou qualquer outra finalidade legítima.** Na visão dos julgadores, o agente fiscal não pode decidir, a seu talante, quando a personalidade jurídica será considerada válida para todos os efeitos jurídicos e quando o véu da personalidade jurídica será descortinado, para alcançar seus sócios.
>
> Porém, **essa decisão foi revertida pela Corte de Apelação do 2º Circuito nos Estados Unidos, com base no clássico voto proferido pelo juiz Learned Hand**, que pode ser considerado o **precursor da teoria do propósito negocial,** pelo menos em sua concepção original.
>
> Em seu voto condutor, **o juiz Learned Hand registrou que o contribuinte tem o direito de organizar seus interesses de modo a suportar a menor carga tributária possível. Afinal, o contribuinte não é obrigado a escolher a alternativa que conduza ao maior recolhimento de tributos ao Poder Público, pois não há um dever patriótico de aumentar os tributos devidos ao Estado em cada fato gerador**. Porém, o ilustre magistrado consignou que esse direito à economia lícita de tributos não implica o reconhecimento de que o Congresso dos Estados Unidos decidiu resguardar os atos ou negócios jurídicos praticados por Evelyn Gregory, pois a regra jurídica em debate não poderia ser interpretada apenas literalmente, devendo ser compreendida à luz de sua finalidade. **Por isso, Learned Hand considerou**

que os arranjos societários praticados pela Sra. Gregory para a venda das ações da MSC não se enquadravam no conceito de "reorganização societária" que a lei pretendeu acolher, por não estarem inseridos na condução dos negócios ou das atividades econômicas de quaisquer das sociedades envolvidas.

Posteriormente, o caso foi submetido à Suprema Corte dos Estados Unidos, que manteve a decisão proferida pelo Juiz Learned Hand, consagrando, em caráter definitivo, o embrião da teoria do propósito negocial. Desde então, a concepção original desenvolvida por Learned Hand vem sendo invocada por diversas decisões administrativas e judiciais ao redor do mundo, ainda que sem uma análise detida do seu contexto original. (SANTOS, 2015, p. 126-145)[9] [grifo nosso]

Para os adeptos da *"business purpose theory"*, além do planejamento tributário obrigatoriamente estar em estrita observância ao ordenamento jurídico, faz-se necessário que as operações contenham um propósito adicional, que não somente a economia tributária.

Desta feita, é altamente recomendável que o Franqueador, no momento de arquitetar a engenharia societária, tributária e contratual das suas operações, tome a devida cautela para que tal estrutura não seja invalidada pela autoridade tributária.

É o que leciona Hugo de Brito Machado:

Os atos ou negócios jurídicos praticados pelas empresas em geral teriam de estar ligados às suas finalidades, à sua atuação no mercado. A ausência dessa ligação poderia ser acolhida pela autoridade da Administração Tributária como motivo para desconsiderar o ato ou negócio jurídico do qual resultasse a exclusão ou a redução de um tributo ou a postergação do prazo para seu pagamento. (MACHADO, 2014, p. 115-116)[10]

Diante do anteriormente exposto, é necessário que o contribuinte avalie a existência, ou não, de propósito negocial na operação a ser realizada e, assim, de maneira crítica, se questione: **Que outro motivo seria ensejador da prática do planejamento tributário em questão, senão a economia tributária?**

Se a resposta para essa pergunta for de difícil conclusão, a melhor alternativa é repensar acerca da estrutura almejada, uma vez que ela pode não estar revestida de substrato econômico e pode ser passível de questionamentos acerca da sua validade jurídica.

Em suma, é com base na teoria do propósito negocial que o Fisco afere a potencial legitimidade do planejamento tributário praticado pelas Franqueadoras e demais Empresas, ocorrendo a sua desconstituição quando os atos da organização empresarial visam, meramente, a economia dos impactos tributários na operacionalização da franquia.

Importante destacar nesse ponto, no sentido de ressalva à teoria do propósito negocial como validador do planejamento tributário, que boa parte dos doutrinadores sobre a matéria advoga que o planejamento tributário em si mesmo é um "propósito negocial", tendo em vista que é obrigação e função do Administrador da Empresa buscar

---

9. SANTOS, Ramon Tomazela. O desvirtuamento da teoria do propósito negocial: da origem no caso Gregory vs. Helvering até a sua aplicação no ordenamento jurídico brasileiro. *In* ROCHA, Valdir de Oliveira (Coord.). Revista Dialética de Direito Tributário – RDDT. São Paulo: Editora Dialética, n. 243, p. 126-145, Dezembro, 2015.
10. MACHADO, Hugo de Brito. Introdução ao planejamento tributário. São Paulo: Malheiros, p. 115-116. 2014.

a maximização do lucro e, assim, a redução lícita da carga tributária sobre as atividades empresariais. Vide nesse sentido, o Acórdão 1401002.835 do CARF.

Inclusive, ainda nesse sentido, destaca-se o trecho do Acórdão n. 1201001.267 do CARF, que também interpreta a economia tributária como sendo elemento caracterizado de propósito negocial, assim, sem a necessidade de demonstrar motivos extratributários para a realização de determinada operação, senão vejamos:

> *[...] Repare que a abusividade do planejamento tributário pode ter como característica (desde que não seja a única) justamente a ausência de propósito negocial. Entretanto, quando exista uma norma jurídica incentivando, sob o ponto de vista fiscal, a realização de um negócio jurídico, **seria absurdo imaginar-se que além do propósito de economia fiscal deveria haver também algum outro propósito**. Esse é exatamente o caso dos presentes autos. [grifo nosso].*

Portanto, faz-se extremamente necessário o estudo da Teoria do Propósito Negocial pelo Conselho Administrativo de Recursos Fiscais – CARF, para que os julgados emanados pelo referido órgão não sejam dotados de subjetividade, de modo que seja possível entender, ao menos preliminarmente, quais são os critérios observados pelo conselho para fins de validação de determinado planejamento tributário.

Diante de tantos questionamentos e divergência de entendimentos decorrentes do assunto em questão, o item a seguir buscar esclarecer, com base na análise crítica da jurisprudência, quais são os elementos que saltam aos olhos do CARF no momento de consentir com determinada transação.

1.3. A interpretação do Conselho Administrativo de Recursos Fiscais "CARF" e as problemáticas envolvendo o planejamento tributário no sistema jurídico brasileiro

A inserção da Teoria do Propósito Negocial *"business purpose theory"* foi positivada no ordenamento jurídico nacional por meio do advento da Lei Complementar nº 104/2001, que incluiu o parágrafo único ao artigo 116, do Código Tributário Nacional.

> *CTN – Lei nº 5.172 de 25 de Outubro de 1966*
>
> *Dispõe sobre o Sistema Tributário Nacional e institui normas gerais de direito tributário aplicáveis à União, Estados e Municípios.*
>
> *Art. 116. Salvo disposição de lei em contrário, considera-se ocorrido o fato gerador e existentes os seus efeitos:*
>
> *(...)*
>
> *Parágrafo único. **A autoridade administrativa poderá desconsiderar atos ou negócios jurídicos praticados com a finalidade de dissimular a ocorrência do fato gerador do tributo ou a natureza dos elementos constitutivos da obrigação tributária**, observados os procedimentos a serem estabelecidos em lei ordinária. (Incluído pela Lcp nº 104, de 2001). [grifo nosso].*

O parágrafo único concedeu poder à autoridade administrativa para desconsiderar atos ou negócios jurídicos praticados com a finalidade de dissimular a ocorrência do fato gerador do tributo ou a natureza dos elementos constitutivos da obrigação tributária.

Em suma, cabe ao aplicador do direito avaliar se de fato o interesse do contribuinte é o planejamento tributário ou, tão somente, arranjo jurídico elaborado com o intuito de simulação, para fins únicos de obtenção de vantagem fiscal.

O conceito de Propósito Negocial, como carece de previsão legal, torna-se absolutamente subjetivo e abrangente a sua interpretação, de maneira que há possibilidade de que a reestruturação da empresa visando a amortização do ágio fiscal seja lícita, mas, por outro lado, há quem deturpe o conceito com intuito único de realização da fraude, simulação, de modo que a operação societária/contractual/tributária pode ser considerada pelo fisco como manobra para fins únicos de evasão fiscal.

Como mencionado anteriormente, a aplicação equivocada do Princípio da Teoria do Propósito Negocial pode ser interpretada pela administração como simulação, ficando o contribuinte sujeito a possibilidade de desconstituição dos atos jurídicos então realizados.

O Conselho Administrativo de Recursos Fiscais – CARF, por sua vez, surge como órgão responsável pelo combate das fraudes fiscais, já que a ele compete julgar a exclusão, inclusão e exigência de tributos decorrentes da aplicação da lei, sem prejudicar as empresas que buscam auferir o equilíbrio fiscal de forma lícita.

Em que pese os atos jurídicos perfeitos serem dotados de garantias constitucionais fundamentais, têm-se como premissa do Direito Tributário Brasileiro a preservação do erário. Assim, as empresas devem respeitar os princípios da capacidade contributiva e da solidariedade, princípios esses considerados como balisadores de qualquer planejamento tributário.

Desta feita, pretende-se no presente estudo demonstrar a possibilidade das Franqueadoras, no momento da análise de viabilidade financeira da expansão de suas atividades, reduzirem a incidência dos impactos tributários na atividade, em observância ao previsto lei, por meio de um arcabouço estrutural contratual, societário e tributário.

O Planejamento Tributário, conforme visto anteriormente, desde que de acordo com a legislação vigente, se trata do principal instrumento capaz de diminuir a carga tributária empresarial, contudo, conforme entendimento emanado pelo próprio CARF, existem algumas prerrogativas que devem ser respeitadas de modo que não reste institucionalizada a evasão fiscal.

É preciso que as empresas tenham cautela no momento de estruturar as suas atividades, para que os atos jurídicos, sejam eles societários ou de outra ordem, estejam revestidos de propósito negocial legítimo. Além disso, existe uma vertente do entendimento que defende que o ideal é que os mesmos tenham sua origem em momento anterior ao fato gerador do tributo.

Nesse sentido, demonstrando o entendimento exarado em caso fático, destaca-se a ementa de julgado do CARF reconhecendo a existência de propósito negocial nos atos societários que tiveram sua origem em momento anterior ao fato gerador, senão vejamos:

Processo nº 11080.724651/201123 – Recurso nº Voluntário Acórdão nº 1402001.252 – 4ª Câmara / 2ª Turma Ordinária Sessão de 7 de novembro de 2012 – Matéria IRPJ E CSLL Recorrente DONADEL PARTICIPAÇÕES

SOCIAIS LTDA. Recorrida FAZENDA NACIONAL ASSUNTO: IMPOSTO SOBRE A RENDA DE PESSOA JURÍDICA IRPJ Ano calendário: 2007, 2008. DISTRIBUIÇÃO DISFARÇADA DE LUCROS. INOCORRÊNCIA NAS REDUÇÕES DE CAPITAL MEDIANTE ENTREGA DE BENS OU DIREITOS, PELO VALOR PATRIMONIAL A PARTIR DA VIGÊNCIA DA LEI 9.249/1995. **Constitui propósito negocial legítimo o encadeamento de operações societárias visando a redução das incidências tributárias, desde que efetivamente realizadas antes da ocorrência do fato gerador, bem como não visem gerar economia de tributos mediante criação de despesas ou custos artificiais ou fictícios.** *A partir da vigência do art. 22 da Lei 9.249/1995, a redução de capital mediante entrega de bens ou direitos, pelo valor patrimonial, não mais constituiu hipótese de distribuição disfarçada de lucros, por expressa determinação legal. Recurso Provido.* **[grifo nosso].**

Percebe-se por meio da presente decisão, que as operações voltadas à economia de tributos não autorizam o fisco a desconstituir vontades válidas e eficazes, apenas pautada no argumento de que o pagamento tributário é menor. Nessas situações, muito embora os atos jurídicos impliquem em economia tributária, em razão da origem ter sido em momento pretérito ao fato gerador do tributo, não podem ser considerados como inválidos pelo Órgão Julgador.

Como destacado anteriormente, esse assunto possui grande notoriedade no Direito Empresarial Brasileiro, visto que nas operações realizadas no país incidem altas cargas tributárias e, em razão disso, acabam colocando em risco o desenvolvimento, inclusive a existência, da atividade empresária no Mercado nacional.

Diante do fato dos empresários no Brasil estarem sujeitos à uma excessiva carga de tributos, é que se faz necessário, ainda mais, um bom planejamento tributário.

O Planejamento Tributário proporciona, além de redução de gastos, otimização e aperfeiçoamento da prática empresarial. Contudo, para que ele seja efetivo, deverá estar em observância aos princípios da função social do contrato legalidade, probidade e boa-fé empresarial.

É necessário destacar, que a adoção de um regime tributário mais benéfico, como a opção de lucro real ou presumido, ou até mesmo a aquisição, cisão ou transferência de fábrica para local com tributações mais favoráveis, também podem ser caracterizadas como manobras ensejadoras de elisão fiscal, em outras palavras, na economia lícita de tributos.

O entendimento do CARF é no sentido de que o Planejamento Tributário para ser válido deve apresentar os seguintes requisitos: (i) licitude das operações, ou seja ausência de fraudes e/ou simulações; (ii) ausência de abuso de direito e, sendo o principal objeto do presente trabalho (iii) a existência de propósito negocial.

A segmentação da unidade empresarial em mais de uma pessoa jurídica, com a respectiva segregação de atividades, possibilita que as partes cindidas passem a explorar individualmente as atividades segregadas, possibilitando ganhos em eficiência e até melhoria de organização da atividade empresarial.

A título exemplificativo, na atividade de franchising, é muito comum que o Franqueador faça a segregação da sua estrutura empresarial para fins únicos de, ao final, auferir maior economia tributária. Portanto, não são raras as estruturas encontradas que apresentam empresas pertencentes ao mesmo grupo econômico, que além de serem compostas de sócios em comum, possuem o mesmo local como sede principal, no entanto, com atividades fim distintas entre si.

Assim sendo, se faz necessário distinguir as reais hipóteses de segregação de atividades, diferenciando-as dos casos de simulação de reestruturações societárias, cujos efeitos jurídicos poderão ser reconhecidos pela administração fiscal, como realizados com dolo e com finalidade única de evasão de tributos, ou seja, inoponíveis ao Fisco.

De modo a retratar a alternância de entendimento exarado pelo CARF, decorrente da realidade fática do planejamento empresarial de cada empresa, segue decisão que reconheceu como lícita a estrutura empresarial proposta:

> *Ementa: SIMULAÇÃO — INEXISTÊNCIA —* **Não é simulação a instalação de duas empresas na mesma área geográfica com o desmembramento das atividades antes exercidas por uma delas, objetivando racionalizar as operações e diminuir a carga tributária.** *OMISSÃO DE RECEITAS – SALDO CREDOR DE CAIXA – DEPÓSITOS BANCÁRIOS DE ORIGEM NÃO COMPROVADA – A reunião das receitas supostamente omitidas por duas empresas para serem tributadas conjuntamente como se auferidas por uma só importa em erro na quantificação da base de cálculo e na identificação do sujeito passivo, conduzindo à nulidade do lançamento. Recurso provido. (Órgão: 1º Conselho de Contribuintes / 3a. Câmara/ ACÓRDÃO 103-23.357 em 23.01.2008).* **[grifo nosso].**

O julgado supra é do caso KIWI BOATS, que teve grande notoriedade no cenário jurídico nacional, visto que demonstrou a forma utilizada pelas empresas com intuito de não extrapolar os limites do regime tributário do SIMPLES. No caso em comento, as empresas Kiwi Boats e Estaleiro Schafer, com sede no mesmo local, promoveram alteração societária de maneira que o objeto social das empresas se complementasse. A primeira empresa era a responsável pela produção e comercialização das embarcações, enquanto a segunda teria a montagem e acabamento final como sendo seu objeto social.

Assim sendo, a Kiwi Boats emitia nota fiscal de venda do casco da lancha por ela produzida, enquanto a emissão de nota fiscal da Estaleiro Schaefer era decorrente da prestação de serviços de montagem da embarcação.

À época, a Receita Federal, entendeu que o caso se tratava de simulação entre as duas empresas, cujo objetivo era apenas de manter as empresas em regime tributário mais benéfico, autuou a Kiwi Boats considerando que as empresas eram, na verdade, uma única só.

Desta feita, somando a receita anual de cada uma das empresas, constatou-se que o total aferido ultrapassava o limite do SIMPLES, de maneira que a autuação da autoridade tributária representava a cobrança de todos os impostos devidos, além de multa de 150%, sob a alegação de fraude fiscal.

Inconformados com a autuação, a Kiwi Boats apresentou recurso à primeira instância, cuja decisão, todavia, foi mantida sob o mesmo fundamento. Assim sendo, diante de nova decisão contrária a forma da estrutura societária e contratual arquitetada, a empresa recorreu ao Conselho de Contribuintes, atual CARF. No CARF a decisão foi enfim reformada, conforme decisão colacionada acima, prevalecendo o entendimento de que o contribuinte possui o direito de planejar os seus atos societários, contratuais e tributários, desde que em conformidade com os meios legais disponíveis.

Sobre o assunto, Luciano Amaro discorre: *"há ilicitude na escolha de um caminho fiscalmente menos oneroso, desde que a menor onerosidade seja a única razão da escolha desse caminho"*, sob pena de se ter de admitir *"o absurdo de que o contribuinte seria sempre obrigado a escolher o caminho de maior onerosidade fiscal"* (AMARO, 2003)[11].

No julgado, o relator entendeu que os indícios de simulação, quais sejam, a instalação das duas empresas na mesma área geográfica e as alterações dos seus objetivos sociais de maneira a se complementarem, possam ser considerados como desdobramento da atividade antes exercida por uma delas, objetivando racionalizar as operações e minorar os impactos da carga tributária.

O argumento de que o desmembramento das atividades operacionais teve por único escopo a obtenção de economia tributária não é suficiente, por si só, para a desconsideração dos atos e negócios jurídicos realizados com amparo legal.

Assim, ilegítima a consideração de que a receita das duas empresas era auferida somente pela Kiwi Boats e, por consequência, por erro na quantificação da base de cálculo e na identificação do sujeito passivo, foi dada nulidade do lançamento da penalidade, resultando no provimento do recurso.

As vontades societárias são capazes de ensejar uma carga tributária menor ao empresário e, portanto, devem ser respeitadas pelo fisco, conforme se demonstra na decisão emanada a seguir:

> *DECOMPOSIÇÃO DE EMPRESA EM OUTRAS 04. Acórdão 1302001.708, de 26/04/2015 – ASSUNTO: CONTRIBUIÇÃO PARA O FINANCIAMENTO DA SEGURIDADE SOCIAL COFINS Ano-calendário: 2009 SIMULAÇÃO. PROVA. INEXISTÊNCIA. **Não provada pela fiscalização a simulação que legitimou a desconsideração dos atos societários do contribuinte, hão eles de ser restabelecidos, para o efeito de se apurar a base de cálculo dos tributos lançados. Apoiando-se o lançamento em tal desconsideração, há de ser cancelado.** [grifo nosso].*

Ainda, necessário avaliar que quando presente a motivação empresarial extratributária, não há que se falar em atos ou negócios simulados ou viciados, visto que a legislação permite outros tantos caminhos que levariam ao resultado pretendido (economia tributária), não se pode, assim, considerar que o caminho adotado pelo contribuinte no caso, seria o único pretexto se tratar do menos oneroso sob o aspecto tributário.

Em outra banda, há entendimento em sentido contrário emanado no referido órgão, CARF, que inferiu pela ocorrência de simulação no planejamento tributário, ou seja, que a economia de tributos havia sido feita de forma ilícita, caracterizando evasão fiscal. Senão vejamos:

---

11. AMARO, Luciano. Direito tributário brasileiro – 9. Ed. – São Paulo: Saraiva, 2003, p. 228.

Contribuições Sociais Previdenciárias Período de apuração: 01/01/2008 a 31/12/2009 CERCEAMENTO DE DEFESA. INOCORRÊNCIA. VALIDADE DO LANÇAMENTO. Não há nulidade do lançamento quando não configurado óbice à defesa ou prejuízo ao interesse público. FRAUDE OU SIMULAÇÃO. TERCEIRIZAÇÃO ILÍCITA. LANÇAMENTO DE OFÍCIO. **Configura-se simulação ou fraude quando os elementos probatórios indicam que duas sociedades empresárias constituem um único empreendimento de fato, por possuírem mesma atividade econômica e unidade de gestão, sendo que uma delas se utiliza, na execução das suas atividades-fins, da força de trabalho formalmente vinculada à outra, que, por sua vez, é optante pelo regime simplificado de tributação (SIMPLES).** *É ilícita a terceirização das atividades-fins da empresa. Inteligência da Súmula TST nº 331. O lançamento é efetuado de ofício pelo Fisco quando se comprova que o sujeito passivo, ou terceiro em benefício daquele, agiu com dolo, fraude ou simulação. SUJEIÇÃO PASSIVA. PRIMAZIA DA REALIDADE.* **O Fisco está autorizado a descaracterizar a relação formal existente, com base nos arts. 142 e 149, VII, do CTN, e considerar, para efeitos do lançamento fiscal, quem efetivamente possui relação pessoal e direta com a situação que constitui o fato gerador, identificando corretamente o sujeito passivo da relação jurídica tributária.** *MULTA DE MORA. Aplica-se aos processos de lançamento fiscal dos fatos geradores ocorridos antes da vigência da MP 449/2008 e declarados em GFIP, o artigo 106, inciso II, alínea "c" do CTN, para que as multas de mora sejam adequadas às regras do artigo 61 da Lei nº 9.430/96. No caso da falta de declaração, a multa aplicável é a prevista no artigo 35 da Lei nº 8.212, de 24/07/91, nos percentuais vigentes à época de ocorrência dos fatos geradores. MULTA QUALIFICADA. SONEGAÇÃO.* **Aplica-se a multa de ofício qualificada de 150% no período posterior à vigência da MP 449/2008 diante da constatação da prática de sonegação com o objetivo de impedir o conhecimento da ocorrência do fato gerador pelo Fisco e de reduzir o montante das contribuições devidas, utilizando-se de interpostas pessoas jurídicas.** *GFIP. OMISSÕES. INCORREÇÕES. INFRAÇÃO. PENALIDADE MENOS SEVERA. RETROATIVIDADE BENIGNA. PRINCÍPIO DA ESPECIALIDADE. Em cumprimento ao artigo 106, inciso II, alínea "c" do CTN, aplica-se a penalidade menos severa modificada posteriormente ao momento da infração. A norma especial prevalece sobre a geral: o artigo 32-A da Lei nº 8.212/1991 traz regra aplicável especificamente à GFIP, portanto deve prevalecer sobre as regras no artigo 44 da Lei nº 9.430/1996 que se aplicam a todas as demais declarações a que estão obrigados os contribuintes e responsáveis tributários. Recurso Voluntário Provido em Parte. (CARF – ACÓRDÃO n. 2402004.495 – 4ª Câmara / 2ª Turma Ordinária Sessão de 20 de janeiro de 2015). [grifo nosso].*

No caso em tela, ficaram constatadas as seguintes situações que configuraram a simulação tributária:

> [...] Com efeito, os elementos expostos no relatório fiscal demonstram que as empresas Costa Telefonia Ltda e RKB Representações Ltda. formam um único empreendimento, com unidade de gestão e mesmo quadro funcional, sendo que essa última foi constituída apenas para registrar formalmente os contratos de trabalho cuja relação material se dá em face da recorrente, além de registrar pagamentos aos contribuintes individuais que de fato prestam serviços à recorrente, com o objetivo de usufruir do Sistema Simplificado de Tributação (SIMPLES), do qual RKB Representações Ltda é optante, senão veja:
>
> a) no período de 06/2007 a 12/2009, os empregados da Costa telefonia Ltda foram transferidos para RKB Representações Ltda, conforme demonstrado no quadro do item 5 do relatório fiscal, sendo que, conforme afirmado pela fiscalização, os trabalhadores transferidos continuaram a desempenhar a mesma função. O quadro do item 5 demonstra que m 06/2007 RKB Representações Ltda possuía 02 empregados, e em 12/2009 já contava com 118 empregados registrados.
>
> b) de acordo com o relatório fiscal, restaram registrados na recorrente doze empregados, sendo quatro empregados em cada loja, o que é incompatível com o movimento operacional da recorrente, relativo à sua atividade de comércio varejista de aparelhos celulares através de rede de lojas (filiais).

c) a participação societária majoritária das duas empresas pertence a membros da mesma família, sendo o sócio administrador da autuada (Rodrigo Costa) pai de Robson Goulart, que por sua vez é o sócio administrador da RKB.

d) a pessoa jurídica RKB, no período de 18/02/2009 a 28/06/2010, tinha por sócio administrador Lauro Pereira Neto, o qual havia sido empregado da recorrente até 2008, passando, depois, à condição de empregado junto à RKB Representações Ltda, até se tornar sócio administrador dessa empresa.

e) Rodrigo Costa é também o gestor de fato da empresa RKB, respaldado por procurações. A primeira foi outorgada em 27/02/2009, logo após o ingresso do sócio administrador Lauro Pereira Neto, concedendo-lhe amplos e gerais poderes para gerir e administrar a pessoa jurídica RKB. A segunda foi outorgada em 16/04/20102, a qual também concede a Rodrigo Costa amplos e gerais poderes para gerir e administrar a firma outorgante (RKB Representações Ltda) e livre de prestação de contas. Apesar de figurar formalmente como procurador da pessoa jurídica RKB nesse período, Rodrigo Costa se identificava como sócioproprietário da RKB, conforme termos de rescisão de contrato de trabalho emitidos durante o ano de 2009 por RKB, fls. 176171.

f) antes mesmo da outorga da procuração, Rodrigo Costa já se identificava como sócioproprietário da RKB, conforme termo de audiência emitido em 2008 pela justiça do trabalho, em razão de ação trabalhista impetrada em face da pessoa jurídica RKB, fls. 177181, apesar de a participação societária do empresário na pessoa jurídica RKB ter ocorrido apenas no período de abril de 2002 a agosto de 2007, conforme contratos sociais.

g) existem diversos documentos inerentes às atividades operacionais da recorrente assinados por pessoas com vínculo empregatício formalizado junto à pessoa jurídica. (CARF – ACÓRDÃO n. 2402004.495 – 4ª Câmara / 2ª Turma Ordinária Sessão de 20 de janeiro de 2015).

Considerando os julgados acima elencados, percebe-se que o posicionamento do CARF é alterado diante da realidade fática, sendo que a autoridade coatora direciona o seu entendimento com base nos elementos que o caso concreto apresenta.

No primeiro caso o entendimento do CARF é de que, apesar das empresas possuírem sede no mesmo local e dos objetos sociais se complementarem, de fato o planejamento tributário arquitetado para o caso em comento objetiva, licitamente, a economia tributária.

Por outro lado, no segundo caso, o CARF identificou uma série de elementos que, na interpretação do conselho, caracterizaram simulação ou fraude fiscal. A análise conjunta dos elementos probatórios, demonstraram que as empresas constituem um único empreendimento, justamente por possuírem a mesma atividade econômica e unidade de gestão, de modo que o arcabouço jurídico utilizado pelas empresas para minimizar o impacto tributário nas atividades foi então considerado ilícito.

Do exposto, depreende-se que as decisões do CARF indicam a possibilidade da segregação de atividades empresariais e consequentemente, a redução de carga tributária em operações de desmembramento, desde que inexistam fatos simulados.

Em geral, nos casos em que o Fisco comprova que as empresas tributadas em regimes privilegiados não possuem quadro empregatício, estrutura física e administrativa, o CARF vem chancelando os lançamentos das penalidades, ao passo que, em situações de ausência de elementos probatórios robustos capazes de caracterizar a sonegação, as autuações acabam sendo revogadas.

CONSIDERAÇÕES FINAIS

Dentro dos cenários analisados, foi possível verificar que a organização empresarial, bem como o planejamento tributário, objetivam o alavancamento da atividade econômica nacional, já que geram capacidade empresarial e proporcionam a injeção de capital no mercado.

Em outras palavras, a economia tributária, dentro de preceitos jurídicos lícitos que correspondam a realidade do Mercado, possibilitam o empreendedorismo no Brasil.

É notório que uma das formas mais seguras de se empreender no Brasil e no mundo é a franchising, razão pela qual a estrutura do sistema de franquias deve estar contratualmente, societariamente e tributariamente interligada.

Com o resultado financeiro otimizado pela redução tributária, o risco do negócio diminui consideravelmente, razão pela qual defende-se e recomenda-se a prática do planejamento tributário.

Sendo a segregação das atividades da empresa uma das ferramentas decorrentes do planejamento tributário para o fim de atribuir menor impacto fiscal para a operação, bem como diante da ausência de entendimento pacífico da doutrina e jurisprudência sobre o assunto, é recomendável que o Franqueador adote na sua atividade empresarial, estruturas diferentes, se possível em sedes distintas, de modo que o planejamento tributário não reste caracterizado como simulação fiscal.

Para a escolha do melhor caminho a ser adotado pela empresa, deve-se levar conta a realidade do mercado nacional, cenários de crise, bem como soluções estratégicas para eventuais situações inesperadas.

Além disso, observou-se que o elemento principal a ser observado ao longo da execução do planejamento tributário, visando mitigar o risco de conflitos com o fisco, é o substrato econômico, ou seja, *business purpose*.

Por fim, as decisões emanadas pelo CARF demonstram a possibilidade do sujeito passivo arquitetar sua estrutura empresarial para fins de suportar menor carga tributária, contudo, caso o Propósito Negocial não esteja presente ou os atos eivados de vício, o poder coator poderá desconsiderar o planejamento tributário pretendido, invalidando os atos jurídicos decorrentes, ficando a empresa sujeita a autuação fiscal.

REFERÊNCIAS BIBLIOGRÁFICAS

AMARO, Luciano. *Direito tributário brasileiro* – 9. Ed. – São Paulo: Saraiva, 2003.

CARVALHO, Ivo Cesar Barreto de. Planejamento Tributário, *in* MACHADO, Hugo de Brito (Coord.). Planejamento Tributário, São Paulo: Malheiros: ICET, 2016.

FRANQUIAS crescem e se internacionalizam. *Portal Exame*, Disponível em: <https://exame.abril.com.br/negocios/franquias-crescem-e-se-internacionalizam/>. Acesso em: 18 de jun. 2019.

GRECO, Marco Aurélio. *Planejamento Tributário*. 3. ed. São Paulo: Dialética, 2011.

HUCK, Hermes Marcelo. Evasão e Elisão no Direito Tributário Internacional. *In* ROCHA, Valdir de Oliveira (org.). *Planejamento fiscal*: Teoria e Prática. São Paulo: Dialética, 1998.

MACHADO, Hugo de Brito. **Introdução ao planejamento tributário**. São Paulo: Malheiros, 2014.

MARINS, James. *Elisão tributária e sua regulação*. São Paulo: Dialética, 2002.

SANTOS, Ramon Tomazela. O desvirtuamento da teoria do propósito negocial: da origem no caso Gregory vs. Helvering até a sua aplicação no ordenamento jurídico brasileiro. *In* ROCHA, Valdir de Oliveira (Coord.). *Revista Dialética de Direito Tributário – RDDT*. São Paulo: Editora Dialética, n. 243, Dezembro, 2015.

TÔRRES, Heleno Taveira. *Direito tributário e direito privado*: autonomia privada, simulação, elusão tributária. São Paulo: Revista dos Tribunais, 2003.

ÍNDICE NORMATIVO

BRASIL, *Constituição da República Federativa do Brasil de 1988*, 05 de outubro de 1988. Diário Oficial da União, Brasília.

BRASIL, *Código Tributário Nacional*, Lei nº 5.172 de 25 de outubro de 1966. Ementa: Dispõe sobre o Sistema Tributário Nacional e institui normas gerais de direito tributário aplicáveis à União, Estados e Municípios. Diário Oficial da União, Brasília, 145º da Independência e 78º da República.

BRASIL, *Código Civil*, Lei nº 10.406 de 10 de janeiro de 2002. Ementa: Institui o Código Civil. Diário Oficial da União, Brasília, 181º da Independência e 114º da República.

BRASIL, *Lei da Franquia Empresarial*, Lei nº 13.966, de 26 de dezembro de 2019. Ementa: Dispõe sobre o sistema de franquia empresarial e revoga a Lei nº 8.955, de 15 de dezembro de 1994 (Lei de Franquia).

26
RESPONSABILIDADE DA FRANQUEADORA SOB A ÓTICA DO CÓDIGO DE DEFESA DO CONSUMIDOR

Francisco Marchini Forjaz

Sumário: Introdução – 1. A relevância do mercado de franquias para o mercado de consumo e a necessária harmonização – 2. Delimitação da responsabilidade da franqueadora/ 2.1. Ausência de relação direta entre Franqueadora e consumidores: a Franqueadora não é fornecedora; 2.2. A responsabilidade subjetiva da franqueadora – Acórdão no REsp nº 1.456.249/SP, relatado pelo ministro Raul Araújo; 2.3. As premissas equivocadas no Acórdão do REsp nº 1.426.578/SP, relatado pelo Ministro Marco Aurélio Bellizze – 3. Conclusões – Referências bibliográficas.

INTRODUÇÃO

O mercado de *franchising* no Brasil está em franca expansão há mais de duas décadas, com expressivo aumento no número de franqueadoras, marcas internacionais e nacionais e de unidades franqueadas em operação no Brasil, tudo graças à crescente profissionalização do segmento no país, especialmente em decorrência da atuação da Associação Brasileira de Franchising – ABF na propagação de boas práticas desde 1987 e na aprovação da Lei do Franchising, atualizada em 2019 (Lei nº 13.966/19), que gerou segurança jurídica aos Franqueados e Franqueadoras interessados em investir nesse modelo de negócio para expansão da divulgação de suas marcas, produtos e serviços.

Essa expansão está intimamente ligada à demanda existente no mercado de consumo, já que o mercado de massa no Brasil teve um desenvolvimento tardio e o crescimento do mercado de consumo ocorreu em conjunto com a abertura do mercado ocorrida na década de 1990 e associado ao interesse dos consumidores por grandes marcas e modelos de negócio já consagrados, o que gera o estímulo a investidores e empreendedores pela abertura de negócios por meio de Sistemas de Franquia.

A existência de "risco" (em sentido lato) se torna a principal baliza para Franqueados e Consumidores na decisão sobre com quem contratar, já que enxergam na marca e no modelo de negócio ofertados por uma Franqueadora maior segurança para efetivação da contratação.

No caso do franqueado, o que se busca é proteger o capital investido na abertura de um novo negócio, reduzindo alguns riscos inerentes à atividade empresarial mediante a contratação de um modelo pré-formatado e previamente testado, e mediante o uso de marcas com maior penetração no mercado, otimizando custos com divulgação do negócio e propagação dos serviços e produtos. Isso, em um mercado instável como o nacional, pode definir o sucesso da empreitada.

O consumidor, por sua vez, opta pela contratação de marcas que atuam por meio de franquia pela segurança no modelo de negócio apresentado e pela credibilidade já adquirida pela marca no mercado, com a oferta de produtos e serviços já conhecidos e aprovados previamente.

A confiança gerada pela marca inegavelmente atrai o consumidor e, ao mesmo o tempo, **o protege**, já que os Sistemas de Franquia reconhecidamente minoram efetivamente os riscos do consumo de massa, propagando boas práticas de comércio de produtos e serviços e reduzindo acidentes de consumo, vícios e defeitos de produtos e serviços, assegurando um cumprimento mais efetivo aos princípios do artigo 6º do Código de Defesa do Consumidor e efetiva proteção à Saúde e Segurança dos consumidores, a teor dos artigos 8 a 10 do mesmo diploma.

E se o modelo de negócio via *Franchising* previsto na Lei de Franquias gera maior segurança e controle a consumidores e franqueados, isso ocorre também frente à Franqueadora? Em tese sim, já que o objetivo da Lei de Franquias é justamente apresentar um cenário com previsibilidade de obrigações e transparência para que a Franqueadora e os Franqueados tenham clareza sobre suas responsabilidades no desenvolvimento dos negócios.

Tal previsibilidade vem sendo assegurada sob diversos prismas, como diante da insucedida tentativa de desnaturar a relação de franquia como uma relação empresarial (conforme o Capítulo 5º – Contrato de Franquia explora), responsabilidade trabalhista frente aos funcionários das Unidades Franqueadas do Sistema (a teor do Capítulo 13, Responsabilidade do Franqueador – Na esfera trabalhista), dentre diversos outros aspectos que vêm consolidando a autonomia e independência existente entre a Franqueadora e seus Franqueados, como preconizado no artigo 1º da Lei de Franquias.

A nova Lei de Franquias, aliás, aprovada em 2019 em conjunto com a Lei de Liberdade Econômica (Lei 13.874/19), assegurou uma série de alterações com o objetivo de melhorar o ambiente de negócios no âmbito da franquia empresarial, aumentando a segurança jurídica dos envolvidos, positivando a paridade entre empresários (art. 421-A, do Código Civil), visando corroborar com a continuidade da expansão do setor, que traz expressivo ganho em empregos, na economia e no mercado de consumo.

Não é, contudo, o que ocorre com relação à responsabilidade da Franqueadora frente ao mercado consumidor, onde vem se consolidando um entendimento de solidariedade da Franqueadora frente aos danos sofridos por consumidores junto às Unidades Franqueadas, sendo duas as bases centrais desse entendimento:

(i) a interpretação ampliativa dada aos artigos 7º, parágrafo único e 25, § 1º, do CDC, que tratam da solidariedade existente entre todos os **praticantes** do ilícito que se busca a reparação, o que faz com que os julgadores apontem que a Franqueadora, pela **teoria da aparência**, seria efetiva causadora do dano na visão do consumidor, ainda que não haja qualquer prova de ato seu lesivo; e,

(ii) a leitura dos artigos 12, 14, 18 e 20 do CDC permitiria inferir que a Franqueadora integra a **cadeia de consumo**, por outorgar sua marca e métodos a terceiros e ao se beneficiar economicamente de tal ato, o que a tornaria mera intermediadora da contratação entre os consumidores e os seus Franqueados.

O presente artigo demonstrará que as premissas supracitadas não são plenamente sustentáveis e que as decisões que as ecoam fazem leitura rasa dos dispositivos legais invocados, tornando equivocada a conclusão de que as Franqueadoras são responsáveis solidárias e objetivamente frente aos danos causados aos consumidores por seus Franqueados.

Os entendimentos expostos acima prevalecem nos julgados de Tribunais Estaduais que tratam do tema, sendo que a ideia de cadeia de consumo foi aplicada e consagrada em 2015 em julgamento pelo Superior Tribunal de Justiça – STJ que apontou que a teor dos arts. 14 e 18 do CDC cabe "*a responsabilização solidária de todos que participem da introdução do produto ou serviço no mercado, inclusive daqueles que organizem a cadeia de fornecimento*", sendo que "*cabe às franqueadoras a organização da cadeia de franqueados do serviço, atraindo para si a responsabilidade solidária pelos danos decorrentes da inadequação dos serviços prestados em razão da franquia*".

Trata-se do REsp nº 1.426.578/SP, relatado pelo Ministro Marco Aurélio Bellizze, da Terceira Turma do STJ julgado em 23/06/2015, onde o Exmo. Relator reconhece que "*não há precedentes nesta Corte Superior quanto vínculo jurídico entre empresas franqueadoras e os consumidores de suas franqueadas, razão pela qual a tese debatida deve ser enfrentada por este Colegiado*", que enfrentou o questionamento de infringência aos artigos 265 do Código Civil e aos artigos 12 e 14 do Código de Defesa do Consumidor para apurar a possibilidade de responsabilização solidária da Franqueadora.

A decisão dedicou ao tema um enfrentamento superficial e sem se ater às especificidades do mercado de franquias e até mesmo sobre seus benefícios ao próprio mercado de consumo. O referido acórdão e demais decisões que tratam do tema ignoram que a responsabilização solidária afasta investimentos e gera desnecessária insegurança jurídica a um segmento que é benéfico ao mercado de consumo, prejudicando, em última análise, o próprio consumidor.

Ao fazer uma análise aprofundada do Acórdão é possível observar que responsabilizar solidariamente a Franqueadora coloca em risco todo o modelo de franquia brasileiro, especialmente ao apontá-la como controladora do mercado de consumo desenvolvido e explorado por seus franqueados, que a teor da Lei de Franquias detém plena autonomia e responsabilidade pelo desenvolvimento de suas atividades.

Esse precedente vinha gerando frequente injustiça mediante a aplicação da solidariedade de maneira indiscriminada e sem atenção à casuística de cada processo.

Em 2022, no julgamento do AREsp 1.456.249/SP, ocorreu uma primeira e importantíssima quebra desse precedente, com a pacificação do entendimento de que inexiste responsabilidade da Franqueadora com relação aos serviços e produtos fornecidos aos consumidores pela operação Franqueada que não decorram da relação de Franquia.

A Franqueadora é mera propagadora de boas práticas e de uma marca de conhecimento pelos consumidores, detendo obrigações contratuais claramente definidas frente ao seu Franqueado, e como tal atua gerando maior segurança ao mercado como um todo.

Portanto, como bem assentado no novo precedente pelo Ministro Raul Araújo, o franqueador não poderá ser responsabilizado por obrigações estranhas ao objeto da franquia e ao *know how* transmitido aos seus franqueados, sendo imprescindível avaliar caso a caso em que medida o dano pleiteado pelo consumidor decorreu do conhecimento transmitido pela Franqueadora.

O novo precedente traz importante evolução para a discussão do tema, já que a aplicação do Resp 1.426.578/SP, relatado pelo Ministro Marco Aurélio Bellizze, vinha sendo aplicado indiscriminadamente em toda e qualquer queixa, ainda que o dano decorresse de atos praticados pelo Franqueado em infringência ao contrato de franquia, ou decorrente de serviços e produtos não ofertados pela Franquia, dentre outras situações de inaceitável responsabilização da Franqueadora.

É importantíssimo que se esclareça que não se pretende neste artigo defender a ausência absoluta de responsabilidade da Franqueadora, já que há situações onde ela atua como fornecedora de produtos (por si ou empresas do seus grupo econômico), o que por si só encerra hipótese de responsabilidade direta enquanto fornecedora de produtos, e em outros casos o consumidor se insurge justamente contra o método propagado pela Franqueadora aos seus Franqueados, o que também implica em questionamento a ato a ela imputável diretamente, o que resulta em sua responsabilização nos termos da Lei.

O que se questiona é justamente a responsabilização indiscriminada da Franqueadora.

Como se verá neste artigo, o mercado de Franquia brasileiro hoje atua como expressivo redutor de litígios na esfera consumerista ao propagar boas práticas e ao promover constante atualização, modernização e fiscalização na atuação de milhares de varejistas que, caso estivessem atuando à sorte do mercado, poderiam estar atuando com produtos que gerassem menor segurança, com atendimento mais precário, com controles de pagamentos mais rudimentares e com serviços prestados em nível tecnológico muito inferior ao efetivamente praticado por integrantes de redes de franquia.

Isso significa que o mercado consumidor encontra nos sistemas de franquias um agente promotor de seus direitos em razão de todos os fatores acima apontados, sendo ele também um importantíssimo vetor de desenvolvimento econômico e tecnológico, já que as Franqueadoras, em sua grande maioria, promovem treinamentos, desenvolvem novas técnicas, supervisionam a adequada aplicação do *know how* e homologam fornecedores adequados e já testados para abastecimento dos produtos e prestação dos serviços.

Diante desse cenário, parece clara a incidência do artigo 4º, III, do CDC, que prevê expressamente, dentre os princípios da Política Nacional das Relações de consumo a *"harmonização dos interesses dos participantes das relações de consumo e compatibili-*

zação da proteção do consumidor com a necessidade de desenvolvimento econômico e tecnológico, de modo a viabilizar os princípios nos quais se funda a ordem econômica (art. 170, da Constituição Federal), sempre com base na boa-fé e equilíbrio nas relações entre consumidores e fornecedores".

O setor de franquias atua como propulsor de inovações no comércio e, portanto, de desenvolvimento econômico e tecnológico, sendo que a indiscriminada responsabilização fundada em uma construção de solidariedade entre Franqueadora e Franqueados tem freado seriamente os investimentos e crescimento ainda maior do setor, o que, ao final, atua em prejuízo ao próprio consumidor, que se vê tolhido de melhores práticas de mercado.

Os consumidores são mais beneficiados com um modelo de desenvolvimento de franquias no Brasil sólido e estruturado ou com o seu enfraquecimento e desestímulo?

Um ambiente de negócios mais previsível e garantista assegura aos investidores o desenvolvimento de planos de negócio de longo prazo e que permitem ingresso de novas marcas, metodologias mais modernas, produtos e serviços a preços mais atrativos e que atingem uma quantidade maior de consumidores no território.

Parece não haver dúvidas, portanto, que os consumidores são beneficiados per esse mercado e modelos de negócio em *franchising*, de forma que o entendimento de responsabilidade solidária e indiscriminada entre Franqueados e Franqueadora anda na contramão do senso lógico do artigo 4º, III, do CDC, gerando um absurdo e equivocado risco às atividades das Franqueadoras.

O que se propõe não é um salvo conduto às Franqueadoras, mas pura e simplesmente o respeito modelo idealizado quando preconizado e aprovado o Código em 1990: a Franqueadora não deverá ser entendida como fornecedora, já que não assume tal condição por simplesmente ser detentora da marca, de forma que a extensão de responsabilidade a ela deverá ser feita a teor do artigo 28 do CDC, que prevê hipóteses de responsabilidade subsidiária (§ 2º), solidária (art. 3º) e subjetiva (§ 4º) de terceiros, sendo a última, aplicável a sociedades coligadas à fornecedora, a que mais se aproxima do modelo de *franchising*.

Ao avaliar em que medida a queixa do consumidor se relaciona com a metodologia propagada pela Franqueadora aos seus Franqueados, o julgamento do REsp 1.456.249/SP, relatado pelo Ministro Raul Araújo, deu importantíssimo passo nesse sentido, direcionando o olhar dos julgadores para a importância de se atestar a existência de culpa da Franqueadora pela queixa apresentada para somente então responsabilizá-la.

É o que se passa a demonstrar nos capítulos seguintes, onde primeiro será tratada a relevância do mercado de franquias no Brasil e a sua importância para o mercado de consumo, impondo-se a harmonização prevista no artigo 4º, III, do CDC, para, no capítulo seguinte, expor de forma detalhada e com exemplos, os regimes de responsabilização possíveis.

1. A RELEVÂNCIA DO MERCADO DE FRANQUIAS PARA O MERCADO DE CONSUMO E A NECESSÁRIA HARMONIZAÇÃO

O Brasil está há mais de uma década entre os dez países com a maior quantidade de marcas de franquias no mercado nacional, tendo recentemente ultrapassado a marca de 3.000 marcas, e com mais unidades franqueadas instaladas em seu território, atingindo um total de 184.354 unidades, ambos números de 2022[1], o que representa significativo crescimento antes os números pré-pandemia.

A Associação Brasileira de Franchising (ABF) demonstra que o setor de franquias mantém crescimento expressivo, com aumento no faturamento das empresas da ordem de 14,3% ante os números de 2021, ainda impactados pela pandemia, e crescimento de 13,2% ante os números de 2019, último antes dos efeitos da restrição aos comércios.

O faturamento bruto atingiu 211,5 bilhões de reais, com crescimento em todos os segmentos, e geração de um total de 1.589.276 de empregos diretos, aumento de 17% frente ao número pré-pandemia, o que significa que hoje uma operação franqueada representa a geração de 9 empregos diretos.

A possibilidade de crescimento ainda maior, contudo, encontra entraves que vão muito além da crise econômica que paira nosso país desde 2013: o Brasil é famoso internacionalmente por sua burocracia extremada, problemas regulatórios que dificultam a atividade empresarial, a complexa regulamentação fiscal, os riscos relacionados à força de trabalho e o protecionismo exacerbado ao mercado consumidor, que é tema deste artigo.

O protecionismo exagerado aos consumidores mostra-se, portanto, como um relevante entrave a um desenvolvimento ainda mais robusto do varejo e do mercado de consumo nacional, já que gera custos à franqueadora que ela não deveria suportar, resultando em maior demora para que inovações e tecnologias estruturais cheguem ao Brasil e beneficiem o próprio mercado consumidor.

A Associação Brasileira de Franchising vem atuando com destaque há anos em sucessivas participações nas Feiras promovidas pela IFA – *International Franchising Association,* na NRF Retail's Big Show, maior evento de varejo do mundo, propagando a seus associados as práticas que ajudam a revolucionar o atendimento aos consumidores, oferecer melhores produtos e serviços, otimizar custos, dentre diversas outras inovações que são de interesse direto do consumidor.

Tais fatos demonstram que a preocupação central de uma Franqueadora, enquanto formatadora de um modelo de negócio que será replicado por diversos outros empresários, não pode ter por foco único na proteção do seu negócio e da sua marca (vide Capítulo 2 Direitos de propriedade intelectual [elementos distintivos]), devendo buscar concomitantemente a proteção dos seus consumidores e assegurar que eles terão o melhor atendimento e experiência na compra do produto e/ou prestação de serviços ofertado.

---

1. https://www.abf.com.br/mercado-de-franquias-brasileiro-supera-os-211-bi-e-cresce-143-em-2022/ consultado pelo autor em 23/06/2023.

Daí a ideia de harmonização preconizada neste artigo, que já surge desde a formatação dos negócios pela Franqueadora com base nas atribuições legais de responsabilidade de cada um dos agentes do negócio.

Em dissertação[2] que trata justamente do artigo 4º, III, do CDC como regra de harmonização entre os interesses de fornecedores e consumidores, o autor deste artigo aponta uma famosa frase de Henry Ford no âmbito dos estudos do direito do consumidor (*"O consumidor é o elo mais fraco da economia; e nenhuma corrente pode ser mais forte do que o seu elo mais fraco"*) para exemplificar os riscos advindos de uma vulnerabilização extrema do consumidor.

Contextualizando-se a afirmação acima transcrita ao pensamento de Henry Ford é possível observar que, ao contrário do que alguns doutrinadores apontam, o seu mote não é o reconhecimento da vulnerabilidade do consumidor, mas sim da **vulnerabilidade da economia** diante de um consumidor fraco e excluído do sistema econômico. Se a corrente tiver qualquer elo fraco ela será frágil, de forma que o fortalecimento do consumidor em detrimento da extrema fragilização de outro agente, mantém a economia frágil.

O fortalecimento desse elo mais fraco – o consumidor –, teria por objetivo exclusivamente o fortalecimento da "corrente-economia" como um todo e se restringiria à universalização do acesso ao consumo e não à proteção indiscriminada desse consumidor.

Daí a aplicação do artigo 4º, III, do CDC, que trata da necessidade de *"harmonização dos interesses dos participantes das relações de consumo e compatibilização da proteção do consumidor com a necessidade de desenvolvimento econômico e tecnológico"*. A corrente somente será forte se o consumidor detiver condições de atuar nesse mercado, mas isso não deverá acontecer a custo do impedimento de desenvolvimento dos fornecedores ou do próprio mercado.

A solução, portanto, não é tornar a corrente toda mais fraca, mas sim o mercado e todos os seus participantes mais fortes, como vem sendo mote de atuação das Franqueadoras há décadas no Brasil.

De maneira objetiva, acerca do tema do presente artigo, não se deve fragilizar a Franqueadora e responsabilizá-la de maneira indiscriminada, mas fortalecer o mercado e dotar o consumidor de melhores produtos e serviços, o que lhe assegura um mercado de consumo mais seguro e eficaz, o que se dará reconhecendo a qualidade de "terceira" detida pela Franqueadora nas relações de consumo, estendendo a responsabilidade a ela somente nas hipóteses onde a culpa dela reste demonstrada, como consolidado no REsp 1.456.249/SP de que trata este artigo.

---

2. FORJAZ, Francisco Marchini. **A harmonia entre consumidores e fornecedores à luz do art. 4º, inciso III, do Código de Defesa do Consumidor**. Dissertação de Mestrado. Pontifícia Universidade Católica de São Paulo – PUCSP, 2014.

2. DELIMITAÇÃO DA RESPONSABILIDADE DA FRANQUEADORA

A Franqueadora, como regra, é mera intermediadora de bens intangíveis e imateriais cedidos aos seus franqueados – marca e *know how* – para que estes repliquem tais modelos no mercado frente aos consumidores e seus parceiros comerciais.

Conforme delineado pelos demais Autores deste livro, há modelos de franquia de venda de produtos, de prestação de serviços, franquias industriais, híbridas e todas elas podem adotar modelos de apresentação diversos, de forma que esses detalhes serão preponderantes no momento de definir a responsabilidade da Franqueadora por eventuais danos sofridos por consumidores. Isso não poderá, sob hipótese alguma, ser desprezado pelo julgador.

Deve-se ter em mente, portanto, que a responsabilidade da Franqueadora não poderá ser objetiva e solidária já que ela, salvo característica específica de algum sistema de franquias que adote tal modelo, não se coloca no mercado como efetiva fornecedora frente aos consumidores.

2.1. Ausência de relação direta entre Franqueadora e consumidores: a Franqueadora não é fornecedora

São três os motivos pelos quais não se pode apontar a responsabilidade solidária da Franqueadora pelos danos causados aos consumidores das Unidades Franqueadas:

> (i) a franqueadora não se enquadra no conceito de fornecedora típico, sendo que a ideia de cadeia de consumo é bem delineada no CDC e não se aplica à Franqueadora de maneira irrestrita, o que impossibilita a sua responsabilização pelo simples fato de ser entendida como fornecedora ou mera integrante da cadeia de consumo;
>
> (ii) a solidariedade não pode ser presumida, a teor do artigo 265 do Código Civil, ela decorre de lei ou de vontade das partes, e simplesmente inexiste previsão legal indicando a responsabilidade solidária e objetiva da Franqueadora frente aos consumidores de seus franqueados; e, ainda,
>
> (iii) a teoria da aparência não pode ser aplicada às Franqueadoras pois a essência da Franquia é justamente permitir a autonomia jurídica e administrativa frente aos Franqueados, sendo que os próprios consumidores têm conhecimento de que a contratação é feita junto aos Franqueados, reconhecendo a maior segurança de contratar junto a um Sistema de Franquias.

Inicialmente cumpre esclarecer que a Franqueadora não ser considerada, para fins do artigo 3º do CDC, como fornecedora de produtos ou serviços, já que são os seus Franqueados que oferecerem produtos e serviços ao mercado consumidor.

O fornecedor é somente aquele que coloca o produto ou serviço em circulação no mercado, de forma que a empresa Franqueadora, mera administradora de contratos visando a cessão de *know how* e marca a seus franqueados, não poderá ser entendida como fornecedora de serviços ou produtos, salvo, reitere-se, se assim se apresentar e se responsabilizar.

E isso por uma razão muito simples: assegura tal controle e onipresença frente à rede franqueada tem um alto custo que certamente reflete nos valores dos produtos e serviços ofertados aos consumidores, que estarão pagando por essa salvaguarda. Trata-se de mera aplicação da lei de mercado, onde o consumidor pode optar por maior segurança e qualidade frente a um valor, ou por economizar assumindo certos riscos.

O reconhecimento absoluto de que toda e qualquer Franqueadora é fornecedora por integrar a 'cadeia de consumo' é fundada em uma interpretação extensiva absolutamente equivocada do Código de Defesa do Consumidor, pois a ideia de cadeia, a bem da verdade, decorre do artigo 12, que trata da responsabilidade pelo **fato do produto** e prevê a responsabilização de todos aqueles que integram a cadeia de produção. A ideia é justamente assegurar que todos aqueles "*partícipes do ciclo produtivo-distributivo*"[3] que corroboraram para que o produto chegue ao consumidor com risco à sua segurança respondam solidariamente.

A Franqueadora não é, sob qualquer aspecto que se avalie, integrante da cadeia de consumo de um produto, já que não atua, sob qualquer forma, para produção e/ou distribuição do produto no mercado, salvo, como já dito, quando ela própria ou empresas de seu grupo econômico se apresentam dentre os fornecedores qualificados no caput do art. 12. Nesse caso não há discussão sobre a sua responsabilidade, que se dará por previsão legal expressa, e não pelo fato de apresentar-se como Franqueadora da Rede.

Em um sistema de Franquias para venda de produtos de perfumaria ou de roupas monomarca, por exemplo, onde os produtos são fornecidos pela própria Franqueadora ou por empresa integrante de seu grupo econômico, a responsabilidade dessa fornecedora, que se confunde com a figura da Franqueadora, é evidente, na medida em que ela integra a cadeia de manufatura e se utiliza do sistema de franquias para distribuição desses produtos. Note-se, porém, como já dito, que a Franqueadora não responde por sua qualidade de Franqueadora, mas sim por se enquadrar diretamente na previsão legal do artigo 12 do CDC.

Tanto é verdade que em um Sistema de Franquias onde os produtos são fabricados por terceiros sem relação com a Franqueadora – salvo a relação comercial própria da integração ao rol de fornecedores homologados – a Franqueadora deixa de ostentar qualquer participação no ciclo produtivo-distributivo e não pode mais ser considerada integrante da relação de consumo, que se forma entre o comerciante e o consumidor, e deste com o fabricante.

O mesmo ocorre com as Franquias de Prestação de Serviços, pois o artigo 14, que trata do fato do serviço, é ainda mais contundente ao prever como responsável exclusivamente o fornecedor do serviço, havendo expressa previsão de que os profissionais liberais não será objetiva (§ 4º), o que corrobora com a ideia de que terceiros que não sejam o próprio prestador ou os profissionais envolvidos na prestação não poderão ser entendidos como prestador por interpretação extensiva à previsão do artigo que trata da cadeia produtiva dos produtos.

---

3. DENARI, Zelmo. Código Brasileiro de defesa do consumidor: comentado pelos autores do anteprojeto. 8ª Ed. Rio de Janeiro: Forense Universitária, 2004. p. 180.

Não há previsão legal tratando de cadeia de consumo no fornecimento serviços e a interpretação extensiva para que a Franqueadora assuma tal condição fere gravemente todo o sistema protetivo.

Portanto, o atendimento e cumprimento das obrigações é responsabilidade exclusiva do Franqueado, que nos termos do artigo 1º da Lei de Franquia detém absoluta autonomia jurídica, independência legal e comercial para atuação e atendimento aos consumidores. A Lei de Franquias é clara ao apontar a autonomia entre as partes, o que impede a extensão da responsabilidade à Franqueadora por obrigações assumidas pelos seus Franqueados.

Até porque, reitere-se, a solidariedade, nos termos do artigo 265 do Código Civil, "não se presume; resulta da lei ou da vontade das partes", e é exatamente por isso, que se questiona qual o amparo legal a apontar que a Franqueadora responde solidariamente.

Como se verá no segundo tópico deste Capítulo, os artigos 7º, parágrafo único e 25, § 1º do CDC, comumente apontados como fundamento para responsabilização da cadeira de consumo, indicam expressamente que a responsabilidade solidária lá prevista é para quem for *"responsável pela causação do dano"* e *"autor da ofensa"*, o que induz à conclusão de que a extensão automática da responsabilidade não poderá jamais ser presumida, mas sim provada.

Por fim, o simples fato da Franqueadora ser a titular da marca não permite a aplicação da teoria da aparência, já que não se pode afirmar que o consumidor acredita estar comprando ou contratando com a Franqueadora diretamente, pois tal ideia desnaturaria prontamente a lógica do sistema, onde um consumidor é atraído justamente pela segurança do Sistema de Franquia. Ora, se o consumidor busca uma marca pelo prestígio atribuído a ela pelo Franqueador, exigir sua responsabilização seria, em última análise, um contrassenso.

O mercado globalizado e o fácil acesso às informações pela Internet permitem inferir que os consumidores detêm exata noção da existência de Franquias e de estarem contratando perante uma Unidade Franqueada, que recebe da Franqueadora somente o direito de uso de marca e o *know how* operacional-tecnológico para atuar.

Se o consumidor contrata com um Franqueado ciente de que a Franqueadora não foi a empresa contratada por ele, e se sua queixa se limita à prestação dos serviços ou situação experimentada na Unidade Franqueada, a Franqueadora simplesmente é parte ilegítima para responder pelas queixas apresentadas, pois não há qualquer ato ou fato a ela atribuível que possa implicar em sua responsabilização.

Tanto é verdade que vem sendo cada vez mais comum que consumidores, cônscios do modelo de negócio explorado por determinada marca, tomem a liberdade de contatar a Franqueadora para apresentar queixa sobre o não atendimento, por determinado franqueado, dos padrões preconizados por aquela marca, o que assegura à Franqueadora justamente agir para proteção do mercado e território atendido por aquele franqueado.

Aí um exemplo claro de situação em que uma Franqueadora poderia responder por eventual dano causado a consumidor, caso, ante queixa de consumidor sobre o desatendimento de padrões pelo franqueado, deixe ela de tomar providências para que o Franqueado atue dentro das condições que lhe são impostas pela Franqueadora.

Entender de forma diversa desvirtuaria de maneira grave a própria ideia de franchising e de autonomia operacional entre Franqueado e Franqueadora, agregando um inaceitável risco à operação do Franqueador, quando este, na verdade, atua como propagador de boas práticas no mercado, reduzindo e mitigando riscos aos consumidores.

A responsabilização indiscriminada dos Franqueadores, em especial daqueles que atuam em prestação de serviços, poderá, até mesmo, inviabilizar sua atividade no mercado, já que é alto o custo de manutenção do *know how* e sua replicação aos Franqueados, de forma que a responsabilização indiscriminada onera de maneira absolutamente indevida suas atividades.

Isso significa que a proteção do consumidor deve ser **compatibilizada** com a necessidade de desenvolvimento econômico e tecnológico, sendo o tema deste artigo – a responsabilidade das Franqueadoras – exemplo emblemático de tal princípio, já que as Franqueadoras atuam inequivocamente como propagadoras de boas práticas que permitem a expansão de um modelo de negócio bem sucedido e, em última análise, beneficiam o mercado consumidor ao oferecer aos seus Franqueados acesso a *know how* qualificado para oferta de serviços e produtos aos consumidores.

Tal compatibilização não implicará na concessão de integral imunidade da Franqueadora a qualquer demanda de consumidores, mas sua responsabilização deverá ser adstrita aos atos por ela praticados, como eventual campanha de marketing enganosa, propagação de prática inadequada ou outorga de *know how* falho para prestação de um serviço ou atendimento do consumidor.

Por isso, afirmou-se anteriormente que, em uma ação em que o consumidor limita-se a queixar-se de uma falha na prestação de serviço ou na compra de um produto, a Franqueadora não terá qualquer relação com a demanda, devendo ser excluída do polo passivo por sua absoluta ilegitimidade, devendo seguir no polo passivo somente quando houver apontamento pelo consumidor das causas que amparam sua inclusão no feito.

2.2. A responsabilidade subjetiva da franqueadora – Acórdão no REsp nº 1.456.249/SP, relatado pelo ministro Raul Araújo

O Código de Defesa do Consumidor determina no parágrafo único do art. 7º que "*tendo mais de um autor a ofensa, todos responderão solidariamente pela reparação dos danos previstos nas normas de consumo*".

Tal previsão foi associada à ideia de cadeia de consumo do artigo 12 do CDC e fez com que a doutrina e a jurisprudência criassem um permissivo legal que autorizasse a extensão de responsabilidade a terceiros que legalmente não estivessem obrigados a reparar um consumidor. Ao dizer que esses responsáveis solidários são aqueles que integrama "cadeia de responsabilidade", expressão forjada por José Geral Brito Filomeno[4], a jurisprudência passou a misturar tal conceito com o de cadeia de consumo para apontar que ao mínimo contato da empresa com a relação de consumo, ela deverá responder pelo dano e buscar reparação em regresso posteriormente dos demais obrigados.

Uma simples leitura do artigo de lei em comento permite aferir que isso não é verdade, pois o referido art. 7º, parágrafo único prevê de maneira clara que poderão ser responsabilizadas solidariamente pela reparação aquele que se comprovar ser também "*autor da ofensa*". A teor do entendimento do STJ, que discutiu de forma mais profunda o tema, "*respondem solidariamente* **todos aqueles que contribuíram para a causa do dano**. (...)" (AgRg no REsp 1000329/SC, Rel. Ministro João Otávio de Noronha, Quarta Turma, julgado em 10/08/2010, DJe 19/08/2010).[5]

Portanto, está muito claro que a Franqueadora poderá, sim, integrar a cadeia de responsabilidade e, com base no art. 7º, parágrafo único do CDC, ser responsabilizada pela queixa apresentada, mas para tanto é imprescindível que se demonstre o ato ou fato imputável à Franqueadora a amparar sua responsabilização. Nada mais se exige do que a demonstração de sua culpa, de onde se extrai que o regime de responsabilização do referido artigo é de responsabilidade subjetiva, e não objetiva.

Na prática é exatamente isso que fez o REsp 1.456.249/SP de relatoria do Ministro Raul Araújo, quando afirmou que nas contratações autônomas realizadas pelo consumidor diretamente frente às operações franqueadas "*não há como a franqueadora, em razão da autonomia da franqueada, intervir em seus atos de gestão interna, não podendo ser responsabilizada por obrigações alheias à própria franquia, o que não se confunde com a transmissão da padronização, método de ensino e serviços educacionais contratados*".

Esse trecho é de extrema relevância pois consolida o entendimento de que a franqueadora responderá exclusivamente pela transmissão do seu método visando a padronização, e não de maneira geral e indiscriminada, como vinha ocorrendo.

Assim, se a pretensão do consumidor não se refere a fatos imputáveis à Franqueadora, mas sim, sobre vícios ou defeitos imputáveis ao Franqueado exclusivamente, não deve haver a responsabilização da Franqueadora, pois esta se apresenta fora da cadeia de consumo e não praticou qualquer ato a permitir sua inclusão no polo passivo da demanda. Responsabilizá-la indiscriminadamente mesmo sem possuir qualquer relação com os consumidores, sob a pretensa intenção de assegurar a eles a efetiva reparação de que trata o artigo 6º, VI, do CDC coloca em risco todo o sistema que se busca proteger.

O precedente não atinge, ainda, tal nível de averiguação pelo julgador, determinando somente que se afaste a responsabilização da Franqueadora nos casos em que o

---

4. Código Brasileiro de defesa do consumidor: comentado pelos autores do anteprojeto. 8ª Ed. Rio de Janeiro: Forense Universitária, 2004. p. 160.
5. Posteriormente, em sentido contrário, julgado de Nancy Andrighi seguiu o caminho fácil da responsabilização irrestrita: "(...) 3. Os arts. *7º, parágrafo único, e 25 do CDC impõem a todos os integrantes da cadeia de fornecimento a responsabilidade solidária pelos danos causados por fato ou vício do produto ou serviço*. (...)" (REsp 1370139/SP, Rel. Ministra NANCY ANDRIGHI, TERCEIRA TURMA, julgado em 03/12/2013, DJe 12/12/2013).

serviço contratado não integre o rol oferecido e propagado pela Franqueadora. Mas é imprescindível que tal provocação e questionamento sigam sendo realizados em juízo para que seja possível demonstrar a importância de se perquirir a culpa da franqueadora pelos danos arguidos.

Eventuais falhas na atuação quotidiana do Franqueado fogem em absoluto do controle da Franqueadora, e a sua responsabilização nestes casos traria um risco demasiado, ilegal e até mesmo inconstitucional na atuação das empresas como Franqueadoras, podendo, inclusive, inviabilizá-la no mercado nacional, como dito anteriormente. Caberá ao Franqueado, portanto, integral responsabilidade perante o mercado acerca de seus atos, seja perante seus funcionários, seus consumidores, fornecedores ou qualquer outro parceiro com quem tenha contratado.

Assim, se uma empresa não é a fornecedora direta de um produto ou de um serviço, de que forma ela poderá ser responsabilizada pelos danos sofridos por um consumidor? A resposta pode ser encontrada na legislação protetiva facilmente:

> (i) quando a ofensa não for praticada somente pelo Fornecedor, mas também por qualquer outro ente ou pessoa (**art. 7º, parágrafo único e art. 25, § 1º, ambos do CDC**): nesse caso, a ofensa terá autores responsáveis solidariamente, no entanto será imprescindível que se demonstre a culpa desse outro autor da ofensa, uma vez que não se aplica a ele o regime de responsabilidade solidária do CDC.

Caso se entenda que a Franqueadora contribuiu para o evento danoso sofrido pelo Consumidor, poderá ser incluída no polo passivo com base no art. 7º, parágrafo único do CDC, com a ressalva de que sua responsabilidade não será objetiva, pois não há relação de consumo entre Franqueadora e consumidor.

> (ii) na responsabilidade pelo fato do produto (art. 12, CDC), respondem solidária e objetivamente "*o fabricante, o produtor, o construtor, nacional ou estrangeiro, e o importador*". Além da Franqueadora não se enquadrar em nenhuma das hipóteses, tal dispositivo não ser aplicável em uma suposta falha no fornecimento de serviços.
>
> (iii) responsabilidade do comerciante (art. 13, CDC) que responderá somente quando o fabricante, o construtor, o produtor ou o importador não puderem ser identificados, ou quando o produto for fornecido sem identificação clara do seu fabricante ou, ainda, quando não conservar adequadamente os produtos perecíveis.
>
> (iv) nas hipóteses de **desconsideração da personalidade jurídica** (artigo 28, CDC): com a responsabilização de seus sócios quando houver abuso de direito, excesso de poder, infração da lei, fato ou ato ilícito ou violação dos estatutos ou contrato social.
>
> (v) nas hipóteses de **grupos societários** (art. 28, § 1º, CDC), quando a responsabilidade será **subsidiária**, nas **sociedades consorciadas** (art. 28, § 2º, CDC), quando a responsabilidade será solidária, e, finalmente, as **sociedades coligadas**, quando a responsabilidade será subjetiva e prescindirá da apuração de culpa.
>
> (vi) na responsabilidade pessoal do profissional liberal (art. 14, § 4º, CDC) é imprescindível a apuração de culpa.

Decerto uma relação de franquia não pode ser entendida como um **grupo societário** (disciplinado pelos artigos 265 e seguintes da Lei das Sociedades Anônimas), um **con-**

sórcio de empresas (disciplinado pelo artigo 278 da Lei das Sociedades Anônimas) ou uma coligação (tratada no § 1º, do art. 245 da Lei das Sociedades Anônimas, até mesmo em razão da previsão legal existente no artigo 2º da Lei 8.955/94 que trata da absoluta independência jurídica entre empresa Franqueada e Franqueadora.

Mas ainda que se tentasse enquadrar a Franqueadora em uma das previsões para buscar sua responsabilização frente ao consumidor de seu Franqueadora, as relações de Franquia estariam mais próximas das relações existente entre sociedades coligadas, pois ainda que por definição legal essas impliquem em participação no capital uma da outra, sem qualquer controle e nas relações de franquia não haja qualquer participação societária ou controle sobre as atividades uma da outra, há comunhão de uma mesma marca e do *know how* operacional.

Contudo, ainda nessa hipótese, não se admitiria a solidariedade da Franqueadora pelas obrigações de seu Franqueado, uma vez que ainda seria imprescindível a apuração da culpa da Franqueadora pelos danos apurados, seguindo-se a regra do próprio art. 7º, parágrafo único, que muitas vezes é apontado de maneira indevida e sem devido contexto.

Nada disso implica na impossibilidade de responsabilização da Franqueadora, pois seja aplicando o artigo 7º, parágrafo único, seja aplicando por analogia a previsão do artigo 28, § 4º, as Franqueadoras responderiam *"por culpa"*, bastando ao consumidor comprovar que a Franqueadora agiu para que o dano arguido fosse causado.

Esse entendimento encontra algum eco em decisões técnicas de primeiro grau e tem um Acórdão enfrentando com precisão o tema, proferido pelo Relator Roberto Borges de Oliveira ainda em 2005, quando reconheceu a imprescindibilidade da demonstração do ato que resultou no dano reclamado sob pena de não ser reconhecida a responsabilidade da Franqueadora:

"[...] *O artigo 20 do Codecon, que cuida da RESPONSABILIDADE civil dos fornecedores de serviço, não estabelece a presunção de solidariedade dos mesmos. A solidariedade só ocorrerá, nos termos do art. 25, § 1º, SE EFETIVAMENTE DEMONSTRADA A PARTICIPAÇÃO DOS FORNECEDORES NO EVENTO DANOSO. – O montante da indenização por danos morais deve ser suficiente para compensar o dano e a injustiça que a vítima sofreu, proporcionando-lhe uma vantagem, com a qual poderá atenuar parcialmente seu sofrimento. Não poderá ser, no entanto, fonte de enriquecimento sem causa. – É vedado, nos termos do art. 7º, IV, da Constituição da República, a vinculação da indenização ao valor do salário mínimo. – O vencido em demanda judicial deve ser condenado nos ônus da sucumbência, que decorrem exclusivamente da derrota por ele experimentada. – Primeira apelação não provida, parte da sentença alterada, de ofício, e segunda apelação provida em parte"* (TJMG. Apelação 4192521-67.2000.8.13.0000. Relator Des. Roberto Borges de Oliveira. Data do Julgamento: 15/03/2005 e Data da Publicação: 27/04/2005).

Como se vê, somente quando for demonstrado o envolvimento direto da Franqueadora no evento descrito pelo consumidor e estiverem presentes os requisitos para sua responsabilização (ato ilícito, nexo causal e dano), a Franqueadora poderá ser responsabilizada.

Isso somente ocorrerá se houver indevida ingerência da Franqueadora sobre os negócios de seus Franqueados, se a própria Franqueadora pratica o ato do qual o consumidor se queixa, se a falha no produto ou na prestação de serviços decorrem de ato ou fato imputáveis à Franqueadora, em caso de grave desídia da Franqueadora na manutenção de um Franqueado que não detenha condições de se manter na Rede, dentre outros.

Em caso julgado no E. Tribunal de Justiça do Estado de São Paulo os julgadores acolheram a preliminar de ilegitimidade passiva apresentada pela Franqueadora em litígio que versava sobre a inclusão indevida em cadastro de inadimplentes pelo Franqueado sem qualquer envolvimento da franqueadora, que não mantém relação direta com os consumidores e não realiza cobranças ou negativa os nomes, função absolutamente alheia a seu escopo de atuação. Confira-se:

> APELAÇÃO – ESTABELECIMENTO DE ENSINO – AÇÃO declaratória de inexigibilidade de débito c.c. danos MATERIAIS E morais – INEXISTÊNCIA DE RESPONSABILIDADE SOLIDÁRIA DA FRANQUEADORA PELOS ATOS DA FRANQUEADA EM CASO DE RESTRIÇÃO DO NOME DA AUTORA – PEDIDO DE DANO MORAL POR MANUTENÇÃO INDEVIDA DO NOME NO CADASTRO DE INADIMPLENTES QUE CONSTITUI INOVAÇÃO EM SEDE RECURSAL – INADMISSIBILIDADE – SENTENÇA MANTIDA – RECURSO DESPROVIDO. (TJSP, Apelação Cível 1007757-23.2013.8.26.0309, Rel. Des. Cesar Luiz de Almeida, 28ª Câmara de Direito Privado, j. 05/07/2017)

Entenderam os D. Desembargadores que: "*conforme bem decidido pelo Culto Magistrado sentenciante, o contrato foi assinado entre a autora e a franqueada CJ Cursos. Observa-se que de acordo com a legislação consumerista, a franqueadora da marca responde solidariamente apenas quando há vício ou defeito do serviço oferecido pela franqueada. Porém no caso o que se discute é a restrição indevida do nome da autora nos órgãos de proteção ao crédito, o que não se enquadra nas hipóteses legais de responsabilização*".

Daí a importância de se demonstrar aos julgadores que a casuística deverá ser respeitada, com a adequada análise das circunstâncias fáticas e análise do envolvimento da Franqueadora com os fatos narrados e os danos arguidos pelos consumidores em suas queixas.

Do contrário, sem a demonstração da culpa da franqueadora, a sua responsabilização por dano enfrentado por consumidor em razão da sua relação com empresa Franqueada do Sistema terá ocorrido de maneira ilegal, já que é vedada a responsabilização solidária sem previsão legal a lhe dar amparo.

2.3. As premissas equivocadas no Acórdão do REsp nº 1.426.578/SP, relatado pelo Ministro Marco Aurélio Bellizze

Devidamente desenvolvidas as premissas que impedem a caracterização da Franqueadora como fornecedora ou integrante da cadeia de consumo, bem como a ausência de responsabilidade objetiva e solidária pelos danos sofridos pelos consumidores de franqueados de suas redes, vale observar com maior atenção os fundamentos que levaram o Ministro Marco Aurélio Bellizze a apontar, nos inteiro teor de seu voto proferido no REsp nº 1.426.578/SP que a franqueadora responde solidariamente com a franqueada em relação aos danos sofridos pelos clientes em razão da aplicação da teoria da aparência.

Para definir o Sistema de Franquias o Ministro aponta a previsão legal aplicável e entendimento doutrinário a respeito:

> "Os contratos de franquia empresarial encontram seu marco legal no direito brasileiro com a edição da Lei n. 8.955/1994. Nos termos do art. 2º da referida lei, define-se a franquia empresarial como "o sistema pelo qual um franqueador cede ao franqueado o direito de uso de marca ou patente, associado ao direito de distribuição exclusiva ou semi-exclusiva de produtos ou serviços e, eventualmente, também ao direito de uso de tecnologia de implantação e administração de negócio ou sistema operacional desenvolvidos ou detidos pelo franqueador, mediante remuneração direta ou indireta, sem que, no entanto, fique caracterizado vínculo empregatício." Trata-se, portanto, do estabelecimento de um vínculo associativo entre empresas distintas, caracterizado, na lição de Carlos Alberto Bittar, pelo "uso necessário de bens intelectuais do franqueador (franchisor) e a participação no aviamento do franqueado (franchise)" (in Contratos comerciais. 6 ed. rev. e atual. Rio de Janeiro: Forense Universitária, 2010. p. 189)".

Curioso notar que o trecho anteriormente transcrito reconhece de maneira clara e contundente a independência jurídica existente entre a Franqueadora e o Franqueado e a cessão de tecnologia promovia pela Franqueadora aos seus Franqueados em troca de remuneração.

Na sequência, tal qual defende-se neste artigo, o acórdão aponta que a expansão de marcas por esse modelo assegura maior proteção contra riscos pela Franqueadora e pelos Franqueados:

> "A crescente utilização desses típicos contratos comerciais evidencia o alto potencial de disseminação de marcas e produtos por meio da expansão de mercado, sem a necessidade de manutenção de filiais ou a concessão de exclusividade aos franqueados. Estes, por sua vez, têm a vantagem de, utilizando-se de marcas e produtos conhecidos, contar com retorno assegurado, reduzindo os riscos naturais à iniciativa privada".

Aqui vale atentar, que se ignora no Acórdão o fato do próprio consumidor ser beneficiado com a redução de riscos diante de um sistema de Franquias, já que a ele é ofertado um modelo testado e facilmente identificável por uma marca de sucesso. Portanto, sempre que houver uma Rede de Franquias confiável ao mercado consumidor serão minorados os acidentes de consumo e maior segurança jurídica terá o consumidor para seguir suas contratações.

E não se diga que a relação estabelecida entre Franqueadora e consumidor é naturalmente uma relação de consumo, pois o Acórdão reconhece expressamente que a Franqueadora é terceiro estranho à relação contratual, que é estabelecida exclusivamente entre consumidor e vendedor e de conhecimento no "cenário consumerista".

Por meio dessa engenharia contratual, o consumidor terá acesso a produtos vinculados a uma empresa terceira, estranha à relação contratual diretamente estabelecida entre consumidor e vendedor.

Contudo, essa arquitetura comercial não é novidade no cenário consumerista tampouco exclusividade dos contratos de franquia. Ao contrário, embora a franquia – enquanto típico contrato comercial, com o encadeamento de diferentes operações entre as empresas associadas – seja relativamente recente, aos olhos do consumidor, trata-se de uma mera intermediação, ainda que de bem imaterial. Noutros termos, pode-se compreender o contrato de franquia, sob o ângulo consumerista, tal qual um contrato de representação ou mesmo de revenda, de forma que se aplica a extensão da responsabilidade civil a todos aqueles que integram a cadeia de inserção do bem no mercado, nos termos do CDC, inclusive aos franqueadores.

Cumpre salientar que a exegese dos arts. 14 e 18 do CDC imputa a responsabilidade pela garantia de qualidade e adequação a toda a cadeia de fornecimento, inclusive àqueles que a organizam, impondo a obrigação conjunta de qualidade-segurança. (MARQUES, Cláudia Lima; BENJAMIN, Antônio Herman V.; MIRAGEM, Bruno. Comentários ao código de defesa do consumidor. Arts. 1º a 74 – Aspectos materiais. São Paulo: RT, 2003, p. 248)".

Do excerto anteriormente transcrito observam-se graves equívocos que não se sustentam a uma breve leitura:

(i) ao contrário do que se afirma, aos olhos do consumidor a relação de franquia não se trata de uma mera intermediação ou revenda de produtos, já que o consumidor hoje detém pleno conhecimento sobre as marcas franqueadas, já é fidelizado e tem pleno conhecimento de que sua relação é com um Franqueado, que deverá responder em razão de algum vício ou defeito a ele imputável.

(ii) o acórdão, ao responsabilizar a franqueadora cai no lugar comum de apontar que *"se aplica a extensão da responsabilidade civil a todos aqueles que integram a cadeia de inserção do bem no mercado, nos termos do CDC"*, sem indicar qual o artigo que aponta para essa responsabilização solidária, limitando-se a se reportar aos artigos 14 e 18 como sendo o fundamento a *imputar a responsabilidade pela garantia de qualidade e adequação a toda a cadeia de fornecimento, inclusive àqueles que a organizam.*

Os artigos 14 e 18, contudo, não fazem qualquer digressão, legal ou interpretativa sobre extensão de responsabilidade a terceiros, limitando-se a apontar como responsável o prestador de serviços. Ora, se o artigo 12, que trata da cadeia de consumo é inaplicável e se não no acórdão qualquer indicação de ato ou fato praticado pela Franqueadora a implicar em sua responsabilidade, qual o fundamento que ampara a responsabilização solidária da Franqueadora, a teor do artigo 265 do Código Civil? A resposta, singela, somente denota e confirma a ausência de previsão legal:

"Essa interpretação vem sendo albergada pela recente jurisprudência desta Corte Superior em situações concretas que se assemelham por envolver relações empresariais associativas entre aqueles apontados no polo passivo das respectivas demandas".

Como se vê do trecho supra e dos julgados apresentados na fundamentação do voto, inexiste amparo legal no entendimento, o que somente reforça tudo o que se defendeu no presente artigo de que a responsabilização da Franqueadora é ilegal e fere os sistemas contratual e consumerista.

A infringência se observa ainda no inteiro teor do acórdão, ao apontar que *"a responsabilidade da franqueadora não fica restrita à qualidade do produto (marca ou patente) cedido por força da franquia, mas a todos os atos necessários ao exercício desse contrato perante o mercado consumidor"*, em clara interferência do público sobre relações privadas, indicando responsabilidades que a Franqueadora terá que nem mesmo a Lei de Franquias ou o Código de Defesa do Consumidor fixam.

A incongruência é até mesmo lógica, pois ao afirmar que o consumidor não deve se preocupar se o estabelecimento é ou não uma Franquia, há o reconhecimento de que ele se vinculou àquele operador, no caso um Franqueado, livremente. Já se há o conhecimento pelo consumidor de que se trata de uma operação franqueada, assume-se que não há responsabilidade da Franqueador pela contratação.

Assim, reitere-se, a responsabilidade da Franqueadora ficará adstrita aos atos por ela praticados, sendo o Franqueado integralmente responsável pelos atos praticados frente ao consumidor. A separação entre tais responsabilidades fica mais evidente quando se trata de um ato praticado pelo Franqueado de ordem administrativa, como uma negativação indevida, por exemplo. Nesse caso a ausência de participação da Franqueadora é ainda mais clara, o que já gera precedentes no Tribunal de Justiça de São Paulo afastando a responsabilidade da Franqueadora, como é o caso da Apelação Cível nº 1007757-23.2013.8.26.0309, de relatoria de Cesar Luiz de Almeida, citada acima.

Trata-se, contudo, de entendimento ainda minoritário, sendo mais comum que o tema tenha entendimento no mesmo sentido do julgado do STJ, com responsabilização solidária da Franqueadora mesmo em casos de negativação atribuível exclusivamente ao Franqueado (*v.g.* TJSP; Apelação Cível 1000124-44.2019.8.26.0278; Relatora Maria do Carmo Honório; 3ª Câmara de Direito Privado; Julgamento: 15/11/2019; 15/11/2019), o que deve se alterar com o novo precedente consolidando o entendimento de que a Franqueadora não deverá ser responsabilizada por obrigações estranhas ao objeto da franquia.

A consequência desse entendimento é simples de se observar: por um lado, no caso do Acórdão ora explorado, o consumidor viu reconhecido o seu direito, mas por outro, contudo, ele enfraqueceu o próprio Sistema, ao gerar maior risco à Franqueadora e retirar dela condições de aperfeiçoar o próprio mercado de atuação daquela Franqueadora, de onde se extrai que os artigos 4º, III, 7º, parágrafo único, 12, 14, 18, 20 do CDC e artigo 265 do CC, foram ignorados na referida decisão.

3. CONCLUSÕES

O Sistema de Franquias permite a propagação de marcas e modelos de negócio no mercado de consumidor em movimentação que beneficia todos os seus partícipes: a Franqueadora que cede onerosamente a terceiros seus bens imateriais (marca e *know how*), os Franqueados, que estabelecem seu negócio por meio da exploração de um modelo já testado e aprovado, e o próprio consumidor que encontra no mercado uma opção mais segura de consumo.

O benefício ao consumidor é notório ao se atentar que a Franqueadora promove desenvolvimento econômico e tecnológico do mercado consumidor e atua como propagadora de boas práticas que geram maior segurança. Esse consumidor, aliás, é mais consciente, conhece as marcas e sabe da existência das redes de franquia, o que o torna um ator mais forte e protegido de empresas que não detém a mesma segurança das Redes de Franquia.

Nesse cenário, as Franqueadoras não podem ser entendidas como fornecedoras frente aos consumidores de seus franqueados, simplesmente porque não colocaram os produtos e/ou serviços no mercado, e não integram a cadeia de consumo prevista no artigo 12 do CDC como partícipes do ciclo produtivo-distributivo, nem mesmo pela teoria da aparência, pois, como dito, a essência da Franquia é justamente permitir a autonomia jurídica e administrativa frente aos Franqueados, sendo que os próprios consumidores não só tem conhecimento de que a contratação é feita junto aos Franqueados como reconhecem a maior segurança de contratar junto a um Sistema de Franquias.

Assim, cumpre avaliar se há em nosso ordenamento alguma regra de solidariedade que permita responsabilizar as Franqueadoras, e como visto anteriormente não há, sendo imprescindível que se apure a existência de culpa da Franqueadora pelo evento danoso para responsabilizá-la, sob pena de malferimento ao artigo 265 do Código Civil e a todos os dispositivos do Código de Defesa do Consumidor que tratam do regime de responsabilização, em especial os artigo 7º, parágrafo único e os artigos 12, 14, 18, 20 e 28, parágrafos 2º a 5º.

Em que pese haja precedente de 2015 indicando que a Franqueadora deve responder indiscriminadamente pelos danos causados pelos seus Franqueados, pelo simples fato deles se apresentarem no mercado com sua marca (REsp nº 1.426.578/SP, relatado pelo ministro Marco Aurélio Bellizze), há recente precedente que quebrou tal paradigma (REsp nº 1.456.249/SP, relatado pelo ministro Raul Araújo) que aponta em sentido contrário ao defender que a franqueadora não poderá ser responsabilizada por obrigações estranhas ao objeto da Franquia, devendo o julgador agir com razoabilidade e atento aos conhecimentos que foram transmitidos pela Franqueadora ao seu Franqueado.

Trata-se de relevante precedente, que traz luz a um tema de grande preocupação das Franqueadoras que se viam expostas indevidamente, ainda que adotassem todas as medidas necessárias para proteção dos consumidores que confiam em suas marcas, já que a responsabilização indiscriminada da Franqueadora frente a danos causados a consumidores por seus Franqueados reflete diretamente na viabilidade da Franqueadora e da sua capacidade de promover investimentos.

Esse efeito não é uma preocupação deste autor, mas sim do próprio legislador que, ao criar a legislação protetiva previu dentre os princípios da Política Nacional das Relações de consumo a preocupação em compatibilizar *"a proteção do consumidor com a necessidade de desenvolvimento econômico e tecnológico, de modo a viabilizar os princípios nos quais se funda a ordem econômica (art. 170, da Constituição Federal), sempre com base na boa-fé e equilíbrio nas relações entre consumidores e fornecedores"*.

O mercado de franquia é uma das locomotivas do desenvolvimento econômico e social do Brasil e como tal deve receber especial olhar do Judiciário no julgamento de demandas que envolvam a tentativa de responsabilização de Franqueadoras de maneira indevida, por atos e fatos sobre os quais elas não detiveram qualquer participação ou ingerência.

Portanto, a responsabilização solidária e irrestrita da Franqueadora por danos sofridos por consumidores frente aos seus franqueados decorre de interpretação equivocada dos dispositivos do CDC, especialmente considerando-se o teor do artigo 4º, III que prevê a convivência harmônica entre os partícipes das relações de consumo e, por si só, recomenda que as Franqueadoras sejam preservadas da interpretação extensiva adotada atualmente pela jurisprudência e que coloca em risco o próprio mercado.

REFERÊNCIAS BIBLIOGRÁFICAS

BAUMAN, Zygmunt. *Vida para consumo: a transformação das pessoas em mercadorias*. Rio de Janeiro: Jorge Zahar, 2008.

BENJAMIN, Antônio Herman V.; MARQUES, Cláudia Lima e MIRAGEM, Bruno. *Comentários ao Código de Defesa do Consumidor*. 2ª ed. São Paulo: Revista dos Tribunais, 2005.

FILHO, Sérgio Cavalieri. *Programa de Direito do Consumidor*. São Paulo: Atlas. 2008.

FILOMENO, José Geraldo de Brito. *Manual de Direitos do Consumidor*. 8ª ed. São Paulo: Atlas, 2003.

GRINOVER, Ada Pelegrini. *Código Brasileiro de defesa do consumidor: comentado pelos autores do anteprojeto*. 8ª Ed. Rio de Janeiro: Forense Universitária, 2004.

LIPOVETSKY, Gilles. *A era do vazio: ensaio sobre o individualismo contemporâneo*. Barueri: Manole, 2005.

_____. *A felicidade Paradoxal. Ensaio sobre a Sociedade de Hiperconsumo*. Tradução Maria Lúcia Machado. São Paulo: Companhia das Letras, 2004.

MARQUES, Claudia Lima. BENJAMIN, Antonio Herman. MIRAGEM, Bruno. *Comentários ao Código de Defesa do Consumidor*. São Paulo: RT. 2006.

_____. *Contratos no Código de Defesa do Consumidor*. 4ª ed. São Paulo: RT: 2002.

MAZZILLI, Hugo Nigro. *A Defesa dos Interesses Difusos em Juízo – Meio Ambiente, Consumidor e outros interesses difusos e coletivos*. 10. ed. rev. ampl. e atual. São Paulo: Editora Revista dos Tribunais, 1998.

NUNES, Luiz Antônio Rizzato. *Comentários ao Código de Defesa do Consumidor*: 5ª ed. São Paulo: Saraiva, 2009.

SANSEVERINO, Paulo de Tarso Vieira. *Responsabilidade Civil no Código do Consumidor e a Defesa do Fornecedor*. São Paulo: Saraiva, 2002.

_____. *Comentários ao Código de Defesa do Consumidor*. Marcelo Gomes Sodré, Fabíola Meira, Patrícia Caldeira (coordenadores). 1ª ed. São Paulo: Editora Verbatim, 2009.

27
RESPONSABILIDADE DO FRANQUEADOR

Marianna Fux

Sumário: Introdução – 1. O conceito de relação de consumo; 1.1. Consumidor; 1.2. Fornecedor – 2. O franqueado não é consumidor na relação com o franqueador – 3. A responsabilidade do franqueador por danos causados pelo franqueado a consumidores – Referências bibliográficas.

INTRODUÇÃO

A responsabilidade civil nasceu da ideia de que se deve imputar ao causador do ato, ou aquele por ele responsável, a obrigação de reparação à vítima pelo dano suportado, possuindo a norma jurídica, na lição de Gustavo Tepedino, dupla finalidade: dissipar as divergências das relações intersubjetivas e regrar a conduta humana[1].

Em síntese, quanto à regulação dos atos dos indivíduos em sociedade, tem-se que a violação a um dever jurídico constitui ato ilícito e, se acarretar dano a terceiro, incide a responsabilidade civil, sendo esta dividida em diferentes espécies pela doutrina, quais sejam: subjetiva, objetiva, pré-contratual, contratual, pós-contratual e extracontratual.

No que interessa ao presente estudo, é cediço que o contrato de franquia tem por finalidade a padronização de produtos e serviços oferecidos no mercado, o que, consequentemente, leva à ideia de qualidade da oferta, mas não exime os fornecedores da existência de defeitos e vícios, fazendo-se necessário, portanto, esboçar a responsabilidade deles decorrente.

Para tanto, é imperioso delinear, à luz do que se define por relação de consumo, o papel do franqueador e do franqueado entre eles e perante os destinatários dos produtos e serviços fornecidos.

Sendo o franqueador o ponto inicial da cadeia de consumo estabelecida pelo contrato de *franchising* – o dono da *expertise* e da marca dos produtos ou serviços – é possível entender o franqueado como consumidor? Numa interpretação extensiva da expressão destinatário final, é o franqueado vulnerável na relação contratual?

Tanto a resposta afirmativa como a negativa levam a um terceiro questionamento: com relação ao consumidor, quem deve ser responsabilizado pelos defeitos e vícios constatados?

Assim, propõe-se a análise desses aspectos, iniciando-se pelo que se entende por relação de consumo.

---
1. TEPEDINO, Gustavo. **Temas de Direito Civil**. 1. ed. Rio de Janeiro: Renovar, 1999, p. 173.

1. O CONCEITO DE RELAÇÃO DE CONSUMO

A relação de consumo é regida pelo Código de Defesa do Consumidor (Lei nº 8.078/1990), caracterizando-se pelo vínculo jurídico estabelecido entre o consumidor e o fornecedor, possuindo como objeto o fornecimento de produto e/ou a prestação de serviço.

Destarte, a relação de consumo é definida por seus elementos subjetivos (consumidor e fornecedor) e objetivos (fornecimento de produto e prestação de serviço), fazendo-se pertinente para a presente obra a pormenorização do que se entende por cada sujeito.

1.1. Consumidor

Da literalidade do artigo 2º do Código de Defesa do Consumidor, extrai-se que *"consumidor é toda pessoa física ou jurídica que adquire ou utiliza produto ou serviço como destinatário final"*, ou seja, o conceito está vinculado não apenas aos sujeito e objeto da relação jurídica, mas também – e sobretudo – ao elemento teleológico, à finalidade de aquisição ou utilização do produto ou serviço em benefício próprio, revelando-se como destinatário final da cadeia de produção.

A lei consumerista prevê, ainda, três categorias de consumidores por equiparação. São equiparados a coletividade de pessoas que intervém na relação de consumo (art. 2º, parágrafo único), as vítimas de danos causados por fato do produto ou serviço (art. 17) e aqueles que estão expostos às práticas comerciais (art. 29).

Acerca da interpretação e extensão conferidas à expressão destinatário final, existem três teorias destinadas à elucidação do conceito de consumidor: finalista ou minimalista, maximalista e finalista mitigada ou aprofundada.

Em linhas breves, a teoria finalista interpreta o conceito restritivamente, sendo consumidor aquele que adquire ou utiliza produtos e serviços para uso próprio, sem fins lucrativos. Assim sendo, diferencia os bens de consumo dos de produção, estes destinados ao fomento da atividade comercial ou profissional, fazendo parte, portanto, do ciclo econômico e integrando o preço final da produção ou da atividade de que fazem parte.

Em síntese, para a teoria finalista, é consumidor todo aquele que encerra a finalidade do bem ou serviço em si mesmo, razão pela qual estão excluídos os profissionais e as pessoas jurídicas.

A maximalista, por sua vez, leva em consideração a retirada do produto ou serviço do mercado, estendendo o conceito às pessoas jurídicas e aos profissionais, bastando, para tanto, o uso destes para si.[2] Exemplificando, exclui-se do conceito a utilização de matéria-prima a ser transformada em bem comercializável e se inclui a aquisição de produtos para uso próprio do profissional e da pessoa jurídica, encerrando a sua finalidade na própria utilização.

---

2. ALMEIDA, Fabrício Bolzan de. *Direito do consumidor esquematizado*. São Paulo: Saraiva, 2013.

Por conseguinte, os adeptos dessa teoria interpretam o art. 2º do Código de Defesa do Consumidor extensivamente, conferindo à expressão destinatário final sentido de acordo com a causa para a qual foram adquiridos os produtos ou serviços.

A teoria finalista mitigada, por fim, trouxe o elemento vulnerabilidade a permitir às pessoas jurídicas a inserção no conceito de consumidor.

Na lição de Claudia Lima Marques[3]:

> Em casos difíceis envolvendo pequenas empresas que utilizam insumos para a sua produção, mas não em sua área de expertise ou com uma utilização mista, principalmente na área de serviços, provada a vulnerabilidade, conclui-se pela destinação final de consumo prevalente. Essa nova linha, em especial do STJ, tem utilizado, sob o critério finalista e subjetivo, expressamente a equiparação do art. 29 do CDC, em se tratando de pessoa jurídica que comprove ser vulnerável e atue fora do âmbito de sua especialidade, como hotel que compra gás. Isso porque o CDC conhece outras definições de consumidor. O conceito-chave aqui é o de vulnerabilidade.

Ada Pellegrini Grinover explica a vulnerabilidade[4]:

> (...) é multifária, decorrendo ora da atuação dos monopólios e oligopólios, ora da carência de informação sobre qualidade, preços, crédito e outras características dos produtos e serviços. Não bastasse tal, o consumidor ainda é cercado por uma publicidade crescente, não estando, ademais, tão organizado quanto os fornecedores.

Esta teoria é encontrada na vasta jurisprudência do Superior Tribunal de Justiça, merecendo destaque o entendimento firmado no julgamento do Recurso Especial nº 1.195.642/RJ[5], de relatoria da Ministra Nancy Andrighi, no qual se reconhece a existência de três modalidades de vulnerabilidade – técnica, jurídica e fática – e a possibilidade de verificação casuística de outras espécies:

> CONSUMIDOR. DEFINIÇÃO. ALCANCE. TEORIA FINALISTA. REGRA. MITIGAÇÃO. FINALISMO APROFUNDADO. CONSUMIDOR POR EQUIPARAÇÃO. VULNERABILIDADE.
>
> 1. A jurisprudência do STJ se encontra consolidada no sentido de que a determinação da qualidade de consumidor deve, em regra, ser feita mediante aplicação da teoria finalista, que, numa exegese restritiva do art. 2º do CDC, considera destinatário final tão somente o destinatário fático e econômico do bem ou serviço, seja ele pessoa física ou jurídica.
>
> 2. Pela teoria finalista, fica excluído da proteção do CDC o consumo intermediário, assim entendido como aquele cujo produto retorna para as cadeias de produção e distribuição, compondo o custo (e, portanto, o preço final) de um novo bem ou serviço. Vale dizer, só pode ser considerado consumidor, para fins de tutela pela Lei nº 8.078/90, aquele que exaure a função econômica do bem ou serviço, excluindo-o de forma definitiva do mercado de consumo.
>
> 3. A jurisprudência do STJ, tomando por base o conceito de consumidor por equiparação previsto no art. 29 do CDC, tem evoluído para uma aplicação temperada da teoria finalista frente às pessoas jurídicas, num processo que a doutrina vem denominando finalismo aprofundado, consistente em

---

3. BENJAMIN, Antônio Herman de V.; MARQUES, Claudia Lima; BESSA, Leonardo Roscoe. *Manual de direito do consumidor*. 3. ed. São Paulo: Revista dos Tribunais, 2010.
4. GRINOVER, Ada Pellegrini et al. *Código de Defesa do Consumidor: comentado pelos autores do anteprojeto*. 9. ed. Rio de Janeiro: Forense Universitária, 2007, p. 7.
5. REsp 1195642/RJ, Rel. Ministra Nancy Andrighi, Terceira Turma, julgado em 13/11/2012, DJe 21/11/2012.

se admitir que, em determinadas hipóteses, a pessoa jurídica adquirente de um produto ou serviço pode ser equiparada à condição de consumidora, por apresentar frente ao fornecedor alguma vulnerabilidade, que constitui o princípio-motor da política nacional das relações de consumo, premissa expressamente fixada no art. 4º, I, do CDC, que legitima toda a proteção conferida ao consumidor.

4. A doutrina tradicionalmente aponta a existência de três modalidades de vulnerabilidade: técnica (ausência de conhecimento específico acerca do produto ou serviço objeto de consumo), jurídica (falta de conhecimento jurídico, contábil ou econômico e de seus reflexos na relação de consumo) e fática (situações em que a insuficiência econômica, física ou até mesmo psicológica do consumidor o coloca em pé de desigualdade frente ao fornecedor). Mais recentemente, tem se incluído também a vulnerabilidade informacional (dados insuficientes sobre o produto ou serviço capazes de influenciar no processo decisório de compra).

5. A despeito da identificação in abstracto dessas espécies de vulnerabilidade, a casuística poderá apresentar novas formas de vulnerabilidade aptas a atrair a incidência do CDC à relação de consumo. Numa relação interempresarial, para além das hipóteses de vulnerabilidade já consagradas pela doutrina e pela jurisprudência, a relação de dependência de uma das partes frente à outra pode, conforme o caso, caracterizar uma vulnerabilidade legitimadora da aplicação da Lei nº 8.078/90, mitigando os rigores da teoria finalista e autorizando a equiparação da pessoa jurídica compradora à condição de consumidora. (...).

O critério da vulnerabilidade se mostra relevante por possibilitar a extensão aos profissionais e pessoas jurídicas da harmonização dos princípios protetivos do Código de Defesa do Consumidor com a teoria moderna dos contratos, na medida em que possui como pilares a destinação social do contrato e o princípio da boa-fé, garantindo a liberdade de contratar e, ao mesmo tempo, a paridade entre as partes contratantes.

A propósito, acerca do tema, leciona Claudia Lima Marques[6]:

O problema é o desequilíbrio de forças dos contratantes. Uma das partes é vulnerável (art. 4º, I) é o polo mais fraco da relação, pois não pode discutir o conteúdo do contrato ou a informação recebida; mesmo que saiba que determinada cláusula é abusiva, só tem uma opção, 'pegar ou largar', aceitar o contrato nas condições que lhe oferece o fornecedor ou não aceitar e procurar outro fornecedor. Sua situação é estruturalmente e faticamente diferente da do profissional que oferece o contrato. Este equilíbrio fático de forças nas relações de consumo é a justificativa para um tratamento desequilibrado e desigual dos cocontratantes, protegendo o direito daquele que está na posição mais fraca, o vulnerável, o que é desigual fática e juridicamente.

Passadas as possíveis interpretações conferidas à locução destinatário final, mister se faz a elementar análise do que se compreende por fornecedor.

1.2. Fornecedor

O artigo 3º do Código de Defesa do Consumidor conceitua fornecedor da seguinte forma:

Fornecedor é toda pessoa física ou jurídica, pública ou privada, nacional ou estrangeira, bem como os entes despersonalizados, que desenvolvem atividade de produção, montagem, criação, construção,

---

6. MARQUES, Cláudia Lima; BENJAMIN, Antônio Hermann V.; MIRAGEM, Bruno. *Comentários ao Código de Defesa do Consumidor*. 2. ed. São Paulo: Revista dos Tribunais, 2006. pp. 85/86.

transformação, importação, exportação, distribuição ou comercialização de produtos ou prestação de serviços.

É possível destacar a amplitude da definição, conferindo ao fornecedor o patente intuito comercial do fornecimento de produto ou da prestação de serviço, sendo, portanto, gênero do qual são espécies o fabricante, o produtor, o construtor, nacional ou estrangeiro, o importador e o comerciante.

A doutrina os divide em três categorias clássicas: i) fornecedor real, no qual se encontram os fabricantes, os produtores e os construtores; ii) fornecedor presumido, que compreende o importador de produto industrializado ou *in natura* e iii) fornecedor aparente, sendo aquele que atribui seu nome ou marca ao produto final[7].

2. O FRANQUEADO NÃO É CONSUMIDOR NA RELAÇÃO COM O FRANQUEADOR

Uma vez situados sobre os aspectos jurídicos da relação de consumo, é possível constatar que a relação jurídica entre franqueado e franqueador, ainda que estabelecida por meio de contrato de adesão, não pode ser classificada como relação consumerista, sendo certo que o franqueado não se enquadra no conceito de consumidor, até se considerarmos uma ampliação mais extensiva, sob a ótica da teoria maximalista.

Admitindo a definição de destinatário final como aquele que retira o produto do mercado e encerra o circuito de produção, na conjuntura de uma interpretação finalista extensiva, o franqueado não se enquadra, uma vez que o objeto do contrato é exatamente a utilização da franquia para o mercado, sendo este, portanto, um elo na cadeia de consumo entre o franqueador e o consumidor.

Ademais, sendo a relação regida por lei específica, não se mostra tecnicamente aceitável a aplicação subsidiária do Código de Defesa do Consumidor, por se constituir, também, como lei específica, devendo-se enquadrá-la, em verdade, ao Código Civil, instituição basilar do direito contratual.

À luz da vulnerabilidade, embora se verifique disparidade técnica entre franqueado e franqueador, pois este possui todo o conhecimento do produto ou serviço e é criador dos padrões do negócio, sendo aquele apenas quem se submete às regras, tampouco se afigura ideal a inserção do franqueado no conceito de consumidor, porquanto não há fragilidade na relação cujas obrigações são bem definidas por lei, dispondo, por determinação legal, da Circular de Oferta de Franquia, escrita em linguagem clara e acessível e contendo todas as condições gerais do negócio jurídico entabulado.

Qualquer dúvida que se pudesse ter sobre a incidência do Código de Defesa do Consumidor ao contrato de franquia foi sanada com a entrada em vigor da Lei nº 13.966, de 26 de dezembro de 2019, a qual é expressa, em seu artigo 1º, quanto à inexistência

---

7. GRINOVER, Ada Pellegrini et al., op. cit., 2007, p. 181.

relação de consumo ou vínculo empregatício no que tange ao franqueado ou a seus empregados, ainda que durante o período de treinamento[8].

Todavia, este já era o entendimento firmado pelo Superior Tribunal de Justiça, vejamos:

> Contrato de fiança. Relação entre o franqueador e franqueado. Lei nº 8.955/94. Código de Defesa do Consumidor. Fiança. Exoneração.
>
> 1. A relação entre o franqueador e o franqueado não está subordinada ao Código de Defesa do Consumidor.
>
> 2. Afastando o acórdão a existência de moratória com base na realidade dos autos e em cláusula contratual, não há espaço para acolher a exoneração da fiança, a teor das Súmulas nºs 5 e 7 da Corte, ademais da falta de prequestionamento dos dispositivos indicados no especial.
>
> 3. Recurso especial não conhecido.[9]

Vale a pena destacar trecho do voto do Ministro Carlos Alberto Menezes Direito, relator do acórdão supramencionado:

> A boa-fé opera na reciprocidade, sendo claro que aquele que contrata sabendo com antecedência aquilo que contrata, não sendo pessoa fora do mercado, hipossuficiente, ou ignorante da prática comercial da área que vai contratar, subordinado a uma lei especial que define a formação do contrato e as condições prévias da contratação, não pode invocar a proteção do Código de Defesa do Consumidor. Não se trata nem de relação de consumo, nem de consumidor, nem, no meu entender, de equiparação a consumidor.

3. A RESPONSABILIDADE DO FRANQUEADOR POR DANOS CAUSADOS PELO FRANQUEADO A CONSUMIDORES

A complexidade do contrato de *franchising* é extraída de seu próprio conceito, uma vez que é aquele por meio do qual o franqueador concede ao franqueado marcas, produtos e serviços conhecidos e aceitos pelo público, além de assistência técnica, comercial e publicitária, mediante o pagamento de taxa de admissão e *royalties*.[10]

É, portanto, uma relação jurídica estabelecida por pessoas distintas e independentes que envolve detenção e uso de marca, repasse de tecnologia, *know-how* de produção e amparo comercial e publicitário.

---

8. "Art. 1º Esta Lei disciplina o sistema de franquia empresarial, pelo qual um franqueador autoriza por meio de contrato um franqueado a usar marcas e outros objetos de propriedade intelectual, sempre associados ao direito de produção ou distribuição exclusiva ou não exclusiva de produtos ou serviços e também ao direito de uso de métodos e sistemas de implantação e administração de negócio ou sistema operacional desenvolvido ou detido pelo franqueador, mediante remuneração direta ou indireta, sem caracterizar relação de consumo ou vínculo empregatício em relação ao franqueado ou a seus empregados, ainda que durante o período de treinamento."

9. REsp nº 687.322/RJ, Rel. Ministro Carlos Alberto Menezes Direito, Terceira Turma, julgado em 21/09/2006, DJ 09/10/2006, p. 287.

10. A definição de franquia é extraída do art. 1º da Lei nº 13.966/2019, vide nota de rodapé nº 8.

Segundo Leandro Martins Zanitelli[11], a inexistência de vínculo empregatício e societário entre franqueador e franqueado é a característica responsável pelo sucesso deste tipo de contrato, justamente por possibilitar a distribuição de produtos e a veiculação de marcas sem que o detentor tenha que expender quantias vultuosas.

Apesar dessa independência ora delineada, o franqueador possui o papel de determinar o *layout* do estabelecimento do franqueado, o modelo de treinamento de funcionários, de administração do negócio e de disponibilização dos produtos e serviços, ou seja, detém controle sobre o funcionamento do franqueado, traduzindo-se, sobretudo, como o ponto de partida para a colocação do produto ou serviço no mercado.

Dessas particularidades do contrato de *franchising*, depreende-se que, em que pese haja autonomia entre franqueador e franqueado, o benefício é mútuo e o produto chega ao mercado por meio da atividade de ambos.

Para o consumidor, é incontestável que a franquia trata de mera intermediação ou revenda de bens ou serviços, sendo, por vezes, impossível identificar quem é franqueador e franqueado.

A responsabilidade solidária de todos aqueles que participam da cadeia de consumo se encontra estabelecida no artigo 7º, parágrafo único, do Código de Defesa do Consumidor, segundo o qual "*tendo mais de um autor a ofensa, todos responderão solidariamente pela reparação dos danos previstos nas normas de consumo*". Esta responsabilidade é objetiva, prescindindo, assim, do elemento culpa para que configure o dever de indenizar[12].

Embora o mencionado artigo defina a responsabilidade solidária de todos aqueles que compõem a cadeia de consumo, o código consumerista dispôs acerca de situações específicas de vícios e defeitos de produtos e falha na prestação de serviços.

O legislador, no artigo 12, atribuiu a responsabilização por fato do produto apenas ao produtor, construtor, importador e fabricante, excluindo o comerciante[13]. À luz dos artigos 14 e 18[14], tem-se a responsabilização solidária de todos aqueles

---

11. ZANITELLI, Leandro Martins. *A proteção do consumidor no contrato de franchising*. Revista de Direito do Consumidor. São Paulo. n. 23-24. Julho/dezembro, 1997, p. 225-237.
12. Excepcionando-se os profissionais liberais, cuja responsabilidade é subjetiva, nos termos do § 4º do artigo 14, do Código de Defesa do Consumidor, *in verbis*: "*A responsabilidade pessoal dos profissionais liberais será apurada mediante a verificação de culpa*".
13. "Art. 12. O fabricante, o produtor, o construtor, nacional ou estrangeiro, e o importador respondem, independentemente da existência de culpa, pela reparação dos danos causados aos consumidores por defeitos decorrentes de projeto, fabricação, construção, montagem, fórmulas, manipulação, apresentação ou acondicionamento de seus produtos, bem como por informações insuficientes ou inadequadas sobre sua utilização e riscos".
14. "Art. 14. O fornecedor de serviços responde, independentemente da existência de culpa, pela reparação dos danos causados aos consumidores por defeitos relativos à prestação dos serviços, bem como por informações insuficientes ou inadequadas sobre sua fruição e riscos. (...).
    Art. 18. Os fornecedores de produtos de consumo duráveis ou não duráveis respondem solidariamente pelos vícios de qualidade ou quantidade que os tornem impróprios ou inadequados ao consumo a que se destinam ou lhes diminuam o valor, assim como por aqueles decorrentes da disparidade, com a indicações constantes do recipiente, da embalagem, rotulagem ou mensagem publicitária, respeitadas as variações decorrentes de sua natureza, podendo o consumidor exigir a substituição das partes viciadas."

que participarem da inserção do produto ou serviço no mercado, inclusive daqueles que somente organizem a cadeia de fornecimento pelos eventuais defeitos ou vícios apresentados.

Diante disso, é possível concluir que a proteção ao consumidor alcança, solidariamente, todos aqueles que são responsáveis pela colocação do produto ou serviço no mercado de consumo.

Para Rui Stoco[15]:

> (...) a relação entre franqueador ou franqueado e o consumidor final encontra proteção no Código de Defesa do Consumidor. A responsabilidade de ambos em face do consumidor final é objetiva, nos termos dos artigos 12 a 14 do CDC, obedecendo-se, pois, as regras gerais e básicas ali esculpidas, sendo, assim, despicienda, para o consumidor e para a defesa de seus direitos, a circunstância de o fabricante, produtor, construtor, importador, comerciante ou prestador de serviços caracterizarem-se como franqueador ou franqueado.

Esta é a posição firmada pelo Superior Tribunal de Justiça:

> DIREITO DO CONSUMIDOR. RECURSO ESPECIAL. FRANQUIA. RESPONSABILIDADE CIVIL PERANTE TERCEIROS. APLICAÇÃO DO CDC. INCIDÊNCIA.
> 1. Os contratos de franquia caracterizam-se por um vínculo associativo em que empresas distintas acordam quanto à exploração de bens intelectuais do franqueador e têm pertinência estritamente inter partes.
> 2. Aos olhos do consumidor, trata-se de mera intermediação ou revenda de bens ou serviços do franqueador – fornecedor no mercado de consumo, ainda que de bens imateriais.
> 3. Extrai-se dos arts. 14 e 18 do CDC a responsabilização solidária de todos que participem da introdução do produto ou serviço no mercado, inclusive daqueles que organizam a cadeia de fornecimento, pelos eventuais defeitos ou vícios apresentados. Precedentes.
> 4. Cabe às franqueadoras a organização da cadeia de franqueados do serviço, atraindo para si a responsabilidade solidária pelos danos decorrentes da inadequação dos serviços prestados em razão da franquia.
> 5. Recurso especial não provido.[16]

Destarte, para o destinatário final do produto ou serviço, quando se trata de *franchising*, existindo identificação da marca ou produto objeto do contrato de franquia, o franqueador será parte legítima para figurar em ação de responsabilidade civil, não podendo opor excludente de responsabilidade não prevista em lei, mormente porque, para o mercado, se apresenta como fornecedor aparente.

Poder-se-ia argumentar que, nos casos em que o franqueado apenas distribui produtos ou serviços, a responsabilidade por vícios recairia sobre o franqueador, pois aquele não teve nenhuma ingerência sobre os estágios de fabricação. Contudo, aos olhos do consumidor, franqueador e franqueado se afiguram no mesmo sujeito, de forma que a

---

15. STOCO, Rui. *Responsabilidade civil no franchising e o Código de Defesa do Consumidor*. Revista CEJ, Brasília, n. 4, jan./abr. 1998. Disponível em: <http://www.jf.jus.br/ojs2/index.php/revcej/article/viewArticle/129/217>. Acesso em: 11/11/2018.
16. REsp 1426578/SP, Rel. Ministro Marco Aurélio Bellizze, Terceira Turma, julgado em 23/06/2015, DJe 22/09/2015.

responsabilidade pela inadequação do produto ou serviço àquilo que prometeu recai sobre ambos[17].

Em linhas conclusivas, o ponto nodal acerca da responsabilidade do fornecedor está no fato de que é impossível dissociá-lo da cadeia de solidariedade inserida na sistemática do Código de Defesa do Consumidor, uma vez que o produto ou serviço alcança o destinatário final por meio da lógica estabelecida no contrato de *franchising*, traduzida na cooperação empresarial para sua colocação no mercado.

REFERÊNCIAS BIBLIOGRÁFICAS

ALMEIDA, Fabrício Bolzan de. *Direito do consumidor esquematizado*. São Paulo: Saraiva, 2013.

BENJAMIN, Antônio Herman de V.; MARQUES, Claudia Lima; BESSA, Leonardo Roscoe. *Manual de direito do consumidor*. 3. ed. São Paulo: Revista dos Tribunais, 2010.

GRINOVER, Ada Pellegrini et al. *Código de Defesa do Consumidor: comentado pelos autores do anteprojeto*. 9. ed. Rio de Janeiro: Forense Universitária, 2007.

MARQUES, Cláudia Lima; BENJAMIN, Antônio Hermann V.; MIRAGEM, Bruno. *Comentários ao Código de Defesa do Consumidor*. 2. ed. São Paulo: Revista dos Tribunais, 2006.

SANTIAGO, Clarissa Langaro; GLITZ, Frederico Eduardo Zenedin. *A responsabilidade do franqueador por vício do produto*. In OLIVEIRA, Eloete Camilli; MACEI, Demetrius Nichele (Org.). Estudos em Homenagem ao Professor Waldyr Grisard Filho. Curitiba: Instituto Memória, 2017.

STOCO, Rui. *Responsabilidade civil no franchising e o Código de Defesa do Consumidor*. Revista CEJ, Brasília, n. 4, jan./abr. 1998. Disponível em: <http://www.jf.jus.br/ojs2/index.php/revcej/article/viewArticle/129/217>. Acesso em: 11/11/2018.

TEPEDINO, Gustavo. *Temas de Direito Civil*. 1. ed. Rio de Janeiro: Renovar, 1999.

ZANITELLI, Leandro Martins. *A proteção do consumidor no contrato de franchising*. Revista de Direito do Consumidor. São Paulo. n. 23-24. Julho/dezembro, 1997.

---

17. ZANITELLI, Leandro Martins, op. cit, 1997, p. 225-237.

Parte XIV
MEIOS DE COMUNICAÇÃO E DE PROVA NOS CONTRATOS DE FRANQUIA

28
MEIOS DE COMUNICAÇÃO E DE PROVA NOS CONTRATOS DE FRANQUIA – O USO DAS MÍDIAS SOCIAIS, EXTRANET E DEMAIS FORMAS DE COMUNICAÇÃO

Flávia Amaral

Sumário: Introdução – 1. Mídias sociais e redes sociais: existe diferença? – 2. O uso das plataformas de troca de mensagens instantâneas como instrumento de troca de conteúdo, informação e de comunicação entre franqueadoras e seus franqueados; 2.1. O uso das mídias sociais como ferramentas de *marketing* e de interação com clientes; 2.2. Ambiente regrado; 2.3. Uso de conteúdo, imagem e dados pessoais de terceiros; 2.3.1. Proteção de Dados no Brasil – 3. como acomodar o uso das mídias sociais nas redes de franquia – 4. Publicação em mídias sociais podem servir de prova em processo judicial; 4.1. O Direito e o avanço tecnológico; 4.2. A prova no ordenamento jurídico; 4.3. Prova documental *versus* prova digital; 4.4. Posicionamento jurisprudencial; 4.5. A questão da ilicitude de provas obtidas sem autorização judicial; 4.6. Reflexos para redes de franquia – Referências bibliográficas.

INTRODUÇÃO

Um dos principais pilares das relações de franquia é a comunicação. Como os contratos de franquia, em geral, vigoram por longos períodos[1], é praticamente impossível cobrir tudo o que pode acontecer na relação entre a franqueadora e franqueados dentro do escopo de um contrato de franquia. O contrato de franquia prevê os aspectos gerais e mais relevantes do relacionamento entre a franqueadora e seus franqueados, mas o relacionamento entre essas partes molda-se também no dia a dia.

Daí surge a necessidade de as franqueadoras buscarem meios eficientes de se comunicar com sua rede, para transmitir conhecimentos, dar suporte, acompanhar o cumprimento do contrato, cobrar práticas e com ela interagir no dia a dia, sem, contudo, perder histórico e mantendo a organização. Se outrora, telefonemas, cartas, faxes, SMS e e-mails eram as ferramentas mais tradicionais de comunicação no cotidiano entre a franqueadora e seus franqueados, há alguns anos, outras plataformas se integraram à realidade das redes para viabilizar esses contatos.

Atualmente, é inviável pensar em comunicação e não se considerar as mídias sociais como um dos principais meios pelos quais os indivíduos interagem. Não seria

---

1. Há contratos com prazos de vigência mais longos ou mais curtos. Isso depende do tipo de negócio. Não há prazo de vigência definido em lei para os contratos de franquia. Estamos aqui considerando a prática de mercado de contratos que vigoram, em média, por 5 anos.

assim diferente dentro das redes de franquia. O que começou como algo informal, como a troca de mensagens via *WhatsApp*, *Facebook*, *Messenger*, ou outra plataforma de mensagens instantâneas, hoje vem sendo usado como ferramenta de trabalho, canal de marketing, procedimento de fazer negócio e, em muitos casos, como um dos meios oficiais de comunicação entre franqueados e suas franqueadoras.

As mídias sociais, há certo tempo, deixaram de ser um local apenas para encontros de amigos e passaram a integrar ações corporativas de marketing digital e comunicação, que podem deixar o negócio mais competitivo. Elas podem ser um canal eficiente para divulgação de produtos, fortalecimento da marca e interação on-line com clientes, funcionários e franqueados, a partir da geração de conteúdo relevante e engajador, por ser pulverizada, possibilitar grande alcance de conteúdo a preços mais baixos do que as mídias tracionais, e podem ser geridas a baixo custo e diretamente.

O *Facebook* possui 1.52 bilhões de usuários diariamente ativos e 2.32 bilhões de usuários mensalmente ativos, de acordo com estatísticas publicadas em 31 de dezembro de 2018[2]. No Brasil, até junho de 2018 eram 127 milhões de pessoas ativas mensalmente e uma média diária de 93 milhões de pessoas ativas[3]. Mais de 1 bilhão de pessoas, em mais de 180 países, usam *WhatsApp*[4], conforme site da plataforma em fevereiro de 2019.

Com 1 bilhão de usuários ativos mensais reportados em junho de 2018[5], o Instagram, no Brasil, possui a terceira maior base de usuários da rede, chegando a alcançar 69 milhões de usuários ativos mensais[6].

"Segundo divulgado pelo IBGE, no fim de 2018, o Brasil tinha 126,4 milhões de usuários de internet em 2017, representando 69,8% da população com 10 anos ou mais. 98% dos usuários usa o celular para acessar a internet e a principal finalidade de acesso é mandar e receber mensagens". "De acordo com o próprio WhatsApp, o aplicativo tem mais de 120 milhões de usuários no Brasil [...]."[7]

Na pesquisa "Transformação Digital nas MPE", realizada pelo Sebrae entre abril e junho de 2018[8], identificou-se que "72% dos pequenos negócios (micro e pequenas empresas) no Brasil utilizam o *WhatsApp* para se comunicar com clientes e 40% possui

---

2. FACEBOOK. **Newsroom**. Disponível em: <https://newsroom.fb.com/company-info/>. Acesso em: 22 fev. 2019.
3. FACEBOOK. **Newsroom**. Disponível em: <https://br.newsroom.fb.com/company-info/>. Acesso em: 22 fev. 2019.
4. WHATSAPP. Sobre O WhatsApp. Disponível em: <https://www.whatsapp.com/about/?lang=pt_br>. Acesso em: 22 fev. 2019.
5. DHILLON, SUNNY. How Instagram Is Eating The World **(em tradução livre: Como o Instagram Está Engolindo o Mundo)**. Disponível em: <https://www.forbes.com/sites/valleyvoices/2018/06/25/how-instagram-is--eating-the-world/#6e46ee593145>. Acesso em: 22 fev. 2019.
6. STATISTA. **Leading Countries Based On Number Of Instagram Users As Of January 2019 (In Millions)**. Disponível em: <https://www.statista.com/statistics/578364/countries-with-most-instagram-users/>. Acesso em: 21 fev. 2019.
7. LAVADO, Thiago. **Entre polêmicas e mudanças radicais em como as pessoas se comunicam, WhatsApp completa 10 anos**. G1. 24 fev. 2019. Disponível em: <https://glo.bo/2VfMB7V>. Acesso em 22 fev. 2019.
8. SEBRAE. **A Transformação Digital Está Presente Nos Pequenos Negócios**. Disponível em: <http://www.sebrae.com.br/sites/PortalSebrae/ufs/sc/noticias/a-transformacao-digital-esta-presente-nos-pequenos-negocios,fc1603d0db7d4610VgnVCM1000004c00210aRCRD>. Acesso em: 21 fev. 2019.

perfil no *Facebook*"⁹. A pesquisa identificou que o "aplicativo *WhatsApp* e a rede social *Facebook* são as ferramentas mais usadas pelas micro e pequenas empresas na divulgação de produtos e serviços. Também são aproveitadas para estreitar o relacionamento com os clientes e ampliar vendas"[10].

Nessa esteira, de acordo com pesquisa do Grupo MD[11], 93% dos franqueados brasileiros possuem páginas na rede social *Facebook*, e 84% utilizam a rede social Instagram para divulgação da marca.

Diante dos números de usuários ativos, fica claro que as mídias sociais não podem ser ignoradas para os negócios.

Assim, como uma rede de franquia poderia usar essas plataformas com segurança, protegendo suas informações estratégicas, mantendo o histórico das conversas e do que ficou combinado entre as partes, de forma organizada, para servir de fonte de consulta, sempre que necessário, e mesmo como prova, quando for o caso?

Além disso, como acomodar o uso das mídias sociais pelos franqueados à necessidade de padronização das franquias, de forma a não colocar em risco a marca ou a franqueadora?

Avaliaremos neste capítulo o uso das mídias sociais como instrumento de comunicação entre franqueadoras e seus franqueados, como ferramenta de marketing face e como o conteúdo gerado nessas mídias sociais pode ser usado como provas nos relacionamentos entre franqueadoras e franqueados, franqueadoras e funcionários e entre franqueados e funcionários.

1. MÍDIAS SOCIAIS E REDES SOCIAIS: EXISTE DIFERENÇA?

As expressões podem parecer similares, mas, tecnicamente, possuem significados diferentes.

Mídias sociais são "ferramentas on-line usadas para divulgar conteúdo ao mesmo tempo em que permitem alguma relação com outras pessoas". Já rede social significa *um grupo de pessoas que possuem algum nível de relação ou interesse mútuo.*[12]

Uma rede social não precisa ser, necessariamente, *on-line*, podendo existir quando ocorre o convívio e compartilhamento de momentos *off-line*. As redes sociais podem ser

---

9. SEBRAE. **A Transformação Digital Está Presente Nos Pequenos Negócios**. Disponível em: <http://www.sebrae.com.br/sites/PortalSebrae/ufs/sc/noticias/a-transformacao-digital-esta-presente-nos-pequenos-negocios,fc1603d0db7d4610VgnVCM1000004c00210aRCRD>. Acesso em: 21 fev. 2019.
10. SEBRAE. **A Transformação Digital Está Presente Nos Pequenos Negócios**. **Disponível em:** <http://www.sebrae.com.br/sites/PortalSebrae/ufs/sc/noticias/a-transformacao-digital-esta-presente-nos-pequenos-negocios,fc1603d0db7d4610VgnVCM1000004c00210aRCRD>. Acesso em: 21 fev. 2019.
11. DCI DIÁRIO COMÉRCIO INDÚSTRIA & SERVIÇOS. **Franqueado ganha mais liberdade em rede social, mas deve seguir cartilha.** Disponível em: <https://www.dci.com.br/comercio/franqueado-ganha-mais-liberdade-em-rede-social-mas-deve-seguir-cartilha-1.743199>. Acesso em: 02 de jan. 2019.
12. MIDIATISMO. **Qual a diferença entre redes sociais e mídias sociais?** Disponível em: <http://www.midiatismo.com.br/qual-a-diferenca-entre-redes-sociais-e-midias-sociais>. Acesso em 07 de março de 2019.

classificadas de acordo com seu público-alvo, a saber: redes sociais de relacionamento (como, por exemplo, o *Facebook*, *Instagram* e *Whatsapp*), redes sociais de entretenimento (como o Youtube), redes sociais profissionais (como o Linkedin) e redes sociais de nicho, voltadas para mercado altamente segmentado (como o Skoob, uma rede social voltada para leitores).[13]

Em síntese, as redes sociais representam uma categoria das mídias sociais e possuem como foco o relacionamento entre pessoas. É evidente que existe uma linha tênue entre o significado destes dois termos, devendo ser considerado o objetivo principal da plataforma (questionando-se se o foco é o compartilhamento de conteúdo ou a criação de relacionamentos) e o uso que o indivíduo faz dela. O *Youtube*, por exemplo, pode se enquadrar como mídia social, embora existam diversos canais que, além de disponibilizar conteúdo, criam uma relação entre o dono do canal e seus assinantes.

Assim, pode-se afirmar que toda rede social é uma mídia social, mas nem toda mídia digital é uma rede social. Um blog, por exemplo, é uma mídia social (ferramenta de compartilhamento de conteúdo) mas que não tem como foco principal a interação entre pessoas – se tivesse, seria também uma rede social.

2. O USO DAS PLATAFORMAS DE TROCA DE MENSAGENS INSTANTÂNEAS COMO INSTRUMENTO DE TROCA DE CONTEÚDO, INFORMAÇÃO E DE COMUNICAÇÃO ENTRE FRANQUEADORAS E SEUS FRANQUEADOS

O estabelecimento de canais oficiais de comunicação entre a franqueadora e seus franqueados é medida essencial para manter um relacionamento contínuo e saudável entre as partes.

Com o intuito de manter a organização, centralizar comunicados, orientações e instruções, garantir agilidade, facilitar a criação e manutenção de histórico, as franqueadoras estabelecem canais oficiais de comunicação com os seus franqueados, tais como e-mails e *intranets*. Intranets são redes privadas de computadores, restritas a determinado público, para troca de comunicações e compartilhamento de informações, muitas delas com requisitos mínimos de segurança, para garantir que as informações nela trocadas não sejam vazadas, copiadas ou usadas indevidamente.

Porém, o quão tentador não é criar conversas em plataformas de troca de mensagens instantâneas, como *WhatsApp*, *Messenger*, *Skype*, dentre outras, entre os colaboradores da franqueadora e os franqueados, para comunicar-se mais rapidamente, tirar dúvidas, trocar informações, compartilhar conteúdo e transmitir avisos? Mas quais são os riscos para a franquia ao submeter-se a este tipo de meio de comunicação sem o seu devido cuidado e de que forma evitá-los?

---

13. **MLABS.** Quais são as diferenças entre as principais redes sociais? **Disponível em:** https://www.mlabs.com.br/blog/diferencas-entre-as-principais-redes-sociais/?gclid=CjwKCAjwhbHlBRAMEiwAoDA343D6x9RxzdiTpsnnSnW8aNpUUo297_YfGNcvW5EYwzL7fKaXXcmTwBoC9a0QAvD_BwE. Acesso em 07 de março de 2019.

Um dos principais pontos a serem observados na escolha de um canal de comunicação entre franqueadora e franqueados é a capacidade de organização e registros das conversas. A utilização de mídias sociais de forma habitual pode dificultar o arquivamento, a catalogação e a organização cronológica das informações, caso seja necessário buscar informações sobre determinada situação ou sobre algum acordo feito entre as partes usando esses meios.

Por isso, a franqueadora não deve se apoiar exclusivamente na utilização de ferramentas em que as informações não possam ser encontradas com facilidade, sendo recomendável que os meios tradicionais como e-mails, telefonemas, protocolos de ligação, ou até mesmo as *intranets*, continuem em uso, se com eles for mais fácil documentar e organizar as informações e acordos.

Afinal, enquanto o recebimento ou envio de um e-mail pode, hoje, ser facilmente comprovado, uma conversa por *WhatsApp*, por exemplo, pode ser difícil de ser encontrada. O próprio layout do aplicativo não é organizado para documentar as conversas de forma organizada, as buscas não são de fácil ou simples execução. As conversas aparecem em ordem cronológica e não estão organizadas por assunto. Isso sem contar que as empresas tendem a manter quantidades exorbitantes de mensagens, desorganizadas, o que dificulta ainda mais a localização daquelas que possuem alguma relevância.

É fundamental que a franqueadora, além de controlar e organizar os limites de atuação nas mídias sociais, saiba de que forma ela é regulada, caso opte por utilizar oficialmente este tipo de ferramenta como um dos meios de comunicação oficial com a sua rede de franqueados. Cada mídia social possui as suas regras específicas de uso e de privacidade.

Nesse contexto, a franqueadora deve avaliar a conveniência de discutir assuntos estratégicos via aplicativos de troca de mensagens instantâneas, o grau de segurança que suas comunicações terão, risco de vazamento ou edição de informações, se é possível excluir mensagens ou armazenar informações de forma organizada ou ainda realizar o backup de conversas. E, ainda assim, todo cuidado será considerado pouco. Os aplicativos atualmente recebem atualizações com frequência, e as regras de uso e privacidade podem mudar a qualquer momento sem que o usuário tenha ciência prévia.

O uso de plataformas de trocas de mensagens instantâneas acaba favorecendo ainda as respostas por impulso, sem muita reflexão, ou a criação de fóruns inadequados para debates de assuntos sensíveis com os franqueados. Recorrer a grupos de *WhatsApp* para discutir questões particulares de uma franquia não é uma boa ideia. Muitas vezes, um franqueado pode trazer para discussão no grupo assuntos que só dizem respeito ao seu negócio e que acabam sendo indevidamente amplificados e estendidos à discussão para outros franqueados, que, originalmente, não teriam relação com o assunto.

A adoção de aplicativos de mensagens instantâneas pode ser válida para resolver questões cotidianas, que demandem uma resposta mais rápida, mas não devem envolver debates sobre assuntos que requeiram tomadas de decisões importantes para o negócio ou para o relacionamento entre franqueadora e franqueados.

Outro desafio quanto ao uso desses aplicativos de troca de mensagens instantâneas em redes de franquia é evitar que os grupos de discussão criados entre franqueados e entre franqueados e franqueadoras virem ambiente para o surgimento ou a proliferação de mensagens falsas ou de mensagens que não se refiram exclusivamente à franquia e ao negócio.

Embora a franqueadora não tenha amparo legal para proibir a criação pelos franqueados de grupos paralelos de discussão, por causa do princípio constitucional da livre associação, a franqueadora deve estar preparada para agir rapidamente em caso de disseminação de notícias falsas associadas à marca, divulgação de informações confidenciais dentro desses grupos, que cheguem ao seu conhecimento, e deve prever nos contratos de franquia mecanismos que a ajudem a tomar medidas de forma ágil e eficiente.

2.1. O uso das mídias sociais como ferramentas de *marketing* e de interação com clientes

Para as ações de interação com clientes ou de marketing nas mídias sociais, a questão para as franqueadoras é determinar a extensão do controle que exercerá ou não sobre as condutas em ambiente virtual de seus funcionários e franqueados, na medida em que eles estarão usando sua marca, interagindo com clientes e usuários em geral e seus atos podem tomar proporções catastróficas, em razão, do potencial risco de viralização de comentários, posts, ações etc.

Se controlam pouco, correm o risco de perder o poder de distintividade da marca e sua credibilidade. Se controlarem demais, podem perder timing de oportunidades, burocratizar demais num segmento que dinamismo é essencial, e assim deixar de ser atrativos para clientes nos locais de operações dos franqueados.

As franqueadoras comumente resguardam para si o direito de aprovação prévia e de revisão, quando um franqueado quer realizar alguma ação de marketing local.

Algumas franqueadoras simplesmente proíbem que seus franqueados criem páginas próprias nas mídias sociais usando as marcas da franquia, em linha com o direito que lhe é garantido pela Lei de Propriedade Industrial (Lei 9279/96) de zelar pela sua integridade material ou reputação ou para proteger suas informações estratégicas e confidenciais.

Outras estabelecem políticas de uso e boas práticas que devem ser rigorosamente seguidas pelos seus franqueados. Nesse caso, não basta somente definir as regras, mas é essencial implementar ferramentas de monitoramento e controle. Pouca eficácia possuem as regras, se a franqueadora não adota mecanismos eficientes de acompanhamento do uso das mídias sociais pelos seus franqueados.

Não há uma solução perfeita.

Muito vai depender do porte e recursos que a franqueadora pode dedicar à sua estratégia para mídias sociais. Franqueadoras com mais recursos provavelmente terão equipes dedicadas a monitorar as mídias sociais, criar e aplicar as políticas de boas práticas para toda a rede. É provável que sua equipe de marketing para mídias sociais produza materiais e arte para serem replicados localmente por seus franqueados e que possam orientá-los quanto à exposição e comportamento corretos nesses locais de forma a preservar a marca franqueada e reputação do negócio.

Já franqueadoras de menor porte podem não ter uma equipe dedicada a marketing nas mídias sociais. Nesses casos, é importante que as franqueadoras ainda assim estabeleçam regras claras de como os franqueados devem explorar as mídias sociais com relação ao marketing local e indicando o que eles não podem fazer. É comum proibir posts com cunho político, religioso, ofensivo, preconceituoso ou mesmo que possam envolver ou associar a marca a assuntos polêmicos, por exemplo.

É essencial, assim, conscientizar a rede de franqueados sobre o uso responsável das mídias sociais, bem como sobre as consequências de seus atos, pelo risco de propagação imediata de uma notícia, de um post ou de um comentário.

Os danos causados por uma resposta inadequada, uma associação da marca com conteúdo desalinhado com a cultura da rede de franquia, ou um uso desautorizado de propriedade intelectual, dentre outros atos podem ser irreversíveis para a marca.

A franqueadora também deve se atentar para a utilização das mídias pelos seus próprios funcionários e orientar seus franqueados para que fiquem atentos a tal uso por seus respectivos funcionários.

Os colaboradores da franqueadora ou de seus franqueados não devem usar seus perfis pessoais nas mídias sociais para realizar atendimento a clientes, responder críticas, passar informações da empresa etc.

Afinal, interações como essas, via perfis pessoais, podem causar confusão ao consumidor, além de dificultar medidas de controle e de padronização pela franqueadora, para garantir a uniformidade das comunicações com clientes e proteção da identidade visual do negócio, bem como para definir e limitar responsabilidades.

Envio de mensagens sem prévia e expressa autorização como promoções, ofertas, lembretes motivacionais, ou a própria coleta de dados de clientes através de meios não oficiais, poderão dar ensejo a reclamações judiciais. Por isso, é fundamental que a franqueadora estabeleça princípios básicos para a utilização dessas ferramentas. Quais funcionários estarão autorizados a utilizar as mídias sociais em nome da franquia? Quais mídias poderão ser utilizadas? Será permitido qualquer tipo de interação entre cliente e funcionário? Entre outras questões que se verificarem relevantes e impactantes no seu dia a dia.

2.2. Ambiente regrado

Inicialmente, é preciso desmistificar a ideia de que nas mídias sociais pode-se fazer de tudo, sem respeito e obediência a leis ou a regras básicas de convivência. Apesar de a Internet ser entendida como uma plataforma livre de troca de informações, há regras para usá-la.

As leis aplicadas fora do ambiente da Internet também se aplicam aos atos praticados em ambiente virtual. Sendo assim, além do Marco Civil da Internet (Lei 12.965/2014), leis como o Código Civil, o Código Penal, o Código de Defesa do Consumidor, e a Lei de Proteção de Dados Pessoais, dentre outras, também se aplicam às transações e ações praticadas nas mídias sociais.

Embora tenha o princípio constitucional da liberdade de expressão como um de seus principais pilares, o Marco Civil da Internet estabelece os princípios, garantias, direitos e deveres para o uso da Internet no Brasil e contém dispositivos quanto à responsabilização e fiscalização da Internet em relação a infrações cometidas contra o indivíduo e sua honra. Essa lei determina que, mediante decisão judicial, os provedores de conteúdo de Internet removam conteúdo que, claramente, violem a honra, reputação, imagem e outros direitos do ofendido, podendo caber ainda, a indenização por danos morais.

No julgamento da apelação nº: 1002803-22.2016.8.26.0278, em ação de indenização por danos morais com pedido de obrigação de fazer e não fazer, tramitando na 2ª Vara Cível da Comarca de Itaquaquecetuba, manteve-se a sentença ao confirmar-se a necessidade de abstenção de postagem e publicação de comentários negativos pela ré sobre a autora, bem como determinou-se a remoção de todos os compartilhamentos de publicações negativas sobre a autora. A ação foi julgada procedente. Ela tratava de veiculação de comentários ofensivos na internet contra a clínica veterinária autora, que prestou serviços ao animal de estimação da ré, que acabou por precisar ser sacrificado. A ré responsabilizava a autora pela morte de seu animal de estimação, tornando público comentários ofensivos. Foi considerado abuso do direito de livre manifestação do pensamento da ré, com consequente ofensa à imagem e honra objetiva da autora, configurando-se de danos morais:

> *"[...] A ré confirma a autoria da publicação. No entanto, diz que a mensagem foi um desabafo no calor do momento e que, posteriormente, excluiu voluntariamente de seu perfil, informando que isso se deu antes de saber que a autora ingressara com ação.*
>
> *A questão é de se saber se os comentários publicados pela ré em redes sociais extrapolaram seu direito à liberdade de expressão, de forma que tenham violado a honra e a imagem da autora e, portanto, tenham resultado no direito de indenização por danos morais.*
>
> *Neste caso, há conflito entre dois princípios constitucionais. De um lado, a Constituição Federal garante a inviolabilidade da intimidade, vida privada, honra e imagem das pessoas, conforme seu artigo 5º, inciso X, mas também garante a livre manifestação do pensamento, vedado o anonimato (artigo 5º, inciso IV) e a livre expressão (artigo 5º, inciso IX), bem como a Lei nº 12.965/2014 (Marco Civil da Internet) reforça tais garantias em seu artigo 3º, inciso I.*
>
> *Nenhum direito é absoluto, faz se necessária a interpretação de acordo com o caso concreto e com os princípios da razoabilidade e proporcionalidade, PODER JUDICIÁRIO TRIBUNAL DE JUSTIÇA DO ESTADO DE SÃO PAULO Apelação nº 1002803-22.2016.8.26.0278 -Voto nº 2529 4 aplicando-se o método da ponderação.*
>
> *Mesmo que as acusações fossem verídicas, isto, por si só, não isentaria de responsabilidade a requerida de publicações potencialmente lesivas ao direito alheio, motivo pelo qual é também necessária a apreciação da maneira com que se construiu o discurso, tanto em seu caráter objetivo – a forma – como no subjetivo – a intenção -. Inerente ao conceito de vexatório está a ideia de humilhação, qual seja, uma diminuição jocosa e dolosa dotada de gravidade, desproporcionalidade e aproximação com a vulgaridade.*

> *Neste sentido, verifica-se na publicação veiculada que a ré emprega em suas publicações linguagem ofensiva, visando humilhar/ou diminuir a autora, atingindo sua honra.*
>
> *Diferente seria se a linguagem do texto fosse profissional e comedida, e sua crítica focada nas práticas comerciais que a autora manteve com ela, ao invés do caráter ou honra da mesma.*
>
> *Também é relevante a cognição da intenção da ré com seus escritos, a qual é nítida nos autos, diminuindo a qualificação profissional da autora e a boa reputação de sua clínica, havendo excesso na publicação veiculada.*
>
> *As postagens veiculadas em páginas da internet contendo as expressões injuriosas contra a ré tiveram o condão de macular a imagem profissional dela e extrapolaram o direito de reclamação do consumidor e a liberdade de expressão assegurada em nossa Lei Maior.*
>
> *Dentro desse contexto extrai-se que, embora a requerida justifique o uso da rede social para expressar sua opinião acerca do ocorrido, a mesma o fez com evidente excesso de linguagem, ultrapassando os limites constitucionalmente previstos à liberdade de expressão [...]."*

Qualquer ato ilícito praticado nas mídias sociais pode gerar consequências jurídicas, sujeitando os autores do ato ilícito às regras de responsabilidades civil e/ou criminal.

Podem ser considerados atos ilícitos, no âmbito das mídias sociais: usar sem autorização obras (textos, áudios, fotos, vídeos etc.), marcas, nomes e/ou imagens de terceiros; xingar terceiros; imputar falsamente a alguém a prática de algum crime (calúnia); a exposição de imagem ou referência a determinada pessoa ou objeto com intuito de prejudicar a sua imagem, história, honra, dentre outros atos.

É importante definir quais informações podem ser divulgadas nas mídias sociais. É preciso ter cuidado com o uso externo (pessoal) e o uso interno (profissional), tanto em mídias sociais aberta, como *Facebook*, *Instagram* e *Twitter*, quanto nas mídias sociais fechadas, *WhatsApp*, *Telegram*, *Viber*, *Skype*, *Messenger* etc.

Nesse sentido, se faz necessário ter os seguintes cuidados: (i) com a imagem pessoal e profissional, pois as pessoas tendem a não separar o lado pessoal do profissional; (ii) com conteúdo que exponha a privacidade de clientes e colaboradores; (iii) com a reputação da própria marca – as mídias sociais são canais oficiais onde devem ser respeitadas todas as recomendações da franqueadora.

É interessante restringir a publicação de certos assuntos nos perfis oficiais das marcas nas mídias sociais, tais como: (i) a divulgação de textos e materiais imagéticos de cunhos pornográfico, homofóbico e intolerante de cunho racial, religioso e/ou político; (ii) comentários e respostas agressivas, ofensivas, vexatórias, desonrosas, sarcásticas, debochadas e/ou irônicas para os clientes, usuários da página, ainda que não sejam clientes, e para colegas de trabalho; (iii) falar mal de pessoas nas postagens, e imputar a tal pessoa qualquer tipo de crime ou fato constrangedor; (iv) replicar postagens cujas fontes não são conhecidas e cuja veracidade não tenha sido confirmada.

As mídias sociais podem, em alguns casos, ser os principais canais de interação do cliente com a marca. Porém, antes de criar perfis em mídias sociais, é preciso refletir qual é o objetivo do perfil. Se por exemplo, é a divulgação de produtos, fortalecimento da marca, interação on-line com clientes, funcionários e franqueados, captar novos clientes, focar em engajamento com os clientes já existentes, fazer com que a marca fique mais conhecida, fortalecer a imagem institucional da marca perante as mídias sociais. Isso se faz necessário, para que a rede de franquia não perca seu foco e tenha de forma clara sobre qual a relevância da marca nesses canais, abertos e fechados. É possível aproveitar as mídias sociais, abertas e fechadas, para trabalhar todos esses pontos, porém, é necessário ter um cuidado diário com as informações que são inseridas no perfil.

Perfis com muitas reclamações podem refletir de forma negativa para as marcas. Se a marca ignora e/ou oculta comentários com frequência, respondendo apenas comentários positivos ou não dá a devida resposta em tempo hábil, pode indicar falta de preparo para lidar com os problemas.

Podemos citar como principais erros ao utilizar as mídias sociais: (i) criação de diferentes páginas, o que demonstra fragmentação da marca e falta de padronização do negócio; (ii) perfis pessoais no lugar de página da marca, pois há grande risco do negócio ser identificado como informal, amador e mal formatado; (iii) falta de alinhamento com a franqueadora – as mídias sociais são canais alternativos de comunicação e de fácil acesso, porém se a conduta não estiver alinhada com ideal da marca, irá agregar mais problemas que soluções; (iv) falta de estratégia e má administração – a página não deve ficar abandonada, sem atualizações, pois a falta de conteúdo transmite ao consumidor que a marca possa estar em decadência, e isso é péssimo para o fortalecimento da marca, e por fim, a franqueadora deve ficar atento a posts que apresentem erros de ortografia, pois certamente irá gerar descrédito da marca.

No entanto, se a franqueadora pretende somente utilizar as mídias sociais para troca de mensagens entre a rede, como comunicar os franqueados sobre informações de caráter estratégico, informações acerca de novos fornecedores, promoções, premiações, disponibilizar conteúdo entre os departamentos etc. ao invés de utilizar as mídias sociais, nesse caso o recomendável é que a franqueadora crie sua própria plataforma, também conhecida como Intranet, conforme exposto em tópico anteriormente, já que essa tecnologia em termos de segurança é mais significativa, além de reduzir custos com a divulgação das informações e possuir como característica intrínseca a celeridade.

A seguir, alguns cuidados que as franqueadoras devem tomar para possibilitar um uso adequado das mídias sociais em razão das questões jurídicas que possam advir desse uso.

2.3. Uso de conteúdo, imagem e dados pessoais de terceiros

Um erro muito frequente é achar que, se o conteúdo está na Internet, ele é de domínio público e que pode ser usado livremente. O mesmo racional aplica-se às mídias sociais.

Obra de domínio público é diferente de obra de fácil acesso/disponível. O fato de um determinado conteúdo estar disponível ou amplamente propagado na Internet não exime o usuário de buscar autorização prévia do real titular da obra, menção da autoria e, eventualmente, pagamento para obter essa autorização. O acesso a conteúdo disponível nas mídias sociais ou na internet não o torna de domínio público. Ele não confere ao usuário o direito de dispor deste conteúdo como ele quiser. Quando, por exemplo, alguém compra uma música em uma loja virtual, ela adquire o direito de uso. Entretanto, essa compra não lhe confere direito de distribuição, comercialização ou alterações da obra, nem tampouco direito a usar tal música associada à sua marca, produtos ou serviços. Ainda que não se esteja lucrando diretamente com esse uso.

A decisão a seguir confirma a distinção entre conteúdo em domínio público e obras disponíveis na Internet:

> "[...] A divulgação de fotografia em site da rede mundial de comunicação (internet), não limita qualquer direito do seu autor à sua obra. Pode-se aplicar, por analogia, a diferenciação entre obra em logradouro público e caída em domínio público. Na dicção de José Carlos Costa Neto "... As distinções são claras: o domínio público respeita à inexistência ou cessação da titularidade patrimonial privada (do autor) do direito de autor sobre a obra – a sua utilização é livre –, o mesmo não ocorrendo com a titularidade de direitos patrimoniais de autor de obra situada (permanentemente) em logradouro público, que permanece com o autor e, apenas, sofre as limitações legais quanto ao seu exercício. Não permite, portanto, utilização livre mas, sim, algumas utilizações previstas em lei. [...]
>
> (TJ-DF – ACJ: 20130111615865 DF 0161586-23.2013.8.07.0001, Relator: LUÍS GUSTAVO B. DE OLIVEIRA, Data de Julgamento: 14/10/2014, 1ª Turma Recursal dos Juizados Especiais Cíveis e Criminais do DF, Data de Publicação: Publicado no DJE: 16/10/2014. Pág.: 183)."

Ao se pretender usar textos, imagens e conteúdo de terceiros deve-se atentar para o fato de que eles podem ser protegidos por direitos de propriedade intelectual e, assim, precisam de prévia autorização por escrito do seu respectivo titular para uso, especialmente quando associado a uma marca, a um produto ou a um serviço para sua promoção.

Desse modo, é recomendável que antes de utilizar qualquer imagem ou foto de terceiros, a franqueadora deve firmar ou exigir que seus franqueados firmem termo de autorização de uso de imagem com o detentor do direito de imagem para se resguardar quanto à reclamação de terceiros por uso indevido de imagem. Em alguns casos, essa autorização vem condicionada à exigência de um pagamento ao titular.

A Lei de Direitos Autorais (Lei nº. 9.610/98) protege por direitos autorais as criações do espírito, expressas por qualquer meio ou fixadas em qualquer suporte, tangível ou intangível, conhecido ou que se invente no futuro, tais como: a) os textos de obras literárias, artísticas ou científicas; b) as composições musicais, com ou sem letra; c) as obras audiovisuais, com ou sem som, inclusive as cinematográficas; d) as obras fotográficas; e) as obras de desenho, pintura, gravura, escultura; f) as ilustrações, g) os projetos, esboços e obras plásticas relativas à geografia, engenharia, topografia, arquitetura, paisagismo, cenografia e ciência; h) os programas de computador etc.

Ou seja, a Lei de Direitos Autorais determina a proteção autoral independentemente do meio em que estiver fixada a criação intelectual, bem como independentemente de qualquer registro, ou seja, basta que tenha ocorrido a materialização da ideia e que o autor da obra possa comprovar que aquele trabalho é de sua autoria.

Com relação ao uso de imagem de terceiros, o artigo 20 do Código Civil (Lei nº. 10.406/2012) dispõe que, exceto se autorizadas previamente e por escrito, a publicação, a exposição ou a utilização da imagem de uma pessoa poderão ser proibidas, a seu requerimento e sem prejuízo da indenização que couber, se lhe atingirem a honra, a boa fama ou a respeitabilidade, ou se destinarem a fins comerciais.

Dessa forma, para se utilizar a imagem de terceiro para fins comerciais é necessária autorização prévia, sob pena de, na ausência dessa prévia autorização por escrito, o seu titular ter direito à indenização, sem prejuízo de ter o direito de exigir a cessação do uso e retirada da imagem do perfil ou site.

Além da imagem de uma pessoa, fotografias, textos, ilustrações, músicas, filmes, jogos e conteúdo de propriedade de terceiros também precisam ser previamente objeto de autorização, antes de se poder usá-los, especialmente se esse uso for comercial, ou seja, associado a uma marca, produtos e serviços para sua promoção. Em caso de uso autorizado de conteúdo de terceiros, é imprescindível, ainda assim, indicar a autoria do conteúdo e sua fonte (de onde foi retirado).

Um perfil corporativo, numa mídia social, certamente vai ser considerado como de finalidade comercial, mesmo que não se cobre para acessá-lo e que o conteúdo seja disponibilizado gratuitamente aos seus usuários.

Ocorrendo violação do direito de autor, o infrator pode incorrer em sanções de cunho cível, ou seja, poderá ser condenado a indenizar o autor da obra por danos materiais e/ou morais, bem como incorrer ainda em sanções de cunho criminal, conforme disposição do art. 184 do Código Penal, o qual, dispõe sobre as violações ao direito do autor de forma ampla.

Atualmente, há diversas decisões judiciais sobre pedidos de indenização e outras medidas para resguardar direitos do legítimo titular por causa do uso indevido nas mídias sociais de conteúdo de terceiros, por divulgação de conteúdo ofensivo ou lesivo a direito de terceiros.

A decisão a seguir, determinou logo em primeira instância, com base em prova documental, que a ré se abstivesse de utilizar, por qualquer meio, a imagem da autora para realizar informe publicitário, divulgada sem sua autorização, sob pena de multa diária arbitrada em cinco mil reais:

> "Apelações. **Ação Indenizatória. Uso indevido do direito de imagem da autora. Procedência.** Inconformismo da ré. Cerceamento de defesa. Não ocorrência. **Desnecessidade de outras provas.** Manutenção das verbas sucumbenciais. Princípio da Proporcionalidade. Precedentes desta C. Câmara. Recursos não providos. (TJ-SP – APL: 01632208820118260100 SP 0163220-88.2011.8.26.0100, Relator: Silvia Sterman, Data de Julgamento: 04/08/2015, 9ª Câmara de Direito Privado, Data de Publicação: 06/08/2015) **(grifos nossos)**."

Segundo o parágrafo único, do artigo 927 do Código Civil, haverá obrigação de reparar o dano, independentemente de culpa, nos casos especificados em lei, ou quando a atividade normalmente desenvolvida pelo autor do dano implicar, por sua natureza, risco para os direitos de outrem.

Assim, a regra geral é de que o uso de qualquer texto, imagem ou conteúdo disponíveis na Internet precisam de autorização prévia daqueles que podem deter direitos sobre elas. Muitas vezes, pode ser difícil identificar quem seriam essas pessoas.

2.3.1. Proteção de Dados no Brasil

Sobre uso de dados pessoais de terceiros, a Lei Geral de Proteção de Dados Pessoais – Lei nº.13.709/18 ("LGPD"), publicada em 15 de agosto de 2018 e que entrou em vigor em 18 de setembro de 2020, representa uma importante conquista no campo da proteção à aos dados pessoais dos brasileiros, sendo o novo marco legal que regulamenta o tratamento de dados pessoais[14], no Brasil, de forma mais específica e abrangente.

Inspirada no Regulamento Geral sobre a Proteção de Dados da União Europeia (GDPR), a LGPD coloca o titular de dados como seu protagonista. Ela garante aos titulares de dados pessoais maior controle sobre os seus dados pessoais, exigindo que os agentes de tratamento (pessoas físicas ou jurídicas – que, de alguma forma, tratam dados pessoais) sejam transparentes quanto a que dados coletam, ao que fazem com os dados pessoais e com quem os compartilham, dentre outras ações.

Com isso, os titulares de dados podem solicitar aos agentes de tratamento as seguintes providências:

I – confirmação da existência de tratamento;

II – acesso aos dados;

III – correção de dados incompletos, inexatos ou desatualizados;

IV – anonimização, bloqueio ou eliminação de dados desnecessários, excessivos ou tratados em desconformidade com o disposto na LGPD;

V – portabilidade dos dados a outro fornecedor de serviço ou produto, mediante requisição expressa, de acordo com a regulamentaçao da autoridade nacional, observados os segredos comercial e industrial;

VI – eliminação dos dados pessoais tratados com o consentimento do titular, exceto nas hipóteses previstas no artigo 16 da LGPD[15];

---

14. Pela LGPD, dados pessoais são todos aqueles dados que permitem que uma pessoa física seja identificada ou identificável. Dados de pessoa identificada: são dados que, por sua, natureza já permitem a identificação imediata da pessoa, tais como nome, e-mail, CPF, RG. Entram, também, nesta definição de dados pessoais os dados que permitem que a pessoa seja identificável. São eles aqueles dados que, embora, não identifiquem, de imediato, um indivíduo, podem permitir a sua identificação, se cruzados ou usados em conjunto com outros dados. Esses dados podem ser: histórico de navegação, histórico de compras, perfil e histórico de consumo, score de crédito, dados de geolocalização, *internet protocol* (IP). A LGPD traz ainda o conceito de uma subcategoria de dados pessoais, que exige atenção especial para o seu tratamento. São os dados pessoais sensíveis. Dado pessoal sensível é todo aquele dado pessoal sobre origem racial ou étnica, convicção religiosa, opinião política, filiação a sindicato ou a organização de caráter religioso, filosófico ou político, dado referente à saúde ou à vida sexual, dado genético ou biométrico, quando vinculado a uma pessoa natural.
15. Art. 16. Os dados pessoais serão eliminados após o término de seu tratamento, no âmbito e nos limites técnicos das atividades, autorizada a conservação para as seguintes finalidades:
    I – cumprimento de obrigação legal ou regulatória pelo controlador;
    II – estudo por órgão de pesquisa, garantida, sempre que possível, a anonimização dos dados pessoais;

VII – informação das entidades públicas e privadas com as quais o controlador realizou uso compartilhado de dados;

VIII – informação sobre a possibilidade de não fornecer consentimento e sobre as consequências da negativa;

IX – revogação do consentimento.

A LGPD aplica-se tanto a dados tratados em papéis como no meio digital.

Em síntese, qualquer forma de tratamento[16] realizada por pessoa natural ou por pessoa jurídica, de direito público ou privado e independente do país de sua sede ou onde estejam localizados os dados, desde que: I – a operação de tratamento seja realizada no território nacional; II – a atividade de tratamento tenha por objetivo a oferta ou o fornecimento de bens ou serviços ou o tratamento de dados de indivíduos localizados no território nacional; ou III – os dados pessoais objeto do tratamento tenham sido coletados no território nacional, precisará se adequar à LGPD.

A LGPD é uma lei principiológica e, portanto, depende de algumas regulamentações, especialmente pela Autoridade Nacional de Proteção de Dados ("ANPD"). A LGPD determina os parâmetros que devem ser observados pelos agentes de tratamentos quando usarem dados pessoais. Muitas vezes, esses parâmetros não são uma regra expressa, mas sim objeto de um princípio basilar.

As atividades de tratamento de dados pessoais deverão observar a boa-fé e os seguintes princípios:

I – finalidade: realização do tratamento para propósitos legítimos, específicos, explícitos e informados ao titular, sem possibilidade de tratamento posterior de forma incompatível com essas finalidades;

II – adequação: compatibilidade do tratamento com as finalidades informadas ao titular, de acordo com o contexto do tratamento;

III – necessidade: limitação do tratamento ao mínimo necessário para a realização de suas finalidades, com abrangência dos dados pertinentes, proporcionais e não excessivos em relação às finalidades do tratamento de dados;

IV – livre acesso: garantia, aos titulares, de consulta facilitada e gratuita sobre a forma e a duração do tratamento, bem como sobre a integralidade de seus dados pessoais;

V – qualidade dos dados: garantia, aos titulares, de exatidão, clareza, relevância e atualização dos dados, de acordo com a necessidade e para o cumprimento da finalidade de seu tratamento;

VI – transparência: garantia, aos titulares, de informações claras, precisas e facilmente acessíveis sobre a realização do tratamento e os respectivos agentes de tratamento, observados os segredos comercial e industrial;

III – transferência a terceiro, desde que respeitados os requisitos de tratamento de dados dispostos nesta Lei; ou

IV – uso exclusivo do controlador, vedado seu acesso por terceiro, e desde que anonimizados os dados.

16. A LGPD define "tratamento" como toda operação realizada com dados pessoais, como as que se referem a coleta, produção, recepção, classificação, utilização, acesso, reprodução, transmissão, distribuição, processamento, arquivamento, armazenamento, eliminação, avaliação ou controle da informação, modificação, comunicação, transferência, difusão ou extração. É, basicamente, toda e qualquer ação com um dado pessoal, desde a sua coleta até o seu descarte pelo agente de tratamento.

VII – segurança: utilização de medidas técnicas e administrativas aptas a proteger os dados pessoais de acessos não autorizados e de situações acidentais ou ilícitas de destruição, perda, alteração, comunicação ou difusão;

VIII – prevenção: adoção de medidas para prevenir a ocorrência de danos em virtude do tratamento de dados pessoais;

IX – não discriminação: impossibilidade de realização do tratamento para fins discriminatórios ilícitos ou abusivos;

X – responsabilização e prestação de contas: demonstração, pelo agente, da adoção de medidas eficazes e capazes de comprovar a observância e o cumprimento das normas de proteção de dados pessoais e, inclusive, da eficácia dessas medidas.

A LGPD não objetiva proibir a utilização dos dados pessoais pelas empresas. Pelo contrário, a LGPD busca inserir o Brasil no atual contexto mundial de tutela de dados pessoais, formando uma cultura sólida, que objetiva proteger os direitos fundamentais de liberdade e privacidade do indivíduo e ao mesmo tempo garantir o livre fluxo dos dados pessoais, estabelecendo regras claras de como as organizações poderão aproveitar economicamente essas informações, gerando vantagem competitiva e maior produtividade.

Para isso, as marcas, seja na posição de controladora de dados, seja na posição de operadora de dados[17], devem identificar e documentar seus processos de tratamento de dados pessoais para fazer adequação à LGPD.

A LGPD determina que os controladores de dados devem definir as bases legais dos tratamentos de dados, que são as justificativas pelas quais se faz um tratamento de dados. Tal obrigação cabe exclusivamente aos controladores e não aos operadores. A LGPD traz 10 bases legais para tratamento de dados.

Num processo de adequação, o controlador deve identificar quais são todos os seus processos de tratamento de dados para conseguir lhes atribuir, ao menos, uma base legal.

Vale ressaltar que, por prever dez bases legais para o tratamento de dados pessoais não sensíveis, o consentimento não é mais a única justificativa para se fazer tratamento de dados. O consentimento é apenas uma das bases legais e não necessariamente a mais importante delas. Cada base legal depende e deriva da finalidade do tratamento, devendo-se, entretanto, considerar que o consentimento é a regra para o tratamento de dados pessoais sensíveis, sendo ele dispensado em situações específicas, quando outras bases legais podem ser aplicadas, na forma do art. 11 da LGPD.

A LGPD traz ainda a obrigatoriedade de os agentes de tratamento adotarem mecanismos mínimos de segurança para a proteção de dados pessoais dos brasileiros por eles tratados, para proteger os dados pessoais de acessos não autorizados e de situações acidentais ou ilícitas de destruição, perda, alteração, comunicação ou qualquer forma de tratamento inadequado ou ilícito.

---

17. A LGPD define controlador como a pessoa natural ou jurídica, de direito público ou privado, a quem competem as decisões referentes ao tratamento de dados pessoais e operador como a pessoa natural ou jurídica, de direito público ou privado, que realiza o tratamento de dados pessoais em nome do controlador. O controlador e o operador são denominados agentes de tratamento.

Investir em segurança e tecnologia é indispensável. As franqueadoras e seus franqueados hoje, mais do que nunca, devem possuir pleno conhecimento de como os dados são coletados, onde os dados serão armazenados, e se os tratamentos de dados estão sendo feitos de acordo com a LGPD. Qualquer irregularidade num processo de tratamento de dados, tanto na captação, como no seu armazenamento, por exemplo, poderá dar ensejo a multas de valor significativo, além de outras penalidades relevantes que podem impedir o acesso das marcas a seus bancos de dados.

Assim, além de mapear seus processos de tratamento de dados, identificar as bases legais aplicáveis, quando forem controladoras de dados, as marcas e suas franqueadas devem publicar avisos de privacidade em seus sites, lojas e aplicativos que reflitam efetivamente como os dados de seus clientes são tratados pela franqueadora, franqueados e parceiros; devem adotar políticas internas de privacidade; devem treinar seu pessoal interno sobre boas práticas para proteção de dados; devem ainda rever seus contratos, para inserir cláusulas sobre proteção de dados que também reflitam seus deveres e responsabilidades na relação e perante os titulares dos dados; adotar medidas de segurança da informação, dentre outras.

3. COMO ACOMODAR O USO DAS MÍDIAS SOCIAIS NAS REDES DE FRANQUIA

Atualmente, as mídias sociais são consideradas importante canal de comunicação do usuário com a marca, e por isso, elas se tornaram indispensáveis para qualquer modelo de negócio. Portanto, simplesmente proibir o uso das mídias sociais ou impedir o uso desse recurso tecnológico pelos franqueados como ferramenta de marketing pode não ser a alternativa mais adequada, já que elas fazem parte do cotidiano das pessoas e, consequentemente, são inevitáveis.

Segundo pesquisa realizada pelo Grupo MD[18], sete em cada dez franqueados que utilizam as mídias sociais não validam o conteúdo que é disponibilizado com a franqueadora. Mas então, qual é a solução para fazer que as publicações e posts dos franqueados estejam respaldados por critérios de qualidade, confiabilidade, transparência e respeito, sem que possam destruir a reputação da marca?

Uma opção para alinhar as regras da franquia às boas práticas seria criar um manual de conduta e nas mídias sociais para os franqueados, sem prejuízo de lembrar aos franqueados que as mídias sociais possuem cada uma delas suas regras próprias de utilização, como termos e condições de uso e políticas de privacidade.

Esse manual seria um espaço para a franqueadora expor aos seus franqueados as condutas desejáveis e as proibidas para a rede de franquia no mundo virtual. A criação desse manual é uma boa maneira de orientar os franqueados sem que isso

---

18. DCI – DIÁRIO COMÉRCIO INDÚSTRIA & SERVIÇOS. **Franqueado ganha mais liberdade em rede social, mas deve seguir cartilha**. Disponível em: <https://www.dci.com.br/comercio/franqueado-ganha-mais-liberdade-em-rede-social-mas-deve-seguir-cartilha-1.743199>. Acesso em: 04 jan.2019.

configure uma ingerência ou uma restrição na administração das mídias sociais do franqueado.

Para reforçar a necessidade de cumprimento do manual por todos, o contrato de franquia deve claramente prever referência a esse manual.

O manual deve conter orientações de como os franqueados devem tratar com clientes, se e como devem responder a reclamações, dúvidas e comentários de clientes, que tipos de posts são reservados exclusivamente à franqueadora, o que fazer em caso de uma crise com a marca, que tipo de informações podem ser compartilhadas e reforçando aquelas que não podem ser divulgadas por serem segredos da franqueadora e do negócio, dentre outros tópicos que a franqueadora considere relevantes.

4. PUBLICAÇÃO EM MÍDIAS SOCIAIS PODEM SERVIR DE PROVA EM PROCESSO JUDICIAL

4.1. O Direito e o avanço tecnológico

Na contramão do tradicionalismo inerente ao Direito, o Poder Judiciário vem utilizando, cada vez mais, recursos tecnológicos como forma de evitar sua morosidade, desburocratizar o sistema e acompanhar o avanço tecnológico e social.

O Conselho Nacional de Justiça (CNJ),[19] por exemplo, aprovou por unanimidade, por meio do julgamento virtual do Procedimento de Controle Administrativo (PCA) nº. 0003251-94.2016.2.00.0000, o qual foi ajuizado contra a Portaria Conjunta nº. 01/2015, do Juizado Especial Cível e Criminal da Comarca de Piracanjuba/GO e da Ordem dos Advogados do Brasil, a utilização do aplicativo *WhatsApp* como ferramenta para intimações em todo o Judiciário. O texto da Portaria dispõe sobre o uso facultativo do aplicativo, somente às partes que voluntariamente aderirem aos seus termos.

Seguindo a mesma linha de raciocínio, é o entendimento do Juiz do Trabalho, Ivan Tessaro[20], que interpreta que:

"[...] o judiciário deve cada vez mais estabelecer formas eficazes de interação com a sociedade e por isso não pode por preconceito ou desconhecimento recusar novas tecnologias, sendo, inclusive, essas tecnologias perfeitamente compatíveis ao processo judicial eletrônico, vez que a movimentação processual deixou de ser física".

Assim, verifica-se a tendência de os órgãos do judiciário adotarem medidas tecnológicas de modo a acompanhar o avanço digital e isto tem tido influência, inclusive, no que diz respeito à formação de provas no processo judicial, conforme exposto a seguir.

---

19. CONSELHO NACIONAL DE JUSTIÇA. **WhatsApp pode ser usado para intimações judiciais**. Disponível em: <http://www.cnj.jus.br/noticias/cnj/85009-whatsapp-pode-ser-usado-para-intimacoes-judiciais>. Acesso em: 02 de jan. 2019.
20. VAREJÃO, Joanna. **Mídia Eletrônica/Redes Sociais como meio de provas na Justiça do Trabalho**. Disponível em: <https://joannavarejao.jusbrasil.com.br/artigos/300493011/midia-eletronica-redes-sociais-como-meio--de-provas-na-justica-do-trabalho>. Acesso em: 07 de jan. 2019.

4.2. A prova no ordenamento jurídico

De acordo com Alexandre de Freitas Câmara[21], prova significa:

> "[...] todo elemento trazido ao processo para contribuir com a formação do convencimento do juiz a respeito da veracidade das alegações concernentes aos fatos da causa. [...] E para que tal convencimento possa formar-se, é preciso que sejam trazidos ao processo elementos que contribuam com sua formação. Pois tais elementos são, precisamente, as provas."

Ainda sobre o assunto, Alexandre de Freitas Câmara[22] complementa que os "*meios de prova são mecanismo por meio dos quais a prova é levada ao processo*".

Nesse contexto, o Código de Processo Civil, além de inovar quanto ao sistema de distribuição do ônus probatório, também trouxe novidades quanto às provas que as partes podem empregar para comprovar o seu direito ao prever que podem as partes empregar todos os meios moralmente legítimos, nos termos do art. 369, a saber:

> "Art. 369. As partes têm o direito de empregar todos os meios legais, bem como os moralmente legítimos, ainda que não especificados neste Código, para provar a verdade dos fatos em que se funda o pedido ou a defesa e influir eficazmente na convicção do juiz."

Em consonância com o Código de Processo Civil, a redação do art. 225 do Código Civil, prevê a utilização de reproduções fotográficas, fonográficos, cinematográficas como prova, conforme segue abaixo:

> "Art. 225. As reproduções fotográficas, cinematográficas, os registros fonográficos e, em geral, quaisquer outras reproduções mecânicas ou eletrônicas de fatos ou de coisas fazem prova plena destes, se a parte, contra quem forem exibidos, não lhes impugnar a exatidão."

Ainda, dispõe o Código de Processo Civil sobre a possibilidade de utilização de documentos eletrônicos como prova, nos seguintes termos:

> Art. 439. A utilização de documentos eletrônicos no processo convencional dependerá de sua conversão à forma impressa e da verificação de sua autenticidade, na forma da lei.
>
> Art. 440. O juiz apreciará o valor probante do documento eletrônico não convertido, assegurado às partes o acesso ao seu teor.
>
> Art. 441. Serão admitidos documentos eletrônicos produzidos e conservados com a observância da legislação específica.

Desse modo, depreende-se pelos artigos supracitados que tudo o que é inserido nas mídias sociais, como postagem, repostagem, posts, prints, fotos e vídeos, pode ser considerado como indícios de prova lícita pelo Poder Judiciário, e, portanto, aceito como meio de prova no processo judicial.

---

21. CÂMARA, Alexandre Freitas. **O novo processo civil brasileiro**. 3. ed. São Paulo: Atlas, 2017 (p. 200).
22. Ibidem.

Nesse sentido, inclusive, foi a decisão da Desembargadora Vanessa Verdolim Hudson Andrade, do Tribunal de Justiça de Minas Gerais ao proferir seu voto nos autos da Apelação Cível nº. 1.0145.13.018982-5/001, conforme segue:

"EMENTA: UNIÃO ESTÁVEL – VONTADE DE CONSTITUIR FAMÍLIA – REQUISITOS NECESSÁRIOS – COMPROVAÇÃO – PROCEDÊNCIA. As redes sociais têm assumido importante papel na realidade contemporânea e, por vezes, corroboradas por outras provas contundentes, cópia de depoimentos e fotos de redes sociais podem ser indícios de provas em processos judiciais. [...] (TJMG – Apelação Cível 1.0145.13.018982-5/001, Relator (a): Des.(a) Vanessa Verdolim Hudson Andrade, 1ª CÂMARA CÍVEL, julgamento em 13/05/2014, publicação da sumula em 21/05/2014) (grifos nossos)."

Assim, além dos tradicionais e-mails, as publicações em redes sociais, incluindo as trocas de mensagens, há muito tempo vêm sendo utilizadas como meio de provas nos processos judiciais para solucionar qualquer tipo de controvérsia existente entre as partes litigantes, seja na esfera cível, criminal e trabalhista, conforme demonstraremos a seguir.

4.3. Prova documental *versus* prova digital

Importante esclarecer que há distinção entre uma *prova documental* e uma *prova digital*, não sendo suficiente para defini-la como sendo *digital* apenas o fato de ser sido obtida por meio da *internet*.

Isto porque, a prova *documental* trata-se, como o próprio nome induz, apenas de indício *documental*, original ou em cópia, enquanto uma prova *digital* necessariamente é vinculada a um *objeto*, ou seja, é relacionada a arquivos e/ou equipamentos eletrônicos que evidenciam como e quando foram usados, como por exemplo, planilhas eletrônicas, bancos de dados, arquivos de áudio e arquivos de vídeo.

Nesse sentido, uma prova digital costuma ter os chamados *metadados*, que são, em síntese, "dados sobre os dados", o que a torna, em regra, mais enriquecedora. Uma foto, por exemplo, tirada de um celular, contém informações de geolocalização, data e hora da captura.

Atualmente, tanto as provas digitais quanto as documentais são altamente voláteis, manipuláveis e fabricáveis. Exemplificando, da mesma forma que um indivíduo pode manipular um banco de dados (prova digital), também é possível criar ou distorcer fotos (prova documental), cabendo às partes e ao juízo julgador analisar com o devido cuidado as evidências juntadas, conjugando-as com as demais juntadas no decorrer do processo e atentando-se a qualquer suspeita de fraude na prova juntada.

Assim, nos casos em que, por exemplo, são juntados aos processos capturas de telas com imagens de redes sociais (provas documentais) comprovando o alegado, a parte contrária e o juízo julgador devem atentar-se sobre a licitude do documento. Isto porque, atualmente existem websites que permitem a montagem de conversas, por exemplo. Portanto, apesar de, atualmente, as mídias sociais serem amplamente utilizadas para influenciar as decisões judiciais, a facilidade em manipulação das provas digitais é um desafio na qual as partes devem estar preparadas para enfrentar. Nesse sentido, inclusive:

AGRAVO DE INSTRUMENTO. EXECUÇÃO DE TÍTULO EXECUTIVO EXTRAJUDICIAL. PETIÇÃO. INFORMAÇÃO DE NOVAÇÃO. AUSÊNCIA DE PROVA. WHATSAPP. PROVA RELATIVA. MATÉRIA DE EMBARGOS À EXECUÇÃO. 1. O *aplicativo de mensagens instantâneas "WhatsApp" é um meio hábil às **negociações civis que não dependam de forma específica determinada por lei, contudo, a simples reprodução da das mensagens, por si só, não torna inequívoco o seu conteúdo, especialmente por ser um instrumento facilmente manipulável.** 2. Não configura novação o envio de proposta de novo acordo por meio de mensagens eletrônicas sem manifestação de aceitação pelo destinatário. 3. A inexigibilidade do título executivo extrajudicial é matéria destinada aos embargos à execução, conforme prevê o artigo 917 do Código de Processo Civil, sendo inapropriada a apresentação de simples petição para tal fim. 4. Agravo de instrumento conhecido e não provido. (AI 0716889-89.2018.8.07.0000 8ª Turma Cível TJDFT, publicação em 20/11/2018)* **(grifos nossos)**.

O Código de Processo Civil dispõe em seu artigo 426, que *o juiz apreciará fundamentadamente a fé que deva merecer o documento, quando em ponto substancial e sem ressalva contiver entrelinha, emenda, borrão ou cancelamento*. Ainda, o mesmo diploma dispõe no artigo 428, I e II, que cessa a fé do documento particular quando (i) for impugnada sua autenticidade e enquanto não se comprovar sua veracidade; e (ii) quando assinado em branco, for impugnado seu conteúdo, por preenchimento abusivo. Nestes casos, o ônus da prova é definido pelo artigo 429, *in verbis*:

> Art. 429. Incumbe o ônus da prova quando:
> I – se tratar de falsidade de documento ou de preenchimento abusivo, à parte que a arguir;
> II – se tratar de impugnação da autenticidade, à parte que produziu o documento.

No que diz respeito às fotos juntadas como prova, no caso de ser arguida a falsidade/autenticidade do documento, questão deve ser resolvida por um perito, nomeado pelo juiz, nos termos do artigo 422, § 1º, do Código de Processo Civil:

> Art. 422. Qualquer reprodução mecânica, como a fotográfica, a cinematográfica, a fonográfica ou de outra espécie, tem aptidão para fazer prova dos fatos ou das coisas representadas, se a sua conformidade com o documento original não for impugnada por aquele contra quem foi produzida.
> § 1º As fotografias digitais e as extraídas da rede mundial de computadores fazem prova das imagens que reproduzem, devendo, se impugnadas, ser apresentada a respectiva autenticação eletrônica ou, não sendo possível, realizada perícia.
> (...).

Ressalte-se ainda que a Sexta Turma do Superior Tribunal de Justiça (STJ), no Recurso em Habeas Corpus 133430 - PE (2020/0217582-8) manifestou entendimento consolidado pelo colegiado e determinou que não podem ser usadas como provas, em demandas criminais, mensagens obtidas por meio do *print screen* da tela da ferramenta WhatsApp Web. Nesse caso, a ausência da "cadeia de custódia da prova" foi considerada um obstáculo para a validade da referida prova. O Código de Processo Penal define a cadeia de custódia como o conjunto de procedimentos que documentam a história cronológica dos vestígios.

Apesar dessa decisão, não é absolutamente inviável se usar *prints* de WhastApp como prova.

Válido dizer que uma das formas de se fortalecer a prova e garantir sua autenticidade é realizar uma ata notarial (escritura pública) certificando o teor da publicação que se pretende usar como prova em juízo.

Para a realização da ata notarial, um tabelião de cartório, que tem fé-pública, deve acessar a página desejada e descrever, em detalhes, o seu conteúdo, indicando URL, passo a passo seguido até se chegar àquele conteúdo, data e horário do acesso, evitando que a prova seja apagada ou editada.

Outra forma de se poder validar provas dessa natureza é por meio da confirmação por testemunhas ou por outros documentos dos fatos nela retratados.

Pelo exposto, conclui-se que o *meio* pelo qual a prova é apresentada que a define como sendo *documental* ou *digital*. Ainda que haja esta distinção entre esses dois tipos de provas, importante ressaltar que ambas têm sido amplamente utilizadas para influenciar processos judiciais. Nestes casos, as duas possuem poder probatório idêntico, mas não devem ser absolutas, por estarem sujeitas à falsificação, extravio e alteração, devendo ser levados em consideração outros aspectos trazidos aos autos. Essencial garantir a autenticidade da prova digital com a realização de ata notarial para conferir ao documento fé-pública

4.4. Posicionamento jurisprudencial

Pelo exposto anteriormente, verifica-se que os comentários ou conteúdo feitos e disponibilizados em ambiente on-line possuem, atualmente, força probatória. Portanto, toda franqueadora, seus funcionários e seus franqueados devem refletir, antes de postar e/ou publicar qualquer conteúdo na internet, já que seu teor pode ser facilmente compartilhado por uma quantidade imensurável de pessoas, o que aumenta seu valor probante.

É importante ter em mente que o que for escrito, mesmo que de forma privada, pode ser *printado* (captura de tela) e postado publicamente e usado como eventual prova em desfavor da marca. Há diversos julgados nesse sentido. Vejamos alguns casos de publicações realizadas em redes sociais que serviram como meio de prova, e influenciaram o curso do julgamento em esfera cível:

*"RECURSO ESPECIAL. AÇÃO DE COMPENSAÇÃO DE DANOS MORAIS. **REDE SOCIAL. FACEBOOK. OFENSAS. PESSOA JURÍDICA.** HONRA SUBJETIVA. IMPERTINÊNCIA. HONRA OBJETIVA. LESÃO. TIPO DE ATO. ATRIBUIÇÃO DA AUTORIA DE FATOS CERTOS. BOM NOME, FAMA E REPUTAÇÃO. DIREITO PENAL. ANALOGIA. DEFINIÇÃO DOS CRIMES DE DIFAMAÇÃO E CALÚNIA. 1. O propósito recursal é determinar se as manifestações da recorrida na rede social Facebook têm o condão de configurar dano moral indenizável à pessoa jurídica recorrente. 2. Ao disponibilizarem informações, opiniões e comentários nas redes sociais na internet, os usuários se tornam os responsáveis principais e imediatos pelas consequências da livre manifestação de seu pensamento, a qual, por não ser ilimitada, sujeita-lhes à possibilidade de serem condenados pelos abusos que venham a praticar em relação aos direitos de terceiros, abrangidos ou não pela rede social." (REsp 1.650.725/MG, 3ª Turma, Data do Julgamento: 18/05/2017 e Data de Publicação: 26/05/2017)* **(grifos nossos)**.

"EMENTA – AGRAVO DE INSTRUMENTO – PEDIDO DE CONCESSÃO DO BENEFÍCIO DA ASSISTÊNCIA JUDICIÁRIA GRATUITA – NÃO COMPROVAÇÃO DE FORMA SATISFATÓRIA DA HIPOSSUFICIÊNCIA – RECURSO IMPROVIDO.

*O agravante declara não ter condições de arcar com as custas processuais, uma vez que afirma estar desempregado. Ocorre que, **em análise de todo conjunto probatório, inclusive redes sociais,** indicam que as afirmações do agravante deixam um rastro de dúvidas ante as informações contraditórias aqui* *esposadas. Aparentemente o agravante reside atualmente em Turim-Itália, e é colecionador de carros antigos nacionais (que lhe geram gastos), bem como possui uma BMW 130 iM, (https://www.nettiauto.com/en/bmw/130/9259904) e ainda menciona nas redes sociais como a realização de um sonho. Ou seja, em nada condiz com a alegação de hipossuficiência narrada. Destarte, mesmo enfrentando dificuldades financeiras como descreveu, não restou comprovado de maneira indubitável a necessidade do auxílio, visto que tal benefício trata-se de uma exceção, como mencionado anteriormente, sendo cabível o ônus das custas processuais por parte da apelante para dar andamento ao processo. Desta feita, reputo que agiu com o melhor acerto o juiz a quo ao indeferir o benefício requerido." (TJMS – Agravo de Instrumento nº. 1413964-75.2017.8.12.0000, Relator: Des. Amaury da Silva Kuklinski, 4ª CÂMARA CÍVEL, julgamento em 07/02/2018) (grifos nossos).*

"CIVIL. PROCESSO CIVIL. INDEFERIMENTO DE PROVA TESTEMUNHAL. RESPONSABILIDADE CIVIL. DANOS MORAIS. **PUBLICAÇÃO EM FÓRUNS DE DISCUSSÕES E REDES SOCIAIS** *1. A dilação probatória é útil tão-somente ao convencimento do julgador, que não é obrigado a produzir prova considerada inútil para tal fim ou meramente protelatória. 2. Atualmente, há uma grande exposição da vida privada nas redes sociais, o que, apesar de natural, deve ser realizado com cautela. Tendo em vista que a liberdade de manifestação de pensamento e expressão não é absoluta,* **exige-se que o indivíduo tenha o cuidado ao emitir opiniões, para que não se tornem difamatórias ou injuriosas, sob pena de configurar um ato ilícito e causar prejuízos a terceiros.** *3. As publicações em fóruns de discussões e redes sociais, imputando fatos ofensivos e prejudiciais a honra de terceiros, é passível de indenização por danos morais. 4. Negado provimento ao recurso." (Grifei) (TJDF. Processo: APC 20100111943816 DF 0062720-82.2010.8.07.0001. Órgão Julgador: 6ª Turma Cível. Relator (a): ESDRAS NEVES. Julgamento: 05/11/2014. Publicado no DJE: 18/11/2014. Pág.: 208.)* **(grifos nossos).**

"INDENIZAÇÃO – DANO MORAL E MATERIAL – RECONHECIMENTO DA RESPONSABILIDADE POR TERCEIRO EM DIÁLOGO MANTIDO COM A RECORRENTE POR INTERMÉDIO DE WHATSAPP – ASSUNÇÃO DE CULPA QUE NECESSARIAMENTE DEVERIA SE DAR EM DEPOIMENTO COLHIDO SOB O CRIVO DO CONTRADITÓRIO – LESADO QUE, INVERSAMENTE, PRODUZIU PROVA TESTEMUNHAL DA CONDUTA ATRIBUÍDA À RECORRENTE, DA QUAL RESULTOU PREJUÍZO PATRIMONIAL E EXTRAPATRIMONIAL – SENTENÇA MANTIDA – RECURSO IMPROVIDO." (TJSP Processo: Recurso Inominado 0009571-12.2017.8.26.0127 Relator: Des. Denise Indig Pinheiro Órgão Julgador: 3ª Turma Cível Data do Julgamento: 25/09/2018 Data de Publicação: 25/09/2018). **(grifos nossos).**

"AÇÃO MONITÓRIA – PETIÇÃO INICIAL – PROVA ESCRITA – PRESSUPOSTOS PROCESSUAIS – Pretensão da autora de reforma da r. sentença que julgou o processo extinto, sem resolução do mérito, com fundamento no CPC, art. 485, inciso VI, por inobservância ao disposto no CPC, art. 700, "caput" e § 1º – Cabimento – **Hipótese em que as provas apresentadas com a petição inicial, consistentes em cópias de e-mails e de diálogos travados entre as partes pelo aplicativo 'Whatsapp', configuram, no caso, prova escrita idônea para a propositura de ação monitória** *– Nulidade da r. sentença configurada – Impossibilidade, por ora, de aplicação da teoria da causa madura e de análise da alegação de prescrição parcial do débito, em razão da controvérsia existente entre as partes quanto à existência de autorização, por parte da ré, para que a autora executasse os serviços pelos quais postula a presente cobrança – RECURSO PROVIDO, PARA, ANULAR A SENTENÇA POR 'ERROR IN PROCEDENDO' (má aplicação da lei processual), a fim de que o processo retorne ao primeiro grau, para que se promova o regular andamento do feito, realizando-se regular instrução probatória." (Apelação 1030520-93.2017.8.26.0562, 13ª Câmara de Direito Privado do TJSP Data do Julgamento: 17/09/2018 e Data de Publicação: 17/09/201)* **(grifos nossos).**

Extrai-se dos julgados supracitados que, evidentemente, quaisquer materiais disponibilizados por meio da internet (seja em mídias ou rede sociais) são capazes de influenciar as decisões judiciais, para atestar aptidão financeira em pedidos de gratuidade de justiça, comprovar relações comerciais, demonstrar danos morais etc.

No que diz respeito ao posicionamento dos Tribunais Regionais do Trabalho, eles também têm pautado suas decisões em provas obtidas por meio das mídias sociais, tanto em favor da empresa, quanto em desfavor do empregado, conforme se extrai dos julgados abaixo:

> "[...] Efetivamente as ofensas foram escritas pelo ex-funcionário, no entanto, todas **foram 'curtidas' pelo recorrente,** com respostas cheias de onomatopeias que indicam gritos e risos. [...] Não houve desencorajamento por parte do recorrente, mas sim apenas frases: "Você é louco Cara! [...]." Mano vc é Louco!, que pela forma escrita parecem muito mais elogios. [...] A atitude do reclamante caracteriza ato lesivo a honra e boa fama contra o empregador, nos termos da letra "k" do art. 482 da CLT. [...] **O fato é grave, posto que se sabe o alcance das redes sociais, isso sem contar que o recorrente confirma que outros funcionários da empresa também "eram seus amigos" no Facebook.** A liberdade de expressão não permite ao empregado travar conversas públicas em rede social ofendendo a sócia proprietária da empresa, o que prejudicou de forma definitiva a continuidade de seu pacto laboral, mormente quando se constata que seu contrato de trabalho perdurado por pouco mais de 4 meses. Por fim, a atitude do reclamante foi à causa da rescisão, não houve perdão tácito e dupla punição. Ante o exposto, deve ser mantida a r. sentença que confirmou a rescisão motivada do contrato." (TRT 15ª Região – Recurso Ordinário em procedimento sumário nº. 0000656-55.2013.5.15.0002, Relatora: Patrícia Glugovskis Penna Martins, julgamento em: 13/02/2014). (grifos nossos).
>
> "EMENTA: [...] AÇÃO DE RECONVENÇÃO. **POSTAGENS DE COMENTÁRIOS OFENSIVOS AO EMPREGADOR EM REDE SOCIAL.** DANO MORAL. No caso dos autos, vê-se da reclamação trabalhista que o autor postula a condenação do reclamado ao pagamento de indenização por assédio moral, supostamente praticado pelo seu superior hierárquico. A ação reconvencional, na qual também se postula indenização por danos morais, **veio fulcrada na alegação de que o autor postou na rede social Facebook, comentários no sentido de que sofreu assédio moral** do gerente da empresa, o que também ocorreria com todo o corpo de empregados do reclamado. [...] **Por meio da rede social Facebook,** o reclamante lançou os seguintes comentários [...] **Os comentários foram lançados não apenas na sua linha pessoal, mas também em conhecido programa de televisão desta Capital da República** (fl. 397), páginas destinadas à divulgação de protestos (fl. 398) e de restaurantes em Brasília (fl. 402), inclusive com repercussão na mídia (fl. 411). [...] **Mais ainda, expôs o caso na sua linha do tempo do Facebook e ao grande público no Distrito Federal.** A imagem da empresa, nessa situação, é abalada perante os clientes. Nenhum consumidor concordaria em tolerar atos de assédio moral. Pelo exposto, conheço do recurso de fls. 510/516, não conheço do recurso de fls. 518/524-verso, rejeito as preliminares arguidas e, no mérito, dou-lhe parcial provimento para deferir a multa convencional e para reduzir o valor da indenização por danos morais ao importe de R$ 1.000,00, nos termos da fundamentação. Mantenho o valor da condenação, porquanto condizente com o teor da presente decisão." (TRT 10ª Região – Recurso Ordinário nº. 0000873-27.2013.5.10.0006, Relator: Mauro Santos de Oliveira Goes, julgamento em: 25/06/2014). (grifos nossos).
>
> "EMENTA: **TRABALHO** EXTERNO. POSSIBILIDADE DE CONTROLE DA JORNADA DE **TRABALHO.** HORAS EXTRAS DEVIDAS. AUSÊNCIA DE CARTÕES DE PONTO. APLICAÇÃO DA SÚMULA 338 DO TST. [...] A prova nos autos também indica a comunicação com o superior hierárquico por meio do aplicativo de mensagens do WhatsApp (Id 5b0b2dc) indicando a possibilidade de controle da jornada. (...) **Ressalto, por oportuno, que não se trata de utilização de prova ilícita, pois os e-mails corporativos e o aplicativo WhatsApp são corriqueiramente utilizados como ferramenta de trabalho e a jurisprudência é pacífica quanto à validade de tais provas eletrônicas porque a garantia constitucional de sigilo de comunicação se dirige a preservar os interlocutores em relação ao conhecimento da informação por terceiro e não à quebra do segredo por quaisquer dos envolvidos na conversa."** (TRT 15 – Processo RO 0010226-17.2015.5.15.0060 Órgão Julgador 9ª Câmara Publicação 07/07/2016 Relator JOSE SEVERINO DA SILVA PITAS) (grifos nossos).

Por fim, quanto à esfera penal, os conteúdos disponibilizados nas mídias sociais podem configurar diferentes crimes, desde calúnia, difamação ou injúria até preconceito racial e ameaça, dependendo de seu teor, e sua prova é admitida para fins de instrução processual:

> "CONFLITO DE COMPETÊNCIA. CRIME DE AMEAÇA PRATICADO POR WHATSAPP E FACEBOOK. ÂMBITO DE APLICAÇÃO DA LEI MARIA DA PENHA. DELITO FORMAL. CONSUMAÇÃO NO LOCAL ONDE A VÍTIMA CONHECE DAS AMEAÇAS. CONFLITO DE COMPETÊNCIA CONHECIDO. DECLARADA A COMPETÊNCIA DO JUÍZO SUSCITADO.
>
> 1. O crime de natureza formal, tal qual o tipo do art. 147 do Código Penal, se consuma no momento em que a vítima toma conhecimento da ameaça.
>
> 2. Segundo o art. 70, primeira parte, do Código de Processo Penal, "A competência será, de regra, determinada pelo lugar em que se consumar a infração".
>
> 3. No caso, a vítima tomou conhecimento das ameaças, proferidas via Whatsapp e pela rede social Facebook, na Comarca de Naviraí, por meio do seu celular, local de consumação do delito e de onde requereu medidas protetivas.
>
> 4. Independentemente do local em que praticadas as condutas de ameaça e da existência de fato anterior ocorrido na Comarca de Curitiba, deve-se compreender a medida protetiva como tutela inibitória que prestigia a sua finalidade de prevenção de riscos para a mulher, frente à possibilidade de violência doméstica e familiar.
>
> 5. Conflito conhecido para declarar a competência do Juízo da 1º Vara Criminal da Comarca de Naviraí/MS, ora suscitado." (STJ – CC 156.284/PR, Rel. Ministro RIBEIRO DANTAS, TERCEIRA SEÇÃO, julgado em 28/02/2018, DJe 06/03/2018).

Dos julgados anteriormente colacionados, de modo geral, fica claro que qualquer publicação que for inserida nas mídias sociais, desde que não seja uma prova obtida de forma ilícita, poderá embasar o processo judicial para a formação da convicção do juiz possuindo valoração. Inclusive, o risco aumenta quando o judiciário passa a permitir as chamadas "provas emprestadas" para a fundamentação de outras ações.

A depender do alcance trazido pelas publicações ou conversas entre franqueadora e público ou franqueado e público, a pulverização das informações pode voltar-se contra os próprios interessados na atividade de marketing, que produzem provas contra si mesmos, dificultando e punindo a sua atuação, se irregular.

4.5. A questão da ilicitude de provas obtidas sem autorização judicial

Nada obstante as provas digitais serem amplamente utilizadas, é importante destacar que são consideradas ilícitas as provas obtidas relacionadas à comunicação telefônica e por mensagem sem autorização judicial.

Isto porque, o artigo 5º, inciso XII, da Constituição Federal garante a inviolabilidade da intimidade e da vida privada nos seguintes termos:

> "É inviolável o sigilo da correspondência e das comunicações telegráficas, de dados e das comunicações telefônicas, salvo, no último caso, por ordem judicial, nas hipóteses e na forma que a lei estabelecer para fins de investigação criminal ou instrução processual penal".

Desse modo, deve a autoridade policial, após a apreensão de um dispositivo eletrônico que tenha dados de comunicação telegráfica/telefônica, requerer judicialmente a quebra do sigilo dos dados armazenados. Trata-se de lógica aplicada à intercepção telefônica.

Vale resgatar, que a "intercepção telefônica" é a captação de conversa feita por um terceiro, sem o conhecimento dos interlocutores, situação que depende, sempre, de ordem judicial prévia. Difere-se da escuta telefônica (captação de conversa por um terceiro, com o conhecimento de apenas um dos interlocutores) e da gravação telefônica (feita por um dos interlocutores do diálogo, sem o consentimento ou a ciência do outro), que não precisam de ordem judicial prévia e podem ser utilizadas licitamente como prova no processo[23].

Um caso recente tratando sobre o tema teve repercussão na mídia por envolver o aplicativo WhatsApp. No caso, em uma investigação sobre tráfico de drogas e associação para o tráfico, mediante autorização judicial, houve o "espelhamento" do WhatsApp, sem o conhecimento do dono do celular. Nesse caso, ocorreu o emparelhamento entre os dados do celular e o computador dos investigadores, possibilitando que o registro de conversas do WhatsApp dos investigados, fosse automaticamente atualizado no computador da polícia.

Em decorrência disso, os investigadores tiveram acesso à todas as conversas registradas no aplicativo, antigas, atuais e posteriores ao emparelhamento, que não necessariamente diziam respeito ao caso, motivo pelo qual a 6ª turma do STJ declarou nula a decisão judicial anterior que havia autorizado o espelhamento do aplicativo, com a seguinte ementa:

> "RECURSO EM HABEAS CORPUS. TRÁFICO DE DROGAS. NULIDADE DA PROVA. CONFIGURAÇÃO. ACESSO A DADOS DE TELEFONE CELULAR. AUSÊNCIA DE AUTORIZAÇÃO JUDICIAL. SENTENÇA CASSADA. DIREITO DE RESPONDER À AÇÃO PENAL EM LIBERDADE. CONCESSÃO. RECURSO PROVIDO. 1. A jurisprudência desta Corte Superior é firme ao considerar ilícito o acesso direto da polícia a informações constantes de aparelho celular, sem prévia autorização judicial. Precedentes. 2. Hipótese em que a autoridade policial realizou perícia no telefone móvel do acusado e obteve os registros telefônicos e o histórico de conversas via WhatsApp. 3. A afirmação do Juízo sentenciante de que a defesa não comprovou a ausência de consentimento do réu para a submissão de seu aparelho celular a exame pericial constitui indevida inversão do ônus da prova e, por esse motivo, deve ser desconsiderada. 4. Não é possível declarar a ilicitude de todo o conjunto probatório produzido a partir da juntada do laudo pericial. Apenas são inadmissíveis as provas derivadas das ilícitas, salvo se não ficar evidenciado o nexo de causalidade entre umas e outras, ou se as derivadas puderem ser obtidas por uma fonte independente das primeiras (art. 157, § 1º, do CPP). 5. O réu foi condenado à pena de 1 ano e 8 meses de reclusão, em decisão já transitada em julgado, a evidenciar a impossibilidade do aumento de tal reprimenda em caso de novo decreto condenatório, porquanto vedada a reformatio in pejus indireta. 6. É desproporcional a manutenção da custódia preventiva do réu, sobretudo porque o período de prisão cautelar – desde 13/11/2016 Superior Tribunal de Justiça Documento: 1740088 – Inteiro Teor do Acórdão – Site certificado – DJe: 28/08/2018 Página 2 de 4 (decretação)

---

23. VICENTE. Paulo. **Distinção entre interceptação, escuta, gravação e quebra do sigilo telefônico.** Disponível em: <https://blog.pontodosconcursos.com.br/distincao-entre-interceptacao-escuta-gravacao-e-quebro-sigilo-telefonico/>, acessado em 10.04.2019.

até 23/5/2018 (trânsito em julgado) – corresponde à quase totalidade da pena estabelecida. 7. Recurso provido, nos termos do voto do relator." (Recurso em Habeas Corpus nº 89.385/SP, 2017/0239443-8, Relator: Ministro Rogerio Schietti Cruz DJe: 28/08/2018).

Diante dessa decisão do STJ, verifica-se que deve ser observada a garantia constitucional do sigilo das comunicações quando se refere à captação de conversa feita por um terceiro, sem o conhecimento dos interlocutores.

4.6. Reflexos para redes de franquia

Pelo exposto, verifica-se que os conteúdos transmitidos via internet podem constituir meio de prova apto. O uso indiscriminado das mídias sociais, sem considerar os reflexos que os materiais transmitidos podem ter, pode acarretar prejuízos de ordem processual, no caso de ações judiciais.

Nesse sentido, é importante que as partes envolvidas no contrato de franquia tenham parcimônia e consciência que sua atuação na internet está sujeita a se tornar provas contra elas mesmas.

A 1ª Câmera de Direito Empresarial do Tribunal de Justiça de São Paulo reforça este entendimento no Agravo de Instrumento nº 2095366-08.2018.8.26.0000:

> "EMENTA: [...] Ação de rescisão de contrato de franquia. Decisão que deferiu pedido de tutela de urgência, determinando que as rés se abstenham de explorar negócio semelhante ao desenvolvido pela autora. Agravo de instrumento. **Franqueadora que, por meio de seu representante, autorizou, via 'WhatsApp', que as franqueadas atuassem no mesmo ramo de atividade, com outra marca.** Posterior arrependimento da autora, quebrando a expectativa das rés. Vedação ao 'venire contra factum proprium'. Mensagem eletrônica que é meio de prova apto a comprovar alterações do negócio jurídico. Jurisprudência deste Tribunal de Justiça. Risco de irreversibilidade da medida (§ 3º do art. 300 do CPC). Ressalva de que eventuais prejuízos causados à autora poderão ser convertidos em perdas e danos. Decisão agravada reformada. Agravo de instrumento provido, com imposição de multa. [...] (grifos nossos)."

A decisão em comento ainda cita precedentes que admitem este tipo de prova, nos seguintes termos:

> Oportuno esclarecer que, **data venia** do exposto na r. decisão agravada, o **WhatsApp** pode constituir meio de prova apto a comprovar alterações no negócio jurídico.
>
> A este respeito, colho precedentes deste egrégio Tribunal de Justiça:
>
> "SEGURO DE VIDA – Pretensão declaratória de inexigibilidade de débitos e de restituição de valores julgada parcialmente procedente Solução que merece subsistir – **Seguro cancelado por documentos enviados via WhatsApp a representantes da seguradora – Segurado que procedeu de acordo com as orientações recebidas, incogitável invocar formalismo para negar a restituição dos prêmios** – Apelação não provida." (Ap. 1131832-14.2015.8.26.0100, SÁ DUARTE; grifei).
>
> "Agravo de instrumento. **Ação de rescisão de contrato de prestação de serviços**. Tutela de urgência para excluir o nome da autora dos cadastros de inadimplentes. **Probabilidade do direito demonstrada pelas conversas de 'WhatsApp' mantidas com a Ré**. Perigo de dano comprovado. Reversibilidade da medida reconhecida. Recurso provido." (**AI 2247628-74.2017.8.26.0000, PEDRO BACCARAT; grifei**).

"AÇÃO DE COBRANÇA. COMISSÕES. 1. Documentos eletrônicos, como 'conversas de WhatsApp', constituem meios de prova idôneos para comprovar obrigação livremente anuída. 2. Alegação genérica à onerosidade excessiva, sem apresentar elementos próprios e necessários previstos no artigo 478 do código civil. R. sentença mantida. Recurso de apelação não provido." (Ap. 1013185-59.2015.8.26.0068, ROBERTO MAC CRACKEN; grifei)." (grifos nossos).

Portanto, é de extrema importância que seja desenvolvida uma política interna em toda rede de franquia, que sirva como parâmetro para comportamento na rede.

É sabido que o uso dos aplicativos de mensagens e conversas instantâneas (*WhatsApp* e *Facebook* são exemplos clássicos) são ferramentas importantes para a comunicação de qualquer organização. Entretanto, conforme explanado neste capítulo, o uso inadequado pode ensejar demandas e caracterizar provas desfavoráveis.

Portanto, neste cenário de facilitação tecnológica *versus* precaução, o ideal é que sejam estabelecidas normas para o uso de mídias sociais pela franqueadora para seus franqueados, como por exemplo, a fixação de horário do envio das mensagens, delimitação de temas que podem ser tratados on-line, assinatura de termo de confidencialidade a respeito da transmissão/compartilhamento de conteúdo corporativo com terceiros, dentre outras regras. Caso contrário, será assumido um risco ainda maior de que as mídias sociais, naturalmente facilitadoras, tenham o potencial de prejudicar os envolvidos no contrato.

REFERÊNCIAS BIBLIOGRÁFICAS

BRASIL. Lei nº. 13.105, de 16 de março de 2015. Código de Processo Civil. In: *Portal do Planalto*, 2015. Brasília. Disponível em: <http://www.planalto.gov.br/ccivil_03/_Ato2015-2018/2015/Lei/L13105.htm>. Acesso em: 07 jan. 2019.

CÂMARA, Alexandre Freitas. *O novo processo civil brasileiro*. 3. ed. São Paulo: Atlas, 2017.

CENTRAL DO FRANQUEADO. *A importância das redes sociais para marcas de franquias*. Disponível em: <https://centraldofranqueado.com.br/blog/2016/12/27/redes-sociais-para-franquia/>. Acesso em: 02 de jan. 2019.

CONSELHO NACIONAL DE JUSTIÇA. *WhatsApp pode ser usado para intimações judiciais*. Disponível em: <http://www.cnj.jus.br/noticias/cnj/85009-whatsapp-pode-ser-usado-para-intimacoes-judiciais>. Acesso em: 02 de jan. 2019.

DCI – DIÁRIO COMÉRCIO INDÚSTRIA & SERVIÇOS. *Franqueado ganha mais liberdade em rede social, mas deve seguir cartilha*. Disponível em: <https://www.dci.com.br/comercio/franqueado-ganha-mais-liberdade-em-rede-social-mas-deve-seguir-cartilha-1.743199>. Acesso em: 02 de jan. 2019.

FOLHA DE SÃO PAULO. Com 50 milhões de usuários, Brasil é segundo no ranking do Instagram. *Folha Digital*. Disponível em: <https://www1.folha.uol.com.br/mercado/2017/10/1931057-com-50-milhoes-de-usuarios-brasil-e-segundo-no-ranking-do-instagram.shtml>. Acesso em: 04 de jan. 2019.

FRANQUIAS DE IMPACTO. *Franqueados também podem campanhas em redes sociais!* Disponível em: <http://franquiasdeimpacto.com.br/franqueados-tambem-podem-fazer-campanhas-em-redes-sociais/>. Acesso em 04 jan.2019.

FRANQUIA & NEGÓCIOS. *Associação Brasileira de Franchising*. Ano 14. nº. 81. Out/nov. 2018.

FRANKLIN, Alan. *Qual a diferença entre mídia social e rede social?* Disponível em: <https://www.digai.com.br/2015/04/qual-diferenca-entre-midia-social-e-rede-social/>. Acesso em 04 de jan. 2019.

INTERNET INNOVATION. *Histórias das Mídias Sociais*. Disponível em: <https://www.internetinnovation.com.br/blog/midias-sociais-conceito-e-definicao/>. Acesso em: 04 de jan. 2019.

LAYART. *Como usar as mídias sociais dentro das franquias*. Disponível em: <https://layart.com.br/como-usar-as-midias-sociais-dentro-das-franquias/>. Acesso em: 04 jan.2019.

TERRA NETWORKS BRASIL S.A. *Para franquias, padronização de marketing é um dos grandes problemas*. Disponível em: <https://www.terra.com.br/noticias/dino/para-franquias-padronizacao-de-marketing-e-um-dos-grandes-problemas,dbb1ed8cfb3dbdfde019302bb754809ewfdtjav6.html>. Acesso em: 26 dez.2018.

VAREJÃO, Joanna. *Mídia Eletrônica/Redes Sociais como meio de provas na Justiça do Trabalho*. Disponível em: <https://joannavarejao.jusbrasil.com.br/artigos/300493011/midia-eletronica-redes-sociais-como-meio-de-provas-na-justica-do-trabalho>. Acesso em: 07 de jan. 2019.

29
PRODUÇÃO ANTECIPADA DE PROVA E ATA NOTARIAL

César Marcos Klouri

Sumário: I. Introdução – II. Produção antecipada de prova – III. Competência – IV. Requisitos da petição inicial – V. Defesa no procedimento probatório – VI. Natureza da sentença e recurso – VII. Honorários advocatícios e custas processuais – VIII. Extração de cópias e entrega dos autos – IX. O entendimento jurisprudencial – Ata notarial.

I. INTRODUÇÃO

O instituto da franquia é regulamentado pela Lei n.º 13.966/19 que exige os requisitos mínimos concernentes à Circular de Oferta de Franquia e ao Contrato a ser firmado entre franqueadora e franqueado pessoa jurídica constituída com esse objeto social.

Referido instrumento observa particularidades inerentes ao sistema de franquia, sobretudo no aspecto de parceria e cooperação recíproca entre franqueadora e franqueada, para que o objetivo visado gere resultados satisfatórios, não descuidando da boa-fé objetiva, princípio do direito material a ser considerado na relação jurídica bilateral.

Não obstante, pode, em determinadas circunstâncias, ocorrer situação que caracterize inadimplemento contratual, seja por parte do franqueador seja por parte da franqueada, exigindo intervenção do juízo estatal ou via arbitragem para resolução do conflito instalado, sendo imprescindível a produção de provas, para que a decisão se ampare favoravelmente a quem for reconhecido o direito pela via da sentença.

Inquestionável ter o estatuto processual vigente trazido inovações aos mecanismos probatórios, aplicáveis no Contrato de Franquia, submetidos à discussão judicial ou arbitral.

Para esse propósito, regula a Carta Magna em consonância com o Código Processual, que todos os meios lícitos e moralmente legítimos são aptos para provar a veracidade dos fatos que embasam a postulação ou a defesa, suficientes para firmar a convicção do julgador.

Nessa diretriz, orientam os incisos I e II, do artigo 373, do Código de Processo Civil, quanto à incumbência do ônus da prova, sobressaindo o parágrafo 1º, que trata da inversão dinâmica para obtenção contrária do fato alegado pela outra parte, sendo essa decisão fundamentada e observado o contraditório, conferindo à parte oportunidade para se desincumbir do encargo, se impossível ou excessivamente difícil atender à determinação judicial (art. 373, §§ 1º e 2º).

A par disso, certos fatos independem de prova, a teor dos incisos I a IV do artigo 374 do Código de Processo Civil.

II. PRODUÇÃO ANTECIPADA DE PROVA

O Código Processual Civil, Lei Federal n.º 13.105/2015, na Seção II, do Capítulo XII, do Livro VI, reformulou a ação de produção antecipada de provas porque, no revogado estatuto de 1973, referido expediente encontrava-se no Capítulo de Processo Cautelar, consistente em interrogatório da parte, inquirição de testemunhas ou exame pericial (art. 846).

Nesse sentido, disciplina o artigo 381 e incisos do Código de Processo Civil nova configuração e novos propósitos, afigurando-se excepcionalmente como de natureza acautelatória, expandindo o seu rol, tornando ação probatória autônoma, prescindindo da propositura da ação principal, para produção da prova, independente do *periculum in mora*.

Essas alterações são significativas, viabilizando que a produção antecipada possa ocorrer na pendência da ação, se difícil ou impossível a verificação de certos fatos (artigo 381, inciso I), exigindo nesse caso a configuração do *periculum in mora*, requisito próprio das medidas cautelares.

Não obstante, os incisos II e III do citado artigo tratam da admissibilidade antecipatória da prova tendo por objetivo a resolução do conflito pela via da autocomposição ou outro mecanismo para sua solução, assinalando posição expressada por Daniel Amorim Assumpção Neves:

> A ação meramente probatória teria importante papel na otimização das conciliações, considerando-se que, diante de uma definição da situação fática, os sujeitos envolvidos no conflito teriam maiores condições de chegar a uma autocomposição. A indefinição fática muitas vezes impede a realização de uma conciliação porque leva uma das partes a crer direitos que na realidade não tem.[1]

A inserção dessas disposições é expressiva, visto que as partes poderão, em face do conhecimento e enfoque dos fatos aventados, avaliar a possibilidade de resolver a pendência por meio equivalente, prestigiando a celeridade, com obtenção de vantagem e afastamento de risco de decisão judicial contrária, inclusive "surpresa", podendo o próprio magistrado incumbir-se desse expediente, conforme artigo 3º, § 2º, do Código de Processo Civil.

Nas palavras de André Bruni Vieira Alves, essas alterações são preponderantes, justamente porque

> o novo CPC rompe com a tradição da antecipação de prova como mero instrumento acautelatório e com o propósito de se resguardar e conservar a plena eficácia da prova a ser aproveitada e valo-

---

1. *Novo Código de Processo Civil Comentado artigo por artigo*. In: Amorim Assumpção Neves, Daniel. 2ª ed., Salvador: JusPodivm, p. 699.

rada em outro processo, criando uma nova ação, autônoma em relação ao processo principal, com o propósito também se prevenir uma ação judicial. [...] Nessa nova definição de direito à prova há uma mudança na concepção no que toca à relevância da prova que deixa de ter vinculação lógica direta com a seleção de fatos que necessitam ser provados em um determinado processo, passando a ter relação com o esclarecimento e investigação de fatos que possam vir a elucidar situações que permitam melhor e mais acurada visão das partes sobre sua posição jurídica (se de vantagem ou desvantagem) em relação a alguém.[2]

Nessas circunstâncias, a ação antecipatória é apropriada àquele que pretender justificar a existência de algum fato ou relação jurídica para simples documento e sem caráter contencioso, conforme § 5º do artigo 381.

O exame do tema releva sua importância, sobretudo, no sentido e no tratamento da ação autônoma de produção antecipada de provas, sua natureza jurídica e pertinência.

Nesse contexto, a ação probatória observa procedimento simplificado, limitando as manifestações das partes, expressando no pedido formulado na inicial o que se pretende provar, sem qualquer juízo de valoração.

Pode-se afirmar que, a partir do pedido referente à antecipação pretendida, a jurisdição poderá ser voluntária ou contenciosa, envolvendo no primeiro caso interessados na produção da prova e, no segundo, partes, determinando o juiz a citação da requerida ante o traço de litigiosidade.

Imprescindível assinalar o caráter dúplice da ação, isto porque a prova visada pelo requerente poderá, em caso de discussão judicial, ser favorável ao requerido, ainda que ele tenha se oposto à sua produção.

Formulado na inicial o pedido fundado no inciso I, do artigo 381, do Código de Processo Civil, necessário que "*haja fundado receio de que venha a tornar-se impossível ou muito difícil a verificação de certos fatos na pendência da ação*", exigindo os requisitos do *fumus boni juris* e *periculum in mora*, em conjugação concomitante.

Sob outro foco, quanto ao caráter precedente ou incidente, a posição doutrinária é discrepante: Eduardo Talamini afirma que o dispositivo aplica-se somente à produção probatória antecedente ao processo principal: "*Se tal processo já estiver em curso, e houver a necessidade da antecipação de uma prova (i.e., sua produção antes da fase instrutória), aplica-se o art. 139, VI, que confere ao juiz o poder de alterar a ordem de produção dos meios de prova*"[3], enquanto Graciela Martins defende que "*o dispositivo legal refere-se tão somente à possibilidade do pedido cautelar incidental*".[4]

Por sua vez, Humberto Theodoro Júnior defende a possibilidade de antecipar a produção de prova nos dois momentos e, na via incidental, afirma que "*no curso da ação principal, a coleta antecipada de elemento de convicção é fruto de simples deliberação do*

---

2. Da admissibilidade na produção antecipada de provas sem o requisito da urgência (ações probatórias autônomas) no novo CPC. In: Didier Jr., Fredie et al. (coords.). *Direito probatório*. Salvador: JusPodivm, 2016. p. 558, 563.
3. Talamini, Eduardo. Produção antecipada de provas no código de processo civil de 2015. Revista de Processo Civil, 2016. p. 80.
4. Tucci, José Rogério Cruz e. Novo código de processo civil anotado. Curitiba: OAB/PR, 2015. p. 615.

juiz da causa, que importa apenas inversão de atos processuais e que integra a própria atividade instrutória do processo."[5]

Ao aludir no inciso I, na pendência da ação, pode-se afirmar o indiscutível viés incidental, podendo o magistrado aplicar, inclusive, a regra dos artigos 139, inciso VI, e 305 do Código de Processo Civil, sem submeter o ordenamento processual. Contrário a isso, os incisos II e III do artigo 381 são taxativos quanto à natureza da ação de caráter antecedente.

Independente de figurar como medida cautelar e a decisão homologatória não transitar em julgado quanto à prova antecipadamente produzida, essa não terá seus efeitos prejudicados se a ação principal não for promovida em 30 dias, justamente em razão da sua natureza acautelatória.

A interpretação do inciso II, do artigo 381, do Código de Processo Civil, remete à conclusão de que a finalidade da antecipação probatória busca orientar os interessados a resolver a pendência: "a prova a ser produzida seja suscetível de viabilizar a autocomposição ou outro meio adequado de solução de conflito".

Nessa ordem, os artigos 190 e 191 do Código de Processo Civil facultam às partes estipular calendário com alterações no procedimento, sob a supervisão do juiz, desde que plenamente capazes e o direito em discussão seja disponível, antes ou durante o processo, para consubstanciar a autocomposição.

Voltando ao inciso II em comento, infere-se não ter o dispositivo natureza assecuratória, isto porque, o que se busca é a resolução consensual do conflito, a fim de que as partes possam melhor dimensionar o alcance de seus interesses evitando serem submetidos ao Poder Estatal por meio de decisão imposta e que certamente será desafiada pela via recursal, se contrariar uma delas, situação frequente, não esgotando a atividade jurisdicional.

Extrai-se o caráter precedente dessa medida, sem prejuízo de que a parte ou o interessado possa promovê-la incidentalmente, independente de possível instrução probatória, com eventual complementação da prova, devendo o juiz ser comedido ao apreciar o fato controvertido e ajustar a sua valoração, obedecido sempre o contraditório amplo.

Nessa mesma linha, dispõe o inciso III, do artigo 381, do Código de Processo Civil: "o prévio conhecimento dos fatos possa justificar ou evitar o ajuizamento de ação". Essa redação permite desde logo concluir não se tratar de medida com foco de cautelaridade ou de necessidade de conservação de prova para ser utilizada em outro processo; o que se nota do texto é a necessidade de se obter antecedentemente conjunto probatório para que as partes avaliem as possibilidades de obter decisão favorável a uma delas, inclusive, se for o caso, de ajuizamento de ação embasada em prova pré-constituída.

---

5. Theodoro Jr., Humberto. Curso de Direito Processual Civil – Teoria geral do direito processual civil, processo de conhecimento e procedimento comum – vol. 1. 58 ed. rev. atual. e ampl. Rio de Janeiro: Forense, 2017, p. 943.

É preciso destacar que, diante da prova produzida antecipadamente, cumpre ao advogado da parte orientá-la quanto aos riscos que poderá experimentar em caso de decisão desfavorável, sendo válido o entendimento em sentido oposto, tudo a minorar o desgaste pessoal, psicológico e os custos suportados para propositura de ação até a prolação da sentença.

Interessante observar ter o legislador inserido no Capítulo XII – Das Provas – Seção II, a figura do arrolamento de bens, previsto no § 1º do artigo 381 do Código de Processo Civil, anteriormente disciplinada como cautelar típica e nominada no artigo 855 do revogado CPC/1973, empregada para evitar o extravio ou dissipação de bens, com caráter antecedente ou incidente.

No vigente Código de Processo civil, o arrolamento de bens se viabiliza por meio da antecipação de provas "quando tiver por finalidade apenas a realização de documentação e não a prática de atos de apreensão", sendo promovida em ação autônoma, dispensada a comprovação da urgência, diferentemente do que estabelecem os artigos 301 e 305 e seguintes do Código de Processo Civil, referentes à tutela provisória de urgência cautelar em que o arrolamento de bens exige a presença concorrente dos requisitos do *fumus boni juris* e *periculum in mora*.

Possibilita também o § 5º, do artigo 381, do Código de Processo Civil, a produção antecipada de prova para a parte que "pretender justificar a existência de algum fato ou relação jurídica para simples documento e sem caráter contencioso, que exporá em petição circunstanciada, a sua intenção". Referida norma encontrava-se disciplinada no CPC/73 com caráter preparatório ou incidental, não obstante parte da doutrina entender não ter natureza cautelar por estar desprovida da urgência e do caráter contencioso.

A leitura do dispositivo citado atesta que a parte não pretende produzir a prova oral (depoimento de testemunha) para ajuizar ação, servindo para conhecer situação fática que se mostra incerta, sendo a produção necessária para justificar sua pertinência ao interessado, observadas as disposições do artigo 442 e seguintes do Código de Processo Civil. Necessário frisar que, por não se tratar de procedimento contencioso, até porque inexistente polaridade passiva e, por consequência, citação, evidente que a postulação revela a utilidade junto ao Poder Judiciário, como prova pré-constituída, a fim de ser anexada em ação que a exige para fundamentar o pedido formulado na inicial.

Nesse contexto, pode-se afirmar que a produção antecipatória, diferentemente do CPC/73, não faz limitação no vigente Código de Processo, servindo para inquirição de testemunhas, exame pericial, vistoria, depoimento pessoal, inspeção judicial e todos os outros meios legais e moralmente lícitos, a teor do artigo 369 do Código de Processo Civil. Insta assinalar que, no caso de produção antecipada para depoimento pessoal, vedado obter confissão que só se verifica no curso da ação principal, em audiência de instrução designada com interrogatório da parte pelo juiz, podendo, entretanto, ser produzida como prova emprestada, obedecendo sempre o princípio do contraditório.

Pertinente à exibição de documento ou coisa, tratada no artigo 396 e seguintes do Código de Processo Civil, a doutrina diverge quanto à viabilidade de antecipar a prova documental, considerando que essa providência é tratada separadamente. Entretanto, encontramos posição diversa, no sentido de que referida prova pode ser produzida antecipadamente, conjugando os artigos 300 e 381, incisos I e II, do Código de Processo Civil, não se justificando a nosso ver que a produção ocorra no curso da instrução, até porque o revogado CPC/73 permitia a propositura da ação cautelar preparatória ou incidental, inexistindo justificativa para não se adotar esse procedimento no vigente Código de Processo Civil, mesmo tendo perdido a sua natureza acautelatória, ainda que o inciso I do artigo 381 mencione a figura do *periculum in mora*.

III. COMPETÊNCIA

Disciplinam os §§ 2º, 3º e 4º do artigo 381 o juízo e o foro competentes para produção da prova antecipatória.

> Nessa ordem, o § 2º alude à competência concorrente ou alternativa, podendo o requerente exercer opção para propositura da ação no foro onde deva ser promovida ou de domicílio do requerido. Essa disposição encontra resistência na doutrina que entende ser o foro competente o do local da produção da prova, a fim de evitar a expedição de carta precatória, ficando a exceção por conta de depoimento pessoal do requerido, aspecto que revogaria em parte o dispositivo, até porque, como mencionado anteriormente, não se pode obter confissão nesse procedimento.

Esse entendimento era consagrado no CPC revogado e em acórdãos reiterados do Superior Tribunal de Justiça, quanto à competência do juízo do local onde a prova deveria ser produzida.

O § 3º dispõe que o juízo onde a prova foi produzida não se torna prevento, considerando não se tratar de ação acessória, não se aplicando o artigo 61 do Código de Processo Civil, sobretudo pelo fato de que nem sempre ocorrerá a propositura de outra ação, principalmente se os processos forem de competência territorial diversa. Independente desse posicionamento, o Superior Tribunal de Justiça tem admitido como competente o juízo do feito principal o mesmo em que a prova antecipatória foi produzida.

No que tange ao § 4º, do artigo 381, temos a figura da competência delegada, na expressão do artigo 109, §§ 3º e 4º, da Carta Magna, considerando que o juízo estadual é competente para produzir a prova requerida contra a União, de entidade autárquica ou de empresa pública federal onde não houver Vara Federal, atendendo o previsto no artigo 15 da Lei Federal n.º 5010/66.

IV. REQUISITOS DA PETIÇÃO INICIAL

Conforme dispõe o artigo 382 do CPC: "*Na petição, o requerente apresentará as razões que justificam a necessidade de antecipação da prova e mencionará com precisão os fatos sobre os quais a prova há de recair*."

O artigo em comento conjuga-se com o 319 e seguintes do Código de Processo Civil, devendo seus requisitos serem atendidos pelo requerente, demonstrando objetivamente a finalidade e adequação da antecipação da prova, com base nos incisos I, II e III do artigo 381 do Código de Processo Civil, expondo de forma sumária o direito material a ser preservado, sob pena de indeferimento, a teor dos artigos 321, 330, I e III e 337, incisos IV e XI, do Código de Processo Civil.

Nessa ordem, ainda que a ação probatória seja autônoma, desvinculada do processo principal, posto que não está atrelada a esta, a sua propositura exige repercussão no universo jurídico, aferindo-se a necessidade e o interesse de agir da parte na produção da prova.

É de se destacar que esta finalidade envolve o direito material, não se justificando o ajuizamento da ação probatória em casos atingidos pela prescrição ou decadência, sem falarmos em circunstância de inutilidade da prova, razão pela qual exige o artigo 382 a narrativa precisa dos fatos sobre os quais a prova irá incidir e sua valoração pelo juiz.

Não sendo caso de indeferimento liminar ou de emenda da inicial, o juiz, consoante parágrafo 1º, do artigo 382, *"determinará, de ofício ou a requerimento da parte, a citação de interessados na produção da prova ou no fato a ser provado, salvo se inexistente caráter contencioso."*

Na parte final do citado parágrafo, infere-se que, inexistindo caráter litigioso, a citação dos interessados será dispensada, ou em sentido oposto, a parte requerida será citada para exercer o contraditório. No primeiro caso, dispensa a citação dos interessados, visto que a prova antecipada a ser produzida importará unicamente ao requerente, subtraindo o caráter contencioso e, via de consequência, o objeto de qualquer ação principal a ser ajuizada. Não obstante, pode ter o requerente dificuldade na identificação e localização dos interessados ou requeridos, exigindo que a citação, se for o caso, seja procedida pela via editalícia, na forma do artigo 256, incisos I a III, do Código de Processo Civil.

A interpretação do § 2º, do artigo 382, do Código de Processo Civil, atesta ser vedado ao juiz pronunciar-se sobre a ocorrência ou inocorrência do fato objeto da prova antecipatória, bem como sobre as respectivas consequências jurídicas decorrentes de sua produção, como ainda de sua valoração, sendo esse posicionamento do legislador respaldado no aspecto de se tratar de ação autônoma, observando a produção da prova.

No § 3º do artigo ora comentado, o texto faculta ao requerente formular cumulativamente pedido para produção antecipada de prova no procedimento, desde que relacionada ao mesmo fato, salvo se a sua produção conjunta acarretar excessiva morosidade.

Divergimos da parte final do texto, sob a seguinte perspectiva: tratando-se do mesmo fato, não se justifica a propositura de várias ações probatórias, que demandariam tempo superior para homologação da sua produção, podendo o juiz fazê-lo parcialmente ao término de cada uma, otimizando a atividade jurisdicional até em prestígio da celeridade processual consagrada no Código de Processo Civil e na Constituição Federal.

V. DEFESA NO PROCEDIMENTO PROBATÓRIO

No procedimento previsto no § 4º, do artigo 382: *"não se admitirá defesa ou recurso, salvo contra decisão que indeferir totalmente a produção da prova pleiteada pelo requerente originário."*

Como se vê, o texto é expresso ao inadmitir defesa na ação autônoma de produção antecipada de prova, valendo a ressalva de que o texto constitucional, artigo 5º, inciso LV, assegura *"aos litigantes, em processo judicial ou administrativo, e aos acusados em geral são assegurados o contraditório e ampla defesa, com os meios e recursos a ela inerentes".*

Exsurge, ser inviável admitir a citação da parte requerida para integrar a relação processual e impedi-la de exercer sua defesa; citação, como preconiza o artigo 238 do Código de Processo Civil, é a convocação do réu, executado ou interessado para ingressar no feito, sob pena de nulidade (art. 239).

Nessa ótica, a citação viabiliza ao requerido oferecer defesa e não somente acompanhar a prova produzida, não podendo, entretanto, enfrentar a ocorrência ou inocorrência do fato, conforme vedação imposta ao próprio magistrado pelo parágrafo 2º do artigo 382 do Código de Processo Civil, e a razão é simples: se não pode o juiz valorar a prova, não pode a parte requerida pretender fazê-lo.

É preciso assinalar que o prazo para contestação é de 5 dias, exceto se outro for fixado pelo juiz, obedecendo o artigo 218, §§ 1º e 3º, do Código de Processo Civil.

Em sua defesa, a par das considerações precedentes, o requerido poderá articular as preliminares de incompetência relativa e absoluta, inépcia da petição inicial, litispendência, incapacidade da parte, defeito de representação ou falta de autorização, ilegitimidade, falta de interesse processual, indevido deferimento de gratuidade e outras matérias.

Afora isso, o requerido poderá oferecer reconvenção requerendo a produção de prova antecipada sobre o fato indicado pelo requerente na inicial ou até mesmo em outro meio de prova, em face da previsão da cumulatividade prevista no § 3º do artigo 382 do Código de Processo Civil (o requerente formula pedido para produção de inspeção judicial e o requerido para depoimento testemunhal).

Igualmente, é possível e recomendável permitir a ampliação dos fatos deduzidos pelo requerente, para evitar o ajuizamento de nova ação, como ensina Flávio Luiz Yarshell:

> "Embora seja certo que o autor tenha o ônus de delimitar fatos, é preciso considerar que ele pode ainda não ter pleno conhecimento de todo o quadro fático; do contrário, seria de se duvidar que ele tivesse interesse para a medida – notadamente na hipótese do inc. III do art. 381. Portanto, se a medida é destinada a esclarecer fatos, é preciso não interpretar a restrição legal de forma incompatível com o escopo do instituto, quando considerado em sua unidade. Isso quer dizer que algum alargamento dos fatos pelo requerido, desde que isso gravite em torno dos fatos postos pelo autor, afigura-se medida não só possível como desejável, sem que se contrarie a literalidade do texto."[6]

---

6. Yarshell, Flávio Luiz. Antecipação da prova sem o requisito da urgência e direito autônomo à prova. SP, Malheiros, 2009.

Nessa hipótese, caso a reconvenção seja indeferida pelo juiz, isso irá configurar violação aos princípios do contraditório e da isonomia, autorizando a via recursal que, se inadmitida, violará igualmente os preceitos mencionados.

VI. NATUREZA DA SENTENÇA E RECURSO

No procedimento antecipatório de produção de prova, a natureza da sentença é homologatória, observando a pertinência do pedido formulado, sem avaliá-la, não prejudicando sua eficiência se a ação principal não for promovida.

Importante destacar a inexistência de formação da coisa julgada referente ao mérito da ação principal, podendo o juiz indeferir a repetição da prova ante a ausência de interesse de agir, salvo para complementação da prova anterior produzida ou com outra finalidade probatória.

Relevante salientar que a prova antecipatória produzida, judicialmente homologada, não se configura como prova documental, conforme ensina Humberto Theodoro Júnior: *"os depoimentos continuam sendo prova oral e o exame continuará sendo prova pericial. O valor, portanto, de um e de outro, é valor de prova oral e de prova pericial. Nunca, de documental".*[7]

Como mencionado, a apelação é o recurso pertinente em caso de sentença que indefere totalmente a produção da prova antecipada requerida, consoante artigo 1009 e seguintes do Código de Processo Civil. A ressalva fica por conta do indeferimento parcial em que, segundo a doutrina, o recurso a ser interposto é o agravo de instrumento, artigo 1015 do CPC, observando-se o Tema 988 do STJ, que trata da mitigação quanto à pertinência desse instituto.

VII. HONORÁRIOS ADVOCATÍCIOS E CUSTAS PROCESSUAIS

A ação de produção antecipada de prova busca na formulação do pedido a prolação de sentença de natureza homologatória, sem caráter condenatório, declaratório ou constitutivo, inexistindo parte sucumbente, impondo a cada qual assumir os honorários dos advogados constituídos.

Relativamente às despesas processuais, o artigo 88 do Código de Processo Civil disciplina: *"Nos procedimentos de jurisdição voluntária, as despesas serão adiantadas pelo requerente e rateadas entre os interessados."*

Contudo, em sendo a ação contestada, poderá o juiz condenar a parte contrária ao pagamento da verba honorária e despesas processuais, conforme incisos III e IV do artigo 85 do Código de Processo Civil.

---

7. Theodoro Jr., Humberto. Publicações da Escola da AGU, p. 919.

VIII. EXTRAÇÃO DE CÓPIAS E ENTREGA DOS AUTOS

Dispõe o artigo 383 do Código de Processo Civil que: "*Os autos permanecerão em cartório durante 1 (um) mês para extração de cópias e certidões pelos interessados.*"

Evidente serem as partes interessadas na extração das cópias, da mesma forma em relação a terceiros para que possam utilizar a prova antecipada produzida, como emprestada em outro processo.

Decorrido o prazo de 30 dias, os autos serão entregues ao requerente, independente do resultado da prova produzida. Para certos juristas, essa providência só poderia ocorrer quando a prova fosse produzida pela via da jurisdição voluntária, caso contrário, ou seja, sendo contestada a ação e possível resultado da prova produzida favorável ao requerido, os autos deveriam permanecer em arquivo, no cartório da Vara em que o feito tramitou. Esse parágrafo encontra-se sem aplicabilidade, considerando que os processos atualmente são eletrônicos, salvo em algumas Comarcas ou Varas Distritais em que os autos ainda são físicos.

IX. O ENTENDIMENTO JURISPRUDENCIAL

Não se ignora que o legislador reforçou no atual Código de Processo Civil o intuito de manter a uniformidade das decisões, estabelecendo expressamente como regra de julgamento a observância a enunciado de súmula, jurisprudência ou precedente, como se constata pelas seguintes disposições legais:

> **Art. 926. Os tribunais devem uniformizar sua jurisprudência e mantê-la estável, íntegra e coerente.**
> [...]
> § 2º Ao editar enunciados de súmula, os tribunais devem ater-se às circunstâncias fáticas dos precedentes que motivaram sua criação.
> Art. 927. Os juízes e os tribunais observarão:
> [...]
> § 5º Os tribunais darão publicidade a seus precedentes, organizando-os por questão jurídica decidida e divulgando-os, preferencialmente, na rede mundial de computadores.

Manter a estabilidade e coerência da jurisprudência visa garantir ao jurisdicionado maior segurança jurídica e isonomia, por isso, o ajuizamento de qualquer ação atualmente, deve ser precedido da análise dos entendimentos firmados a respeito e que irão influenciar diretamente no resultado da demanda.

Nessa concepção e sobre o tema tratado nos tópicos anteriores, indispensável trazer os entendimentos aprovados em 2018, na II Jornada de Direito Processual Civil, que consagram o entendimento doutrinário a respeito:

> **Enunciado 118**: É cabível a fixação de honorários advocatícios na ação de produção antecipada de provas, na hipótese de resistência da parte requerida na produção da prova.

Enunciado 119: É admissível o ajuizamento de ação de exibição de documentos, de forma autônoma, inclusive pelo procedimento comum do CPC (art. 318 e seguintes).

Enunciado 129: É admitida a exibição de documentos como objeto de produção antecipada de prova, nos termos do art. 381 do CPC.

Do mesmo modo, indispensável observar o comportamento jurisprudencial dos Tribunais Superiores e Estaduais, e como vêm aplicando a norma processual no caso concreto:

• APELAÇÃO CÍVEL – INOVAÇÕES DO NOVO CÓDIGO DE PROCESSO CIVIL – AÇÃO DE PRODUÇÃO ANTECIPADA DE PROVA – INTERESSE DE AGIR – RECURSO REPETITIVO – AÇÕES EXIBITÓRIAS. A parte pode se valer da ação de produção antecipada de provas mesmo em casos em que não há urgência, como forma de evitar o litígio ou de conhecer melhor os fatos para propor futura e eventual demanda (CPC/15, art. 381). Tratando-se de exibição de contrato bancário, ainda que a ação tenha sido nominada como produção antecipada de provas em razão das inovações do CPC/15, há de ser aplicado o entendimento do e. STJ, no sentido de que o interesse processual nas exibições de documentos caracteriza-se quando o consumidor prova a existência da relação jurídica, o pedido administrativo válido, o pagamento da taxa correspondente, além da recusa injustificada por parte do fornecedor (STJ, REsp n. 1.349.453/MS, repetitivo).

(TJMG – Apelação Cível 1.0000.17.023919-8/001, Relator(a): Des.(a) Manoel dos Reis Morais, 10ª CÂMARA CÍVEL, julgamento em 25/04/2017, publicação da súmula em 28/04/2017).

• PRODUÇÃO ANTECIPADA DE PROVA. Pedido inicial que se adequa à disciplina dos arts. 381 e seguintes do CPC. Solicitação administrativa prévia não atendida. Existência da relação jurídica comprovada. Consideração do teor do julgamento do REsp 1.349.453-MS, pelo Superior Tribunal de Justiça, sob o regime de recurso repetitivo. Hipótese em que o réu foi citado e ofertou contrarrazões, não exibindo o documento solicitado pelo autor. Aplicação da regra a que alude o inciso I, do artigo 400, do CPC, em eventual ação de conhecimento a ser ajuizada pelo autor. Observação no sentido de que a produção antecipada de prova consubstancia procedimento de jurisdição voluntária, não justificando a imposição às partes das verbas de sucumbência. Possibilidade de instauração de jurisdição contenciosa na hipótese de a autora ajuizar ação com base no documento postulado, o que poderá justificar, se verificada tal circunstância, a fixação dos encargos sucumbenciais no processo de conhecimento. Prosseguimento do feito determinado como produção antecipada de prova. Sentença de extinção do processo reformada. Recurso parcialmente provido. Dispositivo: deram parcial provimento ao recurso.

(TJ-SP – AC: 10019246520188260659 SP –1001924-65.2018.8.26.0659, Relator: João Camillo de Almeida Prado Costa, Data de Julgamento: 12/06/2019, 19ª Câmara de Direito Privado, Data de Publicação: 13/06/2019).

APELAÇÃO CÍVEL. PRODUÇÃO ANTECIPADA DE PROVA. PERÍCIA GRAFOTÉCNICA. NOVO CÓDIGO DE PROCESSO CIVIL. AMPLIAÇÃO DAS HIPÓTESES. O novo Código de Processo Civil ampliou as hipóteses de cabimento da ação de produção antecipada de provas, trazendo ao jurisdicionado a possibilidade do ajuizamento da medida caso a prova pretendida possa estimular a autocomposição, evitar ou justificar o ajuizamento de futura ação de conhecimento. Inteligência do art. 381, II e III, do Código de Processo Civil. Hipótese em que a produção prévia da perícia grafotécnica terá inegável influência no ajuizamento de futura ação declaratória de inexistência do negócio jurídico, justificando-se o cabimento da medida.

(TJ-MG - AC: 10000205989379001 MG, Relator: Estevão Lucchesi, Data de Julgamento: 11/02/2021, Câmaras Cíveis / 14ª CÂMARA CÍVEL, Data de Publicação: 11/02/2021)

APELAÇÃO CÍVEL. PRODUÇÃO ANTECIPADA DE PROVAS. SENTENÇA DE EXTINÇÃO SEM RESOLUÇÃO DO MÉRITO POR FALTA DE INTERESSE RECURSAL. CASSAÇÃO QUE SE IMPÕE. DEMONSTRAÇÃO DE RISCO DE DANO IRREPARÁVEL OU DE DIFÍCIL REPARAÇÃO. DESNECESSIDADE. ART. 381, III DO CPC.

PLEITO DE OBTENÇÃO DE ELEMENTOS PARA AJUIZAMENTO OU NÃO DE AÇÃO MONITÓRIA. ART. 700, § 1º DO CPC. POSSIBILIDADE DE PRODUÇÃO DE PROVA TESTEMUNHAL. SENTENÇA CASSADA. RETORNO DOS AUTOS PARA PRODUÇÃO DAS PROVAS PRETENDIDAS. RECURSO PROVIDO. 1. O art. 381, inciso III do CPC prevê a possibilidade de ajuizamento de produção antecipada de provas com o intuito de justificar ou evitar o ajuizamento de ação. 2. Com a entrada em vigor do novo CPC, passou a ser admitida a produção antecipada de prova sem a necessidade de demonstração do requisito da urgência, ou da existência de dano grave ou de difícil reparação. 3. Não há que se falar em ausência de interesse processual quando a parte pretende a produção de prova com o intuito de justificar ou evitar o ajuizamento de ação, nos exatos termos do que permite o art. 381, III do CPC. (TJPR - 8ª C.Cível - 0000047-25.2020.8.16.0107 - Mamborê - Rel.: DESEMBARGADOR HELIO HENRIQUE LOPES FERNANDES LIMA - J. 02.08.2021)

(TJ-PR - APL: 00000472520208160107 Mamborê 0000047-25.2020.8.16.0107 (Acórdão), Relator: Helio Henrique Lopes Fernandes Lima, Data de Julgamento: 02/08/2021, 8ª Câmara Cível, Data de Publicação: 03/08/2021)

• APELAÇÃO. Produção Antecipada de Prova. Acolhimento e homologação do pedido. Novo Código de Processo Civil que trouxe significativas mudanças em relação a este instituto jurídico. Fumus boni juris bem demonstrado. Desnecessidade de indicação da ação principal a ser proposta. Preliminares rejeitadas. Mérito. Contrato de prestação de serviços de telefonia que culminou na anotação de dados em cadastro restritivo de crédito. Alegação do autor de desconhecimento do negócio jurídico respectivo. Pleito administrativo não atendido. Documento comum às partes. Obrigação da concessionária de telefonia de fornecê-lo, quando solicitado. Resistência caracterizada. Sentença mantida. Recurso não provido.

(TJSP – AC: 1021351-05.2016.8.26.0114, Relator(a): Silveira Paulilo; Comarca: Campinas; Órgão julgador: 21ª Câmara de Direito Privado; Data do julgamento: 04/10/2016; Data de registro: 04/10/2016).

• AÇÃO DE OBRIGAÇÃO DE FAZER PARA EXIBIÇÃO DE DOCUMENTOS – Ajuizada na vigência do CPC/2015 – Extinção sem resolução do mérito – art. 485, VI, do CPC – Demanda foi interposta sob a égide do CPC/2015, que não mais prevê a possibilidade de ação autônoma cujo objeto seja exibição de documentos – Pretensão que pode ser exercida de forma incidental, nos termos do art. 396 e seguintes, ou na forma de produção antecipada de provas, nos termos do art. 381 e seguintes – Ausência de qualquer cautelaridade – Não cumprimento do art. 317 do CPC – Entretanto, a ré apresentou os documentos solicitados – Falta de interesse de agir caracterizada - Extinção da ação que deve ser mantida, mas por outros fundamentos – Sucumbência mantida – Recurso não provido.

(TJ-SP – AC: 10041165420188260114 SP –1004116-54.2018.8.26.0114, Relator: Achile Alesina, Data de Julgamento: 13/06/2019, 14ª Câmara de Direito Privado, Data de Publicação: 13/06/2019).

A Corte Paulista firmou entendimento afastando a produção antecipada de prova para levantamento patrimonial de futuro devedor:

• Processual. Propriedade industrial. Ação Cautelar de Produção Antecipada de Provas, ajuizada em caráter preparatório por sociedade empresária que se diz vítima de atos de contrafação praticados pelos réus. **Pretensão de providências voltadas à pesquisa de patrimônio em nome dos réus**. Medida que nada tem a ver com antecipação probatória, propriamente dita, nos moldes disciplinados no art. 381 do CPC/2015 ou no art. 846 do CPC/73. Inexistência de interesse na obtenção de elementos probatórios capazes de viabilizar composição ou contribuir para a conservação de informações relevantes a futura decisão de mérito. **Objeto da autora projetado, na verdade, para futura execução, tendo escopo de conservação patrimonial no tocante aos réus, demandando providências específicas em tal sentido. Falta de interesse de agir efetivamente configurada. Sentença de indeferimento da petição inicial confirmada. Apelação da autora desprovida.**

(TJSP – Ap. 1024263-54.2015.8.26.0196, Relator(a): Fabio Tabosa; Comarca: Franca; Órgão julgador: 2ª Câmara Reservada de Direito Empresarial; Data do julgamento: 14/12/2016; Data de registro: 16/12/2016, grifou-se).

A cognição realizada pelo magistrado quando do recebimento da petição inicial deve ser cautelosa, todavia, não pode perder de vista, que a produção antecipada de prova visa contribuir na decisão de ser ou não ajuizada nova ação (art. 381, inciso III), muito embora deva ser impedido o uso abusivo e especulativo, quando não demonstrada sua real utilidade (art. 382).

• APELAÇÃO – PRODUÇÃO ANTECIPADA DE PROVAS – Sentença homologatória de laudo pericial impugnada que foi proferida e publicada após 18.03.2016, data em que entrou em vigor o CPC/2015 – Aplicabilidade do regime recursal do CPC/2015, consoante estabelece o Enunciado Administrativo nº 3 do Superior Tribunal de Justiça – Na nova sistemática processual, a decisão proferida em sede de produção antecipada de provas não admite recurso, salvo se este alvejar decisão que indefere totalmente a produção da prova pleiteada pelo requerente originário "ex vi" do disposto no § 4º do artigo 382 do CPC/2015 – Precedentes deste Tribunal – Preliminar acolhida – Recurso não conhecido.
(TJ-SP – APL: 10075217320158260609 SP – 1007521-73.2015.8.26.0609, Relator: Ponte Neto, Data de Julgamento: 20/02/2019, 8ª Câmara de Direito Público, Data de Publicação: 20/02/2019).

• APELAÇÃO – PRODUÇÃO ANTECIPADA DE PROVAS – HIPÓTESE RECURSAL LIMITADA POR DISPOSITIVO LEGAL – APLICAÇÃO DO ART. 382, § 4º, DO CPC – Tendo em vista que não restou configurada hipótese de admissibilidade recursal nesta ação de produção antecipada de provas (indeferimento total da produção da prova pleiteada pelo requerente), nos termos do art. 382, § 4º, do CPC, deixa-se de conhecer do presente. RECURSO NÃO CONHECIDO.
(TJ-SP – AC: 10011684120198260297 SP –1001168-41.2019.8.26.0297, Relator: Maria Lúcia Pizzotti, Data de Julgamento: 12/06/2019, 30ª Câmara de Direito Privado, Data de Publicação: 13/06/2019).

• PRODUÇÃO ANTECIPADA DE PROVA – Procedimento no qual não se admite recurso, salvo contra decisão que indeferir totalmente a produção da prova requerida, o que não é o caso – Inteligência do art. 382, § 4º do CPC – Sentença mantida – Recurso não conhecido.
(TJ-SP – AC: 10336092420188260196 SP – 1033609-24.2018.8.26.0196, Relator: Claudio Hamilton, Data de Julgamento: 12/06/2019, 25ª Câmara de Direito Privado, Data de Publicação: 12/06/2019).

Não obstante, o Tribunal de Justiça do Estado do Paraná **conheceu de recurso** e examinou questão ligada ao cabimento ou não de verba honorária em dado procedimento[8]:

• APELAÇÃO CÍVEL. PRODUÇÃO ANTECIPADA DE PROVAS. **SENTENÇA DE EXTINÇÃO**. FUNDAMENTO. NÃO FORMULAÇÃO DE PEDIDO PRINCIPAL. NULIDADE DA DECISÃO. RECONHECIMENTO. **JULGAMENTO IMEDIATO. ART. 1013, DO CÓDIGO DE PROCESSO CIVIL DE 2015**. PROVA PRODUZIDA. HOMOLOGAÇÃO. RECUSA ADMINISTRATIVA. AUSÊNCIA. CUSTAS. DESPESAS PROCESSUAIS. RESPONSABILIDADE. PARTE AUTORA. PRINCÍPIO DA CAUSALIDADE. HONORÁRIOS ADVOCATÍCIOS. NÃO CABIMENTO. AUSÊNCIA DE LITIGIOSIDADE. 1. A produção antecipada de prova não se confunde com o procedimento da tutela cautelar requerida em caráter antecedente, pelo que padece de nulidade a sentença de extinção do feito por ausência de formulação do pedido principal. 2. Nos termos do art. 381, III, do Código de Processo Civil de 2015, admite-se a produção antecipada de provas para exibição de documentos relativos a contratos bancários. 3. Nos termos do art. 1013, § 3º, do Código de Processo Civil de 2015, se

---

8. Disponível em: https://www.migalhas.com.br/CPCnaPratica/116,MI262632,91041-Producao+antecipada+-da+prova+primeiras+manifestacoes+dos+tribunais.

o processo estiver em condições de imediato julgamento, o Tribunal deve decidir desde logo o mérito. 4. No procedimento previsto nos artigos 381 e 382, do CPC/2015, produzida a prova requerida, compete ao magistrado a sua homologação. 5. Ausente prova de efetiva recusa da instituição financeira em exibir documentos na via administrativa e atendida a solicitação formulada judicialmente, antes da sentença, **impõe-se condenar a parte autora ao pagamento das custas e despesas processuais**, com base no princípio da causalidade. 6. **Em produção antecipada de provas, atendida a pretensão inicial pela parte ré, antes da sentença, não há que se falar em condenação em honorários advocatícios por ausência de litigiosidade. 7. Apelação cível conhecida e provida, com julgamento de mérito, nos termos do art. 1013, § 3º, do Código de Processo Civil de 2015.**

(TJPR, Apelação n. 1659618, Rel. Des. Luiz Carlos Gabardo, j. 12.07.2017).

Em contrapartida, sobrevindo resistência à pretensão inicial, a condenação em verba honorária tem sido frequente:

• APELAÇÃO CÍVEL Nº. 1.666.640-9 DA REGIÃO METROPOLITANA DE LONDRINA – FORO REGIONAL DE CAMBÉ – 2ª VARA CÍVEL E DA FAZENDA PÚBLICA NÚMERO UNIFICADO: 0004687-69.2016.8.16.0056 APELANTE: JHENIFER AMANDA TEIXEIRA DA SILVA APELADO: ATIVOS S/A SECURITIZADORA DE CRÉDITOS FINANCEIROS RELATOR: DES. MARCELO GOBBO DALLA DÉA. APELAÇÃO CÍVEL. AÇÃO DE PRODUÇÃO ANTECIPADA DE PROVAS. HONORÁRIOS ADVOCATÍCIOS. CABIMENTO. PRETENSÃO RESISTIDA CONFIGURADA. PRECEDENTES. HONORÁRIOS DEVIDOS. RECURSO PROVIDO. 1. Na ação de produção antecipada de prova somente não se admite a condenação de honorários advocatícios nos casos em que não tenha ocorrido a pretensão resistida. 2. No **caso, tendo a requerida apresentado contestação, resta caracterizado o litígio, pelo que são devidos honorários advocatícios em favor do patrono da parte contrária.**

(TJPR, Apelação n. 1666640-9, Rel. Des. Marcelo Gobbo Dalla Déa, 18ª Câmara de Direito Privado, j. 28.06.2017, grifou-se).

Extrai-se, diante dos parâmetros expostos, que a ação probatória autônoma representa inovação valiosa no ordenamento processual, especialmente ante os propósitos do legislador de estimular todos os meios de resolução pacífica de conflitos, representando a possibilidade de prévio conhecimento de fatos ou documentos, sem o requisito da urgência, meio hábil na avaliação prévia de riscos de futura demanda.

ATA NOTARIAL

O vigente CPC trouxe novidades interessantes no terreno das provas, mas uma em especial tem sido muito empregada, notadamente para comprovação de fatos, que é a Ata Notarial.

O direito fundamental à prova tem amparo no devido processo legal, a teor do artigo 5º, LIV, da Constituição Federal, espelhando o modelo típico do Estado Democrático de Direito. A esse respeito, Cândido Rangel Dinamarco salienta:

Direito à prova é o conjunto de oportunidades oferecidas à parte pela Constituição e pela lei, para que possa demonstrar no processo a veracidade do que afirmam em relação aos fatos relevantes para o julgamento[9].

---

9. Cândido Rangel Dinamarco. Instituições de Direito processual civil. V. III. 5ª ed. São Paulo: Malheiros.

O Código/73 previa no artigo 364 que o documento público faz prova do ato que constitui e dos fatos que o tabelião declarar que ocorreram na sua presença. Diante da declaração denominada *fé pública*, os atos descritos pelo tabelião detêm presunção relativa de autenticidade[10]. A Constituição Federal/88 tratou da atividade notarial, ao prever expressamente:

> **Art. 236.** Os serviços notariais e de registro são exercidos em caráter privado, por delegação do Poder Público. (Regulamento)
>
> § 1º Lei regulará as atividades, disciplinará a responsabilidade civil e criminal dos notários, dos oficiais de registro e de seus prepostos, e definirá a fiscalização de seus atos pelo Poder Judiciário.
>
> § 2º Lei federal estabelecerá normas gerais para fixação de emolumentos relativos aos atos praticados pelos serviços notariais e de registro. (Regulamento)

Os serviços notariais e de registro encontram regulamentação na Lei nº 8.935/94 que estabelece a competência exclusiva do Tabelião de Notas para lavrar a ata notarial (art. 7º, inciso III). O seu uso foi se popularizando, sobretudo para fazer prova de atos praticados na *internet*, que podem sumir com a mesma velocidade que aparecem, como ressalta Daniel Amorim, sendo também utilizadas em assembleias de sociedades empresariais e associações civis, para registro das discussões objeto da pauta[11]. Sensível a essas mudanças, o legislador inseriu no CPC/2015 a ata notarial como meio de prova típica, ao prever expressamente:

> CPC. Art. 384: A existência e o modo de existir de algum fato podem ser atestados ou documentados, a requerimento do interessado, mediante ata lavrada por tabelião.
>
> Parágrafo único: Dados representados por imagem ou som gravados em arquivos eletrônicos poderão constar da ata notarial.

A ata notarial é apropriada sempre que for possível ao tabelião atestar a existência ou modo de ser de algum fato, independentemente da sua natureza, e essa capacidade deve considerar todos os sentidos humanos e não somente a visão, podendo relatar barulho ou som (audição), odores e cheiros (olfato), gosto (paladar) e a textura ou formato (fato). A utilização desse instrumento público em juízo é de grande valia, sobretudo na hipótese de o autor precisar de tutela liminar em que a prova documental é de difícil produção (odor/indústria, barulho/vizinhança etc.)[12], mas é fundamental para a formação do juízo cognoscível prévio.

Nessa ótica, a prova em questão é pré-constituída, vale dizer, obtida pelo interessado de maneira unilateral e desjudicializada, podendo servir como documento, em eventual ação a ser proposta, entre outras já indicadas, nas hipóteses de: assédio via *e-mail*; uso abusivo da imagem nas redes sociais; agressões verbais e ameaças (*e-mails*) para instruir medidas protetivas; utilização indevida do uso de marca; risco iminente de alienação de

---

10. Passim, Breves Comentários ao Novo Código de Processo Civil, Coordenadoria Teresa Arruda Alvim Wambier, p. 1169.
11. Novo Código de Processo Civil Comentado, 2ª ed., p. 706.
12. Passim, Daniel Amorim Assumpção Neves, Novo Código de Processo Civil Comentado, 2ª ed., p. 707.

bem litigioso; risco de desabamento de imóvel; invasão de área; fins eleitorais, ambiental, entre muitas outras possibilidades, mas sempre contando com a fé pública, que é elemento importantíssimo para fundamentar a decisão judicial, especialmente as de urgência.

Willian Santos Ferreira ilustra didaticamente como o tabelião procede no momento de lavrar a ata notarial, quando recair sobre fatos divulgados na mídia eletrônica:

> [...] pelo computador do notário, são acessados endereços eletrônicos indicados pelo requerente do serviço notarial, e há o relato do dia, horário, conteúdo, imagens e até filmes, tudo descrito pelo Tabelião, cujas declarações do que ocorreu diante dele, por terem fé pública, agregam fortíssima carga de convencimento à prova exibida em juízo, transferindo o ônus da prova à outra parte, o que particularmente em nossa atividade profissional (a advocacia), vem sendo muito útil, eis que admitido judicialmente e raras vezes questionado o fato pela parte contrária[13].

A validade desse instrumento como meio legítimo de prova vem sendo reiteradamente reconhecido em juízo, nas mais variadas áreas de competência e matéria, conforme atesta a jurisprudência a mensurar as mais variadas formas de utilização:

> RECURSO ORDINÁRIO. **PAGAMENTOS "POR FORA". PROVA. ATA NOTARIAL. VALIDADE**. Sendo difícil, obviamente, a prova de pagamentos feitos "por fora", à margem da legalidade própria dos regulares recibos de tudo quanto se paga pelo trabalho prestado, plenamente viável e eficaz para esse fim se revela a ata notarial, como tal prevista no art. 384 do CPC. No caso, o escrevente do Cartório compareceu à empresa, constatou e reproduziu a abertura de malote do qual constavam holerites dos empregados e, ao mesmo tempo, envelopes com dinheiro, estes com a identificação dos empregados destinatários. Diante do quadro descrito e fotografado, não pode haver qualquer dúvida a respeito do pagamento "por fora" e suas implicações, ainda mais porque à empresa foi oportunizado o contraditório e ela não infirmou as constatações feitas, que gozam de presunção de veracidade, evidenciando, portanto, a prática corrente na organização empresarial, suficiente para o reconhecimento do pedido. E, tampouco se poderá dizer que se trata de dados sigilosos ou protegidos por lei, sendo elementar que fraude ou "by pass" na lei, por natureza e no interesse do infrator, por ele não será documentada, mas, invariavelmente, dissimulada. Recurso improvido, no particular.
> (TRT-15 – RO: 00114798720165150130 – 0011479-87.2016.5.15.0130, Relator: JOSE PEDRO DE CAMARGO RODRIGUES DE SOUZA, 8ª Câmara, Data de Publicação: 28/08/2017, grifou-se)

> APELAÇÃO CÍVEL. DIREITO TRIBUTÁRIO. AÇÃO DE REPETIÇÃO DE INDÉBITO. IPTU. **ZONA DESPROVIDA DE MELHORAMENTOS**. INCIDÊNCIA DO ITR. **VALIDADE DA ATA NOTARIAL LAVRADA POR OFICIAL DO TABELIONATO DE NOTAS. SENTENÇA MANTIDA**. RECURSO NÃO PROVIDO. 1. Constatado pelo Tabelião de Notas que a zona em que se localiza o imóvel tributado não possui meio-fio, calçamento, iluminação pública, abastecimento de água ou sistema de esgotamento sanitário, além de o acesso ser precário e efetivado através de estrada de barro, repleta de vegetação em ambos os lados, resta acertada a sentença que julgou procedente a ação, afastando a tributação do IPTU sobre o bem, com respaldo no art. 67 do Código Tributário Nacional. 2. O STJ já decidiu, sob o rito dos Recursos Repetitivos (Tema 174), que "Não incide IPTU, mas ITR, sobre imóvel localizado na área urbana do Município, desde que comprovadamente utilizado em exploração extrativa, vegetal, agrícola, pecuária ou agroindustrial (art. 15 do DL 57/1966)." RECURSO NÃO PROVIDO. (Classe: Apelação, Número do Processo: 0501431-21.2016.8.05.0039, Relator(a): Moacyr Montenegro Souto, Terceira Câmara Cível, Publicado em: 30/04/2019)
> (TJ-BA – APL: 05014312120168050039, Relator: Moacyr Montenegro Souto, Terceira Câmara Cível, Data de Publicação: 30/04/2019, grifou-se)

---

13. Princípios Fundamentais da Prova Cível, Editora Revista dos Tribunais, p. 84.

RECURSO ELEITORAL. AGRAVOS DE INSTRUMENTO. JULGAMENTO CONJUNTO. **PESSOA JURÍDICA. GOOGLE**. UNIÃO. EXCESSO DE EXECUÇÃO. CUMPRIMENTO DE SENTENÇA. ASTREINTES. IMPUGNAÇÃO ACOLHIDA PARCIALMENTE. PRELIMINAR DE NULIDADE ACOLHIDA EM PARTE, MAS POR FUNDAMENTAÇÃO DIVERSA. MÉRITO. **VALIDADE DA ATA NOTARIAL JUNTADA AOS AUTOS**. POSSIBILIDADE DE READEQUAÇÃO DA MULTA VENCIDA. PROPORCIONALIDADE E RAZOABILIDADE DO VALOR. ÍNDICE DE CORREÇÃO MONETÁRIA APLICÁVEL. PARCIAL PROVIMENTO. 1. Agravos interpostos contra decisão de primeiro grau que acolheu parcialmente a impugnação proposta pela empresa, em fase de cumprimento de sentença, a fim de reconhecer excesso de execução e estabelecer a data da diplomação como termo final da incidência de astreintes fixadas em representação por propaganda eleitoral negativa na internet. Penalidade aplicada diante do descumprimento de decisão judicial que determinou a retirada de propaganda irregular do canal **YouTube**. 2. Preliminar suscitada pela União. Nulidade da decisão agravada. Alegada preclusão para o Juízo a quo estabelecer o termo final para a incidência das astreintes na data da diplomação. Acolhida em parte a prefacial, por fundamento diverso, em razão do entendimento de que a incidência das astreintes deve ser considerada até a data em que provado o cumprimento da ordem judicial de remoção da propaganda da internet. 3. Mérito. **Validade da ata notarial. A teor do art. 384 do CPC/2015, a ata notarial consiste em prova destinada a atestar a existência de dados representados por imagem ou som gravados em arquivos eletrônicos. No caso, o endereço de internet contido na ordem de retirada da publicidade é exatamente o mesmo indicado na ata notarial.** Correto o apontamento de que, em 21.8.2014, a propaganda irregular permanecia acessível na internet, merecendo ser refutada a impugnação da ata notarial porque desprovida de fundamento idôneo. Dessa forma, ainda que se desconheça o dia em que a decisão judicial foi efetivamente cumprida pela executada, deve ser o dia 21.8.2014 considerado como termo final da incidência das astreintes objeto do cumprimento de sentença. 4. Possibilidade de readequação de multa vencida. O Superior Tribunal de Justiça, na égide do Novo Código de Processo Civil, reafirmou o entendimento no sentido de que é possível ao julgador, nos termos do art. 537, § 1º, inc. I, do citado normativo, alterar, de ofício ou a requerimento da parte, o valor da multa quando este se tornar insuficiente ou excessivo, mesmo depois de transitada em julgado a sentença. A jurisprudência do Tribunal Superior Eleitoral admite o exame do valor fixado a título de multa cominatória, quando ínfimo ou exagerado, a fim de adequá-la aos princípios da proporcionalidade e da razoabilidade. Mantido entendimento firmado por esta Corte, pela possibilidade de alteração do valor de astreintes vencidas. 5. Admitida a revisão do valor da multa cominatória, impõe-se a definição dos parâmetros de avaliação da sua proporcionalidade e razoabilidade. Neste sentido, à vista das peculiaridades do caso concreto, principalmente face a capacidade econômica da parte agravante, determinada apenas a redução do quantum do aumento das astreintes fixado em sentença. 6. A Resolução TSE n. 21.872/04 determina a adoção do Índice de Preços ao Consumidor Amplo Especial, como fator de atualização monetária aplicável na fase executiva. 7. Acolhida em parte a preliminar suscitada e, no mérito, dado parcial provimento aos agravos de instrumentos interpostos, para reformar parcialmente a decisão agravada, a fim de fixar o termo final do período de incidência das astreintes, reduzir o valor do aumento determinado em sentença e estabelecer a correção do débito com base no IPCA-E.
(TRE-RS – RE: 4316 ALVORADA – RS, Relator: RAFAEL DA CÁS MAFFINI, Data de Julgamento: 10/04/2019, Data de Publicação: DEJERS – Diário de Justiça Eletrônico do TRE-RS, Tomo 74, Data 26/04/2019, grifou-se)

RECURSO INOMINADO. AÇÃO DE INDENIZAÇÃO POR DANOS MORAIS. **PUBLICAÇÃO DE ATO JUDICIAL. AÇÃO QUE TRAMITA EM SEGREDO DE JUSTIÇA. DIVULGAÇÃO EM SITE NÃO OFICIAL – JUSBRASIL – COMPROVADA POR MEIO DE ATA NOTARIAL. CERTIDÃO CARTORÁRIA – DOTADA DE FÉ PÚBLICA** – COMPROVANDO A PUBLICAÇÃO DO ATO COM AS INICIAIS DOS NOMES DAS PARTES – P. 67. POSSIBILIDADE DE ACESSO AOS AUTOS POR MEIO DE CONSULTA COM A UTILIZAÇÃO DE SENHA. Ausência de comprovação a respeito do nexo causal entre a publicação e a divulgação dos dados pessoais dos envolvidos por *site* não oficial, sem vinculação ao poder judiciário de Santa Catarina.

Ausência de prova do abalo anímico – não presumido. Evidência de que o processo tramitou em segredo de justiça. Segurança do sigilo preservado. Precedente da turma afastando o dano moral em caso idêntico. Recurso provido. Improcedência do pleito vestibular.

(TJ-SC – RI: 03027163920158240039 Lages 0302716-39.2015.8.24.0039, Relator: Ricardo Alexandre Fiuza, Data de Julgamento: 27/07/2017, Sexta Turma de Recursos – Lages, grifou-se)

REVISÃO CRIMINAL – CRIME SEXUAL PRATICADO CONTRA VULNERÁVEL (CP, ART. 217-A) –DELITO IMPUTADO AO TIO DA OFENDIDA – ATO LIBIDINOSO COMETIDO EM PERÍODO DE VISITAÇÃO À RESIDÊNCIA FAMILIAR DO GENITOR – PROVA NOVA PRODUZIDA EM PROCEDIMENTO DE JUSTIFICAÇÃO JUDICIAL (CPP, ART. 621, III) – **Depoimentos e documento produzidos por meio de ata notarial indicando equívoco na data atribuída como da ocorrência criminosa** – Informações constantes do perfil particular de rede social comprovando a presença da ofendida em local diverso da prática delitiva – Postagens indicativas de que a criança permanecera junto à genitora no interstício dos fatos – Versão que encontra amparo nos demais elementos produzidos nos autos – **Absolvição decretada – Indenização – Erro judiciário não verificado – Pedido deferido em parte.**

(TJ-SC – RVCR: 40254997920178240000 – Blumenau 4025499-79.2017.8.24.0000, Relator: Salete Silva Sommariva, Data de Julgamento: 25/07/2018, Segundo Grupo de Direito Criminal, grifou-se)

RELAÇÃO DE EMPREGO – NÃO CONFIGURAÇÃO – Diante da negativa da relação de emprego pela reclamada, cabia ao reclamante comprovar os requisitos previstos no art. 3º da CLT, o que não logrou fazê-lo.

O reclamante, ora recorrente, volta-se contra a sentença que não reconheceu o vínculo de emprego entre as partes.

Aborda, de início, que vale ressaltar que o magistrado não está obrigado a promover o julgamento da questão posta a exame, conforme a conveniência das partes, mas, sim, de acordo com seu livre convencimento quanto à matéria e provas carreadas nos autos.

Diz que a julgadora de primeiro grau não verificou minuciosamente e cuidadosa os elementos de prova constantes nos autos, a exemplo: Ata Notarial, fotos, depoimento pessoal e testemunhal, explica, *in litteris*:

> Quanto a ATA NOTARIAL anexada nos autos, vale tecer alguns comentários:
>
> Segundo Paulo Ferreira e Felipe Rodrigues, a "ata notarial é o instrumento público pelo qual o tabelião, ou preposto autorizado, a pedido de pessoa interessada, constata fielmente os fatos, as coisas, pessoas ou situações para comprovar a sua existência, ou o seu estado".
>
> Desta feita, Ata Notarial não é documento particular, e sim de natureza pública, confeccionada por tabelião de notas, no cumprimento de seu ofício e sob as penas da lei. A lavratura do instrumento notarial pretende apenas que o tabelião registre fatos, situações, percepções, ou o estado das coisas, sem qualquer possibilidade de comprometer o teor do documento ou confeccioná-lo no seu interesse. O instrumento será estruturado em conformidade com a realidade dos fatos ou da situação, fielmente observada pelo tabelião.

Quanto ao assunto, traz à tona ementas de acórdão.

Defende, assim, que a Ata Notarial constante nos autos tem valor probatório de grande magnitude, pois é prova robusta e nítida, em tornar público as fotos anexadas aos autos.

Aponta, *in verbis*:

> Com o devido respeito, é de se pensar que o juízo a quo não analisou detidamente a Ata Notarial, pois o documento em comento referem-se a fotos anexadas aos autos que foram tiradas no dia 28/02/2014, ás 5:30 h, na qual aparece o reclamante dentro de um ônibus; a foto tirada no dia 04/03/14, às 11:31 h, na qual aparece o reclamante com a farda da empresa NOVA TURISMO ao lado do micro-ônibus da mesma empresa, na foto tirada no dia 25/03/14, ás 11;40h, na qual aparece o reclamante com a farda da Empresa NOVA TURISMO, e aparenta esta ao volante de um veículo, tudo lavrado pelo Tabeliã de Notas, conforme ilação do artigo 384 e § único do NCPC.

Assinala que o que fora supracitado não são meras alegações infundadas e sim o que consta na ATA NOTARIAL, capazes de demonstrar a relação empregatícia entre as partes, conforme período supracitado na inicial.

Argumenta que é de fundamental importância registrar que em nenhum momento a parte Reclamada impugnou o instrumento probatório (ATA NOTORIAL).

> Indica que, desta forma, não resta dúvida que o reclamante laborou para a reclamada durante o período de 1 de janeiro de 2014 a 1 de junho de 2014. [...] Sentença que se mantém.
> (TRT-2 00001141432015520 0003, Relator: RITA DE CASSIA PINHEIRO DE OLIVEIRA, Data de Publicação: 07/03/2018, grifou-se)

Extrai-se pelas mais variadas vertentes que a ata notarial, ao ser submetida em juízo e ao contraditório, encontra pouca resistência e usualmente é destacada a sua validade em decisões, sentenças e acórdãos, o que reforça nosso entendimento de que o legislador andou bem ao trazê-la como meio legítimo de prova no atual Estatuto Processual.

Parte XV
CONSELHO DE FRANQUEADOS

30
CONSELHO DE FRANQUEADOS – CONCEITO E FINALIDADE, FORMA DE COMPOSIÇÃO, ELEIÇÃO DOS CONSELHEIROS E ESTATUTO

Renata Oliveira

Sumário: Introdução – 1. Conceito e finalidade – 2. Forma de composição; 2.1. A eleição dos conselheiros; 2.2. Representatividade do conselho de franqueados; 2.3. O papel dos conselheiros – 3. O estatuto do conselho de franqueados; 3.1. Atas de reuniões e outros documentos – 4. Critérios para a decisão da criação de um conselho de franqueados – Conclusão – Referências bibliográficas.

INTRODUÇÃO

O Conselho de Franqueados foi citado expressamente pelo art. 2º, XX, da Lei 13.966/19, trazendo obrigação à franqueadora de fazer menção à existência do Conselho na Circular de Oferta de Franquia.

Apesar de ainda ser um órgão de constituição facultativa, trata-se de ferramenta largamente utilizada por empresas franqueadoras brasileiras e, cada vez mais, está no foco de interesse de novos empresários do setor em busca de uma forma eficiente de aprimorar a comunicação com a rede.

Este capítulo tem o objetivo de apresentar o conceito, as principais características formais e práticas, bem como diretrizes para que franqueadores, franqueados e operadores do Direito conheçam melhor este importante aliado de redes de franquia na construção de uma *franchising* mais colaborativa.

Desde a chegada do sistema de franchising ao Brasil na década de 60, o que se entende por franquia e o formato por meio do qual as redes se organizam e expandem seus negócios vem passando por constantes transformações.

Por mais que a essência que está por trás do conceito de franquia permaneça a mesma até os dias de hoje, não se pode negar que a forma como franqueadores se relacionam com seus franqueados está em sempre em processo de amadurecimento e inovação.

Comparando o que se chamou de primeira geração das franquias, cenário em que os ingredientes da relação contratual eram somente marca e produto, com o que conhecemos hoje como quarta geração, é possível destacar o quanto a participação efetiva de todos os elementos que compõem a rede pode trazer resultados positivos e surpreendentes que contribuem com o fortalecimento da marca no mercado.

Nessa fase de maturidade da franchising "*a participação ativa dos franqueados se torna fundamental nesse tipo de relacionamento, e as trocas de ideias e conversas francas sobre os problemas da rede de maneira geral são pautadas por um senso de resolução bastante amplo e que gera, em última instância, um sentido de pertencimento (belonging) mais apropriado*[1]".

Inseridas nesse contexto participativo, empresas franqueadoras brasileiras deram corpo aos primeiros Conselhos de Franqueados e, desde então, as experiências bem orquestradas desta importante ferramenta contribuem para que seja considerada uma das mais utilizadas formas de comunicação em redes de franquia.

1. CONCEITO E FINALIDADE

O Conselho de Franqueados é um dos canais de comunicação do qual a empresa franqueadora poderá fazer uso para se comunicar com a rede. Mais que isso, o Conselho de Franqueados é uma oportunidade de colher da rede, de maneira formal e organizada, conselhos, sugestões, reivindicações, além de promover debates de temas relevantes de interesse comum.

Este órgão tem a finalidade de, sistematicamente, aconselhar a franqueadora em relação a assuntos importantes como fornecedores, parcerias, critérios para aplicação do fundo de marketing, reflexões sobre novos produtos e serviços, entre outros tópicos.

Não se confunde com Associação de Franqueados, que se trata de pessoa jurídica de direito privado e sua constituição e administração devem seguir o rigor de qualquer associação previsto no Código Civil no art. 53 e seguintes e não será objeto de estudo do presente Capítulo.

Apesar de existir certa complexidade no tocante a constituição e gestão do Conselho de Franqueados, sendo necessário cumprir algumas formalidades de ordem contratual e legal, o Conselho de Franqueados não possui personalidade jurídica, que seria a "*aptidão genérica para adquirir direitos e contrair obrigações ou deveres na ordem civil*[2]", aplicáveis tanto a pessoas naturais como jurídicas (sujeitos de direitos).

Na prática, isso significa que o Conselho de Franqueados não pode firmar contratos, contrair direitos ou obrigações em acordos, tampouco ser parte legítima em ações judiciais.

A forma de constituição do Conselho de Franqueados é livre, sendo recomendável, porém, que seja elaborado um Estatuto simples com regras claras acerca da quantidade e elegibilidade de membros, periodicidade e formato das reuniões, forma de eleição, hipóteses de exclusão ou direito a retirada de membros, objetivos, classes de membros, representatividade, e quaisquer outros detalhes que seus membros entendam necessários.

---

1. RIBEIRO, Adir. GALHARDO, Maurício. MARCHI, Leonardo. IMPERATORI, Luis Gustavo. Gestão Estratégica do Franchising. p. 18.
2. GONÇALVES, Carlos Roberto. Direito Civil Brasileiro, Parte Geral 1, p. 95.

A natureza jurídica do Conselho de Franquia é a de um órgão consultivo, sem qualquer poder de decisão, com o objetivo claro de sugerir, debater, contribuir, aconselhar, instigar e colaborar na tomada de decisões que sempre será atributo típico da franqueadora, dada a própria natureza jurídica da relação de franquia.

O art. 1º, *caput*, da Lei 13.966/19, define como um dos elementos do sistema de franquia a concessão que faz a franqueadora ao franqueado "*do direito de uso de métodos e sistemas de implantação e administração de negócio ou sistema operacional desenvolvido ou detido pelo franqueador*[3]", razão pela qual, salvo algum acordo prevendo o contrário, decisões estratégicas devem sempre ser tomadas pela franqueadora e não por qualquer outro grupo da rede de franquias, para que não seja descaracterizado o que se entende por franquia empresarial.

2. FORMA DE COMPOSIÇÃO

O fato de o Conselho de Franqueados não ter personalidade jurídica, não carecer de ritos formais para se constituir e possuir natureza jurídica apenas consultiva, não significa que seus atos não tenham relevância no ambiente de uma rede de franquia.

Decisões tomadas pela franqueadora com o amparo dos debates, sugestões e ponderações do Conselho de Franqueados, por meio de conselheiros que atuam como verdadeiros representantes dos demais franqueados, podem ter um reflexo muito mais positivo do que se tomada de forma unilateral e arbitrária.

Por essa razão, faz-se de suma importância a instrumentalização de toda documentação que envolve desde a criação até a atas das reuniões com os conselhos efetivamente prestados pelo Conselho à franqueadora.

2.1. A eleição dos conselheiros

Toda eleição necessita de candidatos. Seguindo os ritos previstos no Estatuto, a franqueadora deverá convocar eleições para membros do Conselho de Franqueados em prazo hábil que antecipe o fim do mandato dos atuais membros, reunindo, assim, nomes de candidatos para que sejam apresentados à rede que os elegerá.

Ao contrário do sufrágio universal de votar e ser votado garantido constitucionalmente aos cidadãos brasileiros, a franqueadora poderá impor exigências aos franqueados para exercer ambos os direitos, geralmente relacionadas à obrigação de estar adimplente como contrato de franquia.

---

3. LEI 13.966/2019 – Dispõe sobre o sistema de franquia empresarial e revoga a Lei nº 8.955, de 15 de dezembro de 1994 (Lei de Franquia) – Art. 1º – Esta Lei disciplina o sistema de franquia empresarial, pelo qual um franqueador autoriza por meio de contrato um franqueado a usar marcas e outros objetos de propriedade intelectual, sempre associados ao direito de produção ou distribuição exclusiva ou não exclusiva de produtos ou serviços e também ao direito de uso de métodos e sistemas de implantação e administração de negócio ou sistema operacional desenvolvido ou detido pelo franqueador, mediante remuneração direta ou indireta, sem caracterizar relação de consumo ou vínculo empregatício em relação ao franqueado ou a seus empregados, ainda que durante o período de treinamento. (...).

Assim, entre os atos preparatórios à eleição está a validação dos candidatos confrontando-os com os requisitos mínimos exigidos pelo Estatuto. Na hipótese de o candidato ser reprovado, é recomendável que sejam documentadas tanto a candidatura como os motivos da não aceitação pela franqueadora.

As características do voto também poderão ser definidas no Estatuto, podendo ser secreto ou aberto, obrigatório ou facultativo, direto ou indireto (ex.: por grupos de lojas com as mesmas características), cabendo à franqueadora traçar as diretrizes.

Algumas franqueadoras organizam eleições em formato digital, lançando mão de recursos tecnológicos próprios para este fim. Outras optam pelo método tradicional de cédulas em papel, aproveitando, por exemplo, a ocasião da convenção anual de franqueados para realizar a votação e apuração de votos.

Independentemente da forma, se analógica ou digital, é imprescindível que haja rigor e transparência na condução das eleições pela franqueadora, para que não surjam questionamentos quanto à lisura do processo. Quanto mais comprometida com a seriedade e importância que a constituição de um Conselho de Franqueados requer, melhor a franqueadora poderá legitimar decisões tomadas no âmbito do Conselho.

Por essa razão, a franqueadora deverá adotar todas as precauções para que a constituição do Conselho de Franqueados seja a mais transparente e idônea possível.

2.2. Representatividade do conselho de franqueados

Um bem-sucedido formato de Conselho de Franqueados sempre levará em consideração a representatividade da rede. O ideal é que os membros conheçam todas as fases pelas quais passa um franqueado ou que cada um deles estejam vivenciando momentos diferentes deste processo.

Ter como conselheiros somente franqueados maduros, que possuem operação há anos ou décadas, poderá retirar do foco das discussões os problemas enfrentados por quem está no primeiro ano de operação, sobrevivendo às intempéries do mercado atual e do cenário socioeconômico vigente.

Do mesmo modo, reunir apenas franqueados que estão na fase inicial do processo de maturação, com pouco tempo de operação, pode fazer com que o Conselho rediscuta temas basilares, já amplamente discutidos e com entendimentos sedimentados por todos.

A representatividade do ponto de vista geográfico também é muito valiosa, dada a característica continental do Brasil. Franqueados com operação no Sudeste podem apresentar dificuldades endêmicas não experimentadas por franqueados que estão presentes na região Nordeste. Até mesmo franqueados da capital de um estado podem enfrentar peculiaridades que os franqueados do interior desconhecem.

Por essas razões, a criação de um Conselho de Franqueados representativo é fundamental para conferir maior credibilidade ao órgão.

2.3. O papel dos conselheiros

Um dos desafios da gestão do Conselho de Franqueados é manter a atividade dos Conselheiros compatível com os objetivos do órgão. Parte dessa obrigação cabe à franqueadora ao conduzir as atividades do Conselho de forma dinâmica e organizada. A outra parte cabe aos conselheiros no cumprimento de suas obrigações previstas no Estatuto.

Os Conselheiros devem, efetivamente, representar o grupo de franqueados que o elegeu perante o Conselho, buscando ouvir reivindicações, filtrando as demandas que não representam a coletividade, para que as reuniões sejam frutíferas.

As obrigações dos Conselheiros devem estar claras no Estatuto e, muitas vezes, a franqueadora define procedimentos, com prazos e metas, para que os Conselheiros sigam corretamente as instruções e, assim, exerçam suas funções com plenitude.

Dentre as obrigações básicas dos Conselheiros estão: (i) sugerir pautas para a reunião do Conselho, com base nas experiências e demandas apresentadas pelo grupo representado; (ii) estar presente nas reuniões, participando ativamente das discussões, tendo lido e estudado previamente a pauta para poder colaborar fundamentadamente nos debates; (iii) ser o porta-voz do Conselho para o grupo representado, deixando claro que as decisões tomadas no âmbito do Conselho não possuem poder decisório, mas sim de aconselhamento, cabendo à franqueadora a decisão final sobre qualquer tema.

3. O ESTATUTO DO CONSELHO DE FRANQUEADOS

Apesar de não obrigatório, é recomendável que seja elaborado um Estatuto do Conselho de Franqueados. Com redação clara e simples, o objetivo do Estatuto é tornar públicas as regras que regerão o Conselho de Franqueados desde sua composição até a sua extinção.

A título de exemplo, são cláusulas comuns em Estatutos de Conselho de Franqueados as que versam sobre:

- definições dos termos que serão utilizados no Estatuto. Por exemplo: distinção entre membros eleitos efetivos e indicados, conceitos de grupos de lojas para alcançar melhor representatividade, entre outros;
- objetivos do Conselho de Franqueados, que sempre terá como foco auxiliar a franqueadora a tomar decisões que tenham como objetivo o interesse comum;
- caráter do Conselho de Franqueados, que será sempre consultivo, não deliberativo;
- constituição do Conselho de Franqueados, informando a quantidade e características dos membros, eventualmente distribuídos entre eleitos pela rede e indicados pela franqueadora, prazo do mandato, necessidade de indicação de suplentes, reeleição, entre outros itens;
- processo de Inscrição, detalhando a forma e requisitos para que os franqueados possam se candidatar a membro do Conselho de Franqueados;
- eleição, relatando o processo de eleição dos membros;
- periodicidade e formato das reuniões, trazendo informações sobre a quantidade de reuniões anuais, local onde serão realizadas, se há possibilidade de participação à distância utilizando recursos de reuniões virtuais, responsabilidade dos custos e despesas etc.

Obviamente o rol de cláusulas acima é exemplificativo, podendo cada rede optar por um formato que melhor atenda suas necessidades e seja mais adequado ao perfil dos seus membros. Mas a melhor prática entende que quanto mais as regras estejam claras desde o início, menor a probabilidade de questionamentos sobre a legitimidade da criação do Conselho de Franqueados.

Concluído o Estatuto, é obrigação legal da franqueadora citar sobre sua existência na Circular de Oferta de Franquia e apresentar todas as regras que o regem. Recomenda-se, ainda, que no ato da assinatura do contrato de franquia seja assinado um termo de adesão ao Estatuto de Conselho de Franqueados pelo novo franqueado ou a inclusão de cláusula específica no próprio contrato.

3.1. Atas de reuniões e outros documentos

Uma das formas de solidificar – e até justificar – o papel do Conselho dos Franqueados junto à rede é a criação e manutenção de um histórico referente à participação efetiva do Conselho nas decisões tomadas pela franqueadora. Tal medida também demonstra a seriedade do órgão, estimulando outros franqueados a participarem e conquistando o respeito da rede.

Para tanto, todas as reuniões, convocações de reuniões, distribuição de temas aos membros para debate prévio, enfim, tudo o que se discute no âmbito do Conselho deve ser documentado.

Além dos motivos expostos anteriormente, uma das razões desta recomendação reside no interesse da franqueadora em respaldar, eventualmente, decisões imediatamente impopulares, mas que poderão ter impacto positivo a médio ou longo prazo.

Por exemplo, a franqueadora poderá decidir, após longo e aprofundado estudo, inclusive após diversos debates junto ao Conselho de Franqueados, que a melhor decisão para a rede para obter resultados positivos a longo prazo seria instituir uma nova cobrança para determinado serviço que automatizará certa atividade.

Em um primeiro momento, a notícia de um custo a mais na operação poderá aterrorizar os franqueados, criando um clima de insatisfação e descontentamento na rede.

Porém, poder comprovar para a rede que o tema foi largamente discutido no âmbito do Conselho de Franqueados, que todas as alternativas foram estudadas, possíveis resultados foram calculados e estimados acuradamente e, finalmente, que o próprio Conselho recomendou tal ação, pode reverter a inicial má impressão e demonstrar o quão cautelosa a franqueadora se apresentou para tomar esta difícil decisão.

Assim, o cenário vislumbrado acima somente será possível se a documentação do eficiente funcionamento do Conselho de Franqueados for satisfatória. Se, de outro lado, o teor das reuniões não for documentado, caberá a depoimentos pessoais dos membros do Conselho a explicação que a rede poderá demandar diante de uma decisão impopular, com o risco de cada membro expor opiniões pessoais podendo levar a rede a um entendimento distorcido acerca das razões que motivaram referida decisão.

Importante destacar, que decisões da franqueadora colocadas em prática, mesmo após discussão e aprovação do Conselho de Franqueados, que resultem em prejuízo aos franqueados, ou a um grupo de franqueados, ocasionando um efeito diverso do esperado, poderão ser questionadas e revisadas, bastando lembrar que, analogamente: "*Os atos das associações e sociedades em geral, praticados no âmbito de seus órgãos, em princípio, são insuscetíveis de exame pelo Poder Judiciário, salvo se forem praticados com violação aos estatutos ou à lei, causando prejuízos aos seus associados (caso das associações) ou sócios (caso das sociedades)*[4]".

Dessa forma, conclui-se que a aprovação pelo Conselho de Franqueados de uma decisão da franqueadora não a isentará de responsabilidade perante a rede.

4. CRITÉRIOS PARA A DECISÃO DA CRIAÇÃO DE UM CONSELHO DE FRANQUEADOS

Na maioria das vezes, a criação do Conselho de Franqueados nasce de uma iniciativa da própria franqueadora, no afã de se aproximar mais dos seus franqueados, ouvi-los e, assim, receber riquíssimas contribuições que poderão auxiliar no crescimento sustentável da rede.

Algumas franqueadoras consideram como momento apropriado para a criação do Conselho a fase em que o fundador, por estar sobrecarregado com outras atribuições decorrentes do crescimento da rede, não consegue mais atender pessoalmente cada franqueado e, assim, sente a necessidade de estabelecer um novo formato de vínculo com seus franqueados.

Nada impede, todavia, considerando não haver forma definida ou indicação de requisitos mínimos previsto em lei, que o Conselho de Franqueados seja criado pelos próprios franqueados que, organizadamente, decidem eleger representantes para fazer chegar à franqueadora seus anseios e reivindicações.

Via de regra, a movimentação de franqueados com o objetivo de se unirem para provocar um encontro formal com a franqueadora para apresentar suas sugestões indica o início de um possível conflito, que pode ser amenizado ou inflamado de acordo com a reação da franqueadora.

Neste cenário, a franqueadora poderá incorporar o Conselho de Franqueados como um órgão oficial, reconhecido pela franqueadora e pela rede de franqueados, trazendo-o para dentro dos seus documentos jurídicos de franquia oficiais.

Inclusive, a nova lei de franquia traz obrigação específica à franqueadora sobre o Conselho de Franqueados, devendo conter na Circular de Oferta de Franquia o seguinte:

Art. 2º Para a implantação da franquia, o franqueador deverá fornecer ao interessado Circular de Oferta de Franquia, escrita em língua portuguesa, de forma objetiva e acessível, contendo obrigatoriamente:

---

4. Apelação Cível n. 241.221-2, Relator Gildo dos Santos, JTJ 164/19.

(...)

XX – indicação de existência de conselho ou associação de franqueados, com as atribuições, os poderes e os mecanismos de representação perante o franqueador, e detalhamento das competências para gestão e fiscalização da aplicação dos recursos de fundos existentes; (...).

O texto da lei também nos ensina que não é obrigatória a constituição de um Conselho de Franqueados. A disposição legal resume-se em exigir da franqueadora que informe ao candidato sobre a existência do Conselho e seu regimento.

Desse modo, os critérios de decisão para uma rede optar por ter ou não um Conselho de Franqueados poderá levar em consideração o perfil da franqueadora e de seus franqueados, maturidade da rede, número de unidades, gestão de fundos de interesse comum, entre tantos outros motivadores.

Existem redes que possuem décadas de história e centenas de unidades e nunca criaram um Conselho. Outras, mesmo jovens e com poucas unidades, decidiram que desde o início da trajetória da marca houvesse um formato de gestão participativa e colaborativa e acreditam que o Conselho é uma ótima ferramenta.

Muitas redes optam por constituir um Conselho de Franqueados para auxiliar na gestão dos valores arrecadados a título de taxa de publicidade, porém, não há obrigatoriedade de haver uma gestão compartilhada deste fundo, sendo também facultativo à franqueadora esse formato de gestão.

Algumas franqueadoras alegam que a constituição e manutenção de um Conselho de Franqueados são complexas e optam por criar grupos temáticos menores de discussão, convidando, informalmente, franqueados que tenham afinidade com o tema a participar de reuniões, sem as obrigações e rigidez do Conselho.

O que não se pode olvidar é que não há regras predefinidas para a constituição e gestão de um Conselho de Franqueados, podendo a franqueadora moldá-lo de acordo com a realidade que funcionaria para sua rede.

Por esse motivo, a franqueadora que decidir criar um Conselho de Franqueados deverá, antes de focar na redação do Estatuto, imaginar quais regras funcionariam na prática para sua rede. Muitas vezes, o perfil dos franqueados norteará a franqueadora na definição das regras. Por exemplo: uma rede com franqueados de perfil majoritariamente sênior, pode definir que encontros presenciais são sempre necessários, pois, trata-se de uma geração de pessoas que preferem manter contatos formais, avessas à tecnologia.

De outro lado, uma rede com franqueados jovens, da geração dos *millennials*, pode desenvolver alguma tecnologia que suprirá, facilmente, todas as formalidades de um Conselho. Como um aplicativo de Conselho de Franqueados.

Haverá, ainda que raras, empresas que permanecem ligadas a um formato de gestão absolutamente vertical, que não vê razão para a criação de um Conselho, preferindo tomar as decisões sem a necessidade de consultar qualquer órgão formado por seus franqueados. E não há nenhuma vedação para esta postura, diante da liberdade que a legislação confere à franqueadora nesse quesito.

CONCLUSÃO

O Conselho de Franqueados é uma ferramenta amplamente utilizada em redes de franquia para estabelecer uma comunicação eficaz entre franqueadora e franqueados. Além disso, no âmbito do Conselho se desenvolvem discussões e debates que auxiliam a franqueadora na tomada de decisões de interesse comum para a rede.

Trata-se de órgão sem personalidade jurídica e sua constituição dispensa formalidades legais, bastando organizar as regras por escrito, eventualmente, em um Estatuto. A obrigação legal que cabe à empresa franqueadora é a de informar na Circular de Oferta de Franquia a existência do Conselho e os detalhes sobre seu funcionamento, atribuições e competências.

Possui caráter consultivo e não deliberativo, cabendo sempre à franqueadora, até mesmo por uma prerrogativa funcional, tomar as decisões finais sobre os temas discutidos no âmbito do Conselho.

Cabe aos conselheiros a função de serem os interlocutores entre a franqueadora e o grupo de franqueados por eles representados, fazendo chegar à rede os detalhes dos debates empreendidos nas reuniões de conselhos que levaram à tomada de decisões pela franqueadora.

O principal desafio de franqueadoras que utilizam esta ferramenta é o de cultivar um Conselho de Franqueados representativo e enérgico, que seja eficiente em seu funcionamento orgânico e, assim, consiga cumprir a função de ser um canal de comunicação entre franqueadores e franqueados que corresponda às expectativas de todos os evolvidos.

REFERÊNCIAS BIBLIOGRÁFICAS

GONÇALVES, Carlos Roberto. *Direito Civil Brasileira 1 Parte Geral*. São Paulo: Saraiva, 2018. 16ª edição.

ROQUE, Arlan. *Franquias Tudo o que você precisa saber*. 1ª ed. São Paulo: Alphagraphics, 2018.

RIBEIRO, Adir. GALHARDO, Maurício. MARCHI, Leonardo. IMPERATORI, Luis Gustavo. *Gestão Estratégica do Franchising*. 1ª ed. São Paulo: DVS Editora, 2011.

Parte XVI
TRANSFERÊNCIA DE UNIDADE E SUCESSÃO EMPRESARIAL

31
TRESPASSE E FORMAS DE TRANSFERÊNCIA

Ana Cristina Von Jess

> **Sumário:** Introdução; 1. Conceitos – 2. Cessão de Quotas Sociais ou Transferência de Controle Acionário de Empresas – 3. Contrato de Compra e Venda do Estabelecimento Empresarial – Trespasse; 3.1. Natureza jurídica e partes no contrato de trespasse; 3.2. Bens corpóreos e incorpóreos; 3.3. Ponto comercial; 3.4. Estabelecimento x patrimônio; 3.5. "Good Will of Trade" – Aviamento – 4. Formalidade do Contrato de Trespasse; 4.1. Responsabilidade perante credores; 4.2. Responsabilidade por débitos anteriores; 4.3. Obrigações tributárias; 4.4. Obrigações trabalhistas; 4.5. Concorrência; 4.6. Sub-rogação nos contratos; 4.7. Cessão de créditos – Referências bibliográficas.

INTRODUÇÃO

Considerando as relações de franquia e as formas de transferência da unidade franqueada, usualmente, pode-se identificar a **CESSÃO DE COTAS DA PESSOA JURÍDICA** estabelecida em determinado imóvel para o exercício da atividade sob a marca da Franqueadora e o **TRESPASSE** do próprio **estabelecimento empresarial** que, segundo o artigo 1.142 do Código Civil, é definido como sendo *"todo complexo de bens organizado, para exercício da empresa, por empresário, ou por sociedade empresária."*

O objetivo aqui é traçar as principais características que individualizam cada uma dessas formas de transferência do negócio franqueado, bem como alertar quanto aos pontos de atenção em cada modalidade.

Não raras vezes, depara-se com convicções equivocadas quanto à extensão e abrangência das responsabilidades e consequências das transferências negociais promovidas frequentemente entre empresários.

1. CONCEITOS

Considerando a definição legal para **Estabelecimento Empresarial** supratranscrita, o **TRESPASSE** consiste na alienação do estabelecimento empresarial, nele compreendidos os bens corpóreos, incorpóreos, móveis e imóveis, definidos pelas partes contratantes, desde que considerados indispensáveis à continuidade da atividade empresarial.

A natureza jurídica do *estabelecimento* sempre esteve regulada por esparsas legislações de âmbito tributário e fiscal, mas, a partir do advento do atual Código Civil – Lei nº 10.406/2002 –, passou a ter sua definição e seu disciplinamento para efetivação de sua transferência especificamente previstos pela Lei Civil.

Segundo Barreto Filho[1], haverá o trespasse do estabelecimento:

> "somente quando o negócio se refere ao complexo de bens instrumentais que servem à atividade empresarial, necessariamente caracterizado pela existência do aviamento objetivo. O princípio geral que inspira toda a disciplina jurídica do trespasse, como vem expressa nas várias legislações, é sempre o de resguardar a integridade do aviamento, por ocasião da mudança de titularidade da casa comercial. Quando o contrato não se fixa, expressa ou implicitamente, sobre o aviamento, não se trata mais de trespasse do estabelecimento, como tal, mas da simples transmissão de um acervo desconexo de bens: não haverá, como observa Casanova, cessão, mas cessão do estabelecimento."

Prosseguindo na conceituação, é importante que não se confunda o contrato de Trespasse com a cessão – *onerosa ou gratuita* – das quotas sociais da sociedade que é constituída para a operação do negócio franqueado – *estabelecimento e/ou* empresa –, o que, frequentemente, se vê acontecer.

Com a cessão das quotas sociais de uma sociedade empresária limitada ou com a transferência do controle de uma sociedade anônima, o estabelecimento em si não é transferido e nem muda de titularidade, permanecendo sob a propriedade da pessoa jurídica transacionada. O que se modifica, nesta hipótese, é a composição societária da empresa que o detém.

Assim, tem-se que, fundamentalmente, a distinção entre essas duas formas de transferência do negócio empresarial está pautada na mudança ou não da titularidade da atividade.

Ao se pretender transacionar as quotas da pessoa jurídica, em regra, pretende-se prosseguir com suas atividades, registros, contabilidade, direitos e obrigações contratadas, não havendo dúvida quanto à perpetuação do histórico da empresa, passivos e ativos por ela contraídos.

Nos contratos que tratam exclusivamente da transferência do estabelecimento empresarial, nos quais a pessoa jurídica que nele estava estabelecida será modificada e sucedida por outra, não há essa "perpetuação" natural dos direitos e das obrigações que até ali haviam sido contratados. Daí por que suscitam-se tantas dúvidas e premissas equivocadas quanto ao Trespasse.

2. CESSÃO DE QUOTAS SOCIAIS OU TRANSFERÊNCIA DE CONTROLE ACIONÁRIO DE EMPRESAS

Como já conceituado anteriormente, quando se tratou desta modalidade de transferência da atividade empresarial, a hipótese em comento é a pertinente à modificação da estrutura interna das empresas que ocupam o estabelecimento e exploram o negócio.

Não há transferência de titularidade das obrigações contraídas. A empresa, constituída e inscrita no CNPJ/MF, prosseguirá como legítima detentora dos direitos e das

---
1. Barreto Filho. Estabelecimento, n. 166, pp. 208/209).

obrigações inerentes às suas práticas mercantis e, não obstante, passará a ser representada por novos sócios e administradores.

O passivo acumulado até a data da alteração societária acompanhará a empresa e deverá ser investigado e detalhado para que os novos sócios ou administradores não tenham surpresas desagradáveis ao assumirem a titularidade e as responsabilidades inerentes à continuação do desenvolvimento das suas atividades.

Normalmente, a alteração do contrato/estatuto social propriamente dita, que, em qualquer hipótese, deve ser revestida das formalidades exigidas pelo supracitado Código Civil que exige o seu registro e arquivamento junto aos órgãos públicos competentes – Juntas Comerciais dos Estados ou Registros Civis de Pessoas Jurídicas –, o que torna públicos o seu conteúdo e os termos nela avençados.

Justamente por isso, pela publicidade que se impõe ao contrato social das empresas limitadas e a possibilidade de qualquer pessoa ter acesso integral ao seu conteúdo, é que se aconselha a celebração de instrumento particular entre as partes, que defina a forma da aquisição, descrevendo-se, minuciosamente, todo o acerto financeiro negociado, como se dará o pagamento pela aquisição das quotas sociais e, em qual proporção, os prazos de quitação dos valores acordados, bem como os aspectos de sucessão de responsabilidades, direitos e obrigações, prevendo as hipóteses de isenção ou compartilhamento de obrigações trabalhistas, tributárias e fiscais (que valerão apenas entre as partes contratantes para efeito de ressarcimento, se for caso), como também as penalidades pelo descumprimento das condições que forem estabelecidas no documento.

O instrumento particular de alteração contratual deve sempre ser celebrado com a participação de todos os sócios, cedentes/retirantes e os remanescentes, independentemente da existência de previsão de *direito de preferência* ou que a alteração seja integral ou parcial para os **cessionários**, assim chamados aqueles que passarão a compor o contrato social, assumindo os percentuais definidos do capital social. Assim, o é, por exigência expressa do artigo 1.003, *caput*, do Código Civil: *"a cessão total ou parcial de quota, sem a correspondente modificação do contrato social com o consentimento dos demais sócios, não terá eficácia quanto a estes e à sociedade."*

Em se tratando de unidades franqueadas e das empresas constituídas para administrá-las, em regra, trata-se com sociedades empresárias e empresas individuais limitadas ou ainda firmas individuais. Raramente, vê-se unidades franqueadas administradas por sociedades anônimas, cuja constituição e escrituração, pela complexidade que representam, normalmente não se adequam à administração isolada de um negócio franqueado.

Entretanto, cabe notar que, ainda que se trate da hipótese de S.A., todas as condições supraprevistas, como alteração do estatuto social, necessidade de arquivamento perante o órgão responsável e a indicação de instrumento particular para tratar das condições da negociação de transferência do controle acionário, são perfeitamente aplicáveis a esse tipo de sociedade.

3. CONTRATO DE COMPRA E VENDA DO ESTABELECIMENTO EMPRESARIAL – TRESPASSE

Prosseguindo na análise das modalidades de transferência das unidades franqueadas e, diferentemente, da transferência das quotas sociais tratada no item anterior, a contratação da cessão do estabelecimento empresarial suscita maiores controvérsias e, por isso, demanda uma avaliação e estudo mais detalhados.

Como já salientado, o Trespasse do estabelecimento contempla a cessão de todos os bens corpóreos e incorpóreos, móveis e imóveis, indispensáveis à atuação da empresa.

Neste tipo de transferência, há, efetivamente, a modificação do proprietário do estabelecimento e tudo que nele está contido; portanto, algumas distinções e conceitos precisam ser bem entendidos para se assegurar que esta seja feita conforme previsto em lei e da forma mais segura e transparente possível.

3.1. Natureza jurídica e partes no contrato de trespasse

O trespasse é um contrato celebrado entre **Alienante**, **Vendedor** ou **Trespassante**, aquele que detém a titularidade e/ou propriedade do estabelecimento empresarial, e o **Adquirente**, **Comprador** ou **Trespassário** que é aquela pessoa física ou jurídica que passará a adquirir os bens corpóreos e incorpóreos que compõem as atividades nele desenvolvidas.

3.2. Bens corpóreos e incorpóreos

Conforme a definição de estabelecimento da Lei Civil já transcrita, tem-se que este corresponde ao conjunto de bens, pelos quais se torna possível a prática da atividade empresarial (seja fabricação ou venda de produtos/mercadorias ou prestação de serviços).

Esses bens que compõem o estabelecimento, por sua vez, podem ser corpóreos ou incorpóreos.

Os bens corpóreos são os materiais, os mobiliários, os móveis, as instalações, os equipamentos, as máquinas, os veículos, o estoque de mercadorias e utensílios ou os imóveis, como edifícios ou terrenos.

Os bens incorpóreos são aqueles intangíveis, mais difíceis de serem dimensionados e avaliados, mas que, da mesma forma, compõem o estabelecimento, tais como: direitos de propriedade intelectual (marcas, patentes), direitos autorais, contratos celebrados para desenvolvimento do negócio no estabelecimento e o próprio ponto comercial.

Assim, o estabelecimento empresarial é formado justamente pela reunião organizada dos bens corpóreos e incorpóreos que o compõem, conforme definições anteriores.

3.3. Ponto comercial

O ponto comercial é constituído pelo local onde está situado o estabelecimento e é essencial para que este tenha e mantenha seu valor.

Nele são desenvolvidas as atividades da empresa, pelo conjunto de bens que compõem o estabelecimento e é para ele que a clientela conquistada se dirige a fim de consumir o produto ou serviço ofertado.

Assim, para que o Trespasse do estabelecimento possa ser regularmente efetuado, com a efetiva transferência de todos os bens que o constituem, é imprescindível que a posse direta ou propriedade do bem imóvel, no qual está situado, seja transferida ao adquirente do estabelecimento.

Desta forma, é usual prever-se nos contratos de Trespasse, as obrigações inerentes à transferência da locação ou da titularidade do bem imóvel, para que as atividades empresariais possam ser perpetuadas no local do estabelecimento.

Note-se que, quando o estabelecimento está instalado em imóvel locado, o locador deve anuir com a transferência de titularidade da locação para que, efetiva e eficazmente, possa ser considerado efetuado o Trespasse do estabelecimento.

A este respeito, não é demais transcrever-se o posicionamento do Superior Tribunal de Justiça:

> "RECURSO ESPECIAL. TRANSFERÊNCIA DO FUNDO DE COMÉRCIO. TRESPASSE. CONTRATO DE LOCAÇÃO. Art. 13 DA LEI N. 8.245/91. APLICAÇÃO À LOCAÇÃO COMERCIAL. CONSENTIMENTO DO LOCADOR. REQUISITO ESSENCIAL. RECURSO PROVIDO.
>
> Transferência do fundo de comércio. Trespasse. Efeitos: continuidade do processo produtivo; manutenção dos postos de trabalho; circulação de ativos econômicos. Contrato de locação. Locador. Avaliação de características individuais do futuro inquilino. Capacidade financeira e idoneidade moral. Inspeção extensível, também, ao eventual prestador da garantia fidejussória. Natureza pessoal do contrato de locação. Desenvolvimento econômico. Aspectos necessários: proteção ao direito de propriedade e a segurança jurídica. Afigura-se destemperado o entendimento de que o art. 13 da Lei do Inquilinato não tenha aplicação às locações comerciais, pois, prevalecendo este posicionamento, o proprietário do imóvel estaria ao alvedrio do inquilino, já que segundo a conveniência deste, o locador se veria compelido a honrar o ajustado com pessoa diversa daquela constante do instrumento, que não rara as vezes, não possuirá as qualidades essenciais exigidas pelo dono do bem locado (capacidade financeira e idoneidade moral) para o cumprir o avençado. Liberdade de contratar. As pessoas em geral possuem plena liberdade na escolha da parte com quem irão assumir obrigações e, em contrapartida, gozar de direitos, sendo vedado qualquer disposição que obrigue o sujeito a contratar contra a sua vontade. Aluguéis. Fonte de renda única ou complementar para inúmeros cidadãos. Necessidade de proteção especial pelo ordenamento jurídico. Art. 13 da Lei n. 8.245/914 aplicável às locações comerciais. Recurso especial provido."[2]

Desta forma, tem-se claro que, entre as cláusulas a serem dispostas entre alienante e adquirente, deve ser prevista, expressamente, a forma de alteração e transferência da locação, cuja negociação, idealmente, deve preceder à assinatura e celebração definitiva do próprio instrumento de trespasse por constituir óbice ou permissão impositiva para sua plena eficácia.

---

2. REsp 1.202.077/MS – RECURSO ESPECIAL 2010/0134382-4 – Terceira Turma – 01/03/2011.

3.4. Estabelecimento x patrimônio

Como já se viu aqui, o estabelecimento é composto por todos os bens que viabilizam a atividade empresarial, neles incluídos bens materiais e os intangíveis como definido alhures.

Patrimônio é tudo aquilo que a empresa possui e que não necessariamente está ligado ao desenvolvimento de sua atividade, como: imóveis distintos do local do estabelecimento dos quais se aufere as rendas respectivas, ações, aplicações etc.

Nem sempre ao se transferir o estabelecimento empresarial, cede-se também o patrimônio da empresa. O usual, aliás, é que não ocorra desta forma.

Muitas empresas, franqueadas ou não, têm interesse em se desfazer de pontos comerciais que não lhe são mais interessantes e nem por isso deixam de manter as atividades empresariais de suas pessoas jurídicas, hipóteses nas quais, por óbvio, não haverá qualquer interferência no patrimônio acumulado por ela que não esteja contemplado pelo estabelecimento em si.

Portanto, tem-se claro que o Trespasse, ao contemplar a transferência do estabelecimento com tudo o que ele compreende, não dispõe a respeito do patrimônio da empresa propriamente dito, quando este não está atrelado à prática das atividades no ponto comercial que será transacionado.

3.5. "Good Will of Trade" – Aviamento

Como se vê na definição do Mestre Barreto Filho transcrita anteriormente, para que se caracterize um contrato de Trespasse, há que se ter bem definida a cessão do "aviamento" propriamente dito, pois, do contrário, estar-se-ia tratando apenas da transferência de um complexo de bens desconexos e que não, necessariamente, está relacionado ao desempenho das atividades do estabelecimento.

A rigor, como modalidades de vendas, tem-se que os bens corpóreos que compõem o estabelecimento podem ser vendidos isoladamente (compra e venda de ativos) ou, como se veio tratando, pode ser promovida a venda do estabelecimento propriamente, compreendendo todos os seus bens (corpóreos e incorpóreos) em conjunto; nestes, contemplado o aviamento.

Tem-se assim que o aviamento não é um elemento, mas um atributo, uma qualidade do estabelecimento[3]. Não pode ser considerado isoladamente, contudo, empresta valor ao estabelecimento. No dizer do Mestre Oscar Barreto Filho[4]: "*aviamento é a aptidão da empresa de produzir lucros, decorrente da qualidade e da melhor perfeição da sua organização.*"

---

3. 1988, p. 170.
4. 1988, p. 170.

Assim, o potencial de lucratividade do estabelecimento (aviamento) pode ser decisivo para se despertar o interesse do adquirente, sobretudo ao se considerar as transferências de unidades franqueadas que carregam com elas uma marca conhecida, um negócio testado e já desenvolvido naquele local, um suporte e transferência de *know-how* constantes e o potencial de crescimento, valorização e aperfeiçoamento que todos esses elementos em conjunto significam.

Para o Mestre Barreto Filho[5]:

> "Constitui mera abstração falar do aviamento como coisa ou elemento existente por si próprio, independente do estabelecimento. O aviamento existe no estabelecimento, como a beleza, a saúde ou a honradez existem na pessoa humana, a velocidade no automóvel, a fertilidade no solo, constituindo qualidades incindíveis dos entes a que se referem. O aviamento não existe como elemento separado do estabelecimento, e, portanto, não pode constituir em si e por si autônomo de direitos, suscetível de ser alienado, ou dado em garantia."

Então, considerando o aviamento como uma qualidade do estabelecimento, este não necessariamente está contemplado nos registros contábeis da empresa para efeito de cálculo de seu valor. Constitui, sim, um *plus* que deve ser acrescido ao valor final do negócio propriamente dito, representando, na prática, o potencial de lucratividade que o conjunto de bens que forma o estabelecimento possui.

Justamente por serem atributos do estabelecimento, não podem ser vendidos separadamente e não subsistem sozinhos, devendo ser transferidos sempre em conjunto com o estabelecimento.

O estabelecimento como um todo, naturalmente, possui um valor maior que seus bens, distintamente, porque contempla conjuntamente a capacidade que todos os bens (corpóreos e incorpóreos) e os atributos que o formam (como o aviamento, a clientela, o ponto comercial, a marca, a reputação) têm de produção de riqueza e geração de lucros.

4. FORMALIDADE DO CONTRATO DE TRESPASSE

O Código Civil prevê em seu artigo 1.144, expressamente, que:

> "O contrato que tenha por objeto a alienação, o usufruto ou arrendamento do estabelecimento, só produzirá efeitos quanto a terceiros depois de averbado à margem da inscrição do empresário, ou da sociedade empresária, no Registro Público de Empresas Mercantis, e de publicado na imprensa oficial."

Como se pode depreender da análise do texto legal reproduzido supra, há que se respeitar a formalidade neste tipo de contratação, para que o pacto celebrado produza os efeitos que dele se esperam.

Essencialmente, qualquer contrato particular celebrado entre partes capazes e legítimas é válido entre os contratantes; entretanto, no caso em análise, como visto an-

---

5. 1988, p. 170.

teriormente, para que o Contrato de Trespasse seja oponível a terceiros, é fundamental que, posteriormente à sua celebração, seja providenciada a respectiva averbação junto ao órgão responsável pelo registro da empresa.

A intenção da legislação é de conferir publicidade ao ato de alienação do estabelecimento para que, qualquer parte interessada, seja ela credor, fornecedor ou concorrente, possa ter amplo conhecimento da sua efetivação.

Neste sentido, inclusive, manifestam-se os órgãos de justiça estaduais, tal como do Distrito Federal:

> "APELAÇÃO CÍVEL. DIREITO EMPRESARIAL. AÇÃO DE OBRIGAÇÃO DE FAZER C/C DANO MATERIAL E MORAL. CONTRATO DE TRESPASSE. AUSÊNCIA DE REGISTRO. INEFICÁCIA PERANTE TERCEIRO. RESPONSABILIDADE PELOS DÉBITOS. EMPRESÁRIO INDIVIDUAL. TRANSFERÊNCIA DO NOME EMPRESARIAL. VEDAÇÃO LEGAL. DANO MORAL. INEXISTÊNCIA. 1. De acordo com o artigo 1.144 do Código Civil, para que o **contrato de** trespasse produza eficácia perante terceiros, é necessário que seja registrado na junta comercial e posteriormente publicado em diário oficial. Dessa forma, não observada a exigência legal do registro e da publicação, o empresário que aliena o estabelecimento comercial continua responsável pelos débitos contraídos em nome da empresa após a alienação. Nada obsta, contudo, que, em ação própria, pleiteie dos adquirentes o ressarcimento dos valores, desde que comprove que realizou o pagamento dos débitos. 2. Segundo o disposto no artigo 1.164 do Código Civil, o nome empresarial não pode ser objeto de alienação. 3. O descumprimento contratual não dá azo ao dano moral, haja vista este ser autônomo em relação aos contratos e deles não depender. 4. Apelação cível conhecida e não provida."[6]

4.1. Responsabilidade perante credores

De acordo com o artigo 1.145 do Código Civil[7], a eficácia da alienação do estabelecimento está condicionada à solvência do vendedor alienante, que deverá liquidar previamente os débitos em seu nome ou, de forma expressa, notificar seus credores para que, no prazo de 30 (trinta) dias, assintam com a transferência de titularidade pretendida.

Caso os credores não se manifestem negativamente quanto à alienação, a transferência do estabelecimento poderá ser considerada eficaz e o adquirente de boa-fé terá garantida a aquisição feita.

Note-se que, a norma legal dispôs que todos os credores devem ser notificados **expressamente** e, ocorrendo a hipótese de **qualquer manifestação contrária** à alienação, o saldo devido ao credor que assim se manifestou deverá ser, imediata e previamente, quitado para que o trespasse ocorra, sob pena de poder ser considerado sem efeito perante ele.

---

6. Acórdão nº 1106043 – 00079658620168070005 – Relator GETÚLIO DE MORAES OLIVEIRA – 7ª Turma Cível, 28/06/2018.
7. "Art. 1.145. Se ao alienante não restarem bens suficientes para solver o seu passivo, a eficácia da alienação do estabelecimento depende do pagamento de todos os credores, ou do consentimento destes, de modo expresso ou tácito, em trinta dias a partir de sua notificação".

De qualquer forma, havendo a alienação, ainda que regularmente tenha sido providenciada a notificação prévia e formal dos credores, deverá ser providenciada a averbação do contrato de trespasse perante o órgão responsável – Junta Comercial da localidade –, com a respectiva e posterior publicação do ato.

4.2. Responsabilidade por débitos anteriores

Ainda, de acordo com a disposição contida no artigo 1.146 do Código Civil[8], não se pode deixar de observar a importância de verificação prévia pelo adquirente quanto às dívidas e aos passivos, eventualmente, contraídos pelo alienante do estabelecimento, antes de promover sua transferência, pois, não é raro deparar-se com empresários que consideram o Trespasse do Estabelecimento como um negócio jurídico que não vincula as pessoas físicas ou jurídicas contratantes.

Melhor explicando, há muita preocupação com as consultas iniciais sobre a situação da pessoa jurídica, com a necessidade de se providenciar a realização de uma *due diligence* sobre a situação em torno dos direitos e obrigações perante seu mercado de atuação, bem como nas áreas fiscais, tributárias e trabalhistas, notadamente quando também se pretende a aquisição do controle acionário ou a transferência de quotas sociais de pessoa jurídica.

Ao contrário, quando se pretende "apenas" adquirir o estabelecimento, costuma-se pensar, equivocadamente, que o zelo prévio à contratação não é necessário e que a constituição de nova pessoa jurídica para administração do estabelecimento seja, *de per si*, capaz de afastar qualquer responsabilização posterior.

A simples análise do artigo supramencionado demonstra o quão arriscado e desacertado é esse pensamento, bem como o quanto é necessário que o adquirente se garanta quanto aos débitos anteriores da detentora do estabelecimento que será transacionado.

A responsabilidade pelos débitos contabilizados da empresa é solidária entre as partes contratantes e, por isso, poderá ser demandada diretamente do adquirente, ressalvando-se a obrigação solidária do alienante pelo prazo decadencial de 1 (um) ano.

Sobre o tema, manifestou-se o Tribunal do Distrito Federal da seguinte forma:

"APELAÇÃO CÍVEL. VENDA DE ESTABELECIMENTO COMERCIAL. TRESPASSE. DÍVIDAS CONTRAÍDAS ANTES DA ASSINATURA DO CONTRATO. DENUNCIAÇÃO DA LIDE. IMPOSSIBILIDADE. OBRIGAÇÃO CONTRATUAL INEXISTENTE. Art. 1.146 DO CÓDIGO CIVIL. POSSIBILIDADE DE ESTIPULAÇÃO EM CONTRÁRIO. PRINCÍPIO DO PACTA SUNT SERVANDA. AUTONOMIA DA VONTADE. CONTRATO DE TRESPASSE. EFEITOS PERANTE TERCEIROS. PUBLICIDADE NECESSÁRIA. Art. 1.144 DO CÓDIGO CIVIL. REQUISITOS NÃO CUMPRIDOS. SENTENÇA MANTIDA. 1. A denunciação da lide, prevista no art. 125, II do CPC, não é admissível quando inexistente a obrigação contratual expressa de indenizar regressivamente o vencido. 2. Segundo o art. 1.146 do Código Civil, o adquirente do estabelecimento responde

---

8. Artigo 1.146 – O adquirente do estabelecimento responde pelo pagamento dos débitos anteriores à transferência, desde que regularmente contabilizados, continuando o devedor primitivo solidariamente obrigado pelo prazo de um ano, a partir, quanto aos créditos vencidos, da publicação, e, quanto aos outros, da data do vencimento.

pelo pagamento dos débitos anteriores à transferência, desde que regularmente contabilizados, continuando o devedor primitivo solidariamente obrigado pelo prazo de um ano, a partir, quanto aos créditos vencidos, da publicação, e, quanto aos outros, da data do vencimento. 3. É possível que as partes envolvidas na alienação do estabelecimento comercial pactuem disposições em contrário. Porém, o contrato somente produzirá efeitos perante terceiros se a ele for dada a publicidade prevista no art. 1.144 do Código Civil. 4. Ante a ausência de registro do contrato de trespasse e de divulgação na imprensa oficial, a pessoa jurídica administrada pelos novos sócios permanece responsável pelas dívidas anteriores à alienação. 5. A via regressiva autônoma é adequada para pleitear a aplicação das cláusulas contratuais não registradas, cujos efeitos se operam apenas inter partes. 6. Recurso conhecido e desprovido".[9] (destacou-se)

E, no mesmo sentido, tem-se na Justiça do Espírito Santo:

"APELAÇÃO CÍVEL. EMBARGOS À EXECUÇÃO. TRESPASSE RECONHECIDO. RESPONSABILIDADE PELO DÉBITO EXEQUENDO. RECURSO DESPROVIDO. 1.   Diversamente do afirmado pela parte, não houve julgamento antecipado da lide. O compulsar dos autos revela que, uma vez saneado o feito, foram fixados os pontos controvertidos e designou-se audiência de instrução e julgamento, bem como se determinou a intimação das partes para apresentar respectivos rois de testemunhas. Por ocasião da referida audiência foi dispensada a produção de prova oral, tendo em tal oportunidade procedido a apelante à juntada de inúmeros documentos. Seguiu-se, ao depois, a apresentação de memoriais por ambos os litigantes, deles não se colhendo qualquer manifestação das partes no sentido de que a instrução processual careceria de complementação. 2. O magistrado *a quo*, também entendendo pela suficiente instrução do feito, conforme juízo que lhe é dado exercer, a teor do artigo 370 do CPC/2015, procedeu ao enfrentamento dos presentes embargos à execução. De tal panorama não se depreende ter havido cerceamento de defesa. Arguição de nulidade rejeitada. 3. Bimbo do Brasil Ltda. e MRTG Industrial e Comercial Ltda. realizaram verdadeiro trespasse, haja vista os instrumentos contratuais acostados em cópia aos autos entabulados com a pretensão de alterar a titularidade de inúmeros equipamentos e ativos relacionados à fabricação e comercialização de pães industriais, de marca e até mesmo de contrato de locação da área em que sediada a pessoa jurídica alienante. 4. Nos termos do artigo 1.146 do Código Civil, o adquirente do estabelecimento responde pelo pagamento dos débitos regularmente contabilizados que remontem a momento anterior à transferência, devendo sua observância ocorrer na hipótese vertente já que as dívidas objeto da execução datam de 29/01/2008 e 01/02/2008 e o trespasse de 08/02/2008. 5. Recurso desprovido"[10]. (destacou-se)

4.3. Obrigações tributárias

Em se tratando das obrigações tributárias contraídas pela alienante do estabelecimento, cabe observar o que dispõe o artigo 133, I e II, do Código Tributário Nacional:

"Art. 133. A pessoa natural ou jurídica de direito privado que adquirir de outra, por qualquer título, fundo de comércio ou estabelecimento comercial, industrial ou profissional, e continuar a respectiva exploração, sob a mesma ou outra razão social ou sob firma ou nome individual, responde pelos tributos, relativos ao fundo ou estabelecimento adquirido, devidos até a data do ato:

I – integralmente, se o alienante cessar a exploração do comércio, indústria ou atividade;

---

9. TJDF, 07098928720188070001 - Apelação - Relator: JOSAPHA FRANCISCO DOS SANTOS – 5ª Turma Cível – 31/01/2019.
10. TJES, 0035658-88.2013.8.08.0048 – Apelação – Relator Jorge Henrique Valle dos Santos – Terceira Câmara Cível – 08/05/2018.

II – subsidiariamente com o alienante, se este prosseguir na exploração ou iniciar dentro de seis meses, a contar da data da alienação, nova atividade no mesmo ou em outro ramo de comércio, indústria ou profissão. (...)."

Note-se que, pela disposição legal, o elemento caracterizador da sucessão pretendida pelo legislador é justamente a aquisição do fundo de comércio ou estabelecimento que, não havendo, não a justificaria.

Portanto, tem-se claro que, na hipótese em análise, no trespasse do estabelecimento, há que se resguardar o adquirente quanto à existência de eventual passivo tributário anterior ao ajuste, que lhe possa ser demandado futuramente, por restar demonstrada a aquisição da universalidade dos bens que o compõem.

Para melhor compreensão da abrangência do tema, destaca-se a decisão do Tribunal de Justiça do Distrito Federal:

"DIREITO CIVIL E PROCESSUAL CIVIL. DIREITO TRIBUTÁRIO. AGRAVO DE INSTRUMENTO. EXECUÇÃO FISCAL. DÍVIDA ATIVA. ATIVIDADE EMPRESARIAL. ESTABELECIMENTO. TRESPASSE. SOCIEDADES EMPRESÁRIAS SUCESSORAS. REDIRECIONAMENTO. PRESCRIÇÃO. RECONHECIMENTO DE OFÍCIO. PRAZO. CINCO ANOS. FRANQUIA. GRUPO ECONÔMICO. IDENTIDADE DE SÓCIOS. IDENTIDADE DE ESTABELECIMENTOS. INTERRUPÇÃO DA PRESCRIÇÃO TAMBÉM EM RELAÇÃO AOS ADQUIRENTES. NEGÓCIO JURÍDICO. OBRIGAÇÕES FISCAIS E TRIBUTÁRIAS. DECISÃO REFORMADA. AGRAVO PROVIDO. 1. Hipótese de agravo de instrumento contra a decisão que reconheceu a ocorrência da prescrição relativamente à pretensão de redirecionamento da execução fiscal às sociedades empresárias que adquiriram o estabelecimento comercial e as franquias da devedora. 2. O fato jurídico da prescrição é ato-fato jurídico caducificante, pois seu suporte fático abarca, além do decurso do tempo, a necessária ocorrência de inação do titular de uma pretensão. 2.1. Surge a pretensão somente a partir do momento em que o direito subjetivo se mostra exigível pelo titular da posição jurídica ativa, ocasião em que emerge a possibilidade de atuação sobre a esfera jurídica daquele que se encontra na posição subjetiva passiva respectiva. 2.2. Em relação aos débitos de natureza tributária, o prazo prescricional é de 5 (cinco) anos (art. 174, *caput*, do CTN), que será interrompido, dentre outras hipóteses, no caso em que o Juiz determinar a citação do devedor na Execução Fiscal (art. 174, parágrafo único, inc. I, do CTN). 2.3. Nessas circunstâncias, a prescrição opera a extinção do crédito tributário por força da regra estabelecida no art. 156, inc. V, do CTN. À vista dessa peculiaridade, por ter havido a extinção da própria relação jurídica substancial, a prescrição pode ser reconhecida de ofício pelo Magistrado. **3. A sucessão empresarial é disciplinada no artigo 1146 do Código Civil. Nesse âmbito, o adquirente do estabelecimento se torna solidariamente responsável pelos débitos anteriores à transferência, juntamente com o alienante. 3.1. A sucessão empresarial pode ser reconhecida na hipótese em que alguns requisitos estejam presentes, quais sejam: localização no mesmo endereço, compartilhamento de objeto social e da atividade econômica explorada, bem como quadro societário**. 4. No caso em análise, a devedora, com o objetivo de se furtar ao pagamento dos débitos tributários, teria celebrado o aludido contrato de trespasse e cedido, assim, a posição contratual de franqueadora (sic) da marca (omitida), além de outras congêneres, para as mencionadas sociedades empresárias, que passaram a desenvolver a atividade empresarial em nome próprio. 5. Nesse sentido, o art. 133, incisos I e II, do CTN, estabelece que o adquirente do fundo de comércio ou estabelecimento comercial responde pelos tributos anteriormente devidos. Precedentes. 5.1. Com efeito, na hipótese de sucessão empresarial, as sociedades que passam a exercer a atividade empresária assumem para si, ressalvados os casos previstos em lei, todos os débitos da sociedade antecessora, notadamente, os de natureza tributária. 5.2. Por isso, a interrupção da prescrição, em decorrência do ato de citação, se estendeu também às adquirentes dos estabelecimentos comerciais. 6. Agravo conhecido e provido."[11] (destacou-se).

---

11. TJDF, 07133658420188070000 – Apelação - Relator: ALVARO CIARLINI – 3ª Turma Cível, 04/11/2018.

4.4. Obrigações trabalhistas

Tanto quanto na esfera das obrigações tributárias, há que se prever e estabelecer nos contratos de Trespasse todas as questões atinentes à situação dos funcionários que já exerciam suas atividades no estabelecimento.

Como já visto, ainda que não tenha havido a cessão do controle acionário ou das quotas sociais, na transferência do estabelecimento, o adquirente, pessoa física ou jurídica que prosseguir na exploração das atividades no local, pode ser considerado sucessor da empresa ou pessoa alienante que, por qualquer motivo, tenha deixado de quitar suas obrigações trabalhistas, independentemente de estarem contabilizados eventuais passivos correspondentes.

Sobre o tema, traz-se à colação, mais uma vez, a decisão do Tribunal de Justiça Capixaba, que não deixa margem à dúvida, quanto a esta possibilidade e ocorrência, aqui tratada na esfera da contratação empresarial, em decorrência de condenação da Justiça do Trabalho da empresa adquirente:

> "EMBARGOS DE DECLARAÇÃO RECEPCIONADOS COMO AGRAVO INTERNO. CONTRATO DE COMPRA E VENDA DE ESTABELECIMENTO COMERCIAL (TRESPASSE). RESPONSABILIDADE DO COMPRADOR PELO PAGAMENTO DE VERBAS TRABALHISTAS REFERENTES A DÉBITOS ANTERIORES AO ENTABULADO. PREVISÃO CONTRATUAL EXPRESSA. DIREITO AO RESSARCIMENTO. RECURSO DESPROVIDO. I. Possuidor de manifesto caráter infringente, devem os embargos declaratórios ser recebidos como agravo regimental, aplicando-se-lhes os princípios da fungibilidade e da celeridade processual (Superior Tribunal de Justiça, Embargos de Declaração no Recurso Especial 522.896/ES, Rel. Ministro Paulo Furtado, publicado em 18/06/2010). II. Ainda que, por força dos arts. 10 e 448 da CLT, a sucessão comercial não influencie nos direitos dos empregados, **levando em consideração a previsão contratual delimitando a responsabilidade dos embargantes pelas verbas trabalhistas relacionadas ao período laboral anterior ao trespasse, o embargado deve sim ser prontamente ressarcido dos prejuízos suportados perante a Justiça do Trabalho sob tal rubrica**. III. Recurso a que se nega provimento.[12](destacou-se)

Pelo que se denota da decisão reproduzida, o contrato de Trespasse, bem entabulado entre as partes, pode resguardar o adquirente na eventualidade de lhe ser impingida a sucessão nas responsabilidades anteriores contraídas pela empresa que administrava o estabelecimento.

Isto porque, muito embora não seja possível afastar por completo a responsabilização e eventual condenação na esfera trabalhista, como mencionado na decisão colacionada, poder-se-á, com base num bem elaborado contrato de trespasse, incluir-se previsão específica de ressarcimento dos valores eventualmente dispendidos com o cumprimento desse tipo de decisão judicial condenatória ao pagamento de verbas rescisórias, bem como para a reaver o valor pago a título de honorários pela contratação de advogados entre outras despesas processuais.

---

12. TJES, 0002025-29.2007.8.08.0038 – Embargos de Declaração – Relator Maurílio Almeida de Abreu – Quarta Câmara Cível – 14/05/2012.

4.5. Concorrência

Outra preocupação do legislador atinente ao contrato de trespasse e que foi muito bem colocada na Lei Civil em comento diz respeito à prática de concorrência pela alienante do estabelecimento.

Como visto, ao se considerar que a transferência do estabelecimento contempla a venda do ponto comercial, dos móveis, das instalações como elementos físicos e corpóreos que o constituem e também a marca, a clientela conquistada com o desenvolvimento das atividades e demais atributos do negócio propriamente dito, parece evidente que se pretenda resguardar o adquirente para que a alienante não instale negócio semelhante próximo ao estabelecimento, logo depois de sua venda, promovendo, indevidamente, concorrência à exploração de suas atividades, lhe desviando a clientela que, como demonstrado, foi negociada no conjunto denominado estabelecimento.

A este respeito, prevê o artigo 1.147 do Código Civil:

> "Não havendo autorização expressa, o alienante do estabelecimento não pode fazer concorrência ao adquirente, nos cinco anos subseqüentes à transferência.
>
> "Parágrafo único. No caso de arrendamento ou usufruto do estabelecimento, a proibição prevista neste artigo persistirá durante o prazo do contrato."

Em se tratando de unidades franqueadas e redes de franquia regularmente estabelecidas, o território para abertura de novas unidades, bem como o controle da concorrência entre franqueados que exploram a mesma marca, de certa forma, está garantida pela atuação da franqueadora e pelo que normalmente se estabelece em contratos de franquia.

No entanto, considerando que, ainda que esteja se tratando de trespasse de unidade franqueada, pode haver hipóteses em que o alienante do estabelecimento (franqueado) deixará de fazer parte da rede de franquia e, salvo por essa garantia legal, poderia promover a concorrência direta ao adquirente e à própria rede de franquia da qual se desligou.

Assim, ainda que o tema esteja expressamente previsto na legislação, aconselha-se tratá-lo especificamente no contrato de trespasse, delimitando ou esclarecendo pormenorizadamente o tipo de negócio que poderá ser desenvolvido pelo alienante, o território onde ele poderá atuar, que não permita o desvio da clientela do estabelecimento vendido, bem como o prazo das limitações impostas, que pode ser igual ao da lei ou inferior, de acordo com o interesse das partes.

Ressalte-se que, por óbvio, não foi a intenção do legislador e não há guarita legal que permita o impedimento do alienante, em explorar novas atividades empresariais, tampouco, que o impeça perpetuamente de atuar no mesmo ramo que atuava no estabelecimento alienado.

Por isso, qualquer disposição contratual que pretenda impor ao alienante verdadeira vedação da exploração de atividades econômicas, sem resguardo de limitação territorial para a não concorrência e com imposição de tempo ilimitado de restrição, pode ser considerada inválida.

O objetivo da legislação foi, precipuamente, impedir o enriquecimento ilícito daquele que alienou o negócio, contemplando a clientela nele conquistada e, não obstante, pretende desviá-la indevidamente mediante a reinstalação de atividade concorrente, preservando, com isso, o investimento do adquirente.

Frise-se, contudo, que a norma legal em análise aplica-se, exclusivamente, à hipótese de contratação de um trespasse e não pode ser invocada, sem que haja previsão contratual expressa, no caso em que, por exemplo, se transferem as quotas sociais da pessoa jurídica.

Para ilustrar essa observação, não é demais trazer-se à colação as decisões proferidas pelo Tribunal de Justiça do Espírito Santo, que bem distinguiram a aplicação da lei aos casos concretos que lhe foram apresentados para julgamento. Senão, veja-se:

> "EMENTA: AGRAVO DE INSTRUMENTO. TUTELA DE URGÊNCIA. AÇÃO DE OBRIGAÇÃO DE NÃO FAZER C/C INDENIZAÇÃO POR DANOS. ABERTURA DE ESTABELECIMENTO COMERCIAL NO MESMO RAMO DE ATIVIDADE DA EX-SÓCIA. CONCORRÊNCIA DESLEAL. NÃO CARACTERIZAÇÃO. EXTENSÃO DOS EFEITOS DO Art. 1.147, CC. INAPLICABILIDADE. CESSÃO DE QUOTAS NÃO SE CONFUNDE COM TRESPASSE. INEXISTÊNCIA DE CLÁUSULA DE INTERDIÇÃO DE CONCORRÊNCIA. RECURSO DESPROVIDO.
>
> 1) Não há se falar em extensão dos efeitos do artigo 1.147 do Código Civil a outros negócios jurídicos que não sejam aquele estritamente mencionado no dispositivo, i.e., o trespasse. Precedentes. Sendo assim, não é possível a aplicação do referido dispositivo legal ao caso concreto, porque se praticou negócio diverso do trespasse (alienação de quotas sociais).
>
> 2) Inexistência de cláusula de interdição de concorrência na alteração contratual a qual foi celebrada a alienação de quotas.
>
> 3) Até o presente momento processual a agravante não conseguiu demonstrar a alegada concorrência desleal por parte do agravado. Ausentes os requisitos do art. 300, CPC a autorizar a reforma da decisão hostilizada.
>
> 4) Recurso desprovido".[13] (destacou-se)
>
> "DIREITO CIVIL. CONTRATO DE TRESPASSE. CONCORRÊNCIA DESLEAL. AUSÊNCIA DE CLÁUSULA AUTORIZANDO A CONCORRÊNCIA. ALIENANTE DE ESTABELECIMENTO QUE INAUGURA EMPREENDIMENTO NAS ADJACÊNCIAS NO MESMO RAMO EMPRESARIAL. DANO MORAL COMPROVADO.
>
> 1. Não havendo cláusula expressa no contrato de trespasse, não pode o alienante do estabelecimento empresarial, nos 05 (cinco) anos seguintes à venda, abrir concorrência com o adquirente (CC, art. 1.147).
>
> 2. Na venda de estabelecimento empresarial, salvo expressa cláusula contratual em contrário, entende-se que o adquirente assume os bens corpóreos e incorpóreos do empreendimento.
>
> 3. A norma do art. 1.147 do CC possui nítido conteúdo ético e social, pois evita a concorrência desleal. Deste modo, extrai-se que caso o alienante constitua-se novamente no comércio, no mesmo seguimento, trará consigo a antiga clientela, transferida pela venda do negócio empresarial.
>
> 4. Ademais, o citado dispositivo civilista resguarda o princípio da boa-fé objetiva, segundo o qual nos contratos em geral deve haver um parâmetro de atuação, um nível mínimo e objetivo de cuidados, de respeito, de informação e de tratamento leal para com o parceiro contratual.
>
> 5. O dano moral configura-se no caso em virtude de que a conduta do apelante ofendeu a personalidade da autora – que teve de suportar a ruína do seu empreendimento pelo desvio de clientela – e

---

13. TJES, 0003386-10.2017.8.08.0013 – Agravo de Instrumento – Relatora ELIANA JUNQUEIRA MUNHOS FERREIRA – Terceira Câmara Cível – 05/06/2018.

o conceito que detinha entre pessoas do convívio, visto que a contenda deflagrada entre ambos tornou-se fato notório entre os clientes do salão de beleza, gerando inclusive comentários no bairro.

ACORDAM a Egrégia Segunda Câmara Cível, em conformidade da ata e notas taquigráficas da sessão, que integram este julgado, à unanimidade, negar provimento ao recurso".[14] (destacou-se)

No mesmo sentido, é o que se depreende da jurisprudência do Distrito Federal:

"JUIZADO ESPECIAL. VENDA DE ESTABELECIMENTO COMERCIAL. TRESPASSE. CLÁUSULA DE NÃO CONCORRÊNCIA. DESCUMPRIMENTO. DESNECESSIDADE DE PREVISÃO EXPRESSA EM CONTRATO. VIOLAÇÃO DA BOA-FÉ OBJETIVA. DANO MORAL CONFIGURADO. 1. As cláusulas de não concorrência visam impedir que o alienante exerça concorrência com o adquirente, por um período de tempo determinado, favorecendo-se da *expertise* adquirida no exercício de sua anterior atividade empresária. Desde 2003, na entrada em vigor do Código Civil, a existência da obrigação de não concorrência é implícita na transferência de estabelecimento comercial, valendo ainda que não prevista em contrato escrito. Neste sentido, o artigo 1.147 do Código Civil determina que, "não havendo autorização expressa, o alienante do estabelecimento não pode fazer concorrência ao adquirente, nos cinco anos subsequentes à transferência".

Mutatis mutandis, exceto se expressamente excepcionado no contrato de trespasse, o alienante não poderá oferecer concorrência ao adquirente pelo prazo de cinco anos, contados da transferência do estabelecimento comercial. 2. Na hipótese vertente, restou inconteste que o recorrente vendeu o seu estabelecimento ao recorrido, com todos os seus bens/direitos, e abriu, menos de um mês após, um comércio congênere em área contígua. Nesse caso, mostra-se latente a infração à cláusula de não concorrência e a violação à boa-fé objetiva, que contribui para abalar a honra, o conceito e a credibilidade da empresa, no meio em que exerce suas atividades. Desse modo, devida indenização, por dano moral. 3. Recurso CONHECIDO e NÃO PROVIDO. Sentença mantida, por seus próprios fundamentos. Condeno a parte recorrente ao pagamento de custas processuais e honorários advocatícios, estes fixados em 10% sobre o valor da causa, a teor do art. 55 da Lei 9.099/95. 4. A ementa servirá de acórdão, conforme art. 46 da Lei n. 9.099/95".[15] (destacou-se)

4.6. Sub-rogação nos contratos

Quando se tratou aqui das definições referentes ao ponto comercial, frisou-se a importância de ser previamente estabelecida entre as partes a forma de transferência do contrato de locação, posto que, sem a aquiescência do locador, a transferência dos direitos e obrigações locatícios seria ineficaz.

Neste prisma, como já debatido, devem ser submetidos à avaliação do locador o perfil, as características e os cadastros daquele que, com ele, manterá um vínculo contratual.

Não obstante a isso, quanto ao que não parece restar qualquer dúvida plausível, tem-se a previsão contida no artigo 1.148 do Código Civil[16] que, resumidamente, dis-

---

14. TJES, 0008753-90.2006.8.08.0048 – Apelação – Relator José Paulo Calmon Nogueira da Gama – Segunda Câmara Cível – 17/11/2009.
15. TJDF, 07028540420171807019 - Recurso Inominado - Relator SONÍRIA ROCHA CAMPOS D'ASSUNÇÃO, 1ª Turma Recursal dos Juizados Especiais Cíveis e Criminais do Distrito Federal – 27/11/2018.
16. Art. 1.148. Salvo disposição em contrário, a transferência importa a sub-rogação do adquirente nos contratos estipulados para exploração do estabelecimento, se não tiverem caráter pessoal, podendo os terceiros rescindir o contrato em noventa dias a contar da publicação da transferência, se ocorrer justa causa, ressalvada, neste caso, a responsabilidade do alienante.

põe que os contratos celebrados para exploração da atividade no estabelecimento são sub-rogados ao adquirente, com a efetivação do Trespasse.

Nos contratos de exploração da atividade empresarial, há que se considerar todos aqueles que sejam inerentes e indispensáveis à sua perpetuação, como os de fornecimento (de produtos e serviços).

Por mais que a norma legal tenha previsto de forma simples a possibilidade de sub-rogação automática desses contratos, cabe notar que, no caso do trespasse, há transferência de titularidade e, efetivamente, uma das partes do contrato, em tese sub-rogado, será modificada.

Desta forma, considera-se legítimo que novas verificações cadastrais quanto à pertinência e ao cabimento dessas sub-rogações sejam feitas por aqueles a quem interessa a continuidade ou não das relações.

Neste sentido, inclusive, foi que o dispositivo mencionado previu – mesmo na hipótese de uma "sub-rogação automática" – que os terceiros envolvidos pudessem se manifestar contrariamente a ela.

Além disso, a exemplo do que foi mencionado em relação aos contratos de locação, não há o que se falar em sub-rogação daqueles contratos que foram celebrados, levando-se em conta as características pessoais do alienante, suas habilidades ou conhecimentos que, inequivocamente, possuem um caráter pessoal na contratação, cuja continuação ou não, deve ser avaliada quando da efetivação da transferência.

Quanto ao tema da sub-rogação, como nas demais nuanças que envolvem a contratação em exame, o ideal é que se registre especificamente quais os contratos que poderão ser considerados "automaticamente" sub-rogados com a transferência.

Por vezes, neles se baseia a continuidade da atividade empresarial e, por isso, são de fundamental importância.

Considere-se por exemplo contratos de fornecimento, dos quais o estabelecimento transacionado era o responsável como fornecedor e que, naturalmente, lhe proporcionavam o faturamento decorrente. Por óbvio, a continuidade neste caso, seria fundamental.

Mais uma vez, tem-se demonstrada a importância de se ter tudo previamente estabelecido, para que a alienação não retire o valor intrínseco do que está sendo, de fato, adquirido pelo comprador.

4.7. Cessão de créditos

A última previsão relativa ao trespasse do estabelecimento é a contida no artigo 1.149 do Código Civil que prevê:

> "Art. 1.149. A cessão dos créditos referentes ao estabelecimento transferido produzirá efeito em relação aos respectivos devedores, desde o momento da publicação da transferência, mas o devedor ficará exonerado se de boa-fé pagar ao cedente."

Entre os bens que compõem o estabelecimento, podem ser contemplados no preço final do negócio os créditos futuros que, no momento da efetivação do negócio, ainda não tenham sido quitados.

Para tanto, idealmente, a partir da publicação da efetivação do trespasse, aqueles que detiverem algum débito perante o alienante deverão efetuar o pagamento respectivo, diretamente, ao adquirente.

Ressalte-se também quanto a este mister que todos os créditos devem estar dispostos no contrato de trespasse, de forma que possam ser cobrados pelo adquirente se, de fato, compuseram o valor do negócio.

Isto porque, como se pode depreender do texto legal, caso o devedor não tenha conhecimento da transferência efetuada – desde que esse desconhecimento lhe seja escusável –, ainda que efetue o pagamento diretamente ao alienante, estará exonerado de qualquer cobrança por parte do comprador.

Nesta hipótese, considera-se que o devedor agiu de boa-fé, quitando sua dívida diretamente para quem a contraiu, pelo que só restará ao comprador, com base no contrato de trespasse, reclamar o valor recebido ilegitimamente pelo alienante.

REFERÊNCIAS BIBLIOGRÁFICAS

BARRETO FILHO, Oscar. *Teoria do estabelecimento comercial*. 2ª ed. São Paulo: Saraiva, 1988.

BULGARELLI, Waldirio. 10ª ed. *Direito Comercial*. São Paulo: Atlas, 1993.

CAMPINHO, Sergio. *O Direito da empresa à luz do Novo Código Civil*. 4ª ed. Rio de Janeiro: Renovar, 2008.

COELHO, Fábio Ulhoa. *Curso de Direito Comercial*. 12ª ed. São Paulo: Saraiva, 2008. 1 v.

NERY JUNIOR, Nelson e ANDRADE NERY, Rosa Maria de. *Código Civil Comentado*. 8ª ed. São Paulo: Editora Revista dos Tribunais, 2011.

REQUIÃO, Rubens. *Curso de direito comercial*, volume 1. 26 ed. Atualizada por Rubens Edmundo Requião. São Paulo: Saraiva, 2006.

SARHAN JÚNIOR, Suhel. *Direito Empresarial – Manual Teórico e Prático*. 2ª ed. Belo Horizonte: Del Rey, 2014.

SCHWARZ GAGGINI, Fernando. *A Responsabilidade dos Sócios nas Sociedades Empresárias*. São Paulo: Leud, 2013.

SIMÃO FILHO, Adalberto. *A Nova Sociedade Limitada*. São Paulo: Manole, 2004.

TOMAZETTE, Marlon. *Curso de direito empresarial. Teoria Geral do Direito Societário*. 2ª ed. São Paulo: Atlas, 2009, vol. 1.

32
SUCESSÃO EMPRESARIAL

Ana Cristina Von Jess

Sumário: Introdução – 1. Conceito – 2. Sucessão nos contratos de franquia – 3. Sucessão trabalhista – 4. Sucessão tributária – Referências bibliográficas.

INTRODUÇÃO

Considerando que no tema anterior, quando se tratou das formas de transferência das empresas e dos contratos de trespasse dos estabelecimentos empresariais, abordou-se em sua plenitude os aspectos comerciais e civis dispostos no Código Civil sobre o tema sucessão empresarial, tem-se agora o objetivo de esclarecer e elucidar as nuances que, objetivamente, caracterizam a sucessão do ponto de vista tributário e trabalhista que, como se sabe, podem ser muito impactantes para a continuidade da atividade empresarial.

1. CONCEITO

Pelo instituto da sucessão, considera-se que, ao adquirir-se uma empresa, o estabelecimento empresarial ou havendo a transferência do controle acionário de sociedade anônima, o adquirente contrai os ônus e bônus decorrentes dessa transferência.

Tem-se, então, que a sucessão empresarial ocorre com a transferência do capital e da direção de uma pessoa jurídica para outra pessoa (física ou jurídica) que continuará exercendo as funções econômicas da que sucedeu.

Como já tratamos quando falamos do **Trespasse e formas de Transferência**, no âmbito empresarial, normalmente, as pessoas jurídicas adquirem fundo de comércio (ponto comercial, marca, instalações, equipamentos e clientes) ou o estabelecimento de outras pessoas jurídicas. Em razão dessa aquisição, a sociedade adquirente pode ser responsabilizada por débitos da empresa vendedora. Essa é a chamada sucessão empresarial, na qual a adquirente é considerada sucessora da adquirida e pode ser responsabilizada por seus débitos.

Para que a sucessão empresarial seja caracterizada, basta que o adquirente permaneça no mesmo ramo de atuação da empresa adquirida, ainda que com outra razão social. A sucessão empresarial pode ser presumida e prescinde da apresentação de provas da compra e venda do fundo de comércio ou do estabelecimento empresarial.

Nesse sentido, pode haver responsabilização por dívidas civis (decorrentes de contratos com fornecedores ou dívidas bancárias), tributárias, trabalhistas, administrativas, ambientais ou, ainda, qualquer outra espécie de dívida, não havendo restrição nesse sentido.

Essa questão é tratada no Código Civil, no artigo 1.146, já transcrito quando se tratou do trespasse, bem como no Código Tributário Nacional, em seus artigos 132 e 133, I e II, que preveem:

> "Art. 132. A pessoa jurídica de direito privado que resultar de fusão, transformação ou incorporação de outra ou em outra é responsável pelos tributos devidos até à data do ato pelas pessoas jurídicas de direito privado fusionadas, transformadas ou incorporadas.
>
> Parágrafo único. O disposto neste artigo aplica-se aos casos de extinção de pessoas jurídicas de direito privado, quando a exploração da respectiva atividade seja continuada por qualquer sócio remanescente, ou seu espólio, sob a mesma ou outra razão social, ou sob firma individual. (grifo nosso)
>
> Art. 133. A pessoa natural ou jurídica de direito privado que adquirir de outra, por qualquer título, fundo de comércio ou estabelecimento comercial, industrial ou profissional, e continuar a respectiva exploração, sob a mesma ou outra razão social ou sob firma ou nome individual, responde pelos tributos, relativos ao fundo ou estabelecimento adquirido, devidos até a data do ato:
>
> I – integralmente, se o alienante cessar a exploração do comércio, indústria ou atividade;
>
> II – subsidiariamente com o alienante, se este prosseguir na exploração ou iniciar dentro de seis meses, a contar da data da alienação, nova atividade no mesmo ou em outro ramo de comércio, indústria ou profissão."

A rigor, depreende-se dos dispositivos do Código Tributário Nacional anteriormente descritos que a intenção do legislador foi a de buscar evitar que, na venda de estabelecimento, o alienante/vendedor se livrasse do patrimônio que serviria para solver suas obrigações tributárias. Assim, se este se mantiver em atividade, ou se a reiniciar em outro local, presumidamente, considera-se que manteve a capacidade de pagar suas obrigações tributárias.

Note-se que a legislação deixa claro que o adquirente somente responde pelas obrigações relacionadas ao estabelecimento adquirido, e não por todo e qualquer tributo devido pelo alienante.

Contudo, para que seja caracterizada a sucessão, não necessariamente, exige-se que tenha havido formalidade nesse sentido, com a contratação por escrito das condições específicas, para que se processe a transferência da administração das atividades e das responsabilidades decorrentes.

Pelo contrário, as normas legais pertinentes ao tema, bem como a jurisprudência dominante nos Tribunais pátrios, entendem que, nas hipóteses de cessão do estabelecimento ou da empresa, ainda que não seja demonstrada a intenção de suceder do adquirente, assim pode ser considerado para efeito de cobrança de débitos que lhe precederam, sobretudo, quando os débitos em questão têm origem em tributos ou obrigações trabalhistas não quitadas.

Assim, tem-se que, para haver a sucessão, basta que haja indícios e presunção convincente a esse respeito.

2. SUCESSÃO NOS CONTRATOS DE FRANQUIA

Nos contratos de franquia, costuma-se prever as hipóteses de sucessão possíveis, a fim de resguardar-se o *intuito persona* da contratação.

Isso porque a franqueadora, para outorgar o direito à exploração de uma unidade franqueada, primeiramente avalia o perfil do candidato à franquia e, com base nele, nas características intrínsecas e extrínsecas da pessoa, efetiva a contratação.

Portanto, nada mais natural que, de antemão, sejam previstas as condições para que a sucessão das obrigações e direitos contraídos no contrato de franquia possa ser repassada aos herdeiros e sucessores da pessoa física do franqueado, no intuito de que foi celebrado o contrato.

Nesse sentido, são normalmente previstas as hipóteses de sucessão por falecimento, na qual os herdeiros do franqueado devem ser, necessariamente, aprovados pela Franqueadora, para o prosseguimento da contratação. Não havendo a aprovação do perfil dos sucessores, o contrato se resolverá, seja através de seu encerramento, seja através de repasse à própria franqueadora ou a um terceiro por ela aprovado.

Tem-se claro, então, que, em qualquer hipótese, a sucessão do contrato de franquia somente ocorrerá com a aquiescência da franqueadora para que o contrato prossiga e a unidade franqueada seja mantida em funcionamento.

Por óbvio, considerando-se os investimentos necessários para implantação de uma franquia, bem como as implicações e nuances da exploração de uma atividade empresarial, é muito importante que todas as condições para a sucessão sejam, prévia e exaustivamente, estabelecidas em todos os documentos que norteiam a contratação, para que ambas as partes estejam resguardadas quanto às consequências advindas dessa eventual ocorrência.

3. SUCESSÃO TRABALHISTA

Em regra, a despeito do tipo de contratação entre o alienante das cotas da pessoa jurídica ou do estabelecimento empresarial e seu adquirente, os empregados não sofrem, diretamente, as consequências dessa transação, mantendo-se, regularmente, todos os direitos trabalhistas que detinham antes da transferência ser efetuada.

Significa dizer que, em qualquer hipótese, os direitos dos funcionários do estabelecimento deverão ser resguardados, seja pelo alienante, seja pelo adquirente na qualidade de sucessor das obrigações.

Pelo princípio da continuidade, tem-se que o contrato de trabalho tende a se perpetuar no tempo, diante da sua função social de garantir o sustento do trabalhador e de sua família.

Dessa forma, os contratos devem continuar, a despeito das alterações promovidas no âmbito da empresa, a exemplo de mudança de sócios, alteração na estrutura jurídica ou até mesmo transferência do estabelecimento.

Além disso, deve-se levar em conta também o princípio da despersonalização do empregador, pelo qual se define que o contrato de trabalho só é personalíssimo quanto ao empregado, tanto é assim que, de acordo com a legislação, para a configuração do vínculo de emprego, é necessário a verificação do requisito da pessoalidade na prestação de serviços. Esse requisito, contudo, não se aplica ao empregador, para o qual a regra é, como já dito, que a alteração do empregador não interfere na continuidade do pacto laboral.

Especificamente nesse aspecto, o artigo 448 da Consolidação das Leis do Trabalho – CLT, já alterado pela Lei nº 13.467, de 2017, deixou explicitado que:

> "Art. 448 – A mudança na propriedade ou na estrutura jurídica da empresa não afetará os contratos de trabalho dos respectivos empregados.
>
> Art. 448-A. Caracterizada a sucessão empresarial ou de empregadores prevista nos arts. 10 e 448 desta Consolidação, as obrigações trabalhistas, inclusive as contraídas à época em que os empregados trabalhavam para a empresa sucedida, são de responsabilidade do sucessor.
>
> Parágrafo único. A empresa sucedida responderá solidariamente com a sucessora quando ficar comprovada fraude na transferência.

Dessa forma, tem-se claro que, sobretudo após a edição da legislação promulgada em 2017 – "Reforma Trabalhista" –, o negócio jurídico realizado entre as sociedades empresárias não afeta a relação trabalhista. Assim, o trabalhador poderá ajuizar demanda contra a sociedade antiga e/ou a atual.

Nesse aspecto, portanto, é de suma importância que, em qualquer caso, todas as questões relacionadas ao quadro de funcionários da empresa negociada sejam, prévia e profundamente, analisadas pela empresa ou pessoa adquirente do fundo de comércio ou das cotas sociais.

Obviamente, a preocupação deve ser estendida para as hipóteses de sucessão observadas entre franqueados de uma mesma rede que, por vezes, são desconsideradas pelas partes envolvidas.

Partindo-se de um pressuposto equivocado de que um novo contrato de franquia e de locação seriam, por si sós, suficientes para afastar as hipóteses de sucessão das obrigações trabalhistas, vemos novos operadores de unidades franqueadas negociadas, às vezes com a intermediação e orientação das próprias franqueadoras, serem acionados por funcionários do antigo franqueado, seja por verbas rescisórias não quitadas, seja por pagamentos de comissão não formalmente estabelecidos, seja por débitos de FGTS e INSS, entre outras questões.

A princípio, cada franqueado possui autonomia empresarial distinta em relação aos seus empregados por ter, na aquisição da franquia, constituído nova empresa, que celebrou novo contrato com o franqueador, pelo que, em tese, devem recair sobre ele somente as obrigações advindas das contratações de funcionários ocorridas no período da vigência do seu contrato com o franqueador.

Ocorre que tal situação tem tomado novos contornos, acendendo uma "luz amarela" para a celebração do contrato de franquia para aquisição de uma unidade, na qual já houve operação anterior (repasse).

Tal fato independe da maneira como ocorre a transferência em questão, com ou sem aquisição de cotas da sociedade anterior, mas passando o novo franqueado, da mesma marca, a atuar no mesmo local, utilizando-se dos mesmos equipamentos, instalações, benfeitorias e reaproveitando os empregados do operador anterior.

De fato, nesses casos, poderá ser reconhecida a sucessão trabalhista, podendo a "sucessora" ser responsabilizada por todas as obrigações assumidas pela sucedida, como exemplificado na ementa transcrita a seguir:

> "RECURSO ORDINÁRIO. SUCESSÃO TRABALHISTA. UNICIDADE CONTRATUAL. Uma vez evidenciado que a segunda reclamada continuou atuando no mesmo ramo de atividade, no mesmo ponto comercial, atrelada a mesma franquia, aproveitando, por óbvio, além da mesma estrutura física, dos mesmos empregados da empresa sucedida, por meio de prestação ininterrupta de serviços, tem-se por indubitável a configuração de sucessão trabalhista, nos termos dos arts. 10 e 448 da CLT, com o consequente reconhecimento da unicidade contratual. Recurso a que se nega provimento."[1]

O importante, então, ao adquirir uma franquia que está ou já esteve em funcionamento, é que o novo candidato se revista de todo o cuidado, obtendo o máximo de informações possíveis sobre ativos e passivos atribuídos (potencial ou efetivamente) à empresa que pretende adquirir, no sentido de evitar eventuais prejuízos financeiros futuros com verbas de natureza trabalhista.

4. SUCESSÃO TRIBUTÁRIA

Ensina o Mestre Sacha Calmon:

> "Importa gizar que a sucessão não precisa sempre ser formalizada, admitindo a jurisprudência a sua presunção desde que existentes indícios e provas convincentes (matéria de fato, caso a caso)"[2].

Nesse sentido, tem-se que, muito embora o CTN tenha disciplinado a sucessão empresarial em seu artigo 133, admite-se que não foram especificadas todas as situações que ocorrem na prática e envolvem a sucessão de empresas, tratando-se de norma aberta, abrangente, que não se exaure somente em sua interpretação literal.

A princípio, se a empresa vendedora dos ativos ou do estabelecimento continuar exercendo suas atividades no mesmo ramo, a empresa sucessora apenas será responsabilizada subsidiariamente. Isso quer dizer que somente haverá responsabilização se a vendedora não arcar com suas dívidas tributárias integralmente.

---

1. TRT-13 – RO: 0049900-07.2014.5.13.0023, Data de Julgamento: 15/05/2018, 1ª Turma, Data de Publicação: 22/05/2018.
2. 2005, pág. 744.

Porém, se a empresa sucedida deixar de exercer suas atividades, a empresa sucessora responderá integralmente pelos débitos tributários, a despeito do que estiver previsto em eventual contrato celebrado entre as partes.

Isso porque o artigo 123 do Código Tributário Nacional dispõe que:

> "Salvo disposições de lei em contrário, as convenções particulares, relativas à responsabilidade pelo pagamento de tributos, não podem ser opostas à Fazenda Pública, para modificar a definição legal do sujeito passivo das obrigações tributárias correspondentes."

Logicamente, embora não possam ser opostos ao Fisco para isenção da responsabilidade de pagamento, os contratos particulares celebrados entre sucedida e sucessora permitem que esta última pleiteie judicialmente o reembolso de eventuais valores que tenham sido pagos de responsabilidade da empresa sucedida.

Mas, de qualquer forma, é muito importante estar-se atento para as implicações que envolvem o tema em debate. Nesse sentido, a doutrina e a jurisprudência têm reconhecido o instituto da sucessão presumida, não sendo necessário que esta seja formalizada, admitindo-se a sua comprovação mediante indícios e provas convincentes, tal como ensina o Mestre Sacha Calmon.

Tais indícios que possibilitam o redirecionamento da execução para a sucessora são os elementos materiais e abstratos que constituem o fundo de comércio, como: o exercício da mesma atividade, no mesmo endereço (ponto comercial), com os mesmos números de telefones, utilizando-se da mesma clientela, exploração do mesmo nome comercial, identidade de funcionários, estrutura empresarial etc.

A esse respeito são as decisões dos Tribunais Pátrios:

> "A responsabilidade tributária por sucessão empresarial não precisa ser formalizada, admitindo-se sua comprovação mediante indícios e provas convincentes, mormente tratando-se a hipótese de ato jurídico (art. 212 do CC)."[3]
>
> "PROCESSUAL CIVIL. TRIBUTÁRIO. EXECUÇÃO FISCAL. REDIRECIONAMENTO DA EXECUÇÃO À SUCESSORA. POSSIBILIDADE. EXISTÊNCIA DE PROVA MATERIAL DA SUCESSÃO.
>
> I. Havendo fundados indícios de que a agravante sucedeu a executada, posto que exerce a mesma atividade desta, no mesmo endereço, com os mesmos telefones e um dos seus sócios fundadores figura como co-obrigado na CDA emitida contra a primeira, é razoável o redirecionamento da execução à nova pessoa jurídica."[4]
>
> "AGRAVO DE INSTRUMENTO – EXECUÇÃO FISCAL – DECISÃO QUE DETERMINOU O REDIRECIONAMENTO DO FEITO EM FACE DE PESSOA JURÍDICA DIVERSA COM FUNDAMENTO NA SUCESSÃO EMPRESARIAL (Art. 133, DO CTN)- INEXISTÊNCIA DE PROVA DE ATO FORMAL DE COMPRA E VENDA DO FUNDO DE COMÉRCIO – IRRELEVÂNCIA – SUCESSÃO PRESUMIDA ADMITIDA PELA DOUTRINA E JURISPRUDÊNCIA – COMPROVAÇÃO MEDIANTE INDÍCIOS E PROVAS CONVINCENTES – EXERCÍCIO DA

---

3. TRF 1ªR., 8ª T, AGA nº 2008.01.00.017313-1/MG, Relator Des. Maria do Carmo Cardoso, DJ 19/8/2008, DP 5/9/2008.
4. TRF 1ªR., 8ª T, AG 2007.01.00.047766-7/PA, Rel. Juiz Federal Osmane Antônio dos Santos, DJ 13/6/2008, DP 25/7/2008.

MESMA ATIVIDADE, MESMO ENDEREÇO E SÓCIOS – ALEGAÇÕES DA AGRAVANTE QUE SÃO INAPTAS A INFIRMAR OS FUNDAMENTOS DA DECISÃO AGRAVADA – RECURSO A QUE SE NEGA PROVIMENTO."[5]

Para a verificação e caracterização da efetiva sucessão empresarial, o procedimento da autoridade fiscal consiste, na prática, em se considerando que há indícios de que houve a dissolução de uma empresa e que o estabelecimento empresarial continua a ser utilizado por outro CNPJ, explorando a mesma atividade e a mesma clientela, em solicitar a confirmação por um Oficial de Justiça, que tem fé pública, a qual é feita através de certidão nos autos, no cumprimento de um mandado de constatação ou mandado de livre penhora no endereço do estabelecimento.

Após essa certidão ser anexada aos autos, faz-se uma confrontação dos dados constantes no contrato social das duas empresas e se verifica se as empresas sucedida e sucessora:

1) possuem a mesma atividade;

2) utilizam nomes semelhantes;

3) estão sediadas no mesmo endereço;

4) possuem a mesma estrutura empresarial e os mesmos clientes;

5) possuem algum sócio comum às duas empresas.

Feita essa verificação, pode-se dizer, efetivamente, se é caso de ser aplicada a sucessão empresarial, posto que, como dito, a norma contida no artigo 133 do CTN anteriormente transcrito não é taxativa.

A rigor, a questão é ainda mais complexa ao considerar-se que a expressão "qualquer título" elimina a necessidade de ter havido uma contrapartida financeira por aquisição, trespasse, transferência ou repasse da empresa ou estabelecimento e, ainda, não há exigência de qualquer formalização propriamente dita, tampouco que o sucessor tenha conhecimento quanto ao negócio que o precedeu.

Parece absurdo, mas o legislador, ao não regular expressa e completamente a matéria, gerou uma situação de insegurança jurídica latente para os empresários que desejam explorar determinada atividade, desconhecendo a situação fiscal da empresa que o precedeu no local, no caso de explorar o mesmo ramo de atividade comercial.

A decisão sobre o reconhecimento da sucessão empresarial fica a critério exclusivo do juiz, que, em tese, deve julgar conforme a previsão legal e o entendimento dominante, então, o risco de a nova empresa "herdar" as dívidas da outra é enorme, sobretudo nos casos de imóveis construídos e instalados para determinada atividade específica (posto de gasolina, por exemplo).

Nesse sentido são as decisões a seguir:

---

5. TJPR – 2ª C. Cível – AI – 1342066-5 – Santo Antônio do Sudoeste – Rel.: Antônio Renato Strapasson – Unânime – J. 09.06.2015.

"AGRAVO DE INSTRUMENTO. DIREITO PRIVADO NÃO ESPECIFICADO. AÇÃO ORDINÁRIA DE COBRANÇA. SUCESSÃO DE EMPRESAS. INDÍCIOS. MANUTENÇÃO NO POLO PASSIVO. Para caracterizar a sucessão das empresas **há necessidade de comprovação da continuidade das atividades das empresas. Ainda que não esteja documentalmente formalizado o negócio, é possível concluir pela ocorrência de sucessão de empresas por indícios**. Hipótese em que as provas produzidas, em juízo não exauriente, demonstram que a empresa agravada atua no mesmo ramo de empresa que está com suas atividades paralisadas, por se encontrar em liquidação, utilizando o mesmo endereço, havendo confusão de administradores e de bens. PRELIMINAR REJEITADA. AGRAVO DE INSTRUMENTO PROVIDO"[6].

"AGRAVO DE INSTRUMENTO. DIREITO PRIVADO NÃO ESPECIFICADO. AÇÃO DE EXECUÇÃO. REDIRECIONAMENTO. RESPONSABILIDADE POR SUCESSÃO EMPRESARIAL. Art. 1.146 DO CCB. Encontrando-se a empresa no mesmo ramo de atividade exercida pela devedora, com sede no mesmo endereço, tendo adquirido todo o estoque remanescente da sociedade extinta, associado ao fato de a administração ser exercida exclusivamente pela companheira do coobrigado na ação de execução, em princípio, deve-se admitir a sucessão empresarial e a consequente transferência da responsabilidade pela dívida executada. RECURSO PROVIDO. UNÂNIME."[7]

REFERÊNCIAS BIBLIOGRÁFICAS

AMARO, Luciano. *Direito Tributário Brasileiro*. 12ª ed. São Paulo: Saraiva, 2006.

COELHO, Fabio Ulhoa. *Curso de Direito Comercial*. 12ª ed. São Paulo: Saraiva, 2008. 1 v.

COÊLHO, Sacha Calmon Navarro. *Curso de direito tributário brasileiro*. 8ª ed. Rio de Janeiro: Forense, 2005.

DIFINE, Luiz Felipe Silveira. *Manual de Direito Tributário*. 4ª ed. São Paulo: Saraiva, 2008.

GUSTAVO FILIPE BARBOSA. *Curso de Direito do Trabalho*. 11ª ed. Rio de Janeiro: Forense, 2017.

SIMÃO FILHO, Adalberto. *A Nova Sociedade Limitada*. São Paulo: Manole, 2004.

SCHWARZ GAGGINI, Fernando. *A Responsabilidade dos Sócios nas Sociedades Empresárias*, São Paulo: Leud, 2013.

TOMAZETTE, Marlon. *Curso de direito empresarial. Teoria Geral do Direito Societário*. 2ª ed. São Paulo: Atlas, 2009, vol. 1.

---

6. TJRS, AI nº 70037087855, Décima Sétima Câmara Cível, Relator Des. Liege Puricelli Pires, Julgado em 14/10/2010.
7. TJRS, AI nº 70052919172, Décima Sétima Câmara Cível, Relator Des. Gelson Rolim Stocker, Julgado em 14/03/2013.

Parte XVII
INTERNACIONALIZAÇÃO DE FRANQUIA

33
INTERNACIONALIZAÇÃO DE FRANQUIA

Cândida Ribeiro Caffé

Sumário: Introdução; 1. Expansão de franquia brasileira para o exterior; 1.1. Formas de internacionalização; 1.2. Cuidados prévios na internacionalização; 1.3. O relacionamento com os franqueados após iniciada a internacionalização; 2. Processo inverso: ingresso de franquia internacional no Brasil e remessa de *royalties* do Brasil para o exterior; 2.1 Averbação de contratos no INPI e registro no Banco Central – Referências bibliográficas.

INTRODUÇÃO

Ao pretender iniciar um processo de internacionalização de redes de franquia para o exterior, franqueadores devem estar a atentos a diversos aspectos:

– As marcas franqueadas já foram ao menos depositadas no INPI local? Foi feita busca prévia? Há segurança jurídica na exploração dessas marcas no país em que se pretende ingressar?

– Há lei de franquia específica? É exigida a entrega de circular de oferta de franquias? Em que momento?

– É necessário o registro do contrato de franquia em algum órgão governamental? Em caso positivo, há necessidade de atualização anual? A quem interessa controlar o processo de registro, quando necessário?

– Há regulamentação específica para a remessa de royalties ao exterior? São necessárias aprovações governamentais prévias?

Atualmente, mais de 30 (trinta) países já possuem legislação específica de franquia. A maioria dessas leis foi promulgada com o objetivo de proteger candidatos a franqueados, requerendo a divulgação prévia pelo franqueador de informações julgadas minimamente necessárias para que o candidato tenha condições de avaliar o negócio e tomar uma decisão consciente sobre o seu interesse em adquirir determinada franquia. Embora algumas dessas leis tenham semelhanças, estão longe de ser uniformes e possuem características próprias, que precisam ser consideradas e avaliadas pelo franqueador antes mesmo do seu ingresso no país em questão. Há, ainda, outras leis que podem impactar a relação de franquia e devem ser igualmente avaliadas, como normas civis, comerciais, concorrenciais, consumeristas, de propriedade intelectual e de privacidade de dados, importação de produtos, entre outras. Um advogado local certamente será útil e poderá auxiliar nessa análise.

1. EXPANSÃO DE FRANQUIA BRASILEIRA PARA O EXTERIOR

Diversas razões podem impactar a decisão de expandir uma rede de franquias para o exterior. Entre elas, podem se destacar a intenção de fortalecer os direitos de propriedade intelectual da rede, como marcas franqueadas e métodos operacionais, ganhando escala global; tornar-se menos dependente do mercado e da economia brasileiras, favorecendo-se do câmbio e do recebimento de taxas de franquia e royalties em moedas mais fortes e estáveis; menor competição em outros países para determinados ramos etc.

1.1. Formas de internacionalização

Ao pretender expandir o negócio para o exterior, cumpre avaliar cuidadosamente as vantagens e desvantagens de cada modelo de franquia, a fim de adotar aquele que melhor se adeque aos objetivos do franqueador.

De modo geral, as seguintes formas de internacionalização são primordialmente adotadas:

(i) Contrato de Máster Franquia: nesse modelo, como visto anteriormente, o máster franqueado adquire o direito de autorizar terceiros a implantar e operar unidades franqueadas, devendo prestar suporte operacional no país em questão, fazendo as vezes de franqueadora perante subfranqueados.

Esse contrato é bastante utilizado para internacionalização de franquias, na medida em que alivia o franqueador de algumas obrigações razoavelmente inerentes à relação de franquia, como realização de treinamentos e reciclagens em relação aos métodos operacionais da rede, visitas de campo, prestação de suporte e assistência técnica, administração do fundo de publicidade nacional, se existente, entre outros aspectos. Além disso, o máster franqueado em processos de internacionalização é muitas vezes um parceiro no processo de adaptação do conceito do negócio ao mercado local, sempre em conjunto e com a aprovação prévia da franqueadora.

Outra vantagem também se refere ao fato de a franqueadora ter como interlocutor direto um único franqueado no país em questão, em vez de segregar o contato entre diversos subfranqueados. Isso facilita, inclusive, a obtenção de aprovações governamentais, quando necessárias, pois exige, em princípio, a aprovação de um único contrato no INPI local (entre a franqueadora e o máster franqueado), já que os demais contratos são entre partes nacionais (máster franqueado e subfranqueado).

(ii) Contrato de Desenvolvimento de Área: nesse formato, o franqueado não possui o direito de autorizar terceiros a operarem unidades franqueadas, nem de sublicenciar qualquer direito de propriedade intelectual da franqueadora, mas fica responsável pelo desenvolvimento do território diretamente, por meio da abertura de diversas unidades franqueadas, sempre operadas por ele, como franqueado, possuindo, geralmente, um cronograma de metas bastante arrojado para expansão.

Nesse cenário, é indispensável a estipulação de metas de abertura e manutenção de unidades franqueadas, a cada ano de validade do contrato, ficando a exclusividade do território (se existente) muitas vezes vinculada ao atingimento das metas fixadas. É comum que até mesmo o percentual de royalties a serem pagos à franqueadora varie de acordo com o ano de vigência do contrato, mediante a estipulação de uma tabela progressiva de royalties, à medida que se verifica a expansão do negócio.

Esse modelo, geralmente, envolve a seleção de um franqueado com maior potencial e capital para investimento, já que um mesmo franqueado geralmente se responsabiliza pela abertura de múltiplas unidades franqueadas.

Da mesma forma que ocorre na máster franquia, o modelo de desenvolvimento de área também facilita eventuais aprovações necessárias para remessas de royalties ao exterior, por haver um único contrato internacional, em princípio (entre a franqueadora e o desenvolver de área).

(iii) <u>Contrato de Franquia Unitária</u>: por esse modelo, como visto anteriormente, cada contrato de franquia autoriza determinado franqueado a abrir e operar uma única unidade franqueada, em território limitado.

Embora plenamente possível também para expansão internacional, esse modelo tende a ser menos utilizado nesses casos, por requerer a assinatura de um contrato de franquia para operação de cada unidade franqueada, com cada franqueado. Assim, em geral, esse modelo requer a administração de múltiplos franqueados pela franqueadora, em outro país, o que tende a não facilitar muito um plano mais agressivo e ambicioso de expansão. Há, contudo, que se avaliar as peculiaridades de cada rede de franquia e expectativas de expansão, conforme o caso.

Outro aspecto a ser considerado é que, se houver necessidade de aprovação governamental prévia, cada contrato de franquia unitária precisará ser averbado no INPI local, em princípio, sendo recomendável avaliar os custos envolvidos e o tempo médio de aprovação em cada país (além da finalidade da averbação – se apenas para efeitos fiscais, se indispensável para a própria remessa dos pagamentos devidos etc.).

(iv) Outra forma de expansão internacional a ser considerada envolve a constituição de empresa no país de interesse, especificamente para atuar como franqueadora e prestar suporte local.

Esse formato envolve uma decisão anterior a tomar – se o franqueador concederá franquias diretamente nos países onde pretende expandir, atuando como franqueador internacional – ou se há intenção de constituir uma subsidiária local.

Na maioria das vezes, os franqueadores optam pela concessão de franquias diretamente. Contudo, dependendo de vários aspectos e intenções das partes, pode ser interessante a constituição de uma subsidiária para: (a) auxiliar nos treinamentos, fornecimento de produtos e suporte local aos franqueados; (b) dependendo das normas locais, isolar potenciais passivos do negócio na subsidiária local, com menores chances de alcançar o franqueador no país de origem; (c) utilização da subsidiária para constituição de uma *joint venture* com o investidor local que explorará as unidades franqueadas, hipótese na qual deve haver um acordo de sócios detalhado regulando direitos e deveres de cada um na sociedade, entre outros aspectos.

Cumpre apenas lembrar que, caso o franqueador decida constituir uma sociedade no país de expansão para atuar como empresa franqueadora no local, os direitos de propriedade intelectual da rede precisarão ser licenciados a essa empresa, com autorização expressa para sublicença a terceiros, com a finalidade específica de concessão de franquias. Esse aspecto é importante para legitimar a subsidiária local a subfranquear o negócio no país em questão.

Embora sem nunca perder de vista os objetivos da franqueadora, a escolha do formato de expansão deve levar em consideração também o perfil do franqueado escolhido. Muitos possuem aptidão para a implantação e operação do negócio no país em questão (e até mesmo para promover o seu desenvolvimento local), mas não necessariamente para atuar como um máster franqueado, exercendo funções de franqueadora perante subfranqueados.

1.2. Cuidados prévios na internacionalização

Independentemente do formato eleito para internacionalização do negócio, ao iniciar o planejamento de expansão para o exterior, diversos cuidados devem ser tomados para garantir a proteção dos direitos de propriedade intelectual da franqueadora e reduzir eventuais riscos legais.

Proteção das marcas franqueadas

O primeiro passo, assim que despertado o interesse de expansão para determinado país, refere-se à proteção das marcas franqueadas no INPI local. Para tanto, é imprescindível a realização de uma busca prévia, com o objetivo de detectar eventuais obstáculos à proteção da marca no território pretendido, se for o caso.

Depois de ultrapassada a etapa de busca prévia, deve-se avaliar o resultado e definir se há chances reais de proteção das marcas no país para o qual se pretende expandir. Em caso positivo, deve-se proceder imediatamente com o depósito dos pedidos de registro de cada marca franqueada no INPI local.

Se, contudo, as buscas prévias detectarem que há chances reduzidas ou remotas de concessão das marcas franqueadas, diante de anterioridades locais, é essa a hora de avaliar as alternativas disponíveis, seja mediante a aquisição de marcas de terceiros que representem obstáculos à marca pretendida, seja mediante a implementação de outras marcas para a expansão naquele país, como última alternativa.

Em caso de obstáculos, antes de qualquer definição, devem ser cuidadosamente analisadas as chances de êxito para o ajuizamento de nulidades administrativas em face de marcas de terceiros no INPI local, ou mesmo para a propositura de ações judiciais no país pretendido, a fim de reaver o direito de explorar a marca no local, quando houver base legal para tanto. Nesse sentido, diversos aspectos e particularidades precisarão ser cuidadosamente analisados, a fim de se avaliar o melhor caminho e as alternativas disponíveis.

Proteção de outros direitos de propriedade intelectual

Além de proteção para as marcas franqueadas, que é essencial, os franqueadores devem buscar proteção, sempre que possível, para outros direitos de propriedade intelectual do franqueador que sejam necessários para a operação da rede, como patentes, nomes de domínio, desenhos industriais, direitos autorais, programas de computador e quaisquer outros direitos, quando existentes.

Muitas vezes, tais direitos de propriedade intelectual estão presentes em elementos utilizados na caracterização visual do negócio, que devem ser invariavelmente protegidos.

Sempre que possível, os pedidos de registro de direitos de propriedade intelectual devem ser requeridos assim que tomada a decisão de expandir para determinado território. Essa etapa certamente precede – e muito – a efetiva celebração do contrato, quando todos os direitos já devem estar devidamente depositados nas autoridades locais.

A padronização visual da rede pode ser passível de proteção por direito autoral, desenho industrial, *trade dress* e diversos outros direitos que se sobrepõem e fortalecem enormemente a posição do franqueador em casos de violação por terceiros, por exemplo. A possibilidade de proteção pode variar de um país para outro, mas é importante que essa análise seja feita e a proteção solicitada antes da entrada no mercado local, sempre que possível.

Embora o direito autoral sobre o projeto arquitetônico independa de qualquer registro, nascendo com a própria criação da obra, o seu registro cria presunção de autoria e constitui meio de prova eficaz em ações judiciais por infração de direitos de propriedade intelectual. Imprescindível, ainda, é também obter a cessão de todos os direitos autorais do arquiteto responsável pelo desenvolvimento do projeto da rede.

O registro de desenho industrial, por sua vez, é indispensável para proteger criações de forma ou novos padrões ornamentais, que muitas vezes são encontrados em elementos de identificação visual de redes de franquia. Na ausência da proteção adequada, tais elementos são facilmente reproduzidos pela concorrência, restando aos franqueadores buscar proteção pelo manto exclusivo da concorrência desleal, quando configurada, renunciando, assim, aos benefícios e às facilidades de prova que o simples registro do desenho industrial no INPI local poderia muitas vezes lhes conferir.

Portanto, ao expandir para o exterior, os franqueadores, seus advogados e consultores devem atentar para a eventual possibilidade de proteção de todos os direitos de propriedade intelectual inerentes à caracterização visual da rede, que, muitas vezes, vão bastante além das marcas franqueadas e devem ser avaliados segundo a legislação aplicável em cada país.

Análise prévia e cuidadosa da legislação local aplicável

Outro cuidado indispensável, ainda na fase de planejamento para expansão, refere-se à análise da legislação no local onde se pretende ingressar. Devem ser verificados diversos aspectos, como a eventual necessidade de divulgação prévia de dados da rede de franquia e do franqueador ao potencial candidato a franqueado.

Muitos podem crer que a simples escolha da legislação brasileira e de foro no Brasil para dirimir eventuais controvérsias decorrentes do contrato poderia ser suficiente para afastar eventuais riscos e a necessidade de uma avaliação mais profunda da legislação local. Contudo, tais cláusulas podem ser absolutamente nulas, sem qualquer validade no território em questão. Ou, ainda que consideradas válidas, podem não afastar a necessidade de divulgação de informações sobre a rede de franquia, por meio da entrega de uma circular de oferta, por ser muitas vezes considerada uma norma de ordem pública, que não pode ser afastada pela mera eleição de lei e foro no exterior. Portanto, faz-se imprescindível uma análise completa e cuidadosa das leis aplicáveis em cada país onde se pretenda ingressar.

Enquanto alguns países, como o Brasil, requerem a entrega da circular de oferta de franquia pelo menos 10 (dez) dias antes da assinatura de um contrato ou pré-contrato de franquia, bem como do pagamento de qualquer montante pelo candidato a franqueado, outros países exigem períodos substancialmente maiores, que chegam muitas vezes ao prazo mínimo de 30 (trinta) dias.

Outro aspecto a ser analisado refere-se ao momento necessário para a entrega da circular de oferta de franquia. Muitos países exigem que a entrega ocorra já no primeiro contato com o candidato a franqueado, requerendo a entrega da documentação aplicável até mesmo em feiras de franquia, se for o caso. Outras legislações já são mais flexíveis e aceitam a entrega em momento posterior, como ocorre no Brasil, desde que se respeite o prazo mínimo necessário entre a entrega da circular de oferta e a efetiva assinatura do contrato, a fim de permitir ao candidato a franqueado tempo hábil para uma avaliação completa e detalhada da documentação apresentada. Um aspecto a se ressaltar é que, em determinados países, a entrega de uma circular excessivamente extensa pode ser considerada prejudicial, por "impossibilitar", na prática, uma análise real e efetiva do material pelo candidato a franqueado, que seria "inundado" de informações desnecessárias para a avaliação do negócio, prejudicando e relativizando a exigência legal de entrega das informações requeridas. Já há precedentes nos Estados Unidos nesse sentido.

Portanto, é importante apresentar toda a documentação e informações legais requeridas, de forma detalhada, embora guardando alguma objetividade, a fim de permitir ao candidato uma efetiva e concreta avaliação geral do negócio, para que tome uma decisão consciente sobre o seu interesse em ingressar na rede.

Além disso, a consulta e validação dos documentos legais da franquia por um advogado local é imprescindível. Há jurisdições que requerem até mesmo a inclusão de cláusulas específicas no contrato de franquia. Embora seja possível possuir um padrão de documentos para serem utilizados quando da concessão de franquias no exterior, a análise e validação desses documentos por um advogado local, em cada país onde se pretenda expandir, é de extrema importância. Esse cuidado certamente poupará tempo e custos no futuro, por evitar a violação de normas locais, com a implementação de eventuais ajustes necessários no contrato de franquia e na circular de oferta.

A escolha do franqueado ideal

A escolha do parceiro adequado é também um aspecto essencial. Espera-se, geralmente, que esse parceiro possa contribuir para o desenvolvimento do negócio no país de escolha, assim como atuar em busca de fornecedores locais e auxiliar no processo de adaptação do negócio aos hábitos culturais do país.

Embora o grau de atuação do franqueado varie de acordo com o modelo adotado para expansão, é sempre de extrema importância a seleção e escolha de um parceiro com o perfil ideal ao que se espera para a expansão. Por exemplo, um máster franqueado deve ter, além das características inerentes e necessárias para a operação do negócio, habilidade na gestão de franqueados e maior atuação no que se refere a sugestões para a expansão e o sucesso geral do negócio naquele país. Um desenvolvedor de área, por sua vez, precisa de um capital próprio maior, que seja adequado e compatível com o cronograma de expansão e abertura direta de diversas unidades franqueadas. Portanto, a escolha do modelo de franquia a ser adotado deve permear também algumas nuances necessárias para uma boa escolha do franqueado.

A escolha do parceiro adequado também deve levar em conta uma investigação ampla, geralmente maior do que aquela conduzida no seu próprio país, já que diversos fatores precisam ser considerados, como a reputação do franqueado e de onde vem o capital para investir no negócio. Além disso, a situação financeira, o público-alvo que se pretende atingir e a identificação daquele parceiro com o público a ser atingido devem ser avaliados, entre outros aspectos. A realização de uma auditoria prévia com os candidatos a franqueados no cenário de expansão internacional é essencial.

Nenhum serviço de suporte, treinamento ou auxílio a um franqueado é tão eficaz quanto um processo de seleção criterioso e adequado às demandas e expectativas das partes.

A rapidez no processo de seleção e aprovação de franqueados internacionais costuma ser inversamente proporcional ao sucesso da operação. Nesse aspecto, vale investir mais tempo e recursos a fim de se aumentarem as chances de uma decisão acertada.

Escolha criteriosa dos países para expansão, elaboração e adaptação de materiais

Dados demográficos, idioma, cultura e legislação aplicável são apenas alguns dos aspectos a serem levantados e pesquisados quando se decide focar o processo de expansão em determinada região ou país. Que requisitos um país deve ter para ser considerado viável para o seu negócio? Todos esses aspectos devem ser cuidadosamente analisados, em um plano de negócios que deve considerar as características minimamente necessárias para o sucesso do negócio em um local.

Depois de analisado o maior número possível de dados e informações, há outro dever de casa a fazer: a elaboração e adaptação de materiais da franquia especialmente para a finalidade de expansão internacional. Ao mesmo tempo que deve ser realizada uma análise criteriosa e detalhada de potenciais investidores, os candidatos a franqueados mais qualificados conhecem bem o mercado local e realizam a sua análise para a escolha da rede de franquia com maior potencial de sucesso. Assim, a competição por bons candidatos entre as redes de franquia internacionais pode ser intensa. Nesse sentido, compete ao franqueador desenvolver os meios necessários para diferenciar seu negócio e apresentá-lo de maneira adequada ao mercado em questão. Para tanto, tende a ser recomendável o desenvolvimento de material próprio e específico para a expansão no mercado em que se pretende ingressar.

Note-se que a expansão para o mercado internacional, muitas vezes, exige do franqueador uma análise de aspectos que podem ou não ser flexibilizados na rede de franquia. Eventualmente, podem ser necessárias adaptações no programa de treinamentos e reciclagens e reforçados e complementados dados do manual de operação. Cumpre ressaltar que os manuais de operação voltados ao mercado internacional exigem, muitas vezes, um grau de detalhamento maior do que os manuais para o mercado interno. Isso se deve ao fato de que, via de regra, são mais espaçadas para os franqueados internacionais as visitas de campo e treinamentos para reciclagem.

Assim, é extremamente importante a adaptação de manuais ao mercado internacional, bem como um investimento direcionado à intranet da rede de franquia, em que podem ser disponibilizadas as modificações e atualizações mais importantes para o dia a dia da rede, com acesso imediato a todos os franqueados ao redor do mundo, independentemente das diferenças de fuso horário. A tecnologia pode e deve ser considerada uma grande aliada no processo de expansão. Embora nada substitua a visita e o treinamento presencial, o recebimento de dados da operação franqueada em tempo real, por meio de software adequado às necessidades do negócio, também auxilia muito no processo de expansão internacional.

Além do que já foi exposto anteriormente, há diversas outras considerações estruturais que devem ser analisadas para a expansão internacional. Riscos de variação cambial, possíveis restrições a importações de produtos que sejam essenciais à operação e que não possam ser adquiridos no mercado local, por algum motivo, análise de normas de visto para estrangeiros, se algum executivo precisar permanecer no país por período mais prolongado para promover treinamento, validade e exequibilidade de garantias, entre outros aspectos, também devem ser avaliados.

Até mesmo normas trabalhistas devem ser analisadas, a fim de afastar a possibilidade de o franqueado vir a ser considerado um empregado do franqueador (bem como eventual responsabilidade do franqueador pelos empregados do franqueado), pois esse risco poder ser maior em alguns países.

Aprovações governamentais prévias

Enquanto alguns países requerem o registro prévio de informações sobre o franqueador e o programa de concessão de franquias no território, outros requerem o registro do contrato já celebrado para remessa de royalties ao exterior, como ocorre no Brasil.

Outro aspecto a ser analisado se refere à análise da regulamentação específica para remessa de royalties ao exterior. Embora possa parecer um aspecto de responsabilidade do franqueado, que deveria ser por ele tratado, é extremamente aconselhável que o franqueador tome conhecimento dos requisitos legais necessários para garantir o efetivo recebimento dos seus pagamentos.

Em diversos países, há regulamentação específica para a remessa de royalties ao exterior, sendo necessário o registro do contrato no INPI local ou mesmo no Banco Central do país em questão, como corre no Brasil, onde ambos os registros são indispensáveis.

Em outros países, há necessidade de autorização prévia para habilitar o franqueador a oferecer franquias no mercado, como é o caso dos Estados Unidos, que possui casos de isenção dependendo do estado e do montante do investimento inicial, mas também a necessidade de atualizações anuais dos registros em muitos casos, que variam de acordo com o estado onde se pretende instalar a unidade franqueada.

1.3. O relacionamento com os franqueados após iniciada a internacionalização

Depois de concretizada a transação e celebrado o Contrato de Franquia, torna-se bastante importante desenvolver mecanismos que garantam a possibilidade de efetivo suporte ao franqueado. Toda a logística de assistência ao franqueado deve ser cuidadosamente pensada e alinhada antes mesmo da contratação, a fim de compatibilizar expectativas e evitar demandas que superem a possibilidade de satisfação.

Por esse motivo, muitos franqueadores optam pela máster franquia no momento de internalização, de modo que o máster franqueado possa exercer localmente algumas funções da franqueadora, assessorando subfranqueados internacionais.

Independentemente do formato escolhido, há, em alguns países, leis que precisam ser sempre seguidas e observadas no que se refere ao *franchising*. Alguns países possuem regulamentação específica de aspectos a serem observados após a formação do contrato, especialmente em situações consideradas críticas para os franqueados, como prazo contratual, renovação, rescisão, fornecimento de produtos e canibalização de franqueados, por exemplo.

Em relação ao prazo contratual, alguns países possuem imposição de prazo mínimo, a fim de garantir ao franqueado a possibilidade de retorno do investimento realizado. Há jurisdições que impõem a necessidade de renovação automática do contrato caso o franqueado esteja cumprindo suas obrigações contratuais.

Outro aspecto delicado em países mais regulamentados costuma ser a possibilidade de rescisão durante o prazo contratual. Muitos países só permitem a rescisão unilateral antecipada de contratos celebrados por prazo determinado em caso de violação do contrato pelo franqueado e, ainda assim, desde que seja dado ao franqueado prazo razoável para sanar a violação. Alguns países, especialmente na União Europeia, concedem ao franqueado o direito a indenização em caso de rescisão em determinadas circunstâncias.

Obrigações de não concorrência também costumam ser sensíveis e mais regulamentadas ao redor do mundo, muitas vezes exigindo limites territoriais e temporais razoáveis para sua validade, como ocorre no Brasil. Contudo, em alguns países, tais disposições são proibidas, independentemente de tais limitações, de modo que todos os aspectos devem ser avaliados quando da expansão da franquia para outro país.

Cumpre ressaltar que todos esses aspectos precisam ser avaliados e cumpridos de acordo com as particularidades do caso concreto, durante o decorrer da relação contratual, independentemente dos termos do contrato. Há cláusulas que, mesmo expressas no contrato de franquia, não são de fácil implementação em determinadas jurisdições, dependendo de um contexto probatório sólido e de uma boa estratégia jurídica para a efetiva e satisfatória execução.

Finalmente, cumpre mencionar que alguns cuidados devem ser tomados após indicado o processo de internacionalização. De modo geral, o plano de negócios para desenvolvimento da rede de franquias no exterior deve ser tratado de maneira independente do próprio crescimento e estruturação do negócio no mercado local. Pode ser interessante ter equipes distintas para tratar de cada área, na medida em que a expansão para o exterior não deve tirar o foco do negócio local. A expansão estruturada também precisa ser considerada. Deve-se levar em consideração o número de países em que é efetivamente possível conceder suporte para uma boa e estruturada implantação e manutenção da rede de franquia, a fim de se alcançar o mesmo sucesso atingido no mercado local. Também pode ser interessante considerar a estada de parte da equipe no país de expansão durante os meses iniciais de implantação do negócio, a fim de prestar o necessário treinamento inicial e, inclusive, considerar alguns ajustes para adaptação do conceito às demandas locais, se for o caso.

2. PROCESSO INVERSO: INGRESSO DE FRANQUIA INTERNACIONAL NO BRASIL E REMESSA DE *ROYALTIES* DO BRASIL PARA O EXTERIOR

Ao se deparar com as exigências da lei brasileira para a entrada de franquias estrangeiras no Brasil, com a consequente remessa de royalties ao exterior, percebe-se claramente a necessidade de cuidado no processo de internacionalização, como já abordado anteriormente.

Isso porque, na legislação brasileira, há uma série de exigências e requisitos legais a serem observados, que podem impactar substancialmente na entrega da circular de oferta e na assinatura do contrato de franquia pelas partes, como já abordado em capítulos anteriores, bem como o recebimento de royalties pelo franqueador, como se verá adiante.

2.1. Averbação de contratos no INPI e registro no Banco Central

A prerrogativa do INPI de averbação dos contratos que impliquem transferência de tecnologia e exploração de direitos da propriedade industrial decorre da Lei nº 5.648, de 11 de dezembro de 1970, que investiu o INPI de poderes para intervir em tais contratos. O objetivo era promover o desenvolvimento tecnológico nacional e restringir a saída de divisas do país, auxiliando o Banco Central a efetuar o controle das reservas cambiais no Brasil.

Tal dispositivo foi referendado pela Lei nº 5.772, de 21 de dezembro de 1971 (antigo Código de Propriedade Industrial – "CPI"), em seus artigos 30, 90 e 126, que já estabelecia a necessidade de averbação de tais contratos para que produzissem efeitos em relação a terceiros.

A Lei nº 9279, de 14 de maio de 1996 (atual Lei de Propriedade Industrial – "LPI", que revogou a Lei 5.772/71), manteve a necessidade de averbação dos contratos que impliquem licenciamento de direitos de propriedade industrial ou transferência de tecnologia, em seus artigos 62 (licença de exploração de patentes), 140 (licença de uso de marcas) e 211 ("contratos que impliquem transferência de tecnologia, contratos de franquia e similares").

O artigo 211 da LPI dispõe que:

"Art. 211. O INPI fará o registro dos contratos que impliquem transferência de tecnologia, contratos de franquia e similares para produzirem efeitos em relação a terceiros.

Parágrafo único. A decisão relativa aos pedidos de registro de contratos de que trata este artigo será proferida no prazo de 30 (trinta) dias, contados da data do pedido de registro."

O Instrução Normativa nº 70, expedida pelo INPI em 11 de abril de 2017, determina o seguinte:

"Art. 2º O INPI averbará os contratos de licença, de sublicença e de cessão de direitos de propriedade industrial e registrará os contratos de transferência de tecnologia e de franquia a seguir:

(...)

VI – o contrato de franquia empresarial regido pela *Lei nº 8.955, de 15 de dezembro de 1994." (modificada pela lei 13.966, de 26 de dezembro de 2019 – grifos nossos)*

Tradicionalmente, a averbação de contratos de franquia no INPI acarretava os seguintes efeitos:

- permissão de remessa de remuneração à franqueadora estrangeira: a averbação do contrato perante o INPI permitia a remessa de remuneração à parte estrangeira. Não seria possível o registro do contrato perante o Banco Central do Brasil, para a emissão do Registro Declaratório Eletrônico (RDE), caso o contrato não estivesse previamente averbado junto ao INPI. Essa exigência decorria do disposto nos artigos 1º a 3º do Anexo III da Resolução nº 3.844/2010, emitida pelo Banco Central do Brasil, com base na Lei nº 4.131/1962, cujos artigos 9º e 11 tratam do registro de contratos para fins de pagamento de royalties. Após o advento da Lei 14.286, de 29 de dezembro de 2021, que entrou em vigor um ano após sua publicação, o registro posterior do contrato no Banco Central foi abolido e a remessa de royalties passou a ser permitida mediante comprovação de recolhimento do imposto de renda devido, a despeito da manutenção do requisito de averbação para fins de dedutibilidade fiscal.

- permissão para o franqueado efetuar a dedutibilidade fiscal dos valores remetidos ao exterior, de acordo com os limites fixados na Portaria nº 436/58, emitida pelo Ministério da Fazenda. O Regulamento do Imposto de Renda que compila as leis fiscais aplicáveis no Brasil (Artigos 362 a 365 do Decreto 9.580/2018) estabelece que a dedutibilidade fiscal dos royalties pagos só é possível após a averbação do contrato perante o INPI, conforme previsto no artigo 365, § 3º. Tais normas estão em vigor até o 30 de dezembro de 2023. Após tal data, entrará em vigor a Lei 14.596, publicada em 15 de junho de 2023, que estabelece novas regras de preço de transferência no Brasil e revogou toda a legislação tributária de royalties. Há, ainda, a possibilidade de os contribuintes optarem pela aplicação antecipada de tais normas já em 2023, o que dificilmente ocorrerá no âmbito de contratos de franquia.

Cumpre notar que a exigência de averbação prévia do contrato no INPI para a possibilidade de dedutibilidade fiscal dos valores pagos no âmbito do contrato era inquestionável quando se tratava de contrato internacional de franquia, em que havia remessa de pagamentos ao exterior. Não obstante, mesmo em contratos de franquia envolvendo apenas partes nacionais, domiciliadas no Brasil, a Receita Federal vinha exigindo a averbação do contrato no INPI para fins de dedutibilidade fiscal dos valores pagos pelo franqueado. Assim, sempre que o franqueado adotava o regime de apuração do imposto de renda pelo lucro real, era recomendável promover a averbação do contrato no INPI, a fim de tornar inquestionável a possibilidade de dedução fiscal dentro dos limites legais, para evitar questionamentos do Fisco.

- produção de efeitos perante terceiros: embora o contrato já produza efeitos entre as partes desde o dia da formação do vínculo jurídico com o consentimento mútuo, só produzirá efeitos em relação a terceiros após a sua averbação junto ao INPI, que dará publicidade ao contrato.

A produção de efeitos perante terceiros é particularmente importante em contratos de máster franquia, para a finalidade específica de legitimar o máster franqueado a conceder subfranquias a terceiros. Com a averbação, independentemente dos termos contratuais entre franqueador e máster franqueado, é emitido o Certificado de Averbação do contrato, demonstrando que o máster franqueado está legalmente habilitado a conceder franquias no território brasileiro. Esse documento, por um lado, dá segurança aos subfranqueados e, por outro, evita a necessidade de apresentação do contrato de franquia principal aos subfranqueados, mantendo em sigilo a integralidade dos seus termos e permitindo a divulgação apenas dos dados que constam do Certificado de Averbação emitido pelo INPI, que já contém os principais dados necessários para os subfranqueados.

Esse aspecto também se torna extremamente importante quando há no contrato autorização para que o franqueado atue em defesa das marcas franqueadas, mediante o envio de notificações extrajudiciais a terceiros, para combater eventuais infrações, ou mesmo em juízo, em nome do titular. Embora não seja tão usual, é importante notar que esse tipo de cláusula depende necessariamente da averbação do contrato no INPI para que seja eficaz perante terceiros. Do contrário, será o franqueado parte ilegítima para atuar em defesa de qualquer marca franqueada.

Conclui-se, portanto, que a averbação de contratos de franquia no INPI era absolutamente indispensável sempre que se tratasse de contrato internacional, em que a franqueadora seja empresa estrangeira e a franqueada seja domiciliada no Brasil, com previsão de remessa de pagamentos ao exterior. A averbação era indispensável para que a empresa brasileira possa se valer dos benefícios destacados anteriormente. Em contratos entre nacionais, a necessidade de averbação é mais rara, mas pode ser conveniente ou interessante, dependendo dos termos contratuais e da forma de apuração do imposto de renda pelo franqueado. O mesmo raciocínio passará a ser adotado a partir do início de vigência da Lei 14.596, publicada em 15 de junho de 2023, após o qual as partes deverão avaliar a conveniência de averbação do contrato no INPI, diante da flexibilização das normas que previam essa obrigatoriedade para os contratos internacionais.

Durante o processo de averbação, o INPI, geralmente, adota uma postura mais flexível na análise de contratos de franquia, focando sua análise na conferência da situação das marcas franqueadas perante o INPI, bem como na sua titularidade. Caso a franqueadora não seja a efetiva titular das marcas franqueadas, será indispensável a apresentação da autorização do titular, na qual conste, inclusive, autorização para sublicença a terceiros, para fins de concessão de franquias.

No que se refere às formalidades aplicáveis, o INPI exige a apresentação de cópia do contrato assinado pelas partes e duas testemunhas, sendo que todas as páginas devem ser rubricadas. Além disso, a assinatura da franqueadora estrangeira deve ser reconhecida em cartório e ser devidamente apostilada, nos termos da Convenção de Haia (Decreto 8.660, de 29 de janeiro de 2016), que entrou em vigor em 14 de agosto de 2016. O contrato deve listar, ainda, nome completo e cargo dos representantes das partes, bem como local e data de assinatura.

Cumpre ressaltar que o INPI possui um prazo legal de 30 dias, fixado no parágrafo único do artigo 211 da LPI, para se manifestar acerca dos contratos submetidos à sua apreciação. Na prática, costuma levar cerca de 40 dias, após os quais pode ser emitido o Certificado de Averbação ou uma Carta-Comunicado contendo exigências sobre o contrato ou mesmo pedidos de esclarecimentos.

Após concluído o processo de averbação do contrato de franquia no INPI, mediante a emissão de Certificado de Averbação com todos os dados corretos, a empresa brasileira possa dar seguimento às remessas, já que foi abolida a necessidade de registro posterior do contrato junto ao Banco Central, nos termos da Lei 14.286/22.

Embora qualquer das partes possa conduzir o processo de registro perante o INPI, pode ser interessante para o franqueador estrangeiro conduza o processo, a fim de garantir o correto endereçamento dos pedidos e controlar sua aprovação. Ainda que seja obrigação do franqueado brasileiro cumprir a legislação local, devendo tomar todas as medidas cabíveis para o cumprimento das obrigações contratuais assumidas (inclusive no que se refere à remessa de pagamentos), não eram raros os casos em que, após celebrado o contrato e decorridos anos de sua entrada em vigor, o franqueado alegava a impossibilidade de remessa dos pagamentos pela ausência de averbação do contrato no INPI. Há franqueados que invocavam, inclusive, situação de força maior nessas ocasiões, o que nunca pareceu adequado, considerando que o próprio franqueado, como parte brasileira, é necessariamente responsável pelo cumprimento das normas locais. Desde a flexibilização das normas de averbação de contratos no INPI, inclusive para fins fiscais, tal aspecto deixou de representar qualquer justificativa para a ausência ou atraso nos pagamentos prevalecendo os termos contratuais conforme ajustados livremente entre as partes.

REFERÊNCIAS BIBLIOGRÁFICAS

BLOCK, Barry. *Buying a Franchise Company: Do your Due Diligence*. Franchising World, 2008. Disponível em: <https://www.franchise.org/buying-a-franchise-company-do-your-due-diligence>. Acesso em: 07.03.2019.

CHENG, Amy. *Know the Laws Before You Go Global: A primer for franchisors considering ways to grow businesses outside national boundaries*. International Franchise Association. Disponível em: <https://www.franchise.org/know-the-laws-before-you-go-global>. Acesso em: 12.02.2019.

COWIE, Pauline. *The Importance of Due Diliegence on International Franchisees and Ways to Minimise Risk*. The International Comparative Legal Guide to: Franchise 2019. Global Legal Group, 5ª edição, 2018. Disponível em: <https://iclg.com/practice-areas/franchise-laws-and-regulations/5-the-importance-of-due-diligence-on-international-franchisees-and-ways-to-minimise-risk>. Acesso em: 07.03.2019.

EDWARDS, William. *Going Global? Better read this first!* Franchise Update, Issue I, 2014. Disponível em: <http://edwardsglobal.com/wp-content/uploads/2013/08/fu1_international.pdf>. Acesso em: 12.02.2019.

EDWARDS, William. *World Wide Growth: Technology eases the path to international expansion*. Franchise Update, Issue II, 2013. Disponível em: <http://edwardsglobal.com/wp-content/uploads/2013/08/EGS-FU-2nd-Qtr-0213c.pdf>. Acesso em: 25.02.2019.

EDWARDS, William et al. *Preparing Your Company to Go International: Going international can be lucrative, but it comes with a commitment and a price*. Franchising World, 2015. Disponível em: <http://edwardsglobal.com/wp-content/uploads/2013/08/EGS-Franchising-World-0615c.pdf>. Acesso em: 30.01.2019.

MAZERO, Joyce G.; GILES, Stephen; ARONSON, Mort. International franchising. *IFA – International Franchise Association*. Annual Legal Symposium, 37, Washington, May 23-5, 2004, v. 2 – Tab. 24.

REZENDE, Raquel. *Internacionalização valoriza marca e é forma de avançar*. Revista Empreendedor, 2014. Disponível em: <https://www.portaldofranchising.com.br/noticias/internacionalizacao-valoriza-marca-e-e-forma-de-avancar/>. Acesso em: 07.03.2019.

ROGERS, John L. et al. *Understanding Top Legal Issues in International Franchising*. Franchising World, 2009. Disponível em: <https://www.franchise.org/understanding-top-legal-issues-in-international-franchising>. Acesso em: 25.02.2019.

SCOTT, Andrew. *Stranger in a strange land: Contrasting franchising alternatives in international franchising*. International Journal of Franchising Law, 2004. London. v. 2, n. 6, 3-21. nov./dez.

TYRE, Kendal; HAN, Pierce; NEWTON, Nia. International Due Diligence in Cross-Border Franchise Transactions. *Franchise Law Journal*. Chicago. v. 37, n. 1, 1-13. Summer 2017.

VENEZIALE, Marcella. *The Tricky Business of International Restaurant Franchising*. Disponível em: <https://table.skift.com/2018/02/20/international-franchising/>. Acesso em: 07.03.2019.

WEINGARTNER, Nancy. *Advice for franchisors thinking about global expansion*. Franchise Times, 2015. Disponível em: <https://www.franchisetimes.com/April-2015/Advice-for-franchisors-thinking-about-global-expansion/>. Acesso em: 25.02.2019.

Parte XVIII
LOCAÇÃO EM *FRANCHISING*

34
CONTRATO DE LOCAÇÃO NO *FRANCHISING*

Daniel Alcântara Nastri Cerveira

> **Sumário:** Introdução – 1. Legislação – 2. Luvas – 3. Proteção do fundo empresarial – 4. Revisão do aluguel – 5. Aplicação de juros no pagamento da diferença de aluguéis nas ações renovatórias e revisionais de aluguel – 6. Transferência do estabelecimento – 7. Multa pela rescisão antecipada do contrato de locação – Referências.

INTRODUÇÃO

No que concerne ao *franchising*, têm uma importância bastante grande as chamadas "locações comerciais", tendo em vista que envolvem os pontos comerciais das unidades e representam elemento significativo na estrutura de custos dos franqueados. Neste contexto, o presente artigo analisa temas chaves sobre o assunto à luz de nossa legislação.

Por outro lado, no universo jurídico brasileiro atual observa-se que as locações comerciais estão em processo vivo de adequação social, tanto do ponto de vista judicial como legislativo[1]. No campo dos *shopping centers*, os debates em torno de seus contratos de locação são mais variados, na medida em que estes estabelecem uma gama densa de estipulações próprias.

Nesse contexto, persistem algumas divergências antigas distantes da almejada pacificação, bem como novas teses são apresentadas. Cabe citar como exemplos a chamada "cláusula de raio ou exclusividade" inserida em contratos de locação de *shopping centers*[2] e o recente entendimento firmado pelo Superior Tribunal de Justiça que declarou válida a penhora do bem de família de fiador apontado em contrato de locação, comercial ou residencial.[3]

---

1. Além das, relativamente, recentes modificações na Lei do Inquilinato, existem alguns Projetos de Lei em andamento no Congresso que tratam de locações de imóveis urbanos.
2. A discussão sobre a licitude das cláusulas de raio impostas aos lojistas pelos empreendedores de *shopping centers* intensificou-se no Brasil na década de 90, depois da promulgação da Lei de Concorrência. Ainda hoje o debate sobre o assunto é bem dividido, existindo decisões judiciais conflitantes nas esferas federal e estadual, apesar de a jurisprudência do CADE – Conselho Administrativo de Defesa Econômica ser uníssona no sentido de que a conduta, dependendo do caso concreto, pode ser enquadrada como infração à ordem econômica. Vale registrar, que as cláusulas de exclusividade utilizadas pelos *shopping centers* são diferentes daquelas estabelecidas nos contratos de franquia, isto é, a obrigação de não concorrência exigida dos franqueados está embasada em outras premissas e são amplamente aceitas como válidas na literatura econômica.
3. Por meio do julgamento do Tema Repetitivo 1091 do Superior Tribunal de Justiça, que enfrentou a questão da penhorabilidade (ou não) do bem de família de propriedade do fiador dado em garantia em contrato de locação comercial, restou firmada a tese de que "É válida a penhora do bem de família de fiador apontado em contrato de locação de imóvel, seja residencial, seja comercial, nos termos do inciso VII do art. 3º da Lei n. 8.009/1990".

Considerando o cenário anteriormente exposto, este estudo também tem como objetivo examinar alguns temas contratuais e processuais de interesse dos operadores do setor de *franchising* que são alvos de discordâncias.

1. LEGISLAÇÃO

Muitos negócios demandam um espaço próprio para o seu funcionamento, tais como hotéis, lojas, restaurantes, indústrias, serviços, entre outros. Esse espaço rotineiramente é chamado de "ponto" ou "ponto comercial", ou seja, é o local em que o empresário explora as suas atividades.

Por seu turno, os franqueados (e os franqueadores também, nas hipóteses das "lojas próprias") alugam os imóveis com a finalidade de instalarem as suas unidades, nas condições acertadas com os respectivos locadores.

Para definir "locação", aproveito a lição do ilustre magistrado e especialista na matéria, que já ocupou a Presidência do extinto Segundo Tribunal de Alçada Civil de São Paulo, José Guy de Carvalho Pinto, *in* "Locação & Ações Locativas", Editora Saraiva, página 17, *in verbis*:

> "Daí poder-se definir a locação como um contrato que estabelece uma relação jurídica bilateral, sinalagmática, comutativa e onerosa, segundo a qual uma das partes se obriga a, temporariamente e mediante certa retribuição, ceder à outra o uso e o gozo de coisa não fungível."

Destaca-se, que o ponto comercial é estratégico para o sucesso empresarial, bem como, por vezes, demanda alto investimento na sua entrada com "luvas" e reforma no imóvel. Dessa forma, a eventual perda do ponto comercial poderá representar grande prejuízo para o franqueado e a marca respectiva como um todo. Não é por outra razão que o "McDonald´s" sempre se preocupou com os seus pontos, como narra o livro "Fome de Poder: a verdadeira história do fundador do McDonald´s", Kay Korc, Novo Século editora, 2018.

Cabe esclarecer que o "ponto comercial" não se confunde com o "fundo de comércio ou empresarial". Como nos ensina a doutrina de Sylvio Capanema de Souza, *in* "*Da Locação do Imóvel Urbano*", página 326, Editora Forense, o ponto é um dos elementos que integram o fundo de comércio, instituto este consagrado internacionalmente: "(...) o fundo de comércio se compõe, assim, de elementos corpóreos e incorpóreos, citando-se, entre os primeiros, os imóveis, móveis que os guarnecem, máquinas, equipamentos, matérias-primas, estoques, vitrines, instalações etc., e, entre os segundos, a clientela, **o ponto**, as marcas, nomes comerciais, patentes, etc." (destaque nosso).

Como se vê, o fundo de comércio ou empresarial é o conjunto de bens materiais e imateriais que formam o estabelecimento comercial, atualmente positivado no Código Civil de 2002: "Art. 1.142. Considera-se estabelecimento todo complexo de bens organizado, para exercício da empresa, por empresário, ou por sociedade empresária".

Com a finalidade de proteger o "fundo de comércio" constituído pelos inquilinos de eventuais abusos dos senhorios, a nossa Legislação Inquilinária, desde o Decreto 24.150, de 1934, foi concebida de modo a resguardar os empresários locatários de imóveis quanto à defesa do seu ponto comercial, e, por consequência, de seu estabelecimento[4]. Injusto seria se os comerciantes ficassem sempre à mercê dos desejos dos locadores, depois de formada a clientela e realizados os investimentos nas lojas[5].

É curiosa a história da legislação brasileira sobre as locações de imóveis urbanos. Depois de promulgado o Código Civil de 1916, foram criadas leis desde pelo menos 1921[6]. Dependendo do governo e da economia, as leis do inquilinato nacionais eram alteradas. Segundo consta, a Lei 1.300/50 gerou forte retração no mercado, em virtude das imposições determinadas aos locadores. Por sua vez, a Lei 4.494/64 visou atender as necessidades dos locadores no que tange aos efeitos da inflação e manteve inalteradas, no entanto, as limitações quanto à retomada do imóvel. A Lei 5.334/67 era de cunho liberal, diferentemente da Lei 6.649/79, que refletia uma forte intervenção do estado na economia. Tivemos ainda as leis na década de 80, criadas no contexto de crise econômica e inflação severa do Brasil, que trataram dos reajustes dos aluguéis e até, por exemplo, suspensão das ações de despejo. No que se refere às locações comerciais, um marco foi o Decreto 24.150/34, assinado por Getúlio Vargas. Este Decreto, conhecido como "Lei de Luvas", foi fruto de reivindicações das entidades lojistas, principalmente da cidade do Rio de Janeiro, como se depreende de suas justificativas:

"O Chefe do Govêrno Provisório da República dos Estados Unidos do Brasil:

Considerando que, não só as legislações mais adiantadas, como a própria legislação nacional, ao lado da desapropriação por necessidade ou utilidade pública, limitadora do direito de propriedade, tem admitido restrições à maneira de usar esse direito, em benefício de interêsses ou conveniências gerais;

Considerando que a necessidade de regular as relações entre proprietários e inquilinos, por princípios uniformes e de equidade, se fez sentir universalmente, impondo, como impôs, aos povos da mais elevada educação jurídica, a instituição de leis especializadas;

Considerando que, se, de um modo geral, essa necessidade se impôs, mais ainda se torna impreterível, tendo em vista os estabelecimentos destinados ao comércio e à indústria, por isso que o valor incorpóreo do fundo de comércio – se integra, em parte, no valor do imóvel, trazendo, destarte, pelo trabalho alheio, benefícios ao proprietário;

Considerando, assim, que não seria justo atribuir exclusivamente ao proprietário tal quota de enriquecimento, em detrimento, ou melhor, com o empobrecimento do inquilino que criou o valor;

---

4. A Lei do Inquilinato vigente ainda estabelece regras em defesa de hospitais, unidades sanitárias oficiais, asilos, estabelecimentos de saúde e de ensino autorizados e fiscalizados pelo Poder Público, bem como por entidades religiosas devidamente registradas, quando estes figuram como inquilinos de imóveis.
5. Existem registros de leis sobre o assunto já na Idade Média, quando os artífices, desde que preenchessem algumas condições (continuidade, regular inscrição nos registros da Arte ou colégio, entre outros), teriam o direito de permanecer no prédio onde se dedicavam aos seus ofícios. Consta, outrossim, uma Lei Francesa de 1872, a qual, conforme relatos, foi criada em decorrência dos abusos cometidos pelos senhorios.
6. O professor Sylvio Capanema relata em sua obra "A Lei do Inquilinato Comentada", Editora Forense, p. 11: "Só alguns anos mais tarde, já na década de 1920, percebeu o governo a densidade econômica e social do contrato de locação de imóvel urbano e a consequente necessidade de disciplina-lo através de lei especial, mitigando a autonomia da vontade e dando início ao dirigismo, que até hoje se mantém, em grau menor, segundo as conjunturas dos diversos momentos de nossa história."

Considerando que uma tal situação valeria por um – 'locupletamento' – condenado pelo direito moderno;

Considerando que o Governo Provisório tem, sempre, inspirado seus atos no sentido de reconhecer e regular essas situações de justiça e equidade, seguindo, destarte, a orientação do direito hodierno, sendo exemplo frizante dessa diretriz o decreto n. 19.573, de 7 de janeiro de 1931, (55) que permitiu, nos casos enumerados, a rescisão dos contratos de arrendamento por prazo determinado;

Considerando que as leis, regulando as condições e o processo de prorrogação dos contratos de arrendamento de imóveis destinados a fins comerciais e industriais, têm sido reconhecidas como imprescindíveis por outros países, que já as adotaram, e estão sendo reclamadas pelas necessidades brasileiras;

Considerando que um grande número de associações de classe, significando a expressão exponencial da vontade coletiva, já se pronunciou pela necessidade da promulgação de uma lei reguladora do assunto;

Considerando que a – Assembléia Nacional Constituinte – virtualmente já se pronunciou pela necessidade nacional dessa providência, subscrevendo pela maioria dos seus deputados uma emenda que manda prover o assunto pela legislação ordinária, o que torna evidente a inadiabilidade da solução do problema;

Considerando que a lei elaborada a propósito, longe de comprimir quaisquer direitos, estabelece, ao contrário, regras em virtude das quais, com justiça e equidade, são tutelados todos os interesses."

Outro dado interessante é que, na realidade, a cobrança das "luvas" era proibida pelo Decreto 24.150/34[7]: "Art. 29. São nulas de pleno direito as cláusulas do contrato de locação que, a partir da data da presente lei, estabelecerem o pagamento antecipado de aluguéis, por qualquer forma que seja, benefícios especiais ou extraordinários, e nomeadamente 'luvas' e imposto sôbre a renda, bem como a rescisão dos contratos pelo só fato de fazer o locatário concordata preventiva ou ter decretada a sua falência". A "Lei de Luvas" permaneceu regendo as locações "para fins comerciais e industriais" até que, enfim, passou a vigorar a nossa atual Lei do Inquilinato em dezembro de 1991, a qual abrange todas as locações de imóveis urbanos, com exceção das hipóteses elencadas no parágrafo único, do seu artigo 1º[8].

A própria atual Lei do Inquilinato, de 18 de outubro de 1991, sofreu algumas mudanças por força das Leis nºs. 9.256/96, 10.931/04, 11.196/05, 12.112/09 e 12.744/12. No âmbito dos negócios, vale destacar as alterações trazidas pela Lei 12.112/09, que endureceram a vida dos inquilinos. Essa Lei limitou a possibilidade de "purgação da mora"[9], bem como estabeleceu a possibilidade de concessão de liminar de desocupação *inaudita altera parte*, nas hipóteses de ação de despejo por denúncia vazia de contrato de

---

7. Nesse ponto a Lei 8.245/91 foi liberalizante, na medida em que não impede a cobrança das "luvas" pelos locadores, vedando, somente, eventual disposição contratual que determine o pagamento de "obrigação pecuniária" na hipótese de ajuizamento da ação renovatória: "Art. 45. São nulas de pleno direito as cláusulas do contrato de locação que visem a elidir os objetivos da presente lei, notadamente as que proíbam a prorrogação prevista no art. 47, ou que afastem o direito à renovação, na hipótese do art. 51, ou que imponham obrigações pecuniárias para tanto".
8. Merecem ressalva as locações nas quais os imóveis são da União, Estados ou Municípios, porém são explorados economicamente por particulares, através de concessões ou outros contratos públicos. Nessas hipóteses a melhor interpretação é que a Lei do Inquilinato deve ser aplicada na relação concessionário-locador e lojista-inquilino, de modo a conceder a estes últimos a devida proteção do fundo de comércio.
9. Também aplicável para as locações residenciais.

locação de imóvel não residencial e quando as avenças locatícias não prevejam qualquer tipo de garantia[10].

A Lei 12.744/12, por fim, tratou de regular as denominadas "locações *built to suit*", que se configuram quando o locador procede à prévia aquisição, construção ou substancial obra no imóvel, com a finalidade de posteriormente dar em locação. Nessas hipóteses, a lei agora, expressamente autoriza a renúncia prevista em contrato concernente à revisão do valor dos aluguéis durante a vigência da avença locatícia e fixa como teto da multa rescisória pela devolução antecipada do imóvel, a quantia equivalente à soma dos valores dos aluguéis que seriam devidos até terminar o prazo contratual.

Pelo exposto, hoje as locações residenciais e não residenciais de imóveis urbanos no Brasil, inclusive de espaços em *shoppings centers*[11], são reguladas pela Lei 8.245/91, como também pelas demais leis ordinárias aplicáveis.

2. LUVAS

Primeiramente, cumpre esclarecer que o "Direito ao Ponto", como é informalmente conhecido, não tem relação jurídica direta com o pagamento ou não das "luvas". O pagamento das "luvas", a princípio (salvo eventual previsão contratual), não gera qualquer direito em favor do inquilino, entenda-se lojista/franqueado, no que tange a sua permanência no imóvel. Isto é, se o lojista firmar um contrato de quatro anos, por exemplo, mesmo pagando as "luvas", não será cabível a ação renovatória, o que quer dizer que, terminado o prazo contratual, o locador poderá exigir a retomada da posse por meio da ação de despejo. Igualmente, independentemente do pagamento das "luvas", o lojista não poderá "transferir" o seu ponto livremente a terceiros, tampouco, em regra, ser indenizado na hipótese de rescisão do contrato de locação.

A praxe comercial indica que normalmente as "luvas" são exigidas pelos locadores quando estes concordam em celebrar contratos de cinco anos ou mais, os quais, portanto, permitiriam a propositura da ação renovatória de contrato de locação.

É comum, outrossim, constar nos contratos inferiores a cinco anos (ou seja, que não permitem a propositura da ação renovatória) cláusula que possibilite que o locatário exerça a opção de renovar o contrato por determinado período, mediante pagamento de "luvas", ocasião em que este poderá então contar com a proteção legal (renovação compulsória judicial). Ressalte-se, que inexiste ilegalidade nestas cláusulas, tendo em vista que não infringem a regra do artigo 45 da Lei do Inquilinato e são decorrentes da livre pactuação entre as partes.

---

10. Também aplicável para as locações residenciais.
11. A Lei do Inquilinato atual – Lei 8.245/91 – não deixa margem para dúvidas no sentido de que as locações de espaços em shopping centers estão submetidas a ela, uma vez que prevê disposições expressas acerca destes contratos: "Art. 54. Nas relações entre lojistas e empreendedores de *shopping center*, prevalecerão as condições livremente pactuadas nos contratos de locação respectivos e as disposições procedimentais previstas nesta lei. (...)".

As chamadas "luvas" no Brasil têm origem na expressão em latim *res sperata*, que significa "coisa esperada", e nada mais são do que uma contraprestação pecuniária, acessória ao contrato de locação, suportada pelo inquilino em favor do locador em razão do futuro uso do imóvel no prazo contratado.

Nas locações de espaços em *shopping centers*, essa prestação também leva o nome de "contrato de coparticipação", "contrato de reserva de uso", "cessão de direitos", entre outros, sendo a sua natureza objeto de diferentes estudos.

Álvaro Villaça Azevedo, em seu artigo "Atipicidade mista da utilização de unidades em centros comerciais e seus aspectos fundamentais, *in* "Shopping Centers: questões jurídicas: doutrina e jurisprudência", Saraiva. 1991, p. 29, sustenta: "Em razão desse fundo de empresa [...] têm os *shopping centers* feito incluir, nos chamados contratos de locação de suas unidades, cláusula denominada res sperata ('coisa esperada'), que consiste no pagamento, pela utilizadora, além do aluguel, de uma soma em dinheiro, como retribuição das vantagens de participação no centro comercial, dele usufruindo e participando de sua estrutura, enquanto durar seu contrato. Desse modo, com esse pagamento, a utilizadora terá o direito a fruir do aludido fundo de empresa do empreendedor, composto de seu patrimônio imaterial."

Por seu turno, defende o Professor Modesto Carvalhosa, em seu artigo Considerações sobre relações jurídicas em "shopping centers", *in* "Shopping Centers: questões jurídicas: doutrina e jurisprudência". São Paulo: Saraiva. 1991. p. 175: "Esse pagamento, conhecido como res sperata, tem sua natureza controvertida, entendendo alguns tratar-se de reserva ou garantia de locação; outros consideram-na como retribuição dos estudos de marketing, cota do custo de empreendimento ou, ainda, contrapartida da cessão do fundo de comércio que será formado pelo empreendedor."

No mais, como aludido anteriormente, é lícita a cobrança das "luvas", sendo nula, no entanto, cláusula que imponha obrigação pecuniária no caso de renovação "judicial"[12] do contrato, como determina o artigo 45, da Lei do Inquilinato. A lição de Gildo dos Santos, ("Locação e despejo", 6ª ed., Editora Revista dos Tribunais, São Paulo, 2010, págs. 275/276), é cristalina:

> "(...) Com a vigente Lei do Inquilinato, não há mais vedação quanto à exigência de luvas, tratando-se do contrato inicial. A proibição existe no caso de renovação do ajuste. É o que se conclui do seu artigo 45, que tem por nulas, entre outras, as cláusulas que 'afastem o direito à renovação, na hipótese do art. 51, ou que imponham obrigações pecuniárias para tanto'. Sabe-se que, no direito privado, é lícito tudo o que a lei não proíbe (ao contrário do direito público, em que é lícito somente o que a lei autoriza), de modo que se tem, como segura conclusão, que é admitida a cobrança de luvas na primeira contratação da locação não residencial."

---

12. Se o locatário concordar com o pagamento de "luvas" em sede de negociação, mesmo de renovação de contrato, esse pagamento é válido. O que não se admite é estabelecer por meio de cláusula contratual que, se o locatário ajuizar a ação renovatória, deverá pagar determinada quantia a título de "luvas" ao locador.

O assunto já foi abordado no STJ, que declarou ser plenamente válida a cobrança das "luvas":

> "DIREITO CIVIL. RECURSO ESPECIAL. LOCAÇÃO. LUVAS. CONTRATO INICIAL. COBRANÇA. POSSIBILIDADE. PRECEDENTE DO STJ. DISSÍDIO JURISPRUDENCIAL COMPROVADO. RECURSO ESPECIAL CONHECIDO E PROVIDO. 1. Não há ilegalidade na cobrança de luvas em contrato inicial de locação. Inteligência dos arts. 43, I, e 456 da Lei 8.245/91. Precedente do STJ. 2. Dissídio jurisprudencial comprovado. 3. Recurso especial conhecido e provido." (REsp nº 1.003.581 – RJ, 5ª Turma, Rel. Arnaldo Esteves Lima, j. 04/12/2008).

Feita essa introdução, a pergunta que aparece naturalmente é sobre ser ilegal ou não o locatário arcar integralmente com as "luvas", nas hipóteses em que o contrato de locação é rescindido antes do seu termo final, considerando que na maioria das vezes, as avenças determinam o pagamento total do valor a este título, inclusive com o vencimento antecipado de eventuais parcelas a vencer, caso ocorra a desocupação precoce do imóvel pelo lojista.

Ora, exigir que os inquilinos suportem o pagamento de todo o valor previsto nos "Contrato de Cessão do Direito ou Res Sperata", mesmo sem permanecer no imóvel todo o período contratual, configura evidente enriquecimento sem causa em favor dos Locadores.

Os pactos locatícios obedecem às regras gerais dos contratos estabelecidos no Código Civil, em especial os artigos 421 e 422, que cuidam da função social dos contratos e da boa-fé objetiva. Por consequência, aplicam-se na situação em pauta os artigos 884, 885 e 2.035, todos do Código Civil, frise-se normas de ordem pública, que asseveram que há o enriquecimento indevido não apenas quando inexiste causa que o justifica, mas também quando o motivo que o autoriza deixa de existir:

> "Art. 884. Aquele que, sem justa causa, se enriquecer à custa de outrem, será obrigado a restituir o indevidamente auferido, feita a atualização dos valores monetários.
>
> Parágrafo único. Se o enriquecimento tiver por objeto coisa determinada, quem a recebeu é obrigado a restituí-la, e, se a coisa não mais subsistir, a restituição se fará pelo valor do bem na época em que foi exigido.
>
> Art. 885. A restituição é devida, não só quando não tenha havido causa que justifique o enriquecimento, mas também se esta deixou de existir.
>
> (...)
>
> Art. 2.035. A validade dos negócios e demais atos jurídicos, constituídos antes da entrada em vigor deste Código, obedece ao disposto nas leis anteriores, referidas no art. 2.045, mas os seus efeitos, produzidos após a vigência deste Código, aos preceitos dele se subordinam, salvo se houver sido prevista pelas partes determinada forma de execução.
>
> Parágrafo único. Nenhuma convenção prevalecerá se contrariar preceitos de ordem pública, tais como os estabelecidos por este Código para assegurar a função social da propriedade e dos contratos."

Nessa ótica, se o inquilino não usufruiu do imóvel por todo o período contratado, seja de rua ou *shopping center*, é medida correta que as "luvas" ou "CDU" sejam cobradas proporcionalmente, em vista do período de tempo que o imóvel ficou na posse do locatário. Veja-se, nesse exato sentido o entendimento aplicado pelo E. Tribunal de Justiça do Estado de São Paulo e pelo E. Tribunal de Justiça do Distrito Federal e Territórios:

> "CONTRATOS DE COPARTICIPAÇÃO E DE LOCAÇÃO EM SHOPPING CENTER. EMBARGOS À EXECUÇÃO. Cerceamento de defesa não configurado. Valor pactuado pela coparticipação de espaço comercial, qualquer que seja a denominação – luvas, res sperata, coparticipação, direito de reserva, taxa de adesão, de cessão de uso, de integração ou de utilização, que admite a sua cobrança. Compreensão do art. 54 da Lei 8.245/91. Decreto nº 24.150/34, que foi revogado pela atual Lei do Inquilinato. Valor efetivamente pago pelo tempo de ocupação que se mostra adequado aos princípios da probidade, da boa-fé objetiva e da função social do contrato, relativizando a aplicação do princípio do pacta sunt servanda. Compreensão dos arts. 421 e 422 do Código Civil. Vedação ao enriquecimento indevido que deve preponderar. Recurso provido, em parte.
>
> (...)
>
> Ficou ajustado que o preço correspondente à coparticipação seria integralmente devido, caso resolvido o contrato de locação, nos seguintes termos: 'Cláusula 4ª: Terminada a locação, por qualquer motivo, resolver-se-á automaticamente o presente, com o vencimento antecipado de eventuais parcelas vincendas, as quais passarão a ser exigíveis de imediato. Fica entendido que em nenhuma hipótese a locatária terá direito à liberação de parcelas vincendas ou à restituição de parcelas pagas, aí incluídos casos de resilição unilateral da ocupação, com base no art. 4º da Lei nº 8.245/1991, e de rescisão contratual por culpa da locatária, sem prejuízo de outras penalidades.'
>
> (...)
>
> Embora assim seja, o valor perseguido pela apelada, de fato, deve ser fixado por equidade para evitar o enriquecimento sem causa, uma vez que esta retomou o espaço antes do final do prazo da cessão de uso e poderá cedê-lo novamente a outro interessado, angariando nova taxa de ocupação.
>
> Não se olvide que o ordenamento jurídico vigente permite a adequação das disposições contratuais aos princípios da probidade, da boa-fé objetiva e da função social do contrato (arts. 421 e 422 do Código Civil), relativizando a aplicação do princípio do pacta sunt servanda, preponderando a vedação ao enriquecimento sem causa.
>
> Nesta senda, verifica-se pelos documentos encartados aos autos, especialmente a planilha de fls. 27/31, que a apelante realizou, a título de coparticipação, o pagamento do montante de R$ 57.405,62 (sinal de R$ 39.966,00, somado à segunda parcela no valor de R$ 2.906,52, somado a cinco parcelas iguais de R$ 2.906,62).
>
> Considerando que o prazo da coparticipação era de sessenta (60) meses, com início em 15 de julho de 2015, havendo a restituição da área locada em 05 de maio de 2016, isto é, dez meses depois, entende-se que o valor total pago é suficiente e se coaduna com os princípios da boa-fé objetiva e função social do contrato, correspondendo ao efetivo tempo de ocupação do espaço, sem que haja enriquecimento indevido de qualquer das partes."
>
> (TJ/SP, Apelação nº 1006177-19.2017.8.26.0114, 28ª Câmara, j. 15/10/2018).

> "CONTRATO DE CESSÃO DE ESPAÇO PARA SUBLOCAÇÃO EM HIPERMERCADO. EMBARGOS À EXECUÇÃO. Valor pactuado pela cessão de uso de espaço comercial, qualquer que seja a denominação – luvas, res sperata, direito de reserva, taxa de adesão, de cessão de uso, de integração ou de utilização, que admite a sua cobrança. Compreensão do art. 54 da Lei 8.245/91. Decreto nº 24.150/34, que foi revogado pela atual Lei do Inquilinato. Redução proporcional pelo tempo de ocupação do espaço. Possibilidade. O ordenamento jurídico vigente permite a adequação das disposições contratuais aos princípios da probidade, da boa-fé objetiva e da função social do contrato, relativizando a aplicação do princípio do pacta sunt servanda. Compreensão dos arts. 421 e 422 do Código Civil. Vedação ao enriquecimento indevido que deve preponderar. Multa compensatória que não tem previsão no

contrato de cessão de uso. Proposta dos locatários de pagamento proporcional de multa compensatória, que contou com a aceitação tácita da locadora. Valor que deve compor o cálculo final do débito. Reconhecimento. Recurso provido em parte.

(...)

Nesta senda, tendo em vista que o prazo da cessão de uso era de sessenta (60) meses, com início em 30 de setembro de 2015, havendo a restituição da área locada em 28 de outubro de 2016 (fl. 46), isto é, treze meses depois, o valor final da cessão de uso deve ser estabelecido em R$ 76.424,40 (setenta e seis mil, quatrocentos e vinte e quatro reais e quarenta centavos), correspondente ao efetivo tempo de ocupação do espaço (R$ 352.728,00: 60 meses = R$ 5.878,80 por mês de uso x 13 meses)."

(TJ/SP, Apelação nº 1004733-39.2017.8.26.0505, 28ª Câmara, j. 16/07/2018).

"APELAÇÃO CÍVEL. CONTRATO DE LOCAÇÃO. SHOPPING CENTER. RESCISÃO UNILATERAL. MULTA CONTRATUAL. DEVIDA. CESSÃO DE USO DE ESTRUTURA TÉCNICA. RESTITUIÇÃO PROPORCIONAL.

1. A locação em *shopping center* é um contrato complexo, já que o instrumento congrega cláusulas que nascem não apenas da vontade da lei, mas também da liberdade contratual exercida pelas partes. É dizer, esta relação jurídica atípica, além do contrato de locação propriamente dito, faz com que o lojista se vincule também, por meio de contrato de adesão, junto à empresa proprietária e administradora do *shopping*, por outros instrumentos, dentre os quais a cessão de direito de uso de estrutura técnica.

2. O art. 54 da Lei 8.245/91 estabelece que, "nas relações entre lojistas e empreendedores de *shopping center*, prevalecerão as condições livremente pactuadas nos contratos de locação respectivos e as disposições procedimentais previstas nesta lei". Logo, ocorrendo a rescisão contratual da locação pela locatária antes do término de vigência, devida é multa expressamente prevista no contrato de locação.

3. A cessão de uso da estrutura técnica avençada entre as partes é denominada pela doutrina de res sperata, que consiste na retribuição referente às vantagens do lojista instalar-se no complexo comercial que já possui a clientela própria.

4. No caso de rescisão do contrato de locação antes do termo final, com a consequente não fruição pela empresa locatária das vantagens do complexo empresarial, mostra-se devida à restituição proporcional do valor pago pelo lojista a título de cessão de uso de estrutura técnica, sob pena de promoção do enriquecimento ilícito.

5. Recursos conhecidos e não providos."

(TJ/DF, Apelação n.º 0039522-11.2013.8.07.0001, 2ª Turma Cível, j. 18/3/2015).

No que tange aos contratos de locação de espaços situados em *shopping centers* novos, necessário destacar algumas particularidades e argumentos adicionais. Primeiramente, o lojista, como regra, assina os instrumentos com o empreendimento ainda na fase de lançamento da construção e recebe o espaço locado no "osso", para então proceder com as suas instalações, inclusive de ordem estrutural, bens estes que permanecem majoritariamente na loja e parte deles fatalmente serão reutilizados pelos novos inquilinos. Além do mais, o sucesso do lojista depende da capacidade do empreendimento atrair boas marcas e clientes. Ou seja, se determinado novo centro de compras gera pouco fluxo de consumidores e apresenta uma parcela significativa de lojas vazias, não é razoável que todo o risco fique por conta do lojista no sentido de obrigá-lo ao pagamento total das "luvas", mesmo se precisar fechar a sua loja por ser a mesma inviável economicamente. Nos sistemas de franquia este argumento é ainda mais forte, pois os negócios são previamente testados e comprovadamente rentáveis em *shoppings* que apresentam fluxo normal de consumidores.

Impõe ressaltar, que a corrente jurisprudencial anteriormente citada é minoritária. A seguir alguns trechos de acórdãos e ementas que exemplificam os argumentos usados pela linha de pensamento, hoje ainda predominante. Com todo o respeito, registro que as decisões a seguir concederam uma demasiada liberdade contratual aos pactos locatícios de espaços em *shopping centers*, por força do artigo 54 da Lei do Inquilinato, disposição esta, que deve ser interpretada conjugada com os Princípios

Gerais dos Contratos estabelecidos no Código Civil. Ademais, parece inaceitável defender que as "luvas" cuidam de mero crédito em favor do locador gerado em virtude da assinatura do contrato de locação, sem qualquer relação com o período contratual e o tempo que efetivamente o lojista permaneceu no imóvel, lembrando que sempre o senhorio poderá cobrar "luvas" de seu novo locatário, valor este que não será "dividido" com o seu antigo inquilino:

"Ação de rescisão contratual c/c revisão de cláusulas contratuais e consignação em pagamento – Alegação de abusividade da cláusula quarta do contrato de coparticipação, que estabelece o vencimento antecipado das obrigações contratuais, em caso de rescisão contratual por culpa da locatária, que não terá direito à liberação das parcelas vincendas nem à restituição das parcelas pagas – Pleito de anulação de cláusula contratada que não merece guarida, posto que a locação em *shopping center* é pactuada através de contrato atípico, onde prevalecem as condições livremente avençadas entre lojistas e empreendedores – Culpa pela rescisão antecipada que foi confessada pela própria autora – Validade das cláusulas contratuais avençadas entre as partes. Mantida a r. sentença monocrática que decretou a parcial procedência do feito – Recurso improvido."

(...)

(Voto Relator) "Em que pese o inconformismo da autora, diante do pouco tempo em que esteve na posse do imóvel, o fato é que o caso vertente cuida de contrato de relação locatícia não residencial atípica (*shopping center*), sendo que, justamente em virtude da natureza atípica desse contrato de locação, o legislador dispôs, no art. 54 da Lei de Locações, que, na relação entre lojistas e empreendedores de *shopping center*, prevalecerão as condições livremente pactuadas nos contratos de locação respectivos e, subsidiariamente, as disposições procedimentais previstas na lei de locações."

(TJ/SP, 31ª Câmara, Apelação nº 1051959-55.2016.8.26.0576, Relator Carlos Nunes, j. 09.03.2018).

"AGRAVO. EXCEÇÃO DE PRÉ-EXECUTIVIDADE REJEITADA. LOCAÇÃO DE IMÓVEL COMERCIAL EM *SHOPPING CENTER*. AÇÃO DE EXECUÇÃO. COBRANÇA DOS VALORES DEVIDOS A TÍTULO DE CESSÃO PARCIAL DE DIREITOS DE USO. EXCEÇÃO FUNDADA NA ALEGAÇÃO DE IMPOSSIBILIDADE DE COBRANÇA DE LUVAS OU, ALTERNATIVAMENTE, SUA EXIGÊNCIA PROPORCIONAL AO TEMPO DE OCUPAÇÃO PELO LOCATÁRIO. CONTRATO DE LOCAÇÃO INICIAL. PERMISSÃO LEGAL. PROIBIÇÃO APENAS NO CASO DE RENOVAÇÃO. DESCABIMENTO DO PAGAMENTO PROPORCIONAL PELA UTILIZAÇÃO DO ESPAÇO POR FALTA DE PREVISÃO CONTRATUAL. RECURSO IMPROVIDO.

(...)

2. – Quanto à alegação de que, havendo a rescisão antecipada do contrato de locação, os valores devem ser exigidos de forma proporcional, como não houve previsão contratual nesse sentido, deve o preço acordado pela cessão de direitos de utilização ser pago integralmente em prol do ajustado do contrato e consequente princípio da boa-fé contratual.

Voto Relator – Ora, não há previsão contratual nesse sentido, devendo o preço acordado pela cessão de direitos de utilização, R$ 63.000,00, ser pago integralmente, não havendo que se falar em proporcionalidade pelo tempo de ocupação. Permitida a convenção sobre a ocupação do espaço, o valor ajustado representou sua quantificação, facilitado, apenas, seu pagamento na modalidade parcelado. E mais, segundo o que consta nos autos, o agravante utilizou o espaço cedido por 20 meses, certamente com fruição de toda a estrutura disponibilizada pelos locadores. Há que prevalecer, na hipótese, o princípio da boa-fé contratual, pela eficácia da manifestação de vontade válida expressa no contrato."

(TJ/SP, 31ª Câmara, Agravo de Instrumento nº 2094844-83.2015.8.26.0000, Relator Adilson de Araujo, j. 23/06/2015).

"LOCAÇÃO DE IMÓVEIS EM *SHOPPING CENTER*. CONTRATO DE COPARTIPAÇÃO E LOCAÇÃO DE IMÓVEL CELEBRADOS ENTRE AS PARTES – RESCISÃO PREMATURA DO CONTRATO DE LOCAÇÃO. INEXISTÊNCIA DE JUSTA CAUSA. VALORES DEVIDOS A TÍTULO DO CONTRATO DE COPARTICIPAÇÃO QUE PERMANECEM DEVIDOS, SEM QUALQUER REDUÇÃO. SENTENÇA REFORMADA. RECURSO PROVIDO. I – Em que pese o rompimento da avença locatícia, prematuramente e por exclusiva responsabilidade da locatária, permanece esta responsável pelo pagamento da quantia prevista no contrato de coparticipação, sem qualquer abatimento ou redução, posto que ausente previsão legal nesse sentido; II – É válida a cobrança de taxa de coparticipação por utilização de área em *shopping center* ('res sperata'), desde que observados os requisitos dos contratos em geral, quais sejam, capacidade das partes, objeto lícito e forma prescrita ou não defesa em lei, hipótese dos autos."

(TJ/SP, Apelação nº 0027025-61.2012.8.26.0068; Rel. Paulo Ayrosa, 25ª Câmara, j. 29/06/2017).

"EMBARGOS À EXECUÇÃO. Instrumento de confissão de dívida decorrente de contrato de locação de espaço comercial em *shopping center* – pretensão dos embargantes à redução proporcional do valor pago a título de 'res sperata' e compensação do excesso com o crédito dos embargados, tendo em vista a rescisão antecipada do contrato de locação – impossibilidade verba legítima e devida integralmente pelo locatário, ainda que venha desocupar o imóvel prematuramente – embargos improcedentes – recurso improvido."

(TJ/SP, Apelação nº 1033522-62.2014.8.26.0114; Rel. Jovino de Sylos, 16ª Câmara, j. 12/12/2017).

"AÇÃO DE RESCISÃO DE CONTRATO DE LOCAÇÃO EM 'SHOPPING CENTER', RESTITUIÇÃO DE VALOR PAGO A TÍTULO DE 'RES SPERATA' E REDUÇÃO DO VALOR DA MULTA RESCISÓRIA, PORQUE SUPOSTAMENTE ABUSIVA A AJUSTADA. SENTENÇA QUE NÃO EXTRAPOLOU OS LIMITES OBJETIVOS DA LIDE. AUSÊNCIA DE NULIDADE. ESTIMATIVAS DA AUTORA, EMPREENDEDORA, QUANTO AO FATURAMENTO E AO NÚMERO DE VISITANTES, NÃO VINCULADAS AO CONTRATO. INSUCESSO DO NEGÓCIO QUE NÃO LHE CONFERIA O DIREITO DE OBTER A RESCISÃO POR CULPA DA RÉ. INTERPRETAÇÃO DO ART. 54 DA LEI N. 8.245/91. RECURSO DA AUTORA, NEGADO, COM OBSERVAÇÃO."

(TJ/SP, Apelação nº 1014701-18.2014.8.26.0564; Relatora Gil Cimino, 32ª Câmara, j. 13/07/2017).

3. PROTEÇÃO DO FUNDO EMPRESARIAL

Do ponto de vista das redes de franquia, dispositivo de extrema importância da Lei 8.245/91 é o que cuida da chamada "ação renovatória de contrato de locação", herança da "Lei de Luvas", cujo objetivo é garantir a renovação do contrato de locação, ou seja, a manutenção do empresário na posse do ponto comercial, independentemente da concordância do locador. No que tange à restrição ao direito de propriedade do proprietário-locador, merece salientar que a Lei do Inquilinato é de ordem pública (o interesse coletivo deve prevalecer), bem como a nossa Carta Magna de 1988, em seu artigo 170, inciso III, tem como Princípio a "Função Social da Propriedade", em consonância com a ordem econômica constitucional vigente.

Ademais, a ação renovatória é justificada pela posição de inferioridade contratual do locatário na relação com o locador e tem como objetivo impedir o enriquecimento ilícito deste último.

No espectro dos *shoppings* é vasta a doutrina a respeito. Nesse sentido, o saudoso jurista Darcy Bessone, baluarte nas questões envolvendo *shopping centers*, em sua matéria publicada na Revista dos Tribunais nº 680, sob o título "O 'Shopping' na Lei do Inquilinato", afirma, *in verbis*: "O empreendedor ou dono, certamente, quis permanecer na situação anterior, na qual sempre dispôs livremente, criando clichês contratuais para a adesão submissa do lojista. Sendo assim, o legislador terá se demitido de sua verdadeira e nobre função, que é a de estabelecer equilíbrios racionais dos interesses que se contrapõem. Provavelmente, o lojista, em sua condição de contratante fraco, se satisfez com a superação da controvérsia sobre a possibilidade da renovatória no *shopping center*. Satisfazendo-se, não terá dispensado a necessária atenção à liberdade de pactuação, que só ao empreendedor interessa. Insisto em que o legislador não se deveria cingir ao assentimento do lojista, pois é bem certo que, quando se defrontam contratantes de força desigual na formação do contrato, lhe impende deferir proteção ao contratante fraco, para que ele não seja explorado pelo forte."

O não menos especialista no assunto Waldir de Arruda Miranda Carneiro, *in* "Anotações à Lei do Inquilinato: Lei nº 8.245, de 18 de outubro de 1991", Editora Revista dos Tribunais, 2000, à página 422, declara: "Como se vê, por mais que se queira considerar 'particular' a situação das locações de lojas em *shopping centers* (como muitos sustentam, até certo ponto com razão), não se pode, por conta disso, pretender que extravagantes estipulações que eventualmente constem de seus contratos gozem de, por assim dizer, 'imunidade' com relação às normas legais em vigor. O papel aceita tudo, o Direito, não."

Mario Cerveira Filho pondera: "Sob manto da palavra 'atípico' se praticam os maiores abusos em matéria de locação em *shopping*. Essa expressão bem traduz a voracidade e concentração de poder nas mãos dos empreendedores (...). Ou se adere ou está fora... O prato já está pronto, sem direito a reclamação dos ingredientes e do tempero." ("Shopping Centers – Direito dos Lojistas", São Paulo, Ed. Saraiva, 2ª edição, 2018, p. 33).

Feitas tais considerações, para ser possível o ajuizamento da ação renovatória, são necessários os seguintes requisitos: (i) a ação deve ser proposta de 1 ano a 6 meses antes do vencimento do prazo de vigência; (ii) deve-se firmar contrato de locação escrito e com prazo determinado de 5 anos, ou possuir contratos cujos prazos somados atinjam 5 anos ou mais; (iii) é necessário que o locatário comprove o cumprimento de suas obrigações; (iv) o inquilino deve estar nos últimos 3 anos no mesmo ramo de atividade; e (v) é preciso provar que o fiador do contrato ou o que o substituir na renovação aceita os encargos da fiança, autorizado por seu cônjuge, se casado for, além de sua idoneidade.

Com relação ao prazo decadencial para a propositura da ação renovatória de contrato de locação, parece não haver mais divergência de que basta a distribuição da ação para ser devidamente atendido o prazo, conforme nos ensina a doutrina do Ministro Fux, em sua obra "Locações – Processo e Procedimentos", Editora Impetus, p. 178:

> "A atual lei, ao menos para a ação renovatória, modificou o ancião sistema, prevendo que a decadência se impede com a simples propositura da ação (art. 51, § 5º), mantido o prazo de um ano a seis meses antes do término do contrato, para a iniciativa da parte.
>
> Em inúmeras passagens da atual lei, como v.g., valor da causa, depósitos na consignatória só até a sentença, possibilidade de execução de diferenças nos próprios autos da revisional e renovatória, depreende-se que o legislador pretendeu, através da norma, solucionar uma série de divergências jurisprudenciais. A questão da decadência foi uma delas, na medida em que a praxe forense denunciou uma infinidade de perdas de fundo de comércio pela aplicação do regime dos arts. 219 e 220 do CPC a todos os prazos extintivos.
>
> Impede-se, assim, a decadência pela propositura da ação no prazo do art. 51, § 5º, onde houver mais de uma vara com competência concorrente para a causa, ou despachada pelo juiz, onde houver um

só juízo (art. 263 do CPC). Esse despacho pode ser de qualquer conteúdo, porque o importante é submeter a petição ao magistrado em tempo hábil e o teor do ato judicial é de sua lavra, não competindo à parte fazer mais nada do que apresentar a peça apta a receber o 'cite-se'."

Proposta a ação renovatória e não sendo celebrado acordo durante o transcorrer do processo, caberá ao juiz fixar o valor do aluguel, apoiado em perícia avaliatória que indicará o locativo justo e real para a respectiva locação, da mesma maneira realizada na ação revisional de aluguel.

Em vista do prazo da ação renovatória acima mencionado, os franqueados e lojistas em geral devem monitorá-lo no sentido de procurarem negociar as renovações contratuais antes do seu término[13]. Ou seja, o objetivo principal é evitar a ação renovatória, através da negociação da renovação do contrato de locação com a devida antecedência. Na hipótese do locador/proprietário do imóvel se recusar a renovar ou exigir um valor de aluguel acima do preço médio de mercado, os inquilinos poderão então fazer uso da ação renovatória para garantir a sua permanência no ponto comercial, vez que, neste caso, o locador ficará impedido de propor a ação despejo por denúncia vazia visando reaver o imóvel. Outro ponto favorável é que, observando-se o prazo da ação renovatória, o lojista não será obrigado a aceitar eventual cobrança de "luvas" pelo locador como condição para a renovação do contrato, pois tal exigência não pode ser feita em sede de defesa de ação renovatória. Nesta linha, além de proteger o ponto comercial, a ação renovatória também é favorável para manter equilibrada a relação entre as partes, na medida em que permite que os lojistas não fiquem sujeitos a imposições dos seus senhorios.

Por essas razões, é interessante que os franqueados que figurem como inquilinos, para lhes ajudar nas negociações e amparar as suas decisões, procurem apurar com antecedência o valor médio dos locativos cobrados dos outros locatários na região onde se encontra a sua operação ou no *shopping center* respectivo.

4. REVISÃO DO ALUGUEL

Além da hipótese da renovatória judicial na qual o locativo passará por uma revisão, a Lei do Inquilinato prevê, ainda, a chamada ação revisional, cuja finalidade é evitar que os valores praticados fiquem distanciados da realidade de mercado.

Com efeito, a ação revisional de aluguel pode ser ajuizada tanto pelo locador como pelo locatário, desde que distribuída após três anos de vigência do contrato ou depois de três anos contados da última alteração do valor do arrendamento (não se aplica para a concessão de descontos temporários), conforme prevê o artigo 19 da Lei do Inquilinato:

> "Art. 19. Não havendo acordo, o locador ou locatário, após três anos de vigência do contrato ou do acordo anteriormente realizado, poderão pedir revisão judicial do aluguel, a fim de ajustá-lo ao preço de mercado."

---

13. Indico aos advogados a leitura do livro "Técnicas de Negociação para Advogado", Editora Saraiva, autora Alessandra Gomes do Nascimento Silva. Outra recomendação interessante é o CMI International Group – Programa de Negociações de Harvard.

Como ocorre para as ações renovatórias, recomenda-se que, antes da propositura desta ação, seja realizada uma avaliação do aluguel por profissional *expert* no assunto, a fim de confirmar se realmente o locativo está acima (ou abaixo – na ótica dos locadores) da média de mercado. Esta avaliação deve ser realizada à luz das normas técnicas aplicáveis, por meio da aplicação dos métodos adequados, sendo o mais usual o chamado comparativo direto, o qual poderá ser por fatores e/ou inferência estatística[14].

Outra maneira de revisar forçadamente o locativo é através da ação de revisão de contrato amparada na cláusula *rebus sic stantibus*, conjugada com a teoria da imprevisão, positivadas no Código Civil, especialmente nos artigos 317, 478, 479 e 480[15], além dos artigos 421 e 422:

> "Art. 317. Quando, por motivos imprevisíveis, sobrevier desproporção manifesta entre o valor da prestação devida e o do momento de sua execução, poderá o juiz corrigi-lo, a pedido da parte, de modo que assegure, quanto possível, o valor real da prestação."
>
> "Art. 478. Nos contratos de execução continuada ou diferida, se a prestação de uma das partes se tornar excessivamente onerosa, com extrema vantagem para a outra, em virtude de acontecimentos extraordinários e imprevisíveis, poderá o devedor pedir a resolução do contrato. Os efeitos da sentença que a decretar retroagirão à data da citação."
>
> "Art. 479. A resolução poderá ser evitada, oferecendo-se o réu a modificar equitativamente as condições do contrato."
>
> "Art. 480. Se no contrato as obrigações couberem a apenas uma das partes, poderá ela pleitear que a sua prestação seja reduzida, ou alterado o modo de executá-la, a fim de evitar a onerosidade excessiva."
>
> "Art. 421. A liberdade contratual será exercida nos limites da função social do contrato.
>
> Parágrafo único. Nas relações contratuais privadas, prevalecerão o princípio da intervenção mínima e a excepcionalidade da revisão contratual."
>
> "Art. 422. Os contratantes são obrigados a guardar, assim na conclusão do contrato, como em sua execução, os princípios de probidade e boa-fé."

Como se vê, a matéria é complexa e compreende diversos fatores. A doutrina de Nelson Nery Jr. e Rosa Maria Andrade Nery ilustra este cenário:

> "Revisão judicial dos contratos. A norma autoriza a revisão judicial dos contratos, no caso que menciona. Trata-se de hipótese exemplificativa, pois o sistema admite a revisão em outros casos, como, por exemplo, quando houver: a) quebra da base do negócio; b) desequilíbrio contratual; c) desproporção da prestação; d) quebra da função social do contrato; e) ofensa à boa-fé objetiva etc."
>
> "Revisão judicial do contrato. Como consequência da incidência e da aplicação da boa-fé objetiva, bem como de seus consectários lógicos e cronológicos (base do negócio, culpa in contrahendo e confiança), havendo quebra da base objetiva do negócio ("Wegfall der Geschaftsgrundlage") é possível à parte prejudicada exercer o direito de revisão do contrato, a fim de que os objetivos

---

14. Existe também o método de renda. Para mais informações sobre avaliações de imóveis: Mônica D´Amato e Nelson Roberto Pereira Alonso, *in* "Imóveis Urbanos - Avaliação de Aluguéis – Aspectos Práticos e Jurídicos, Editora Leud; e "Engenharia Legal – Novos Estudos", de autoria de Tito Lívio Ferreira Gomide, Editora Leud.
15. Estes três últimos artigos não tratam diretamente da revisão das bases contratuais, porém, transmitem o espírito do código, que tem como premissa o equilíbrio contratual.

esperados pelos contratantes possam ser alcançados. A revisão do contrato pode ocorrer não apenas por situações aferíveis objetivamente (quebra da base objetiva do negócio), como também por imprevisão (CC 478)[16]."

Embora seja possível conceber uma ação de revisão de contrato de locação de imóvel de rua (não integrante de centro de compras), são mais comuns os processos judiciais que envolvem espaços em *shopping centers*. Como em qualquer demanda, antes de sua propositura, faz-se necessário um prévio exame acerca do seu custo-benefício e se estão devidamente preenchidos os requisitos autorizadores. Como exemplo, pode-se citar uma situação em que a loja sofreu uma queda em seu faturamento por motivo de incêndio no empreendimento, que comprometeu parte do prédio sem fechar o centro de compras por completo. Outro cenário plausível é aquele em que o *shopping* novo não foi inaugurado com os atrativos prometidos (lojas âncoras etc.), e o lojista não atinge o faturamento projetado, comparando-se com outras unidades de sua rede instaladas em empreendimentos com o funcionamento "normal". Neste último exemplo, a ideia é requerer uma redução proporcional no aluguel considerando o faturamento projeto e o efetivo.

Segue precedente nesta linha:

"Locação. Ação Revisional de cláusula que disciplina a fixação dos locatícios. Interesse de agir. Possibilidade Jurídica do Pedido. Aluguéis provisórios.""Não há cumulação de pedidos na ação em que se pede a alteração de cláusula contratual que contém fórmula baseada em percentuais, para se rever o valor do locatício. Invocando o locador a teoria da imprevisão para a revisão do aluguel, não fica ele adstrito aos limites do artigo 19 e artigo 69, parágrafo 1º, da Lei de Locações, tendo o autor interesse de agir e sendo o pedido juridicamente possível, cabendo ao autor o ônus de comprovar os pressupostos legais que permitem ao Poder Judiciário intervir na vida doméstica do contrato, sem que haja ofensa ao princípio 'pacta sunt servanda'. Fundada a ação revisional na teoria da imprevisão e objetivando a alteração de cláusula que fixa o valor dos locatícios em percentuais sobre margem de lucros/galonagem e sobre sublocação de parte do imóvel locado, descabe a fixação liminar de aluguel provisório em quantia fixa, devendo, durante a tramitação da ação, persistir o 'quantum' derivado da fórmula adotada livremente pelas partes."

(Extinto 2º TAC/SP, Agravo de Instrumento nº 9002290-06.1998.8.26.0000, 5ª Câmara, Rel. Pereira Calças, j. 29/07/1998).

A volatilidade da economia brasileira e o peso do custo de ocupação na composição da estrutura geral de custos do lojista concedem relevância ao tema. Por vezes o valor do aluguel é determinante para a viabilidade ou não da operação, lembrando que o fechamento de um estabelecimento é decisão drástica e sempre significa prejuízo ao lojista, em função dos investimentos realizados no imóvel, além dos gastos com as rescisões trabalhistas e outras despesas.

---

16. Nelson Nery Jr. e Rosa Maria Andrade Nery, "Código Civil Comentado", 2ª Edição, Editora RT, comentários ao artigo 317, páginas 298 e 340.

5. APLICAÇÃO DE JUROS NO PAGAMENTO DA DIFERENÇA DE ALUGUÉIS NAS AÇÕES RENOVATÓRIAS E REVISIONAIS DE ALUGUEL

Ao contrário da ação revisional de aluguel, existe um importante conflito de interpretação na seara da ação renovatória, no que concerne ao momento adequado para serem computados os juros quando da cobrança das diferenças de aluguel.

Com relação à ação revisional, o artigo 69 é claro no sentido de que as diferenças dos locativos serão pagas corrigidas e passarão a ser "exigíveis" depois do trânsito em julgado da decisão que delimitar o novo *quantum*:

> "Art. 69. O aluguel fixado na sentença retroage à citação, e as diferenças devidas durante a ação de revisão, descontados os alugueres provisórios satisfeitos, serão pagas corrigidas, exigíveis a partir do trânsito em julgado da decisão que fixar o novo aluguel. (...)."

Diante do texto anteriormente citado, não se constata grande divergência de entendimentos junto aos Tribunais Pátrios quanto a não ser devida a incidência de juros moratórios antes do trânsito em julgado na cobrança de crédito judicial obtido por ocasião de ação revisional de aluguel.

No que concerne à renovatória, o texto legal deixa margem para questionamentos, uma vez que não é expresso se é obrigatório esperar o trânsito em julgado para ser executado o eventual saldo credor com relação aos aluguéis pagos e o determinado na ação judicial, como se denota do artigo 73:

> "Art. 73. Renovada a locação, as diferenças dos aluguéis vencidos serão executadas nos próprios autos da ação e pagas de uma só vez."

Desde a entrada em vigor do dispositivo supra, criou-se uma celeuma, até hoje não totalmente resolvida, que trata da inclusão ou não dos juros moratórios na execução de diferença de aluguéis em sede de ação renovatória de contrato de locação.

Este tema é extremamente relevante, na medida em que os juros legais atuais no patamar de 1% ao mês são altamente impactantes, especialmente se o processo judicial tramitar por muito tempo. Ressalte-se que, além dos juros, deve ser computada a correção monetária, com base na tabela de cálculo do Tribunal Estadual respectivo, quando das execuções das referidas diferenças.

A título de ilustração, segue abaixo decisão do TJ/SP que adotou a tese de que os juros são devidos a contar de cada vencimento do aluguel:

> "AÇÃO RENOVATÓRIA. CUMPRIMENTO PROVISÓRIO DE SENTENÇA. Juros de mora sobre as diferenças dos aluguéis que incidem a partir de cada vencimento. Apresentação de garantia que não afasta incidência de honorários advocatícios e multa do art. 523, § 1º, do CPC. Tema da preferência na ordem de penhora que não foi analisado pelo Juízo de Primeiro Grau, não se inserindo no objeto deste Agravo. Negado provimento, com observação.
>
> VOTO do relator: A condição da ocorrência da mora ao trânsito em julgado somente existe em lei no art. 69 da Lei de Locações, que trata da ação revisional de aluguéis, e não ação renovatória. Com relação a esta, por sua vez, a disciplina do art. 71 da Lei de Locações revela apenas que 'Renovada a

locação, as diferenças dos aluguéis vencidos serão executadas nos próprios autos da ação e pagas de uma só vez." Trata-se do modo de pagamento, mas de maneira alguma há regulamentação da mora ou da exigibilidade das diferenças. Na omissão legislativa, não vislumbro motivos para diferençar a realidade aplicada às ações renovatórias dos demais casos de inadimplemento de relações contratuais, em que o marco inicial da mora é a citação e, quanto às dívidas vincendas, a partir de cada vencimento. Afinal, desde a citação a parte possui condições de analisar o risco da demanda, de consignar quantias em Juízo a fim de evitar os efeitos da mora, ou seja, desde a citação marca-se a inadimplência e consequente configuração da mora."

(TJ/SP, Agravo de Instrumento nº 2141690-27.2016.8.26.0000, 25ª Câmara, Rel. Hugo Crepaldi, j. 29/09/2016).

Acertadamente, a jurisprudência dominante é no sentido de que os juros moratórios são devidos somente a contar do início da execução das diferenças, devendo ser este o entendimento a ser seguido.

A incidência de juros de mora, como o próprio nome diz, está vinculada com a "mora", isto é, depende da inadimplência do devedor e tem como objetivo compensar os efeitos prejudiciais ocasionados em virtude do atraso no pagamento. Esta é a orientação do Código Civil:

"Art. 396. Não havendo fato ou omissão imputável ao devedor, não incorre este em mora."

Como a natureza da ação renovatória é de mero acertamento, não há que se falar em dívida até que a parte credora inicie, provisoriamente[17] ou definitivamente, a execução da diferença de aluguéis[18].

A doutrina especializada adota esta linha raciocínio:

"Em regra, enquanto tramita a ação, o contrato a renovar chega ao fim, e passam a vencer aluguéis que devem continuar a ser pagos pelo locatário, atualizados segundo os índices contratuais, se não tiver sido arbitrada pelo juiz, na renovatória, uma renda provisória. De qualquer modo, haverá diferenças a serem solvidas pelo inquilino ao fim do processo.

Feita a conta, que depende de simples cálculo aritmético (CPC, art. 475-B[19], acrescentado pela Lei 11.232/2005), essas diferenças poderiam ser exigidas já em execução provisória, uma vez que o recurso especial e o extraordinário não têm efeito suspensivo.

Ocorre que a Lei de Locações, sendo especial, prevalece sobre a lei processual civil, de sorte que somente quando for 'renovada a locação', isto é, quando já não couber qualquer recurso, é que esse crédito do locador poderá ser excutido, e, aí, nos próprios autos da renovatória, devendo ser pago de uma vez."

(Gildo dos Santos, "Locação e Despejo", Ed. RT, 6ª Edição, p. 577).

"A execução das diferenças só terá início quando transitada em julgado a sentença.

---

17. Existe divergência quanto à possibilidade de serem executadas provisoriamente as diferenças de aluguéis em sede de ação renovatória.
18. O fundo de promoção, contribuição prevista nos contratos de locação de *shoppings*, por vezes é calculado com base em percentual sobre o aluguel. Nesta hipótese, a verba também poderá ser objeto de execução, vez que se caracteriza como encargo acessório ao aluguel.
19. No Código de Processo Civil de 2015 o dispositivo correspondente é o art. 509, §2º.

(...)
Não há que se confundir, portanto, o início da vigência do novo aluguel, que se dá logo após prolatada a decisão de 1ª instância, e desde que já vencido o prazo do contrato renovando, com a execução das diferenças, que dependerá do trânsito em julgado da sentença. O mesmo sistema, aliás, é empregado na ação revisional, como já tivemos oportunidade de apreciar.[20]"

Abaixo seguem duas decisões do STJ que apoiam a tese aqui defendida:

"EMENTA DIREITO CIVIL. PROCESSUAL CIVIL. RECURSO ESPECIAL. LOCAÇÃO. AÇÃO RENOVATÓRIA. EMBARGOS À EXECUÇÃO. DIFERENÇAS DE ALUGUÉIS ENTRE O AJUIZAMENTO DA AÇÃO RENOVATÓRIA E O TRÂNSITO EM JULGADO DA SENTENÇA. JUROS MORATÓRIOS. TERMO INICIAL. CITAÇÃO NA AÇÃO DE EXECUÇÃO. ART. 73 DA LEI 8.245/91. INCIDÊNCIA. PRECEDENTE DO STJ. RECURSO ESPECIAL CONHECIDO E IMPROVIDO. 1. Os juros moratórios sobre as diferenças entre os valores do aluguel original e o fixado na ação renovatória são contados a partir da data da citação na ação de execução. Inteligência do art. 73 da Lei 8.245/91."

(REsp nº 1.034.112 – SP, 5ª Turma, Rel. Arnaldo Esteves Lima, j. 04/12/2008).

"AGRAVO INTERNO NO RECURSO ESPECIAL. RECESSO FORENSE NO TRIBUNAL DE ORIGEM. JUNTADA DE DOCUMENTO IDÔNEO. POSSIBILIDADE. INTEMPESTIVIDADE AFASTADA. AÇÃO RENOVATÓRIA DE LOCAÇÃO COMERCIAL. JUROS DE MORA. TERMO INICIAL. CITAÇÃO NA AÇÃO DE EXECUÇÃO. ART. 73 DA LEI 8.245/1991. PRECEDENTES DO STJ. AGRAVO CONHECIDO MEDIANTE JUÍZO DE RECONSIDERAÇÃO PARA DAR PROVIMENTO AO RECURSO ESPECIAL."

(AgInt no REsp nº 1.636.935 – SP, Rel. Marco Aurélio Bellizze, 5ª Turma, j. 14/03/2017).

6. TRANSFERÊNCIA DO ESTABELECIMENTO

No que diz respeito à transferência do estabelecimento ou "Trespasse", cabe destacar que a Lei do Inquilinato veda a cessão do contrato de locação, bem como o empréstimo/comodato e a sublocação do imóvel dado em arrendamento, sem a prévia concordância do locador (vide artigo 13). No caso de *shopping centers,* além da previsão da chamada "taxa de transferência", é comum os contratos estabelecerem que também está proibida a transferência das cotas sociais ou ações da locatária que represente a mudança do controle societário ou determinado percentual na sociedade.

Por tais razões, aconselha-se que os franqueados insiram em seus contratos de locação cláusula que permita a cessão (entenda-se transferência) do contrato de locação para outro membro de sua rede, sem a incidência de qualquer ônus.

Com efeito, são frequentes os negócios que envolvem a "venda" do fundo de comércio ou estabelecimento, especialmente aqueles que englobam a cessão (transferência) do contrato de locação. O Código Civil tem dispositivos específicos, não obstante na prática a grande maioria das transações do gênero (aquelas de estabelecimentos de pequeno e médio portes) não seguirem o procedimento do referido *códex*[21]:

---
20. Sylvio Capanema de Souza, "A Lei do Inquilinato Comentada", Rio de Janeiro: Forense, 8ª Edição, comentários ao art. 73, p. 431.
21. Cumpre registrar que o "Trespasse" informal é totalmente válido, com a diferença que, a princípio, não vincula os credores do alienante.

"Art. 1.144. O contrato que tenha por objeto a alienação, o usufruto ou arrendamento do estabelecimento, só produzirá efeitos quanto a terceiros depois de averbado à margem da inscrição do empresário, ou da sociedade empresária, no Registro Público de Empresas Mercantis, e de publicado na imprensa oficial.

Art. 1.145. Se ao alienante não restarem bens suficientes para solver o seu passivo, a eficácia da alienação do estabelecimento depende do pagamento de todos os credores, ou do consentimento destes, de modo expresso ou tácito, em trinta dias a partir de sua notificação.

Art. 1.146. O adquirente do estabelecimento responde pelo pagamento dos débitos anteriores à transferência, desde que regularmente contabilizados, continuando o devedor primitivo solidariamente obrigado pelo prazo de um ano, a partir, quanto aos créditos vencidos, da publicação, e, quanto aos outros, da data do vencimento.

Art. 1.147. Não havendo autorização expressa, o alienante do estabelecimento não pode fazer concorrência ao adquirente nos cinco anos subsequentes à transferência.

Parágrafo único. No caso de arrendamento ou usufruto do estabelecimento, a proibição prevista neste artigo persistirá durante o prazo do contrato."

São comuns os problemas enfrentados pelas partes nessas operações, em razão da ausência de atenção para alguns cuidados essenciais, considerando os riscos inerentes dessas operações, sob o ponto de vista do cessionário/novo locatário (adquirente do estabelecimento).

Além dos cuidados referentes ao contrato de locação, os quais serão pormenorizados a seguir, o principal temor existente trata da eventual responsabilização por débitos do alienante, em virtude da ocorrência de sucessão empresarial.

Em suma, dependendo da circunstância, o adquirente do estabelecimento pode ser responsabilizado nas esferas civil, trabalhista e fiscal por dívidas contraídas exclusivamente pelo cedente, ou seja, por dívidas criadas antes da aquisição do estabelecimento/fundo de comércio.

A legislação pátria possui dispositivos específicos (vide artigos 10 e 448, da CLT, e artigo 133, do CTN), merecendo destaque o artigo 1.146 do Código Civil, anteriormente transcrito, cujo objetivo é evitar fraudes e simulações.

Sob tal ótica, antes de serem concretizados esses negócios, sem prejuízo das demais diligências de praxe, inclusive com a completa auditoria legal, é imprescindível que o cessionário analise o passivo da empresa alienante, a fim de que seja avaliado o risco existente, o qual, em última análise, servirá de base para a quantificação do preço da transação.

Quanto ao contrato de locação, é necessário certificar-se de que o mesmo foi cedido corretamente, através da aceitação escrita do locador do imóvel locado, com o fito de evitar responsabilização por débitos locatícios, a retomada da posse pelo locador, entre outras consequências. Ademais, em ocorrendo a ocupação irregular do imóvel locado, o cessionário ficará privado da ação renovatória de contrato de locação, o que pode ser uma tragédia, na medida em que o ponto comercial é, muitas vezes, o bem mais valioso do estabelecimento adquirido.

Como o assunto é extremamente complexo e compreende diversas variáveis (por exemplo, a responsabilização do cessionário do contrato de locação não se configura de plano, sendo necessário, basicamente, que seja dada continuidade ao negócio do cedente, entre outros elementos), fica o registro de que os pontos de atenção retro acima são meros exemplos para embasar o argumento do presente, no sentido de que, sem prejuízo da devida análise comercial, é fundamental o prévio exame jurídico completo da viabilidade da respectiva aquisição do estabelecimento.

Como último item deste tópico, será abordada a restrição de transferência das cotas sociais da empresa locatária determinada em contrato de locação de espaço localizado em *shopping center*, cláusula esta que, predominantemente, é aceita como válida pelos Tribunais Nacionais. Ao contrário do que se vislumbra com os centros de compras, no que tange às locações de imóveis de rua, costumeiramente, os precedentes judiciais afirmam que tais dispositivos são abusivos[22].

Em suma, essas cláusulas equiparam a modificação do controle societário da companhia inquilina à cessão do contrato de locação. Na prática, estas disposições têm a intenção de impedir que os sócios da pessoa jurídica locatária transfiram a sua empresa a terceiros, sem que o *shopping* previamente aprove o novo sócio e não receba a chamada taxa de transferência ou interveniência (normalmente entre 6 a 15 aluguéis).

Nesse cenário, o Tribunal de Justiça do Estado de São Paulo, frise-se majoritariamente favorável à validade das cláusulas em discussão recentemente, manteve decisão de primeiro grau que reconheceu a abusividade de dispositivo contratual inserido em contrato de locação de loja situada em *shopping center* (Apelação n.º 1023300-33.2016.8.26.0577, 25ª Câmara, Rel. Hugo Crepaldi, j. 23/11/2017). A *decisum* colegiada sustentou que a modificação do controle societário não resulta na alteração da inquilina no sentido de que a personalidade jurídica da empresa não se confunde com a figura de seus sócios, nos termos do artigo 52 do Código Civil. Ademais, ficou apurado que a conduta representa uma interferência demasiada nas atividades empresariais dos inquilinos.

De acordo com a sentença de primeiro grau, confirmada pelo Tribunal de São Paulo, a abusividade da norma contratual justifica-se nos seguintes termos: "Assim sendo, considerando que o contrato de locação foi celebrado com a pessoa jurídica e com ela se manteve, **é** irrelevante a mudança do quadro societário, pois, em **última** análise, não houve mudança do inquilino pessoa jurídica. Por isso, ao prever que a alteração do quadro societário necessita de prévia autorização da locadora, houve intromissão indevida na relação societária, o que não **é** dado **à** locadora exigir, impondo-se o reconhecimento da nulidade dessa cláusula contratual por abusividade (art. 45 da Lei n.º 8.245/91)."

---

22. Veja-se o seguinte julgado: Tribunal de Justiça do Estado de São Paulo – Apelação n.º 9076451-98.2009.8.26.0000, Rel. Des. César Lacerda, julgamento 15/05/2012 - "Locação não residencial. Ação de despejo ajuizada por locador, alegando a ocorrência de infração contratual, consubstanciada na alteração, sem a sua anuência, do quadro social da empresa locatária. Situação que, de acordo com o pacto locatício, é comparada à sublocação, cessão ou transferência da locação, que só poderiam ocorrer com consentimento prévio e escrito do locador. Nulidade da referida cláusula contratual. Locação firmada pela pessoa jurídica, não por seus sócios, com os quais não se confunde. Locatária que continuou sendo a mesma empresa, não obstante a modificação na sua composição social. Exigência de autorização do locador que implica em indevida intromissão na vida societária. Contrato de locação que, ademais, não pode equiparar situações não comparadas pelo próprio ordenamento jurídico. Recurso não provido."

Quanto aos argumentos utilizados pelos *shopping centers* para defender a validade da cláusula *intuito personae* em pauta, a saber, que a regra protege a coletividade dos lojistas, me parece frágil, pois o novo sócio poderá agregar à marca e ao *shopping* como um todo, inclusive com a injeção de novo capital na companhia varejista.

7. MULTA PELA RESCISÃO ANTECIPADA DO CONTRATO DE LOCAÇÃO

Com muito pesar, observamos o fechamento de milhares de lojas, em decorrência da crise econômica gerada pela pandemia da Covid-19[23]. Além do mais, é natural no mercado de lojas e restaurantes, por exemplo, que algumas unidades implantadas não apresentem viabilidade econômica e necessitem fechar suas portas, para outras serem abertas.

Sob este ângulo, nos casos em que os comerciantes são locatários de seus pontos comerciais, o fechamento das lojas implicará na rescisão dos contratos de locação. Ao contrário do locador que, salvo infração do inquilino ou falta de pagamento do aluguel e encargos, não pode rescindir o contrato de locação antes do término do seu prazo de vigência, o locatário está autorizado a fazê-lo imotivadamente. Nesta hipótese, a Lei do Inquilinato estabelece que caberá ao inquilino pagar a multa prevista em contrato ou, se este for omisso, aquela que o juiz fixar:

> "Art. 4º Durante o prazo estipulado para a duração do contrato, não poderá o locador reaver o imóvel alugado. Com exceção ao que estipula o § 2º do art. 54-A, o locatário, todavia, poderá devolvê-lo, pagando a multa pactuada, proporcionalmente ao período de cumprimento do contrato, ou, na sua falta, a que for judicialmente estipulada.
>
> Parágrafo único. O locatário ficará dispensado da multa se a devolução do imóvel decorrer de transferência, pelo seu empregador, privado ou público, para prestar serviços em localidades diversas daquela do início do contrato, e se notificar, por escrito, o locador com prazo de, no mínimo, trinta dias de antecedência."

Diante deste quadro, verifica-se um embate histórico nos Tribunais, e sem qualquer sinal de pacificação no curto prazo, no que se refere ao valor teto da penalidade pela rescisão sem justa causa do contrato de locação por iniciativa do inquilino. No espectro dos *shopping centers*, a gama de controvérsias aumenta, até porque é nesses contratos que, como regra, observa-se importâncias mais elevadas a título de multa (não obstante, uma minoria de *shoppings* estabelecem penalidades em torno de 3 a 6 aluguéis proporcionais, o que demonstra serem manifestamente injustificáveis algumas importâncias praticadas no mercado, por exemplo, equivalente a 80% dos aluguéis vincendos, com a redução de 5% a cada 12 meses). Outrossim, são relativamente comuns empreendimentos que incluem em seus contratos, cláusula que diz que a multa sempre será cobrada por inteiro, independentemente do período transcorrido do contrato[24].

---

23. Segundo a CNC (Confederação Nacional do Comércio), de abril a junho de 2020, encerraram as operações cerca de 135 mil lojas. Somente no Estado de São Paulo deixaram de funcionar mais de 40 mil comércios.
24. Vide, por exemplo, recente decisão do STJ (REsp 1.353.927-SP) referente a contrato de locação de área estabelecida em *shopping center*, que determinou a aplicação de multa em quantia superior se calculada considerando

De fato, a cláusula penal compensatória, pactuada para incidir em caso de rescisão antecipada do contrato por iniciativa do inquilino, não está incluída dentre as disposições contratuais que gozam de ampla liberdade, inclusive no que se refere aos espaços em *shopping centers*, principalmente porque esse tipo de cominação é **preceito de ordem pública, conforme determina o artigo 2.035 do Código Civil**:

> "Art. 2.035. (...) Parágrafo único. Nenhuma convenção prevalecerá se contrariar preceitos de ordem pública, tais como os estabelecidos por este Código para assegurar a função social da propriedade e dos contratos."

Portanto, a análise e extirpação de disposições contratuais que se mostrem causas determinantes ao desequilíbrio contratual, oriundo de relação locatícia, é medida de direito, como preceitua o artigo 45 da Lei nº 8.245/91:

> "Art. 45. São nulas de pleno direito as cláusulas do contrato de locação que visem a elidir os objetivos da presente lei, notadamente as que proíbam a prorrogação prevista no art. 47, ou que afastem o direito à renovação, na hipótese do art. 51, ou que imponham obrigações pecuniárias para tanto."

Se já não bastasse, é necessário ressaltar o artigo 413 do Código Civil, que dispõe:

> "Art. 413. A penalidade deve ser reduzida equitativamente pelo juiz se a obrigação principal tiver sido cumprida em parte, ou se o montante da penalidade for manifestamente excessivo, tendo-se em vista a natureza e a finalidade do negócio."

Como informado anteriormente, embora não seja unânime, existe jurisprudência robusta no sentido de que é admitida a redução equitativa do valor da multa compensatória ao montante de três aluguéis mensais, reduzidos proporcionalmente em função do período cumprido do contrato de locação, mesmo em se tratando de locação de espaço comercial em *shopping centers*. Vejam-se as decisões a seguir:

> "Apelação – Locação não residencial – Espaço em *shopping center* – Rescisão antecipada do contrato – Multa contratual que prevê o pagamento de cinquenta por cento dos aluguéis pelo tempo restante de cumprimento do contrato – Abusividade – Redução equitativa – Necessidade – Vedação legal à estipulação de cláusula penal com cominação manifestamente excessiva. (...) À falta de norma que estabeleça um valor ou um critério de fixação da multa, há o magistrado de valer-se das regras de experiência comum (CPC/1973, art. 335), bem como dos costumes (LINDB, art. 4º), para arbitrar o valor da multa, quando não for estipulada pelas partes ou se a que for estipulada afrontar normas de ordem pública e houver de ser minorada. A praxe tem consagrado a multa compensatória prevista na regra do artigo 4º da Lei de Locação em valor correspondente a três aluguéis vigentes à época da rescisão do contrato, reduzindo-se a quantia proporcionalmente pelo tempo que faltar para o cumprimento do contrato."
> (TJ/SP, Apelação nº 0900745-28.2012.8.26.0068, 30ª Câmara, Re. Lino Machado, j. 18/05/2016).

> "Locação de imóveis. *Shopping Center*. Embargos à execução. (...). Multa contratual aplicável. Montante de 10 (dez) aluguéis, o que é excessivo e desproporcional. Possibilidade de redução, nos termos do art. 413, CC. Quantum que deve ser reduzido para três aluguéis, conforme precedente desta Câmara".

---

a devida proporcionalidade, ou seja, com base no período restante para término do contrato. Com a devida vênia, o entendimento não pode prosperar, visto representar manifesta afronta ao texto legal, e uma vez que não apresentou argumentos convincentes, tampouco houve aprofundamento no assunto.

(TJ/SP, Apelação nº 1023692-86.2014.8.26.0562, 32ª Câmara, Rel. Ruy Coppola, j. 23/06/2016).

"LOCAÇÃO DE BEM IMÓVEL – EMBARGOS À EXECUÇÃO DE TÍTULO EXTRAJUDICIAL – Locação em *shopping center* – Rescisão antecipada pelo locatário – Cláusula penal prefixando multa equivalente a 15 aluguéis mínimos – Valor excessivo – Redução para o equivalente a 03 aluguéis, nos termos do art. 413, do CC – Valor razoável e de acordo com as tratativas havidas entre as partes *à época* da rescisão – Embargos improcedentes – Recurso parcialmente provido."

(TJ/SP, Apelação n.º 1072000-84.2014.8.26.0100, 35ª Câmara, Rel. Melo Bueno, j. 15/02/2016).

"Apelação. Locação não residencial. Espaço em *shopping center*. Rescisão antecipada do contrato. Multa contratual que prevê o pagamento de cinquenta por cento dos aluguéis pelo tempo restante de cumprimento do contrato. Abusividade. Redução equitativa. Necessidade. Vedação legal à estipulação de cláusula penal com cominação manifestamente excessiva. A cláusula penal compensatória pactuada para incidir em caso de rescisão antecipada do contrato não está, logicamente, incluída dentre as disposições contratuais que gozam de ampla liberdade nos contratos de locação de espaço em *shopping center*, principalmente porque esse tipo de cominação é preceito de ordem pública, existindo expressa previsão normativa de que a 'penalidade deve ser reduzida equitativamente pelo juiz se a obrigação principal tiver sido cumprida em parte, ou se o montante da penalidade for manifestamente excessivo, tendo-se em vista a natureza e a finalidade do negócio' (CC, art. 413). Ao dispor que o juiz deve reduzir equitativamente a penalidade, o Legislador explicitou que a norma é de natureza cogente e que os contratantes não podem afastá-la por ato consensual. Disposição contratual que concede ao locador, por todo o tempo de vigência da locação ainda restante, metade dos aluguéis que receberia se o locatário estivesse ocupando o imóvel, sem, contudo, que o inquilino tenha uso e fruição do bem, é manifestamente abusiva e ofende aos princípios da razoabilidade e da proporcionalidade. Apelação provida."

(TJ/SP, Apelação nº 0900745-28.2012.8.26.0068, 30ª Câmara, Rel. Lino Machado, j. 18/05/2016).

"RESP. CIVIL – LOCAÇÃO – MULTA – VALOR – A antiga parêmia – o contrato faz lei entre as partes – hoje, devido ao sentido social da norma jurídica, precisa ser analisada 'cum granum salis'. O aresto afrontado foi sensível a esse aspecto. Tanto assim, fundamenta: 'A previsão contratual não tem assim valor absoluto e nem pode superar o justo. Os princípios da autonomia da vontade e da obrigatoriedade das convenções sofrem limitações impostas pela ideia de ordem pública, entre cujas normas se encontram as leis do inquilinato' (2º TA CML SP, Ap. nº 280.300-1, Rel. Juiz GILDO DOS SANTOS – RT 662/133). Ou, em outras palavras, dentro da moderna tendência social do direito, 'Aquele que se mostra fraco, ainda que por culpa própria, tem direito de ser protegido' (WASHINGTON DE BARROS MONTEIRO, Curso de Direito Civil, 4º vol., págs. 204/205, 16ª ed.). Consequentemente, impõe-se a redução da multa compensatória aos limites do razoável, aplicando-se para tanto 'as regras de experiência comum subministradas pela observação do que ordinariamente acontece' (art. 335, CPC). E nesse prisma, conforme já se destacou, o normal é a fixação da multa compensatória no equivalente a três meses de aluguel, portanto ficando adotado tal limite."

(STJ, REsp nº 187.492 – SP, 6ª Turma, Rel. Luiz Vicente Cernicchiaro, j. 15/12/1998).

Como exarado anteriormente, os locadores, de modo geral, estão em posição privilegiada na relação contratual, especialmente nas locações de espaços em *shopping centers*, vez que os lojistas são dependentes economicamente dos centros de compras, tendo em vista que necessitam firmar as locações para expandir as suas atividades[25]. Assim, é evidente que os locadores têm força para impor condições, fenômeno conhecido

---

25. Assim ficou registrado nas decisões do CADE – Conselho Administrativo de Defesa Econômica proferidas em processos envolvendo a imposição pelos *shopping centers* das cláusulas de raio/exclusividade nos contratos de locação das lojas.

na doutrina como "negociação compulsória", o que, portanto, autoriza a intervenção do Poder Judiciário nos contratos, para regular as suas bases excessivas.

Por tais razões, e em vista do histórico de decisões sobre o assunto, a importância correspondente a três aluguéis proporcionais é razoável e merece ser adotada a título de teto de multa contratual incidente pela rescisão antecipada e imotivada de contrato de locação pelo inquilino[26].

REFERÊNCIAS

AZEVEDO, Álvaro Villaça. *Shopping Centers*: Questões Jurídicas: Doutrina e Jurisprudência/Álvaro Villaça Azevedo, São Paulo: Editora Saraiva, 1991.

CARNEIRO, Waldir. *Anotações à Lei do inquilinato*: Lei nº. 8.245, de 18 de outubro de 1991. Editora: Revista dos Tribunais, 2000.

CARVALHOSA, Modesto. Considerações sobre relações jurídicas em shopping centers. In: PINTO, Roberto Wilson Renault; OLIVEIRA, Fernando Albino de (coord.). *Shopping centers*: questões jurídicas: doutrina e jurisprudência. São Paulo: Saraiva, 1991.

CERVEIRA FILHO, Mário. *Shopping Centers*: direitos dos lojistas/Mário Cerveira Filhos, Francisco dos Santos Dias Bloch (colaborador.). 8. ed. São Paulo: Saraiva, 2017.

D'AMATO, Mônica; ALONSO, Nelson Roberto Pereira. *Imóveis urbanos*: avaliação de aluguéis. São Paulo: Liv. e Ed. Universitária de Direito, 2007.

FUX, Luiz. *Locações – Processo e Procedimentos*. 5. ed. Niterói, RJ: Impetus, 2008.

GOMIDE, Tito. *Engenharia Legal*: novos estudos/Tito Lívio Ferreira Gomide. 2. ed. São Paulo: Liv. e Ed. Universitária de Direito, 2008.

KROC, Ray. *Fome de poder*: a verdadeira história do fundador do McDonald's. Ray Kroc, Robert Anderson; tradução de Tássia Carvalho. Barueri, SP: Novo Século Editora, 2018.

NERY JUNIOR, Nelson; NERY, Rosa Maria de Andrade. *Comentários ao Código de Processo Civil*. São Paulo: Editora Revista dos Tribunais, 2015.

PINTO, José Guy de. *Locação & ações locatícias*. 1ª ed., Editora Saraiva, 1997.

SALLES, José Carlos de Moraes. *Ação renovatória de locação empresarial*: locações comerciais, industriais e para sociedades civis com fins lucrativos. 2. ed. rev., atual. e ampl. São Paulo: Editora Revista dos Tribunais, 2002.

SANTOS, Gildo. *Locação e despejo*, 6ª ed., Editora Revista dos Tribunais, São Paulo, 2010.

SILVA, Alessandra Gomes do Nascimento. *Técnicas de negociação para advogados*. 2. ed. São Paulo: Saraiva, 2003.

SOUZA, Sylvio Capanema de. *A Lei do Inquilinato Comentada* – 8ª Ed. 2012. Rio de Janeiro: Forense, 2012.

SOUZA, Sylvio Capanema de. *A Lei do Inquilinato comentada*. 10. ed. rev., atual. e ampl. Rio de Janeiro: Forense, 2017.

SOUZA, Sylvio Capanema de. *Da locação do imóvel urbano*: direito e processo. Rio de Janeiro: Revista Forense, 2001.

VENOSA, Sílvio de Salvo. *Lei do inquilinato comentada*: doutrina e prática: Lei nº 8.245, 18-10-1991. 14. ed. São Paulo: Atlas, 2015.

---

26. Outro parâmetro cabível seria fixar como limite de valor de penalidade do gênero o percentual de 10% dos aluguéis vincendos. Nessa situação, por exemplo, em um contrato com 60 meses de duração, a multa ficaria em 6 aluguéis proporcionais.

35
SUBLOCAÇÃO PARA FINS COMERCIAIS

Marcelo Dornellas de Souza

Sumário: Introdução – 1. Conceito e natureza jurídica – 2. Caráter acessório – Vinculação ao pacto principal; 2.1. Efeitos da rescisão – Indenização ao favor do sublocatário – 3. Legitimidade e consequências da sublocação ilegítima; 3.1. *Shopping centers* – 4. Aluguel na sublocação – 5. Inadimplência e despejo – Efeitos e responsabilidades ao sublocatário – 6. Fundo de comércio; 6.1. Direito de preferência; 6.2. Ação renovatória – Referências.

INTRODUÇÃO

A locação comercial permite que o locatário ceda, total ou parcialmente, e de forma onerosa, sua posição de inquilino a terceiro, através do pacto acessório de sublocação.

Tal instituto, a sublocação, apesar de sua natureza acessória ao pacto principal, goza de contornos próprios e características únicas, que, em algumas situações, pode afetar, inclusive, o pacto principal.

Prova disso é a legislação específica (Lei 8.245/91), que, acertadamente, manteve as garantias ao sublocador, tal qual em favor do locador, sem, contudo, se olvidar do sublocatário, no momento em que lhe tutela proteções fundamentais, como a legitimidade para proteger seu fundo de comércio.

O texto a seguir, sem a aspiração de esgotar o tema, aborda questões materiais, contratuais e processuais, trazendo entendimentos doutrinários e jurisprudenciais acerca do pacto de sublocação para fins comerciais.

1. CONCEITO E NATUREZA JURÍDICA

A sublocação comercial trata-se de instituto legal de rara utilização no mercado comercial imobiliário brasileiro, à exceção de relações entre de distribuidoras de derivados de petróleo e seus postos de combustível, devido, não só a ser pouco prática, mas destacadamente pela sua fama de insegurança, que, muitas das vezes, decorre do desconhecimento legal e contratual sobre essa modalidade de cessão de uso e gozo de imóveis.

Sylvio Capanema de Souza bem definiu a sublocação":

> **Constitui a sublocação um contrato acessório, umbilicalmente ligado ao principal, que é o de locação, cuja sorte acompanha. Extinguindo-se o contrato de locação, qualquer que seja a sua causa, também se dissolve a sublocação. Nulo ou anulável o contrato principal, também**

sê-lo-á o acessório, que dele emana. A recíproca, entretanto, não é verdadeira. A sublocação pode extinguir-se ou anular-se, persistindo o contrato de locação, que dela não depende"[1]

Vale lembrar que não há limite físico para a sublocação, mas apenas financeiro e temporal, uma vez que, como será mais bem abordado, o seu valor não pode superar, sob pena de grave infração, aquele na locação principal, nem seu prazo deve ultrapassar o do pacto mestre.

Dessa forma, a sublocação pode integrar tanto parte do imóvel como sua totalidade, e não apenas dessa forma, na medida em que pode conter em um mesmo imóvel diversas sublocações.

Finalmente, importante destacar que a nova lei de franquias (Lei 13.966/19) trouxe sensíveis modificações ao instituto da sublocação para as relações de franquia, conforme será demonstrado a seguir.

2. CARÁTER ACESSÓRIO – VINCULAÇÃO AO PACTO PRINCIPAL

A própria legislação específica enquadra a sublocação como pacto acessório, vide dicção do artigo 15, Lei 8.245/91, primeira parte[2]:

"Rescindida ou finda a locação, qualquer que seja sua causa, resolvem-se as sublocações...".

Atesta-se, diante da redação em destaque, a dependência da preexistência da locação principal para a da sublocação.

O artigo 14[3] da mesma lei reforça sua acessoriedade quando consagra as mesmas e exatas regras atinentes aos contratos de locação, aos de sublocação.

Como visto, a sublocação apenas sobreviverá enquanto for mantida a locação. Já a locação não sofrerá qualquer abalo ou mácula em razão do desfazimento de seu eventual pacto acessório de sublocação.

Vale lembrar que sublocação não prescinde de qualquer formalidade contratual, seja sua redução a termo, seja qualquer forma ou hipótese de registro tabelionário ou registral, isto é[4], tem plena e absoluta legalidade, em suma, por razão da aplicabilidade

---

1. SOUZA, Sylvio Capanema de. Da locação do imóvel urbano direito e processo. Rio de Janeiro: Editora Forense, 2001, p. 133.
2. Art. 15. Rescindida ou finda a locação, qualquer que seja sua causa, resolvem – se as sublocações, assegurado o direito de indenização do sublocatário contra o sublocador.
3. Art. 14. Aplicam-se às sublocações, no que couber, as disposições relativas às locações.
4. TJ/SP. AG. 2272467-37.2015.8.26.0000. Relator(a): Ana Catarina Strauch. Órgão julgador: 27ª Câmara de Direito Privado. Data do julgamento: 08/03/2016. Data de publicação: 14/03/2016
   Ementa: AGRAVO DE INSTRUMENTO – AÇÃO DE DESPEJO POR FALTA DE PAGAMENTO C.C. COBRANÇA – Imóvel residencial – Locação e eventual sublocação feitas através de suposto contrato verbal – Legítimo o indeferimento, por ora, da liminar e antecipação dos efeitos da tutela – Art. 59, § 1º, Lei nº 8.245/91 e art. 273, CPC – Necessária a instauração do contraditório – Precedentes jurisprudenciais – Decisão mantida – RECURSO DESPROVIDO.

das mesmas regras legais entre o pacto principal (locação) e ao acessório (sublocação), prestigiadas pelo artigo 14 da lei inquilinária.

Em vista dos fundamentos previstos, o fim da locação, incondicionalmente, resultará no desfazimento pleno e absolto da sublocação, demonstrando-se que, basicamente, a dependência da sublocação é absoluta, vide entendimento do E. Tribunal de Justiça de São Paulo em recente decisão.

> Ementa: Embargos de terceiro opostos pela sublocatária em ação de despejo. Decisão agravada que indeferiu liminar para suspensão de despejo. Agravo de instrumento da embargante. Ausência de probabilidade de seu direito. Extinção do contrato de locação que resulta na rescisão automática da sublocação. Inteligência do art. 15, da Lei nº 8.245/91. Inaplicabilidade imediata de acórdão que deferiu sua manutenção na posse do imóvel, nos autos de demanda por ela movida contra o locatário. Ações que possuem objetos distintos, sendo que houve, ainda, fato superveniente. Decisão agravada mantida. Agravo de instrumento desprovido.[5]

2.1. Efeitos da rescisão – Indenização ao favor do sublocatário

Em que pese da precariedade da sublocação, o que reforça a insegurança quanto a esse subtipo contratual, o próprio dispositivo legal prevê, em seu texto, o direito de ressarcimento ao sublocatário pelos danos e prejuízos advindos em razão da prematura rescisão de sua sublocação, em virtude da extinção da locação.

Garante-se, dessa feita, a indenização correspondente em seu favor.

A indenização há de ser ampla, porém amparada em prejuízos concretos e não potenciais. Restará, portanto, ao subinquilino desalojado, ver-se indenizado pelos danos que vier a sofrer decorrentes do encerramento de suas atividades, tais como: rescisão de contratos de trabalho; aquisição e reforma de novo ponto comercial, indenização por benfeitorias, entre outros.

Nossos tribunais[6] já decidiram nesse sentido, endossando os diretos indenizatórios ao subinquilino:

> Ementa: No contrato de locação, ainda que haja expressa anuência, inexiste relação de direito material entre tocador e sublocatário, e por força do disposto no artigo 15 da Lei nº 8.245/91, uma vez rescindida ou finda a locação, qualquer que seja sua causa, resolvem-se as sublocações, assegurado o direito de indenização do sublocatário contra o sublocador.

Como se não bastasse, o sublocatário que tentar se manter no imóvel, mesmo após finda a locação principal, ficará sujeito a medidas judiciais desalijatórias, marcadas pela sua celeridade e veemência.

---

5. TJ/SP. AG. 2217964-32.2016.8.26.0000. Relator(a): Cesar Ciampolini. Órgão julgador: 1ª Câmara Reservada de Direito Empresarial. Data do julgamento: 15/08/2017. Data de publicação: 15/08/2017.
6. TJ/SP. 0013528-73.2001.8.26.0000. Agravo de Instrumento. Relator (a): Antonio Maria. Comarca: Praia Grande. Órgão julgador: 5ª Câmara do Terceiro Grupo (Extinto 2º TAC). Data do julgamento: 28/11/2001.

No caso de sublocação legítima, ou seja, autorizada formalmente pelo locador principal, a resistência do sublocatário o sujeitará ao despejo liminar, com prazo máximo para desocupação voluntária limitado a 15 (quinze) dias de sua ciência judicial.

> "Art. 59 § 1º Conceder-se-á liminar para desocupação em quinze dias, independentemente da audiência da parte contrária e desde que prestada a caução no valor equivalente a três meses de aluguel, nas ações que tiverem por fundamento exclusivo:
> V – a permanência do sublocatário no imóvel, extinta a locação, celebrada com o locatário".

Por outro lado, reputando-se a sublocação clandestina, isto é, carente de anuência do locador, a jurisprudência e a doutrina permitem lançar-se mão de ação reintegratória de posse pelo locador em face do sublocatário, mormente, por força da ausência de qualquer relação contratual entre estes, configurando o sublocatário ilegítimo como ocupante ilegal – esbulhador, vide entendimento do Tribunal Paulista[7] em outra recente decisão.

> EMENTA: Locação de imóvel. Ação de reintegração de posse cumulada com pedido indenizatório. Sentença de parcial procedência. Alegação do réu de se tratar de sublocatário. Art. 13 da Lei 8.245/91. Ausência de provado consentimento por escrito do locador. Sublocação irregular. Concessão de liminar de despejo em ação distinta. Esbulho possessório caracterizado. Reintegração de posse do autor no imóvel autorizada. Recurso desprovido, com observação. Tendo em vista o disposto no artigo 13 da Lei 8.245/91, no caso não se verifica a necessária comunicação por escrito ao locador, notificando-o acerca de sublocatário específico, e tal forma deveria ter sido observada considerando que o contrato de locação foi celebrado por escrito, tratando-se de sublocação irregular. Considerando os termos do artigo 15 da Lei 8.245/91, e o fato de que finda a locação, resolve-se eventual sublocação, chega-se ao raciocínio que a posse do réu sobre o imóvel em questão é injusta, restando caracterizado o esbulho. Competia ao réu, ora apelante, comprovar fato impeditivo, modificativo ou extintivo do direito do autor, ônus do qual não se desincumbiu, sendo de rigor a reintegração de posse do autor na posse do imóvel.

Quanto à legitimidade da sublocação, há de se ater a certos requisitos formais e legais, sob pela de sua marginalidade. Isso porque, uma vez ilegítima, dela não emergirá gerar qualquer efeito jurídico[8], tornando o inquilino/sublocador mero infrator e seu sublocatário mero invasor, ambos sujeito a severas sanções contratuais e legais.

3. LEGITIMIDADE E CONSEQUÊNCIAS DA SUBLOCAÇÃO ILEGÍTIMA

A licitude da sublocação (assim como a cessão ou empréstimo do imóvel locado) dependerá, sempre, de aprovação expressa do locador, nos termos do artigo 13 da lei 8.245/91.

---

7. (TJSP; Apelação Cível 1012761-80.2016.8.26.0068; Relator (a): Kioitsi Chicuta; Órgão Julgador: 32ª Câmara de Direito Privado; Foro de Barueri - 1ª Vara Cível; Data do Julgamento: 14/06/2018; Data de Registro: 14/06/2018).
8. "A lei só contesta a cessão e a sublocação diante do expresso e inequívoco assentimento do locador, revestido de forma escrita. Fora daí, são ineficazes (não produzem efeito), para o senhorio que, por isso, não fica obrigada a respeitá-las" (PINTO, José Guy de Carvalho. **Locação e Ações Locativas.** São Paulo: Editora Saraiva, 1997. p. 118).

"Art. 13. A cessão da locação, a sublocação e o empréstimo do imóvel, total ou parcialmente, dependem do consentimento prévio e escrito do locador".

O Superior Tribunal de Justiça, ao enfrentar o tema, ratificou em seu entendimento a necessidade de aprovação expressa do locador, afastando outras formas:

> O AGRAVO INTERNO NO AGRAVO EM RECURSO ESPECIAL. LOCAÇÃO. AÇÃO RENOVATÓRIA. JULGAMENTO ANTECIPADO DA LIDE. EXTINÇÃO. PRAZO MÍNIMO. COMPROVAÇÃO. AUSÊNCIA. NEGATIVA DE PRESTAÇÃO JURISDICIONAL. NÃO OCORRÊNCIA. PROVA ORAL. INDEFERIMENTO. LIVRE CONVENCIMENTO MOTIVADO. IMPRESCINDIBILIDADE DA PROVA. JUÍZO. MATÉRIA FÁTICA. REEXAME. IMPOSSIBILIDADE. SÚMULA N° 7/STJ. DISSÍDIO JURISPRUDENCIAL. SIMILITUDE FÁTICA. INEXISTÊNCIA. 1. Recurso especial interposto contra acórdão publicado na vigência do Código de Processo Civil de 2015 (Enunciados Administrativos nºs 2 e 3/STJ). 2. Ação renovatória extinta com fundamento no art. 485, VI, do CPC/2015 em virtude da não comprovação do prazo mínimo de 5 (cinco) anos a que se refere o inciso II do art. 51 da Lei nº 8.245/1991. 3. Não há falar em negativa de prestação jurisdicional se o tribunal de origem motiva adequadamente sua decisão, solucionando a controvérsia com a aplicação do direito que entende cabível à hipótese, apenas não no sentido pretendido pela parte. 4. O nosso sistema processual civil é orientado pelo princípio do livre convencimento motivado, cabendo ao julgador determinar as provas que entender necessárias à instrução do processo, bem como indeferir aquelas que considerar inúteis ou protelatórias. 5. Modificar a conclusão do tribunal de origem, soberano quanto à análise da necessidade ou não de se produzir outras provas, além daquelas já constantes dos autos, demandaria o reexame do contexto fático-probatório dos autos, providência vedada em recurso especial, haja vista o óbice da Súmula nº 7/STJ. 6. O simples aditamento do contrato prevendo a expedição de boletos para pagamento dos aluguéis em nome de um condomínio não se presta à modificação da relação locatícia originária, notadamente se o contrato contém cláusula vedando expressamente a possibilidade de sublocação ou cessão do imóvel. 7. A ausência de similitude fática entre os julgados confrontados impede o conhecimento do dissídio jurisprudencial. 8. Agravo interno não provido.[9]

Apesar da pontualidade do dispositivo legal, seus parágrafos autorizam exegeses menos agudas, admitindo, ainda, mais na teoria que na prática, a suavização das regras formais impostas ao aperfeiçoamento da sublocação.

O parágrafo primeiro prevê que, nada, nem o silêncio do locador em se responder a eventual pleito locatário em sublocar o imóvel, convalidaria a sublocação.

> "§ 1º Não se presume o consentimento pela simples demora do locador em manifestar formalmente a sua oposição".

Percebe-se a redundância do caput em relação ao seu parágrafo primeiro, uma vez que o artigo 13 já define que nada em tese implicaria a anuência, na medida em que traz se textualmente a necessidade de "... consentimento prévio e escrito do locador[10]".

Ora, ao impor o consentimento prévio e expresso, não haveria razão para se reafirmar na sequência da lei que o silêncio não produzirá efeitos consentidores.

---

9. STJ. AgInt no AREsp 1236687/SC, Rel. Ministro RICARDO VILLAS BÔAS CUEVA, TERCEIRA TURMA, julgado em 24/04/2018, DJe 04/05/2018.
10. Trecho do caput do artigo 13, Lei 8.245/91.

Há quem sustente que as redações em comento não seriam redundantes nem reafirmadoras, mas justamente o contrário. Isso porque nos fazem refletir ou ao menos se cogitar outros atos legitimadores da sublocação.

Não é difícil se deparar com inúmeras demandas judiciais, em que tanto locatário como sublocatário, carentes de aprovação formal do senhorio, buscam se socorrer do Poder Judiciário para argumentar e assim tentar suprir a regra do artigo 13, através de outros meios de prova, que impliquem ciência do locador sobre a sublocação e, assim, sua legitimação.

A jurisprudência já decidiu, em caso envolvendo a hipótese de cessão da locação, portanto com aplicação extensiva as sublocações[11], o seu convalescimento, mesmo sem aquiescência prévia e escrita do locador.

> "APELAÇÃO CÍVEL. AÇÃO DE DESPEJO. DENUNCIA VAZIA. ILEGITIMIDADE PASSIVA AD CAUSAM. **LOCATÁRIO QUE CEDEU O CONTRATO DE LOCAÇÃO. CIÊNCIA DO LOCADOR**. É o cedente do contrato de locação, parte ilegítima para figurar no pólo passivo da ação de Despejo por denúncia vazia, **se o locador tinha ciência da cessão, tanto que chegou a enviar ao cessionário notificação** de desocupação com fundamento no artigo 78 da lei 8.245/91.[12] **(g.n.)**

O parágrafo seguinte, agora não em potencial redundância, mas talvez em rota de colisão ao seu caput e seu parágrafo antecedente, parece deixar lacuna e assim a possibilidade de validação da sublocação pela inércia ou silencio do locador.

> Art. 13, § 2º **Desde que notificado por escrito pelo locatário, de ocorrência de uma das hipóteses deste artigo**, o locador terá o prazo de 30 (trinta) dias para manifestar formalmente a sua oposição. (g.n.)

Dizemos "lacuna", pois o texto legal não resolve em si a questão, ao omitir a consequência pelo decurso do prazo de 30 dias outorgado ao locador, para aprovar ou reprovar o ato.

Por presunção, não seria absurdo entender que a inércia do locador se traduza em sua aceitação, ainda que presumida, conforme entendimento do ex-Desembargador do Tribunal de Justiça do Rio de Janeiro *Sylvio Capanema de Souza*[13].

> "O prazo de 30 dias para a oposição do locador, é de natureza decadencial, e, uma vez expirado, sem a manifestação do locador, presume-se o consentimento".

Como resultado da leitura de ambos os parágrafos, verificamos um conflito, na medida em que o parágrafo primeiro determina que nada, nem a demora em resposta, presumirá a aprovação do senhorio, enquanto o parágrafo subsequente, interpretado pela melhor doutrina, dá indícios de que a demora (entendido quando ultrapassados

---

11. Súmula n. 411 do STF – "O locatário autorizado a ceder a locação pode sublocar o imóvel".
12. TJDF DESPROVIMENTO DO RECURSO. 0138982-50.2004.8.19.0001 (2006.001.02595) – APELAÇÃO – 1ª Ementa Julgamento: 11/04/2006 – DES. JORGE LUIZ HABIB DÉCIMA OITAVA CÂMARA CÍVEL."
13. SOUZA, Sylvio Capanema de. **Da locação do imóvel urbano direito e processo**. Rio de Janeiro: Editora Forense, 2001, p. 133.

30 dias) implicaria, sim, na sua aprovação, de forma a suprir sua a formalidade. Como visto, dependeremos de circunstâncias do caso concreto.

A ineficácia da sublocação representa por si só infração legal e pode trazer sanções severas, incluindo a rescisão da locação, na forma prevista no artigo 9º, inciso II, da Lei 8.245/91:

> "Art. 9º A locação também poderá ser desfeita:
> II – em decorrência da prática de infração legal ou contratual";

Nessa hipótese, qual seja, atestada a ilegalidade da sublocação, poderá o locador manejar a ação de despejo contra o inquilino infrator.

Uma vez julgada procedente, implicará a rescisão do contrato de locação, e, via de consequência, na forma dos artigos 14 e 15 anteriormente tratados, no despejo do inquilino e ou qualquer ocupante legítimo ou ilegítimo, com destaque ao sublocatário.

3.1. *Shopping centers*

Ainda sobre a possibilidade de sublocação, há de se avançar em relação aos contratos de *shopping centers*, nos quais há maior liberdade nas disposições contratuais[14], e a restrição para a sublocação é regida pela mesma norma legal.

Entretanto, justamente em razão da maior liberdade contratual nessas relações, o shopping locador, deve manter rígido controle junto à administração e distribuição das atividades comerciais (tenant mix do empreendimento), o que se revela em mais um obstáculo formal à sublocação, pois depende não só da aprovação cadastral do subinquilino como também do seu ramo de atividade e renome comercial, pois eventuais sublocações podem culminar em desequilíbrio no mix do empreendimento, decretando-se a necessidade de validação do shopping, conforme já observado pelo Superior Tribunal de Justiça:

> DIREITO EMPRESARIAL. LEGALIDADE DE CLÁUSULA DE RAIO EM CONTRATO DE LOCAÇÃO DE ESPAÇO EM SHOPPING CENTER.
>
> **Em tese, não é abusiva a previsão, em normas gerais de empreendimento de *shopping* Center ("estatuto"), da denominada "cláusula de raio", segundo a qual o locatário de um espaço comercial se obriga – perante o locador – a não exercer atividade similar à praticada no imóvel objeto da locação em outro estabelecimento situado a um determinado raio de distância contado a partir de certo ponto do terreno do *shopping center*.** Para o sucesso e viabilização econômica/administrativa do *shopping center*, os comerciantes vinculam-se a uma modalidade específica de contratação. Entre as diversas cláusulas extravagantes insertas no contrato de **shopping center** – a despeito da existência de severa discussão doutrinária a respeito da natureza jurídica do ajuste, podendo ser considerado sociedade, locação, contrato coligado, misto, atípico, de adesão, entre outros –, há efetivo consenso de que todas servem para justificar e garantir o fim econômico almejado pelas partes. Nessa conjuntura, é possível citar, dentre essas disposições contratuais: **res sperata**, aluguel

---

14. Art. 54. Nas relações entre lojistas e empreendedores de *shopping center*, prevalecerão as condições livremente pactuadas nos contratos de locação respectivos e as disposições procedimentais previstas nesta lei.

mínimo, aluguel percentual, aluguel dobrado no mês de dezembro, fiscalização da contabilidade, imutabilidade do ramo de negócio, impossibilidade de cessão ou **sublocação** e, também, a denominada "cláusula de raio", objeto do caso aqui analisado. De acordo com a "cláusula de raio", o locatário de um espaço comercial se obriga, perante o locador, a não exercer atividade similar à praticada no imóvel objeto da locação em outro estabelecimento situado a um determinado raio de distância daquele imóvel. Em que pese a existência de um *shopping center* não seja considerado elemento essencial para a aplicação dessa cláusula, é inquestionável que ela se mostra especialmente apropriada no contexto de tais centros comerciais, notadamente em razão da preservação dos interesses comuns à generalidade dos locatários e empreendedores dos *shoppings*. Além disso, a "cláusula de raio" não prejudica os consumidores. Ao contrário, os beneficia, ainda que indiretamente. O simples fato de consumidor não encontrar em todos os *shopping centers* que frequenta determinadas lojas não implica efetivo prejuízo a ele, pois a instalação dos lojistas em tais ou quais empreendimentos depende, categoricamente, de inúmeros fatores. De fato, a lógica por detrás do empreendimento se sobrepõe à pretensão comum do cidadão de objetivar encontrar, no mesmo espaço, todas as facilidades e variedades pelo menor preço e distância. Ademais, nos termos do ordenamento jurídico pátrio, ao proprietário de qualquer bem móvel ou imóvel – e aqui se inclui o(s) dono(s) de *shopping center* – é assegurado o direito de usar, gozar e dispor de seus bens e, ainda, de reavê-los do poder de quem injustamente os possua. Denota-se que, para o exercício desses atributos inerentes à propriedade, principalmente a permissão do uso por terceiros, pode o proprietário impor limites e delimitar o modo pelo qual essa utilização deverá ser realizada. Assim, diversas são as restrições que pode o dono impor aos usuários do estabelecimento (vestimentas, ingresso com animais, horário de funcionamento, entre outros) e, como já mencionado antecedentemente, inúmeras são as cláusulas contratuais passíveis de inserção nos contratos de locação atinentes aos centros comerciais híbridos, sem que se possa afirmar, genérica e categoricamente, sejam elas abusivas ou ilegais, uma vez que, em última análise, visam garantir a própria viabilidade do uso, a implementação do empreendimento e, pois, o alcance e incremento real da função social da propriedade. Além do mais, o fato de *shopping center* exercer posição relevante no perímetro estabelecido pela "cláusula de raio" não significa que esteja infringindo os princípios da ordem econômica estampados na CF, visto que inserções de "cláusulas de raio" em determinados contratos de locação são realizadas com o propósito de servir à logística do empreendimento. Aliás, a conquista de mercado resultante de processo natural fundado na maior eficiência de agente econômico em relação a seus competidores não caracteriza ilícito, tanto que prevista como excludente de infração da ordem econômica (§ 1º do art. 36 da Lei n. 12.529/2011). Por fim, não se diga que o STF analisou a constitucionalidade da "cláusula de raio" por ofensa ao princípio da livre concorrência. Afinal, a Súmula n. 646 do STF, a qual prevê que "Ofende o princípio da livre concorrência lei municipal que impede a instalação de estabelecimentos comerciais do mesmo ramo em determinada área", não diz respeito às cláusulas contratuais estabelecidas em pactos firmados entre locador e locatário, mas sim a imposições de política pública municipal, ou seja, a situações em que o próprio poder público impede e inviabiliza a implementação do princípio da livre concorrência.[15] (g.n.)

Finalmente, ainda sobre os shoppings centers, tem-se como regra, além da anuência do empreendedor na sublocação do móvel, a incidência de taxa de expediente, usualmente denominada "taxa de transferência ou taxa de interveniência", a ser paga pelo interessado no ato em tela.

4. ALUGUEL NA SUBLOCAÇÃO

Sublocado o imóvel (de forma legítima), há que se ater a certas limitações legais.

---

15. STJ. REsp 1.535.727-RS, Rel. Min. Marco Buzzi, julgado em 10/5/2016, DJe 20/6/2016.

A nova lei de Franquias (Lei n. 13.966/19) promoveu alteração fundamental quanto à remuneração da sublocação, em contratos de franquia.

Entretanto, regra geral, ou seja, para os demais casos e contratos, a lei do Inquilinato limita o valor do aluguel que o sublocador pode cobrar do sublocatário.

A Lei 8.245/91, em seu artigo 21, a seguir, determina que o aluguel da sublocação jamais possa superar ao da locação, sob pena de sua redução judicial:

> Art. 21. O aluguel da sublocação não poderá exceder o da locação; nas habitações coletivas multifamiliares, a soma dos aluguéis não poderá ser superior ao dobro do valor da locação.
>
> Parágrafo único. O descumprimento deste artigo autoriza o sublocatário a reduzir o aluguel até os limites nele estabelecidos.

Não obstante a tal teto, casos peculiares permitirão que o aluguel da sublocação supere o da locação.

Situação clássica é a do locatário/sublocador que, através de valorização substancial do imóvel, através de obras, acessões e benfeitorias, barganhe com o proprietário locativo inferior ao de mercado, devido às melhorias que integrarão o imóvel.

E, uma vez valorizado o imóvel, frise-se, por conta e ônus do inquilino, eventual sublocação poderá incidir aluguel superior ao da locação principal, conforme julgado colacionado a seguir:

> CONTRATO DE LOCAÇÃO E SUBLOCAÇÃO. VALOR DO ALUGUEL DA SUBLOCAÇÃO. LIMITE. De acordo com a regra do art. 21, da Lei nº 8245/91, o aluguel no contrato de sublocação não pode ser superior àquele previsto no contrato principal de locação. Cláusula do contrato principal que prevê o aluguel de R$ 1.000,00 (mil reais), condicionado à realização de obras de grande porte, com vultosos investimentos, que ao final da relação, serão revertidos ao locador. Sublocação no valor mensal de R$ 64.900,00 (sessenta e quatro mil e novecentos reais) que não viola o art. 21, da Lei do Inquilinato, já que o locatário, na verdade, paga pelo imóvel valor superior a R$ 1.000,00 (mil reais), conforme os investimentos já realizados, valor do aluguel que deve ser considerado globalmente, considerando os investimentos realizados no imóvel e que irão integrá-lo, sendo que estes já superam a cifra de R$ 3.000.000,00 (três milhões de reais), deve ser incluído ainda o apoio financeiro recebido pelo Governo Federal no valor de R$ 141.646.229,00 (cento e quarenta e um milhões, seiscentos e quarenta e seis mil, duzentos e vinte e nove reais). O contrato entre Locador e Locatário possui vigência de 20 anos, portanto, dividindo este período de tempo com os investimentos que irão integrar o imóvel, verificamos que o aluguel mensal é superior, na realidade, a R$ 600.000,00 (seiscentos mil reais), sendo o valor da sublocação – menos do que R$ 65.000,00 (sessenta e cinco mil reais) –, algo aproximado a 10% (dez por cento) do valor do aluguel. Ausência de violação ao art. 21, da Lei nº 8245/91. Provimento do recurso. Reforma da sentença."[16]

Não obstante a regra geral supracitada, a nova legislação que regula o *franchising* no Brasil excetuou das relações e contratos de franquia tal limitação. A radical modificação vem descrita de forma expressa e inequívoca, no parágrafo único do artigo 3º da lei em pauta:

---

16. TJRJ – 0005551-75.2008.8.19.0001 – APELAÇÃO – 1ª Ementa – DES. TERESA CASTRO NEVES – Julgamento: 07/04/2010 – VIGÉSIMA CÂMARA CÍVEL.

Art. 3º. (...)

Parágrafo único. O valor do aluguel a ser pago pelo franqueado ao franqueador, nas sublocações de que trata o **caput**, poderá ser superior ao valor que o franqueador paga ao proprietário do imóvel na locação originária do ponto comercial, desde que:

Não obstante a assertividade do texto legal, a vigência de aluguel superior na sublocação ao da própria locação está condicionada a 2 situações, previstas nos incisos relativos ao artigo supra:

I – essa possibilidade esteja expressa e clara na Circular de Oferta de Franquia e no contrato; e

II – o valor pago a maior ao franqueador na sublocação não implique excessiva onerosidade ao franqueado, garantida a manutenção do equilíbrio econômico-financeiro da sublocação na vigência do contrato de franquia.

Dessa forma, a nova lei pôs fim a discussões jurídicas e comerciais anteriores, Não obstante a isso, a subjetividade o inciso II ainda trará alguns debates.

5. INADIMPLÊNCIA E DESPEJO – EFEITOS E RESPONSABILIDADES AO SUBLOCATÁRIO

Havendo mora do locatário/sublocador, o sublocatário, por força de lei, atrairá para si a responsabilidade subsidiária[17] junto ao senhorio, até o limite de seu aluguel (valor da sublocação), vide artigo 16 da Lei 8.245/91.

Art. 16. O sublocatário responde subsidiariamente ao locador pela importância que dever ao sublocador, quando este for demandado e, ainda, pelos aluguéis que se vencerem durante a lide.

A fim de evitar dissabores processuais ou até a própria rescisão do pacto por inércia da locatária, seu sublocador, é tutelado ao subinquilino o direito de figurar como assistente em ação de despejo movida em face do sublocador. Tal permissão, portanto, concede ao sublocatário a oportunidade de tentar manter a locação para a sobrevivência de sua sublocação.

Ao tratar da matéria processual, a Lei 8.245/91, em seu artigo 59, § único, impõe ao locador a necessidade de providenciar a ciência do sublocatário sobre a ação de desejo, justamente para perimir a ele, se assim desejar, valer-se de seu direito de integrar a relação processual, na figura de assistente.

---

17. LOCAÇÃO. SUBLOCAÇÃO. AUSÊNCIA DE PAGAMENTO DE ALUGUÉIS. RESPONSABILIDADE DA LOCATÁRIA. NATUREZA SUBSIDIÁRIA DA PARTE SUBLOCATÁRIA.
EXECUÇÃO. EXCESSO. REEXAME DE PROVA. IMPOSSIBILIDADE. SÚMULA N. 7/STJ. AFRONTA. 1. A teor da jurisprudência deste Tribunal, mesmo existindo contrato de sublocação, a responsabilidade pelo pagamento dos aluguéis é da parte locatária; **sendo subsidiária a do sublocatário**, ex vi do art. 16 da Lei n. 8.245/91. 2. Não há como desconstituir o acórdão da instância de origem que afastou o alegado excesso na execução ao consignar que a BR não fez prova de que a evolução dos cálculos tenha sido feita de forma errônea. 3. Alterar a compreensão do Tribunal de origem que, diante da análise do caso concreto, concluiu pela correção dos cálculos apresentados pelas exequentes, importaria em afronta ao óbice da Súmula n. 7/STJ. 4. Agravo regimental improvido. (AgRg no Ag 1145606/RS, Rel. Ministro JORGE MUSSI, QUINTA TURMA, julgado em 26/10/2010, DJe 22/11/2010) (grifos nossos)

Art. 59. Com as modificações constantes deste capítulo, as ações de despejo terão o rito ordinário.

2º Qualquer que seja o fundamento da ação dar-se-á ciência do pedido aos sublocatários, que poderão intervir no processo como assistentes. (g.n.)

Via de consequência, estende-se ao sublocatário a chance de purgar a mora (pagar o débito) fazendo convalescer a locação.

Nessa hipótese, via regresso legal, o sublocatário passará a ser credor do inquilino (seu sublocador), limitado às quantias que, eventualmente, excederem o seu próprio aluguel, obviamente, se a sublocação e locação principal não gozarem do mesmo valor.

Segue entendimento doutrinário sobre o assunto:

"Podem se interessar em extinguir a dívida o fiador, o sublocatário legítimo e aquele que suceder ao locatário". (...) "Assim, é possível a purgação da mora em ação de despejo por falta de pagamento, pelo inquilino, sublocatário e até por terceiro."[18]

Com efeito, o fiador, a quem garante-se o direito ao regresso[19], caso este pague o débito, também se manterá responsável junto ao inquilino pelas penalidades decorrentes de atos infracionais, como a sublocação ilegítima, ex vi, julgada a seguir:

DIREITO CIVIL. RECURSO ESPECIAL. LOCAÇÃO. SUBLOCAÇÃO REALIZADA SEM O CONSENTIMENTO DOS LOCADORES. REEXAME DE MATÉRIA FÁTICA. IMPOSSIBILIDADE. SÚMULA 7/STJ. FIANÇA. EXONERAÇÃO AUTOMÁTICA. NÃO-OCORRÊNCIA. RECURSO CONHECIDO E IMPROVIDO. 1. **A obrigação assumida pelo fiador não se limita ao pagamento dos aluguéis e demais encargos, estendendo-se a todas as obrigações contratualmente assumidas pelo locatário. 2. A sublocação, realizada sem o consentimento e o conhecimento do locador, em descumprimento de obrigação expressamente assumida no contrato de locação, não implica a exoneração automática da fiança**. 3. Recurso especial conhecido e improvido.[20] **(g.n.)**

6. FUNDO DE COMÉRCIO

6.1. DIREITO DE PREFERÊNCIA

Não é incomum, tanto na teoria como na prática, a discussão sobre a titularidade e direitos sobre o ponto comercial nas hipóteses de sublocação.

O inquilino, ao sublocar o imóvel, cederá ao subinquilino sua posse, de forma que este passará a ser o detentor do fundo de comércio,

Isso porque, o direito de preferência, que nada mais é que a condição prioritária do inquilino em adquirir o imóvel (sob idênticas condições de eventual terceiro), pertence apenas ao sublocatário, vide redação do artigo 30 da Lei de Locações:

---

18. PEDROTTI, Irineu; PEDROTTI, William. Comentários a Lei de Locação. Lei 8.245/1991. Editora: Método, 2005, p. 463-464.
19. Art. 831. O fiador que pagar integralmente a dívida fica sub-rogado nos direitos do credor; mas só poderá demandar a cada um dos outros fiadores pela respectiva quota.
20. STJ. REsp 1098238/RS, Rel. Ministro ARNALDO ESTEVES LIMA, QUINTA TURMA, julgado em 18/02/2010, DJe 15/03/2010.

"Art. 30. Estando o imóvel sublocado em sua totalidade, caberá a preferência ao sublocatário e, em seguida, ao locatário. Se forem vários os sublocatários, a preferência caberá a todos, em comum, ou a qualquer deles, se um só for o interessado".

Dessa forma, na hipótese de alienação do imóvel, ter-se-á em favor do sublocatário, ou seja, o ocupante legítimo do imóvel, a garantia ao direito de preferência, fato que afastará por completo a possibilidade do locatário, então sublocador, em manter os direitos sobre o ponto comercial.

6.2. Ação renovatória

Outro instituto em que se observavam divergências doutrinárias e jurisprudenciais, agora, aparentemente dirimidas pela redação do artigo 3º da novel legislação de franquias, trata-se da legitimidade ativa na propositura de ação renovatória de contrato de locação.[21]

Tal qual o direito de preferência retroenfrentado, a sublocação também atrai ao sublocatário os direitos de proteção ao fundo de comércio. O fundamento geral é o mesmo: A garantia em favor do possuidor legítimo; de quem lá opera sua atividade comercial.

O artigo 3º alterou totalmente a orientação da legislação inquilinária, que limitava o direito à proteção do fundo de comércio ao sublocatário, afastando-o do locatário/sublocador.

A sublocação total do imóvel, à luz da legislação anterior, transferia ao sublocatário o direito a ação renovatória, em caráter exclusivo e integral.

Art. 51 – (...)
§ 1º O direito assegurado neste artigo poderá ser exercido pelos cessionários ou sucessores da locação; no caso de sublocação total do imóvel, o direito a renovação somente poderá ser exercido pelo sublocatário.

Como dito anteriormente, o artigo 3º da Lei 13.966/19 pôs uma pedra na discussão, pelo menos textualmente falando, na medida em que garantiu a ambos os contratantes, tanto o locatário/sublocador (franqueador) como o sublocatário (franqueado), o direito à proteção do fundo de comércio através da ação renovatória de contrato de locação, prevista nos artigos 51 e seguintes e 71 e seguintes da Lei 8.245/91:

Art. 3º Nos casos em que o franqueador subloque ao franqueado o ponto comercial onde se acha instalada a franquia, **qualquer uma das partes terá legitimidade para propor a renovação do contrato de locação do imóvel**, vedada a exclusão de qualquer uma delas do contrato de locação e de sublocação por ocasião da sua renovação ou prorrogação, salvo nos casos de inadimplência dos respectivos contratos ou do contrato de franquia. (grifos nossos)

Como se pode notar, a lei descreve o direito em **"propor a renovação do contrato de locação"**, o que permite concluir que o direito à ação judicial respectiva também está tutelado.

---

21. A ação renovatória visa à garantia ao fundo de comércio através da renovação judicial do contrato.

Tal instituto poderá garantir a melhor e mais efetiva proteção do fundo de comércio às franquias em geral, na medida em que, na falta de um, a outra parte interessada, franqueador ou franqueado, terá não só o interesse, como a legitimidade para buscar a renovação judicial.

Vale lembrar que, antes do novo texto legal, o sublocador/franqueador que promovesse ação renovatória estava fadado ao insucesso, sob o fundamento de ilegitimidade ativa.

> AÇÃO RENOVATÓRIA CONTRATO DE SUBLOCAÇÃO DE IMÓVEL DESTINADO A FINS COMERCIAIS E CONTRATO DE FRANQUIA – AÇÃO RENOVATÓRIA DO CONTRATO DE SUBLOCAÇÃO PROPOSTA PELO FRANQUEADO – LEGITIMIDADE ATIVA. Ação Renovatória de Contrato de Sublocação proposta pelo sublocatário/franqueado em face da sublocadora/franqueadora e do locador, por não dispor aquela de prazo para a renovação da sublocação. Sentença que decretou a revelia do locador e acolheu a preliminar de ilegitimidade ativa argüida pela sublocadora, julgando extinto o processo sem exame do mérito, com fundamento no artigo 267, VI, do Código de Processo Civil. Não obstante constar expressamente do contrato de sublocação seu caráter acessório em relação ao contrato de franquia, que não foi renovado, nos termos do artigo 45 da Lei n.º 8.245191 são nulas de pleno direito as cláusulas que afastem o direito à renovação. A sublocatária, como titular de parte do fundo de comércio, tem legitimidade para pleitear a renovação do contrato de sublocação. Preenchidos que foram os requisitos legais, quais sejam, contrato escrito com prazo de cinco anos e exploração do seu comércio por mais de três anos, e apresentação dos mesmos fiadores, a apelante faz jus à renovação. Ante a revelia do locador e considerando que a defesa da sublocadora se limitou à preliminar de ilegitimidade ativa, impõe-se a renovação contrato da apelante. Provimento do recurso para, reformando a sentença reconhecer a legitimidade da apelante para a Ação Renovatória e, com fundamento no artigo 515, § 3º, do CPC, decretar a renovação do contrato por mais cinco anos, a contar de 1º de julho de 2004, mantidas as demais cláusulas e condições do contrato renovando, inclusive quanto ao aluguel e sua atualização.[22]

> PROCESSUAL CIVIL. AGRAVO REGIMENTAL NO AGRAVO EM RECURSO ESPECIAL. AÇÃO RENOVATÓRIA. DISTRIBUIDORA DE PETRÓLEO. SUBLOCAÇÃO TOTAL AO REVENDEDOR VAREJISTA. ILEGITIMIDADE ATIVA. IMPOSSIBILIDADE DE INTERPRETAÇÃO DE CLÁUSULA CONTRATUAL. SÚMULA 5/STJ. INVIABILIDADE DE REEXAME DE MATÉRIA PROBATÓRIA. SÚMULA 7/STJ. CONSONÂNCIA DO ACÓRDÃO RECORRIDO COM O ENTENDIMENTO PRECONIZADO POR ESTA CORTE. SÚMULA 83/STJ. AGRAVO NÃO PROVIDO. 1. O Tribunal a quo consigna que a recorrente é parte ilegítima para propor a ação renovatória de locação, pois houve a sublocação total do bem em discussão. A reforma do acórdão, neste aspecto, demandaria interpretação de cláusula contratual e revolvimento do contexto fático-probatório, providências vedadas pelas Súmulas 5/STJ e 7/STJ. 2. De acordo com o entendimento do Superior Tribunal de Justiça, a distribuidora de petróleo não possui legitimidade ativa para propor ação de renovação do contrato de aluguel, nos termos do art. 51, § 1º, da Lei n. 8.245/91, quando subloca totalmente o imóvel ao revendedor varejista. Precedentes. 3. Agravo regimental não provido.[23]

> PROCESSUAL CIVIL. AGRAVO REGIMENTAL NO AGRAVO EM RECURSO ESPECIAL. DISTRIBUIDORA DE PETRÓLEO. SUBLOCAÇÃO TOTAL. ILEGITIMIDADE PARA PROPOR AÇÃO RENOVATÓRIA. DECISÃO MANTIDA. 1. A distribuidora de petróleo, legalmente impedida de comercializar diretamente seus

---

22. TJ/RJ – 0000003-63.2004.8.19.0210 (2006.001.07694) – APELAÇÃO – 1ª Ementa – DES. CASSIA MEDEIROS – Julgamento: 11/04/2006 – DECIMA OITAVA CÂMARA CÍVEL.
23. STJ. AgRg no AREsp 496.098/PR, Rel. Ministro LUIS FELIPE SALOMÃO, QUARTA TURMA, julgado em 03/03/2015, DJe 10/03/2015.

produtos, que subloca integralmente o imóvel para o revendedor, não tem legitimidade para promover a ação renovatória de aluguel. Precedentes. 2. Agravo regimental a que se nega provimento.[24]

Já na sublocação parcial, a legislação não inovou diretamente, o que pode trazer algum debate.

Isso porque, na sublocação parcial, cada qual defenderá seu fundo de comércio por sua responsabilidade e sobre seu quinhão, ou seja, o sublocatário valer-se-á da medida judicial protetiva sobre a parte do imóvel sublocada, enquanto o sublocador/inquilino locatário tutelará a área que permanece ocupando.

No mesmo passo, na conjetura de mais de uma sublocação parcial no mesmo imóvel, seguindo a regra apresentada, cada sublocatário defenderá sua área, valendo-se dos meios judiciais disponíveis em lei.

Em se tratando de nova legislação, muito ainda há que se assentar por meio de nossos Tribunais e doutrinadores.

REFERÊNCIAS

PEDROTTI, Irineu; PEDROTTI, William. *Comentários a Lei de Locação. Lei 8.245/1991*. Editora: Método, 2005.

PINTO, José Guy de Carvalho. *Locação e Ações Locativas*. São Paulo: Editora Saraiva, 1997.

SOUZA, Sylvio Capanema de. *Da locação do imóvel urbano direito e processo*. Rio de Janeiro: Editora Forense, 2001.

---

24. STJ. AgRg no AREsp 540.563/PR, Rel. Ministro ANTONIO CARLOS FERREIRA, QUARTA TURMA, julgado em 02/10/2014, DJe 08/10/2014.

36
LOCAÇÃO EM *FRANCHISING* – AÇÕES LOCATÍCIAS – RENOVATÓRIA

Marina Nascimbem Bechtejew Richter

Sumário: Introdução; 1. Das ações locatícias; 1.1. Notificação judicial para exercício de preferência; 1.2. Ação de preferência e ação de perdas e danos em razão do descumprimento do direito de preferência; 1.3. Ação no caso de cláusula de vigência; 1.4. Da ação renovatória; 1.5. Da ação de despejo; 1.6. Outras situações relativas às ações locatícias – Referências.

INTRODUÇÃO

Como já explicado em capítulos anteriores, existe a preocupação por parte dos candidatos na busca da melhor atividade a ser desenvolvida, seja uma franquia, seja negócio próprio, e, ainda, a busca do local adequado para a implantação do negócio pretendido. Entretanto, muitos se esquecem de fazer a negociação adequada do ponto comercial, o que pode inviabilizar a operação.

Assim, outra questão que surge no estudo da franquia é a relação locatícia, afinal, antes mesmo de pensar em um contrato de franquia, o candidato precisa de um ponto comercial e, caso o ponto não seja próprio, será necessário um contrato de locação.

Conforme entendimento de Orlando Gomes, contrato é "o negócio jurídico bilateral, ou plurilateral, que sujeita as partes à observância de conduta idônea à satisfação dos interesses que regularam"[1].

Caio Mário da Silva Pereira acrescenta, ainda, que "contrato é um acordo de vontades, na conformidade da lei, e com a finalidade de adquirir, resguardar, transferir, conservar, modificar ou extinguir direitos", ou sinteticamente, é o "acordo de vontades com a finalidade de produzir efeitos jurídicos"[2].

O contrato de locação nada mais é do que um contrato, sendo importante que o candidato a franqueado assine um contrato de locação que tenha um prazo determinado de duração, e ainda siga algumas dicas indicadas no capítulo que tratará de locação, lembrando sempre que, ainda que tais cuidados sejam adotados, não é possível uma garantia de que o negócio terá o sucesso almejado.

---

1. GOMES, Orlando. Contratos. 17. ed. Rio de Janeiro: Forense, 1997. p. 10.
2. PEREIRA, Caio Mário da Silva, *Instituições de Direito Civil*. 10. ed. Rio de Janeiro: Forense, 1997. v. III. p. 2.

Esse contrato deverá abordar tudo o que tiver sido negociado entre as partes, sendo recomendável que seja firmado por um prazo não inferior a 5 (cinco) anos, para que dessa forma seja cumprido um dos requisitos primordiais da ação renovatória.

Além de cumprir os requisitos legais de forma a possibilitar o ingresso de uma ação renovatória, os locatários devem atentar-se ao direito de preferência, ou seja, a prioridade que o inquilino possui de direito para a aquisição do imóvel. Havendo o descumprimento dessa prerrogativa legal (direito de preferência), fica também garantida a possibilidade de ingresso de ação judicial pelo locatário. No caso do locador, um dos meios de notificar o locatário é através de uma ação judicial.

O cumprimento do contrato também é importante, como adiante explicado, já que seu inadimplemento pode acarretar a ação de rescisão do contrato de locação, a ação de despejo, entre outras ações locatícias.

A Lei nº 8.245/1991 é complexa e trouxe importantes regras processuais, aventadas no próximo tópico.

1. DAS AÇÕES LOCATÍCIAS

1.1. Notificação judicial para exercício de preferência

Como ilustrado anteriormente, o locatário possui o direito de preferência na aquisição do imóvel, e havendo a intenção de venda pelo locador, este deverá, de forma prévia, conferir ao locatário a possibilidade de adquiri-lo.

Tal direito encontra-se previsto na Seção V, artigo 27 e seguintes da Lei de Locações (Lei nº 8.245, de 18 de outubro de 1991), e para que esse direito possa ser exercido, não há exigência legal que determine sua previsão de forma expressa no contrato de locação a ser firmado, ou seja, ainda que não esteja previsto no contrato, o locador deve garantir ao locatário o direito de preferência na aquisição do imóvel.

Em atenção ao texto legal, é importante que o Locador dê conhecimento ao Locatário de que o bem locado será alienado, sendo necessário um cuidado especial nesse sentido, para que se tenha certeza e prova da ciência inequívoca do locatário. Nesse sentido os ensinamentos de Maria Helena Diniz, citando Silvio Rodrigues:

> (...) por isso, repetimos, o locador deverá notificá-lo judicial ou extrajudicialmente, ou mediante qualquer outro meio hábil que comprove o cumprimento dessa exigência legal. A notificação poderá ser judicial, ou, ainda, feita através do Cartório de Títulos e Documentos ou por carta, desde que a segunda via seja assinada pelo locador, pois só assim ter-se-á certeza de que inequivocamente teve ciência do fato.
>
> A notificação deverá ser perfeita; para isso, deverá obedecer o requerido pela lei; deverá conter não só todas as condições do negócio pretendido (preço, forma de pagamento, indicação da existência de ônus reais), como também o local e o horário em que se possa examinar a documentação a ele alusiva.[3]

---

3. DINIZ, Maria Helena. Lei de locações de imóveis urbanos comentada. 13ª ed. São Paulo: Saraiva, 2012, pág. 154.

Silvio Venosa adiciona que:

> Essa comunicação ou afronta deve ser enviada de modo que o inquilino a receba inequivocadamente. Tal como no Código Civil, pouco importa que seja notificação judicial, extrajudicial ou outra forma de ciência, não admitindo, porém, outra forma que não a escrita.[4]

Silvio Venosa destaca, ainda, que "a afronta não pode se limitar a comunicar o preço, mas deve declinar todas as vantagens que estão sendo oferecidas na venda, tais como prazos, índices de correção das parcelas devidas, formas de pagamento etc."[5].

Também vale destacar que o direito de preferência deve ser exercido em igualdade de condições, razão pela qual, se o interessado fizer uma melhor proposta para a aquisição do imóvel, o procedimento para a conferência da preferência do inquilino deve ser reiniciado, com envio de nova notificação escrita, sob pena de não ser atendida a norma legal.

A notificação judicial, que é uma das modalidades, e que pode ser adotada pelo locador para dar ciência da proposta de venda ao locatário, é uma medida judicial simples e que tem como objetivo único e exclusivo evitar que o locatário alegue ignorância do fato; e, ainda, para que reste comprovada a boa-fé do locador. Trata-se de mera comunicação de vontade.

O artigo 726 do Código de Processo Civil de 2015 prevê a possibilidade da ação de notificação judicial, medida de rigor a fim de que se previnam responsabilidades, sejam ressalvados direitos e/ou manifestada a intenção de modo formal:

> Art. 726. Quem tiver interesse em manifestar formalmente sua vontade a outrem sobre assunto juridicamente relevante poderá notificar pessoas participantes da mesma relação jurídica para dar-lhes ciência de seu propósito.
>
> § 1º Se a pretensão for a de dar conhecimento geral ao público, mediante edital, o juiz só a deferirá se a tiver por fundada e necessária ao resguardo de direito.
>
> § 2º Aplica-se o disposto nesta Seção, no que couber, ao protesto judicial.

Trata-se de ação simples, e que certamente garantirá ao locador provas do cumprimento do que lhe cabia, evitando as ações apontadas no item a seguir.

Recebida a notificação, judicial ou extrajudicial, o inquilino terá o prazo de trinta dias para manifestar o interesse no exercício da preferência, sendo recomendável que também o faça de maneira formal, por escrito, e com prova de recebimento por parte do locador. Trata-se de um prazo decadencial e, no caso de negativa ou silêncio do locatário, estará o locador autorizado a alienar o imóvel a terceiro interessado, respeitadas as condições constantes da notificação de preferência.

---

4. VENOSA, Silvio de Salvo. Lei do inquilinato comentada: doutrina e prática. Lei nº 8.245, de 18-10-1991. 13ª ed. São Paulo: Atlas, 2014, pág. 157.
5. VENOSA, Silvio de Salvo. Lei do inquilinato comentada: doutrina e prática. Lei nº 8.245, de 18-10-1991. 13ª ed. São Paulo: Atlas, 2014, págs. 156 e 157.

1.2. Ação de preferência e ação de perdas e danos em razão do descumprimento do direito de preferência

O artigo 33 da Lei de Locação (8.245/91) acrescenta que:

O locatário preterido no seu direito de preferência poderá reclamar do alienante as perdas e danos ou, depositando o preço e demais despesas do ato de transferência, haver para si o imóvel locado, se o requerer no prazo de 6 (seis) meses, a contar do registro do ato no cartório de imóveis, desde que o contrato de locação esteja averbado pelo menos 30 (trinta) dias antes da alienação junto à matrícula do imóvel.

O descumprimento pelo locador do direito de preferência previsto no artigo 27 e seguintes da Lei de locações garante ao locatário dois tipos de ações judiciais: perdas e danos ou o direito de requerer o imóvel para si.

Como consagrado no dispositivo legal, a averbação do contrato de locação no registro imobiliário é medida necessária para assegurar ao locatário o direito real de perseguir e haver o imóvel alienado a terceiro, desde que obedecidos os prazos e pressupostos fixados pela própria lei.

Maria Helena Diniz esclarece sobre essa ação:

A da *ação adjudicatória*, a fim de invalidar a alienação feita pelo locador a estranho, determinando o órgão judicante em sua sentença a adjudicação do imóvel, efetivando-se sua matrícula em nome do inquilino, desde que tenha pagado integralmente o preço e demais despesas do ato de transferência e fique comprovada a legitimidade de seu direito. O locatário a quem não se notificar previamente da alienação, poderá, depositando o preço e demais despesas do ato de transferência, sem qualquer acréscimo, ou seja, sem correção monetária ou atualização de valores, haver para si o imóvel locado, se o requerer em prazo de seis meses a contar do registro do ato no Cartório de Imóveis. Sem tal depósito não haverá como exercer esse direito de ação. Para o exercício do direito de preferência à compra do imóvel deve o locatário, antes do ajuizamento do pedido, promover o depósito preparatório do preço, requisito indispensável à propositura da ação (RT, 575:183). Antes do ajuizamento do pedido de adjudicação, deve o inquilino providenciar a prévia medida cautelar inominada de depósito preparatório do preço, segundo as condições estabelecidas no contrato a si inoponível (2º TACSP, Ap. 156.094, j. 24-5-1983). Se o negócio entre locador e terceiro for a prestação, o locatário deverá, então, depositar por ocasião do ajuizamento da adjudicatória tão somente o *quantum* correspondente à primeira parcela, consignando, posteriormente, as demais nas épocas estipuladas na oferta feita pelo locador ao terceiro adquirente.

A ação de adjudicação depende da existência de um direito de preferência, constituído no plano do direito real através da averbação do contrato no Registro Imobiliário.[6]

---

6. DINIZ, Maria Helena. Lei de locações de imóveis urbanos comentada. 13ª ed. São Paulo: Saraiva, 2012, págs. 170 e 171.

Importante destacar, ainda, que o locatário precisa preencher condições legais para a distribuição dessa ação, quais sejam: a) fazer a reclamação dentro do prazo de seis meses, contados da averbação do contrato de locação na matrícula do imóvel; b) realizar o prévio depósito judicial do preço igual ao pago pelo terceiro interessado; e c) a averbação do contrato de locação com, no mínimo, 30 dias de antecedência da assinatura do contrato de compra e venda/compromisso de venda e compra. Sobre o assunto, Maria Helena Diniz ensina:

> O locatário, portanto, na hipótese de ser preterido na compra do imóvel locado, além do interesse de agir, ou seja, da necessidade de recorrer ao Judiciário para resguardar seu direito, e da *legitimatio ad causam*, isto é, titularidade do direito disputado na ação, precisará preencher determinadas condições *de lege lata* da ação de preferência, como:
>
> a) Reclamação dentro de seis meses. Tal prazo decadencial será insuscetível de interrupção, por ser extintivo de direito. Se não houver reclamação nesse período de tempo, dar-se-á a caducidade do direito de preferência. O termo *a quo* da contagem desse prazo legal deverá ser o do registro do contrato no Cartório Imobiliário e não o da efetivação da venda, pois o conhecimento do ato negocial, no caso do art. 33, ora interpretado, constitui uma *presumptio iuris*.
>
> b) Prévio depósito judicial do preço igual ao pago pelo terceiro interessado, tendo-se em vista que justo não seria que alguém tivesse direitos de adquirir imóvel, sem pagar o preço respectivo (BAASP, 1.763:5). Com o real depósito do preço, o locatário afirma ter direito de preferência e reivindica o de comprar para si o imóvel locado, por ele legitimamente ocupado, alienado a estranho. O depósito deverá ser real e concreto; inadmissível será, portanto, mera oferta. Com isso o inquilino demonstrará sua idoneidade econômico-financeira para adquirir o imóvel.
>
> c) Averbação do contrato de locação no Registro de Imóveis, feita à vista de qualquer das vias do instrumento, desde que subscrita também por duas testemunhas. Imprescindível será tal averbação para que se possa propor ação de preferência, rescindido a alienação do prédio locado. O locatário não afrontado pelo locador só terá habilitação para promover ação de preferência se demonstrar que o contrato locativo, em que está fundado seu direito, está devidamente averbado na Circunscrição Imobiliária há pelo menos trinta dias da alienação. Se o contrato não estiver registrado, o inquilino carecerá da ação.[7]

Exatamente nesse sentido segue o entendimento jurisprudencial do Superior Tribunal de Justiça (STJ):

> RECURSO ESPECIAL (Art. 105, III, "A" E "C", DA CF) – AÇÃO INDENIZATÓRIA – CONTRATO DE LOCAÇÃO – BEM ALIENADO A TERCEIRO – DESRESPEITO AO DIREITO DE PREFERÊNCIA DO LOCATÁRIO – AVERBAÇÃO DO AJUSTE NO REGISTRO IMOBILIÁRIO – PRESCINDIBILIDADE – PERDAS E DANOS – QUANTUM A SER FIXADO EM LIQUIDAÇÃO – RECURSO ESPECIAL PARCIALMENTE CONHECIDO E PROVIDO.
>
> 1. Não se conhece da alegação de afronta ao art. 128 do CPC, por suposto julgamento extra ou ultra petita, quando a matéria deixou de ser debatida nas instâncias ordinárias, padecendo, portanto, do devido prequestionamento. Incidência das Súmulas n. 282/STF e 211/STJ.
>
> 2. A averbação do contrato de locação no registro imobiliário é medida necessária apenas para assegurar ao locatário o direito real de perseguir e haver o imóvel alienado a terceiro, dentro dos prazos e observados os pressupostos fixados na Lei n. 8.425/1991.

---

7. DINIZ, Maria Helena. Lei de locações de imóveis urbanos comentada. 13ª ed. São Paulo: Saraiva, 2012, págs. 171 e 172.

A falta dessa providência não inibe, contudo, o locatário de demandar o locador alienante por violação a direito pessoal, reclamando deste as perdas e danos que porventura vier a sofrer pela respectiva preterição. Precedentes.

3. Uma vez delineados os danos emergentes e lucros cessantes pretendidos pelo demandante na petição inicial da ação indenizatória, juridicamente viável se afigura o diferimento da apuração e efetiva comprovação das perdas e danos na fase subsequente de liquidação de sentença.

4. Recurso especial parcialmente conhecido e, em tal extensão, provido.

(REsp 912.223/RS, Rel. Ministro MARCO BUZZI, QUARTA TURMA, julgado em 06/09/2012, DJe 17/09/2012)

DIREITO CIVIL. PROCESSUAL CIVIL. RECURSO ESPECIAL. LOCAÇÃO. VIOLAÇÃO AOS ARTS. 458, II, E 535, II, DO CPC. NÃO-OCORRÊNCIA. VENDA DO IMÓVEL LOCADO. DIREITO DE PREFERÊNCIA. PRETERIÇÃO DO LOCATÁRIO.

ADJUDICAÇÃO. REGISTRO DO CONTRATO DE LOCAÇÃO NO CARTÓRIO DE REGISTRO DE IMÓVEIS. NECESSIDADE. PRECEDENTES DO STJ. SÚMULA 83/STJ. REGISTRO NÃO-COMPROVADO. AFERIÇÃO. IMPOSSIBILIDADE. SÚMULA 7/STJ. CONVERSÃO DO FEITO, PELO TRIBUNAL A QUO, EM DILIGÊNCIAS. NÃO-CABIMENTO. ÔNUS DA PROVA DO AUTOR. RECURSO ESPECIAL CONHECIDO E IMPROVIDO.

1. Os embargos de declaração têm como objetivo sanar eventual obscuridade, contradição ou omissão existentes na decisão recorrida.

Não há falar em afronta aos arts. 458, II, e 535, II, do CPC, quando o Tribunal de origem pronuncia-se de forma clara e precisa sobre a questão posta nos autos, assentando-se em fundamentos suficientes para embasar a decisão.

2. A exigência de depósito do preço e das demais despesas do ato de transferência (art. 25, § 1º, Lei 6.649/79), para exercício do direito de adjudicação do locatário preterido, não se confunde com uma das condições da ação: legitimidade das partes, interesse processual e possibilidade jurídica do pedido. A ausência de tal requisito importa na extinção do feito com a resolução do mérito.

3. Nos termos do art. 25, § 1º, da Lei 6.649/79, o registro do contrato de locação no competente cartório de registro de imóveis é requisito essencial para que o locatário preterido possa adjudicar o imóvel cuja venda ou cessão de direitos foi realizada em desrespeito ao seu direito de preferência. Precedentes do STJ.

4. Tendo o Tribunal de origem, com base no conjunto probatório dos autos, firmado a compreensão no sentido de que um simples carimbo aposto no verso contrato locatício, sem nenhum número de registro, não seria suficiente para comprovar a realização de seu registro no cartório competente, rever tal entendimento demandaria o reexame de matéria fático-probatória, o que atrai a incidência da Súmula 7/STJ.

5. A regra do art. 284 do CPC – que autoriza ao Juiz suprir a ausência de documento indispensável à propositura da ação antes de decretar a extinção do feito sem a resolução do mérito – não pode ser aplicada ao recurso de apelação no Tribunal de origem, mormente porque não há falar em ausência de documento essencial à propositura da ação, mas, in casu, na não-comprovação do direito pleiteado pelo autor, nos termos do art. 333, I, do CPC.

6. Recurso especial conhecido e improvido. (REsp 886.583/SC, Rel. Ministro ARNALDO ESTEVES LIMA, QUINTA TURMA, julgado em 23/02/2010, DJe 26/04/2010)

Dessa forma, a lei garantiu ao locatário, desde que o contrato de locação esteja averbado pelo menos trinta dias antes da alienação junto à matrícula do imóvel, que caso não lhe seja conferido o seu direito de preferência, este poderá, depositando o preço e mais as despesas do ato de transferência, haver para si o imóvel locado; se o requerer no prazo de seis meses a contar do registro do ato no cartório de imóveis.

Ainda que o locatário opte por não ingressar com a ação do direito de preferência anteriormente comentada, é possível o pleito indenizatório, sendo necessária a comprovação do efetivo prejuízo econômico que o locatário teve com a venda do imóvel.

É preciso esclarecer que, se o locatário preterido no direito de preferência, por não ter sido notificado da alienação do bem locado, não fez a averbação do ato negocial locatício, na forma e prazo legais, não poderá optar entre a ação indenizatória e a adjudicatória, pois apenas terá o direito de acionar o locador por perdas e danos, pleiteando o ressarcimento dos prejuízos sofridos em razão de sua preterição na preferência, fazendo jus tão somente a uma quantia indenizatória. Consequentemente, o adquirente do imóvel terá, então, resguardada a aquisição, pois insuscetível será nessa hipótese a ação de anulação da alienação feita ou a ação adjudicatória.[8]

Majoritária jurisprudência do Superior Tribunal de Justiça tem estabelecido que a averbação do contrato de locação junto ao Cartório de Imóvel não é requisito prejudicial ao pedido de indenização por perdas e danos, mas tão somente para os casos em que o locatário desejar a adjudicação do bem.[9]

Assim, o locatário poderá, ainda, independentemente do registro do contrato, pleitear perdas e danos, caso o direito de preferência não lhe seja conferido pelo locador. Nesses termos, segue a jurisprudência do STJ:

> AGRAVO REGIMENTAL NO RECURSO ESPECIAL. AÇÃO INDENIZATÓRIA. DIREITO DE PREFERÊNCIA. AVERBAÇÃO DO CONTRATO NO REGISTRO IMOBILIÁRIO. PRESCINDIBILIDADE. 1. Nos termos da jurisprudência desta Corte, a inobservância do direito de preferência do locatário na aquisição do imóvel enseja o pedido de perdas e danos, que não se condiciona ao prévio registro do contrato de locação na matrícula imobiliária. Precedentes. 2. Agravo regimental não provido. (AgRg no REsp 1356049/RS, Rel. Ministro RICARDO VILLAS BÔAS CUEVA, TERCEIRA TURMA, julgado em 25/02/2014, DJe 28/02/2014)
>
> CIVIL - RECURSO ESPECIAL - LOCAÇÃO - DIREITO DE PREFERÊNCIA - ALIENAÇÃO A TERCEIROS DO BEM LOCADO - ART. 33, DA LEI Nº 8.245/91 - DESNECESSIDADE DA PRÉVIA AVERBAÇÃO DO CONTRATO PARA REQUERER-SE PERDAS E DANOS.
>
> 1 - O locatário preterido pode pleitear perdas e danos, não se fazendo necessário o registro do Contrato de Locação, devendo, entretanto, ser produzidas provas testemunhais, documentais ou periciais. Cabe ao locador, nos termos do art. 27, da Lei nº 8.245/91, dar ciência ao locatário de sua intenção de venda, facultando-lhe o direito de exercer sua preferência. No caso sub judice, como não o fez, conforme já esposado pelo Colendo Supremo Tribunal Federal (Súmula 488), ao considerar o direito de preferência de natureza pessoal, recomenda-se a composição em perdas e danos.
>
> 2 - Todavia, para obter para si o imóvel, no prazo máximo de seis meses do registro de venda no órgão competente, é necessário que o locatário tenha feito a prévia averbação do seu instrumento de locação junto ao Cartório de Registro de Imóveis, com antecedência mínima de trinta dias da referida data de venda deste, bem como deposite, initio litis, o valor do mesmo, mais despesas de transferência. Não foi o que aconteceu nestes autos, onde não houve nem o registro, nem o citado depósito. A r. decisão

---

8. DINIZ, Maria Helena. Lei de locações de imóveis urbanos comentada. 13ª ed. São Paulo: Saraiva, 2012, pág. 170.
9. ARAÚJO JÚNIOR, Gediel Claudino de. Prática de locações: lei do inquilinato anotada, questões práticas, modelos de peças– 8ª ed., rev., amp. e atual. – São Paulo: Atlas, 2018, pág. 78.

monocrática atendeu corretamente pedido alternativo de perdas e danos e negou a pretensão de adjudicação do imóvel.

3 - Precedentes (Ag. Reg. em AG nº 18.719/RJ, REsp nºs 13.718/SP e 130.008/SP).

4 - Recurso conhecido e provido para, reformando o v. acórdão de origem, restabelecer a r. sentença monocrática, em todos os seus termos, que acolheu parcialmente o pedido.

(REsp n. 252.158/RJ, relator Ministro Jorge Scartezzini, Quinta Turma, julgado em 20/6/2000, DJ de 28/8/2000, p. 121.)

Importante destacar, ainda, que a jurisprudência do STJ segue no sentido de que existe a necessidade da comprovação de que o locatário tinha condições financeiras de adquirir o imóvel, para que haja procedência do seu pleito.

> EMBARGOS DE DECLARAÇÃO NO AGRAVO REGIMENTAL NOS EMBARGOS DE DECLARAÇÃO NO RECURSO ESPECIAL. PROCESSUAL CIVIL. OBSCURIDADE. PRESENÇA. ACOLHIMENTO DOS ACLARATÓRIOS SEM EFEITOS INFRINGENTES.
>
> 1. Existência de obscuridade no acórdão embargado que não altera a conclusão do julgamento.
>
> 2. Para fazer jus à indenização por perdas e danos, o locatário preterido em seu direito de preferência deve comprovar que possuía condições financeiras de adquirir o imóvel na mesma conjuntura em que ele foi alienado a terceiro.
>
> 3. Entendendo a Corte de origem, com base na análise dos elementos fático-probatórios dos autos, pela inexistência de prova da condição financeira do autor, fica inviabilizado o conhecimento do recurso diante do óbice da Súmula nº 7/STJ.
>
> 4. Embargos de declaração acolhidos, sem efeitos infringentes.
>
> (EDcl no AgRg nos EDcl no REsp n. 1.391.478/SP, relator Ministro Ricardo Villas Bôas Cueva, Terceira Turma, julgado em 19/5/2016, DJe de 1/6/2016.)

Essa mesma ação de indenização pode ser utilizada caso o locador desista do negócio, como ensina Silvio Venosa:

> (...) a nota lei submete a desistência do negócio de venda por parte do locador a uma indenização por perdas e danos. (...) É claro, porém, que o locatário, na ação indenizatória, deve comprovar prejuízos, sem os quais não haverá suporte para a ação. Não se trata de cobrança de multa. Mas apenas isso. Não estará obrigado a provar culpa do proponente. Este, por sua vez, se safará de uma indenização somente se provar caso fortuito ou força maior. Por essa razão, é que a proposta feita pelo alienante deverá ser séria. Feita a proposta, não estará o proponente obrigado a alienar, mas se sujeitará a indenizar.[10]

Importante registrar, entretanto, que, segundo o artigo 32 da Lei de Locação, perderão os seus efeitos da preferência quando se tratar de casos de perda da propriedade ou venda por decisão judicial, permuta, doação, integralização de capital, cisão, fusão e incorporação.

Sylvio Capanema Souza destaca que:

---

10. VENOSA, Silvio de Salvo. Lei do inquilinato comentada: doutrina e prática. Lei nº 8.245, de 18-10-1991. 13ª ed. São Paulo: Atlas, 2014, pág. 159.

Tais hipóteses estão elencadas no artigo 32, cujo horizonte foi bastante ampliado, em relação ao texto anterior.

O primeiro dos casos é o da alienação por decisão judicial, justificando-se a orientação legal pela ausência de voluntariedade, por parte do locador.

A alienação decorre de imposição legal, tal como acontece, por exemplo, nas ações de execução ou de cobrança, quando o imóvel objeto da penhora é levado à praça.[11]

Maria Helena Diniz acrescenta que "O direito de preferência é próprio em casos de alienação onerosa; logo não poderá ser exercido na alienação forçada e nos atos de liberalidade"[12].

Assim, apesar de parecer injusto, pois retira o direito do locatário, nota-se que este perde o direito de preferência nos casos de venda judicial (incluindo arrematação e adjudicação), permuta, doação, integralização de capital, cisão, incorporação e fusão.

1.3. Ação no caso de cláusula de vigência

A proteção disposta no artigo 33 da Lei de Locações não foi a única conferida ao locatário. Existe outra proteção que pode ser conferida aos locatários, e que é muito importante para assegurar os seus direitos; principalmente no que se refere ao cumprimento do prazo previsto em contrato, mas infelizmente muitos não se atentam a tanto.

Trata-se da cláusula de vigência em caso de alienação do imóvel, prevista no artigo 8º da Lei de Locações:

> Art. 8º Se o imóvel for alienado durante a locação, o adquirente poderá denunciar o contrato, com o prazo de 90 (noventa) dias para a desocupação, salvo se a locação for por tempo determinado e o contrato contiver cláusula de vigência em caso de alienação e estiver averbado junto à matrícula do imóvel.

Tal cláusula é importante na medida em que o locatário pode não ter interesse na aquisição do imóvel, ou, ainda, pode não ter condições de exercer o seu direito de preferência no imóvel e, nesse caso, o imóvel ser vendido a terceiros. Mas essa previsão também deve estar encartada no contrato, e deve também estar averbada junto à matrícula do imóvel.

Maria Helena Diniz ensina que:

> Nosso direito acolheu, em parte, a corrente que propugna o rompimento da locação pela alienação do prédio locado (*emptio tollit locatio*), fundada no direito romano, afastando, aparentemente, a doutrina pela qual a alienação não rompe a locação (*kauf bricht nicht Miet*), aceita pelo Código Civil alemão, no parágrafo 571. Na sistemática do direito brasileiro, a regra *emptio tollit locatio* não é absoluta, por comportar exceções. Deveras, o contrato de locação de prédio consiste numa relação jurídica obrigacional, sendo um direito pessoal, mas terá eficácia *erga omnes* se nele se consignar expressamente cláusula de vigência, em caso de alienação do imóvel locado, contendo seu valor, a renda, o prazo, o

---

11. SOUZA, Sylvio Capanema de, 1938. A lei do inquilinato comentada / Sylvio Capanema de Souza – 8ª ed. Rio de Janeiro: Forense, 2012, pag. 150.
12. DINIZ, Maria Helena. Lei de locações de imóveis urbanos comentada. 13ª ed. São Paulo: Saraiva, 2012, pág. 166.

tempo, o lugar de pagamento e a pena convencional, e se se fizer seu registro (Lei n. 6.015/73, art. 167, I, n. 3) no Livro n. 2 do Cartório da Circunscrição Imobiliária onde o imóvel objeto do contrato, estiver matriculado (Lei n. 6.015/73, art. 169, III, acrescentado pela lei n. 8.245, art. 81).

A publicidade decorrente da averbação junto à matrícula do imóvel locado preservará o inquilino.[13]

Importante esclarecer que por alienação entende-se também a doação, a permuta, a execução forçada, o estabelecimento de usufruto ou outra forma de transferência do imóvel a terceiro. Sylvio Capanema de Souza esclarece que "A lei fala em ser o imóvel alienado. Como não faz qualquer discriminação, é irrelevante que a alienação seja a título oneroso ou gratuito. Tanto poderá denunciar a locação o comprador do imóvel locado ou o permutante, quanto o donatário"[14].

Assim, nota-se que o artigo 8º da Lei nº 8.245/1991 dispõe sobre uma hipótese de exceção ao princípio da relatividade dos contratos, destacando que o ajuste somente gera efeitos entre as partes, não obrigando terceiros. Para que o contrato possa atingir terceiros, no caso o adquirente de um imóvel locado, a lei exige que o contrato seja por prazo determinado, haja cláusula de vigência em caso de alienação e que esteja averbado na matrícula do imóvel.

Silvio de Salvo Venosa destaca que o registro confere uma eficácia real ao vínculo obrigacional:

> Quando o legislador resolve proteger certas relações oriundas de contratos da interferência de terceiros, confere à obrigação uma eficácia real que é alcançada pelo registro (sempre o imobiliário e não o de títulos e documentos). Nessa hipótese, assim como naquela do art. 31, registrado o contrato, terceiros que venham a adquirir o imóvel devem respeitar a obrigação, durante o decurso de prazo (...). De qualquer modo, o registro confere uma eficácia limitada *erga omnes* que só é possível porque a lei delineia um direito real a um vínculo obrigacional. Por esse registro, autorizado pela lei, contraria-se o princípio da relatividade das convenções, segundo o qual só vincula as partes contratantes. O novo titular do domínio deve respeitar o prazo do contrato de locação, do qual não fez parte. No dizer de Antunes Varela (1977, v. 1:51), as obrigações gozam de eficácia real quando, sem perderem o caráter essencial de direitos a uma prestação, se transmitem, ou são oponíveis a terceiros, que adquiram direito sobre determinada coisa.[15]

No mesmo sentido, Maria Helena Diniz, citando Carvalho Santos:

> Com o assentamento do contrato, o locatário poderá opô-lo a terceiros, gerando um direito real e obrigando o possível adquirente a respeitá-lo. Essa averbação, que poderá ser requerida a qualquer tempo pelo interessado, desde que o contrato esteja em vigor, emprestará ao direito pessoal os atributos do direito real, dentre eles a oponibilidade *erga omnes*. Daí as acertadas palavras de Carvalho Santos de que 'fácil é explicar a razão de ficar o adquirente obrigado a respeitar o contrato de locação, no caso de cláusula expressa nesse sentido, devidamente registrada. É que, tendo sido a locação con-

---

13. DINIZ, Maria Helena. Lei de locações de imóveis urbanos comentada. 13ª ed. São Paulo: Saraiva, 2012, pág. 94.
14. SOUZA, Sylvio Capanema de, 1938. A lei do inquilinato comentada / Sylvio Capanema de Souza – 8ª ed. Rio de Janeiro: Forense, 2012, pag. 55.
15. VENOSA, Silvio de Salvo. Lei do inquilinato comentada: doutrina e prática. Lei nº 8.245, de 18-10-1991. 14ª ed. São Paulo: Atlas, 2015, págs. 70/71.

tratada com tal cláusula, esta vale por uma restrição convencional da propriedade, transmitindo-se com a coisa alugada: *nemo plus juris in alium tranferre potest, quam ipse habet*. O alienante transferiu a coisa com o encargo que a acompanhava e o adquirente não a pode ter em melhores condições do que tinha o alienante.[16]

A cláusula de vigência implica a restrição ao direito de propriedade e, por esse motivo, imprescindível o registro, que traz a publicidade necessária para que o adquirente possa saber exatamente o que está adquirindo.

Assim, ainda que haja a cláusula no contrato de locação, se essa previsão não estiver averbada junto à matrícula do imóvel, o adquirente não é obrigado a respeitar o prazo do contrato, já que não se pode supor que o comprador tivesse conhecimento de sua existência por outro modo.

Para que o inquilino possa opor seu direito ao adquirente, permanecendo no imóvel, será necessário: a) que o contrato de locação tenha sido firmado por escrito e com prazo determinado de validade; b) que haja a cláusula de vigência, nos termos da lei; e c) que seja o contrato de locação devidamente registrado na matrícula do imóvel. A falta de qualquer desses requisitos acarretará a possibilidade da denúncia do contrato de locação por parte do adquirente, dentro de noventa dias, contados do registro de venda.

O Ministro Felix Fischer, relator do Resp nº 605.521/SP, destaca que "(...) em momento algum, a lei federal fala da necessidade de constar do instrumento de compra e venda a informação de que o imóvel adquirido está locado, mas sim que é imprescindível, para evitar a rescisão do contrato e a decretação do despejo, que o contrato de locação e sua cláusula de vigência estejam averbados na matrícula do imóvel" (fls. 515, e-SJT).

Nesse sentido também segue o REsp 1669612/RJ:

RECURSO ESPECIAL. AQUISIÇÃO. SHOPPING CENTER. LOJAS. LOCAÇÃO. AÇÃO DE DESPEJO. CLÁUSULA DE VIGÊNCIA. REGISTRO. AUSÊNCIA. OPOSIÇÃO. ADQUIRENTE. IMPOSSIBILIDADE.

1. Recurso especial interposto contra acórdão publicado na vigência do Código de Processo Civil de 2015 (Enunciados Administrativos nºs 2 e 3/STJ).

2. A controvérsia gira em torno de definir se o contrato de locação com cláusula de vigência em caso de alienação precisa estar averbado na matrícula do imóvel para ter validade ou se é suficiente o conhecimento do adquirente acerca da cláusula para proteger o locatário.

3. A lei de locações exige, para que a alienação do imóvel não interrompa a locação, que o contrato seja por prazo determinado, haja cláusula de vigência e que o ajuste esteja averbado na matrícula do imóvel.

4. Na hipótese dos autos, não há como opor a cláusula de vigência à adquirente do shopping center. Apesar de no contrato de compra e venda haver cláusula dispondo que a adquirente se sub-rogaria nas obrigações do locador nos inúmeros contratos de locação, não há referência à existência de cláusula de vigência, muito mesmo ao fato de que o comprador respeitaria a locação até o termo final.

5. Ausente o registro, não é possível impor restrição ao direito de propriedade, afastando disposição expressa de lei, quando o adquirente não se obrigou a respeitar a cláusula de vigência da locação.

---

16. DINIZ, Maria Helena. Lei de locações de imóveis urbanos comentada. 12ª ed. São Paulo: Saraiva, 2012, pág. 95.

6. Recurso especial provido.

(REsp 1669612/RJ, Rel. Ministro RICARDO VILLAS BÔAS CUEVA, TERCEIRA TURMA, julgado em 07/08/2018, DJe 14/08/2018)

Nesse caso, o Tribunal estadual havia reformado a sentença por maioria, aplicando a técnica de julgamento disposta no artigo 942 do CPC de 2015, concluindo que o adquirente deveria respeitar a locação em razão de que "não só sabia do contrato como se obrigou a cumpri-lo pela cláusula de sub-rogação" (fls. 498, e-STJ).

Em razão dessa decisão, o adquirente interpôs Recurso Especial.

Em seu voto, o Exmo. Sr. Ministro Ricardo Villas Boas Cueva destacou que não se desconhece o recente julgado do STJ no qual foi afastada a necessidade de registro do contrato de locação, contudo, destaca que:

> (...) no mencionado julgado o adquirente, por convenção firmada com o vendedor, se obrigou a respeitar o contrato de locação em todos seus termos. Assim, não se trata propriamente de afastar a necessidade de registro, ou mesmo de ter conhecimento inequívoco da existência da cláusula de respeito, mas sim de o adquirente, por convenção, se obrigar a respeitar o contrato locatício.

Nessa linha, a doutrina de Sylvio Capanema de Souza:

> "Ora se o adquirente toma inequívoca ciência do contrato, que está vigendo por prazo determinado, e, na própria escritura de compra e venda, dela se fazendo ainda constar a obrigação de respeitá-lo, até o termo final, não vemos como poderá ele denunciar a locação, a não ser após expirar-se o prazo.
>
> Se, entretanto, não constar da escritura que o adquirente aceita o contrato, prevalecerá a primeira solução (possibilidade de denúncia – acréscimo nosso)". (DA locação do imóvel urbano: direito e processo. Rio de Janeiro: Revista Forense, 2002, pág. 86 – grifou-se).

Conclui que, no caso em questão, ainda que haja contrato de locação com cláusula de vigência, uma vez que não houve a sua averbação na matrícula do imóvel, como exige a Lei de Locações, o adquirente não estaria obrigado a respeitar as locações até o termo final, por não ser possível impor-lhe restrição ao direito de propriedade.

Havendo a cláusula de vigência no contrato de locação, e estando o contrato averbado na matrícula do imóvel, ainda que haja a venda do imóvel a terceiro, este deverá respeitar o prazo do contrato de locação.

Assim, quando o contrato não tem a cláusula de vigência, com a devida averbação do contrato na matrícula do imóvel, o Comprador pode denunciar o contrato de locação, ainda que tenha prazo determinado, no prazo de 90 dias contados do registro da venda ou do compromisso.

Importante registrar que, esgotado esse prazo, segundo o disposto no § 2º do artigo 8º da Lei de Locação, presumir-se-á a concordância na manutenção da locação: "§ 2º A denúncia deverá ser exercitada no prazo de 90 (noventa) dias contados do registro da venda ou do compromisso, presumindo-se, após esse prazo, a concordância na manutenção da locação."

1.4. Da ação renovatória

Cumprido o contrato, a Lei de Locação garante ao locatário de imóvel não residencial o direito de renovar o contrato.

O Artigo 51 da Lei de Locação determina quais os requisitos autorizadores da renovação compulsória do contrato de locação, quais sejam:

> i) contrato escrito e por prazo determinado igual ou superior a 60 (sessenta) meses, ou contratos escritos ininterruptos que somados atinjam 60 meses;
>
> ii) exploração do mesmo ramo de atividade por, no mínimo, 36 meses; e
>
> iii) prova do exato cumprimento do contrato em curso.

Maria Helena Diniz destaca que a lei se refere à renovação e não prorrogação nem novação do contrato, nos quais haveria apenas um prolongamento no tempo:

> A lei está aqui se referindo à renovação da locação, que não se confunde com a prorrogação nem com a novação. Na *prorrogação,* resultante da vontade das partes ou da lei, ter-se-á prolongação no tempo da mesma relação jurídica contratual – modificam-se apenas o prazo e o aluguel; não haverá, portanto, novo contrato (Lei n. 8.245/91, art. 46, parágrafo 1º). Na *novação* (CC, art. 360), haverá um acordo pelo qual as partes, alterando os sujeitos ou o objeto da prestação, constituem nova obrigação, substituindo outra, extinguindo-a. (...)
>
> Na *renovação*, o contrato existente não se estende no tempo, pois sempre se terá um novo contrato, que se justapõe ao anterior.[17]

Diante dessa garantia proferida pela lei, pode o locatário ingressar com a Ação Renovatória, que deverá ser proposta no prazo decadencial de um ano e seis meses antes do término do contrato vigente.

Além de atender aos requisitos legais, a exordial deve ser instruída com cópia dos seguintes documentos: I – contrato, ou contratos de locação a renovar; II – documento de identidade do locador e ou do contrato social; III – prova de que explora, de forma ininterrupta, o mesmo ramo comercial há pelo menos três anos; IV – prova de estar em dia com as obrigações oriundas do contrato em curso, apresentando os recibos de pagamento dos últimos alugueres, impostos e taxas, quando o pagamento destes últimos couber ao autor; V – prova de que o fiador do contrato ou o que o vai substituir aceita os encargos da fiança, normalmente por meio de uma declaração com firma reconhecida; VI – prova, quando for o caso, de ser cessionário ou sucessor, em virtude de título oponível ao proprietário; VII – procuração *ad judicia*.[18]

Sobre a idoneidade do fiador, vale destacar que o Enunciado 15 do extinto 2º TAC dispensava a prova da sua idoneidade, contudo, a nova redação dada pela Lei

---

17. DINIZ, Maria Helena. Lei de locações de imóveis urbanos comentada. 13ª ed. São Paulo: Saraiva, 2012, pág. 253.
18. ARAÚJO JÚNIOR, Gediel Claudino de. Prática de locações: lei do inquilinato anotada, questões práticas, modelos de peças / Gediel Claudino de Araújo Junior – 8ª ed., rev., amp e atual. – São Paulo: Atlas, 2018, pág. 81 e 82.

nº 12.112/2009 indica que a idoneidade deve ser comprovada, ainda que se trate do mesmo fiador.

Porém, diante da nova redação da parte final do art. 71, inc. V, da Lei de Locação – dada pela Lei 12.112/2009 –, a idoneidade do fiador, mesmo que seja o mesmo, deve ser comprovada, estando prejudicado o entendimento constante do enunciado jurisprudencial. A *idoneidade*, por obvio, envolve questões patrimoniais e não morais ou de outra natureza[19].

Importante citar que o não cumprimento de qualquer dos requisitos anteriormente destacados acarretará a improcedência da ação renovatória.

O locatário deve notificar, previamente e por escrito, o locador, o que deve também ser feito antes que iniciado o prazo para a propositura da ação. Essa notificação prévia pode fazer com que a ação judicial não seja necessária, desde que seja celebrado o novo contrato de locação, e que o locatário tenha a sua via devidamente assinada, antes de esgotado o prazo para a propositura da ação renovatória.

Ainda que as partes negociem a renovação do contrato, se o contrato de locação não for firmado, é recomendável que o locatário distribua a ação renovatória, evitando a perda do seu direito, afinal, a lei é clara quanto ao prazo para a sua distribuição.

Nesse caso, contudo, é importante que o locatário se atente. Caso venha firmar algum acordo, renovando o contrato de locação; é importantíssimo que este também trate das questões atinentes ao valor de eventuais sucumbências em caso de possíveis demandas; já que, após a citação do locador, o juiz poderá condenar o autor-locatário em tais valores, caso estes não tenham sido estipulados contratualmente – ainda que a demanda judicial seja medida de cautela, a fim de evitar decadência da pretensão deduzida no caso de eventual desentendimento. Nesses termos a jurisprudência:

> APELAÇÃO. LOCAÇÃO COMERCIAL. AÇÃO RENOVATÓRIA. PERDA SUPERVENIENTE DO INTERESSE DE AGIR. CELEBRAÇÃO EXTRAJUDICIAL DO ADITIVO CONTRATUAL DE RENOVAÇÃO DO CONTRATO. ÔNUS SUCUMBENCIAL. Analisando-se a lide sob o prisma do princípio da causalidade, deve-se atribuir à Locatária o ônus de arcar com o pagamento das custas, despesas processuais e honorários advocatícios sucumbenciais. Demonstração de tratativas para renovação antes da propositura da demanda. Inteligência do disposto nos artigos 82, §2º e art. 85, *caput*, ambos do CPC. Decisão mantida. Majoração dos honorários advocatícios sucumbenciais, nos termos do art. 85, §11 do CPC. Necessidade, ainda que não apresentadas contrarrazões. Precedentes do C. STF. RECURSO DA AUTORA NÃO PROVIDO, com observação. (Apelação de número 1010342-39.2017.8.26.0008, 28ª Câmara de Direito Privado do Tribunal de Justiça de São Paulo, Relator: Berenice Marcondes Cesar, data do julgamento 19/02/2019, data da publicação 19/02/2019)

A Lei nº 13.996/2019, que substituiu a antiga Lei de Franquia (Lei nº 8.955/1994), regulamentou a sublocação de imóvel comercial entre franqueador, na qualidade de sublocador, e franqueado, na qualidade de sublocatário. Segundo o artigo 3º da referida lei:

---

19. TARTUCE, Flávio. Direito Civil, v. 3: teoria geral dos contratos em espécie / Flávio Tartuce; 8ª ed. – Rio de Janeiro: Forense – São Paulo: Método, 2013, pág. 400.

"Art. 3º Nos casos em que o franqueador subloque ao franqueado o ponto comercial onde se acha instalada a franquia, qualquer uma das partes terá legitimidade para propor a renovação do contrato de locação do imóvel, vedada a exclusão de qualquer uma delas do contrato de locação e de sublocação por ocasião da sua renovação ou prorrogação, salvo nos casos de inadimplência dos respectivos contratos ou do contrato de franquia.

Parágrafo único. O valor do aluguel a ser pago pelo franqueado ao franqueador, nas sublocações de que trata o caput, poderá ser superior ao valor que o franqueador paga ao proprietário do imóvel na locação originária do ponto comercial, desde que:

I – essa possibilidade esteja expressa e clara na Circular de Oferta de Franquia e no contrato; e

II – o valor pago a maior ao franqueador na sublocação não implique excessiva onerosidade ao franqueado, garantida a manutenção do equilíbrio econômico-financeiro da sublocação na vigência do contrato de franquia".

Assim, a nova Lei de Franquia admite não apenas a Sublocação como também a possibilidade de a Franqueadora ingressar com a ação renovatória, mesmo que o franqueado tenha recebido a posse integral do imóvel alugado, tratando-se de exceção ao § 1º do artigo 51 da Lei do Inquilino, que dispunha que apenas o sublocatário poderia promover a ação renovatória:

§ 1º O direito assegurado neste artigo poderá ser exercido pelos cessionários ou sucessores da locação; no caso de sublocação total do imóvel, o direito à renovação somente poderá ser exercido pelo sublocatário.

Se o locatário (ou sublocatário) perder o direito de propor a ação renovatória, a locação perderá a característica de locação renovável, assumindo a condição de locação não residencial comum, e assim ficará a renovação do contrato condicionada à vontade e às condições impostas pelo locador.

Ainda que a ação renovatória tenha sido distribuída no prazo legal, e que tenham sido cumpridos todos os requisitos legais, existem situações que inviabilizam a renovação, vejamos algumas:

I – quando, por determinação do Poder Público, tiver que realizar no imóvel obras que importarem na sua radical/transformação ou para fazer modificações de tal natureza que aumente o valor do negócio ou da propriedade;

II – quando o imóvel vier a ser utilizado por ele próprio ou para transferência de fundo de comércio existente há mais de um ano, sendo detentor da maioria do capital o locador, seu cônjuge, ascendente ou descendente.

Flávio Tartuce destaca em sua obra que ainda que o locador se utilize desses argumentos acima para afastar a obrigação da renovação contratual, o locatário terá direito à indenização para o ressarcimento de prejuízos e lucros cessantes:

Utilizando-se o locador de qualquer um desses argumentos para afastar a renovação do contrato, o locatário terá direito a uma indenização para o ressarcimento dos prejuízos e dos lucros cessantes que tiver que arcar com a mudança, a perda do lugar e a desvalorização do fundo de comércio. O dever de indenizar também existirá se a renovação não ocorrer em razão de proposta de terceiro, em melhores condições, cujo contrato não foi celebrado (em outras palavras, apesar da melhor proposta, o locador não celebrou contrato com o terceiro); ou, ainda, se o locador, no prazo de três meses da entrega do imóvel, não der o destino alegado ou não iniciar as obras determinadas pelo Poder Público ou que declarou pretender realizar (art. 52, parágrafo 3º, da LL). Aplica-se o *princípio da reparação integral dos danos*, sendo também reparáveis os danos morais, caso presentes, notadamente no caso de uma pessoa jurídica, que pode sofrê-los, conforme a Sumula 227 do STJ.[20]

Outra situação que pode prejudicar a renovação do contrato ocorre quando o imóvel é vendido a terceiro, na hipótese de o contrato não possuir cláusula de vigência e o locatário não se precatar com o competente registro imobiliário. Nesse caso, ainda que haja ação renovatória em trâmite, o comprador poderá exercer o disposto no artigo 8º da Lei 8.245/91. Vide decisão nesse sentido:

> LOCAÇÃO DE IMÓVEL COMERCIAL – Ação renovatória – Sentença desacolhendo a pretensão – Alienação do imóvel no curso da ação judicial – Locatárias que não exerceram o direito de preferência – Contrato que não contém cláusula de vigência e tampouco estava averbado na matrícula do imóvel – Direito do adquirente à retomada do imóvel – Reconhecimento – Exegese do artigo 8º da Lei 8.245/91 – Precedentes deste E. Tribunal de Justiça – Sentença mantida – Recurso improvido. (Apelação de número 0127983-90.2011.8.26.0100, 32ª Câmara de Direito Privado do Tribunal de Justiça de São Paulo, Relator: Caio Marcelo Mendes de Oliveira, data do julgamento: 02/08/2018 e data de publicação: 03/08/2018)

A renovação também pode ficar inviabilizada caso o locador receba uma proposta mais benéfica (o que deve ser comprovado). Entretanto, nesse caso, o locatário poderá aceitar pagar o que foi ofertado pelo terceiro, sendo assim renovado o contrato nos exatos moldes ofertados por terceiro.

Importante esclarecer, ainda, que a permanência do locatário no imóvel locado por prazo indeterminado pode ser extremamente prejudicial às suas atividades e seu fundo de comércio, pois, nesses casos, a denúncia pode ocorrer mediante aviso prévio de 30 (trinta) dias para a desocupação do imóvel – o que deverá indiscutivelmente ocorrer.

Dessa forma, nota-se a importância não apenas do contrato de locação, como do seu cumprimento e, ainda, da inclusão de tudo o que tiver sido negociado com o proprietário.

1.5. Da ação de despejo

A Lei nº 8.245/91 trouxe uma proteção ao locador, qual seja, o direito de ingressar com ação de despejo em algumas situações, com o objetivo de retomar o imóvel locado.

Silvio de Salvo Venosa esclarece que "A ação de despejo vem regulada nos arts. 55 a 62. (...) A ação de despejo visa à desocupação do imóvel. Afasta-se a reintegração de posse"[21].

Nos termos do artigo 59 da Lei de Locações, as ações de despejo terão o rito ordinário, mas é possível que haja a concessão de liminar para desocupação do imóvel em quinze dias, independentemente da audiência da parte contrária e desde que prestada a caução no valor equivalente a três meses de aluguel, nas ações que tiverem por fundamento exclusivo:

---

20. TARTUCE, Flávio. Direito Civil, v. 3: teoria geral dos contratos em espécie / Flávio Tartuce; 8ª ed. – Rio de Janeiro: Forense – São Paulo: Método, 2013, pág. 402.
21. VENOSA, Silvio de Salvo. Lei do inquilinato comentada: doutrina e prática. Lei nº 8.245, de 18-10-1991. 13ª ed. São Paulo: Atlas, 2014, pág. 71.

I – o descumprimento do mútuo acordo (art. 9º, inciso I), celebrado por escrito e assinado pelas partes e por duas testemunhas, no qual tenha sido ajustado o prazo mínimo de 6 (seis) meses para desocupação, contado da assinatura do instrumento;

II – o disposto no inciso II do art. 47, havendo prova escrita da rescisão do contrato de trabalho ou sendo ela demonstrada em audiência prévia;

III – o término do prazo da locação para temporada, tendo sido proposta a ação de despejo em até 30 (trinta) dias após o vencimento do contrato;

IV – a morte do locatário sem deixar sucessor legítimo na locação, de acordo com o referido no inciso I do art. 11, permanecendo no imóvel pessoas não autorizadas por lei;

V – a permanência do sublocatário no imóvel, extinta a locação, celebrada com o locatário;

VI – o disposto no inciso IV do art. 9º, havendo a necessidade de se produzir reparações urgentes no imóvel, determinadas pelo poder público, que não possam ser normalmente executadas com a permanência do locatário, ou, podendo, ele se recuse a consenti-las; (Incluído pela Lei nº 12.112, de 2009)

VII – o término do prazo notificatório previsto no parágrafo único do art. 40, sem apresentação de nova garantia apta a manter a segurança inaugural do contrato; (Incluído pela Lei nº 12.112, de 2009)

VIII – o término do prazo da locação não residencial, tendo sido proposta a ação em até 30 (trinta) dias do termo ou do cumprimento de notificação comunicando o intento de retomada; (Incluído pela Lei nº 12.112, de 2009)

IX – a falta de pagamento de aluguel e acessórios da locação no vencimento, estando o contrato desprovido de qualquer das garantias previstas no art. 37, por não ter sido contratada ou em caso de extinção ou pedido de exoneração dela, independentemente de motivo. (Incluído pela Lei nº 12.112, de 2009)

Importante registrar que não basta o ajuizamento da ação de despejo dentro do prazo referido para que seja antecipada a ordem de desocupação do imóvel. É necessário, ainda, que haja a prestação da caução, nos exatos termos da lei: "(...) desde que prestada a caução no valor equivalente a três meses de aluguel (...)" (§ 1º do art. 59 da Lei nº 8.245/91).

A locatária, por outro lado, poderá obstar o despejo se emendar a mora e cumprir os demais termos da avença. No entanto, tal benefício apenas poderá ser utilizado uma vez a cada período de 24 (vinte e quatro) meses do Contrato de Locação, na forma indicada pela lei atual. Pela lei anterior, a emenda da mora poderia ser utilizada uma vez a cada período de 12 meses de locação, sendo esse prazo estendido, certamente para evitar novos inadimplementos em prazo curto.

Art. 62 (...) Parágrafo único. Não se admitirá a emenda da mora se o locatário já houver utilizado essa faculdade nos 24 (vinte e quatro) meses imediatamente anteriores à propositura da ação. (Redação dada pela Lei nº 12.112, de 2009)

Alguns advogados especializados têm optado por distribuir a ação de despejo por falta de pagamento, sem considerar a cobrança de aluguéis e encargos, já que a ação cumulada é mais complexa e apresenta a possibilidade de maiores discussões que podem fazer com que o processo se arraste por muito mais tempo. Nessas situações, em um segundo momento, ingressa-se com a execução dos valores devidos e, em um primeiro momento, ingressa-se com o despejo, visando à desocupação do imóvel, evitando-se maiores prejuízos ao mesmo.

Habitualmente tenho optado por ajuizar a "ação de despejo por falta de pagamento" pura e simples, sem cumulá-la com pedido de cobrança de aluguéis e encargos. Meus motivos são puramente práticos, considerando que o principal desiderato do locador é a desocupação do imóvel, em razão dos prejuízos que o inquilino inadimplente causa. Destarte, entendo que quanto mais simples for o pedido, mais fácil será obter o resultado, que seja, o despejo do inquilino. Depois numa segunda etapa, basta ajuizar ação de execução de título extrajudicial, sabendo-se que o contrato de locação constituiu título executivo extrajudicial (art. 784, VII, CPC).

A ação de despejo por falta de pagamento cumulada com cobrança de aluguéis e encargos é mais complexa e apresenta a possibilidade de maiores discussões que podem fazer com que o processo se arraste por muito mais tempo, causando enormes prejuízos ao locador. Uma das questões que esse tipo de ação tem suscitado é quanto ao efeito de eventual recurso de apelação contra sentença que rescinde o contrato de locação e determina o despejo. Enquanto o recurso interposto contra a sentença de despejo tem efeito apenas devolutivo (art. 58, V, LI), o recurso interposto contra a ação de cobrança tem o duplo efeito, devolutivo e suspensivo (art. 1.012, *caput*, CPC).[22]

O artigo 65 da Lei de Locação esclarece, por fim, que "findo o prazo assinado para a desocupação, contado da data da notificação, será efetuado o despejo, se necessário com emprego de força, inclusive arrombamento." O § 1º acrescenta, ainda, que "Os móveis e utensílios serão entregues à guarda de depositário, se não os quiser retirar o despejado." E o § 2º esclarece que "O despejo não poderá ser executado até o 30º dia seguinte ao do falecimento do cônjuge, ascendente, descendente ou irmão de qualquer das pessoas que habitem o imóvel."

Finalmente, segundo o artigo 66 da mesma lei, "quando o imóvel for abandonado após ajuizada a ação, o locador poderá imitir-se na posse".

Vale destacar que os valores de aluguéis devidos pelo locatário podem ser objeto da ação de despejo, apesar de não ser a opção de muitos advogados, como citado anteriormente, ou, ainda, de ação de execução, caso sejam preenchidos os requisitos legais para tanto.

Independentemente da forma como tramite essa ação, é importante que haja cuidado com a questão do fiador, caso haja fiador no contrato de locação.

O artigo 818 do Código Civil de 2002 trata do contrato de fiança: "Pelo contrato de fiança, uma pessoa garante satisfazer ao credor uma obrigação assumida pelo devedor, caso este não a cumpra".

---

22. ARAÚJO JÚNIOR, Gediel Claudino de. Prática de locações: lei do inquilinato anotada, questões práticas, modelos de peças / Gediel Claudino de Araújo Junior – 8ª ed., rev., amp. e atual. – São Paulo: Atlas, 2018, pág. 79 e 80.

Sílvio de Salvo Venosa ensina que "Geralmente é contrato gratuito e unilateral. É costume no nosso meio que derive de relações de amizade. (...) É sempre um contrato acessório, porque não existe sem o contrato principal e se extingue com a extinção das obrigações deste. É um contrato consensual, para o qual se exige forma escrita (art. 819)"[23].

Assim, para que haja um contrato de fiança dentro de um contrato de locação, é necessário que ele esteja expresso no contrato de locação, sendo importante, inclusive, que se esclareça se haverá ou não benefício de ordem, o que acontecerá no caso de prorrogação da locação, entre outras questões.

Havendo a prorrogação do contrato de locação, o fiador pode exonerar-se da fiança, nos termos do artigo 835 do Código Civil: "O fiador poderá exonerar-se da fiança que tiver assinado sem limitação de tempo, sempre que lhe convier, ficando obrigado por todos os efeitos da fiança, durante sessenta dias após a notificação do credor".

Sílvio de Salvo Venosa destaca, ainda, que:

> Houve um novo enfoque e nova perspectiva no tocante à exoneração da fiança, não somente no atual Código, mas também relativamente a novos rumos tomados pela jurisprudência do Superior Tribunal de Justiça. A nova redação introduzida pela Lei nº 12.112/2009, após muitas discussões, houve por bem colocar-se em um meio termo: ao mesmo tempo que permite a exoneração do fiador na locação por prazo indeterminado, o mantém atrelado à fiança locatícia por 120 dias após a notificação, prazo razoável para os interessados estabelecer nova garantia. (...)

No princípio geral, se foi celebrado um contrato de fiança por prazo certo, uma vez decorrido, deveria o locatário providenciar nova garantia. Por outro lado, ainda que haja cláusula de duração de responsabilidade do fiador até a concreta entrega das chaves, pode ele exonerar-se da fiança por sua conveniência, se o contrato sobre que ela incidir se indeterminar no tempo (...) O art. 835 do atual Código Civil apresenta palmar diferença, facilitando a exoneração do fiador, por mera notificação do credor, o locador nessa hipótese, remanescendo a responsabilidade do garante por sessenta dias a contar da notificação. Essa notificação, como resta claro, possível quando o contrato tem vigência por prazo indeterminado, prescinde de qualquer modificação" (op. cit., p. 193/194 e 196).

Nesse sentido, inclusive, vem se posicionado os tribunais:

> Apelação. Embargos à execução. Contrato de locação comercial – Sentença de improcedência – Apelo da embargante fiadora – Cerceamento de defesa – Inocorrência – Exoneração da fiança – Contrato que se prorrogou por prazo indeterminado, até devolução do imóvel, com termo de entrega de chaves emitido em 04.12.2013 – Ausência de notificação extrajudicial visando à exoneração – Garantia que se estende até a entrega das chaves – Inteligência do art. 39 da Lei nº 8.245/91 e expressa previsão contratual – Precedentes jurisprudenciais – Dupla garantia – Inocorrência – A garantia do contrato de locação era a fiança – A mera indicação de imóvel, pela fiadora, não levada a registro, não autoriza

---

23. VENOSA, Silvio de Salvo. Lei do Inquilinato Comentada, Doutrina e Prática, 14ª Ed., São Paulo: Atlas, 2015, p. 184.

o reconhecimento de garantia real por caução imobiliária – Precedentes jurisprudenciais – Multa imposta ao réu nos termos do art. 1026, § 2º, do CPC – Ausência de dolo processual e de caráter manifestamente protelatório nos embargos de declaração opostos à sentença – Multa afastada – Sentença parcialmente reformada. Recurso provido em parte. (Apelação de número 1033863-45.2015.8.26.0602, 29ª Câmara de Direito Privado do Tribunal de Justiça de São Paulo, julgamento em 17/1/19, Data da Publicação 17/1/19, Relator: Maria Cristina de Almeida Bacarim)

Assim, caso seja do interesse do fiador exonerar-se da fiança, deve tomar a cautela de enviar a notificação de que trata o artigo 835 do Código Civil, ficando ainda responsável pelo prazo de 60 dias subsequentes.

Importante, ainda, destacar a impossibilidade de se ter dupla modalidade de garantia contratual nos contratos de locação, sendo essa a disposição prevista no parágrafo único do artigo 37 da Lei de Locação. Contudo, insta esclarecer que a anotação premonitória prevista no artigo 828 do CPC, que visa dar publicidade em relação ao imóvel a fim de se evitar eventual alienação do bem em fraude e prejudicando terceiros, jamais pode ser interpretada como dupla garantia, como bem indicado no acórdão proferido na Apelação de número 1109831-64.2017.8.26.0100:

> Ementa: *Locação* de imóveis. Embargos à execução de título executivo extrajudicial. Execução movida em face dos fiadores. Inadequação da via eleita. Preliminar rejeitada. Alegação de dupla *garantia*. Inocorrência. Anotação premonitória prevista no art. 928, do CPC. Fiador que se obrigou como devedor solidário e assumiu responsabilidade por tempo indeterminado, renunciando ao benefício de ordem. Devedores que alegam excesso de execução, mas não apontam o valor que entendem devido. Inobservância da regra do artigo 917, § 3º, do Estatuto de Ritos de 2015. Recurso não provido. (Apelação de número 1109831-64.2017.8.26.0100, 28ª Câmara de Direito Privado do Tribunal de Justiça de São Paulo, julgamento 07/12/18, Data da Publicação 07/12/18, Relator: Cesar Lacerda)

Ainda no que tange à fiança, vale se atentar que a outorga uxória exigida legalmente para dar validade à fiança prestada por pessoa casada não implica qualquer forma de solidariedade do outro cônjuge, sendo que a fiança deve ser sempre interpretada de forma restritiva, na forma indicada na cláusula contratual. Para que o outro cônjuge conste como fiador, isso precisa estar claro no contrato, não bastando a sua outorga.

A outorga do outro cônjuge é necessária para não anular o ato na integralidade, conforme o entendimento do Egrégio STJ, que pacificou a matéria por meio da Súmula n.º 332, com a seguinte redação: "A fiança prestada sem autorização de um dos cônjuges implica a ineficácia total da garantia".

O cuidado na assinatura do contrato de locação é muito importante, devendo o contrato ser observado durante toda a vigência da locação, evitando-se ação de despejo por parte do locador do imóvel.

1.6. Outras situações relativas às ações locatícias

A Lei de Locações prevê, ainda: i) A ação de consignação de aluguel, no seu artigo 67, quando a ação objetivar o pagamento dos aluguéis e acessórios da locação mediante consignação; e ii) A ação revisional de aluguel, no seu artigo 68, quando o locador ou o locatário pleitearem a alteração do valor do aluguel.

A ação de consignação de aluguel visa à extinção da obrigação do pagamento do aluguel, desde que cumpridas as formas legais.

Maria Helena Diniz ensina que essa ação:

> Consiste num pagamento forçado; o locatário compele o locador a receber o débito locativo, liberando-se com a oblação real, afastando sua mora e instaurando a do locador. O devedor deverá consignar sua dívida se o credor não a quiser receber, se estiver em local não sabido, se houver dívida sobre quem deva receber, se existir litígio sobre o objeto do pagamento, se houver concurso de preferência aberto contra o credor ou se este for incapaz para receber o pagamento (CC, art. 335). A pretensão do autor é a de solver o débito locatício, liberando-se da obrigação, e, por isso, a ação de consignação em pagamento não se prestaria à apuração e liquidação de crédito do locatário relativo a despesas com reparos nos prédios, para compensá-lo com o débito de aluguéis, por pressupor liquidez do débito, que se pretende extinguir, e o depósito integral da dívida (2º TACSP, Ap. 144.552, j. 18-5-1982). Consequentemente, a pretensão do locatário de exonerar-se da obrigação só poderá ser satisfeita com o depósito judicial do quantum devido em sua íntegra. Feito o depósito, o locador passará a arcar com os riscos do não recebimento, ao passo que o locatário apenas terá alguma responsabilidade se a quantia depositada for insuficiente ou se ação for improcedente.[24]

Ou seja, é admissível a consignação pelo locatário, se o locador não quiser receber o valor, se ele estiver em local não sabido, se houver dívida sobre quem deva receber, se existir litígio sobre o objeto do pagamento, se houver concurso de preferência aberto contra o credor ou se este for incapaz para receber o pagamento.

O pagamento deve ser integral, não sendo admissível o pagamento parcial sob a alegação de que existe alguma compensação que não seja líquida.

A ação revisional de aluguel pode ser distribuída tanto pelo locador como pelo locatário, quando eles não entram em um consenso sobre o valor da locação, passados 3 (três) anos da vigência contratual, ou de eventual acordo anterior fixando os valores dos aluguéis. O objetivo é que o juízo faça a revisão do preço estipulado para o aluguel.

Maria Helena Diniz esclarece que "Na ação revisional não se pretende arbitrar um novo aluguel, mas reajustar o já fixado. Visa, tão somente, atualizar o valor locativo irrisório e solapado pela inflação"[25].

REFERÊNCIAS

ARAÚJO JÚNIOR, Gediel Claudino de. *Prática de locações*: lei do inquilinato anotada, questões práticas, modelos de peças – 8ª ed., rev., amp. e atual. São Paulo: Atlas, 2018.

DINIZ, Maria Helena. *Lei de locações de imóveis urbanos comentada*. 13ª ed. São Paulo: Saraiva, 2012.

GOMES, Orlando. *Contratos*. 17. ed. Rio de Janeiro: Forense, 1997.

---

24. DINIZ, Maria Helena. Lei de locações de imóveis urbanos comentada. 13ª ed. São Paulo: Saraiva, 2012, pág. 326 e 327.
25. DINIZ, Maria Helena. Lei de locações de imóveis urbanos comentada. 13ª ed. São Paulo: Saraiva, 2012, pág. 339.

PEREIRA, Caio Mário da Silva. *Instituições de Direito Civil*. 10. ed. Rio de Janeiro: Forense, 1997. v. III.

SOUZA, Sylvio Capanema de, 1938. *A lei do inquilinato comentada*. 8ª ed. Rio de Janeiro: Forense, 2012.

TARTUCE, Flávio. *Direito Civil, v. 3*: teoria geral dos contratos em espécie. 8ª ed. Rio de Janeiro: Forense. São Paulo: Método, 2013.

VENOSA, Silvio de Salvo. *Lei do inquilinato comentada*: doutrina e prática. Lei nº 8.245, de 18-10-1991. 13ª ed. São Paulo: Atlas, 2014.

VENOSA, Silvio de Salvo. *Lei do inquilinato comentada*: doutrina e prática. Lei nº 8.245, de 18-10-1991. 14ª ed. São Paulo: Atlas, 2015.

Parte XIX
PRINCIPAIS POLÊMICAS TRIBUTÁRIAS EM *FRANCHISING*

37
TRIBUTÁRIO

Daniel Mariz Gudiño

Sumário: Introdução – 1. Fundo de propaganda pode ser tributado? – 2. ISS sobre *franchising* – 3. Simples Nacional – 4. Regras de preços de transferência – 5. Reforma tributária – Referências.

INTRODUÇÃO

Indiscutivelmente os tributos são um componente importante em todas as relações empresariais, e nas relações de *franchising* não é diferente. Por isso, este capítulo é dedicado a temas relevantes em matéria de tributação no contexto desse importante seguimento da economia, incluindo a tributação de fundos de propaganda, a incidência do ISS sobre valores pagos ao amparo de contratos de franquia, o regime de tributação favorecido para microempresas e empresas de pequeno porte (Simples Nacional) e a base de cálculo do ICMS no regime de substituição tributária.

Os autores são especialistas em tributação com larga vivência no seguimento de franquia, de modo que trarão aos leitores informações relevantes sobre os temas supracitados.

1. FUNDO DE PROPAGANDA PODE SER TRIBUTADO?

Este subtítulo reflete a grande dúvida que é comungada entre os franqueadores que cobram, além dos *royalties*, uma contribuição para fazer frente às despesas de publicidade e propaganda que aproveitam a toda a rede, franqueador e franqueados, na medida em que fortalece a marca e aumenta a captação de clientes.

Para DIAS (2016, p. 23): "Independentemente da forma como a Franqueadora administre o FPM, o importante é que o valor seja revertido integralmente em benefício da Rede."

No mais das vezes, tais contribuições são recebidas pelos franqueadores e não são oferecidas à tributação da Contribuição para o Programa de Integração Social – PIS, da Contribuição para o Financiamento da Seguridade Social – Cofins, do Imposto Sobre Serviços – ISS, do Imposto sobre a Renda das Pessoas Jurídicas – IRPJ e da Contribuição Social sobre o Lucro Líquido – CSLL.

As contribuições são pagas pelos franqueados por meio de transferência ou depósitos em uma conta bancária específica dos seus franqueadores, que se obriga a prestar contas da destinação do fundo. Logo, não se trata de um fundo juridicamente personificado, como é o caso de um fundo de investimento em participações ou um fundo de investimento imobiliário, por exemplo.

Como a legislação tributária não tem qualquer previsão específica sobre os fundos de publicidade no contexto de franquias empresariais, tanto a fiscalização federal quanto a municipal entendem tais ingressos financeiros como receita dos franqueadores, devendo ser tributada tal como são os *royalties*. A Receita Federal do Brasil já se posicionou formalmente neste sentido ao proferir a Solução de Consulta nº 114, de 13/09/2012, da Disit/SRRF 10.[1]

Motivados pelo receio de uma autuação fiscal futura, muitos franqueadores precavidos adotaram alternativas de gestão do fundo de publicidade, todas partindo da segregação do risco por intermédio de uma pessoa jurídica diferente, ora associações privadas sem fins lucrativos, ora sociedades limitadas ou anônimas. Em outras palavras, os franqueadores mais zelosos continuam assumindo a exposição fiscal, porém, sem contaminar diretamente o seu patrimônio.

Sem entrar no mérito de cada uma das alternativas de gestão do fundo de publicidade – tema este muito bem abordado por Ribeiro et al. (2013, p. 223-237) –, a grande questão a merecer resposta é se realmente os ingressos financeiros pagos a franqueadores por seus franqueados, a título de contribuição para o fundo de publicidade, devem ser tratados como receita própria dos franqueadores para efeito de tributação. No meu entendimento, a resposta é negativa.

Explico: se os franqueadores pudessem dispor livremente dos ingressos financeiros em questão, distribuindo-os como dividendos, remunerando empregados ou reinvestindo em projetos de expansão, por exemplo, não haveria dúvidas de que tais ingressos financeiros seriam receitas próprias e, portanto, tributáveis. Contudo, não é isso o que ocorre.

A razão pela qual os franqueados pagam ao franqueador uma quantia adicional aos *royalties* – estes, sim, receita própria dos franqueadores – é para fazer frente a despesas em nome de toda a rede. Eventual saldo existente ao fim do exercício, na conta bancária em que o franqueador aloca o fundo de publicidade, não pode ser realocado como sua disponibilidade. Trata-se de um dinheiro marcado, com destinação específica, sem a qual perderia a própria razão de existir.

Daí se explica a importância de o franqueador prestar contas periodicamente aos seus franqueados. No contexto do fundo de publicidade, o franqueador atua como verdadeiro mandatário dos fornecedores homologados da sua rede para a contratação mais barata e eficiente de serviços relacionados às ações de publicidade institucional da rede.

---

1. É bem verdade que essa solução de consulta não é posterior à edição da norma que tornou vinculante as soluções de consulta da Coordenação-Geral de Tributação – Cosit para toda a Administração Tributária Federal (Instrução Normativa RFB nº 1.396/2013, art. 9º). Apesar disso, é um forte indicativo de como a Receita Federal do Brasil deve interpretar os ingressos financeiros pagos a franqueadores à conta de contribuição para o fundo de publicidade das redes de franquia.

As operações realizadas nesse contexto são operações de conta alheia, e não de conta própria. Por isso, não se incluem no conceito de receita própria dos franqueadores. Confirmando esse entendimento, em 2014, a própria Coordenação-Geral de Tributação editou a Solução de Consulta nº 80, que tratou do assunto no âmbito dos salões de beleza. Reporto, a seguir, trechos interessantes da sua ementa:

> EMENTA: REGIME CUMULATIVO. RECEITA BRUTA. SERVIÇOS DE GESTÃO DE CAIXA POR CONTA E ORDEM DE TERCEIROS. RECEBIMENTO DE RECEITAS E PAGAMENTO DE DESPESAS EM NOME DE OUTREM. SALÃO DE BELEZA.
>
> **O conceito de receita bruta de que trata o art. 3º, caput, para fins da composição da base de cálculo da Cofins no regime cumulativo, refere-se àquela oriunda da venda de bens e serviços, compreendendo o produto da venda de bens nas operações de conta própria, o preço dos serviços prestados e o resultado auferido nas operações de conta alheia. Não se incluem nesse conceito e, portanto, estão fora da incidência desta contribuição, valores que circulem na contabilidade de pessoa jurídica apenas por conta e ordem de terceiros e que representem receita bruta destes terceiros, com a respectiva emissão de nota fiscal em nome deles.**
>
> Nesse sentido, para pessoa jurídica que preste serviços de assessoria financeira e administrativa e implantação de sistemas (gestão do caixa das pessoas jurídicas, que incluem o recebimento de suas receitas e o pagamento de suas despesas) a outras pessoas jurídicas, no âmbito de um salão de beleza, e que faça apenas a gestão de recursos destas pessoas jurídicas, por conta e ordem delas, **sem deter a disponibilidade de tais recursos**, o conceito de receita bruta representará a remuneração por este serviço, para o qual se emite a respectiva Nota Fiscal de Serviços.
>
> DISPOSITIVOS LEGAIS: Lei nº 9.718, de 1998, arts. 2º e 3º; art. 279 do Decreto nº 3.000, de 26 de março de 1999.

Como se vê, a lógica da tributação é impor a cobrança contra quem tenha a disponibilidade do recurso, e não quem é mero agente repassador de recursos de terceiros. Nessa ordem de ideias, é totalmente defensável o não oferecimento à tributação, por parte dos franqueadores, dos ingressos financeiros pagos por seus franqueados à conta de contribuição para o fundo de publicidade.

É evidente que uma defesa consistente requer dos franqueadores a adoção de medidas tais que, em havendo questionamentos por parte da fiscalização federal e municipal, fique comprovado que eles não têm disponibilidade sobre os recursos em tela, senão a destinação que justificou o próprio pagamento por parte de seus franqueados, ou seja, o custeio de despesas relacionadas às ações de publicidade institucional da rede.

Tais medidas vão desde a redação adequada de contratos de franquia até a correta contabilização dos ingressos financeiros pagos pelos franqueados à conta de contribuição de fundo de publicidade. O próprio termo de homologação dos fornecedores da rede deve ser bem pensado nesse contexto. Enfim, esse é objeto de outro tópico e já existe literatura de qualidade sobre o assunto.

Por fim, lamento que a Lei nº 13.966, de 26 de dezembro de 2019 - a nova Lei de Franquias - não tenha esclarecido que os valores cobrados a título de contribuição de fundo de publicidade não integram as receitas dos franqueados ao editar a nova lei de franquias. Tal previsão seria extremamente importante para dar segurança jurídica aos franqueadores.

2. ISS SOBRE *FRANCHISING*

É antiga a discussão sobre a incidência do ISS sobre os valores recebidos pelos franqueadores de seus franqueados em retribuição pela licença de uso de marcas, transferência de *know-how*, entre outros.

Em síntese, os municípios e o Distrito Federal, que têm competência para cobrar esse imposto, entendem que os franqueadores prestam serviços a seus franqueados e, por isso, devem pagar o ISS sobre as taxas, *royalties* e quaisquer outras importâncias recebidas em razão do contrato de franquia.

Por outro lado, respaldados em boa doutrina, os franqueadores defendem que não há prestação de serviços na relação com seus franqueados, senão em caráter acessório, como obrigação de meio, e não de fim. Desse modo, partindo da premissa de que o fato gerador do ISS é a prestação de serviços, traduzida em obrigações de fazer, a atividade de franquia seria estranha à regra-matriz de incidência do imposto municipal.

A discussão ganhou novos contornos quando foi editada a Lei Complementar nº 116, de 31 de julho de 2003, que passou a dispor, em âmbito nacional, sobre o fato gerador, a base de cálculo e o contribuinte do ISS, nos termos do art. 146, inc. III, "a", da Constituição Federal de 1988. Até então, a atividade de franquia era tributada por analogia com itens da lista anexa ao Decreto-lei nº 406, de 31 de dezembro de 1968. Com a nova legislação, a atividade de franquia passou a constar na lista de serviços tributáveis no item 17.08.

Assim, a jurisprudência do Superior Tribunal de Justiça (STJ), que era favorável a não incidência do imposto municipal sobre as atividades de franquia, sofreu uma reviravolta, passando a admitir a cobrança do ISS por haver expressa previsão legal. E não poderia ser diferente, pois o STJ não pode emitir juízo de valor sobre questões constitucionais – atribuição que é desempenhada pelo Supremo Tribunal Federal (STF).

Infelizmente, em 29/05/2020, a maioria dos ministros que compõem o Plenário decidiram pela constitucionalidade da incidência em questão, firmando a seguinte tese: "É constitucional a incidência de Imposto sobre Serviços de Qualquer Natureza (ISS) sobre contratos de franquia (franchising) (itens 10.04 e 17.08 da lista de serviços prevista no Anexo da Lei Complementar 116/2003)".

Embora tenham sido opostos embargos de declaração contra o acórdão supracitado, inclusive pela ABF, o objetivo dos recursos no caso concreto é meramente a modulação dos efeitos do acórdão, pois, a partir da leitura atenta dos votos dos ministros, percebe-se que não houve qualquer omissão, contradição, obscuridade ou erro formal que justifique o acolhimento dos embargos.

Trata-se de uma tentativa de garantir a não incidência do ISS nos contratos de franquia para fatos geradores anteriores ao acórdão. Contudo, como bem observou a Procuradoria do Município do Rio de Janeiro em suas contrarrazões aos embargos declaratórios, as leis gozam de presunção de constitucionalidade. Além disso, não houve qualquer alteração jurisprudencial quanto ao conceito de serviços que ampare o pleito da modulação. Apesar da aparente tranquilidade decorrente das informações anteriormente expostas, a evolução jurisprudencial do STF é preocupante para os franqueadores. Isso, porque já não prevalece, entre os ministros da sua atual composição, a tese firmada no julgamento do Recurso Extraordinário nº 116.121/SP, qual seja, de que é inconstitucional a cobrança do ISS sobre atividades não traduzidas em obrigações de fazer.

Com o julgamento dos Recursos Extraordinários nº 592.905/SC e nº 651.703/PR, ambos em sede de repercussão geral, o STF deixa claro que a prestação de serviços referida no art. 156, inc. III, da Constituição Federal de 1988 já não se resume a atividades que traduzem obrigações de fazer. Para ilustrar tal afirmativa, confira-se abaixo trechos da extensa ementa do segundo precedente citado, da lavra do relator Min. Luiz Fux:

> EMENTA: RECURSO EXTRAORDINÁRIO. CONSTITUCIONAL. TRIBUTÁRIO. ISSQN. ART. 156, III, CRFB/88. CONCEITO CONSTITUCIONAL DE SERVIÇOS DE QUALQUER NATUREZA. ARTIGOS 109 E 110 DO CTN. AS OPERADORAS DE PLANOS PRIVADOS DE ASSISTÊNCIA À SAÚDE (PLANO DE SAÚDE E SEGURO-SAÚDE) REALIZAM PRESTAÇÃO DE SERVIÇO SUJEITA AO IMPOSTO SOBRE SERVIÇOS DE QUALQUER NATUREZA-ISSQN, PREVISTO NO ART. 156, III, DA CRFB/88.
>
> [...]
>
> 5. O conceito de prestação de "serviços de qualquer natureza" e seu alcance no texto constitucional não é condicionado de forma imutável pela legislação ordinária, tanto mais que, de outra forma, seria necessário concluir pela possibilidade de estabilização com força constitucional da legislação infraconstitucional, de modo a gerar confusão entre os planos normativos.
>
> 6. O texto constitucional ao empregar o signo "serviço", que, *a priori*, conota um conceito específico na legislação infraconstitucional, não inibe a exegese constitucional que conjura o conceito de Direito Privado.
>
> [...]
>
> 13. Os tributos sobre o consumo, ou tributos sobre o valor agregado, de que são exemplos o ISSQN e o ICMS, assimilam considerações econômicas, porquanto baseados em conceitos elaborados pelo próprio Direito Tributário ou em conceitos tecnológicos, caracterizados por grande fluidez e mutação quanto à sua natureza jurídica.
>
> [...]
>
> 15. A classificação das obrigações em "obrigação de dar", de "fazer" e "não fazer", tem cunho eminentemente civilista, como se observa das disposições no Título "Das Modalidades das Obrigações", no Código Civil de 2002 (que seguiu a classificação do Código Civil de 1916), em: (i) obrigação de dar (coisa certa ou incerta) (arts. 233 a 246, CC); (ii) obrigação de fazer (arts. 247 a 249, CC); e (iii) obrigação de não fazer (arts. 250 e 251, CC), não é a mais apropriada para o enquadramento dos produtos e serviços resultantes da atividade econômica, pelo que deve ser apreciada *cum grano salis*.
>
> 16. A Suprema Corte, ao permitir a incidência do ISSQN nas operações de leasing financeiro e leaseback (RREE 547.245 e 592.205), admitiu uma interpretação mais ampla do texto constitucional quanto ao conceito de "serviços" desvinculado do conceito de "obrigação de fazer" (RE 116.121), verbis: "EMENTA: RECURSO EXTRAORDINÁRIO. DIREITO TRIBUTÁRIO. ISS. ARRENDAMENTO MERCANTIL. OPERAÇÃO DE LEASING FINANCEIRO. ARTIGO 156, III, DA CONSTITUIÇÃO DO BRASIL. O arrendamento mercantil compreende três modalidades, [i] o leasing operacional, [ii] o leasing financeiro e [iii] o chamado leaseback. No primeiro caso há locação, nos outros dois, serviço. A lei complementar não define o que é serviço, apenas o declara, para os fins do inciso III do artigo 156 da Constituição. Não o inventa, simplesmente descobre o que é serviço para os efeitos do inciso III do artigo 156 da Constituição. No arrendamento mercantil (leasing financeiro), contrato autônomo que não é misto, o núcleo é o

financiamento, não uma prestação de dar. E financiamento é serviço, sobre o qual o ISS pode incidir, resultando irrelevante a existência de uma compra nas hipóteses do leasing financeiro e do leaseback. Recurso extraordinário a que se nega provimento." (grifo nosso) (RE 592905, Relator Min. EROS GRAU, Tribunal Pleno, julgado em 02/12/2009).

17. A lei complementar a que se refere o art. 156, III, da CRFB/88, ao definir os serviços de qualquer natureza a serem tributados pelo ISS a) arrola serviços por natureza; b) inclui serviços que, não exprimindo a natureza de outro tipo de atividade, passam à categoria de serviços, para fim de incidência do tributo, por força de lei, visto que, se assim não considerados, restariam incólumes a qualquer tributo; e c) em caso de operações mistas, afirma a prevalência do serviço, para fim de tributação pelo ISS.

18. O artigo 156, III, da CRFB/88, ao referir-se a serviços de qualquer natureza não os adstringiu às típicas obrigações de fazer, já que raciocínio adverso conduziria à afirmação de que haveria serviço apenas nas prestações de fazer, nos termos do que define o Direito Privado, o que contrasta com a maior amplitude semântica do termo adotado pela constituição, a qual inevitavelmente leva à ampliação da competência tributária na incidência do ISSQN.

19. A regra do art. 146, III, "a", combinado com o art. 146, I, CRFB/88, remete à lei complementar a função de definir o conceito "de serviços de qualquer natureza", o que é efetuado pela LC nº 116/2003.

20. A classificação (obrigação de dar e obrigação de fazer) escapa à *ratio* que o legislador constitucional pretendeu alcançar, ao elencar os serviços no texto constitucional tributáveis pelos impostos (*v.g.*, serviços de comunicação – tributáveis pelo ICMS, art. 155, II, CRFB/88; serviços financeiros e securitários – tributáveis pelo IOF, art. 153, V, CRFB/88; e, residualmente, os demais serviços de qualquer natureza – tributáveis pelo ISSQN, art. 156. III, CRFB/88), qual seja, a de captar todas as atividades empresariais cujos produtos fossem serviços sujeitos a remuneração no mercado.

21. Sob este ângulo, o conceito de prestação de serviços não tem por premissa a configuração dada pelo Direito Civil, mas relacionado ao oferecimento de uma utilidade para outrem, a partir de um conjunto de atividades materiais ou imateriais, prestadas com habitualidade e intuito de lucro, podendo estar conjugada ou não com a entrega de bens ao tomador.

[...]

24. A LC nº 116/2003 teve por objetivo ampliar o campo de incidência do ISSQN, principalmente no sentido de adaptar a sua anexa lista de serviços à realidade atual, relacionando numerosas atividades que não constavam dos atos legais antecedentes.

[...] (Grifou-se).

Sem entrar no mérito de algumas imprecisões técnicas dos trechos em tela, o fato é que uma decisão desfavorável do STF produziria efeitos catastróficos para o seguimento de franquia, sobretudo na atual conjuntura de incertezas política e econômica pela qual atravessa o Brasil.

Como curiosidade, registre-se que, no tempo em que compunha a Primeira Turma do STJ, o próprio Min. Luiz Fux reconheceu a inconstitucionalidade do item 17.08 da lista anexa à Lei Complementar nº 116/2003. Nesse sentido, confira-se trechos da igualmente extensa ementa do Agravo Regimental no Recurso Especial nº 953.840/RJ, *in verbis*:

PROCESSUAL CIVIL. AGRAVO REGIMENTAL. RECURSO ESPECIAL. TRIBUTÁRIO. ISS. FRANQUIA (FRANCHISING). NATUREZA JURÍDICA HÍBRIDA (PLEXO INDISSOCIÁVEL DE OBRIGAÇÕES DE DAR, DE FAZER E DE NÃO FAZER). PRESTAÇÃO DE SERVIÇO. CONCEITO PRESSUPOSTO PELA CONSTITUIÇÃO FEDERAL DE 1988. AMPLIAÇÃO DO CONCEITO QUE EXTRAVASA O ÂMBITO DA VIOLAÇÃO DA LEGISLAÇÃO INFRACONSTITUCIONAL PARA INFIRMAR A PRÓPRIA COMPETÊNCIA TRIBUTÁRIA CONSTITUCIONAL.

INCOMPETÊNCIA DO SUPERIOR TRIBUNAL DE JUSTIÇA. NÃO CONHECIMENTO DO RECURSO ESPECIAL. VIOLAÇÃO DO ARTIGO 535, DO CPC. NÃO OCORRÊNCIA.

1. O ISS na sua configuração constitucional incide sobre uma prestação de serviço, cujo conceito pressuposto pela Carta Magna *eclipsa ad substantia obligatio in faciendo*, inconfundível com a denominada obrigação de dar.

[...]

3. Consectariamente, qualificar como serviço a atividade que não ostenta essa categoria jurídica implica em violação bifronte ao preceito constitucional, porquanto o texto maior a utiliza não só no sentido próprio, como também o faz para o fim de repartição tributária-constitucional (RE 116121/SP).

[...]

5. A dicção constitucional, como evidente, não autoriza que a lei complementar inclua no seu bojo atividade que não represente serviço e, *a fortiori*, obrigação de fazer, porque a isso corresponderia franquear a modificação de competência tributária por lei complementar, com violação do pacto federativo, inalterável sequer pelo poder constituinte, posto blindado por cláusula pétrea.

6. O conceito pressuposto pela Constituição Federal de serviço e de obrigação de fazer corresponde aquele emprestado pela teoria geral do direito, segundo o qual o objeto da prestação é uma conduta do obrigado, que em nada se assemelha ao *dare*, cujo antecedente necessário é o repasse a outrem de um bem preexistente, a qualquer título, consoante a homogeneidade da doutrina nacional e alienígena, quer de Direito Privado, quer de Direito Público.

[...]

12. A mera inserção da operação de franquia no rol de serviços constantes da lista anexa à Lei Complementar 116/2003 não possui o condão de transmudar a natureza jurídica complexa do instituto, composto por um plexo indissociável de obrigações de dar, de fazer e de não fazer.

13. Destarte, revela-se inarredável que a operação de franquia não constitui prestação de serviço (obrigação de fazer), escapando, portanto, da esfera da tributação do ISS pelos municípios.

14. A afirmação de constitucionalidade da inserção da franquia como serviço e a proposição recursal no sentido de que aquela incide em inequívoca inconstitucionalidade do Subitem 17.08, da relação anexa à Lei Complementar 116/2003, conjura a incompetência imediata do STJ para a análise de recurso que contenha essa antinomia como essência em face da repartição constitucional que fixa os lindes entre esta E. Corte e a Corte Suprema.

[...] (Grifou-se).

Merece destaque o fato de que o Recurso Extraordinário nº 603.136/RJ foi submetido ao regime de repercussão geral, o que significa que todos os juízes e tribunais deverão seguir a tese firmada pelo STF para o Tema 300 por força do artigo 927 do Código de Processo Civil, *in verbis*:

Art. 927. Os juízes e os tribunais observarão:

[...]

III - os acórdãos em incidente de assunção de competência ou de resolução de demandas repetitivas e em julgamento de recursos extraordinário e especial repetitivos;

...

Assim, no tocante ao ISS, é hora de olhar para frente e planejar a atividade dos franqueadores sob novos enfoques. Há alternativas legítimas para minimizar a carga tributária das operações dos franqueadores, inclusive no tocante ao ISS, cabendo a cada um fazer o seu "dever de casa" a partir da sua realidade operacional e financeira.[2]

3. SIMPLES NACIONAL

Criado pela Lei Complementar nº 123, de 14 de dezembro de 2006, o Simples Nacional é um regime de tributação muito importante para o seguimento de franquia na medida em que a grande maioria dos franqueados possui faturamento bruto anual inferior a R$ 4,8 milhões, enquadrando-se como microempresa (ME) e empresas de pequeno porte (EPP).

Os atrativos do Simples Nacional são muitos. Além de proporcionar à empresa optante um número reduzido de obrigações tributárias de natureza acessória, são simplificados a apuração e o recolhimento de boa parte dos tributos federais, do ICMS e do ISS. Outro ponto positivo é a carga tributária geralmente mais leve neste regime especial de ME e EPP do que aquela verificada em outros regimes.

Desde a sua edição, no entanto, a legislação de regência do Simples Nacional vem sofrendo alterações. Uma importante alteração sobre o regime especial de tributação propriamente dito foi veiculada pela Lei Complementar nº 155, de 27 de outubro de 2016, que aumentou o limite de faturamento bruto anual de R$ 3,6 milhões para R$ 4,8 milhões, porém, limitou esta última faixa de enquadramento das empresas aos tributos federais.

Com isso, muitas empresas foram surpreendidas com o aumento abrupto de carga tributária, pois não se atentaram para o fato de que, ultrapassado o faturamento bruto anual de R$ 3,6 milhões, a alíquota conjugada do Simples Nacional aumenta e o ICMS e/ou o ISS passa a ser devido sob a sistemática normal de tributação aplicável pelo ente federativo competente.

Também foram pontos de alteração a metodologia de cálculo da alíquota aplicável, a redução do número de faixas de enquadramento para a apuração dos tributos devidos, a inclusão de novas atividades entre aquelas permitidas para o exercício da opção pelo regime, a facilitação da participação de ME e EPP em licitações e na captação de recursos de terceiros (investidores-anjo) por ME e EPP, entre outros.

Apesar das melhorias na legislação, uma questão ainda é um pesadelo para muitos franqueadores e franqueados, a saber: a substituição tributária do ICMS. É certo que este regime especial de apuração do imposto estadual é uma ferramenta muito eficaz no combate à sonegação fiscal, corrigindo, por vezes, problemas de concorrência desleal. Mas o lado ruim é que gera impactos negativos no fluxo de caixa de quem é substituto tributário e aumento de custo para quem é substituído.

Franqueadores que vendem produtos sujeitos à substituição tributária se tornam contribuintes substitutos, assumindo um risco ainda maior de inadimplência, além de

---

2. Abordei algumas alternativas exemplificativas em artigo publicado no JOTA, disponível em <https://www.jota.info/opiniao-e-analise/artigos/a-cobranca-do-iss-sobre-franquia-e-constitucional-e-agora-14062020>.

terem a obrigação de antecipar aos governos estaduais valores devidos por terceiros. Mas não para por aí.

Quando realizam vendas interestaduais, os franqueadores devem saber de antemão se há protocolos firmados entre os estados de origem e de destino para efeito de recolhimento do ICMS-ST, pois, dependendo do caso, a responsabilidade pelo recolhimento pode ser deles ou de seus franqueados. Isso representa um custo tributário indireto muito grande na medida em que os franqueadores devem cumprir corretamente as suas obrigações tributárias e orientar os seus franqueados para também o fazerem.

Do lado dos franqueados, como são contribuintes substituídos, deixam de recolher o ICMS calculado à alíquota reduzida do Simples Nacional e passam a adquirir mercadorias mais caras, porquanto o ICMS-ST pago pelos fornecedores é calculado sem considerar tal alíquota.

Retomando a questão das vendas interestaduais, a Emenda Constitucional nº 87, de 16 de abril de 2015, impôs severas alterações nas operações com consumidor final. Até então o diferencial de alíquotas ou simplesmente Difal (diferença entre a alíquota interna do Estado de Destino e a alíquota interestadual aplicável no caso concreto) era exigido somente quando o consumidor final fosse contribuinte do ICMS.

Após a edição da emenda, o Difal passou a ser devido sempre que o destinatário da mercadoria for consumidor final, independentemente de ser ou não contribuinte. A diferença é que, se o consumidor final for contribuinte, ele se torna responsável pelo recolhimento do Difal em sua unidade da federação; não sendo contribuinte, a responsabilidade pelo recolhimento do Difal é do remetente.

Regulamentada pelo Convênio ICMS nº 93, de 17 de setembro de 2015, essa emenda foi muito impactante para as empresas optantes pelo Simples Nacional, pois, não fosse a concessão de uma liminar na Ação Direta de Inconstitucionalidade (ADI) nº 5.464/DF, passariam a ter obrigações de fazer o recolhimento de Difal e preencher a Declaração de Substituição Tributária, Diferencial de Alíquota e Antecipação (DeSTDA).

Isso representaria mais custo tributário indireto para empresas optantes pelo Simples Nacional. Felizmente, no entanto, a Cláusula Nona do referido convênio foi julgada inconstitucional pelo Plenário do STF quando da apreciação da Ação Direta de Inconstitucionalidade nº 5.469/DF. Assim, a ADI nº 5.464/DF foi julgada prejudicada, com a ressalva de que deve ser observada a decisão proferida na ADI nº 5.469/DF sobre a Cláusula Nona do Convênio ICMS nº 93/2015.

Finalmente, convém chamar atenção para uma legislação sobre responsabilidade tributária, que afeta não apenas empresas optantes pelo Simples Nacional, mas, tendo em vista algumas práticas repudiadas pela ABF no contexto das franquias, merecem comentários.

Não é incomum ver franqueados de sucesso abrirem novas unidades franqueadas em outros CNPJ, geralmente em nome de parentes ou ex-empregados. Isso porque o seu faturamento excedeu o limite máximo permitido no Simples Nacional, mas a sua margem de lucro se tornaria pouco atrativa fora do regime especial de microempresas e empresas de pequeno porte.

Ocorre que, se as autoridades fiscais identificarem um controle comum a todas as empresas, poderá desconsiderar a estrutura societária existente, requalificando-a como se o faturamento global fosse de apenas uma empresa. Neste caso, poderia responsabilizar todos os que, direta ou indiretamente, se beneficiaram do planejamento tributário abusivo, exigindo deles os tributos que deveriam ter sido recolhidos por essa única empresa, normalmente apurados com base no regime do lucro presumido, acrescidos de multa de ofício de até 150% (cento e cinquenta por cento) e juros moratórios calculados pela taxa Selic.

Essa possibilidade se tornou ainda mais evidente com a edição do Parecer Normativo Cosit nº 4, de 10 de dezembro de 2018, que trata expressamente da responsabilidade tributária decorrente de infrações tributárias praticadas por grupos econômicos irregulares ou mediante evasão e simulação fiscal ou planejamento tributário abusivo. Confira-se a ementa do referido ato normativo, *in verbis*:

> Normas Gerais de Direito Tributário. Responsabilidade Tributária. Solidariedade. Art. 124, I, CTN. Interesse Comum. Ato Vinculado Ao Fato Jurídico Tributário. Ato Ilícito. Grupo Econômico Irregular. Evasão e Simulação Fiscal. Atos que Configuram Crimes. Planejamento Tributário Abusivo. Não Oposição ao Fisco de Personalidade Jurídica Apenas Formal. Possibilidade.
>
> A responsabilidade tributária solidária a que se refere o inciso I do art. 124 do CTN decorre de interesse comum da pessoa responsabilizada na situação vinculada ao fato jurídico tributário, que pode ser tanto o ato lícito que gerou a obrigação tributária como o ilícito que a desfigurou.
>
> A responsabilidade solidária por interesse comum decorrente de ato ilícito demanda que a pessoa a ser responsabilizada tenha vínculo com o ato e com a pessoa do contribuinte ou do responsável por substituição. Deve-se comprovar o nexo causal em sua participação comissiva ou omissiva, mas consciente, na configuração do ato ilícito com o resultado prejudicial ao Fisco dele advindo.
>
> São atos ilícitos que ensejam a responsabilidade solidária: (i) abuso da personalidade jurídica em que se desrespeita a autonomia patrimonial e operacional das pessoas jurídicas mediante direção única ("grupo econômico irregular"); (ii) evasão e simulação e demais atos deles decorrentes; (iii) abuso de personalidade jurídica pela sua utilização para operações realizadas com o intuito de acarretar a supressão ou a redução de tributos mediante manipulação artificial do fato gerador (planejamento tributário abusivo).
>
> **O grupo econômico irregular decorre da unidade de direção e de operação das atividades empresariais de mais de uma pessoa jurídica, o que demonstra a artificialidade da separação jurídica de personalidade; esse grupo irregular realiza indiretamente o fato gerador dos respectivos tributos e, portanto, seus integrantes possuem interesse comum para serem responsabilizados.** Contudo, não é a caracterização em si do grupo econômico que enseja a responsabilização solidária, mas sim o abuso da personalidade jurídica.
>
> **Os atos de evasão e simulação que acarretam sanção, não só na esfera administrativa (como multas), mas também na penal, são passíveis de responsabilização solidária, notadamente quando configuram crimes.**
>
> **Atrai a responsabilidade solidária a configuração do planejamento tributário abusivo na medida em que os atos jurídicos complexos não possuem essência condizente com a forma para supressão ou redução do tributo que seria devido na operação real, mediante abuso da personalidade jurídica.**

Restando comprovado o interesse comum em determinado fato jurídico tributário, incluído o ilícito, a não oposição ao Fisco da personalidade jurídica existente apenas formalmente pode se dar nas modalidades direta, inversa e expansiva.

Dispositivos Legais: art. 145, § 1º, da CF; arts. 110, 121, 123 e 124, I, do CTN; arts. 71 a 73 da Lei nº 4.502, de 30 de novembro de 1964; Lei nº 6.404, de 15 de dezembro de 1976; arts. 60 e 61 do Decreto-Lei nº 1.598. de 26 de dezembro de 1977; art. 61 da Lei nº 8.981, de 1995; arts. 167 e 421 do Código Civil. (Grifou-se).

Pouco tempo depois, foi editada a Instrução Normativa RFB nº 1.862, de 27 de dezembro de 2018, que dispõe sobre o procedimento de imputação de responsabilidade tributária no âmbito da Secretaria da Receita Federal do Brasil. A grande inovação dessa norma complementar tributária foi a possibilidade de a fiscalização imputar responsabilidade a terceiros após a lavratura do auto de infração ou mesmo depois de definitivamente constituído o crédito tributário decorrente da autuação ou de declaração do próprio contribuinte.

Para lançar mão deste expediente, basta a fiscalização identificar a pluralidade de sujeitos passivos decorrente de fatos novos ou subtraídos ao seu conhecimento durante o procedimento fiscal.

Sem entrar no mérito da constitucionalidade e da legalidade de ambas as normas da Receita Federal do Brasil, fato é que a prática irregular, por vezes adotadas por alguns franqueados, pode gerar a responsabilização tributária dos franqueadores, tendo em vista os franqueadores se beneficiarem, ainda que indiretamente, do aumento do faturamento dos franqueados.

Assim, ainda que se possa questionar eventual imputação de responsabilidade tributária aos franqueadores por infrações praticadas por seus franqueados, para evitar situações indesejadas, é recomendável que sejam adotadas todas as cautelas pertinentes na expansão dos negócios dos franqueados, sobretudo nos tempos atuais em que o conceito de multifranqueado está tão em voga.

Por tudo o que se expôs sobre o Simples Nacional, vê-se que mesmo para as empresas optantes o conhecimento da legislação e da jurisprudência tributárias é fundamental para um bom desempenho das redes de franquias, não podendo haver negligência sob pena de o preço ser caro demais.

4. REGRAS DE PREÇOS DE TRANSFERÊNCIA

O tema das regras de preços de transferência é particularmente relevante para franquias internacionais, ou seja, quando a franqueadora e a máster franqueadora e/ou a desenvolvedora de área estão em países diferentes. O objetivo das regras de preços de transferência é evitar que partes vinculadas ou relacionadas manipulem o preço de bens, serviços e direitos, de modo que a empresa brasileira, seja ela exportadora ou importadora, reduza o lucro tributável no Brasil.

Quando a empresa é exportadora, ela pode cobrar um valor menor pelo bem, serviço ou direito, a fim de reduzir as suas receitas e, consequentemente, o lucro tributável. Seria o caso de uma franqueadora brasileira, que cobra *royalties* em condições diferenciadas de mercado, a fim de favorecer a sua rede de franqueadas estrangeiras. *Royalties* são direitos. Neste caso, a legislação brasileira cria uma ficção para autorizar a Receita Federal do Brasil a considerar como receita da franqueadora brasileira, não o valor efetivamente praticado entre ela e as suas franqueadas estrangeiras, mas o valor de mercado, assim entendido o preço praticado entre partes não relacionadas ou independentes. Tais regras se aplicam independente do regime de tributação da franqueadora brasileira.

Já no caso em que empresa brasileira é importadora, as regras de preços de transferência somente se aplicam quando o regime por ela adotado é o do lucro real, pois o que se quer prevenir é que essa empresa crie uma despesa artificialmente maior do que o normal, apenas para reduzir o lucro tributável. Assim, se a despesa com *royalties* remetidos ao exterior pela máster franqueada brasileira ou pela desenvolvedora de área brasileira não atender a certos limites legais, tal despesa será considerada indedutível ou parcialmente dedutível para efeito de apuração do lucro real.

Sem a pretensão de exaurir nesta abordagem a riqueza de detalhes que o tema encerra, o importante é ressaltar que, em 24 de dezembro de 2022, a legislação das regras de preços de transferência foi sensivelmente alterada pela Medida Provisória nº 1.152, cujo projeto de lei de conversão já foi aprovado pelo Congresso Nacional e remetido à sanção presidencial - fato que deverá ser consumado até meados de junho de 2023.

A MP foi editada com o objetivo de aproximar as regras brasileiras de preços de transferência às regras adotadas sobre o tema pela Organização para Cooperação e Desenvolvimento Econômico - OCDE, que é uma organização multilateral da qual o Brasil ainda é mero colaborador, e cuja participação, como país membro, é estratégica na visão da atual gestão do Governo Federal.

Apenas para resumir as principais mudanças para o *franchising*, na remessa de royalties para o exterior não havia a aplicação das regras de preços de transferência, uma vez que a própria legislação brasileira já fixava os limites permitidos para remessa e dedução fiscal, independente da análise do mercado. Com a MP, todavia, esses limites pré-fixados deixam de ser exigidos. Em 2023 a adoção das novas regras é opcional, passando a ser obrigatória apenas em 2024.

Também merece menção o fato de que a legislação antiga vedava a remessa de *royalties* para o exterior quando a empresa remetente fosse controlada pela empresa beneficiária, direta ou indiretamente. A partir da aplicação das novas regras, essa vedação deixa de existir, passando a haver tão somente uma restrição à dedutibilidade fiscal, caso não seja observado o princípio do *arm's length*, ou seja, a pactuação de preços conforme a prática de mercado.

Outro ponto interessante é que a remessa ao exterior a título de *royalties*, bem como a sua dedutibilidade estavam condicionadas à prévia averbação do contrato no Instituto Nacional de Propriedade Industrial - INPI e o seu registro no Banco Central do Brasil - Bacen. Com a Lei nº 14.286, de 29 de dezembro de 2021, essa exigência deixou de existir para efeito de remessa, mas persistia para fins de dedutibilidade. Com a MP, que revogou o artigo 50 da Lei nº 8.383, de 30 de dezembro de 1991, a dedutibilidade dos royalties também deixa de ter tais exigências legais.

Por serem essenciais ao tema, transcreve-se abaixo os artigos 45 a 48 da Medida Provisória nº 1.152/2022, *in verbis*:

> Art. 45. Não são dedutíveis, na determinação do lucro real e da base de cálculo da CSLL, as importâncias pagas, creditadas, entregues, empregadas ou remetidas a título de royalties e assistência técnica, científica, administrativa ou semelhante a: Vigência
>
> I - entidades residentes ou domiciliadas em país ou dependência com tributação favorecida ou que sejam beneficiárias de regime fiscal privilegiado, de que tratam os art. 24 e art. 24-A da Lei nº 9.430, de 1996; ou
>
> II - partes relacionadas nos termos do disposto no art. 4º, quando a dedução dos valores resultar em dupla não tributação em quaisquer uma das seguintes hipóteses:
>
> a) o mesmo valor seja tratado como despesa dedutível para outra parte relacionada;
>
> b) o valor deduzido no Brasil não seja tratado como rendimento tributável do beneficiário de acordo com a legislação de sua jurisdição; ou
>
> c) os valores sejam destinados a financiar, direta ou indiretamente, despesas dedutíveis de partes relacionadas, que acarretem as hipóteses referidas na alínea "a" ou na alínea "b".
>
> Parágrafo único. A Secretaria Especial da Receita Federal do Brasil do Ministério da Economia disciplinará o disposto neste artigo.
>
> Art. 46. O contribuinte poderá optar pela aplicação do disposto nos art. 1º a art. 45 desta Medida Provisória para o ano-calendário de 2023.
>
> § 1º A opção será irretratável e acarretará a observância das alterações previstas nos art. 1º a art. 45 e os efeitos do disposto no art. 47 a partir de 1º de janeiro de 2023.
>
> § 2º A Secretaria Especial da Receita Federal do Brasil do Ministério da Economia estabelecerá a forma, o prazo e as condições da opção de que trata o caput.
>
> Art. 47. Ficam revogados a partir de 1º de janeiro de 2024:
>
> I - o art. 74 da Lei nº 3.470, de 28 de novembro de 1958;
>
> II - os seguintes dispositivos da Lei nº 4.131, de 3 de setembro de 1962:
>
> a) o art. 12; e
>
> b) o art. 13;
>
> III - os seguintes dispositivos da Lei nº 4.506, de 30 de novembro de 1964:
>
> a) o art. 52; e
>
> b) as alíneas "d" a "g" do parágrafo único do art. 71;
>
> IV - o art. 6º do Decreto-Lei nº 1.730, de 17 de dezembro de 1979;
>
> V - o art. 50 da Lei nº 8.383, de 30 de dezembro de 1991;
>
> VI - os seguintes dispositivos da Lei nº 9.430, de 1996:
>
> a) os art. 18 ao art. 23; e
>
> b) o § 2º do art. 24;
>
> VII - o art. 45 da Lei nº 10.637, de 30 de dezembro de 2002;
>
> VIII - o art. 45 da Lei nº 10.833, de 29 de dezembro de 2003;
>
> IX - o art. 5º da Lei nº 12.766, de 27 de dezembro de 2012;
>
> X - os seguintes dispositivos da Lei nº 12.715, de 17 de setembro de 2012:

a) o art. 49, na parte em que altera o art. 20 da Lei nº 9.430, de 1996; e

b) os art. 50 e art. 51; e

XI - o art. 24 da Lei nº 14.286, de 29 de dezembro de 2021, na parte em que altera o art. 50 da Lei nº 8.383, de 1991.

Art. 48. Esta Medida Provisória entra em vigor em 1º de janeiro de 2024.

Parágrafo único. Aos contribuintes que fizerem a opção prevista no art. 46, aplicam-se, a partir de 1º de janeiro de 2023:

I - os art. 1º a art. 45; e

II - as revogações previstas no art. 47.

5. REFORMA TRIBUTÁRIA

Outro tema que tende a impactar o *franchising* brasileiro é a reforma tributária. Há tempos os parlamentares têm discutido projetos de emenda constitucional para reformar o sistema tributário nacional. Mais recentemente, duas Propostas de Emenda Constitucional (PEC) ganharam projeção: a PEC 45/2009 e a PEC 110/2009. Tais propostas são parecidas na medida em que consideram o deslocamento da carga tributária do consumo para a renda, o que, a um só tempo, estimularia a produção e atenderia ao princípio da capacidade contributiva, segundo o qual quem aufere mais renda deve pagar mais tributos.

Além disso, as propostas visam à simplificação do sistema tributário, com a reunião de vários tributos em poucos. Assim, tributos como PIS, cofins, IPI, ICMS e ISS seriam consolidados em um imposto geral sobre o consumo, cobrado sobre o valor agregado em cada etapa da cadeia de produção-consumo (Imposto sobre Bens e Serviços - IBS); e um imposto específico para determinados bens com função eminentemente regulatória ou extrafiscal, ou seja, o seu objetivo principal não é gerar arrecadação, mas estimular ou desestimular o consumo de determinados bens e/ou mercados (Imposto Seletivo).

Ainda na vertente da simplificação do sistema tributário e da busca pela Justiça Fiscal, a ideia dos parlamentares é acabar com os benefícios fiscais e regimes tributários especiais de qualquer espécie. Por isso mesmo, há previsão de um período de transição, a fim de evitar que a segurança jurídica seja comprometida e, com ela, inúmeros investimentos da iniciativa privada.

Novamente sem pretender exaurir o tema, o objetivo aqui é alertar para importantes mudanças que se avizinham e podem impactar sensivelmente no dia a dia das franqueadoras e franqueadas. Registre-se que há muito temor da sociedade, sobretudo no setor de serviços, com o aumento da carga tributária a partir da reforma tributária. Isso porque, sendo o IBS um tributo não cumulativo e considerando a não cumulatividade nas bases atuais -que não aceita créditos sobre a contratação de mão de obra, por exemplo-, a tendência é que a alíquota efetiva do IBS para o setor de serviços seja muito maior do que nos demais setores.

Esse temor é alimentado também pelo projeto de arcabouço fiscal apresentado pela atual gestão do Governo Federal, que acaba com o limite do teto de gastos e passa a restringir tais gastos, em um percentual definido por critérios complexos, que varia de acordo com a receita dos 12 (doze) meses anteriores.³ Ora, considerando que boa parte da receita do Governo Federal advém da arrecadação tributária, para gastar mais, a atual gestão do Governo Federal tende a exigir mais tributos. E se não houver corte de despesas públicas, alguém pagará não apenas a conta da Justiça Fiscal promovida pela Reforma Tributária como também a conta dos investimentos sociais que fazem parte da promessa de campanha eleitoral do atual governo.

REFERÊNCIAS

ALVES, H. N., COELHO, E. J. *ISS não incide sobre contratos de franquia*. Disponível em: <https://www.jota.info/opiniao-e-analise/artigos/iss-nao-incide-sobre-contratos-de-franquia-16022017>. Acesso em: 30 jan. 2019.

BARRETO, A. F. ISS – não incidência sobre a franquia. *Revista de Direito Tributário*. Vol. 64. São Paulo: Malheiros, 1994, p. 223.

BRASIL. *Constituição da República Federativa do Brasil*. Texto constitucional promulgado em 5 de outubro de 1988, com alterações adotadas pelas Emendas Constitucionais nº 1/1992 a 99/2017. 53ª ed. Com índice. Brasília: Centro de Documentação e Informação (CEDI), 2013. 168 p. Disponível em: <https://livraria.camara.leg.br/constituicao-da-republica-federativa-do-brasil>. Acesso em: 30 jan. 2019.

BRASIL. *Lei Complementar nº 116, de 31 de julho de 2003*. Dispõe sobre o Imposto Sobre Serviços de Qualquer Natureza, de competência dos Municípios e do Distrito Federal, e dá outras providências (redação atualizada até a Lei Complementar nº 157, de 29 de dezembro de 2016). Disponível em: <http://www.planalto.gov.br/ccivil_03/LEIS/LCP/Lcp116.htm>. Acesso em: 30 jan. 2019.

BRASIL. *Lei Complementar nº 123, de 14 de dezembro de 2006*. Institui o Estatuto Nacional da Microempresa e da Empresa de Pequeno Porte; altera dispositivos das Leis nº 8.212 e 8.213, ambas de 24 de julho de 1991, da Consolidação das Leis do Trabalho – CLT, aprovada pelo Decreto-Lei nº 5.452, de 1º de maio de 1943, da Lei nº 10.189, de 14 de fevereiro de 2001, da Lei Complementar nº 63, de 11 de janeiro de 1990; e revoga as Leis nº 9.317, de 5 de dezembro de 1996, e 9.841, de 5 de outubro de 1999 (redação atualizada até a Lei Complementar nº 188, de 31 de dezembro de 2021). Disponível em: <http://www.planalto.gov.br/ccivil_03/LEIS/LCP/Lcp123.htm>. Acesso em: 30 jan. 2023.

BRASIL. *Lei nº 14.286, de 29 de dezembro de 2021*. Dispõe sobre o mercado de câmbio brasileiro, o capital brasileiro no exterior, o capital estrangeiro no País e a prestação de informações ao Banco Central do Brasil; altera as Leis n os 4.131, de 3 de setembro de 1962, 4.728, de 14 de julho de 1965, 8.383, de 30 de dezembro de 1991, 10.192, de 14 de fevereiro de 2001, e 11.371, de 28 de novembro de 2006, e o Decreto nº 23.258, de 19 de outubro de 1933; e revoga as Leis n os 156, de 27 de novembro de 1947, 1.383, de 13 de junho de 1951, 1.807, de 7 de janeiro de 1953, 2.145, de 29 de dezembro de 1953, 2.698, de 27 de dezembro de 1955, 4.390, de 29 de agosto de 1964, 5.331, de 11 de outubro de 1967, 9.813, de 23 de agosto de 1999, e 13.017, de 21 de julho de 2014, os Decretos-Leis n os 1.201, de 8 de abril de 1939, 9.025, de 27 de fevereiro de 1946, 9.602, de 16 de agosto de 1946, 9.863, de 13 de setembro de 1946, e 857, de 11 de setembro de 1969, a Medida Provisória nº 2.224, de 4 de setembro de 2001, e dispositivos das Leis n os 4.182, de 13 de novembro de 1920, 3.244, de 14 de agosto de 1957, 4.595, de 31 de dezembro de 1964, 5.409, de 9 de abril de 1968, 6.099, de 12 de setembro de 1974, 7.738, de 9 de março de 1989, 8.021, de 12 de abril de 1990, 8.880, de 27 de maio de 1994, 9.069, de 29 de junho de 1995, 9.529, de 10 de dezembro de 1997, 11.803, de 5 de novembro de 2008, 12.865, de 9 de outubro de 2013, 13.292, de 31 de maio de 2016, e 13.506, de 13 de novembro de

---

3. O que significa arcabouço fiscal? Os principais pontos da nova regra fiscal do governo Lula. Disponível em: <https://exame.com/brasil/o-que-significa-arcabouco-fiscal-os-principais-pontos-da-nova-regra-fiscal-do-governo-lula/>. Acesso em: 22 abr. 2023

2017, e dos Decretos-Leis n os 2.440, de 23 de julho de 1940, 1.060, de 21 de outubro de 1969, 1.986, de 28 de dezembro de 1982, e 2.285, de 23 de julho de 1986. Disponível em: <https://www.in.gov.br/en/web/dou/-/lei-n-14.286-de-29-de-dezembro-de-2021-370918314>. Acesso em: 30 jan. 2023.

BRASIL. *Medida Provisória nº 1.152, de 29 de dezembro de 2022*. Altera a legislação do Imposto sobre a Renda das Pessoa Jurídicas - IRPJ e da Contribuição Social sobre o Lucro Líquido - CSLL para dispor sobre as regras de preços de transferência. Disponível em: <https://www.in.gov.br/en/web/dou/-/medida-provisoria-n-1.152-de-28-de-dezembro-de-2022-454516132>. Acesso em: 30 jan. 2023.

BRASIL. *Proposta de Emenda à Constituição nº 45/2019*. Altera o Sistema Tributário Nacional e dá outras providências. Disponível em: <https://www.camara.leg.br/proposicoesWeb/fichadetramitacao?idProposicao=2196833>. Acesso em: 14 abr. 2023.

BRASIL. *Proposta de Emenda à Constituição nº 110/2019*. Altera o Sistema Tributário Nacional e dá outras providências. Disponível em: <https://www25.senado.leg.br/web/atividade/materias/-/materia/137699>. Acesso em: 14 abr. 2023.

BRASIL. Ministério da Economia. Conselho Nacional de Política Fazendária. Legislação: Convênio ICMS nº 93, de 17 de setembro de 2015. *Dispõe sobre os procedimentos a serem observados nas operações e prestações que destinem bens e serviços a consumidor final não contribuinte do ICMS, localizado em outra unidade federada*. Disponível em: <https://www.confaz.fazenda.gov.br/legislacao/convenios/2015/CV093_15>. Acesso em: 30 jan. 2019.

BRASIL. Ministério da Economia. Receita Federal do Brasil. Legislação: Instrução Normativa RFB nº 1.862, de 27 de dezembro de 2018. *Dispõe sobre o procedimento de imputação de responsabilidade tributária no âmbito da Secretaria da Receita Federal do Brasil*. Brasília, 27 dez. 2018. Disponível em: <http://normas.receita.fazenda.gov.br/sijut2consulta/link.action?idAto=97728&visao=anotado>. Acesso em: 30 jan. 2019.

BRASIL. Ministério da Economia. Receita Federal do Brasil. Legislação: Parecer Normativo Cosit nº 4, de 10 de dezembro de 2018. *Dispõe sobre normas gerais de direito tributário, especificamente sobre responsabilidade tributária*. Brasília, 10 dez. 2018. Disponível em: <http://normas.receita.fazenda.gov.br/sijut2consulta/link.action?idAto=97210&visao=anotado>. Acesso em: 30 jan. 2019.

Brasil. Ministério da Economia. Receita Federal do Brasil. Jurisprudência: Solução de Consulta Cosit nº 80, de 31 de março de 2014. *Sistema Normas*. Disponível em: <http://www.receita.fazenda.gov.br/publico/Legislacao/SolucoesConsultaCosit/2014/SCCosit802014.pdf>. Acesso em: 30 jan. 2019.

Brasil. Ministério da Economia. Receita Federal do Brasil. Jurisprudência: Solução de Consulta DISIT/SRRF10 nº 114, de 11 de junho de 2012. *Sistema Normas*. Disponível em: <http://normas.receita.fazenda.gov.br/sijut2consulta/link.action?visao=anotado&idAto=68557>. Acesso em: 30 jan. 2019.

BRASIL. Supremo Tribunal Federal. Ação direta de inconstitucionalidade nº 4.784/DF – Distrito Federal. Relator: Ministro Roberto Barroso. *Processos*. Disponível em: <http://portal.stf.jus.br/processos/detalhe.asp?incidente=4250923>. Acesso em: 30 jan. 2019.

BRASIL. Supremo Tribunal Federal. Ação direta de inconstitucionalidade nº 5.464/DF – Distrito Federal. Relator: Ministro Dias Toffoli. *Pesquisa de Jurisprudência*. Disponível em: <http://portal.stf.jus.br/processos/downloadPeca.asp?id=308715440&ext=.pdf>. Acesso em: 30 jan. 2019.

BRASIL. Supremo Tribunal Federal. Recurso Extraordinário nº 116.121/SP. Relator: Ministro Octavio Galotti. Redator para acórdão: Ministro Marco Aurélio Mello. *Pesquisa de Jurisprudência*. Disponível em: <http://redir.stf.jus.br/paginadorpub/paginador.jsp?docTP=AC&docID=206139>. Acesso em: 30 jan. 2019.

BRASIL. Supremo Tribunal Federal. Recurso Extraordinário nº 592.905/SC. Relator: Ministro Eros Grau. *Pesquisa de Jurisprudência*. Disponível em: <http://redir.stf.jus.br/paginadorpub/paginador.jsp?docTP=AC&docID=609078>. Acesso em: 30 jan. 2019.

BRASIL. Supremo Tribunal Federal. Recurso Extraordinário nº 651.703/PR. Relator: Ministro Luiz Fux. *Pesquisa de Jurisprudência*. Disponível em: <http://redir.stf.jus.br/paginadorpub/paginador.jsp?docTP=TP&docID=12788517>. Acesso em: 30 jan. 2019.

BRASIL. Superior Tribunal de Justiça. AgRg no REsp nº 953.840/RJ. Relator: Ministro Luiz Fux. *Jurisprudência do STJ*. Disponível em: <http://www.stj.jus.br/SCON/jurisprudencia/toc.jsp?processo=953840&b=ACOR&thesaurus=JURIDICO&p=true>. Acesso em: 30 jan. 2019.

BRASIL. Superior Tribunal de Justiça. AgRg no REsp nº 1.113.055/RJ. Relator: Ministro Napoleão Nunes Maia Filho. *Jurisprudência do STJ*. Disponível em: <http://www.stj.jus.br/SCON/jurisprudencia/toc.jsp?processo=1113055&b=ACOR&thesaurus=JURIDICO&p=true>. Acesso em: 30 jan. 2019.

DIAS, J. M. M. Marketing e seus aspectos jurídicos no franchising. In: JESS, A. C. V. et al. *Aspectos jurídicos do franchising*: as bases legais para o sucesso de uma franquia. 1ª ed. Rio de Janeiro: 2016, ABF-Rio, pp. 22-24.

JUSTEN FILHO, M. ISS e as atividades de franchising. *Revista de Direito Tributário*. Vol. 64. São Paulo: Malheiros, 1994, p. 250.

MELO, J. E. S. D. *ISS: aspectos teóricos e práticos*. 4ª ed. São Paulo: Dialética, 2005, p. 109.

RIBEIRO, A. et al. *Gestão estratégica do franchising*: como construir redes de franquias de sucesso. 2ª ed. São Paulo: DVS Editora, 2013, pp. 223-237.

RIO DE JANEIRO. Tribunal de Justiça do Estado do Rio de Janeiro. Arguição de Inconstitucionalidade nº 0028891-85.2007.8.19.0000. Disponível em: <http://www1.tjrj.jus.br/gedcacheweb/default.aspx?UZIP=1&GEDID=0003F93314AF18CE18A3BD2EDC6B55BAF8F78785C354041A&USER=>. Acesso em: 30 jan. 2019.

RIO DE JANEIRO. Tribunal de Justiça do Estado do Rio de Janeiro. Arguição de Inconstitucionalidade nº 0029731-61.2008.8.19.0000. Disponível em: <http://www1.tjrj.jus.br/gedcacheweb/default.aspx?UZIP=1&GEDID=00037191D90EC23562A52F415395E6EBCEA336C4021D142F&USER=>. Acesso em: 30 jan. 2019.

RIO DE JANEIRO. Regimento Interno do Tribunal de Justiça do Estado do Rio de Janeiro. Disponível em: <http://portaltj.tjrj.jus.br/documents/10136/18186/regi-interno-em-vigor.pdf>. Acesso em: 30 jan. 2019.

SÃO PAULO. Tribunal de Justiça do Estado de São Paulo. Arguição de Inconstitucionalidade nº 9021348-14.2006.8.26.0000. Disponível em: <https://esaj.tjsp.jus.br/pastadigital/abrirDocumentoEdt.do?origemDocumento=M&nuProcesso=9021348-14.2006.8.26.0000&cdProcesso=RMZ00RQHZ0000&cdForo=990&tpOrigem=2&flOrigem=S&nmAlias=SG5TJ&cdServico=190201&ticket=xv4ji7TxiJGs1yTllYCUzTbDmGLf%2FMwTyeWqRiDkbRiCy4IUZbNOKN4F0xYudKlvvc2eORa3lrAmWMngyDhlAn01dlp92%2BGHI0iHgKWVoS2vkQg%2Fd2Uzp%2BGny%2BKR%2BYOwYdiFAZdgnhdV3sWpU2yzuHeRvhBITONEPT7TfAKhOGwiOh%2BrbgK7fUmi5Gic2zDQ%2BuZdqeLymBJ%2FIDp%2BoBG6YWk2syhkdKvjPKT9i%2BqV84NPyTJE33wLY4r08NL7QG%2Fk>. Acesso em: 30 jan. 2019.

38
ASPECTOS POLÊMICOS DA TRIBUTAÇÃO EM *FRANCHISING* – *ROYALTIES* NA BASE DE CÁLCULO DO ICMS

Albérico Machado Mascarenhas
Marco Antonio Correia de Araújo

Sumário: 1. Introdução – 2. A natureza jurídica dos *royalties* de franquia; 2.1 Entendimento do STF em relação à natureza jurídica dos *royalties* de franquia. Incidência de ISS nos contratos de franquia – 3. A inclusão dos *royalties* de franquia na base de cálculo do ICMS (operações mercantis), inclusive àquele devido por substituição tributária, sob a égide constitucional; 3.1 A limitação material da base de cálculo do ICMS (operações mercantis) estabelecida pela CRFB/88; 3.2 Inclusão dos *royalties* de franquia na base de cálculo do ICMS relativo às operações subsequentes (ICMS-ST); 3.2.1 A inserção dos *royalties* como elementos externos para a definição das margens de valor agregado à luz do fenômeno da bitributação e da repercussão econômico-financeira da exação; 3.2.2 Entendimento firmado pela Câmara Superior do Tribunal de Impostos e Taxas (TIT) do Estado de São Paulo. Paradigma relacionado ao tema – 4. Da (in)constitucionalidade das regras trazidas pelo convênio ICMS nº 52/2017, relacionadas à inclusão dos *royalties* de franquia na base de cálculo do ICMS-ST e na definição das margens de valor agregado – ADI nº 5866/DF – 5. Considerações finais – Referências bibliográficas.

1. INTRODUÇÃO

A inclusão do valor dos *royalties* na base de cálculo do Imposto sobre Operações relativas à Circulação de Mercadorias e sobre Prestações de Serviços de Transporte Interestadual, Intermunicipal e de Comunicação ("ICMS") é tema afeto ao setor de franquias, em que ainda paira certa controvérsia.

O debate revela, por si só, a complexidade de um dos assuntos relacionados a esse importante setor da economia nacional, responsável por fatia, cada vez mais expressiva, da atividade empresarial no país.

Isso porque o setor de franquias vive momento de expansão e crescimento no Brasil, sendo responsável atualmente por, aproximadamente, 2,1% do PIB nacional, com cerca de 3 mil redes (marcas) e mais de 184 mil unidades franqueadas, gerando mais de 1,5 milhões de empregos diretos[1], o que faz com que, a todo tempo, surjam questões jurídicas relevantes que demandam uma detida análise dos tribunais estaduais[2] e, sobretudo, das cortes superiores.

---

1. Dados extraídos diretamente do sítio eletrônico da Associação Brasileira de Franchising – ABF e do Instituto Brasileiro de Geografia e Estatística – IBGE, atualizados até o 4º trimestre de 2022.
2. Nos últimos anos, muitas empresas do setor de franquia têm se deparado com a posição de autoridades tributárias de diversos Estados que, no exercício da fiscalização, entendem que há necessidade da inclusão dos *royalties*

O sucesso experimentado pelo setor de franquias no Brasil, cujo modelo se consolidou em território nacional a ponto de colocá-lo na quarta posição mundial em número de redes, associado à extremada crise fiscal que assola os Estados nos últimos anos, vem motivando tentativas de exação tributária por parte das administrações tributárias estaduais que, não raro, demandam análise mais criteriosa à luz das regras tributárias vigentes.

Essas tentativas de exação fiscal, ao alvedrio das regras constitucionais e das legislações complementares, acabam indo de encontro ao objetivo pretendido, na medida em que aumentam o já elevado nível de litigiosidade da legislação do ICMS, distorcem a realidade de mercado, interferem na livre concorrência e prejudicam sobremaneira o ambiente de negócios e a competitividade, interferindo negativamente na arrecadação tributária, a exemplo da tentativa de inclusão dos *royalties* na base de cálculo do ICMS relativo às operações subsequentes ("ICMS-ST").

Diante desse cenário, os Estados e o Distrito Federal celebraram, em 28 de abril de 2017, no âmbito do Conselho Nacional de Política Fazendária ("CONFAZ"), o Convênio ICMS nº 52/2017 (revogado posteriormente pelo Convênio ICMS nº 142/2018), que dispunha sobre normas gerais a serem aplicadas aos regimes de substituição tributária, instituídos por convênios ou protocolos firmados entre as Unidades da Federação ("UFs").

O referido Convênio tratou de diversas matérias reservadas constitucionalmente à legislação complementar[3], extrapolando a competência legislativa, bem como os limites de atuação daquele Conselho, a exemplo da inserção da expressão "ainda que por terceiros" nos dispositivos que tratavam dos "encargos transferíveis ou cobrados do destinatário", como elemento que compõe a base de cálculo do ICMS-ST, de modo a permitir que montantes não cobrados pelo substituto tributário venham a compor essa base, objetivando, neste caso, alcançar os *royalties* de franquia, tema objeto do presente artigo.

Nessa conjuntura, a Confederação Nacional da Indústria ("CNI"), entidade legitimamente ativa para propor demandas dessa natureza, ajuizou a Ação Direta de Inconstitucionalidade ("ADI") nº 5866/DF. Por meio de decisão cautelar em sede liminar, proferida monocraticamente pela Ministra Carmen Lúcia, foram suspensas

---

de franquia na base de cálculo do ICMS-ST por ocasião do fornecimento de produtos a franqueados, mesmo quando essas empresas não exerçam a atividade de franqueadora, tampouco cobrem *royalties*, baseando-se em normas estaduais e até mesmo acordos interestaduais, a exemplo de Convênios e Protocolos ICMS editados pelo Conselho Nacional de Política Fazendária – CONFAZ.

Vale ressaltar que, em 30 de junho de 2017, a 6ª Vara da Fazenda Pública do Tribunal de Justiça do Rio Grande do Sul (TJ/RS) decidiu, no bojo do processo tombado sob o nº 0054619-56.2016.8.21.0001, que *royalties* pagos à franqueadora não devem ser incluídos na base de cálculo do ICMS-ST recolhido por empresa comerciante do mesmo grupo econômico, ao analisar defesa apresentada em ação de cobrança movida pelo referido Estado. O processo está pendente de julgamento final na segunda instância (21ª Câmara Cível do TJ/RS), em face do recurso de Apelação interposto pelo Estado do Rio Grande do Sul.

3. Previsão estabelecida no artigo 146, III, "a", cumulado com o artigo 155, § 2º, XII, da Constituição da República Federativa do Brasil de 1988 – "CRBF/88".

diversas cláusulas do Convênio ICMS nº 52/2017, entre elas, todas aquelas que inseriam a expressão "*ainda que por terceiros*" nos dispositivos que tratavam dos "encargos transferíveis ou cobrados do destinatário" como elemento de composição da base de cálculo do ICMS-ST.

Sob esse contexto, o presente artigo buscará, em um primeiro momento, identificar, de forma perfunctória, a natureza jurídica dos *royalties* de franquia à luz dos conceitos relacionados ao negócio jurídico propriamente dito, da legislação pátria correlata e de recente posicionamento do Supremo Tribunal Federal ("STF").

Outrossim, intenciona-se discorrer também sobre a inclusão dos *royalties* de franquia na base de cálculo do ICMS (operações mercantis), inclusive àquele devido por substituição tributária, sob a égide constitucional, bem como discernir acerca da inserção deles como elementos externos para a definição das margens de valor agregado à luz do fenômeno da bitributação e da repercussão econômico-financeira da exação.

Nesse contexto, será abordada, também, recente discussão em relação ao tema no âmbito do Tribunal de Impostos e Taxas do Estado de São Paulo ("TIT"), destacando a controvérsia atualmente existente e a ausência de posicionamento uníssono no âmbito do referido Tribunal, bem como os desdobramentos jurídicos esperados em virtude do entendimento ora firmado.

Num segundo momento, o presente artigo discorrerá, em especial, sobre as regras intentadas pelo Convênio ICMS nº 52/2017, contemplando breve epílogo sobre as legislações internas estaduais que disciplinam o assunto, identificando-se, quando oportuno, as distorções tributárias relevantes para as empresas do setor de franquias, evidenciando os efeitos negativos propagados em toda a cadeia produtiva, bem como os respectivos impactos socioeconômicos.

2. A NATUREZA JURÍDICA DOS *ROYALTIES* DE FRANQUIA

As franquias empresariais, pelas suas peculiaridades, carecem da adequada compreensão do seu negócio jurídico, frise-se, de natureza complexa, para que se possa atribuir às suas relações mercantis tratamento tributário coerente com sua relevância, inserida no respectivo contexto econômico.

Regulamentada pela Lei nº 13.966, de 26 de dezembro de 2019 ("Lei nº 13.966/19" ou "Lei de Franquia"), que substituiu a Lei nº 8.955, de 15 de dezembro de 1994, a franquia empresarial é legalmente conceituada como um sistema pelo qual um franqueador autoriza, por meio de contrato, um franqueado a usar marcas e outros objetos de propriedade intelectual, sempre associados ao direito de produção ou distribuição exclusiva ou não exclusiva de produtos ou serviços e, também, ao direito de uso de métodos e sistemas de implantação e administração de negócio ou sistema operacional desenvolvido ou detido pelo franqueador, mediante remuneração direta ou indireta, sem caracterizar relação de consumo ou vínculo empregatício em relação ao franqueado ou a seus empregados, ainda que durante o período de treinamento, *in litteris*:

Art. 1º Esta Lei disciplina o sistema de franquia empresarial, pelo qual um franqueador autoriza por meio de contrato um franqueado a usar marcas e outros objetos de propriedade intelectual, sempre associados ao direito de produção ou distribuição exclusiva ou não exclusiva de produtos ou serviços e também ao direito de uso de métodos e sistemas de implantação e administração de negócio ou sistema operacional desenvolvido ou detido pelo franqueador, mediante remuneração direta ou indireta, sem caracterizar relação de consumo ou vínculo empregatício em relação ao franqueado ou a seus empregados, ainda que durante o período de treinamento.

Conforme se verifica do dispositivo supramencionado, na franquia há típica cessão onerosa de direitos, ou seja, cessão de uso de marca de produto ou de serviço, que o franqueador, mediante contraprestação econômica, faz ao franqueado.

Ou seja, a relação oriunda do contrato de franquia é muito mais abrangente do que a simples comercialização de produtos entre o franqueador e o franqueado, considerando que, nesse tipo de relação, os *royalties* pagos ao franqueador não se ataranta com o preço das mercadorias.

Trata-se, portanto, de remunerações específicas dessa relação contratual notadamente complexa e típica, que é, justamente, o "*franchising*"[4] (a franquia empresarial).

Na precisa lição de Fernandes (2003, p. 31):

> Franquia ou Franchising é o contrato pelo qual uma das partes (franqueador ou *franchisor*) concede, por tempo, à outra (franqueado ou *franchise*) o direito de comercializar com exclusividade, em determinada área geográfica, serviços, nome comercial, título de estabelecimento, marca de indústria ou produto que lhe pertence, com assistência técnica permanente, recebendo em troca, certa remuneração.

A sua remuneração, causa jurídica do pagamento dos *royalties* de franquia, decorre justamente do compartilhamento do *know-how* possuído pelo franqueador, modelo de

---

4. Alguns historiadores afirmam que o conceito nasceu na Idade Média, quando a Igreja Católica – e, mais tarde, os monarcas – passaram a conceder licenças ou franquias a senhores de terras e outras pessoas para que, em seu nome, coletassem impostos e taxas. Não obstante, o *franchising*, como se conhece atualmente, surgiu nos Estados Unidos por volta de 1851, quando a *Singer Sewing Machine Company* (fabricante de máquinas de costura), sediada na região da Nova Inglaterra, resolveu outorgar várias licenças de uso de sua marca e de seus métodos de operação a comerciantes interessados, sem revender seus produtos em lojas exclusivas situadas em cidades e vilarejos localizados em diversos estados da federação norte-americana. Em 1898, foi a vez de a *General Motors* iniciar a utilização do sistema para expandir a rede de pontos de venda dos automóveis que produzia, por meio das "Concessionária de Veículos". Naquela época, até então, os automóveis eram vendidos diretamente ao consumidor final por meio das empresas montadoras. Em 1899, a *Coca-Cola* criou a primeira franquia de produção, de modo a outorgar licenças para empresários e grupos empresariais interessados em produzir e comercializar seus refrigerantes em áreas geográficas definidas por meio de contrato, mais ou menos nos moldes do que faz até hoje, no Brasil e em outros países. A partir do início do século XX, o uso do "*franchising*" se difundiu nos Estados Unidos. Em 1917, surgiram as primeiras franquias de mercearias ("*grocery stores*"), que depois evoluíram para supermercados. Em 1925, surgiu a primeira franquia de *fast-food*, a *A&W*. Nos idos de 1930, as companhias de petróleo começaram a se utilizar do sistema, convertendo em franquias os postos de revenda de combustível que operavam diretamente e autorizando oficinas de reparos a colocarem suas marcas nas respectivas fachadas e a revender a gasolina, os lubrificantes e demais itens que produziam e distribuíam. (MENDELSOHN, Martin. **The guide to franchisin**. Londres: Cassel. 1996, 5ª ed.). A partir da década de 1930, o "*franchising*" se tornou cada vez mais popular como método para a criação e expansão de redes de negócios dos mais variados ramos da economia norte-americana. A partir de 1960, diversas franqueadoras americanas passaram a expandir suas franquias pelo mundo, chegando, inclusive, ao Brasil (BARROSO, L. Felizardo. **Franchising & Direito**. Rio de Janeiro: Editora Lúmen Júris, 2ª ed., 2002).

negócio construído e sedimentado por este, posto à disposição do franqueado, mediante contrato típico que, em seu escopo, integra serviços, atividades e *royalties*, em sentido amplo ou específico.

A organização empresarial, mediante o sistema de franquia, objetiva maior produtividade, melhor gestão profissional e redução de custos operacionais, notadamente em micro e pequenas empresas, que acabam por ter os riscos dos seus negócios compartilhados com o franqueador, a descentralização da respectiva estrutura de venda, ganhos com experiência e diminuição dos seus custos fixos, elementos que, desenganadamente, contribuem para a profissionalização do varejo e o sucesso dos respectivos empreendimentos.

Nessa senda, os contratos de franquia, diferentemente dos outros contratos que disciplinam outras relações, são de natureza complexa, uma vez que envolvem não só a cessão de uma marca de produtos ou serviços, mas também os meios e modos, já experenciados pelo franqueador, de levá-los ao consumidor final, conforme já prelecionou Requião (1978, p. 45):

> Assim, sem maior esforço, notamos que esse contrato (o contrato de franquia) é de natureza complexa, pois se apresenta como um complexo de relações contratuais que podemos identificar entre as categorias jurídicas tradicionais. Esses elementos, próprios de outros contratos fundem-se, formando uma nova espécie de contrato.

Portanto, sob essa perspectiva, o pagamento dos *royalties*, nos termos do artigo 2º da Lei nº 13.966/19, especificamente na alínea "a" do inciso IX, deve remunerar a gama de elementos postos à disposição do franqueado, pelo franqueador, não se atrelando ao preço dos produtos por este vendidos:

> Art. 2º Para a implantação da franquia, o franqueador deverá fornecer ao interessado Circular de Oferta de Franquia, escrita em língua portuguesa, de forma objetiva e acessível, contendo obrigatoriamente:
>
> [...]
>
> IX – informações claras quanto a taxas periódicas e outros valores a serem pagos pelo franqueado ao franqueador ou a terceiros por este indicados, detalhando as respectivas bases de cálculo e o que elas remuneram ou o fim a que se destinam, indicando, especificamente, o seguinte:
>
> a) remuneração periódica pelo uso do sistema, da marca, de outros objetos de propriedade intelectual do franqueador ou sobre os quais este detém direitos ou, ainda, pelos serviços prestados pelo franqueador ao franqueado; [...]

Conforme se observa do dispositivo alhures, os *royalties* correspondem à quantia que se exige do franqueado como forma de remuneração pelo direito de uso da marca do franqueador, ou em contrapartida aos serviços por este prestados, o que engloba todo o sistema de organização empresarial (tecnologia, marca, pesquisa e desenvolvimento – P&D, *merchandising* etc.), não refletindo, portanto, o valor comercial (preço) das mercadorias comercializadas.

Assim, os *royalties* decorrentes do contrato de franquia, nos termos da legislação pátria e da vasta doutrina que dispõe sobre o assunto, são considerados receitas obtidas a partir da utilização de um ativo intangível do franqueador, pelo franqueado, regidos por contrato complexo, cujas balizas se encontram regulamentadas pela Lei de Franquia, não se confundindo, sob nenhuma hipótese, com a remuneração de contratos de compra e venda de mercadorias, tendo em vista que, em razão da grande quantidade de atividades com as quais se relaciona, aparta-se por completo dos limites estritos a este tipo de contrato.

Essa característica singular é imprescindível para compreender os reflexos dessa modalidade contratual em âmbito tributário, sobretudo sob a égide do ICMS, embora se faça necessário, antes de discorrer sobre esse assunto, destacar o entendimento manifestado pelo STF em relação à natureza jurídica dos *royalties* de franquia.

2.1 Entendimento do STF em relação à natureza jurídica dos *royalties* de franquia. Incidência de ISS nos contratos de franquia

Por maioria de votos, o Plenário do STF, em agosto de 2022, manifestou entendimento, no julgamento do Recurso Extraordinário ("RE") 603.136/RJ, com repercussão geral reconhecida (Tema 300[5]), no sentido de que é constitucional a incidência do Imposto sobre Serviços de Qualquer Natureza ("ISS") nos contratos de franquia.

O RE 603.136/RJ foi interposto por empresa de comércio de alimentos que firmou, com uma rede de lanchonetes, contrato de franquia empresarial, incluindo a cessão de uso de marca, treinamento de funcionários e aquisição de matéria-prima, e outros serviços. O objeto de questionamento foi a decisão proferida pelo Tribunal de Justiça do Estado do Rio de Janeiro (TJ/RJ) que considerou constitucional a cobrança de ISS sobre o contrato de franquia, ao julgar a Lei Municipal nº 3.691/2003, que incluiu o contrato de franquia (*franchising*) entre os serviços tributáveis.

Conforme destacado no voto proferido pelo Relator, ministro Gilmar Mendes, a questão constitucional passa pela interpretação do artigo 156, inciso III, da CRFB/88, que trata da competência dos municípios para a instituição de impostos sobre serviços, e pela definição do que se pode entender por "serviço".

Segundo manifestado, a cobrança de ISS sobre os contratos de franquia não viola o texto constitucional nem destoa da orientação atual do STF sobre a matéria.

Isso porque, tais contratos, em razão da natureza jurídica própria, já discorrida anteriormente, são de caráter misto ou híbrido e englobam tanto obrigações de dar quanto de fazer.

Embora a doutrina costume separar prestações abarcadas na relação de franquia como "atividade-fim", tais como a cessão do uso de marca, e "atividade-meio", tais como treinamento, orientação, publicidade etc., conforme registrado em seu voto, o ministro

---

5. Tema 300 (STF): "*É constitucional a incidência de Imposto sobre Serviços de Qualquer Natureza (ISS) sobre contratos de franquia (franchising) (itens 10.04 e 17.08 da lista de serviços prevista no Anexo da Lei Complementar 116/2003)*".

Relator considerou, pelo menos, duas razões para julgar que essas atividades não devem ser separadas para fins fiscais, de modo que apenas as atividades-meio ficassem sujeitas ao ISS.

A primeira razão é que o contrato em questão não tem a finalidade exclusiva para cessão de uso de marca, tampouco consiste em uma relação de assistência técnica ou transferência de conhecimento ou segredo de indústria, tendo em vista que o contrato de franquia se forma de umas e outras atividades, reunidas num só negócio jurídico. Portanto, separar umas das outras acabaria por desnaturar a relação contratual em questão, frise-se, de natureza complexa.

Já a segunda razão, trata-se de ordem eminentemente prática e antielisiva. A seu ver, atribuir tratamento diferente à atividade-meio e à atividade-fim conduziria o contribuinte à tentação de manipular as formas contratuais e os custos individuais das diversas prestações, a fim de reduzir a carga fiscal incidente no contrato de franquia.

Em seu voto foi pontuado, inclusive, que a estrutura negocial do contrato de franquia é eclética por incluir tanto obrigações de dar como de fazer, não se limitando a uma *"mera obrigação de dar, nem à mera obrigação de fazer"*, o que sedimenta a constitucionalidade da incidência do ISS sobre os referidos contratos.

Em sua justificativa final, foi ressaltado que se a incidência fosse considerada inconstitucional, diante da concepção de contratos dessa natureza, o STF criaria um "vazio" no Sistema Tributário Nacional, tendo em vista que os Estados/DF, nesse caso, também não poderiam exigir o ICMS sobre os contratos de franquia.

3. A INCLUSÃO DOS *ROYALTIES* DE FRANQUIA NA BASE DE CÁLCULO DO ICMS (OPERAÇÕES MERCANTIS), INCLUSIVE ÀQUELE DEVIDO POR SUBSTITUIÇÃO TRIBUTÁRIA, SOB A ÉGIDE CONSTITUCIONAL

A certeza jurídica quanto à composição da base de cálculo do ICMS, tributo de maior arrecadação do país, em especial o devido sob o regime da substituição tributária, é indispensável para diminuir a insegurança jurídica que permeia o sistema tributário nacional.

BECKER (1999), ao comentar sobre a interpretação das normas jurídicas, aduz que *"a interpretação das leis é uma ciência que – a rigor e a final – se reduz a alguns poucos princípios. Devemos redescobri-los"*. Nesse sentido, é imprescindível analisar o tema em destaque sob o plano constitucional que, sem dúvidas, é o norte principiológico de todo o ordenamento jurídico pátrio.

Conforme já destacado alhures, a definição de franquia, ainda que de toda a complexidade que lhe é inerente, pode ser identificada e conceituada como "o *licenciamento de utilização da marca e ainda os serviços de assistência na organização de métodos de exposição e expansão do produto e/ou serviço no mercado*"[6], jamais se confundindo com fornecimento de produtos e/ou serviços.

---

6. BOJUNGA, Luiz Edmundo Appel. Natureza jurídica do contrato de "franchising". **Revista dos Tribunais**. v. 653/1990, p. 54-68. mar/1990, p. 3.

É mister registrar que, à luz do que determina o artigo 110 da Lei nº 5.172, de 25 de outubro de 1966 (Código Tributário Nacional – "CTN"), as leis tributárias devem respeitar a definição, o conteúdo ou o alcance do conceito de *royalties* previsto na Lei nº 13.966/19:

> Art. 110. A lei tributária não pode alterar a definição, o conteúdo e o alcance de institutos, conceitos e formas de direito privado, utilizados, expressa ou implicitamente, pela Constituição Federal, pelas Constituições dos Estados, ou pelas Leis Orgânicas do Distrito Federal ou dos Municípios, para definir ou limitar competências tributárias.

Portanto, a composição da base de cálculo do ICMS (operações mercantis), quanto à inclusão (ou não) dos *royalties* e demais pagamentos inerentes aos custos da franquia, deve respeitar os conceitos de "operações", "circulação" e "mercadoria", segundo as diretrizes fixadas pela CRFB/88[7], de modo a não alcançar valores pagos em decorrência de relações estranhas à materialidade do ICMS, sob pena de ruptura completa do ordenamento jurídico-tributário.

3.1 A limitação material da base de cálculo do ICMS (operações mercantis) estabelecida pela CRFB/88

A CRFB/88 estabelece a competência aos Estados e ao Distrito Federal para instituírem o imposto sobre "*operações relativas à circulação de mercadorias*" (artigo 155, II, da CRFB/88):

> Art. 155. Compete aos Estados e ao Distrito Federal instituir impostos sobre:
>
> (...)
>
> II – operações relativas à circulação de mercadorias e sobre prestações de serviços de transporte interestadual e intermunicipal e de comunicação, ainda que as operações e as prestações se iniciem no exterior; (...).

Portanto, no âmbito material da competência para legislar sobre o ICMS, a CRFB/88 delimita o seu alcance, de modo a exigir a edição de normas gerais (artigo 146, III, "a", da CRFB/88), mediante Lei Complementar, para definição do "fato gerador" do referido imposto:

> Art. 146. Cabe à lei complementar:
>
> (...)
>
> III – estabelecer normas gerais em matéria de legislação tributária, especialmente sobre:
>
> a) definição de tributos e de suas espécies, bem como, em relação aos impostos discriminados nesta Constituição, a dos respectivos fatos geradores, bases de cálculo e contribuintes;

Observe-se que a CRFB/88 não conferiu ao legislador complementar um "cheque em branco" para apontar os "fatos geradores" e as respectivas "bases de cálculo" dos impostos nela discriminados, entre os quais se inclui o ICMS.

---

7. Artigo 146, inciso III, alínea 'a'; artigo 150, inciso I, § 7º; e, artigo 155, II, § 2º, inciso I, todos da CRFB/88.

No caso, a legislação complementar deve limitar-se a facilitar a boa compreensão das normas constitucionais, sem desvirtuar a correta aplicação da regra superior emanada pela CRFB/88.

Dessa forma, não será a Lei Complementar que definirá as "hipóteses de incidência" e os "fatos geradores" dos impostos discriminados na CRFB/88; isso foi feito, por ela própria, com a devida cautela e positivada com rigor (CARRAZA, 2002).

Assim, a Lei Complementar, ao tratar da "base de cálculo" do ICMS, jamais poderá modificar o aspecto material de suas hipóteses de incidência, devendo, tão somente, elucidar o padrão para medi-las, de modo a permitir que, uma vez aplicada a alíquota correspondente sobre ela, se chegue ao correto montante devido (*quantum debeatur*).

Ou seja, sinteticamente, sendo a base de cálculo a expressão econômica da materialidade do tributo, deve esta prestar-se a medir, de modo adequado, o fato descrito na hipótese de incidência, de forma que possibilite a correta quantificação do dever tributário, a cargo do contribuinte.

Tal é a lição de Geraldo Ataliba[8], para quem a base de cálculo é a *"(...) perspectiva dimensível do aspecto material da hipótese de incidência que a lei qualifica, com a finalidade de fixar critério para a determinação, em cada obrigação tributária concreta, do 'quantum debeatur'".*

Portanto, incumbe à base de cálculo mensurar, em termos matemáticos, a hipótese de incidência do tributo. Ou seja, se a hipótese de incidência do tributo for "vender mercadoria", sua base de cálculo somente poderá ser o "valor da venda mercantil realizada". E, por razões lógica-jurídica-tributárias, tudo o que disso evadir (*v.g. royalties*) não medirá, de modo adequado, o fato tributário[9], o que, no momento da apuração do montante efetivamente devido, fará com que o contribuinte suporte um indébito tributário, circunstância que, a reboque, vilipendiará o direito de propriedade.

O fato jurídico tributário definido na CRFB/88 como hipótese de incidência do ICMS (operações mercantis) deve ser compreendido em sua integralidade. A circulação da mercadoria, hipótese prevista constitucionalmente, ou seja, o deslocamento físico ou econômico de um determinado bem, não é suficiente para determinar que esse bem seja "mercadoria", tampouco é, em si, determinante à configuração de "operação" como ato jurídico que enseja a formação negocial.

A circulação jurídica decorrente da operação deve ser o enfoque prestigiado para bem compreender que só haverá circulação como efeito de operações praticadas entre

---

8. ATALIBA, Geraldo. **Hipótese de Incidência Tributária**. 5ª ed., 3ª tiragem. São Paulo: Malheiros Editores, 1992, p. 97.
9. A ação de tributar fere a propriedade privada, que se encontra protegida nos artigos 5º, XXII, e 170, II, ambos da CRFB/88. Isso explica, pelo menos em parte, a razão pela qual a Carta Magna disciplinou, de modo tão rígido, o mecanismo de funcionamento da tributação, ao mesmo tempo que amparou os contribuintes com direitos e garantias contra eventuais excessos tributários.

partes distintas, e desde que elas tenham por objeto "mercadorias"[10], para ocorrência do fato jurídico tributário do ICMS, a que se refere a CRFB/88.

Em suma, a CRFB/88 apenas autoriza a tributação das manifestações de capacidade contributiva decorrentes de atos de circulação de bens qualificados como mercadorias, quando promovidas mediante operações, por atos juridicamente relevantes e que permitam sua verificação no tempo e no espaço (CARRAZA, 2007).

Logo, tributa-se, por meio de ICMS, a obrigação (a operação jurídica) de dar uma mercadoria, o que, consequentemente, permite concluir que o ICMS, sob essa perspectiva, é um imposto que incide sobre o negócio jurídico mercantil.

Portanto, a base de cálculo do ICMS, que incide sobre operações de circulação de mercadorias, sempre será (e deverá ser) o valor da operação de circulação de mercadorias, devendo necessariamente ser uma medida da operação mercantil realizada (CARRAZA, 2002). E, por essa razão, obriga-se a guardar uma correção lógica com sua hipótese de incidência, na medida em que ela tem o condão de mensurar a intensidade econômica da conduta praticada[11]. Sob esse viés, o legislador elegeu como base de cálculo do ICMS (operações mercantis) o valor da operação de circulação de mercadorias.

Traçadas tais premissas, cumpre discorrer sobre os *royalties* como elemento de composição da base de cálculo do ICMS (operações mercantis).

Os *royalties*, conforme já asseverado anteriormente, são receitas obtidas a partir da utilização de um ativo intangível do franqueador, pelo franqueado, regidos por contrato complexo, com causa jurídica própria, cujos fundamentos jurídicos encontram-se regulamentados pela Lei de Franquia.

Luís Eduardo Schoueri, ao tratar da base de cálculo própria de um fato gerador, dispõe que:

> *"(...) o emprego de uma base de cálculo 'própria' de um fato gerador, sem o seu respectivo aspecto material, será taxado de inconstitucionalidade, não por invasão de competência, mas por ferir a relação de inerência ínsita ao texto constitucional"*[12].

Assim, ao alterar a base de cálculo do tributo, estabelecida constitucionalmente, positivada e ratificada em legislação complementar, inevitavelmente se institui exação diversa daquela que a pessoa política é competente para criar, nos termos da CRFB/88.

A manipulação da base de cálculo do tributo, por si só, altera a sua regra-matriz constitucional, deixando o contribuinte a cargo de insegurança jurídica permanente. E, por razões lógicas, uma vez descaracterizada a base de cálculo do tributo, adulterada em aversão às regras constitucionais, descaracterizado estará também o respectivo tributo.

---

10. ATALIBA, Geraldo. **Sistema Constitucional Tributário Brasileiro**. 1ª ed. São Paulo: Ed. RT, 1966, p. 246. (Esclarece-se, nesse parêntese, de modo a aludir ao imposto atual, o ICMS).
11. CARVALHO, Paulo de Barros. **Direito tributário, linguagem e método**. 3. ed. São Paulo: Noeses, 2009, p. 618.
12. SCHOUERI, Luis Eduardo. **Discriminação de competências e competência residual**, in *Direito Tributário – Estudos em homenagem a Brandão Machado*. São Paulo: Dialética, 1998, p. 100.

Embora a CRFB/88 não tenha explicitamente apontada a base de cálculo do ICMS (operações mercantis), esta dá diretrizes acerca do assunto, que nem o legislador nem o intérprete (*v.g.* poder executivo estadual) podem desatender.

Hugo de Brito Machado, a respeito desse assunto, é taxativo ao dizer que

> "(...) a base de cálculo do ICMS não é o preço anunciado ou constante de tabelas. É o valor da operação e este se define no momento em que a operação se concretiza"[13].

O fato da remuneração dos *royalties*, eventualmente, ter como parâmetro de mensuração o montante das mercadorias adquiridas ou vendidas pelo franqueado, não confere às administrações tributárias estaduais o direito de incluí-los na base de cálculo do ICMS (próprio ou ST), muito menos como qualificação de custo da mercadoria, já que esta não se relaciona a esse bem.

As conveniências arrecadatórias, travestidas de interesse público, só prevalecerão quando legítimas (digam-se, constitucionais e legais). Tendo por base as ideias de Estado de Direito e função pública, MONTESQUIEU delineou a teoria da tripartição das funções estatais, que inegavelmente influenciou a maioria dos sistemas jurídico-constitucionais do mundo moderno, a qual foi bem sintetizada por BANDEIRA DE MELLO (2010, p. 49), da seguinte forma:

> Afirmava Montesquieu, como dantes se anotou, que todo aquele que detém Poder tende a abusar dele e que o Poder vai até onde encontra limites. Aceitas tais premissas, realmente só haveria uma resposta para o desafio de tentar controlar o Poder. Deveras, se o Poder vai até onde encontra limites, se o Poder é que se impõe, o único que pode deter o Poder é o próprio Poder. Logo, cumpre fracioná--lo, para que suas parcelas se contenham reciprocamente. Daí a conclusão: cumpre que aquele que faz as leis não as execute nem julgue; cumpre que aquele que julga não faça as leis nem as execute; cumpre que aquele que executa nem faça as leis, nem julgue. E assim se firma a ideia de tripartição do exercício do Poder.

Por essa razão, nenhuma justificativa extrajurídica (*v.g.* o aumento das receitas estatais) autoriza a legislação complementar, muito menos legislações ordinárias estaduais (*v.g.* Leis ordinárias, Decretos, Regulamentos de ICMS etc.), a subverter a base de cálculo possível do ICMS e, consequentemente, sua regra-matriz constitucional.

O fato de os *royalties* serem eventualmente quantificados com base no montantes das operações de compra ou de venda entre franqueador e franqueado jamais lhe imputará o caráter de adequação à rubrica "outros encargos cobrados ou transferíveis aos adquirentes", como consta do artigo 8º, II, "b", da LC nº 87/96, relativamente à base de cálculo do imposto para fins de substituição tributária, já que eles somente podem relacionar-se à operação mercantil propriamente dita, o que, por certo, não ocorre com os *royalties*.

---

13. MACHADO, Hugo de Brito. **Direito Tributário II**. São Paulo: Ed. Revista dos Tribunais, 1994, p. 237.

3.2 Inclusão dos *royalties* de franquia na base de cálculo do ICMS relativo às operações subsequentes (ICMS-ST)

Antes mesmo de adentrar no tema central deste tópico, é imprescindível reiterar que a base de cálculo dos tributos deve guardar correlação lógica com sua hipótese de incidência, na medida em que ela tem o condão de mensurar a intensidade da conduta efetivamente praticada (ICMS) ou presumida (ICMS-ST)[14].

As mudanças na concepção da incidência tributária, relativamente ao regime de substituição tributária (no caso ora analisado, o imposto relativo às operações subsequentes, também conhecida como "substituição tributária para frente"), ainda que se configure como uma relação jurídica específica, representada pela especial relação entre substitutos e substituídos, derivadas, portanto, de um regime tributário de antecipação, não possuem o condão de alterar a natureza jurídica do ICMS-ST (como espécie do gênero ICMS), de modo a lhe ser devida a aplicação de todos os pressupostos constitucionais, registrados e destacados anteriormente.

O regime de substituição tributária configura-se como mera técnica de arrecadação (antecipação de receita) que, no entanto, deve respeitar todos os direitos e garantias dos contribuintes, estabelecidos constitucionalmente, com o intuito de conferir maior eficiência e, sobretudo, reduzir os custos e a complexidade do processo de fiscalização, observando-se rigorosamente as limitações ao poder de tributar aplicáveis ao ICMS.

Portanto, como medida de praticabilidade tributária, a substituição tributária não pode, sob nenhuma hipótese, ter função de cobrança adicional de tributo, sobretudo por via transversa, devendo, mesmo que fundamentada em base de cálculo presumida e recolhimento antecipado, ter como limite o montante do imposto que seria devido ao longo da cadeia plurifásica.

Para tanto, é tomada por referência a definição da base de cálculo presumida por meio de critérios que lhe aproximem ao máximo da base de cálculo real. Isso porque, embora a margem de valor agregado tenha por finalidade precípua mensurar um fato que não aconteceu, uma hipótese, portanto, de incidência presumida, não se sabe quando e se vai efetivamente ocorrer, tampouco em que proporções.

Não por outro motivo, ao tratar do referido regime, no julgamento do Recurso Extraordinário ("RE") nº 593.849/MG, em sede de repercussão geral, o STF estabeleceu a tese de que "*É devida a restituição da diferença do Imposto sobre Circulação de Mercadorias e Serviços – ICMS pago a mais no regime de substituição tributária 'para frente', quando a base de cálculo efetiva da operação for inferior à presumida*", cuja ementa se colaciona a seguir:

> RECURSO EXTRAORDINÁRIO. REPERCUSSÃO GERAL. DIREITO TRIBUTÁRIO. IMPOSTO SOBRE CIRCULAÇÃO DE MERCADORIAS E SERVIÇOS – ICMS. SUBSTITUIÇÃO TRIBUTÁRIA PROGRESSIVA OU PARA FRENTE. CLÁUSULA DE RESTITUIÇÃO DO EXCESSO. BASE DE CÁLCULO PRESUMIDA. BASE DE CÁLCULO

---

14. CARVALHO, Paulo de Barros. **Direito tributário, linguagem e método**. 3. ed. São Paulo: Noeses, 2009, p. 618.

REAL. RESTITUIÇÃO DA DIFERENÇA. ART. 150, § 7º, DA CONSTITUIÇÃO DA REPÚBLICA. REVOGAÇÃO PARCIAL DE PRECEDENTE. ADI 1.851. 1. Fixação de tese jurídica ao Tema 201 da sistemática da repercussão geral: "É devida a restituição da diferença do Imposto sobre Circulação de Mercadorias e Serviços – ICMS pago a mais no regime de substituição tributária para frente se a base de cálculo efetiva da operação for inferior à presumida". 2. A garantia do direito à restituição do excesso não inviabiliza a substituição tributária progressiva, à luz da manutenção das vantagens pragmáticas hauridas do sistema de cobrança de impostos e contribuições. 3. O princípio da praticidade tributária não preponderá na hipótese de violação de direitos e garantias dos contribuintes, notadamente os princípios da igualdade, capacidade contributiva e vedação ao confisco, bem como a arquitetura de neutralidade fiscal do ICMS. 4. O modo de raciocinar "tipificante" na seara tributária não deve ser alheio à narrativa extraída da realidade do processo econômico, de maneira a transformar uma ficção jurídica em uma presunção absoluta. 5. De acordo com o art. 150, § 7º, in fine, da Constituição da República, a cláusula de restituição do excesso e respectivo direito à restituição se aplicam a todos os casos em que o fato gerador presumido não se concretize empiricamente da forma como antecipadamente tributado. 6. Altera-se parcialmente o precedente firmado na ADI 1.851, de relatoria do Ministro Ilmar Galvão, de modo que os efeitos jurídicos desse novo entendimento orientam apenas os litígios judiciais futuros e os pendentes submetidos à sistemática da repercussão geral. 7. Declaração incidental de inconstitucionalidade dos artigos 22, § 10, da Lei 6.763/1975, e 21 do Decreto 43.080/2002, ambos do Estado de Minas Gerais, e fixação de interpretação conforme à Constituição em relação aos arts. 22, § 11, do referido diploma legal, e 22 do decreto indigitado. 8. Recurso extraordinário a que se dá provimento. (RE 593849, Relator(a): Min. EDSON FACHIN, Tribunal Pleno, julgado em 19/10/2016, ACÓRDÃO ELETRÔNICO REPERCUSSÃO GERAL – MÉRITO DJe-065 DIVULG 30-03-2017 PUBLIC 31-03-2017 REPUBLICAÇÃO: DJe-068 DIVULG 04-04-2017 PUBLIC 05-04-2017)

Por essa ideia, exige-se a presença de uma relação harmônica entre as normas e as suas condições externas de aplicação – estabelecidas constitucionalmente e delineadas na legislação complementar, de modo a impedir que o intérprete possa basear-se em uma realidade fática inexistente.

Assim, impõe-se ao Estado o dever de restituir excesso por ele cobrado, recolhidos sob o regime de substituição tributária "para a frente", sempre que a base de cálculo efetiva da operação realizada pelo substituído tributário for inferior à presumida, sob pena de o legislador transgredir cláusulas constitucionais de caráter fundamental, como aquelas que consagram, a exemplo da capacidade econômica do contribuinte, da vedação do enriquecimento ilícito por parte do Estado, da legalidade estrita e da neutralidade do ICMS como imposto plurifásico e não cumulativo.

No que tange à uma das hipóteses de definição da base de cálculo do ICMS-ST em relação às operações ou prestações "subsequentes"[15], coube à LC nº 87/96, em seu artigo 8º, II, "a", "b" e "c", no cumprimento do quanto prescreve o artigo 155, § 2º, XII, "b", da CRFB/88, assim estabelecer:

Art. 8º A base de cálculo, para fins de substituição tributária, será:

(...)

---

15. A base de cálculo do ICMS-ST pelas operações ou prestações antecedentes ou concomitantes está estabelecida no artigo 8º, I, da LC nº 87/96, cuja norma prescreve que será *"o valor da operação ou prestação praticado pelo contribuinte substituído"*.

II – em relação às operações ou prestações subsequentes, obtida pelo somatório das parcelas seguintes:

a) o valor da operação ou prestação própria realizada pelo substituto tributário ou pelo substituído intermediário;

b) o montante dos valores de seguro, de frete e de outros encargos cobrados ou transferíveis aos adquirentes ou tomadores de serviço;

c) a margem de valor agregado, inclusive lucro, relativa às operações ou prestações subsequentes.

Ou seja, de acordo com o dispositivo supramencionado, a base de cálculo do ICMS--ST será obtida pela somatória das parcelas do: *(i)* valor da operação própria (realizada pelo substituto ou substituído intermediário; *(ii)* pelo montante dos valores de seguro, frete e de outros encargos cobrados ou transferíveis aos adquirentes da mercadoria; e (iii) da margem de valor agregado (MVA).

Em substituição ao dispositivo supramencionado, os §§ 2º, 3º e 6º do artigo 8º da LC nº 87/96 preveem outras possibilidades de bases de cálculo em situações específicas, para fins de substituição tributária, que podem ser sintetizadas em: (i) utilização do preço final a consumidor, único ou máximo, desde que fixado por órgão público competente; (ii) autorização para utilização, mediante previsão em lei, de preço de catálogo, para mercadorias cujo preço final a consumidor é sugerido pelo fabricante ou importador; e (iii) possibilidade de adoção de Preço Médio Ponderado a Consumidor Final (PMPF), ou seja, preço a consumidor final usualmente praticado no mercado considerado, para mercadorias em condições de livre concorrência:

Art. 8º *Omissis*

(...)

§ 2º Tratando-se de mercadoria ou serviço cujo preço final a consumidor, único ou máximo, seja fixado por órgão público competente, a base de cálculo do imposto, para fins de substituição tributária, é o referido preço por ele estabelecido.

§ 3º Existindo preço final a consumidor sugerido pelo fabricante ou importador, poderá a lei estabelecer como base de cálculo este preço.

(...)

§ 6º Em substituição ao disposto no inciso II do caput, a base de cálculo em relação às operações ou prestações subsequentes poderá ser o preço a consumidor final usualmente praticado no mercado considerado, relativamente ao serviço, à mercadoria ou sua similar, em condições de livre concorrência, adotando-se para sua apuração as regras estabelecidas no § 4º deste artigo.

Conforme se verifica, a LC nº 87/96 definiu, taxativamente, especificamente em seu artigo 8º, os eventos e elementos capazes de compor a base de cálculo do ICMS-ST, limitando e restringindo a atuação dos legisladores estaduais.

Portanto, a atuação dos entes federados estaduais nesse escorço legislativo deve, por determinação constitucional, circunscrever-se aos exatos termos da LC nº 87/96.

Sobre esse aspecto, no que se refere à composição das operações ou prestações subsequentes, cumpre transcrever as precisas lições de MATTOS (2006, p. 182):

Ora, **apenas o valor mencionado na alínea a do inc. II, do art. 8º retro (o da operação ou da prestação própria) e os valores mencionados na alínea b seguinte (seguro, frete e outros encargos) são concretos e não precisam ser estimados.** Todavia, o valor da alínea c (margem de valor agregado, inclusive lucro), por ser subjetivo e aleatório, é invariavelmente superestimado pela autoridade fiscal, gerando cobrança de imposto a maior e indevido. **(Grifou-se)**

Portanto, conclui-se que a base de cálculo do ICMS-ST incidente sobre vendas mercantis é o valor do negócio em si mesmo considerado.

De fato, a prevalência do valor real da operação sobre o valor estimado decorre da incidência dos princípios constitucionais da legalidade estrita (artigo 150, I, da CRFB/88), vedação ao confisco (artigo 150, IV, da CRFB/88) e da capacidade contributiva (artigo 145, § 1º, 1ª parte, da CRFB/88).

Ao desprezar a base de cálculo real e legítima do ICMS (o efetivo valor da operação mercantil realizada), adotando-se outra, degola-se o princípio da capacidade contributiva e, consequentemente, caracteriza-se tributação confiscatória[16].

Nesse diapasão, não há que se falar em inclusão dos *royalties* na formação do *quantum* a pagar a título de ICMS (operações mercantis), inclusive o relativo às operações subsequentes (ICMS-ST), já que este visa tributar as operações relacionadas à circulação de mercadorias, enquanto os *royalties* dizem respeito à contraprestação pelo fornecimento de licença para uso de marca, transferência de tecnologia e *know-how*.

Quando se analisa especificamente a alínea "a" do inciso II do artigo 8º da LC nº 87/96, verifica-se que ela considera o valor da operação praticada pelo substituto, já com a inclusão do ICMS dentro de sua respectiva base de cálculo (também conhecido como imposto "por dentro").

Já a alínea "b" do inciso II do artigo 8º da LC nº 87/96 considera o montante dos valores de seguro, de frete e de outros encargos cobrados ou transferíveis aos adquirentes ou tomadores de serviço.

Observe-se que a parte final do dispositivo supramencionado determina que, para fins de substituição tributária relativamente às operações subsequentes, compõe a base de cálculo do ICMS-ST, também, o montante relativo a "outros encargos cobrados ou transferíveis aos adquirentes ou tomadores dos serviços", quando da realização de operações de circulação de mercadorias e da prestação de serviços alcançados pelo ICMS.

---

16. "Art. 145. A União, os Estados, o Distrito Federal e os Municípios poderão instituir os seguintes tributos:
    (...)
    § 1º Sempre que possível, os impostos terão caráter pessoal e serão graduados segundo a capacidade econômica do contribuinte, facultado à administração tributária, especialmente para conferir efetividade a esses objetivos, identificar, respeitados os direitos individuais e nos termos da lei, o patrimônio, os rendimentos e as atividades econômicas do contribuinte."
    "Art. 150. Sem prejuízo de outras garantias asseguradas ao contribuinte, é vedado à União, aos Estados, ao Distrito Federal e aos Municípios:
    (...)
    IV – utilizar tributo com efeito de confisco".

Sob essa perspectiva, cumpre analisar o que pode ser, constitucional e legalmente, apreendido e concebido por "outros encargos cobrados ou transferíveis aos adquirentes ou tomadores de serviço".

O montante relativo a outros encargos cobrados ou transferíveis aos adquirentes somente poderá ser incluído na composição quantitativa do tributo se (e somente se) disser respeito à própria operação de circulação de mercadorias, nos termos da CRFB/88 e da LC nº 87/96.

O fato de o franqueador ser remunerado por disponibilizar e/ou gerir esse conjunto de ativos intangíveis (notadamente, a alínea "a" do inciso IX do artigo 2º da Lei nº 13.966/19), não confere, sob nenhuma perspectiva, o condão de subsunção dessa remuneração ao conceito de "outros encargos cobrados ou transferíveis aos adquirentes ou tomadores de serviço" (art. 8º, II, "b", da LC 87/96).

É fundamental entender que, de um mesmo evento econômico, diversas incidências são construídas, mas isso não confere ao legislador um "cheque em branco" para converter *royalties* de franquia em mercadorias e, portanto, passíveis de incidência do ICMS, muito menos na modalidade de substituição tributária.

É evidente que o regime de franquia apresenta uma gama de peculiaridades, complexas por natureza, sobretudo em termos de mensuração, o que, conforme já ressaltado, possibilita até mesmo a adoção do montante de mercadorias adquiridas ou vendidas pelo franqueado como parâmetro para a cobrança dos *royalties,* mas não legitima, por essa razão, as autoridades fazendárias a incluí-los na composição da base de cálculo do ICMS.

O montante relativo a outros encargos cobrados ou transferíveis aos adquirentes, previsto na alínea "b" do inciso II do artigo 8º da LC nº 87/96, deve, por força das regras que delineiam o sistema tributário pátrio, restringir-se aos valores que atuam diretamente na operação de circulação de mercadorias e, sobretudo, o que a ela estejam intrinsecamente conectados.

Registre-se, inclusive, que o valor da operação praticada pelo substituto, já com a inclusão do ICMS dentro de sua base de cálculo, acrescida do montante dos valores de seguro, de frete e de outros encargos cobrados ou transferíveis aos adquirentes ou tomadores de serviço, será também somado à margem de valor agregado relativa às operações ou prestações subsequentes até o consumidor final.

Nos termos da LC nº 87/96, a mensuração dessas margens de valor agregado deve representar percentuais médios presumidos, definidos por amostragem, apurados com base na diferença entre os preços praticados pelo substituto tributário e aqueles cobrados do consumidor final para as mercadorias consideradas.

Ou seja, a legislação complementar estabelece como critério a ser observado para fins de fixação da margem de valor agregado tão somente o preço praticado pelo mercado, segundo a média ponderada dos preços coletados.

Portanto, ainda que fosse possível incluir os *royalties* na base de cálculo do ICMS--ST, sob a rubrica de "encargos cobrados ou transferíveis aos adquirentes", o que só para fins de argumentação se admite, haveria *bis-in-idem* (ou bitributação), na medida em que os respectivos montantes já são capturados quando da coleta dos preços praticados pelo franqueado ao consumidor final, para fins de definição das respectivas margens de valor agregado.

Assim, sob nenhuma hipótese, os *royalties* poderiam ser também incluídos na base de cálculo do ICMS-ST, sob pena da configuração de bitributação, conforme será explorado com mais detalhes a seguir.

3.2.1 A inserção dos royalties como elementos externos para a definição das margens de valor agregado à luz do fenômeno da bitributação e da repercussão econômico-financeira da exação

Na busca pela padronização para fixar a base de cálculo do ICMS-ST em operações subsequentes (substituição tributária "pra a frente"), coube a legislação infraconstitucional definir metodologia adequada para presumir o conteúdo econômico envolvido.

O § 4º do artigo 8º da LC nº 87/96, ao regulamentar a alínea "c" do inciso II do referido artigo, estabelece os pressupostos formais para a constituição da base de cálculo do ICMS-ST, a ser exigidos do substituto, no que tange à determinação dos critérios da presunção da base tributável (através da margem de valor agregado) decorrente do fato jurídico tributário do substituído-franqueado, *in verbis*:

> Art. 8º. *Omissis*
>
> (...)
>
> § 4º A margem a que se refere a alínea c do inciso II do caput será estabelecida com base em preços usualmente praticados no mercado considerado, obtidos por levantamento, ainda que por amostragem ou através de informações e outros elementos fornecidos por entidades representativas dos respectivos setores, adotando-se a média ponderada dos preços coletados, devendo os critérios para sua fixação ser previstos em lei.

Em síntese, a LC nº 87/96 exige a apuração da média dos preços coletados, por amostragem, que, para sua legitimidade, não deve prescindir da participação das entidades representativas dos respectivos setores.

Ademais, na dicção da parte final do § 4º do artigo 8º da LC nº 87/96, os critérios para a fixação da margem de valor agregado devem estar previstos em Lei ordinária, ou seja, não em Regulamento de ICMS nem em Convênios, ou qualquer outro diploma que não seja a estabelecida no referido dispositivo. Dessa forma, o legislador estadual está adstrito e vinculado aos critérios formais e materiais definidos e estabelecidos na Lei Complementar.

Como bem observa MATTOS (2006, p. 186):

> (...) a parcela relativa à MVA, inclusive o lucro, nas operações ou prestações subsequentes (a mais volúvel e complexa de todas), deverá ser fixada de acordo com os critérios estabelecidos pela lei estadual, levando-se em conta os dois pressupostos previstos textualmente neste parágrafo, qual seja, em preços usualmente praticados no mercado considerado, obtido por levantamento, ainda que por

amostragem, ou através de informações e outros elementos fornecidos por entidades representativas dos respectivos setores, adotando-se a média ponderada dos preços coletados. Em sua percepção, tal levantamento e tais informações devem ser submetidos, para serem considerados fidedignos, ao processo contraditório (CF, art. 5º, inc. LV) entre Fisco e contribuintes.

Em conformidade com a CRFB/88, a margem de valor agregado, nos termos da LC nº 87/1996, deve ser apurada mediante levantamento dos preços usualmente praticados no mercado, baseada em informações confiáveis, sempre com a garantia do contraditório.

Nesse mesmo sentido, é acertada a lição da jurista Fátima Fernandes Rodrigues de Souza[17]:

> Outrossim, ao prever esse dispositivo da lei complementar que a margem deve observar os preços usualmente praticados no mercado considerado, obtidos por levantamentos, amostragem, informações e elementos fornecidos por entidades representativas dos respectivos setores, torna evidente que a fixação desse elemento não é um ato meramente interno da Administração Pública e sim o resultado de um procedimento administrativo que não prescinde da participação dos contribuintes, representados pelas entidades setoriais. Poderão eles, dessa forma, controlar a instituição da margem, valendo-se, inclusive do princípio do contraditório para assegurar que referido ato esteja em harmonia com os critérios estabelecidos na lei ordinária e com os parâmetros de realidade impostos pela lei complementar.

Nessa esteira, o Exmo. Min. NELSON JOBIM, ao proferir seu voto na ADI nº 2.777/SP[18], pôs em destaque o papel desempenhado pelas entidades de classe na realização de estudos e pesquisas para aferição da margem de valor agregado:

> A matéria está na lei estadual. Há um procedimento formal. (...). Esses valores são apurados a partir de pesquisas no setor examinado. Levantam-se preços usualmente praticados no mercado pesquisado. Isto é feito por amostragem e/ou a partir de dados fornecidos pelas entidades do setor.
>
> Após, adota-se a média ponderada. Em decorrência, aplica-se um valor fixo e unitário a todos os potenciais varejistas. Insisto que a Secretaria de Fazenda somente pode atribuir um valor presumido para a operação final com base no levantamento de preços, fundamentado em pesquisa e informações do setor econômico específico. (...) A fixação do preço não é arbitrária. Ao contrário, há procedimento a ser respeitado e que tem previsão na legislação federal (LC 87/96) e na Legislação local.
>
> Observo, mais, que tal fixação pode, inclusive, ser objeto de impugnação judicial.

O rigoroso processo para apuração da margem de valor agregado é indispensável para evitar distorções no regime em comento. Essa metodologia exige o levantamento de preços por amostragem e o cálculo da média ponderada, a fim de que a base de cálculo presumida seja adequada para quantificar, da maneira mais próxima possível, o fato gerador futuro.

Com efeito, a presunção do preço da operação futura não pode ser arbitrária, mas deve atender à realidade econômica das vendas realizadas no fato gerador presumido

---

17. SOUZA, Fátima Fernandes Rodrigues de. *In* **Curso de Direito Tributário**, coord. Ives Gandra da Silva Martins. São Paulo: Saraiva, 2000, p. 782.
18. Ação Direta de Inconstitucionalidade nº 2.777/SP, Relator Ministro CEZAR PELUSO, Relator p/ acórdão Ministro RICARDO LEWANDOWSKI, j. concluído em 19/10/2016.

(pelo substituído) e, sobretudo, ao que dispõe a CRFB/88 e a LC nº 87/96, assim como a lei estadual correspondente.

Em decorrência desse raciocínio, de que o montante transferido, pelo franqueado ao franqueador, a título de *royalties*, compõe o preço da mercadoria revendida, assim como o integra, em tese, toda e qualquer despesa do franqueado, uma vez integrados à base de cálculo do ICMS-ST, estar-se-ia tratando da inclusão dos *royalties* em dois momentos: (i) no montante de outros encargos cobrados ou transferíveis aos adquirentes; e (ii) na definição da margem de valor agregado, quando do estabelecimento da média ponderada dos preços coletados, conforme se verifica da fórmula[19] a seguir:

Figura 1 – Fórmula de composição da base de cálculo do ICMS-ST (contemplando os *royalties*)

BASE DE CÁLCULO DO ICMS-ST (LC Nº 87/96)

Preço do Produto | Margem de Valor Agregado (inclui *royalties*)

$$BC = PF \times (1 + MVA)$$

BASE DE CÁLCULO DO ICMS-ST (COM *ROYALTIES*)

Preço do Produto | Royalties | Margem de Valor Agregado (inclui *royalties*)

$$BC = PF \times (1 + R) \times (1 + MVA)$$
$$= (PF \times PF \times R) \times (1 + MVA)$$
$$= (PF \times 1 + MVA) \times PF \times R \times (1 + MVA)$$

$\underbrace{\text{BC do ICMS-ST (LC nº 87/96)}}$ $\underbrace{\text{Bitributação}}$

Onde:

"BC" é a base de cálculo relativa à substituição tributária;

"PF" é o preço final do produto;

"MVA" é a margem de valor agregado estabelecida na legislação da unidade federada de destino ou previsto nos respectivos convênios e protocolos; e,

"R" são os *royalties* de franquia.

Fonte: ABF – Trabalho desenvolvido pela LCA CONSULTORES

---

19. A fórmula foi extraída de trabalho desenvolvido para a Associação Brasileira de Franchising pela LCA Consultores (LCA CONSULTORES. **Impactos tributários no setor de franquias decorrentes de alterações nas regras de ICMS – HPPC, Chocolates e Calçados**. São Paulo, 2018).

Registre-se, novamente, que não há permissivo para tanto, inclusive porque a materialidade dos *royalties*, conforme largamente explorado, não pode ser alcançada pelo ICMS.

Impende destacar também que a elevação indiscriminada da margem de valor agregado é extremamente prejudicial a empresas/contribuintes em geral, que acabam por despender de mais recursos para fins de antecipação, afetando os seus respectivos fluxos de caixa, retirando-lhes recursos vitais à sua saúde financeira, que poderiam ser utilizados para o fortalecimento de suas operações ou na realização de novos investimentos.

Imperioso ressaltar que esse efeito é ainda mais perverso quando analisado sob a perspectiva das micro e pequenas empresas. Nos termos do § 1º do artigo 13 da LC nº 123/06, a incidência do ICMS-ST para as empresas optantes pelo Simples Nacional deve observar as mesmas regras aplicáveis às demais pessoas jurídicas, ou seja, aquelas que apuram o imposto pelo regime normal, melhor dizendo, sem qualquer diferenciação ou favorecimento, o que vai de encontro às disposições contidas nos artigos 146, III, "d" e 179 da CFRB/88.

3.2.2 Entendimento firmado pela Câmara Superior do Tribunal de Impostos e Taxas (TIT) do Estado de São Paulo. Paradigma relacionado ao tema

A discussão em torno da possibilidade ou não de se incluir os valores cobrados a título de *royalties* e taxas de franquia na base de cálculo do ICMS/ST chegou à Câmara Superior do Tribunal de Impostos e Taxas do Estado de São Paulo ("TIT"), cujo julgamento mais recente foi realizado em 16 de fevereiro de 2023[20].

O resultado deste julgamento, como já era de se esperar, foi bastante acirrado, em razão da votação empatada, tendo sido necessária a utilização do voto de qualidade do presidente, Argos Campos Ribeiro Simões, para dirimir a controvérsia.

Antes do referido julgamento, a Sétima Câmara Julgadora, sob a relatoria do juiz Felipe Rodegheri Manzano, havia sido unânime em manter acusação fiscal, quando do julgamento do Recurso Ordinário interposto pelo contribuinte (que comercializa ração para alimentação animal), utilizando-se, como fundamento, o argumento de que bastaria analisar o contrato de franquia para concluir que os *royalties* seriam devidos no patamar de 32% sobre todas as compras de produtos do franqueado. Portanto, não faria sentido a alegação de que tal exação seria uma "taxa de serviço", a qual estaria atrelada, por exemplo, "à realização de consultas ou visitas do franqueador ou algo do tipo".

Os julgadores consideraram, naquela ocasião, que os *royalties* sobre franquia se amoldam ao conceito de "outros encargos cobrados ou transferíveis aos contribuintes" de que trata o artigo 8º, II, "b", da LC 87/96, o que implicaria a incidência do ICMS.

---

20. Auto de Infração e Imposição de Multa - AIIM 4081781-7.

Irresignado, o contribuinte interpôs Recurso Especial ("REsp") junto ao TIT, alegando existir divergência jurisprudencial em relação à questão da inclusão dos valores cobrados a título de *royalties* e taxas de franquia na base de cálculo do ICMS.

Em síntese, foi argumentado que: a) outras Câmaras do TIT já entenderam de forma divergente, no sentido de que os valores cobrados a título de *royalties* e taxas de franquia não integrariam a base de cálculo do imposto, considerando as decisões já proferidas relacionadas ao tema; b) as taxas de franquia não deveriam ser incluídas na base de cálculo do ICMS, eis que seriam importâncias contidas no contrato de franquia celebrado entre a autuada com sua franqueadora, empresas estas distintas. Tais rubricas representariam o pagamento pelo uso da marca, padrões, políticas comerciais, critérios e por assistência comercial e mercadológica; c) conforme item 17.08 da Lista de Serviços anexa à Lei Complementar nº 116/2003, os serviços de franquia estariam incluídos dentre aqueles sujeitos ao ISS e, o fato de as mercadorias se sujeitarem ao regime da substituição tributária não mudaria este fato; d) os gastos que se caracterizam como despesas não podem ser tidos como integrantes da base de cálculo do imposto porque não estão diretamente relacionados à formação do preço daquela específica mercadoria e, portanto, não é lícito que se diga que compõem o valor da operação; e) não haveria na legislação comando normativo que determinasse a inclusão dos valores cobrados a título de *royalties* na base de cálculo do ICMS-ST.

Ocorre que, no julgamento de mérito do Recurso Especial ora interposto, o Relator Marco Antonio Verissimo Teixeira deu razão à Fazenda Pública Estadual. Na sequência, foi proferido voto-vista pelo juiz Carlos Americo Domeneghetti Badia, que divergiu do Relator, tendo sido acompanhado por metade (*v.g.* sete) dos julgadores da Câmara Superior, o que resultou em empate.

Referido voto-vista alinha-se ao entendimento cujos argumentos se consolidam ao longo desse artigo, na medida em que a atual lei que disciplina os contratos de franquia (Lei nº 13.966/2019) não impõe nenhuma restrição quanto à forma de cálculo ou apuração dos *royalties*, cujo definição cabe a acordo contratual, assegurando apenas que o contrato de franquia deve conter "informações claras quanto a taxas periódicas e outros valores a serem pagos pelo franqueado ao franqueador ou a terceiros por este indicados, detalhando as respectivas bases de cálculo e o que elas remuneram ou o fim a que se destinam" (artigo 2º, IX, "a").

Conforme pontuado pelo juiz Carlos Americo Domeneghetti Badia em seu voto, a forma de *royalties* pactuada contratualmente não poderia ser afastada para fundamentar a cobrança do ICMS, estando correta a conclusão adotada no caso paradigma, que assegurou o conhecimento do Recurso Especial da empresa franqueada, onde foi refutada a alegação fazendária de que a previsão contratual de *royalties* sobre o montante das compras feitas pela franqueada desnaturaria a prestação de serviços apta à incidência de ISS.

Prosseguiu o raciocínio asseverando que, embora corresponda a custo decorrente da atividade própria e como tal se refletindo na composição final dos preços das mercadorias comercializadas, *royalties* não guardam relação de causalidade com as vendas praticadas, decorrendo como visto de outra e autônoma relação jurídica. Pela natureza independente dos *royalties* face à circulação de mercadorias, ilegal tê-los como encargos a compor a base de cálculo do ICMS-ST, até sob pena de desacato à Lei Complementar nº 116/2003, que prevê, no item 17.08 da lista de serviços tributáveis pelo ISS, a atividade de "Franquia (franchising)", cuja constitucionalidade já foi reconhecida pelo STF no julgamento do RE 603.136/RJ.

Cumpre esclarecer que o entendimento firmado no paradigma citado[21], publicado em dezembro de 2016 pela Segunda Turma Julgadora do TIT, sob relatoria do juiz Jose Eduardo de Paula Saran, foi unânime no sentido de que o contrato de franquia apenas adotou um critério para o cálculo da remuneração dos serviços prestados pela franqueadora, e isso não modifica a natureza jurídica do serviço prestado, uma vez que a franqueadora apenas cobrou um valor variável a partir do volume de bens adquiridos pela franqueada, ao invés de se cobrar valor fixo definido contratualmente.

No entanto, mesmo diante da consistência dos argumentos, o desempate ocorreu por voto de qualidade do Presidente, que acompanhou o voto proferido pelo Relator, pela inclusão dos valores cobrados a título de *royalties* e taxas de franquia na base de cálculo do ICMS-ST.

Como se vê, mesmo após a decisão do STF no julgamento do RE 603.136/RJ, o tema ainda é objeto de controvérsia e sem posicionamento uníssono da jurisprudência. O debate revela um ponto de insegurança jurídica, uma das principais mazelas do nosso sistema tributário nacional, a prejudicar o ambiente de negócio deste importante canal de distribuição, responsável por fatia, cada vez mais expressiva, da atividade empresarial do país. Tratamento anti-isonômico e a mitigação do princípio da neutralidade concorrencial.

Produtos idênticos ou similares devem sofrer a mesma incidência do ICMS (operações mercantis), em atenção ao princípio constitucional que proíbe a discriminação e a consequente quebra da isonomia.

A CRFB/88 traz, em seu artigo 150, a seguinte vedação:

Art. 150. Sem prejuízo de outras garantias asseguradas ao contribuinte, **é vedado** à União, aos Estados, ao Distrito Federal e aos Municípios:

(...)

II – **instituir tratamento desigual entre contribuintes que se encontrem em situação equivalente**, proibida qualquer distinção em razão de ocupação profissional ou função por eles exercida, independentemente da denominação jurídica dos rendimentos, títulos ou direitos; (...). **(Grifou-se)**

Portanto, a comercialização de produto por uma loja do segmento de franquias não pode ter tratamento tributário diferenciado (mais onerado) do que a mesma venda em uma loja tradicional, já que se trata de contribuintes que se encontram em situação equivalente, ocupando e disputando o mesmo mercado.

---

21. Auto de Infração e Imposição de Multa - AIIM 4077997-0.

Nesse sentido, convém destacar a brilhante lição de Masset Lacombe[22], na qual se enfatiza a grande importância do aludido princípio:

> A isonomia é o princípio nuclear de todo o nosso sistema constitucional. É o princípio básico do regime democrático, não se pode mesmo pretender ter uma compreensão precisa de Democracia se não tivermos um entendimento real do alcance do Princípio da Isonomia. Sem ele não há República, não há Federação, não há Democracia, não há Justiça. É a cláusula pétrea por excelência. Tudo o mais poderá ser alterado, mas a isonomia é intocável.

Por conseguinte, os contribuintes que atuam no segmento de franquia empresarial e os demais contribuintes devem estar sujeitos às mesmas regras de apuração do ICMS (operações mercantis), próprio e no regime de substituição. Ou seja, a regra-matriz deve ser a mesma e, por isso, a quantificação da base de cálculo e da margem de valor agregado devem ser isonômicas para todos os contribuintes, independentemente do modelo de negócio escolhido.

Diferenciar a cobrança do ICMS (operações mercantis) entre os contribuintes do segmento de franquia empresarial e os demais contribuintes, seja por meio de diferentes regras para mensurar a base de cálculo, seja por margens de valor agregado diferenciadas, implica violação ao princípio da livre concorrência, na medida em que distorce a realidade concorrencial, prejudicando, inclusive, um modelo de negócio reconhecidamente benéfico para mercado de consumo.

O princípio da livre concorrência, estatuído no artigo 170, IV, da CRFB/88, é um dos princípios fundamentais para a ordem econômica. E é justamente desse princípio que deriva o dever de observância do princípio da neutralidade concorrencial, inclusive por meio de normas tributárias, de forma a evitar distúrbios concorrenciais[23].

Nessa perspectiva, o regime de substituição tributária não pode, sob nenhuma hipótese, gerar externalidades em prejuízo das empresas que adotam o sistema de franquias.

Misabel Abreu Machado Derzi[24], abordando a inter-relação entre a neutralidade fiscal e o fenômeno da não cumulatividade, já asseverou:

> Assim, o princípio da não cumulatividade conferiu, tanto ao ICMS quanto ao IPI, a neutralidade (...). O interesse em um imposto plurifásico, não cumulativo e neutro é considerado ideal em economias que tendem à integração, como nos modelos europeus ou latino-americanos.

Portanto, o ICMS deve incidir, em tese, sobre o fato jurídico tributário de forma neutra, sob pena das mercadorias (ou serviços) constantes do mesmo mercado terem tratamento antieconômico. Isso porque, a neutralidade tributária encerra verdadeiro princípio[25] e, dessa forma, traz em seu bojo um valor, traduzido na busca de mitigação dos efeitos da tributação sobre a decisão dos agentes econômicos, de modo a evitar distorções de mercados e consequentes ineficiências na atividade econômica.

Nesse sentido, Ricardo Lobo Torres[26] assevera:

O princípio da neutralidade econômica do ICMS é importantíssimo. Significa, do ponto de vista da organização empresarial, que não favorece a integração vertical, com criar mecanismos que tornem desaconselhável a união de empresas dedicadas a fases diferentes do processo de circulação e produção. Significa, também, sob a perspectiva do processo de circulação da riqueza, que não distorce a formação dos preços, pois, independentemente do número de operações, o imposto será igual à multiplicação da alíquota pelo preço da última saída.

Sob este prisma, o conceito de neutralidade fiscal tem que refletir a ideia de que o tributo deve interferir o menos possível nas decisões dos agentes econômicos, desde que essa não intervenção se contextualize, de forma positiva, com um satisfatório financiamento das políticas públicas, com a promoção dos direitos fundamentais e com um sistema tributário dotado de eficiência econômica.

Marco Aurélio Greco vê no princípio da neutralidade fiscal que "*o tributo não deve se constituir um elemento que interfira na concorrência; não pode se transformar em custo maior para uns do que para outros concorrentes*"[27]. Sob essa perspectiva, ao Estado (em sentido amplo) caberia somente uma conduta de não interferir, através dos tributos, na formação de preços dos produtos, preservando, com isso, a ampla concorrência entre os agentes econômicos.

A regulamentação da atividade econômica, embora permitida, está subordinada à legalidade e não deve representar obstáculo a livre-iniciativa ou à livre concorrência.

É cediço que o Estado tem poder para intervenção na economia, e essa intervenção pode ser realizada direta ou indiretamente por regulamentação ou poder de polícia[28]. Todavia, a intervenção do Estado (em sentido amplo) na economia, embora admitida, deve respeitar o limite da livre-iniciativa, segundo as regras constitucionais (MELLO, 2008).

No que diz respeito à inclusão dos *royalties* na base de cálculo do ICMS-ST ou do estabelecimento de regras tributárias diferenciadas e mais onerosas para o setor de franquia, em comparação com os demais agentes econômicos, além das limitações constitucionais e legais retro referenciadas e dos efeitos da bitributação, gera assimetria concorrencial entre empresas do mesmo segmento, franquiadas e não franquiadas.

Portanto, a discriminação tributária relativa à atividade do contribuinte (ou ao seu modelo empresarial) não se justifica em face do princípio da neutralidade concorrencial, o que corrobora sua ilegitimidade, com a consequente afastamento de sua aplicação.

Dessa forma, não é crível estar diante de agentes econômicos concorrentes que são tratados pela norma tributária de forma injustificadamente discriminatória[29]. Aliás, o impacto negativo recai sobre um modelo de negócio regulamentado, bem estabelecido e que contribui sobremaneira para a profissionalização do varejo, afetando não somente os respectivos segmentos, mas também todo o ambiente de negócios do país.

4. DA (IN)CONSTITUCIONALIDADE DAS REGRAS TRAZIDAS PELO CONVÊNIO ICMS Nº 52/2017, RELACIONADAS À INCLUSÃO DOS *ROYALTIES* DE FRANQUIA NA BASE DE CÁLCULO DO ICMS-ST E NA DEFINIÇÃO DAS MARGENS DE VALOR AGREGADO – ADI Nº 5866/DF

A pretexto de harmonizar as regras de substituição tributária nos Estados e Distrito Federal, o CONFAZ, através do Convênio ICMS nº 52/2017, em sua cláusula décima primeira, inciso III, incluiu a expressão "ainda que por terceiros" ao tratar dos "encargos transferíveis ou cobrados do destinatário" como elemento que compõe a base de cálculo do ICMS-ST, *in verbis*:

> Cláusula décima primeira. Inexistindo o valor de que trata a cláusula décima, a base de cálculo do imposto para fins de substituição tributária em relação às operações subsequentes corresponderá, conforme definido pela legislação da unidade federada de destino, ao:
>
> I – Preço Médio Ponderado a Consumidor Final (PMPF);
>
> II – preço final a consumidor sugerido pelo fabricante ou importador;
>
> III – preço praticado pelo remetente acrescido dos valores correspondentes a frete, seguro, impostos, contribuições e outros encargos transferíveis ou cobrados do destinatário, **ainda que por terceiros**, adicionado da parcela resultante da aplicação sobre o referido montante do percentual de Margem de Valor Agregado (MVA) estabelecido na unidade federada de destino ou prevista em convênio e protocolo, para a mercadoria submetida ao regime de substituição tributária, observado o disposto nos §§ 1º e 2º. **(Grifou-se)**

O Convênio ICMS nº 52/2017 propôs regulamentar as normas gerais[30] aplicáveis ao ICMS-ST relativo às operações subsequentes, em clara invasão de competência do legislador complementar (artigo 155, § 2º, XII, "b", da CRFB/88) e, no bojo de suas regras, determinou a inclusão, na base de cálculo do ICMS-ST, de encargos transferíveis ou cobrados do destinatário, mesmo que eles sejam cobrados por terceiros, que não o substituto tributário, ou seja, por pessoa jurídica estranha ao fato gerador.

O Convênio em questão foi objeto da ADI nº 5866/DF, patrocinada pela CNI, tendo a então Ministra Presidente do STF, monocraticamente, deferido liminarmente medida cautelar, de modo a suspender os efeitos de suas principais cláusulas, em especial de todos os dispositivos que traziam a expressão "ainda que por terceiros", numa tentativa, frise-se eivada de inconstitucionalidade e ilegalidade, de autorizar as administrações tributárias a incluir, na base de cálculo do ICMS-ST, montantes cobrados por terceiros alheios ao fato gerador.

Em seu voto, a Ministra sustentou o relevante e considerável impacto financeiro que poderia advir da alteração no sistema normativo cogente vinculado às substituições e antecipações tributárias pertinentes ao ICMS, o que fundamentou a recomendação pela suspensão dos efeitos de muitas de suas cláusulas, como medida de preservação da jurisdição, considerando-se, ainda, a manifesta dificuldade de reversão dos efeitos decorrentes das medidas impugnadas, se tanto viesse a ser o resultado, cuja ementa se transcreve a seguir:

AÇÃO DIRETA DE INCONSTITUCIONALIDADE. CONVÊNIO N. 52/2017 DO CONSELHO NACIONAL DE POLÍTICA FAZENDÁRIA – CONFAZ. IMPOSTO SOBRE CIRCULAÇÃO DE MERCADORIAS E SERVIÇOS – ICMS. NORMAS GERAIS PARA APLICAÇÃO EM CONVÊNIOS E PROTOCOLOS FIRMADOS ENTRE OS ESTADOS E O DISTRITO FEDERAL. SUBSTITUIÇÃO TRIBUTÁRIA E ANTECIPAÇÃO DO IMPOSTO COM ENCERRAMENTO DE TRIBUTAÇÃO. ALEGADA CONTRARIEDADE À CLÁUSULA CONSTITUCIONAL DE RESERVA DE LEI, AO PRINCÍPIO DA NÃO-CUMULATIVIDADE E À NÃO BITRIBUTAÇÃO. PERIGO DE DANO DE DIFÍCIL REPARAÇÃO CONFIGURADO. MEDIDA CAUTELAR DEFERIDA AD REFERENDUM DO PLENÁRIO.

Nessa toada, a Procuradoria-Geral da República ("PGR") apresentou parecer nos autos da ADI nº 5.866/DF, opinando pelo não conhecimento da ação, em virtude de não ter sido atacada a legislação anterior que disciplinava o assunto (especialmente, o Convênio ICMS nº 81/1993 – que dispunha também sobre as regras gerais relativas ao regime de substituição tributária nas operações interestaduais) e, no mérito, pela inconstitucionalidade formal de todo o Convênio ICMS nº 52/2017, por invadir papel do legislador, notadamente do legislador complementar, cuja ementa colaciona-se, *in litteris*:

AÇÃO DIRETA DE INCONSTITUCIONALIDADE. DIREITO TRIBUTÁRIO. CONVÊNIO ICMS 52/2017 DO CONFAZ. NORMAS GERAIS SOBRE REGIME DE SUBSTITUIÇÃO TRIBUTÁRIA E ANTECIPAÇÃO DO ICMS NAS OPERAÇÕES SUBSEQUENTES. PRELIMINAR. EFEITO REPRISTINATÓRIO INDESEJADO. INCONSTITUCIONALIDADE FORMAL. IMPOSSIBILIDADE DE ACORDO DOS ESTADOS E DO DISTRITO FEDERAL DISPOR SOBRE A MATÉRIA. 1. O Supremo Tribunal Federal, ao constatar os efeitos repristinatórios indesejados gerados pela decisão de inconstitucionalidade, tem se posicionado no sentido da indispensabilidade de formulação de pedidos sucessivos como condição da ação, pois a não impugnação da norma restabelecida pelo efeito repristinatório, igualmente inconstitucional, conduz ao reconhecimento da falta de interesse de agir e, como consequência imediata, à extinção do processo sem resolução de mérito. 2. A Constituição reserva à lei complementar disciplina do ICMS sobre contribuintes, substituição tributária, regime de compensação tributária e fixação do local das operações relativas à circulação de mercadorias e das prestações de serviços (art. 155-§2º-XII-a-b-c-d). Também há reserva de lei para dispor sobre substituição tributária (CR, art. 150-§7º) e de lei complementar para tratar de normas gerais em matéria de legislação tributária (CF, art. 146-III-3. O Conselho Nacional de Política Fazendária (CONFAZ) não possui autorização constitucional para dispor sobre normas gerais do regime de substituição tributária e antecipação do ICMS. 4. Padece de inconstitucionalidade formal o Convênio 52/2017, por afronta aos arts. 146-III-a-b; 150-§7º e 155-§2º-XII-a-b-c-d da CR, uma vez que dispõe sobre matéria reservada à lei. Parecer pelo não conhecimento da ação e, sucessivamente, pela confirmação da decisão cautelar, em maior extensão, para suspender a integralidade do ato impugnado.

Os Convênios e Protocolos celebrados no âmbito do CONFAZ servem para tratar da concessão ou revogação de incentivos e benefícios fiscais de ICMS, de acordo com o previsto no § 2º, XII, da CRFB/88, e para disciplinar as operações interestaduais submetidas ao regime de substituição tributária, em face do princípio da extraterritorialidade, e não para veicular a regra-matriz de incidência do ICMS-ST, devendo esta, obrigatoriamente, estar em conformidade com as normas da LC nº 87/96 e as disposições constitucionais sobre o imposto.

Portanto, é absolutamente inconstitucional que atos firmados no âmbito do mencionado Conselho modifiquem o regime de substituição tributária, de modo a torná-lo dissonante das regras estabelecidas na LC nº 87/96, sobretudo quando se trata de elementos quantitativos da obrigação tributária (*v.g.* base de cálculo).

Igualmente, Decretos, Portarias e outras normas estaduais infralegais, e não emanadas do Poder Legislativo, não servem para estabelecer obrigações tributárias aos contribuintes, como preconiza o princípio da legalidade.

Somente Lei Complementar, em âmbito nacional, e Lei interna, no trato interno estadual, pode instituir ou alterar, no âmbito da sua competência, as regras relacionadas ao regime de substituição tributária[31]. A regra-matriz de incidência tributária e todos os seus critérios (material, espacial, temporal, quantitativo etc.) somente podem ser veiculados por Lei Ordinária, oriunda do Poder Legislativo competente, desde que em conformidade com a Lei Complementar que estabeleça as respectivas "normas gerais", o que, no caso do ICMS, foi estabelecido pela LC nº 87/96.

Sobre esse aspecto, convém ressaltar que algumas unidades da federação, ao revés das normas constitucionais e, sobretudo, da LC nº 87/96, ainda possuem, em suas legislações internas, dispositivos que incluem a expressão "ainda que por terceiros" ao se referirem aos outros encargos transferíveis ou cobrados do destinatário, como elementos integrantes da base de cálculo do ICMS-ST[32], tal como dispunha o Convênio ICMS nº 52/2017.

Ressalte-se, inclusive, que o Estado de Minas Gerais, de forma bem peculiar e em desacordo com toda a argumentação apresentada nos tópicos anteriores, não obstante ter suprimido, em seu Regulamento de ICMS, aprovado pelo Decreto nº 43.080, de 13 de dezembro de 2002, especificamente na 1ª parte do Anexo XV[33], a expressão "ainda que por terceiros" ao se referirem aos "outros encargos transferíveis ou cobrados do destinatário", como elementos integrantes da base de cálculo do ICMS-ST[34], mantém menção expressa aos *royalties* de franquia, *in litteris*:

> Art. 19. A base de cálculo do imposto para fins de substituição tributária é:
>
> I – em relação às operações subsequentes:
>
> a) tratando-se de mercadoria submetida ao regime de substituição tributária cujo preço final a consumidor, único ou máximo, seja fixado por órgão público competente, o preço estabelecido;
>
> b) tratando-se de mercadoria submetida ao regime de substituição tributária que não tenha seu preço fixado por órgão público competente, observada a ordem:
>
> 1. o preço médio ponderado a consumidor final (PMPF) divulgado em portaria da Superintendência de Tributação;
>
> 2. o preço final a consumidor sugerido ou divulgado pelo industrial ou pelo importador; ou
>
> 3. o preço praticado pelo remetente acrescido dos valores correspondentes a descontos concedidos, inclusive o incondicional, frete, seguro, impostos, contribuições, **royalties relativos a franquia** e de outros encargos transferíveis ou cobrados do destinatário, adicionado da parcela resultante da aplicação sobre o referido montante do percentual de margem de valor agregado – MVA – estabelecido para a mercadoria submetida ao regime de substituição tributária relacionada na Parte 2 deste anexo e observado o disposto nos §§ 5º a 8º; (...). **(Grifou-se)**

Vale mormente destacar que a Lei nº 6.763, de 26 de dezembro de 1975, que consolida a Legislação Tributária do Estado de Minas Gerais, ao dispor sobre a base de cálculo do ICMS-ST, sequer faz referência à expressão "ainda que por terceiros" muito menos a *royalties* de franquia, ou seja, possui redação idêntica à prevista na LC nº 87/96, *in verbis*:

Art. 13. A base de cálculo do imposto é:

(...)

§ 19. A base de cálculo, para fins de substituição tributária, será:

1. em relação a operação ou prestação antecedentes ou concomitantes, o valor da operação ou da prestação praticado pelo contribuinte substituído;

2. em relação a operação ou prestação subseqüentes, obtida pelo somatório das parcelas seguintes:

a) o valor da operação ou da prestação própria realizada pelo substituto tributário ou pelo substituído intermediário;

b) o montante dos valores de seguro, de frete e **de outros encargos cobrados ou transferíveis ao adquirente** ou ao tomador de serviço; **(Grifou-se)**

O realce cabível funda-se no fato de que, ao se adotar a premissa de que os *royalties* são capturados pela margem de valor agregado, acaso referido montante venha a ser incluído na base de cálculo do ICMS-ST (nos termos da alínea "b" do inciso II do art. 8º da LC nº 87/96), além de todos os argumentos discorridos anteriormente, estar-se-ia diante de uma indevida majoração da base de cálculo, por representar *bis-in-idem* tributário.

Desenganadamente, medida dessa natureza tende a gerar elevação de preços decorrente do aumento da carga tributária, o que, consequentemente, provoca efeito direto no comportamento dos consumidores. A consequente queda da demanda junto aos agentes que operam no setor de franquias, por sua vez, gera efeitos encadeados, propagados em toda a economia.

Diante de todo o exposto, firma-se a convicção de que eventuais custos cobrados ou transferidos ao destinatário que não se referem à "operação de circulação de mercadorias" jamais poderiam ser incluídos na base de cálculo do ICMS-ST. Até porque a base de cálculo do ICMS está adstrita ao valor da mercadoria e de sua circulação, tais como o seguro e o frete, motivo pelo qual não pode alcançar os *royalties* pagos pelo franqueado ao franqueador.

Diante de intensas discussões técnicas e jurídicas acerca de cada uma de suas cláusulas, sobretudo por conta das questões legais e constitucionais destacadas, em 19 de dezembro de 2018, o CONFAZ publicou o Convênio ICMS nº 142/2018, que, além de revogar o Convênio ICMS nº 52/2017, trouxe novas disposições sobre os regimes de substituição tributária e de antecipação do ICMS com encerramento de tributação, relativos às operações subsequentes, em claro reconhecimento à fragilidade jurídica das regras que haviam sido trazidas pelo Convênio ICMS nº 52/2017.

Dessa forma, o Convênio ICMS nº 142/2018, alinhado aos dispositivos da LC nº 87/96, suprimiu a expressão "ainda que por terceiros" em todos os dispositivos do Convênio que tratavam dos "encargos transferíveis ou cobrados do destinatário" como elemento de composição da base de cálculo do ICMS-ST, evitando que montantes não cobrados pelo substituto tributário (por pessoa jurídica estranha ao fato gerador) viessem a compor essa base.

Não obstante, ainda que as disposições definidas pela CONFAZ relacionadas ao regime de substituição tributária tenham sido substancialmente modificadas, com maior alinhamento ao que determina a CRFB/88 e à LC nº 87/96, passados mais de três anos da celebração do Convênio ICMS nº 142/2018, alguns poucos Estados ainda mantém, em suas legislações internas (Leis Ordinárias, Decretos, RICMS etc.), normas que disciplinam alguns desses assuntos de forma divergente, ou seja, seguindo o que dispunha o revogado Convênio ICMS nº 52/2017, conforme ressaltado anteriormente.

Ao suprimir e modificar determinadas cláusulas do Convênio ICMS nº 52/2017, notadamente pelas inconstitucionalidades e ilegalidades que, inclusive, foram suspensas liminarmente pela Ministra Carmem Lúcia, consubstanciada inclusive pelo parecer favorável da PGR, evitou-se que as respectivas regras conveniais fossem transformadas em regras de alcance nacional.

5. CONSIDERAÇÕES FINAIS

A atividade financeira do Estado é o conjunto de suas ações desenvolvidas para a obtenção da receita necessária à realização dos gastos para o atendimento das inúmeras necessidades públicas. O Estado tem, em seus tributos, além de relevante instrumento de intervenção econômica, sua principal fonte de receita para a consecução de seus objetivos e para o atendimento dessas necessidades.

Não obstante, ao instituí-los e cobrá-los, não pode fazê-lo de maneira desregrada, ficando sujeito a uma série de limitações constitucionais que têm como propósito a segurança jurídica e a defesa do contribuinte.

Apesar dos cuidados que teve a CRFB/88 com o tema, a qual, dentro do Capítulo que trata do Sistema Tributário Nacional, dedicou uma Seção inteira às "limitações do poder de tributar" (composto dos artigos 150 a 152), constata-se, ano após ano, sucessivas tentativas do Estado em afrontar os direitos dos contribuintes com modificações na legislação tributária que têm como único e exclusivo intuito a elevação de sua arrecadação fiscal.

No que tange à inclusão dos *royalties* na base de cálculo do ICMS relativo às operações subsequentes, cumpre destacar que a base de cálculo do tributo deve representar o aspecto quantitativo da relação jurídico-tributária, com parâmetros e limitações que se encontram delimitados por um conjunto de regras presentes no sistema tributário nacional, cujo postulado máximo se funda nas regras constitucionais.

A regra-matriz de incidência tributária do ICMS, inclusive do ICMS-ST, com todos os seus critérios, somente pode ser veiculada por Lei Ordinária, oriunda do Poder Legislativo competente, sempre em conformidade com as normas gerais estabelecidas pela legislação complementar.

Os *royalties* referem-se a uma relação jurídico-econômica complexa que não diz respeito à venda de mercadorias, conforme se observa nos termos do artigo 2º, inciso IX, alínea "a", da Lei Franquias (Lei nº 13.966/19).

Outrossim, por não dizerem respeito à própria operação de circulação de mercadorias, os *royalties* não se subsomem ao conceito de "outros encargos cobrados ou transferíveis aos adquirentes". Portanto, inexistindo adequação, não há permissão (constitucional ou legal) para a inclusão de tal valor na formação da base tributável do ICMS-ST.

Por ferirem a regra-matriz do tributo, são inconstitucionais Convênios e Protocolos celebrados no âmbito do CONFAZ, assim como as legislações estaduais que estabelecem o dever de considerar, na base de cálculo do ICMS (inclusive do ICMS-ST), o valor relativo aos *royalties* de franquia.

Inclusive, na formação da base de cálculo do ICMS-ST, os *royalties* são elementos externos à operação de circulação de mercadorias e, portanto, devem ser capturados quando da definição da margem de valor agregado média aplicada a determinado produto, e não pelos demais elementos de formação da base de cálculo do ICMS-ST.

Diferenciar a cobrança do ICMS (operações mercantis), seja próprio, seja no regime de substituição tributária, entre os contribuintes do setor de franquias e os demais, seja por meio de diferentes regras para mensurar a base de cálculo, margens de valor agregado diferenciadas, seja por outros meios, implica severa violação aos princípios da isonomia e da livre concorrência, com prejuízo para a economia nacional e, consequentemente, para a arrecadação tributária.

É imprescindível que questões de natureza tributária passem a ser tratadas como elemento de política econômica, e não como uma matéria que busca satisfazer, unicamente, as necessidades ilimitadas do Estado (em sentido amplo), através de uma visão excessivamente fiscalista e, por que não dizer, míope, acerca das verdadeiras e mais importantes demandas nacionais.

Para que o relacionamento entre o Fisco e o contribuinte seja mais harmônico e transparente, com menor nível de litigiosidade, é imperioso, antes de tudo, fortalecer a segurança jurídica que norteia o Sistema Tributário Nacional vigente. E isso começa, sobretudo, com o respeito, por parte das administrações tributárias, aos limites impostos pela Constituição pátria.

REFERÊNCIAS BIBLIOGRÁFICAS

AMARO, Luciano. *Direito tributário brasileiro*. 17. Ed. São Paulo: Saraiva, 2011.

ATALIBA, Geraldo. *Hipótese de Incidência Tributária*. 5ª ed. 3ª tiragem. São Paulo: Malheiros, 1992.

ÁVILA, Humberto. Imposto sobre a Circulação de Mercadorias – ICMS. Substituição Tributária. Base de Cálculo. Pauta Fiscal. Preço máximo ao Consumidor. Diferença constante entre o preço usualmente praticado e o preço constante da pauta ou o preço máximo ao consumidor sugerido pelo fabricante. Exame de Constitucionalidade. *Revista Dialética de Direito Tributário*, Local de publicação, nº 123. Dez. 2005.

BALEEIRO, Aliomar. *Direito tributário brasileiro*. 11. ed. Atualizado por Misabel Abreu Machado Derzi. Rio de Janeiro: Forense, 2001.

BANDEIRA DE MELLO, Celso Antônio. *Curso de Direito Administrativo*. 27ª edição, São Paulo: Malheiros Editores, 2010.

BARROSO, L. Felizardo. *Franchising & Direito*. 2. ed. Rio de Janeiro: Editora Lúmen Júris, 2002.

BECKER, Alfredo Augusto. *Carnaval tributário*. 2. ed. São Paulo: Lejus, 1999.

BERGAMINI, Adolpho. *ICMS*: análise de legislação, manifestações de administrações tributárias, jurisprudência administrativa e judicial e abordagem de temas de gestão tributária. (Coleção curso de tributos indiretos; v. I). 1ª ed. São Paulo: FISCOSoft Editora, 2012.

BOJUNGA, Luiz Edmundo Appel. Natureza jurídica do contrato de "franchising". *Revista dos Tribunais*. v. 653/1990. Mar/1990.

BRASIL. *Constituição da República Federativa do Brasil de 1988*. Disponível em: <www.planalto.gov.br>. Acesso em: 09/01/2020.

_____. *Lei Complementar nº 87 de 13 de setembro de 1996*. Disponível em: <www.planalto.gov.br>. Acesso em: 09/01/2020.

_____. *Lei nº 13.966, de 26 de dezembro de 2019*. Disponível em: <www.planalto.gov.br>. Acesso em: 09/01/2020.

_____. Supremo Tribunal Federal. *Recurso Extraordinário 593.849/MG*. Diário de Justiça Eletrônico nº 225, divulgado em 20/10/2016. Disponível em: <https://portal.stf.jus.br/processos/detalhe.asp?incidente=2642284> Acesso em: 31/05/2023.

_____. Supremo Tribunal Federal. *Recurso Extraordinário 603.136/RJ*. Diário de Justiça Eletrônico nº 141, divulgado em 05/06/2020. Disponível em: <https://portal.stf.jus.br/processos/detalhe.asp?incidente=3756682> Acesso em: 31/05/2023.

BRAZUNA, José Luis ribeiro. *Defesa da concorrência e tributação – à luz do artigo 146-A da Constituição*. Série doutrina tributária. São Paulo: Quartier Latin, 2009. v. II.

CARRAZZA, Roque Antonio. *ICMS*. 8ª ed. São Paulo: Malheiros, 2002.

CARVALHO, Paulo de Barros. *Curso de direito tributário brasileiro*. 10. ed. Rio de Janeiro: Forense, 2009.

CARVALHO, Oswaldo Santos de. *Não cumulatividade do ICMS e princípio da neutralidade tributária*. 1ª ed. São Paulo: Saraiva, 2013.

COELHO, Fábio Ulhoa. Considerações sobre a lei de franquia. *Revista da ABPI* nº 16 – maio/junho, 1999.

DERZI, Misabel Abreu Machado. Aspectos essenciais do ICMS, como imposto de mercado. In: SCHOUERI, Luís Eduardo; ZILVETI, Fernando Aurélio (Coords.). *Direito tributário*: Estudos em Homenagem a Brandão Machado. São Paulo: Dialética, 1998.

DERZI, Misabel Abreu Machado. Distorções do Princípio da Não Cumulatividade no ICMS – Comparação com o IVA Europeu, in *Temas de Direito Tributário, I Congresso Nacional da Associação Brasileira de Direito Tributário*, Belo Horizonte, Livraria Del Rey, 1998.

FERNANDES, M. C. P. *O Contrato de Franquia Empresarial*. São Paulo: Memória Jurídica, 2003.

FORGIONI, Paula A. *Os fundamentos do antitruste*. 2ª ed. São Paulo: Revista dos Tribunais, 2005.

GRECO, Marco Aurélio. "Os impasses no sistema tributário". VIEIRA, JOSÉ RIBAS (org.) *20 anos da Constituição Cidadã de 1988 – Efetivação ou Impasse Institucional?* São Paulo: Editora Forense, 2008.

MACHADO, Hugo de Brito. *Direito Tributário II*. São Paulo: Ed. Revista dos Tribunais, 1994.

MARTINS, Ives Gandra da Silva (Coord.). *O princípio da não-cumulatividade*. (Pesquisas tributárias. Nova série; 1 10). São Paulo: Revista dos Tribunais: Centro de Extensão Universitária, 2004.

MATTOS, Aroldo Gomes de. *ICMS (Comentários à legislação nacional)*. São Paulo: Dialética, 2006.

MENDELSOHN, Martin. *The guide to franchisin*. 5ª ed. Londres: Cassel. 1996.

MELLO, Celso Antonio Bandeira. *Curso de direito administrativo*. 25. ed. 2ª tir. São Paulo: Malheiros, 2008.

REQUIÃO, Rubens. *Contrato de Franquia comercial ou de concessão de vendas*, in Revista dos Tribunais, v. 513, São Paulo, ano 67, jul. 1978.

_____. *O princípio constitucional da igualdade*. Belo Horizonte: Lê, 1990.

ROCHA, Cármen Lúcia Antunes. *Princípio constitucional da igualdade.* Belo Horizonte: Jurídicos Lê, 1990.

SCHOUERI, Luis Eduardo. Discriminação de competências e competência residual, in *Direito Tributário – Estudos em homenagem a Brandão Machado.* São Paulo: Dialética, 1998.

SÃO PAULO. Tribunal de Impostos e Taxas do Estado de São Paulo. Câmara Superior de Julgamento. Recurso Especial no Auto de Infração e Imposição de Multa - AIIM 4.081.781-7. *Diário Eletrônico* nº 2837, divulgado em 16/02/2023. Disponível em:<https://www.fazenda.sp.gov.br/epat/ExtratoProcesso/ExtratoDetalhe.aspx?num_aiim=4081781> Acesso em: 31/05/2023.

_____. Tribunal de Impostos e Taxas do Estado de São Paulo. Câmara Superior de Julgamento. Recurso Especial no Auto de Infração e Imposição de Multa - AIIM 4.077.997-0. *Diário Eletrônico* nº 1467, divulgado em 17/05/2017. Disponível em: <https://www.fazenda.sp.gov.br/epat/ExtratoProcesso/ExtratoDetalhe.aspx?num_aiim=4077997> Acesso em: 31/05/2023.

SOUZA, Fátima Fernandes Rodrigues de. *In Curso de Direito Tributário*, coord. Ives Gandra da Silva Martins. São Paulo: Saraiva, 2000.

TORRES, Ricardo Lobo. O IVA no Direito Comparado. *In:* MARTINS, Ives Gandra da Silva (coord.). *O princípio da não-cumulatividade.* Caderno de Pesquisas Tributárias Nova série – 10. São Paulo: Revista dos Tribunais e Centro de Extensão Universitária, 2004.

Parte XX
SOLUÇÃO DE CONFLITOS

39
A MEDIAÇÃO NO *FRANCHISING*

Adolfo Braga Neto

Sumário: I. Introdução – II. Conflito – III. Conflito no *franchising* – IV. Mediação; 1) Breves observações sobre o Marco Legal da Mediação – Lei nº 13.140/2015; 2) Comentários gerais sobre alguns dispositivos relativos à Mediação no CPC em vigor – Lei nº 13.105/2015 – V. Mediação e seus aspectos contratuais – VI. Mediação no *franchising* – VII. Considerações finais – Referências.

I. INTRODUÇÃO

Nas palavras de Francisco José Cahali[1], "arbitragem, conciliação e mediação – opções valiosas para solução de controvérsias", constituem hoje uma realidade no Brasil, graças a intensas atividades em diversos contextos. Essa realidade é decorrente da abertura da sociedade brasileira a seus princípios norteadores, desenvolvendo novo paradigma na resolução de conflitos. O País está vivenciando o que Thomas Kuhn[2], filósofo e físico conhecido por suas marcantes contribuições, designou como mudança paradigmática, com as "realizações científicas que geram modelos que, por períodos mais ou menos longos e de modo mais ou menos explícito, orientam o desenvolvimento posterior das pesquisas exclusivamente na busca da solução para os problemas por elas suscitados". Em menos de três décadas, a evolução que a sociedade brasileira apresentou é digna de nota para o mundo. Tal fato é facilmente constatado com a própria designação dada a esses métodos, que não são mais vistos como alternativos, ganharam o *status* de adequados por constituírem, além de opções a partir da vontade de seus participantes, a adequação ao conflito existente. No mesmo sentido, pode-se afirmar que foi transposto o debate com o advento da Constituição em 1988, que identificou o acesso à justiça como acesso do cidadão aos órgãos do Judiciário. Hoje pode-se afirmar seguramente que o debate atual possui outro título, o do acesso à ordem jurídica justa, em que o cidadão brasileiro tem à sua disposição a possibilidade de escolha do método que melhor se adequa ao conflito por ele enfrentado.

O presente artigo tem o objetivo de oferecer elementos do momento atual sobre a mediação, um dos métodos adequados de solução de conflitos, especialmente seu emprego no setor de *Franchising*, em que consiste uma verdadeira oportunidade para os diversos atores do segmento, ao promover soluções mais criativas, menos onerosas e mais rápidas, sem dizer eventuais desgastes emocionais, que comumente ocorrem

---
1. Francisco José Cahali. Curso de Arbitragem – Mediação – Conciliação – Tribunal Multiportas. São Paulo: Ed. Revista dos Tribunais, 2018. p. 27.
2. Thomas Kuhn. Estrutura das revoluções científicas. São Paulo: Perspectiva, 1978. Google Books. p. 219.

com os demais métodos de solução de conflitos. Tudo isso sem qualquer intenção de menosprezar os outros métodos, como a arbitragem, a conciliação ou mesmo o processo judicial. Pelo contrário, todos se constituem instrumentos efetivos da promoção da Justiça nos tempos da pós-modernidade. Em paralelo, pretende-se reforçar que o primordial dos meios adequados de solução de conflitos é a possibilidade de promover a autonomia da vontade os indivíduos, possibilitando a coconstrução do processo em que os participantes decidem, e não a de um terceiro.

Nesse sentido, a mediação, como Conrado Paulino destaca, consiste "numa decisão autônoma, tomada como espaço consensuado, mediado, que, ao respeitar as diferenças, produz respostas mais dinâmicas e adequadas aos conflitos. Assim, "torna-se um trabalho de reconstrução simbólica dos processos conflitivos relativos às diferenças, permitindo formar identidades culturais e integrando os participantes do conflito num sentimento de pertinência comum, apontando a responsabilidade de cada um, gerando deveres reparadores e transformadores"[3]. Na mesma linha reforça Fernanda Levy, ao enfatizar haver "o surgimento de um novo paradigma, que propõe a superação da cultura da sentença estatal para a cultura da pacificação de conflitos, por meio da utilização de práticas consensuais privadas ancestrais de resolução de conflitos, que despontam na atualidade como instrumentos jurídicos que prestigiam a cidadania e o acesso à ordem jurídica justa".[4]

Vale lembrar um dos grandes expoentes dessa expressão, Kazuo Watanabe, que sustenta constituir mais adequado aos tempos atuais o acesso à ordem jurídica justa, a qual poderá ser obtida também pelos métodos hoje previstos no ordenamento jurídico brasileiro. Assim, afirma o referido Professor, "o princípio de acesso à justiça, inscrito no nº XXXV do art. 5º, da Constituição Federal, não assegura apenas acesso formal aos órgãos judiciários, e sim um acesso qualificado, que propicie aos indivíduos o acesso à ordem jurídica justa"[5]. Nessa mesma vertente, Francisco Cahali acrescenta que "a oferta de alternativas para a resolução de contendas está incluída no objetivo maior de garantir o acesso à Ordem Jurídica Justa, o que nunca foi exclusividade do Poder Judiciário, mas sim a finalidade do Estado, que assim, pode incentivar que os conflitos sejam resolvidos no âmbito estatal ou for dele, como, de fato, ocorre em muitos métodos privados"[6].

Em um sentido mais amplo, concordando com Kazuo Watanabe, no que tange à observação da busca pelo cidadão brasileiro do acesso à ordem jurídica justa, Ada Pelegrini Grinover enfatiza que no momento atual o cidadão pode ter seu conflito resolvido por meio da escolha de três eixos de justiça, a saber: justiça estatal, arbitral e conciliativa. Por

---

3. Conrado Paulino da Rosa. Desatando nós e criando laços. Belo Horizonte: Del Rey, 2012. p. 155.
4. Fernanda Rocha Lourenço Levy. Cláusulas escalonadas – A mediação comercial no contexto da arbitragem. São Paulo: Saraiva, 2013. p. 25.
5. Kazuo Watanabe. Política do Poder Judiciário Nacional para tratamento adequado dos conflitos de interesse. Brasil, 2018. www.tjsp.jus.br/Dowload/Conciliação/Nucleo/ParecereDesKazuowatabane.pdf. Acesso em 30.11.2019.
6. Francisco José Cahali. Curso de Arbitragem – Mediação – Conciliação – Tribunal Multiportas. São Paulo: Ed. Revista dos Tribunais, 2018. p. 46.

isso, afirma: "O estudo do direito processual a partir da análise de um campo específico da realidade social deve determinar a melhor resposta processual para a crise de direito em jogo. Isso significa examinar os conflitos que existem na sociedade, para chegar à tutela processual adequada. E como tutela processual adequada, em última análise, se perfaz por intermédio do procedimento adequado, nesses trabalhos o procedimento assume uma nova dimensão, sendo, ao lado do processo, instrumento para o atendimento da pacificação. Falamos em tutela processual e não em tutela jurisdicional, porque, assim a jurisdição hoje, em nossa visão, não se restringe à estatal e à arbitral – abrangendo os meios consensuais de solução de conflitos – ela é, sobretudo, garantia do acesso à justiça. Enquanto o processo administrativo em contraditório – embora não jurisdicional – tem natureza processual, e, também, é instrumental à solução de conflitos, mas não tem a ver com o acesso à justiça. Nele há processo, mas não há Jurisdição. Além da utilização da justiça estatal, os conflitos podem ser solucionados pela justiça arbitral e pela justiça conciliativa. Convém enfatizar que nesta última estão inclusos os institutos da conciliação, mediação e outros métodos em que a negociação direta e o diálogo entre os participantes são o instrumento base. Além disso, importante afirmar que todas elas se apresentam como meio adequados para solução de cada conflito"[7], já que cada uma delas possui características próprias e com isso melhor atenderão os usuários e suas diversas controvérsias cada vez mais complexas.

II. CONFLITO

O conceito de Justiça e o seu acesso tem se revelado através dos tempos como um dos mais, senão o mais complexo a ser concebido, em razão dos infinitos componentes semânticos que as palavras comportam. Difícil, ao mesmo tempo, elencar o número de pensadores que ofereceram e continuam a oferecer a sua própria perspectiva, numa tentativa de responder a angústia do ser humano diante de sua busca incessante pela Justiça, sobretudo quando está diante de um conflito. Para muitos, a Justiça é um componente que se faz imprescindível para o viver do próprio ser humano. Outros a concebem como elemento a ser buscado nas relações entre os seres humanos, necessitando estar definida para que possa ser mais bem identificada. E outros, ainda, consideram ser um componente do próprio ser humano, pressuposto de sua natureza.

Para se pensar melhor sobre o tema há que se trazer à análise o significado de conflito para o ser humano, palavra polissêmica amplamente utilizada, que também oferece inúmeros elementos semânticos, cujo conceito varia de autor para autor em diferentes áreas. Para efeitos mais simplistas, conflito consiste em diferentes percepções das próprias pessoas, que acarretam leituras de antagonismo e contrapontos, vistos como incompatíveis, gerando mudanças na conexão entre elas. Leva a perspectiva de crise naquela relação, disparando ações e reações, muitas vezes emocionais intencionais ou não, porém destrutivas, negativas e nocivas para a continuidade relação. Quando

---

7. Ada Pellegrini Grinover. *Ensaio sobre a Processualidade*. Gazeta Jurídica: Brasília, 2016. p. 35.

isso ocorre, elementos internos se processam na percepção dos envolvidos no conflito em direção ao não reconhecimento mútuo, ao mesmo tempo a sensação de impotência recíproca leva ao sentimento de inferioridade e fraqueza. Por isso, a reação mais comum é o agravamento do antagonismo e a ruptura da relação e a busca de justiça, que se concretizam com a utilização de um terceiro, normalmente o Estado, para dizer quem está certo ou errado e a quem assiste o direito. Nesse momento o contrato é lembrado e a lei é percebida como parâmetro impositivo para enaltecer o elemento culpa, que se instala de maneira recíproca.

III. CONFLITO NO *FRANCHISING*

Segundo Silvio de Salvo Venosa[8], *franchising* consiste em "um contrato de natureza mercantil, firmado entre franqueador e franqueado, que tem por objeto a cessão temporária e onerosa de um conjunto de direitos materiais e intelectuais, de propriedade exclusiva do franqueador, para o franqueado, que se obriga à comercialização de produtos e serviços, consoante um sistema próprio e único de rede de *marketing* e distribuição, estabelecido conforme as determinações e padrões do franqueador, remunerando-o, de forma única ou periódica, pela cessão dos referidos direitos e/ou pela transferência de *know-how* técnico comercial e operacional, e também pela assistência técnica e mercadológica que prestará, pelo período do contrato". Desse conceito se extrai o quanto a atividade interliga uma empresa franqueadora e sua franqueada e vice-versa e mais ainda com relação a seus representantes titulares. Por outro lado, diversos outros autores enaltecem serem tais empresas parceiras em uma atividade empresarial, decorrente de um contrato personalíssimo de execução contínua.

Ao se atentar de maneira mais aprofundada no esforço empresarial desenvolvido entre franqueado e franqueador, nota-se uma relação de interdependência ímpar, pois o franqueado opera com um produto que não é seu e deve fazê-lo nos mesmos padrões em que foi moldado o sistema de franquia que participa. O franqueador, por seu turno, delega poderes para o franqueado disponibilizar no mercado produto de sua marca nas condições previstas no formato preestabelecido com base em uma consultoria permanente por ele desenhada e fornecida. Nesse sentido, há que se oferecer destaque por tratar-se de um contrato complexo que possui como pressuposto a confiança recíproca, a busca de satisfação pessoal permanente, em que o comprometimento mútuo, a transparência, o respeito e a boa-fé devem estar presentes na rotina de suas atividades empresariais.

Das características supracitadas decorre uma relação empresarial única que determina, além da interdependência, ampla complementariedade e conexão permanente entre franqueado e franqueador. Tal fato acarreta naturalmente a existência de conflitos, como possível invasão de território, alegações de ausência de suporte técnico do franqueador, não entrega da DRE, omissões recíprocas de informações, desconfiança com a destinação do fundo de propaganda, baixa rentabilidade, ausência de lucro etc.

---

8. Silvio de Salvo Venosa. Direito Civil – Contrato. Vol. 3. São Paulo: Atlas, 2019. p. 906.

Esses fatos e muitos outros acarretam atitudes no sentido de rompimento do contrato, baseados na argumentação do descumprimento de cláusulas, as quais são cobradas reciprocamente constantemente e descumpridas. Em outras palavras, quando o conflito se instala na relação franqueado/franqueador, a percepção de não reconhecimento mútuo e os elementos de fragilidade recíprocos, como mencionado anteriormente, também ocorrerão com os empresários e representantes das empresas, pois também se instala uma crise entre eles, o que leva a uma interação destrutiva.

IV. MEDIAÇÃO

Mediação, segundo Joseph Folger e Robert Bush[9], "é um processo em que um terceiro, imparcial e independente, ajuda as pessoas em conflito, sejam físicas ou jurídicas, a mudar a qualidade da interação decorrente do conflito, enquanto debatem e exploram vários tópicos e possibilidades de transformação". Como afirma Conrado Paulino[10], "Mediação procede do latim *mediare,* que significa mediar, dividir ao meio ou intervir. Esses termos expressam o entendimento do vocabulário mediação, que se apresenta como uma forma amigável e colaborativa de solução das controvérsias que busca a melhor solução pelos próprios participantes". E, como salienta Luiz Alberto Warat[11], a mediação é um "processo que recupera a sensibilidade, ainda que leve ao crescimento interior na transformação dos conflitos". Ou mesmo, como enfatiza Jean François Six[12], "a mediação é, em primeiro plano, vontade: uma vontade de abrir caminhos, de construir pontes, de estabelecer ligações onde elas não existem, permitindo que pessoas ou grupos se unam, permitindo, também, que um ser encontre o caminho de si próprio". A partir disso, promove-se o respeito mútuo às diferenças e o reconhecimento das limitações próprias e das perspectivas pessoais diferentes ou mesmo opostas, o que pode proporcionar a integração das visões individuais que será terreno fértil para a responsabilidade que pavimentará de maneira robusta a possibilidade da construção de soluções. Ao identificarem as características da mediação, Lia Sampaio e Adolfo Braga[13] enfatizam ser uma atividade que "se beneficia da multidisciplinaridade geradora da interação interdisciplinar em busca de soluções transdisciplinares". Nesse sentido, deve-se pensar que a atividade pode e deve ser exercida por profissionais de diferentes áreas do conhecimento, baseados em trajetórias diversas, que, com seus respectivos olhares, enriquecerão o trabalho desenvolvido e promoverão um resultado que transcende uma área específica e terão reflexos em todas elas simultaneamente, sobretudo para os maiores beneficiários, as pessoas que dela fazem uso.

---

9. Joseph Patrick Folger e Robert A. Baruch Bush. The Promise of Mediation. São Francisco: Jossey-Bass, 2005. p. 7.
10. Conrado Paulino da Rosa. Desatando nós e criando laços. Belo Horizonte: Del Rey, 2012. p. 146.
11. Luis Alberto Warat. Surfando na Pororoca – O ofício do mediador. Florianópolis: Fundação Boiteux, 2004. p. 167.
12. Jean-François Six. Dinâmica da Mediação. Trad. Barbosa, Águida Arruda, Nazareth, Eliana Ribeiro e Groeninga, Giselle. Belo Horizonte: Del Rey, 2001. p. 283.
13. Lia Regina Castaldi Sampaio e Adolfo Braga Neto. *O que é Mediação de Conflitos*. Coleção Primeiros Passos, Brasiliense: São Paulo, 2007. p. 15.

A mediação de conflitos tem enorme amplitude e alcance, não havendo limitação para o seu emprego. Ao contrário do que a própria Lei nº 13.140/15 estipula, a mediação não se limita à resolução de conflitos envolvendo "direitos disponíveis ou indisponíveis que admitam transação", pois poderá ser utilizada em diversos contextos, desde que seus participantes sejam, no sentido legal, potenciais titulares de direitos. Em outras palavras, a mediação pode ser utilizada quando seus participantes possuírem a capacidade civil e se encontrarem em pleno gozo de suas faculdades físicas e mentais. Esse aspecto será objeto de outros comentários, quando for analisada a letra da referida Lei.

Como método de transformação de conflitos, pode ser usada, por exemplo, em questões que envolvam:

- Laços afetivos ou familiares entre as pessoas, como separação, divórcio, revisão de pensão, guarda de filhos, adoção, conflitos entre pais e filhos ou entre amigos etc.;
- Relações dentro de empresas ou entre empresas, bem como entre empresas e organizações, instituições ou mesmo corporações;
- Conflitos na área civil, como locação, relações condominiais, dissolução de sociedades empresariais ou não, inventários e partilhas, perdas e danos;
- Divergências no âmbito comercial, como contratos em geral, títulos de crédito, fretes, seguros etc.;
- Relações trabalhistas, no que se refere aos aspectos legais, como nos casos de dissídios coletivos e dissídios individuais;
- Meio ambiente, incluindo conflitos com órgãos de fiscalização, pessoas jurídicas e físicas e órgãos públicos;
- Relações na comunidade, desde problemas de vizinhança, passando por familiares e entre vizinhos, até conflitos coletivos;
- Conflitos na escola, que poderá fazer uso do instrumento a partir de um plano em que se implementa a cultura da paz.

Inúmeros outros conflitos também podem fazer parte dessa lista. Essas referências são apresentadas apenas para proporcionar uma visão mais ilustrativa sobre o alcance da mediação. E claro que nesse rol se incluem todo e qualquer conflito no setor de franquia, entre os inúmeros que ocorrem, as relações entre franqueador e franqueado, entre franqueados, entre franqueadores etc.

A mediação de conflitos é tão flexível e promotora de novos paradigmas que é possível o uso de seus princípios norteadores, características e técnicas sem necessariamente utilizar o método propriamente dito. Fazendo uso de seus recursos, certamente o resultado será um ambiente mais acolhedor às pessoas, promovendo, com isso, a transformação de seus conflitos. Por isso, não há nada que impeça que advogados, administradores, empresários, engenheiros, educadores, profissionais de distintas áreas em uma instituição ou organização, pública ou privada, apropriem-se da mediação para implementarem programas baseados no diálogo incentivador promotor de reflexões relativas ao futuro. Nesse sentido, poderá ser utilizada internamente na empresa do franqueador, bem como na do franqueado, a fim de ajudar nos conflitos entre funcionários ou entre departamentos.

Hoje o ordenamento jurídico brasileiro conta com leis ordinárias, complementares, decretos e normas administrativas, que têm propiciado ao cidadão a possibilidade de escolher o método de resolução mais adequado para os conflitos em que esteja envolvido. Todo esse cabedal legislativo está no bojo de uma evolução iniciada em 1988, com o advento da Constituição Federal, mais conhecida como Constituição Cidadã, que lançou as bases estruturais para a criação de instrumentos jurídicos adaptados à realidade pós-moderna, como a Mediação, que no Brasil é regulada pela Lei nº 13.140/2015, e o atual Código de Processo Civil, Lei nº 13.105/15.

1) BREVES OBSERVAÇÕES SOBRE O MARCO LEGAL DA MEDIAÇÃO – LEI Nº 13.140/2015

Ao se observar a estrutura adotada pelo legislador sobre a Lei nº 13.140/15, se constata a existência de dois Capítulos, sendo o primeiro voltado para conflitos entre particulares e o segundo voltado para conflitos em que interesses públicos estão em jogo, quando ao menos um dos envolvidos é agente do poder público. "O primeiro possui 31 artigos, sem contar os das disposições finais, ao todo 8 artigos; o mesmo número dedicado a autocomposição de conflitos no âmbito da administração pública de que trata o Capítulo"[14]. Nota-se claramente a intenção do legislador em introduzir um divisor de águas com relação às matérias a serem objeto de mediação e como ela deverá ser operacionalizada a partir de elementos diferenciados em ambos os contextos. O primeiro, voltado para questões entre particulares, quer se trate de conflitos entre pessoas jurídicas ou entre físicas e jurídicas ou pessoas físicas. E o segundo, quando se tratar de conflitos, como dito supra, em que um dos usuários do método seja integrante do poder público.

a) A mediação entre particulares

Logo no primeiro artigo, em seu parágrafo único, está contida a definição da mediação como "atividade técnica exercida por terceiro imparcial sem poder decisório, que, escolhido ou aceito pelas partes, as auxilia e estimula a identificar ou desenvolver soluções consensuais para a controvérsia". Nota-se nesse conceito os mesmos parâmetros propostos pelo primeiro Projeto de Lei sobre o tema, que remonta a 1998, muito embora algumas modificações tenham sido realizadas, pois se estabeleceram os parâmetros do método no sentido de se constituir uma atividade promovida por um terceiro imparcial sem qualquer poder sobre os participantes, que, como técnico, deverá estar devidamente capacitado para ajudar e incentivar os participantes a identificar ou a de-

---

14. Adolfo Braga Neto. *Mediação de conflitos: conceitos e técnicas*. In: Salles, Carlos Alberto de; Lorencini, Marco Antonio Garcia Lopes; Silva, Paulo Eduardo Alves da (coord.). Negociação, mediação e arbitragem – Curso básico para programas de graduação em Direito. São Paulo: Método, 2012. p. 159.

senvolver soluções consensuais. Ainda com relação à estrutura da lei, chama atenção que o legislador tentou oferecer a estrutura base para sedimentar sua efetiva realização. Em outras palavras, abordou a figura do mediador e o processo a ser desenvolvido por e com ele a partir de duas lógicas em que hoje a mediação entre particulares é utilizada, isto é, o âmbito judicial e extrajudicial. E para tanto optou também por apontar o que é geral para ambos os segmentos. Assim é que aos mediadores é dedicada uma Secção que contém as disposições que são comuns a ambos os segmentos, seguidos dos elementos mais específicos ligados ao ambiente extrajudicial e judicial. A mesma lógica é empregada na Secção dedicada ao procedimento. E esse mesmo raciocínio levou à estruturação da autocomposição de conflitos em que for parte pessoa jurídica de direito público em duas seções, a primeira de caráter geral e a segunda seção quando envolverem conflitos com a administração pública federal direta, suas autarquias e fundações. E não poderia ser deixado de lado o destaque que é dado à confidencialidade que é objeto de uma única Seção, a de número IV, que bem define seu alcance e, eventualmente, suas exceções, muito embora sintetizados em apenas dois artigos.

Na sequência da definição, optou o legislador em tratar da Mediação ainda no mesmo capítulo, apresentando os parâmetros em que ela deve ser desenvolvida no território nacional, a partir de seus princípios, seu objeto, seu limite e obrigatória aplicabilidade quando prevista em um contrato, podendo tratar sobre todo o conflito ou parte dele, conforme § 1º do art. 3º.

Com relação aos princípios, selecionou oito, elencados no art. 2º, muitos deles mais compreensíveis, como a conduta ideal a ser desenvolvida pelo mediador do que propriamente princípios da atividade. De qualquer maneira são eles:

1. **imparcialidade do mediador**, entendida, entre outros conceitos, como pressuposto de sua atuação antes e durante a mediação com a inexistência de qualquer conflito de interesses capaz de afetar o procedimento, devendo compreender a realidade dos mediados, sem que nenhum paradigma, preconceito ou valores pessoais venham a interferir em sua intervenção;

2. **isonomia entre as partes**, compreendida no sentido do tratamento igualitário a ser oferecido aos participantes da mediação, inclusive com relação às oportunidades que também deverão ser igualitárias;

3. **oralidade**, percebida que certos atos devem ser praticados oralmente, recomendando a prevalência da palavra falada do que a escrita. Na verdade, é onde a mediação se estrutura, pois sem o diálogo entre os participantes não será possível sua existência e muito menos sua continuidade, mesmo que sejam realizadas reuniões individuais;

4. **informalidade,** significa a dispensa de requisitos formais sempre que a ausência não incorrer em prejuízo, assim com a flexibilidade no desenvolvimento do procedimento, levando-se em consideração a complexidade inerente ao conflito e a individualidade dos participantes;

5. **autonomia da vontade das partes**, percebida como a garantia da voluntariedade, o poder que as pessoas têm em optar pela participação na mediação ao conhecê-la, podendo interrompê-la a qualquer tempo, e, também, da autodeterminação, poder que as pessoas têm de gerir seu próprio conflito e tomar suas próprias decisões, durante ou ao final do procedimento;

6. **busca do consenso**, determina que só existirá o procedimento se houver consenso dos participantes antes, durante e após seu advento;

7. **confidencialidade,** englobando todas as informações, os fatos, os relatos, as situações, as propostas e os documentos, oferecidos ou produzidos durante toda a sua realização, sendo vedado qualquer uso para proveito de quem quer que seja, salvo os limites estabelecidos no contexto em que a prática da mediação se dá e/ou previsão em contrário estabelecida entre os mediandos e a própria, que assim determina mais adiante; e

8. **boa-fé**, não sendo indicada como objetiva ou subjetiva, por se tratar do pressuposto de conduta dos participantes de forma honesta, leal e proba.

Ainda no mesmo artigo, o § 1º chama atenção pela previsão de obrigatoriedade no comparecimento dos participantes em uma primeira reunião, quando existir uma cláusula contratual em que a mediação estiver prevista. Com essa redação se mitiga os efeitos do princípio da autonomia da vontade, determinando-se imperativamente o dever de estar presente no primeiro encontro. Já o § 2º, ao contrário, reforça o mesmo princípio, desobrigando a continuidade da mediação se não houver vontade dos participantes em dela continuar. Denota-se uma incoerência clara no próprio artigo, pois, ao nomear a autonomia da vontade como o quinto princípio a ser seguido, viola-o ao determinar essa obrigatoriedade. Ao se tentar buscar os objetivos do legislador com estas determinações, percebe-se que a intenção foi oferecer segurança jurídica a opção feita pela mediação quando da elaboração do contrato. Em outras palavras, a opção pelo método é fruto do consenso quando de sua criação, portanto não poderá dela fugir quando da existência da controvérsia. Importante ressaltar que esse efeito vinculante da cláusula que obriga os contratantes à primeira reunião do método escolhido, quando da elaboração do contrato, foi inspirado na experiência brasileira com a Lei nº 9.307/1996 (arbitragem) que, ao dar força vinculante à cláusula arbitral, promoveu verdadeira mudança de paradigma, promovendo nova realidade para a arbitragem no Brasil, dotando-a de maior segurança jurídica. Percebe-se que essa foi a inspiração para que possam coexistir garantias às pessoas para conhecerem o método e optarem se o desejam ou não. Com isso, a expectativa é no sentido de que a mediação passe a ter maior difusão e ampliação do conhecimento de sua existência e alcance.

Quanto ao aspecto de que a Lei obriga a comparecer e não permanecer, cabe trazer à análise a prática da mediação extrajudicial no âmbito institucional brasileiro. Muitas instituições adotaram em seus regulamentos a prática da premediação, reunião inicial com os possíveis participantes do procedimento em que são esclarecidos diversos aspectos do método e de como será desenvolvido naquela instituição. As referidas instituições têm optado por esse momento com o objetivo de melhor esclarecer o alcance da mediação e, sobretudo, o seu funcionamento naquela instituição. Em muitas delas esse momento inicial é realizado por profissional(is) bem treinados da instituição que apresenta o método lá desenvolvido e sua lista de mediadores para efeitos de escolha. Importante seria notar que esse momento não pode ser considerado como o previsto com a primeira reunião obrigatória do § 1º desse artigo, por vários motivos. Entre eles, destaca-se o fato de os participantes não estarem com o mediador escolhido, que na verdade o será na sequência. Ou mesmo por se tratar de momento prévio e esclarecedor do procedimento que não envolve tomada de decisão com relação ao conteúdo, mas sim com relação ao próprio método e sua adequação ao caso concreto. Nesse sentido, deve-se de imediato fazer um alerta com relação ao cumprimento do previsto nesse parágrafo, pois a obrigatoriedade não é cumprida com a reunião de premediação, ou reunião preparatória, mas sim com a instalação da mediação a partir da nomeação e aceite do mediador ao caso concreto.

Ainda quanto ao mesmo Capítulo, o último artigo, o 3º, aponta no seu *caput* os limites com relação à matéria objeto da mediação, determinando que deverá ser restrita a direitos disponíveis. Essa limitação não é absoluta, pois o § 2º permite que, diante do consenso dos envolvidos, quando se tratar de indisponibilidade de direitos, mas transigíveis, a homologação por parte do Judiciário é obrigatória depois do parecer do Ministério Público. Em outras palavras, ao optarem por permitir a transação quando se tratar de direitos indisponíveis desde que alguns cuidados sejam tomados, consagrou o legislador a prática hoje realizada no País, repetindo o desenvolvido em vários países no contexto familiar, ambiental, entre outros.

b) O mediador

Inaugurando as subseções do texto legal, o legislador optou por estabelecer os parâmetros do trabalho a ser desenvolvido pelo mediador e determinou a conduta a ser por ele promovida com as disposições gerais que são válidas tanto para o âmbito extra quanto para o âmbito judicial. E oferece, de imediato, no *caput* do art. 4º, a possibilidade de ser "designado pelo Tribunal ou escolhido pelas partes". Em outras palavras, definiu-se que, no âmbito judicial, a nomeação partirá exclusivamente do Tribunal, como é hoje no sentido de ser designado a partir de um juiz que encaminha as partes para a mediação e o trabalho é desempenhado por algum mediador à disposição, não permitindo que naquele âmbito possa ser escolhido, como é usual no âmbito extrajudicial, tanto institucional quanto por mediadores independentes. No mesmo artigo, o § 1º determina a maneira como o mediador deverá agir diante dos mediados no sentido de interagir na comunicação como um facilitador para a resolução do conflito por meio do estímulo ao entendimento e ao consenso entre eles. A essa conduta é acrescida o dever ético contido no parágrafo único do artigo seguinte, o 5º, com o dever do mediador de revelar qualquer tipo de conflito de interesse que o impeça de atuar naquela qualidade, sendo taxativo ao determinar esse dever ao percebe qualquer tipo de fato ou circunstância que leve a eventual dúvida de sua imparcialidade. Cabe enfatizar que se agrega à mediação um dever ético comumente atribuído ao árbitro e ao juiz, posto ao ser designado ou escolhido, devem verificar eventuais conflitos de interesse que levem a eventuais dúvidas sobre sua atuação na qualidade de terceiro imparcial e independente. Convém lembrar que esse dever foi objeto de inclusão em diversos Códigos de Ética para mediadores brasileiros elaborados pelo CONIMA, FONAME e outras instituições nacionais. Todos eles reforçam os ensinamentos de Fernanda Tartuce[15], que ressalta: o mediador precisa estar "apto a trabalhar com resistências pessoais e obstáculos decorrentes do antagonismo de posições para restabelecer a comunicação. Seu papel é facilitar o diálogo para que os envolvidos na controvérsia possam protagonizar a condução de seus rumos de forma não competitiva. Mediar constitui uma tarefa complexa que demanda preparo, sensibilidade e habilidades".

A propósito desses terceiros imparciais e independentes, importante ressaltar que o mediador, seja extra, seja judicial, está equiparado ao juiz nos casos de suspeição conforme estabelece o art. 5º e da mesma forma é equiparado ao servidor público para efeitos da legislação penal, na conformidade do art. 8º, sendo incluído nesse aspecto seus eventuais assessores que participarem do procedimento com ele. Ainda com relação ao mediador no âmbito extra e judicial, é vedada a possibilidade de prestar qualquer tipo de serviço, quer seja na qualidade de assessor, representante ou patrocinador de qualquer das partes, durante um ano após finda a última reunião do procedimento de mediação. E é vedado a ele, conforme o art. 7º, a possibilidade de atuar como árbitro em conflito em que já atuou como mediador, preceito respaldado pela doutrina nacional, que também direciona no mesmo sentido de impedimento de ser testemunha em processos posteriores. Com esses preceitos, mais uma vez se consagram os Códigos Deontológicos brasileiros retromencionados.

Os dois artigos seguintes, o 9º e o 10, tratam do mediador extrajudicial, podendo ser qualquer pessoa capaz que tenha a confiança dos participantes, capacitada para mediar, ligada ou não, a qualquer instituição. O legislador optou não somente com relação à possibilidade da mediação extrajudicial ser desenvolvida fora, bem como em uma instituição.

O art. 10, por seu turno, faculta aos participantes a possibilidade de estarem acompanhados de advogados ou defensores públicos, o que na verdade reforça a autonomia da vontade com relação ao procedimento, pois não estariam sujeitos a eventuais orientações ou inclinações de seus representantes legais. Mas o parágrafo único determina, claramente, que, se uma das partes estiver acompanhada de um deles, deverá o mediador parar o procedimento e requerer que a outra parte esteja devidamente acompanhada. Um dever ético agregado pela lei ao mediador: o dever de suspender o processo para que todos estejam representados juridicamente.

Nos três artigos seguintes, o legislador se dedicou a traçar os parâmetros para o mediador judicial e no artigo 12, determina que os Tribunais Estaduais deverão possuir um cadastro atualizado de mediadores habilitados e autorizados e realizar mediações

---

15. Fernanda Tartuce. Mediação nos Conflitos Civis. 2. ed. São Paulo: Forense, 2015. p. 271.

judicias, sendo possível o requerimento do interessado na área e Tribunal que pretende exercer sua atividade, cabendo aos tribunais estabelecer as regras de cadastramento e descadastramento, assim como o pagamento dos seus serviços desde que os participantes do processo não estejam sob a proteção da assistência jurídica gratuita(artigo 13).

c) *O processo de mediação*

A Seção III trata do processo de mediação, em que o legislador consagrou a prática hoje desenvolvida no País, no sentido de estabelecer o dever do mediador de alertar os participantes sobre a confidencialidade da mediação, previsto no artigo 14, muito embora na seção seguinte aponte as possíveis exceções. No mesmo sentido, a redação do art. 15 estabelece a possibilidade de ser adotada a comediação, quando se tratar das questões complexas ou a própria natureza do conflito assim o exigir, a partir da recomendação do mediador ou mesmo dos participantes, podendo se efetivar caso houver consenso nesse sentido.

Convém lembrar que cada vez mais se observa uma tendência de processos judiciais ou arbitrais serem interrompidos para que os participantes possam tentar uma composição entre eles. O art. 16 determina que, se os participantes desejarem tentar, deverão solicitar ao juiz ou ao árbitro a suspensão do processo, que poderá ser em tempo suficiente para a tentativa de solução consensual. E seus parágrafos determinam: o primeiro, a impossibilidade de recurso da decisão de deferimento para a tentativa, e, o segundo, que, mesmo a suspensão do processo, não inviabiliza as possíveis medidas de urgência, as quais poderão ser tomadas tanto pelo juiz quanto pelos árbitros se solicitadas. Já o art. 17 determina claramente o momento da instalação da mediação, que é a data em que foi marcada a primeira reunião. Esse artigo deve ser lido em conjunto com § 1º do art. 2º já comentado, que obriga a realização da primeira reunião de mediação, quando de sua previsão contratual, determinando com sua instalação a interrupção da prescrição, conforme o parágrafo único do artigo 17.

Os que já conhecem na prática a mediação no Brasil, considerariam óbvia a previsão contida no art. 18, que estabelece que as reuniões posteriores à primeira, só ocorrerão se houver consenso de sua realização pelos participantes. Na verdade, o legislador confirmou com esse artigo as determinantes de conduta do mediador no sentido de buscar o consenso e, nesse sentido, com relação ao processo e, claro, com relação a seus honorários, que serão devidos se o procedimento tiver sua continuidade. Esse mesmo raciocínio deve ser levado em conta com relação ao art. 19, que permite ao mediador realizar reuniões conjuntas ou separadas e solicitar quantas informações sejam necessárias, já que a matéria-prima da atividade é a informação. Quanto à finalização da mediação, a lei determina que deverá ser formal, com a elaboração de um acordo que, segundo o parágrafo único do art. 20, é título executivo extrajudicial e, se homologado, passa ser título executivo judicial. Ao mesmo tempo e no mesmo artigo, a previsão legal determina que o procedimento poderá ser encerrado com uma simples declaração de um ou dos mediandos ou do mediador que declarem não haverem alcançado a solução.

Na subseção referente à mediação extrajudicial são oferecidos elementos inovadores em termos jurídicos, mais ligados à perspectiva de promoção de maior segurança jurídica para efetiva instalação e desenvolvimento da mediação. Por isso, num primeiro momento, o art. 21 indica os possíveis meios de comunicação para iniciar o procedimento, podendo ser qualquer um, o que significa dizer qualquer forma que permita trazer a informação da intenção de uma parte com relação a outra no sentido de iniciar a mediação. Exige, no entanto, que o convite deva conter o escopo da mediação, data e local da primeira reunião, sendo considerado rejeitado se no prazo de 30 dias não houver resposta.

Na sequência, o art. 22 elenca os requisitos mínimos que deverá conter a previsão contratual da cláusula de mediação: prazo mínimo e máximo para realização da primeira reunião, contado a partir do recebimento do convite; local da primeira reunião, critério de escolha do mediador e eventual equipe, e penalidade em caso de não comparecimento do convidado para aquela reunião, podendo ser substituídos pela indicação de um regulamento de uma instituição idônea de prestação de serviços de mediação, em que constem critérios claros de escolha do mediador e realização da primeira reunião conforme o § 1º. Por outro lado, o mesmo artigo, em seu § 2º, estabelece que, na hipótese da previsão contratual não ser completa, outros requisitos devem ser observados com relação à realização da primeira reunião de mediação, a saber: prazo mínimo de 10 dias úteis e prazo máximo de três meses, contados a partir do recebimento do convite; local adequado a uma reunião que possa envolver informações confidenciais; lista de cinco nomes, informações de contato e referências profissionais de mediadores capacitados; a parte convidada poderá escolher, expressamente, qualquer um dos cinco mediadores e, caso a parte convidada não se manifeste, considerar-se-á aceito o primeiro nome da lista, e o não comparecimento da parte convidada à primeira reunião de mediação acarretará a assunção por parte desta de 50% das custas e honorários sucumbenciais caso venha a ser vencedora em procedimento arbitral ou judicial posterior, que envolva o escopo da mediação para a qual foi convidada.

Todas as previsões legais indicadas acima trazem em seu bojo a preocupação com a efetivação do método no sentido de ultrapassar descuidos com a elaboração de uma cláusula de mediação em um contrato. Dotá-la de devida força para a instalação do processo e ao mesmo tempo promover um cenário que proporcione, pelo menos inicialmente, o diálogo, que poderá existir em situações imprevistas. Mais uma vez a experiência com a arbitragem no País, sobretudo com relação à redação de cláusulas conhecidas como vazias, foi a inspiração desses preceitos, que são muito claros. E, no que compete ao setor de franquia, impende observar que a utilização da referida cláusula contribuirá e muito com a diminuição de custos normalmente incorridos em outros métodos de resolução de conflitos, mesmo se forem comparados a custas judiciais.

Já com relação à subseção III, que trata da mediação judicial, o art. 24 repete as determinações da Res. CNJ 125/2010 e suas emendas, no sentido dos Tribunais criarem centros judiciários de solução consensual de conflitos, onde serão desenvolvidas as mediações prés e processuais, sendo também responsáveis pelo desenvolvimento de programas voltados para autocomposição. O art. 25 estabelece que os mediadores judiciais não estão sujeitos à prévia aceitação das partes. O art. 26 determina que as participantes devem estar acompanhadas de advogados ou defensores públicos quando estiverem nas condições exigidas pela assistência jurídica gratuita. Já o art. 27 determina caso a petição inicial preencha os requisitos essenciais e não for o caso de improcedência liminar do pedido, o juiz designará audiência de mediação, devendo o procedimento ser concluído no prazo de 60 dias contados da primeira reunião, conforme previsão do art. 28. Importante enfatizar essas determinações que apontam mais uma vez pela obrigatoriedade de as partes comparecerem pelo menos na primeira reunião. E, por fim, solucionado o conflito pela mediação, o juiz homologará por sentença, determinando o arquivamento do processo e, caso seja antes da citação do réu, não serão devidas as custas judiciais finais, conforme os arts. 28, parágrafo único, e 29.

d) A confidencialidade

Com relação a esse tema, a opção do legislador foi proporcionar à mediação em qualquer contexto um ambiente seguro para a revelação de informações importantes ao diálogo, podendo somente ser mitigado a partir do princípio da autonomia dos participantes ou quando a legislação assim o disser. Em outras palavras, qualquer informação trazida à mediação será confidencial em relação a terceiros, vedada a sua utilização em processos de resolução de conflitos posteriores à mediação. Essa regra vale para os participantes da mediação, seus prepostos, advogados, assessores técnicos e outras pessoas que tenham participado direta ou indiretamente do procedimento. E inclui declarações, opiniões, reconhecimento de fatos ou eventual manifestação de aceite de propostas e documentos produzidos para o procedimento. O mesmo tratamento de sigilo é dado para as informações oferecidas em reuniões individuais, podendo só ser reveladas com autorização de quem as realizou. Reforça o legislador que a regra de confidencialidade não afasta o dever dos supracitados de prestarem informações à administração tributária. Tudo conforme os arts. 30 e 31. Evidentemente esses parâmetros poderão ser objeto de tratamento diferente quando um dos participantes forem órgãos públicos, pois nesta área a transparência das decisões é o pressuposto. Por isso, há que se fazer uma breve análise a respeito do Capítulo II da referida Lei, que virá a seguir.

e) A Autocomposição de conflitos com entes públicos

O Capítulo II, na seção I, em linhas gerais, especifica a possibilidade da autocomposição de conflitos, aqui entendida como garantia de direitos, da legalidade, de maneira breve, eficaz e humanizada, quando pessoa jurídica de direito público for parte no procedimento, não importando se são duas ou mais em polos opostos ou em um deles pessoa de direito privado. A intenção do legislador foi de retirar obstáculos até então existentes na legislação ao criar essa possibilidade. Assim é que o art. 32 permite que a União, os Estados, o Distrito Federal e os Municípios criem Câmaras de prevenção e resolução administrativa de conflitos, no âmbito nos respectivos órgãos da Advocacia Pública. E o mesmo artigo aponta ainda a competência das referidas entidades para dirimir conflitos entre órgãos e entidades da administração pública, avaliar pedidos de resolução de conflitos nos casos entre particular e pessoa jurídica de direito público e também promover a celebração de termos de ajustamento de condutas, atribuição já exercida de há muito pelo Ministério Público. Na verdade, o referido artigo é um verdadeiro incentivo a todas essas instituições públicas a criarem câmaras nestes moldes, muito embora não se estabeleça a maneira como deva ser desenvolvida, apesar da previsão contida no art. 33, que estipula claramente a utilização dos parâmetros do procedimento previsto para a mediação nas disposições comuns enquanto a instituição não for criada, que está limitada ao campo de atuação que ela delimitar. O mesmo Capítulo, mas na seção II, que versa restritamente sobre conflitos que envolvam a administração pública federal direta, suas autarquias e fundações, indica como os referidos órgãos deverão proceder e os reflexos que a transação proporcionará. Ao mesmo tempo oferecem elementos que sustentam juridicamente a escolha pelo método. E determinam que um processo judicial entre órgãos e entidades de direito público que integram a administração pública federal só poderá ser intentado caso tiver a autorização da Advocacia-Geral da União (art. 39). Em suma, mais incentivo, como dito anteriormente, para a prática da mediação e da autocomposição no âmbito público, muito embora seja o conhecimento do tema na área pública ainda pequeno.

f) As disposições finais

Este capítulo, pelo fato de fechar o texto legal, inclui dispositivos relativos aos dois Capítulos anteriores. Nesse sentido, estabelece no art. 41 a competência da Escola Nacional de Mediação e Conciliação do Ministério da Justiça e Segurança Pública para criar banco de dados sobre boas práticas em mediação e possuir relação de mediadores. Além disso, prevê a interpretação ampliada do texto, ao dispor no seu art. 42 que poderá ser aplicado no que couber a outras formas consensuais de resolução de conflitos, como o contexto comunitário ou o escolar. Chama atenção para a exclusão dos conflitos nas relações capital/trabalho, posto considerar necessária uma lei própria, conforme o parágrafo único do mesmo artigo. Oferece a possibilidade de as entidades da administração pública possuírem câmaras para resolução de conflitos entre particulares que versem sobre atividades por eles reguladas ou supervisionadas, conforme o art. 43. Já os artigos subsequentes tratam de alterações de leis na área pública que necessitam se adequar aos parâmetros ditados por este texto. Faz referência no art. 46 à já existente prática da mediação on-line ou por outro meio de comunicação à distância, preservando-se o princípio da autonomia da vontade e, por fim, faculta às pessoas domiciliadas em outros países a utilização da mediação neles previstos.

2) **COMENTÁRIOS GERAIS SOBRE ALGUNS DISPOSITIVOS RELATIVOS À MEDIAÇÃO NO CPC EM VIGOR – LEI Nº 13.105/2015**

Segundo Fernanda Tartuce[16], "na seara judicial e no plano normativo, a priorização de chances para entabular acordos vem se intensificando ao longo dos anos. O novo Código de Processo Civil confirma essa tendência ao contemplar muitas regras sobre o

---

16. Fernanda Tartuce. Mediação nos Conflitos Civis. 2. ed. São Paulo: Forense, 2015. p. 329.

fomento a meios consensuais de abordagem de conflitos. Sob a perspectiva numérica, eis as ocorrências: a mediação é mencionada em 39 dispositivos, a conciliação aparece em 37, a autocomposição é referida em 20 e a solução consensual consta em 7, o que totaliza 103 previsões". Na mesma linha aponta Daniela Monteiro Gabbay[17], que ressalta: "na relação entre processo e a mediação, a identidade (processual e funcional) da mediação precisa ser assegurada para que esta relação ocorra de forma equilibrada, tendo por base um círculo virtuoso existente entre Judiciário e as formas alternativas de solução de conflitos". Os primeiros artigos do referido Código, constantes na Parte Geral, Livro I – Das Normas Processuais Civis, Título Único – Das Normas Fundamentais e da Aplicação das Normas Procedimentais, no Capítulo I, apresentam uma espécie de preanúncio das mudanças que a referida lei buscou desenvolver, pois já nos parágrafos do art. 3º, que trata da competência jurisdicional relativa à ameaça e à lesão de direitos, o primeiro trata da arbitragem na forma da lei e o seguinte da exigência de que o próprio Estado deve promover a solução consensual sempre que possível. No seguinte esclarece como será este dever, estabelecendo que conciliação, mediação e outros métodos de solução consensual de conflitos deverão ser estimulados por juízes, advogados, defensores públicos e membros do Ministério Público, inclusive no curso do processo judicial.

No Título IV – Do Juiz e dos Auxiliares da Justiça, logo no Capítulo I – Dos poderes, dos deveres e da responsabilidade do Juiz, determina a incumbência de, além de dirigir o processo na conformidade da referida lei, zelar pela duração razoável do processo e promover, a qualquer tempo, a autocomposição, preferencialmente com o auxílio de conciliadores e mediadores judiciais. Importante enfatizar que foi criada outra função ao juiz, a possibilidade de estimular a mediação e a conciliação e a qualquer tempo. Ainda no mesmo Título, no Capítulo III, quanto aos auxiliares do poder judiciário, os mediadores e conciliadores passaram a possuir o referido *status*. A intenção do legislador foi a de incluí-los na lista daqueles auxiliares tradicionais, como o escrivão, o chefe de secretaria, o oficial de justiça, o perito, o depositário, o administrador, o intérprete, o tradutor, o partidor, o distribuidor, o contabilista e o regulador de avarias.

No mesmo Capítulo, porém em Seção própria, a de número V – Dos Conciliadores e Mediadores, mais especificamente do art. 165 ao art. 175, a referida lei estabelece que os Tribunais criarão centros judiciários de solução consensuais de conflitos, sendo responsáveis pela realização de sessões e audiências de conciliação e mediação, bem como programas destinados auxiliar, orientar e estimular a autocomposição, com observação das normas já existentes do Conselho Nacional de Justiça – CNJ. Nota-se que a preocupação do legislador se une à do legislador do Marco Legal da Mediação, pois ambos reforçam o que já na prática existia no contexto judicial.

Os §§ 2º e 3º do artigo 165, por sua vez, cometem um equívoco ao estabelecer as diferenças entre a atuação do conciliador e do mediador, determinando que, para o primeiro, deverá desenvolver sua atividade preferencialmente nos casos em que

---

17. Daniela Monteiro Gabbay. Mediação & Judiciário no Brasil e nos EUA – Condições, Desafios e Limites para a institucionalização da Mediação no Judiciário. Brasília: Gazeta Jurídica, 2013. p. 13.

não houver vínculo anterior entre os participantes. E, para o segundo, a atuação será preferencialmente quando esses tiverem vínculo anterior. Equívoco, pois o termo preferencialmente acaba por não esclarecer com mais intensidade a diferença, podendo ser opcional, não deixando claro quais são as diferenças. O artigo seguinte salienta os princípios que regem tanto a conciliação quanto a mediação. Todos já mencionados anteriormente, especificamente voltados para o contexto judicial público, inclusive a confidencialidade, com o objetivo de proporcionar ambiente favorável à autocomposição, especialmente tendo como referência a livre autonomia dos interessados, incluindo a definição das regras procedimentais e a possibilidade de escolha do profissional em artigo mais adiante. E diante da falta de escolha, definiu-se pelo regime de distribuição entre os mediadores/conciliadores.

O art. 167 estabelece que os conciliadores, os mediadores e as câmaras privadas devem estar inscritos em cadastro nacional e em cadastro de tribunal de justiça ou de tribunal regional federal, sendo que os mediadores e conciliadores devem preencher o requisito da capacitação mínima, por meio de curso realizado por entidade credenciada, conforme parâmetros já definidos pelo CNJ pela Resolução nº 125/10 e suas emendas. Os parágrafos do referido artigo regulam a forma dos credenciamentos e um deles estabelece que os conciliadores e mediadores judiciais cadastrados, se forem advogados, estarão impedidos de exercer a advocacia nos juízos em que desempenhem suas funções, estando proibidos de atuar para aqueles mediados em outra atividade pelo prazo de um ano, devendo ser remunerados.

O art. 319, VII, do CPC, por seu turno, determina que petição inicial deverá indicar, entre outras, a opção do autor pela realização ou não de audiência de conciliação ou de mediação, sob pena de ser considerada inepta. E no art. 334, em sendo a petição inicial apta, o juiz designará audiência de conciliação ou de mediação com antecedência mínima de 30 (trinta) dias, devendo ser citado o réu com pelo menos 20 (vinte) dias de antecedência, podendo haver mais de uma reunião, não podendo exceder a 2 (dois) meses da data de realização da primeira sessão, desde que necessárias à composição das partes. E, na hipótese de se alcançar autocomposição, será reduzida a termo e homologada por sentença. O art. 515, II e III, considera título executivo judicial a decisão homologatória de autocomposição judicial, bem como a extrajudicial de qualquer natureza.

Existem, ainda, outros dispositivos que tratam de ambos os institutos, porém não serão tratados pelo fato de envolver conflitos familiares e aspectos processuais.

V. MEDIAÇÃO E SEUS ASPECTOS CONTRATUAIS

Nota-se claramente a intenção do legislador em promover um novo paradigma, entre outras medidas, em especial do Marco Legal da Mediação, a de impor a obrigatoriedade da primeira reunião de mediação, seja ela entre particulares, seja entre particular e ente público, seja entre entes públicos, quando existirem Câmaras de prevenção e resolução de conflitos. A perspectiva, como dito anteriormente, seria no sentido de os que dela participarem possuírem informações sobre as vantagens e o alcance do método, muito embora contrarie o próprio princípio da autonomia da vontade. Com esse requisito se dissiparia o receio com relação à utilização de um método desconhecido, não somente para o operador do direito, mas também do público em geral. No mesmo sentido os participantes teriam claro que a mediação, nas palavras de Ana Luiza isoldi[18], "lida com o tempo passado apenas na medida do que é imprescindível para a solução do conflito. Trabalha sobre o presente e mantém o foco no futuro. Isso porque para o que já ocorreu tende à atribuição de culpas, justificativas e punições e acirra o conflito".

A Lei nº 13.140/15 oferece de maneira geral e pontual o delineamento da mediação de conflitos a partir de seus princípios norteadores, a serem observados no âmbito da mediação judicial e extrajudicial, quer institucional, quer por mediadores independentes. Essa lei deve ser interpretada e aplicada em consonância com o Código de Processo Civil em vigor – Lei nº 13.105/15 –, que estabelece claramente os instrumentos que existirão no âmbito judicial para a atividade.

As leis retromencionadas conferem o regime jurídico que sustenta a mediação de conflitos no Brasil e respaldam elementos já existentes antes de suas respectivas sanções, muito embora a natureza jurídica da mediação já estivesse delineada, mesmo antes do advento das referidas leis, pois foi, é e continuará sendo iminentemente contratual. Na verdade, ela é instrumentalizada por duas ou mais vontades, orientadas para um fim comum: contratar uma terceira pessoa que promova o diálogo entre elas. Em outras palavras, como define Francisco Paulo de Crescenzo Marino, é um "acordo entre duas ou mais partes, destinado a produzir determinados efeitos jurídicos, mas especificamente destinado a constituir, regular ou extinguir uma relação jurídica patrimonial. Trata-se, pois, espécie de fato jurídico consistente em um acordo, não propriamente de vontades, mas de declarações negociais"[19].

E, em sendo contrato, o mesmo autor preleciona que deverá possuir uma classificação para sua melhor tipificação. Para ele, a doutrina trabalha com categorias contratuais, isto é, modelos abstratos formulados de acordo com critérios simples de classificação, normalmente compondo dicotomias ou tricotomias. "As categorias contratuais correspondem ao nível maior de abstração, se comparadas aos tipos contratuais, e ao nível menor de abstração, quando confrontadas com o contrato, enquanto categoria mais alta, espécie de fato jurídico". E agrega, "a classificação dos contratos mediante categorias obedece a diversos critérios distintivos, que podem dizer respeito à existência de disciplina legislativa, ao modo de formação, à forma, ao tempo de execução, à relação entre as prestações, ao fluxo patrimonial, a elementos pessoais e à função econômico social, dentre outros fatores".[20] Por oportuno, a categorização dos tipos contratuais constitui

---

18. Ana Luiza Isoldi. O Processo de Mediação. Holanda, Flavia, Coord. Métodos Extrajudiciais de Conflitos Empresariais – Adjudicação, *Dispute Board*, Mediação e Arbitragem. São Paulo: IOB SAGE, 2017. p. 140.
19. Francisco Paulo de Crescenzo Marino. Interpretação e integração dos Contratos. In: Antonio Jorge Pereira Junior e Gilberto Haddad Jabur (coordenadores). Direito dos Contratos. São Paulo: Quartier Latin, 2006. p. 52.
20. Francisco Paulo de Crescenzo Marino. Classificação dos Contratos. In: Antonio Jorge Pereira Junior e Gilberto Haddad Jabur (coordenadores). Direito dos Contratos. São Paulo: Quartier Latin, 2006. p. 22.

ferramenta indispensável para a sistematização das normas jurídicas, cogentes ou dispositivas, aplicáveis aos contratos pertencentes a cada categoria.

E como contrato, a mediação pode ser classificada como típico por possuir norma legal ou modelo previsto em lei. Quanto ao modelo de sua formação, é considerado como negocial, visto ser objeto de negociação entre seus futuros participantes, bem como consensual, pois seu aperfeiçoamento depende apenas do consentimento mútuo ou consenso com relação às obrigações neles e por eles estabelecidas. E um contrato plurilateral, por estarem ajustadas no mínimo duas pessoas físicas ou jurídicas, além, naturalmente, do mediador, em que a todos são geradas obrigações de maneira recíproca e respectiva. E, tratando-se ainda de acordo de vontade, é informal, uma vez que pressupõe se adequar aos parâmetros dos participantes (regras flexíveis de acordo com as vontades dos participantes). É também onerosa, por ser objeto de remuneração ao profissional que colaborará com os mediandos, podendo, entretanto, não ser (quando se trata da praticada hoje no contexto judicial). Não deixa de se constituir, também, em um contrato de prestação de serviços no qual, de comum acordo, as pessoas celebram com um mediador a possibilidade de este prestar um serviço de auxílio a elas para que busquem por si soluções para o conflito que estão enfrentando. Essa característica ocorre e é marcante mesmo em se tratando de função não onerosa por parte do mediador, ao se pensar na realidade atual no contexto judicial em que há a não onerosidade e a função do mediador é considerada uma atividade voluntária, muito embora não seja a previsão legal nesse sentido.

Segundo Adolfo Braga Neto[21], "a natureza contratual da mediação de conflitos exige atenção aos seus requisitos mínimos, que a prática identifica como Termo de Mediação, instrumento contratual que instaura o instituto". Nesse sentido, esclarece o referido autor, deve contemplar:

a. Menção expressa de que o mediador pautará sua conduta pelos princípios da imparcialidade, independência, diligência, competência, confidencialidade, credibilidade e dever de revelação;

b. Referência de que os mediandos participarão do processo baseados em suas próprias vontades, boa-fé e real compromisso de se esforçarem para colaborar mutuamente (para a resolução dos conflitos que os trouxeram para a mediação);

c. Qualificação completa dos mediandos e dos seus advogados, devendo estes apresentar os documentos legais que lhes conferem poderes de representação legal, nos termos da lei, caso seja no contexto extrajudicial;

d. Qualificação completa do mediador e do comediador e outros da equipe, se for o caso de comediação com observadores;

---

21. Adolfo Braga Neto. Mediação de Conflitos: Conceito e Técnicas. In: SALLES, Carlos Alberto de; LORENCINI, Marco Antônio Garcia Lopes; SILVA, Paulo Eduardo da (Coords.). Negociação, Mediação, Conciliação e Arbitragem – Curso de Métodos Adequados de Solução de Controvérsias. Rio de Janeiro: Forense, 2019. p. 173 e 174.

e. Previsão de número indicativo de reuniões para o bom andamento do processo de mediação;

f. Definição sobre honorários do mediador, bem como sobre as despesas incorridas durante a mediação e respectivas formas de pagamento, os quais, na ausência de estipulação expressa em contrário, serão suportados na mesma proporção pelos mediandos (quando envolver a remuneração do profissional);

g. Disposição sobre a faculdade de qualquer dos mediandos e do mediador de se retirarem, a qualquer momento, do processo, comprometendo-se a dar um preaviso desse fato ao mediador e vice-versa;

h. Disposição de cláusula de confidencialidade relativa a todo o processo com relação ao conteúdo da mediação, nos termos da qual os mediandos e o mediador, comediador e todos os pertencentes à equipe de mediação se comprometem a manter em sigilo a realização da mediação e a não utilizar qualquer informação documental ou não, oral, escrita ou informática, trazida ou produzida durante ou em resultado da mediação, para efeitos de utilização posterior em processo arbitral ou judicial; e

i. O lugar e o idioma da mediação.

Todas as observações supra associam imediatamente a mediação realizada no âmbito extrajudicial, em que a prática de elaboração do termo de mediação é mais comum. No entanto, convém salientar que, em se tratando do contexto judicial, tais elementos identificados no termo supra constituem uma realidade também pouco visível, pois são também efetivados, mas de maneira oral. Por isso, é pouco percebido. No entanto, pode-se afirmar que o instrumento usado também é contratual, porém de maneira oral, o que pode ser identificado como um contrato tácito, mesmo que a mediação tenha "se apresentado cada vez mais judicializada, haja visto o tratamento dado pela Resolução 125 do CNJ – Conselho Nacional de Justiça, e pelo Código de Processo Civil – Lei 13.105/2015, que tratam deste instrumento de forma já institucionalizada pelo poder Judiciário, regulamentando algo que na prática já vem ocorrendo"[22].

VI. MEDIAÇÃO NO *FRANCHISING*

Como mencionado anteriormente, a mediação é um método adequado ao setor de franquia pelo fato de proporcionar um momento único de diálogo em que os participantes poderão compartilhar todo e qualquer tipo de informação ou documento, todos cobertos da mais ampla confidencialidade e por não dizer confiabilidade. Ao mesmo tempo, a mediação promove também o esclarecimento de aspectos da relação contratual, bem como das atividades inerentes à operação. Além de corrigir percepções das atitudes tomadas reciprocamente em razão da controvérsia, muitas vezes não habituais

---

22. Delton Ricardo Soares Meirelles e Gisele Picorelli Yacoub Marques. Mediadores. In: HALE, Durval; PINHO, Humberto Dalla Bernardina de; CABRAL, Trícia Navarro Xavier. O Marco Legal da Mediação no Brasil. São Paulo: Gen, 2015. p. 92.

e não previstas no contrato, oportuniza a revisão de eventuais omissões com relação ao contrato. Tais características lembram uma mediação, realizada com um grupo de franqueadores de um mesmo segmento econômico, em que as reuniões serviram para esclarecimentos mútuos sobre suas políticas de comercialização. A mediação culminou com maior aproximação entre os titulares de todas as empresas, desfazendo o cenário de concorrência desleal entre eles. Com isso, o distanciamento existente anteriormente se desfez, o que ajudou a reverem reivindicações recíprocas ao longo do processo e construírem um código de boas práticas, inaugurando um espaço de diálogo permanente.

A mediação nesse segmento de destaque da economia brasileira, como em outros segmentos empresariais, poderá ser realizada dentro de uma instituição ou fora dela por mediadores independentes ou chamados de "ad hoc"[23]. A prática brasileira demonstra que a preferência nacional é institucional, mais compatível com a cultura brasileira. O acesso à internet permite a obtenção de informações sobre a atividade da instituição, seu regulamento, assim como os mediadores participantes de sua lista. Ao mesmo tempo, também é possível obter o perfil e/ou o currículo dos mediadores independentes. A escolha de um ou de outro cabe ao próprio envolvido com ajuda ou não de seu advogado. O importante é que os atores no setor de *franchising* tenham acesso a informações claras e objetivas sobre a atividade para que possam melhor escolher o caminho mais apropriado para o conflito em que se encontram.

A mediação, quando empregada nos conflitos em franquia, oferece a conscientização dos papéis que cabem a todos os agentes envolvidos nas relações franqueado/franqueador. Ao mesmo tempo, atende diretamente às dificuldades dos empresários em expressar suas percepções livres de formalismos e desconfiança. Outro elemento fundamental que merece destaque consiste na própria atividade do *franchising, que* está muito ligada à evolução da economia. É fundamental que os parâmetros econômicos relativos às regras e às obrigações acordados no contrato sejam objeto de revisões mútuas. Esse aspecto também é gerador de inúmeros conflitos no setor, podendo ser objeto de análises recíprocas pela sua simples identificação e posterior inclusão dos temas a serem objeto da mediação. Nesse aspecto, convém lembrar uma mediação, em que o franqueador e o franqueado concordavam com a rescisão contratual, mas a dificuldade entre eles era o temor pela perda de ambos os lados com o fim do contrato. A partir da constatação de que um não visava prejudicar o outro, passaram a buscar com a ajuda do mediador maneiras de minimizar as perdas decorrentes do fim do contrato. O franqueado ajudou a apresentar diversos interessados para o repasse de sua unidade, bem como reavaliou aspectos indenizatórios constantes nos seus pedidos iniciais. E o franqueador, por seu turno, avaliou com a devida atenção cada um dos candidatos indicados pelo franqueado, ao mesmo tempo que também reavaliou determinações contratuais, inclusive para a rede toda. O resultado foi um acordo em que a unidade foi repassada e ambos ficaram satisfeitos.

---

23. **Ad hoc** expressão latina cuja tradução literal é "para isto" ou "para esta finalidade" ou "para um fim específico".

De maneira muito pontual, impende observar que a mediação pode ser realizada em uma única reunião ou em quantas os participantes desejarem. O ambiente por ela proporcionado visa estimular o diálogo entre os participantes a fim de mudar a qualidade da interação decorrente do conflito. E claro, se possível um diálogo diferente ao daqueles que estão habituados. Para tanto, a preparação se faz relevante, a fim de esclarecer o que for necessário à aplicabilidade da mediação, bem como sua viabilidade. Nesse primeiro momento o exercício da autodeterminação dos participantes será objeto de análise conjunta entre eles e o profissional que desenvolverá o método coconstruído por eles mesmos. Nesse aspecto, cabe lembrar uma mediação entre franqueado e franqueador em que a preparação os auxiliou a desenhar o processo em conjunto com a equipe de mediadores, pois necessitou envolver profissionais de diversas áreas de ambas as empresas, inclusive profissionais terceirizados. O processo em si foi desenvolvido a partir da análise conjunta de diversos elementos pertinentes à complexidade do conflito, a partir de forte interação entre todos, mediador e mediandos. Acabou incluindo outros franqueados, tendo a duração de seis meses, resultando em um entendimento com toda a rede, perto de 100 empresas.

VII. CONSIDERAÇÕES FINAIS

Vale lembrar que o papel do mediador no âmbito desse processo junto ao setor de franquia é o de construir uma comunicação mais fluída, para melhor compreenderem os objetivos de seus negócios e incentivar a criatividade. E, nesse sentido, ajudar o franqueador, que sempre enfrentou obstáculos oriundos de um grupo de franqueados de uma determinada região do país que apontavam dificuldades no pagamento do fundo de propaganda da rede, mas que, pela mediação, percebeu o alcance das dificuldades regionais e criou conjuntamente mecanismos próprios para corrigir as distorções com o apoio de toda a rede. Ou ainda daquele empresário que, por ser o melhor franqueado da rede, celebrou um contrato de máster franquia com mais 5 unidades e que acabou enfrentando muitas dificuldades nessas unidades e optou por rescindir o contrato da máster franquia e se manter na rede sem qualquer prejuízo para o franqueador.

E como já enfatizado a mediação é tão flexível e promotora de novos paradigmas, que é possível o uso de seus princípios, características e técnicas sem necessariamente utilizar o método propriamente dito e o auxílio de um mediador. Fazendo uso dos recursos que a mediação oferece, certamente o resultado será um ambiente mais acolhedor às pessoas, promovendo, com isso, a transformação de seus conflitos. Não há nada que impeça que agentes de integrantes de qualquer área na rede e na empresa franqueadora apropriem-se das técnicas de mediação e as utilizem internamente. Essa ação tem sido praticada no setor e os resultados são os melhores possíveis.

REFERÊNCIAS

ALMEIDA, Diogo Assumpção Rezende de; PANTOJA, Fernanda Medina e ANDRADE, Juliana Loss de. Fundamentos. In: HALE, Durval; PINHO, Humberto Dalla Bernardina de; CABRAL, Trícia Navarro Xavier. *O Marco Legal da Mediação no Brasil*. São Paulo: Gen, 2015.

BRAGA NETO, Adolfo. *Mediação – Uma Experiência Brasileira*. CLA: São Paulo, 2017.

_____, Adolfo. *Mediação Empresarial – experiências brasileiras*. CLA: São Paulo, 2018.

_____. *Mediação de conflitos: conceitos e técnicas*. In: Salles, Carlos Alberto de; Lorencini, Marco Antonio Garcia Lopes; Silva, Paulo Eduardo Alves da (coord.). Negociação, mediação e arbitragem – Curso básico para programas de graduação em Direito. São Paulo: Método, 2019.

CARMONA, Carlos Alberto. *Arbitragem e Processo – Comentários à Lei 9.307/96*. São Paulo: Atlas, 2005.

_____, Carlos Alberto; LEMES, Selma Maria Ferreira; MARTINS, Pedro Baptista. *Comentários a Lei 9.307/96*. Forense: São Paulo, 2007.

FOLGER, Joseph P.; BUSH, Robert A. Baruch. *The Promise of Mediation – The Transformative Approach to Conflict*. Nova Iorque: Jossey-Bass, 2005.

GABBAY, Daniela Monteiro. *Mediação & Judiciário no Brasil e nos EUA – Condições, Desafios e Limites para a institucionalização da Mediação no Judiciário*. Brasília: Gazeta Jurídica, 2013.

GRINOVER, Ada Pellegrini. *Ensaio sobre a Processualidade*. Gazeta Jurídica: Brasília, 2016.

_____, WATANABER Kazuo e LAGRASTA NETO, Caetano (Coord.) *Mediação e Gerenciamento do Processo – Revolução na Prestação Jurisidicional*. Atlas: São Paulo, 2007.

ISOLDI, Ana Luiza. *O Processo de Mediação*. Holanda, Flavia (Coord.). Métodos Extrajudiciais de Conflitos Empresariais – Adjudicação, *Dispute Board*, Mediação e Arbitragem. São Paulo: IOB SAGE, 2017.

KUHN, Thomas. *Estrutura das revoluções científicas*. São Paulo: Perspectiva, 1978. Google Books.

LEMES, Selma Maria Ferreira. *Árbitro – Princípios da Independência e da Imparcialidade*. São Paulo: LTr, 2001.

LEVY, Fernanda Rocha Lourenço. *Cláusulas escalonadas – A mediação comercial no contexto da arbitragem*. São Paulo: Saraiva, 2013.

MEIRELLES, Delton Ricardo Soares e MARQUES, Gisele Picorelli Yacoub. Mediadores. In: HALE, Durval; PINHO, Humberto Dalla Bernardina de; CABRAL, Trícia Navarro Xavier. *O Marco Legal da Mediação no Brasil*. São Paulo: Gen, 2015.

ROSA, Conrado Paulino da. Desatando nós e criando laços. Belo Horizonte: Del Rey, 2012.

SALLES, Carlos Alberto; LORENCINI, Marco Antonio Garcia Lopes; ALVES DA SILVA, Paulo Eduardo (Orgs.). *Negociação, Mediação e Arbitragem* – Curso Básico para Programas de Graduação em Direito. Método: São Paulo, 2013.

_____ (Coord.). *As Grandes Transformações do Processo Civil Brasileiro*. Quartier Latin: São Paulo, 2009.

SAMPAIO, Lia Regina Castaldi; BRAGA NETO, Adolfo. *O que é Mediação de Conflitos*. Coleção Primeiros Passos, Brasiliense: São Paulo, 2007.

SIX, Jean-François. *Dinâmica da Mediação*. Trad. Barbosa, Águida Arruda, Nazareth, Eliana Ribeiro e Groeninga, Giselle. Belo Horizonte: Del Rey, 2001.

TARTUCE, Fernanda. *Mediação nos Conflitos Civis*. 2ª ed. São Paulo: Forense, 2015.

VENOSA, Silvio de Salvo Venosa. Direito Civil – Contrato. Vol. 3. São Paulo: Atlas, 2019.

WARAT, Luis Alberto. Surfando na Pororoca – O ofício do mediador. Florianópolis: Fundação Boiteux, 2004.

WATANABE, Kazuo (Coord.). *Juizado Especial de Pequenas Causas:* Lei 7.244. São Paulo: Editora Revista dos Tribunais: São Paulo, 1985.

_____. *Política Púbica do Poder Judiciário Nacional para tratamento adequado de conflitos de interesse*. Disponível em: www.cnj.jus.br. Acesso em: 27.12.2017.

40
ARBITRAGEM NA RELAÇÃO DE FRANQUIA

Maurício Alves de Lima

Sumário: 1. Introdução – 2. Vantagens e desvantagens do instituto – 3. A convenção de arbitragem; 3.1. A cláusula compromissória; 3.2. O compromisso arbitral – 4. Princípios inerentes à arbitragem – 5. O procedimento arbitral; 5.1. Fase postulatória; 5.2. Tutela provisória de urgência; 5.3. Fase instrutória; 5.4. Sentença arbitral; 5.5. Cumprimento da sentença arbitral – 6. Conclusão – 7. Referências.

1. INTRODUÇÃO

Nos últimos anos, no foro judicial, deu-se o ajuizamento de numerosas ações tendo como pano de fundo disputas entre os franqueadores e os franqueados, mas que, em razão da situação que se encontra atualmente o Poder Judiciário, notadamente a existência de inúmeros recursos, mesmo após a introdução do novo Código de Processo Civil, torna-se necessário uma reflexão visando buscar outra alternativa para a solução de eventuais conflitos gerados na execução da relação contratual de franquia.

A arbitragem tem se mostrado um excelente caminho para a solução de conflitos entre os franqueadores e os franqueados, por envolver direitos patrimoniais disponíveis, permitindo a resolução de controvérsias entre eles de forma mais célere, menos onerosa, confidencial e eficaz, notadamente em um país em que os processos em andamento superam 100 milhões de ações, nas esferas federal, estadual e distrital, contribuindo, de forma relevante, para o crescimento da morosidade na solução dos conflitos.

Assim, o caminho da arbitragem torna-se uma alternativa adequada para a solução de conflitos, que deve ser levada em consideração pelo franqueador e pelo franqueado quando da celebração do contrato de franquia, de modo a encontrarem uma solução rápida e eficaz, evitando o agravamento dos prejuízos para ambos os lados, caso venha ocorrer alguma controvérsia na execução da relação contratual.

O instituto da arbitragem está regulado pela Lei de Arbitragem (Lei 9.307/1996), que sofreu revisão e reforma recentemente (Lei 13.129/2015), bem como pela legislação civil (art. 851 do Código Civil) e pela legislação processual civil (arts. 3º, § 1º, 42, 189, IV, 237, IV, 260, § 3º, e 337, X, §§ 5º e 6º, 485, VII, 1.012, § 1º, IV, e 1.015, III, do Código de Processo Civil), e, ainda, pela nova Lei de Franquia (art. 7º, § 1º, Lei 13.966/2019), ao prescrever que as partes poderão eleger juízo arbitral para a solução de controvérsias relacionadas ao contrato de franquia, o que justifica a sua análise, ainda que em alguns pontos específicos, para a compreensão da sua incidência nas relações jurídicas estabelecidas entre o franqueador e o franqueado.

Importante ressaltar que o Supremo Tribunal Federal, quando provocado para a análise da constitucionalidade da Lei de Arbitragem, em razão da existência do princípio constitucional da inafastabilidade da tutela jurisdicional pelo Poder Judiciário, previsto no art. 5º, XXXV, da Constituição Federal, manifestou pela sua constitucionalidade, sob o argumento de que a lei não impõe a utilização da arbitragem, ela apenas permite às partes ter a liberdade de eleger a arbitragem para a solução de conflito nas questões de direitos patrimoniais disponíveis e, se houver vícios na sentença arbitral na forma da lei, a parte poderá se valer de ação própria visando a sua invalidação, ou apresentar impugnação no cumprimento de sentença arbitral.[1]

2. VANTAGENS E DESVANTAGENS DO INSTITUTO

Como a relação jurídica estabelecida entre o franqueador e o franqueado é de natureza complexa[2], o fato de as partes terem a faculdade de escolher pessoas que possuem conhecimento específico sobre a matéria a ser decidida, mediante a submissão do litígio ao árbitro com essas características, torna-se, sem sombra de dúvidas, uma das grandes vantagens da arbitragem.

O fato de nosso Poder Judiciário estar completamente congestionado, gerando a morosidade na solução das controvérsias que lhe são submetidas, torna o procedimento de arbitragem um excelente caminho para o deslinde de conflitos entre o franqueador e o franqueado, visto que, em regra, o julgamento se realiza em instância única e a lei de arbitragem estabelece que o litígio deva se encerrar no prazo de 06 (seis) meses, contados a partir da instituição da arbitragem (art. 23 da Lei 9.307/1996).

Tal fato levou, inclusive, o legislador a prever expressamente a possibilidade de eleição da arbitragem nos contratos de franquia (art. 7º, § 1º, Lei 13.966/2019), ainda que fosse desnecessário, em razão da legislação existente. Porém, tal medida apenas veio ressaltar o aspecto positivo desse caminho na solução de eventual controvérsia entre o franqueador e o franqueado.

Não se desconhece que, em determinadas situações extremamente complexas, o prazo possa se estender além daquele previsto, mas nada impede que as partes possam convencionar o prazo para ser proferida a sentença arbitral, a fim de evitar a sua ocorrência.

Verifica-se, assim, a existência de flexibilidade no procedimento arbitral, o qual será mais informal comparado com o procedimento judicial, o que o torna mais van-

---

1. SE 5206 AgR, Relator(a): Min. Sepúlveda Pertence, Tribunal Pleno, julgado em 12/12/2001, DJ 30/04/2004.
2. O contrato de franquia é regulamentado pela Lei 13.966/2019, demonstrando que ele foi tipificado pelo nosso ordenamento jurídico, mas o seu desenho não está exaustivamente delineado nessa lei especial, que, apesar de traçar as principais balizas da relação jurídica que regulamenta, permite a sua complementação por regras do direito comum, gerando a sua abertura para o ingresso de princípios básicos de ordem pública, notadamente orientações traçadas pela teoria geral das obrigações e dos contratos, como a função social do contrato e a boa-fé objetiva, previstas no Código Civil. O enunciado 29 aprovado na I Jornada de Direito Comercial do CJF prescreve: *"Aplicam-se aos negócios jurídicos entre empresários a função social do contrato e a boa-fé objetiva (arts. 421 e 422 do Código Civil), em conformidade com as especificidades dos contratos empresariais".*

tajoso em relação a este, de modo que as partes poderão também escolher as regras de direito que serão aplicadas ao conflito. Elas poderão acordar se a arbitragem será por equidade ou por direito, elas poderão restringir o uso de eventuais tutelas de urgências, elas poderão modificar o que fora antes estabelecido para o procedimento etc. (art. 2º, §§ 1º e 2º, da Lei 9.307/1996).

O fato de não ser possível interpor recursos no procedimento arbitral pode ser interpretado como uma vantagem no sentido de dar celeridade e segurança para as partes, evitando que a controvérsia possa se eternizar, gerando inúmeros transtornos e prejuízos tanto para o franqueador como para o franqueado. A desvantagem pode ser vista no sentido de que, perante o Poder Judiciário, a parte que se sentir prejudicada com uma decisão de tutela provisória de urgência proferida em seu desfavor poderá interpor recurso de agravo de instrumento perante o respectivo tribunal visando a sua modificação, na forma do art. 1.015, I, do Código de Processo Civil, o que não poderá ocorrer no procedimento arbitral.

Outra vantagem relevante na arbitragem é a possibilidade de ser estipulada a confidencialidade, visto que o franqueador e o franqueado poderão exigir o sigilo sobre a questão, de modo que tanto as partes como o objeto litigioso não poderão ser divulgados, evitando-se, assim, gerar qualquer tipo de dano à imagem das empresas que estão em litígio. Aliás, quando o árbitro ou o tribunal arbitral expedir carta arbitral para que o Poder Judiciário pratique ou determine o cumprimento de determinado ato, tendo sido estipulada a confidencialidade, a carta arbitral também caminhará em segredo de justiça (art. 22-C, parágrafo único, da Lei 9.307/1996; e art. 189, IV, do Código de Processo Civil).

A princípio, o procedimento arbitral pode ser considerado mais desvantajoso para as partes, em razão do seu custo inicial, visto que muitas instituições de arbitragem, além de cobrarem as taxas iniciais de registro e administração, levando em consideração o valor da causa, estipulam o pagamento parcial dos honorários do árbitro ou tribunal arbitral.

Contudo, levando em consideração o seu resultado final, pode ser considerada uma grande vantagem o custo econômico-financeiro do procedimento arbitral, pois, considerando que ele possui somente uma instância, a solução da controvérsia ocorrerá de forma mais célere, não tendo a necessidade de interposição de recursos, realização de despesas relativas ao seu processamento (preparo) e a manutenção de advogados por longo prazo, como normalmente ocorre nas causas submetidas ao Poder Judiciário, o que implica a redução de custos para a manutenção das respectivas ações, sem falar que a questão será submetida a um árbitro com conhecimento específico sobre a matéria, o que, ao final, gerará um ganho econômico e de qualidade na solução da controvérsia.

3. A CONVENÇÃO DE ARBITRAGEM

A convenção de arbitragem é o caminho estabelecido pelas partes, mediante acordo de vontades, no sentido de submeter eventual litígio à jurisdição arbitral. Isso quer dizer que, uma vez estabelecida a convenção de arbitragem, eventuais litígios presentes e futuros estarão vinculados à jurisdição arbitral, ficando, assim, afastada a competência da jurisdição estatal.

A Lei de Arbitragem considera a convenção de arbitragem como o gênero, tendo como espécies a cláusula compromissória e o compromisso arbitral (art. 3º da Lei 9.307/1996).

3.1. A cláusula compromissória

A cláusula compromissória é a convenção através da qual as partes em um contrato comprometem-se a submeter à arbitragem os litígios que possam vir a surgir, relativamente ao respectivo contrato (art. 4º, § 1º, da Lei 9.307/1996; e art. 7º, § 1º, da Lei 13.966/2019). Isso quer dizer que, na relação de franquia, a cláusula deve ser celebrada por escrito.

Revela notar que a jurisprudência do Superior Tribunal de Justiça tem entendido que o contrato de franquia possui natureza de adesão[3], posição com a qual não concordamos totalmente, apesar de, em regra, assim o ser, mas para essa efetiva conclusão torna-se necessário analisar cada caso concreto.

Em razão disso, torna-se necessário o franqueador adequar a cláusula compromissória prevista no contrato de franquia ao dispositivo previsto na Lei de Arbitragem inerente aos contratos de adesão, caso ainda não o tenha feito, pois, se assim não o fizer, a cláusula compromissória constante do contrato de franquia somente terá eficácia se o franqueado concordar expressamente com a instituição da arbitragem, o que ocorrerá somente no momento em surgir o litígio.

Assim, o franqueador e o franqueado deverão firmar a cláusula compromissória em documento anexo ao contrato de franquia, ou no próprio contrato de franquia, mas em negrito e com a assinatura ou visto do franqueado para esta cláusula (art. 4º, § 2º, da Lei 9.307/96), demonstrado a sua ciência de forma clara a essa estipulação, de modo a gerar a sua plena eficácia.

Nesse sentido foi o entendimento do Superior Tribunal de Justiça no julgamento do recurso especial 1.602.076-SP, ao reformar o acórdão proferido pelo Tribunal de Justiça do Estado de São Paulo, declarando a nulidade da cláusula arbitral contida em contrato de franquia, por entender ausentes os requisitos previstos no art. 4º, § 2º, da Lei 9.307/1996.[4]

Importante também as partes estabelecerem uma cláusula compromissória "cheia", contendo todos os elementos previstos no art. 5º da Lei 9.307/1996, de modo a permitir a instituição imediata da arbitragem, na forma do art. 19 da Lei 9.307/1996. Isso porque, em caso de eventual conflito entre o franqueador e o franqueado, a instauração do procedimento arbitral é direta, não tendo necessidade de passar pelo Judiciário, e será

---

3. REsp 1602076/SP, Rel. Ministra Nancy Andrighi, Terceira Turma, julgado em 15/09/2016, DJe 30/09/2016.
4. REsp 1602076/SP, Rel. Ministra Nancy Andrighi, Terceira Turma, julgado em 15/09/2016, DJe 30/09/2016.

realizada conforme as regras estabelecidas diretamente pelas partes, ou indiretamente pela instituição arbitral indicada pelas partes, conforme o seu regulamento.

No caso de cláusula compromissória "vazia", serão necessárias providências preliminares direcionadas à obtenção do compromisso arbitral, por consenso ou imposição judicial, retardando a instauração do procedimento arbitral. Nessa hipótese, a parte interessada manifestará, de forma extrajudicial, perante a outra parte a sua intenção de início à arbitragem, na forma prevista no art. 6º da Lei 9.307/1996, e, em razão da recusa ou omissão do convocado, ela deverá promover a ação judicial prevista no art. 7º da Lei 9.307/1996, a fim de que o Poder Judiciário possa decidir a respeito do conteúdo do compromisso, valendo a sentença que julgar procedente o pedido como compromisso arbitral.

Vale ressaltar também que, por se tratar a relação de franquia de uma relação jurídica de execução continuada, em que se deve ter a cooperação das partes para alcançar o fim almejado no contrato de franquia, as partes poderão também se utilizar da denominada cláusula escalonada[5], consubstanciada na previsão expressa de busca pela solução da controvérsia por meio de dois ou mais métodos alternativos de solução de conflitos, como pela inclusão da conciliação e/ou da mediação[6-7] em conjunto com a arbitragem, de modo que esta poderá ser previamente à instituição da arbitragem (cláusula *med-arb*), ou durante a execução do procedimento arbitral (cláusula *arb-med*), gerando a sua suspensão.

Por fim, cumpre esclarecer que mesmo não havendo cláusula compromissória em um determinado contrato celebrado pelas partes que eventualmente possa gerar uma discórdia, mas havendo cláusula compromissória pactuada em outros instrumentos firmados pelas mesmas partes, referente a contrato coligado e acessório, a jurisprudência tem entendido pela possibilidade de extensão dos efeitos deste para aquele, de modo a submeter às partes à solução da controvérsia por meio da arbitragem.[8]

---

5. Fernanda Rocha Lourenço Levy explica que as *"cláusulas escalonadas são estipulações que preveem a utilização sequencial de meios de solução de controvérsias, em geral mediante a combinação de meios consensuais e adjudicatórios"* (*Cláusulas escalonadas – A mediação comercial no contexto da arbitragem*, Saraiva, 2013, p. 173).
6. O Código de Processo Civil realizou direcionamentos aos conciliadores e aos mediadores judiciais para atuação preferencialmente conforme a existência ou não de vínculo anterior entre as partes, isto é, atribuiu à conciliação os casos que não tenham tido vínculo anterior entre as partes e a mediação para os casos que tenham tido vínculo anterior, ao prescrever que *"o conciliador, que atuará preferencialmente nos casos em que não houver vínculo anterior entre as partes, poderá sugerir soluções para o litígio, sendo vedada a utilização de qualquer tipo de constrangimento ou intimida*ção *para que as partes conciliem"* (art. 165, § 2º), enquanto que *"o mediador, que atuará preferencialmente nos casos em que houver vínculo anterior entre as partes, auxiliará aos interessados a compreender as questões e os interesses em conflito, de modo que eles possam, pelo restabelecimento da comunicação, identificar, por si próprios, soluções consensuais que gerem benefícios mútuos"* (art. 165, § 3º).
7. A Lei 13.140/15 trouxe regras importantes para o regramento da mediação entre particulares e sobre a autocomposição de conflitos no âmbito da administração pública, tendo prescrito no seu art. 1º, parágrafo único, que *"considera-se mediação a atividade técnica exercida por terceiro imparcial sem poder decisório, que, escolhido ou aceito pelas partes, as auxilia e estimula a identificar ou desenvolver soluções consensuais para a controvérsia"*.
8. TJSP, Agravo de Instrumento 2237615-16.2017.8.26.0000, Rel. Des. Rebello Pinho, 20ª Câmara de Direito Privado, julg. 09/04/2018, DJe 10/04/2018.

3.2. O compromisso arbitral

O compromisso arbitral é a convenção por meio do qual as partes submetem à arbitragem um determinado litígio existente, podendo ele ser judicial ou extrajudicial. Se ele for judicial, a convenção será celebrada por termos nos autos, perante o juízo ou tribunal, em que estiver a demanda. Se for extrajudicial, a convenção será celebrada por instrumento particular, assinado por duas testemunhas, ou por instrumento público (art. 9º, §§ 1º e 2º, da Lei 9.307/1996).[9]

A formalização do compromisso arbitral na esfera judicial deverá ser realizada pelas partes e por seus advogados, na forma do art. 209, § 1º, do Código de Processo Civil, ou somente por seus advogados em nome das partes, caso eles possuam poderes específicos para essa finalidade, na forma do art. 105 do Código de Processo Civil.

Uma vez formalizado o compromisso arbitral, o processo deverá ser extinto sem resolução de mérito, nos termos do art. 485, VII, do Código de Processo Civil, de modo que Judiciário não deverá analisar o mérito da demanda, o qual será analisado pela jurisdição privada por meio do árbitro ou tribunal arbitral.

O compromisso arbitral obrigatoriamente deverá possuir (art. 10 da Lei 9.307/1996): (i) o nome, profissão, estado civil e domicílio das partes; (ii) o nome, profissão e domicílio do árbitro, ou dos árbitros, ou, se for o caso, a identificação da entidade à qual as partes delegaram a indicação dos árbitros; (iii) a matéria que será objeto da arbitragem; e (iv) o lugar em que será proferida a sentença arbitral.

Constata-se que a ausência desses elementos nucleares do compromisso arbitral ensejará a nulidade da convenção, nos termos do arts. 104, III, e 166, IV, do Código Civil, razão pela qual devem as partes observar se houve a sua inclusão quando da formalização do respectivo negócio jurídico.

Outrossim, a Lei de Arbitragem também faculta às partes a inclusão de outras previsões no compromisso arbitral (art. 11): (i) local, ou locais, onde se desenvolverá a arbitragem; (ii) a autorização para que o árbitro ou os árbitros julguem por equidade, se assim for convencionado pelas partes; (iii) o prazo para apresentação da sentença arbitral; (iv) a indicação da lei nacional ou das regras corporativas aplicáveis à arbitragem, quando assim convencionarem as partes; (v) a declaração de responsabilidade pelo pagamento dos honorários e das despesas com a arbitragem; e (vi) a fixação dos honorários do árbitro, ou dos árbitros.

---

9. Carlos Alberto Carmona argumenta que o compromisso arbitral "é negócio jurídico processual por meio do qual os interessados em resolver o litígio, que verse sobre direitos disponíveis, deferem a sua solução a terceiros, com caráter vinculativo, afastando a jurisdição estatal, organizando o modo através do qual deverá se processar o juízo arbitral" (*Arbitragem e processo*, 3ª ed., Ed. Atlas, 2009, p. 189-190). Francisco José Cahali, por sua vez, ao analisar a natureza jurídica do compromisso arbitral, explica que *"temos para nós que a convenção arbitral caracteriza-se, em um primeiro momento, como negócio jurídico de direito material, mas se houver previsão também de organização processual, e no quanto contido a este respeito (v.g., prazos, forma para a prática dos atos e intimações etc.), pode-se estender à convenção a natureza processual"* (*Curso de arbitragem*, 7ª ed., Revista dos Tribunais, 2018, p. 191).

Por fim, o compromisso arbitral será extinto quando (art. 12 da Lei 9.307/1996): (i) escusando-se qualquer dos árbitros, antes de aceitar a nomeação, tendo declarado as partes não aceitar substituto; (ii) falecendo ou ficando impossibilitado de dar seu voto algum dos árbitros, tendo declarado as partes não aceitar substituto; e (iii) tendo transcorrido o prazo para apresentação da sentença arbitral após a devida notificação do árbitro, ou do presidente do tribunal arbitral, e o transcurso do prazo de 10 (dez) dias concedido para a prolação da sentença arbitral.

Além do disposto no art. 12, III, da Lei 9.307/1996, referente à extinção do compromisso arbitral decorrente do transcurso do prazo previsto no art. 23 da Lei 9.307/1996 – prazo legal –, ou do estabelecido pelas partes no art. 11, III, da Lei 9.307/1996 – prazo convencional –, o art. 32, VII, da Lei 9.307/1996 considera nula a sentença arbitral que for proferida fora dos respectivos prazos.

Uma vez extinta a arbitragem, as partes poderão retornar ao Judiciário para análise e solução da controvérsia, ou poderão depois submetê-la novamente à arbitragem, caso assim queiram.

4. PRINCÍPIOS INERENTES À ARBITRAGEM

Robert Alexy explica que os princípios são distintos das regras, pois são normas que ordenam que algo seja realizado na medida do possível dentro das possibilidades jurídicas e fáticas existentes, consubstanciados em mandamentos de otimização, podendo ser satisfeitos em graus variados e a sua plena satisfação não depende apenas das possibilidades fáticas, mas também das possibilidades jurídicas. Por outro lado, as regras são normas que são sempre satisfeitas ou não satisfeitas, elas contêm determinações em âmbito fática e juridicamente possível.[10]

Isso quer dizer que os princípios dão valor normativo aos fatos, prescrevendo como as regras devem ser delineadas, para não os agredir, ou seja, a compreensão e a conformação das regras estão condicionadas pelo valor atribuído à realidade pelos princípios.

A arbitragem como negócio jurídico está submetida ao princípio da autonomia privada. A autonomia privada é o poder que as partes possuem para regular, através de declaração de vontade, as suas relações jurídicas, estabelecendo o conteúdo e a disciplina jurídica a ser observada por elas. Importante ressaltar que a autonomia privada se distingue da autonomia de vontade, visto que esta possui sentido subjetivo, isto é, psicológico, enquanto a autonomia privada caracteriza o poder de vontade no direito de forma objetiva, concreto e real.[11]

Em razão disso, o franqueador e o franqueado terão a liberdade para a indicação da arbitragem como forma de solução de eventual controvérsia; poderão escolher a forma como será desenvolvido procedimento arbitral, restringindo eventuais tutelas

---

10. *Teoria dos Direitos Fundamentais* – tradução Virgílio Afonso da Silva, Malheiros Editores, 2008, p. 90-91.
11. AMARAL, Francisco. *Direito Civil – Introdução*, 5ª ed., Renovar, 2003, p. 347-348.

de urgências e provas, estabelecendo prazos, como para a prolação da sentença etc., isto é, as partes poderão ajustar e modificar, de comum acordo, antes e durante a realização da arbitragem o caminho a ser seguido para a solução da controvérsia.

A arbitragem também está submetida ao princípio competência-competência (*Kompetenz-Kompetenz*), que consiste na competência do árbitro para decidir a sua própria competência, resolvendo as eventuais impugnações acerca da sua capacidade para decidir, da eficácia e da extensão dos poderes que lhes foram conferidos pelas partes pela cláusula compromissória ou pelo compromisso arbitral.[12]

O princípio competência-competência está expressamente previsto no art. 8º, parágrafo único, da Lei 9.307/1996, ao prescrever que *"caberá ao árbitro decidir de ofício, ou por provocação das partes, as questões acerca da existência, validade e eficácia da convenção de arbitragem e do contrato que contenha a cláusula compromissória"*. Esse princípio dá sustentação ao instituto da arbitragem, de modo que, em primeiro lugar, a validade da cláusula ou do compromisso arbitral deve ser analisada pelo árbitro ou tribunal arbitral, afastando a análise pelo Poder Judiciário, pois, se assim não fosse, restaria um verdadeiro desestímulo à adoção da arbitragem como solução alternativa de controvérsias.

Todavia, de forma excepcional, em casos de existência de cláusula compromissória "vazia" (art. 7º da Lei 9.307/1996), a convenção, primeiro, será analisada pelo Poder Judiciário.

O Superior Tribunal de Justiça possui entendimento que, em razão do princípio competência-competência, previstos nos arts. 8º e 20 da Lei 9.307/1996, a legislação brasileira sobre a arbitragem estabelece uma precedência temporal ao procedimento arbitral, permitindo que seja franqueado o acesso ao Poder Judiciário somente após a edição de sentença arbitral, razão pela qual todos os incidentes procedimentais da arbitragem devem ser resolvidos pelo próprio árbitro ou tribunal arbitral – e somente por ele –, sendo a intervenção do Poder Judiciário indesejável e incabível, enquanto não prolatada definitivamente a sentença arbitral.[13]

O procedimento arbitral também deverá observar o princípio do devido processo legal, o qual se desdobra nos princípios do contraditório, da igualdade das partes, da imparcialidade do árbitro e do seu livre convencimento, conforme consta no art. 21, § 2º, da Lei 9.307/1996.

O contraditório exige que o árbitro não tome decisões sobre pontos fundamentais sem a provocação prévia de debate a respeito, devendo garantir de forma plena e recíproca a manifestação das partes sobre as provas e razões da outra parte. A igualdade das partes deve refletir no tratamento idêntico a ser dado pelo árbitro ou tribunal arbitral para as partes, notadamente em relação à prática de atos a serem realizados no feito. A imparcialidade deve ser observada pelo árbitro ou tribunal arbitral tanto na condução do

---

12. CARMONA, Carlos Alberto. *Ob. cit.*, p. 175.
13. REsp 1614070/SP, Rel. Ministra Nancy Andrighi, Terceira Turma, julgado em 26/06/2018, DJe 29/06/2018.

procedimento como também na prolação da sentença. O livre convencimento consiste na liberdade do árbitro ou tribunal arbitral em avaliar e valorar a prova no momento da prolação da sentença, a fim de dar uma solução justa à controvérsia.

5. O PROCEDIMENTO ARBITRAL

Revela notar que a Lei de Arbitragem não estabeleceu como deve ser conduzido o procedimento da arbitragem, de modo que as suas regras serão obtidas pela convenção das partes, ou pelo regulamento da instituição arbitral que tenha sido indicada pelas partes, ou delegar ao próprio árbitro (art. 21 da Lei 9.307/1996).

Também inexiste qualquer previsão legal para se utilizar de forma subsidiária o Código de Processo Civil, o que não impede às partes de estabelecer essa previsão, em razão do princípio da autonomia privada.

Assim, faremos breves considerações sobre como o procedimento arbitral se inicia, executa e termina.

5.1. Fase postulatória

O procedimento arbitral inicia-se pela fase postulatória, por meio da qual o solicitante apresentará as suas alegações iniciais, que deverão estar acompanhadas da prova documental, delimitando o objeto da controvérsia e o seu respectivo valor.

Por conseguinte, o solicitado será comunicado, por meio de carta registrada ou entrega pessoal, sobre a existência da controvérsia, de modo que deverá apresentar a sua defesa acompanhada da prova documental no prazo fixado, bem como poderá apresentar eventual pedido contraposto – equivalente à reconvenção prevista no Código de Processo Civil –, sendo necessário a intimação ou comunicação do solicitante sobre esse pedido, normalmente realizada perante o escritório de advogado do solicitante, na forma anteriormente referida, a fim de que o solicitante possa apresentar a sua defesa, em observância ao princípio do contraditório.

Todavia, no início do procedimento arbitral, antes de ser estabelecido o contraditório, competirá ao árbitro ou ao tribunal arbitral tentar conciliar as partes e, caso seja possível realizar a composição, o árbitro ou tribunal arbitral poderá declará-la por sentença arbitral (arts. 21, § 4º, e 28 da Lei 9.307/1996).[14]

Antes de passarmos pela análise da fase seguinte do procedimento arbitral, denominada fase instrutória, faremos breves considerações sobre o pedido de tutela de urgência, pois, normalmente, ele ocorre na fase postulatória, mas poderá também ocorrer antes

---

14. Carlos Alberto Carmona pondera que tal providência deve ser tida como uma mera sugestão ao árbitro, que poderá ou não a seguir, de acordo com a sua conveniência, e a sua falta não pode acarretar a anulação do procedimento (*Ob. cit.*, p. 303). José Francisco Cahali também se manifesta no sentido desse dispositivo tratar-se de mera sugestão ao árbitro (*Ob. cit.*, p. 284).

dela e, conforme tenha sido instituída ou não a arbitragem, o caminho a ser percorrido pela parte interessada será distinto.

5.2. Tutela provisória de urgência

Não tendo sido instituída a arbitragem, a fim de preservar os seus direitos, a parte interessada poderá recorrer ao Poder Judiciário para a concessão da tutela provisória de urgência (art. 22-A da Lei 9.307/1996).

Essa prescrição foi incluída na Lei de Arbitragem pela Lei 13.129/2015, que, apesar de ser posterior ao novo Código de Processo Civil (Lei 13.105/2015), não observou as alterações trazidas por esse diploma legal, como a exclusão das ações cautelares autônomas previstas no Código de Processo Civil de 1973, e a eleição da tutela provisória como gênero, constituída de duas espécies, sendo a (i) de "urgência", que subdivide em cautelar e antecipada (arts. 294, *caput*, 294, parágrafo único, 300 a 310 do Código de Processo Civil), e a (ii) de "evidência" (art. 311 do Código de Processo Civil).

Contudo, para obter a conciliação dos dois diplomas legais e aplicar corretamente as tutelas provisórias na espécie, basta substituir a referência a "medida cautelar ou de urgência", prevista no art. 22-A da Lei 9.307/1996, por "tutela provisória de urgência"[15], e observar a prescrição dos arts. 300 a 310 do Código de Processo Civil.

Não tendo sido instituída a arbitragem, a tutela provisória de urgência poderá ser requerida perante o Poder Judiciário e, caso seja requerida e deferida, a parte interessada deverá requerer a instituição da arbitragem no prazo de 30 (trinta) dias, contados da data da efetivação da respectiva decisão, sob pena de perder a sua eficácia (art. 22-A, parágrafo único, da Lei 9.307/1996).

Por sua vez, instituída a arbitragem, o árbitro ou o tribunal arbitral poderá manter, modificar ou revogar a tutela provisória de urgência deferida pelo Poder Judiciário (art. 22-B da Lei 9.307/96), isto é, ele não estará vinculado à decisão concedida pelo Poder Judiciário e poderá modificá-la ou mantê-la. O árbitro ou tribunal arbitral poderá, inclusive, reapreciar e conceder eventual tutela provisória de urgência que tenha sido indeferida pelo Poder Judiciário, haja vista que ele possui total competência jurisdicional para a solução da controvérsia de forma definitiva.

Outrossim, tendo já sido instituída a arbitragem, o pedido de tutela provisória de urgência deverá ser requerido diretamente ao árbitro ou tribunal arbitral (art. 22-B, parágrafo único, da Lei 9.307/1996). Caso seja necessário o seu cumprimento por meio de atos coercitivos, o árbitro ou o tribunal arbitral que tenha deferido a tutela provisória de urgência poderá expedir "carta arbitral" para que o Poder Judiciário pratique ou determine o seu cumprimento, na área de sua competência territorial (art. 22-C da Lei 9.307/1996).

---

15. CAHALI, José Francisco. *Ob. cit.*, p. 308.

Desse modo, caso um franqueador obtenha a tutela provisória de urgência perante o árbitro ou tribunal arbitral para que um franqueado da sua rede de franquia se abstenha de utilizar a sua marca, o know-how do seu sistema de franquia e seja necessária a realização de determinadas medidas coercitivas, o franqueador deverá requerer que seja expedida carta arbitral para que o Poder Judiciário determine ao respectivo franqueado o seu cumprimento, a fim de dar efetividade a essa decisão por meio de atos coercitivos.

Esse procedimento assegurará o cumprimento da tutela de urgência que for deferida pelo árbitro ou tribunal arbitral, em razão da relação de harmonia e cooperação existente entre o árbitro e o Poder Judiciário.

O mesmo raciocínio também deverá ser levado em consideração no caso de o franqueado obter a tutela provisória de urgência perante o árbitro ou tribunal arbitral, como para obstar a prática de eventuais atos abusivos praticados pelo franqueador ou que violem os deveres anexos do contrato de franquia[16].

Recentemente, o Superior Tribunal de Justiça ressaltou que a existência dessa harmonia e cooperação serve a um propósito especial, que é a efetividade e eficiência das resoluções de conflitos, haja vista ser aceitável a convivência de decisões arbitrais e judiciais, quando elas não entrarem em contradição e tiverem a finalidade de preservar a efetividade de futura decisão arbitral. Ademais, essa necessidade de harmonia também se origina na ausência de poder coercitivo direto das decisões arbitrais, competindo ao Poder Judiciário a execução forçada do direito reconhecido naquela sede, como afirmado em remansosa jurisprudência da mesma Corte.[17]

Feitas essas breves considerações sobre a tutela provisória de urgência na arbitragem, analisaremos a seguir a fase instrutória.

5.3. Fase instrutória

A fase instrutória na arbitragem é inerente à produção de provas, de modo que o árbitro ou tribunal arbitral poderá tomar o depoimento das partes, ouvir testemunhas, determinar a realização de perícias ou outras provas que entender necessárias para o seu livre convencimento, por meio de requerimento das partes ou de ofício (art. 22 da Lei 9.307/1996).

---

16. Os deveres anexos ou acessórios se distinguem da prestação principal. Há deveres anexos que visam especificamente a garantia da economicidade do contrato, sua finalidade e seu escopo, e o atendimento do dever, que se previu relevante, visa impedir que o descuido da parte ponha a perder o contrato. O Superior Tribunal de Justiça já decidiu que a violação dos deveres anexos, também denominados instrumentais, laterais, ou acessórios do contrato – tais como a cláusula geral de boa-fé objetiva, dever geral de lealdade e confiança recíproca entre as partes –, implica responsabilidade civil contratual (REsp 1276311/RS, 4ª Turma, Rel. Min. Luis Felipe Salomão, julgado em 20/09/2011, DJe 17/10/2011). As funções desempenhadas pela boa-fé objetiva podem ser classificadas como: (i) função hermenêutica exercida pela boa-fé e suas peculiaridades na determinação do sentido e do alcance do contrato [art. 112 do Código Civil]; (ii) função de correção do conteúdo contratual e do modo do exercício jurídico em que se alocam as funções de modulação/expurgo do conteúdo contratual, quando abusivo, e de limite ao exercício jurídico, quando disfuncional [art. 187 do Código Civil]; e (iii) a função integradora, ou integrativa, completando o contrato com a determinação de deveres às partes [art. 422 do Código Civil] (COSTA, Judith Martins. A boa-fé no direito privado – critérios para a sua aplicação, 2ª ed., Saraiva, 2018, p. 484-485).
17. REsp 1798089/MG, Terceira Turma, Rela. Ministra Nancy Andrighi, julgado em 27/08/2019, DJe 04/10/2019.

Isso não quer dizer que o árbitro ou tribunal arbitral seja obrigado a admitir todas as provas requeridas pelas partes. Será dele o poder de admitir ou não as provas solicitadas. O fato de o árbitro ou tribunal arbitral não acolher todas as provas requeridas pelas partes não é capaz de ensejar a anulação da futura sentença arbitral, sob o argumento de violação ao devido processo legal.[18]

A responsabilidade pelo pagamento das despesas para a produção das provas levará em consideração a convenção estabelecida pelas partes ou regulamento da instituição arbitral indicada por elas e, em caso de ausência, a sentença arbitral decidirá sobre a responsabilidade das partes (art. 27 da Lei 9.307/1996).

O árbitro ou tribunal arbitral poderá determinar às partes o adiantamento de verbas para despesas e diligências que julgar necessárias (art. 13, § 7º, da Lei 9.307/1996).

Revela notar que a ausência de qualquer das partes para prestar o depoimento não gerará a confissão ficta prevista no art. 385, § 1º, do Código de Processo Civil, salvo se partes tiverem acordado a aplicação subsidiária da legislação processual. Caso não tenha feito, a Lei de Arbitragem prescreve, em seu art. 22, § 2º, 1ª parte, que, em caso de desatendimento, sem justa causa, da convocação para prestar depoimento pessoal, o árbitro ou tribunal arbitral levará em consideração o comportamento da parte faltosa, quando da prolação da sentença. Ela não poderá ser conduzida de forma coercitiva.

De outro lado, caso a testemunha arrolada por qualquer das partes não compareça para ser inquirida pelo árbitro ou tribunal arbitral nem apresente justa causa para a sua ausência, o árbitro ou tribunal arbitral poderá requerer ao Poder Judiciário que faça a condução coercitiva da mesma (art. 22, § 2º, 2ª parte, da Lei 9.307/1996).

Francisco José Cahali observa sobre a relevância da utilização de depoimento técnicos como forma de contribuir para a solução da controvérsia, em razão das exigências do pragmatismo contemporâneo e da experiência internacional, haja vista que, de forma distinta da testemunha tradicional, a testemunha técnica é convocada para emitir uma opinião com base no conhecimento técnico que possui sobre determinado assunto, cujo resultado pode ser equiparado a uma perícia, mas sem a complexidade e o formalismo do laudo pericial.[19]

Por exemplo, em um conflito entre o franqueador e o franqueado, o depoimento técnico poderá contribuir para esclarecimento do árbitro ou tribunal arbitral sobre as particularidades da relação complexa de franquia, como os detalhes do *know-how* transferido pelo franqueador ao franqueado, se os serviços de consultoria de campo realizado pelo franqueador foram realizados adequadamente, se o franqueado realizou o marketing do seu ponto de venda, se houve a destinação adequada pelo franqueador da verba destinada ao marketing institucional etc.

---

18. MARTINS, Pedro Antônio Batista. Panorâmica sobre as provas na arbitragem. In: JOBIN, Eduardo; MACHADO, Rafael Bicca (coord.). *Arbitragem no Brasil – Aspectos jurídicos relevantes*, Quartier Latin, 2008, p. 339.
19. *Ob. cit.*, p. 290.

Uma vez realizadas as provas necessárias no procedimento arbitral, chega-se à sentença arbitral que será o pronunciamento do árbitro ou tribunal arbitral para encerrar o procedimento, mediante a solução da controvérsia que foi submetida a ele.

5.4. Sentença arbitral

A sentença arbitral deverá conter (art. 26 da Lei 9.307/1996): (i) o relatório, que conterá os nomes das partes e um resumo do litígio; (ii) os fundamentos da decisão, em que serão analisadas as questões de fato e de direito, mencionando-se, expressamente, se os árbitros julgaram por equidade; (iii) o dispositivo, em que os árbitros resolverão as questões que lhes forem submetidas e estabelecerão o prazo para o cumprimento da decisão, se for o caso; e (iv) a data e o lugar em que foi proferida.

Após a sentença arbitral ter sido proferida, o árbitro ou o presidente do tribunal arbitral deverá enviar uma cópia da decisão às partes, por via postal ou por qualquer outro meio de comunicação, mediante a comprovação do respectivo recebimento, ou mediante a entrega direta para as partes, mediante recibo (art. 29 da Lei 9.307/1996).

Cumpre esclarecer que não existe previsão para a interposição de recurso em face da sentença arbitral. Porém, no prazo de 5 (cinco) dias, contados a partir da notificação ou da ciência pessoal da sentença arbitral, a parte interessada poderá apresentar pedido de esclarecimento – equivalente aos embargos de declaração do processo civil – ao árbitro ou tribunal para arbitral para corrigir erro material, esclarecer eventual obscuridade, dúvida ou contradição da sentença arbitral, ou se pronunciar sobre alguma omissão que deveria constar na decisão (art. 30, I e II, da Lei 9.307/1996). Esse pedido de esclarecimento deverá ser decidido, no prazo de 10 (dez) dias ou em outro acordado pelas partes, devendo ser aditada a sentença arbitral e realizada comunicação das partes, na forma anteriormente referida.

Por conseguinte, encerra-se a jurisdição arbitral por meio da sentença arbitral, a qual produzirá efeitos perante as partes e seus sucessores, tendo os mesmos efeitos de uma sentença proferida pelo Poder Judiciário, de modo que ela se constituirá em um título executivo (art. 31 da Lei 9.307/1996).

Importante inovação incluída pela Lei 13.129/15 na Lei de Arbitragem foi a possibilidade de julgamento parcial do mérito (art. 23, § 1º), cuja alteração está em sintonia com a prescrição do art. 356 do Código de Processo Civil, que expressamente assegurou no processo judicial o julgamento parcial de mérito.

Assim, em eventual controvérsia entre o franqueador e o franqueado, em que o solicitante apresente a cumulação de pedidos, o árbitro ou tribunal arbitral poderá julgar o pedido que esteja em condições de julgamento, deixando o outro pedido cumulado para julgamento em momento futuro após a produção de eventuais provas, por exemplo. Isso quer dizer que a sentença parcial arbitral constituirá título executivo judicial e poderá ser levada ao cumprimento de sentença de imediato perante o Poder Judiciário, não sendo necessário aguardar o julgamento do outro pedido.

Caso o árbitro ou tribunal arbitral não tenha decidido sobre todos os pedidos submetidos à arbitragem, a parte interessada poderá ingressar perante o Poder Judiciário para requerer a prolação de sentença complementar (art. 33, § 4º, da Lei 9.307/1996).

Cumpre esclarecer que a sentença arbitral será considerada nula nas hipóteses previstas no art. 32 da Lei de Arbitragem, se: (i) for nula a convenção de arbitragem; (ii) emanou de quem não podia ser árbitro; (iii) não possui os requisitos do art. 26 da Lei 9.307/1996; (iv) for proferida fora dos limites da convenção de arbitragem; (vi) comprovado que foi proferida por prevaricação, concussão ou corrupção passiva; e (vii) forem desrespeitados os princípios previstos no art. 21, § 2º, da Lei 9.307/1996.

Com efeito, estando presente alguma das hipóteses anteriormente referidas, as partes poderão ajuizar perante o Poder Judiciário a ação de declaração de nulidade da sentença arbitral, no prazo de até 90 (noventa) dias, contados após o recebimento da notificação da sentença arbitral ou da decisão do pedido de esclarecimentos, que seguirá as regras do procedimento comum (art. 33 da Lei 9.307/1996).

Poderá também a parte interessa buscar a declaração de nulidade da sentença arbitral por meio da impugnação ao cumprimento de sentença, em observância ao disposto no art. 525 e seguintes do Código de Processo Civil (art. 33, § 3º, da Lei 9.307/1996).

5.5. Cumprimento da sentença arbitral

A sentença arbitral é considerada um título executivo judicial, por força do art. 31 da Lei 9.307/1996 e do art. 515, VII, do Código de Processo Civil, de modo que a parte interessada deverá promover o seu cumprimento perante o Poder Judiciário, em observância ao disposto no art. 516, III, parágrafo único, do Código de Processo Civil.

Caso a sentença arbitral contenha condenação em quantia certa, ou já fixada em liquidação, e no caso de decisão sobre parcela incontroversa, a parte executada será intimada para pagar o débito, no prazo de 15 (quinze) dias, acrescido de eventuais custas, na forma do art. 523 do Código de Processo Civil.

Caso a sentença arbitral reconheça a exigibilidade de obrigação de fazer ou de não fazer, a parte interessada deverá observar o disposto no art. 536 do Código de Processo Civil. Nessa hipótese, o juiz poderá, de ofício ou a requerimento das partes, determinar a aplicação de quaisquer outras medidas para a obtenção da tutela específica do direito de fazer ou de não fazer, como a aplicação de multa, a busca e apreensão, a remoção de pessoas ou coisas, o desfazimento de obras e o impedimento de atividade nociva, inclusive requisitar o auxílio de força policial, caso seja necessário.

Se a sentença arbitral reconhecer a exigibilidade de obrigação de entregar coisa, a parte interessada deverá observar o disposto no art. 538 do Código de Processo Civil. Nessa hipótese, a busca e apreensão e a imissão na posse são os caminhos processuais direcionados à obtenção da tutela específica do direito à coisa, mas poderá a parte interessada também se valer das medidas mencionadas no parágrafo anterior, caso tenha cabimento.

6. CONCLUSÃO

Desse modo, vimos que a arbitragem tem se mostrado um excelente caminho para a solução de conflitos entre o franqueador e o franqueado, por envolver direitos patrimoniais disponíveis, principalmente por termos mais de 100 milhões de ações em andamento no nosso país, o que tem contribuído, de forma extremamente significativa, para o crescimento da morosidade na solução das controvérsias, tanto que o legislador veio prever expressamente a possibilidade de eleição da arbitragem nos contratos de franquia (art. 7º, § 1º, Lei 13.966/2019), pois, ainda que fosse desnecessário, tal medida apenas veio ressaltar o aspecto positivo desse caminho na solução de eventual controvérsia entre o franqueador e o franqueado.

Em razão disso, a arbitragem pode ser uma alternativa positiva para a solução de conflitos entre o franqueador e o franqueado, que deve ser levada em consideração por les quando da celebração do contrato de franquia, de modo a encontrarem uma solução rápida e eficaz, evitando o agravamento dos prejuízos para ambos os lados.

Não é demais ressaltar que o Supremo Tribunal Federal já se manifestou pela constitucionalidade da Lei 9.307/1996 (Lei de Arbitragem), ao entender que ela não viola o princípio constitucional da inafastabilidade da tutela jurisdicional pelo Poder Judiciário, previsto no art. 5º, XXXV, da Constituição Federal, visto que ela apenas permite às partes ter a liberdade de eleger a arbitragem para a solução de conflito nas questões de direitos patrimoniais, e, se houver vícios na sentença arbitral na forma da lei, a parte poderá se valer de ação própria visando a sua invalidação, ou apresentar impugnação ao cumprimento de sentença arbitral.

O instituto também possui inúmeras vantagens, como a possibilidade de submeter o litígio ao árbitro que possui conhecimento específico sobre a matéria relacionada ao *franchising*, permitindo uma análise mais técnica sobre a natureza complexa dessa relação jurídica. Da mesma forma, podemos também considerar como vantagem a flexibilidade no procedimento arbitral e a possibilidade de acordar a confidencialidade, evitando que o objeto litigioso possa ser divulgado, gerando danos à imagem das partes que estão em litígio.

É extremamente importante que as partes venham estabelecer uma cláusula compromissória "cheia", contendo todos os elementos previstos no art. 5º da Lei 9.307/1996, a fim de permitir a instituição imediata da arbitragem, na forma do art. 19 da Lei 9.307/1996. Isso porque, em caso de eventual conflito entre o franqueador e o franqueado, a instauração do procedimento arbitral é direta, não tendo necessidade de passar pelo Judiciário, e será realizada conforme as regras estabelecidas diretamente pelas partes, ou indiretamente pela instituição arbitral indicada pelas partes, conforme o seu regulamento.

Com efeito, em observância ao princípio da autonomia privada, o franqueador e o franqueado terão a liberdade para regular, por meio de declaração de vontade, as suas relações jurídicas, como a indicação da arbitragem como forma de solução de eventual controvérsia, mediante a utilização de uma cláusula compromissória; poderão escolher a forma de como será desenvolvido procedimento arbitral, restringindo eventuais tutelas de urgências e provas, estabelecendo prazos, como o para a prolação da sentença etc.

Também deverá ser observado na arbitragem o princípio competência-competência, essencial para a sustentação da arbitragem, o qual representa a competência do árbitro para decidir a sua própria competência, resolvendo as eventuais impugnações acerca da sua capacidade para decidir, da eficácia e da extensão dos poderes que lhes foram conferidos pelas partes pela cláusula compromissória ou pelo compromisso arbitral.

A arbitragem terá a fase postulatória, em que as partes apresentarão as suas alegações iniciais e respetivas defesas, e a fase de instrutória, inerente à produção de provas, que será finalizada com a sentença arbitral, parcial ou total de mérito, podendo ser submetida a pedido de esclarecimento pela parte interessada, e a sua decisão encerrará a jurisdição arbitral.

Assim, a sentença arbitral se constituirá um título executivo judicial e a parte interessada deverá promover o seu cumprimento perante o Poder Judiciário, em observância ao disposto no art. 516, III e parágrafo único, do Código de Processo Civil.

7. REFERÊNCIAS

ALEXY, Robert. *Teoria dos Direitos Fundamentais* – Tradução Virgílio Afonso da Silva, Malheiros Editores, 2008.

AMARAL, Francisco. *Direito Civil – Introdução*, 5ª ed., Renovar, 2003.

ARRUDA ALVIM, José Manoel de. *Cláusula compromissória e compromisso arbitral – Efeitos*, Revista de Processo nº 101, ano XXVI, Ed. RT, jan.-mar., 2001.

CAHALI, Francisco José. *Curso de arbitragem*, 7ª ed., Revista dos Tribunais, 2018.

CARMONA, Carlos Alberto. *Arbitragem e processo*, 3ª ed., Ed. Atlas, 2009.

COSTA, Judith Martins. *A boa-fé no direito privado – Critérios para a sua aplicação*, 2ª ed., Saraiva, 2018.

DINAMARCO, Cândido Rangel. *A arbitragem na teoria geral do processo*, Malheiros, 2013.

FRANZONI, Diego. *Arbitragem societária*, Revista dos Tribunais, 2015.

LEVY, Fernanda Rocha Lourenço. *Cláusulas escalonadas – A mediação comercial no contexto da arbitragem*, Saraiva, 2013.

MARTINS, Pedro Antônio Batista. Panorâmica sobre as provas na arbitragem. In: JOBIN, Eduardo; MACHADO, Rafael Bicca (coord.). *Arbitragem no Brasil – Aspectos jurídicos relevantes*, Quartier Latin, 2008.

NERY, Ana Luiza. *Arbitragem coletiva*, Revista dos Tribunais, 2016.

THEODORO JÚNIOR, Humberto. *Curso de direito processual civil*, vol. III, 49ª ed., Editora Forense, 2016.

41
AS CONVENÇÕES PROCESSUAIS E OS CONTRATOS DE FRANQUIA

Gregory Terry Ubillús

Sidnei Amendoeira Jr.

Sumário: I. Introdução; II. Definições; A. As convenções processuais; B. O contrato de franquia; III. O Objeto e o objetivo da convenção processual e seus limites; A. Objeto; B. Objetivo; C. Limites; IV. As convenções processuais nos contratos de franquia; V. Considerações finais; Referências bibliográficas.

I. INTRODUÇÃO

As premissas do antigo Código de Processo Civil ("CPC/73"), que vigorou até 17 de março de 2016, eram a de publicismo processual e cogência de suas normas. Ou seja, não havia — ao menos em tese — qualquer espaço para a escolha ou adaptação dos procedimentos previstos em lei (arts. 250, 275, I, e 295, V, CPC/73) e para a realização de convenções atípicas processuais (sem expressa previsão legal)[1]. De tal sorte, apenas era possível cogitar a realização de "negócios jurídicos processuais típicos ou nominados"[2,3].

Ao longo do tempo, porém, eis que o tímido o entendimento de que seria possível ao juiz adaptar o procedimento às "especificidades da causa"[4] foi ganhando espaço. Para tanto, deveriam ser preenchidos os seguintes requisitos: (i) finalidade clara (especificidades do direito material, necessidade de afastamento de regras irrelevantes e a própria condição da parte); (ii) respeito ao contraditório e ampla defesa (i.e., deveriam as partes ser advertidas quanto referidas adaptações, sem que lhes fosse tolhida a participação no processo); e (iii) decisão motivada.

---

1. DINAMARCO negava a existência desta categoria expressamente: isso porque, segundo ele, os efeitos dos atos processuais decorreriam da vontade das partes ou do seu querer, mas da prévia e expressa previsão legal (DINAMARCO, Cândido Rangel. Instituições de direito processual civil. 6. ed. São Paulo: Malheiros, 2009. vol. 2.).
2. Não é pacífica a existência apenas de negócios jurídicos típicos no CPC/73. Embora a doutrina majoritária entenda que a margem de negociação garantida às partes era adstrita às hipóteses taxativas previstas na lei, também há o entendimento de que, em certa medida, já havia negócios jurídicos processuais atípicos, tais quais a suspensão do processo ou os próprios procedimentos especiais.
3. Entre os exemplos e hipóteses de realização de negócios processuais previstos no CPC/73, podemos mencionar modificação do foro de competência em função do valor e território; adiamento de audiência; distribuição diversa do ônus da prova e suspensão do processo. Todas essas hipóteses foram mantidas no novo diploma processual.
4. FERNANDO GAJARDONI, Flexibilização Procedimental, Coleção Atlas de Processo Civil, coord. CARMONA, Carlos Alberto, Editora Atlas, 2008.

Longe de ser o entendimento majoritário, a possibilidade de adaptação foi aceita em algumas situações específicas como, por exemplo, a conversão do rito sumário em ordinário[5].

O anteprojeto do atual Código de Processo Civil ("CPC/2015"), porém, propôs uma mudança ousada no ideário de cogência das normas e nos limites da racionalização do processo para adequá-lo à controvérsia existente: chegou a prever, em seu art. 107, VII, que o juiz poderia "adequar as fases e os atos processuais às especificidades da tutela do direito postulada em juízo, de modo a conferir maior efetividade à tutela jurisdicional, observado o contraditório".

No fim do dia, a redação que prevaleceu no CPC/2015 foi muito mais tímida. Estabeleceu que o juiz poderá "dilatar os prazos processuais e alterar a ordem de produção dos meios de prova, adequando-os às necessidades do conflito de modo a conferir maior efetividade à tutela do direito"[6] (art. 139, VI).

Apesar de a possibilidade (quase absoluta) de flexibilização do processo pelo próprio juiz não ter "vingado", a flexibilização pelas mãos das partes (voluntária) teve mais sucesso. O sistema do CPC/2015 não apenas manteve os atos unilaterais e negócios processuais típicos do CPC/73[7], como também "criou" novos negócios processuais típicos como: convenção para a escolha do perito (art. 471); possibilidade de alteração da ordem legal das provas; realização de prova técnica simplificada (art. 464, § 2º) e a calendarização (art. 191).

Sem dúvida, a proposta apresentada no anteprojeto do CPC/2015 representava uma ampliação da possibilidade do exercício da autonomia privada até então impensável. Uma ressignificação à hermenêutica jurídica, que passaria a estar em absoluta consonância com a dinamização das relações empresariais — e com a nova sistemática de um código que preconizava a substância em detrimento da forma.

A figura do processo como instrumento para efetivação de direitos, tal como proposta, nunca foi tão clara em nosso ordenamento jurídico – que, no limite, previa autorização expressa da adequação de um provimento aos interesses das partes de uma lide. O juiz conhece o direito (*Iura novit cura*) — e justamente por isso, estaria apto, por

---

5. "É sabido que a norma que dispõe sobre o procedimento é de ordem pública, (...) sendo, em regra, inadmissível a substituição de um rito pelo outro. (...) A jurisprudência pacífica do Superior Tribunal de Justiça reconhece que, inexistindo prejuízo para a parte adversa, admissível é a conversão do rito sumário pelo ordinário, notadamente por ser o segundo mais amplo, propiciando maior dilação probatória (STJ, REsp 1.117.312/PR, 2009/0009002-4, Data de publicação: 01/07/2013).
6. Nesse sentido, o Enunciado 107 do FPPC, com a ressalva do Enunciado 129 do FPPC de que isso não pode ser usado para afastar preclusão temporal já consumada. Em sentido contrário, o <u>Enunciado 35 do ENFAM que autoriza os juízes, até de ofício, a adaptar o rito às especificidades da causa.</u>
7. Eleição de foro (art. 63); suspensão do processo (art. 313, II); convenção sobre ônus da prova (art. 373, § 3º); convenção de arbitragem (arts. 485, VII, e 3º da LA); adiamento da audiência (art. 362, I); desistência do processo (art. 485, VIII); reconhecimento jurídico do pedido (art. 487, III, *a*); renúncia ao direito sobre o qual se funda a ação (art. 487, III, *c*); sucessão processual (art. 109, § 1º); e desistência e renúncia ao recurso (arts. 998 e 999).

meio da possibilidade de adaptação, a aplicá-lo da melhor forma a um caso em específico, de modo a garantir uma maior efetividade à tutela jurisdicional.

De todo modo, entre a ousadia do anteprojeto e a timidez da codificação promulgada em 16 de março de 2015, restou positivada a coadunação dos princípios da cooperação e da flexibilização procedimental. O negócio jurídico processual trouxe um novo protagonista à dinâmica processual: a autonomia da vontade das partes, restrito antes do novo diploma às situações expressamente permitidas em lei de forma típica.

Até então princípio basilar da arbitragem, o exercício da autonomia privada também ganhou espaço nas disputas a serem dirimidas perante a jurisdição estatal, vez que o art. 190 do CPC/2015 criou um sistema sem precedentes em nosso ordenamento e passou a admitir negócios processuais atípicos.

Há quem fale, agora, até em neoliberalismo ou contratualismo processual, tamanho os "ares de novidade" entre a relação das partes no processo e o papel do juiz no negócio jurídico processual[8]. Em nosso sentir, estamos longe disso, porquanto a adaptabilidade do procedimento à realidade dos litigantes encontra raízes na experiência internacional (como exemplo, mencionamos os _contráts de procedure_ previstos no direito francês; e a técnica de _case management_ do direito inglês[9] e/ou a flexibilização do direito português[10], que, apesar de distintas, têm como ponto de partida justamente a adequação procedimental e a possibilidade de adaptação do processo aos interesses das partes).

O inovador (ao menos em nosso ordenamento jurídico) expediente da convenção processual atípica, além de resultar em um melhor aproveitamento da atividade jurisdicional, resulta também em uma "deformalização das controvérsias" – não no sentido de deformar uma prática já existente, mas no sentido de desformalizar[11]. Por conseguinte, (i) o processo, como instrumento de pacificação social, pode ser tecnicamente mais simples, rápido, econômico e apto a solucionar os problemas trazidos pelas partes; e (ii) a controvérsia existente entre as partes pode positivamente mudar, haja vista o notório estímulo para a resolução conscienciosa de disputas.

Diante da mudança de tais perspectivas ao longo do tempo, quais sejam, a das convenções processuais sob a ótica do magistrado (e o quanto o legislador pretendia ampliar seus poderes sobre o assunto), e das partes, nada mais coerente do que analisar, à luz de uma relação material, os limites sobre os quais as Partes podem transacionar (seja de modo autocompositivo, seja heterocompositivo).

---

8. WAMBIER, Luiz Rodrigues. Sobre o negócio processual, previsto no CPC/15. In: <teste.wambier.com.br/pt-br/artigos-br/sobre-o-negocio-juridico-previsto-no-ncpc-2015>.
9. Idem.
10. O artigo 547 do CPC português prevê a chamada adequação formal, ou seja, o dever do juiz de "adotar a tramitação processual adequada às especificidades da causa e adaptar o conteúdo e a forma dos atos processuais ao fim que visam atingir, assegurando um processo equitativo".
11. GRINOVER, Ada Pellegrini; DINAMARCO, Cândido Rangel; WATANABE, Kazuo (coordenadores). Participação e Processo, p. 280. São Paulo, RT, 1988.

É por tal razão que este artigo se propõe a apresentar uma intersecção entre uma relação processual (qual seja, a convenção processual), advinda de um contrato empresarial (os contratos de *franchising*). De que modo as convenções processuais[12] podem ser utilizadas em tal tipo de relação na gestão de um contencioso mais racional entre as partes? Essa é a pergunta a ser respondida.

O sistema de franquia empresarial brasileiro foi revisto pela Lei 13.966, de 26 de dezembro de 2019, e, entre outras inovações[13], nele foi (finalmente) prevista a possibilidade de eleição da via arbitral para dirimir as controvérsias dos contraentes em tal relação jurídico-obrigacional.

Com a autorização expressa para a celebração de convenções arbitrais, na forma da Lei 9.307/1996 (o que se espera, represente um ponto final na discussão sobre o contrato de franquia ser ou não de adesão), a discussão acerca do uso das convenções processuais e, em última instância, dos métodos alternativos de resolução de disputa nos contratos de *franchising* ganha significativa importância[14].

Além da concretização do princípio da cooperação (próprio das convenções processuais), os instrumentos processuais autorizados pelo legislador, nesse novo ambiente idealizado como colaborativo-participativo, permitirão uma maior adequação do meio de resolução de disputa aos interesses das partes em um contencioso empresarial.

II. DEFINIÇÕES

A ordem de apresentação das definições dos dois temas interseccionados será tratada de modo inverso ao que ocorreria na prática. Não refutamos e muito menos pretendemos discutir o óbvio: que o processo está a serviço de uma adequada definição sobre uma relação material – e que a busca por um provimento jurisdicional em uma lide relaciona-se ao estabelecimento (ou restabelecimento) de uma posição jurídica material advinda de uma relação jurídico-obrigacional material.

De tal sorte, na prática, apenas seria possível discutir sobre uma convenção processual em um contrato de *franchising* caso este último existisse e produzisse efeitos no mundo jurídico.

---

12. Sobre a adoção do termo "Convenção Processual" ao invés de "Negócio Jurídico Processual" ou mesmo "Acordo Processual", os autores esclarecem que a manifestação de vontade pela qual as partes exteriorizam a coadunação dos princípios da cooperação e da flexibilização procedimental (antecedente ou incidentalmente) é abarcada pela noção de "convenção processual", sendo por isso desnecessária a apresentação de diferenciação terminológica entre contrato, convenção ou acordo processual. De tal sorte, a noção de convenção processual deve ser interpretada como gênero, cujas espécies podem ser atos processuais estimulantes, atos determinantes, negócios jurídicos processuais pelos quais as partes transacionam sobre o meio heterocompositivo de resolução de disputas a ser adotado, ou mesmo contraem para si a obrigação de envidar esforços pré-litigiosos para a resolução de uma disputa.
13. Mencionamos como exemplos as alterações previstas para **(i)** a Circular de Oferta de Franquia; **(ii)** o fim do vínculo empregatício entre o franqueador, franqueado e seus funcionários; e **(iii)** a inaplicabilidade do Código de Defesa do Consumidor às relações entre franqueador e franqueado.
14. Aqui deixamos de abordar a questão da microfranquia, centrando-nos na relação existente entre franqueador e franqueado.

Contudo, a discussão aqui posta não está centrada sob a ótica da "obrigação como processo", diga-se, a análise da extensão do vínculo e desenvolvimento da relação obrigacional material – tese já celebremente desenvolvida por Clovis Couto e Silva[15].

Em sentido diverso, o que aqui pretende-se discutir é o processo como fato gerador de obrigações para as partes. Obrigações processuais geradas pelas partes por meio de instrumentos contratuais que as vinculem no âmbito de um processo (ou mesmo antes dele).

Para tanto, primeiro apresentaremos a definição do instrumento pelo qual se busca a resolução de um conflito de forma alternativa (e, por conseguinte, a pacificação social), para, na sequência, brevemente abordar algumas definições sobre os contratos de *franchising* que importam para a compreensão dos limites das convenções processuais em tal tipo de relação obrigacional.

A. As Convenções Processuais

No dizer de PEDRO HENRIQUE NOGUEIRA, "o fato jurídico voluntário em cujo suporte fático, descrito em norma processual, esteja conferido ao respectivo sujeito o poder de escolher a categoria jurídica ou estabelecer, dentro dos limites fixados no próprio ordenamento jurídico, certas situações jurídicas processuais"[16]. Mais que fatos jurídicos, justamente por se tratarem de declarações de vontade privada destinadas a produzir efeitos que o agente pretende e que o direito reconhece[17] no âmbito do processo civil[18], as convenções processuais são atos processuais pelos quais as partes de um processo poderão praticar alterações no procedimento (criar, modificar ou mesmo extinguir direitos existentes para as partes no âmbito do processo[19].), com efeitos desejados e escolhidos pelos próprios interessados e não predeterminado por um sistema de formas inflexíveis[20].

Em suma, são atos processuais *lato sensu*, que dependem da prática de algum ato pelo indivíduo e possuem natureza negocial[21]. Podem ser **(a)** praticados antecedente ou incidentalmente ao processo; **(b)** de forma unilateral[22], bilateral ou plurilaterais[23]; **(c)**

---

15. A obrigação como processo, Rio de Janeiro, Editora FGV, 2006.
16. Negócios Jurídicos Processuais, Salvador, JusPodivm, 2ª edição, 2017, p. 152.
17. AMARAL, Francisco. Direito Civil: Introdução. 7ª ed. Rio de Janeiro: Renovar, 2008. p. 383.
18. Para os fins desse trabalho, o termo utilizado será Negócio Processual. Sem prejuízo, menções ao termo convenção processual, acordo de vontades ou contrato devem ser interpretadas no mesmo sentido.
19. Adotando, portanto, a terminologia de Francisco Amaral para os negócios materiais, o negócio jurídico processual consiste na declaração de vontade privada, destinada a produzir efeitos que o agente pretende e o direito reconhece.
20. Negócios Jurídicos Processuais e políticas públicas: tentativa de superação das críticas ao controle judicial. In: Revista de Processo, vol. 273/2017, São Paulo, Ed. Revista dos Tribunais, nov. 2017, p. 78.
21. NOGUEIRA, Pedro Henrique Pedrosa. Ob. cit., p. 124; NOGUEIRA, Pedro Henrique Pedrosa. Negócios jurídicos processuais: análise dos provimentos judiciais como atos negociais. Salvador: Tese de Doutorado da UFBA, 2011; NOGUEIRA, Pedro Henrique Pedrosa. Situações jurídicas processuais. In: DIDIER JR., Fredie (org.). Teoria do processo – Panorama doutrinário mundial – segunda série. Salvador: Juspodivm, 2010, p. 764-767
22. Como atos processuais unilaterais, mencionamos o estabelecimento de medidas que oneram apenas uma das partes do processo, quais sejam, a desistência da ação antes da citação do réu, a renúncia ao direito de recorrer, desistência de levar a cabo a execução ou medidas executivas.
23. Como atos bilaterais ou plurilaterais, menciona-se a suspensão do processo ou a definição do calendário processual. Cf. FREDIE DIDIER JR. Curso de direito processual civil, vol. 1, 17. ed., Salvador: JusPodivm,

relativos à própria **(c.1)** lide e ao pedido (diga-se, ao mérito envolvido naquele processo – o objeto litigioso daquele processo[24]), ou ao **(c.2)** procedimento (questões de natureza procedimental, que estão relacionadas ao cronograma e andamento processual – o próprio processo)[25]; e **(d)** ser típicos ou atípicos, a depender da previsão expressa em lei.

O ponto de consonância entre cada um desses atos negociais é (i) manifestação de vontade; (ii) objeto (causa para a ação) e; (iii) forma[26]. O que motiva sua celebração é a possibilidade de que as partes de um processo, já instaurado ou a ser eventualmente instaurado, tenham condições efetivas para transacionar sobre a matéria processual e assim redefinir situações jurídicas processuais (ou reestruturar o procedimento), quais sejam ônus, deveres e direitos processuais[27]-[28].

Quanto à produção de efeitos das convenções processuais, entende-se que a eficácia do ato negocial é imediata, e independe de homologação do juiz, salvo os casos estabelecidos em lei.[29] A própria inteligência do parágrafo único do artigo 190 do CPC/2015, ao dispor sobre o controle de validade feito pelo juiz, deve ser lida nesse sentido, na medida em que estabelece que o juiz *recusará a "aplicação somente nos casos de nulidade ou de inserção abusiva em contrato de adesão ou em que alguma parte se encontre em manifesta situação de vulnerabilidade"*.

De tal sorte, os atos nascem produzindo efeitos imediatamente e vinculam o magistrado à sua aplicação (mas não ao negócio em si, do qual não é parte), sendo seu controle adstrito à validade do transacionado, a ser realizado *ex-post*.

B.   O Contrato de Franquia

O contrato de franquia é um negócio jurídico bilateral e sinalagmático que regula a relação material existente entre o franqueador e franqueado para o estabelecimento de uma ou mais franquias.

O franqueador é o detentor dos direitos de marca, tendo desenvolvido um método operacional para oferta de produtos ou serviços ao mercado, e cede ao franqueado, de forma onerosa, o uso do negócio por ele desenvolvido (e os direitos acessórios), por

---

2015, p. 378; PAULA SARNO BRAGA. Primeiras reflexões sobre uma teoria do fato jurídico processual: plano da existência. Revista de Processo. São Paulo: Ed. RT, n. 148, jun. 2007, utilizamos o termo plurilateral para denominar negócios celebrados por mais de duas partes, cuja vinculação seja significativamente mais ampla e complexa.

24. Idem, p. 59.
25. Ibidem, p. 60.
26. PONTES DE MIRANDA, Francisco Cavalcanti. Tratado de Direito Privado. Tomo III. 4ª ed. São Paulo: Revista dos Tribunais, 1983. p. 5.
27. DIDIER JR., Fredie. Negócios jurídicos processuais atípicos no Código de Processo. In: Revista Brasileira de Advocacia, RBA, vol.1 (Abril – Junho 2016), Doutrina – Direito Processual Civil.
28. P. ex., a definição de um calendário processual, distribuição diversa do ônus na produção de provas ou mesmo supressão de recursos, como será demonstrado mais adiante.
29. Nesse mesmo sentido se posicionou o Fórum Permanente de Processo Civil, no grupo de negócios processuais, ao editar o Enunciado nº 133, que estabelece: "(art. 190; art. 200, parágrafo único) Salvo nos casos expressamente previstos em lei, os negócios processuais do art. 190 não dependem de homologação judicial".

meio de cessão de _know-how_ de organização empresarial (criação e a montagem da unidade franqueada, sua operação)[30]. O resultado concreto disso, operando, é a _franquia_. Estabelecimento empresarial por meio do qual o franqueado exerce as atividades empresariais desenvolvidas pelo franqueador, dependendo o êxito de seu negócio preponderantemente dos esforços envidados e de suas decisões empresariais.

A obrigação ali constante tem por objetivo possibilitar ao franqueado a reprodução do conceito padrão desenvolvido pelo franqueador, bem como a expansão do negócio franqueado. O sinalagma da relação obrigacional tem, _por um lado_, o franqueador transmitindo o seu _know-how_ e a expertise do negócio por ele desenvolvido[31]; e, _por outro_, o franqueado desenvolvendo a atividade mediante o pagamento de contraprestação _direta_ (taxa inicial de filiação, ou taxa de franquia; _royalties_ pela exploração dos direitos do franqueador etc.) e/ou _indireta_ (comissões sobre vendas ou mesmo o retorno sobre a venda de produtos licenciados, de fornecedores homologados pelo franqueador, aos seus franqueados – rebate).

Aqui, tomamos a liberdade de fazer esclarecimentos sobre a natureza do vínculo obrigacional existente entre franqueador e franqueado.

Primeiro, a colaboração que norteia a relação existente entre franqueador e franqueado no contrato de franquia empresarial não subverte a natureza jurídica empresarial e a aplicação do princípio da força obrigatória dos contratos à relação contratual ora posta.

O modelo de estruturação de negócio colaborativo não afasta dos contratantes o dever de considerar, quando da contratação, "_a dinâmica do mercado, a realidade socioeconômica, a boa-fé objetiva e a função social do contrato_".[32] A correta interpretação da colaboração deve ser coadunada com a alocação de riscos existente entre os contratantes, que é própria de uma relação empresarial.

Da natureza jurídica empresarial e do risco existente em tal tipo de relação obrigacional depreende-se que há pelos contratantes o exercício da autonomia privada em sua gradação máxima[33]. Franqueador e franqueado têm suas obrigações contratualmente definidas e o equilíbrio contratual da relação existente consiste justamente no fato de que cada parte responda de modo integral apenas e tão somente pelas obrigações no âmbito da relação empresarial existente (além do que, importante destacar que o franqueador não é sócio do franqueado).

Inexistente, portanto, qualquer tipo de solidariedade obrigacional entre franqueador e franqueado, sob pena de distorção do sinalagma obrigacional. O entendimento de que a responsabilidade do franqueador por atos praticados pelo franqueado transcende

---

30. GONÇALVES, Carlos Roberto. Direito Civil Brasileiro, volume 3: contratos e atos unilaterais. 9a ed. São Paulo: Saraiva, 2016. p. 700-701.
31. A indicação dos serviços a serem prestados pelo franqueador ao franqueado encontram-se definidos no artigo 2º, inciso XV, _a_, da Lei 13.966, de 26 de dezembro de 2019.
32. REBOUÇAS, Rodrigo Fernandes. Autonomia privada e a análise econômica do contrato. São Paulo: Almedina, 2017. p. 199.
33. Idem.

os limites objetivos do contrato desvirtua **(i)** a alocação de riscos existente; **(ii)** os custos transacionais envolvidos; e, **(iii)** em última instância, o exercício da autonomia máxima por eles exteriorizada no contrato empresarial entre eles celebrado[34]. Qualquer tipo de revisão judicial contratual deve ser vista com o máximo de atenção[35] — até porque, entendemos que a premissa a ser adotada é a de que o franqueado não é parte vulnerável na relação jurídico obrigacional entabulada ou que está em situação de hipossuficiência em eventual disputa judicial contra o franqueador.

Segundo, apesar de (i) existente uma padronização em disposições e cláusulas dos contratos de franquia; e (ii) o franqueado aderir a disposições contratuais padronizadas, o contrato de franquia não deve ser considerado um contrato de adesão.

A padronização em disposições contratuais está relacionada ao modelo de negócio exortado pela franquia empresarial, pelo qual o franqueador, detentor de *know-how* e a expertise do negócio por ele desenvolvido, transmite geralmente a mais de um franqueado os meios para implementação de uma unidade de negócio. Seria inconcebível – ao menos sob a perspectiva existente em tal tipo de relação, alocação de riscos e custos de transação existentes – que um franqueador, detentor de uma marca que é licenciada a uma série de franqueados, firmasse com cada um de seus franqueados contratos com disposições contratuais absolutamente distintas.

Para fins de *accountability* e para que o franqueado possa adimplir integralmente com suas obrigações perante o franqueado, é necessária a existência de uma estrutura de disposições contratuais aplicáveis uniformemente, a ser aplicável a todos os contratos firmados. Em igual sentido, consequência direta da natureza empresarial de tal tipo de relação, em que há uma alocação de riscos predeterminada (em que cada parte responde estritamente por seus deveres contratuais)[36], é dever do franqueado estruturar um modelo de negócio que se sustente. A existência de uma matriz contratual predeterminada, com condições preestabelecidas aplicáveis é justamente um dos elementos característicos do contrato de franquia[37].

Nesse sentido, por mais que ocorra uma adesão do franqueado aos termos e condições do contrato de franquia, tal adesão, via de regra, não implica qualquer imposição. O franqueador nada impõe de forma unilateral e o processo de tomada de decisão não

---

34. Nesse sentido, "Considerando a dinâmica do mercado, a realidade socioeconômica, a boa-fé objetiva e a função social do contrato, é possível afirmar que **nos contratos com aplicação da autonomia privada máxima, tal como ocorre em grande parte dos contratos empresariais, a eventual revisão judicial deve ser realizada com extrema cautela e com o único propósito de ser reestabelecida a base objetiva do negócio jurídico tal como verificado no momento da formação do contrato**" (sem ênfases no original) (REBOUÇAS, Rodrigo Fernandes. Autonomia privada e a análise econômica do contrato. São Paulo: Almedina, 2017. p. 199).
35. "*Nesse sentido, a revisão judicial dos contratos empresariais pode trazer insensibilidade jurídica, insegurança ao ambiente econômico, acarretando mais custos de transação para as partes negociarem e fazer cumprir o pacto*". TIMM, Luciano Benetti. Direito, economia e a função social do contrato: em busca dos verdadeiros interesses coletivos protegíveis no mercado de crédito. In: Revista de Direito Bancário e do Mercado de Capitais, vol. 33/2006, p. 15, jul.-set. 2006.
36. Diga-se, o franqueador com a técnica, treinamento e fiscalização; e o franqueado com a efetiva gestão do negócio.
37. SIMÃO FILHO, Adalberto. *Franchising*: aspectos jurídicos e contratuais, 4ª ed., São Paulo, Atlas, 2000, p. 22.

é feito em situação de vulnerabilidade por qualquer das partes. Trata-se de tomada de decisão consciente e orientada em que, geralmente, inexiste assimetria informacional entre os contratantes.

Terceiro, e consequência direta da natureza jurídica empresarial do contrato de franquia e da posição de paridade entre os contratantes, é a inaplicabilidade do Código de Defesa do Consumidor à relação jurídica em comento. O contrato de franquia é um contrato empresarial. O franqueado não é um "consumidor" de serviços do franqueador (até porque, não é destinatário serviço do produto ou serviço do franqueador), mas sim um agente que desenvolve sua atividade empresarial a partir de técnica desenvolvida pelo franqueador, em uma tomada de riscos consciente.[38] Por consequência, presume-se que as partes contratantes, tanto franqueador quanto franqueado, tenham conhecimento da ética empresarial.

Entendemos que os três esclarecimentos apresentados são de extrema importância à luz do novel ordenamento jurídico aplicável à relação empresarial em comento. A nova Lei de franquias e suas inovações trouxeram consigo a consolidação da posição do franqueador e franqueado como partes absolutamente capazes de exercer de modo pleno sua autonomia privada, no momento da contratação.

A nova redação do artigo 421 do Código Civil (conforme a Lei de Liberdade Econômica, Lei nº 13.874/2019) corroborou tal liberdade de contratar, ao estabelecer como limite para o exercício da autonomia privada a função social do contrato[39].

Superadas as definições, podemos passar à análise do objeto da convenção processual, seus limites em tal tipo de relação empresarial e exemplos concretos.

III. O OBJETO E O OBJETIVO DA CONVENÇÃO PROCESSUAL E SEUS LIMITES

A. Objeto

O objeto de uma convenção processual é a redefinição de situações processuais às partes de um processo já existente ou eventual por meio da criação, da flexibilização e da modificação de regras, ônus e deveres no processo (ou antes dele).

O racional do artigo 190 do CPC/2015, ao prever a possibilidade de estipulação de "*mudanças no procedimento para ajustá-lo às especificidades da causa e convencionar sobre os seus ônus, poderes, faculdades e deveres processuais, antes ou durante o processo*", resulta em vasta autorização às partes na celebração de convenções processuais[40], de acordo com seus interesses[41].

---

38. A esse respeito, v. Thiago Rodovalho. *Cláusula arbitral nos contratos de adesão*, São Paulo: Almedina, 2016, pp. 81 *et seq*.
39. "Art. 421. A liberdade contratual será exercida nos limites da função social do contrato."
40. DIDIER JR., Fredie. *Curso de Direito Processual Civil*. Salvador: Ed. JusPodivm, v. 1, p. 189.
41. Aqui, entendemos que o termo "especificidade da causa" deva ser lido e interpretado sob a perspectiva dos sujeitos dos processos e não sob a matéria em disputa. Basta, portanto, alinhamento de interesses e a conveniência para a celebração de convenções processuais.

Tal parâmetro objetivo é claro ao autorizar as partes estabelecer uma cláusula geral acerca de seus atos processuais e ao expressamente determinar que o controle de validade (predominantemente feito *a posteriori*) analisará apenas se (i) há nulidade; ou (ii) inserção abusiva em (ii.a) contrato de adesão; ou (ii.b) relação jurídico-material em que alguma parte se encontre em manifesta situação de vulnerabilidade. Tudo isso, é claro, em direitos que admitam autocomposição.

Notável, portanto, que, assim como nos contatos empresariais, cuja revisão judicial deve ser feita com parcimônia, também prevalece a autonomia privada máxima e o princípio da força vinculante das relações jurídicas materiais.

B. Objetivo

As convenções processuais, de um modo geral, podem ter por objetivo **(i)** a disposição entre as partes do rito do processo e a estrutura predeterminada do julgamento da lide (convenções que dispõem sobre o procedimento a ser adotado); ou **(ii)** estabelecer não somente sobre o rito processual, mas também sobre obrigações das partes no processo – ou seja, que, diante de determinados andamentos ou circunstâncias do processo, as partes se vinculem ao convencionado e não pratiquem determinado tipo de ato (convenções que geram obrigações processuais às partes de um processo).

Sobre os dois objetivos mencionados supra, relacionados à estrutura e organização do processo; e à disposição sobre os direitos e ônus diante de determinados atos praticados pelo juiz, Antonio do Passo Cabral expõe que:

> "As convenções dispositivas seriam negócios sobre o procedimento, modificam regras processuais ou procedimentais e têm seu protótipo na prorrogação da competência e nos acordos sobre o ônus da prova. São convenções para a derrogação de normas. Já os acordos obrigacionais são aqueles que não alteram o procedimento, mas estabelecem um fazer ou não fazer para um ou ambos os convenentes."[42]

Como exemplo de convenção dispositiva, mencionamos a convenção que verse sobre o ônus da prova em determinada questão processual. Como convenção obrigacional, podemos mencionar a renúncia ao recurso. No caso do primeiro, estabelece-se de início a quem ficará o encargo de provar o afirmado, em processo existente ou eventualmente existente. No caso do segundo, independentemente da questão, acorda-se sobre ato a ser realizado posteriormente à decisão do magistrado sobre controvérsia.

A existência de convenções dispositivas ou mesmo obrigacionais não é uma novidade ou algo exclusivo do CPC/2015. Na vigência do antigo Código, já havia certa margem de atuação da vontade das partes. Como exemplo mencionamos (i) a possibilidade de escolha entre os Juizados Especiais e a Justiça Comum, entre ação condenatória e monitória, no caso de foros concorrentes; (ii) a formação de litisconsórcio facultativo; (iii) o uso da reconvenção no lugar de demanda autônoma, entre outros[43]

---

42. CABRAL, Antonio do Passo. Convenções processuais. Salvador: Ed. JusPodivm, 2016. p. 72 e 73.
43. Também eram permitidos alguns negócios processuais típicos como: eleição de foro (art. 111); suspensão do processo (arts. 265, II, e 792); convenção sobre ônus da prova (art. 333, § único); convenção de arbitragem (art. 267, VII e 3º, da LA); alteração de prazo dilatório (art. 181); e adiamento da audiência (art. 453, I).

O que é novidade, porém, é essa autorização ampla e pouco restritiva, que permite às partes negociar sobre a existência de **(i)** cláusula de foro mista (o que até então era algo apenas visto na arbitragem, com as cláusulas que estabelecem mediação como etapa anterior a arbitragem); **(ii)** a vinculação da decisão proferida pelo juiz singular (acordo de irrecorribilidade ou única instância[44]); (iii) rateio de despesas e custas processuais na fase probatória; (iv) dispensa ou ajuste de assistente técnico;(v) forma de execução da sentença, entre outros.

C. Limites

As convenções processuais seguem o mesmo regime dos negócios jurídicos de direito material (arts. 104 e 166 do Código Civil), sendo requisitos de validade a plena capacidade das partes, licitude do objeto e observância de forma prescrita ou não proibida por lei[45], com algumas adaptações, a seguir resumidas:

(i) Partes capazes – diferentemente do que ocorre nos negócios em geral, somente as partes plenamente capazes, nos termos dos arts. 2º a 5º e 851 do Código Civil, podem celebrar negócios processuais (vedado às partes incapazes ainda que assistidas ou representadas)[46];

(ii) Objeto lícito – não se pode afastar o devido processo constitucional, suprimindo contraditório, motivação das decisões, admitir prova ilícita, alterar regras de competência absoluta/juiz natural, impor segredo de justiça ou suprimir o primeiro grau de jurisdição[47] etc.[48]; e

(iii) Forma prescrita ou não defesa em lei – entendemos ser necessária a forma escrita (não se admitindo a oral), gerando maior previsibilidade e segurança jurídica[49].

Aos três requisitos de validade indicados supra, comuns aos negócios jurídicos materiais, acrescentamos que:

(iv) A manifestação de vontade das partes deve ser livre e isenta de vícios[50];

---

44. Veremos mais adiante que há um limite claro para tal tipo de acordo.
45. DIDIER JR., Fredie. <u>Ensaios sobre os negócios jurídicos processuais</u>. Salvador: JusPodivm, 2018, p. 34.
46. Essa é a opinião de FERNANDO GAJARDONI, Teoria Geral do Processo – comentários ao CPC de 2015 – parte geral, p. 616, notas 5 e 10 ao art. 190, p. 616 e 619. No entanto, para PEDRO HENRIQUE NOGUEIRA, como são diversas a capacidade processual e a civil e o artigo estaria a se referir à capacidade, então, somente as partes plenamente capazes no campo processual podem celebrar negócios processuais. Os absoluta e relativamente incapazes no campo material, desde que devidamente representados, poderiam celebrar negócios processuais, nos termos do art. 70 do CPC, bem como a pessoa com deficiência nos termos dos arts. 84 e 85 da Lei 13.146/2015.
47. LEONARDO GRECO entende que esses princípios indisponíveis seriam "a independência, a imparcialidade e a competência absoluta do juiz; a capacidade das partes; a liberdade de acesso à tutela jurisdicional em igual de condições (...), um procedimento previsível, equitativo, contraditório e público (...); o respeito à iniciativa das partes e ao princípio da congruência; a conversão do conteúdo dos atos processuais (...); o controle de legalidade e causalidade das decisões judiciais através da fundamentação" (Os atos de disposição processual – primeiras impressões, Revista eletrônica de direito processual, 1ª edição, outubro/dezembro 2007, item 2).
48. Ver os Enunciados 6 e 20 do FPPC e 37 do ENFAM.
49. Enunciado 39 do ENFAM.
50. Ver arts. 138-165 e 171 do CC e Enunciado 132 do FPPC.

(v) O direito em litígio sobre o qual as partes planejam transacionar deve admitir autocomposição. Enquanto a arbitragem limita-se a direitos patrimoniais disponíveis, a convenção processual é mais ampla porque, como se sabe, alguns direitos indisponíveis podem admitir autocomposição[51];

(vi) A convenção processual pode ser celebrada antes ou durante o processo. Antes, por meio de cláusula contratual específica ou até em contrato apartado e, durante o processo, por meio de petição conjunta ou até em audiência levada a termo nos autos; e

(vii) Por fim, as partes, em convenções processuais podem deliberar sobre o procedimento em si mesmo; e/ou sobre seus ônus, poderes, deveres e faculdades, ou seja, sobre as situações jurídicas ativas e passivas das PARTES e não sobre os poderes-deveres do Estado-juiz[52].

Quanto ao controle de validade e à eventual revisão judicial, são necessárias duas considerações.

Primeiro, o juiz poderá, de ofício, controlar a validade de convenção processual, de modo posterior, sendo desnecessária a homologação para produção de efeitos do quanto acordado. O próprio parágrafo único do artigo 190 do CPC/2015 estabelece isso, ao prever que:

> "*De ofício ou a requerimento, o juiz controlará a validade das convenções previstas neste artigo, recusando-lhes aplicação somente* nos *casos de nulidade ou de inserção abusiva em contrato de adesão ou em que alguma parte se encontre em manifesta situação de vulnerabilidade.*"[53]

Os três principais limites a serem observados para a constatação da validade da convenção processual podem ser sumarizados na (i) conformação unilateral do pacto por uma das partes; (ii) na falta de real autodeterminação da contraparte; e (iii) na disparidade do poder negocial entre os contratantes[54].

Porém, ao mesmo tempo em que a possibilidade de previsão de cláusula genérica é positiva — e de grande valia nos contratos de franquia—, há que se ter em mente que a

---

51. Conforme o Enunciado 135 do FPPC: "A indisponibilidade do direito material não impede, por si só, a celebração do negócio processual". No mesmo sentido, Antônio do Passo Cabral expõe que: "A impossibilidade de disposição do direito material não afeta, em regra, a possibilidade de disposição do direito processual. O interesse em disputa pode ser indisponível, mas as partes permanecem libres a contratarem sobre a alteração de foro, redistribuição de ônus da prova, escolha conjunta de perito, suspensão do processo, alteração da data de audiência etc.". In: CABRAL, Antonio do Passo. Convenções processuais. Salvador: Ed. JusPodivm, 2016. pp.-298-300.
52. Enunciados 257 e 258 do FPPC.
53. Aqui, importante mencionar o enunciado 18 do FPPC sobre a interpretação de situações de vulnerabilidade "há indício de vulnerabilidade quando a parte celebra acordo de procedimento sem assistência técnico-jurídica". Pergunta óbvia seria sobre a validade das convenções processuais nos casos envolvendo direitos trabalhistas. Parece-nos que não há problemas, haja vista a previsão constante do enunciado 131 do FPPC. Que dispôs que "Aplica-se ao processo do trabalho o disposto no art. 190 no que se refere à flexibilização do procedimento por proposta das partes, inclusive quanto aos prazos".
54. DI SPIRITO, Marco Paulo Denucci. Controle de formação e controle de conteúdo do negócio jurídico processual. Revista de Direito Privado, vol. 63. Ano 16, p. 145, S. Paulo, Ed. Revista dos Tribunais, jul.-set. 2015.

elaboração e estruturação de uma convenção processual inspira cuidados, na medida em que a aplicação da lei e o controle jurisdicional *a posteriori*, apesar de ter limites claros, está sujeita a interpretações casuísticas e ao risco judicial — algo de extrema relevância em qualquer tomada de decisão empresarial, principalmente no ambiente negocial brasileiro.

De toda sorte, entendemos ser seguro, ao estabelecer cláusula geral dispositiva ou obrigacional, a interpretação estrita dos requisitos indicados supra: trata-se de moldura segura e um parâmetro objetivo coerente a ser considerado na análise de eventual revisão judicial e controle de validade do convencionado.

IV. AS CONVENÇÕES PROCESSUAIS NOS CONTRATOS DE FRANQUIA

Uma vez definidas as convenções processuais e os contratos de franquia, bem como pontuados o objeto, o objetivo e os limites das convenções processuais, passamos agora à análise das convenções processuais para as relações entre franqueador e franqueado. Para melhor definição de possibilidades e riscos concretos, nosso foco será a análise das convenções processuais versando processos judiciais.

Em eventual ou atual disputa existente entre franqueador e franqueado, elencamos, a seguir, algumas das hipóteses sobre as quais entendemos que as partes têm a possibilidade de validamente convencionar:

(i) a irrecorribilidade da sentença, estabelecendo que a decisão proferida será final e vinculante;

(ii) o cumprimento de sentença poderá ocorrer <u>provisoriamente</u> logo após a prolação de sentença – ou seja, que o recurso de apelação eventualmente interposto seja recebido sem efeito suspensivo;

(iii) impossibilidade de execução de sentença antes do trânsito em julgado (em sentido oposto ao item (ii) supra);

(iv) alocação de custos e despesas processuais (custos divididos em partes iguais e não apenas ao sucumbente, por exemplo);

(v) a supressão de honorários de sucumbência, de modo que patronos sejam remunerados apenas pelos honorários contratuais, desde que, é claro, neste último caso, com a anuência dos patronos das partes;

(vi) estabelecer procedimento de mediação prévio vinculante ou a realização de audiência de conciliação;

(vii) modificar a ordem legal da prova;

(viii) estabelecer calendário processual próprio;

(ix) supressão de alegações finais orais ou exigência desta no lugar da apenas escrita;

(x) impor segredo de justiça ao processo (algo de suma importância para o negócio, principalmente do ponto de vista de preservação do <u>know-how</u> do franqueador). Aqui, porém, há quem veja uma impossibilidade diante do princípio da publicidade da prova;

(xi) criar formas de intimação das partes (por via eletrônica, como já ocorre na via arbitral e mesmo pelo uso de dispositivos de mensagem eletrônica como WhatsApp e Telegram);

(xii) modificar as hipóteses de intervenção de terceiros (sem criar hipótese ou ainda não permitir sua utilização no processo);

(xiii) e, ainda, alguns negócios jurídicos no campo da execução especialmente úteis como: desistência da execução (art. 775, CPC); suspensão da execução (arts. 313, II, 921, I, e 922); escolha do juízo da execução (art. 781, I); acordo sobre a forma de administração na penhora de empresa, estabelecimento e semoventes (art. 862, § 2º); acordo de avaliação do bem penhorado (art. 871, I); criação de título executivo no *franchising*[55].

Entre os exemplos mencionados, diante das possíveis implicações práticas de uma compreensão equivocada dos institutos, os autores entendem necessário um maior aprofundamento sobre a possibilidade (ou não), de celebração de convenções versando sobre irrecorribilidade, supressão de instância, a calendarização processual, a tramitação em segredo de justiça e a criação de títulos executivos.

Quanto ao acordo de irrecorribilidade, relevante ponderar que, apesar de ser possibilidade de convenção autorizada pelo CPC, cujo resultado se aproxima do visto

---

55. Sobre o tema, remetemos o leitor, ainda, à análise de alguns outros enunciados do FPPC sobre o tema que podem ser bastante esclarecedores:
"Enunciado 19 do FPPC – São admissíveis os seguintes negócios processuais, dentre outros:
(i) pacto de impenhorabilidade,
(ii) acordo de ampliação de prazos das partes de qualquer natureza,
(iii) acordo de rateio de despesas processuais,
(iv) dispensa consensual de assistente técnico,
(v) acordo para retirar o efeito suspensivo de recurso,
(vi) acordo para não promover execução provisória;
(vii) pacto de mediação ou conciliação extrajudicial prévia obrigatória, inclusive com a correlata previsão de exclusão da audiência de conciliação ou de mediação prevista no art. 334;
(viii) pacto de exclusão contratual da audiência de conciliação ou de mediação prevista no art. 334;
(ix) pacto de disponibilização prévia de documentação (pacto de *disclosure*), inclusive com estipulação de sanção negocial, sem prejuízo de medidas coercitivas, mandamentais, sub-rogatórias ou indutivas;
(x) previsão de meios alternativos de comunicação das partes entre si.;
(xi) acordo de produção antecipada de prova;
(xii) a escolha consensual de depositário-administrador no caso do art. 866; e
(xiii) convenção que permita a presença da parte contrária no decorrer da colheita de depoimento pessoal."
"Enunciado 21 do FPPC: São admissíveis os seguintes negócios, dentre outros:
(i) acordo para realização de sustentação oral,
(ii) acordo para ampliação do tempo de sustentação oral,
(iii) julgamento antecipado do mérito convencional,
(iv) convenção sobre prova,
(v) redução de prazos processuais."
"Enunciado 262 do FPPC: É admissível negócio processual para dispensar caução no cumprimento provisório de sentença."

quando da escolha da jurisdição arbitral[56], sua profundidade, principalmente na relação empresarial de franquia, deve ser analisada com cautela, haja vista o risco de invalidade posterior do negócio jurídico ou mesmo anulação da sentença judicial.

Em tal tipo de convenção processual, franqueador e franqueado derrogam da possibilidade de que a matéria ora decidida seja revisitada por autoridade jurisdicional hierarquicamente superior e que, consequentemente, os efeitos do título executivo judicial proferido pelo juízo de origem sejam reformados por acórdão proferido por instância recursal. A irrecorribilidade, *per se*, abrange tanto a revisão de decisões por órgãos da mesma competência quanto por órgão hierarquicamente superior, sendo cabível apenas o ajuizamento de ação ordinária (caso preenchidos os requisitos constantes do artigo 966 do CPC/2015).

Observa-se comumente a existência de acordo de irrecorribilidade quando franqueador e franqueado derrogam da jurisdição estatal em detrimento da arbitral. Em tal situação, quando instaurado litígio em relação em que há convenção arbitral e iniciado o procedimento arbitral, os árbitros, juízes de fato e de direito na forma do art. 18 da Lei Brasileira de Arbitragem, passarão a ser investidos dos poderes de juiz para dirimir determinada controvérsia e tornarão estável e irrecorrível o quanto decidido em sentença arbitral.

O limite a ser observado em tal tipo de acordo, no entendimento desses autores, é pela inafastabilidade dos instrumentos que possuam como função a correção de erros processuais ao título executivo judicial. Em outras palavras, franqueador e franqueado podem transacionar no sentido de prever que o mérito da demanda não será passível de revisão, mas não podem, por exemplo, afastar a oposição de embargos de declaração que visem sanar *errores in procedendo*.[57]

A razão para permitir a derrogação do recurso, mas não a dos embargos, muito se relaciona com a natureza de tais instrumentos. O recurso (em sentido estrito) constitui um ônus processual e, por representar o interesse privado da parte (de reformar o *an debeatur* ou mesmo o *quantum debeatur*), existe a possibilidade de derrogação por meio de instrumento contratual.

Por outro lado, os embargos, cujo objetivo única e exclusivamente visa sanar o conteúdo constante daquele dispositivo decisório (a função precípua da parte não é insurgir-se, mas sim tornar a partir da compreensão do disposto na decisão embargada, exequível aquele título executivo judicial).

---

56. Haja vista que, ao se convencionar sobre a previsão de arbitragem, como regra, renuncia-se ao recurso e à segunda instância.
57. Não se pode afastar a possibilidade de oposição de embargos de declaração, a fim de corrigir *errores in procedendo*. Tal instrumento é de fundamentação vinculada, do ponto de vista de aproveitamento da atividade jurisdicional. No mesmo sentido, ver LIPIANI, Júlia; SIQUEIRA, Marília. Negócios Jurídicos Processuais sobre a fase recursal. In: DIDIER JR., Fredie e outros (coors.). Salvador: JusPodivm, 2015. p. 470. (Coleção Grandes Temas do Novo CPC: Negócios Processuais, v. 1.).

Apresentando tal diferenciação e enunciando o objetivo dos embargos como instrumentos para viabilizar a exequibilidade de um título judicial, Flavio Cheim Jorge expõe que:

> [*Os embargos*] apresentam características próprias: são de fundamentação vinculada, ou seja, seu cabimento fica adstrito à alegação específica de *errores in procedendo*: omissão, obscuridade e contradição; não possuem como todos os demais recursos a função de anular ou reformar a decisão recorrida, visando, apenas, esclarecê-la ou integrá-la; são julgados pelo mesmo órgão que prolatou a decisão recorrida[58].

Quanto à supressão de instância, necessária atenção nas duas possibilidades sobre as quais convenções processuais nesse sentido podem versar, relativas **(i)** à criação convencional de competência originária para apreciação da matéria; e **(ii)** à ultrapassagem de instância intermediária para apreciação de recurso.

No primeiro caso, as partes estipulariam que o juízo de origem para apreciação de um litígio seria um tribunal recursal (segunda instância).

Embora existam argumentos favoráveis para tal tipo de estipulação sob a perspectiva das partes (i.e., a existência de um órgão colegiado apreciando a matéria e câmaras especializadas), há que se levar em consideração que as hipóteses de competência originária dos tribunais recursais são *numerus clausus* e que a estipulação de uma competência originária em tribunais recursais pode resultar em risco sistêmico e impor custos relevantes que prejudiquem a atividade jurisdicional da segunda instância. Nesse sentido, convergindo ao enunciado 20 do FPPC,[59] entendemos que tal tipo de convenção processual seja inválida, haja vista que a transferência de custos ao Judiciário é uma externalidade negativa a terceiros, e deve ser considerada um critério para a invalidade de convenções processuais[60].

O segundo caso, por sua vez, diz respeito à estipulação de supressão de instância intermediária para reapreciação da matéria (algo que existe em Portugal, Itália e França), franqueador e franqueado suprimiriam a apelação (e a discussão sobre matéria fática) e previriam que, uma vez prolatada a sentença, os únicos recursos cabíveis seriam os direcionados a discussão de direito (diga-se, Recurso Especial e Recurso Extraordinário). A criação de competência funcional recursal nesse sentido, encontra como óbice justamente à previsão constante dos artigos 105, III, e 102, III, da Constituição Federal[61], bem como no artigo 1.030 do CPC, que restaurou o duplo juízo de admissibilidade de tais tipos recursais em nosso ordenamento jurídico.

---

58. JORGE, Flavio Cheim. *Teoria Geral dos Recursos Cíveis*. 5ª ed. São Paulo, Ed. RT, pp. 341-342.
59. Não são admissíveis os seguintes negócios bilaterais, entre outros: acordo para modificação da competência absoluta, acordo para supressão da primeira instância, acordo para afastar motivos de impedimento do juiz, acordo para criação de novas espécies recursais, acordo para ampliação das hipóteses de cabimento de recursos.
60. Nesse sentido expõe Antonio do Passo Cabral em sua obra "Convenções processuais". Salvador: JusPodivm, 2016, pp. 327 329.
61. Embora exista divergência sobre o assunto, uma vez que o verbete sumular nº 640 do STF admite a interposição de recurso extraordinário contra decisões proferidas por turma recursal de juizados especiais.

Portanto, por cautela, recomenda-se às partes que não convencionem sobre a supressão de instância.

Quanto à calendarização processual, trata-se de nova possibilidade de convenção prevista no artigo 191 do CPC/2015 que, na prática, guarda semelhanças com o modelo de *case management*, em que partes e magistrado estipulam uma agenda a ser seguida no âmbito do processo.

Na integra, o artigo 191 do CPC/2015 estabelece:

> Art. 191. De comum acordo, o juiz e as partes podem fixar calendário para a prática dos atos processuais, quando for o caso.
>
> § 1º O calendário vincula as partes e o juiz, e os prazos nele previstos somente serão modificados em casos excepcionais, devidamente justificados.
>
> § 2º Dispensa-se a intimação das partes para a prática de ato processual ou a realização de audiência cujas datas tiverem sido designadas no calendário.

Pela leitura do exposto, também podem, agora, as partes, calendarizar todo o processo, especificando em que prazos pretendem manifestar-se no feito: trata-se da adaptação do processo às necessidades das partes, para assim possibilitar uma tutela mais efetiva do direito material e, finalmente, uma justiça mais efetiva.

A calendarização processual pode ser estabelecida de modo **(i)** antecedente à instauração do litígio, por meio de cláusula geral avençada pelas partes que disponha sobre prazos (ampliados ou reduzidos, proporcionais e, em atenção ao princípio do contraditório); ou **(ii)** incidental, no curso do processo junto e com concordância do próprio juízo. No caso da calendarização incidental, já deverão ser fixadas as datas para fase de instrução (diga-se, as manifestações propriamente ditas), e ficarão dispensadas as intimações, haja vista que cada uma das partes saberá exatamente quando e sobre o que deve se manifestar nos autos do processo, por força do acordado.

Em particular, merece atenção a calendarização da fase de instrução probatória. Se dispor sobre a agenda do processo já é algo inédito, a perspectiva e os questionamentos sobre quem passa a ser o real destinatário da prova também é. Até a vigência do NCPC, a atividade probatória, por exemplo, era de interesse do juiz para formação de sua cognição. Agora, tal atividade passou a ser de interesse de todos os sujeitos do processo, e não somente destinada à formação do conhecimento do juiz.[62]

Embora ainda exista certa sensibilidade sobre o destinatário do resultado da prova, a possibilidade de discussão conjunta sobre o escopo e a dimensão da prova a ser produzida é relevante. A partir de agora, a fim de garantir uma efetiva prestação jurisdicional, temos a construção de um diálogo entre os sujeitos do processo, que participam, assim como os outros agentes endógenos ou exógenos ao processo em si, de modo moderado. Para Marinoni, isso denota uma nova perspectiva da prova, que deixa de utopicamente

---

62. Foi nesse sentido que o Enunciado nº 50 do FPPC previu que "os destinatários da prova são aqueles que dela poderão fazer uso, sejam juízes, partes ou demais interessados, não sendo a única função influir eficazmente na convicção do juiz".

buscar a verdade material e privilegia a participação argumentativa das partes com a finalidade de construir uma verdade factível[63].

O entendimento sobre a possibilidade de convencionar sobre o assunto "provas", porém, ainda é polêmico. Há quem discorde e conteste a possibilidade da calendarização procedimental sobre matéria probatória. Michele Taruffo, por exemplo, entende que:

> "(...) as provas têm como finalidade constituir a verdade sobre um fato, partindo da ideia de verdade como correspondência da realidade. Assim, não haveria espaço para convenção acerca da prova. Assim, não haveria espaço para convenção contratual acerca da prova, uma vez que isso limitaria a cognição do magistrado para a descoberta do magistrado para a descoberta da verdade, que somente seria verificável mediante a utilização de métodos adequados e confiáveis, com respeito às garantias constitucionais do processo. Por isso, é defeso às partes disporem sobre a verdade dos fatos."[64]

Em sentido contrário, Humberto Theodoro Júnior, expõe que:

> "(...) a possibilidade de as partes convencionarem sobre ônus, deveres e faculdades deve limitar-se aos seus poderes processuais, sobre os quais têm disponibilidade, jamais podendo atingir aqueles conferidos ao juiz. Assim, não é dado às partes, por exemplo, vetar a iniciativa de prova do juiz, ou o controle dos pressupostos processuais e das condições da ação, e nem qualquer outra atribuição que envolva matéria de ordem pública inerente à função judicante."[65]

Embora sejam relevantes as preocupações trazidas por Taruffo, no sentido de limitar a cognição do magistrado (visão mais alinhada com a ideia do antigo CPC, de que é o (único) destinatário do material provado, e pode determinar o que julgar conveniente e adequado ao caso no âmbito da instrução probatória[66]), o CPC caminhou em sentido diverso, mais alinhado ao entendimento de Humberto Theodoro – e à visão de Liebman, no sentido de que o processo está a serviço do direito material:

> "É necessário evitar, tanto quanto o possível, que as formas sejam um embaraço e um obstáculo à plena consecução do escopo do processo; é necessário impedir que a cega observância da forma sufoque a substância do direito."[67]

Portanto, a calendarização é, sem dúvida, um dos grandes atrativos para a relação de franquia, podendo ser particularmente relevante no que diz respeito à produção probatória.

---

63. MARINONI, Luiz Guilherme; ARENHART, Sérgio Cruz. Prova e Convicção. 3. ed. São Paulo: Revista dos Tribunais, 2015. p. 52-53.
64. TARUFFO, Michelle. Verdade Negociada? p. 642-643. In: Revista Eletrônica de Direito Processual – REDP. Volume XIII. Periódico da Pós-Graduação *Stricto Sensu* em Direito Processual da UERJ. Patrono: José Carlos Barbosa Moreira. www.redp.com.br. ISSN 1982-7636.
65. THEODORO JR., Humberto. Curso de direito processual civil, vol. 1, 56. ed., Rio de Janeiro: Forense, 2015, p. 470.
66. Compartilham de tal visão o processualista José Carlos Barbosa Moreira, in: Temas de Direito Processual, Nona Série. São Paulo, Ed. Saraiva, 2007, p. 87.
67. LIEBMAN, Enrico Tullio. Manual de Direito Processual Civil – Vol. 01. São Paulo, Malheiros, 3ª ed. v. 1, pp. 225-226.

O segredo de justiça como objeto de convenções processuais, possui grande importância na relação de franquia, em função da sensibilidade de informações trocada entre franqueador e franqueado e o risco de que eventual judicialização de demanda entre as partes implique risco à continuidade do negócio.

Atualmente, um dos principais motivos pelos quais franqueador e franqueado optam pela arbitragem, para além da especialização dos julgadores, é a confidencialidade. Na medida em que a transferência de _know-how_ e a troca de informações do negócio são feitas mediante a assinatura de compromisso de confidencialidade, é de interesse das partes (notadamente, do franqueador) que as informações de seu negócio não venham à público – razão pela qual a jurisdição privada é preconizada. Isso, é claro, sem falar no impacto que a existência de um contencioso estratégico (do ponto de vista financeiro ou mesmo comercial), pode ter nos negócios.

O artigo 189 do CPC elenca as possibilidades de tramitação de processos em segredo de justiça, que são exceção à regra da publicidade dos atos processuais. No entanto, este é outro tema árido. A Magistrada Hercília Maria Fonseca de Lima, por exemplo, entende ser impossível às partes convencionar sobre segredo de justiça, uma vez que "_o seu conteúdo transcende a esfera do espaço de privado das partes e atinge o interesse público. Desse modo, entendemos que são inegociáveis matérias como: segredo de justiça; competência absoluta; supressão de instância; a exclusão do Ministério Público como fiscal da lei etc._"[68].

Na mesma linha, Fredie Didier Jr. expõe que:

"Perante o juízo estatal, o processo é público, ressalvadas exceções constitucionais, dentre as quais não se inclui o acordo entre as partes. Trata-se de imperativo constitucional decorrente da Constituição Federal (arts. 5.º, LX; 93, IX e X, da CF/1988). Caso desejem um processo sigiloso, as partes deverão optar pela arbitragem."[69]

No entendimento desses autores, embora prevaleça esse pensamento mais restritivo quanto à possibilidade de convenções sobre o sigilo – e que o sigilo apenas existirá na jurisdição privada –, entendemos ser razoável que as partes convencionem sobre a tramitação em segredo de justiça de processos ou ao menos a decretação de sigilo dos documentos que pertençam à relação de franquia.

Explicamos: a relação de franquia, conforme exposto na segunda seção do presente artigo, possui especificidades e, em muitos casos, a transferência de informações e técnicas consubstanciada em instrumentos de confidencialidade. É evidente que, em eventual contencioso que verse a discussão da relação de franquia, tais informações virão à tona e uma das primeiras providências que serão tomadas pelas partes em decorrência da apresentação de tais informações confidenciais será o pedido de decretação de sigilo com fundamento no artigo 189, inciso I, do CPC. Diante da existência de proteção industrial

---

68. LIMA, Hercília Maria Fonseca. Cláusula Geral de Negociação Processual: um novo paradigma democrático no processo cooperativo. São Cristóvão, 2016. p. 90.
69. DIDIER JR., Fredie. Negócios jurídicos processuais atípicos no Código de Processo Civil de 2015. In: _Revista Brasileira da Advocacia_, v. I.

ao modelo de negócio e da comprovação documental de que há troca de segredo de negócio, são prováveis as chances de que seja decretado o segredo de justiça (ao menos sob os documentos que contenham tais informações de negócio).

Nesse sentido, a estipulação de convenção sobre o segredo de justiça ou a decretação de sigilo seria medida antecipatória e preventiva no âmbito de um processo judicial. Antes da apresentação das informações confidenciais em si, as partes apresentariam a convenção processual que, uma vez homologada, autorizaria (i) a tramitação do processo em segredo de justiça, o que daria mais conforto às partes; ou (ii) a decretação de sigilo sobre as informações a serem apresentadas, previamente à apresentação. Tudo isso, por sua vez, estaria em conformidade com o artigo 190, por ser uma "adequação às especificidades da demanda" e, ao mesmo tempo, não violaria norma de ordem pública ou geraria custo excessivo ao judiciário. Veja-se que não estamos a falar em convenções processuais relativas a segredo de justiça como regra, mas sim como possibilidade para a relação de franquia em específico.

Criação de títulos executivos: diferentemente da renúncia, a eficácia executiva de um título é a atribuição de eficácia de título executivo extrajudicial a documento que não o possua (i.e., um documento não assinado por duas testemunhas ou não esteja no rol previsto no art. 784 do CPC). Entendemos que é possível a celebração de convenções nesse sentido, porque a maioria dos títulos executivos extrajudiciais decorre de atos jurídicos que são produtos da vontade das partes – além do que, convenções nesse sentido, reforçariam o devido processo legal, especialmente quando comparado com casos de título executivo extrajudicial cuja eficácia não precede de manifestação de vontade do executado (duplicata sem aceite, por exemplo).[70]

Porém, parte da doutrina é contrária ao posicionamento dos autores, por entender que a convenção sobre títulos executivos extrajudiciais: (i) violaria o princípio da taxatividade dos títulos executivos; e (ii) afetaria, por via transversa, o contraditório, privando o devedor do exercício adequado do direito de defesa[71].

O que estamos propondo aqui não vai de encontro ao posicionamento doutrinário. Em outras palavras, não pretendemos dizer que o contrato de franquias é título executivo extrajudicial porque isso a lei já admite. O que é proposto é a possibilidade de que franqueador e franqueado, por meio de convenções processuais, atestem a exequibilidade do contrato de franquia em função de eventuais questões ligadas à liquidez do título – já que, muitas vezes, os *royalties* incidem sobre o faturamento bruto dos franqueados.

---

70. Neste sentido, ANTONIO DO PASSO CABRAL. Convenções Processuais, p. 316-317, até porque, para o jurista, o fato de não haver execução sem título não significa que o título deva decorrer da previsão legal, podendo decorrer da vontade das partes. Neste sentido, ainda, JOÃO PAULO HECKER (op. cit., p. 172 e 173).
71. Neste sentido, a opinião de LUIZ ANTONIO FERRARI NETO, Negócio jurídico processual visando à celeridade da fase de conhecimento e do cumprimento de sentença. In: Processo de Execução e Cumprimento da sentença – Temas Atuais e Controvertidos, coord. Araken de Assis e Gilberto Gomes Bruschi, p. 231. ADRIANA BUCHMANN, limites objetivos ao negócio processual atípico, dissertação de mestrado, Universidade Federal de Santa Catarina, 2017, p. 337, para quem isso decorreria do inciso XII do art. 784, ao determinar que seria título executivos os demais previstos em lei. Neste sentido, ainda, MEDINA, José Miguel Garcia, Curso de Direito Processual Civil Moderno, 5ª edição, Ed. RT, item 2.2.4.3, p. 1026-1029.

Explicamos: os dados desses faturamentos são informados pelos próprios franqueados por meio de sistemas de gestão. No entanto, como o número do faturamento não é expresso ou faz parte do contrato, existem precedentes que não consideram o contrato de franquia exequível por falta de liquidez[72]. A celebração de um negócio jurídico processual atestando esse método e reconhecendo sua liquidez superaria tal discussão, em nosso sentir.

V. CONSIDERAÇÕES FINAIS

No direito material, os instrumentos contratuais celebrados entre as partes buscam operacionalizar os interesses das partes de modo a formalizá-los. O mesmo ocorre nos negócios processuais. Embora a leitura do artigo 190 dê grande amplitude e, consequentemente, abra espaço para a discussão sobre o que seria válido ou não, algumas escolhas legislativas foram mais do que adequadas, por mais que inexista uma homogeneidade nas exigências constantes das convenções processuais[73].

A possibilidade de as partes adaptarem o processo às especificidades da demanda proporciona um sem-número de alternativas para viabilização de uma prestação jurisdicional efetiva, eficaz (e definitiva, a depender do caso). No entanto, a sujeição ao controle jurisdicional *a posteriori* encontra como limite objetivo as normas cogentes, a ordem pública e as externalidades negativas a terceiros.

Na relação existente entre franqueadores e franqueados, as convenções processuais se mostram uma ferramenta efetiva e adequada à resolução de disputas, desde que elaboradas com cautela e em atenção a alguns dos riscos elencados ao longo da última seção.

A possibilidade de calendarização do processo, assim como sobre a irrecorribilidade (desde que limitada aos *errores in judicando*, e não *errores in procedendo*), são formas de mitigar as desigualdades criadas pelo procedimento ordinário *vis à vis* às especificidades do direito material das partes.

A prevalência da autonomia da vontade das partes e da substância sobre a forma devem, necessariamente, observar a organização da justiça, as normas cogentes, garantias processuais e os possíveis custos a serem incorridos pelos terceiros em relação àquele negócio jurídico.

REFERÊNCIAS BIBLIOGRÁFICAS

AMARAL, Francisco. *Direito Civil*: Introdução. 7ª ed. Rio de Janeiro: Renovar, 2008.

BARBOSA MOREIRA, José Carlos. *Temas de Direito Processual*, Nona Série. São Paulo, Ed. Saraiva, 2007.

BRAGA, Paula Sarno. Primeiras reflexões sobre uma teoria do fato jurídico processual: plano da existência. *Revista de Processo*, São Paulo: Ed. RT, n. 148, jun. 2007,

---

72. Nesse sentido o Agravo de instrumento 2241198-38.2019.8.26.0000, 16ª Câmara de direito privado do Tribunal de Justiça do Estado de São Paulo, rel. Des. Miguel Petroni Neto, j. 11/08/2020.
73. MARINONI, Luiz Guilherme; ARENHART, Sérgio Cruz; METIDIERO, Daniel (org.). Curso de Processo Civil. V.q. Teoria Geral do Processo Civil. São Paulo: Editora Revista dos Tribunais, 2015, p. 525.

BRASIL. Lei nº 10.406, de 10 de janeiro de 2002. *Institui o Código Civil*.

_____, Lei nº 13.105, de 16 de março de 2015. *Institui o Novo Código de Processo Civil.*

_____, Lei 13.966, de 26 de dezembro de 2019. *Dispõe sobre o sistema de franquia empresarial e revoga a Lei nº 8.955, de 15 de dezembro de 1994* (Lei de Franquia).

BUCHMANN, Adriana. *limites objetivos ao negócio processual atípico*. Dissertação de Mestrado – Universidade Federal de Santa Catarina, 2017, p

CABRAL, Antonio do Passo. *Convenções processuais*. Salvador: Ed. JusPodivm, 2016.

DI SPIRITO, Marco Paulo Denucci. Controle de formação e controle de conteúdo do negócio jurídico processual. *Revista de Direito Privado*, v. 63. Ano 16, S. Paulo, Ed. RT, jul.-set. 2015.

DIDIER JR., Fredie. *Curso de Direito Processual Civil*. Salvador: Ed. JusPodivm, v. 1, p. 189.

_____, Fredie. *Ensaios sobre os negócios jurídicos processuais*. Salvador: JusPodivm, 2018.

_____, Fredie. Negócios jurídicos processuais atípicos no Código de Processo. In: *Revista Brasileira de Advocacia*, RBA, v.1 (abr./jun. 2016), Doutrina – Direito Processual Civil.

DINAMARCO, Cândido Rangel. *Instituições de direito processual civil*. 6. ed. São Paulo: Malheiros, 2009. v. 2.

FERRARI NETO, Luiz Antonio, Negócio jurídico processual visando à celeridade da fase de conhecimento e do cumprimento de sentença. In: ASSIS, Araken de e BRUSCHI, Gilberto Gomes (Coord.). *Processo de Execução e Cumprimento da sentença* – Temas Atuais e Controvertidos. São Paulo: Ed. RT, 2020.

GAJARDONI, Fernando*. Flexibilização procedimental*. In: CARMONA, Carlos Alberto (Coord.). Editora Atlas, 2008. (Coleção Atlas de Processo Civil).

_____ et al. *Teoria Geral do Processo* – comentários ao CPC de 2015 – parte geral. Editora Método, 2015.

GONÇALVES, Carlos Roberto. *Direito Civil Brasileiro, v. 3*: contratos e atos unilaterais. 9. ed. São Paulo: Saraiva, 2016.

GRECO, Leonardo. Os atos de disposição processual – primeiras impressões. *Revista eletrônica de direito processual*, 1ª edição, out./dez. 2007.

GRINOVER, Ada Pellegrini; DINAMARCO, Cândido Rangel; WATANABE, Kazuo (coords.). *Participação e Processo*. São Paulo: Ed. RT, 1988.

JORGE, Flavio Cheim. *Teoria Geral dos Recursos Cíveis*. 5ª ed. São Paulo: Ed. RT, 2011.

LIEBMAN, Enrico Tullio. *Manual de Direito Processual Civil.* 3ª ed. São Paulo: Malheiros,2005. v. 1.

LIMA, Hercília Maria Fonseca. *Cláusula Geral de Negociação Processual*: um novo paradigma democrático no processo cooperativo. São Cristóvão, 2016.

LIPIANI, Júlia; SIQUEIRA, Marília. Negócios Jurídicos Processuais sobre a fase recursal. In: DIDIER JR., Fredie e outros (coords.). Salvador: JusPodivm, 2015. (Coleção Grandes Temas do Novo CPC: Negócios Processuais, v. 1).

MARINONI, Luiz Guilherme; ARENHART, Sérgio Cruz*. Prova e Convicção*. 3. ed. São Paulo: Ed. RT, 2015.

MEDINA, José Miguel Garcia. *Curso de Direito Processual Civil Moderno*. 5ª edição. São Paulo: Ed. RT, 2020.

NOGUEIRA, Pedro Henrique Pedrosa. Negócios jurídicos processuais: análise dos provimentos judiciais como atos negociais. Salvador: Tese de Doutorado da UFBA, 2011.

NOGUEIRA, Pedro Henrique Pedrosa. Situações jurídicas processuais. In: DIDIER JR., Fredie (Org.). *Teoria do processo* – Panorama doutrinário mundial – segunda série. Salvador: JusPodivm, 2010.

REBOUÇAS, Rodrigo Fernandes. *Autonomia privada e a análise econômica do contrato.* São Paulo: Almedina, 2017.

RODOVALHO, Thiago. *Cláusula arbitral nos contratos de adesão*. São Paulo: Almedina, 2016.

SILVA. Clóvis do Couto. *A obrigação como processo*. Rio de Janeiro, Editora FGV, 2012.

SIMÃO FILHO, Adalberto. *Franchising*: aspectos jurídicos e contratuais. 4ª ed. São Paulo: Atlas, 2000.

SUPERIOR TRIBUNAL DE JUSTIÇA, REsp 1.117.312/PR, 2009/0009002-4, Data de publicação: 01/07/2013.

TARUFFO, Michelle. Verdade negociada? p. 642-643. In: *Revista Eletrônica de Direito Processual – REDP*. v. XIII. Periódico da Pós-Graduação *Stricto Sensu* em Direito Processual da UERJ. Patrono: José Carlos Barbosa Moreira. www.redp.com.br. ISSN 1982-7636.

THEODORO JR., Humberto. *Curso de direito processual civil.* 56. ed. Rio de Janeiro: Forense, 2015. v. 1.

TIMM, Luciano Benetti. Direito, economia e a função social do contrato: em busca dos verdadeiros interesses coletivos protegíveis no mercado de crédito. In: *Revista de Direito Bancário e do Mercado de Capitais*, v. 33/2006, jul.-set. 2006.

WAMBIER, Luiz Rodrigues. *Sobre o negócio processual, previsto no CPC/15*. In: <teste.wambier.com.br/pt-br/artigos-br/sobre-o-negocio-juridico-previsto-no-ncpc-2015>.